HELMUT KAHNT

DEUTSCHE SILBERMÜNZEN 1800 – 1872

VOM HALBTALER BIS ZUM DOPPELTALER

Helmut Kahnt

Deutsche Silbermünzen 1800 – 1872

Vom Halbtaler bis zum Doppeltaler

3. aktualisierte und erweiterte Auflage

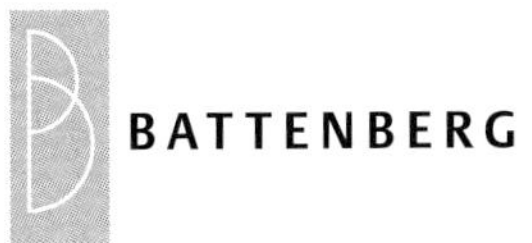

Bibliografische Information der Deutschen Nationalbibliothek

Die Deutsche Nationalbibliothek verzeichnet diese Publikation in der Deutschen Nationalbibliografie; detaillierte bibliografische Daten sind im Internet über http://dnb.dnb.de abrufbar.
ISBN 978-3-86646-217-5

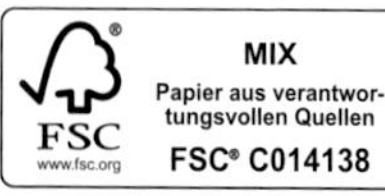

Für uns, die Battenberg Gietl Verlag GmbH mit all ihren Imprint-Verlagen, ist Nachhaltigkeit ein wichtiger Teil unserer Unternehmensphilosophie. Daher achten wir bei allen unseren Produkten auf den Einsatz umweltschonender Ressourcen und Materialien.
Dieses Buch wurde auf FSC®-zertifiziertem Papier gedruckt. FSC (Forest Stewardship Council®) ist eine nicht staatliche, gemeinnützige Organisation, die sich für die verantwortungsvolle und ökologische Nutzung der Wälder unserer Erde einsetzt.

Unsere Partnerdruckerei kann zudem für den gesamten Herstellungsprozess nachfolgende Zertifikate vorweisen:
- Zertifizierung für FOGRA PSO
- Zertifizierungssystem FSC®
- Leitlinien zur klimaneutralen Produktion (Carbon Footprint)
- Zertifizierung EcoVadis (die Methodik besteht aus 21 Kriterien in den Bereichen Umwelt, Einhaltung menschlicher Rechte und Ethik)
- Zertifikat zum Energieverbrauch aus 100 % erneuerbaren Quellen
- Teilnahme am Projekt „Grünes Unternehmen“ zum Schutz von Naturressourcen und der menschlichen Gesundheit

3. aktualisierte und erweiterte Auflage 2022

Fotos: Helmut Kahnt

ISBN 978-3-86646-217-5

Vorwort

Von den größeren Silbermünzen ging für viele Sammler seit jeher eine erhebliche Faszination aus und daran hat sich bis heute nichts geändert. Genau diesem Interesse will der vorliegende Katalog gerecht werden, indem ab Halbtalergröße alle deutschen Silbermünzen vom Jahr 1800 an bis zur Gründung des Deutschen Reichs 1871 erfaßt, abgebildet und in den Erhaltungsgraden **„sehr schön", „vorzüglich" und „vorzüglich-Stempelglanz"** (in den Bewertungstabellen von links nach rechts) für jeden Prägejahrgang nach aktuellen Marktpreisen in Euro bewertet werden. Für wirklich makellose Stempelglanz-Exemplare werden nicht selten Liebhaberpreise in erheblichen Höhen bezahlt werden. Ist ein solches makelloses Exemplar in jüngerer Vergangenheit in einer Auktion angeboten worden, so wurde in zahlreichen Fällen der exakte Zuschlagspreis für diese Stempelglanz-, Erstabschlag- oder PP-Exemplare konkret bei jeder Nummer des Katalogs vermerkt (ohne Auktionsgebühren und Mehrwertsteuer). Für ausgesprochene Raritäten, die in Jahrzehnten nur einmal angeboten werden, mußte sinnvollerweise auf eine Preisangabe verzichtet werden, solche Stücke sind mit „LP" gekennzeichnet. Bei einigen dieser Stücke wurden zusätzlich das bisher letzte Auktionsvorkommen und der dabei erzielte Zuschlagspreis zur Orientierung vermerkt.

Um eine sichere Zuordnungsmöglichkeit zu bieten, wurden Varianten, Abschläge und Proben mit a), b), c) usw. bei der jeweiligen Nummer aufgeführt. In zahlreichen Fällen werden für diese Varianten und Proben konkrete Auktionsvorkommen mit dem jeweiligen Zuschlagspreis genannt. Wurde das Exemplar in der Auktion nicht zugeschlagen, wird der Schätzpreis angegeben.

Für die Aufnahme in den Katalog war die Zugehörigkeit der Münzstände zum Heiligen Römischen Reich Deutscher Nation (bis 1806) bzw. ab 1815 zum Deutschen Bund ausschlaggebend. Infolgedessen sind auch alle österreichischen Halbtaler, Doppelgulden, Taler und Doppeltaler ab 1800 bis zum Ausscheiden aus dem Deutschen Bund 1866/67 aufgenommen worden. Hingegen fehlen diejenigen habsburgischen Prägungen, die ausschließlich für Ungarn und die italienischen Besitzungen ausgegeben worden sind.

Bei der Beschreibung der Münzen haben sich Autor und Verlag auf die wesentlichen Details beschränkt, um eine ausgesprochen sammler- und händlerfreundliche Nutzung zu gewährleisten. Da alle Münzen als Grundtyp abgebildet werden, wurde auf die nochmalige verbale Vorstellung der Münzbilder verzichtet, sondern lediglich die Um- und Aufschriften sowie die Randschriften wiedergegeben. Jeder Münztyp wurde mit bis zu vier Katalognummern aus den entsprechenden Standardwerken eindeutig gekennzeichnet, so daß keine Zweifel an der jeweiligen Zuordnung aufkommen können. Prägezahlen – soweit bekannt – sind in Klammern der Jahreszahl nachgestellt. Die Höhe der Prägezahl erlaubt häufig, jedoch nicht immer (!), Rückschlüsse auf die Seltenheit einer Münze bzw. eines Jahrgangs.
Durch die akribische Vorstellung weitgehend aller Varianten und Proben liefert der Katalog eine Fülle an Informationen, die in dieser Dichte in anderen Katalogen in der Regel nicht erreicht wird.

Für Beratung, Hinweise, Durchsicht von Manuskriptteilen und Beschaffung von Abbildungsvorlagen bedanken sich Verlag und Autor sehr herzlich bei folgenden Personen und Firmen:

Heidelberger Auktionshaus Herbert Grün
Münzenhandlung Fritz Rudolf Künker, Osnabrück
Leipziger Münzhandlung und Auktion Heidrun Höhn
Münzenhandlung Harald Möller GmbH, Espenau
Manfred Olding, Osnabrück
Roger Paul, Münzkabinett Dresden
Dr. Busso Peus Nachf., Frankfurt am Main

Regenstauf, Frühjahr 2022 — Autor und Verlag

Inhaltsverzeichnis

Herzogtum Anhalt

Münzstätten:	Bernburg	
	Berlin	Mzz. A ab 1834

Münzmeister in Bernburg:
H.S. Hans Schlüter

Anhalt-Bernburg

Alexius Friedrich Christian 1796 – 1834

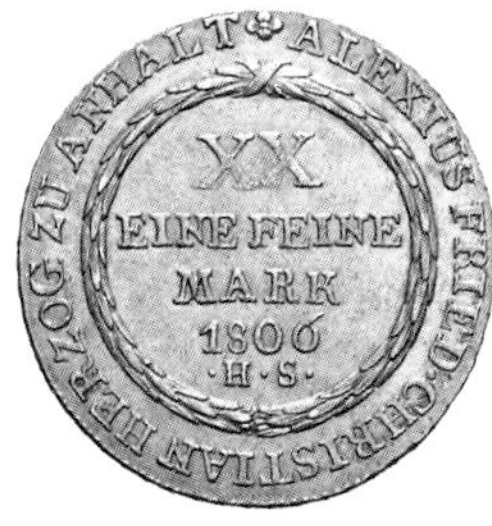

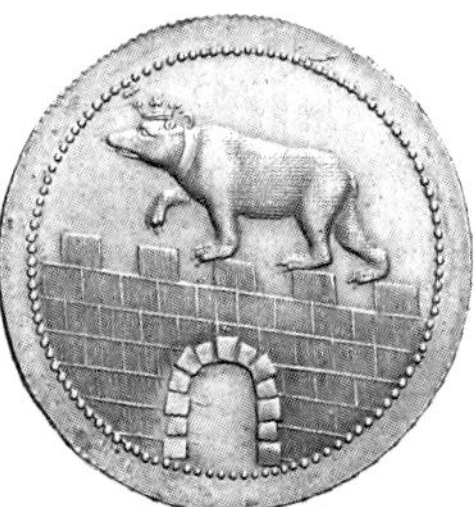

1 **½ Konventionstaler**

Vs.: ALEXIUS FRIED · CHRISTIAN HERZOG ZU ANHALT
XX EINE FEINE MARK (Jahr) Mmz. ·H·S·
Rs.: Ohne Umschrift
Rand: Kettenrand
AKS 3 – Jaeger 50

1806	50.–	100.–	180.–
1808	60.–	150.–	220.–
1809	80.–	180.–	330.–

Varianten

a) 1806 mit Punkt nach MARK
b) 1806 mit Punkt nach FEINE
c) 1806 mit schmaler Wertzahl wegen fehlender Serifen an „XX“, Breite 7 mm; mit Serifen beträgt die Breite 9 mm
d) 1806 mit grobem Riffelrand. Laut Auskunft von Ingolf Schameitat ist eine Manipulation nicht ausgeschlossen.

e) 1806, 1808 und 1809 mit Beschlägen auf der Tür in der Mauer
f) 1809 mit fünfblättriger Rosette nach ANHALT

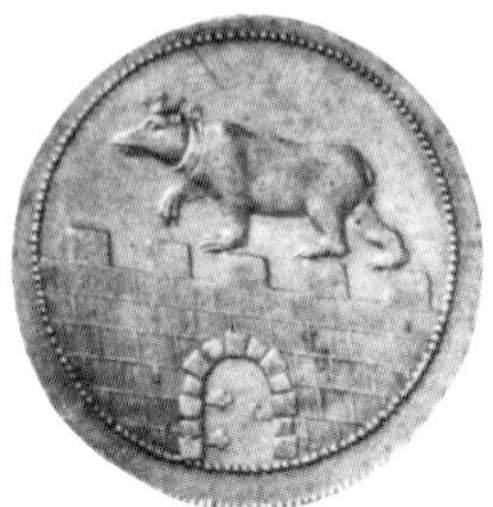

Nr. 1e) mit Beschlägen auf der Tür in der Mauer

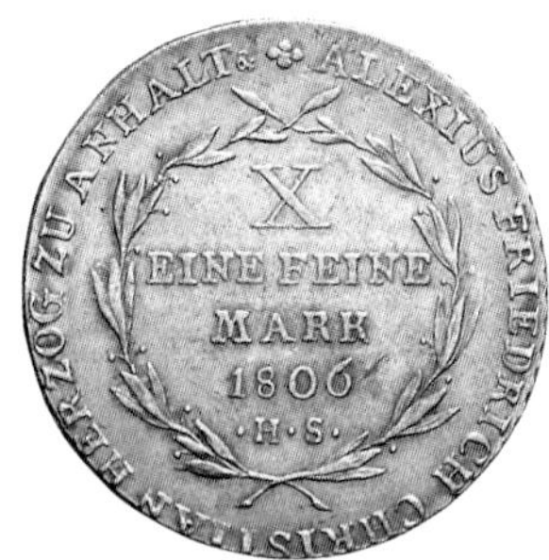

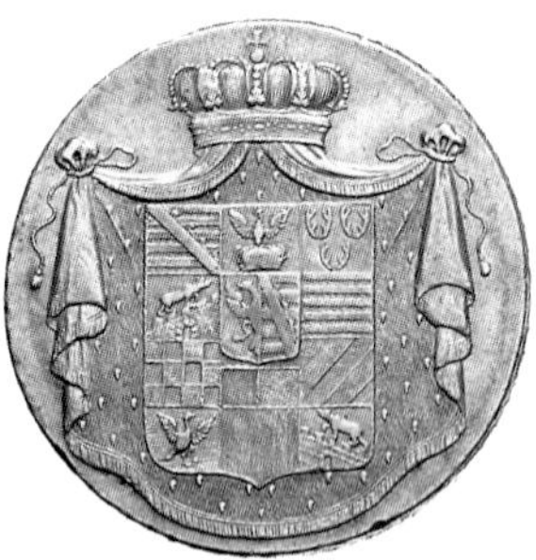

Breitere Wertzahl

2 Konventionstaler

Vs.: ALEXIUS FRIEDRICH CHRISTIAN HERZOG ZU ANHALT & / X EINE FEINE MARK (Jahr) Mmz. · H · S ·

Rs.: Ohne Umschrift

Rand: Kettenrand

Dav. 501 – AKS 2 – Jaeger 51a+b – T. 1

1806	650.–	1500.–	2000.–
1809	900.–	2500.–	3800.–

Varianten

a) 1806 auch mit geringfügigen Abweichungen in der Ausführung der Olivenzweige
b) 1809 mit kleinerem Wappen und zwei Kordeln am Wappenmantel; Abb. siehe nächste Seite

Nach Information von Herrn Ingolf Schameitat soll es auch eine Stempelkopplung der Vorderseite vom Jahrgang 1806 mit der Rückseite der Nr. 2b geben.

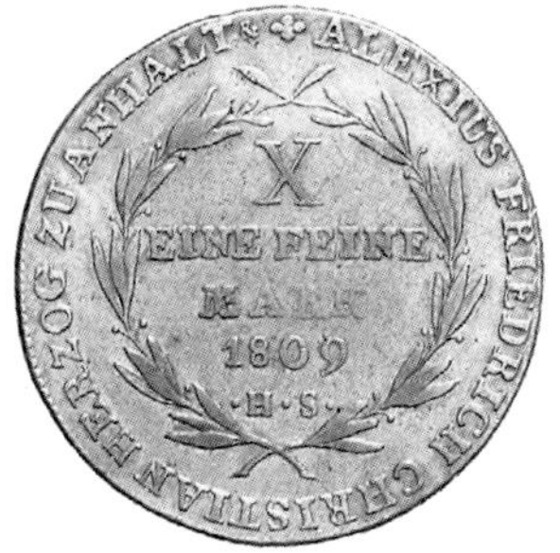

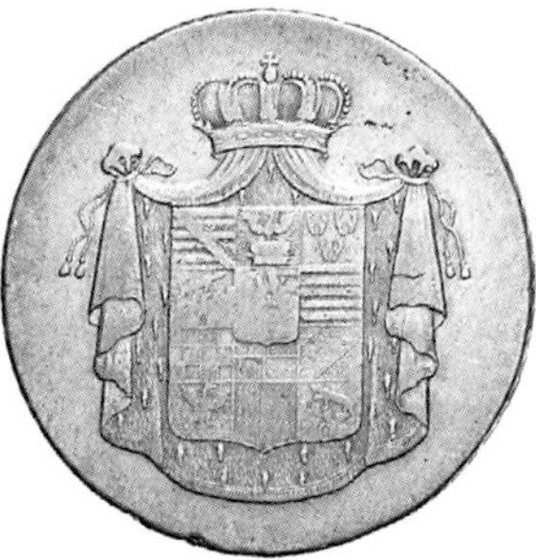

Nr. 2b), der Jahrgang 1809 mit kleinerem Wappen und zwei Kordeln am Wappenmantel

Der Jahrgang 1806 wurde in „fast prägefrisch“, winzige Justierspuren, in der 80. Auktion der Heidelberger Münzhandlung (11/2020) für 3300.– Euro zugeschlagen.

Alexander Carl 1834 – 1863

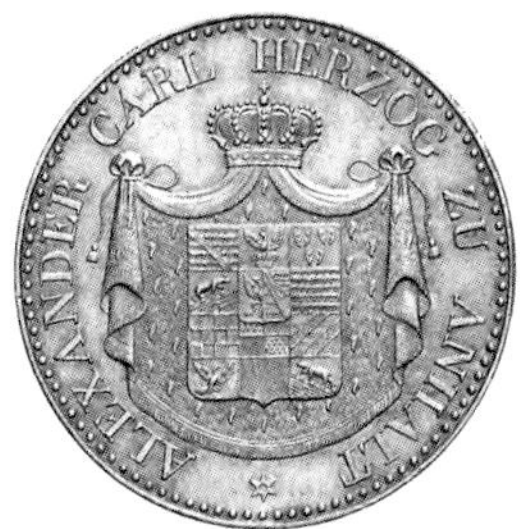

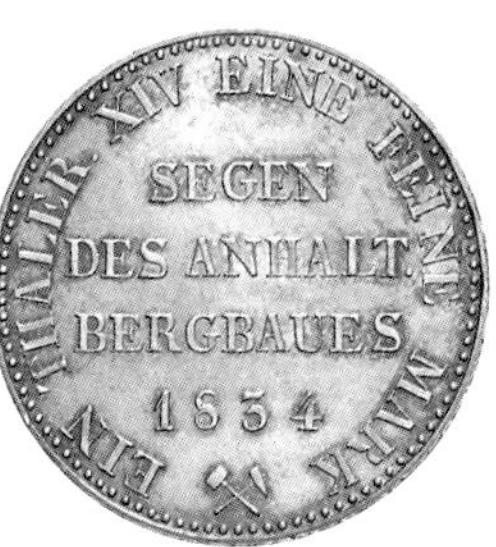

3 Ausbeutetaler

Vs.: ALEXANDER CARL HERZOG ZU ANHALT

Rs.: EIN THALER. XIV EINE FEINE MARK
Schlägel und Eisen, gekreuzt
SEGEN DES ANHALT. BERGBAUES 1834

Rand: GOTT MIT UNS

Dav. 502 – AKS 15 – Jaeger 59 – T. 2

1834	(15 000)	80.–	180.–	400.–

Ein Exemplar in „fast Stempelglanz“ wurde in der 80. Auktion der Heidelberger Münzhandlung (11/2020) für 800.– Euro zugeschlagen.

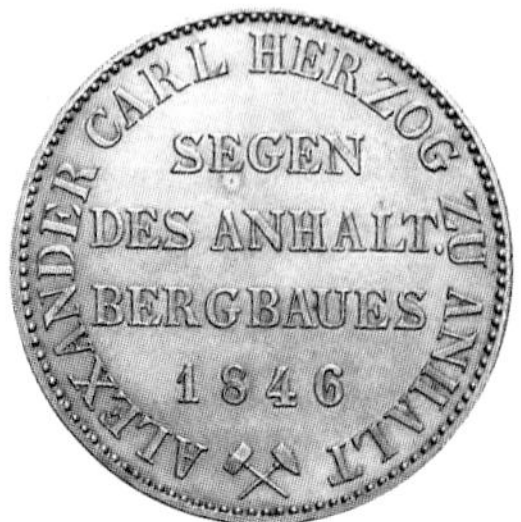

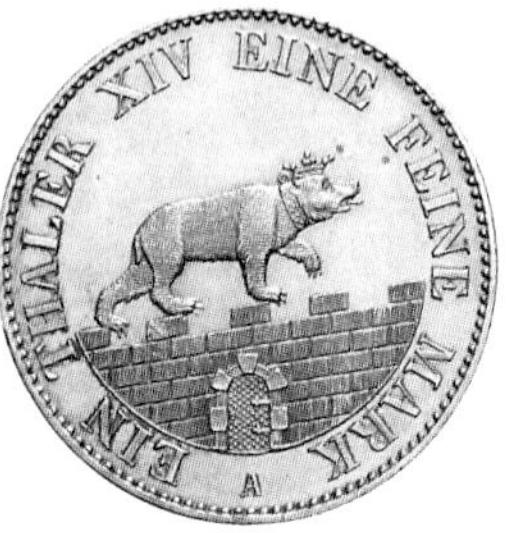

4 Ausbeutetaler

Vs.: ALEXANDER CARL HERZOG ZU ANHALT / SEGEN DES ANHALT. BERGBAUES Jahr

Rs.: EIN THALER XIV EINE FEINE MARK Mzz. A

Rand: GOTT MIT UNS

Dav. 504 – AKS 16 – Jaeger 66 – T. 3

1846	(10 000)	70.–	160.–	200.–
1852	(10 000)	70.–	160.–	200.–
1855	(20 000)	60.–	125.–	200.–

In der 80. Heidelberger Münzauktion (11/2020) wurde ein Exemplar von 1855 in „fast Stempelglanz" mit winzigen Kratzern für 250.– Euro zugeschlagen.

Variante

a) 1846 als Zinnabschlag mit glattem Rand (Ferrari 17)

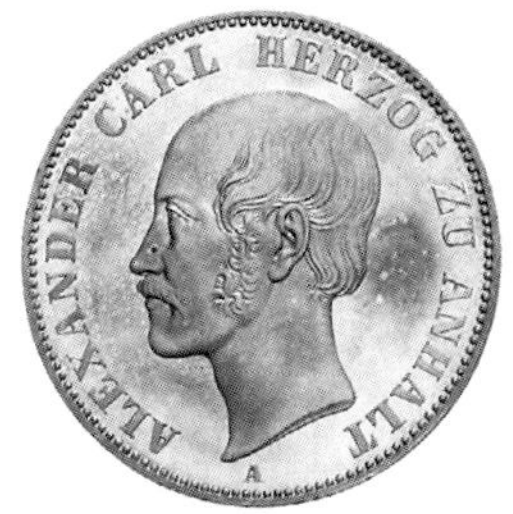

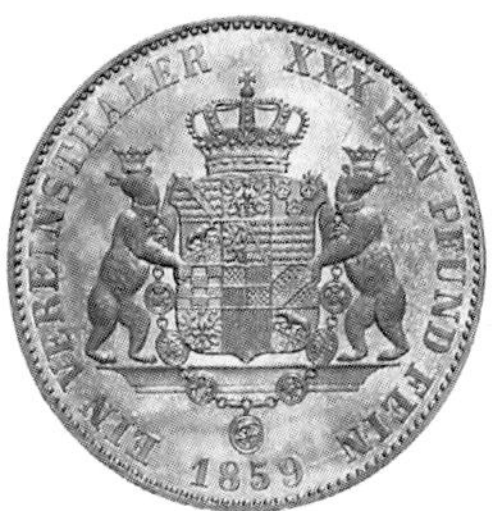

5 Vereinstaler

Vs.: ALEXANDER CARL HERZOG ZU ANHALT Mzz. A

Rs.: EIN VEREINSTHALER XXX EIN PFUND FEIN 1859

Rand: GOTT SEGNE ANHALT

Dav. 505 – AKS 14 – Jaeger 72 – T. 5

1859	(24 000)	100.–	220.–	500.–

In der 327. Künker-Auktion (10/2019) wurde ein Exemplar in „vorzüglich+" für 420.– Euro zugeschlagen, in der 80. Auktion der Heidelberger Münzhandlung (11/2020) ein Exemplar in „fast Sempelglanz" für 430.– Euro.

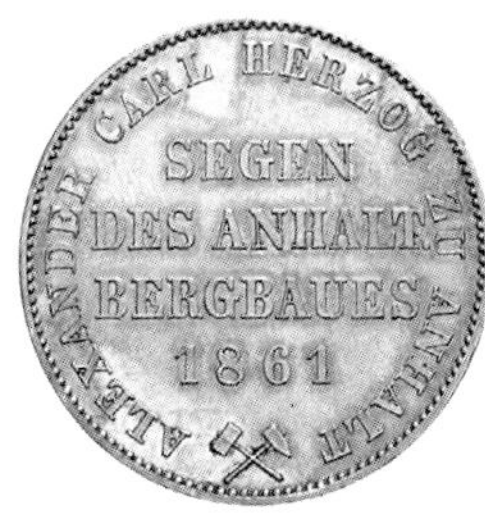

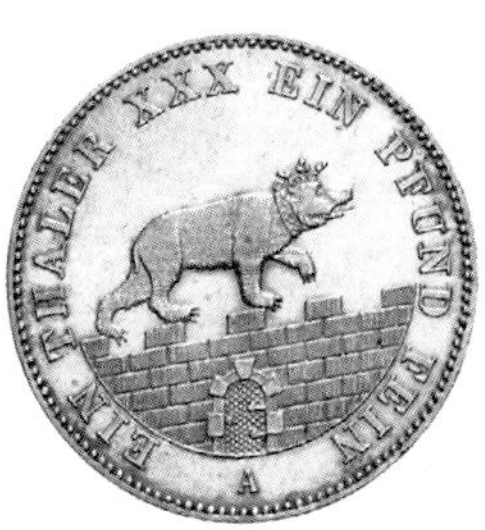

6 Ausbeutevereinstaler

Vs.: ALEXANDER CARL HERZOG ZU ANHALT
SEGEN DES ANHALT. BERGBAUES Jahr

Rs.: EIN THALER XXX EIN PFUND FEIN Mzz. A

Rand: GOTT SEGNE ANHALT

Dav. 506 – AKS 17 – Jaeger 73 – T. 6

1861	(10 000)	75.–	150.–	200.–
1862	(20 000)	75.–	150.–	200.–

In der 75. Emporium-Auktion (11/2015), erzielte ein Exemplar in „Stempelglanz" (MS-62) den Zuschlag von 260.– Euro.

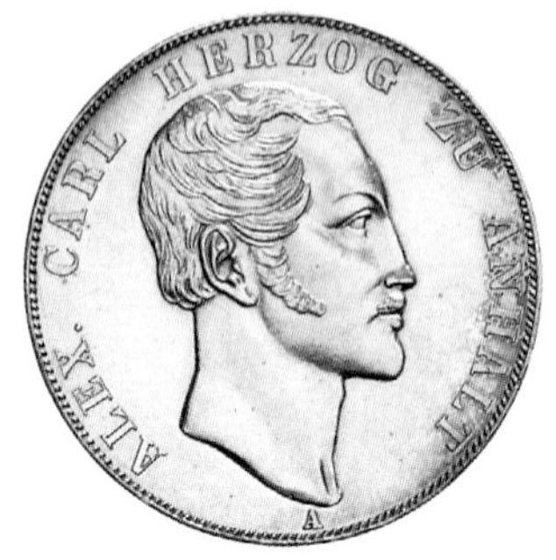

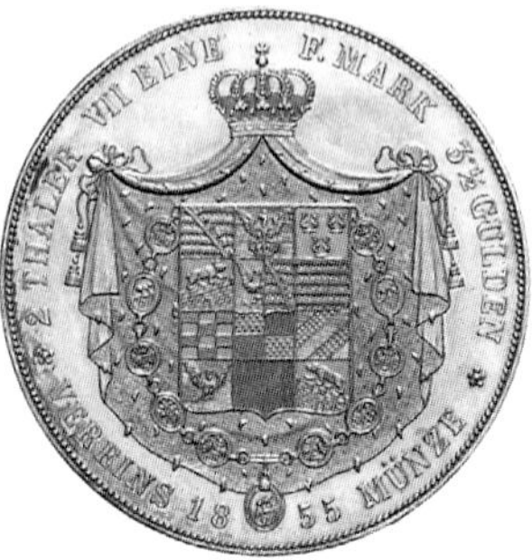

7 **Doppeltaler**

Vs.: ALEX. CARL HERZOG ZU ANHALT Mzz. A

Rs.: 2 THALER VII EINE F. MARK 3 ½ GULDEN VEREINS (Jahr) MÜNZE

Rand: GOTT MIT UNS

Dav. 503 – AKS 13 – Jaeger 64 – T. 4

1840	(3600)	750.–	1200.–	1800.–
1845	(7200)	700.–	1200.–	1800.–
1855	(5000)	700.–	1200.–	1800.–

In der 80. Auktion (11/2020) der Heidelberger Münzhandlung in „vorzüglich-Stempelglanz/fast Stempelglanz, kleine Kratzer" für 1700.– Euro versteigert. In der 47. Sincona-Auktion (5/2018) erzielte ein Exemplar in „prachtvoller" Erhaltung mit herrlicher Patina" 3800.– CHF (3200.– Euro); in der 3066. Heritage-Auktion (8/2018), Nr. 30216, ein Exemplar in „Stempelglanz" 6800.– US-Dollars (5600.– Euro).

Variante

a) Einseitiger Kupferabschlag der Vorderseite (Slg. Faruk 2254)

Anhalt-Köthen

Heinrich 1830 – 1847

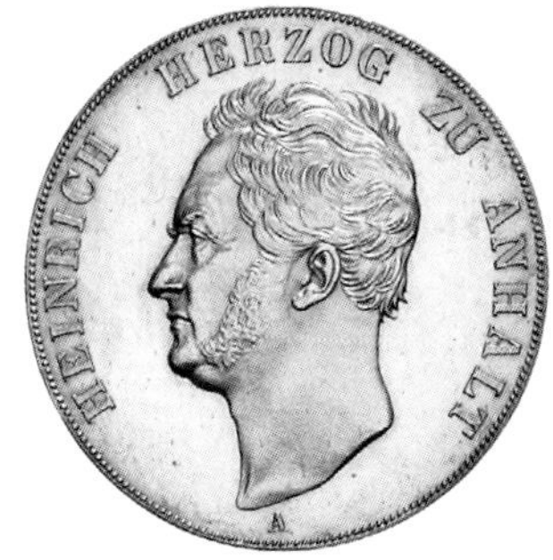

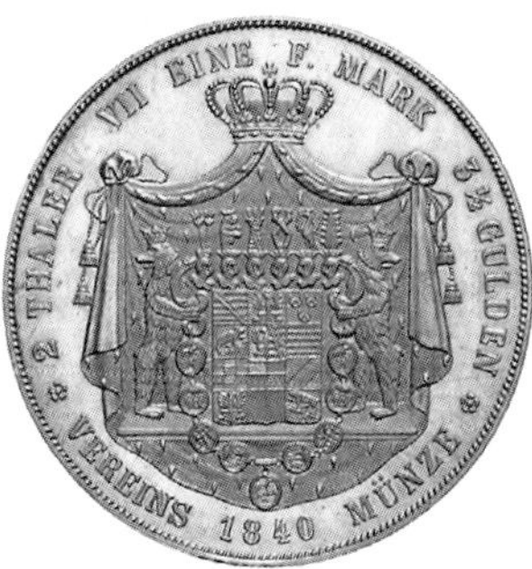

8 Doppeltaler

Vs.: HEINRICH HERZOG ZU ANHALT Mzz. A

Rs.: 2 THALER VII EINE F. MARK 3 ½ GULDEN VEREINS 1840 MÜNZE

Rand: GOTT SEGNE ANHALT

Dav. 507 – AKS 20 – Jaeger 74 – T. 7

1840	(3100)	1400.–	2300.–	3500.–

In der 111. WAG-Online-Auktion (9/2020) erzielte ein Exemplar in „vorzüglich+" einen Zuschlag von 2100.– Euro, ein Exemplar in „fast Stempelglanz, Prachtexemplar" 4900.– Euro; in der 278. Künker-Auktion (6/2016), Nr. 1536, ein Exemplar in „vorzüglich-Stempelglanz" 3800.– Euro.

Anhalt-Dessau

Leopold Friedrich 1817 – 1871

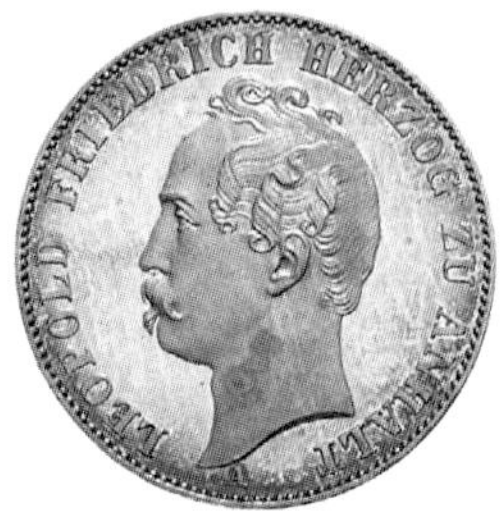
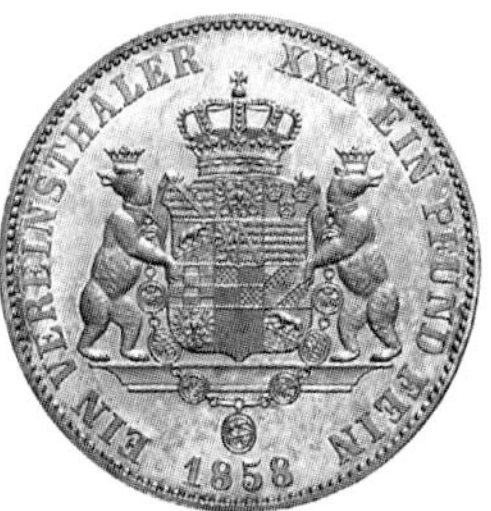

9 Vereinstaler

Vs.: LEOPOLD FRIEDRICH HERZOG ZU ANHALT Mzz. A
Rs.: EIN VEREINSTHALER XXX EIN PFUND FEIN 1858
Rand: GOTT SEGNE ANHALT

Dav. 509 – AKS 30 – Jaeger 76 – T. 9

1858	(26 800)	120.–	200.–	350.–

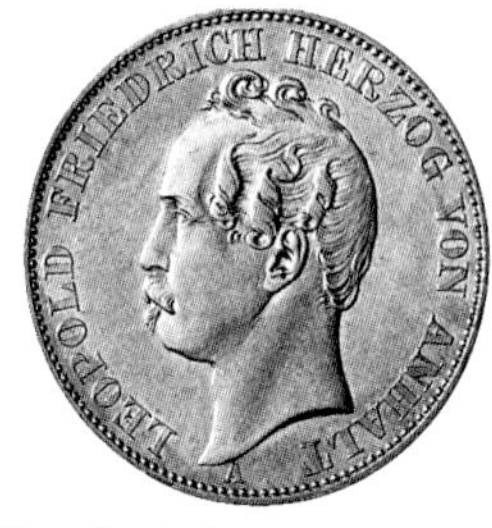
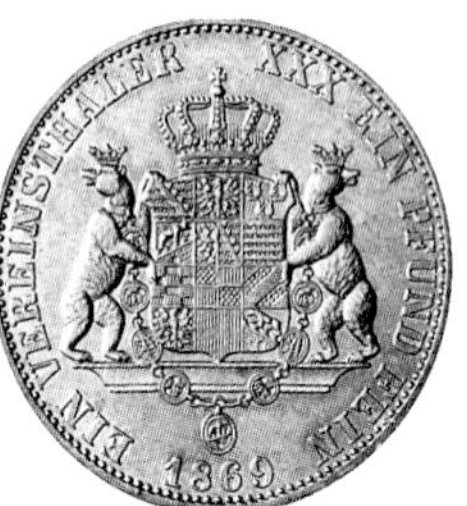

10 Vereinstaler

Vs.: LEOPOLD FRIEDRICH HERZOG VON ANHALT Mzz. A
Rs.: EIN VEREINSTHALER XXX EIN PFUND FEIN Jahr
Rand: GOTT SEGNE ANHALT

Dav. 509 – AKS 30 – Jaeger 79 – T. 10

1866	(30 880)	120.–	200.–	350.–
1869	(31 520)	120.–	200.–	350.–

In der 80. Heidelberger Münzauktion (11/2020) wurde ein PP-Exemplar von 1869 für 1200.– Euro versteigert.

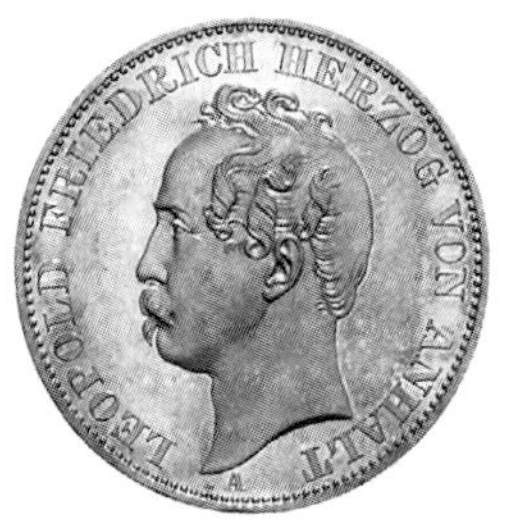
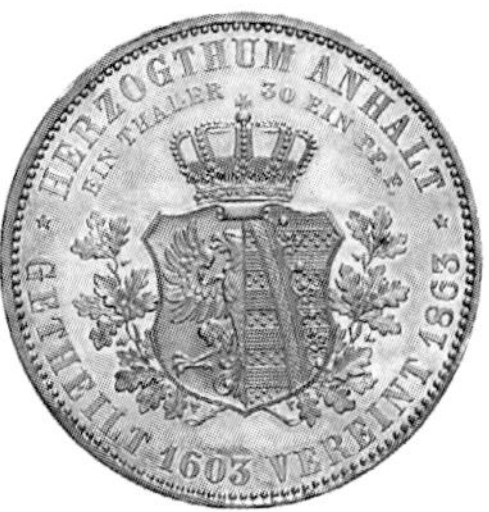

11 Vereinstaler (Vereinigungstaler)

Vs.: LEOPOLD FRIEDRICH HERZOG VON ANHALT Mzz. A

Rs.: HERZOGTHUM ANHALT ⁎ GETHEILT 1603 VEREINT 1863 ⁎/ EIN THALER 30 EIN PF. F.

Rand: GOTT SEGNE ANHALT

Dav. 510 – AKS 35 – Jaeger 77 – T. 11

1863	(20 300)	80.–	150.–	300.–

In der 80. Auktion der Heidelberger Münzhandlung (11/2020), wurde ein Exemplar in „Polierter Platte" für 410.– Euro zugeschlagen.

Varianten

a) Veränderte Randschrift

b) Kupferprobe. In der Liste 47 von Holger Siee (4/2010) für 1750.– Euro verkauft.

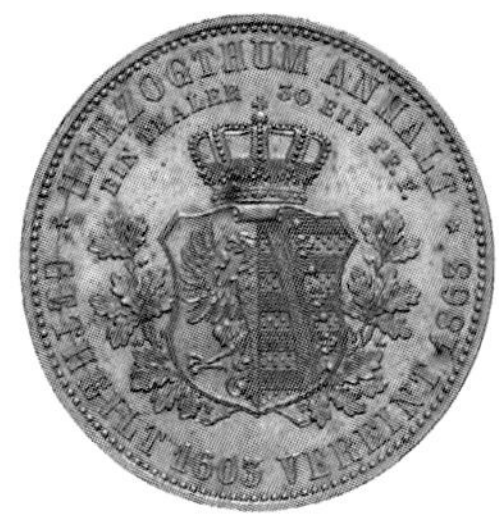
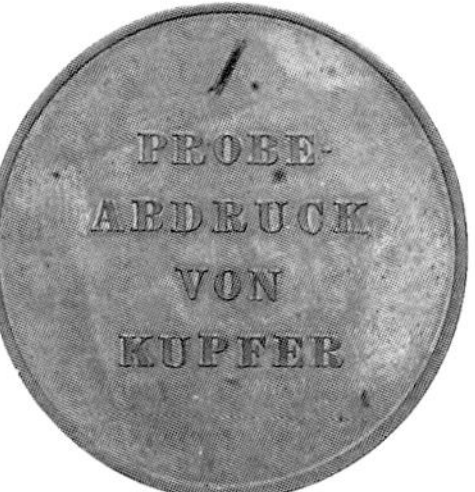

Nr. 11b) Kupferprobe des Vereinigungstalers 1863

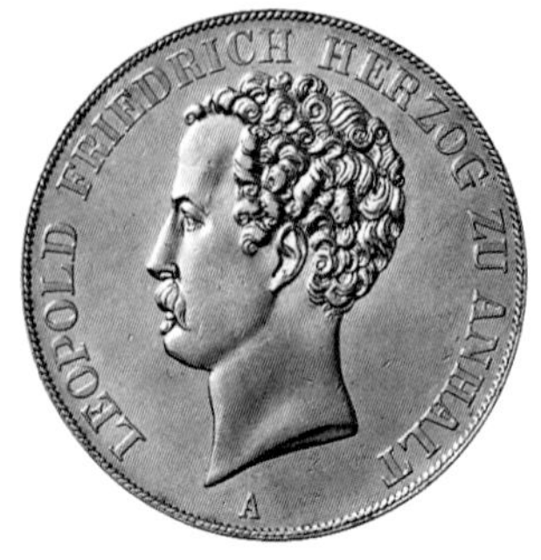

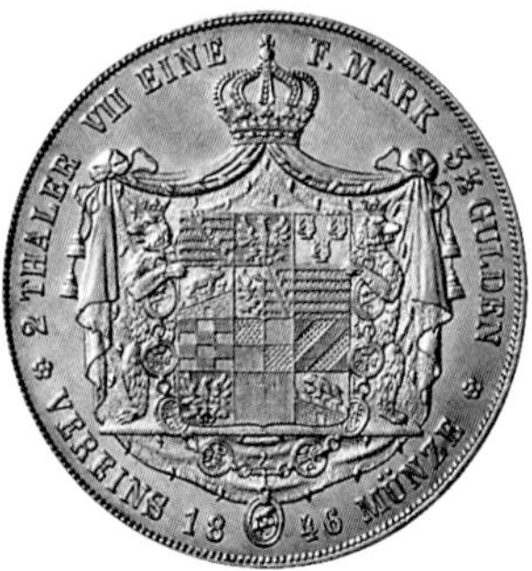

12 Doppeltaler

Vs.: LEOPOLD FRIEDRICH HERZOG ZU ANHALT Mzz. A

Rs.: 2 THALER VII EINE F. MARK 3 ½ GULDEN VEREINS (Jahr) MÜNZE

Rand: GOTT SEGNE ANHALT

Dav. 508 – AKS 29 – Jaeger 75 – T. 8

1839	(4700)	600.–	1100.–	1450.–
1843	(4700)	600.–	1100.–	1450.–
1846	(4700)	600.–	1100.–	1450.–

In der 80. Auktion der Heidelberger Münzhandlung (11/2020), wurde ein Exemplar von 1839 in „fast Stempelglanz, winzige Kratzer“ für 2100.– Euro zugeschlagen; in der 331. Künker-Auktion (1/2020), Nr. 142, ein Exemplar von 1839 in „fast Stempelglanz/Stempelglanz“ für 2800.– Euro; in der 354. Künker-Auktion (9/2021), Nr. 5289, ein PP-Exemplar von 1846 für 5500.– Euro; in der Sincona-Auktion 47 (5/2018), Nr. 1289, ein Exemplar von 1843 in „prachtvoller Erhaltung mit herrlicher Patina“ für 4000.– CHF (3400.– Euro).

Fürstentum Auersperg

Münzstätte: Wien

Medailleur:
I. N. WIRT Johann Nepomuk Wirt, Wien

Wilhelm 1800 – 1822

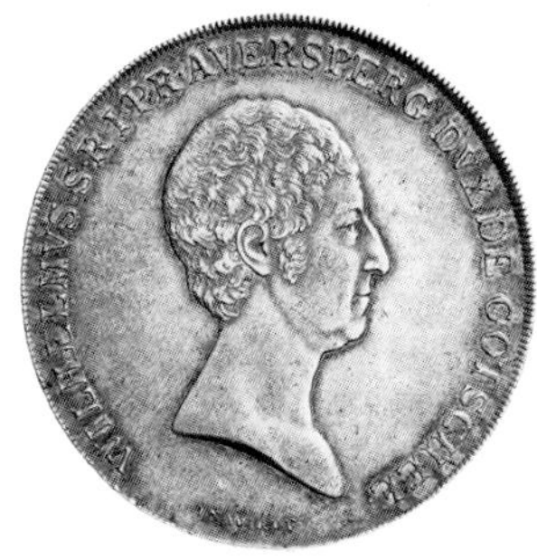
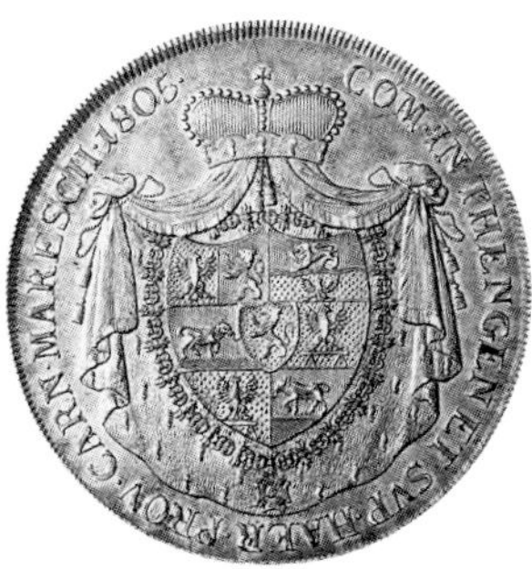

13 Konventionstaler

Vs.: WILHELMVS S · R · I · PR · AVERSPERG DVX DE GOTSCHEE · Signatur I · N · WIRT · F ·

Rs.: COM · IN THENGEN ET SVP · HAER · PROV · CARN · MARESCH · 1805 ·

Rand: VIRTVTE ET PRVDENTIA

Dav. 39 – Holzmair 5

1805	(972)	550.–	800.–	1100.–

In der 129. Frühwald-Auktion (6/2018) wurde ein Exemplar in „sehr schön" für 580.– Euro versteigert; in der 223. Künker-Auktion (1/2013), Nr. 219, ein Exemplar in „Erstabschlag, fast Stempelglanz" für 2000.– Euro.

Großherzogtum Baden

Markgrafschaft	bis 1803	
Kurfürstentum	1803 – 1806	
Großherzogtum	ab 1806	
Münzstätten:	Mannheim	1802 – 1826
	Karlsruhe	ab 1827
	München	
	Paris	Mzz. A 1808 (Rheinbundtaler)

Medailleure und Münzmeister in Mannheim:

B oder HB	Hans Heinrich Boltshauser	1803 – 1812
F.E.	Franz Eberle, Münzwardein	1803 – 1805
E.	Eberhard	
D oder DOELL oder DOELL FEC. oder WD	Karl Wilhelm Doell	1812 – 1848

(Medailleur in Mannheim, dann in Karlsruhe)

Medailleure in Karlsruhe:

B oder BALBACH	Othemar Balbach	1810 – 1857
K	Ludwig Kachel, Münzwardein	1826 – 1874

Medailleur in München:

C. VOIGT	Carl Voigt

Medailleur in Paris:

Tiolier	Pierre Josèph Tiolier	1808

Kurfürstentum

Carl Friedrich 1746 – 1811 (als Kurfürst 1803 – 1806)

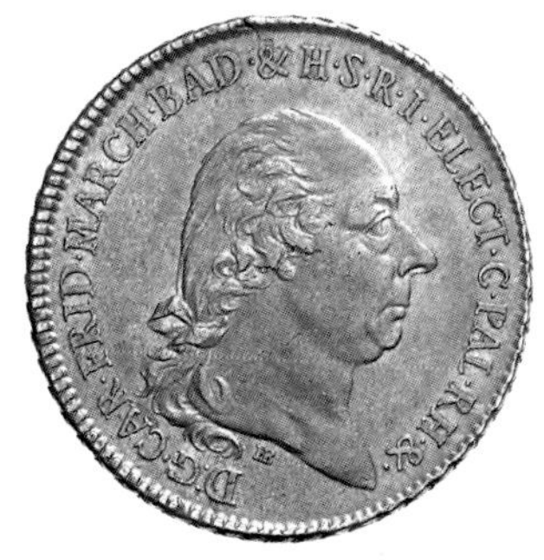
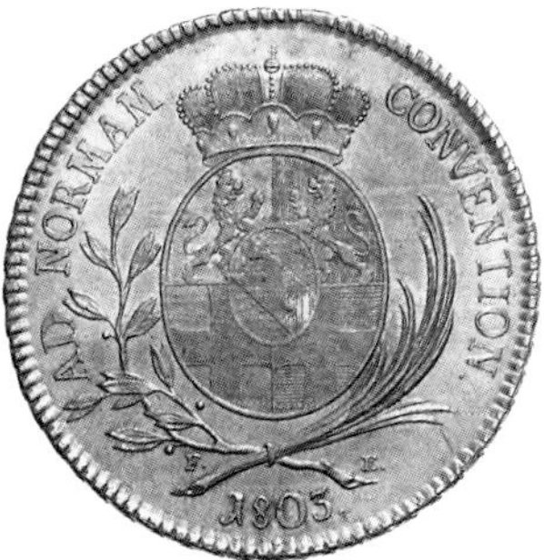

14 Konventionstaler

Vs.:	D : G · CAR · FRID · MARCH · BAD · & H · S · R · I · ELECT · C · PAL · RH · & · Signatur HB
Rs.:	AD NORMAM CONVENTION. 1803. Mmz. F.E.
Rand:	Laubrand

Dav. 513 – AKS 2 – Jaeger 7 – T. 12

1803	(675)	2400.–	3800.–	7000.–

In der 68. Heidelberger Münzauktion (5/2016) wurde ein „prägefrisches Prachtexemplar mit schöner Patina“ für 14 500.– Euro zugeschlagen, in der 80. Heidelberger Münzauktion (11/2020) ein „fast prägefrisches Prachtexemplar für 7000.– Euro, in der 74. UBS-Auktion (1/2008) ein „prachtvolles Exemplar mit spiegelnden, glänzenden Flächen für 10 000.– CHF.

Großherzogtum

Carl Friedrich 1746 – 1811 (als Großherzog 1806 – 1811)

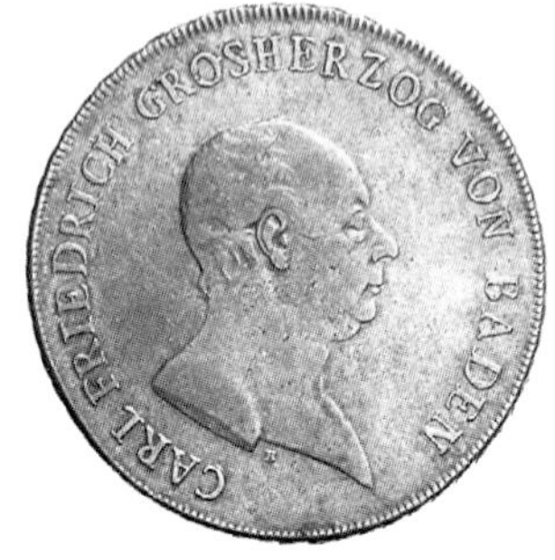

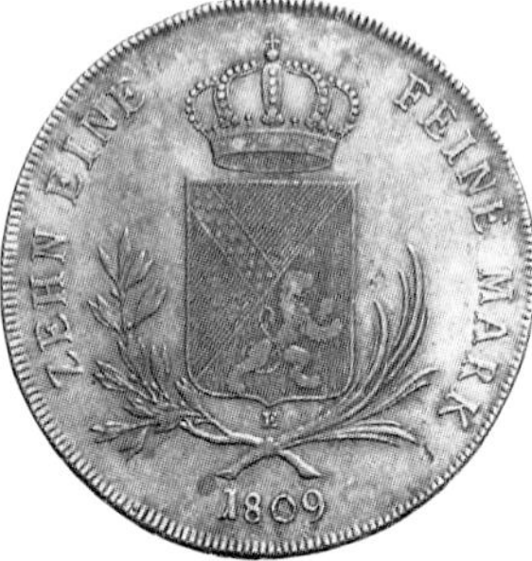

15 Konventionstaler

Vs.: CARL FRIEDRICH GROSHERZOG VON BADEN
Signatur B

Rs.: ZEHN EINE FEINE MARK (Jahr) Mmz. E (nur 1809)

Rand: Laubrand

Dav. 514 – AKS 11 – Jaeger 14 – T. 13

1809	(6210)	700.–	1300.–	2800.–
1810	(2810)	700.–	1300.–	2800.–
1811	(3880)	700.–	1300.–	2800.–

Das Münzmeisterzeichen „E" unter dem Wappenschild ist nur beim Jahrgang 1809 vorhanden.

In der 69. Möller-Auktion (6/2017) wurde ein Exemplar von 1809 in „fast Stempelglanz, kleiner Schrötlingsfehler" für 2000.– Euro zugeschlagen, in der 319. Künker-Auktion (3/2019) ein Exemplar von 1810 in „vorzüglich, Stempelglanz" für 3800.– Euro, in der 116. WAG-Online-Auktion (2/2021) ein Exemplar von 1811 in „vorzüglich-Stempelglanz" für 3600.– Euro.

Varianten

a) 1811 mit schmaler Krone (12 mm)

b) 1811 mit breiter Krone (13 ½ mm)

Die Ausführungen der Oliven- und Palmenzweige sind bei beiden Varianten unterschiedlich (Wiel. 776).

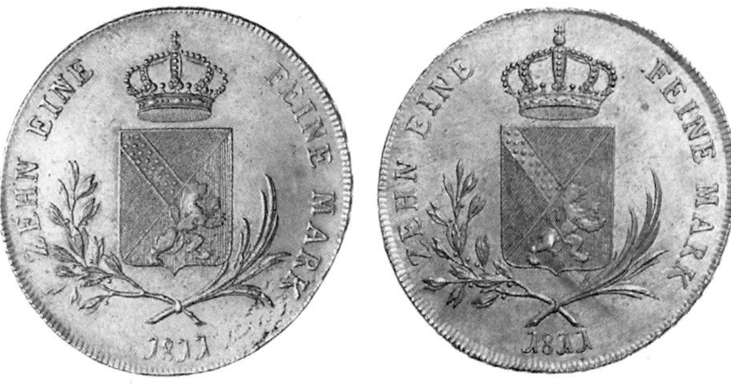

Nr. 15a) mit schmaler Krone (links) und Variante Nr. 15b) mit breiter Krone (rechts), die Ausführungen der Oliven- und Palmenzweige weichen voneinander ab

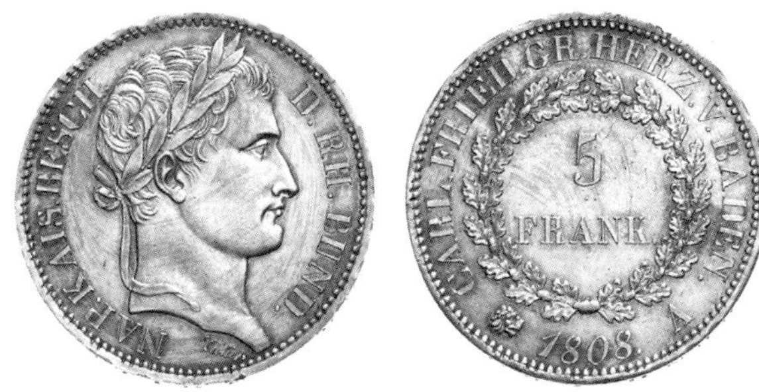

15 A 5-Franken-Probe (sog. Rheinbundtaler)

Vs.: NAP. KAIS. BESCH. D. RH. BUND. Tiolier (kursiv)

Rs.: CARL. FRIED. GR. HERZ. V.BADEN. / 5 FRANK.
Löwenkopf 1808. Mzz. A (Paris)

Rand: GOTT BEFESTIGE UNSERN BUND

AKS 10 – JAEGER 14 I

1808 (4) LP

In der 5. Auktion der Münzenhandlung Harald Möller, Espenau (4/1990), Nr. 334, in „Stempelglanz-“ für 175 000.– DM zugeschlagen, in der 42. Auktion Harald Möller (12/2006), Nr. 46 (identisches Exemplar), für 75 000.– Euro.

Carl Ludwig Friedrich 1811 – 1818

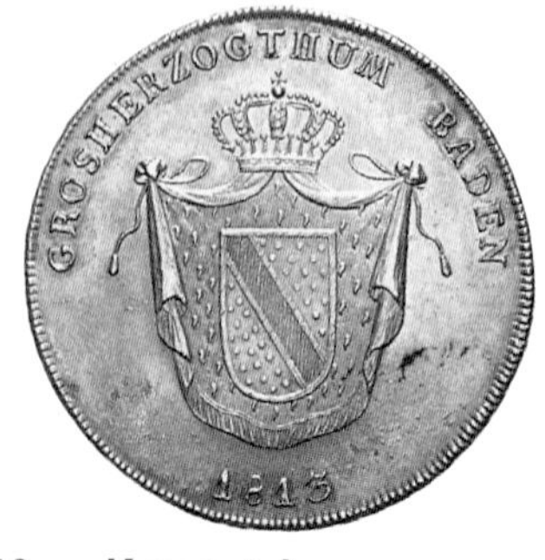

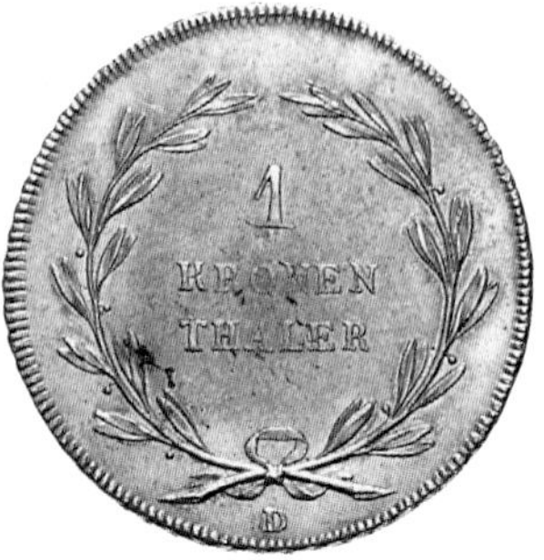

16 Kronentaler

Vs.: GROSHERZOGTHUM BADEN Jahr

Rs.: 1 KRONEN THALER Signatur D

Rand: Laubrand

Dav. 515 – AKS 24 – Jaeger 20 – T. 14

1813		350.–	600.–	1400.–
1814	(35 520)	350.–	600.–	1400.–

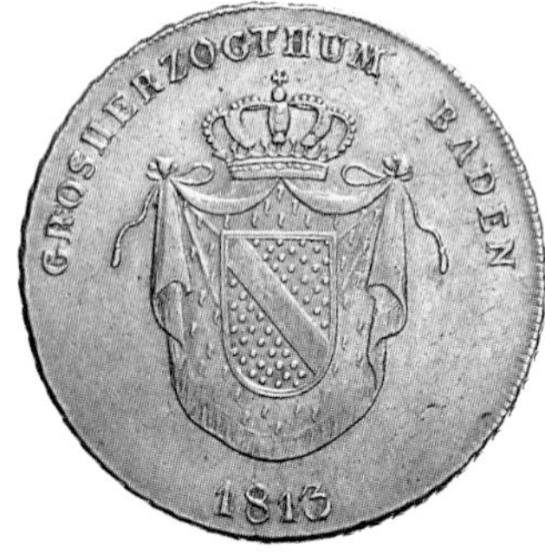

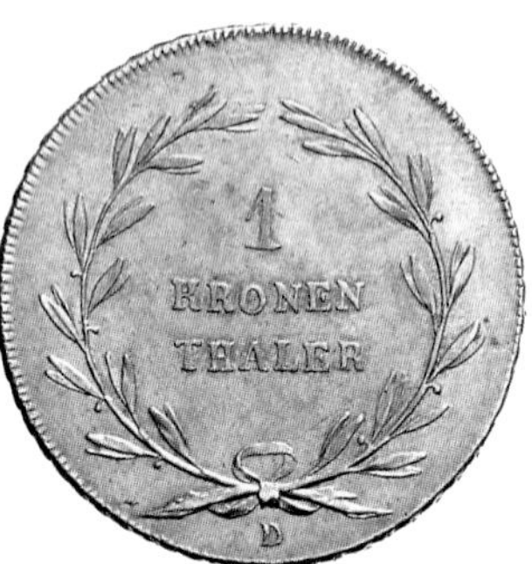

Nr. 16a) mit schmalerem Wappenmantel, größerer Jahreszahl 1813, breiterer Krone und fehlendem Querstrich im A von BADEN

Varianten

a) Mit schmalerem Wappenmantel, größerer Jahreszahl 1813, breiterer Krone und fehlendem Querstrich im „A" von BADEN; 80. Auktion der Heidelberger Münzhandlung Herbert Grün (11/2020), „justiert, fast prägefrisch", Zuschlag 1000.– Euro.

b) Mit schmalerem Wappenmantel, größerer Jahreszahl 1813, breiterer Krone und korrektem „A" in BADEN
c) Mit breiter Jahreszahl 1814, breiteren Blättern der Olivenzweige und größerem Buchstaben „D" darunter
d) Mit schmaler Jahreszahl 1814 und größerem Abstand der Olivenzweige oben
e) Mit schmaler Jahreszahl 1814 und kleinerem Abstand der Olivenzweige oben
Abb. siehe nächste Seite
f) Mit der Jahreszahl 1814 zwischen Sternchen (LP) (St. 62f)

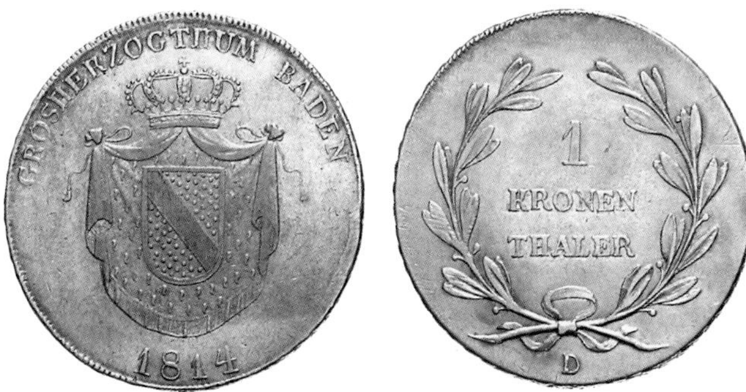

Nr. 16c) mit breiter Jahreszahl 1814 (größere Abstände zwischen den Ziffern), breiteren Blättern der Olivenzweige und größerem Buchstaben „D"

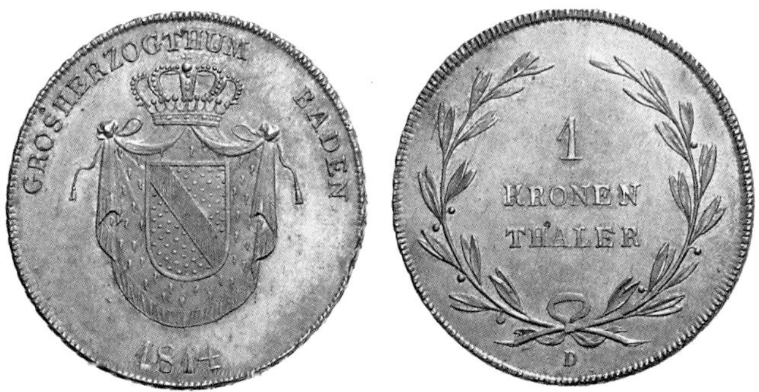

Nr. 16d) mit schmaler Jahreszahl 1814 und größerem Abstand der schmaleren Blätter der Olivenzweige oben

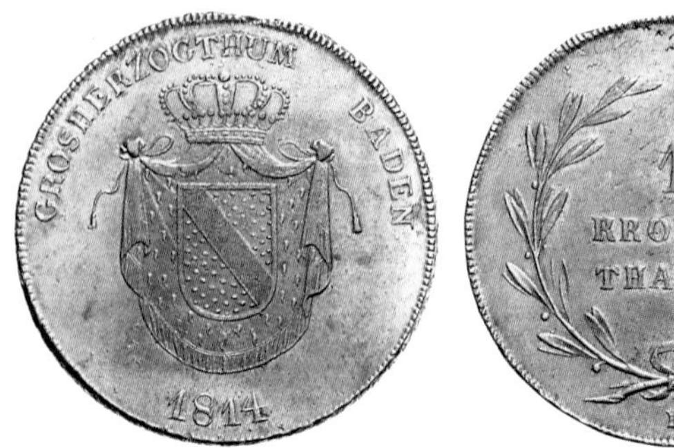

Nr. 16e) mit schmaler Jahreszahl 1814 und kleinerem Abstand der Olivenzweige oben

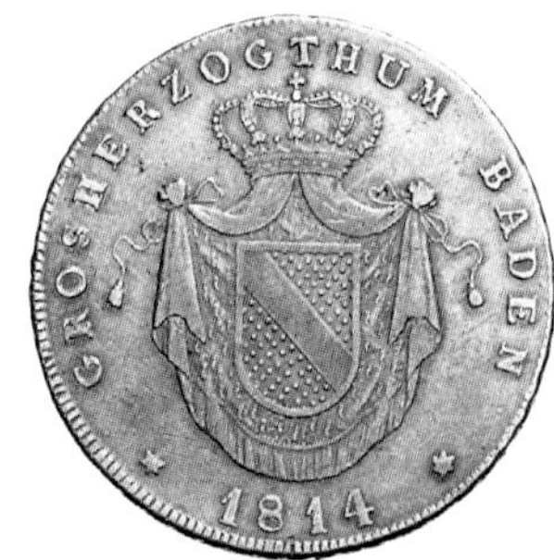

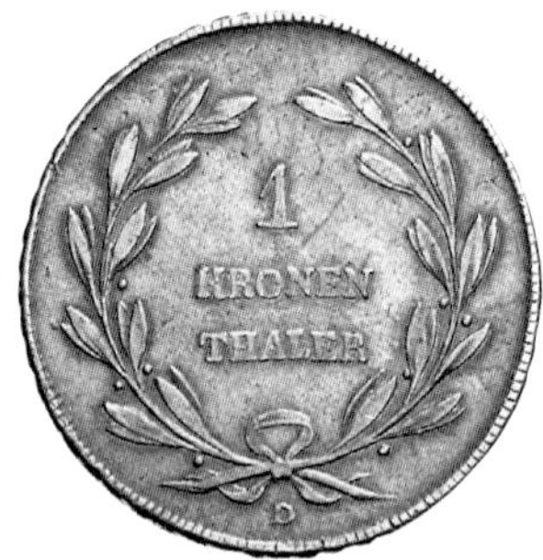

17 Kronentaler

Vs.: GROSHERZOGTHUM BADEN ⋆ Jahr ⋆

Rs.: 1 KRONEN / THALER Signatur D

Rand: Laubrand

Dav. 515 – AKS 25 + 50 – Jaeger 21 – T. 15

1814		220.–	650.–	1400.–
1815	(38 270)	200.–	500.–	1000.–
1816	(35 660)	200.–	500.–	1000.–
1817	(52 070)	200.–	500.–	1000.–
1818	(38 950)	220.–	530.–	1200.–
1819		500.–	1300.–	2000.–

In der 80. Auktion der Heidelberger Münzhandlung (11/2020) wurde ein Exemplar von 1815 „justiert, Schrötlingsfehler, prägefrisch", für 1650.– Euro zugeschlagen.

Varianten

a) 1814 mit Abweichungen in den Olivenzweigen, deren Abstand oben beträgt 2 mm oder 3 mm

b) 1815 mit kleiner „8“ in der Jahreszahl, der Abstand der „5“ zur „1“ ist geringer

c) Breite der Jahreszahl 1816 beträgt 13 mm, acht Oliven an den Zweigen, Abstand der Zweige oben 4 mm

d) Breite der Jahreszahl 1816 beträgt 14 mm, neun Oliven an den Zweigen, Abstand der Zweige oben 5 mm

e) Breite der Jahreszahl 1816 beträgt 15 mm, neun Oliven an den Zweigen, Abstand der Zweige oben 3 mm, das „D“ auf der Rückseite steht tiefer; Abb. auf der nächsten Seite

f) 1816 auch mit schmaler (11 mm statt 12 mm Breite) Krone auf der Vorderseite; der rechte Lorbeerzweig endet mit nur einem Blatt; in der 52. Möller-Auktion (5/2010) in „vorzüglich+“ für 350.– Euro verkauft.

g) 1817 mit römischer „I“ (mit Anstrich) in der Jahreszahl, Vorderseiten-Umschrift und KRONEN / THALER mit größeren Buchstaben; Abb. auf der nächsten Seite

h) 1817 mit arabischer „1“ in der Jahreszahl

i) 1817 mit großen Buchstaben in der Vorderseiten-Umschrift Abb. siehe übernächste Seite

j) Beim Jahrgang 1818 gibt es unterschiedliche Ausführungen der Kordelschlaufen am Wappenmantel; Abb. siehe übernächste Seite

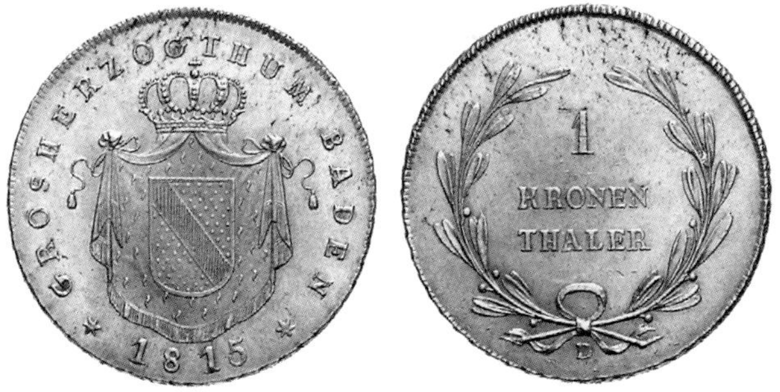

Nr. 17b) mit kleiner „8“ in der Jahreszahl 1815, der Abstand der „5“ zur „1“ ist geringer

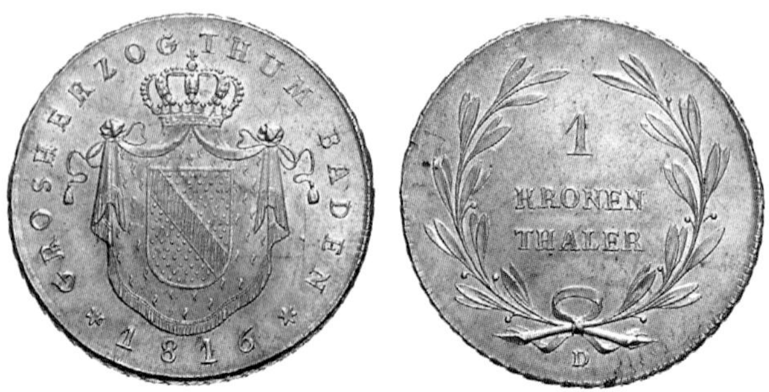

Nr. 17e), 1816 mit 15 mm breiter Jahreszahl und tiefstehendem „D" auf der Rückseite

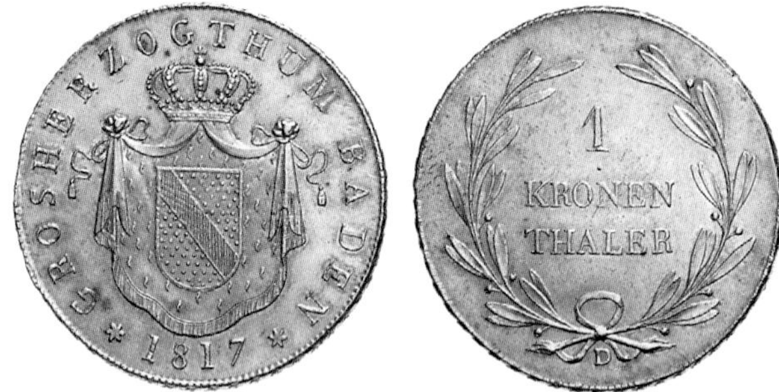

Nr. 17g), 1817 mit römischer „I" in der Jahreszahl und großen Buchstaben in der Vorderseiten-Umschrift und in KRONEN / THALER

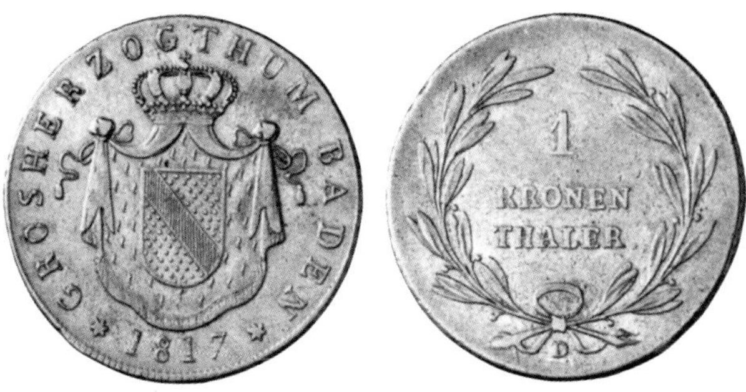

Nr. 17i), 1817 mit großen Buchstaben in der Vorderseiten-Umschrift und kleinen in KRONEN / THALER

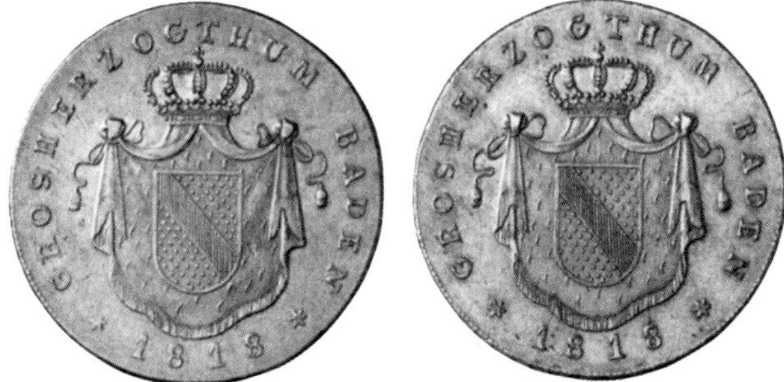

Nr. 17j), 1818 mit unterschiedlichen Kordelschlaufen am Wappenmantel

Ludwig 1818 – 1830

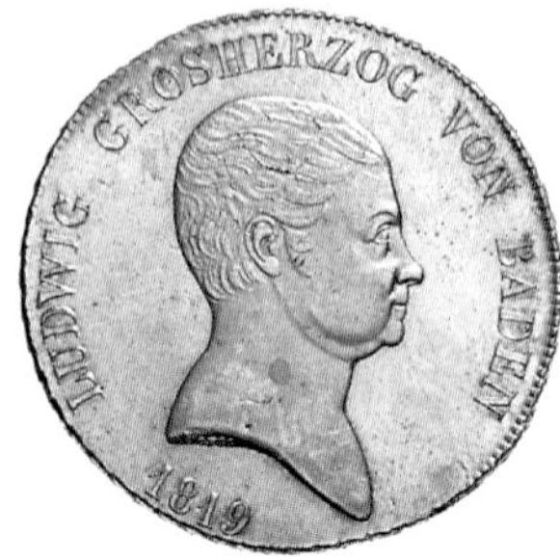

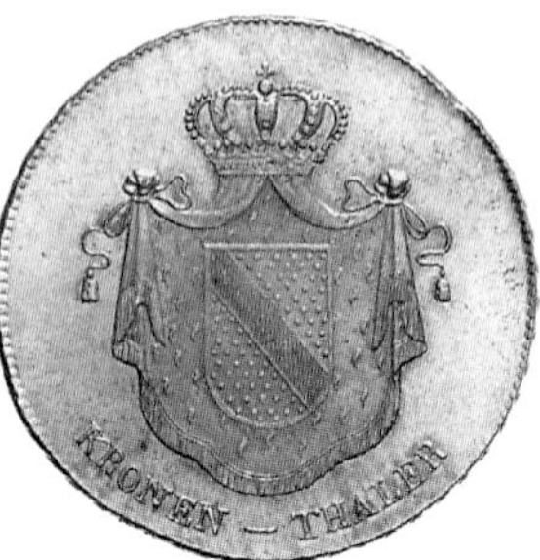

18 Kronentaler

Vs.: LUDWIG GROSHERZOG VON BADEN Signatur DOELL Jahr

Rs.: Bekröntes Wappen KRONEN–THALER

Rand: Laubrand

Dav. 516 – AKS 52 – Jaeger 24 – T. 16

1819		550.–	1500.–	2500.–
1820	(38 460)	550.–	1700.–	2700.–
1821	(19 290)	700.–	1800.–	3000.–

In der 80. Auktion der Heidelberger Münzhandlung (11/2020), wurde ein Exemplar von 1819 in „Stempelglanz" für 2600.– Euro zugeschlagen, in der 302. Künker-Auktion (2/2018) wurde ein Exemplar von 1819 für 3000.– Euro verkauft.

Varianten

a) Beim Jahrgang 1819 beträgt der Abstand zwischen LUDWIG und der Jahreszahl auch 9 mm statt 7 mm, dadurch steht die Jahreszahl mittig unter der Büste; veränderte Kordelschlaufen; Abb. siehe nächste Seite

b) Der Jahrgang 1819 existiert auch ohne Bindestrich in KRONEN THALER

c) Beim Jahrgang 1820 gibt es die Jahreszahl auch mit römischer „I" (mit Anstrich), deutlich größerem Abstand zwischen Jahreszahl und LUDWIG sowie zwischen Jahreszahl und Halsabschnitt; auch die Kordelschlaufen sind verändert; Abb. siehe nächste Seite

d) Größerer Abstand von Jahreszahl 1821 und Umschrift zur Büste des Großherzogs, Kordelschlaufen leicht variiert; Abb. siehe übernächste Seite

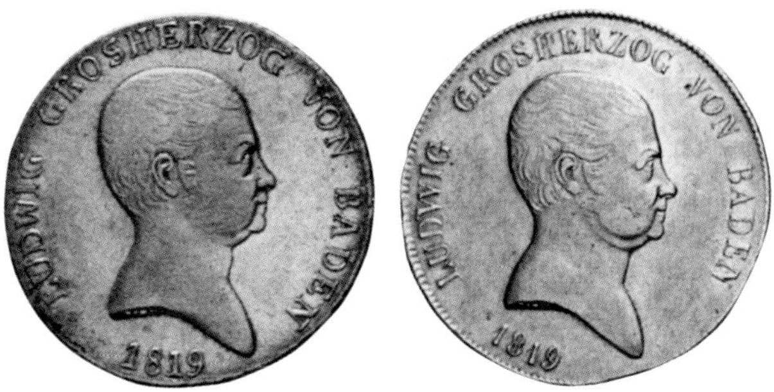

Nr. 18a) mit größerem Abstand zwischen mittig stehender Jahreszahl und LUDWIG, rechts die Variante mit kleinerem Abstand

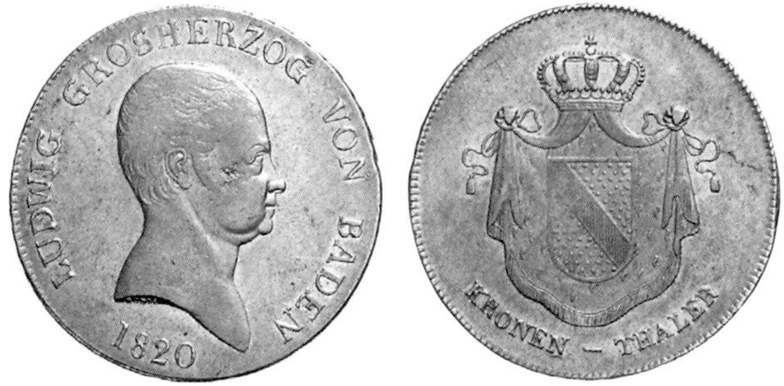

Nr. 18c) mit römischer „I" in der Jahreszahl I820, deutlich größerem Abstand zwischen Jahreszahl und LUDWIG sowie zwischen Jahreszahl und Halsabschnitt; veränderte Kordelschlaufen

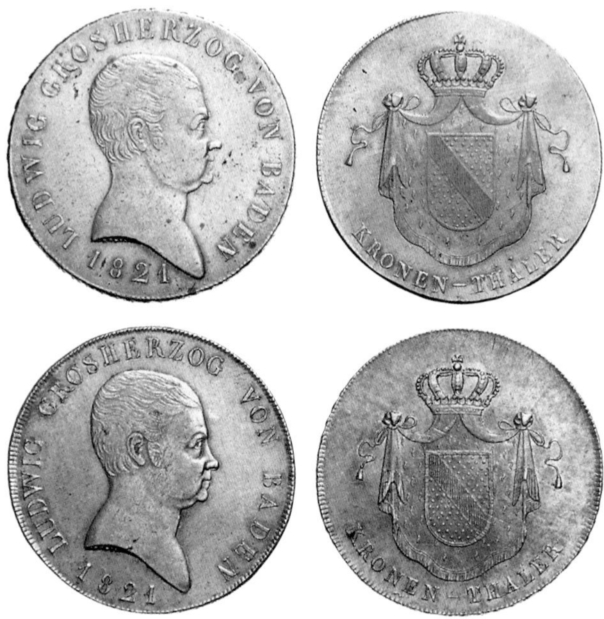

Nr. 18d) mit größerem Abstand von Jahreszahl 1821 und Umschrift zur Büste, leicht variierende Kordelschlaufen (oben der Typ mit kleineren Abständen)

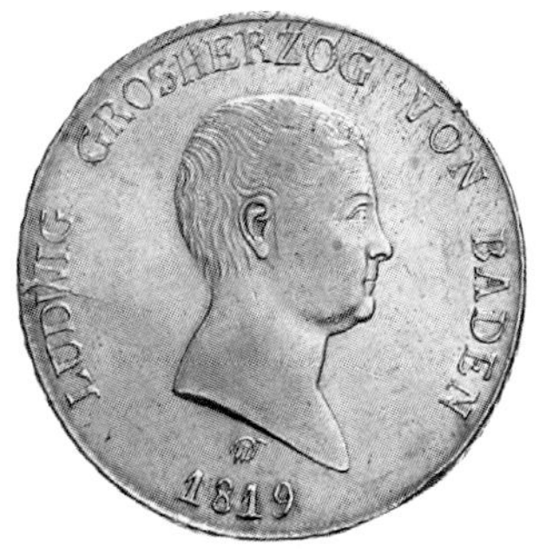

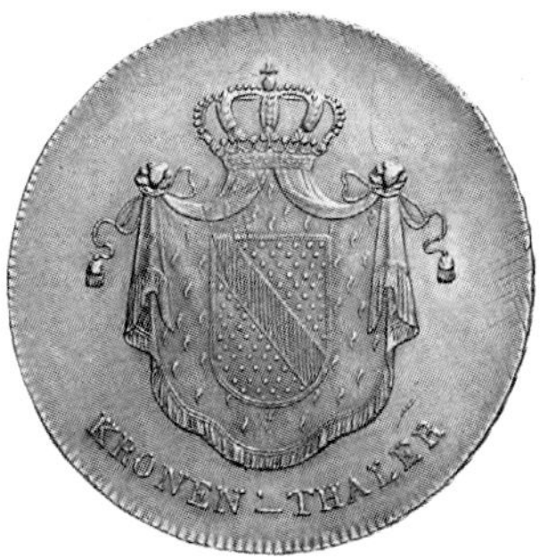

19 Kronentaler

Vs.: LUDWIG GROSHERZOG VON BADEN 1819
Signatur WD (verschlungen)

Rs.: Bekröntes Wappen KRONEN – THALER
Laubrand

Dav. 516 – AKS 51 – Jaeger 23 – T.16, 16A

1819	800.–	3100.–	5000.–

In der 80. Auktion der Heidelberger Münzhandlung (11/2020) wurde ein prägefrisches Exemplar für 4700.– Euro zugeschlagen.

Variante

a) Ohne Punkt über dem Bindestrich von KRONEN – THALER, und die Jahreszahl ist etwas nach rechts verschoben. In der 80. Auktion der Heidelberger Münzhandlung (11/2020) wurde ein Exemplar in „fast prägefrisch" mit 2600.– Euro zugeschlagen.

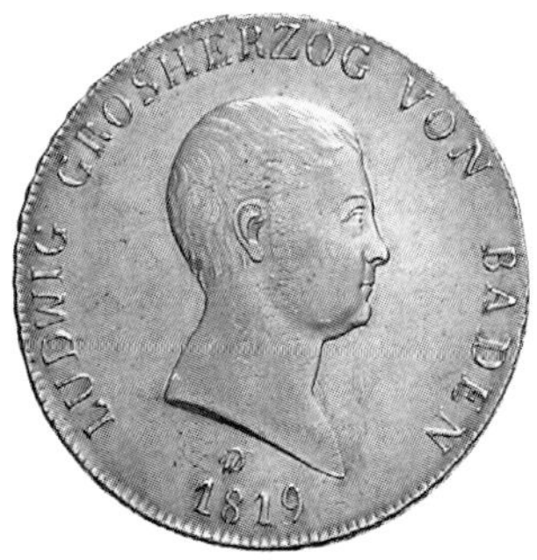

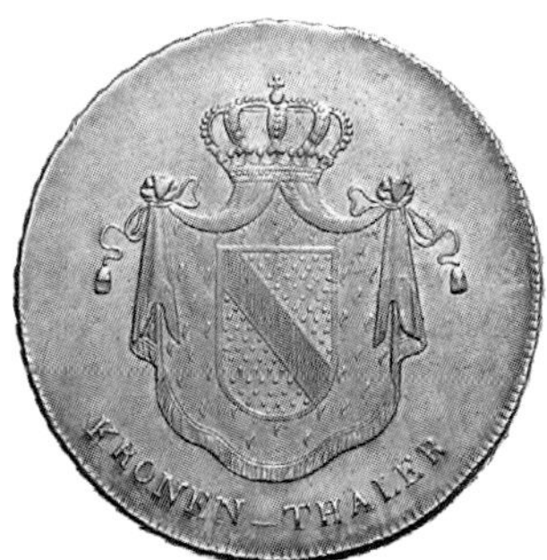

Nr. 19a) ohne Punkt über dem Bindestrich von KRONEN – THALER

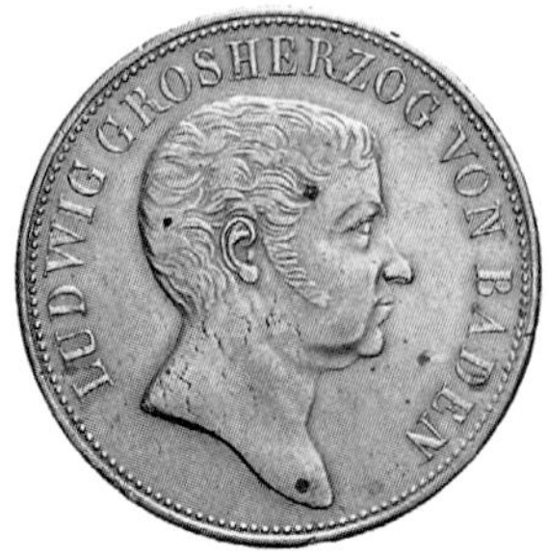

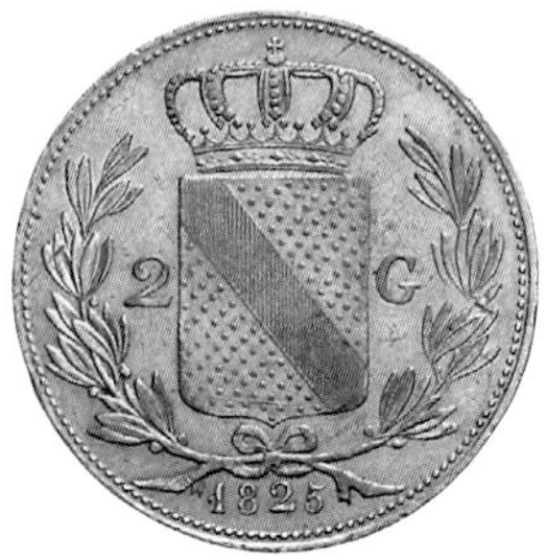

20 Doppelgulden

Vs.: LUDWIG GROSHERZOG VON BADEN Signatur D

Rs.: Bekröntes Wappen zwischen 2 – G und Olivenzweigen Jahr

Rand: TRAU SCHAU WEM

Dav. 517 – AKS 54 – Jaeger 32 – T. 17

1821	(30 380)	330.–	650.–	1300.–
1822	(19 900)	300.–	600.–	1200.–
1823	(7040)	320.–	650.–	1200.–
1824	(16 660)	270.–	600.–	1200.–
1825	(6640)	270.–	650.–	1400.–

Der Jahrgang 1821 wurde in der 350. Künker-Auktion (6/2021), Nr. 772, in „Stempelglanz, Erstabschlag" für 2400.– Euro versteigert; der Jahrgang 1822 in der 68. Auktion der Heidelberger Münzhandlung in „prägefrisch" für 2200.– Euro; der Jahrgang 1824 in der 80. Auktion der Heidelberger Münzhandlung (11/2020) in „prägefrisch" für 1500.– Euro; der Jahrgang 1825 in der 24. Auktion der Münzhandlung Sonntag (12/2016) in „vorzüglich" für 1200.– Euro.

Variante

a) Der Jahrgang 1825 liegt auch mit kürzerer Umschrift vor

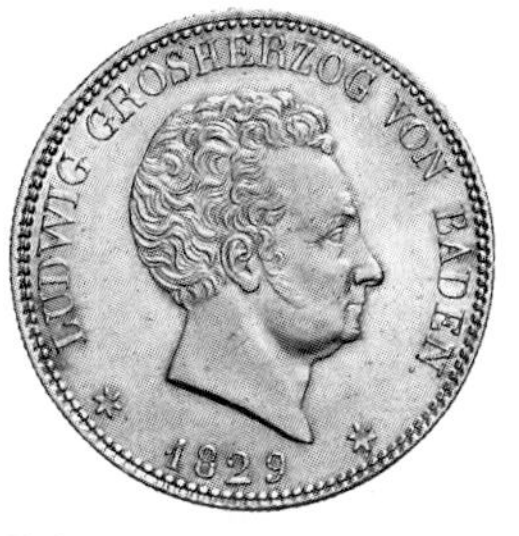

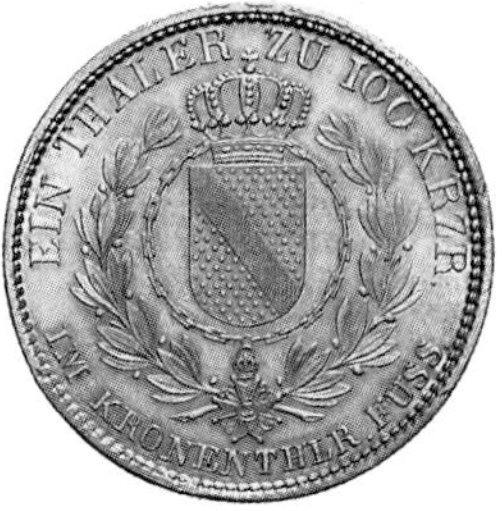

21 Taler

Vs.: LUDWIG GROSHERZOG VON BADEN. ⋆ Jahr ⋆

Rs.: EIN THALER ZU 100 KRZR. / IM KRONENTHLR. FUSS.

Rand: Kerbrand

Dav. 518 – AKS 53 – Jaeger 41 – T. 18

1829	(167 750)	150.–	250.–	450.–
1830	(100 550)	150.–	250.–	450.–

In der 261. Künker-Auktion (3/2015), Nr. 4592, wurde ein Exemplar in „Stempelglanz" für 650.– Euro zugeschlagen; in der 116. Auktion der WAG Online (2/2021), Nr. 251, ein Exemplar in „Stempelglanz" für 750.– Euro.

Varianten und Proben

a) Der Jahrgang 1829 auch ohne Punkt nach Baden
b) Bleiabschlag von 1829 mit glattem Rand (Wiel. 864a)
c) Zinnprobe von 1829 mit Kupferstift (Wiel. 864b)
d) Einseitige Kupferprobe der Vorderseite ohne Umschrift und Jahreszahl (Wiel. 864c)

Carl Leopold Friedrich 1830 – 1852

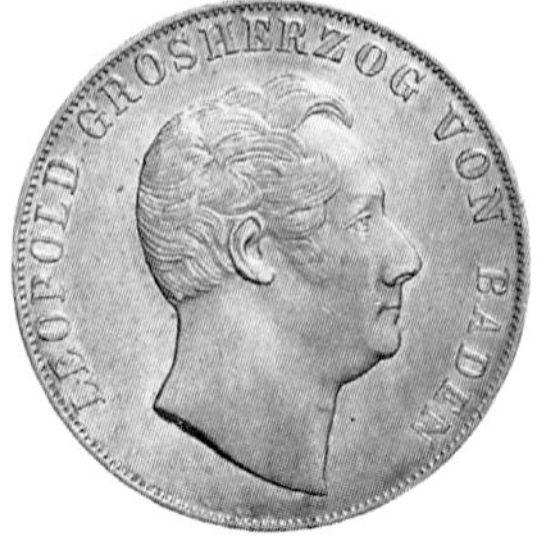

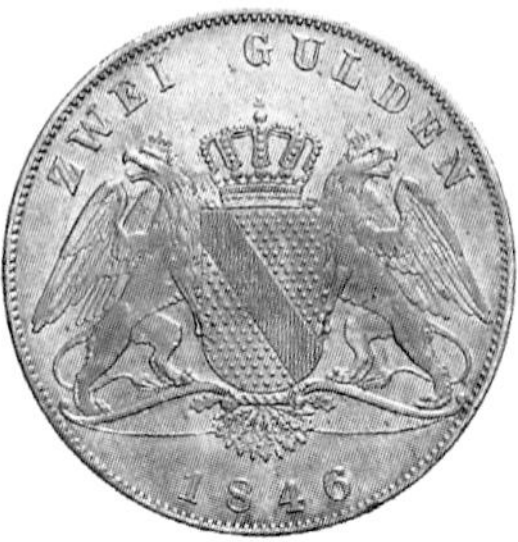

22 Doppelgulden

Vs.: LEOPOLD GROSHERZOG VON BADEN Signatur D
Rs.: ZWEI GULDEN Jahr
Rand: Vertiefte Vierecke

Dav. 527 – AKS 91 – Jaeger 63 – T. 27

1846	(591 720)	70.–	150.–	320.–
1847	(231 820)	70.–	170.–	330.–
1848	(272 720)	70.–	170.–	330.–
1849	(40 730)	120.–	280.–	450.–
1850	(139 610)	80.–	180.–	350.–
1851	(124 330)	80.–	180.–	350.–
1852	(141 860)	70.–	170.–	320.–

Variante und Proben

a) Jahrgang 1848 im Stempel aus 1847 geändert (Schwalbach 14a)
b) Probe vom Jahrgang 1845 mit glattem Rand und auf der Rückseite die Wertangabe im Eichenkranz
c) Kupferabschlag der Probe Nr. 22b) bekannt

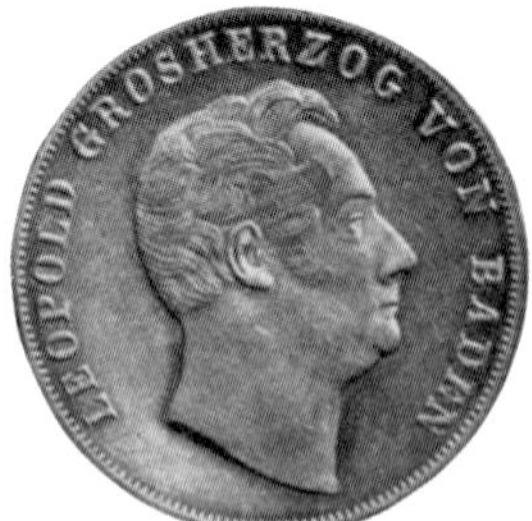

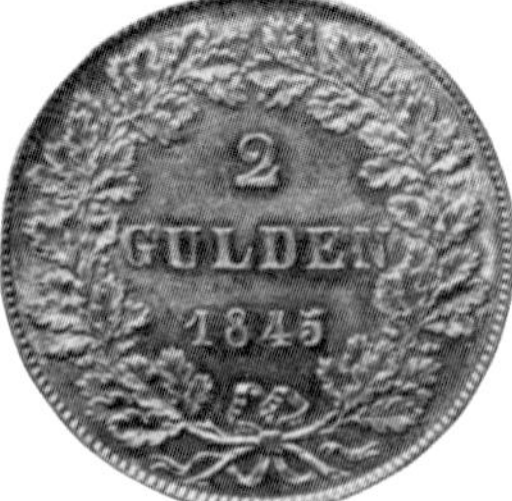

Nr. 22b), Doppelgulden-Probe 1845 mit der Wertangabe im Eichenkranz

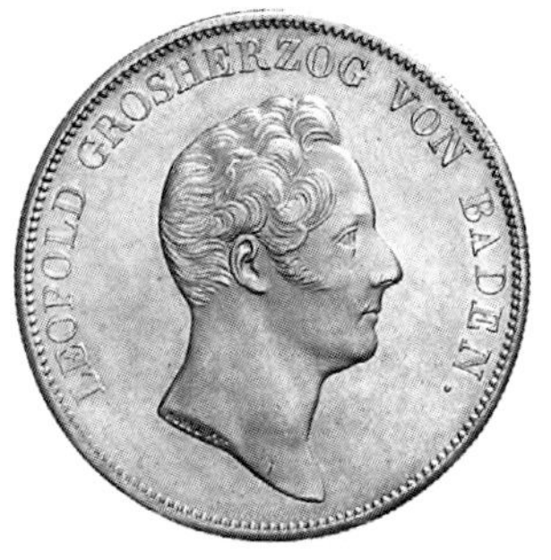

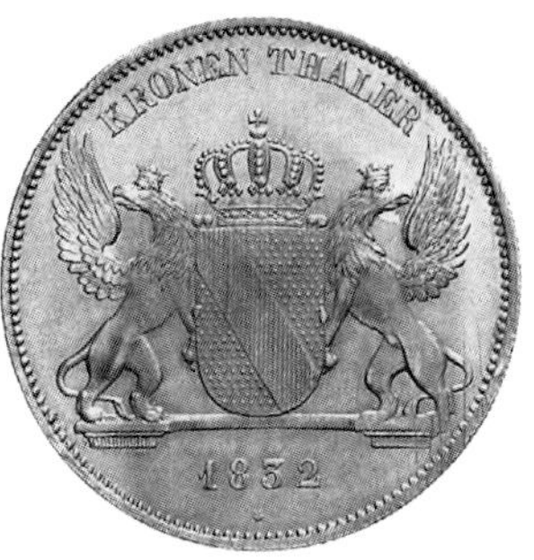

23 Kronentaler

Vs.: LEOPOLD GROSHERZOG VON BADEN .
Signatur DOELL FEC.

Rs.: KRONEN THALER Jahr

Rand: Kerbrand

Dav. 519 – AKS 77 bis 82 – Jaeger 47 – T. 19

1830	(237 870)	120.–	250.–	500.–
1831	(168 080)	120.–	200.–	450.–
1832	(176 240)	120.–	200.–	420.–
1833	(115 200)	120.–	200.–	400.–
1834	(35 840)	200.–	200.–	400.–
1835	(74 750)	120.–	200.–	380.–
1836	(85 480)	120.–	200.–	380.–
1837		160.–	280.–	500.–

In der Erhaltung „EA" (Erstabschlag) erzielte der Jahrgang 1836 in der 389. Auktion Dr. Busso Peus Nachfolger (10/2006) einen Zuschlag von 2800.– Euro; der Jahrgang 1833 in „fast Stempelglanz" in der 80. Auktion der Heidelberger Münzhandlung (11/2020) 675.– Euro; in der 350. Künker-Auktion (6/2021), Nr. 775, ein Exemplar in „Stempelglanz" 900.– Euro.

Varianten und Probe

a) 1830 ohne DOELL FEC. Wiel. 823 Anm.)
b) Ohne Punkt nach BADEN nur die Jahrgänge 1830 bis 1832
c) 1832 ohne Punkt nach BADEN, aber mit Stern unter 1832
d) 1832 mit Punkt nach BADEN und Stern unter 1832, Abbildung siehe vorangehende Seite
e) 1833 mit Punkt nach BADEN und Stern unter 1833
f) 1834 und 1836 auch mit Bindestrich bei KRONEN-THALER

g) 1836 mit größerer 6 in der Jahreszahl. PP-Exemplare dieser Variante sind Abschläge aus dem Jahr 1912 (Wiel. 929a, Anm.).
h) 1837 mit tiefstehender 7 in der Jahreszahl
i) Vom Jahrgang 1836 ist ein Zinnabschlag bekannt (Hahlo 66)
j) Messingprobe 1838 mit glattem Rand und der Umschrift MASCHINEN PROBE unter der Jahreszahl

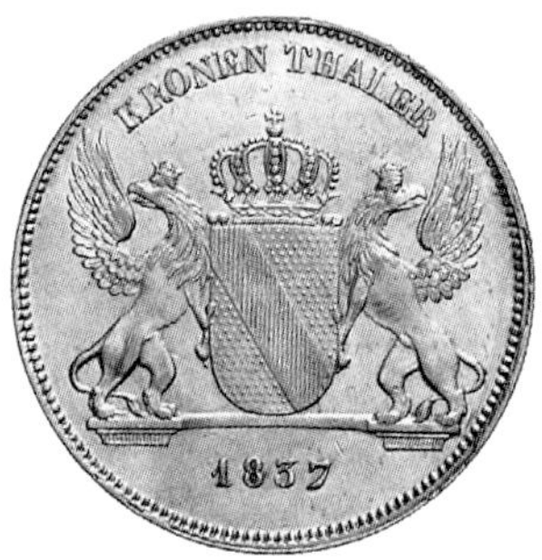

Nr. 23h), Rückseite vom Jahrgang 1837 mit tiefstehender 7 in der Jahreszahl

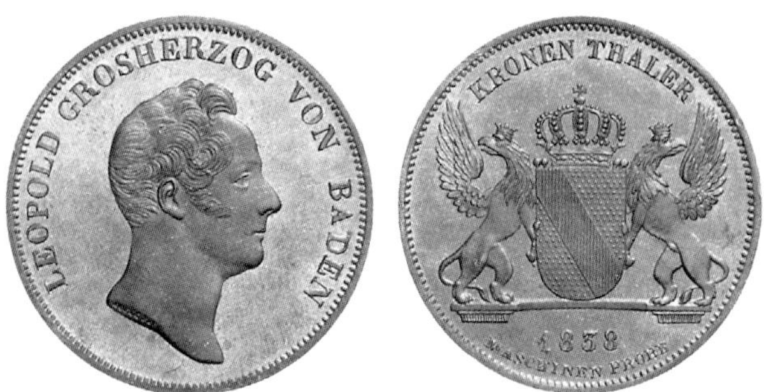

Nr. 23j), Messingprobe 1838 mit der Umschrift MASCHINEN PROBE auf der Rückseite

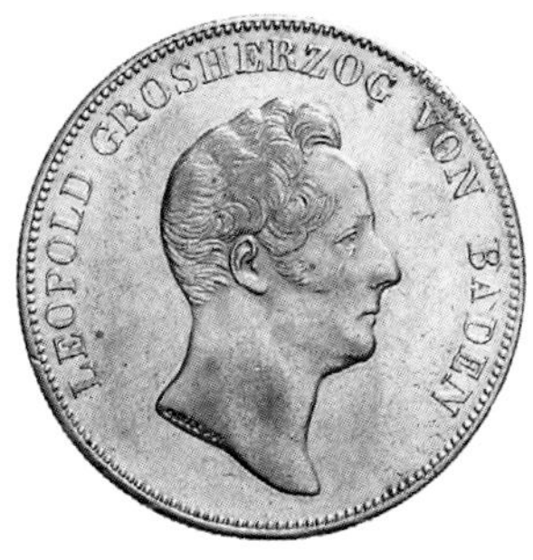

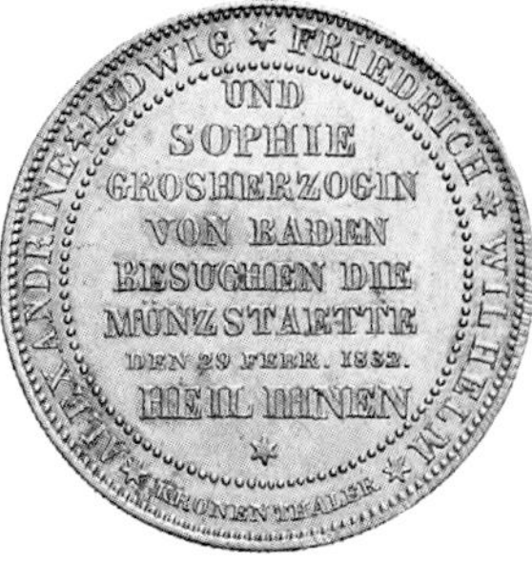

24 Kronentaler

Vs.: LEOPOLD GROSHERZOG VON BADEN Signatur DOELL

Rs.: * ALEXANDRINE * LUDWIG * FRIEDRICH * WILHELM * unten * KRONENTHALER * im Zentrum UND / SOPHIE / GROSHERZOGIN / VON BADEN / BESUCHEN DIE / MÜNZSTAETTE / DEN 29 FEBR. 1832. / HEIL IHNEN

Rand: Kerbrand

Dav. 520 – AKS 83 – Jaeger 48 – T. 20

1832	(Wenige Exemplare)	600.–	1400.–	2200.–

In der 339. Auktion F. R. Künker (9/2020), Nr. 518, wurde ein Exemplar in „vorzüglich-Stempelglanz" für 1900.– Euro zugeschlagen; in der 350. Auktion F. R. Künker (6/2021), Nr. 774, ein Exemplar in „Erstabschlag, fast Stempelglanz" für 1700.– Euro.

Proben

a) Feinsilberprobe (28 g) mit glattem Rand und Punkt nach BADEN (Wiel. 931a)

b) Kupferprobe (18,1 g) mit glattem Rand und Punkt nach BADEN (Wiel. 931b)

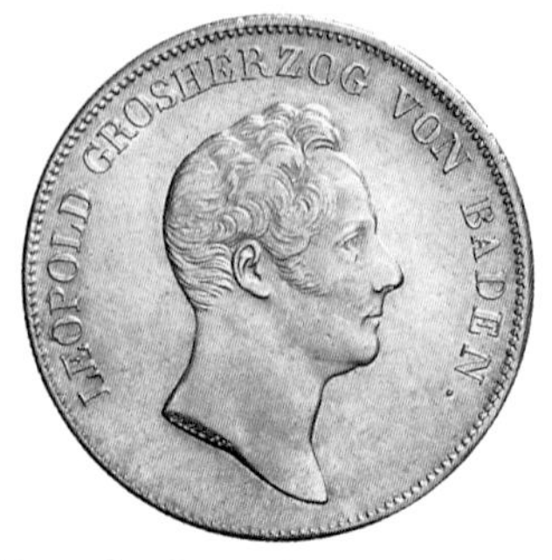

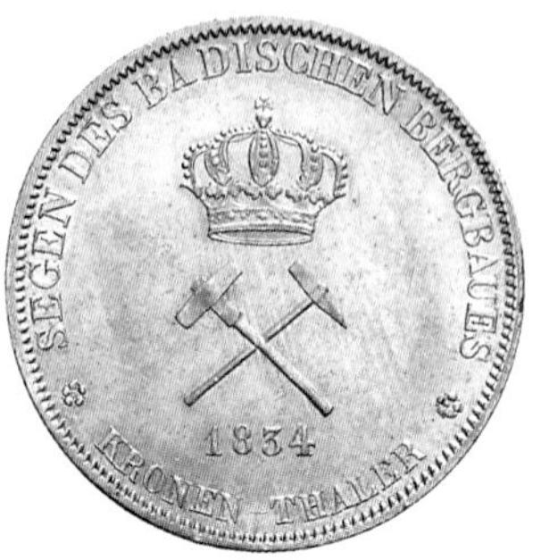

25 Ausbeutekronentaler

Vs.: LEOPOLD GROSHERZOG VON BADEN. Signatur DOELL

Rs.: SEGEN DES BADISCHEN BERGBAUES KRONEN–THALER 1834

Rand: Kerbrand

Dav. 521 – AKS 84 – Jaeger 49 – T. 21

1834	(6510)	350.–	750.–	1300.–

Probe

a) Zinnprobe mit Kupferstift und Kerbrand (Wiel. 933 Anm.)

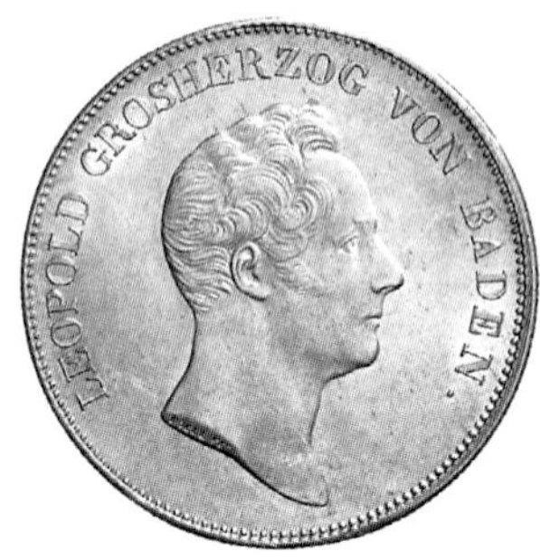

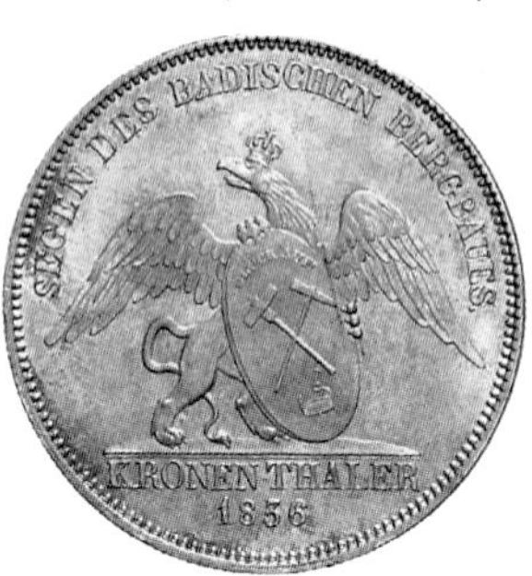

26 Ausbeutekronentaler

Vs.: LEOPOLD GROSHERZOG VON BADEN. Signatur DOELL

Rs.: SEGEN DES BADISCHEN BERGBAUES. KRONEN-THALER 1836, im Schild GLÜCK AUF !

Rand: Kerbrand

Dav. 522 – AKS 85 – Jaeger 50 – T. 22

1836	(8250)	350.–	600.–	1000.–

In der 100. Auktion F. R. Künker (6/2005), Nr. 668, erzielte ein „Prachtexemplar in Stempelglanz" den Zuschlag von 2000.– Euro; in der 80. Heidelberger Münzauktion (11/2020) ein Stempelglanz-Exemplar 2050.– Euro.

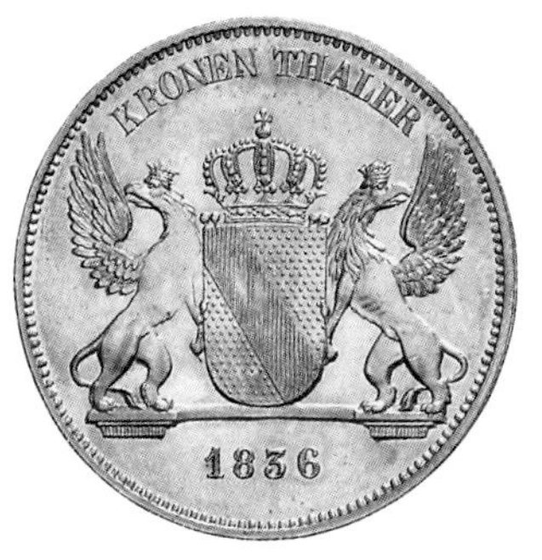

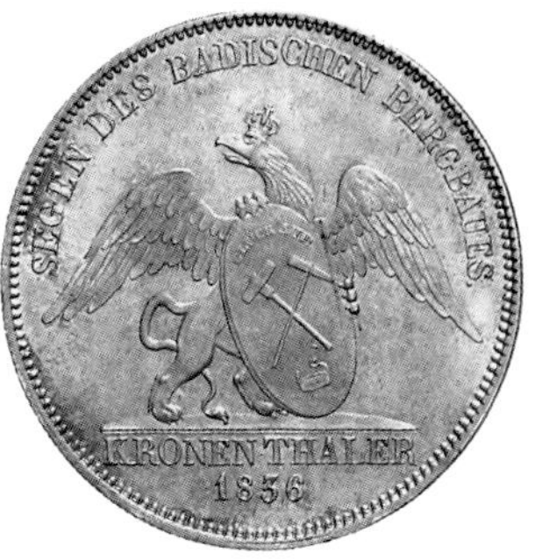

27 Ausbeutekronentaler (Zwitterprägung)

Vs.: KRONEN-THALER 1836

Rs.: SEGEN DES BADISCHEN BERGBAUES. KRONEN-THALER 1836, im Schild GLÜCK AUF!

Rand: Glatt

AKS 86 – Jaeger 50 Anm. – T. 22A

1836	(2)	LP

In der Auktion 2 der London Coin Galleries (11/2016), Nr. 1015, erzielte ein Exemplar in „vorzüglich" den Zuschlag von 3800.– Pfund.

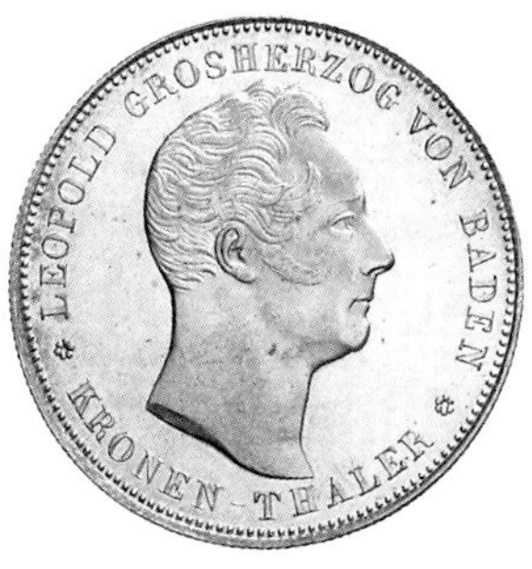

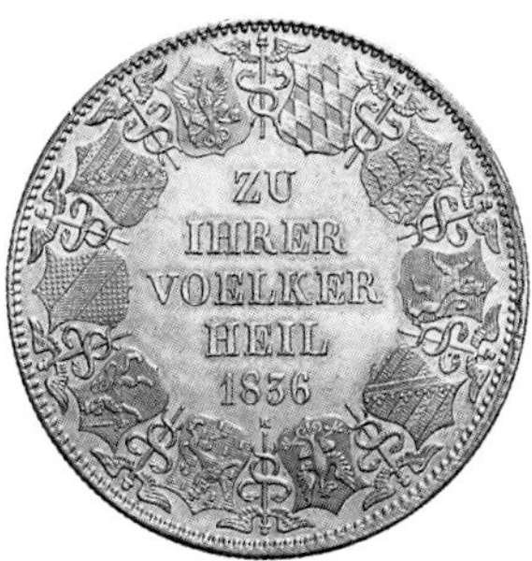

28 Kronentaler

Vs.: LEOPOLD GROSHERZOG VON BADEN KRONEN-THALER

Rs.: ZU IHRER VOELKER HEIL 1836 Mmz. K

Rand: Kerbrand

Dav. 523 – AKS 87 – Jaeger 51 – T. 23

1836	(18 100)	120.–	230.–	400.–

In der 34. Auktion der Münzhandlung Sonntag (5/2021), Nr. 543, erzielte ein Exemplar in „fast Stempelglanz" den Zuschlag von 850.– Euro.

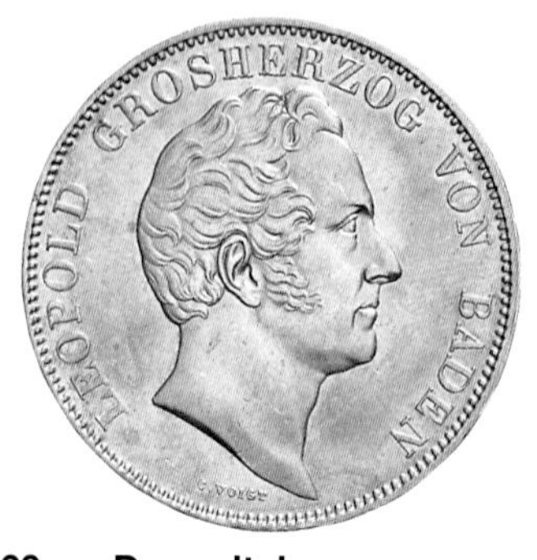

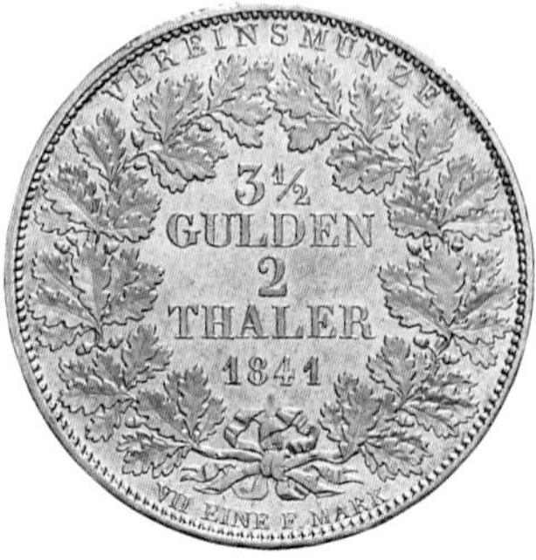

29 Doppeltaler

Vs.: LEOPOLD GROSHERZOG VON BADEN Signatur C. VOIGT

Rs.: 3 ½ GULDEN 2 THALER (Jahr) VEREINSMÜNZE VII EINE F. MARK

Rand: CONVENTION VOM 30 JULY 1838

Dav. 524 – AKS 88 – Jaeger 57 – T. 24

1841	(231 260)	200.–	450.–	700.–
1842	(33 080)	220.–	450.–	750.–
1843	(35 300)	240.–	600.–	850.–

In der 42. Auktion der Heidelberger Münzhandlung Herbert Grün (11/2004), Nr. 1965, wurde ein „Prachtexemplar, Stempelglanz“, für 1775.– Euro zugeschlagen; in der 359. Künker-Auktion (1/2022), Nr. 426, wurde ein Exemplar in „Stempelglanz“ für 2800.– Euro zugechlagen.

Variante und Proben

a) In der Randschrift steht der Stern sehr eng an der hinteren „8“ von 1838

b) Probe mit glattem Rand und unvollständiger Jahreszahl 184_ (Wiel. 935a)

c) Probe b) auch als Kupferabschlag bekannt (Wiel. 935b)

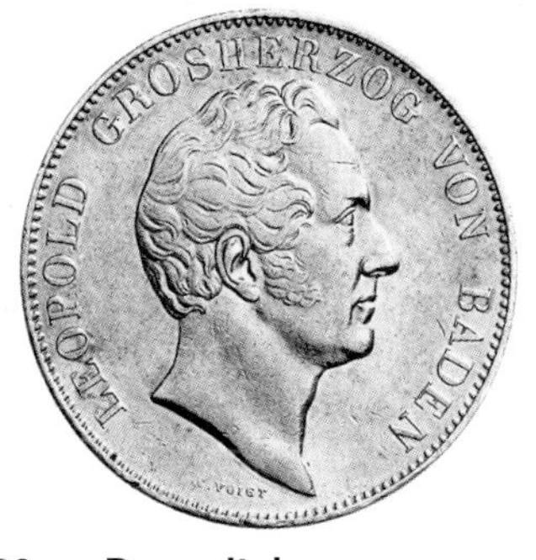
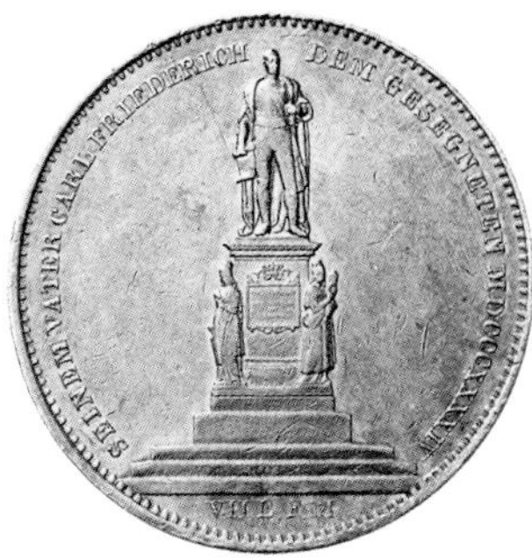

30 **Doppeltaler**

Vs.: LEOPOLD GROSHERZOG VON BADEN Mmz. C. VOIGT

Rs.: SEINEM VATER CARL FRIEDERICH DEM GESEGNETEN MDCCCXXXXIV darunter VII E · F · M ·

Rand: CONVENTION VOM 30 JULY 1838

Dav. 525 – AKS 110 – Jaeger 59 – T. 25

1844	(4320)	200.–	400.–	900.–

In der 74. WAG-Auktion (11/2015) wurde ein PP-Exemplar für 1900.– Euro versteigert; in der 359. Künker-Auktion (1/2022), Nr. 427, ein Exemplar in „Polierter Platte", Zuschlag 3600.– Euro.

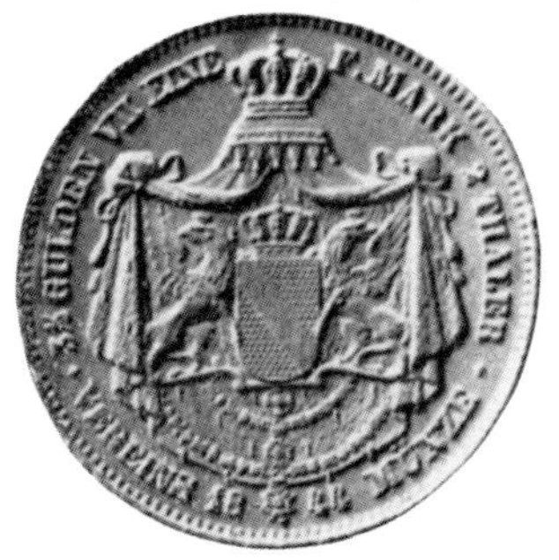
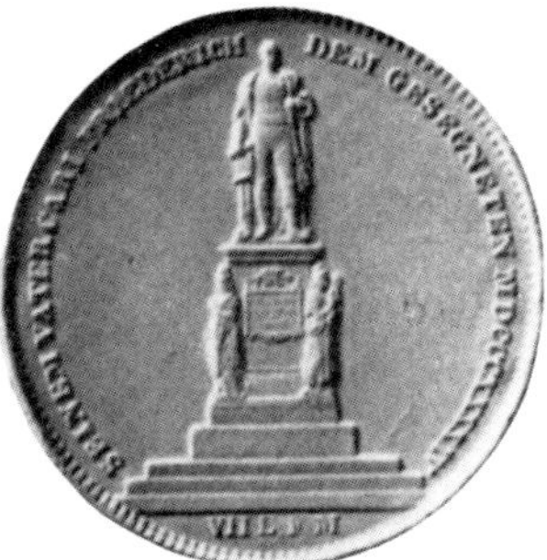

31 **Doppeltaler (Zwitterprägung)**

Vs.: 3 ½ GULDEN VII EINE F. MARK 2 THALER VEREINS 1844 MÜNZE

Rs.: SEINEM VATER CARL FRIEDERICH DEM GESEGNETEN MDCCCXXXXIV darunter VII E · F · M ·

Rand: Glatt

AKS 111 – Jaeger 59 Anm. – T. 25A

1844	LP

In der 143. Auktion F. R. Künker (10/2008), Nr. 1583, „vorzüglich", wurde das einzige im Handel befindliche Exemplar für 8000.– Euro versteigert; in der 80. Heidelberger Auktion (11/2020), Nr. 528, für 18 500 Euro.

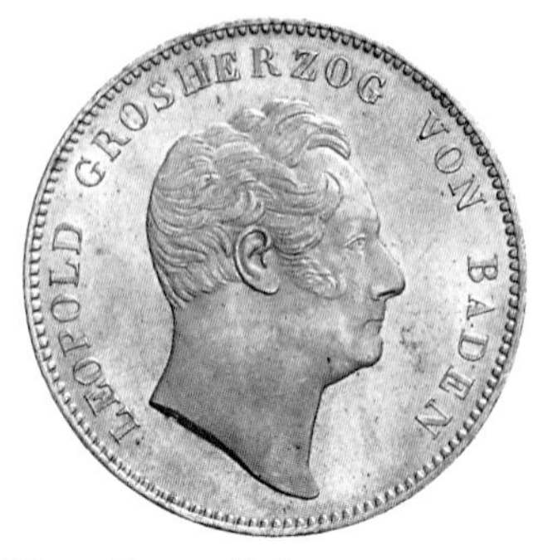

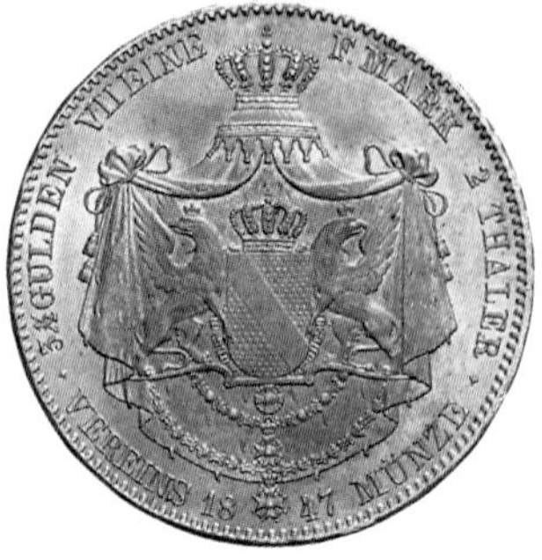

32 Doppeltaler

Vs.: LEOPOLD GROSHERZOG VON BADEN Signatur D

Rs.: 3 ½ GULDEN VII EINE F. MARK 2 THALER VEREINS (Jahr) MÜNZE

Rand: CONVENTION VOM 30 JULY 1838

Dav. 526 – AKS 89 – Jaeger 64 – T. 26

1845	(57 290)	200.–	450.–	1000.–
1846	(1130)	320.–	1200.–	1600.–
1847	(30 810)	250.–	500.–	1000.–
1852	(59 930)	200.–	400.–	750.–

In der WAG-Online-Auktion 116 (2/2021), Nr. 255, wurde ein Exemplar von 1845 in „Fast Stempelglanz/ Stempelglanz" für 2700.– Euro zugeschlagen; in der 232. Künker-Auktion (6/2013), Nr. 392, ein Stempelglanz-Exemplar für 2400.– Euro.

Varianten und Proben

a) 1845, 1846 und 1852 auch mit gebogenen Sternchen in der Randschrift

b) 1845, 1846, 1847 und 1852 auch mit achtstrahligen Sonnen (statt sechsstrahligen Sternen) in der Randschrift

c) 1847 ohne Sternchen nach dem Wort CONVENTION in der Randschrift

d) Probe 1844 mit C. VOIGT unter dem Halsabschnitt (vgl. Nr. 29), glattem Rand und kleinerer Krone (Wiel. 937a)

e) Probe 1847 mit C. VOIGT unter dem Halsabschnitt (vgl. Nr. 29), glattem Rand und kleinerer Krone (Wiel. 941a); 131. Auktion F. R. Künker (10/2007), „vorzüglich-Stempelglanz", Schätzpreis 5000.– Euro; 389. Auktion Dr. Busso Peus Nachfolger (11/2006), Nr. 2877, „vorzüglich", Zuschlag 4000.– Euro

f) Probe 1847 mit DOELL am Halsabschnitt, glattem Rand und kleinerer Krone (Wiel. 941b)

g) Probe f) auch als Kupferabschlag bekannt (Wiel. 941b, Anm.)
h) Zwitter-Probe o. J. mit glattem Rand aus zwei Vorderseiten-Stempeln einmal mit der Signatur DOELL und auf der anderen Seite die Signatur C. VOIGT (Wiel. 941c); 389. Auktion Dr. Busso Peus Nachfolger, Nr. 2873, Zuschlag 6750.– Euro
i) Kupferabschlag der Zwitter-Probe h) (Wiel. 941c, Anm.)
j) 1852 auch mit gebogenen Sternchen in der Randschrift (Wiel. 942a)

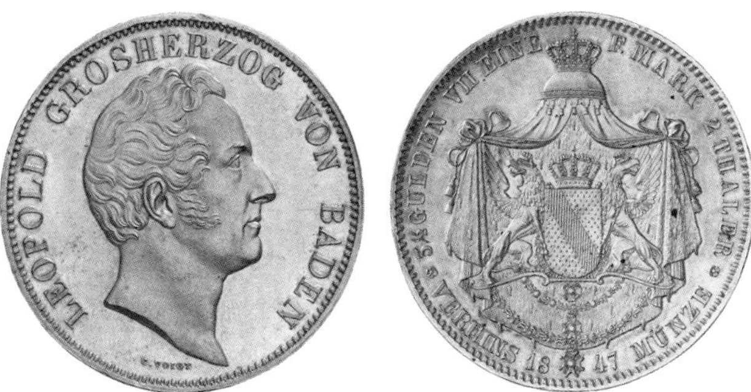

Nr. 32e) Probe-Doppeltaler 1847 mit der Signatur C. VOIGT unter dem Halsabschnitt und kleinerer Krone auf der Rückseite

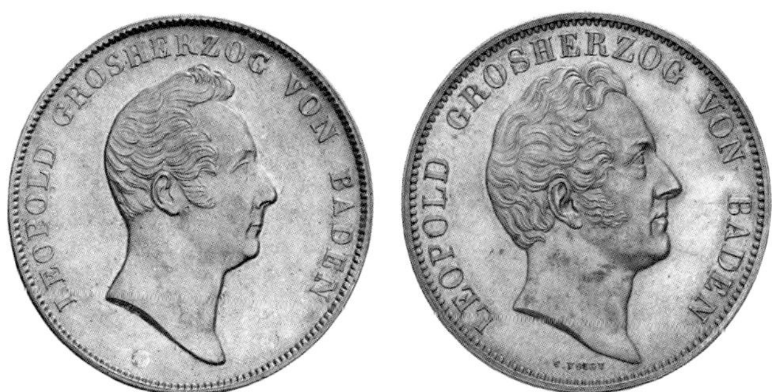

Nr. 32h), Zwitter-Probe aus zwei Vorderseiten-Stempeln, einmal mit der Signatur DOELL am Halsabschnitt und auf der anderen Seite die Signatur C. VOIGT unter dem Halsabschnitt

Friedrich I. als Prinzregent 1852 – 1856

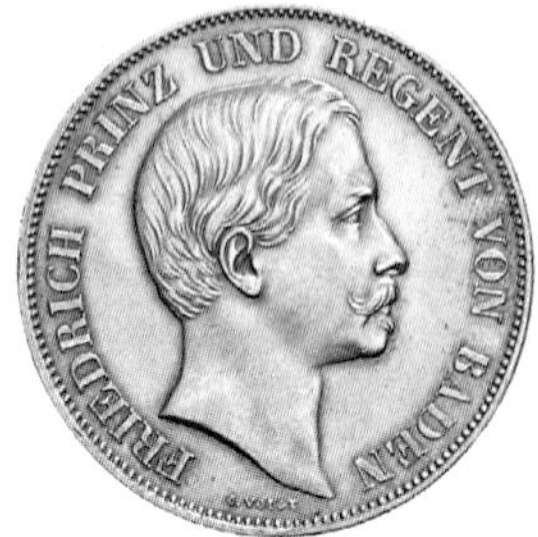

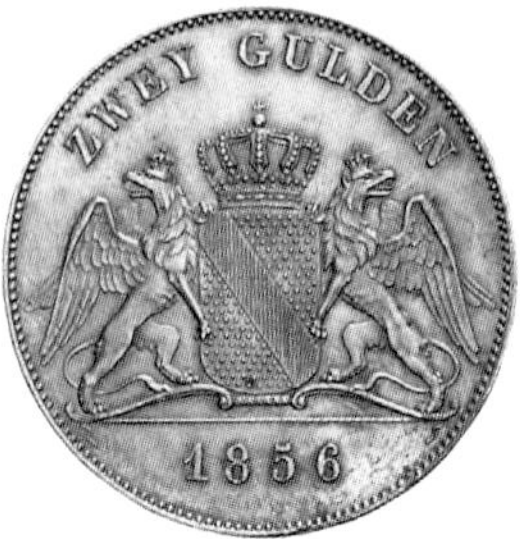

33 Doppelgulden

Vs.: FRIEDRICH PRINZ UND REGENT VON BADEN
Signatur C. VOIGT

Rs.: ZWEY GULDEN 1856

Rand: Vertiefte Vierecke

Dav. 529 – AKS 116 – Jaeger 70 – T. 29

1856	(8 372 320)	350.–	700.–	1100.–

In der 80. Auktion der Heidelberger Münzhandlung Herbert Grün (11/2020), wurde ein Exemplar in Stempelglanz für 2700.– Euro zugeschlagen; in der 302. Künker-Auktion (2/2018) ein Exemplar als „Erstabschlag, Stempelglanz" für 5500.– Euro.

Varianten

a) Variante mit glattem Rand (Wiel. 1066 Anm.)
b) Kupferabschlag (Wiel. 1066 Anm.)
c) Es sind auch einseitige Abschläge aus Blei bzw. Zinn bekannt (Wiel. 1066 Anm.)

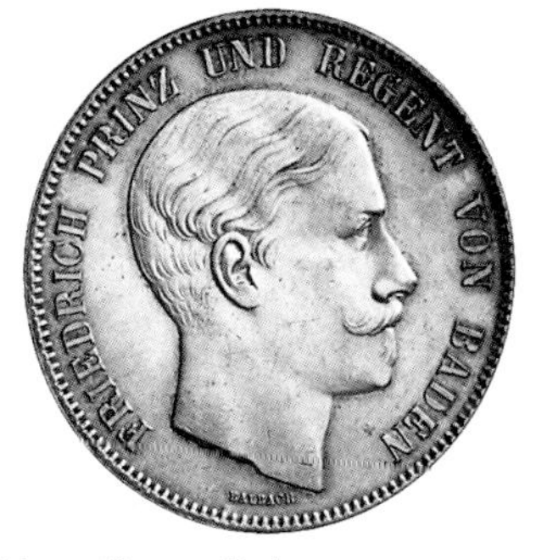

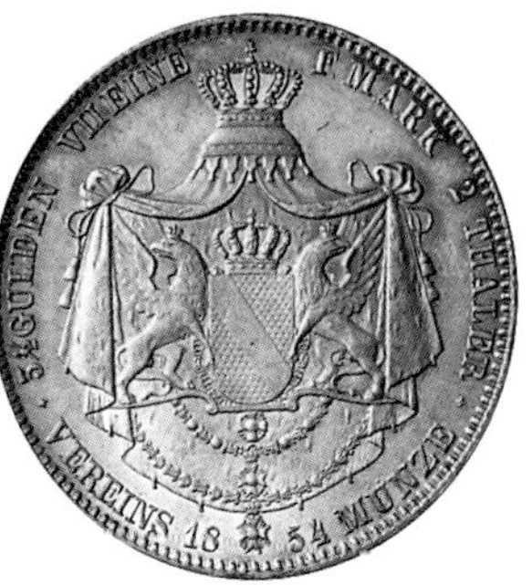

34 Doppeltaler

Vs.: FRIEDRICH PRINZ UND REGENT VON BADEN
Signatur BALBACH

Rs.: 3 ½ GULDEN VII EINE F. MARK 2 THALER
VEREINS (Jahr) MÜNZE

Rand: CONVENTION VOM 30 JULY 1838

Dav. 528 – AKS 114 – Jaeger 71a – T. 28

1852	(9)			LP
1854	(85 110)	900.–	1900.–	3000.–

Der Jahrgang 1852 ist in der 143. Auktion (10/2005), Nr. 4108, von Gorny & Mosch in „sehr schön" für 8200.– Euro zugeschlagen worden. Im Juni 1981 (20. KPM-Auktion) erzielte ein Stempelglanz-Exemplar von 1852 den Zuschlag von 90 500.– DM; in der 58. Auktion der Heidelberger Münzhandlung (11/2011) ein Exemplar in „Erstabschlag" 53 500.– Euro; in der 80. Auktion der Heidelberger Münzhandlung Herbert Grün (11/2020), erzielte ein PP-Exemplar von 1854 den Zuschlag von 5200.– Euro.

Varianten

a) 1854 auch mit der Signatur BALBACH dichter am Halsabschnitt (Wiel. 1064a)

b) 1854 mit IULI statt IULY in der Randschrift (Wiel. –)

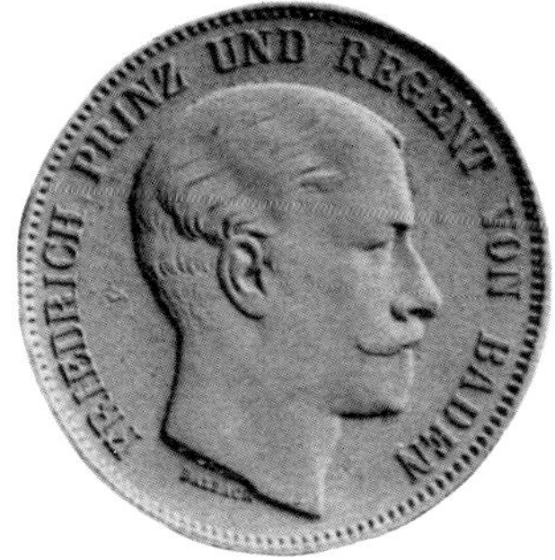

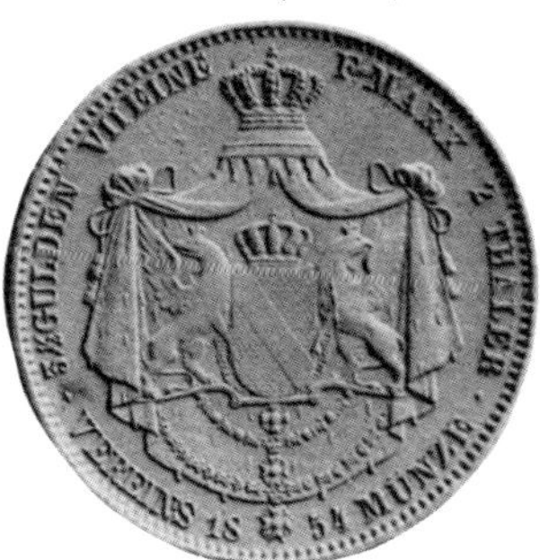

Nr. 34a), Doppeltaler 1854 mit der Signatur BALBACH dicht am Halsabschnitt

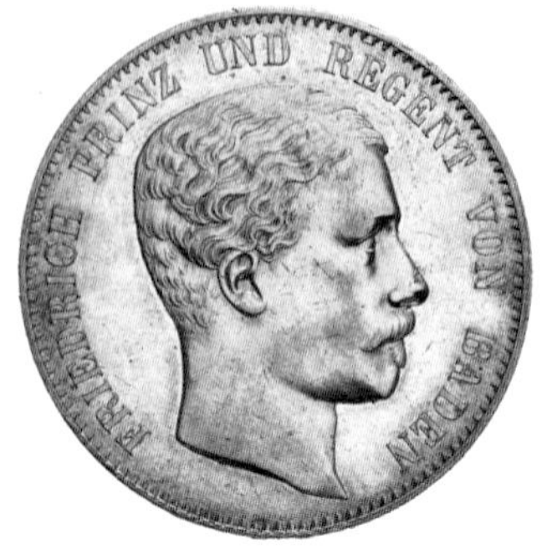

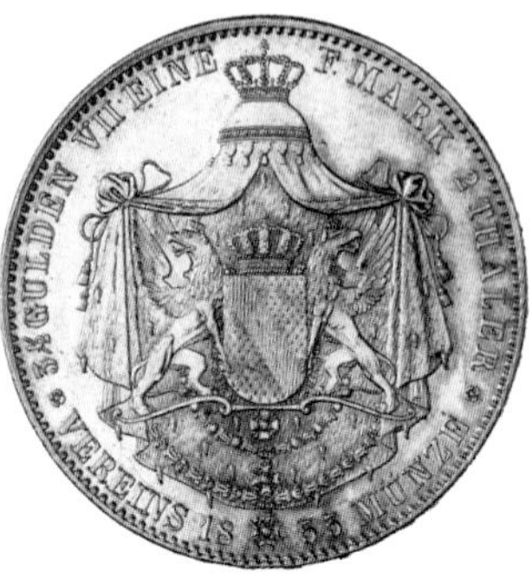

35 Doppeltaler

Vs.: FRIEDRICH PRINZ UND REGENT VON BADEN

Rs.: 3 ½ GULDEN VII EINE F. MARK 2 THALER
VEREINS 1855 MÜNZE

Rand: CONVENTION VOM 30 JULY 1838

AKS 115 – Jaeger 71b – T. 28 A

1855	(2)	LP

In der 8. Auktion der Kurpfälzischen Münzhandlung (KPM) im Mai 1975, Nr. 884, wurde dieser Doppeltaler in vorzüglicher Erhaltung für 96 500.– DM zugeschlagen. Das identische Exemplar erzielte in der 74. KPM-Auktion (6/2008), Nr. 1089, den Zuschlag von 39 000.– Euro; das identische Exemplar in der 58. Heidelberger Münzauktion (11/2011), Nr. 167, den Zuschlag von 53 500.– Euro.

Friedrich I. 1856 – 1907

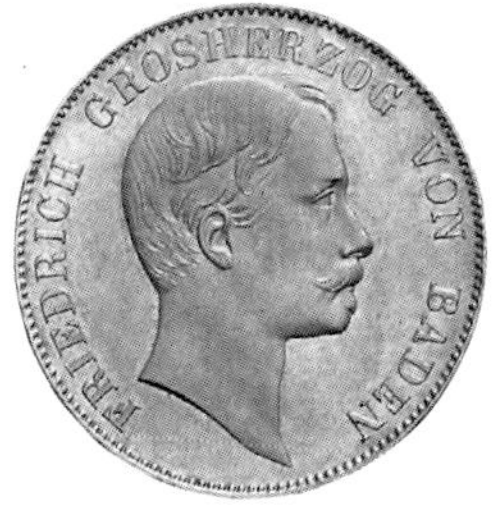

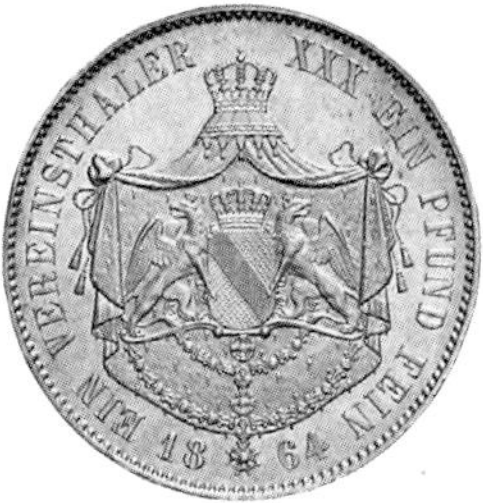

36 Vereinstaler

Vs.: FRIEDRICH GROSHERZOG VON BADEN

Rs.: EIN VEREINSTHALER XXX EIN PFUND FEIN Jahr

Rand: MÜNZVERTRAG VOM 24 JANUAR 1857

Dav. 530 – AKS 123 – Jaeger 79 – T. 30

1857	(18 590)	180.–	400.–	750.–
1858	(231 660)	90.–	170.–	250.–
1859	(288 760)	90.–	170.–	250.–
1860	(173 590)	90.–	170.–	250.–
1861	(358 240)	90.–	170.–	250.–
1862	(399 740)	90.–	170.–	250.–
1863	(325 990)	90.–	170.–	250.–
1864	(321 900)	90.–	170.–	250.–
1865	(265 150)*)	90.–	170.–	250.–

**) Zusammen mit der Nr. 37*

In der 106. WAG-Online-Auktion (2/2020), wurde ein Exemplar vom Jahrgang 1861 in „Stempelglanz" für 825.– Euro zugeschlagen, in der 73. WAG-Auktion (9/2016) wurde ein Exemplar vom Jahrgang 1861 in „Stempelglanz" für 675.– Euro zugeschlagen.

Varianten

a) 1858 auch mit vierblättriger Rosette in der Randschrift (ab 1859 nur mit fünfblättriger Rosette) (Wiel. 1077a)

b) 1860 im Stempel aus 1859 geändert (Wiel. 1079)

c) Probe mit unvollständiger Jahreszahl 18__ und glattem Rand (Wiel. 1076 Anm.)

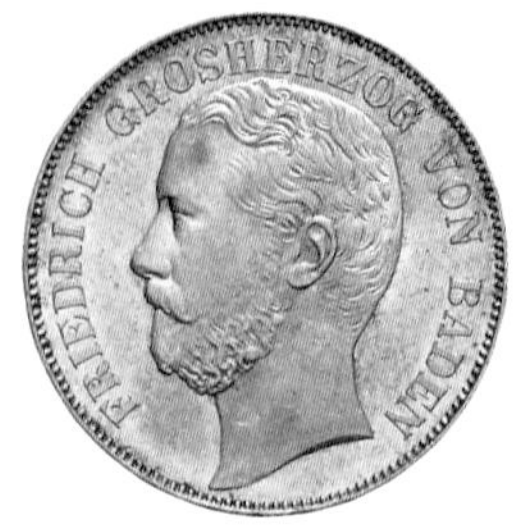
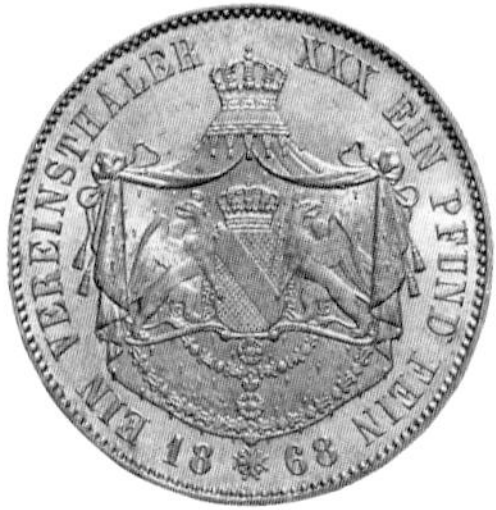

37 Vereinstaler

Vs.: FRIEDRICH GROSHERZOG VON BADEN
Rs.: EIN VEREINSTHALER XXX EIN PFUND FEIN Jahr
Rand: MÜNZVERTRAG VOM 24 JANUAR 1857

Dav. 531 – AKS 124 – Jaeger 85 – T. 31

1865	(265 150)*)	130.–	300.–	450.–
1866	(149 280)	80.–	200.–	300.–
1867	(96 380)	80.–	200.–	300.–
1868	(101 970)	80.–	200.–	300.–
1869	(62 400)	80.–	200.–	300.–
1870	(21 510)	80.–	200.–	300.–
1871		80.–	230.–	400.–

**) Zusammen mit der Nr. 36*

In der 42. Auktion Harald Möller (12/2006), Nr. 145, wurde ein Exemplar von 1870 in „Polierter Platte" für 900.– Euro zugeschlagen; in der 45. Auktion Harald Möller (6/2007), Nr. 175, ein Exemplar von 1871 in „Polierter Platte-" für 600.– Euro; in der 350. Künker-Auktion (6/2021), Nr. 779, ein Exemplar von 1869 in „Erstabschlag, Stempelglanz" für 1400.– Euro; in der 25. Auktion (5/2017), Nr. 663, ein Exemplar von 1869 in „Polierter Platte" für 1800.– Euro.

Variante und Proben

a) 1871 ohne Randschrift (Wiel. 1091 Anm.)
b) Zwitter-Probe o. J. mit den Vorderseiten von Nr. 36 und Nr. 37; 350. Künker-Auktion (6/2021), Nr. 780, „vorzüglich-Stempelglanz", Zuschlag 3800.– Euro (Wiel. 1085a)
c) Die Probe Nr. 37b ist auch als Kupferabschlag bekannt (Wiel. 1085a Anm.)

Bistum Bamberg

Münzstätte: Nürnberg

Medailleur:
D Anton Paul Dallinger

Christoph Franz von Buseck 1795 – 1802

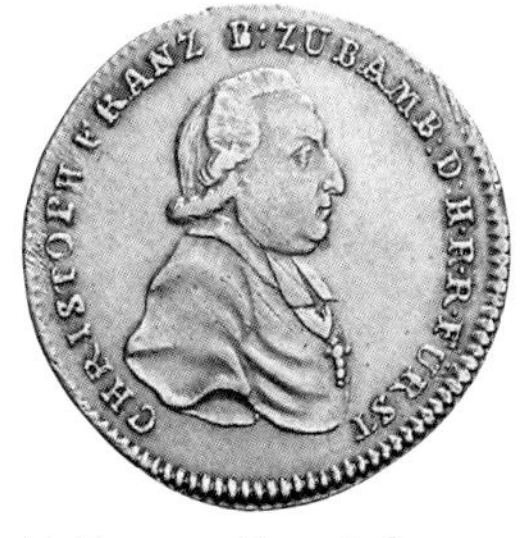

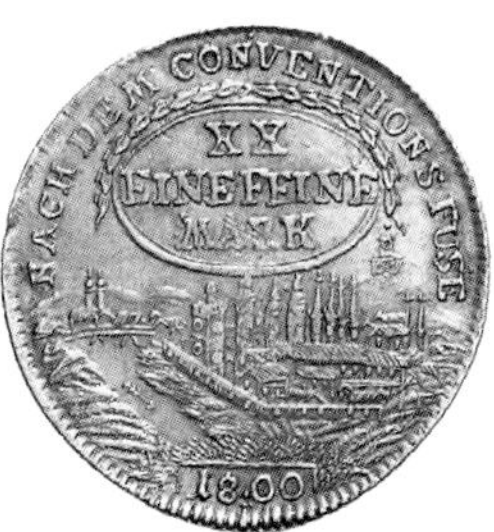

38 ½ Konventionstaler

Vs.: CHRISTOPH FRANZ B : ZU BAMB : D:H·R·R·FÜRST

Rs.: NACH DEM CONVENTIONS FUSE / XX EINE FEINE MARK / 18:00

Rand: Laubrand

Krug 432

1800	200.–	380.–	700.–

In der 95. Auktion der LHS Numismatik AG (10/2005) erzielte ein Exemplar in „beinahe Stempelglanz“ 1500.– CHF (damals 971.– Euro).

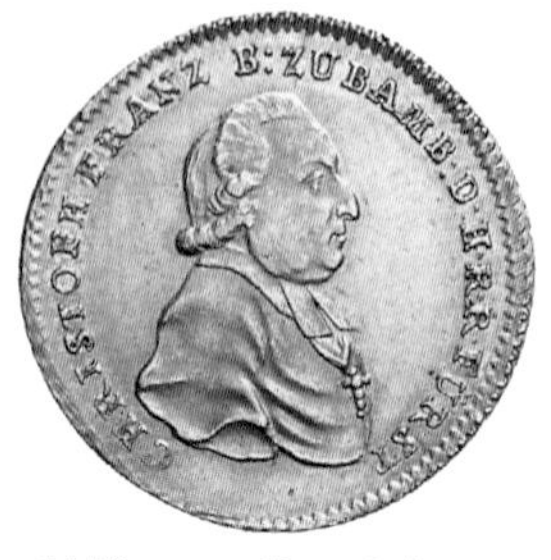

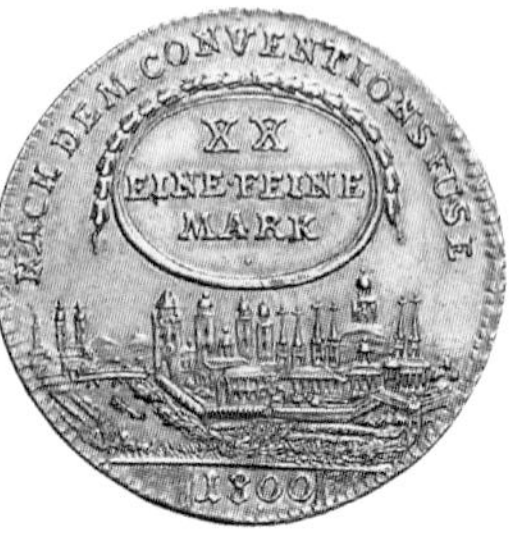

39 **½ Konventionstaler**

Vs.: CHRISTOPH FRANZ B : ZU BAMB : D: H·R·R·FÜRST (veränderte Stadtansicht)

Rs.: NACH DEM CONVENTIONS FUSE / XX EINE·FEINE MARK, darunter Punkt / 1800, darunter Punkt

Rand: Laubrand

Krug 433

1800	230.–	400.–	700.–

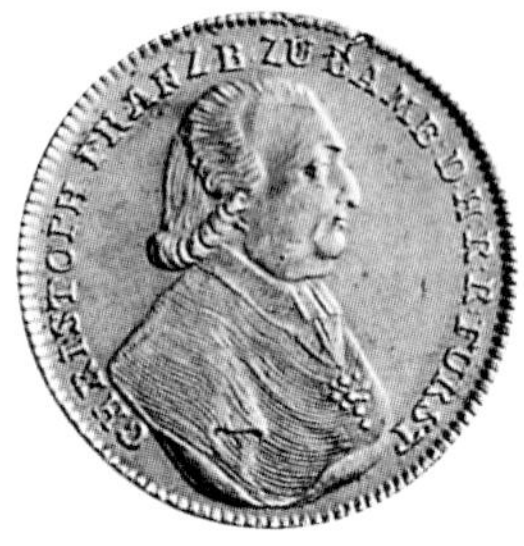

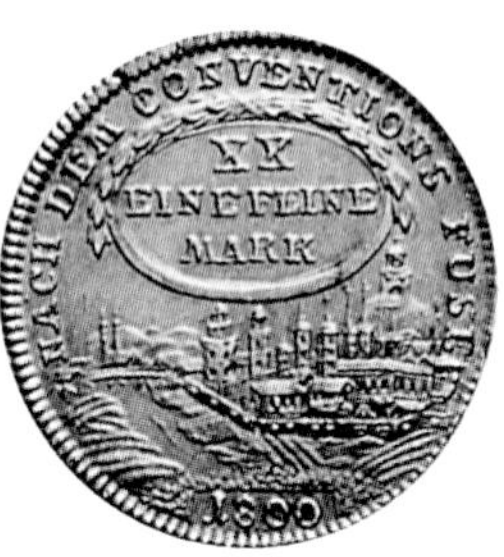

40 **½ Konventionstaler**

Vs.: CHRISTOPH FRANZ B . ZU BAMB:D:H:R:R:FÜRST (größeres Brustbild)

Rs.: NACH DEM CONVENTIONS FUSE / XX EINE FEINE MARK / 18..00

Rand: Laubrand

Krug 434

1800	280.–	450.–	800.–

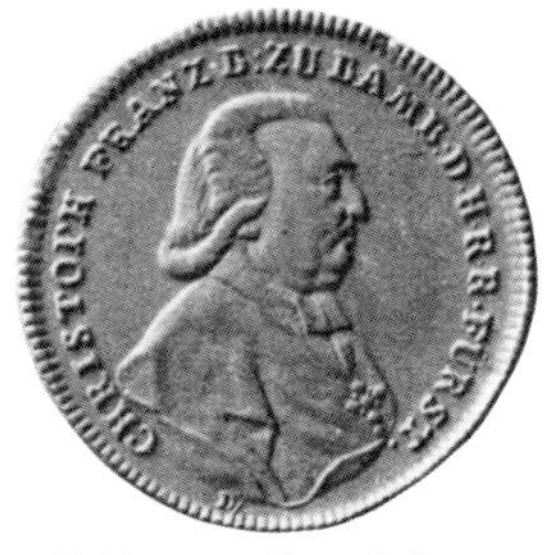

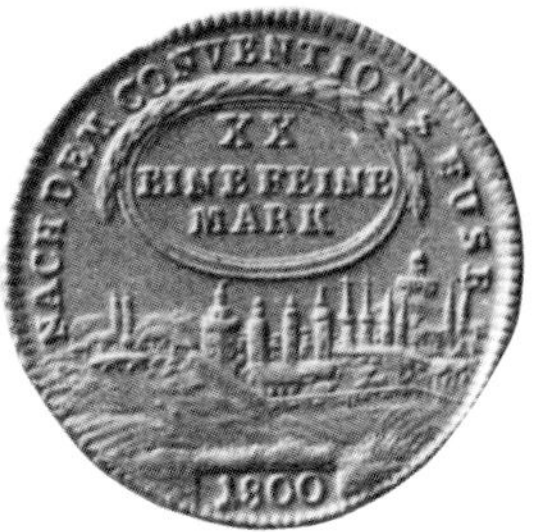

40A ½ Konventionstaler

Vs.: CHRISTOPH FRANZ B : ZU BAMB : D·H·R·R·FÜRST Signatur D (verändertes Brustbild und veränderte Stadtansicht)

Rs.: NACH DEM CONVENTIONS FUSE / XX EINE FEINE MARK / 1800

Rand: Laubrand

Krug 434a (ungenau) – Riechmann IX, Nr. 1102

1800 LP

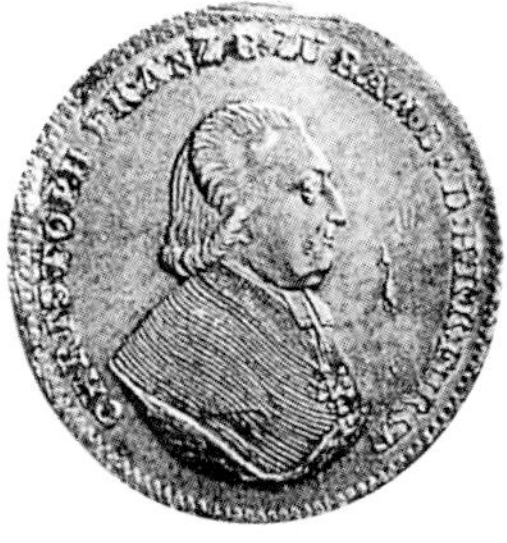

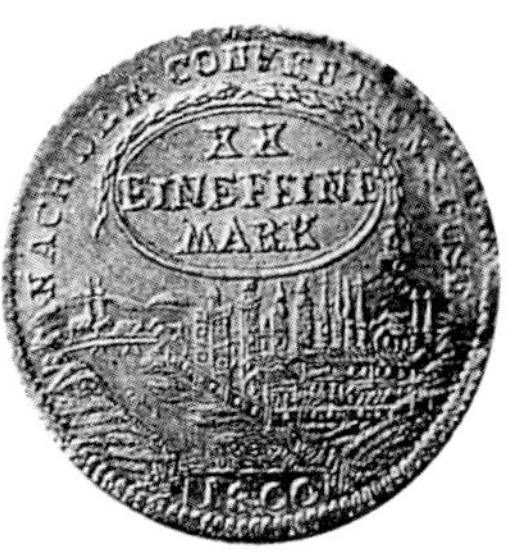

41 ½ Konventionstaler

Vs.: CHRISTOPH FRANZ B: ZU BAMB : D:H:R:R:FÜRST (kleineres Brustbild)

Rs.: NACH DEM CONVENTIONS FUSE / XX EINE FEINE MARK / 18.00

Rand: Laubrand

Krug 434b

1800 LP

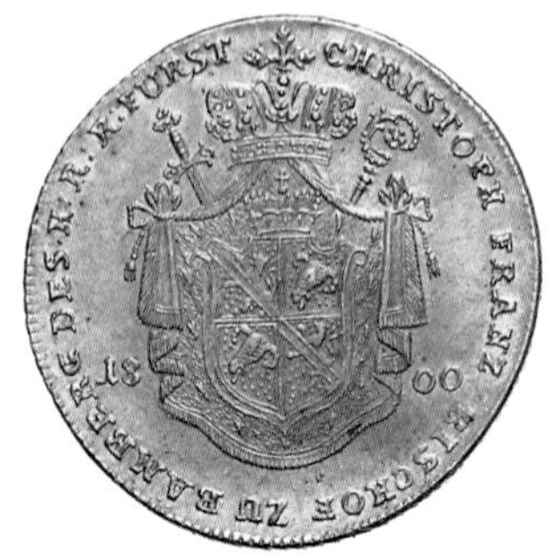

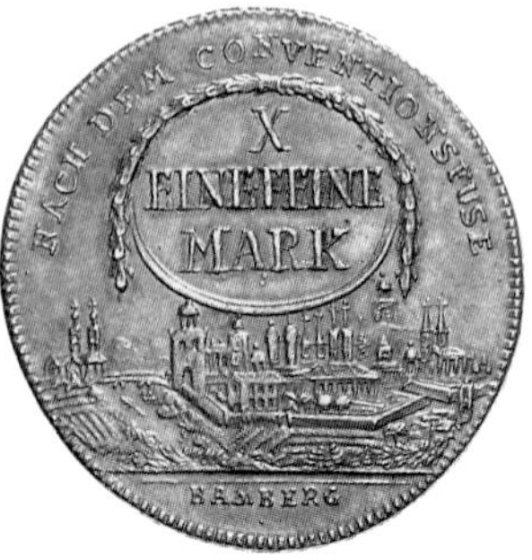

42 **Konventionstaler**

Vs.: CHRISTOPH FRANZ BISCHOF ZU BAMBERG DES · H : R : R : FÜRST 1800

Rs.: NACH DEM CONVENTIONSFUSE / X EINE· FEINE MARK, darunter Punkt, im Abschnitt BAMBERG, darunter Punkt

Rand: Laubrand

Dav. 1940 – Krug 435

1800	250.–	500.–	750.–

In der 54. WAG-Auktion (9/2010) wurde ein Exemplar in „Stempelglanz" für 1250.– Euro zugeschlagen.

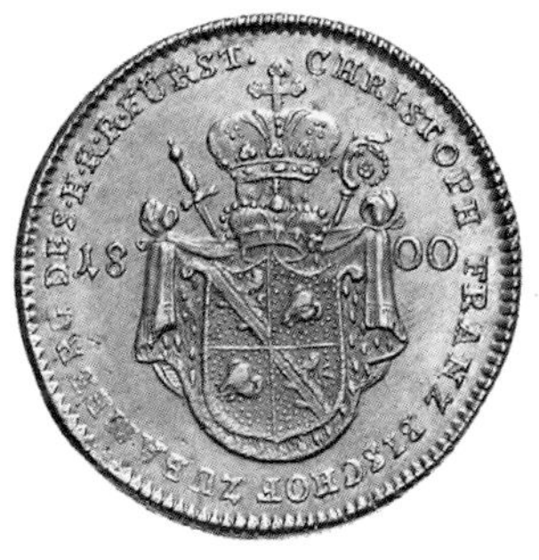

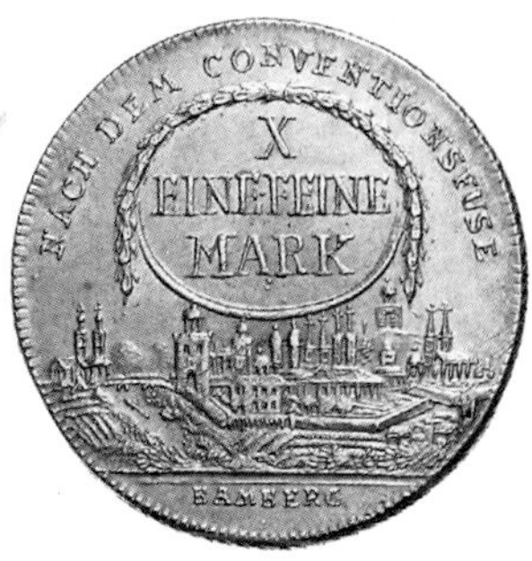

43 Konventionstaler

Vs.: CHRISTOPH FRANZ BISCHOF ZU BAMBERG DES·H·R·R·FÜRST. 1800

Rs.: NACH DEM CONVENTIONSFUSE / X EINE·FEINE MARK, darunter Punkt, BAMBERG, darunter Punkt

Rand: Laubrand

Dav. 1941A – Krug 436

1800	250.–	420.–	700.–

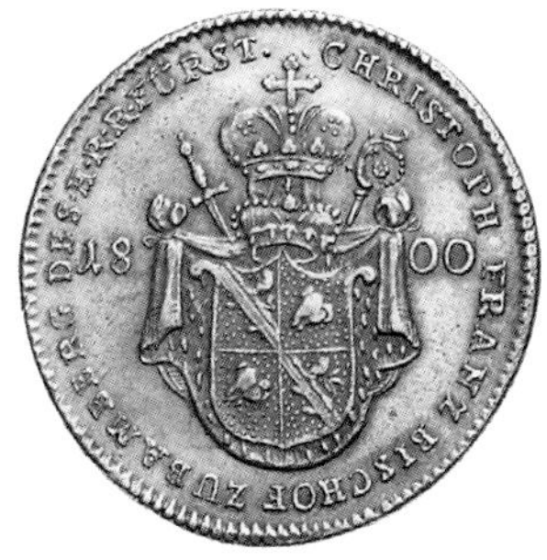

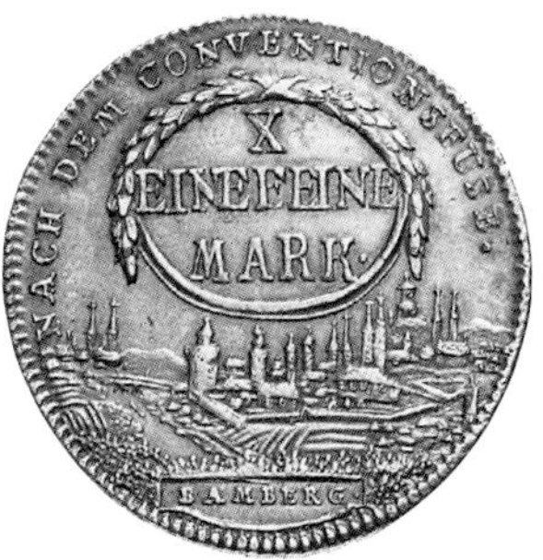

44 Konventionstaler

Vs.: CHRISTOPH FRANZ BISCHOF ZU BAMBERG DES·H·R·R·FÜRST. 1800

Rs.: NACH DEM CONVENTIONSFUSE . / X EINE FEINE MARK· im Rahmen unten BAMBERG ·

Rand: Laubrand

Dav. 1941 – Krug 437

1800	270.–	500.–	750.–

Königreich Bayern

Kurfürstentum	bis 1806
Königreich	1806 – 1918
Münzstätten:	Mannheim für die Rheinpfalz (1802) München
Medailleure:	
C.D.	Cajetan Destouches
C. VOIGT	Carl Friedrich Voigt
J. oder JOS. LOSCH	Joseph Losch
J. RIES	Johann Adam Ries
F.E.	Friedrich Eberle, Münzwardein in Mannheim
B.	Hans Heinrich Boltshauser (Mannheim)

Kurfürstentum

Maximilian IV. Joseph 1799 – 1806

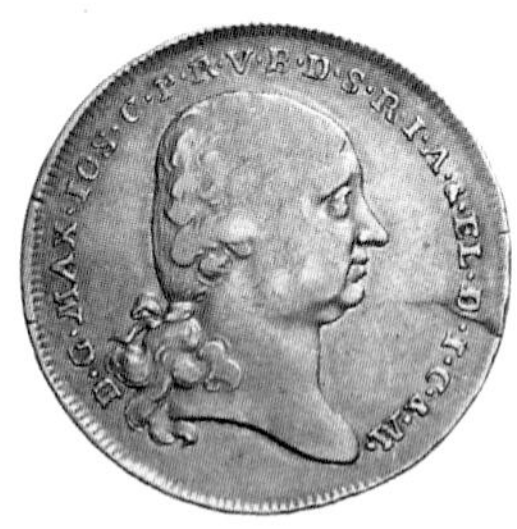
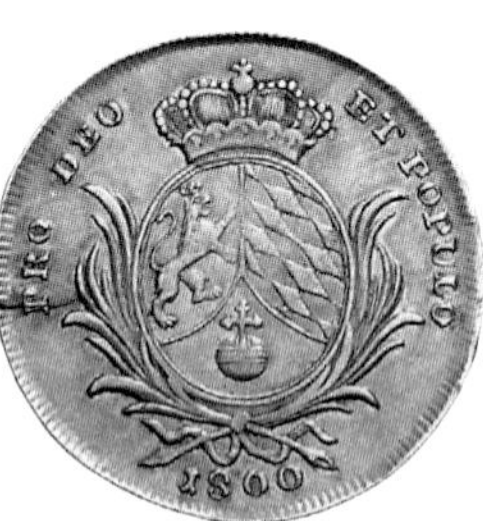

45 ½ Konventionstaler

Vs.: D · G · MAX · IOS · C · P · R · V · B · D · S · R · I · A · & · EL · D · I · C · & · M ·

Rs.: PRO DEO ET POPULO Jahr

Rand: Laubrand

AKS 10 – Witt. 2564 – Hahn 425

1799	1000.–	2700.–	3800.–
1800	1000.–	2500.–	3500.–
1801	1000.–	2800.–	4000.–
1802	1000.–	2800.–	4000.–
1803	1100.–	3000.–	4300.–

In der 33. Auktion der Münzhandlung Sonntag (11/2020) wurde ein Exemplar von 1800 in „vorzüglich-prägefrisch“ für 2200.– Euro versteigert; in der 43. WAG-Auktion (9/2007) ein Exemplar von 1800 in „vorzüglich-Stempelglanz“ für 2800.– Euro.

Variante

a) 1800 auch mit Punkt nach der Jahreszahl

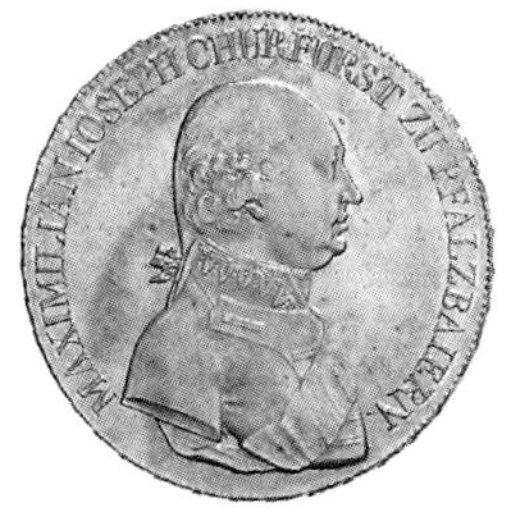

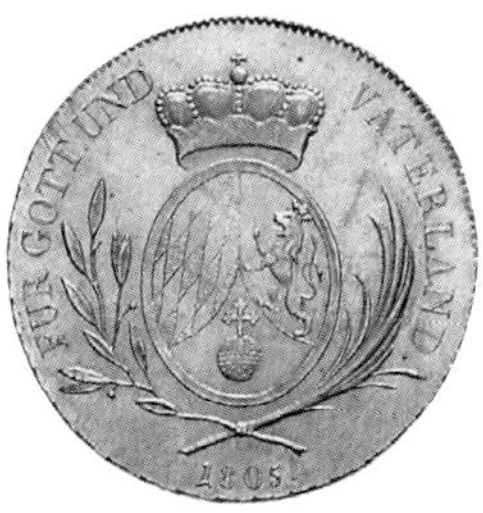

46 ½ Konventionstaler

Vs.: MAXIMILIAN IOSEPH CHURFÜRST ZU PFALZBAIERN.

Rs.: FÜR GOTT UND VATERLAND. Jahr.

Rand: Laubrand

AKS 11 – Hahn 426

1803	360.–	550.–	750.–
1804	360.–	550.–	750.–
1805	350.–	500.–	700.–

In der 322. Künker-Auktion (6/2019) erzielte ein PP-Exemplar von 1805 1250.– Euro.

Varianten

a) 1805 auch auf breiterer Ronde (24,3 mm) geprägt, dadurch ist die Umschrift weiter vom Rand entfernt, und höher stehendem Punkt nach PFALZBAIERN; 45. Auktion Harald Möller (6/2007), Nr. 202, „Erstabschlag“, Schätzpreis 700.– Euro

b) 1805 auch mit höher stehendem Punkt (Buchstabenmitte) nach PFALZBAIERN

c) 1805 mit kleinerer Buchstabenhöhe in der Umschrift

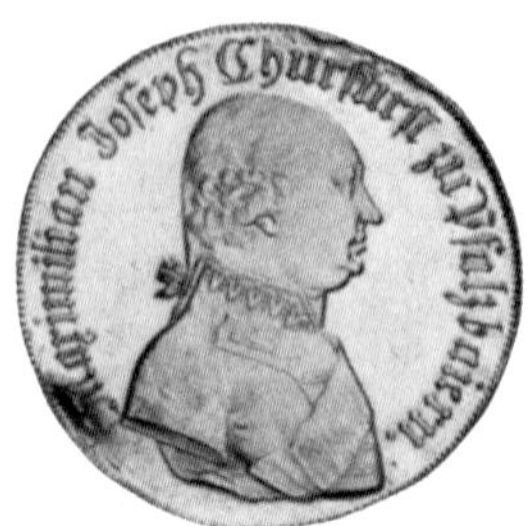

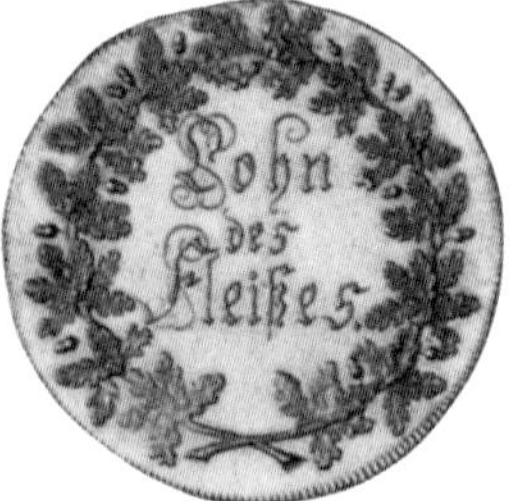

47 **½ Schulpreistaler (½ Konventionstaler)**

Vs.: **Maximilian Joseph Churfürst zu Pfalzbaiern.**

Rs.: **Lohn des Fleißes.**

Rand: Laubrand

AKS 34 – Hahn zu 450

o. J.	400.–	750.–	900.–

In der 331. Künker-Auktion (1/2020) wurde ein Stempelglanz-Exemplar für 2500.– Euro zugeschlagen.

Varianten

a) Goldabschlag mit Riffelrand im Gewicht von 4 Dukaten (13,90 g) (Ferrari 4893); 315. Auktion F. R. Künker (10/2018), „vorzüglich-Stempelglanz“, Zuschlag 17 000.– Euro

b) Goldabschlag mit Riffelrand im Gewicht von 5 Dukaten (17,32 g) (AKS 34 Anm. [Verwechslung mit Nr. 48c?]); 213. Künker-Auktion (6/2012) in „fast Stempelglanz“, Zuschlag 21 000.– Euro

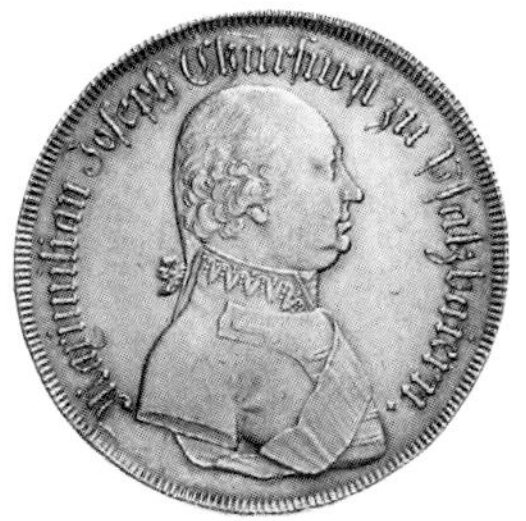

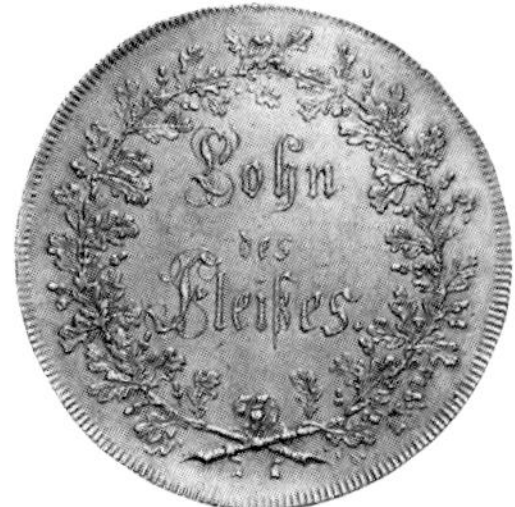

47A ½ Schulpreistaler (½ Konventionstaler), Zwittermünze

Vs.: **Maximilian Joseph Churfürst zu Pfalzbaiern.**

Rs.: **Lohn des Fleißes.**

Rand: Laubrand

AKS 34 (Vs.), AKS 36 (Rs.) – Hahn –

o. J. LP

In der 56. Auktion Harald Möller (11/2011) in der Erhaltung „Erstabschlag" für 800.– Euro zugeschlagen.

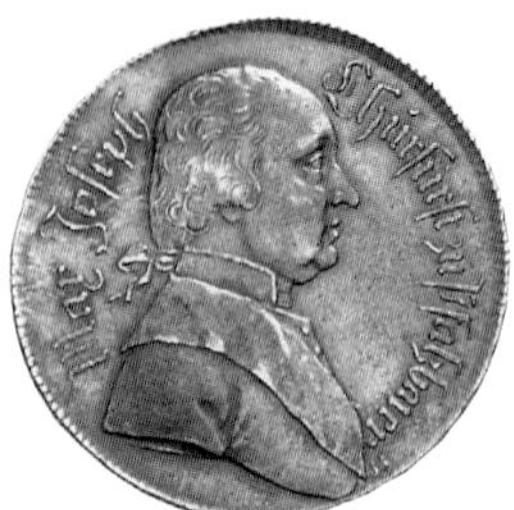

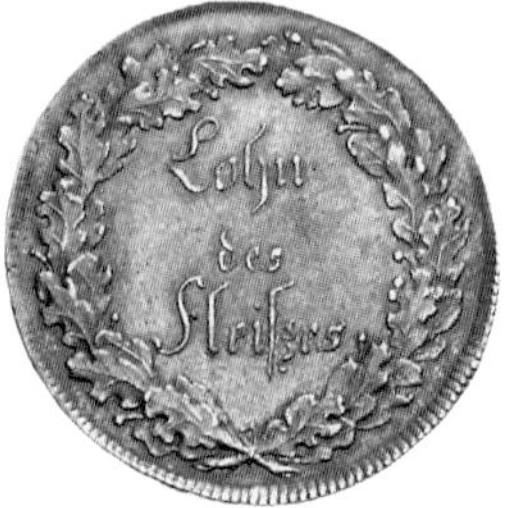

48 ½ Schulpreistaler (½ Konventionstaler)

Vs.: **Max Joseph Churfürst zu Pfalzbaiern**, Signatur JOS. LOSCH am Armabschnitt

Rs.: **Lohn des Fleißes**

Rand: Laubrand

AKS 35 – Hahn 451

o. J.	650.–	1400.–	1900.–

In der 296. Künker-Auktion (9/2017), Nr. 2001, wurde ein Exemplar in „vorzüglich“ für 1200.– Euro zugeschlagen.

Varianten

a) Ohne Signatur auf der Vorderseite

b) Ohne Kranzschleife auf der Rückseite

c) Goldabschlag (17,4 g) mit Riffelrand der Variante Nr. 48a) im Gewicht von 5 Dukaten jüngstes Vorkommen 58. Auktion der Heidelberger Münzhandlung (11/2011) in „vorzüglich-Stempelglanz“, Zuschlag 20 500.– Euro

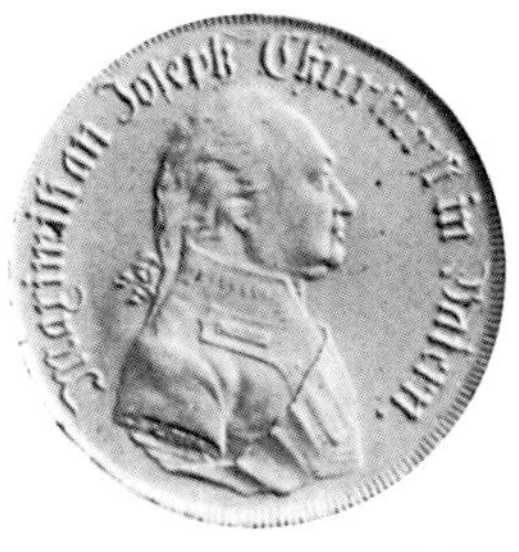
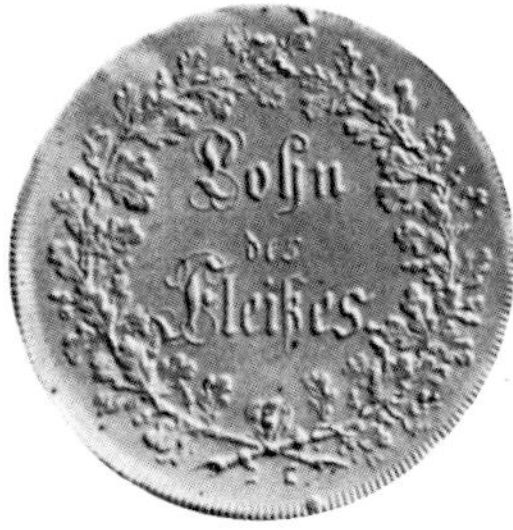

49 ½ Schulpreistaler (½ Konventionstaler)

Vs.: **Maximilian Joseph Churfürst in Baiern.** Signatur J. LOSCH am Armabschnitt

Rs.: **Lohn des Fleißes.**

Rand: Laubrand

AKS 36 – Hahn 449

o. J. LP

Varianten

a) Schreibweise **Churfurst** statt **Churfürst**

b) Die Zweige auf der Rückseite sind verändert.
In der 56. Möller-Auktion (11/2011) erzielte ein Exemplar in „sehr schön-vorzüglich“ 3400.– Euro

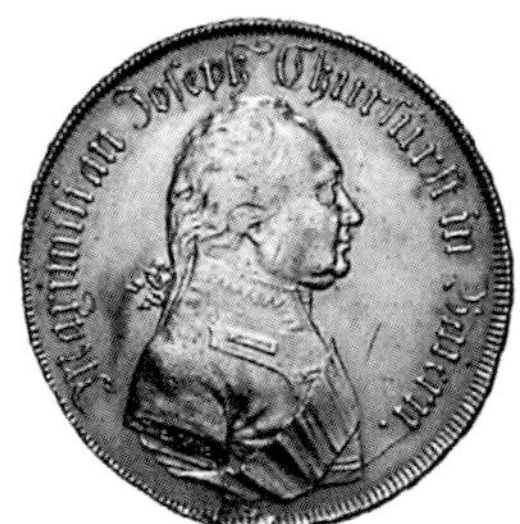
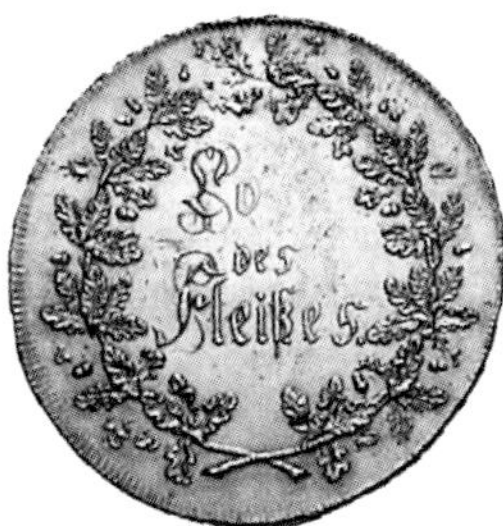

Nr. 49b) mit veränderten Zweigen

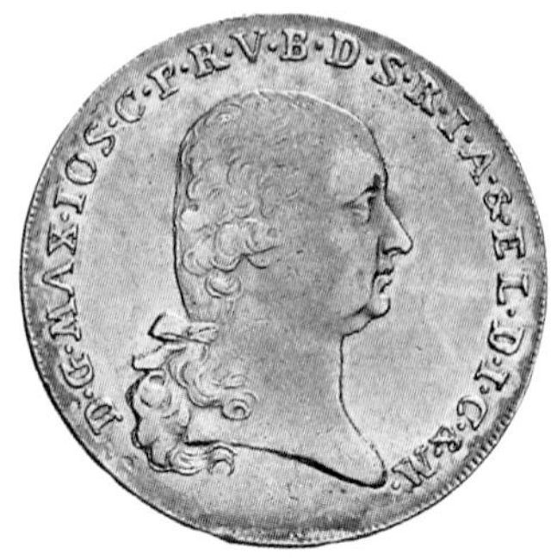

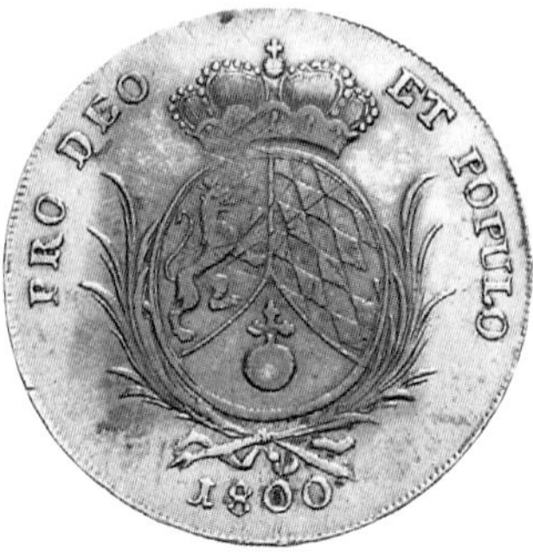

50 Konventionstaler

Vs.: D · G · MAX · IOS · C · P · R · V · B · D · S · R · I · A · & · EL · D · I · C · & · M · Keine Signatur am Halsabschnitt (außer bei 1799)

Rs.: PRO DEO ET POPULO Jahr

Rand: Laubrand

Dav. 540 – AKS 4 – T. 32 – Hahn 427

1799	180.–	400.–	900.–
1800	150.–	350.–	800.–
1801	150.–	350.–	800.–
1802	160.–	380.–	900.–

Die Signaturen „C.D." oder „D" am Halsabschnitt sind nur beim Jahrgang 1799 vorhanden.

Der Jahrgang 1799 wurde in der 108. Auktion F. R. Künker (3/2006), Nr. 492, in „Stempelglanz, winzige Justierspuren", für 1250.– Euro zugeschlagen; der Jahrgang 1801 in der 42. Auktion Harald Möller (12/2006), Nr. 164, in „Erstabschlag" für 775.– Euro; der Jahrgang 1800 in der 80. Auktion der Heidelberger Münzhandlung (11/2020) in „prägefrisch" für 1650.– Euro.

Varianten

a) 1799 mit der Signatur „D" statt „C.D." am Halsabschnitt

b) 1799 mit geringerem Abstand der Palmwedel von der Umschrift; links zeigt die obere Spitze zwischen die Buchstaben „D" und „E" von DEO, statt an den Beginn des Buchstabens „D"

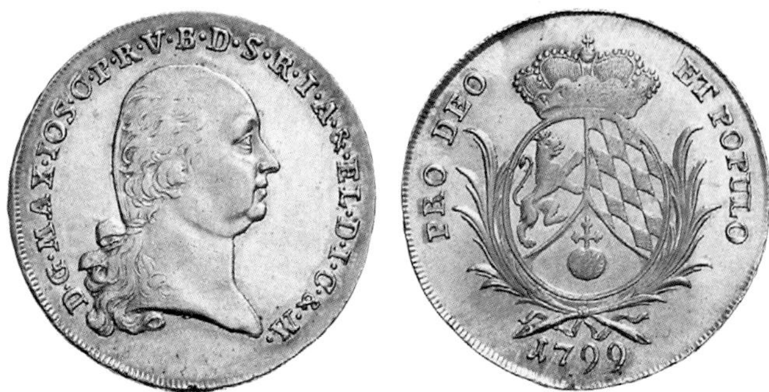

Nr. 50b), Variante des Jahrgangs 1799 mit geringerem Abstand der Palmwedel von der Rückseiten-Umschrift und der Jahreszahl von den Stielen

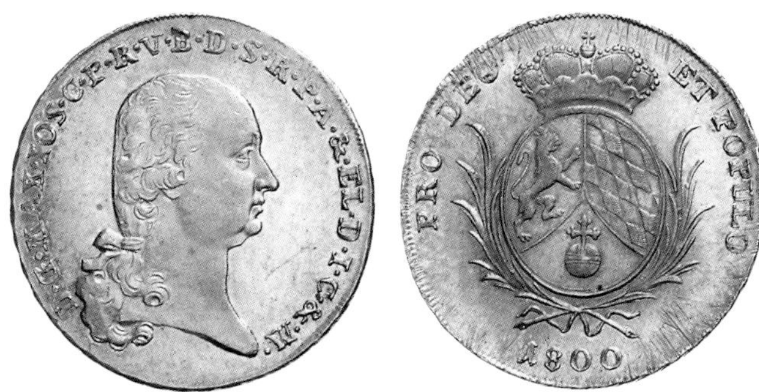

50A Konventionstaler

Vs.: D . G . MAX . IOS . C . P . R . V . B . D . S . R . **P** . A . &EL . D . I . C . &M .

Rs.: PRO DEO ET POPULO 1800

Rand: Laubrand

AKS – Witt. 2557 Anmerkung – Hahn –

1800	LP

Von der Nummer 50 unterscheidet sich die Nummer 50A lediglich durch einen Buchstaben in der Vorderseiten-Umschrift.

In der 315. Auktion Gerhard Hirsch Nachfolger (9/2015) in der Erhaltung „vorzüglich-fast Stempelglanz" für 2800.– Euro zugeschlagen.

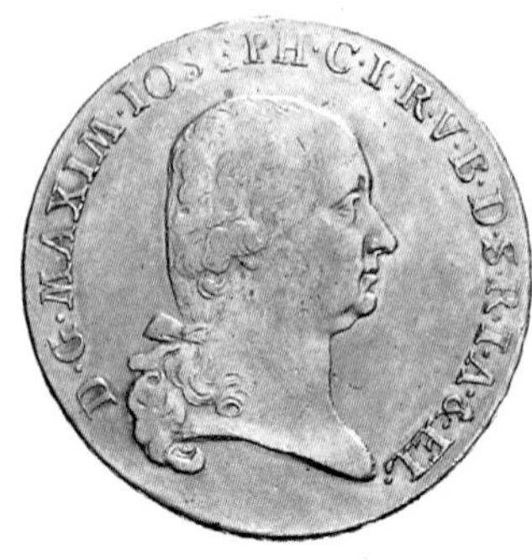
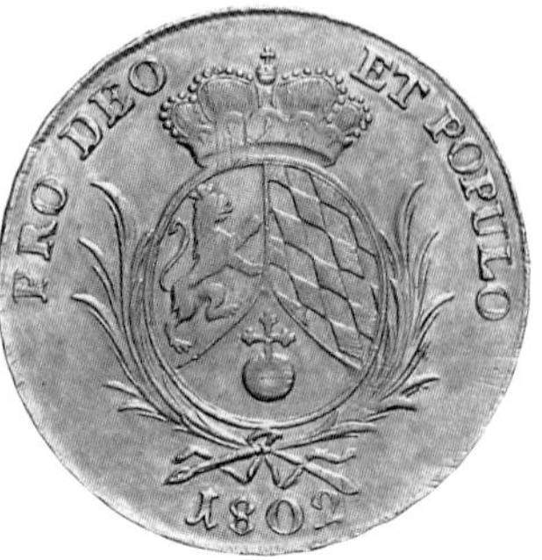

51 **Konventionstaler**

Vs.: D · G · MAXIM · IOSEPH · C · P · R · V · B · D · S · R · I · A · & · EL ·

Rs.: PRO DEO ET POPULO 1802

Rand: Laubrand

Dav. 542 – AKS 5 var. – T. 33 – Hahn 428

1802	1600.–	3800.–	7000.–

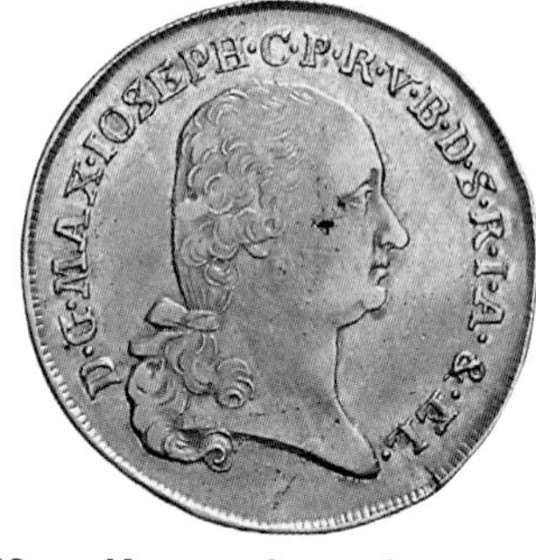
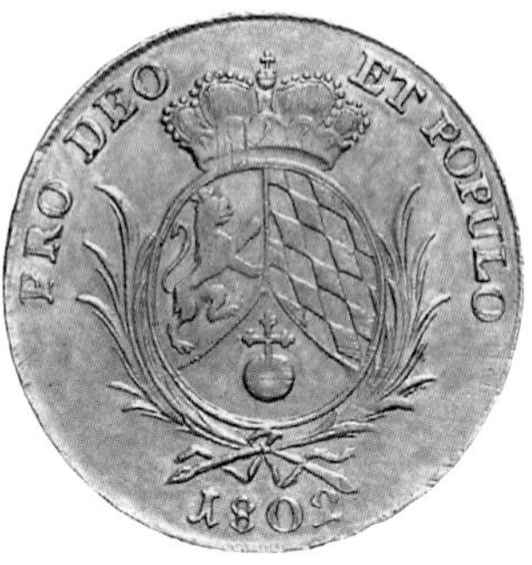

52 **Konventionstaler**

Vs.: D · G · MAX · IOSEPH · C · P · R · V · B · D · S · R · I · A · & · EL ·

Rs.: PRO DEO ET POPULO Jahr

Rand: Laubrand

Dav. 541 – AKS 5 – T. 34 – Hahn 428

1802	2500.–	7500.–	11 000.–
1803	3500.–	9500.–	12 000.–

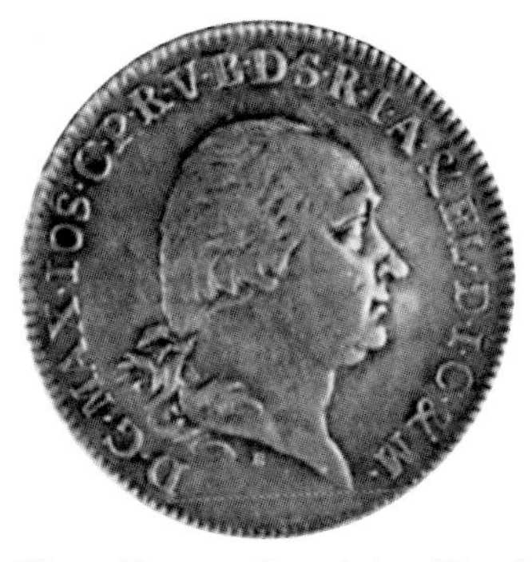

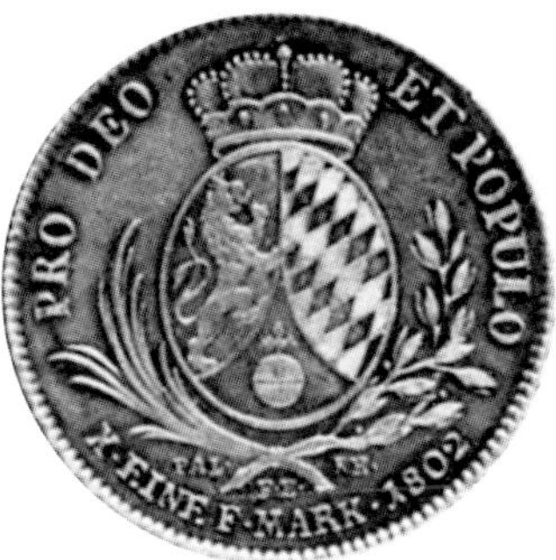

53 Konventionstaler (für die Rheinpfalz)

Vs.: D · G · MAX · IOS · C · P · R · V · B · D · S · R · I · A · & · EL · D · I · C · & · M · Signatur B

Rs.: PRO DEO ET POPULO / X · EINE F · MARK · 1802 zwischen den Zweigen PAL · RH · Mmz. F· E·

Dav. 544 – AKS 6 – T. 35 – Hahn 437

1802	8000.–	12 000.–	LP

In der 80. Auktion der Heidelberger Münzhandlung (11/2020) erzielte ein Exemplar in „vorzüglich" den Zuschlag von 62 000.– Euro.

Variante

a) Mit veränderter Bandschleife; sie zeigt hier zwischen die Buchstaben „D . G ." am Beginn der Vorderseiten-Umschrift (Witt. 2608 Anm.)

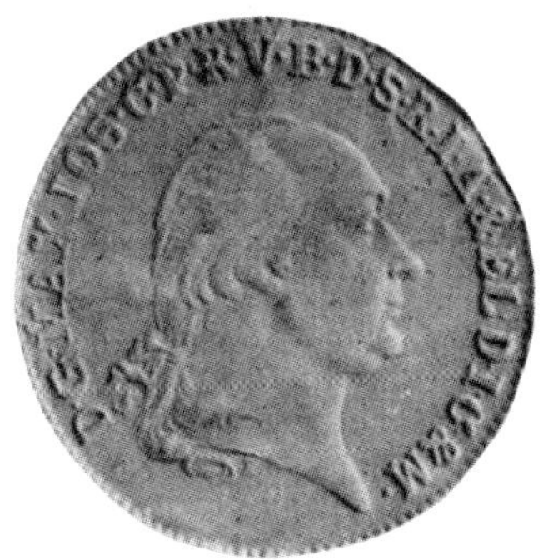

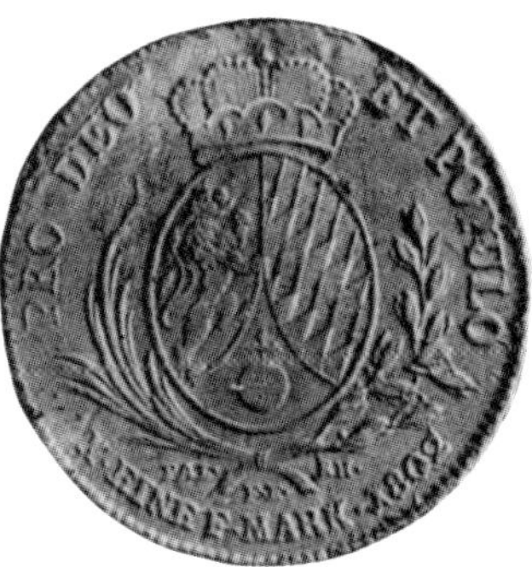

Nr. 53a) mit veränderter Bandschleife am Haar

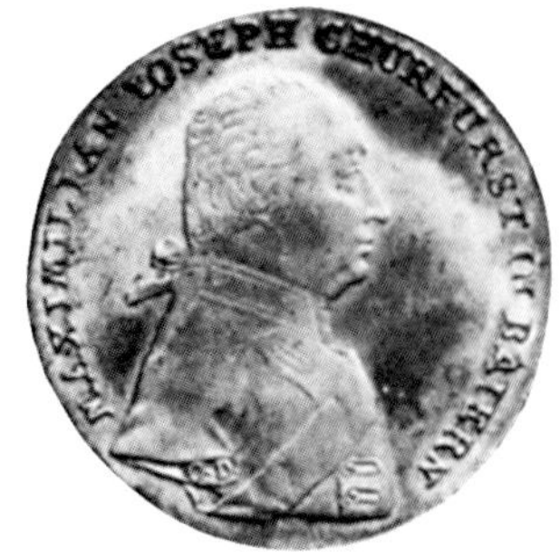
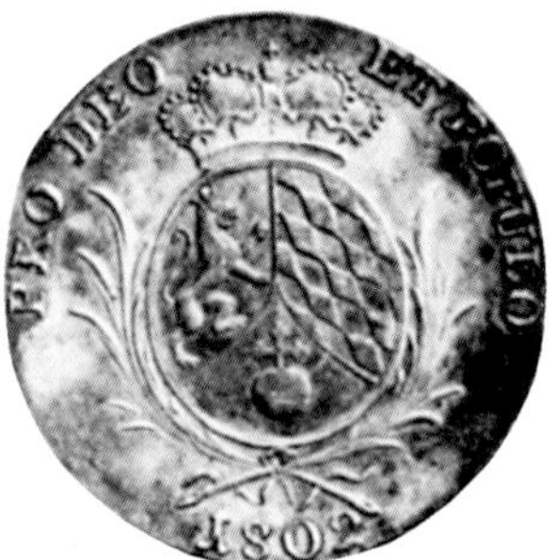

54 Konventionstaler

Vs.: MAXIMILIAN IOSEPH CHURFÜRST IN BAIERN
Signatur C·D·

Rs.: PRO DEO ET POPULO 1802

Rand: ZEHEN EINE FEINE MARK

Dav. 543 – AKS 7 – T. 36 – Hahn 429

1802	LP

Dieser Taler wurde bisher letztmalig in der 271. Künker-Auktion (2/2016) als „Erstabschlag, fast Stempelglanz" für 42 000.– Euro versteigert. Zuvor war er in der 58. Auktion (11/2011) der Heidelberger Münzhandlung in „Stempelglanz" für 70 000.– Euro zugeschlagen worden.

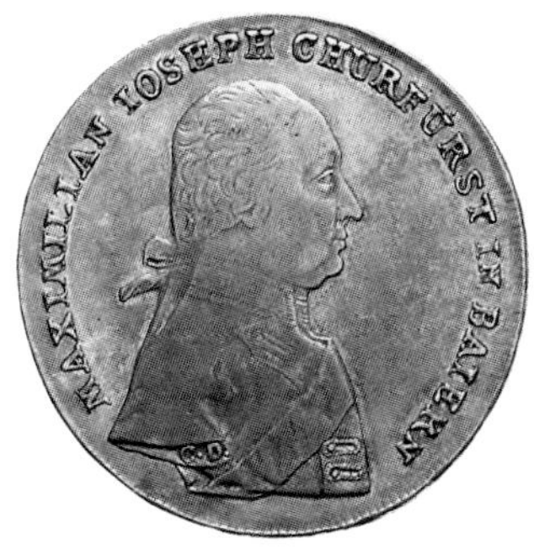

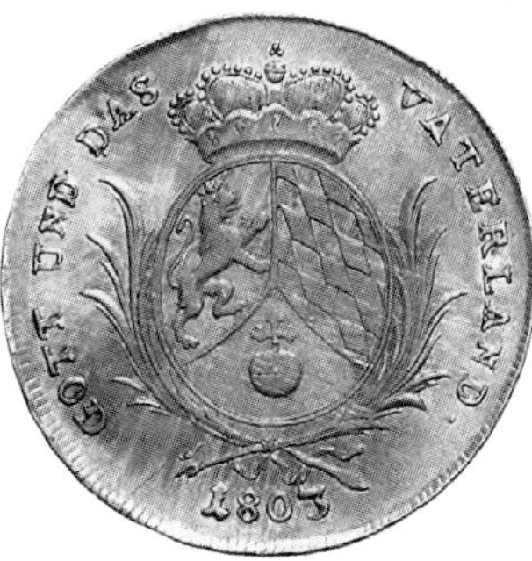

55 Konventionstaler

Vs.:	MAXIMILIAN IOSEPH CHURFÜRST IN BAIERN Signatur C·D·
Rs.:	GOTT UND DAS VATERLAND · 1803
Rand:	Laubrand
	Dav. 545 – AKS 8 – T. 37 – Hahn 430

1803	200.–	400.–	850.–

Varianten

a) Ohne C.D. am Armabschnitt, jedoch mit Punkt nach BAIERN
b) Ohne C.D. am Armabschnitt, mit größerer Jahreszahl und Punkt nach BAIERN
c) Ohne C.D. am Armabschnitt, jeweils Punkt nach BAIERN und der kleineren Jahreszahl
d) Mit C.D. am Armabschnitt, das „N" von BAIERN (ohne Punkt) berührt die Uniform, kleine Jahreszahl, das Zopfband variiert leicht

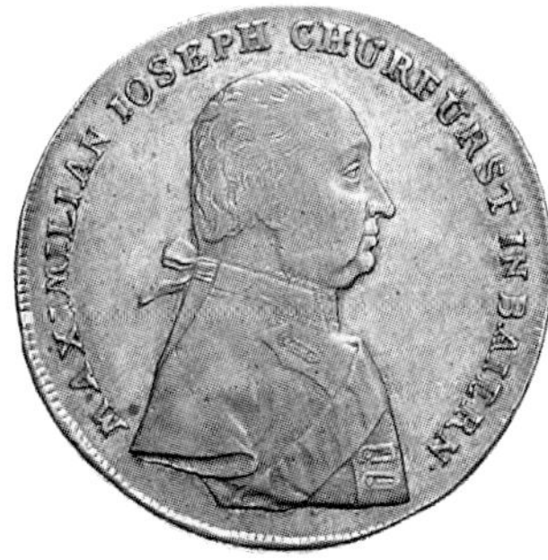

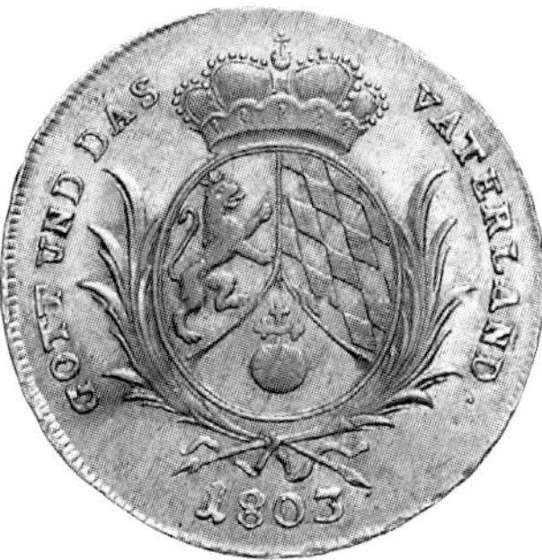

Nr. 55a) ohne C.D. am Armabschnitt, jedoch mit Punkt nach BAIERN

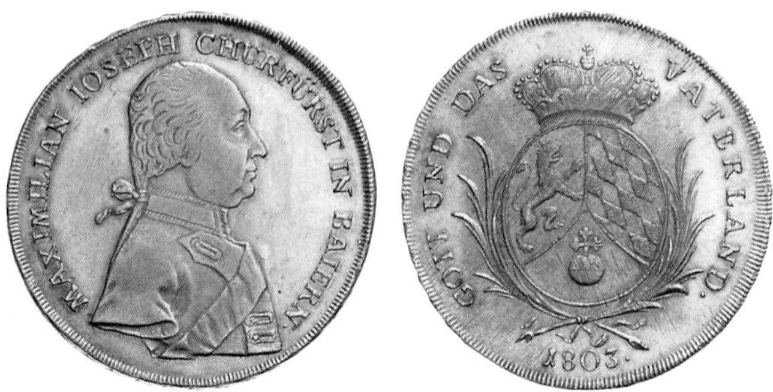

Nr. 55c), Konventionstaler 1803 ohne Signatur C.D., mit Punkt nach BAIERN und der kleinen Jahreszahl

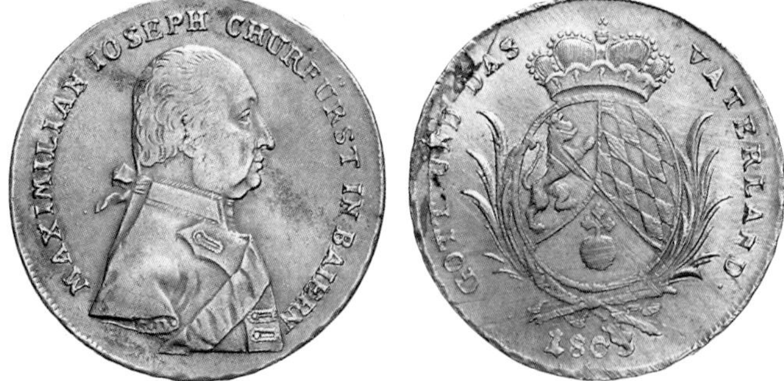

Nr. 55d), Konventionstaler 1803 (kleine Jahreszahl) mit C·D· am Armabschnitt, das „N“ von BAIERN berührt die Uniform, verändertes Zopfband. In der 327. Künker-Auktion (10/2019) erzielte ein Exemplar „fast Stempelglanz“ 1600.– Euro.

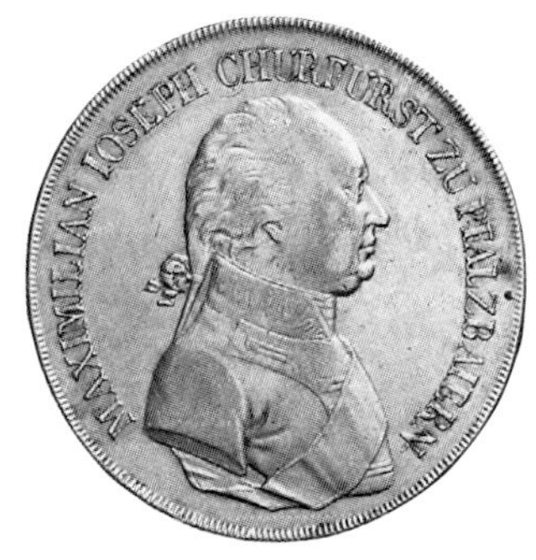

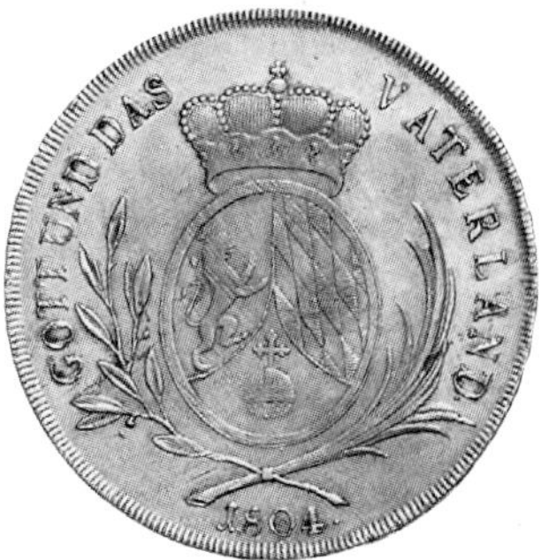

56 Konventionstaler

Vs.: MAXIMILIAN IOSEPH CHURFÜRST ZU PFALZBAIERN ·

Rs.: GOTT UND DAS VATERLAND· Jahr .

Rand: ZEHEN EINE FEINE MARK

Dav. 546 – AKS 9 – T. 38 – Hahn 431

1803	280.–	600.–	950.–
1804	260.–	600.–	900.–
1805	320.–	650.–	1200.–

In der 80. Heidelberger Münzauktion (11/2020) wurde ein Exemplar von 1804 in „vorzüglich-prägefrisch" für 1600.– Euro versteigert.

Varianten

a) 1804 mit fehlerhafter Randschrift EHEN statt ZEHEN; 45. Auktion Harald Möller (6/2007), Nr. 199, „vorzüglich-/ vorzüglich+", Schätzpreis 500.– Euro.

b) Mit hochstehendem Punkt nach 1804; Abb. siehe oben

c) Jahrgang 1805 aus 1803 geändert; Liste 230/1, Nr. 1304, von G. Henzen

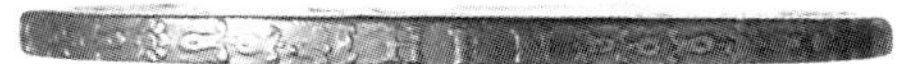

Nr. 56a), fehlerhafte Randschrift mit EHEN statt ZEHEN

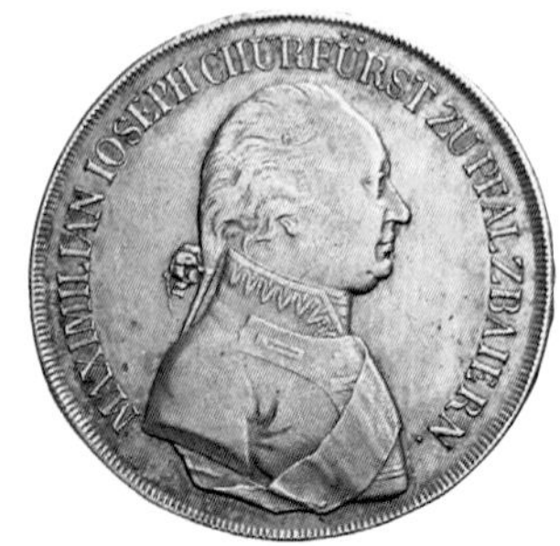

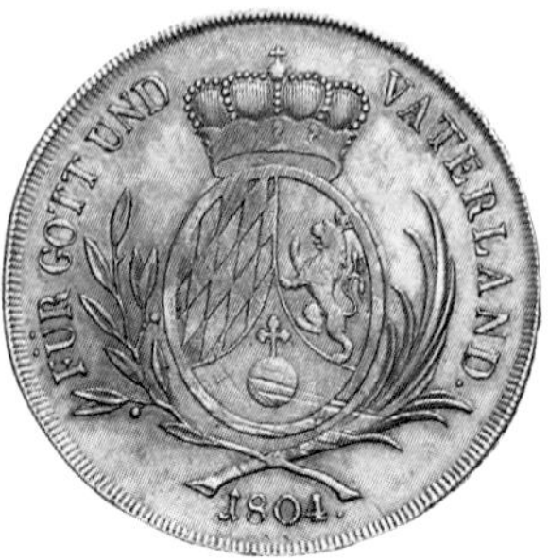

57 Konventionstaler

Vs.: MAXIMILIAN IOSEPH CHURFÜRST ZU PFALZBAIERN.

Rs.: FÜR GOTT UND VATERLAND. Jahr.

Rand: ZEHEN EINE FEINE MARK

Dav. 547 – AKS 9 var. – T. 39 – Hahn 432

1804	1800.–	3200.–	4500.–
1805	200.–	400.–	650.–

Der Jahrgang 1804 wurde in der 350. Auktion F. R. Künker (6/2021), Nr. 803, in „vorzüglich-Stempelglanz", für 2700.– Euro zugeschlagen; ein Exemplar von 1804 in „fast prägefrisch" in der 80. Heidelberger Münzauktion (11/2020) für 4600.– Euro.

Varianten

a) 1804 und 1805 mit fehlerhafter Randschrift EHEN statt ZEHEN; 45. Auktion Harald Möller (6/2007), Nr. 200 (Jahrgang 1804), „vorzüglich-/vorzüglich-Stempelglanz", Schätzpreis 3000.– Euro. Siehe Abb. Nr. 56a

b) 1805 mit veränderter Zopfschleife; 45. Auktion Harald Möller (6/2007), Nr. 203

c) Goldabschlag ohne Randschrift vom Jahrgang 1805 im Gewicht von 30 Dukaten (104,65 g), Unikum! (Schl. A 1 [falsche Quellenangabe]); 409. Peus-Auktion (4/2013), Nr. 2199, Zuschlag 115 000.– Euro

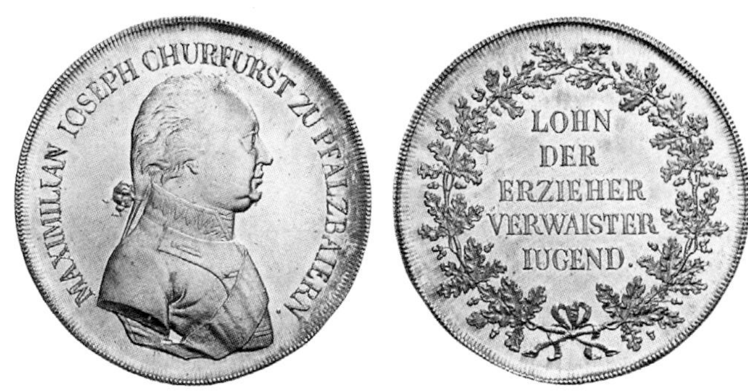

58 Preistaler (Konventionstaler)

Vs.: MAXIMILIAN IOSEPH CHURFÜRST ZU PFALZBAIERN.

Rs.: LOHN DER ERZIEHER VERWAISTER IUGEND.

Rand: ZEHEN EINE FEINE MARK

AKS 30 – Witt. 2454 – Hahn 453

o. J. (1802/03) LP

In der 42. Auktion Harald Möller (12/2006), Nr. 180, wurde ein Exemplar der Variante Nr. 58a) in „EA/PP" für 20 000.– Euro zugeschlagen; in der 180. Künker-Auktion (1/2011) ein Exemplar in „EA, vorzüglich-Stempelglanz" für 15 000.– Euro.

Variante

a) Ohne Randschrift

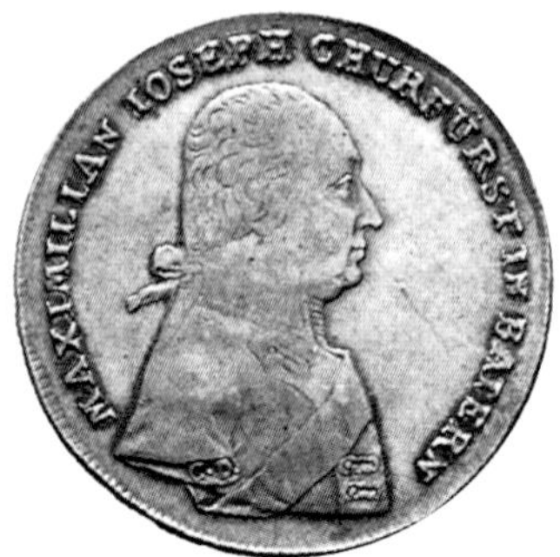

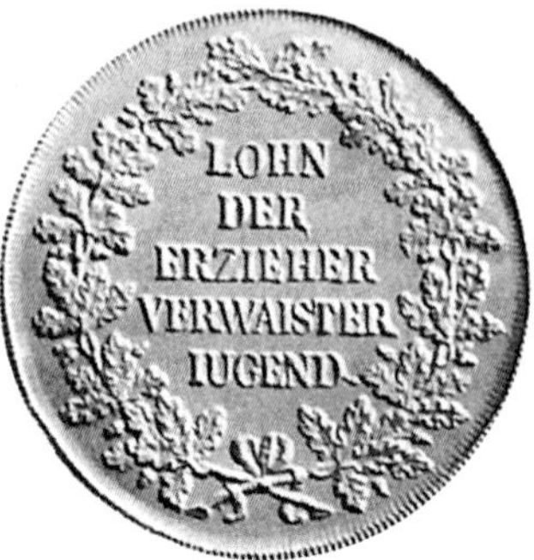

59 Preistaler (Konventionstaler)

Vs.: MAXIMILIAN IOSEPH CHURFÜRST IN BAIERN
Signatur C·D·

Rs.: LOHN DER ERZIEHER VERWAISTER IUGEND.

Rand: ZEHEN EINE FEINE MARK

AKS 31 – Witt. 2455 – Hahn 452

o. J. (1803/05)	LP

Varianten

a) Ohne Randschrift

b) Kupferabschlag ohne Randschrift

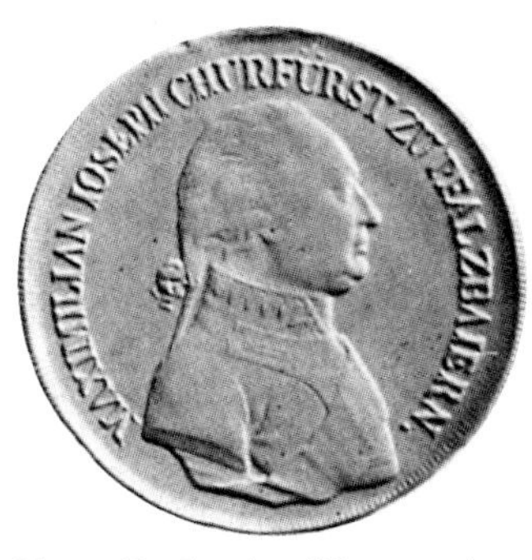
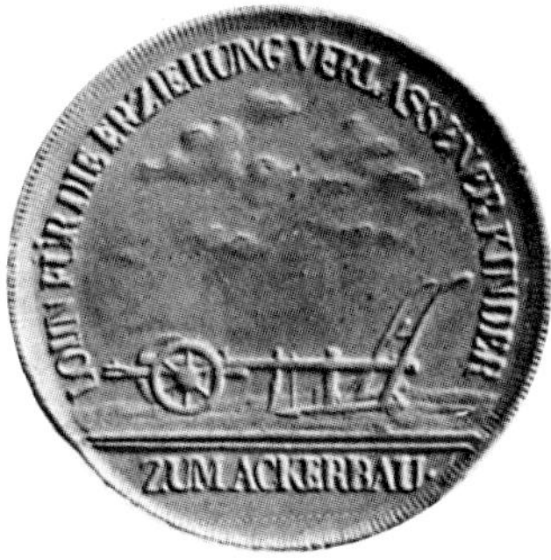

60 Preistaler (Konventionstaler)

Vs.: MAXIMILIAN IOSEPH CHURFÜRST ZU PFALZBAIERN.

Rs.: LOHN FÜR DIE ERZIEHUNG VERLASSENER KINDER im Abschnitt ZUM ACKERBAU ·

Rand: ZEHEN EINE FEINE MARK ·

AKS 32 – Witt. 2456 – Hahn 455

o. J. (1803/05) LP

Variante

a) Ohne Randschrift

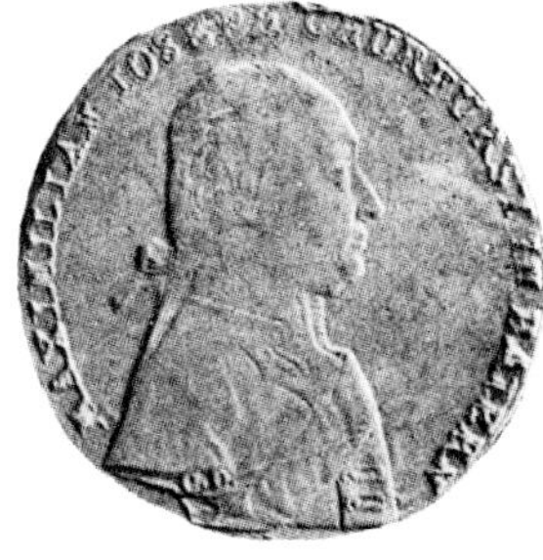
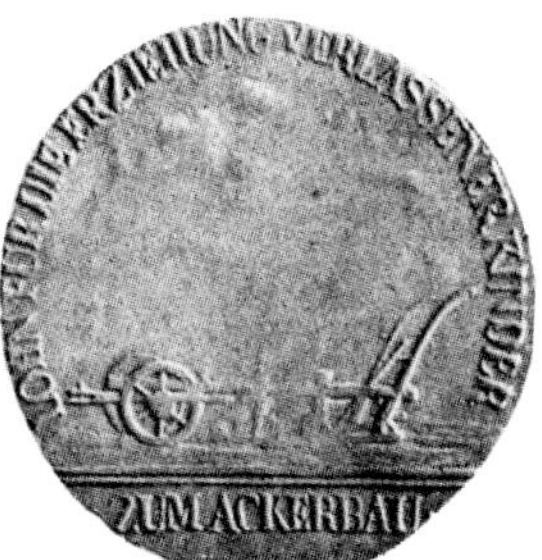

60A Preistaler (Konventionstaler)

Vs.: MAXIMILIAN IOSEPH CHURFÜRST IN BAIERN. C·D·am Armabschnitt.

Rs.: LOHN FÜR DIE ERZIEHUNG VERLASSENER KINDER im Abschnitt ZUM ACKERBAU.

Rand: Laubrand

AKS – Hahn – Slg. Pein, Nr. 62

o. J. (1803/05) LP

Königreich

Maximilian IV. Joseph 1799 – 1825 (als König Maximilian I. Joseph 1806 – 1825)

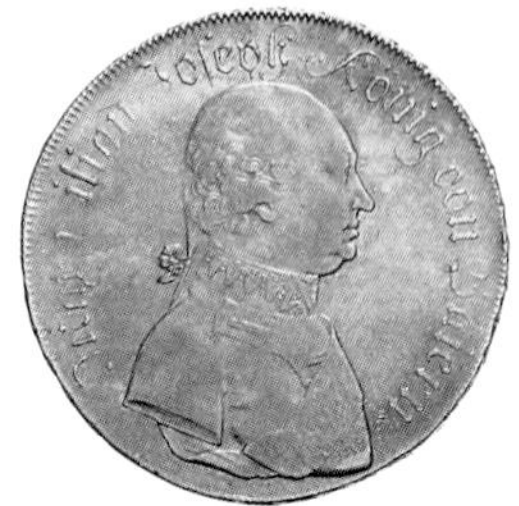

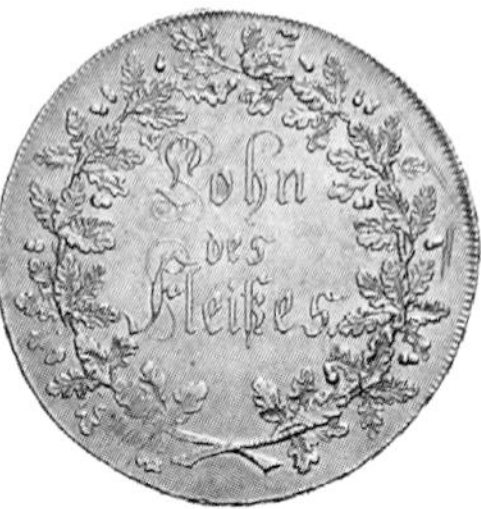

61 **½ Schulpreistaler (½ Konventionstaler)**

Vs.: **Maximilian Joseph König von Baiern.**

Rs.: **Lohn des Fleißes.**

Rand: Laubrand

AKS 62 – Jaeger 17b

o. J.	(ca. 1500, mit Nr. 61A)	220.–	400.–	750.–

Geprägt 1806 – 1808

In der 73. Heidelberger Münzauktion (11/2017) wurde ein Exemplar in „vorzüglich+" für 800.– Euro zugeschlagen.

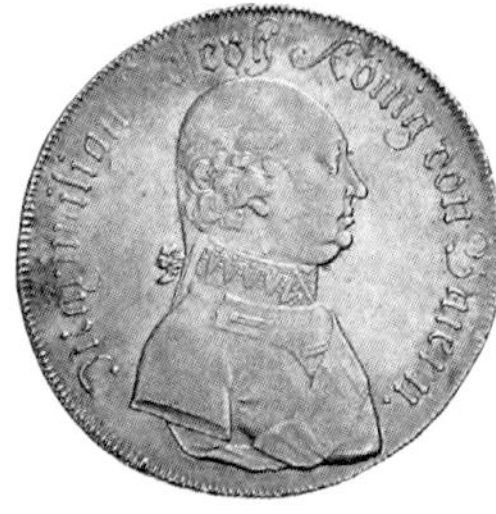

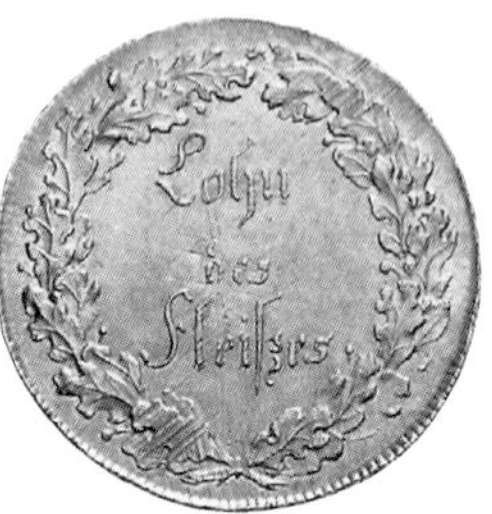

61A **½ Schulpreistaler (½ Konventionstaler)**

Vs.: **Maximilian Joseph König von Baiern.**

Rs.: **Lohn des Fleißes.**

Rand: Laubrand

AKS 62 Anm. – Jaeger 17a

o. J.	(ca. 1500, mit Nr. 61)	200.–	400.–	700.–

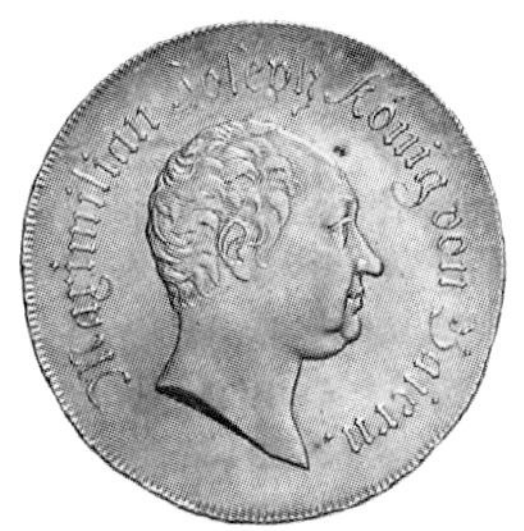
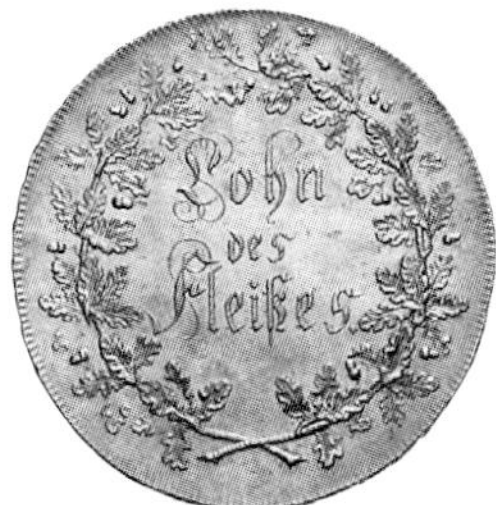

62 **½ Schulpreistaler (½ Konventionstaler)**

Vs.: **Maximilian Joseph König von Baiern.**

Rs.: **Lohn des Fleißes.**

Rand: Laubrand

AKS 63 – Jaeger 18

o. J.		400.–	900.–	1800.–

In der 66. Auktion der Heidelberger Münzhandlung (11/2015) wurde ein vorzügliches Exemplar für 1650.– Euro versteigert; in der 61. Auktion ein prägefrisches Exemplar für 3100.– Euro; in der 49. WAG-Auktion (2/2009), Nr. 273, ein PP-Exemplar für 1925.– Euro; in der 232. Künker-Auktion (6/2013), Nr. 436, ein Exemplar in „Erstabschlag" für 3400.– Euro

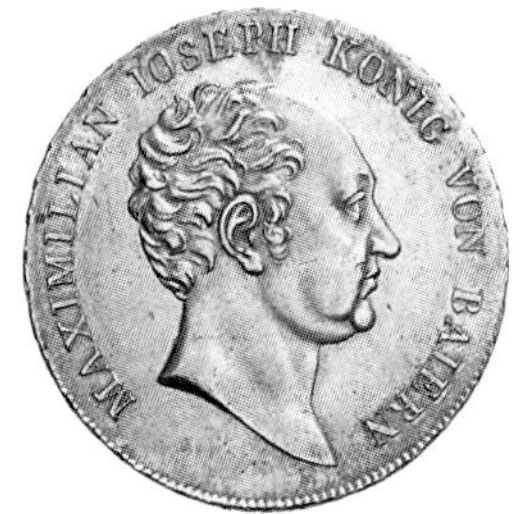
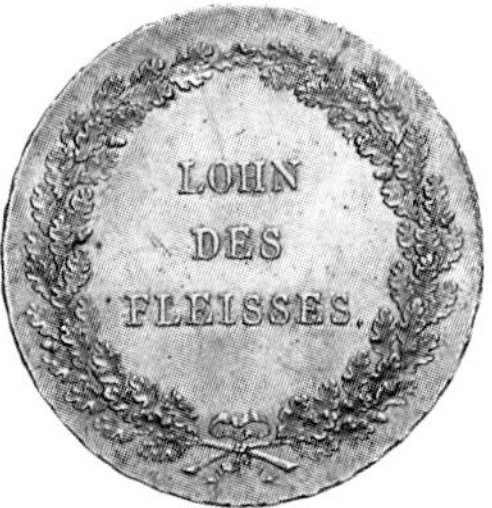

63 **½ Schulpreistaler (½ Konventionstaler)**

Vs.: MAXIMILIAN JOSEPH KÖNIG VON BAIERN

Rs.: LOHN DES FLEISSES.

Rand: Laubrand

AKS 64 – Jaeger 19

o. J.	(ca. 25 000)	160.–	300.–	650.–

Bis 1837 geprägt

Variante

a) Goldabschlag zu 5 Dukaten (17,41g), 66. Sincona-Auktion (10/2020), Zuschlag 24 000.– Schweizer Franken; in der 359. Künker-Auktion (1/2022), Nr. 339, ein Exemplar in „fast Stempelglanz", Zuschlag 26 000.– Euro

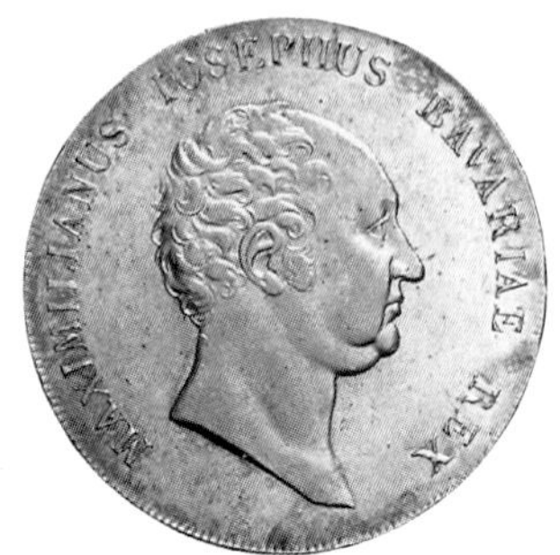

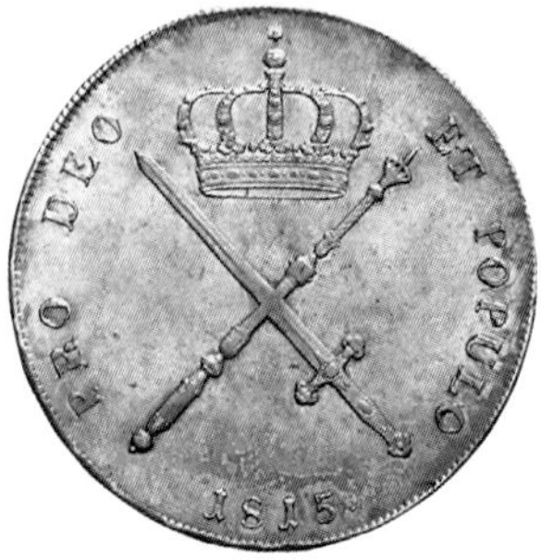

64 Kronentaler

Vs.: MAXIMILIANUS IOSEPHUS BAVARIAE REX
Rs.: PRO DEO ET POPULO Jahr.
Rand: BAIERISCHER KRONTHALER

Dav. 552 – AKS 44 – Jaeger 14 – T. 44

1809	(929 920)	80.–	200.–	370.–
1810	(648 770)	80.–	200.–	380.–
1811	(114 020)	100.–	200.–	400.–
1812	(1 160 600)	90.–	200.–	350.–
1813	(835 520)	90.–	200.–	350.–
1814	(1 015 400)	90.–	200.–	350.–
1815	(681 440)	90.–	200.–	350.–
1816	(2 261 280)	90.–	180.–	300.–
1817	(334 610)	80.–	180.–	340.–
1818	(163 610)	80.–	200.–	360.–
1819	(286 570)	80.–	200.–	360.–
1820	(115 930)	100.–	220.–	400.–
1821	(206 160)	80.–	200.–	360.–
1822	(29 470)	120.–	400.–	550.–
1823	(27 240)	120.–	400.–	600.–
1824	(41 590)	100.–	400.–	550.–
1825	(75 690)	90.–	200.–	350.–

Der Jahrgang 1809 ist in der 80. Heidelberger Münzauktion (11/2020) als „Erstabschlag" für 1350.– Euro zugeschlagen worden; in der 52. WAG-Auktion (2/2010) ein PP-Exemplar von 1823 für 1150.– Euro.

Varianten und Proben

a) 1809 mit Laubrand, ohne Randschrift; 108. Auktion F. R. Künker (3/2006), „vorzüglich-Stempelglanz“, Zuschlag 1600.– Euro
b) 1809 mit glattem Rand ohne Randschrift
c) 1809, 1811 und 1814 mit Punkt nach REX
d) 1811 ohne Punkt nach der Jahreszahl
e) 1813 mit Stempelfehler IOEPHUS in der Umschrift
f) 1825, einseitiger Zinnabschlag der Rückseite (Hahlo 142)
g) Einseitiger Kupferabschlag der Vorderseite (Hahlo 139)
h) 1809 mit Lorbeer- und Eichenkranz auf der Rückseite (Probe)
i) Einseitige Zinnprobe der Rückseite ohne Jahr (Hahlo 142)

Der Abstand des „X“ von REX der Vorderseiten-Umschrift zur Büste des Königs schwankt zwischen 3 mm (1810) und 7 mm (1813).

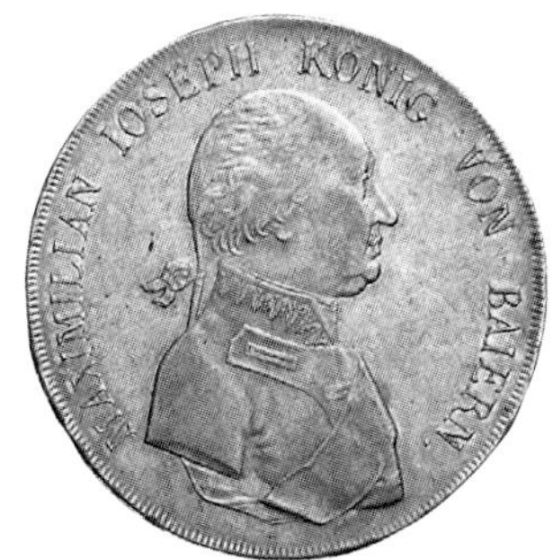

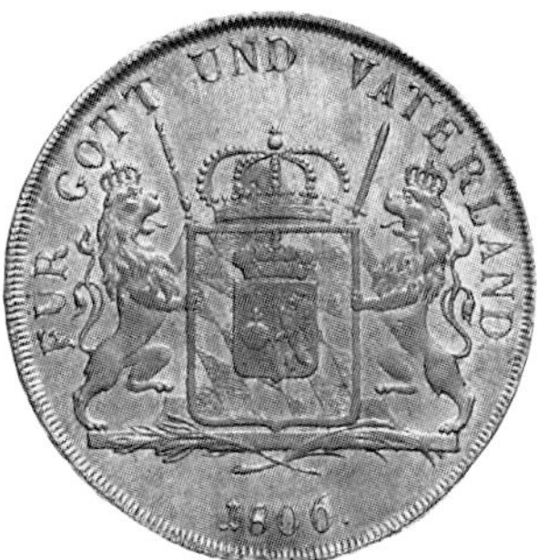

65 Konventionstaler („Königstaler“)

Vs.: MAXIMILIAN IOSEPH KÖNIG VON BAIERN.
Rs.: FÜR GOTT UND VATERLAND. 1806.
Rand: ZEHEN EINE FEINE MARK

Dav. 548 – AKS 45 – Jaeger 3 – T. 40

1806	300.–	550.–	750.–

In der 80. Heidelberger Münzauktion (11/2020) wurde ein „prägefrisches“ Exemplar für 2150.– Euro versteigert.

Varianten

a) Das Schwert zeigt auf den Buchstaben „A“ von VATERLAND, nicht zwischen „A“ und „T“ (siehe Abbildung)
b) Die Wortabstände in der Rückseiten-Umschrift sind enger bzw. weiter, z.B. zwischen UND und VATERLAND entweder 4 mm bzw. 5 mm
c) Goldabschlag mit glattem Rand im Gewicht von 20 Dukaten (69,76 g); 82. Auktion F. R. Künker (3/2003), Nr. 5094, „vorzüglich“, Zuschlag 73 500.– Euro; in der 213. Künker-Auktion (6/2012) erzielte das Exemplar den Zuschlag von 120 000.– Euro

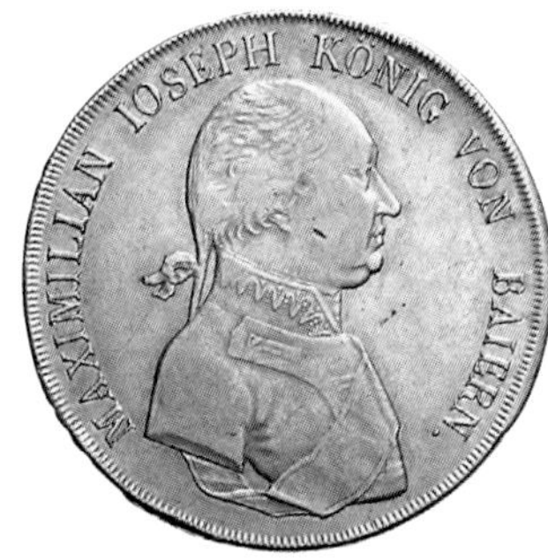

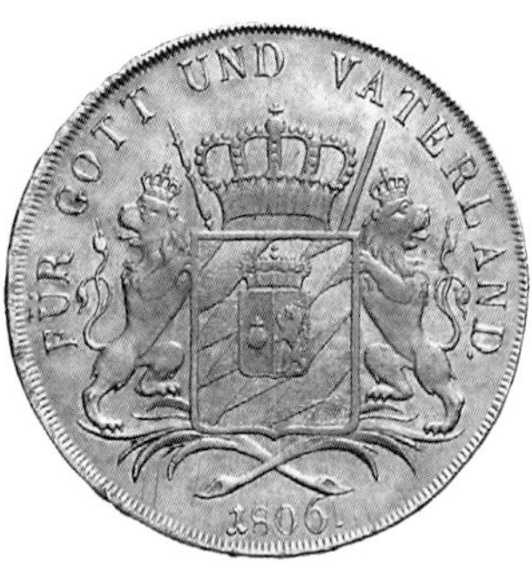

66 Konventionstaler

Vs.: MAXIMILIAN IOSEPH KÖNIG VON BAIERN.

Rs.: FÜR GOTT UND VATERLAND. 1806.

Rand: ZEHEN EINE FEINE MARK

Dav. 549 – AKS 46 – Jaeger 4 – T. 41

1806	1400.–	3700.–	5000.–

In der 81. Heidelberger Münzauktion (5/2021) wurde ein Exemplar in „vorzüglich“ für 3300.– Euro versteigert.

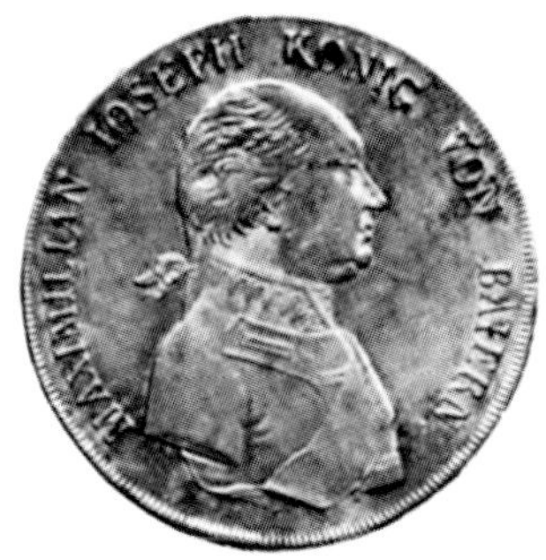
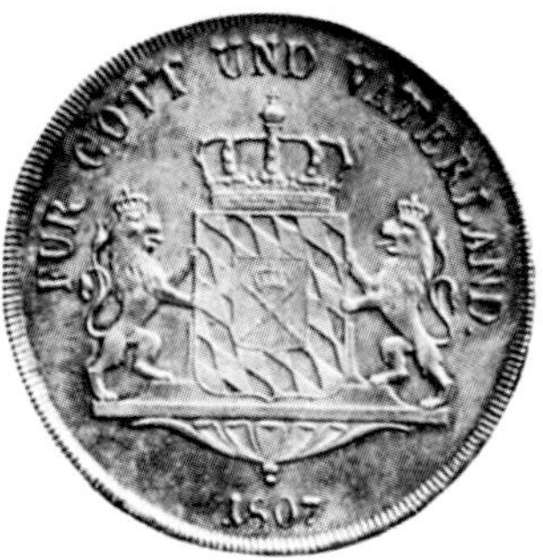

67 **Konventionstaler**

Vs.: MAXIMILIAN IOSEPH KÖNIG VON BAIERN.

Rs.: FÜR GOTT UND VATERLAND. 1807.

Rand: ZEHEN EINE FEINE MARK

Dav. 550 – AKS 47 – Jaeger 12 – T. 42

1807	LP

Die von Jaeger und im AKS angegebene Prägezahl (ca. 100 000) steht im Widerspruch zur Seltenheit des Talers. Es müßte quasi die beinahe komplette Stückzahl wieder eingeschmolzen worden sein. Seit über 50 Jahren ist kein Exemplar mehr im Handel vorgekommen.

Variante

a) Einseitiger Zinnabschlag der Vorderseite; 66. Heidelberger Münzauktion (11/2015), „vorzüglich“, Zuschlag 180.– Euro.

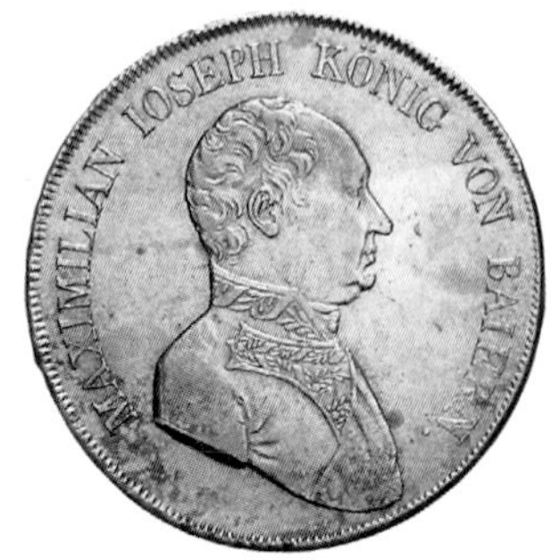

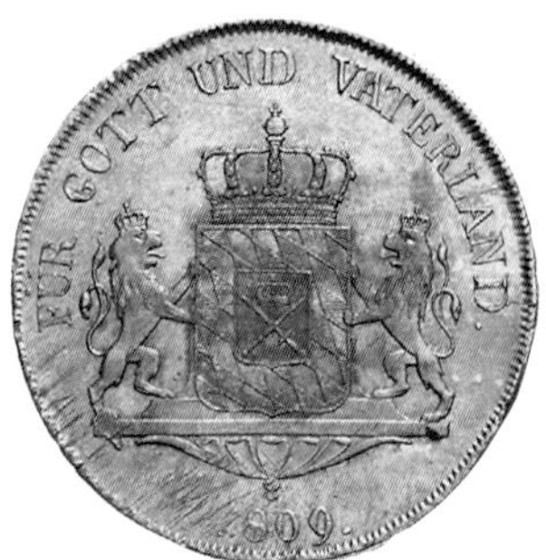

68 Konventionstaler

Vs.: MAXIMILIAN IOSEPH KÖNIG VON BAIERN.
Rs.: FÜR GOTT UND VATERLAND. Jahr.
Rand: ZEHEN EINE FEINE MARK

Dav. 551 – AKS 48 – Jaeger 13 – T. 43

1807		160.–	300.–	500.–
1808	(55 200)	150.–	300.–	500.–
1809	(8930)	150.–	350.–	600.–
1810	(6720)	150.–	350.–	600.–
1811	(10 890)	140.–	350.–	600.–
1812	(8430)	150.–	380.–	650.–
1813	(5880)	220.–	420.–	650.–
1814	(4570)	260.–	440.–	700.–
1815	(6910)	170.–	400.–	650.–
1816	(10 820)	150.–	320.–	650.–
1817	(4630)	160.–	320.–	650.–
1818		180.–	400.–	700.–
1819		200.–	450.–	700.–
1820	(3970)	200.–	400.–	700.–
1821	(3820)	200.–	400.–	700.–
1822		160.–	350.–	550.–

Varianten

a) 1808, 1812 – 1816 ohne Punkt nach BAIERN
b) 1811 ohne Punkt nach VATERLAND und Jahreszahl
c) 1814, 1817 – 1822 ohne Punkt nach BAIERN und VATERLAND

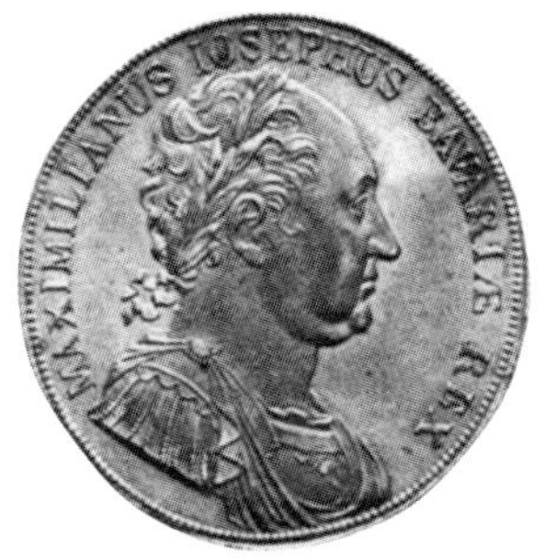

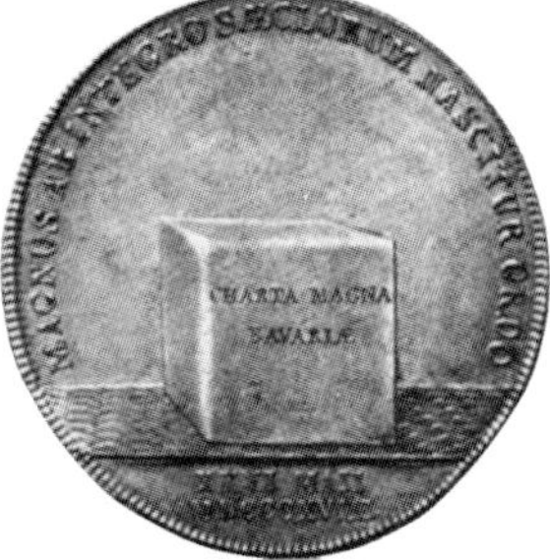

69 Konventionstaler (Verfassungstaler)

Vs.: MAXIMILIANUS IOSEPHUS BAVARIÆ REX

Rs.: MAGNUS AB INTEGRO SÆCLORUM NASCITUR ORDO, im Abschnitt XXVI MAII MDCCCXVIII Inschrift auf dem Stein CHARTA MAGNA BAVARIÆ

Rand: ZEHEN EINE FEINE MARK

Dav. 553 – AKS 59 – Jaeger 15 – T. 45

1818	(40 000)	80.–	160.–	200.–

Varianten und Proben

a) Der Lorbeerkranz zeigt auf den Buchstaben „S“ von IOSEPHUS statt auf das „E“; der Durchmesser der Rückseiten-Umschrift beträgt 38,3 mm statt 36,8 mm

b) Größerer Abstand zwischen XXVI und MAII; abgebildet ist oben der Typ mit kleinerem Abstand; Abb. siehe nächste Seite

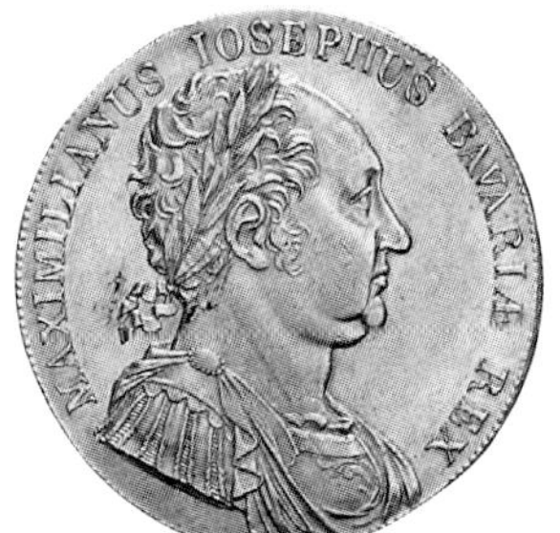

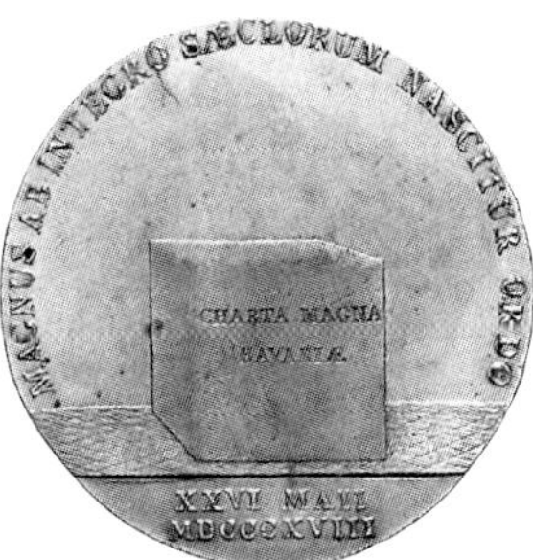

Nr. 69a), der Lorbeerkranz zeigt auf den Buchstaben „S“ von IOSEPHUS statt auf das „E“; der Durchmesser der Rückseiten-Umschrift beträgt 38,3 mm statt 36,8 mm

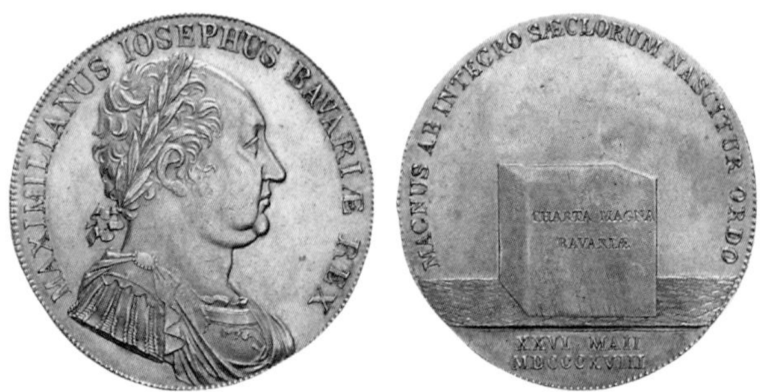

Nr. 69b) mit größerem Abstand zwischen XXVI und MAII

c) Goldabschlag (sehr wenige) mit glattem Rand im Gewicht von 10 Dukaten (34,80 g), Sammlung Ferrari
d) Goldabschlag (91 Exemplare?) mit glattem Rand im Gewicht von 8 Dukaten (27,95 g); 213. Auktion F. R. Künker (6/2012), „Stempelglanz“, Zuschlag 24000.– Euro; 5. Sincona-Auktion, „kleine Kratzer, vorzüglich“, Zuschlag 18000.– CHF; in der 359. Künker-Auktion (1/2022), Nr. 335, ein Exemplar in „vorzüglich“, Zuschlag 20 000.– Euro
e) Kupferabschlag mit Randschrift wie Nr. 69
f) Bleiabschlag mit Randschrift wie Nr. 69
g) Einseitige Zinnabschläge der Vorder- und Rückseite
h) Probe mit glattem Rand, Perlkreis und breitem Randstab, SAECLORUM statt SÆCLORUM; Abb. siehe nächste Seite
i) Einseitiger Zinnabschlag der Vorderseite von Nr. 69h (Witt. –); 7. Auktion Harald Möller (4/1991), Nr. 656, „vorzüglich“, Schätzpreis 500.– DM
j) Einseitiger Zinnabschlag der Rückseite von Nr. 69h (Witt. –); 7. Auktion Harald Möller (4/1991), Nr. 654, „vorzüglich“, Schätzpreis 550.– DM
k) Probe mit der Rückseiten-Umschrift CIVIBUS IUS ÆQUUM POPULO LIBERTATEM REGNO SECURITATEM, Randschrift wie Nr. 69 (Witt. 2596)
l) Kupferabschlag der Nr. 69k) (Witt. 2596 Anm.)
m) Einseitiger Zinnabschlag der Nr. 69k)
n) Einseitiger Zinnabschlag der Rückseite von Nr. 69k (Witt. –); 7. Auktion Harald Möller (4/1991), Nr. 655, „vorzüglich“, Schätzpreis 550.– DM
o) Probe mit der Rückseiten-Umschrift SALUTI PUBLICÆ, Randschrift wie Nr. 69 (Witt. 2597)
p) Einseitiger Bleiabschlag der Rückseite der Nr. 69o (Witt. 2597 Anm.)

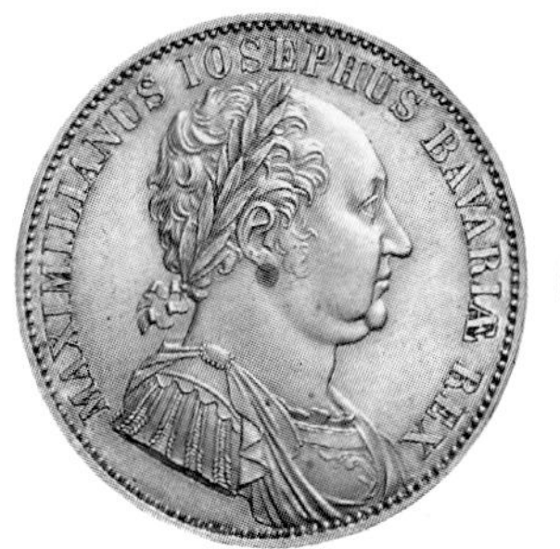

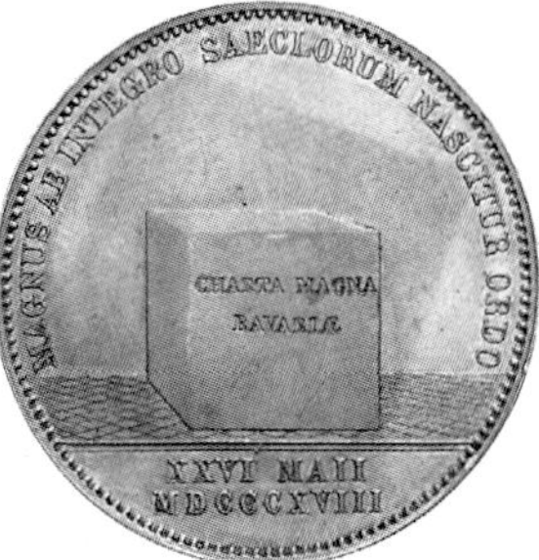

Nr. 69h), Probe mit glattem Rand, Perlkreis und breitem Randstab; SAECLORUM statt SÆCLORUM

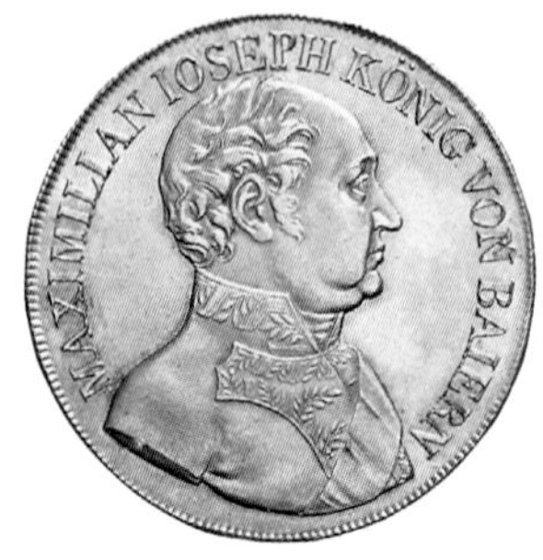

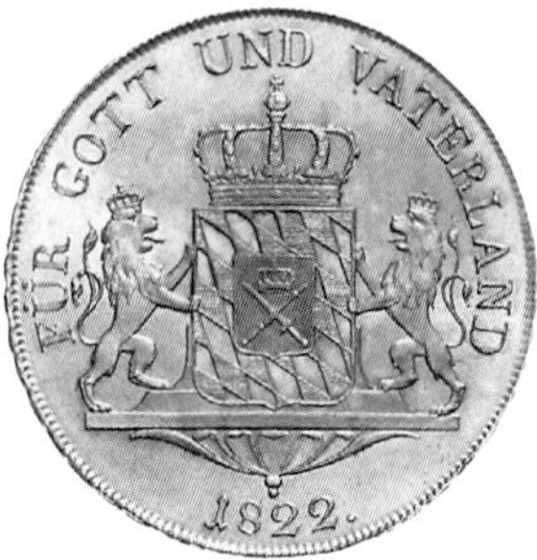

70 Konventionstaler

Vs.: MAXIMILIAN IOSEPH KÖNIG VON BAIERN

Rs.: FÜR GOTT UND VATERLAND Jahr.

Rand: ZEHEN EINE FEINE MARK

Dav. 554 – AKS 49 – Jaeger 16 – T. 46

1822	(51 230)	220.–	400.–	600.–
1823	(46 780)	260.–	450.–	700.–
1824	(3900)	250.–	400.–	650.–
1825	(1930)	260.–	450.–	750.–

Der Jahrgang 1825 wurde in der 337. Auktion F. R. Künker (6/2020), Nr. 4687, in „fast Stempelglanz mit feiner Patina" für 1000.– Euro zugeschlagen.

Varianten

a) 1822 mit kleinerem (0,5 mm) und größerem (1,5 mm) Abstand des „N" von BAIERN zum Brustbild

b) 1825 ohne Punkt nach der Jahreszahl

c) 1825 mit stärker verschlungener „2" in der Jahreszahl

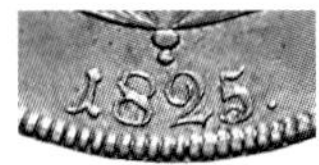

Detail der Variante Nr. 70c mit stärker eingebogener „2" in der Jahreszahl 1825

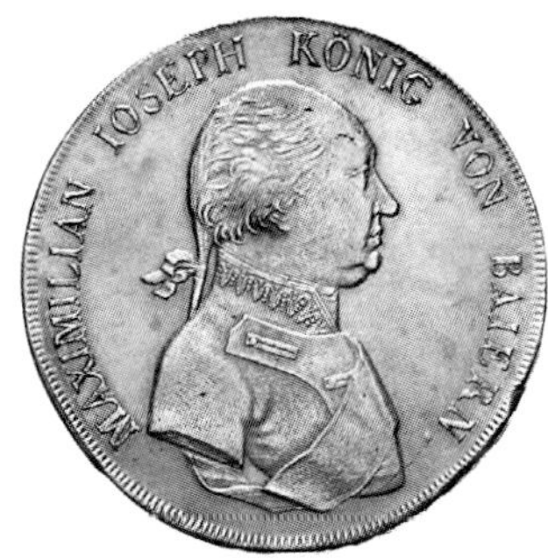

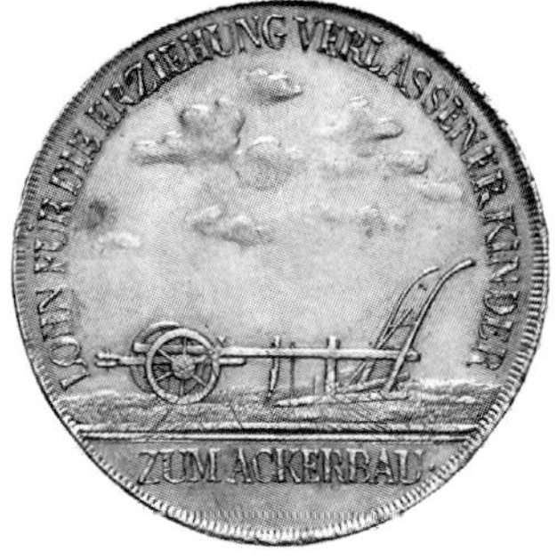

70A Preistaler (Konventionstaler)

Vs.: MAXIMILIAN IOSEPH KÖNIG VON BAIERN.

Rs.: LOHN FÜR DIE ERZIEHUNG VERLASSENER KINDER im Abschnitt ZUM ACKERBAU ·

Rand: ZEHEN EINE FEINE MARK

o. J. LP

Vorkommen in der 52. Möller-Auktion (12/2008), Nr. 4062, „sehr schön-vorzüglich", kleine Henkelspur, Zuschlag 5500.– Euro; in der 182. Auktion Gorny & Mosch (11/2009) wurde das Exemplar bei einer Taxe von 12 000.– Euro nicht zugeschlagen.

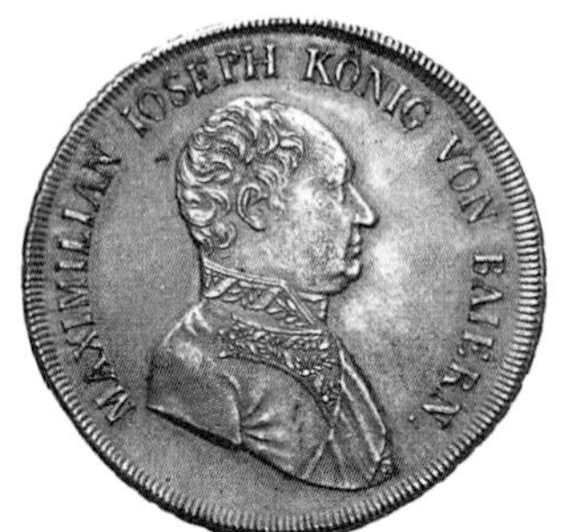

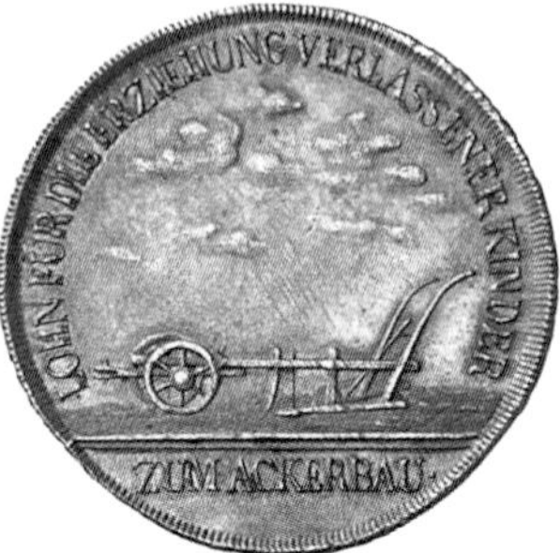

71 Preistaler (Konventionstaler)

Vs.: MAXIMILIAN IOSEPH KÖNIG VON BAIERN.

Rs.: LOHN FÜR DIE ERZIEHUNG VERLASSENER KINDER im Abschnitt ZUM ACKERBAU ·

Rand: ZEHEN EINE FEINE MARK

AKS 61 – Witt. 2472 – Jaeger 19 II

o. J.	LP

Vorkommen in der 108. Auktion (3/2006) F. R. Künker, Nr. 485, Erhaltung „vorzüglich", Zuschlag 10 000.– Euro.

Varianten

a) Ohne Randschrift
b) Mit Laubrand
c) Ohne Punkt nach BAIERN, die Wortabstände der Vorderseiten-Umschrift sind geringer
d) Kupferabschlag

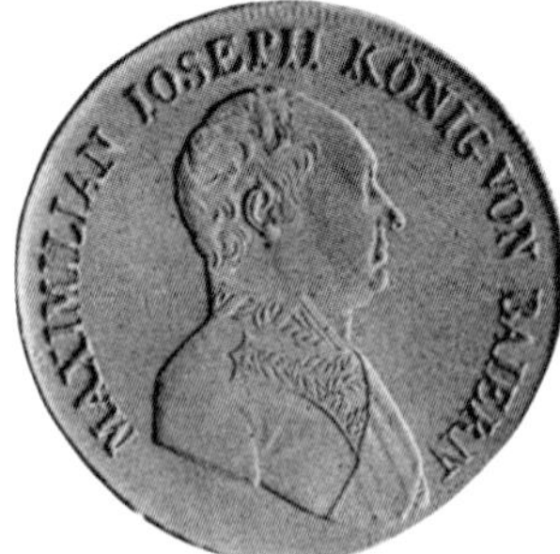

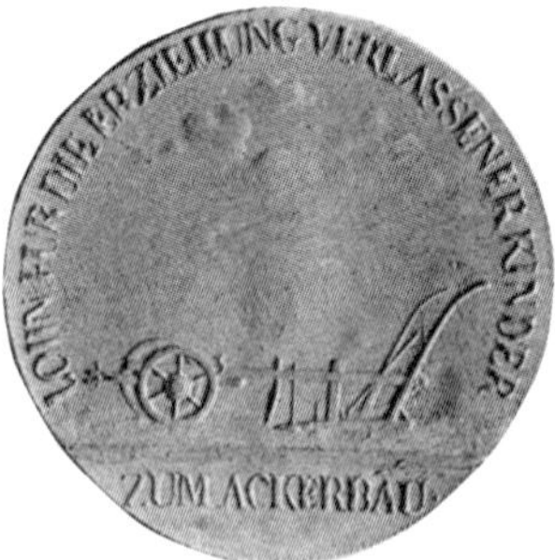

Nr. 71c) ohne Punkt nach BAIERN und mit geringeren Wortabständen der Vorderseiten-Umschrift; 52. Möller-Auktion (12/2008), „vorzüglich, mit Henkelspur", Zuschlag 3700.– Euro

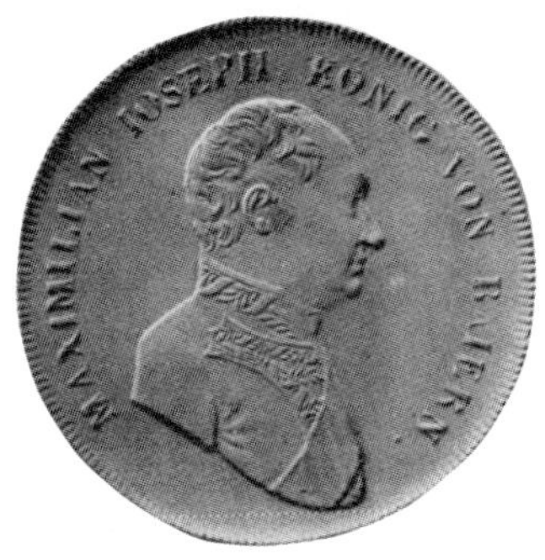

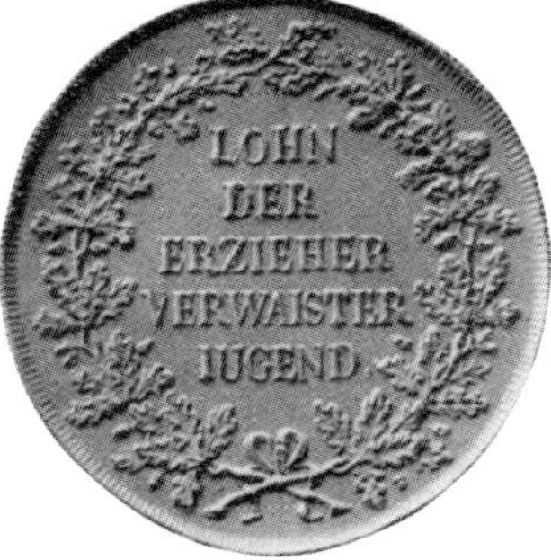

72 Doppelter Preistaler (Konventionsdoppeltaler)

Vs.: MAXIMILIAN IOSEPH KÖNIG VON BAIERN.

Rs.: LOHN DER ERZIEHER VERWAISTER IUGEND.

Rand: Glatt

AKS 60 – Witt. 2473 – Jaeger 19 I

o. J.	LP

Ludwig I. 1825 – 1848

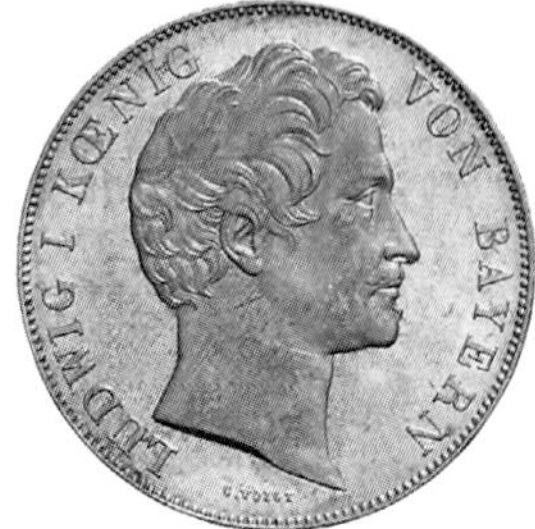

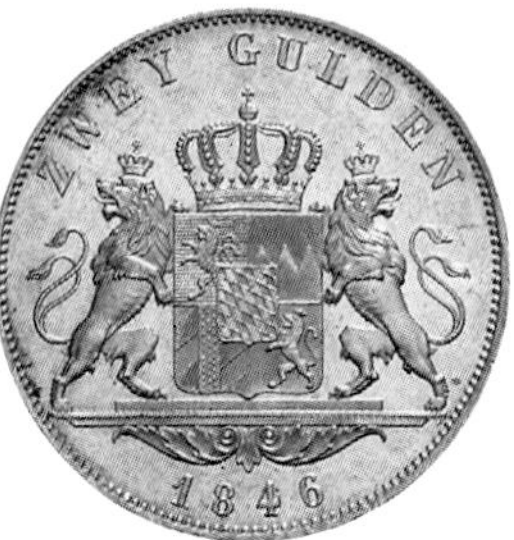

73 Doppelgulden

Vs.: LUDWIG I KŒNIG VON BAYERN Signatur C. VOIGT

Rs.: ZWEY GULDEN Jahr

Rand: Vertiefte Vierecke

Dav. 594 – AKS 77 – Jaeger 63 – T. 89

1845	(883 300)	75.–	150.–	420.–
1846	(1 523 180)	60.–	130.–	320.–
1847	(1 490 960)	60.–	130.–	300.–
1848	(950 400)	60.–	130.–	300.–

Die Prägezahl des Jahrgangs 1848 enthält auch die in diesem Jahr geprägten Exemplare von Nr. 117.

Varianten

a) Goldabschlag 1845 (38,2 g), Rand mit vertieften Vierecken; Slg. Ferrari, Nr. 531; Schl. A 32; Slg. Eliasberg (4/2005), Nr. 241; in der 359. Künker-Auktion (1/2022), Nr. 345, ein Exemplar in „Stempelglanz", Zuschlag 28 000.– Euro

b) 1845, einseitiger Zinnabschlag der Rückseite

c) 1846, einseitiger Zinnabschlag der Rückseite (Hahlo 192)

d) Einseitiger Zinnabschlag der Vorderseite; 7. Auktion Harald Möller (4/1991), Nr. 704, „vorzüglich-Stempelglanz", Schätzpreis 175.– DM

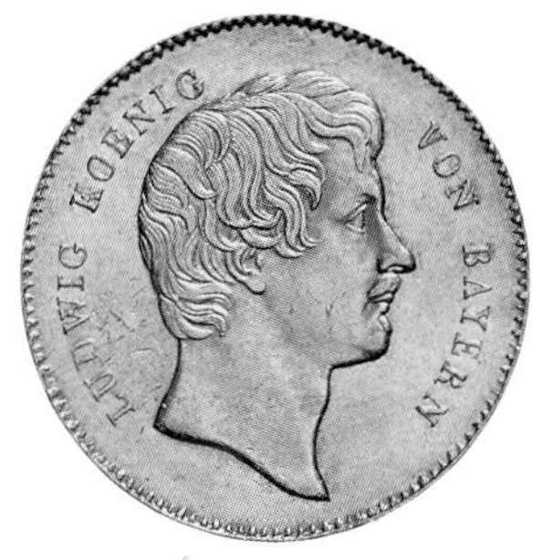

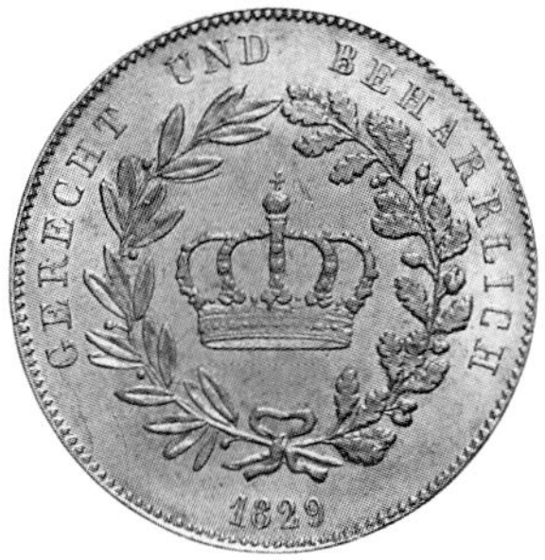

74 Kronentaler

Vs.: LUDWIG KOENIG VON BAYERN
Rs.: GERECHT UND BEHARRLICH Jahr
Rand: BAYERISCHER KRONTHALER

Dav. 556 – AKS 75 – Jaeger 23 – T. 47

1825				LP
1826	(51 470)	180.–	350.–	500.–
1827	(65 680)	180.–	350.–	500.–
1828	(78 860)	170.–	350.–	500.–
1829	(93 880)	190.–	400.–	550.–

Varianten

a) 1826 mit deutlich größeren Abständen zwischen den einzelnen Zahlen der Jahreszahl; die Umschriften von Vorder- und Rückseite näher am Rand; 82. Auktion F. R. Künker (3/2003), Nr. 5187; Abb. siehe nächste Seite

b) 1827 mit spiegelverkehrtem „Ɑ“ in LUDWIG; 108. Auktion (3/2006) F. R. Künker, Nr. 594, „sehr schön“, Zuschlag 675.– Euro; 42. Auktion Harald Möller (11/2006), Nr. 232, „vorzüglich“, 650.– Euro; Abb. siehe nächste Seite

c) 1829 mit der Jahreszahl deutlich dichter am Rand; 82. Auktion F. R. Künker (3/2003), Nr. 5191; Abb. siehe nächste Seite

d) Kupferabschlag vom Jahrgang 1826; 55. Möller-Auktion (5/2010), Nr. 154

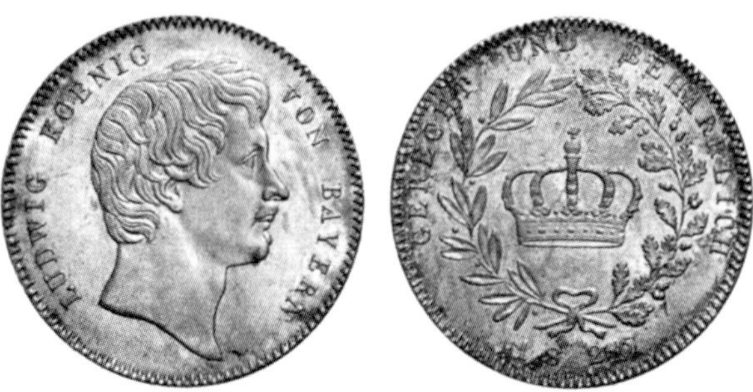

Nr. 74a) mit deutlich größeren Abständen zwischen den einzelnen Ziffern der Jahreszahl; die Umschriften von Vorder- und Rückseite näher am Rand

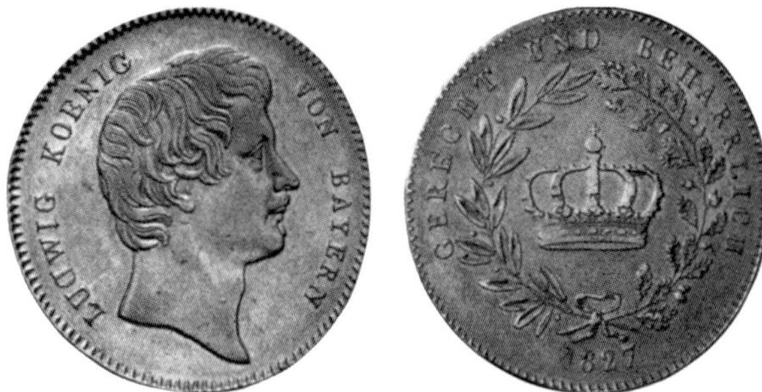

Nr. 74b) mit spiegelverkehrtem „ ᗡ “ in LUDWIG

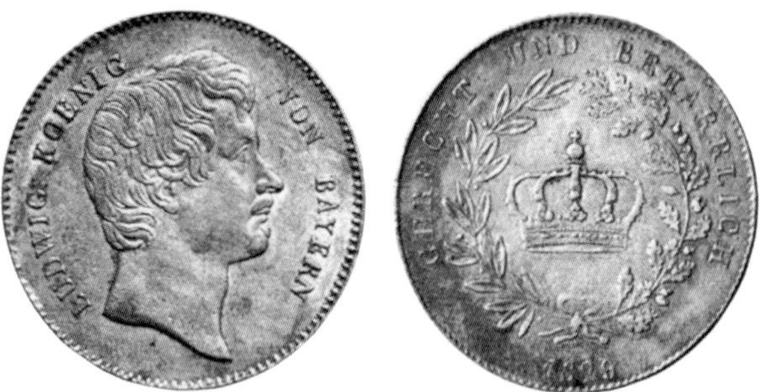

Nr. 74c) mit der Jahreszahl 1829 dichter am Rand

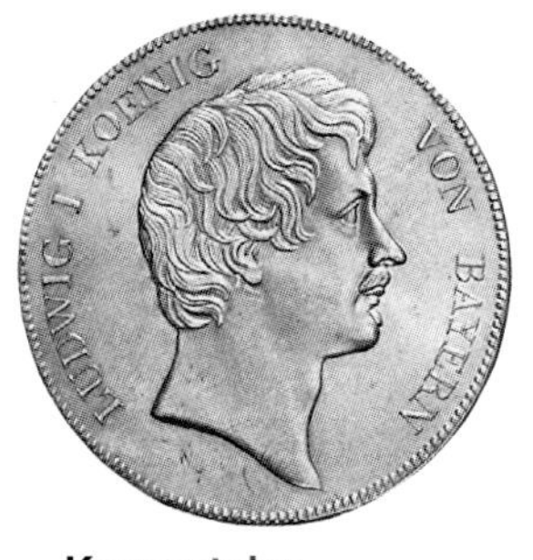

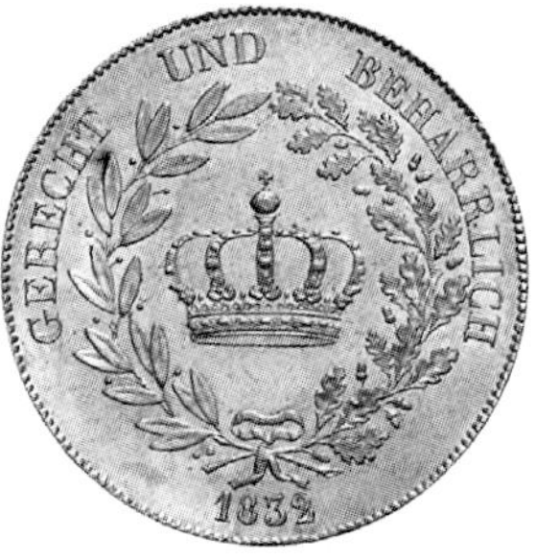

75 Kronentaler

Vs.: LUDWIG I KOENIG VON BAYERN

Rs.: GERECHT UND BEHARRLICH Jahr

Rand: BAYERISCHER KRONTHALER

Dav. 565 – AKS 76 – Jaeger 30 – T. 48

1830	(78 380)	160.–	250.–	380.–
1831	(47 310)	160.–	250.–	380.–
1832	(54 690)	160.–	250.–	380.–
1833	(42 350)	160.–	250.–	380.–
1834	(14 640)	160.–	250.–	380.–
1835	(8810)	160.–	250.–	380.–
1836	(49 600)	160.–	250.–	380.–
1837	(163 730)	150.–	220.–	300.–

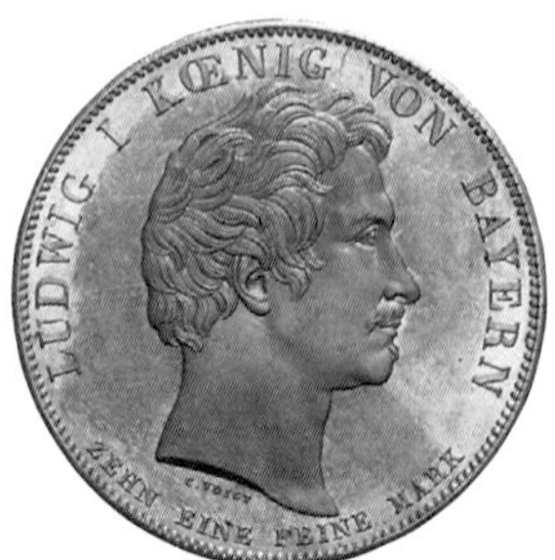

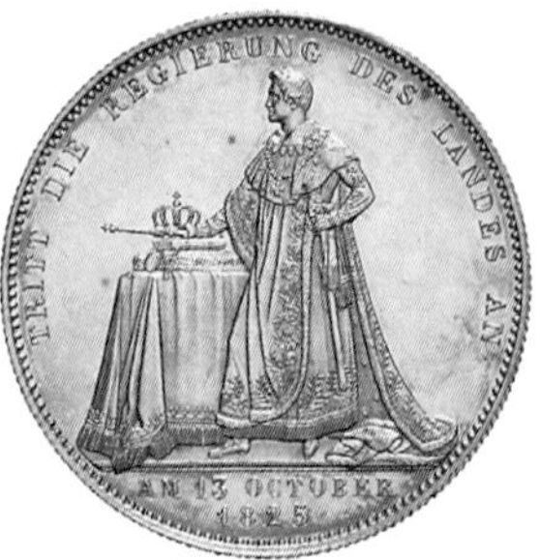

76 Geschichtstaler (Konventionstaler)

Vs.: LUDWIG I KŒNIG VON BAYERN / ZEHN EINE FEINE MARK Signatur C. VOIGT

Rs.: TRITT DIE REGIERUNG DES LANDES AN im Abschnitt AM 13 OCTOBER 1825

Rand: Riffelrand

Dav. 555 – AKS 112 – Jaeger 31 – T. 49

1825	170.–	350.–	500.–

Varianten und Proben

a) Goldabschlag mit Riffelrand und Randpunze „1902“, 48,59 g (Schl. A15.5); 108. Auktion F. R. Künker (3/2006), Nr. 597, „fast Stempelglanz“, Zuschlag 18 000.– Euro

b) Zinnabschlag mit Riffelrand

c) Einseitiger Zinnabschlag der Rückseite; 74. Auktion Münzen und Medaillen AG (10/1988), Nr. 1205; Abb. siehe nächste Seite

c) Probe-Konventionstaler 1825 mit Rückseiten-Umschrift BESCHWÖRT DIE VERFASSUNGS URKUNDE, im Abschnitt AM 19TEN OCTOBER 1825, Randschrift ZEHN EINE FEINE MARK, in den Wortabständen je zwei Rosetten; 108. Auktion F. R. Künker (3/2006), Nr. 598, „Stempelglanz“, Zuschlag 7000.– Euro; 42. Auktion Harald Möller (12/2006), Nr. 228, „vorzüglich+“, Zuschlag 4300.– Euro

d) Probe-Konventionstaler 1825, wie Nr. 76c, jedoch mit glattem Rand (Wittelsbach Nr. 2722, Ferrari Nr. 605)

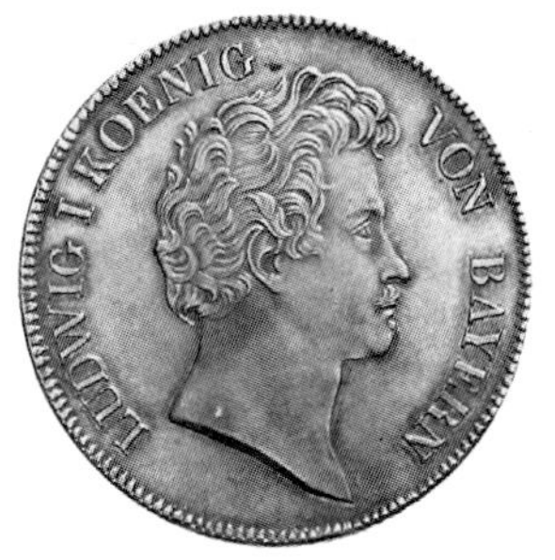

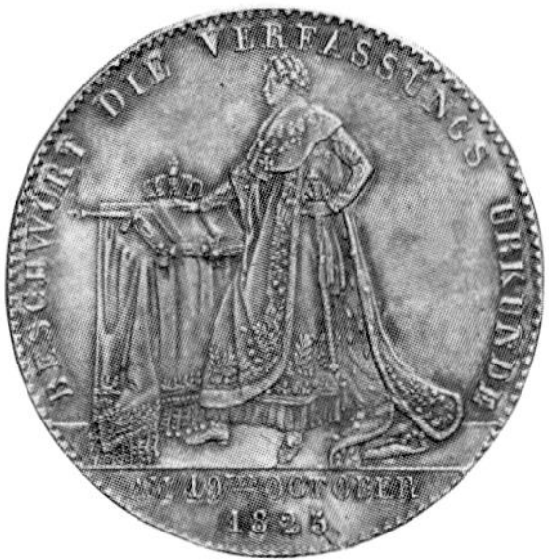

Nr. 76c), Probe-Konventionstaler 1825 mit der Umschrift BESCHWÖRT DIE VERFASSUNGS URKUNDE

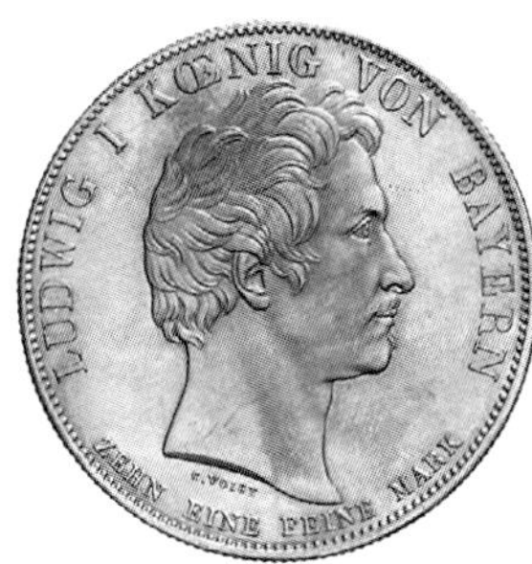

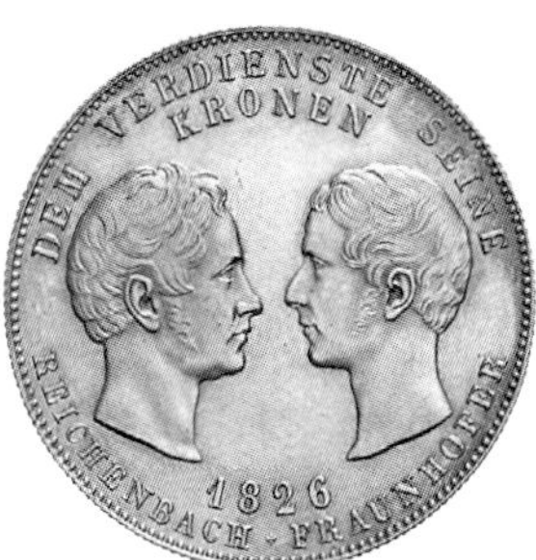

77 **Geschichtstaler (Konventionstaler)**

Vs.: LUDWIG I KŒNIG VON BAYERN / ZEHN EINE FEINE MARK Signatur C. VOIGT

Rs.: DEM VERDIENSTE SEINE KRONEN
REICHENBACH · FRAUNHOFER 1826

Rand: Riffelrand

Dav. 558 – AKS 114 – Jaeger 32 – T. 51

1826	200.–	350.–	500.–

258. Auktion von Gorny & Mosch (10/2018), PP-Exemplar, Zuschlag 1500.– Euro

Varianten

a) Goldabschlag mit Riffelrand und Randpunze „1903" (Schl. A15.1)

b) Kupferabschlag mit Riffelrand; 45. Auktion Harald Möller (6/2007), „Stempelglanz", Zuschlag 625.– Euro

c) Zinnabschlag mit Riffelrand

d) Einseitiger Zinnabschlag der Rückseite; 74. Auktion Münzen und Medaillen AG (10/1988), Nr. 1205

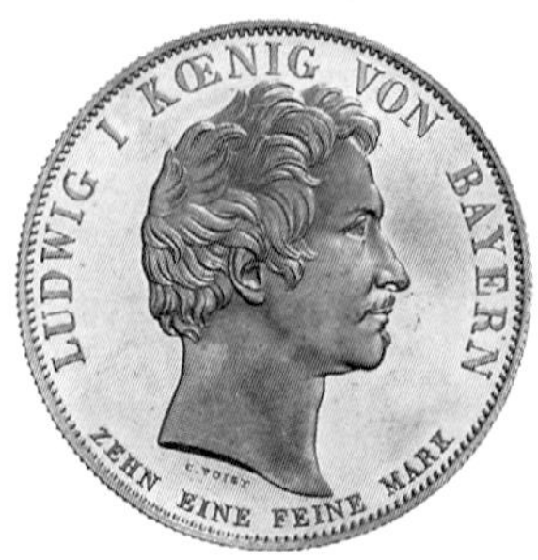

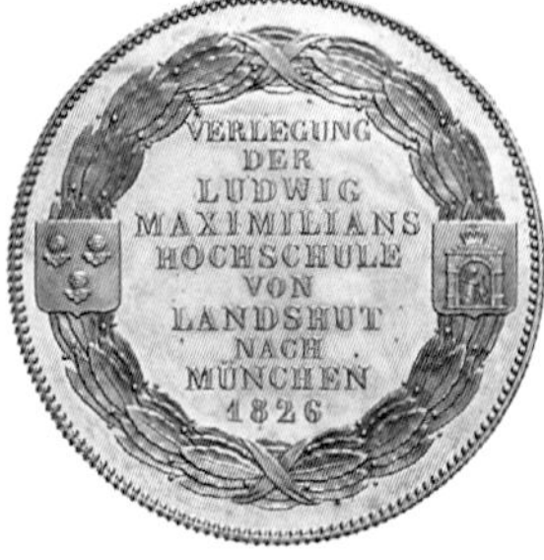

78 Geschichtstaler (Konventionstaler)

Vs.: LUDWIG I KŒNIG VON BAYERN / ZEHN EINE FEINE MARK Signatur C. VOIGT

Rs.: VERLEGUNG DER LUDWIG MAXIMILIANS HOCHSCHULE VON LANDSHUT NACH MÜNCHEN 1826

Rand: Riffelrand

Dav. 557 – AKS 115 – Jaeger 33 – T. 50

1826	180.–	380.–	550.–

In der 302. Künker-Auktion (2/2018, Nr. 1036) wurde ein Prachtexemplar in „Stempelglanz“ für 3000.– Euro versteigert.

Varianten

a) Goldabschlag mit Riffelrand und Randpunze „1903“ (Schl. A15.6)
b) Zinnabschlag mit Riffelrand
c) Einseitiger Zinnabschlag der Rückseite; 74. Auktion Münzen und Medaillen AG (10/1998), Nr. 1205

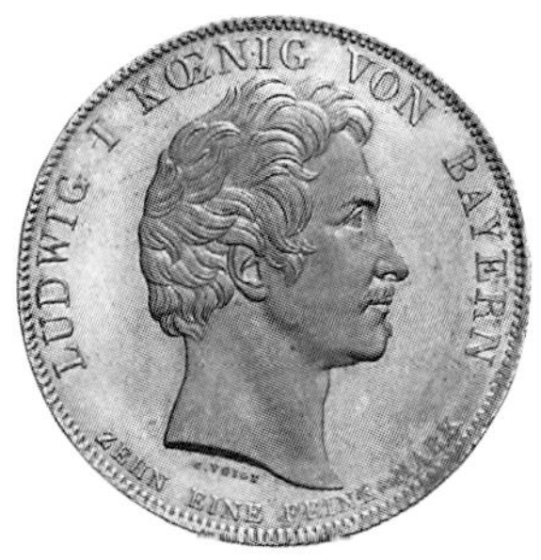

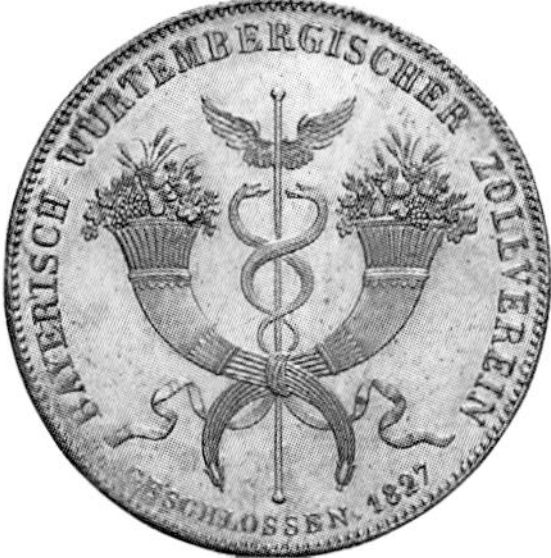

79 **Geschichtstaler (Konventionstaler)**

Vs.: LUDWIG I KŒNIG VON BAYERN / ZEHN EINE FEINE MARK Signatur C. VOIGT

Rs.: BAYERISCH-WÜRTEMBERGISCHER ZOLLVEREIN GESCHLOSSEN 1827

Rand: Riffelrand

Dav. 559 – AKS 116 – Jaeger 34 – T. 52

1827	180.–	380.–	550.–

Varianten und Proben

a) Goldabschlag mit Riffelrand und Randpunze „1903" (Schl. A8); 326. Auktion Dr. Busso Peus Nachfolger (11/1989), Nr. 2679, „Stempelglanz", Zuschlag 31 000.– DM; 122. Künker-Auktion (3/2007, Nr. 2559), „fast Stempelglanz", Zuschlag 24 000.– Euro

b) Kupferabschlag mit Riffelrand

c) Zinnabschlag mit Riffelrand

d) Einseitiger Zinnabschlag der Rückseite; 74. Auktion Münzen und Medaillen AG (10/1988), Nr. 1205

e) Probe-Konventionstaler 1827 ohne Signatur, mit veränderter Rückseite, im Abschnitt die römische Jahreszahl, Randschrift ZEHN EINE FEINE MARK; 108. Auktion F. R. Künker (3/2006), „vorzüglich-Stempelglanz", Nr. 599, Zuschlag 6400.– Euro; Abb. siehe nächste Seite

f) Probe-Konventionstaler 1827, wie Nr. 79d), jedoch mit glattem Rand (Wittelsbach 2726 Anm.)

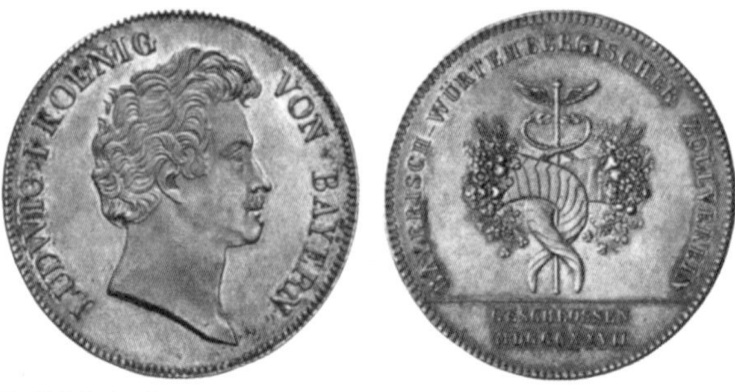

Nr. 79e), Probe-Konventionstaler 1827 „Bayerisch-Württembergischer Zollverein"

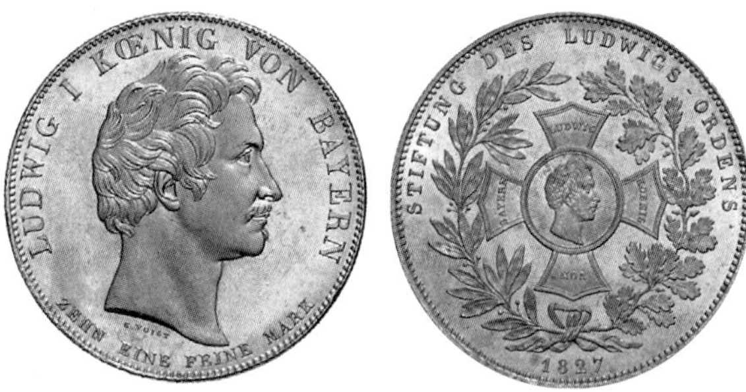

80 Geschichtstaler (Konventionstaler)

Vs.: LUDWIG I KŒNIG VON BAYERN / ZEHN EINE FEINE MARK Signatur C. VOIGT

Rs.: STIFTUNG DES LUDWIGS-ORDENS 1827

Rand: Riffelrand

Dav. 560 – AKS 118 – Jaeger 35 – T. 53

1827	180.–	350.–	550.–

In der 79. WAG-Auktion (9/2017) erzielte ein Exemplar in „Stempelglanz" den Zuschlag für 1500.– Euro; in der 262. Auktion von Gorny & Mosch (3/2019, Nr. 2026) ein PP-Exemplar in „fast Stempelglanz" den Zuschlag für 1300.– Euro.

Varianten und Proben

siehe nächste Seite

Varianten und Proben

a) Goldabschlag mit Riffelrand und Randpunze „1903“ (Schl. A15.7)
b) Kupferabschlag mit Riffelrand; 45. Auktion Harald Möller (6/2007), Nr. 248, „Stempelglanz“, Zuschlag 500.– Euro
c) Zinnabschlag mit Riffelrand
d) Einseitiger Zinnabschlag der Rückseite; 74. Auktion Münzen und Medaillen AG (10/1988), Nr. 1205
e) Probe-Konventionstaler 1827 „Stiftung des Ludwigs-Ordens“, wie Nr. 80, jedoch Signatur C.V. unter dem Halsabschnitt

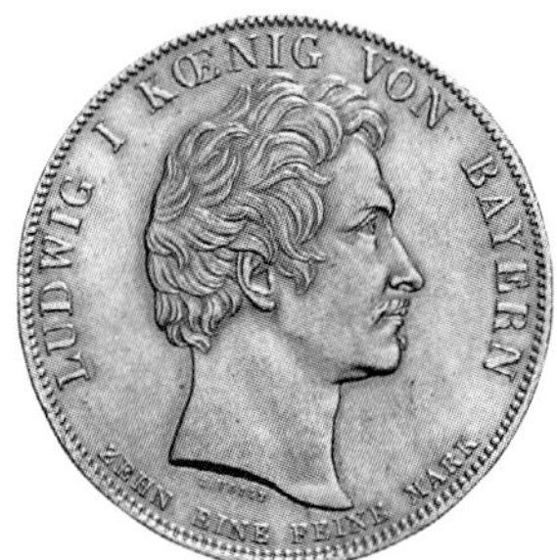

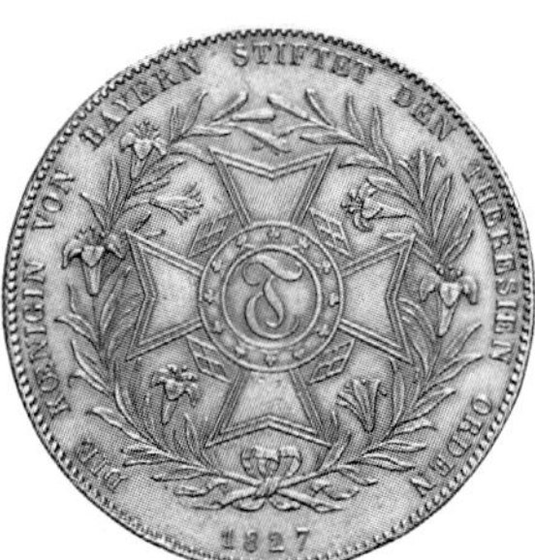

81 Geschichtstaler (Konventionstaler)

Vs.: LUDWIG I KŒNIG VON BAYERN / ZEHN EINE FEINE MARK Signatur C. VOIGT

Rs.: DIE KŒNIGIN VON BAYERN STIFTET DEN THERESIEN ORDEN 1827

Rand: Riffelrand

Dav. 561 – AKS 119 – Jaeger 36 – T. 54

1827	180.–	350.–	550.–

Varianten und Proben

siehe nächste Seite

Varianten und Proben

a) Goldabschlag mit Riffelrand und Randpunze „1903“ (Schl. A9); Auktion Schweizerischer Bankverein (1/1984), „FDC“, Zuschlag 14 000.– Schweizer Franken
b) Kupferabschlag mit Riffelrand (Ferrari 1058)
c) Zinnabschlag mit Riffelrand
d) Einseitiger Zinnabschlag der Rückseite; 74. Auktion Münzen und Medaillen AG (10/1988), Nr. 1205
e) Probe-Konventionstaler 1827 „Stiftung des Theresien-Ordens“ mit verkürzter Signatur C.V. unter dem Halsabschnitt und veränderter Rückseiten-Umschrift, unten „AM 12 DEC. 1827“; 108. Auktion F. R. Künker (3/2006), Nr. 600, „vorzüglich“, Zuschlag 375.– Euro
f) Probe-Konventionstaler 1827, wie Nr. 81e), jedoch mit Signatur C. VOIGT unter dem Halsabschnitt; 42. Auktion Harald Möller (12/2006), Nr. 236, „vorzüglich-fast Stempelglanz“ (als Probe Nr. 81e] deklariert!), Zuschlag 330.– Euro; 131. Auktion F. R. Künker (10/2007), Nr. 4791, „fast Stempelglanz“, Zuschlag 710.– Euro

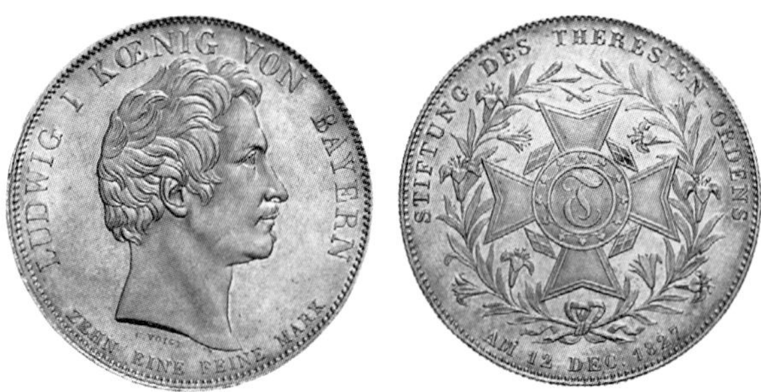

Nr. 81f), Probe-Konventionstaler 1827 „Stiftung des Theresien-Ordens“ mit Signatur C. VOIGT

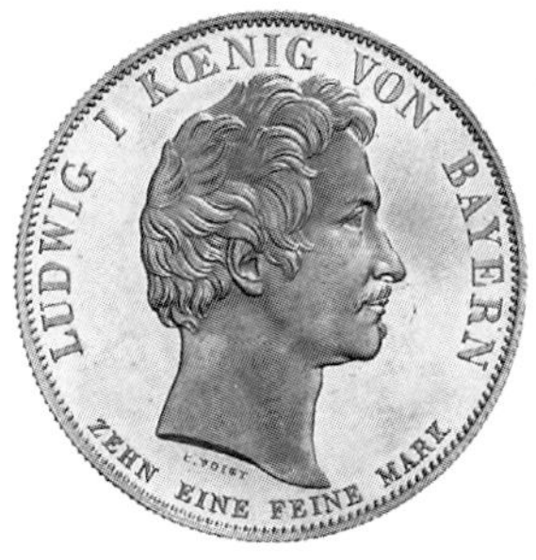

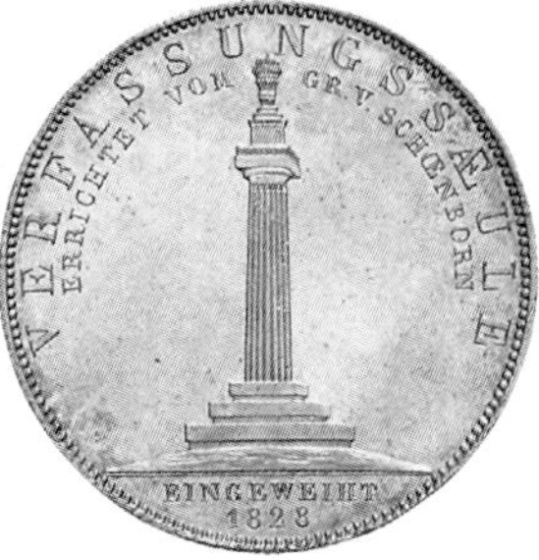

82 Geschichtstaler (Konventionstaler)

Vs.: LUDWIG I KŒNIG VON BAYERN / ZEHN EINE FEINE MARK Signatur C. VOIGT

Rs.: VERFASSUNGSSÆULE ERRICHTET VOM GR. V. SCHŒNBORN im Abschnitt EINGEWEIHT 1828

Rand: Riffelrand

Dav. 562 – AKS 123 – Jaeger 38 – T. 55

1828	180.–	350.–	550.–

In der 302. Künker-Auktion (2/2018, Nr. 1037) erzielte ein „Prachtexemplar in Stempelglanz" den Zuschlag von 2400.– Euro.

Varianten und Proben

a) Goldabschlag mit Riffelrand und Randpunze „1903" (Schl. A15.8)

b) Kupferabschlag mit Riffelrand; 82. Auktion F. R. Künker (3/2003), Nr. 5220, „vorzüglich", Zuschlag 480.– Euro

c) Probe-Konventionstaler 1828, wie Nr. 82, jedoch mit angedeuteten senkrechten Steinfugen in den Stufen des Säulenfundaments; 77. Auktion Künker (10/2002), Nr. 1553, „fast Stempelglanz", Zuschlag 525.– Euro; in der 52. eLive-Auktion von Künker (12/2018, Nr. 374) in „fast vorzüglich" 430.– Euro; Abb. siehe nächste Seite

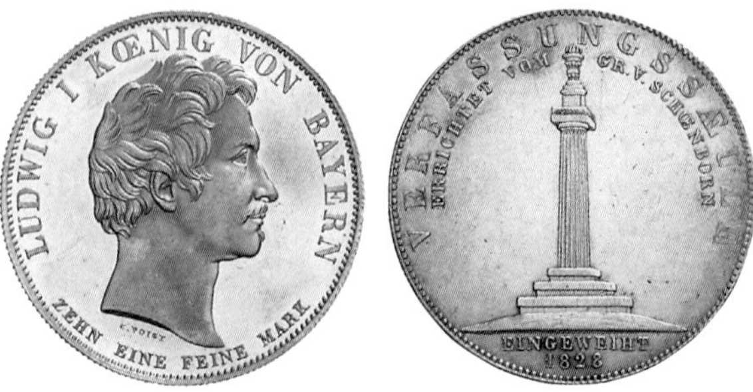

Nr. 82c), Rückseite des Probe-Konventionstalers 1828 „Verfassungssäule" mit senkrechten Steinfugen im Säulenfundament

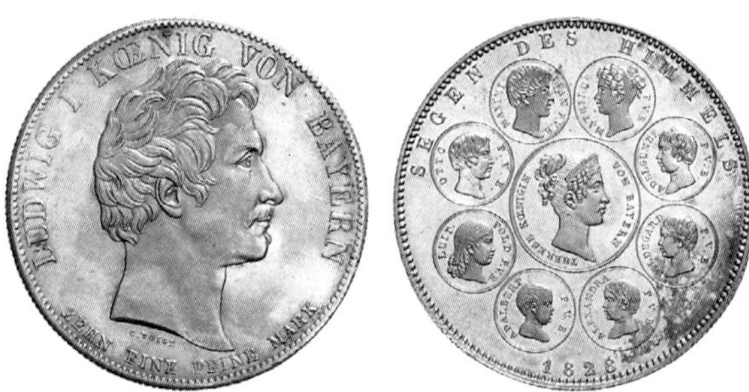

83 Geschichtstaler (Konventionstaler)

Vs.: LUDWIG I KŒNIG VON BAYERN / ZEHN EINE FEINE MARK Signatur C. VOIGT

Rs.: SEGEN DES HIMMELS 1828, Umschriften in den Medaillons: THERESE KŒNIGIN VON BAYERN; MAXIMILIAN P. V. B.; OTTO P. V. B.; LUITPOLD P. V. B.; ADALBERT P. V. B.; MATHILDE P. V. B.; ADELGUNDE P. V. B.; HILDEGARD P. V. B.; ALEXANDRA P. V. B.

Rand: Riffelrand

Dav. 563 – AKS 121 – Jaeger 37 – T. 56

1828	180.–	350.–	550.–

Varianten und Proben

a) Goldabschlag mit Riffelrand und Randpunze „1903" (Schl. A10); 108. Auktion F. R. Künker (3/2006), „Stempelglanz", Zuschlag 18 000.– Euro; 7. Auktion Macho & Chlapovič (11/2014, Nr. 482), Taxe 27 000.– Euro (kein Zuschlag); 117. Frühwald-Auktion (12/2015, Nr. 1339), Zuschlag 20 500.– Euro

b) Kupferabschlag mit Riffelrand; 42. Auktion Harald Möller (12/2006), Nr. 245, „Stempelglanz“, Zuschlag 650.– Euro
c) Zinnabschlag mit Riffelrand
d) Einseitiger Zinnabschlag der Rückseite; 74. Auktion Münzen und Medaillen AG (10/1988), Nr. 1205
e) Probe-Konventionstaler 1828 ohne Signatur auf der Vorderseite und mit römischer Jahreszahl sowie der Umschrift DES HIMMELS SEGEN auf der Rückseite, Randschrift ZEHN EINE FEINE MARK; 108. Auktion F. R. Künker (3/2006), „vorzüglich-Stempelglanz“, Zuschlag 6400.– Euro
f) Probe-Konventionstaler 1828, wie Nr. 83e, jedoch ohne Randschrift (Wittelsbach Nr. 2731)

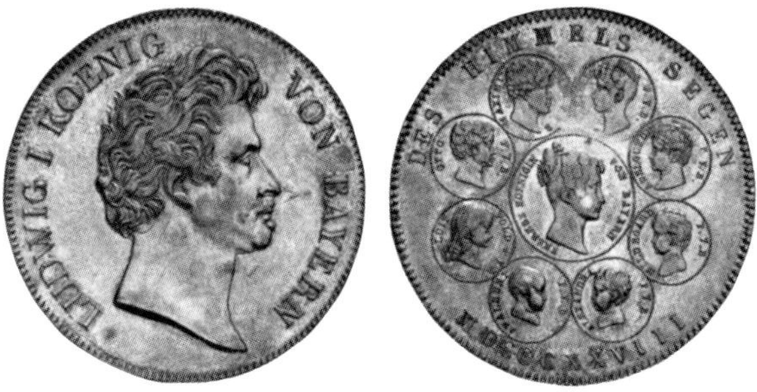

Nr. 83e), Probe-Konventionstaler 1828 mit der Umschrift DES HIMMELS SEGEN und mit römischer Jahreszahl MDCCCXXVIII

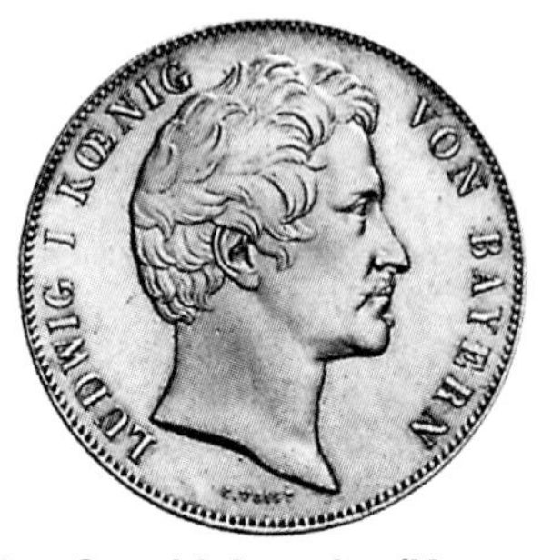
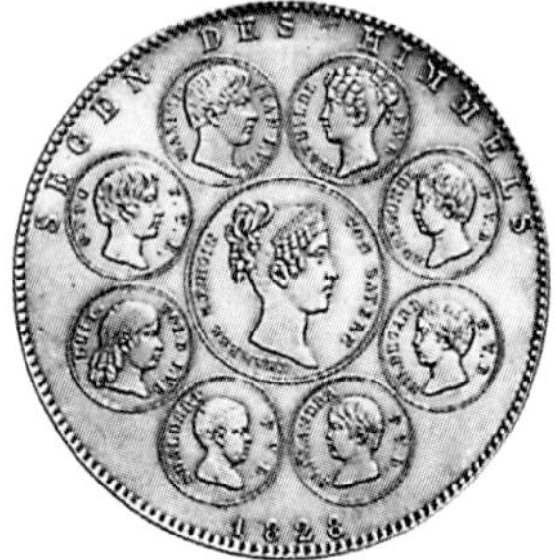

83A Geschichtstaler (Konventionstaler, Zwittermünze)

Vs.: LUDWIG I KŒNIG VON BAYERN Signatur C. VOIGT

Rs.: SEGEN DES HIMMELS 1828, Umschriften in den Medaillons: THERESE KŒNIGIN VON BAYERN; MAXIMILIAN P. V. B.; OTTO P. V. B.; LUITPOLD P. V. B.; ADALBERT P. V. B.; MATHILDE P. V. B.; ADELGUNDE P. V. B.; HILDEGARD P. V. B.; ALEXANDRA P. V. B.

Rand: Riffelrand

Münzen & Sammeln 9/2009, Seite 68f.

1828	LP

61. Emporium-Auktion (5/2009, Nr. 3630), als Zwittermünze nicht erkannt, Zuschlag 390.– Euro.

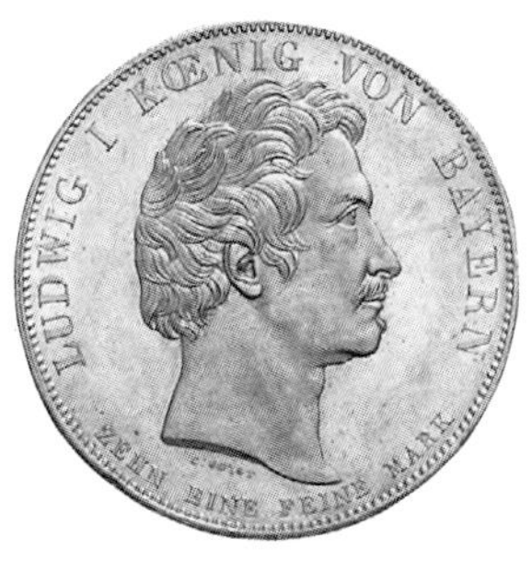

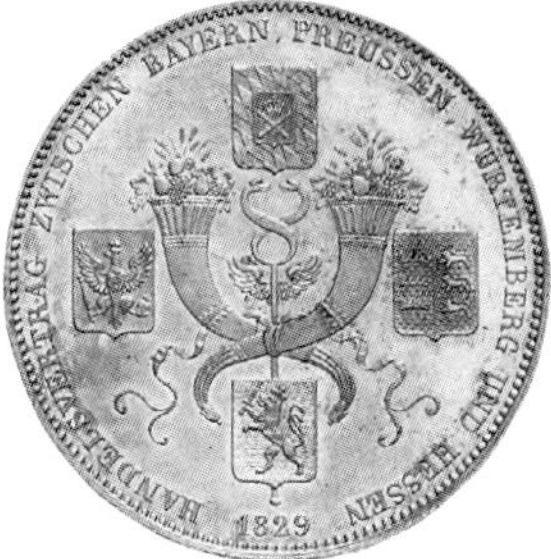

84 Geschichtstaler (Konventionstaler)

Vs.: LUDWIG I KŒNIG VON BAYERN / ZEHN EINE FEINE MARK Signatur C. VOIGT

Rs.: HANDELSVERTRAG ZWISCHEN BAYERN, PREUSSEN, WÜRTEMBERG UND HESSEN 1829

Rand: Riffelrand

Dav. 564 – AKS 124 – Jaeger 39 – T. 57

1829	180.–	350.–	550.–

In der 80. Heidelberger Münzauktion (11/2020), Nr. 559, erzielte ein „Erstabschlag, fast Stempelglanz" den Zuschlag von 1150.– Euro.

Varianten

a) Kupferabschlag mit Riffelrand
b) Zinnabschlag mit Riffelrand (Ferrari 1059)
c) Einseitiger Zinnabschlag der Rückseite; 74. Auktion Münzen und Medaillen AG (10/1988), Nr. 1205

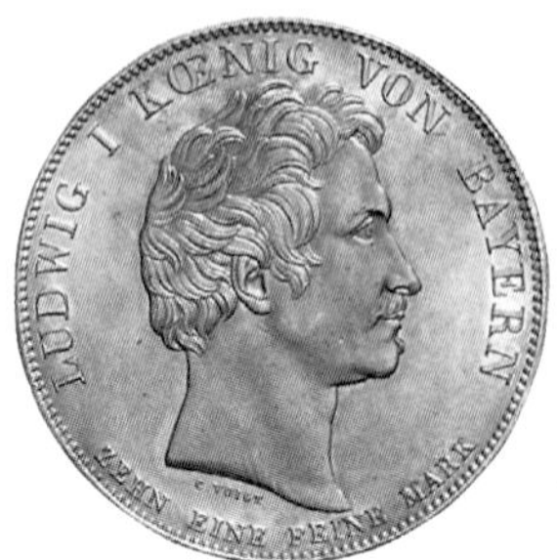

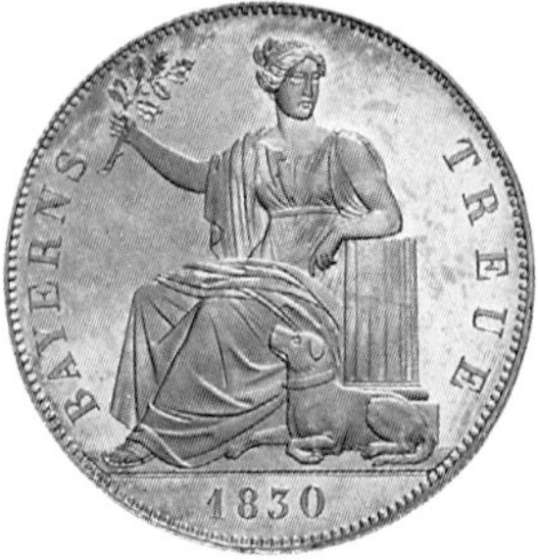

85 Geschichtstaler (Konventionstaler)

Vs.: LUDWIG I KŒNIG VON BAYERN / ZEHN EINE FEINE MARK Signatur C. VOIGT

Rs.: BAYERNS TREUE im Abschnitt 1830

Rand: Riffelrand

Dav. 566 – AKS 125 – Jaeger 40 – T. 58

1830	180.–	350.–	550.–

In der 80. Heidelberger Münzauktion (11/2020), Nr. 560, erzielte ein „Erstabschlag, fast Stempelglanz" den Zuschlag von 1150.– Euro.

Varianten

a) Goldabschlag mit Riffelrand und Punze „1903" (Schl. A11)
b) Kupferabschlag mit Riffelrand (Ferrari 1058)
c) Zinnabschlag mit Riffelrand
d) Einseitiger Zinnabschlag der Rückseite; 74. Auktion Münzen und Medaillen AG (10/1988), Nr. 1205

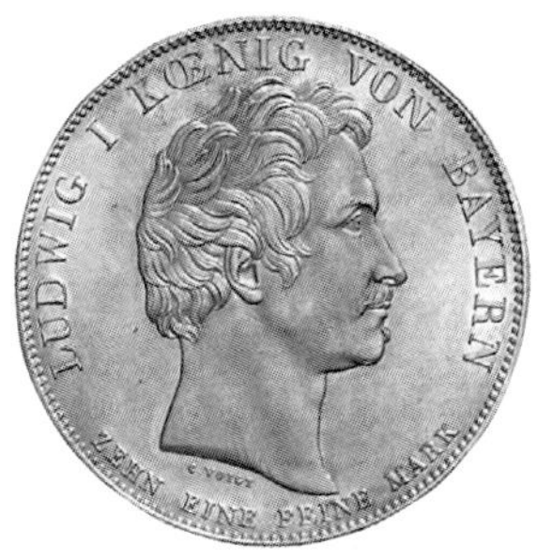

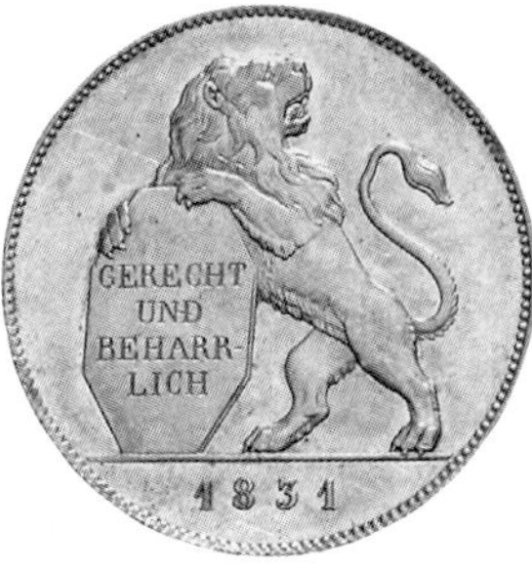

86 Geschichtstaler (Konventionstaler)

Vs.: LUDWIG I KŒNIG VON BAYERN / ZEHN EINE FEINE MARK Signatur C. VOIGT

Rs.: GERECHT UND BEHARRLICH im Abschnitt 1831

Rand: Riffelrand

Dav. 567 – AKS 126 – Jaeger 41 – T. 59

1831	220.–	450.–	600.–

In der 140. Auktion F. R. Künker (6/2008), Nr. 1841, wurde ein Exemplar in „Stempelglanz" für 1000.– Euro zugeschlagen; in der 80. Heidelberger Münzauktion (11/2020), Nr. 561, ein „Erstabschlag, fast Stempelglanz" für 1550.– Euro.

Varianten

a) Goldabschlag mit Riffelrand und Punze „1903" (Schl. A15.9); in der 85. Emporium-Auktion (5/2019) wurde ein Exemplar in „vorzüglich" für 24 500.– Euro angeboten, kein Zuschlag

b) Kupferabschlag mit Riffelrand; 82. Auktion F. R. Künker (3/2003), Nr. 5226, „vorzüglich", Zuschlag 480.– Euro

c) Zinnabschlag mit Riffelrand

d) Einseitiger Zinnabschlag der Rückseite

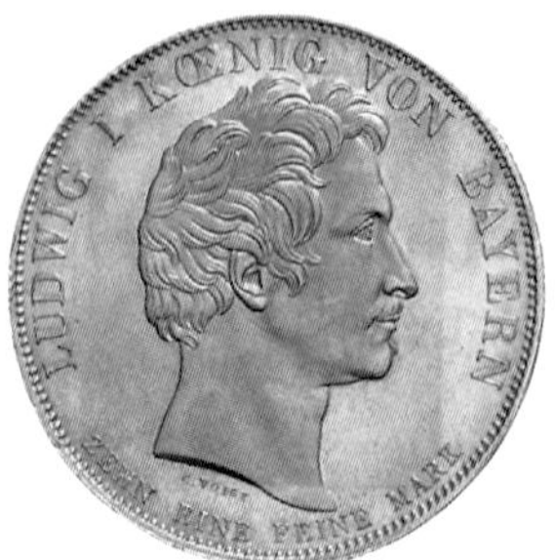
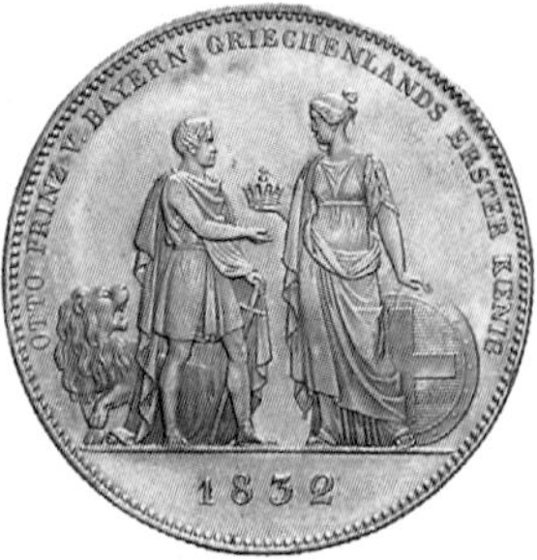

87 Geschichtstaler (Konventionstaler)

Vs.: LUDWIG I KŒNIG VON BAYERN / ZEHN EINE FEINE MARK Signatur C. VOIGT

Rs.: OTTO PRINZ V. BAYERN GRIECHENLANDS ERSTER KŒNIG im Abschnitt 1832

Rand: Riffelrand

Dav. 568 – AKS 127 – Jaeger 42 – T. 60

1832	200.–	350.–	550.–

In der 106. WAG-Online-Auktion (2/2020) wurde ein Exemplar in „Stempelglanz" für 2100.– Euro versteigert.

Varianten und Proben

a) Zinnabschlag mit Riffelrand

b) Einseitiger Zinnabschlag der Rückseite; 74. Auktion Münzen und Medaillen AG (10/1988), Nr. 1205

c) Probe-Konventionstaler 1832, wie Nr. 87, jedoch ist der Wappenschild neben der stehenden Hellas leer (ohne Kreuz); 108. Auktion F. R. Künker (3/2006), Nr. 604, „vorzüglich-Stempelglanz", Zuschlag 2200.– Euro; Abb. siehe nächste Seite

d) Goldabschlag des Probe-Konventionstalers Nr. 87c mit Riffelrand und Randpunze „1903"; in der 50. Teutoburger Münzauktion (5/2010) wurde ein Exemplar für 40 000,– Euro verkauft (Schl. A12); 108. Auktion F. R. Künker (3/2006), Nr. 603, „vorzüglich-Stempelglanz", Zuschlag 27 500.– Euro

e) Probe-Konventionstaler 1832, wie Nr. 87, jedoch sind dem Kreuz im Schild der Hellas noch die bayerischen Rauten aufgelegt

f) Probe-Konventionstaler 1832, wie Nr. 87, jedoch befindet sich im Wappenschild der Hellas ein Phönix; sehr selten

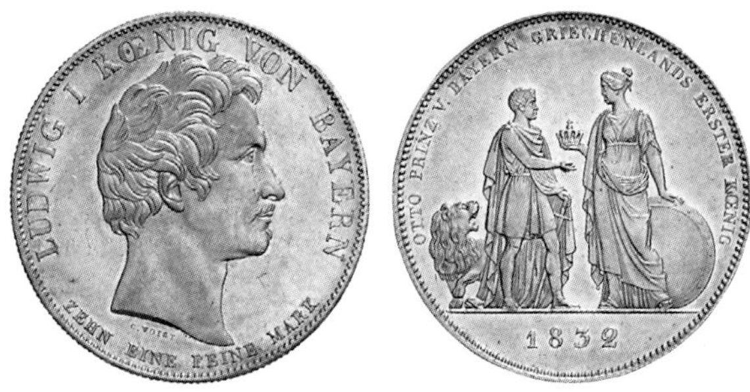

Nr. 87c), Probe-Konventionstaler 1832 mit leerem Schild

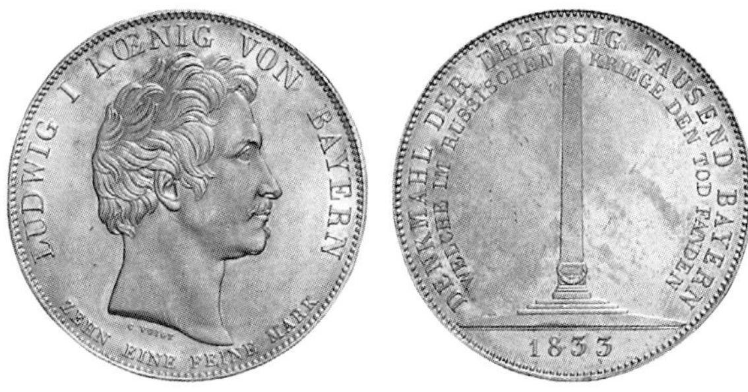

88 Geschichtstaler (Konventionstaler)

Vs.: LUDWIG I KŒNIG VON BAYERN / ZEHN EINE FEINE MARK Signatur C. VOIGT

Rs.: DENKMAHL DER DREYSSIG TAUSEND BAYERN WELCHE IM RUSSISCHEN KRIEGE DEN TOD FANDEN im Abschnitt 1833

Rand: Riffelrand

Dav. 570 – AKS 129 – Jaeger 44 – T. 62

1833	200.–	350.–	500.–

In der 302. Künker-Auktion (2/2018), Nr. 1040, wurde ein Exemplar in „Stempelglanz" für 2400.– Euro versteigert.

Varianten

a) Goldabschlag mit Riffelrand und Punze „1903“ (Schl. A15.2)

b) Kupferabschlag mit Riffelrand; 45. Auktion Harald Möller (6/2007), Nr. 261, „fast Stempelglanz“, Zuschlag 600.– Euro; 76. WAG-Auktion (9/2016), „fast vorzüglich“, Zuschlag 440.– Euro

c) Zinnabschlag mit Riffelrand

d) Einseitiger Zinnabschlag der Rückseite; 74. Auktion Münzen und Medaillen AG (10/1988), Nr. 1205

e) Versilberte Kupferprobe 1833 mit Riffelrand von Ertel; 51. WAG-Auktion (9/2009), „fast Stempelglanz“, Zuschlag 720.– Euro

f) Kupferprobe 1833 mit Riffelrand von Ertel; 206. Künker-Auktion (3/2012), „vorzüglich“, Zuschlag 650.– Euro

g) Versilberte Kupferprobe 1833 mit Riffelrand von Ertel, wie Nr. 88f; 134. Auktion F. R. Künker (1/2008), Nr. 329, „vorzüglich“, Zuschlag 280.– Euro

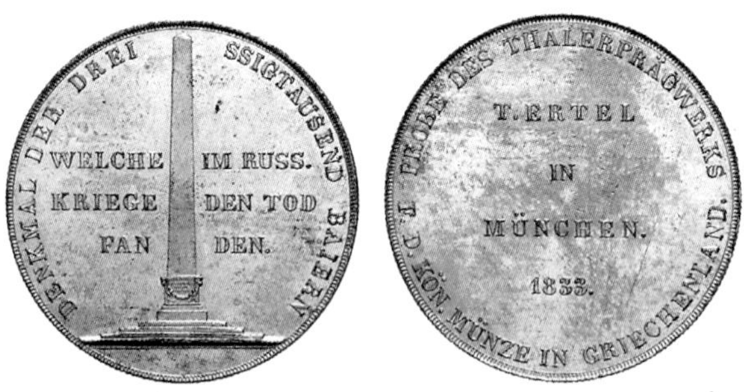

Nr. 88f), Kupferprobe 1833 von Ertel „Denkmal der in Rußland umgekommenen Bayern“

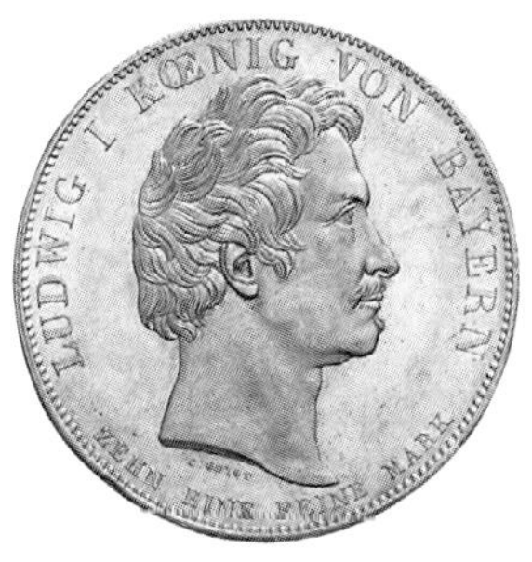

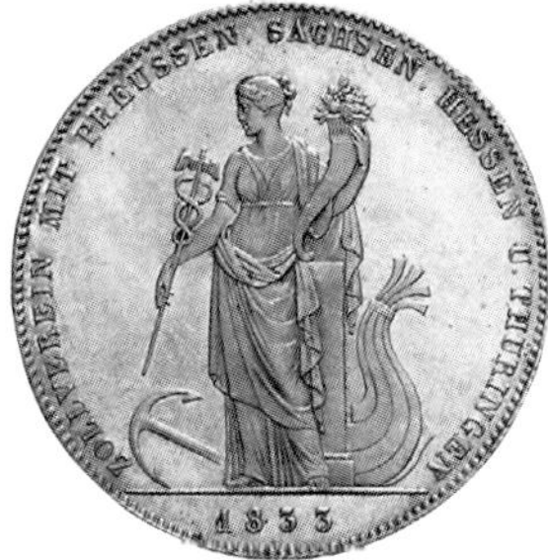

89 Geschichtstaler (Konventionstaler)

Vs.: LUDWIG I KŒNIG VON BAYERN / ZEHN EINE FEINE MARK Signatur C. VOIGT

Rs.: ZOLLVEREIN MIT PREUSSEN, SACHSEN, HESSEN U. THÜRINGEN im Abschnitt 1833

Rand: Riffelrand

Dav. 569 – AKS 128 – Jaeger 43 – T. 61

1833	170.–	370.–	550.–

In der 266. Auktion von Gorny & Mosch (10/2019), Nr. 2071, wurde ein Exemplar in „Polierter Platte, fast Stempelglanz" für 900.– Euro zugeschlagen.

Varianten

a) Goldabschlag mit Riffelrand und Punze „1903" (Schl. A15.10)

b) Zinnabschlag mit Riffelrand

c) Einseitiger Zinnabschlag der Rückseite; 74. Auktion Münzen und Medaillen AG (10/1988), Nr. 1205

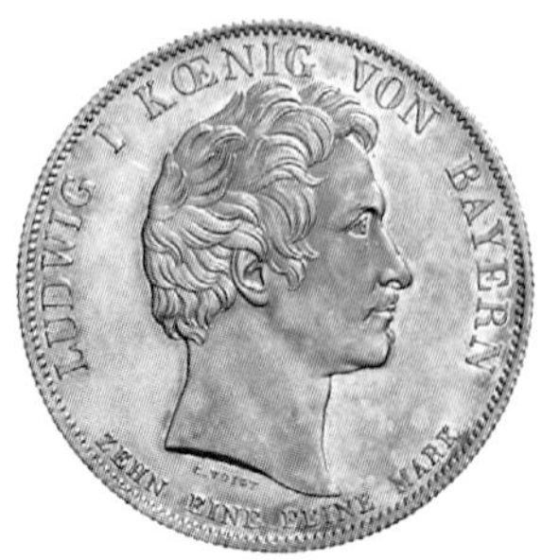

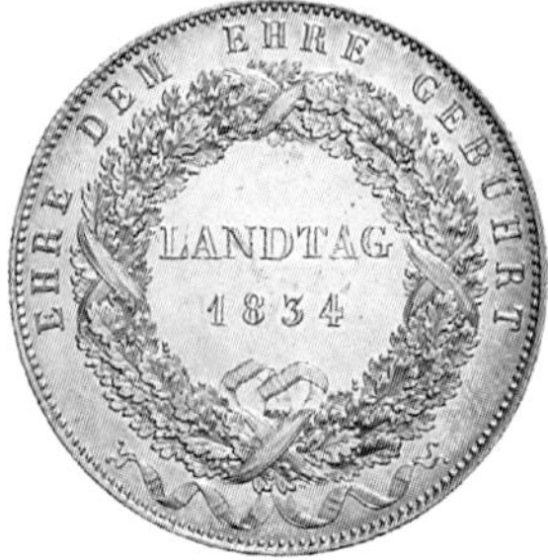

90 Geschichtstaler (Konventionstaler)

Vs.: LUDWIG I KŒNIG VON BAYERN / ZEHN EINE FEINE MARK Signatur C. VOIGT

Rs.: EHRE DEM EHRE GEBÜHRT / LANDTAG 1834

Rand: Riffelrand

Dav. 571 – AKS 130 – Jaeger 45 – T. 63

1834	180.–	370.–	500.–

In der 80. Heidelberger Münzauktion (11/2020), Nr. 565, erzielte ein „Erstabschlag“ den Zuschlag von 2050.– Euro.

Varianten

a) Goldabschlag mit Riffelrand und Randpunze „1903“ (Schl. A13); 89. Emporium-Auktion (4/2020), Nr. 1810, „Stempelglanz“, Zuschlag 17 000.– Euro

b) Kupferabschlag mit Riffelrand

c) Zinnabschlag mit Riffelrand

d) Einseitiger Zinnabschlag der Rückseite; 74. Auktion Münzen und Medaillen AG (10/1988), Nr. 1205

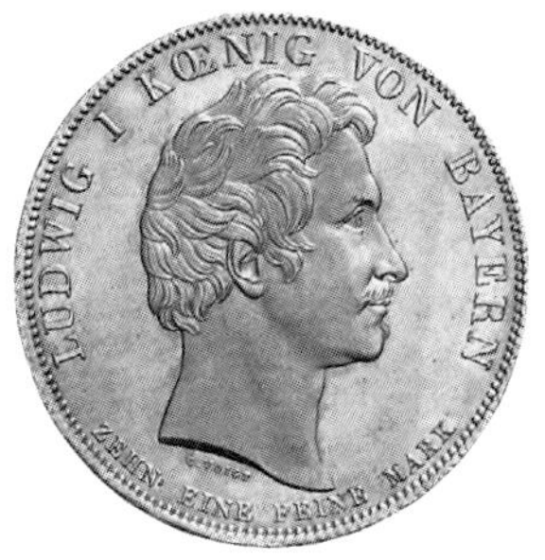

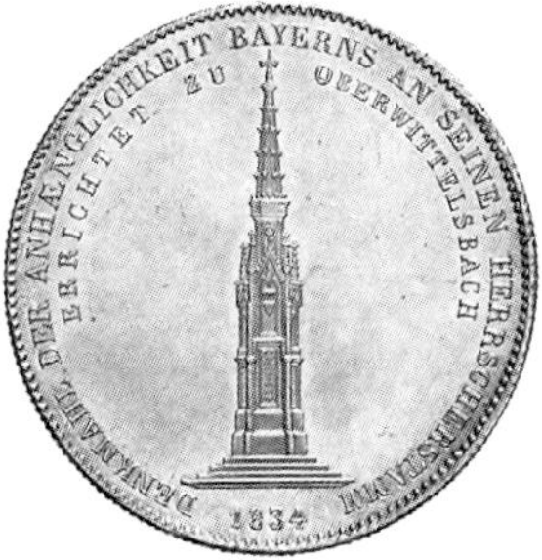

91 Geschichtstaler (Konventionstaler)

Vs.: LUDWIG I KŒNIG VON BAYERN / ZEHN EINE FEINE MARK Signatur C. VOIGT

Rs.: DENKMAHL DER ANHÆNGLICHKEIT BAYERNS AN SEINEN HERRSCHERSTAMM / ERRICHTET ZU OBERWITTELSBACH 1834

Dav. 572 – AKS 131 – Jaeger 46 – T. 64

1834	200.–	380.–	500.–

Varianten

a) Goldabschlag mit Riffelrand und Punze „1903" (Schl. A15.11)
b) Kupferabschlag mit Riffelrand; 45. Auktion Harald Möller (6/2007), Nr. 263, „Stempelglanz-", Zuschlag 380.– Euro
c) Zinnabschlag mit Riffelrand
d) Einseitiger Zinnabschlag der Rückseite; 74. Auktion Münzen und Medaillen AG (10/1988), Nr. 1205

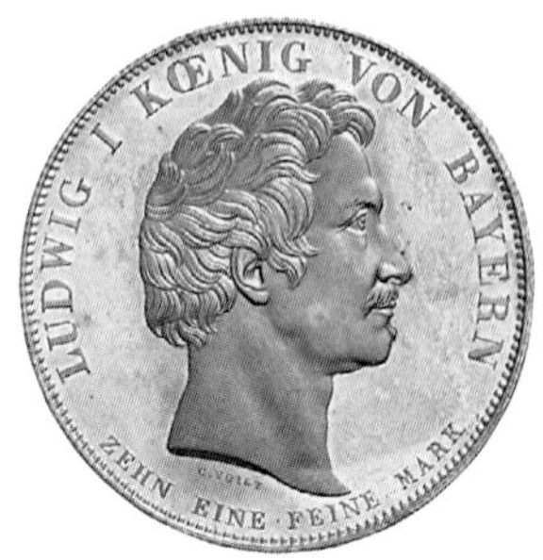

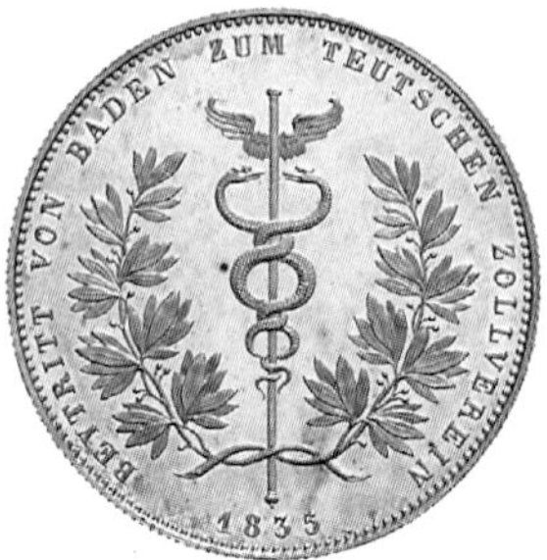

92 Geschichtstaler (Konventionstaler)

Vs.: LUDWIG I KŒNIG VON BAYERN / ZEHN EINE FEINE MARK Signatur C. VOIGT

Rs.: BEYTRITT VON BADEN ZUM TEUTSCHEN ZOLLVEREIN 1835

Rand: Riffelrand

Dav. 573 – AKS 132 – Jaeger 47 – T. 65

1835	180.–	400.–	500.–

In der 42. Auktion Harald Möller (12/2006), Nr. 264, wurde ein Exemplar in „Erstabschlag, fast Stempelglanz", für 390.– Euro zugeschlagen; in der 349. Künker-Auktion (3/2021), Nr. 4892, ein Exemplar in „Erstabschlag, Stempelglanz" für 2200.– Euro.

Varianten

a) Goldabschlag mit Riffelrand und Randpunze „1903" (Schl. A15.3); 74. Auktion Münzen und Medaillen AG (10/1988), Nr. 1175, „F.d.c.", Zuschlag 14 500.– Schweizer Franken

b) Kupferabschlag mit Riffelrand; 42. Auktion Harald Möller (12/2006), Nr. 271, „Stempelglanz", Zuschlag 400.– Euro

c) Zinnabschlag mit Riffelrand

d) Einseitiger Zinnabschlag der Rückseite; 74. Auktion Münzen und Medaillen AG (10/1988), Nr. 1205

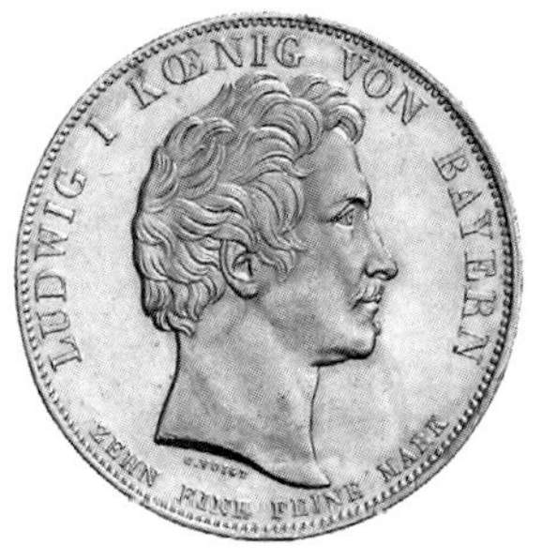

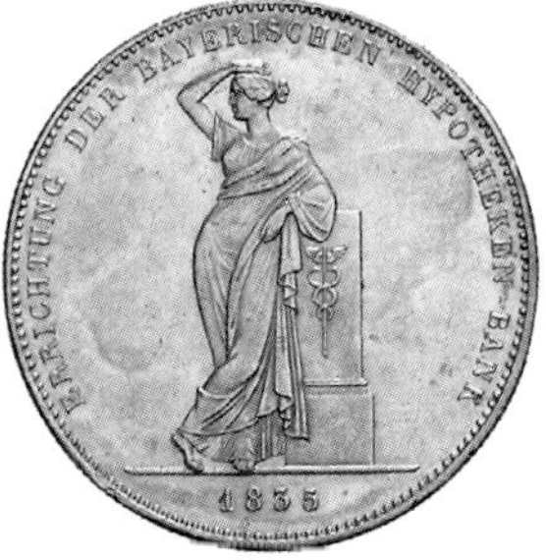

93 Geschichtstaler (Konventionstaler)

Vs.: LUDWIG I KŒNIG VON BAYERN / ZEHN EINE FEINE MARK Signatur C. VOIGT

Rs.: ERRICHTUNG DER BAYERISCHEN HYPOTHEKEN-BANK im Abschnitt 1835

Rand: Riffelrand

Dav. 574 – AKS 133 – Jaeger 48 – T. 66

1835	170.–	380.–	500.–

In der 80. Heidelberger Münzauktion (11/2020), Nr. 568, wurde ein Exemplar als Erstabschlag für 1150.– Euro versteigert; in der 258. Auktion von Gorny & Mosch (10/2018) ein PP-Exemplar für 1400.– Euro.

Varianten

a) Goldabschlag mit Riffelrand und Punze „1903“ (Schl. A15.4); 108. Auktion F. R. Künker (3/2006), Nr. 605, „vorzüglich“, Zuschlag 20 000.– Euro
b) Kupferabschlag mit Riffelrand
c) Zinnabschlag mit Riffelrand
d) Einseitiger Zinnabschlag der Rückseite; 74. Auktion Münzen und Medaillen AG (10/1988), Nr. 1205

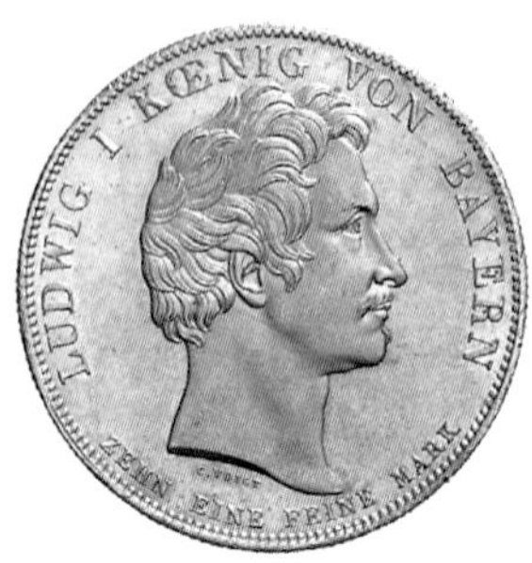

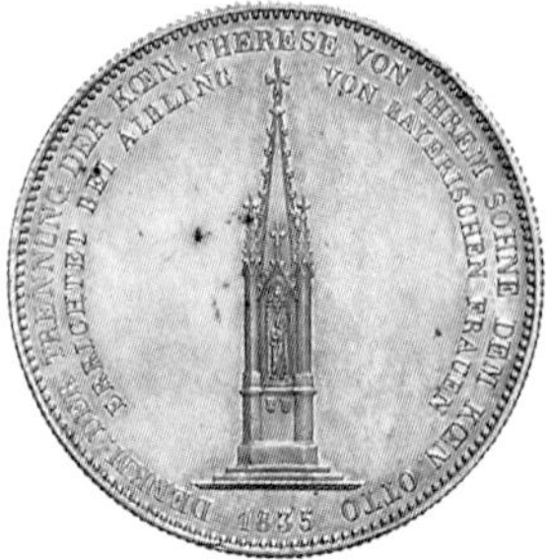

94 Geschichtstaler (Konventionstaler)

Vs.: LUDWIG I KŒNIG VON BAYERN / ZEHN EINE FEINE MARK   Signatur C. VOIGT

Rs.: DENKM. DER TRENNUNG DER KŒN. THERESE VON IHREM SOHNE DEM KŒN. OTTO / ERRICHTET BEI AIBLING VON BAYERISCHEN FRAUEN 1835

Rand: Riffelrand

Dav. 575 – AKS 134 – Jaeger 49 – T. 67

1835	170.–	380.–	500.–

In der 80. Heidelberger Münzauktion (11/2020), Nr. 569, wurde ein Exemplar als „Erstabschlag, fast Stempelglanz“ für 1150.– Euro zugeschlagen; in der 121. WAG-Online-Auktion, Nr. 716, ein Exemplar in „Stempelglanz/fast Stempelglanz“ für 1500.– Euro.

Varianten

a) Goldabschlag mit Riffelrand und Punze „1903“ (Schl. A15.12)
b) Zinnabschlag mit Riffelrand
c) Einseitiger Zinnabschlag der Rückseite; 74. Auktion Münzen und Medaillen AG (10/1988), Nr. 1205

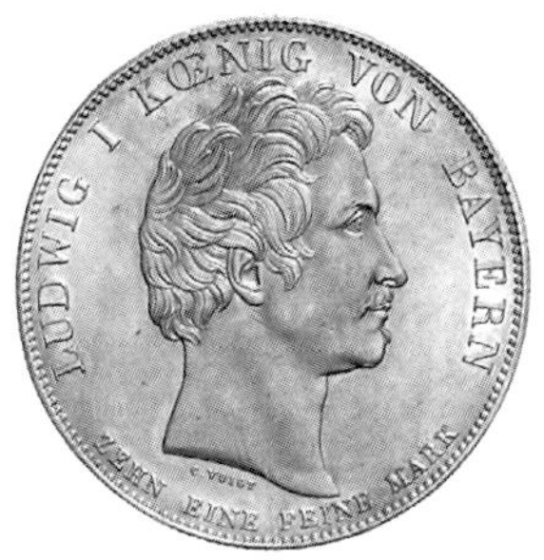

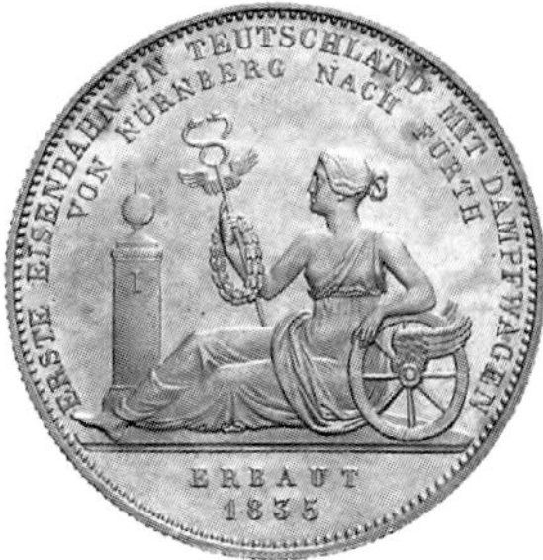

95 Geschichtstaler (Konventionstaler)

Vs.: LUDWIG I KŒNIG VON BAYERN / ZEHN EINE FEINE MARK Signatur C. VOIGT

Rs.: ERSTE EISENBAHN IN TEUTSCHLAND MIT DAMPF-WAGEN VON NÜRNBERG NACH FÜRTH
im Abschnitt ERBAUT 1835

Rand: Riffelrand

Dav. 576 – AKS 135 – Jaeger 50 – T. 68

1835	180.–	350.–	550.–

Varianten

a) Goldabschlag mit Riffelrand und Punze „1903“ (Schl. A15.13)
b) Kupferabschlag mit Riffelrand; 42. Auktion Harald Möller (12/2006), Nr. 272, „Stempelglanz“, Zuschlag 500.– Euro
c) Zinnabschlag mit Riffelrand
d) Einseitiger Zinnabschlag der Rückseite; 74. Auktion Münzen und Medaillen AG (10/1988), Nr. 1205; 45. Leipziger Münzauktion (9/2005), „sehr schön-vorzüglich“, Zuschlag 70.– Euro

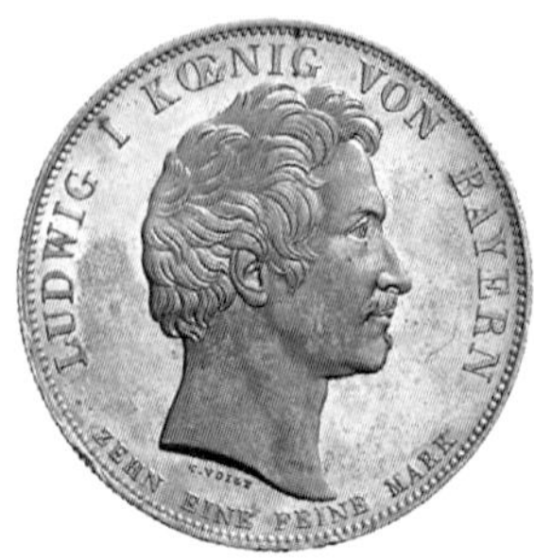

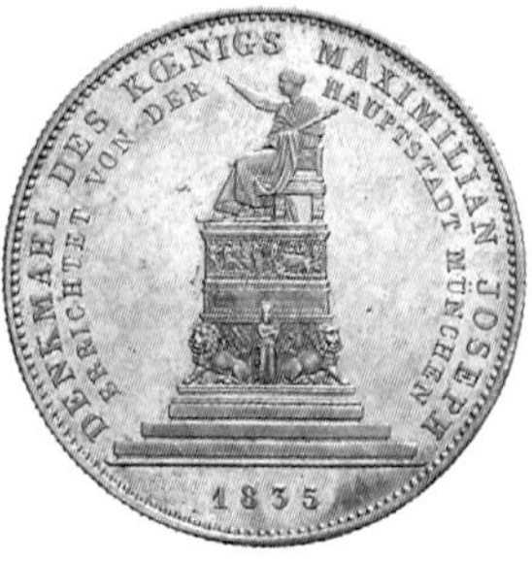

96 Geschichtstaler (Konventionstaler)

Vs.: LUDWIG I KŒNIG VON BAYERN / ZEHN EINE FEINE MARK Signatur C. VOIGT

Rs.: DENKMAHL DES KŒNIGS MAXIMILIAN JOSEPH ERRICHTET VON DER HAUPTSTADT MÜNCHEN im Abschnitt 1835

Rand: Riffelrand

Dav. 577 – AKS 136 – Jaeger 51 – T. 69

1835	180.–	400.–	500.–

In der 121. Auktion der WAG Online (7/2021), Nr. 717, wurde ein „Prachtexemplar, Stempelglanz", für 1500.– Euro zugeschlagen.

Varianten

a) Der König auf dem Denkmal hält ein kurzes Zepter, das nicht über seinen Rücken hinausragt; Abb. siehe nächste Seite; 80. Heidelberger Münzauktion (11/2020), Nr. 571, „Erstabschlag, fast Stempelglanz", Zuschlag 1050.– Euro

b) Goldabschlag (48,46 g) vom Stempel der Variante a), Riffelrand mit Randpunze „1903" (Schl. A14); 108. Auktion F. R. Künker (3/2006), Nr. 606, „vorzüglich", Zuschlag 19 500.– Euro

c) Kupferabschlag mit Riffelrand vom Typ „langes Zepter"; 42. Auktion Harald Möller (12/2006), Nr. 273, „Stempelglanz", Zuschlag 350.– Euro

d) Bleiabschlag mit unvollständiger Jahreszahl „183_" (Witt. 2746 Anm.)

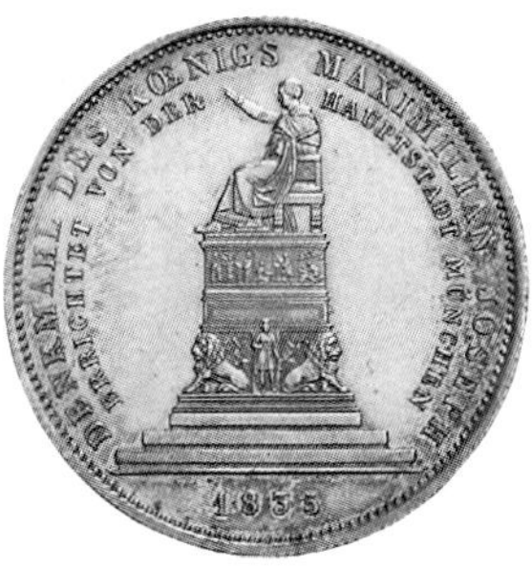

Nr. 96a), Rückseite des Geschichtstalers auf das Denkmal von König Maximilian Joseph in München mit kurzem Zepter

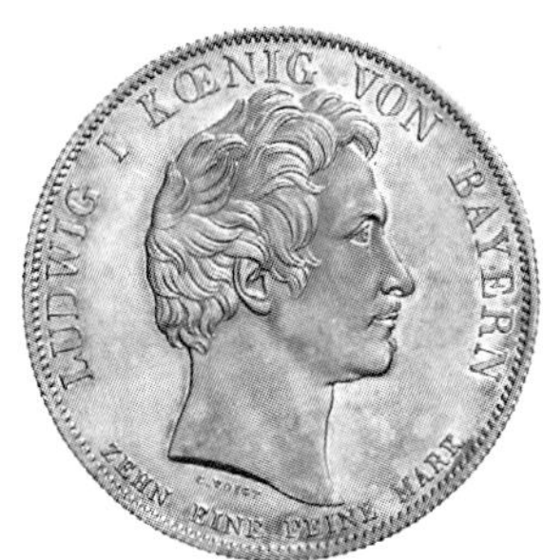

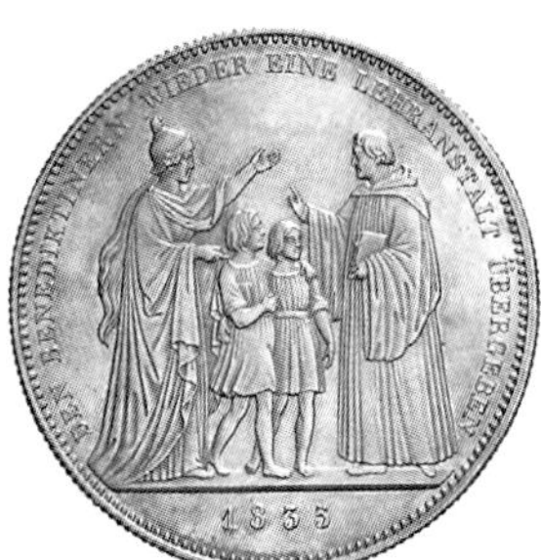

97 Geschichtstaler (Konventionstaler)

Vs.: LUDWIG I KŒNIG VON BAYERN / ZEHN EINE FEINE MARK Signatur C. VOIGT

Rs.: DEN BENEDIKTINERN WIEDER EINE LEHRANSTALT ÜBERGEBEN im Abschnitt 1835

Rand: Riffelrand

Dav. 578 – AKS 137 – Jaeger 52 – T. 70

1835	170.–	350.–	500.–

In der 80. Auktion der Heidelberger Münzauktion (11/2020), Nr. 573, wurde ein Exemplar in „fast Stempelglanz" für 1000.– Euro zugeschlagen.

Varianten

a) Goldabschlag mit Riffelrand und Randpunze „1903" (Schl. A15.14)
b) Zinnabschlag mit Riffelrand
c) Einseitiger Zinnabschlag der Rückseite; 79. Auktion WAG Online (10/2017), Nr. 663, „vorzüglich+", Zuschlag 66.– Euro

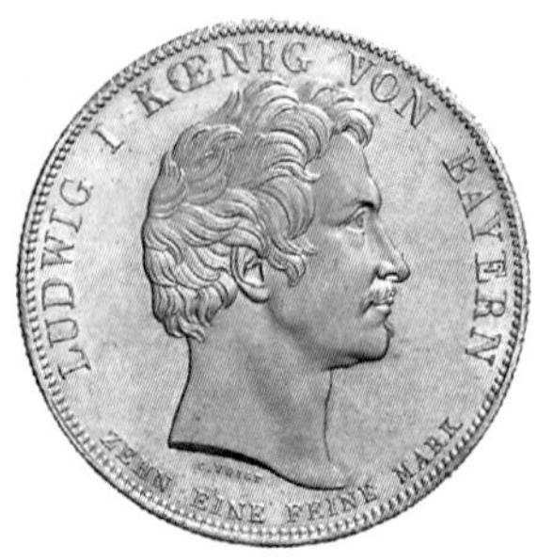

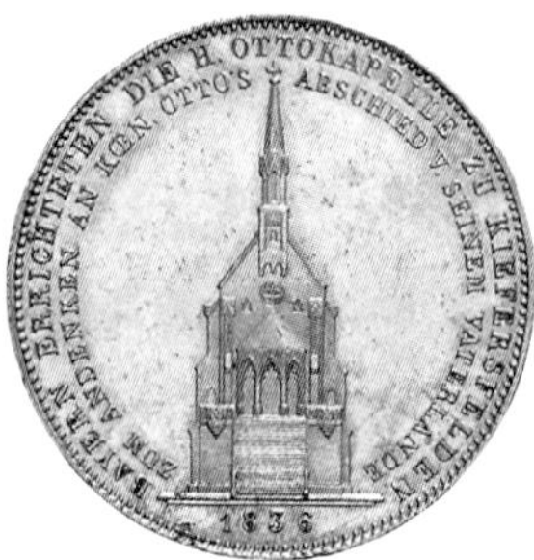

98 Geschichtstaler (Konventionstaler)

Vs.: LUDWIG I KŒNIG VON BAYERN / ZEHN EINE FEINE MARK Signatur C. VOIGT

Rs.: BAYERN ERRICHTETEN DIE H. OTTOKAPELLE ZU KIEFERSFELDEN / ZUM ANDENKEN AN KŒN. OTTO'S ABSCHIED V. SEINEM VATERLANDE im Abschnitt 1836

Rand: Riffelrand

Dav. 579 – AKS 138 – Jaeger 53 – T. 71

1836	180.–	350.–	480.–

Varianten

a) Goldabschlag mit Riffelrand und Randpunze „1903" (Schl. A15.15)

b) Kupferabschlag mit Riffelrand; 42. Auktion Harald Möller (12/2006), Nr. 276, „Stempelglanz", Zuschlag 480.– Euro

c) Zinnabschlag mit Riffelrand; 45. Auktion Harald Möller (6/2007), Nr. 269, „sehr schön-vorzüglich", Schätzpreis 180.– Euro

d) Einseitiger Zinnabschlag der Rückseite; 74. Auktion Münzen und Medaillen AG (10/1988), Nr. 1205; 7. Auktion Harald Möller (4/1991), Nr. 688, „vorzüglich", Zuschlag 750.– DM

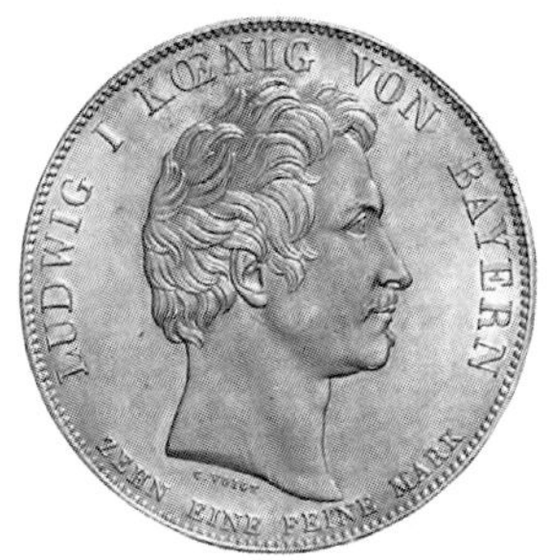
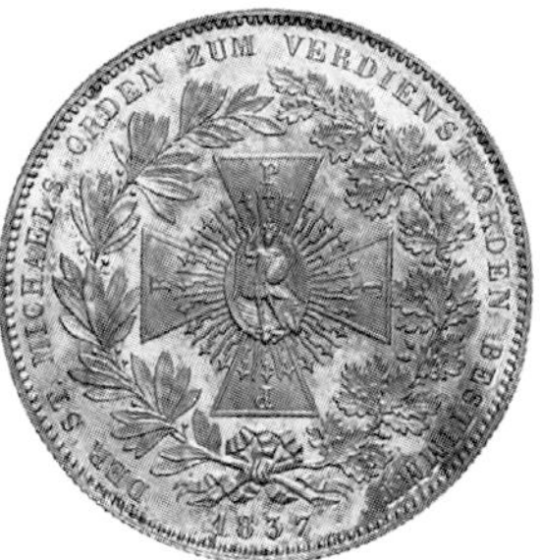

99 Geschichtstaler (Konventionstaler)

Vs.: LUDWIG I KŒNIG VON BAYERN / ZEHN EINE FEINE MARK Signatur C. VOIGT

Rs.: DER ST. MICHAELS-ORDEN ZUM VERDIENST-ORDEN BESTIMMT 1837

Rand: Riffelrand

Dav. 580 – AKS 139 – Jaeger 54 – T. 72

1837	180.–	350.–	480.–

In der 83. Auktion von WAG Online (2/2018), Nr. 987, wurde ein Exemplar in „Polierter Platte" für 1300.– Euro versteigert; in der 346. Künker-Auktion (1/2021), Nr. 58, ein Exemplar in „fast Stempelglanz" für 1800.– Euro.

Variante

a) Goldabschlag mit Riffelrand und Randpunze „1903" (Schl. A15)

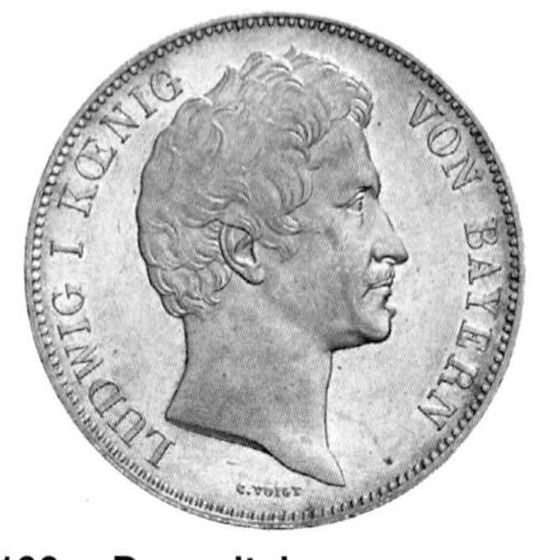

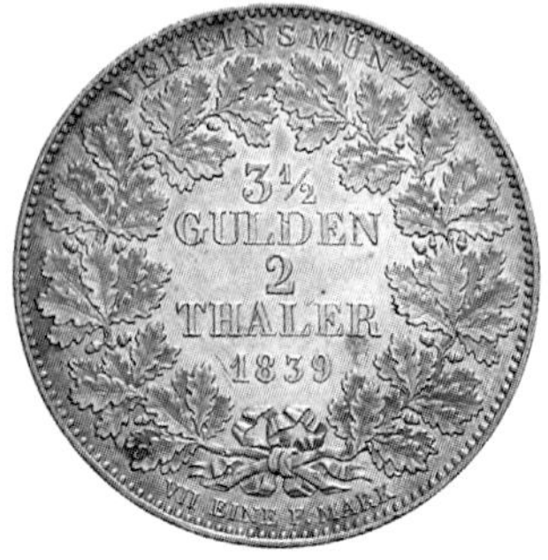

100 Doppeltaler

Vs.: LUDWIG I KŒNIG VON BAYERN Signatur C. VOIGT

Rs.: VEREINSMÜNZE / VII EINE F. MARK / 3 ½ GULDEN 2 THALER Jahr

Rand: CONVENTION VOM 30 JULY 1838

Dav. 584 – AKS 73 – Jaeger 64 – T. 73

1839	(113 000)	220.–	450.–	600.–
1840	(192 950)	200.–	450.–	600.–
1841	(338 800)	220.–	450.–	600.–

Die Prägezahlen enthalten auch die Geschichtsdoppeltaler.

Der Jahrgang 1839 wurde in der 266. Auktion von Gorny & Mosch (10/2019), Nr. 2079, in „fast Stempelglanz" für 1600.– Euro zugeschlagen.

Varianten

a) Der Jahrgang 1839 als Goldabschlag (64,5 g) mit der Randschrift CONVENTION VOM 30 IULY 1839 und der Jahreszahl „1902" auf dem Rand (Slg. Ferrari Nr. 529; Schl. A30)

b) Einseitiger Abschlag der Vorderseite (Hahlo 191)

c) Einseitiger Abschlag der Rückseite mit Randschrift (Slg. Ferrari 558)

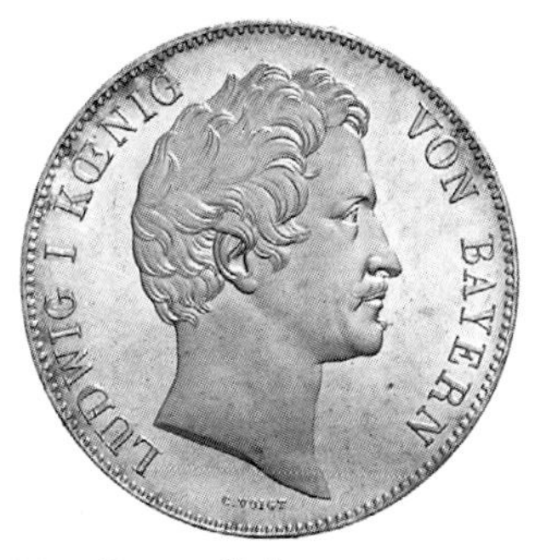

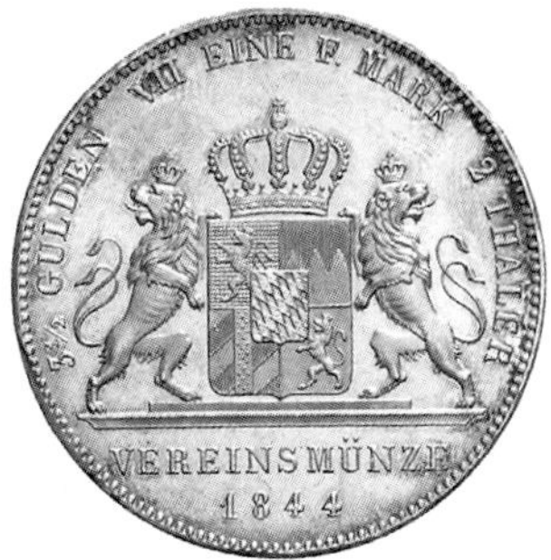

101 Doppeltaler

Vs.: LUDWIG I KŒNIG VON BAYERN Signatur C. VOIGT

Rs.: 3 ½ GULDEN VII EINE F. MARK 2 THALER / VEREINSMÜNZE Jahr

Rand: CONVENTION VOM 30 JULY 1838

Dav. 589 – AKS 74 – Jaeger 65 – T. 74

1842	(84 700)	200.–	400.–	700.–
1843	(276 800)	180.–	380.–	500.–
1844	(122 200)	180.–	380.–	550.–
1845	(166 700)	180.–	380.–	550.–
1846	(132 600)	200.–	450.–	600.–
1847	(11 900)	280.–	600.–	850.–
1848	(191 900)	170.–	350.–	500.–

Die Prägezahlen enthalten auch die Geschichtsdoppeltaler.

In der 50. Teutoburger Münzauktion (5/2010) erzielte ein Exemplar von 1847 in „fast Stempelglanz“ 950.– Euro, in der 80. Heidelberger Münzauktion (11/2020), Nr. 577, wurde ein Exemplar von 1843 „winzige Kratzer, fast Stempelglanz“ für 625.– Euro zugeschlagen.

Variante

a) Der Jahrgang 1848 als Goldabschlag (65 g) mit der Randschrift CONVENTION VOM 30 IULY 1839 und der Jahreszahl „1902“ auf dom Rand (Schl. A31)

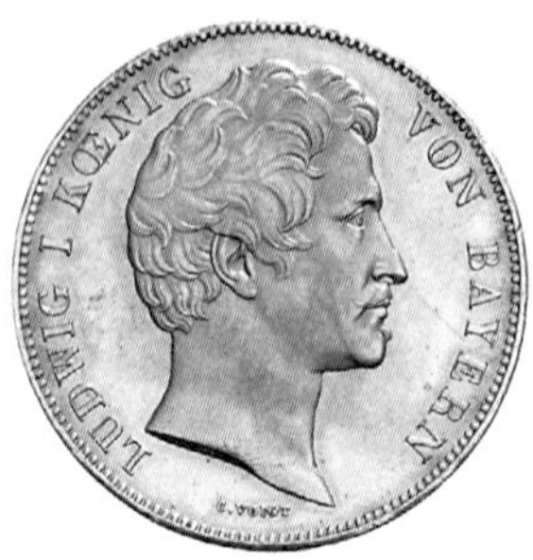
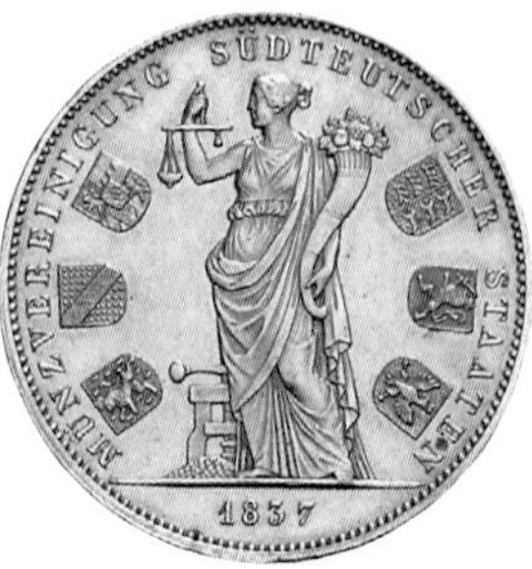

102 Geschichtsdoppeltaler

Av.: LUDWIG I KŒNIG VON BAYERN Signatur C. VOIGT

Rv.: MÜNZVEREINIGUNG SÜDTEUTSCHER STAATEN im Abschnitt 1837

Rand: DREY-EINHALB GULDEN * VII E. F. M. *

Dav. 581 – AKS 98 – Jaeger 66 – T. 75

1837	170.–	300.–	500.–

Varianten

a) Mit Randschrift DREY-EINHALB GULDEN ** VII E F M ** (St. 223b)

b) Mit Randschrift DREY-EINHALB GULDEN ·** VII E. F. M.; 134. Auktion F. R. Künker (1/2008), Nr. 331, „fast Stempelglanz“, Zuschlag 600.– Euro

c) Mit Randschrift DREY-EIN HALB GULDEN ** VII E F M *

d) Mit Randschrift DREY-EIN HALB GULDEN ** VII E. F. M. ** (Ferrari 650)

e) Mit Randschrift DREY-EINHALBER GULDEN ** VII E. F. M. * ; 45. Auktion Harald Möller (6/2007), Nr. 270, „Stempelglanz-“, Zuschlag 525.– Euro

f) Mit Randschrift DREY EIN HALBER GULDEN * VII E. F. M. * ; 118. Auktion F. R. Künker (9/2006), Nr. 7217

g) Mit Randschrift DREY-EINHALBULDEN * VII E. F. M. * ; ohne „G“ von GULDEN!

h) Mit Randschrift DREY-EINHALBULDEN ** VII E. F. M. ** (Ferrari 653); ohne „G“ von GULDEN!

i) Mit Randschrift DREY-EINHALBDEN ** VII E F M ** (Ferrari 654); ohne „GUL“ von GULDEN!

j) Goldabschlag (65 g) mit Randschrift und der Jahreszahl „1902“ auf dem Rand (Schl. A16)

k) Zinnabschlag

l) Einseitiger Zinnabschlag der Rückseite; 74. Auktion Münzen und Medaillen AG (10/1988), Nr. 1205

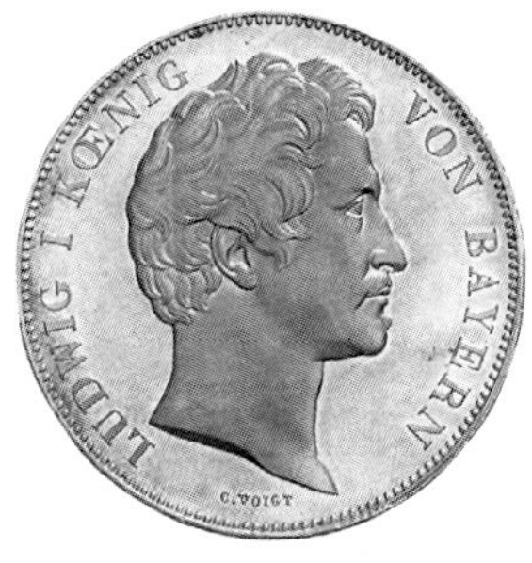

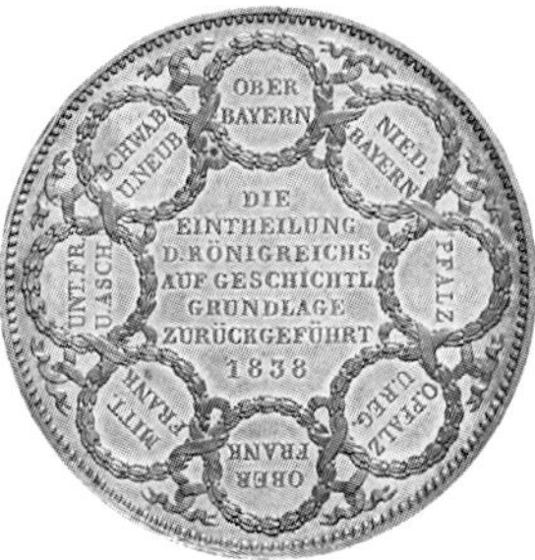

103 Geschichtsdoppeltaler

Av.: LUDWIG I KŒNIG VON BAYERN Signatur C. VOIGT

Rv.: DIE EINTHEILUNG D. KÖNIGREICHS AUF GESCHICHTL. GRUNDLAGE ZURÜCKGEFÜHRT 1838 Inschriften in den Lorbeerkränzen: OBER BAYERN; NIED. BAYERN; PFALZ; O. PFALZ; U. REG.; OBER FRANK; MITT. FRANK; UNT. FR. U. ASCH; SCHWAB U. NEUB

Rand: DREY-EINHALB GULDEN * VII E. F. M. *

Dav. 582 – AKS 99 – Jaeger 67 – T. 76

1838	170.–	320.–	500.–

In der 80. Heidelberger Münzauktion (11/2020), Nr. 579, wurde ein Exemplar in „fast Stempelglanz" für 1550.– Euro zugeschlagen.

Varianten

a) Mit Randschrift DREY-EINHALB GULDEN ** VII E F M ** ; 45. Auktion Harald Möller (6/2007), Nr. 273, „vorzüglich-Stempelglanz", Zuschlag 290.– Euro

b) Mit Randschrift DREY-EINHALB GULDEN ** VII E. F. M. ** ; 42. Auktion Harald Möller (12/2006), Nr. 281, „Stempelglanz-", Zuschlag 410.– Euro

c) Mit Randschrift DREY-EINHALBER GULDEN * VII E. F. M. *

d) Mit Randschrift DREY EIN HALBER GULDEN * VII E. F. M.; 140. Auktion F. R. Künker (6/2008), Nr. 1864, „sehr schön-vorzüglich", Zuschlag 280.– Euro

e) Mit Randschrift DREY-EINHALBULDEN ** VII E F M ** (Ferrari 659); ohne „G" von GULDEN!

f) Mit Randschrift REY-EINHALBER GULDEN * VII E. F. M. * (Ferrari 660); ohne „D" von DREY!

g) Goldabschlag (65 g) mit Randschrift und der Jahreszahl „1902" auf dem Rand (Schl. A17)

h) Kupferabschlag mit Randschrift

i) Einseitiger Zinnabschlag der Rückseite

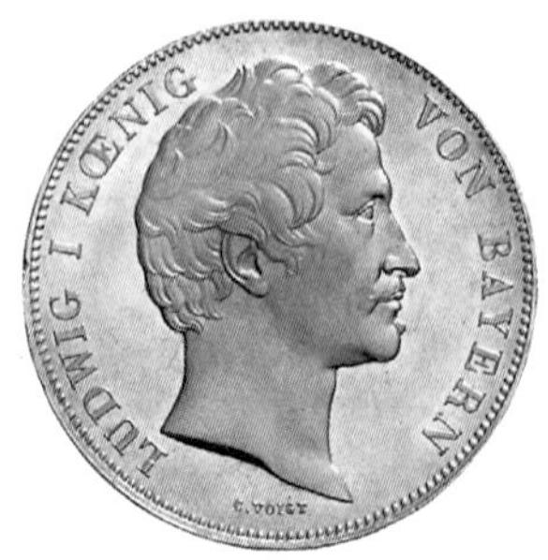

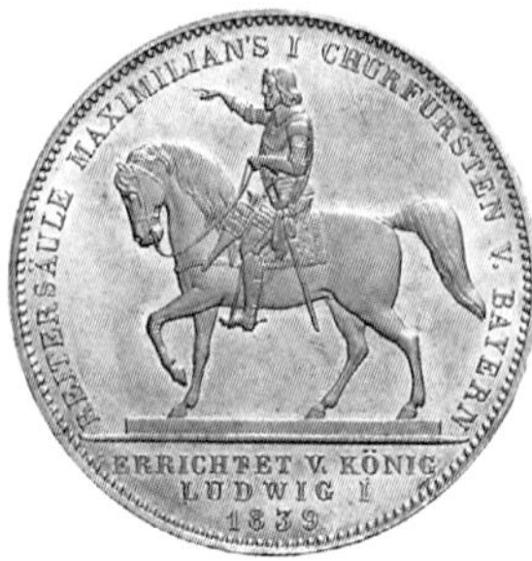

104 Geschichtsdoppeltaler

Av.: LUDWIG I KŒNIG VON BAYERN Signatur C. VOIGT

Rv.: REITERSÄULE MAXIMILIAN'S I CHURFÜRSTEN V. BAYERN im Abschnitt ERRICHTET V. KÖNIG LUDWIG I 1839

Rand: DREY-EINHALB GULDEN * VII E. F. M. *

Dav. 583 – AKS 100 – Jaeger 68 – T. 77

1839	170.–	350.–	500.–

In der 80. Heidelberger Münzauktion (11/2020), Nr. 580, wurde ein Exemplar in „Erstabschlag, fast Stempelglanz" für 1500.– Euro zugeschlagen; in der 359. Künker-Auktion (1/2022), Nr. 430, wurde ein Exemplar in „fast Stempelglanz, Prooflike", für 5500.– Euro zugeschlagen.

Varianten

a) Mit Randschrift DREY-EINHALB GULDEN ** VII E. F. M. ** ; 42. Auktion Harald Möller (12/2006), Nr. 284, „Erstabschlag", Zuschlag 550.– Euro

b) Mit Randschrift DREY-EINHALBULDEN ** (Ferrari 664); ohne „G" von GULDEN!

c) Goldabschlag (64,5 g) mit Randschrift und der Jahreszahl „1902" auf dem Rand (Schl. A18)

d) Einseitiger Zinnabschlag der Rückseite

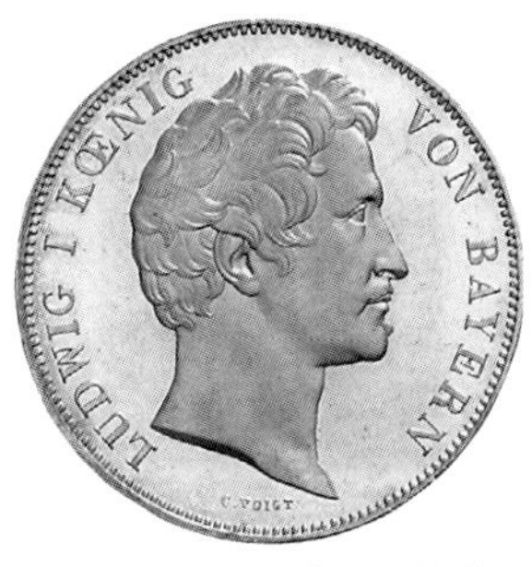

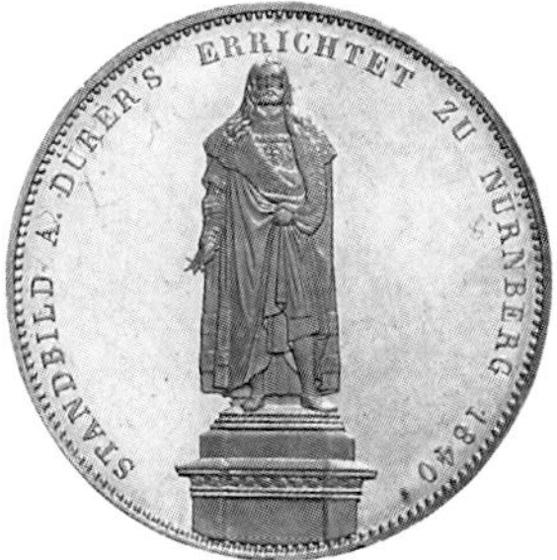

105 Geschichtsdoppeltaler

Av.: LUDWIG I KŒNIG VON BAYERN Signatur C. VOIGT

Rv.: STANDBILD A. DÜRER'S ERRICHTET ZU NÜRNBERG 1840

Rand: DREY-EINHALB GULDEN ** VII E F M **

Dav. 585 – AKS 101 – Jaeger 69 – T. 78

1840	180.–	350.–	500.–

In der 339. Künker-Auktion (9/2020), Nr. 551, wurde ein Exemplar in „Erstabschlag, fast Stempelglanz", für 1500.– Euro zugeschlagen.

Varianten

a) Mit Randschrift DREY-EINHALB GULDEN ** VII E. F. M. ** ; 42. Auktion Harald Möller (12/2006), Nr. 286, „Stempelglanz-von Erstabschlag", Zuschlag 725.– Euro

b) Mit Randschrift DREY-EINHALBULDEN ** VII E. F. M. ** ; ohne „G" von GULDEN!

c) Goldabschlag (64,5 g) mit Randschrift und der Jahreszahl „1902" auf dem Rand (Ferrari Nr. 546; Schl. A19)

d) Zinnabschlag ohne Randschrift (Ferrari Nr. 670)

e) Einseitiger Zinnabschlag der Rückseite (Hahlo 178)

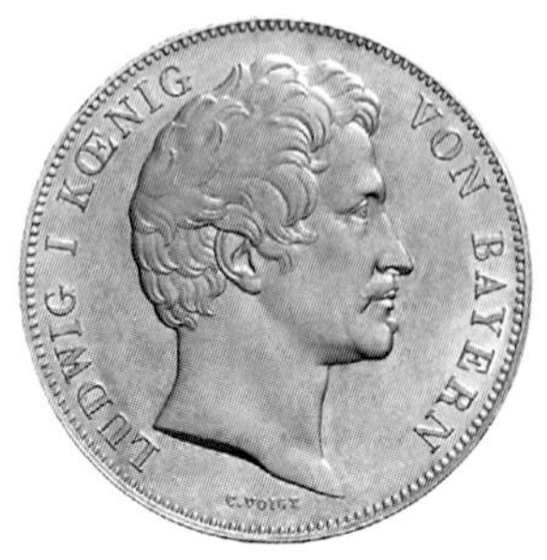

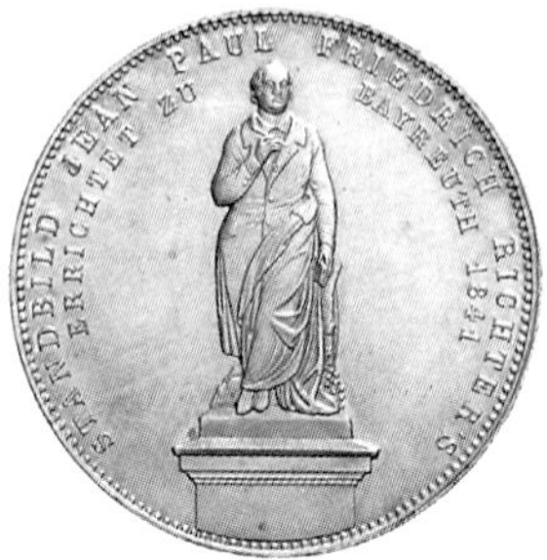

106 Geschichtsdoppeltaler

Av.: LUDWIG I KŒNIG VON BAYERN Signatur C. VOIGT

Rv.: STANDBILD JEAN PAUL FRIEDRICH RICHTER'S ERRICHTET ZU BAYREUTH 1841

Rand: DREY-EINHALB GULDEN ** VII E F M **

Dav. 586 – AKS 102 – Jaeger 70 – T. 79

1841	180.–	350.–	500.–

In der 296. Künker-Auktion (9/2017), Nr. 2009, wurde ein Exemplar in „fast Stempelglanz" für 2400.– Euro versteigert; in der 354. Künker-Auktion (9/2021), Nr. 5342, ein Exemplar in „fast Stempelglanz" für 1800.– Euro.

Varianten

a) Mit Randschrift DREY-EINHALB GULDEN ** VII E. F. M. ** ; 42. Auktion Harald Möller (12/2006), Nr. 288, „Stempelglanz-/Stempelglanz", Zuschlag 350.– Euro

b) Mit Randschrift DREY-EINHALBULDEN ** VII E. F. M. ** (Ferrari Nr. 674); ohne „G" von GULDEN!

c) Goldabschlag (64,5 g) mit Randschrift und der Jahreszahl „1902" auf dem Rand (Ferrari Nr. 547; Schl. A20)

d) Einseitiger Zinnabschlag der Rückseite

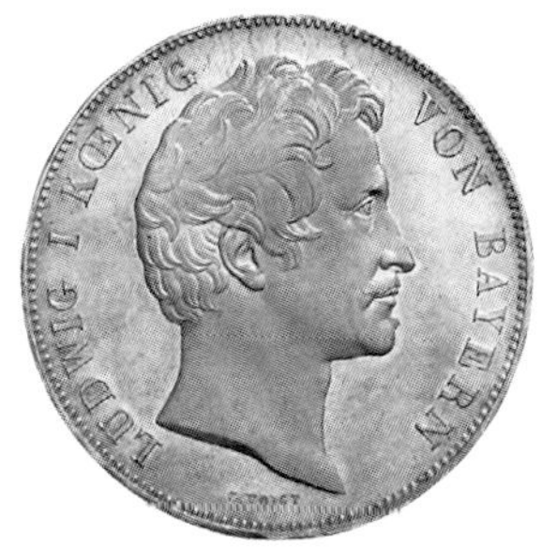

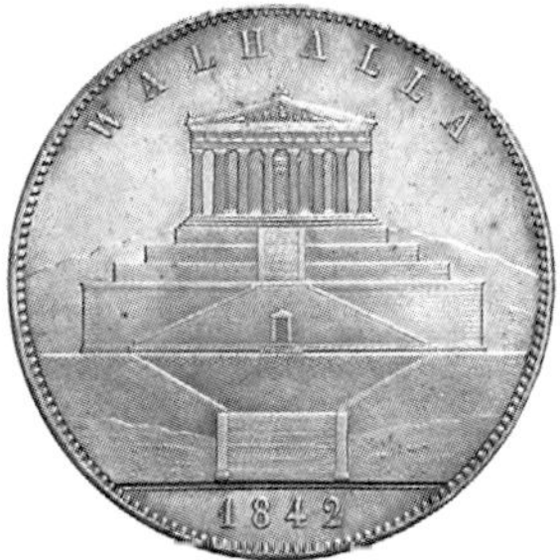

107 Geschichtsdoppeltaler

Av.: LUDWIG I KŒNIG VON BAYERN Signatur C. VOIGT

Rv.: WALHALLA im Abschnitt 1842

Rand: DREY-EINHALB GULDEN ** VII E F M **

Dav. 587 – AKS 103 – Jaeger 71 – T. 80

1842	180.–	350.–	500.–

In der 116. Auktion der WAG Online (2/2021), Nr. 306, wurde ein Exemplar in „Stempelglanz" für 2700.– Euro versteigert.

Varianten

a) Mit Randschrift DREY-EINHALB GULDEN ** VII E. F. M. ** ; 42. Auktion Harald Möller (12/2006), Nr. 289, „Erstabschlag", Zuschlag 370.– Euro

b) Mit Randschrift DREY-EINHALBULDEN ** VII E. F. M. ** ohne „G" von GULDEN! 45. Auktion Harald Möller (6/2007), Nr. 284, „fast vorzüglich", Zuschlag 220.– Euro

c) Goldabschlag (64,8 g) mit Randschrift und der Jahreszahl „1902" auf dem Rand (Ferrari Nr. 548; Schl. A21)

d) Zinnabschlag ohne Randschrift (Ferrari Nr. 680)

e) Einseitiger Zinnabschlag der Rückseite

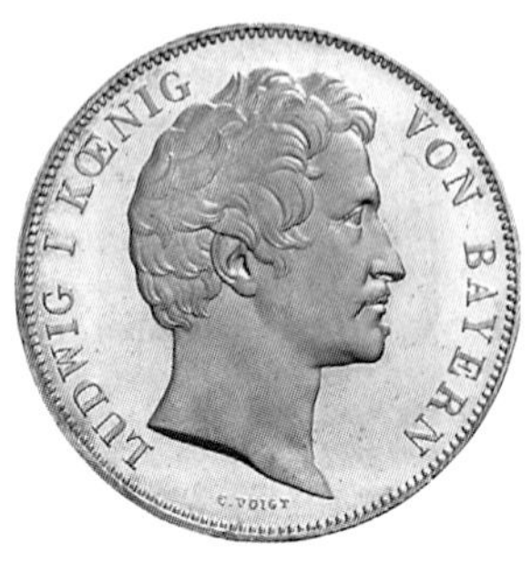

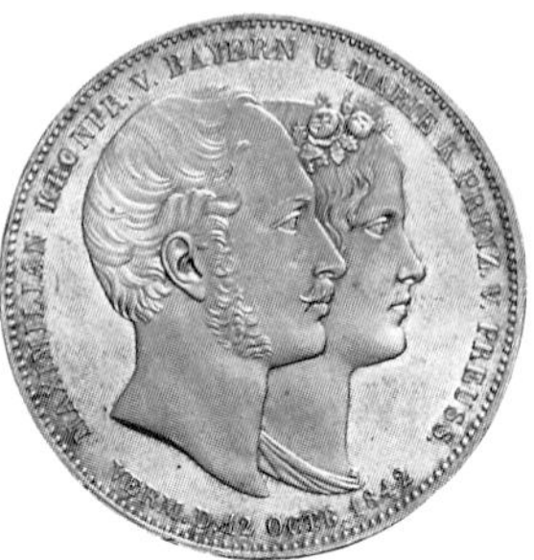

108 Geschichtsdoppeltaler

Av.: LUDWIG I KŒNIG VON BAYERN Signatur C. VOIGT

Rv.: MAXIMILIAN KRONPR. V. BAYERN U. MARIE K. PRINZ. V. PREUSS. / VERM. D. 12 OCTB. 1842

Rand: DREY-EINHALB GULDEN ** VII E F M **

Dav. 588 – AKS 104 – Jaeger 72 – T. 81

1842	170.–	350.–	500.–

In der 97. Auktion der WAG Online (4/2019), Nr. 336, wurde ein Exemplar in „fast Stempelglanz" für 1900.– Euro versteigert.

Varianten

a) Mit Stempelfehler „1 . OCTB." statt „12 OCTB."

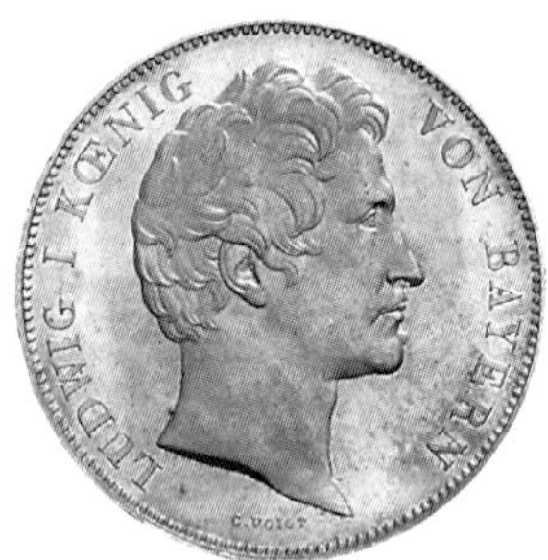

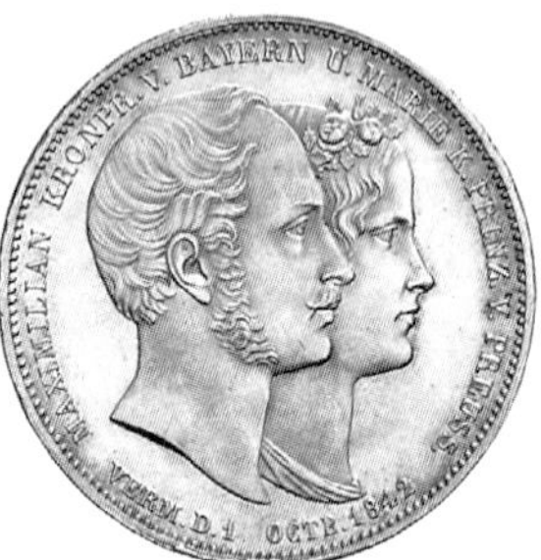

Nr. 108a) mit Stempelfehler „1 . OCTB." statt „12 OCTB."

b) Mit Randschrift DREY-EINHALB GULDEN ** VII E. F. M. ** ; 42. Auktion Harald Möller (12/2006), Nr. 290, „Erstabschlag", Zuschlag 725.– Euro

c) Mit Randschrift DREY-EINHALBULDEN ** VII E. F. M. ** (Ferrari Nr. 684); ohne „G" von GULDEN!

d) Ohne Randschrift (Schwalbach 28b)

e) Goldabschlag (64,5 g) mit Randschrift und der Jahreszahl „1902“ auf dem Rand (Ferrari Nr. 549; Schl. A22)
f) Einseitiger Zinnabschlag der Rückseite

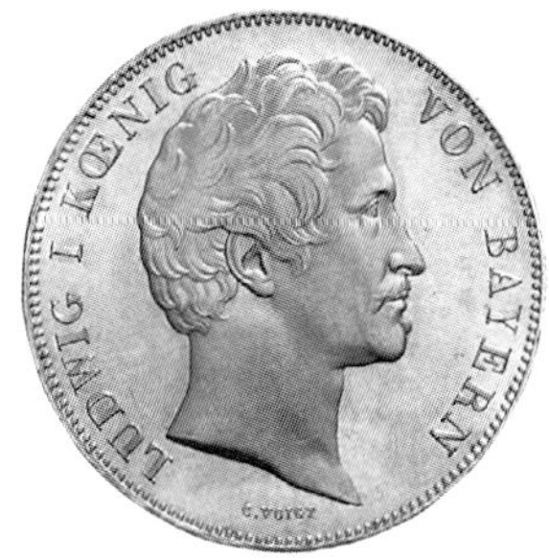

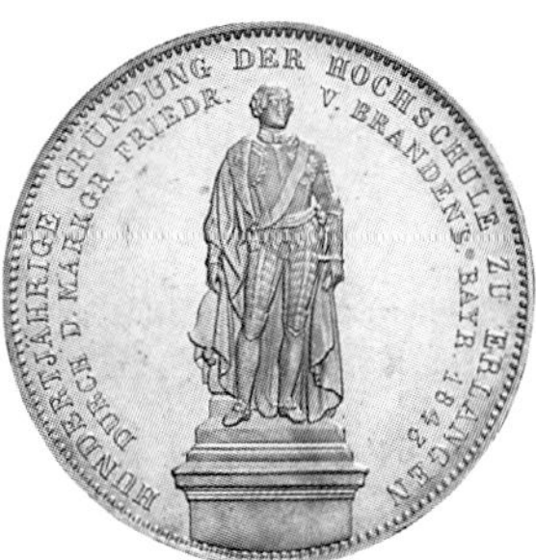

109 Geschichtsdoppeltaler

Av.: LUDWIG I KŒNIG VON BAYERN Signatur C. VOIGT

Rv.: HUNDERTJÄHRIGE GRÜNDUNG DER HOCHSCHULE ZU ERLANGEN / DURCH D. MARKGR. FRIEDR. V. BRANDENB. BAYR. 1843

Rand: DREY-EINHALB GULDEN ** VII E F M **

Dav. 590 – AKS 105 – Jaeger 73 – T. 82

1843	180.–	350.–	500.–

In der 322. Künker-Auktion (6/2019), Nr. 206, wurde ein Exemplar in „fast Stempelglanz“ für 2025.– Euro versteigert.

Varianten

a) Mit Randschrift DREY-EINHALB GULDEN ** VII. E. F. M ** ; 42. Auktion Harald Möller (12/2006), Nr. 293, „vorzüglich-Stempelglanz aus Erstabschlag“, Zuschlag 450.– Euro
b) Mit Randschrift DREY-EINHALBULDEN ** VII E. F. M. ** (Ferrari Nr. 689); ohne „G“ von GULDEN
c) Goldabschlag (65 g) mit Randschrift und der Jahreszahl „1902“ auf dem Rand (Ferrari Nr. 550; Schl. A23)
d) Einseitiger Zinnabschlag der Rückseite

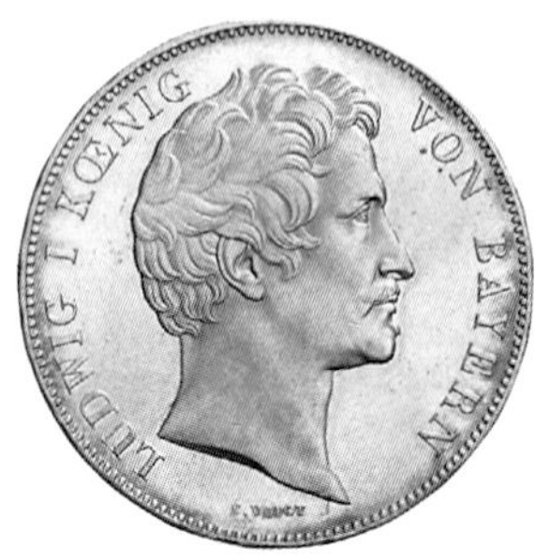

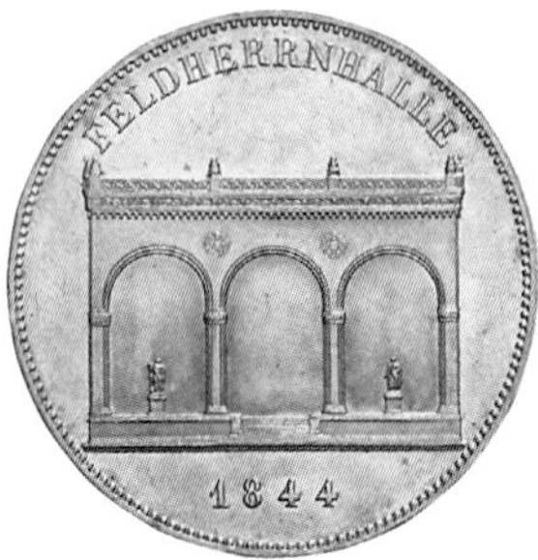

110 Geschichtsdoppeltaler

Av.: LUDWIG I KŒNIG VON BAYERN Signatur C. VOIGT

Rv.: FELDHERRNHALLE im Abschnitt 1844

Rand: DREY-EINHALB GULDEN ** VII E F M **

Dav. 591 – AKS 106 – Jaeger 74 – T. 83

1844	180.–	350.–	500.–

In der 116. Auktion der WAG Online (2/2021), Nr. 307, wurde ein Exemplar in „fast Stempelglanz/Stempelglanz“ für 2500.– Euro versteigert.

Varianten

a) Mit Randschrift DREY-EINHALB GULDEN ** VII E. F. M. **

b) Goldabschlag (64,80 g) mit Randschrift und der Jahreszahl „1902“ auf dem Rand (Ferrari Nr. 551; Schl. A25)

c) Zinnabschlag ohne Randschrift (Ferrari 694)

d) Einseitiger Zinnabschlag der Rückseite; 74. Auktion Münzen und Medaillen AG (10/1988), Nr. 1205

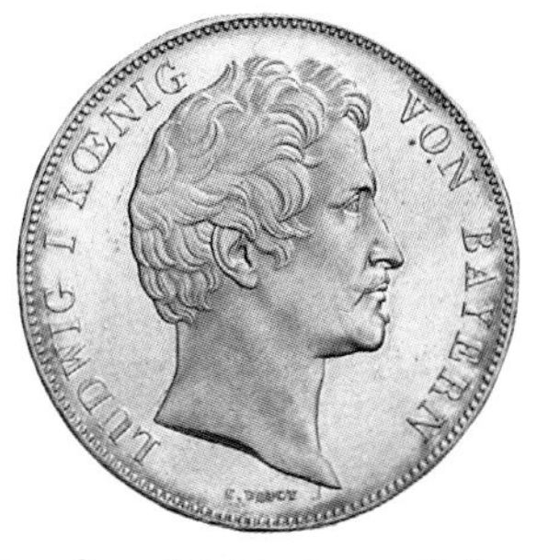

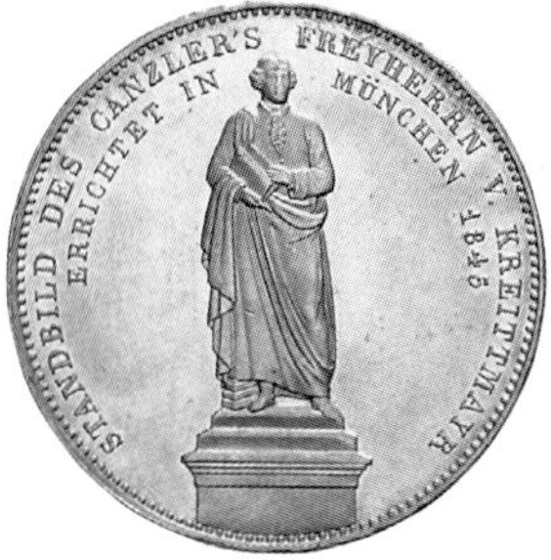

111 Geschichtsdoppeltaler

Av.: LUDWIG I KŒNIG VON BAYERN Signatur C. VOIGT

Rv.: STANDBILD DES CANZLER'S FREYHERRN V. KREITT-MAYR / ERRICHTET IN MÜNCHEN 1845

Rand: DREY-EINHALB GULDEN ** VII E F M **

Dav. 592 – AKS 107 – Jaeger 75 – T. 84

1845	350.–	580.–	770.–

In der 232. Künker-Auktion (6/2013), Nr. 464, wurde ein Exemplar in „Erstabschlag, Stempelglanz“, für 3600.– Euro versteigert; in der 80. Heidelberger Münzauktion (11/2020), Nr. 587, ein Exemplar in „Erstabschlag, fast Stempelglanz“, für 1550.– Euro.

Varianten

a) Mit Randschrift DREY-EINHALB GULDEN ** VII E. F. M. **
b) Goldabschlag (64,80 g) mit Randschrift und der Jahreszahl „1902“ auf dem Rand (Ferrari Nr. 552; Schl. A25)
c) Zinnabschlag ohne Randschrift (Ferrari Nr. 694)
d) Einseitiger Zinnabschlag der Rückseite; 74. Auktion Münzen und Medaillen AG (10/1988), Nr. 1205

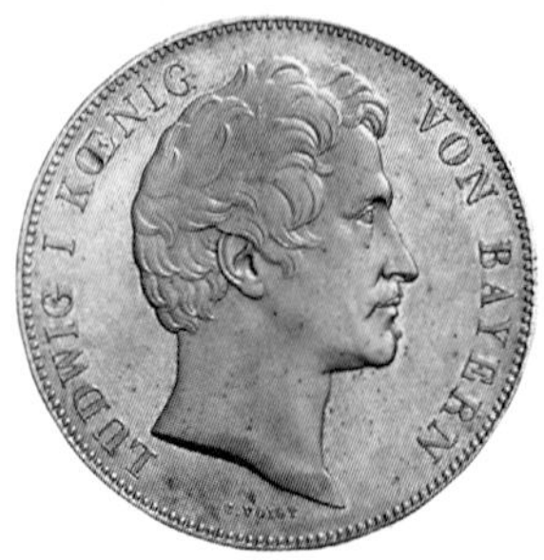

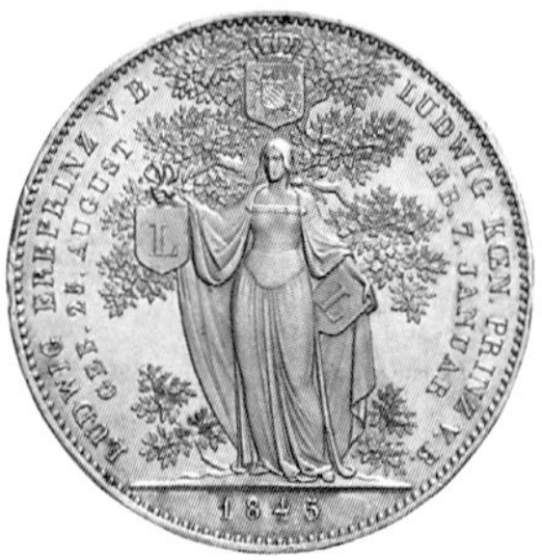

112 Geschichtsdoppeltaler

Av.: LUDWIG I KŒNIG VON BAYERN Signatur C. VOIGT

Rv.: LUDWIG ERBPRINZ V. B. / GEB. 25. AUGUST / LUDWIG KŒN. PRINZ V. B. / GEB. 7. JANUAR im Abschnitt 1845

Rand: DREY-EINHALB GULDEN ** VII E F M **

Dav. 593 – AKS 108 – Jaeger 76 – T. 85

1845	200.–	450.–	600.–

In der 80. Heidelberger Münzauktion (11/2020), Nr. 588, wurde ein Exemplar in „Erstabschlag, fast Stempelglanz" für 2350.– Euro versteigert.

Varianten

a) Mit Randschrift DREY-EINHALB GULDEN ** VII E. F. M. **
b) Mit Randschrift DREY-EINHALBULDEN ** VII E. F. M. ** (Ferrari Nr. 693); ohne „G" von GULDEN!
c) Goldabschlag (65 g) mit Randschrift und der Jahreszahl „1902" auf dem Rand (Ferrari Nr. 553; Schl. A26)
d) Zinnabschlag ohne Randschrift (Ferrari Nr. 694)
e) Einseitiger Zinnabschlag der Rückseite

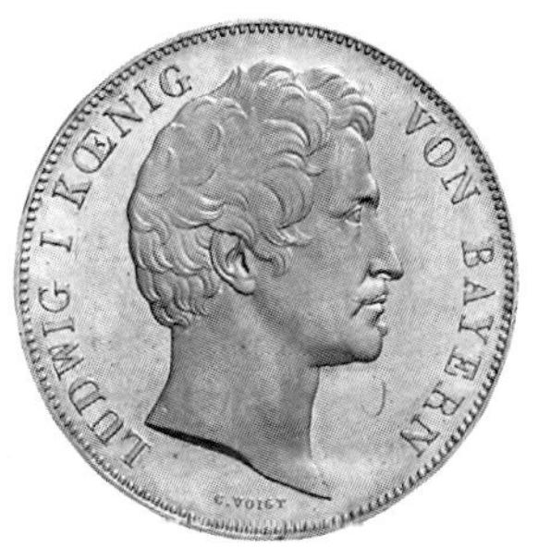

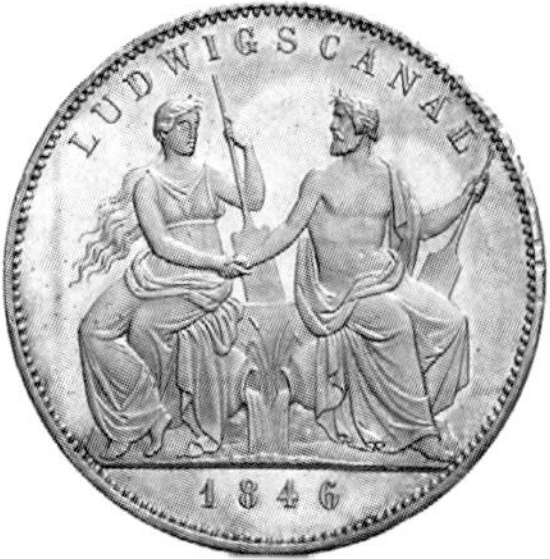

113 Geschichtsdoppeltaler

Av.: LUDWIG I KŒNIG VON BAYERN Signatur C. VOIGT

Rv.: LUDWIGSCANAL im Abschnitt 1846

Rand: DREY-EINHALB GULDEN ** VII E F M **

Dav. 595 – AKS 109 – Jaeger 77 – T. 86

1846	250.–	450.–	600.–

In der 354. Künker-Auktion (9/2021), Nr. 5344, wurde ein Exemplar in „fast Stempelglanz" für 1700.– Euro zugeschlagen.

Varianten

a) Mit Randschrift DREY-EINHALB GULDEN ** VII E. F. M. **

b) Mit Randschrift DREY-EINHALBULDEN ** VII E. F. M. ** (Ferrari Nr. 696); ohne „G" von GULDEN!

c) Goldabschlag (65 g) mit Randschrift und der Jahreszahl „1902" auf dem Rand (Ferrari Nr. 554; Schl. A27)

d) Zinnabschlag mit Randschrift

e) Einseitiger Zinnabschlag der Rückseite; 74. Auktion Münzen und Medaillen AG (10/1988), Nr. 1205

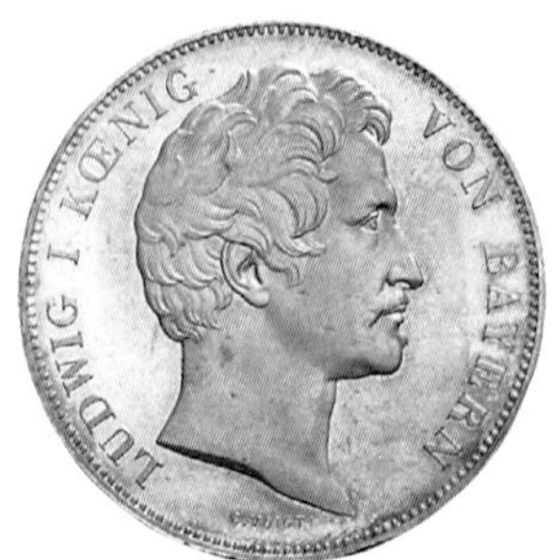

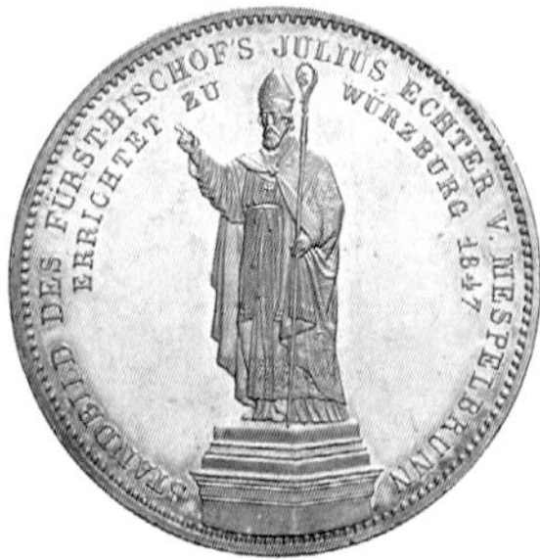

114 Geschichtsdoppeltaler

Av.: LUDWIG I KŒNIG VON BAYERN Signatur C. VOIGT

Rv.: STANDBILD DES FÜRSTBISCHOF'S JULIUS ECHTER V. MESPELBRUNN / ERRICHTET ZU WÜRZBURG 1847

Rand: DREY-EINHALB GULDEN ** VII E F M **

Dav. 596 – AKS 110 – Jaeger 78 – T. 87

1847	420.–	680.–	850.–

In der 80. Heidelberger Münzauktion (11/2020) wurde ein Exemplar in „fast Stempelglanz" für 1850.– Euro zugeschlagen; in der 346. Künker-Auktion (1/2021), Nr. 63, ein Exemplar in „vorzüglich-Stempelglanz" für 1900.– Euro.

Varianten

a) Mit Randschrift DREY-EINHALB GULDEN ** VII E. F. M. **

b) Mit Randschrift DREY-EINHALB GULDEN ** VII E. F. M. * ; 134. Auktion F. R. Künker (1/2008), Nr. 341, „fast Stempelglanz", Zuschlag 700.– Euro

c) Mit Randschrift DREY-EINHALBULDEN ** VII E. F. M. ** (Ferrari Nr. 699); ohne „G" von GULDEN

d) Goldabschlag (64,7 g) mit Randschrift und der Jahreszahl „1902" auf dem Rand (Ferrari Nr. 555; Schl. A28)

e) Zinnabschlag mit Randschrift

f) Einseitiger Silberabschlag der Rückseite mit der Jahreszahl 1842 (Witt. 2761)

g) Einseitiger Silberabschlag der Rückseite mit unvollständiger Jahreszahl „184 ·" (Witt. 2761)

h) Einseitiger Zinnabschlag der Rückseite

i) Einseitiger Zinnabschlag der Rückseite; 74. Auktion Münzen und Medaillen AG (10/1988), Nr. 1205

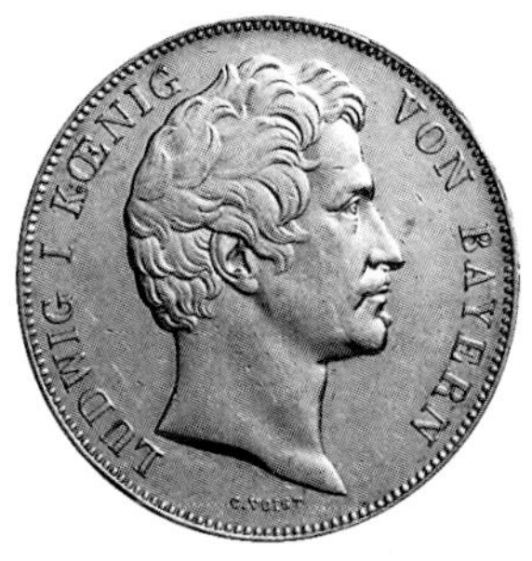

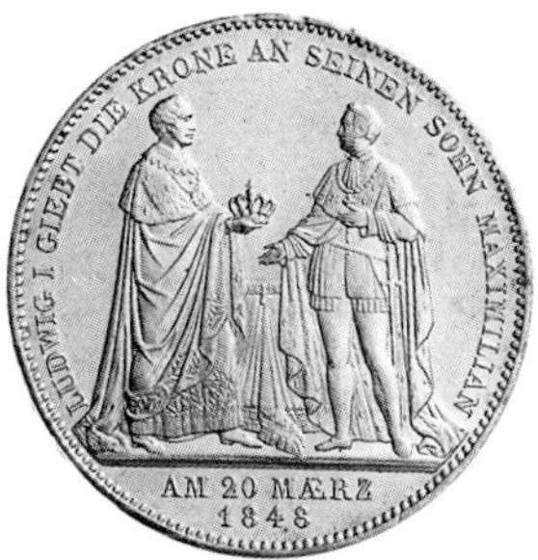

115 Geschichtsdoppeltaler

Av.: LUDWIG I KŒNIG VON BAYERN Signatur C. VOIGT

Rv.: LUDWIG I GIEBT DIE KRONE AN SEINEN SOHN MAXIMILIAN im Abschnitt AM 20 MÆRZ 1848

Rand: DREY-EINHALB GULDEN ** VII E F M **

Dav. 597 – AKS 111 – Jaeger 79 – T. 88

1848	1500.–	2500.–	3500.–

In der 140. Auktion F. R. Künker (6/2008), Nr. 1887, wurde ein Exemplar in „Stempelglanz" für 4000.– Euro zugeschlagen, in der 134. Auktion (1/2008), Nr. 342, in „fast Stempelglanz" für 3600.– Euro; in der 80. Heidelberger Münzauktion (11/2020) in „fast Stempelglanz" für 4300.– Euro.

Varianten

a) Mit Randschrift DREY-EINHALB GULDEN ** VII E. F. M. **
b) Mit Randschrift DREY-EINHALBULDEN ** VII E. F. M. ** (Ferrari Nr. 701); ohne „G" von GULDEN!
c) Goldabschlag (65 g) mit Randschrift und der Jahreszahl „1902" auf dem Rand (Ferrari Nr. 556; Schl. A29)
d) Zinnabschlag ohne Randschrift (Ferrari Nr. 702)
e) Einseitiger Zinnabschlag der Rückseite (Hahlo 191)

Maximilian II. 1848 – 1864

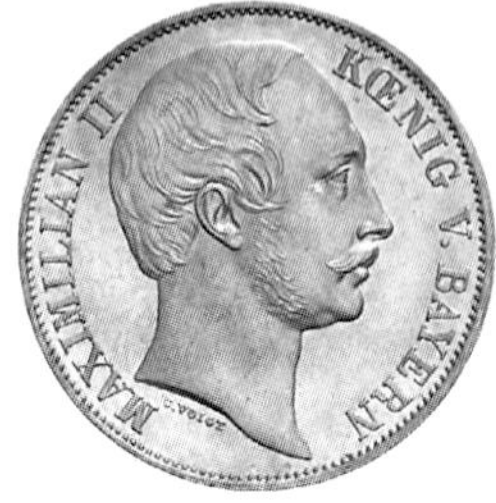
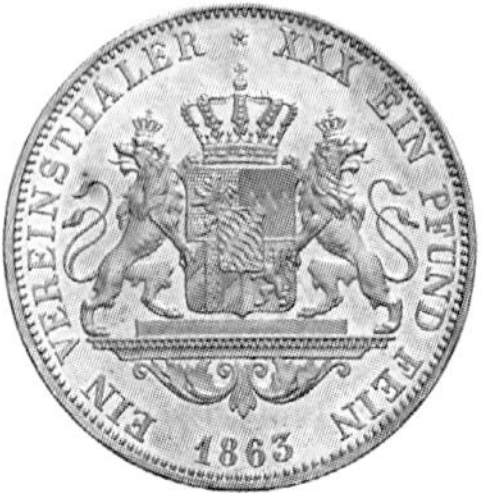

116 Vereinstaler

Vs.: MAXIMILIAN II KŒNIG V. BAYERN Signatur C. VOIGT
Rs.: EIN VEREINSTHALER · XXX EIN PFUND FEIN Jahr
Rand: GOTT * SEGNE * BAYERN

Dav. 606 – AKS 149 – Jaeger 94 – T. 98

1857	(1 560 410)	50.–	100.–	200.–
1858	(2 283 470)	50.–	100.–	200.–
1859	(2 661 100)	50.–	100.–	200.–
1860	(2 470 740)	50.–	100.–	200.–
1861	(2 682 300)	50.–	100.–	200.–
1862	(2 586 500)	50.–	100.–	200.–
1863	(2 586 500)	50.–	100.–	200.–
1864	(1 457 690)	50.–	100.–	200.–

In der Prägezahl des Jahrgangs 1864 ist auch der gleiche Jahrgang der Nr. 127 enthalten.

In der 325. Auktion von Hess-Divo (10/2013) wurde ein „Erstabschlag, fast FDC" für 440.– CHF zugeschlagen.

Varianten

a) 1860 mit Randschrift GOTT SEGNE SACHSEN; nur nach dem Katalog Schwalbach bekannt
b) Einseitiger Silberabschlag der Vorderseite mit glattem Rand und ohne Signatur; 42. Auktion Harald Möller (12/2006), Nr. 330, „Polierte Platte", Zuschlag 625.– Euro; Liste Mai 2008 F. R. Künker, Nr. 418, „Stempelglanz", Festpreis 745.– Euro; 241. Künker-Auktion (11/2013), Nr. 2413, „Polierte Platte, fast Stempelglanz", Zuschlag 950.– Euro; Abb. siehe nächste Seite
c) Einseitiger Kupferabschlag der Vorderseite mit glattem Rand und ohne Signatur; 42. Auktion Harald Möller (12/2006), Nr. 331, „Stempelglanz", Zuschlag 625.– Euro

d) Einseitiger Zinnabschlag der Vorderseite mit glattem Rand und ohne Signatur; 45. Auktion Harald Möller (6/2007), Nr. 321, „Polierte Platte“, Zuschlag 420.– Euro

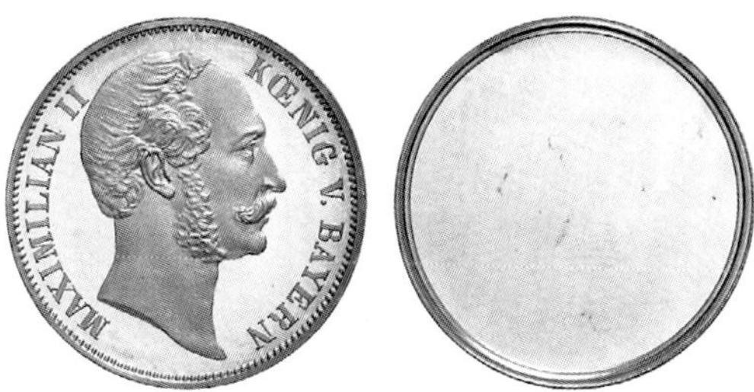

Nr. 116b), einseitiger Silberabschlag der Vorderseite vom Vereinstaler

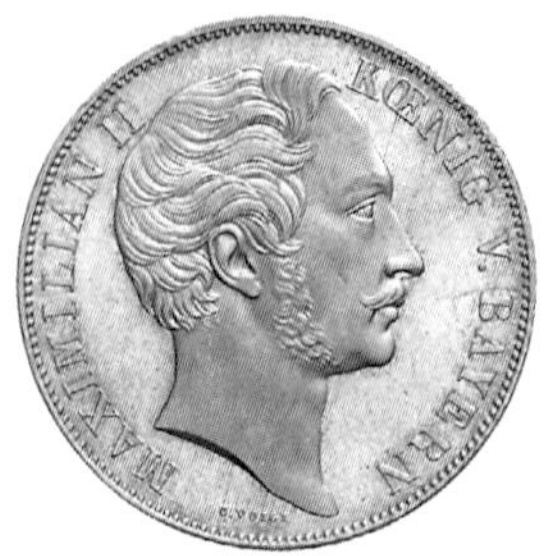

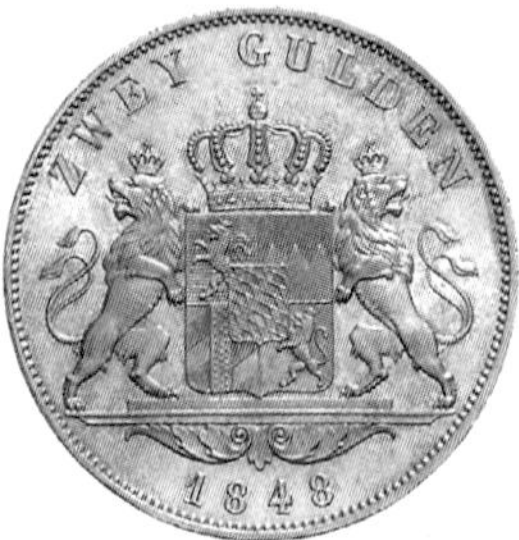

117 Doppelgulden

Vs.: MAXIMILIAN II KŒNIG V. BAYERN Signatur C. VOIGT
Rs.: ZWEY GULDEN Jahr
Rand: Vertiefte Vierecke

Dav. 600 – AKS 150 – Jaeger 83 – T. 90

1848	(siehe Nr. 73)	50.–	100.–	150.–
1849	(741 100)	50.–	100.–	150.–
1850	(914 680)	50.–	100.–	150.–
1851	(1 156 770)	50.–	100.–	150.–
1852	(1 355 500)	50.–	100.–	150.–
1853	(634 170)	50.–	100.–	150.–
1854	(429 710)	50.–	100.–	150.–
1855	(584 770)	50.–	100.–	150.–
1856	(510 010)	50.–	100.–	150.–

Varianten

a) Jahrgang 1848 aus 1847 geändert; 52. Möller-Auktion (12/2008) Nr. 4093
b) Jahrgang 1855 im Stempel aus 1854 geändert
c) Goldabschlag (38,5 g) vom Jahrgang 1848 (Ferrari Nr. 733; Schl. A51)
d) Goldabschlag vom Jahrgang 1855 (Ferrari Nr. 734; Schl. A52)

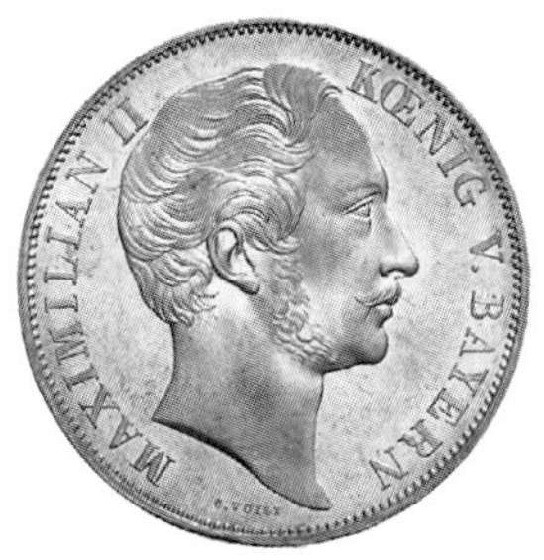

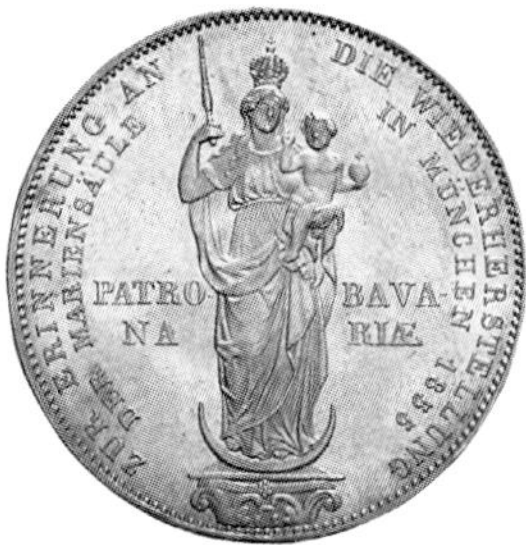

118 Doppelgulden

Vs.: MAXIMILIAN KŒNIG V. BAYERN Signatur C. VOIGT

Rs.: ZUR ERINNERUNG AN DIE WIEDERHERSTELLUNG / DER MARIENSÄULE IN MÜNCHEN 1855 PATRO-NA BAVA-RIÆ

Rand: ZWEY GULDEN

Dav. 604 – AKS 168 – Jaeger 84 – T. 97

1855 (ca. 1 000 000)	45.–	80.–	120.–

Varianten und Proben

a) Kopfbild des Königs mit „freier Stirnlocke“, so wird diese Variante im Katalog der Sammlung Ferrari unter der Nr. 799 beschrieben (auch Kurt Jaeger [Seite 48] konnte sich nur auf diese Quelle beziehen)

b) Goldabschlag im Gewicht von 38,5 g mit Randschrift ZWEY GULDEN (Ferrari Nr. 734; Schl. A52)

c) Silberprobe o. J. mit glattem Rand, ohne Signatur auf der Vorderseite und mit veränderter Rückseite; 7. Auktion Harald Möller (4/1991), Nr. 722, „fast Stempelglanz“, Zuschlag 8600.– DM

d) Versilberte Probe der Nr. 118c; 337. Auktion F. R. Künker (6/2020), Nr. 674, „Randfehler, fast vorzüglich“, Zuschlag 1300.– Euro; 74. Leipziger-Auktion (4/2012), „vorzüglich“, Zuschlag 1550.– Euro

e) Nickelabschlag der Probe Nr. 118c mit glattem Rand; 42. Auktion Harald Möller (12/2006), Nr. 321, „fast Stempelglanz“, Zuschlag 1400.– Euro; 20. WAG-Auktion (9/2004), „sehr schön-vorzüglich“, Zuschlag 600.– Euro; Abb. siehe nächste Seite

f) Zinnabschlag der Probe Nr. 118c mit glattem Rand; 18. Auktion Hauck & Aufhäuser (5/2004), „fast vorzüglich“, Zuschlag 380.– Euro

Nach Schwalbach kommt die Randschrift in unterschiedlicher Schriftgröße vor.

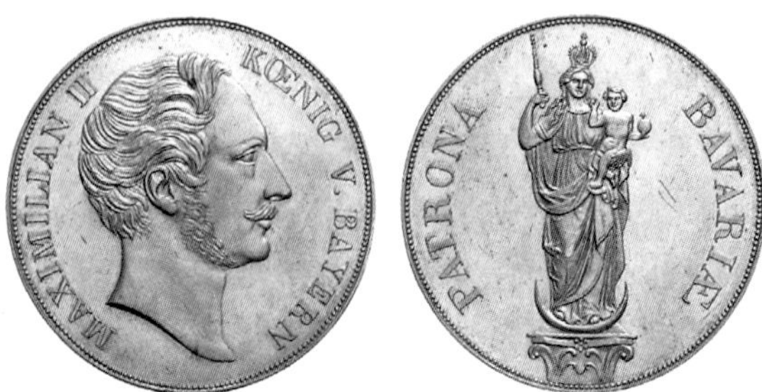

Nr. 118e), Probe-Doppelgulden o. J. mit glattem Rand und ohne Signatur

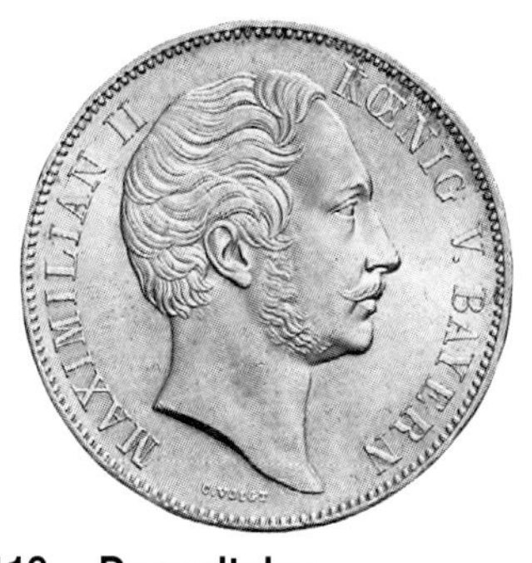
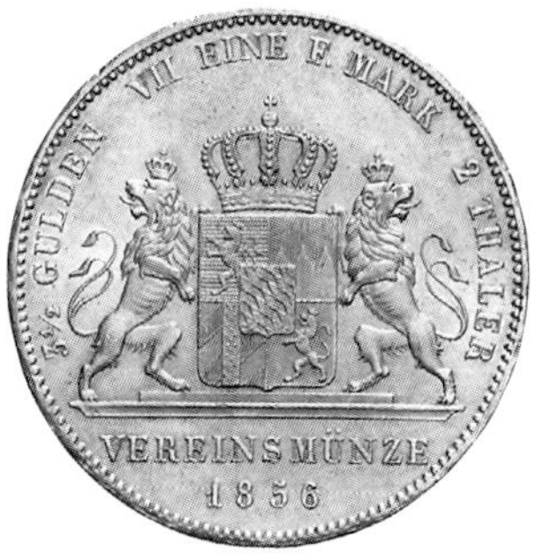

119 Doppeltaler

Vs.: MAXIMILIAN II KŒNIG V. BAYERN Signatur C. VOIGT

Rs.: 3 ½ GULDEN VII EINE F. MARK 2 THALER
im Abschnitt VEREINSMÜNZE Jahr

Rand: CONVENTION ❀ VOM ❀ 30 ❀ IULY ❀ 1838

Dav. 601 – AKS 146 – Jaeger 85 – T. 91

1849	(1838)	250.–	600.–	2000.–
1850	(34 300)	200.–	500.–	800.–
1851	(126 980)	170.–	400.–	550.–
1852		170.–	400.–	600.–
1853	(99 500)	170.–	400.–	550.–
1854	(361 400)	160.–	250.–	400.–
1855	(416 900)	160.–	250.–	400.–
1856	(141 700)	160.–	250.–	400.–

In den Prägezahlen der Jahrgänge 1849, 1854 und 1856 sind die Stückzahlen der Geschichtsdoppeltaler dieser Jahre enthalten.

Ein Exemplar des Jahrgangs 1852 erzielte in der 106. WAG-Online-Auktion (2/2020) in „Stempelglanz" 1550.– Euro.

Variante

a) Goldabschlag (65 g) vom Jahrgang 1849 mit Randschrift und Randpunze „1902" (Ferrari Nr. 726; Schl. A44)

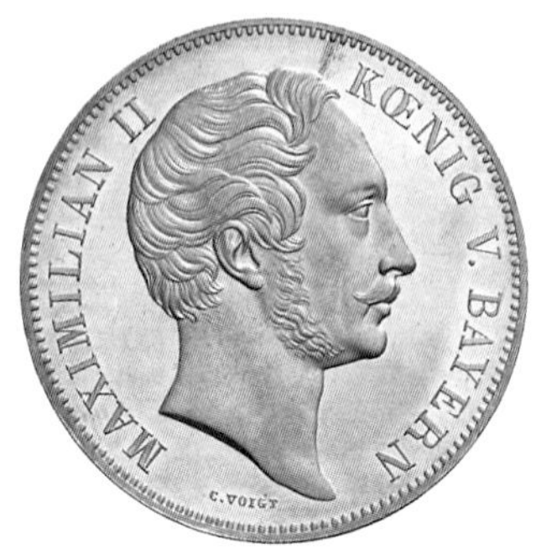

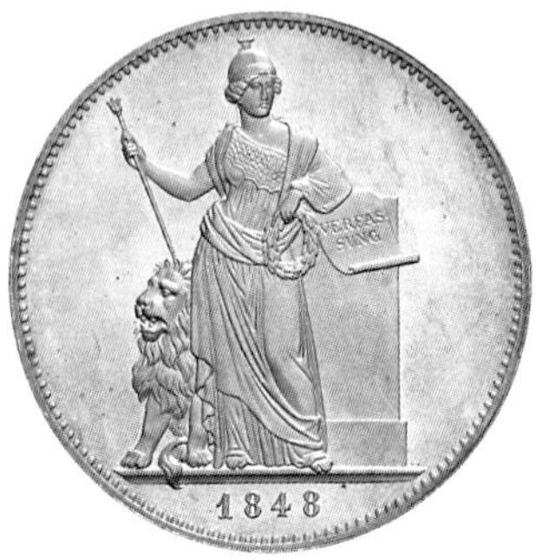

120 Geschichtsdoppeltaler

Vs.: MAXIMILIAN II KŒNIG V. BAYERN Signatur C. VOIGT
Rs.: Inschrift auf dem Blatt VERFASSUNG im Abschnitt 1848
Rand: VEREINSMÜNZE ❀ VII EINE F. MARK ❀

Dav. 598 – AKS 163 – Jaeger 86 – T. 92

1848	300.–	550.–	850.–

Ein Exemplar erzielte in der 80. Heidelberger Münzhandlung (11/2020), Nr. 595, in „fast Stempelglanz“ 1050.– Euro; in der 232. Künker-Auktion (6/2013), Nr. 4099, als „Erstabschlag, Stempelglanz mit prachtvoller Patina“ 2400.– Euro.

Varianten

a) Mit Randschrift CONVENTION ⋆ VOM ⋆ 30 ⋆ IULY ⋆ 1838 ⋆ ; 45. Auktion Harald Möller (6/2007), Nr. 300, „vorzüglich-Stempelglanz“, Zuschlag 700.– Euro
b) Mit Randschrift DREY EIN HALB GULDEN ⋆ XV EIN PFUND FEIN ⋆ ; die Prägung kann frühestens 1857 erfolgt sein
c) Goldabschlag im Gewicht von 64,5 g mit Randschrift VEREINSMÜNZE ⋆ VII EINE F. MARK ⋆ und der Jahreszahl „1902“ auf dem Rand (Ferrari Nr. 728; Schl. A46)
d) Zinnabschlag ohne Randschrift; 108. Auktion F. R. Künker (3/2006), Nr. 661, „vorzüglich, mehrere Randfehler“, Zuschlag 180.– Euro

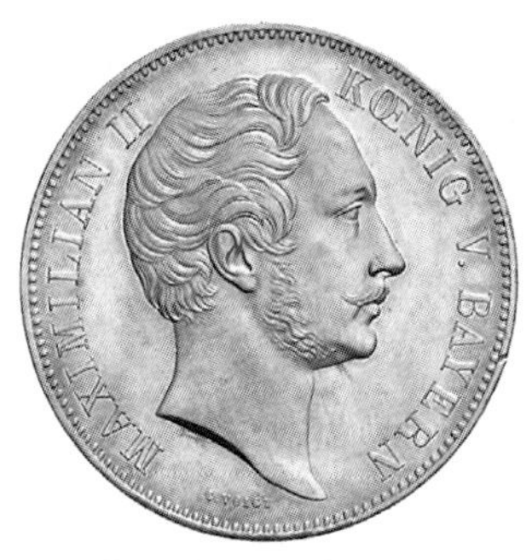

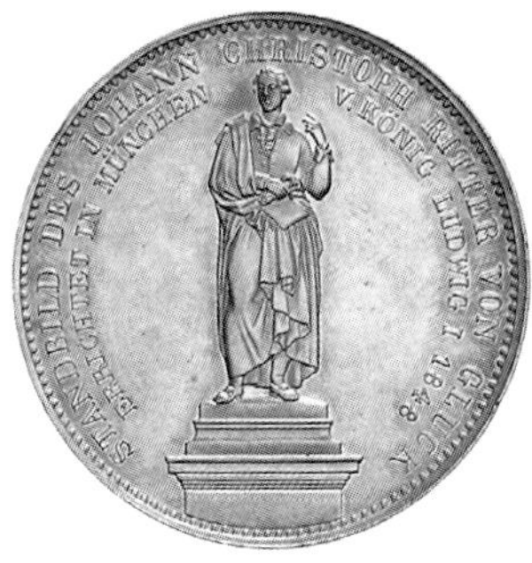

121 Geschichtsdoppeltaler

Vs.: MAXIMILIAN II KŒNIG V. BAYERN Signatur C. VOIGT

Rs.: STANDBILD DES JOHANN CHRISTOPH RITTER VON GLUCK ERRICHTET IN MÜNCHEN V. KÖNIG LUDWIG I 1848

Rand: VEREINSMÜNZE ❀ VII EINE F. MARK ❀

Dav. 599 – AKS 164 – Jaeger 87 – T. 93

1848	1200.–	1900.–	2800.–

In der 140. Auktion F. R. Künker (6/2008), Nr. 1893, wurde ein Exemplar in „Erstabschlag, Stempelglanz", für 3600.– Euro zugeschlagen, ein weiteres Exemplar (Nr. 1894) in „Polierter Platte" für 2400.– Euro; in der 80. Heidelberger Münzauktion (11/2020), Nr. 596, als „Erstabschlag, fast Stempelglanz" für 2600.– Euro; in der 70. Teutoburger Münzauktion (9/2012) für 4250.– Euro; in der 359. Künker-Auktion (1/2022), Nr. 431, ein Exemplar in „Erstabschlag, vorzüglich-Stempelglanz" für 4600.– Euro.

Varianten

a) Mit Randschrift DREY EIN HALB GULDEN * XV EIN PFUND FEIN * ; die Prägung kann frühestens 1857 erfolgt sein; 134. Auktion F. R. Künker (1/2008), Nr. 344, „vorzüglich", Zuschlag 2000.– Euro

b) Mit Randschrift CONVENTION * VOM * 30 IULY * 1838 *

c) Goldabschlag im Gewicht von 64,8 g mit Randschrift VEREINSMÜNZE * VII EINE F. MARK * und der Jahreszahl „1902" auf dem Rand (Ferrari Nr. 729; Schl. A47)

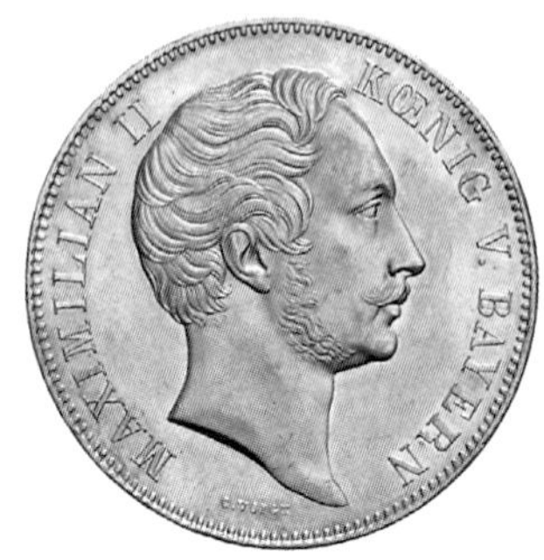

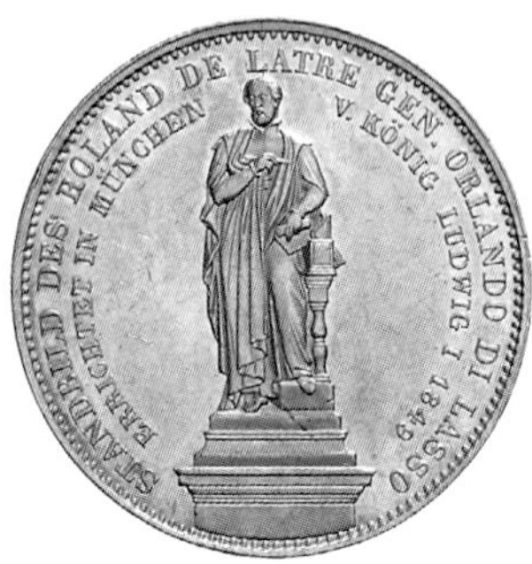

122 Geschichtsdoppeltaler

Vs.: MAXIMILIAN II KŒNIG V. BAYERN Signatur C. VOIGT

Rs.: STANDBILD DES ROLAND DE LATRE GEN. ORLANDO DI LASSO / ERRICHTET IN MÜNCHEN V. KÖNIG LUDWIG I 1849

Rand: VEREINSMÜNZE ❀ VII EINE F. MARK ❀

Dav. 602 – AKS 165 – Jaeger 88 – T. 94

1849	1400.–	2200.–	3200.–

In der 354. Künker-Auktion (9/2021), Nr. 5348, wurde ein Exemplar in „vorzüglich-Stempelglanz" für 5500.– Euro zugeschlagen; in der 346. Künker-Auktion (1/2011), Nr. 64, ein PP-Exemplar für 7000.– Euro.

Varianten

a) Mit Randschrift DREY EIN HALB GULDEN * XV EIN PFUND FEIN * ; die Prägung kann frühestens 1857 erfolgt sein; 42. Auktion Harald Möller (12/2006), Nr. 310, „Polierte Platte", Zuschlag 875.– Euro; 134. Auktion F. R. Künker (1/2008), Nr. 345, „sehr schön", Zuschlag 1200.– Euro

b) Ohne Randschrift (Schwalbach 40b)

c) Goldabschlag im Gewicht von 65 g mit Randschrift VEREINSMÜNZE * VII EINE F. MARK * und der Jahreszahl „1902" auf dem Rand (Ferrari Nr. 730; Schl. A48)

d) Zinnabschlag ohne Randschrift; 74. Auktion Kölner Münzkabinett (4/2001), Nr. 683

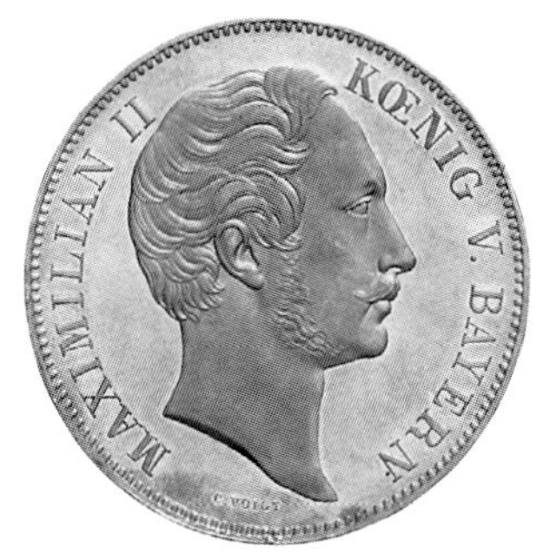

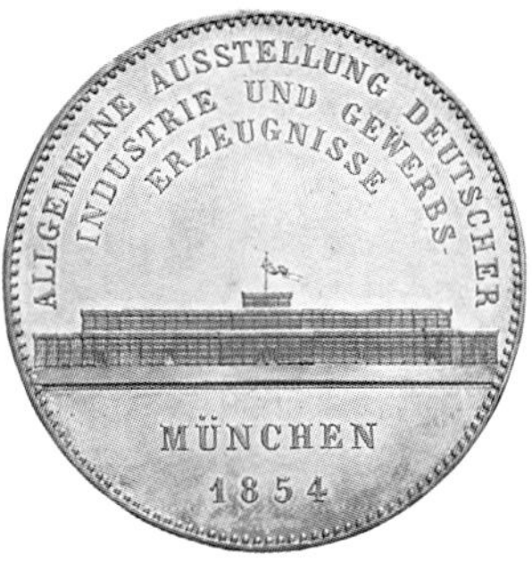

123 Geschichtsdoppeltaler

Vs.: MAXIMILIAN II KŒNIG V. BAYERN Signatur C. VOIGT

Rs.: ALLGEMEINE AUSSTELLUNG DEUTSCHER INDUSTRIE UND GEWERBS-ERZEUGNISSE / MÜNCHEN 1854

Rand: VEREINSMÜNZE ❀ VII EINE F. MARK ❀

Dav. 603 – AKS 166 – Jaeger 89 – T. 95

1854	180.–	350.–	500.–

Varianten

a) Mit Randschrift CONVENTION * VOM * 30 IULY * 1838 * ; 42. Auktion Harald Möller (12/2006), Nr. 319, „vorzüglich-Stempelglanz“, Zuschlag 2500.– Euro

b) Mit Randschrift [wirbelförmiges Zeichen] VEREINSMÜNZE [wirbelförmiges Zeichen] VII EINE F. MARK, so beschrieben im Katalog der Auktion Leu 69 vom 5./6. Juni 1997 (Slg. V. Brand), Nr. 3953, als besondere Randschriften-Variante

c) Goldabschlag im Gewicht von 65 g mit Randschrift VEREINSMÜNZE * VII EINE F. MARK * und der Jahreszahl „1902“ auf dem Rand (Ferrari Nr. 731; Schl. A49)

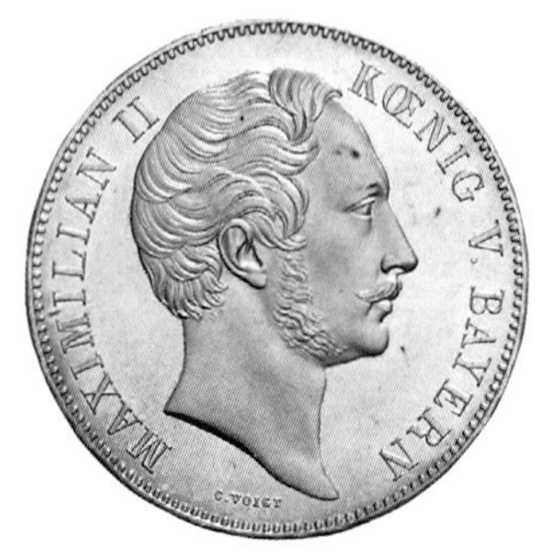

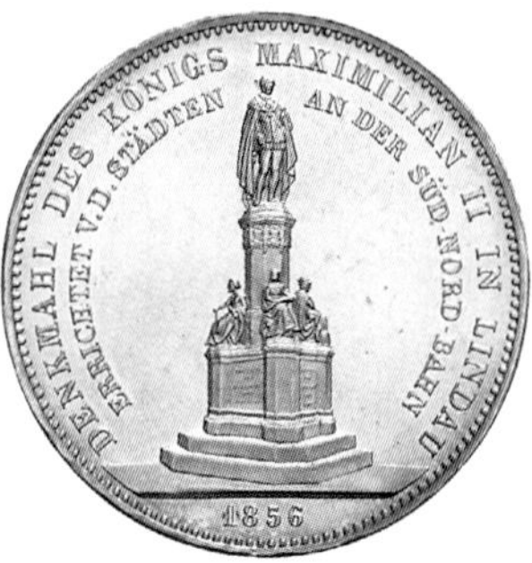

124 Geschichtsdoppeltaler

Vs.: MAXIMILIAN II KŒNIG V. BAYERN Signatur C. VOIGT

Rs.: DENKMAHL DES KÖNIGS MAXIMILIAN II IN LINDAU ERRICHTET V. D. STÄDTEN AN DER SÜD-NORD-BAHN im Abschnitt 1856

Rand: DREY EIN HALB GULDEN * XV EIN PFUND FEIN *

Dav. 605 – AKS 167 – Jaeger 90 – T. 96

1856	(1152)	400.–	800.–	1500.–

In der 201. Künker-Auktion (2/2012), Nr. 520, erzielte ein Exemplar als „Erstabschlag, Stempelglanz", 2800.– Euro; in der 354. Künker-Auktion (9/2021), Nr. 5350, in „fast Stempelglanz" 3000.– Euro.

Variante

a) Goldabschlag im Gewicht von 65 g mit Randschrift VEREINSMÜNZE * VII EINE F. MARK * und der Jahreszahl „1902" auf dem Rand (Ferrari Nr. 732; Schl. A50)

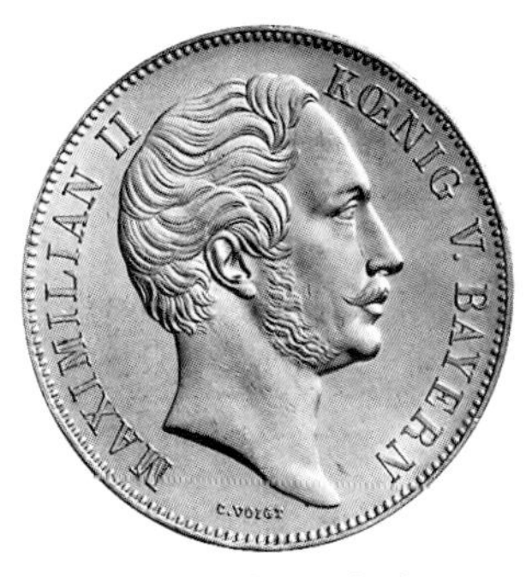

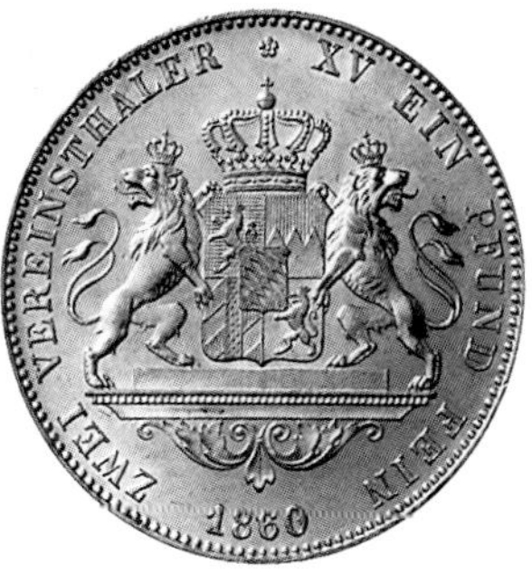

125 Vereinsdoppeltaler

Vs.: MAXIMILIAN II KŒNIG V. BAYERN Signatur C. VOIGT
Rs.: ZWEI VEREINSTHALER ❀ XV EIN PFUND FEIN Jahr
Rand: GOTT SEGNE BAYERN mit Verzierungen
Dav. 607 – AKS 147 – Jaeger 95 – T. 99

1859	(28 530)			LP
1860	(69 420)	380.–	700.–	1000.–

In der 58. Heidelberger Münzauktion (11/2011) wurde ein „Erstabschlagsexemplar" von 1859 für 8000.– Euro versteigert.

Variante

a) Jahreszahl 1860 aus 1859 geändert (Ferrari Nr. 758)

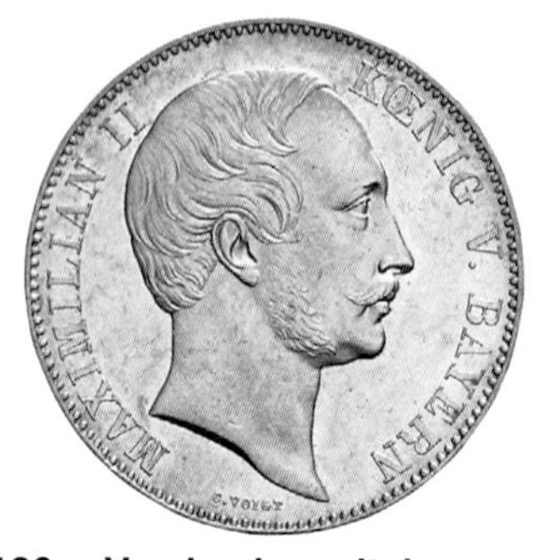

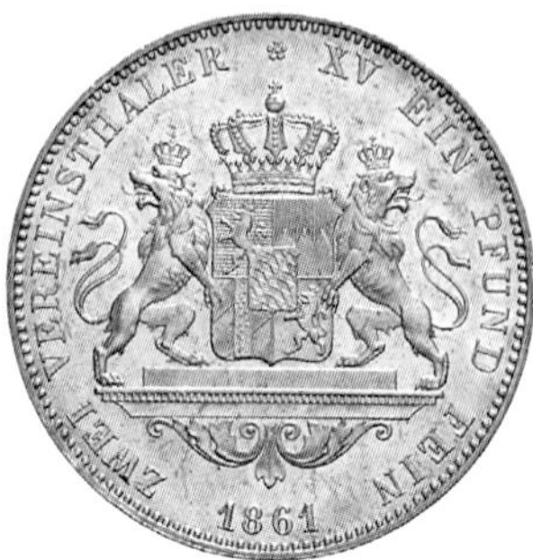

126 Vereinsdoppeltaler

Vs.: MAXIMILIAN II KŒNIG V. BAYERN Signatur C. VOIGT

Rs.: ZWEI VEREINSTHALER ❀ XV EIN PFUND FEIN Jahr

Rand: GOTT SEGNE BAYERN mit Verzierungen

Dav. 608 – AKS 148 – Jaeger 96 – T. 100

1861	(28 530)	450.–	1000.–	1500.–
1862	(8720)	500.–	1200.–	1800.–
1863	(10 580)	450.–	1100.–	1800.–
1864	(8200)	550.–	1250.–	2000.–

In der 52. WAG-Auktion (2/2010) erzielte ein PP-Exemplar von 1864 3500.– Euro; in der 116. WAG-Online-Auktion (2/2021) ein Exemplar von 1863 in „fast Stempelglanz/Stempelglanz" 2400.– Euro.

Variante

a) 1861 als Goldabschlag im Gewicht von 64,8 g mit Randschrift GOTT SEGNE BAYERN (Ferrari Nr. 727; Schl. A45); 173. Künker-Auktion (6/2010), Nr. 5637, Zuschlag 40 000.– Euro

Ludwig II. 1864 – 1886

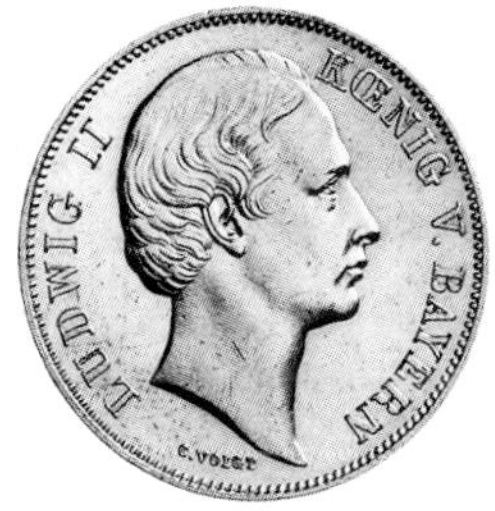

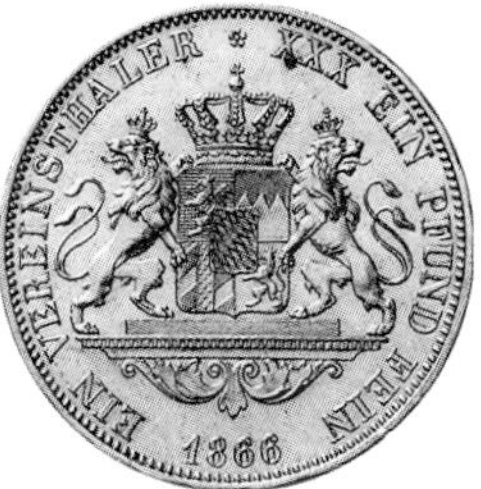

127 Vereinstaler

Vs.: LUDWIG II KŒNIG V. BAYERN Signatur C. VOIGT (Frisur mit Scheitel)

Rs.: EIN VEREINSTHALER ❀ XXX EIN PFUND FEIN Jahr

Rand: GOTT * SEGNE * BAYERN *

Dav. 609 – AKS 173 – Jaeger 101 – T. 102

1864	(siehe Nr. 116)	110.–	250.–	500.–
1865	(1 143 900)	90.–	200.–	350.–
1866	(1 075 300)	100.–	200.–	350.–

In der Prägezahl des Jahrgangs 1866 ist auch der Jahrgang 1866 der Nr. 128 und Nr. 131 enthalten.

Variante

a) Jahreszahl 1866 aus 1865 in Stempel geändert; 45. Auktion Harald Möller (6/2007), Nr. 339, „fast vorzüglich“, Zuschlag 180.– Euro

Die von B. Stutzmann aufgeführte Variante St. 258a, „Silber-Probe o. Jahr: s. Leu AG 6/1997 ... Slg. V. Brand“, gibt es nicht. Im Katalog der Auktion Leu 69 (5./6. Juni 1997) wurde unter der Nr. 3965 ein **einseitiger** Abschlag der Vorderseite ohne Signatur (von J. Ries) angeboten. Es handelt sich um ein Exemplar, das B. Stutzmann unter der Nr. 261 a) nennt und auch abbildet.

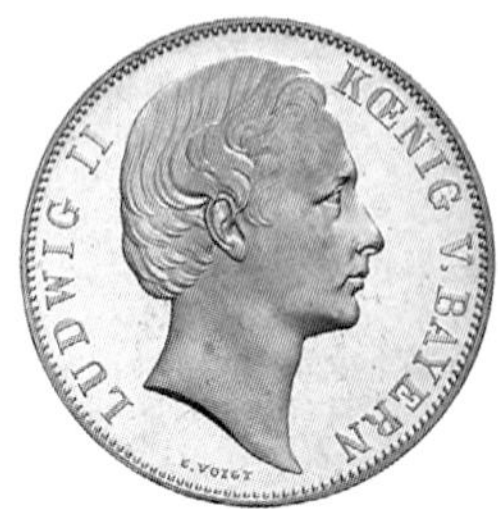
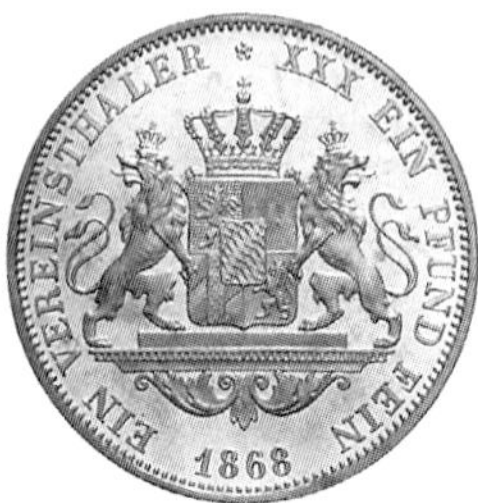

128 Vereinstaler

Vs.: LUDWIG II KŒNIG V. BAYERN Signatur C. VOIGT (Frisur ohne Scheitel)

Rs.: EIN VEREINSTHALER ❁ XXX EIN PFUND FEIN Jahr

Rand: GOTT * SEGNE * BAYERN *

Dav. 612 – AKS 174 – Jaeger 104 – T. 103

1866	(siehe Nr. 127)	60.–	140.–	240.–
1867	(594 630)	65.–	150.–	260.–
1868	(312 330)	75.–	180.–	280.–
1869	(277 250)	75.–	180.–	300.–
1870	(263 580)	65.–	150.–	240.–
1871	(718 020)	65.–	150.–	240.–

In den Prägezahlen sind die im betreffenden Jahr der Nr. 131 geprägten mit enthalten, im Jahrgang 1871 zusätzlich noch die Exemplare der Nr. 130.

In der 80. Heidelberger Münzauktion (11/2020), erzielte der Jahrgang 1871 in „Stempelglanz mit prachtvoller Patina" 525.– Euro; in der 223. Künker-Auktion (1/2013), Nr. 256, ein PP-Exemplar von 1869 den Zuschlag von 850.– Euro; in der 354. Künker-Auktion (9/2021), Nr. 5355, ein Exemplar von 1866 in „Stempelglanz", 1800.– Euro.

Varianten und Probe

a) 1867 als einseitiger Silberabschlag der Rückseite; 82. Auktion F. R. Künker (3/2003), Nr. 5417. Dort wurde diese Rückseite zusammen mit der Vorderseite des nicht ausgegebenen Gedenktalers Nr. 131A in einem Rahmen angeboten.

b) Einseitiger Zinnabschlag der Vorderseite mit der Signatur C. VOIGT; 7. Auktion Harald Möller (4/1991), Nr. 739, „fast Stempelglanz", Schätzpreis 280.– DM

c) Probetaler mit unvollständiger Jahreszahl „186_" (Ferrari Nr. 917); Abb. siehe nächste Seite

d) Einseitiger Zinnabschlag einer nicht ausgeführten Vorderseiten-Probe mit der Signatur C. VOIGT und der lateinischen Umschrift LVDOVICVS II BAVARIAE REX; 7. Auktion Harald Möller (4/1991), Nr. 747, „Stempelglanz-", Schätzpreis 140.– DM; Abb. siehe nächste Seite

e) Einseitige Silberprobe der Vorderseite; 278. Künker-Auktion (6/2016) in „Stempelglanz“ für 3100.– Euro zugeschlagen
f) Einseitige Goldprobe der Vorderseite, 122. Künker-Auktion (3/2007), „fast vorzüglich“, Zuschlag 1300.– Euro

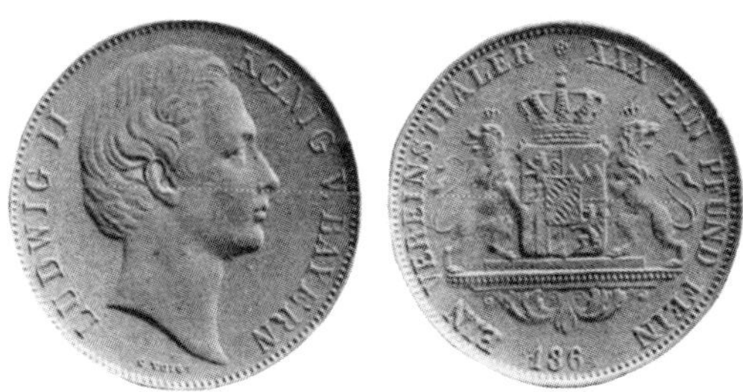

Nr. 128c), Probetaler mit unvollständiger Jahreszahl „186_“

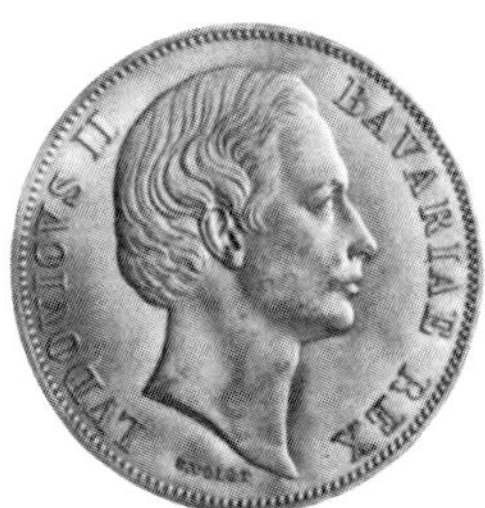

Nr. 128d), Zinnabschlag einer nicht ausgeführten Vorderseiten-Probe mit Signatur C. VOIGT und lateinischer Umschrift LVDOVICVS II BAVARIAE REX

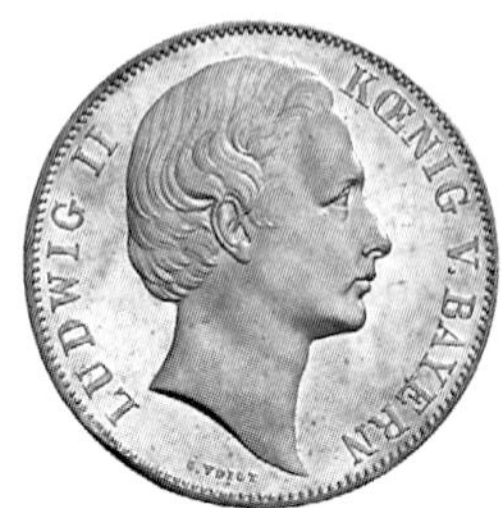

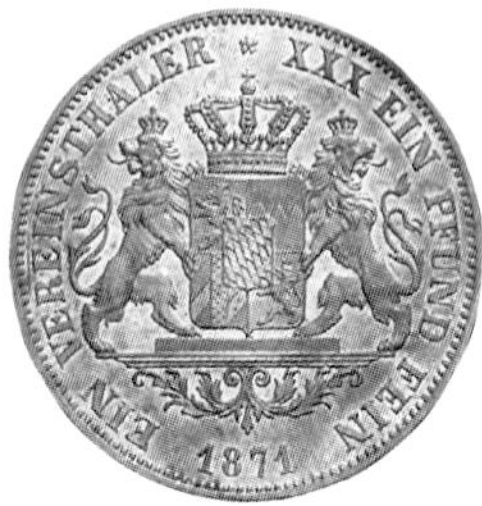

129 Vereinstaler

Vs.: LUDWIG II KŒNIG V. BAYERN Signatur C. VOIGT

Rs.: EIN VEREINSTHALER ❀ XXX EIN PFUND FEIN 1871

Rand: GOTT * SEGNE * BAYERN *

Dav. 613 – AKS 175 Var. – Jaeger 108 – T. 106A

1871	300.–	700.–	1000.–

In der 296. Künker-Auktion (9/2017), Nr. 2014, erzielte ein Exemplar in „vorzüglich-Stempelglanz" 1800.– Euro.

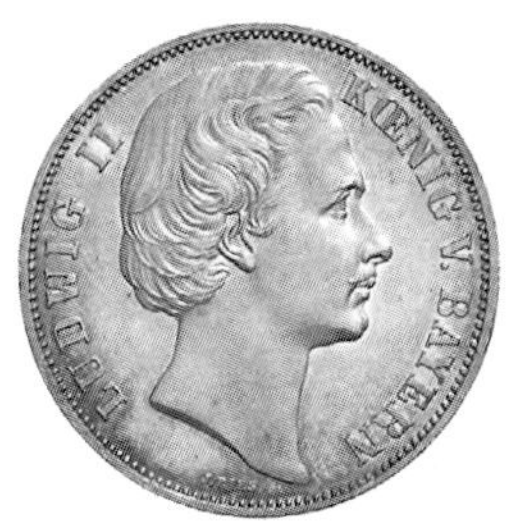

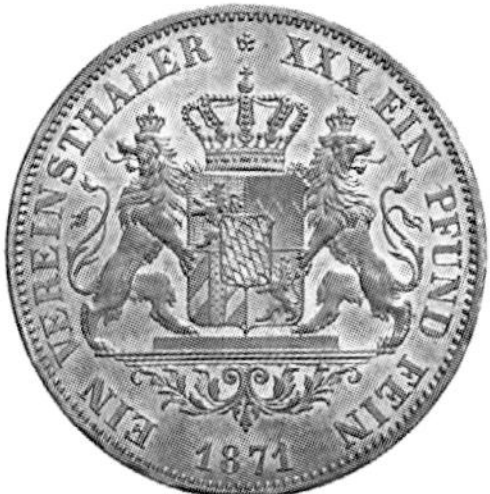

130 Vereinstaler

Vs.: LUDWIG II KŒNIG V. BAYERN Signatur J. RIES

Rs.: EIN VEREINSTHALER ❁ XXX EIN PFUND FEIN 1871

Rand: GOTT * SEGNE * BAYERN *

Dav. 614 – AKS 175 – Jaeger 109 – T. 106

1871 (siehe Nr. 128)	180.–	380.–	550.–

In der 80. Heidelberger Münzauktion (11/2020) erzielte ein Exemplar in „Stempelglanz, winzige Kratzer", den Zuschlag von 750.– Euro; in der 80. WAG-Auktion (9/2018), Nr. 129, ein Exemplar in „Polierter Platte" 1450.– Euro.

Proben

a) Einseitige Vorderseiten-Goldprobe (32,5 g) mit glattem Rand und ohne Signatur, auf der Rückseite unten „Probe" (Schl. A64); 213. Künker-Auktion (6/2012), Nr. 4649, „vorzüglich", Zuschlag 3400.– Euro

b) Einseitige Vorderseiten-Silberprobe mit glattem Rand und ohne Signatur; 241. Auktion F. R. Künker (11/2013), Nr. 3747, „Polierte Platte, fast Stempelglanz", Zuschlag 950.– Euro;

c) Einseitige Vorderseiten-Kupferprobe (wie Nr. 130b) mit glattem Rand und ohne Signatur; 108. Auktion F. R. Künker (3/2006), Nr. 731, „vorzüglich-Stempelglanz", Zuschlag 260.– Euro

d) Einseitige Vorderseiten-Zinnprobe (wie Nr. 130b) mit glattem Rand und ohne Signatur; 74. Auktion Kölner Münzkabinett (4/2001), Nr. 694)

e) Einseitige Vorderseiten-Zinnprobe mit Signatur (Hahlo 208)

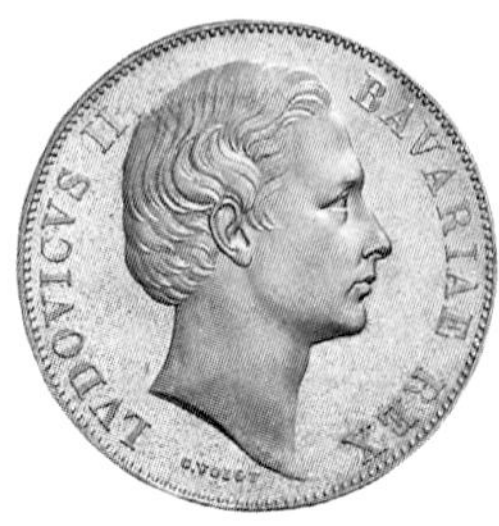

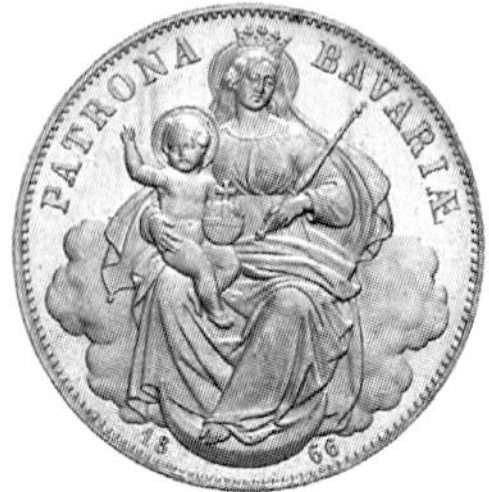

131 Vereinstaler

Vs.: LVDOVICVS II BAVARIAE REX Signatur C. VOIGT
Rs.: PATRONA BAVARIÆ Jahr
Rand: XXX EIN PFUND FEIN

Dav. 611 – AKS 176 – Jaeger 105 + 107 – T. 104 + 105

o.J.	(110 000)	40.–	75.–	125.–
1866		40.–	80.–	130.–
1867		40.–	80.–	130.–
1868		40.–	80.–	130.–
1869		40.–	80.–	130.–
1870		40.–	80.–	130.–
1871		40.–	80.–	130.–

Prägezahlen siehe Nr. 128

Variante

a) 1871 mit der Vorderseite von J. Ries (nach Schwalbach 50a); kein Vorkommen bekannt

Schwalbach erwähnt bei seiner Nr. 50: „Von 1866 gibt es auch eine in der Haarordnung des Porträts abweichende Varianten (nicht genehmigte Probe)."

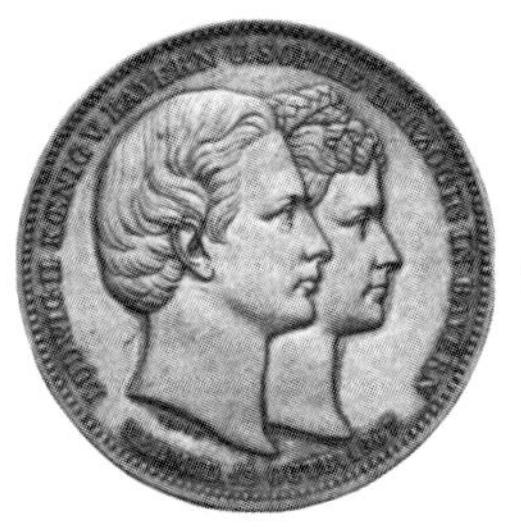
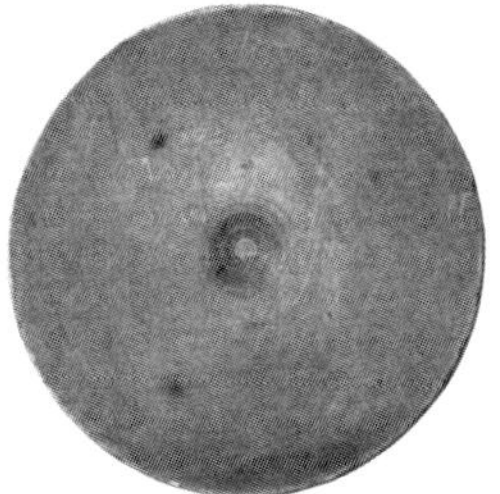

131A Vereinstaler

Vs.: LUDWIG II KŒNIG V. BAYERN U. SOPHIE HERZOGIN IN BAYERN / VERM. D. 12 OCTB. 1867
Signatur VOIGT

Rs.: Leer

Rand: Glatt

Jaeger XII

o.J. LP

Vorderseiten-Probe eines 1867 geplanten, wegen Ausfalls der Hochzeit des Königs aber nicht ausgegebenen Gedenktalers; 108. Auktion F. R. Künker (3/2006), „vorzüglich-Stempelglanz", Zuschlag 2300.– Euro

Kurt Jaeger schreibt dazu, daß dieser Abschlag 1906 für den Prinzregenten Luitpold angefertigt worden sei und daß es sich um das einzige bekannte Exemplar handeln soll, das „später in der Auktion Schulman 1926 Nr. 918 vorgekommen ist." Bei der Nr. 918 dieses Auktionskatalogs der Sammlung Ferrari steht jedoch ausdrücklich „Nickel"! Das Exemplar in der 108. Auktion F. R. Künker wird aber mit „Einseitige Silber-Probe" beschrieben. Da in der 82. Auktion F. R. Künker (3/2003) zwei Exemplare in Silber angeboten worden sind (Nr. 5417 und 5418), muß es – wenn alle Angaben zutreffen – mindestens zwei Exemplare in Silber und ein Exemplar in Nickel geben.

Variante

a) Einseitiger Nickelabschlag von Nr. 131A (Ferrari Nr. 918)

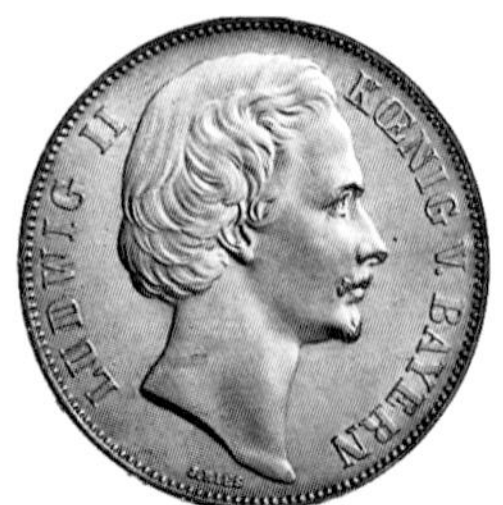

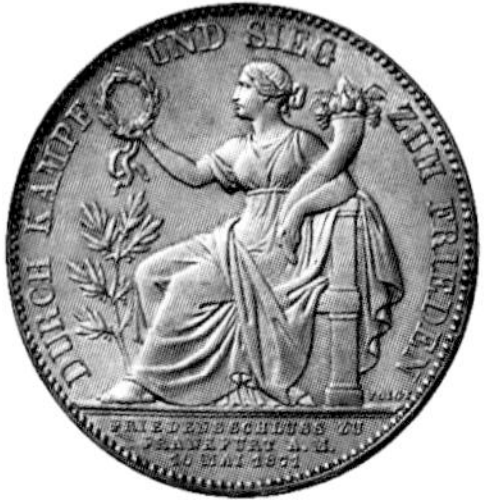

132 Vereinstaler (Siegestaler)

Vs.: LUDWIG II KŒNIG V. BAYERN Signatur J. RIES

Rs.: DURCH KAMPF UND SIEG ZUM FRIEDEN
im Abschnitt FRIEDENSSCHLUSS
ZU FRANKFURT A. M. 10 MAI 1871

Rand: XXX * EIN * PFUND * FEIN *

Dav. 615 – AKS 188 – Jaeger 110 – T. 107

1871	(149 580)	50.–	90.–	130.–

In der 77. WAG-Auktion (9/2016) in „Polierter Platte, winzige Kratzer", für 550.– Euro versteigert.

Varianten

a) Einseitiger Zinnabschlag der Vorderseite mit Signatur J. RIES; 7. Auktion Harald Möller (4/1991), Nr. 740, „fast vorzüglich", Schätzpreis 150.– DM.

b) Einseitige Vorderseiten-Probe mit verändertem Kopfbild (andere Frisur) und Signatur J. RIES; 7. Auktion Harald Möller (4/1991), Nr. 738, „vorzüglich+", Schätzpreis 280.– DM

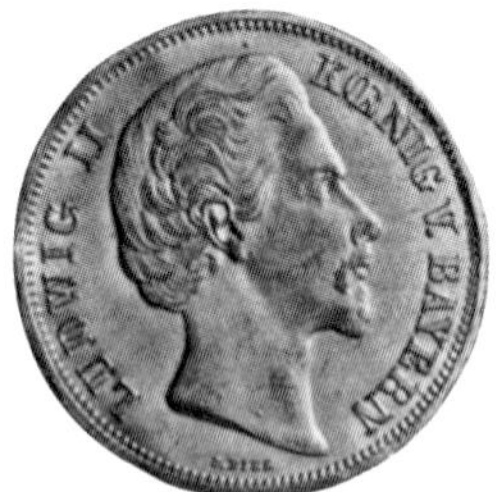

Nr. 132b), einseitige Zinnprobe eines nicht ausgeführten Vereinstalers. Dieser Porträttyp wurde von J. Ries dann für die von ihm gestalteten Reichsmünzen verwendet.

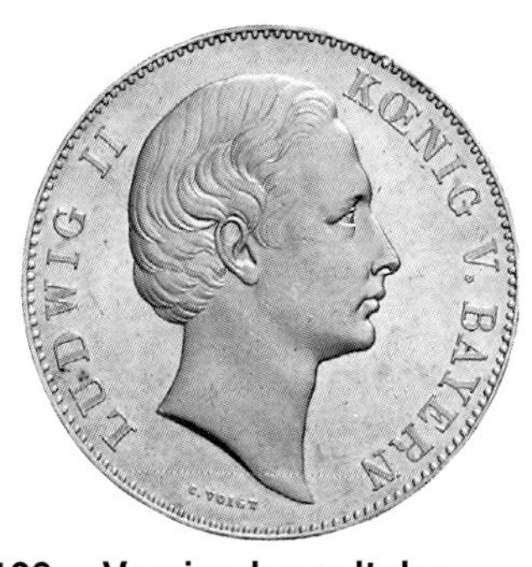

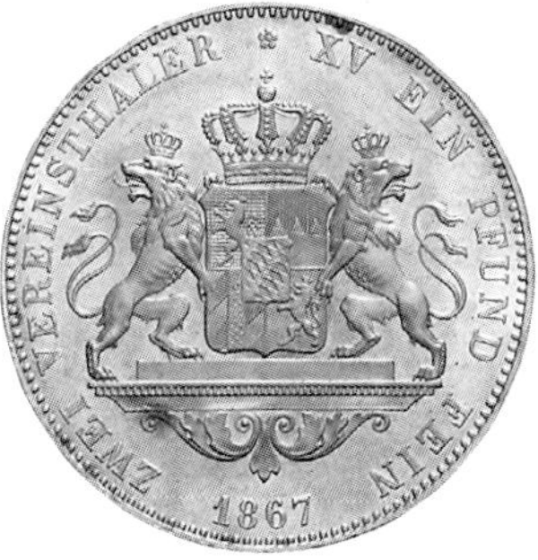

133 Vereinsdoppeltaler

Vs.: LUDWIG II KŒNIG V. BAYERN Signatur C. VOIGT

Rs.: ZWEI VEREINSTHALER · XV EIN PFUND FEIN Jahr

Rand: GOTT SEGNE BAYERN

Dav. 610 – AKS 172 – Jaeger 106 – T. 101

1864*				
1865	(2490)	4000.–	9000.–	11 000.–
1867	(1760)	4500.–	9000.–	11 000.–
1869		4000.–	8500.–	10 000.–

**) Obwohl der Jahrgang 1864 unter der Wittelsbach-Nr. 3006 genannt wird, ist bisher kein Exemplar aufgetaucht. Lediglich ein Goldabschlag ist von 1864 bekannt (Ferrari Nr. 850).*

Der Jahrgang 1864 wird in fast allen Katalogen – Schwalbach, AKS, Thun, Stutzmann und auch in der ersten Auflage dieses Katalogs – nicht erwähnt. Kurt Jaeger schreibt explizit: „J. 1864 nur als Goldabschlag bei Ferrari" (siehe Variante a). Er ist offensichtlich im Handel noch nie aufgetaucht. Allerdings wird der Jahrgang bereits unter der Wittelsbach-Nr. 3006 aufgeführt als der Goldabschlag der Sammlung Ferrari (Nr. 850, mit Abbildung) noch nicht bekannt war. Aus der Sammlung Ferrari hat ihn Hans Schlumberger unter der Nr. A62 übernommen.

In der 232. Künker-Auktion (6/2013) wurde ein Exemplar von 1865 in „Erstabschlag, Stempelglanz" bei 26 000.– Euro zugeschlagen; in der 281. Künker-Auktion (9/2016) ein „PP-Exemplar, Stempelglanz" für 20 000.– Euro.

Varianten

a) 1864 als Goldabschlag im Gewicht von 64,6 g mit Randschrift GOTT SEGNE BAYERN und der Jahreszahl „1902" auf dem Rand (Ferrari Nr. 850; Schl. A62)

b) 1865 als Goldabschlag im Gewicht von 64,8 g mit Randschrift GOTT SEGNE BAYERN und der Jahreszahl „1902" auf dem Rand (Ferrari Nr. 851; Schl. A63)

Großherzogtum Berg

Herzogtum	bis 1806
Großherzogtum	1806 – 1808
Münzstätte:	Düsseldorf
Münzmeister:	
P.R.	Peter Rüdesheim
T.S.	Theodor Stockmar

Maximilian IV. Joseph von Bayern, als Herzog von Berg 1799 – 1806

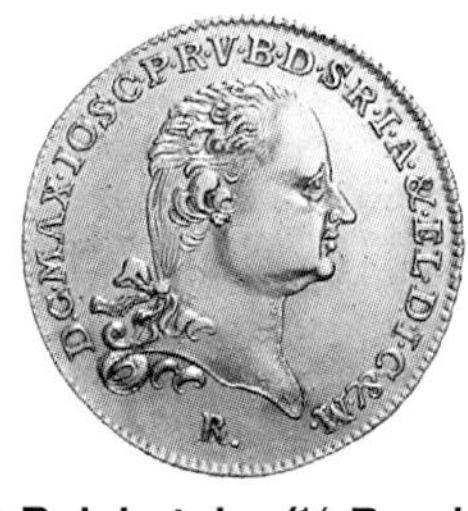

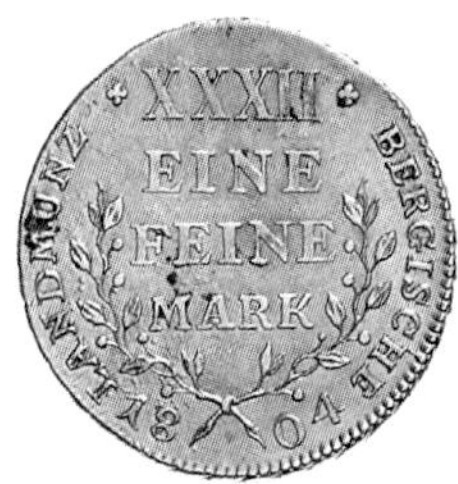

134 ½ Reichstaler (½ Bergischer Reichstaler)

Vs.: D . G · MAX · IOS · C · P · R · V · B · D · S · R · I · A · & EL · D · I · C & M · Mmz. R.

Rs.: BERGISCHE LANDMUNZ ❁ XXXII ❁ EINE FEINE MARK Jahr

Rand: Laubrand

AKS 3 – Jaeger 162 – Noß 1013 + 1017

1803	350.–	1000.–	1800.–
1804	250.–	750.–	1250.–

In der 58. Heidelberger Münzauktion (11/2011) erzielte der Jahrgang 1804 in „prägefrisch" 1950 Euro.

Varianten

a) 1804 auch mit größeren Buchstaben in der Umschrift (Noß 1017c – e)

b) 1804 auch mit D · G. MAX . usw. (Noß 1017d, e)

c) Kupferabschlag vom Jahrgang 1803 (Noß 1013 Anm.)

Beim Jahrgang 1803 befindet sich an den Enden der Zweige nur ein Blatt, beim Jahrgang 1804 sind es drei Blätter.

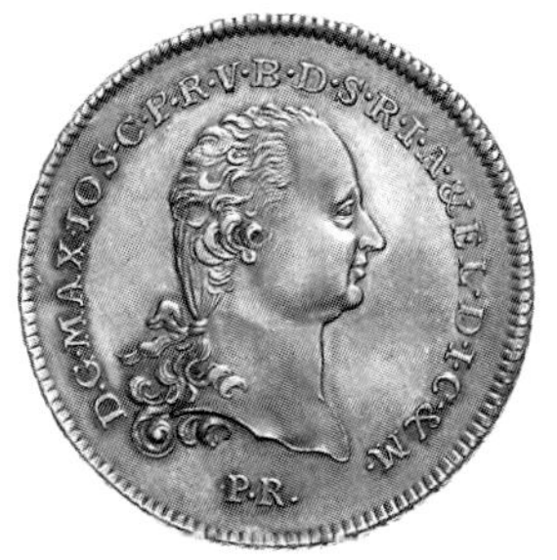
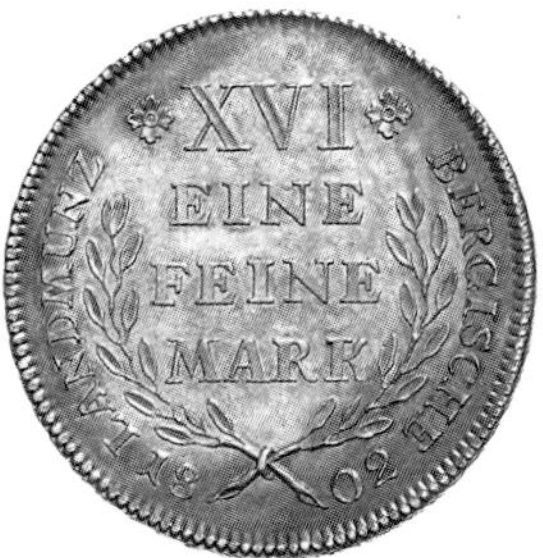

135 Reichstaler (Bergischer Reichstaler)

Vs.: D . G · MAX · IOS · C · P · R · V · B · D · S · R · I · A · & EL · D · I · C · & M · Mmz. P·R·

Rs.: BERGISCHE LANDMUNZ ⁜ XVI ⁜ EINE FEINE MARK Jahr

Rand: Laubrand

Dav. 622 – AKS 1 – Jaeger 163 – T. 108

1802	380.–	1000.–	2200.–
1803	380.–	1000.–	2300.–
1804	380.–	1000.–	2500.–
1805	380.–	1200.–	2600.–

In der 80. Heidelberger Münzauktion (11/2020) erzielte der Jahrgang 1802 in „Polierter Platte, fast Stempelglanz“ 2100.– Euro; in der 350. Künker-Auktion (6/2021) der Jahrgang 1802 in „Stempelglanz, Erstabschlag“, 4800.– Euro.

Varianten

a) 1802 und 1803 auch mit D : G : MAX. IOS : C : P : R : V : B : D : S : R : I : A · & EL : D : C : & M : (Noß 1009a, 1012f)

b) 1803 mit auf Linie stehenden Punkten der Münzmeisterinitialen, also P.R. (Noß –); 45. Auktion Harald Möller (6/2007), Nr. 365, „sehr schön-vorzüglich“, Zuschlag 450.– Euro; 49. Auktion Heidelberger Münzhandlung Herbert Grün (5/2008), Nr. 1353, „Stempelglanz“, Zuschlag 2600.– Euro; Abb. siehe nächste Seite

c) 1804 und 1805 auch mit … & · EL. … & · M · (Noß 1016e, 1020a); 327. Künker-Auktion (10/2019), Jahrgang 1805, „vorzüglich“, Zuschlag 950.– Euro; in der 308. Künker-Auktion (6/2018) das identische Exemplar 1400.– Euro

d) Wie Nr. 135c, jedoch ohne Punkt hinter „P.R“ (Noß –); 140. Auktion F. R. Künker (6/2008), Nr. 2325, „fast sehr schön“, Zuschlag 320.– Euro

e) 1805 mit … & · EL . … & · M . (Noß 1020c)

f) Goldabschlag vom Jahrgang 1802 im Gewicht von 8 Dukaten (Schl. 146.3); 28,47g; 213. Künker-Auktion (6/2012), „fast vorzüglich", Zuschlag 48000.– Euro
g) Goldabschlag vom Jahrgang 1804 im Gewicht von 28,88 g (Staatliche Münzsammlung München)

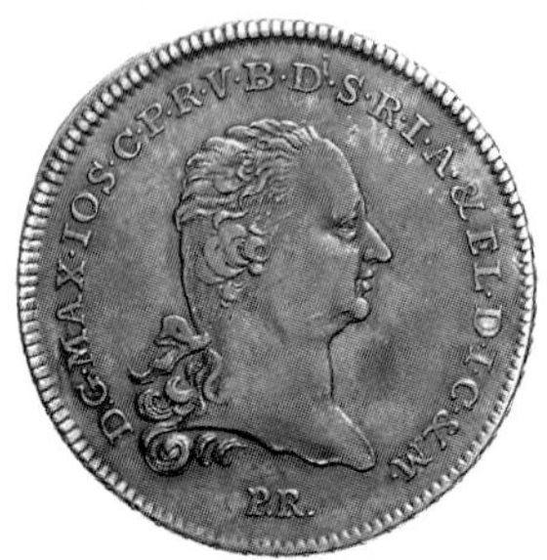

Nr. 135b), Jahrgang 1803 mit auf der Grundlinie stehenden Punkten der Münzmeisterinitialen

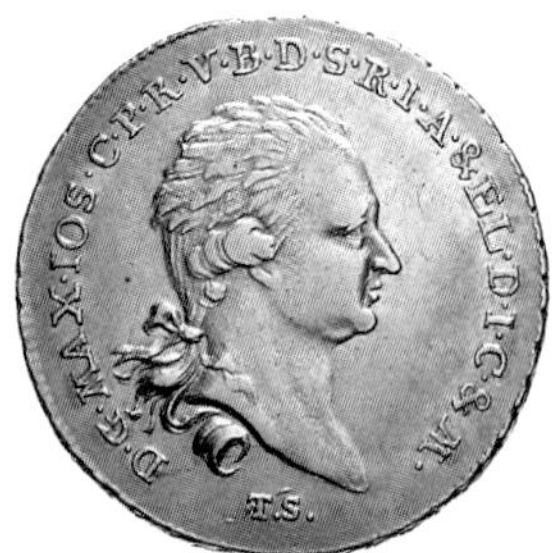
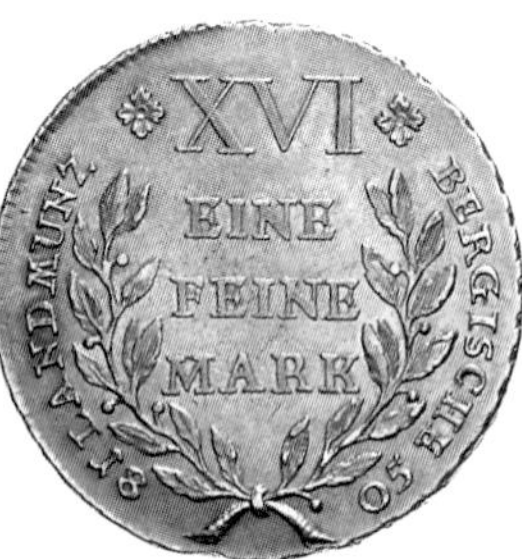

136 Reichstaler (Bergischer Reichstaler)

Vs.: D · G · MAX · IOS · C · P · R · V · B · D · S · R ·I · A · & EL · D · I · C · & M · Mmz. T.S.

Rs.: BERGISCHE LANDMUNZ / XVI EINE FEINE MARK Jahr

Rand: Laubrand

Dav. 623 – AKS 2 – Jaeger 167 – T. 109

1805	(9390)	340.–	1600.–	2800.–
1806	(7040)	350.–	1800.–	3400.–

Varianten

Siehe nächste Seite

Varianten

Kleinere Veränderungen an der Frisur, dem Haarzopf und dem Zopfband wurden nicht berücksichtigt

a) 1805 mit geringem Abstand zwischen der etwas größeren Jahreszahl und den Stielenden, glattem Abstrich der „5" oben, je elf Blättern an den Zweigen und T·S· (Noß 1023a); 42. Auktion Harald Möller (12/2006), Nr. 371, „sehr schön", Zuschlag 350.– Euro

b) 1805 mit größerem Abstand zwischen Jahreszahl und den Stielenden, gespaltenem Abstrich der „5" oben, je zwölf Blättern an den Zweigen und T.S .; 42. Auktion Harald Möller (12/2006), Nr. 370, „sehr schön", Zuschlag 400.– Euro; Abb. siehe nächste Seite

c) 1805 mit geringem Abstand zwischen der etwas größeren Jahreszahl und den Stielenden, gespaltenem Abstrich der „5" oben, je elf Blättern an den Zweigen und T.S .; 45. Auktion Harald Möller (6/2007), Nr. 371, „sehr schön+", Zuschlag 450.– Euro; Abb. siehe nächste Seite

d) 1806 mit weiter auseinanderstehender Jahreszahl und T·S· (Noß 1032)

e) 1806 mit weiter auseinanderstehender Jahreszahl und T.S.; 65. Künker-eLive-Auktion (2/2021), „sehr schön", Zuschlag 330.– Euro; in 319. Künker-Auktion (3/2019) in „vorzüglich", Zuschlag 1900.– Euro; in der 261. Künker-Auktion in „vorzüglich-Stempelglanz", Zuschlag 3800.– Euro.

f) Mit der erst unter Joachim Murat eingeführten Form des Laubrands, also spätere Prägung! Noß beschreibt sie wie folgt: „Sie besteht aus einer geraden Linie, auf welcher je zwei Lorbeerblätter mit einer Frucht auf ihren Stielen an einander gereiht sind." 42. Auktion Harald Möller (12/2006), Nr. 370, „sehr schön", Zuschlag 400.– Euro

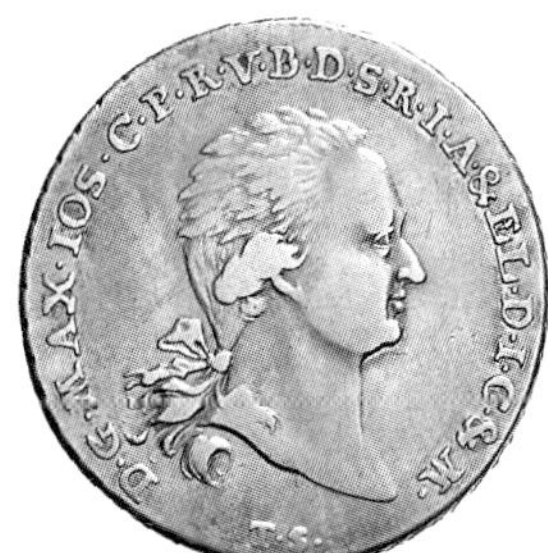

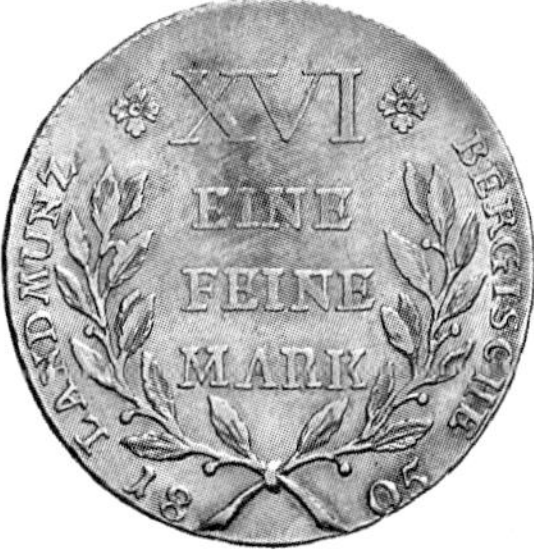

Nr. 136a) von 1805 mit veränderter Haarschleife, geringem Abstand zwischen der großen Jahreszahl und den Stielenden, glattem Abstrich der „5" oben, je elf Blättern an den Zweigen und T·S·

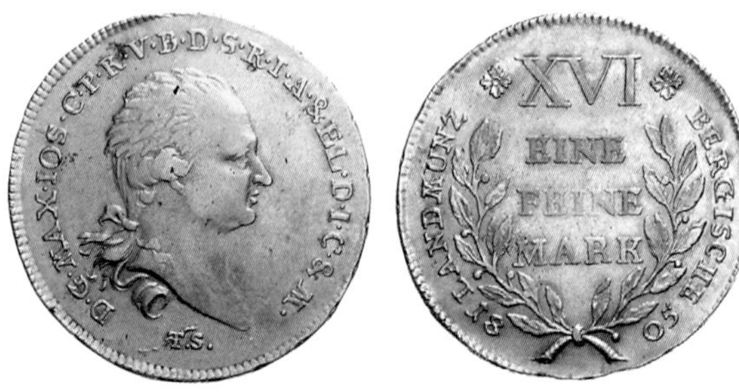

Nr. 136b) von 1805 mit veränderter Haarschleife, größerem Abstand zwischen Jahreszahl und den Stielenden, gespaltenem Abstrich der „5“ oben, je zwölf Blättern an den Zweigen und T.S .

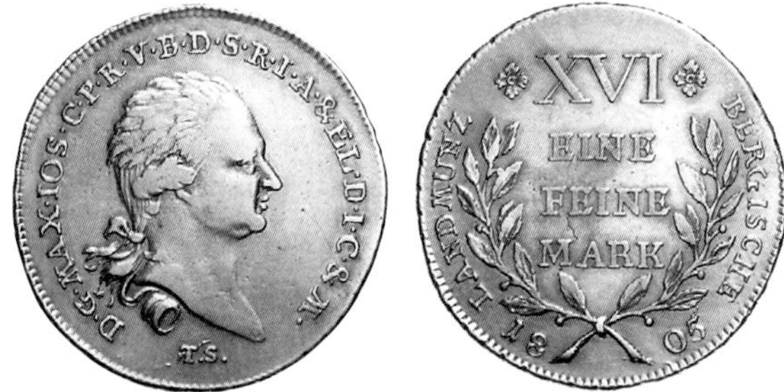

Nr. 136c) von 1805 mit veränderter Haarschleife, kleinerem Abstand zwischen Jahreszahl und den Stielenden, gespaltenem Abstrich der „5“ oben, je elf Blättern an den Zweigen und T.S .

Joachim Murat 1806

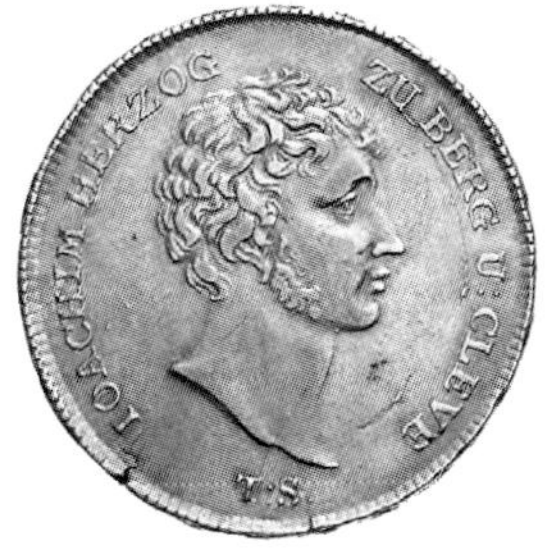
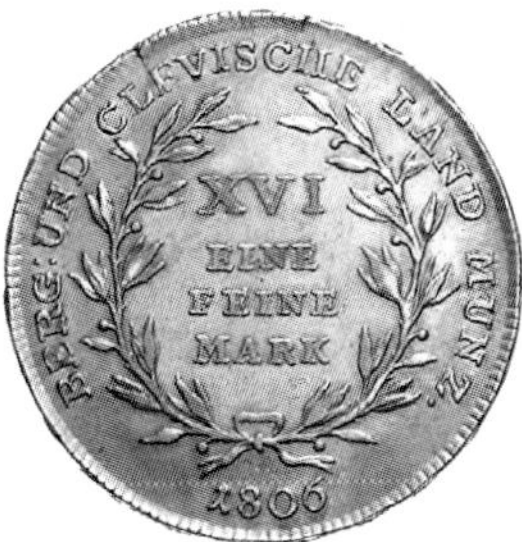

137 Reichstaler (Bergischer Reichstaler)

Vs.: IOACHIM HERZOG ZU BERG U: CLEVE Mmz. T:S.

Rs.: BERG: UND CLEVISCHE LAND MUNZ.
XVI EINE FEINE MARK 1806

Rand: Laubrand

Dav. 624 – AKS 9 – Jaeger 170 – T. 110

1806	(8350)	800.–	1500.–	2500.–

In der 77. WAG-Auktion (9/2016), Nr. 1511, erzielte ein Exemplar in „Stempelglanz" 6500.– Euro.

Varianten und Proben

a) Mit breiterem Halsabschnitt, oben sich berührenden Blättern und den Münzmeisterinitialen T:S; 45. Auktion Harald Möller (6/2007), Nr. 377, „fast vorzüglich", Zuschlag 1150.– Euro; 134. Auktion F. R. Künker (1/2008), Nr. 471, „vorzüglich, minimal justiert", Zuschlag 1200.– Euro; Abb. siehe nächste Seite

b) Mit breiterem Halsabschnitt, oben sich nicht berührenden Blättern und den Münzmeisterinitialen T:S; 42. Auktion Harald Möller (12/2006), Nr. 372, „vorzüglich", Zuschlag 1050.– Euro; Abb. siehe nächste Seite

c) Ohne Rändelung, mit glattem Rand

d) Probemünze mit „Krauskopf" und der Signatur ANDRIEU am Halsabschnitt (Noß 1040); Abb. siehe nächste Seite

e) Einseitige Zinnabschläge von Vorder- und Rückseite der Probe Nr. 137d (Noß 1040 Anm.)

f) Goldabschlag von Nr. 137a (32,66g), bei Numismatica Genevensis SA, Auktion am 2./3.12.2008, Nr. 376, Taxe 150 000.– CHF

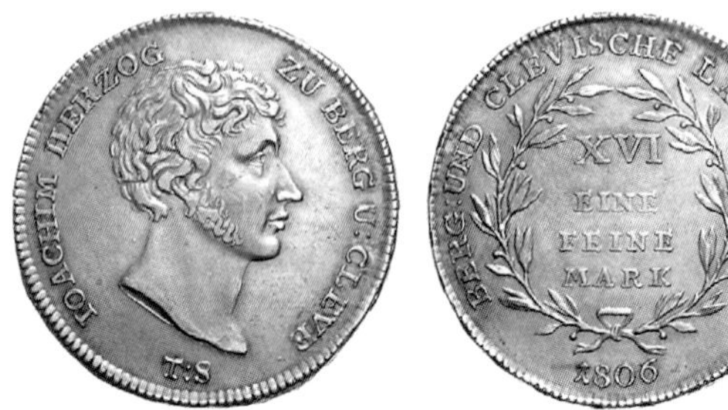

Nr. 137a) mit breiterem Halsabschnitt, oben sich berührenden Blättern und den Münzmeisterinitialen T:S

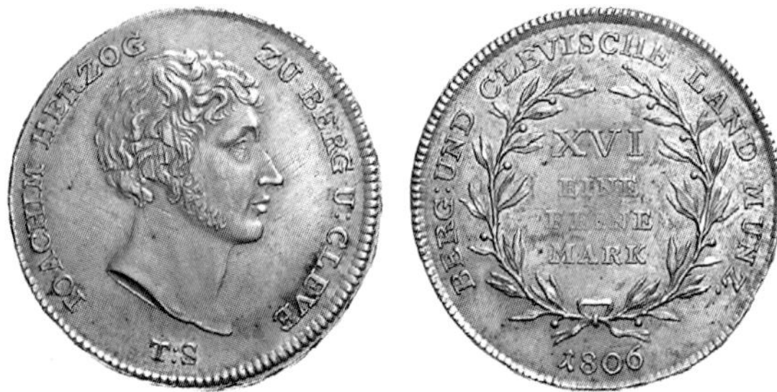

Nr. 137b) mit breiterem Halsabschnitt, oben sich nicht berührenden Blättern und den Münzmeisterinitialen T:S

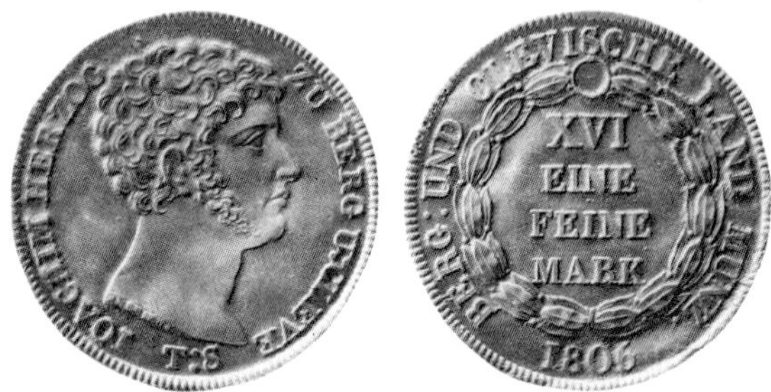

Nr. 137d), nicht ausgeführte Probemünze von 1806 mit krausköpfigem Großherzog und der Signatur ANDRIEU am Halsabschnitt

Großherzogtum

Joachim Murat 1806 – 1808

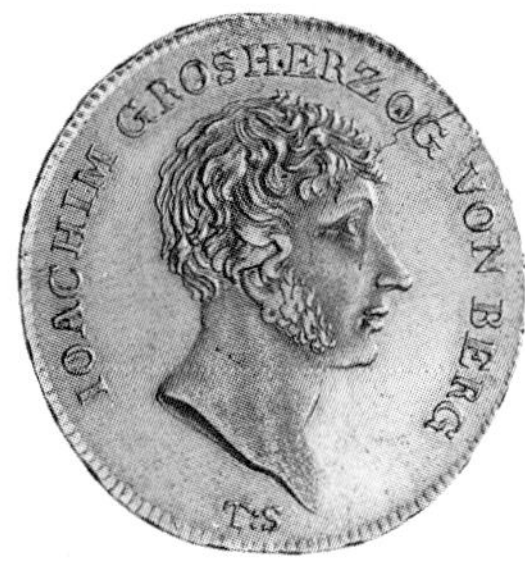

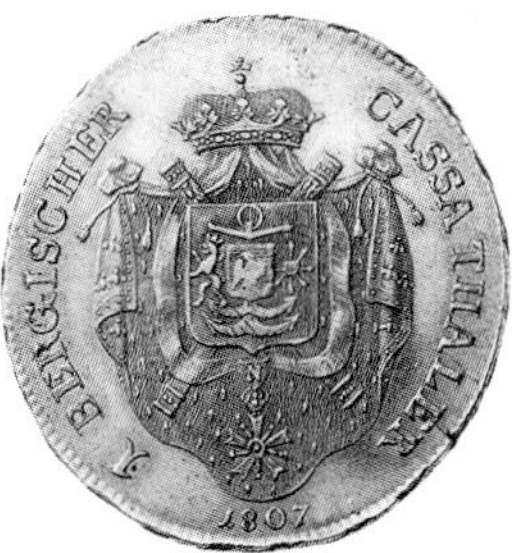

138 Cassataler

Vs.: IOACHIM GROSHERZOG VON BERG Mmz. T:S
Rs.: 1 BERGISCHER CASSA THALER 1807
Rand: Laubrand

Dav. 625 – AKS 10 – Jaeger 171 – T. 111

1807	(784)*	1600.–	3500.–	LP

**) Zusammen mit Nr. 139*

In der 258. Künker-Auktion (1/2015) erzielte ein Exemplar als „Erstabschlag, fast Stempelglanz“ 8000.– Euro; in der 80. Heidelberger Münzauktion (11/2020) ein „prägefrisches Prachtexemplar“ 9750.– Euro.

Varianten

a) Mit Münzmeisterzeichen T.S statt T:S (Noß –)
b) Kupferabschlag mit glattem Rand; 143. Auktion F. R. Künker (10/2008), Nr. 1983
c) Zinnabschlag mit glattem Rand
d) Bleiabschlag mit glattem Rand; 45. Auktion Harald Möller (6/2007), Nr. 380, „vorzüglich-Stempelglanz“, Zuschlag 360.– Euro

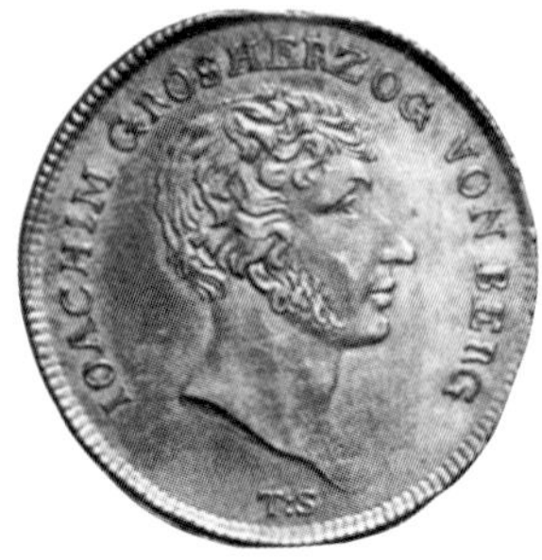

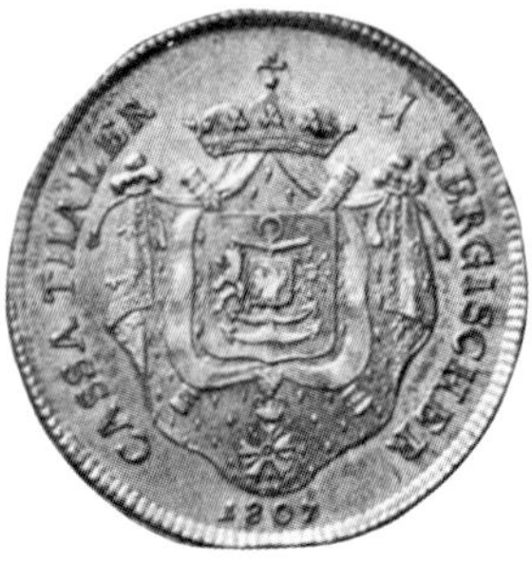

139 Cassataler

Vs.: IOACHIM GROSHERZOG VON BERG Mmz. T:S

Rs.: 1 BERGISCHER CASSA THALER 1807

Rand: Laubrand

AKS 11 – Jaeger 172 – T. 112

1807	(784)*	3000.–	8000.–	LP

**) Zusammen mit Nr. 138*

In der 23. WAG-Auktion (5/2003), Nr. 1769, in „Stempelglanz" für 9200.– Euro zugeschlagen; in der 80. Heidelberger Münzauktion (11/2020), Nr. 617, in „vorzüglich-prägefrisch" für 12 750.– Euro; in der 350. Künker-Auktion (6/2021) in „vorzüglich-Stempelglanz" für 16 000.– Euro.

Herzogtum Braunschweig

Münzstätten:	Braunschweig	Mzz. M. C. (= Münz-Commission)	
	Hannover		

Münzmeister:

F.R.	Friedrich Ritter	1814 – 1820
C.v.C.	August Gotthelf Wilhelm Cramer von Clausbruch	1817 – 1850
B.	Johann Wilhelm Christian Brumleu	1850 – 1860

Medailleur:

FRITZ oder FRITZ F.	Johannes George Fritz	1835 – 1852

Carl Wilhelm Ferdinand 1780 – 1806

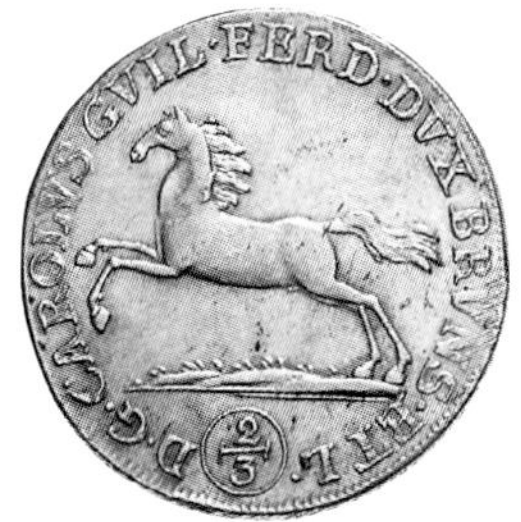

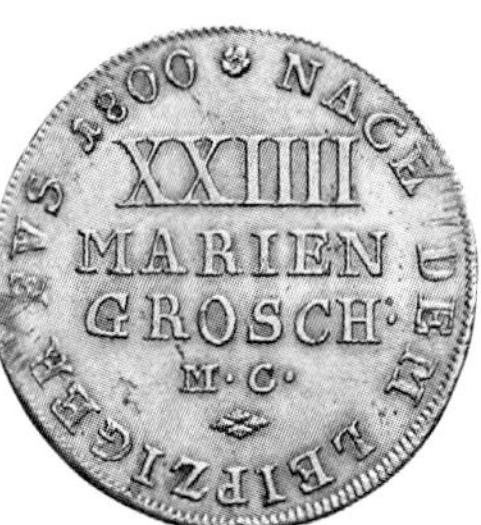

140 XXIIII Mariengroschen

Vs.: D· G· CAROLVS GVIL· FERD· DVX BRVNS· ET L· Wertzahl ⅔ (Taler)

Rs.: NACH DEM LEIPZIGER FVS 1800 / XXIIII MARIEN-GROSCH· M· C· (Münz-Commission)

Rand: Laubrand

Welter 2910

1800	50.–	120.–	200.

Varianten

a) Die Vorderseiten-Umschrift endet auf … ET L·, M · C· nicht zwischen Rosetten

b) Die Vorderseiten-Umschrift endet auf … ET LV· sowie Doppelpunkt nach GROSCH: Abb. siehe nächste Seite

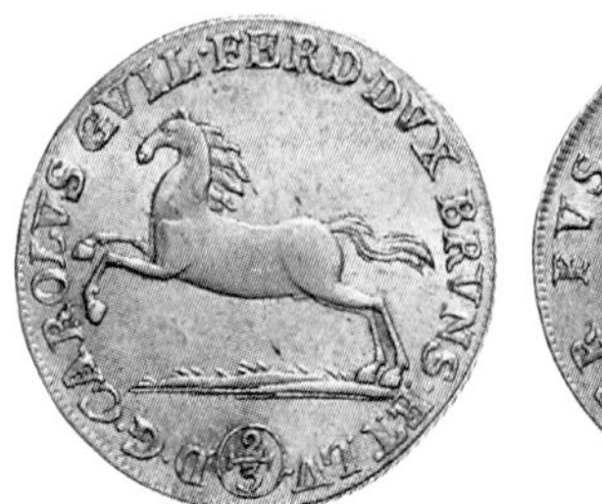
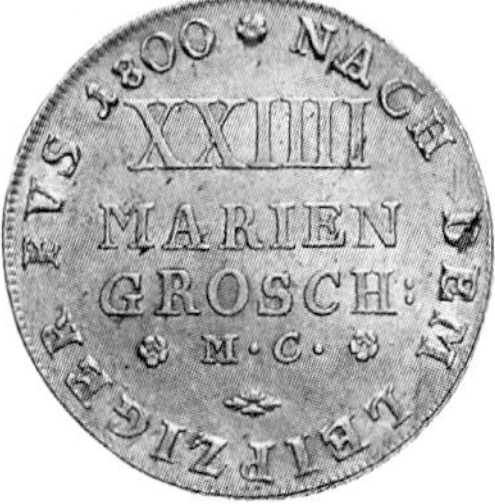

Nr. 140b), XXIIII Mariengroschen 1800, die Vorderseiten-Umschrift endet auf ... ET LV·, nach GROSCH: ein Doppelpunkt

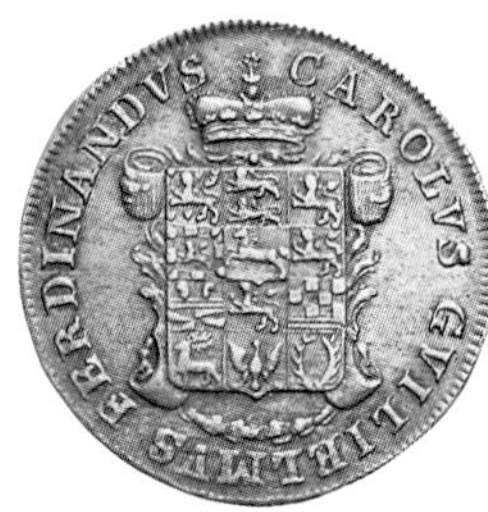
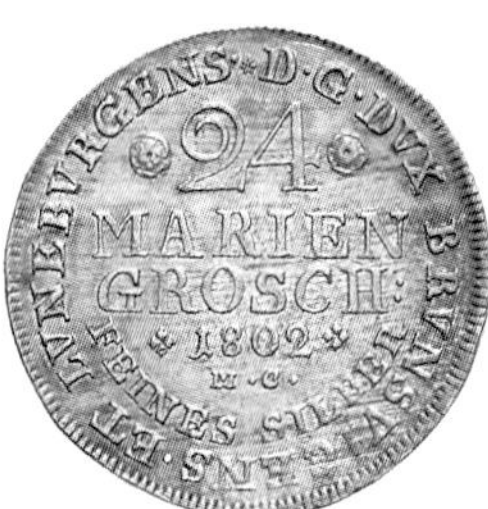

141 24 Mariengroschen

Vs.: CAROLVS GVILIELMVS FERDINANDVS

Rs.: D· G· DVX BRVNSVICENS· ET LVNEBVRGENS·
24 MARIENGROSCH: (Jahr) M· C· (Münz-Commission)
FEINES SILBER

Rand: Laubrand

Welter 2906

1800	75.–	150.–	250.–
1801	75.–	180.–	280.–
1802	80.–	180.–	290.–
1803	80.–	180.–	250.–
1804			LP
1805	85.–	180.–	250.–
1806	110.–	300.–	LP

In der 106. WAG-Online-Auktion (2/2020) erzielte ein Exemplar in „vorzüglich+" 270.– Euro.

Varianten

a) 1801 ohne Doppelpunkt nach GROSCH (Knyph. 1618)

b) 1802 – 1806 mit hochstehendem Punkt nach GROSCH · (Knyph. 1619 – 1622)

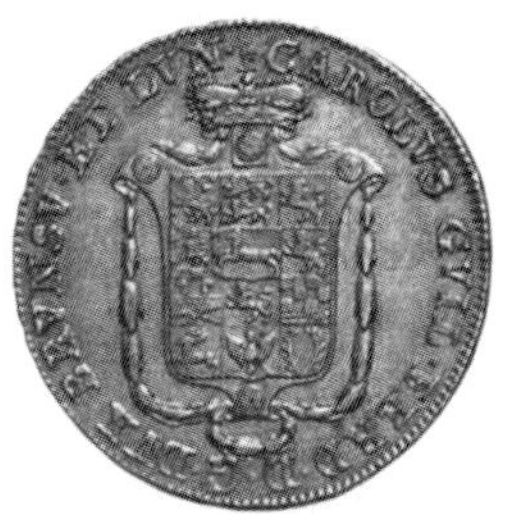
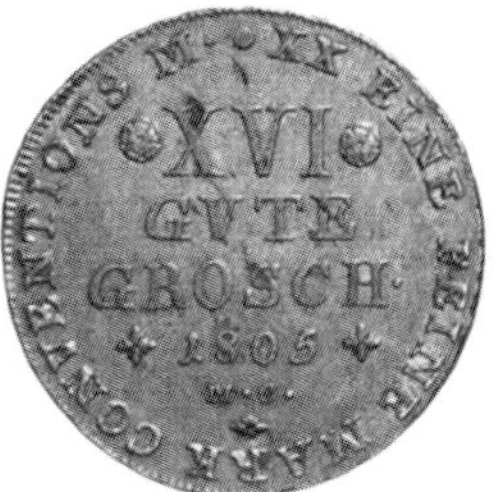

141A XVI Gute Groschen (½ Konventionstaler)

Vs.: CAROLVS GVIL · FERD · D · G · DVX BRVNSV · ET LVN ·

Rs.: XX EINE FEINE MARK CONVENTIONS M ·
XVI GVTE GROSCH · (Jahr) M · C · (Münz-Commission)

Rand: Laubrand

Welter 2911

1800	40.–	85.–	120.–
1801	40.–	85.–	120.–
1802			LP
1803			LP
1804	40.–	85.–	120.–
1805	40.–	85.–	120.–

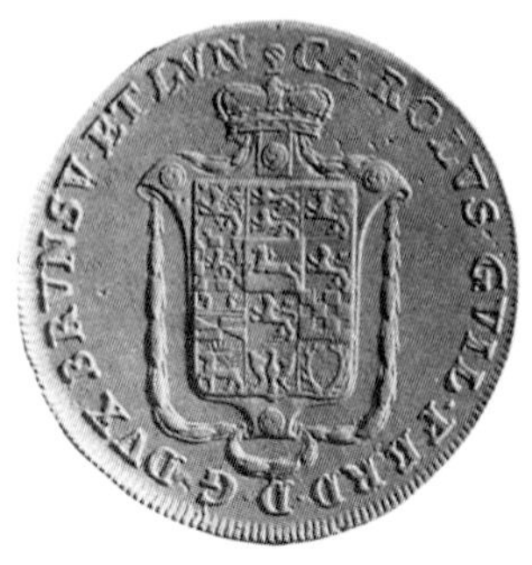
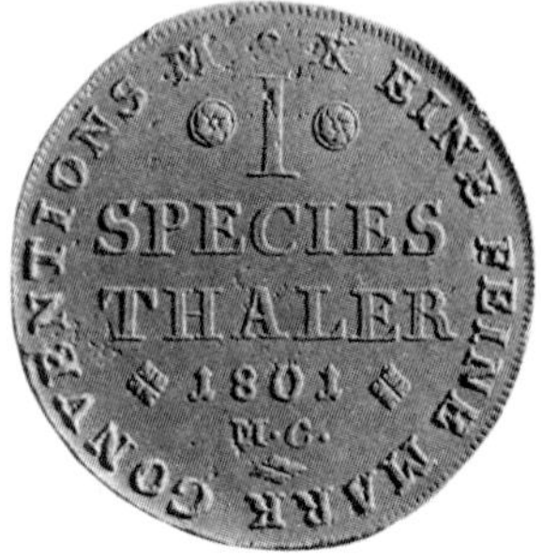

142 Konventionstaler

Vs.: CAROLVS GVIL · FERD · D · G · DVX BRVNSV · ET LVN ·

Rs.: X EINE FEINE MARK CONVENTIONS M ·
I SPECIES THALER 1801 Mzz. M · C ·

Rand: Laubrand

Dav. 630 A – Welter 2903 – T. 113

1801	LP

In der 68. Heidelberger Münzauktion (5/2016) wurde ein Exemplar für 12500.– Euro versteigert.

Friedrich Wilhelm 1806 – 1815

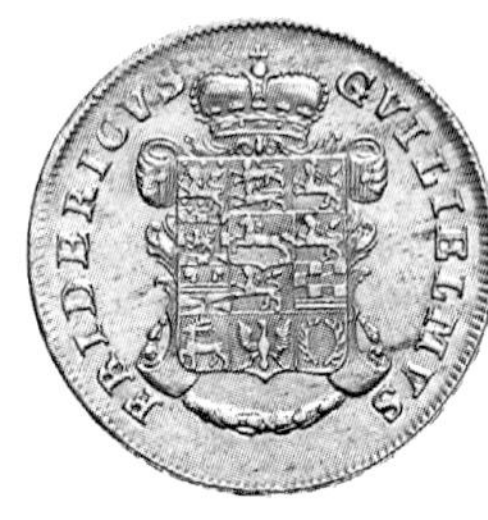
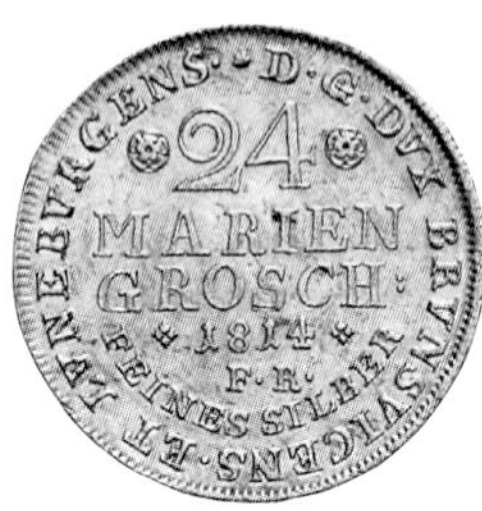

143 24 Mariengroschen

Vs.: FRIDERICVS GVILIELMVS

Rs.: D · G · DVX BRVNSVICENS · ET LVNEBVRGENS·
24 MARIENGROSCH: (Jahr) Mmz. F·R·
FEINES SILBER

Rand: Laubrand

AKS 7 – Jaeger 210 – Welter 2940

1814		250.–	370.–	500.–
1815	(36 000)	250.–	370.–	500.–

Varianten

a) 1815 mit hochstehendem Punkt nach GROSCH · und LVNEBVRGENS.

b) 1815 ohne Interpunktion nach GROSCH

Carl II. 1815 – 1830, unter Vormundschaft 1815 – 1823

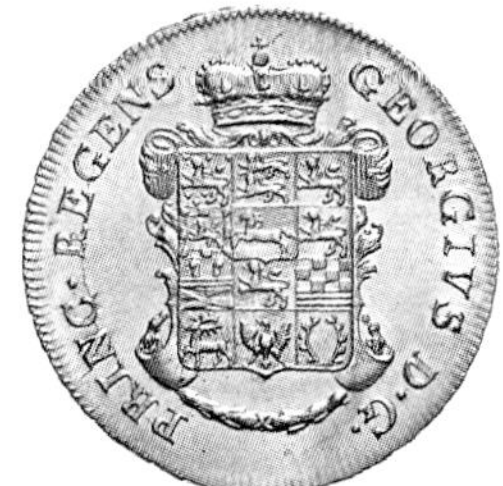

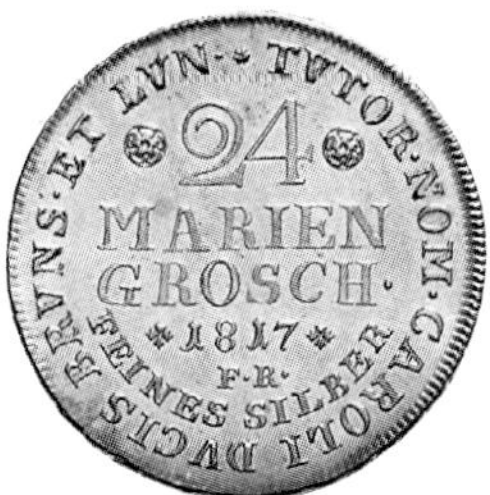

144 24 Mariengroschen

Vs.: GEORGIVS D · G · PRINC · REGENS

Rs.: TVTOR · NOM · CAROLI DVCIS BRVNS · ET LVN·
24 MARIENGROSCH · (Jahr) Mmz. F· R·
FEINES SILBER

Rand: Laubrand

AKS 27 – Jaeger 219 – Welter 2956

1816	(27 000)	80.–	180.–	300.–
1817	(18 900)	80.–	180.–	300.–
1818	(16 500)	90.–	180.–	300.–

Für den Jahrgang 1815 gibt Kurt Jaeger als Quelle ausschließlich die Sammlung Ferrari Nr. 1115 an. Auch Gerhard Welter bezieht sich in seinem Werk bei diesem Jahrgang nur auf Ferrari Nr. 1115. Mit hoher Wahrscheinlichkeit ist aber bei der Beschreibung dieser Nummer im Auktionskatalog von J. Schulman (12/1926), Amsterdam, ein Irrtum unterlaufen. Dort handelte es sich sehr wahrscheinlich um das 24-Mariengroschen-Stück 1815 von Friedrich Wilhelm (Nr. 143). Die Umschriften sind im Katalog der Sammlung Ferrari für dieses Stück nicht angegeben und abgebildet wurde es auch nicht. Auch der Umstand, daß die Ferrari-Nummer 1115 nicht zugeschlagen wurde (zurückgezogen?), spricht für diese These. Ein identischer Irrtum ist auch in der 34. WAG-Auktion (2/2006) unter der Nr. 776 aufgetreten.
Von Herzog Carl II. unter Vormundschaft sollte daher der Jahrgang 1815 des 24-Mariengroschen-Stücks gestrichen werden.

Variante

a) 1818 mit auf Mitte stehendem Punkt nach SILBER ·

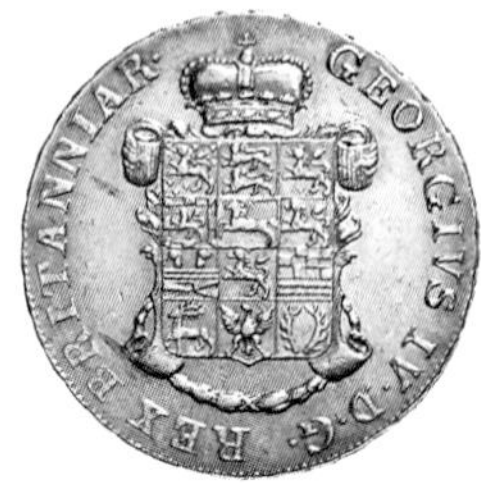
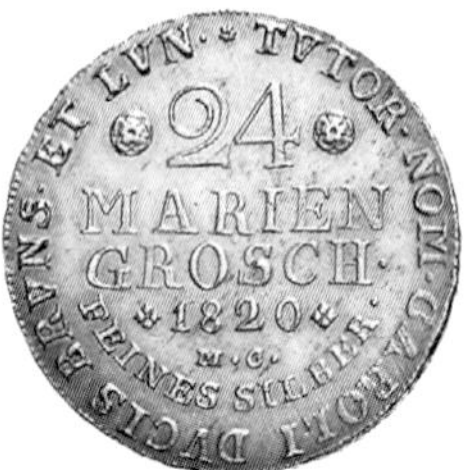

145 24 Mariengroschen

Vs.: GEORGIVS IV· D· G· REX BRITANNIAR·

Rs.: TVTOR· NOM · CAROLI DVCIS BRVNS· ET LVN · 24 MARIENGROSCH · 1820 Mzz. M·C· (= Münz-Commission) / FEINES SILBER ·

Rand: Laubrand

AKS 28 – Jaeger 224 – Welter 2971

1820	(24 000)	120.–	220.–	400.–

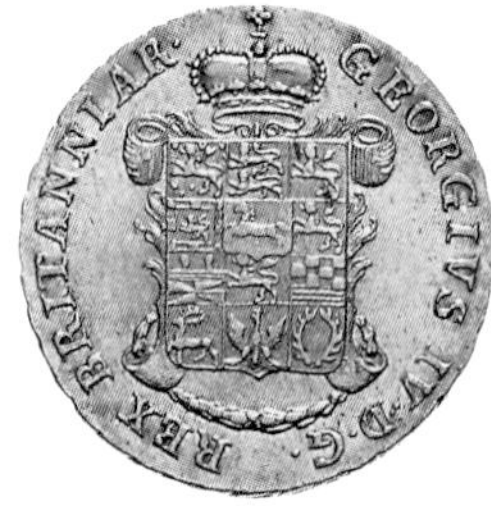
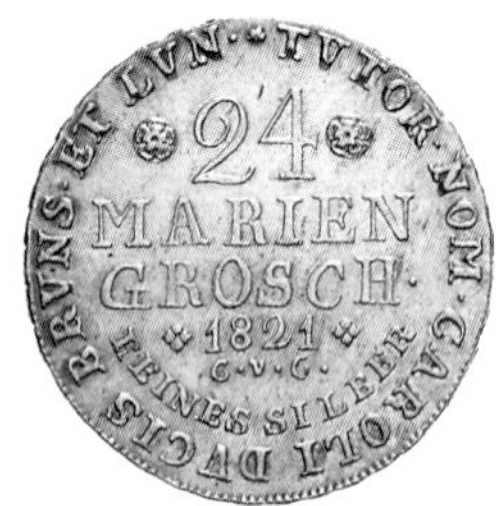

146 24 Mariengroschen

Vs.: GEORGIVS IV · D · G· REX BRITANNIAR·

Rs.: TVTOR· NOM · CAROLI DVCIS BRVNS· ET LVN· 24 MARIENGROSCH· (Jahr) Mmz. C · v · C · FEINES SILBER

Rand: Laubrand

AKS 29 – Jaeger 231 – Welter 2972

1821	(28 500)	90.–	200.–	350.–
1823	(30 000)	90.–	200.–	350.–

Varianten

Vom Jahrgang 1821 sind Exemplare in unterschiedlichen Durchmessern bekannt, z. B. 30,5, 31,1 und 32 mm.

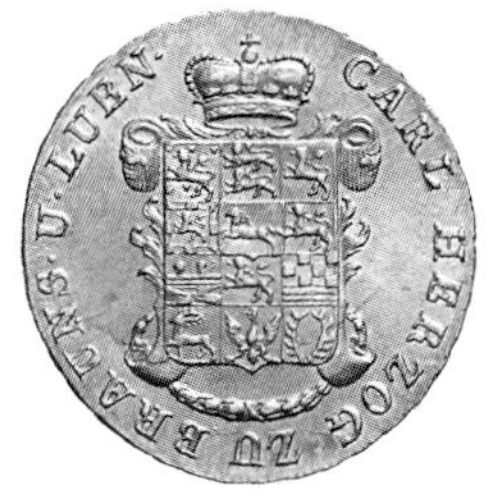

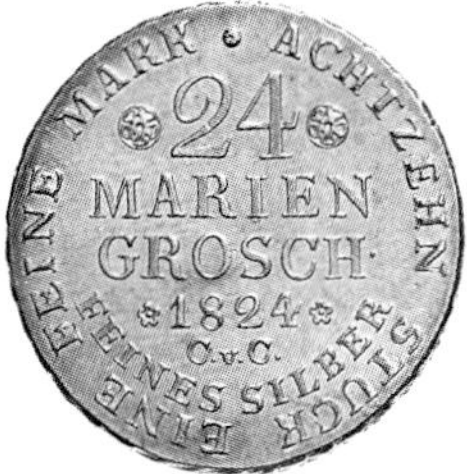

147 24 Mariengroschen

Vs.: CARL HERZOG ZU BRAUNS· U· LUEN·

Rs.: ACHTZEHN STÜCK EINE FEINE MARK
24 MARIENGROSCH· (Jahr) Mmz. C.v.C.
FEINES SILBER

Rand: Laubrand

AKS 54 – Jaeger 238a – Welter 2993

1823		120.–	320.–	450.–
1824	(32 400)	100.–	200.–	300.–
1825	(32 000)	100.–	200.–	300.–
1826	(40 000)	100.–	200.–	300.–
1828 }	(33 750)	100.–	200.–	300.–
1829 }		100.–	200.–	300.–

Die Prägezahlen gelten zusammen mit den betreffenden Jahrgängen der Nr. 148.

Varianten

a) 1824 mit STUCK statt STÜCK auf der Rückseite
b) 1824 – 1829 mit STUECK statt STÜCK auf der Rückseite
c) 1824 und 1826 mit Punkt nach MARK · auf der Rückseite
d) 1828 mit Stern über der Wappenkrone auf der Vorderseite und deutlich kleineren Buchstaben bei FEINES SILBER (Abb. siehe nächste Seite)

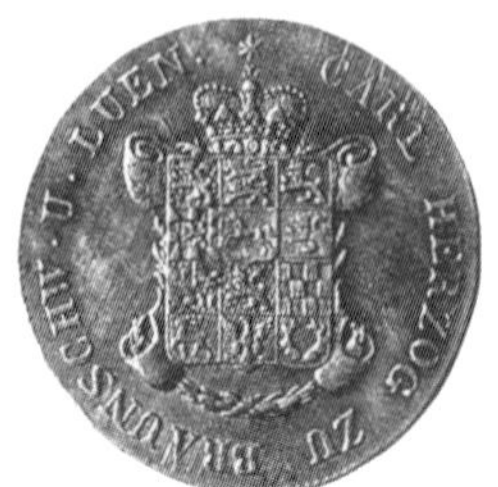
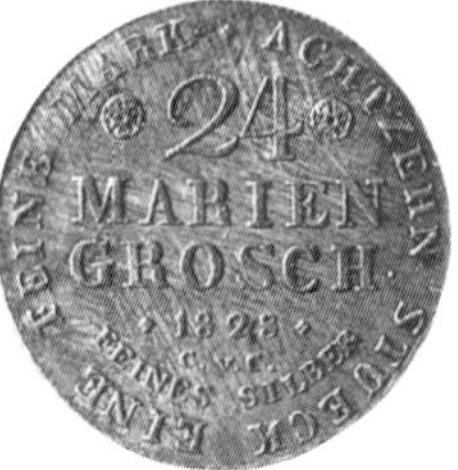

Nr. 147d), Jahrgang 1828 mit Stern über der Krone auf der Vorder- und STUECK auf der Rückseite

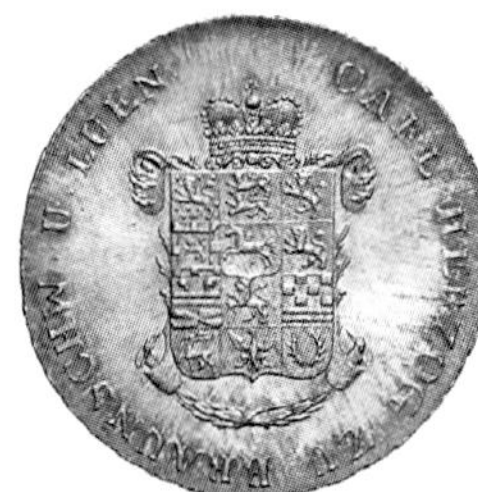
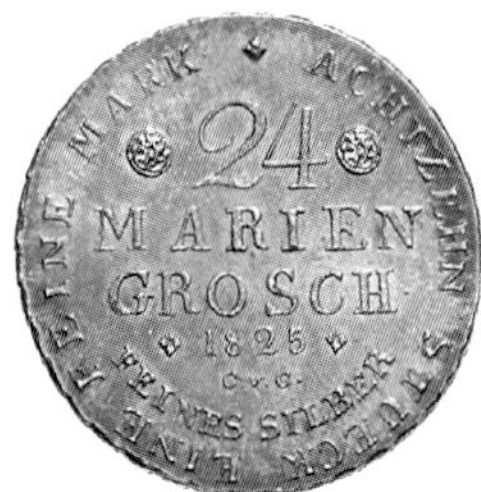

148 24 Mariengroschen

Vs.: CARL HERZOG ZU BRAUNSCHW · U · LUEN ·

Rs.: ACHTZEHN STUECK EINE FEINE MARK ·
24 MARIENGROSCH · (Jahr)
Mmz. C . v . C · / FEINES SILBER

Rand: Laubrand

AKS 55 – Jaeger 238b – Welter 2993

1824	(32 400)	60.–	150.–	370.–
1825	(32 000)	75.–	120.–	280.–
1826	(40 000)	60.–	150.–	370.–
1828 1829	(33 750)	75.–	120.–	280.–

Die Prägezahlen gelten zusammen mit den betreffenden Jahrgängen der Nr. 147.

Varianten

a) 1828 mit Stern über der Wappenkrone der Vorderseite
b) 1828 mit U: LUEN auf der Vorderseite
c) 1829 Vorderseiten-Umschrift mit Punkten auf der Grundlinie, Punkt nach MARK. und nach SILBER. auf der Grundlinie

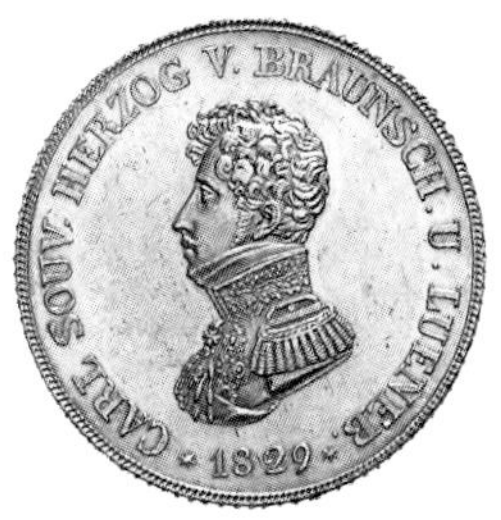

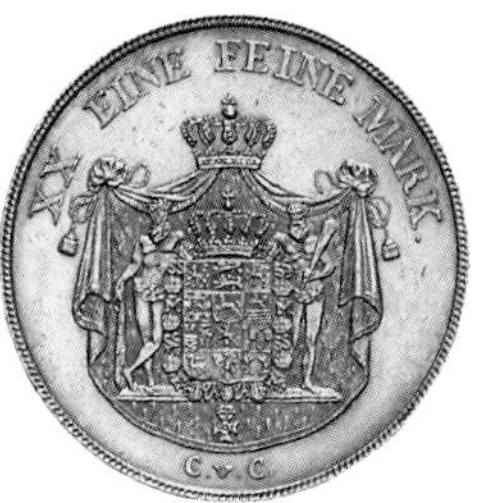

148A ½ Konventionstaler

Vs.: CARL SOUV. HERZOG V. BRAUNSCH. U . LUENEB. * 1829 *

Rs.: XX EINE FEINE MARK. Mmz. C.v.C.

Rand: Riffelrand

AKS 56 – Jaeger 237 II – Welter 2994

1829	(Probe)	850.–	1400.–	1800.–

In der 290. Künker-Auktion (3/2017) erzielte ein Exemplar in „fast Stempelglanz" 2600.– Euro.

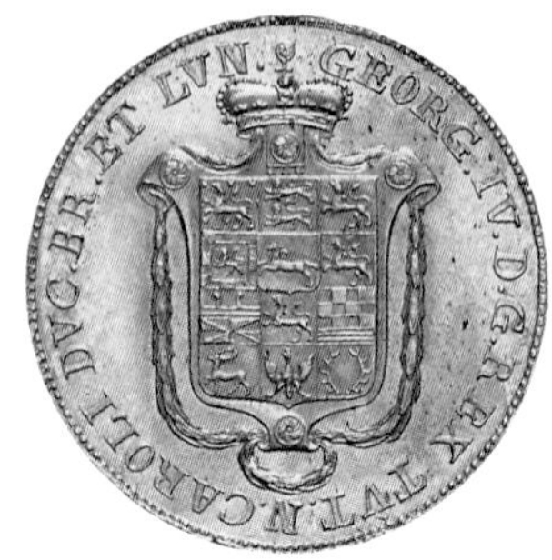

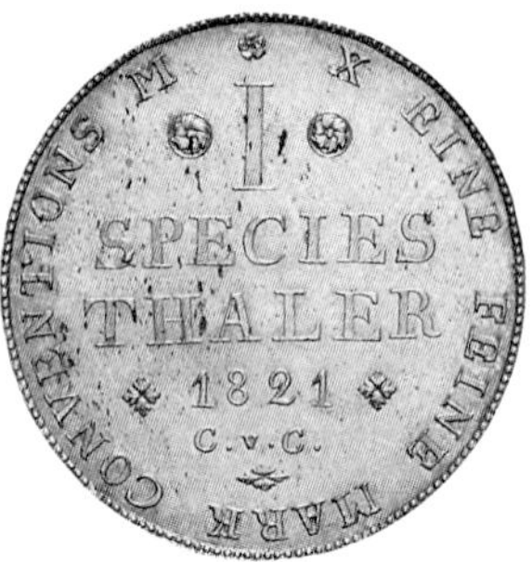

149 Konventionstaler

Vs.: GEORG . IV . D . G . REX TVT . N . CAROLI DVC . BR . ET LVN.

Rs.: X EINE FEINE MARK CONVENTIONS M . I SPECIES THALER 1821 Mmz. C . v . C .

Rand: glatt

Dav. 985 – AKS 26 – Jaeger 232 – T. 114

1821	(1480)	3000.–	5500.–	LP

In der 61. Heidelberger Münzauktion (5/2013) wurde ein Exemplar in „vorzüglich-prägefrisch“ für 15 250.– Euro versteigert; in der 80. Heidelberger Münzauktion (11/2020), Nr. 618, ein PP-Exemplar in „fast Stempelglanz“ für 9500.– Euro.

Variante

a) Das „K“ von MARK in der Rückseiten-Umschrift steht exakt unter der Raute. Diese Stempelvariante wurde von Jaeger irrtümlich als Fußnote bei der Nr. 231 statt bei der Nr. 232 in seinem Katalog aufgeführt.

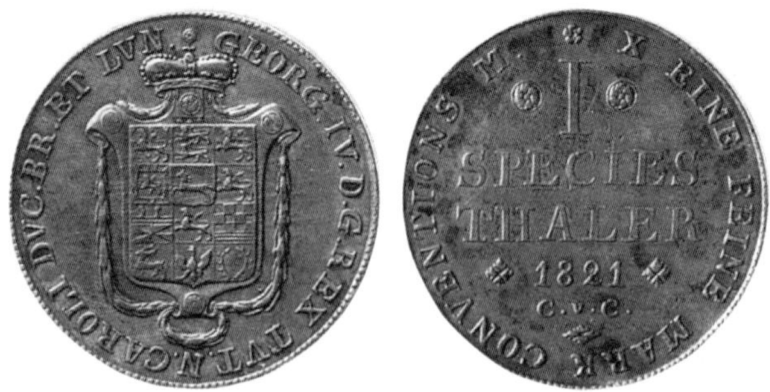

Nr. 149a) mit exakt unter der Raute stehendem „K“ von MARK in der Rückseiten-Umschrift

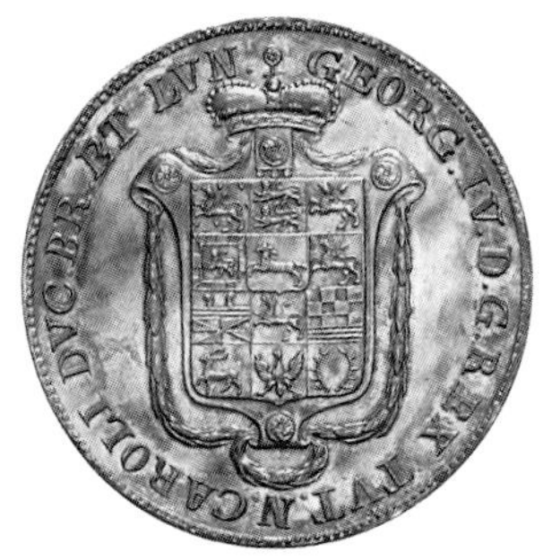
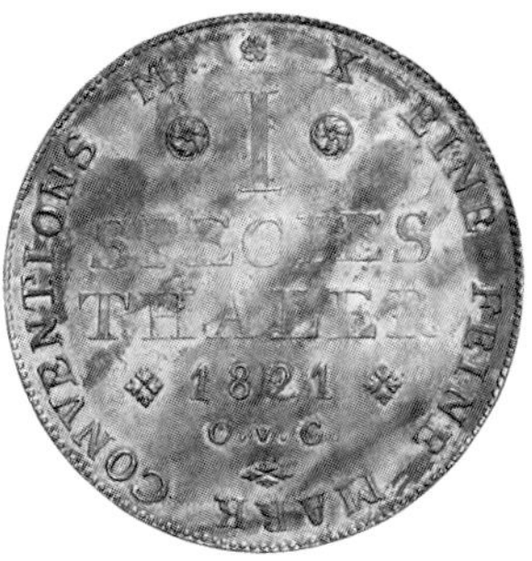

149A Doppeltaler

Vs.: GEORG . IV . D . G . REX TVT . N . CAROLI DVC . BR . ET LVN .

Rs.: X EINE FEINE MARK CONVENTIONS M . I SPECIES THALER 1821 Mmz. C . v. C .

Rand: Glatt

AKS 26 Anm. – Jaeger 232 Anm. – T. 114 Anm.

1821	LP

Nur in einem Exemplar bekannter, späterer Abschlag der Stempel von Nr. 149 auf einer Doppeltaler-Ronde im Gewicht von 36,75 g, wie sie von 1842 bis 1856 eingesetzt worden sind. Dieses Unikum wurde in der 56. Auktion Harald Möller (11/2011), Nr. 282, für 6500.– Euro angeboten.

Wilhelm 1831 - 1884

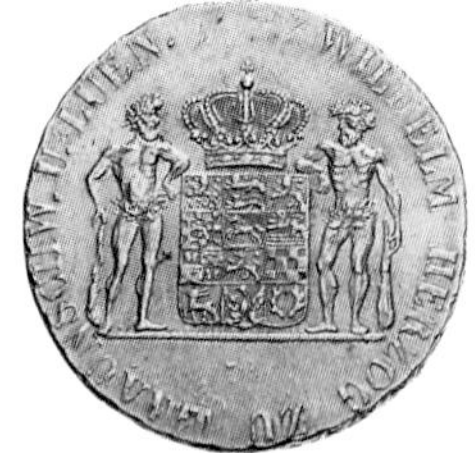
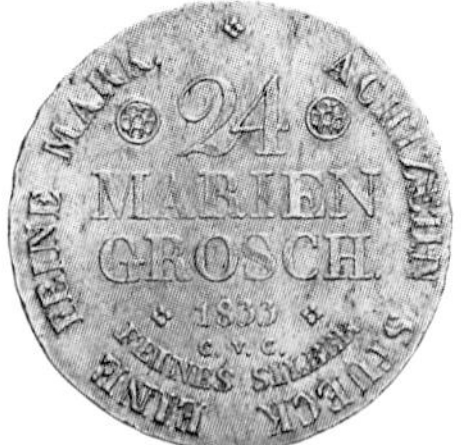

150 24 Mariengroschen

Vs.: WILHELM HERZOG ZU BRAUNSCHW. U. LUEN.

Rs.: ACHTZEHN STUECK EINE FEINE MARK.
24 MARIENGROSCH. (Jahr) Mmz. C. v. C.
FEINES SILBER

Rand: Laubrand

AKS 82 – Jaeger 241 – Welter 3099

1832	(32 000)	70.–	120.–	280.–
1833	(27 000)	70.–	120.–	280.–
1834	(30 000)	70.–	120.–	250.–

Varianten

a) 1832 mit 9 mm (statt 8 mm) breiter Krone
b) 1834 mit 10 mm breiter Krone

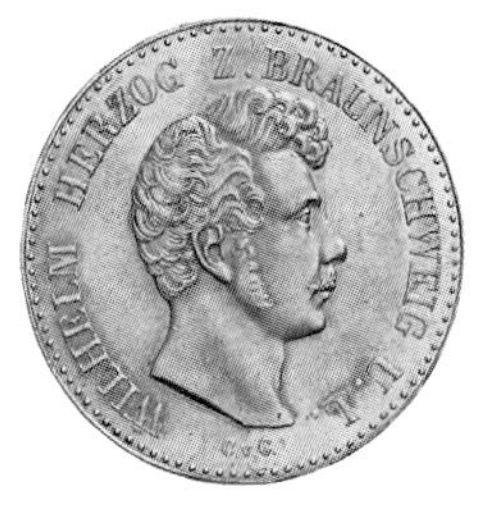
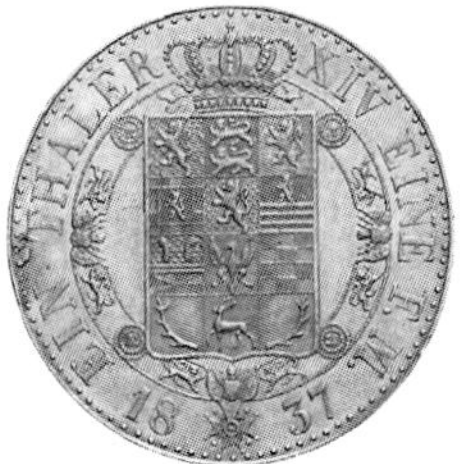

150A Taler

Vs.: WILHELM HERZOG Z . BRAUNSCHWEIG U. L. am Halsabschnitt FRITZ. Mmz. C.v.C.

Rs.: EIN THALER XIV EINE F. M. 1837

Rand: NEC ASPERA TERRENT

AKS 75 – Jaeger 241 III – Welter 3091

1837	(Probe, 3 Ex.?)	LP

In der 223. Künker-Auktion (1/2013) wurde ein PP-Exemplar für 9500.– Euro zugeschlagen; in der 354. Künker-Auktion, Nr. 5576, ein Exemplar in „vorzüglich“ für 7500.– Euro.

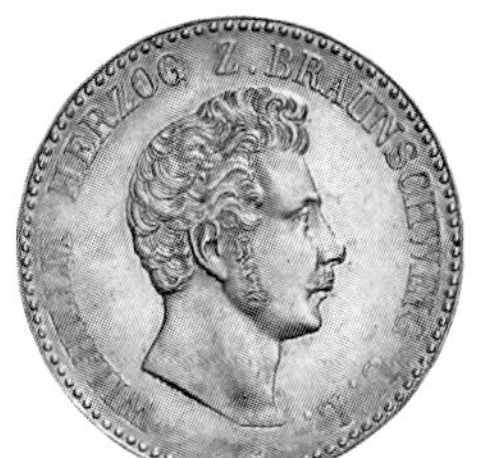
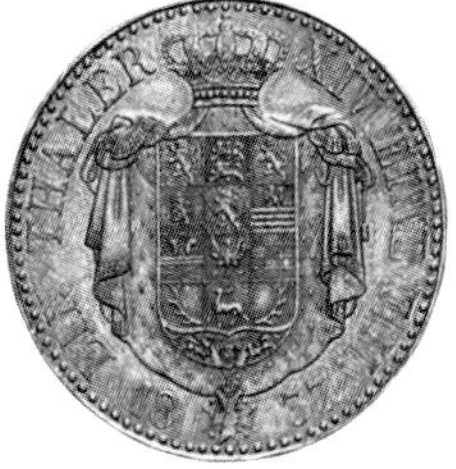

150B Taler

Vs.: WILHELM HERZOG Z. BRAUNSCHWEIG U. L. am Halsabschnitt FRITZ. Mmz. CvC

Rs.: EIN THALER XIV EINE F. M. 1837

Rand: NEC ASPERA TERRENT

AKS 76 – Jaeger 241 IV – Welter 3092

1837	(Probe)	LP

In der 42. Auktion Harald Möller (12/2006), Nr. 428, wurde ein Exemplar in „vorzüglich-Stempelglanz“ für 5000.– Euro zugeschlagen.

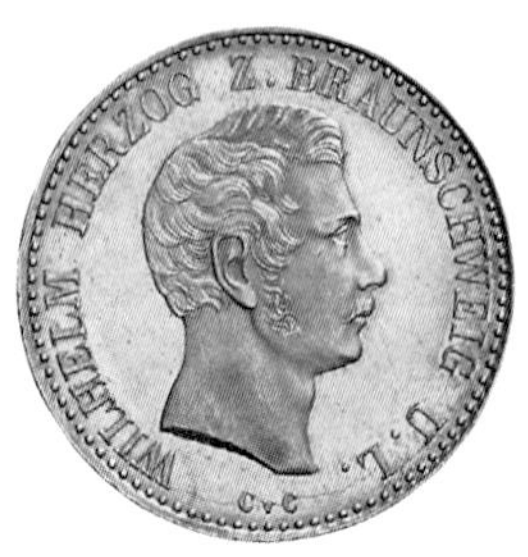

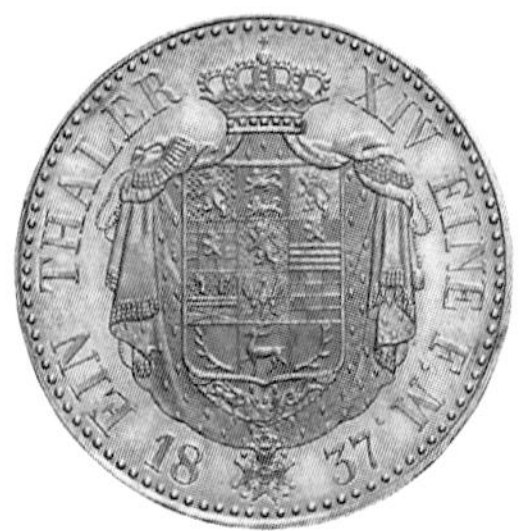

151 Taler

Vs.: WILHELM HERZOG Z . BRAUNSCHWEIG U . L.
am Halsabschnitt FRITZ F. Mmz. C v C

Rs.: EIN THALER XIV EINE F . M . Jahr

Rand: NEC ASPERA TERRENT

Dav. 631 – AKS 77 – Jaeger 242 – T. 115

1837	(2788)	230.–	750.–	1400.–
1838	(33 210)	130.–	650.–	1200.–

Der Jahrgang 1837 wurde in der 80. Heidelberger Münzauktion (11/2020), Nr. 619, in „fast Stempelglanz/Stempelglanz“ für 2900.– Euro versteigert; in der 237. Künker-Auktion (10/2013), Nr. 2663, in „fast Stempelglanz“ für 9000.– Euro; in der 64. WAG-Auktion (12/2012) der Jahrgang 1838 in „Stempelglanz“ für 3300.– Euro.

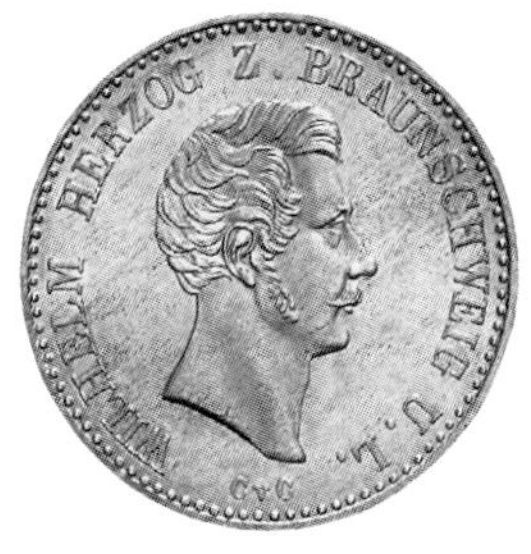

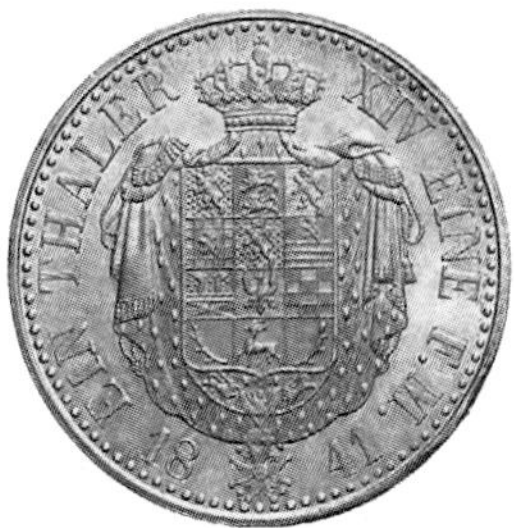

152 Taler

Vs.: WILHELM HERZOG Z . BRAUNSCHWEIG U . L.
Mmz. C v C

Rs.: EIN THALER XIV EINE F . M. Jahr

Rand: NEC ASPERA TERRENT

Dav. 632 – AKS 78 – Jaeger 243a + b – T. 116 + 117

1839	(40 850)	80.–	300.–	800.–
1840	(85 760)	60.–	220.–	600.–
1841	(304 300)	60.–	200.–	550.–
1842	(117 490)	60.–	200.–	550.–
1848	(11 090)	70.–	250.–	600.–
1850	(12 470)	80.–	300.–	800.–

In der 80. Heidelberger Münzauktion (11/2020), Nr. 620, wurde ein Exemplar vom Jahrgang 1839 in „fast Stempelglanz" für 1400.– Euro zugeschlagen, in der 42. Auktion Harald Möller (12/2006), ein Exemplar von 1850 in „Stempelglanz" für 1700.– Euro; in der 350. Künker-Auktion (6/2021) ein Exemplar von 1850 in „fast Stempelglanz" für 1600.– Euro.

Varianten

a) 1839 mit Signatur FRITZ · F · am Halsabschnitt (Jaeger 243a)
b) 1839 mit Signatur FRITZ F am Halsabschnitt
c) 1839 und 1841 mit geringerem Abstand des Kopfes von der Umschrift; Abb. siehe nächste Seite
d) 1840 mit veränderter Schnur am Wappenmantel, die rechte Schlaufe ist breiter und die Kordelschnur verläuft in der Mitte (Rudolph 61); Abb. siehe nächste Seite
e) 1841 und 1842 mit etwas größerer Quaste rechts am Wappenmantel (Rudolph 62)
f) 1841 mit fehlerhafter Randschrift ERRENT (Rudolph 61b)
g) 1842 mit geschwungenem Fuß der „2" in der Jahreszahl; Abb. siehe nächste Seite
h) 1842 mit drei Kordeln am Wappenmantel und veränderten Kronenbügeln (Rudolph 65)

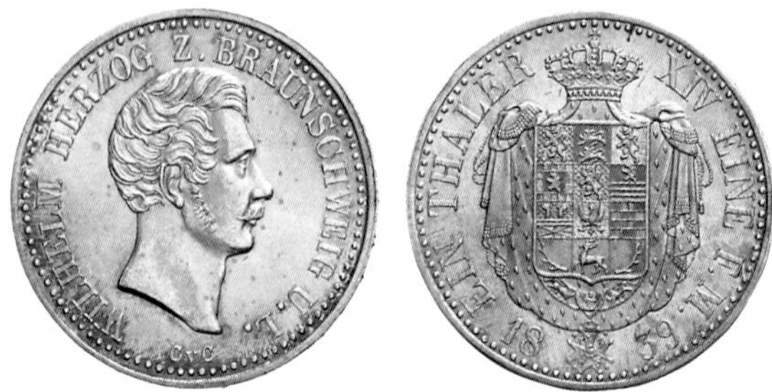

Nr. 152c) vom Jahrgang 1839 mit geringerem Abstand des Kopfes von der Umschrift

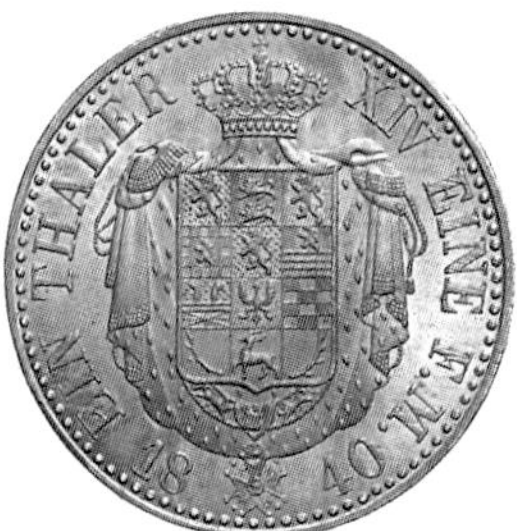

Nr. 152d) vom Jahrgang 1840 mit veränderter Bandverzierung, die rechte Schlaufe ist breiter und die Kordelschnur verläuft in der Mitte

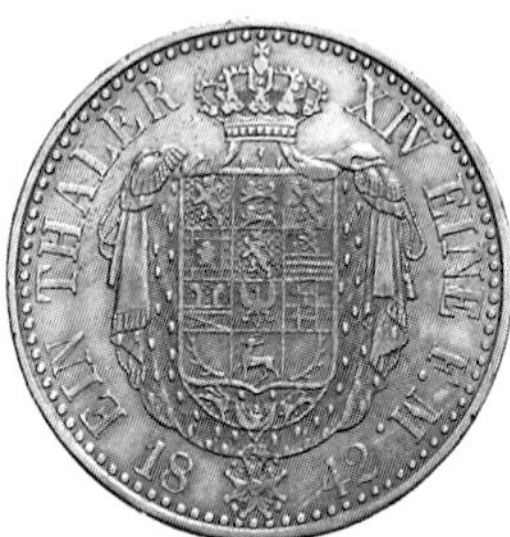

Nr. 152g) vom Jahrgang 1842 mit geschwungenem Fuß der „2“ in der Jahreszahl

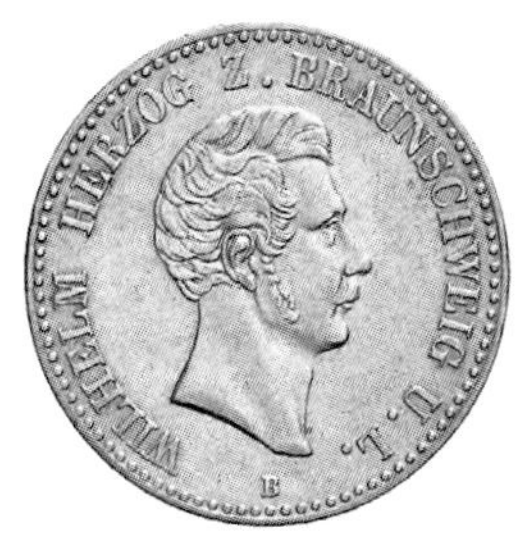
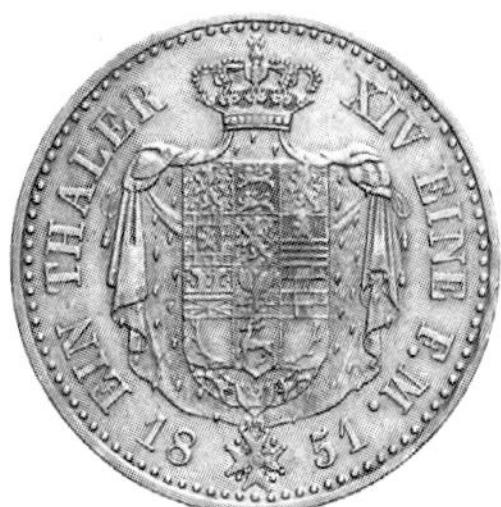

153 Taler

Vs.: WILHELM HERZOG Z . BRAUNSCHWEIG U. L. Mmz. B
Rs.: EIN THALER XIV EINE F. M. 1851
Rand: NEC ASPERA TERRENT

AKS 79 – Jaeger 249 – T. 120

1851	(7750)	180.–	450.–	1000.–

In der 80. Heidelberger Münzauktion (11/2020), Nr. 625, wurde ein Stempelglanz-Exemplar für 2600.– Euro zugeschlagen.

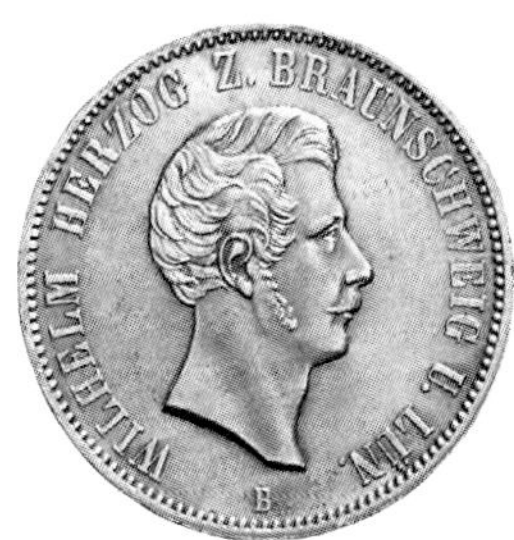
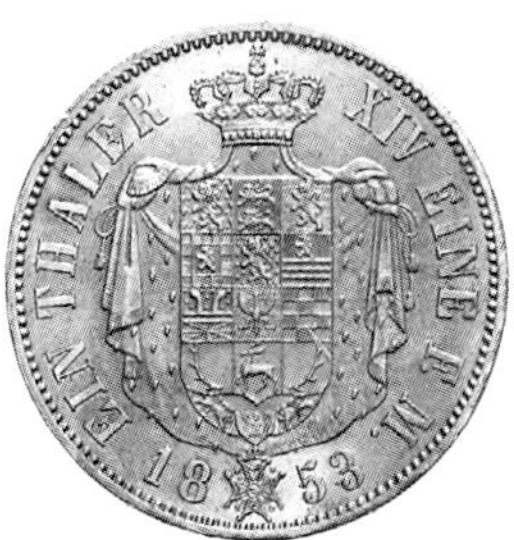

154 Taler

Vs.: WILHELM HERZOG Z. BRAUNSCHWEIG U. LÜN. Mmz. B
Rs.: EIN THALER XIV EINE F. M. Jahr
Rand: NEC ASPERA TERRENT

Dav. 631 – AKS 80 – Jaeger 250 – T. 121

1853	(24 140)	80.–	300.–	550.–
1854	(97 320)	60.–	250.–	450.–
1855	(10 240)	100.–	400.–	680.–

In der 42. Auktion Harald Möller (12/2006), Nr. 443, wurde ein Exemplar von 1853 in „Stempelglanz mit winzigen Kratzern und Randfehlern" für 725.– Euro zugeschlagen; in der 31. Auktion Harald Möller (10/2002), Nr. 842, ein Exemplar von 1855 in „Stempelglanz" für 1575.– Euro.

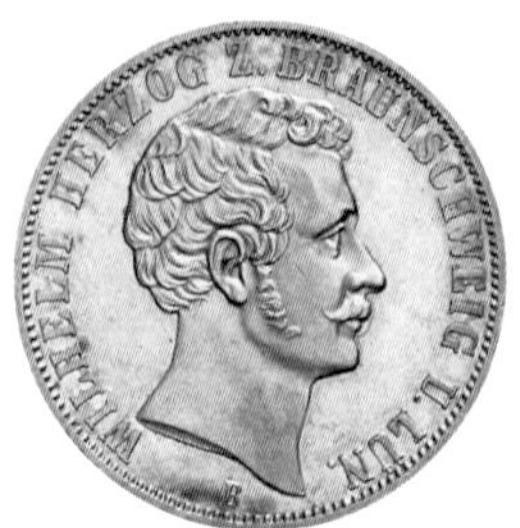

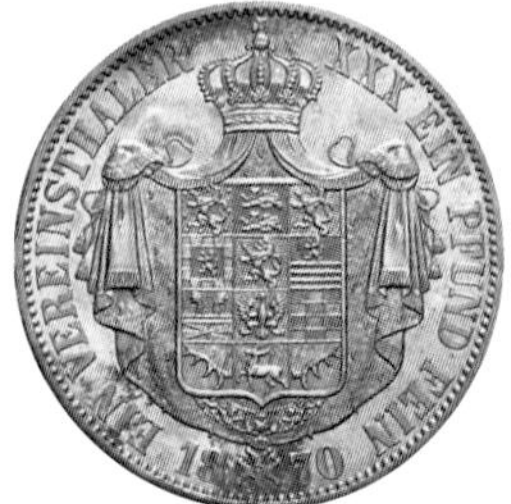

155 Vereinstaler

Vs.: WILHELM HERZOG Z. BRAUNSCHWEIG U. LÜN. Mmz. (Mzz.) B

Rs.: EIN VEREINSTHALER XXX EIN PFUND FEIN Jahr

Rand: NEC ASPERA TERRENT

Dav. 636 – AKS 81 – Jaeger 257 – T. 123

1858	(49 080)	50.–	120.–	250.–
1859	(29 650)	50.–	120.–	250.–
1865	(20 000)	50.–	120.–	250.–
1866 }		50.–	120.–	250.–
1867 }	(107 400)	50.–	140.–	270.–
1870 }		50.–	140.–	250.–
1871	(48 320)	50.–	120.–	250.–

Varianten

a) Jahreszahl 1866 aus 1865 geändert
b) 1867 mit abweichender Ziffernstellung in der Jahreszahl
c) Einseitiger Abschlag der Rückseite von 1867, mit Randschrift; 51. WAG-Auktion (9/2009)

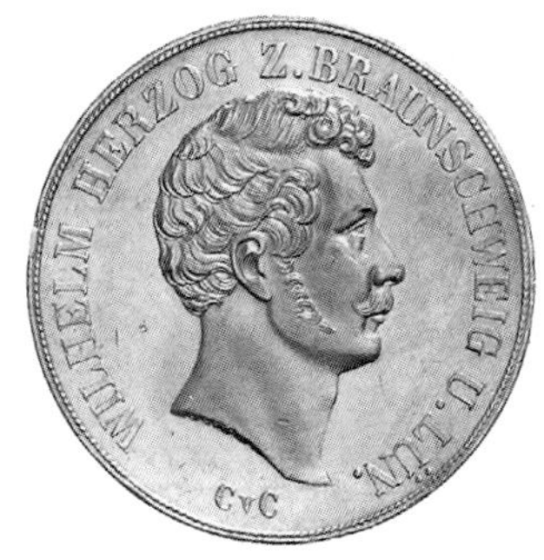

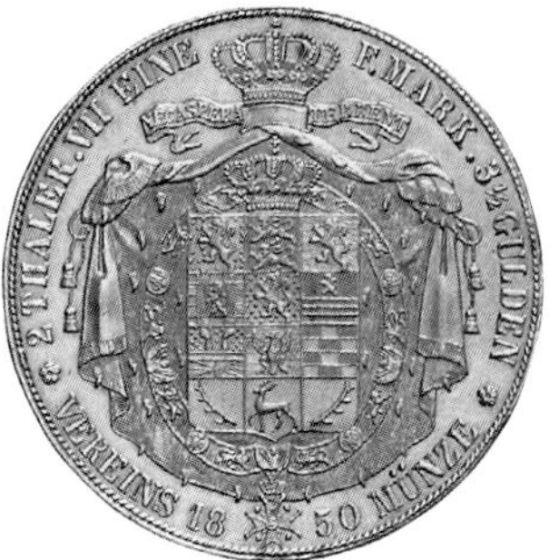

156 Doppeltaler

Vs.: WILHELM HERZOG Z. BRAUNSCHWEIG U. LÜN.
am Halsabschnitt FRITZ F. Mmz. CvC

Rs.: 2 THALER . VII EINE F. MARK . 3 ½ GULDEN
VEREINS (Jahr) MÜNZE
NEC ASPERA TERRENT (auf dem Kronenband)

Rand: CONVENTION VOM 30 JULY 1838

Dav. 633 – AKS 72 – Jaeger 245 – T. 118

1842	(51 610)	220.–	400.–	750.–
1843	(68 480)	220.–	400.–	750.–
1844	(15 030)	250.–	500.–	850.–
1845	(10 560)	250.–	500.–	850.–
1846	(14 750)	250.–	500.–	850.–
1847	(15 230)	250.–	500.–	850.–
1848	(11 240)	250.–	500.–	850.–
1849	(12 510)	250.–	500.–	850.–
1850	(76 790)*	240.–	500.–	800.–

**) Zusammen mit dem Jahrgang 1850 der Nr. 157*

In der 80. Heidelberger Münzauktion (11/2020), Nr. 623, wurde ein Exemplar von 1850 in „fast Stempelglanz" für 2400.– Euro zugeschlagen.

Variante

a) 1849 aus 1848 im Stempel geändert; 42. Auktion Harald Möller (12/2006), Nr. 437, „Stempelglanz-", Zuschlag 1300.– Euro

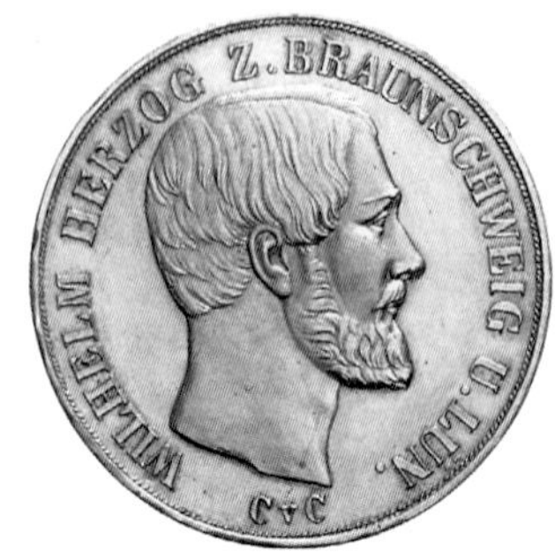

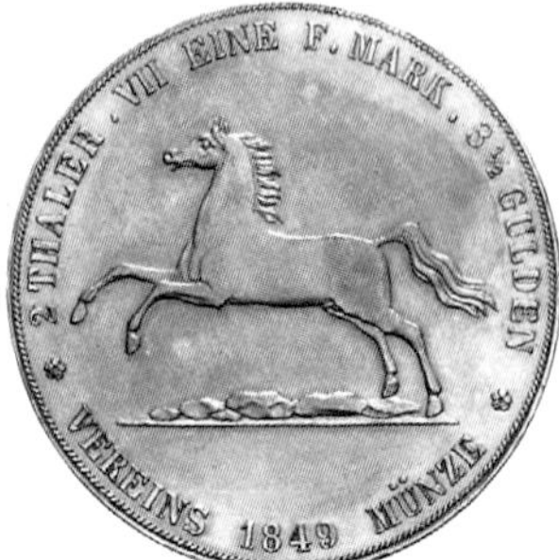

156A Probe-Doppeltaler

Vs.: WILHELM HERZOG Z. BRAUNSCHWEIG U . LÜN.
Mmz. C v C

Rs.: 2 THALER . VII EINE F. MARK . 3 ½ GULDEN
VEREINS (Jahr) MÜNZE

Rand: CONVENTION VOM 30 JULY 1838

AKS 74 – Jaeger 245 IX + X – Welter 3087

1849	(Probe, 3 Ex.)	LP
1850	(Probe, 8 Ex.)	LP

Kurt Jaeger gibt beim Jahrgang 1850 eine spätere Prägung an.

In der 201. Künker-Auktion (2/2012), Nr. 553, wurde ein Exemplar von 1849 in „fast Stempelglanz" für 26 000.– Euro zugeschlagen.

Varianten

a) 1849 Randschrift mit deutlich kleineren Buchstaben (Ferrari 1203)

b) 1849 mit glattem Rand ohne Randschrift; 42. Auktion Harald Möller (12/2006), Nr. 438, „vorzüglich-Stempelglanz", 2500.– Euro; 389. Auktion Dr. Busso Peus Nachfolger (11/2006), Nr. 2337, „Stempelglanz", Zuschlag 4000.– Euro

c) 1850 mit glattem Rand ohne Randschrift (Jaeger 245 X); 119. Auktion F. R. Künker (2/2007), Nr. 584, „Stempelglanz", Zuschlag 2600.– Euro

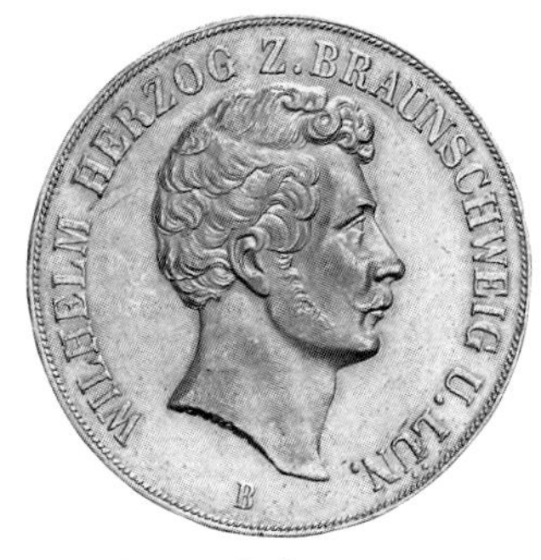

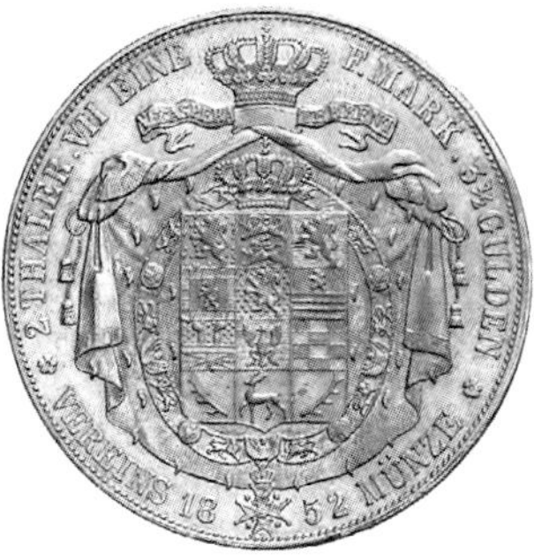

157 Doppeltaler

Vs.: WILHELM HERZOG Z . BRAUNSCHWEIG U . LÜN.
Mmz. B

Rs.: 2 THALER . VII EINE F. MARK . 3 ½ GULDEN
VEREINS (Jahr) MÜNZE
NEC ASPERA TERRENT

Rand: CONVENTION VOM 30 JULY 1838

AKS 73 – Jaeger 251a+b+c – Dav. 633 – T. 119

1850	(in Nr. 156 enthalten)	180.–	380.–	600.–
1851	(10 430)	240.–	550.–	750.–
1852	(10 860)	180.–	350.–	550.–
1854	(252 800)	120.–	250.–	400.–
1855	(620 150)	120.–	250.–	400.–

Varianten

a) 1850 ohne Münzmeisterzeichen „B" (Jaeger 251a)

b) 1850 mit kleinem Münzmeisterzeichen „B" (Jaeger 251b); mit großem „B" gibt es den Jahrgang 1850 nicht; 42. Auktion Harald Möller (12/2006), Nr. 439, „Stempelglanz", Zuschlag 1100.– Euro

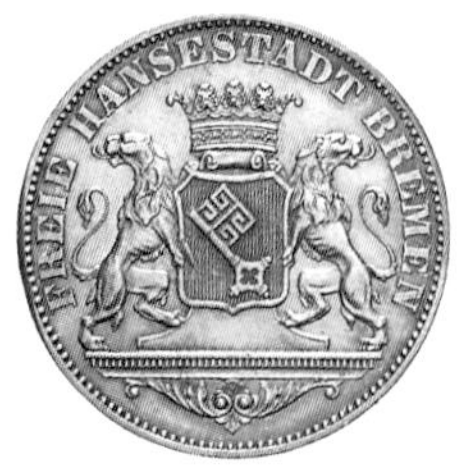

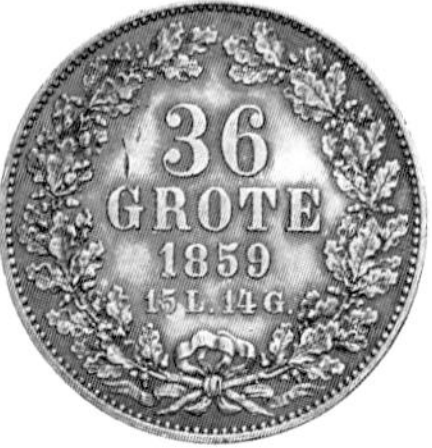

160 36 Grote

Vs.: FREIE HANSESTADT BREMEN

Rs.: 36 GROTE (Jahr) 15 L. 14 G.

Rand: Vertiefte Quadrate

AKS 2 – Jaeger 25

1859	(50 000)	50.–	100.–	170.–
1864	(100 000)	40.–	75.–	130.–

Variante

a) Goldabschlag vom Jahrgang 1864 im Gewicht von 16,3 g (Ferrari 1078)

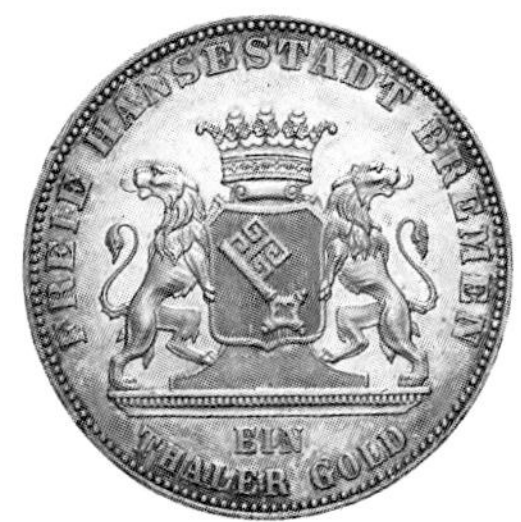

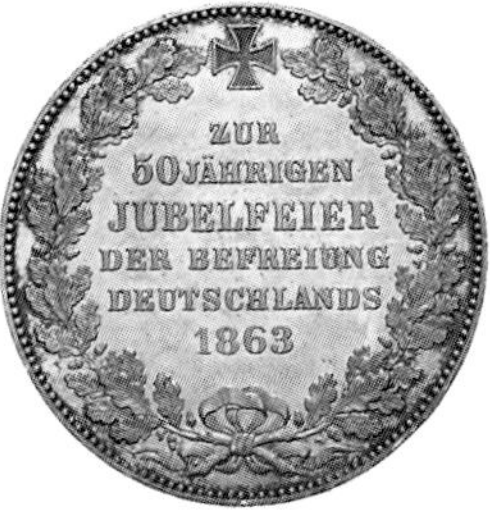

161 Taler Gold

Vs.: FREIE HANSESTADT BREMEN / EIN THALER GOLD

Rs.: ZUR 50 JÄHRIGEN JUBELFEIER DER BEFREIUNG DEUTSCHLANDS 1863

Rand: GOTT MIT UNS

Dav. 626 – AKS 14 – Jaeger 26 – T. 124

1863	(20 000)	60.–	120.–	200.–

Variante

a) Goldabschlag mit glattem Rand im Gewicht von 32 g (Ferrari 1068)

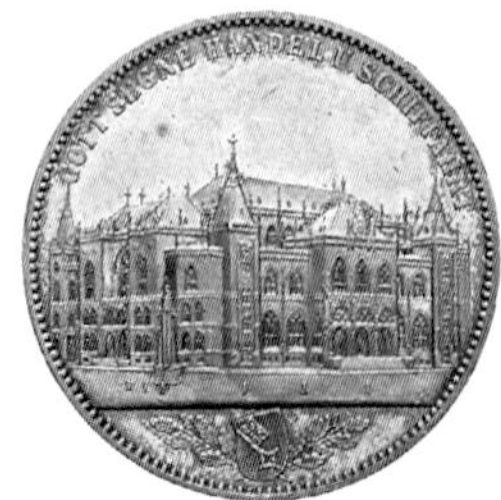

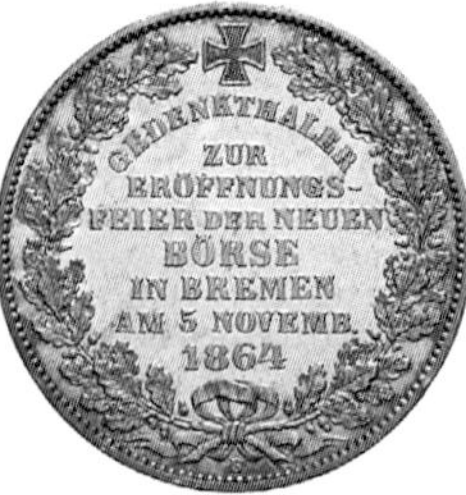

162 Taler

Vs.: GOTT SEGNE HANDEL U. SCHIFFAHRT

Rs.: GEDENKTHALER ZUR ERÖFFNUNGS-FEIER DER NEUEN BÖRSE IN BREMEN AM 5 NOVEMB. 1864 Mzz. B

Rand: Glatt

Dav. 627 – AKS 15 – Jaeger 261 – T. 125

1864	(5000)	90.–	300.–	500.–

Die Prägung erfolgte im Auftrag der Handelskammer, Kursfähigkeit war nicht vorhanden.

In der 350. Künker-Auktion (6/2021), Nr. 1111, erzielte ein Exemplar in „fast Stempelglanz“ 600.– Euro.

Variante

a) Goldabschlag mit glattem Rand im Gewicht von 32 g (Ferrari 1070); 39. Auktion Schweizerischer Bankverein (1/1996, Nr. 374, 35,01 g), „vorzüglich+“, Zuschlag 15 000.– Schweizer Franken; 17. Auktion Heidelberger Münzhandlung Herbert Grün (5/1996), Nr. 1754, Zuschlag 51 000.– DM; 275. Künker-Auktion (3/2016), Nr. 4797 (35,2 g), Zuschlag 32 000.- Euro

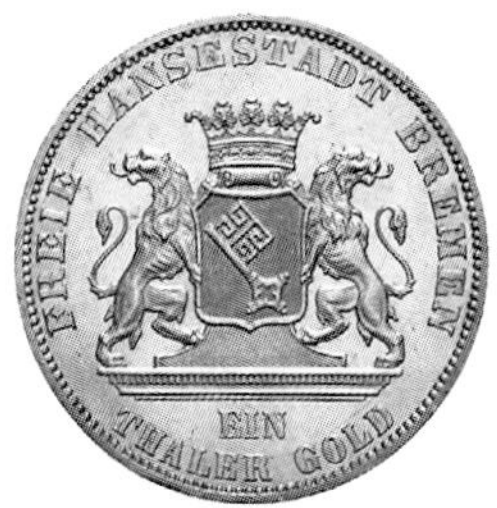

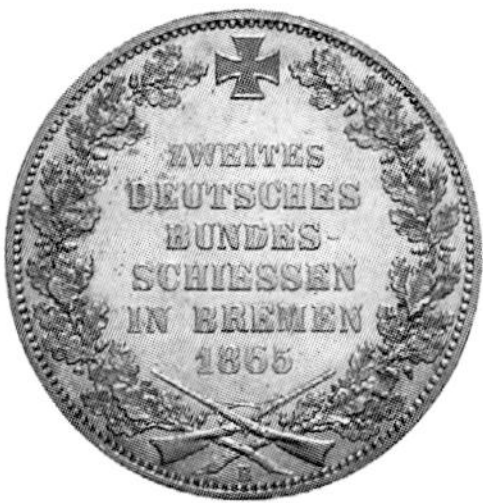

163 Taler Gold

Vs.: FREIE HANSESTADT BREMEN / EIN THALER GOLD

Rs.: ZWEITES DEUTSCHES BUNDES-SCHIESSEN in BREMEN 1865 Mzz. B

Rand: GOTT MIT UNS

Dav. 628 – AKS 16 – Jaeger 27 – T. 126

1865	(50 000)	50.–	120.–	180.–

Variante

a) Goldabschlag mit glattem Rand im Gewicht von 32 g (Ferrari 1072)

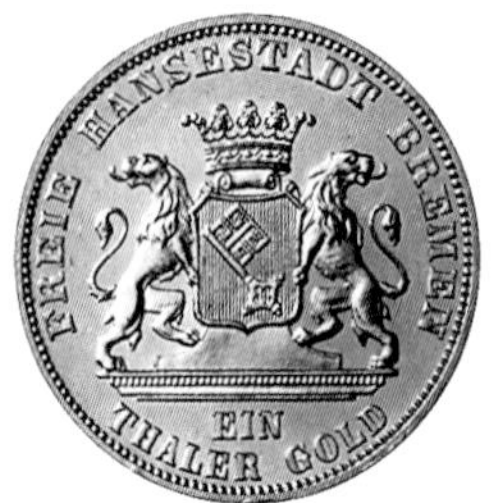

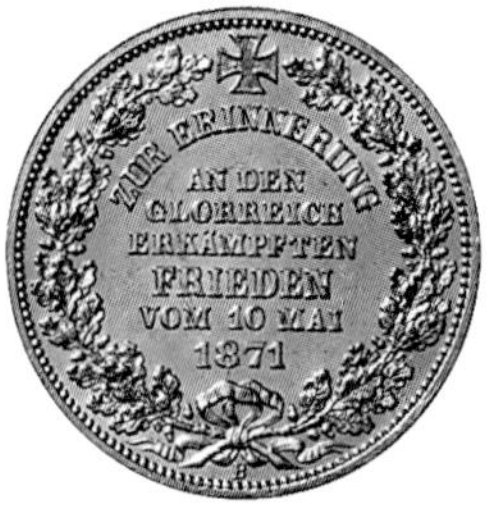

164 Taler Gold (Siegestaler)

Vs.: FREIE HANSESTADT BREMEN / EIN THALER GOLD

Rs.: ZUR ERINNERUNG AN DEN GLORREICH ERKÄMPF-TEN FRIEDEN VOM 10 MAI 1871 Mzz. B

Rand: GOTT WAR MIT UNS

Dav. 629 – AKS 17 – Jaeger 28 – T. 127

1871	(60 720)	50.–	150.–	200.–

Freie Stadt Frankfurt

Münzstätte:	Frankfurt am Main	
Medailleure:		
Z oder Zollmann	Johann Philipp Zollman	(Wiesbaden)
A. v. Nordheim	August von Nordheim	(Frankfurt am Main)

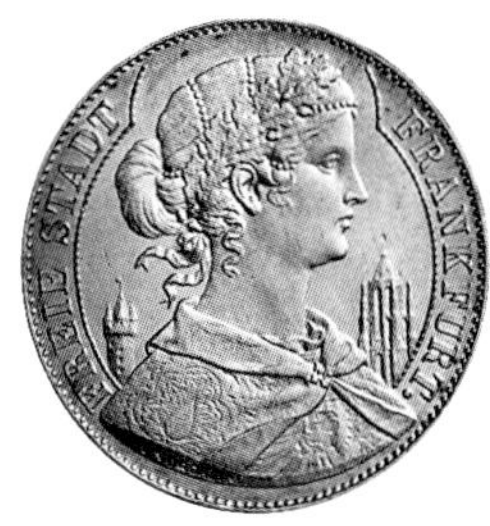

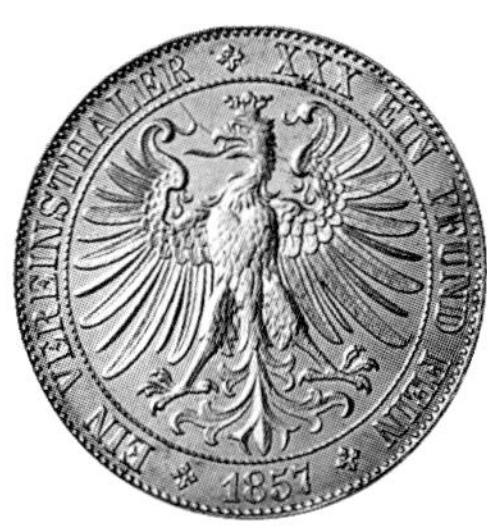

165 Vereinstaler

Vs.: FREIE STADT FRANKFURT. Signatur A. v. NORDHEIM
Rs.: EIN VEREINSTHALER XXX EIN PFUND FEIN 1857
Rand: STARK IM RECHT

Dav. 648 – AKS 6 – Jaeger 39 – T. 140

Keine Dächer vor dem Eschenheimer Turm

1857	(1350)	230.–	550.–	1200.–

Der bei Stutzmann (St. 413a) angegebene Goldabschlag existiert nicht. Unter der Nr. 1255 wurde in der Sammlung Ferrari ein Goldabschlag des Talers Nr. 166 (mit Dächern vor dem Eschenheimer Turm) versteigert.

In der 258. Künker-Auktion (1/2015), Nr. 70, erzielte ein „PP-Exemplar" 2800.– Euro; in der 331. Künker-Auktion (1/2020), Nr. 267, ein Exemplar in „Erstabschlag" 2200.– Euro.

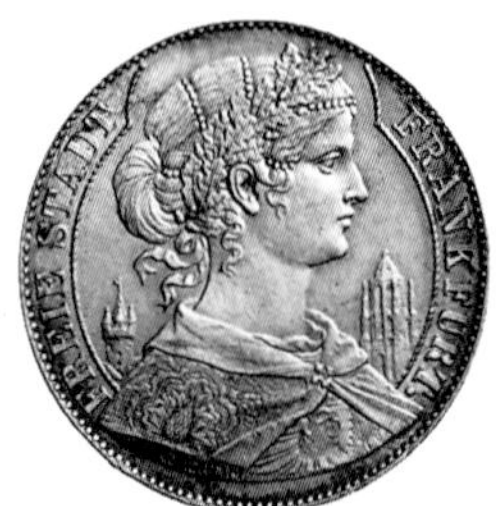

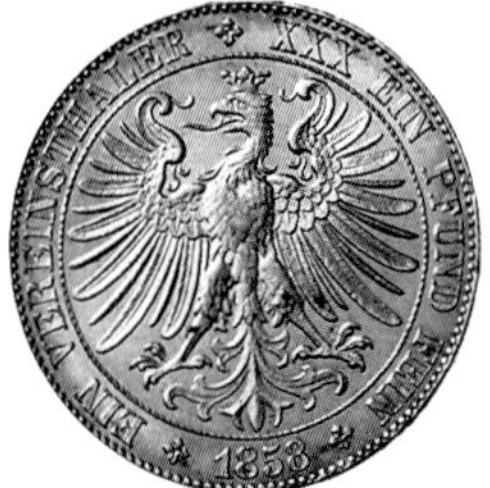

166 Vereinstaler

Vs.: FREIE STADT FRANKFURT. Signatur A. v. NORDHEIM

Rs.: EIN VEREINSTHALER XXX EIN PFUND FEIN Jahr

Rand: STARK IM RECHT

Dav. 648 – AKS 7 – Jaeger 40 – T. 141

Dächer vor dem Eschenheimer Turm

1857		140.–	450.–	800.–
1858	(11 580)	60.–	180.–	380.–

In der 394. Auktion Dr. Busso Peus Nachfolger (11/2007), Nr. 3004, erzielte ein Exemplar vom Jahrgang 1857 in „Polierter Platte" den Zuschlag von 1450.– Euro, in der 140. Auktion F. R. Künker (6/2008), Nr. 2237, ein Exemplar vom Jahrgang 1857 in „Polierter Platte" den Zuschlag von 1750.– Euro. Vom Jahrgang 1857 erzielte ein Exemplar in der 80. Heidelberger Münzauktion (11/2020), Nr. 649, in „Polierter Platte" den Zuschlag von 2500.– Euro; in der 328. Auktion von Hess-Divo (5/2015) ein „PP-Exemplar" 3500.– CHF.

Varianten

a) Dickabschlag mit glattem Rand im Gewicht von 37 g (Ferrari 1350)

b) Goldabschlag vom Jahrgang 1857 im Gewicht von 8 Dukaten (Ferrari 1255); 394. Auktion Dr. Busso Peus Nachfolger (11/2007), Nr. 3005, „Stempelglanz/vorzüglich", 28,56 g, Zuschlag 17 000.– Euro

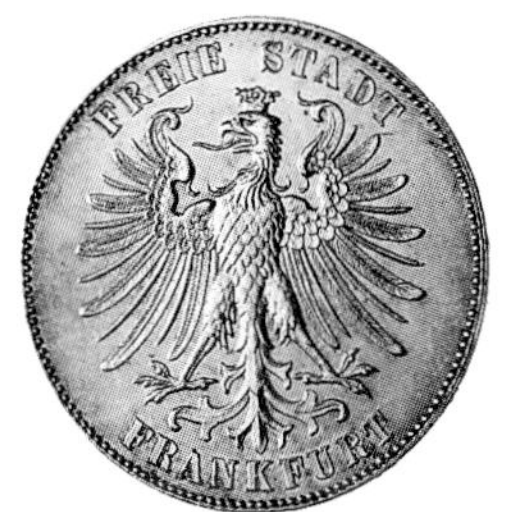

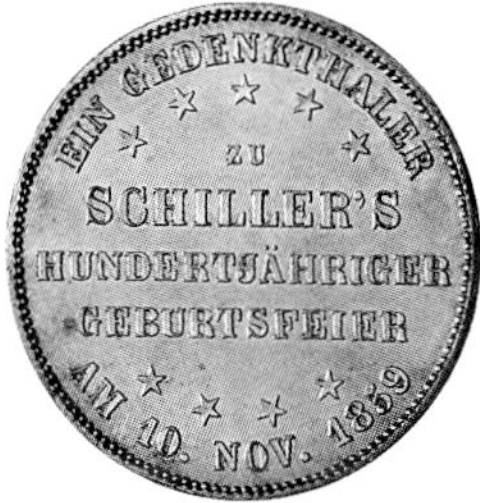

167 Vereinstaler

Vs.: FREIE STADT FRANKFURT

Rs.: EIN GEDENKTHALER ZU SCHILLER'S HUNDERTJÄHRIGER GEBURTSFEIER AM 10. NOV. 1859

Rand: STARK IM RECHT

Dav. 650 – AKS 43 – Jaeger 50 – T. 139

1859	(24 560)	45.–	100.–	160.–

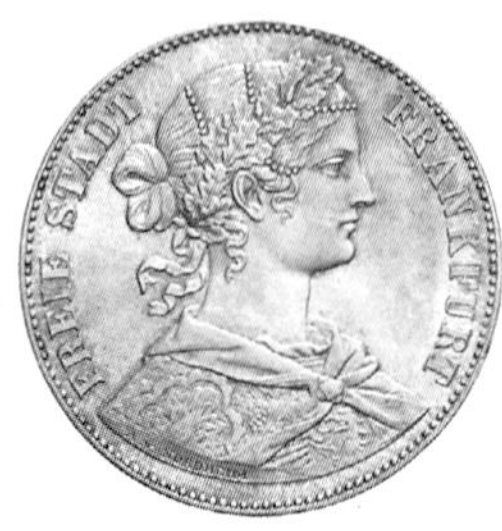

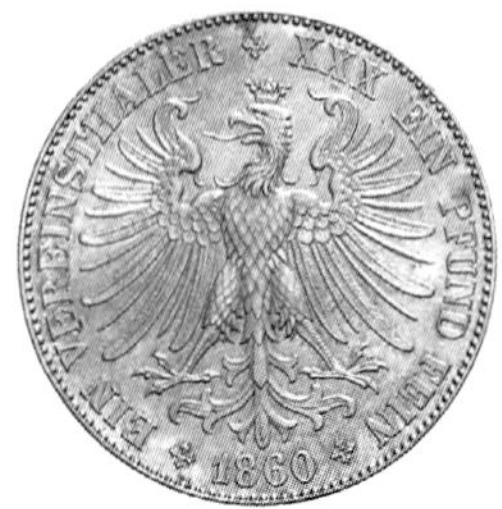

168 Vereinstaler

Vs.: FREIE STADT FRANKFURT Signatur A. v. NORDHEIM
Rs.: EIN VEREINSTHALER XXX EIN PFUND FEIN Jahr
Rand: STARK IM RECHT

Dav. 649 – AKS 8 – Jaeger 41 – T. 142

1859	(282 880)	40.–	85.–	160.–
1860	(1 699 890)	30.–	75.–	130.–

Varianten und Probe

a) 1859 auf der Stirn sechs, an der Schläfe vier und am Haarknoten drei Perlen (Schwalbach 81a)

b) 1859 auf der Stirn sechs, an der Schläfe fünf und am Haarknoten zwei Perlen, das rechte Haarband hat eine Längsfalte (Schwalbach 81b)

c) 1859 auf der Stirn sechs, an der Schläfe vier und am Haarknoten drei Perlen (Schwalbach 81c); 394. Auktion Dr. Busso Peus Nachfolger (11/2007), Nr. 3009, „vorzüglich-Stempelglanz“, 310.– Euro

d) 1860 auf der Stirn sieben, an der Schläfe fünf und am Haarknoten zwei Perlen (Schwalbach 81d); 394. Auktion Dr. Busso Peus Nachfolger (11/2007), Nr. 3010, „sehr schön/vorzüglich“, Zuschlag 40.– Euro

e) 1860 auf der Stirn sieben, an der Schläfe fünf Perlen und am Haarknoten keine Perle (Schwalbach 81e)

f) Probe vom Jahrgang 1857 mit Punkt nach FRANKFURT. (Ferrari 1353). Kurt Jaeger gibt in der Fußnote zu seiner Nr. 41 auf Seite 70 irrtümlich den Jahrgang 1853 an. Abb. siehe nächste Seite.

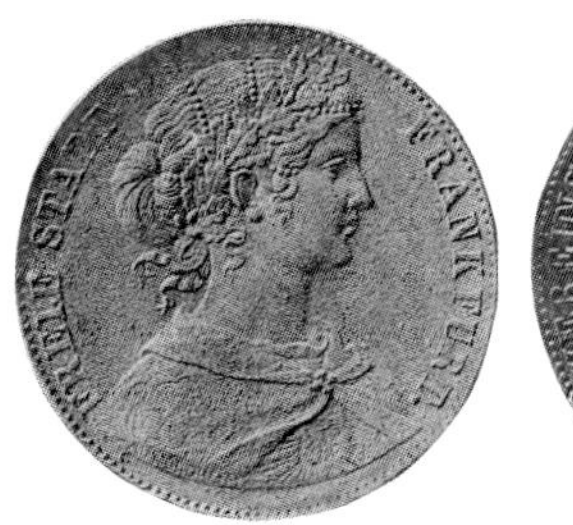
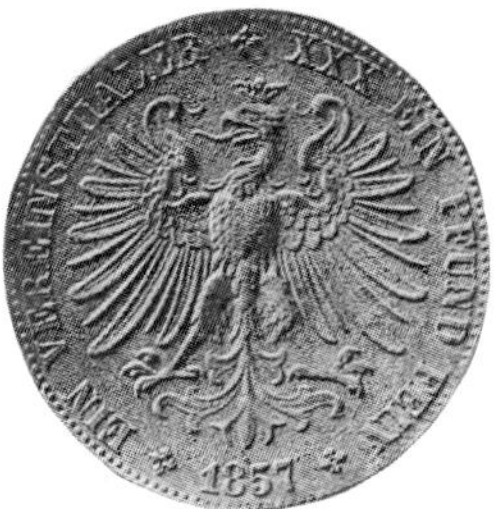

Nr. 168f) Probetaler vom Jahrgang 1857 mit Punkt nach FRANKFURT.

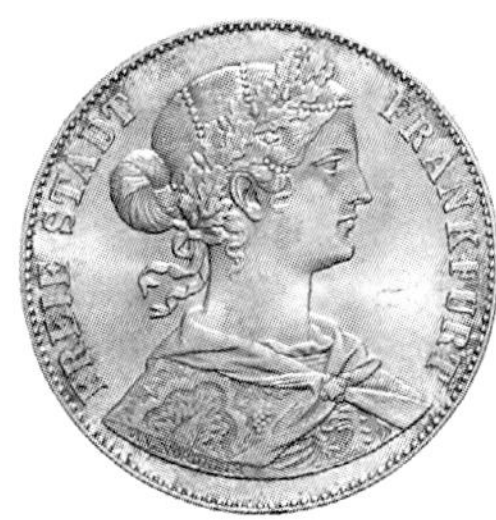
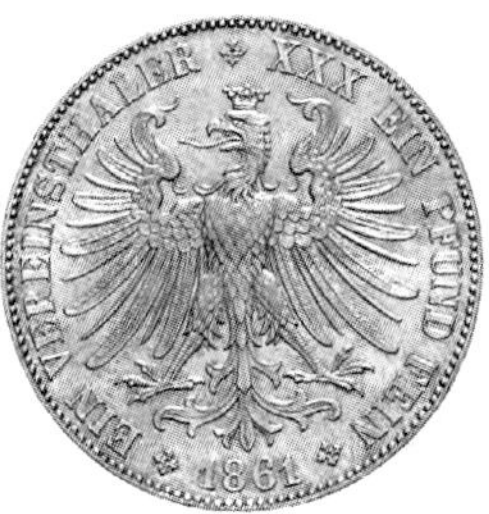

169 Vereinstaler

Vs.: FREIE STADT FRANKFURT Signatur A. V. NORDHEIM

Rs.: EIN VEREINSTHALER XXX EIN PFUND FEIN 1861

Rand: STARK IM RECHT

Dav. 652 – AKS 9 – Jaeger 42a – T. 143

1861	(16 010)	150.–	420.–	750.–

In der 42. Auktion Harald Möller (12/2006), Nr. 517, erzielte ein Exemplar in „Stempelglanz-“ den Zuschlag von 825.– Euro; in der 76. Auktion, Nr. 142, in „vorzüglich+“, 700.– Euro; in der 80. Heidelberger Münzauktion (11/2020), Nr. 652, in „vorzüglich-Stempelglanz/fast Stempelglanz“, 700.– Euro.

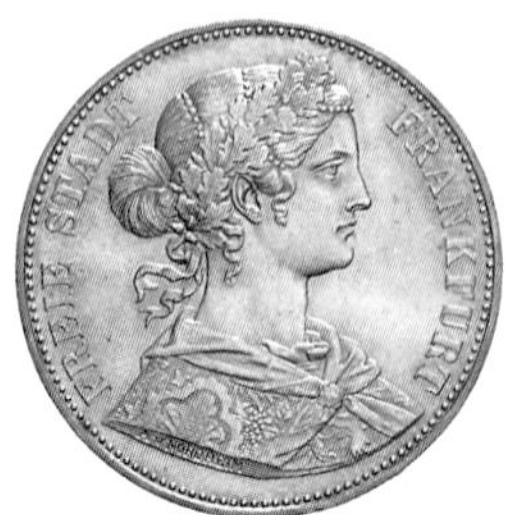
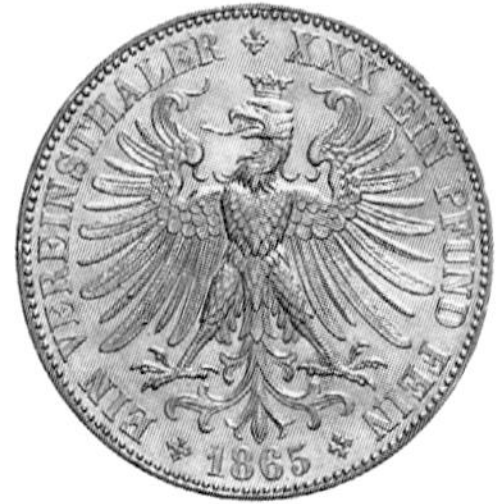

170 Vereinstaler

Vs.: FREIE STADT FRANKFURT Signatur A. v. NORDHEIM
Rs.: EIN VEREINSTHALER XXX EIN PFUND FEIN Jahr
Rand: STARK IM RECHT

Dav. 652 – AKS 10 – Jaeger 42b – T. 144

1862	(312 000)	40.–	90.–	170.–
1863	(21 000)	70.–	300.–	450.–
1864	(105 010)	40.–	90.–	170.–
1865	(206 690)	40.–	90.–	170.–

In der 237. Künker-Auktion (10/2013) erzielte ein PP-Exemplar von 1862 den Zuschlag von 1300.– Euro; in der 104. Auktion der WAG Online (12/2019) ein Stempelglanz-Exemplar von 1865 den Zuschlag von 420.– Euro.

Varianten und Probe

a) 1862 mit dem „M" von NORDHEIM unter dem umgeschlagenen Mantelende (Schwalbach –)
b) 1863 mit dem „M" von NORDHEIM unter dem umgeschlagenen Mantelende (Schwalbach –)
c) 1865 mit dem „M" von NORDHEIM unter dem umgeschlagenen Mantelende (Schwalbach 82a Anm.)
d) Probeabschlag (?) 1865 auf breiterer, dafür dünnerer Ronde und tieferer Randschrift; 69. Auktion F. R. Künker (10/2001), Nr. 5027, „vorzüglich", Zuschlag 460.– DM; 42. Auktion Harald Möller (12/2006), Nr. 525, „vorzüglich", Zuschlag 200.– Euro. Die beiden Exemplare aus den genannten Auktionen sind nicht identisch!

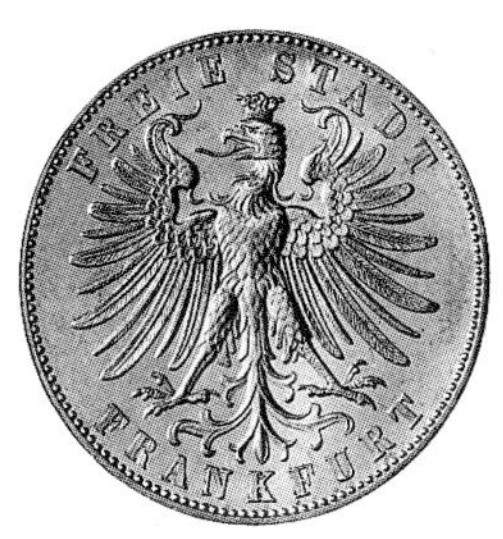

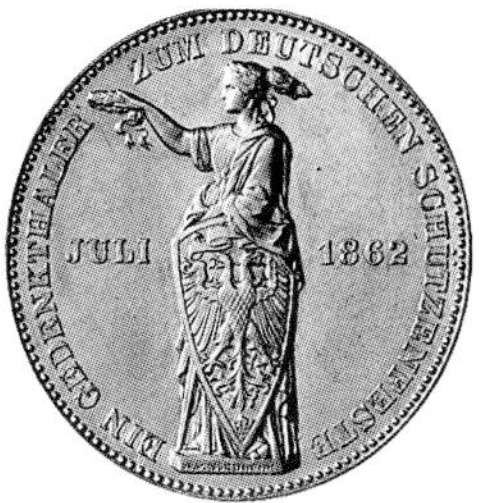

171 Vereinstaler

Vs.: FREIE STADT FRANKFURT

Rs.: EIN GEDENKTHALER ZUM DEUTSCHEN SCHÜTZENFESTE / JULI 1862 auf dem Sockel Signatur A. v. NORDHEIM

Rand: STARK IM RECHT

Dav. 653 – AKS 44 – Jaeger 51 – T. 146

1862	(44 330)	50.–	110.–	170.–

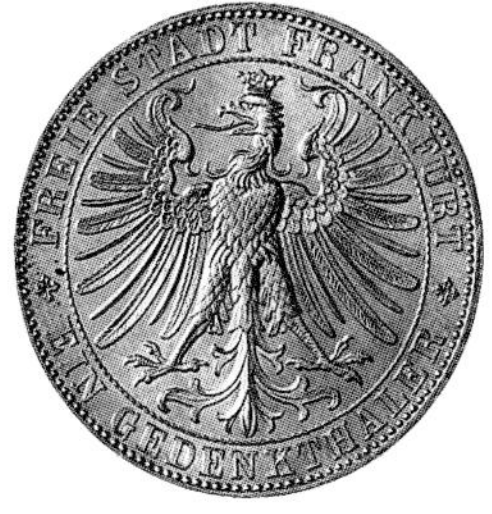

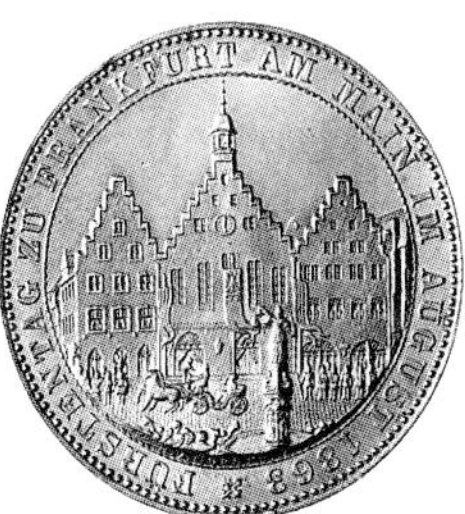

172 Vereinstaler

Vs.: FREIE STADT FRANKFURT / EIN GEDENKTHALER

Rs.: FÜRSTENTAG ZU FRANKFURT AM MAIN IM AUGUST 1863 Signatur A. v. NORDHEIM

Rand: STARK IM RECHT

Dav. 654 – AKS 45 – Jaeger 52 – T. 147

1863	(20 300)	70.–	160.–	400.–

In der 96. WAG-Online-Auktion (3/2019) erzielte ein Exemplar in „Stempelglanz“ 850.– Euro; in der 80. Heidelberger Münzauktion (11/2020), Nr. 656, ein PP-Exemplar 1700.– Euro.

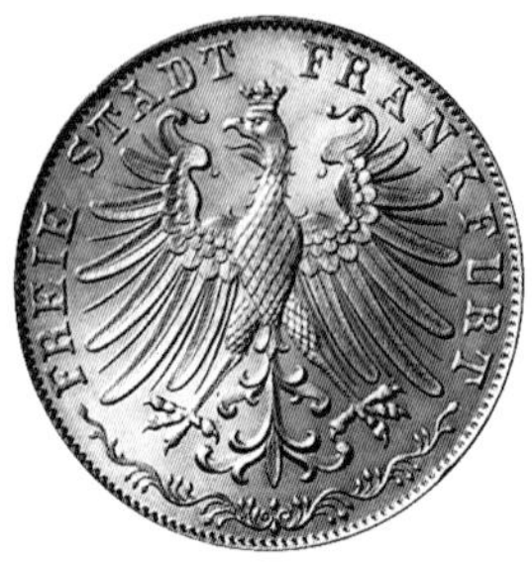

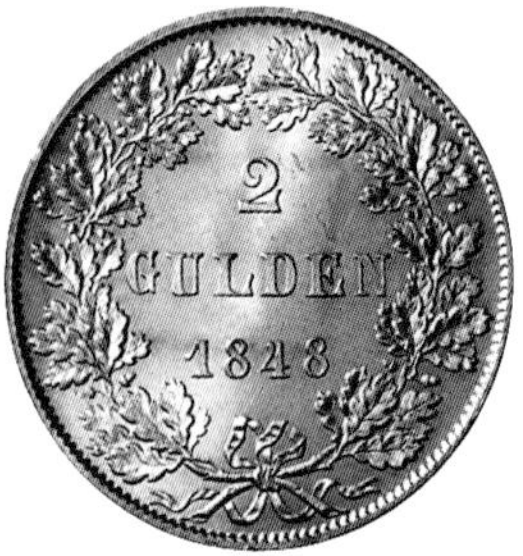

173 Doppelgulden

Vs.: FREIE STADT FRANKFURT

Rs.: 2 GULDEN Jahr

Rand: Vertiefte Vierecke

Dav. 642 – AKS 5 – Jaeger 28 – T. 132

1845	(114 490)	100.–	200.–	300.–
1846	(280 760)	100.–	200.–	300.–
1847	(215 030)	100.–	200.–	300.–
1848	(146 570)	100.–	200.–	300.–
1849	(22 540)	120.–	210.–	320.–
1850	(31 470)	120.–	240.–	420.–
1851	(32 070)	110.–	200.–	320.–
1852	(25 630)	120.–	220.–	340.–
1853	(56 080)	120.–	220.–	320.–
1854	(6020)	140.–	250.–	450.–
1856	(36 280)	110.–	220.–	320.–

In der 103. Auktion der WAG Online (11/2019), Nr. 807, wurde ein Exemplar von 1845 in „Stempelglanz“ für 750.– Euro versteigert; in der 116. Auktion der WAG Online (2/2021), Nr. 506, ein Exemplar von 1845 in „Stempelglanz“ für 775.– Euro.

Variante

a) 1856 aus 1846 geändert (Schwalbach 73a); 45. Auktion Harald Möller (6/2007), Nr. 521, „vorzüglich-Stempelglanz aus Polierter Platte“, Schätzpreis 200.– Euro

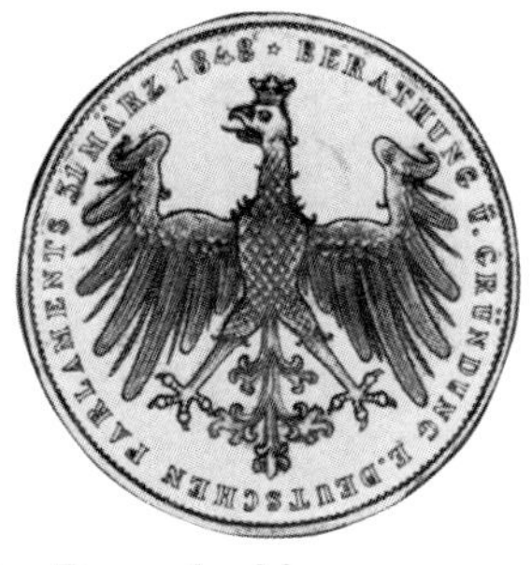

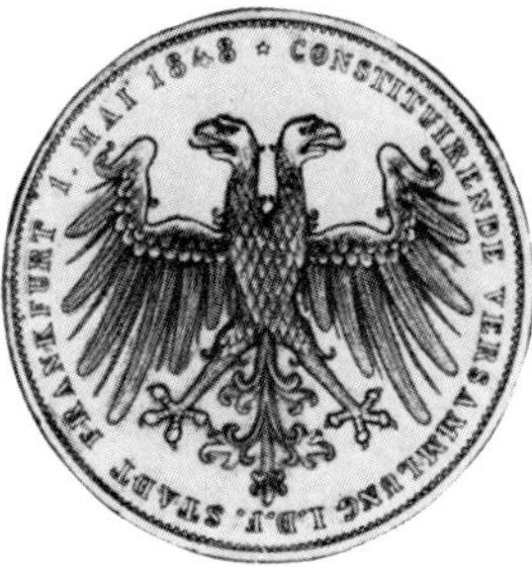

174 Doppelgulden

Vs.: CONSTITUIRENDE VERSAMMLUNG I.D.F. STADT FRANKFURT 1. MAI 1848

Rs.: BERATHUNG Ü. GRÜNDUNG E. DEUTSCHEN PARLAMENTS 31 MÄRZ 1848

Rand: ZWEY * * * GULDEN

AKS 37 – Jaeger 44 – T. 133

1848	(ca. 18)	LP

Bisher letztes Vorkommen in der 9. Auktion von Spink & Son Numismatics Ltd, Zürich, am 21. April 1983, Nr. 136, Zuschlag 25 000.– Schweizer Franken.

Variante

a) Randschrift mit ZWEY * GULDEN * statt ZWEY * * * GULDEN * * * (Schwalbach 74b Anm.)

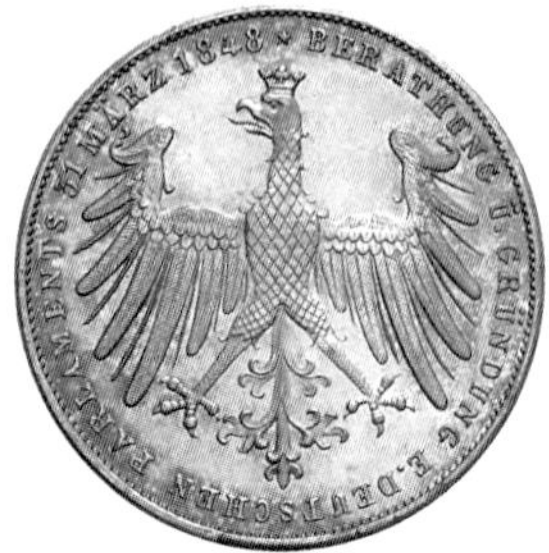
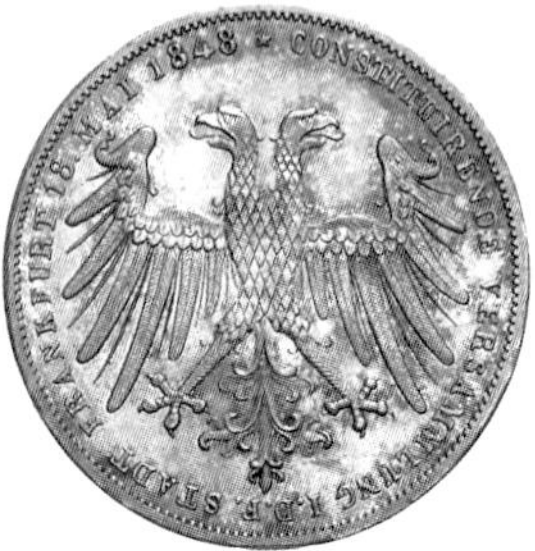

175 Doppelgulden

Vs.: BERATHUNG Ü. GRÜNDUNG E. DEUTSCHEN PARLAMENTS 31 MÄRZ 1848

Rs.: CONSTITUIRENDE VERSAMMLUNG I.D.F. STADT FRANKFURT 18. MAI 1848

Rand: ZWEY ⋆ ⋆ ⋆ GULDEN ⋆ ⋆ ⋆

Dav. 643 – AKS 38 – Jaeger 45 – T. 134

1848	(8600)	60.–	100.–	180.–

In der 80. Heidelberger Münzauktion (11/2020), Nr. 639, erzielte ein Stempelglanz-Exemplar 625.– Euro.

Varianten

a) Im Stempel aus „1. MAI“ in „18. MAI“ geändert (Jaeger 45 Anm.)

b) Ohne Randschrift mit glattem Rand; 42. Auktion Harald Möller (12/2006), Nr. 497, „Stempelglanz“, Schätzpreis 2000.– Euro; 240. Auktion Gerhard Hirsch Nachfolger (5/2005), Nr. 1825, „Stempelglanz“, Zuschlag 750.– Euro; 50. Teutoburger Münzauktion (5/2010), Nr. 6239, Taxe 1000.– Euro

c) Mit Randschrift ZWEY ⋆ ⋆ ⋆ GULDEN ⋆ ⋆ (Schwalbach 74 [ungenau]; Ferrari 1320). Die normale Randschrift lautet: ZWEY ⋆ ⋆ ⋆ GULDEN ⋆ ⋆ ⋆.

d) Mit Randschrift ZWEY ⋆ ⋆ GULDEN ⋆ ⋆ ⋆ (Schwalbach 74 [ungenau]; Ferrari 1321)

e) Mit Randschrift ZWEY ⋆ ⋆ G ⋆ ULDEN ⋆ ⋆ ⋆ (Ferrari 1322)

f) Mit Randschrift ZWEY ⋆ G ⋆ ULDEN ⋆ ⋆ ⋆ (Ferrari 1323)

g) Goldabschlag von Nr. 175a mit glattem Rand im Gewicht von 34,97 g = 10 Dukaten; 213. Künker-Auktion (6/2012), Nr. 6239, „fast Stempelglanz“, Zuschlag 9500.– Euro

h) Goldabschlag von Nr. 175a mit glattem Rand im Gewicht von 8 Dukaten (AKS 38 Anm.)

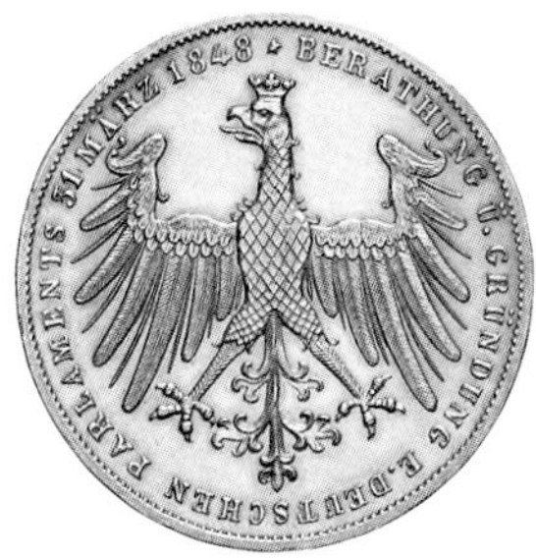

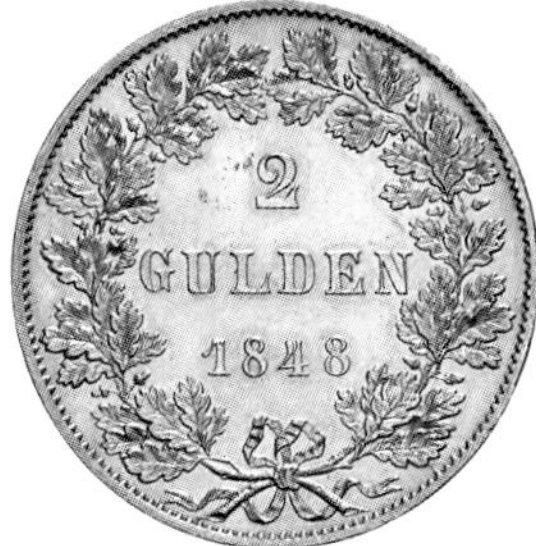

175A Zwitter-Doppelgulden

Vs.: BERATHUNG Ü. GRÜNDUNG E. DEUTSCHEN PARLAMENTS 31 MÄRZ 1848

Rs.: 2 GULDEN 1848

Rand: ZWEY * * GULDEN * * *

Dav. 643 – AKS 38 – Jaeger 45 – T. 134A

1848 (wenige Ex.) LP

Zwittermünze aus der Vorderseite von Nr. 175 und der Rückseite von Nr. 173; Auktion A. Hess Nachfolger (5/1895), Zuschlag 825.– Goldmark; 68. Auktion Kölner Münzkabinett Tyll Kroha (4/1998), Nr. 883, „Stempelglanz“, Zuschlag 34 000.– DM; 42. Auktion Harald Möller (12/2006), Nr. 494, „fast Stempelglanz“, Zuschlag 8000.– Euro; 80. Heidelberger Münzauktion (11/2020), Nr. 640, „fast Stempelglanz“, Zuschlag 17 250.– Euro.

Variante

a) Statt der Randschrift vertiefte Vierecke (Jaeger 45 Anm.; Ferrari 1326); 201. Künker-Auktion (2/2012), Nr. 579, „fast Stempelglanz“, Zuschlag 7000.– Euro

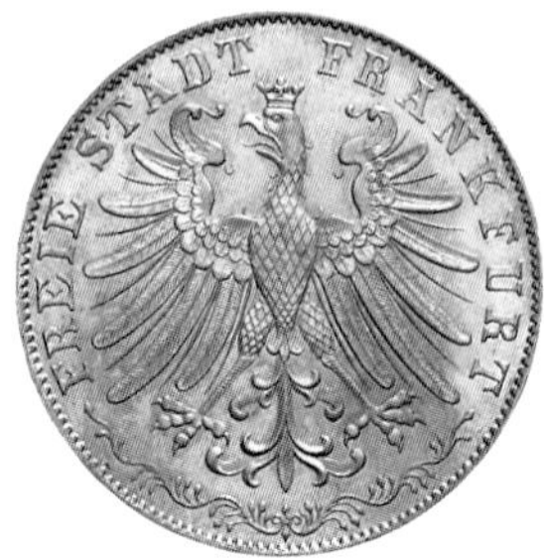

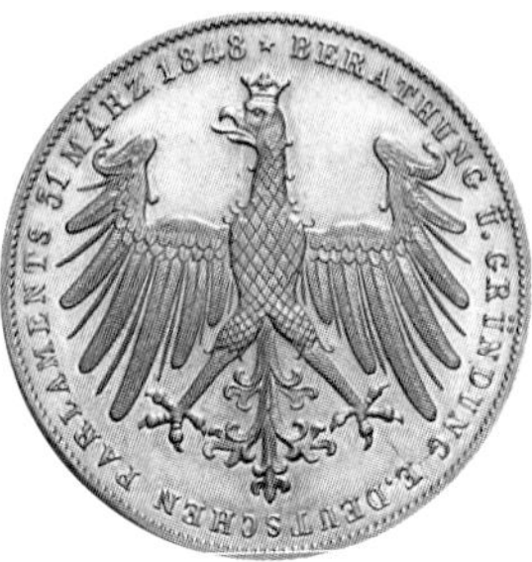

175B Zwitter-Doppelgulden

Vs.: FREIE STADT FRANKFURT

Rs.: BERATHUNG Ü. GRÜNDUNG E. DEUTSCHEN PARLAMENTS 31 MÄRZ 1848

Rand: Glatt

Ferrari 1324

1848	LP

Zwittermünze aus der Vorderseite von Nr. 173 und der Vorderseite von Nr. 175. Diese Zwittermünze ist nur aus der Sammlung Ferrari (Nr. 1324, Zuschlag 520.– Holländische Gulden) bekannt und fehlt bei Schwalbach, Rudolph, Joseph/Fellner, Jaeger, AKS und Thun.

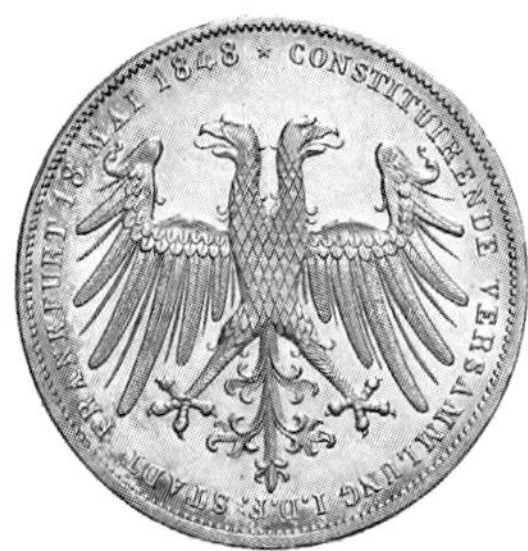

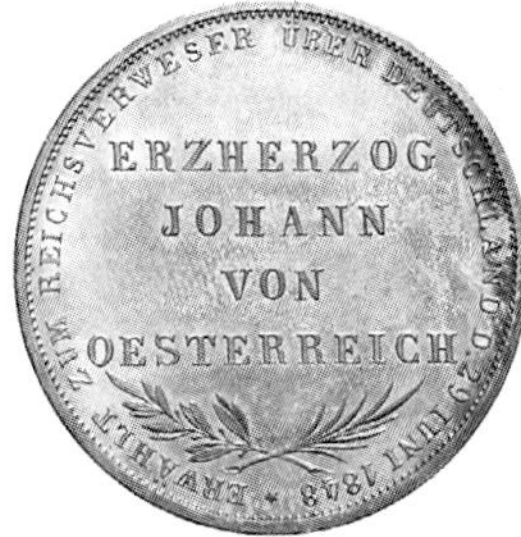

176 Doppelgulden

Vs.: CONSTITUIRENDE VERSAMMLUNG I.D.F. STADT FRANKFURT 18. MAI 1848

Rs.: ERZHERZOG JOHANN VON OESTERREICH ERWÄHLT ZUM REICHSVERWESER ÜBER DEUTSCHLAND D. 29 IUNI 1848

Rand: ZWEY * * * GULDEN * * *

Dav. 644 – AKS 39 – Jaeger 46 – T. 135

1848	(36 060)	65.–	110.–	200.–

Varianten

a) „18. MAI" aus „1. MAI" („große 8") im Stempel geändert (Schwalbach 75 Anm.; Ferrari 1328)

b) „18. MAI" nicht aus „1. MAI" („kleine „8") geändert (Schwalbach 75 Anm.; Ferrari 1328)

c) Abschlag mit glattem Rand ohne Randschrift von Variante Nr. 176a; 42. Auktion Harald Möller (12/2006), Nr. 495, „vorzüglich-Stempelglanz", Zuschlag 330.– Euro

d) Mit der Randschrift ZWEY * * G * ULDEN * * * statt ZWEY * * * GULDEN * * * (Joseph/Fellner 1139 Anm.)

e) Mit Randschrift ZWEY * * GULDEN * * *

f) Goldabschlag (15,3 g) ohne Randschrift von der Variante Nr. 176a (Ferrari 1252)

g) Goldabschlag (17 g) ohne Randschrift von der Variante Nr. 176b, „18. MAI" ist nicht aus „1. MAI" geändert worden (Ferrari 1253); 9. Auktion Spink & Son Ltd, Zürich (4/1983), Nr. 139, „FDC" (16,36 g), Zuschlag 14 500.– Schweizer Franken

h) Goldabschlag (34,77 g) ohne Randschrift von der Variante Nr. 176a; 42. Auktion Harald Möller (12/2006), Nr. 491, „Polierte Platte", Schätzpreis 18 000.– Euro; 394. Auktion Dr. Busso Peus Nachfolger (11/2007), Nr. 2964, „vorzüglich" (34,95 g), Zuschlag 4400.– Euro; 213. Künker-Auktion (6/2012), Nr. 4733, „fast Stempelglanz" (34,90 g), Zuschlag 10 000.– Euro

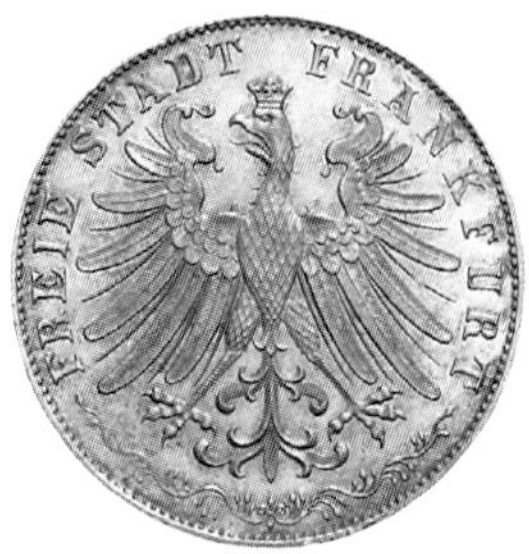

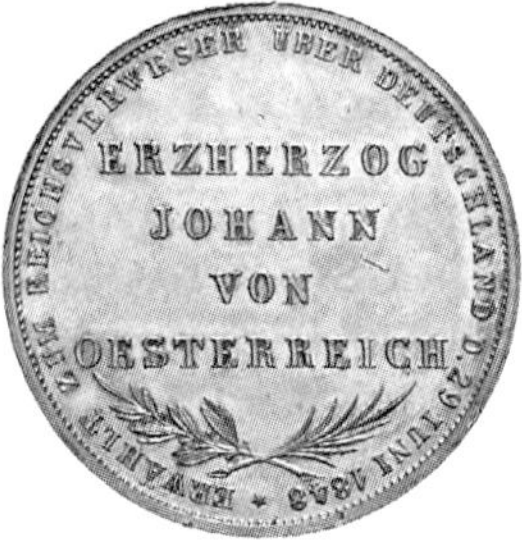

176A Zwitter-Doppelgulden

Vs.: FREIE STADT FRANKFURT

Rs.: ERZHERZOG JOHANN VON OESTERREICH ERWÄHLT ZUM REICHSVERWESER ÜBER DEUTSCHLAND D. 29 IUNI 1848

Rand: ZWEY * * * GULDEN * * *

AKS 39 Var. – Jaeger 45 Anm. – Thun 135A

1848	LP

Zwittermünze aus der Vorderseite von Nr. 173 und der Rückseite von Nr. 176; Auktion A. Hess Nachfolger (Slg. Meyer-Gedanensis, 5/1895), Nr. 8163, Zuschlag 1150.– Goldmark; 67. Auktion Leu Numismatik AG, Zürich (Slg. V. Brand, 10/1996), Nr. 3359, „vorzüglich-Stempelglanz“, Zuschlag 19 000.– Schweizer Franken; 80. Heidelberger Münzauktion (11/2020), Nr. 642, Zuschlag 16 000.- Euro.

Variante

a) Statt der Randschrift vertiefte Vierecke (Jaeger 45 Anm.)

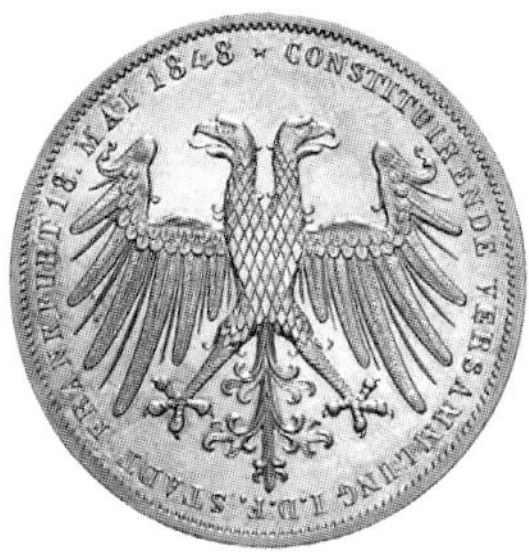

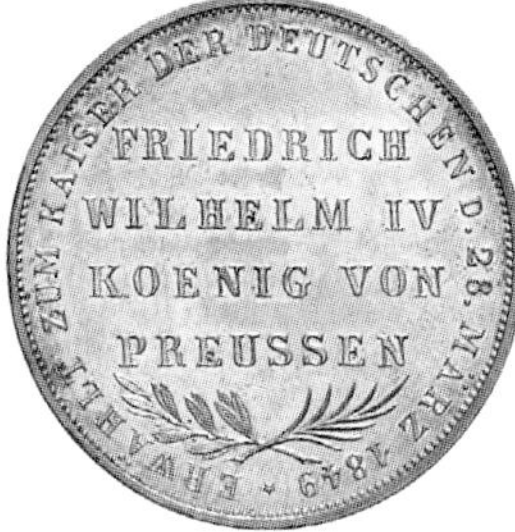

177 Doppelgulden

Vs.: CONSTITUIRENDE VERSAMMLUNG I.D.F. STADT FRANKFURT 18. MAI 1848

Rs.: FRIEDRICH WILHELM IV KOENIG VON PREUSSEN ERWÄHLT ZUM KAISER DER DEUTSCHEN D. 28. MÄRZ 1849

Rand: ZWEY * * * GULDEN * * *

Dav. 645 – AKS 40 – Jaeger 47 – T. 136

1849	(200)	2200.–	3800.–	5500.–

In der 42. Auktion Harald Möller (12/2006), Nr. 499, wurde ein Exemplar in „Erstabschlag" für 4000.– Euro zugeschlagen; in der 80. Heidelberger Münzauktion (11/2020), Nr. 643, ein PP-Exemplar für 8000.– Euro; in der 350. Künker-Auktion (6/2021), Nr. 1153, ein Stempelglanz-Exemplar für 8000.– Euro.

Varianten

a) Mit der Randschrift ZWEY * * * GULDEN * * statt ZWEY * * * GULDEN * * * (Ferrari 1331)

b) Der Punkt zwischen „18" und „MAI" auf der Vorderseite steht exakt in der Mitte zwischen der „8" und dem „M", nicht dichter an der „8"; 119. Auktion F. R. Künker (2/2007), Nr. 602, „fast Stempelglanz", Zuschlag 4500.– Euro

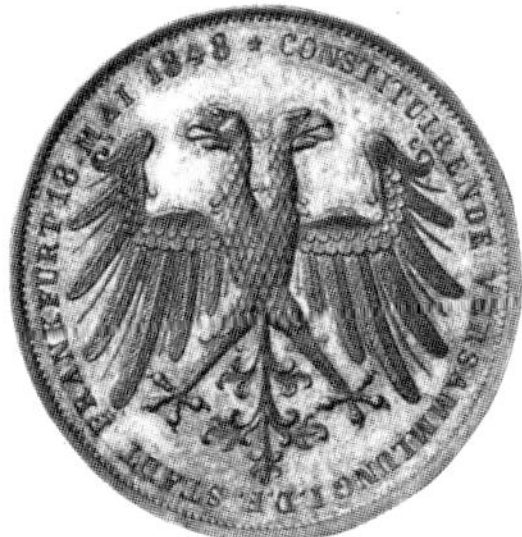

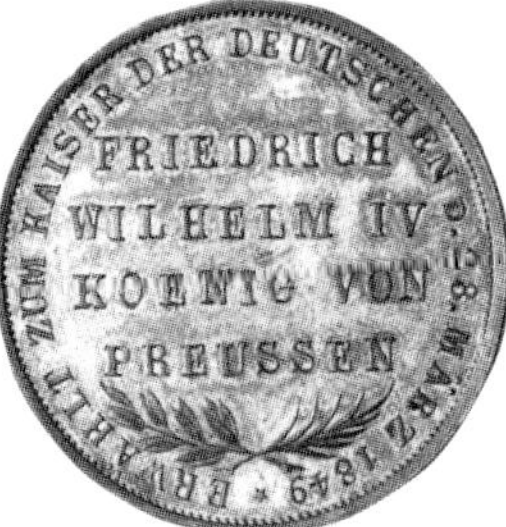

Nr. 177b), Doppelgulden mit dem Punkt zwischen „8" von „18" und „M" von „MAI" exakt in der Mitte

c) Mit glattem Rand ohne Randschrift; 46. Auktion Emporium Hamburg (11/2001), Nr. 2722, „Polierte Platte", Zuschlag 6200.– DM
d) Kupferabschlag mit glattem Rand ohne Randschrift
e) Versilberter Kupferabschlag mit glattem Rand ohne Randschrift
f) Messingabschlag mit glattem Rand ohne Randschrift; 34. Auktion Schweizerischer Bankverein (1/1994), Nr. 1141, „fast FDC", Zuschlag 3500.– Schweizer Franken
g) Zinnabschlag mit glattem Rand ohne Randschrift; 31. Auktion Harald Möller (10/2002), Nr. 930, „sehr schön-vorzüglich", Zuschlag 550.– Euro
h) Goldabschlag (16,2 g) von Variante Nr. 177b ohne Randschrift (Ferrari 1254); 9. Auktion Spink & Son Ltd, Zürich (4/1983), Nr. 142, „vorzüglich, Randverletzung" (16,29 g), Zuschlag 14 750.– Schweizer Franken; 213. Künker-Auktion (6/2012), Nr. 4734, Zuschlag 11 000.– Euro
i) Probe mit dem Kopfbild von König Friedrich Wilhelm IV. von Preußen ohne Umschrift auf der Rückseite, Randschrift ZWEY * * * GULDEN * * * (Jaeger 47 Probe; Ferrari 1336)

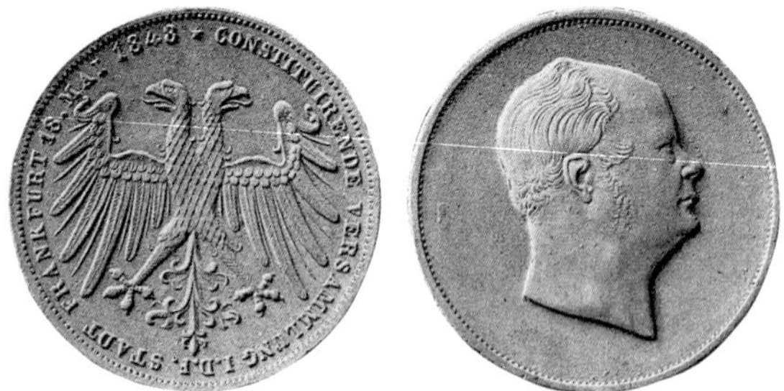

Nr. 177i), Probe-Doppelgulden mit dem Kopfbild von König Friedrich Wilhelm IV. von Preußen auf der Rückseite

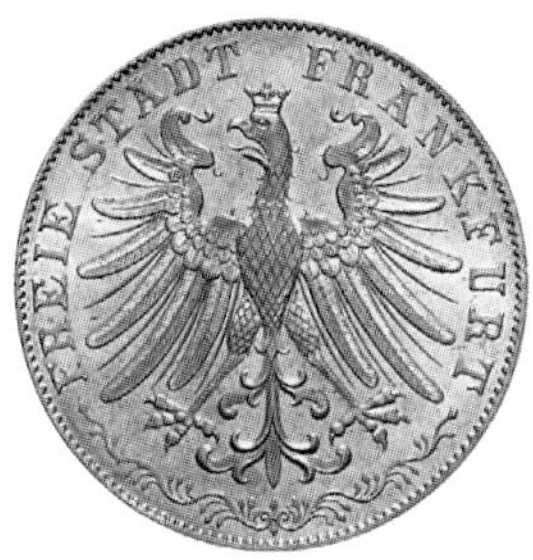

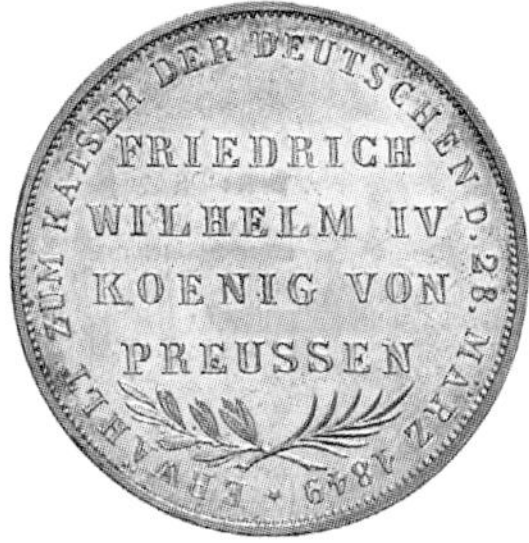

177A Zwitter-Doppelgulden

Vs.: FREIE STADT FRANKFURT

Rs.: FRIEDRICH WILHELM IV KOENIG VON PREUSSEN ERWÄHLT ZUM KAISER DER DEUTSCHEN D. 28. MÄRZ 1849

Rand: ZWEY * * * GULDEN * * *

AKS 40 Var. – Jaeger 45 Anm. – Thun 136A

1849	LP

Zwittermünze aus der Vorderseite von Nr. 173 und der Rückseite von Nr. 177

In der 31. Auktion Harald Möller (10/2002), Nr. 928, wurde ein Exemplar in „Stempelglanz" für 23 500.– Euro zugeschlagen; in der 80. Heidelberger Münzauktion (11/2020), Nr. 644, ein „PP-Exemplar" für 14 000.– Euro.

Varianten

a) Statt der Randschrift vertiefte Vierecke (Jaeger 45 Anm.; Ferrari 1335); 201. Künker-Auktion (2/2012), Nr. 582, „vorzüglich-Stempelglanz", Zuschlag 7000.– Euro

b) Versilberter Kupferabschlag ohne Randschrift

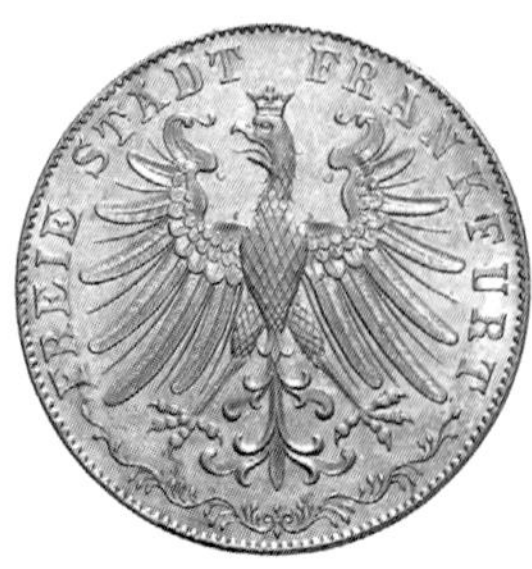

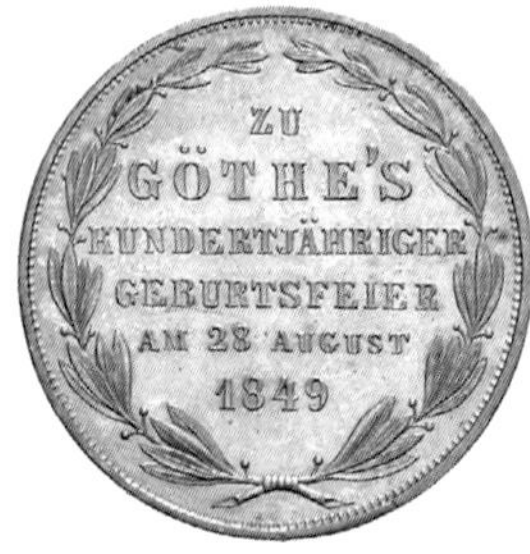

178 Doppelgulden

Vs.: FREIE STADT FRANKFURT

Rs.: ZU GÖTHE'S HUNDERTJÄHRIGER GEBURTSFEIER AM 28 AUGUST 1849

Rand: ZWEY * * * GULDEN * * *

Dav. 646 – AKS 41 – Jaeger 48 – T. 137

1849	(8500)	50.–	130.–	270.–

In der 96. Auktion von WAG Online (3/2019), Nr. 817, wurde ein Stempelglanz-Exemplar für 675.– Euro zugeschlagen.

Varianten

a) Randschrift ZWEY * * * GULDE * N * * (Ferrari 1339)

b) Goldabschlag im Gewicht von 10 Dukaten; 394. Auktion Dr. Busso Peus Nachfolger (11/2007), Nr. 2972, „vorzüglich", 34,96 g, Zuschlag 4000.– Euro; 213. Künker-Auktion (6/2012), Nr. 4735, „fast Stempelglanz", Zuschlag 8500.– Euro

c) Kupferabschlag (Schwalbach 77 Anm., dort als „Bronzeabschlag" bezeichnet)

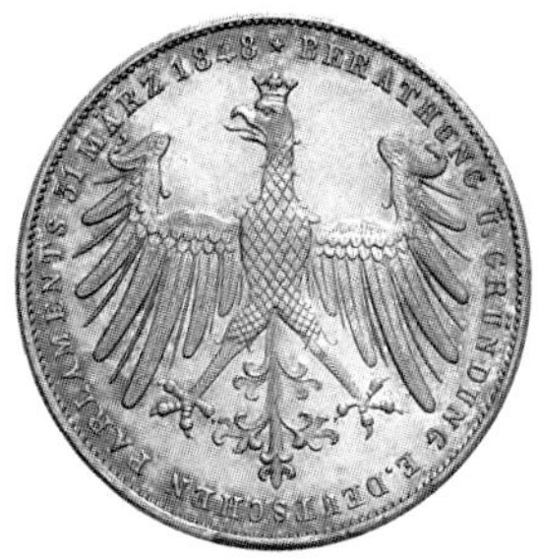

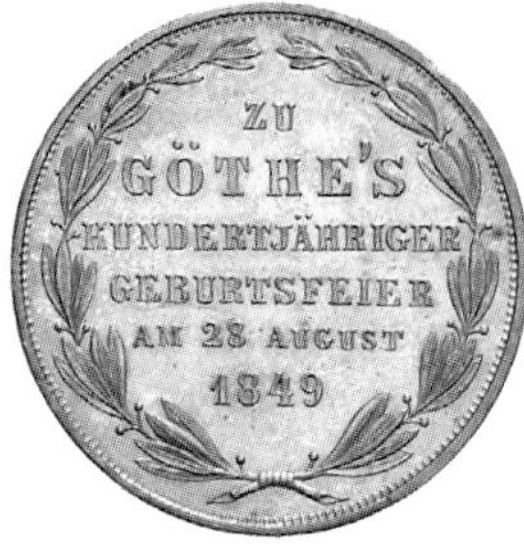

178A Zwitter-Doppelgulden

Vs.: BERATHUNG U. GRÜNDUNG E. DEUTSCHEN PARLAMENTS 31 MÄRZ 1848

Rs.: ZU GÖTHE'S HUNDERTJÄHRIGER GEBURTSTAGSFEIER AM 28 AUGUST 1849

AKS – Jaeger – Thun

1849 (späterer Abschlag)	LP

Zwitter-Goldabschlag aus der Vorderseite von Nr. 175 und der Rückseite von Nr. 178

Das einzig bekannte Exemplar wurde zuletzt in der 77. Teutoburger Münzauktion (9/2013), Nr. 1338, für 14 000.– Euro zugeschlagen. Es handelt sich um einen späteren Abschlag, der zuvor schon in der Peus-Auktion 394 (2007) für 4000.– Euro und der 213. Künker-Auktion (2012) für 8500.– Euro versteigert worden war.

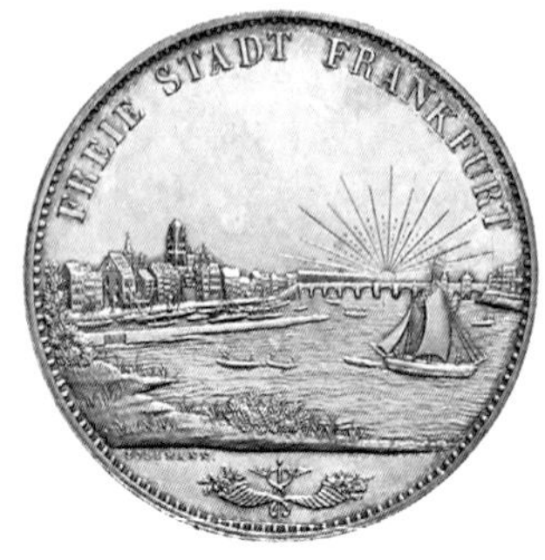

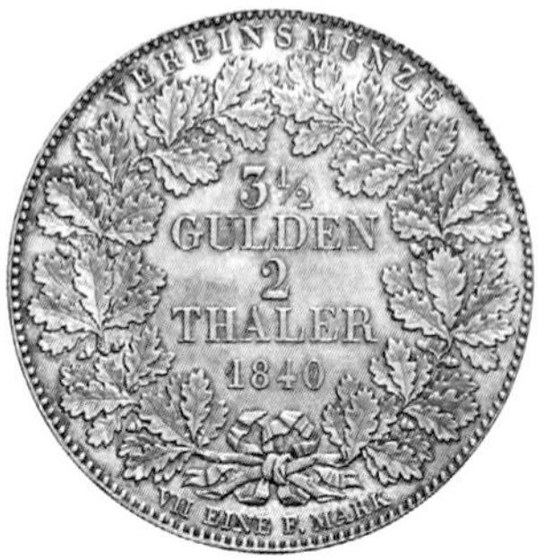

181 Doppeltaler

Vs.: FREIE STADT FRANKFURT Signatur Zollmann

Rs.: VEREINSMÜNZE VII EINE F. MARK 3 ½ GULDEN 2 THALER Jahr

Rand: CONVENTION VOM 30 JULY 1838

Dav. 640 – AKS 3 – Jaeger 15 – T. 130

1840	170.–	350.–	600.–
1841*	170.–	300.–	480.–
1842			LP**
1843*	170.–	320.–	520.–
1844*	170.–	350.–	600.–

**) Prägezahlen in den betreffenden Jahrgängen der Nr. 182 enthalten*

***) Der Jahrgang 1842 wurde bisher zuletzt angeboten in der 9. Auktion Spink & Son Numismatics Ltd, Zürich (4/1983), Nr. 127, „Kratzer im Feld, sonst fast sehr schön“, Zuschlag 11 500.– Schweizer Franken (Taxe 5000.–).*

In der 80. Heidelberger Münzauktion (11/2020), Nr. 635, wurde ein Exemplar von 1840 in „fast Stempelglanz, kleine Kratzer“ für 1500.– Euro versteigert.

Varianten und Probe

a) 1841 mit Schornsteinen auf den Dächern; 52. Auktion UBS (9/2001), Nr. 1086, „vorzüglich-fast FDC“, Zuschlag 420.– Schweizer Franken

b) 1841 mit Stern über der „8“ von „1838“ in der Randschrift

c) Einseitiger Kupferabschlag der Vorderseite

d) Einseitiger Kupferabschlag der Rückseite vom Jahrgang 1840; 394. Auktion Dr. Busso Peus Nachfolger (11/2007), Nr. 2926, „sehr schön“, Zuschlag 200.– Euro

e) Probe ohne Jahresangabe

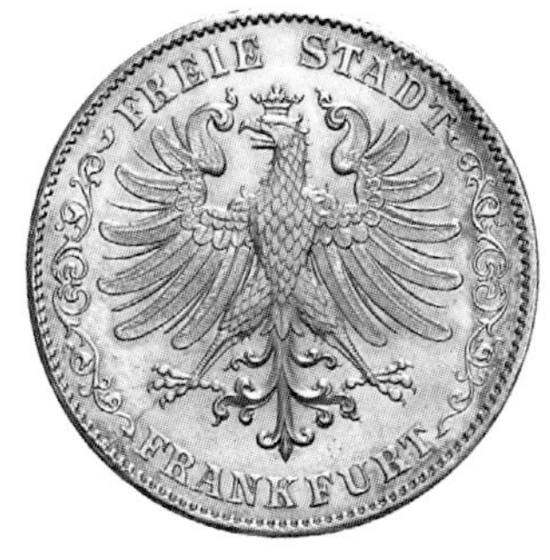

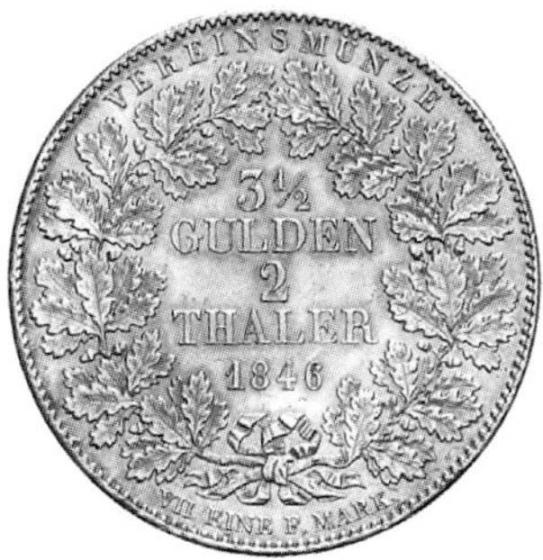

182 Doppeltaler

Vs.: FREIE STADT FRANKFURT

Rs.: VEREINSMÜNZE VII EINE F. MARK 3 ½ GULDEN 2 THALER Jahr

Rand: CONVENTION VOM 30 JULY 1838

Dav. 641 – AKS 2 – Jaeger 23 – T. 131

1841	(120 690)	180.–	300.–	500.–
1842	(287 370)	180.–	300.–	500.–
1843	(122 940)	180.–	300.–	500.–
1844	(195 630)	180.–	300.–	500.–
1845	(36 290)	200.–	330.–	800.–
1846	(72 120)	180.–	300.–	600.–
1847	(70 920)	180.–	300.–	570.–
1851	(8350)	270.–	350.–	750.–
1854	(107 000)	180.–	300.–	500.–
1855	(72 010)	180.–	300.–	500.–

In der 80. Heidelberger Münzauktion (11/2020), Nr. 637, wurde ein Exemplar von 1842 in „Stempelglanz" für 1100.– Euro zugeschlagen.

Varianten und Probe

a) 1851 im Stempel aus 1850 geändert, 1850 existiert jedoch nicht (Schwalbach 71 Anm.)

b) 1855 aus 1841 im Stempel geändert (Ferrari 1286 [„Inédit"]); 45. Auktion Harald Möller (8/2007), Nr. 519, „fast Stempelglanz", Zuschlag 330.– Euro

c) 1855 mit anderem Rückseitenstempel, bei dem sich die Eichenblätter oben nicht berühren (Schwalbach 71 Anm.)

d) Zinn-Probeabschlag mit unvollständiger Jahreszahl „185_" (Ferrari 1287)

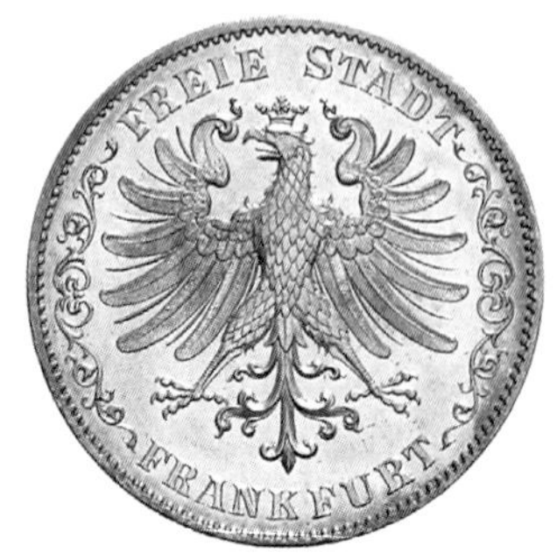

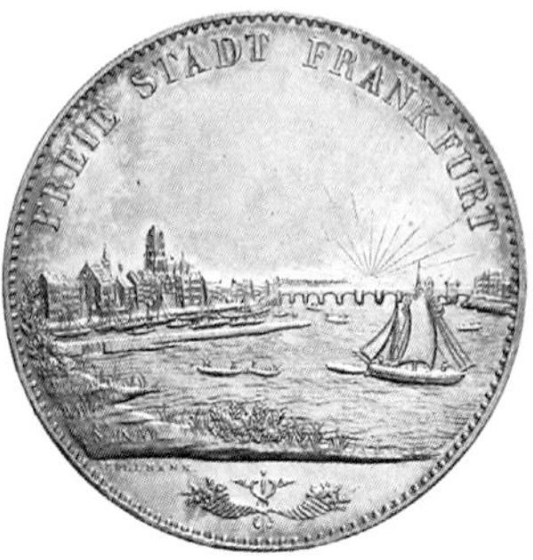

182A Zwitter-Doppeltaler

Vs.: FREIE STADT FRANKFURT

Rs.: FREIE STADT FRANKFURT

Rand: CONVENTION VOM 30 JULY 1838

Jaeger 15 Anm. – Thun 130A

o.J. LP

Zwittermünze aus der Vorderseite von Nr. 182 und der Vorderseite von Nr. 181; Auktion A. Hess Nachfolger (5/1895) Nr. 8148, Slg. Meyer-Gedanensis, Zuschlag 1550.– Goldmark; 42. Auktion Harald Möller (12/2006), Nr. 481, „vorzüglich-Stempelglanz/Stempelglanz", Zuschlag 8000.– Euro; 389. Auktion Dr. Busso Peus Nachfolger (11/2006), Nr. 2673, „Polierte Platte", Zuschlag 14 000.– Euro; 80. Heidelberger Münzauktion (11/2020) Nr. 636, „Polierte Platte", Zuschlag 23 000.- Euro.

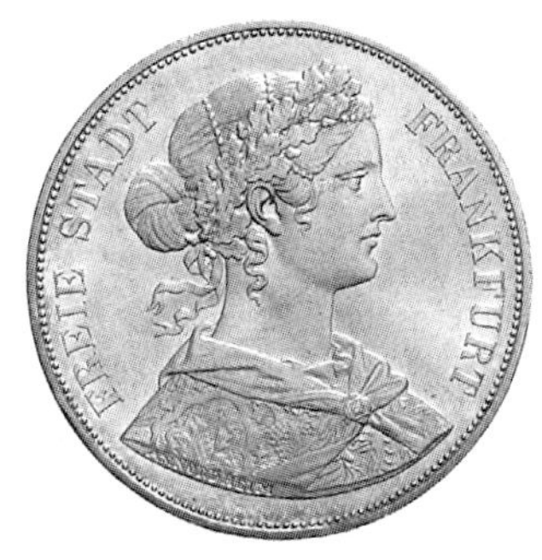

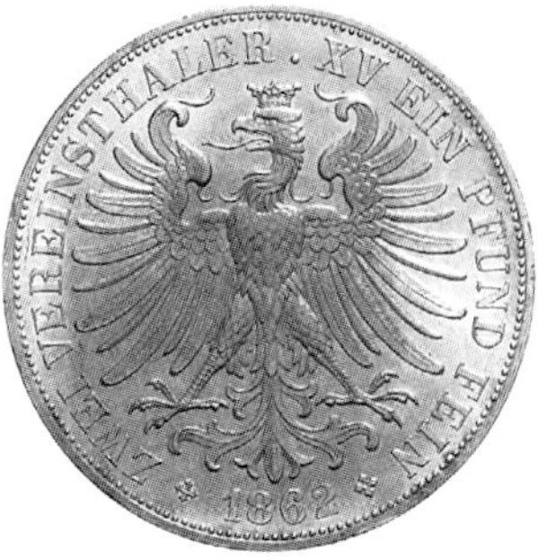

183 Vereinsdoppeltaler

Vs.: FREIE STADT FRANKFURT Signatur A. v. NORDHEIM

Rs.: ZWEI VEREINSTHALER . XV EIN PFUND FEIN Jahr

Rand: STARK IM RECHT

Dav. 651 – AKS 4 – Jaeger 43 – T. 145

1860	(341 300)	120.–	200.–	300.–
1861	(1 786 580)	110.–	200.–	300.–
1862	(344 410)	120.–	200.–	300.–
1866	(637 030)	100.–	200.–	300.–

Der Vorderseiten-Stempel (ohne Perlkreis) wurde auch zur Prägung einer Gedenkmedaille auf den 25. Jahrestag der Zollverwaltung in Frankfurt verwendet (Jaeger 55).

Reichsburg Friedberg

Münzstätte:	Frankfurt Mzz. F
Münzmeister:	
G.B.	Johann Georg Bunsen
G.H.	Johann Georg Hille, Wardein

Johann Maria Rudolph Graf Waldbott von Bassenheim 1777 – 1805

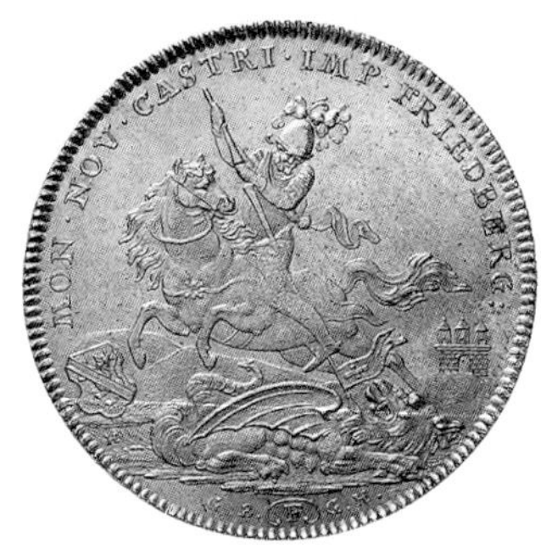

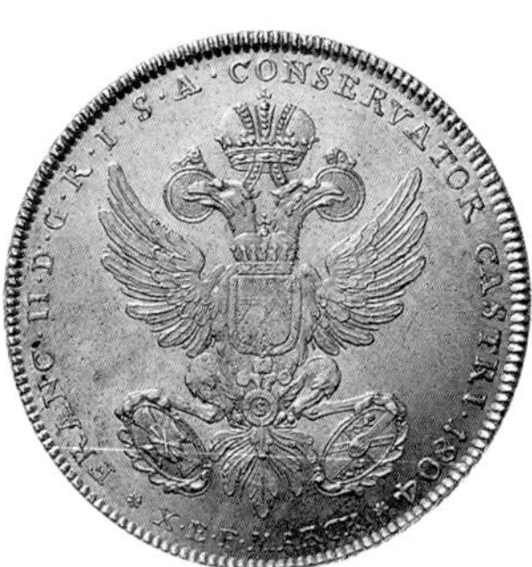

184 Konventionstaler

Vs.: MON · NOV · CASTRI · IMP · FRIEDBERG:
Mmz. G . B . (Mzz. F) G . H .

Rs.: FRANC · II · D · G · R · I · S · A · CONSERVATOR
CASTRI · 1804 · / X · E · F · MARCK

Rand: Laubrand

Dav. 655 – Lej. 81 + 82 – T. 148

1804	500.–	850.–	1400.–

In der 58. Heidelberger Münzauktion (11/2011) wurde ein Exemplar in „prägefrisch" für 3900,– Euro zugeschlagen.

Variante und Probe

a) Die Umschrift der Rückseite verläuft etwas anders, so daß der Buchstabe „N“ von CONSERVATOR (statt des „O“) über dem Kreuz der Krone steht (Lejeune 81a);
110. Auktion F. R. Künker (3/2006), Nr. 4801, „fast Stempelglanz, minimal justiert“, Zuschlag 1600.– Euro

b) Probe mit zweizeiliger Umschrift der Vorderseite: MONETA NOVA CASTRI IMPER: / FRIEDBERGENSIS., das „C“ von CONSERVATOR steht über dem Kreuz der Krone, nur drei Exemplare bekannt (Lejeune 82); 223. Künker-Auktion (1/2013), Nr. 365, „justiert, sehr schön“, Zuschlag 9500.– Euro

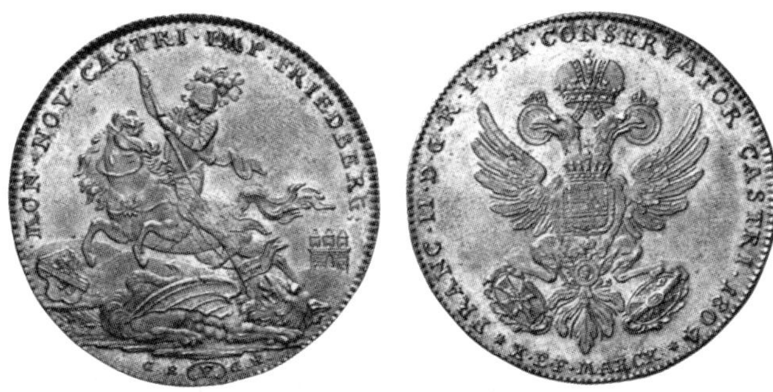

Nr. 184a) mit dem Buchstaben „N“ (von CONSERVATOR) über dem Kreuz der Krone auf der Rückseite

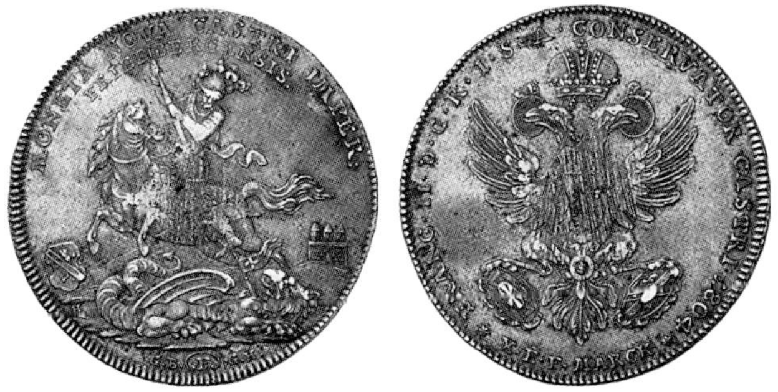

Nr. 184b) mit zweizeiliger Umschrift auf der Vorderseite

Fürstentum Fürstenberg

Münzstätte:	Stuttgart
Medailleur:	
I.L.W.	Johann Ludwig Wagner
Münzmeister:	
C.H.	Johann Christian Heuglin

Carl Joachim 1796 – 1804

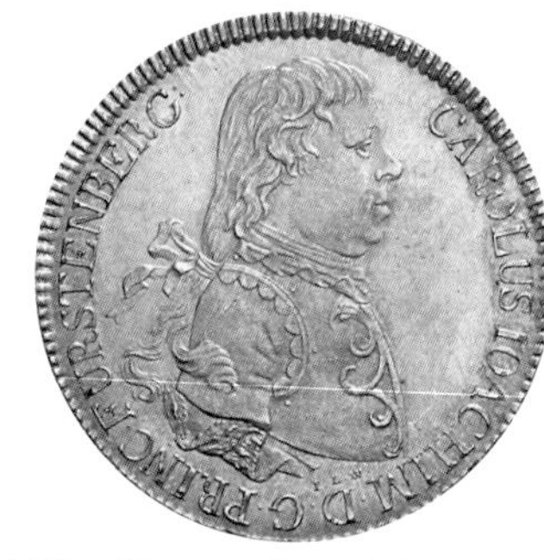

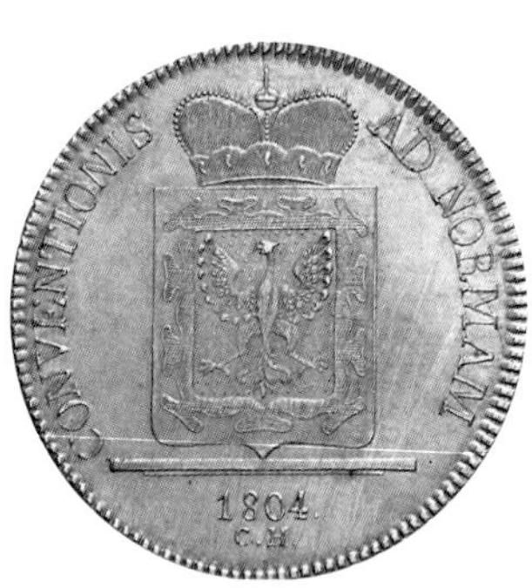

185 Konventionstaler

Vs.: CAROLUS IOACHIM · D · G · PRINC · FURSTENBERG: Signatur I. L . W ·

Rs.: AD NORMAM CONVENTIONIS 1804 . Mmz. C.H.

Rand: Laubrand

Dav. 656 – AKS 1 – T. 149

1804	(388)	1500.–	2400.–	3600.–

In der 244. Künker-Auktion (2/2014) Nr. 133, erzielte ein Erstabschlagsexemplar in „fast Stempelglanz" 5500.– Euro; in der 80. Heidelberger Münzauktion (11/2020), Nr. 658, in „fast prägefrisch" 3600.– Euro; in der 359. Künker-Auktion (1/2022), Nr. 472 in „Stempelglanz" 5500.– Euro.

Fürstprimatische Staaten

(siehe auch Fürstentum Regensburg)

Münzstätte: Frankfurt am Main

Münzmeister:
G.B. Johann Georg Bunsen
G.H. Johann Georg Hille, Wardein

Carl von Dalberg, Fürstprimas der Rheinischen Konföderation (Rheinbund) 1806 – 1813

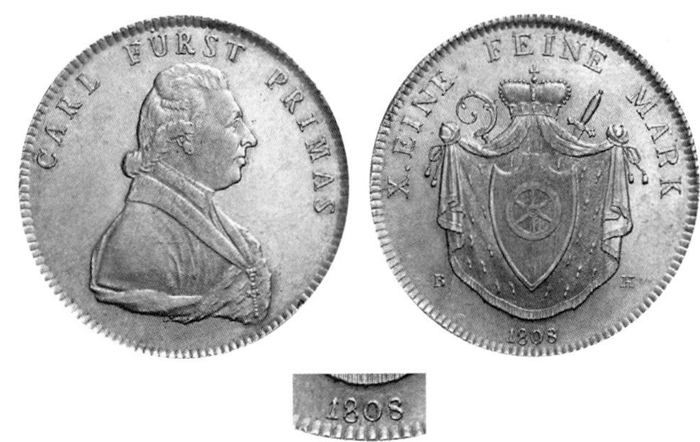

186 Konventionstaler

Vs.: CARL FÜRST PRIMAS Mmz. B
Rs.: X . EINE FEINE MARK 1808 Mmz. BH
Rand: Laubrand

Dav. 808 – AKS 2 – Jaeger 3 + 3a – T. 128

1808	375.–	700.–	1200.–

Varianten

a) Umschrift der Rückseite, Wappenmantel, Krümme des Krummstabs und Schwertgriff kleiner, Münzmeisterzeichen B. H., der Punkt nach X · hochstehend, die „1“ der Jahreszahl mit gespaltenem Fuß; 319. Künker-Auktion (3/2019), Nr. 3499, „vorzüglich-Stempelglanz“, Zuschlag 800.– Euro; 337. Künker-Auktion (6/2020), Nr. 1052, „fast Stempelglanz“, Zuschlag 1700.– Euro, Abb. siehe nächste Seite

b) Umschrift der Rückseite, Wappenmantel, Krümme des Krummstabs und Schwertgriff kleiner, Münzmeisterzeichen B · H · mit hochstehenden Punkten, der Punkt nach X · hochstehend, die „1" der Jahreszahl mit gespaltenem Fuß, größeres „B" unter dem Brustbild; 42. Auktion Harald Möller (12/2006), Nr. 529, vorzüglich+", Zuschlag 950.– Euro

Die Bänder am Wappenmantel weichen bei den Varianten voneinander ab, und auch die Anzahl der Hermelinschwänzchen auf dem Wappenmantel variiert.

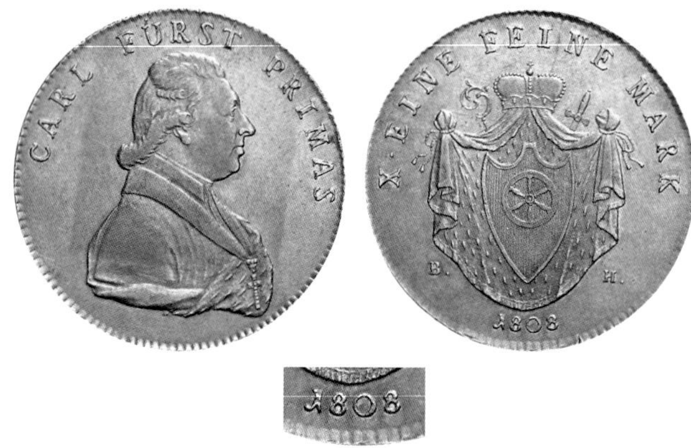

Nr. 186a) mit kleinerer Rückseiten-Umschrift, kleinerer Krümme des Krummstabs und kleinerem Schwertgriff, Münzmeisterzeichen B . H .

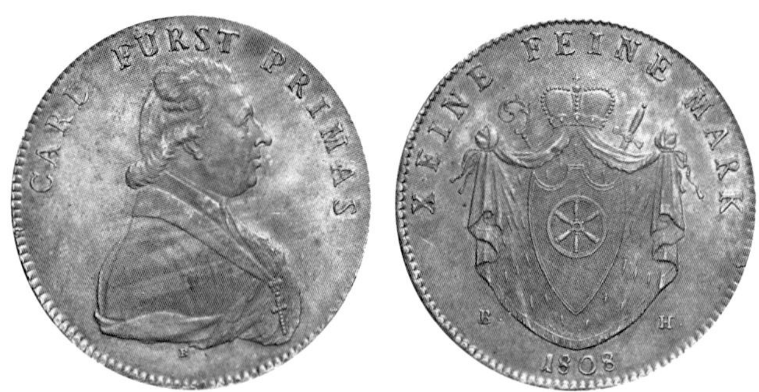

Nr. 186b) mit kleinerer Rückseiten-Umschrift, kleinerer Krümme des Krummstabs und kleinerem Schwertgriff, Münzmeisterzeichen B · H · und größerem Münzmeisterzeichen „B" unter dem Brustbild

Bistum Gurk

Münzstätte: Wien

Medailleur: Ignaz Donner

Franz Xaver von Salm-Reifferscheid 1784 – 1822

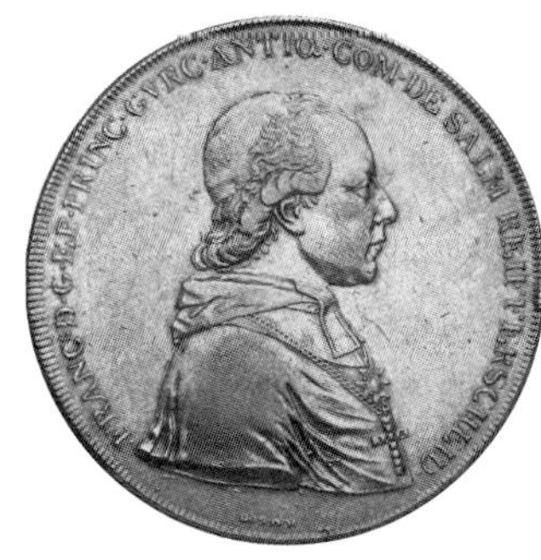

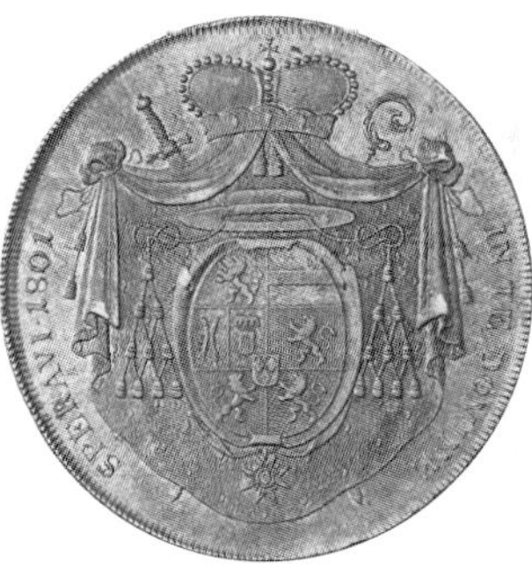

187 Konventionstaler

Vs.: FRANC D · G · EP · PRINC · GVRG · ANTIQ · COM · DE SALM REIFFERSCHEID Signatur DONNER

Rs.: IN TE DOMINE SPERAVI · 1801 ·

Rand: Riffelrand

Dav. 40 – Holzmair, S. 66

1801	270.–	700.–	1200.–

In der 74. UBS-Auktion (1/2008), Nr. 636, wurde ein Exemplar in „FDC, brilliant uncirculated" für 1900.– CHF zugeschlagen; in der 49. Kricheldorf-Auktion (2/2017), Nr. 901, ein „Stempelglanz-Exemplar" für 2500.– Euro.

Freie und Hansestadt Hamburg

Münzstätte: Hamburg

Münzmeister:
H. S. K. Hans Schierven Knoph
C. A. I. G. C. A. J. Ginquembre

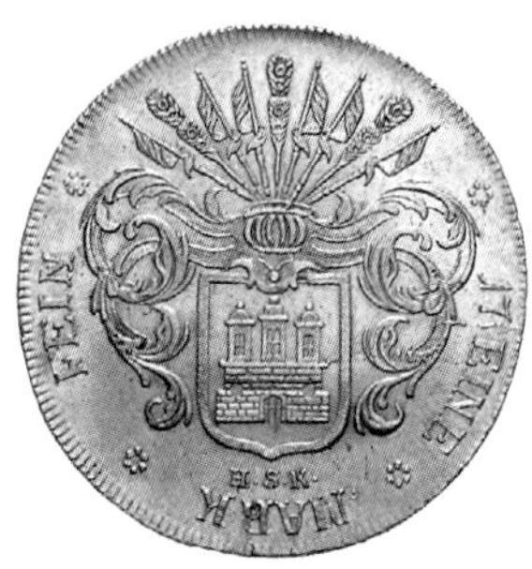

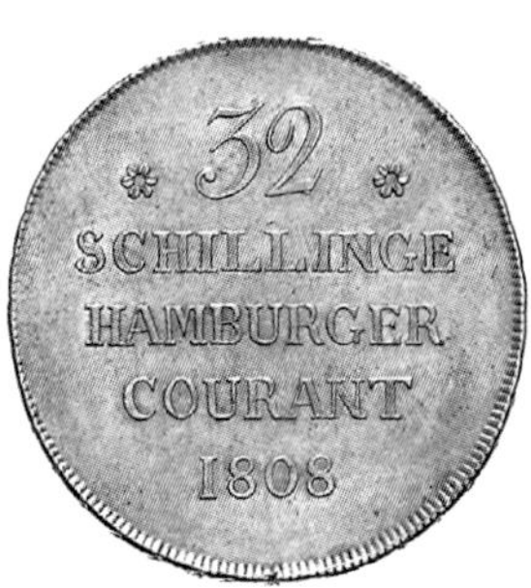

188 32 Schillinge

Vs.: 17 EINE MARK FEIN Mmz. H. S. K.
Rs.: 32 SCHILLINGE HAMBURGER COURANT 1808
Rand: Verzierungen in Blütenform
AKS 12 – Jaeger 38

1808	(210 000)	70.–	150.–	220.–

Gaedechens schreibt zu dieser und der Nr. 189 (3. Abteilung, Seite 51): „Von beiden kommen verschiedene Stempel ohne nennenswerte Unterschiede vor". Das betrifft beispielsweise die Wappenbreite und Anordnungen der Fahnen.

Varianten

a) Mit hochgestelltem Punkt hinter der Jahreszahl (Hahlo 746)

b) Goldabschlag zu 8 Dukaten, ca. 27,8 g (AKS 12 Anm.; Schl. 346.4)

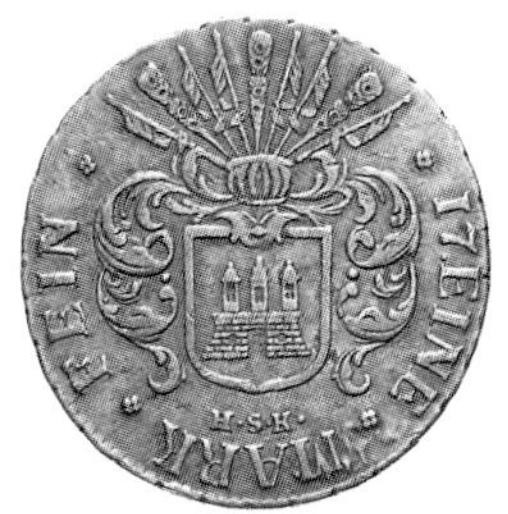

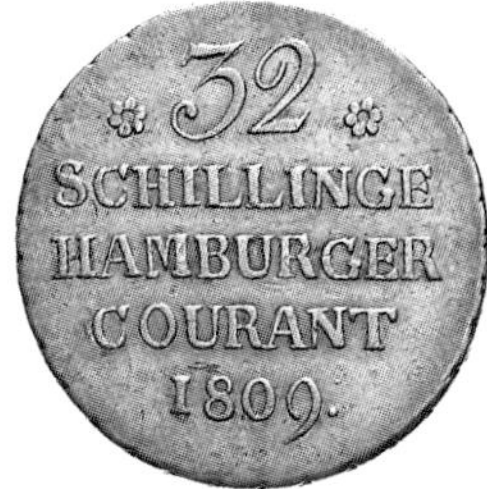

189 32 Schillinge

Vs.: 17. EINE MARK FEIN Mmz.

Rs.: 32 SCHILLINGE HAMBURGER COURANT 1809.

Rand: Verzierungen in Blütenform

AKS 13 + 14 – Jaeger 39a+b

Mmz. H · S · K ·

1809	(390 000)	45.–	100.–	250.–

Varianten

a) Das „S“ im Mmz. H·S·K. steht etwas tiefer und der Punkt nach dem „K.“ auf Linie; 45. Auktion Harald Möller (6/2007), Nr. 1972, „vorzüglich+“, Schätzpreis 85.– Euro.

b) Mit hochstehendem Punkt nach „17·“

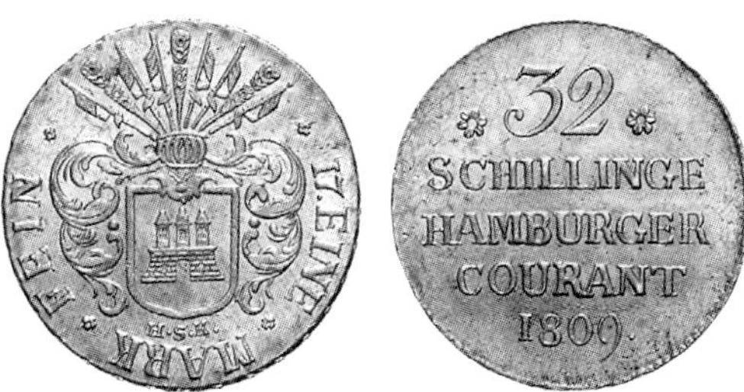

Nr. 189a) mit tiefer stehendem „S“ und tiefstehendem Punkt nach dem „K“ im Mmz.

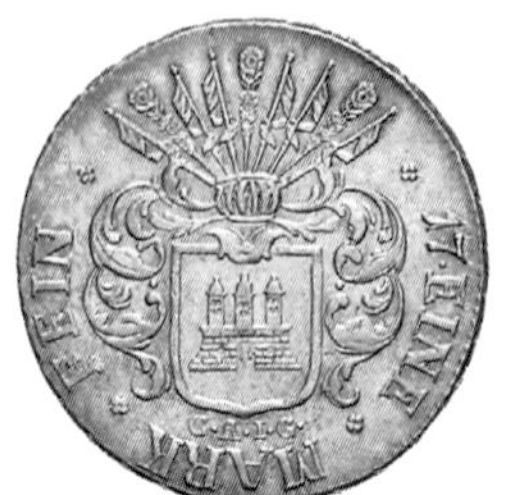

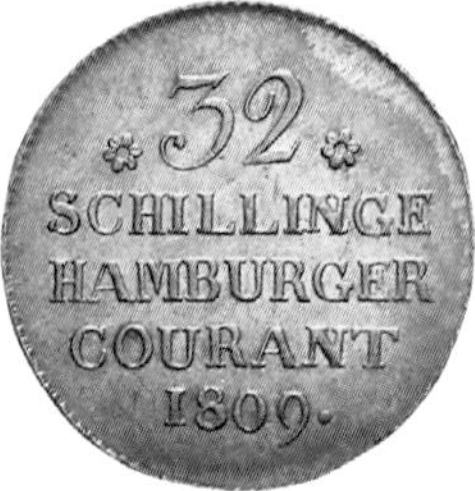

Mmz. C · A · I · G ·

1809	45.–	110.–	220.–

Variante

c) Kupferabschlag (AKS 14 Anm.); 45. Auktion Harald Möller (6/2007), Nr. 1974, „fast vorzüglich“, Zuschlag 210.– Euro

Königreich Hannover

Kurfürstentum
Königreich ab 1814

Münzstätten:	Clausthal	Mzz. C	1814 – 1844
		Mzz. A	1832 – 1849
	Hannover	Mzz. B	ab 1844

Münzmeister:		
G. F. M., G. M.	Georg Friedrich Michaelis, Clausthal	1802 – 1807
P. L. M.	Philipp Ludwig Magius, Clausthal	1792 – 1801
S.	Karl Schlüter, Hannover	1839 – 1844
B.	Ludwig August Brüel, Hannover	1817 – 1838
B.	Theodor Wilhelm Brüel, Hannover	1844 – 1868

Medailleure:		
S	Georg Bernhard Stach	1805 – 1817
M	Ludwig Maaß	1818 – 1830
L	Dr. Lüders	1830 – 1833
T. W.	Thomas Wyon, London	1813
W	Friedrich Welckner	1833 – 1849
BRANDT F.	Henri François Brandt	1840 – 1845
BREHMER F.	Heinrich Friedrich Brehmer	1846/64 – 1878

Kurfürstentum

Georg III. 1760 – 1820 (als Kurfürst 1760 – 1814)

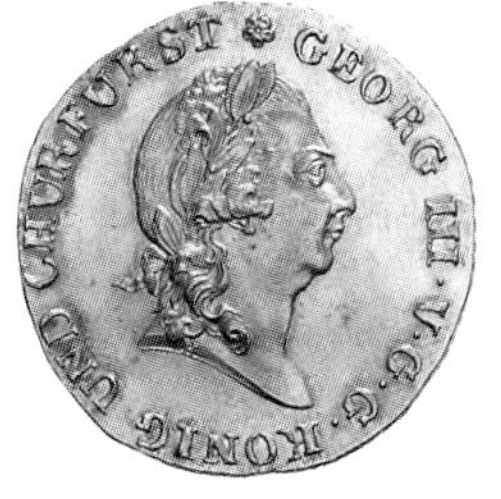

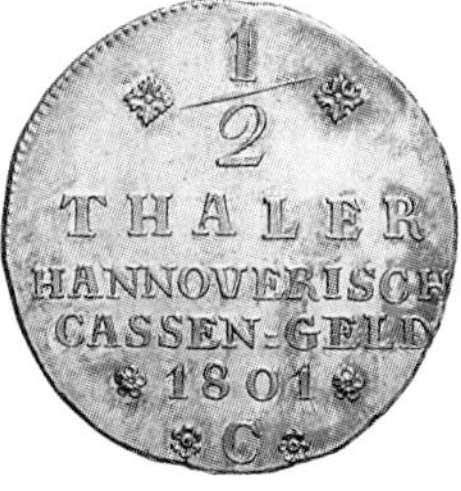

190 **½ Cassataler**

Vs.: GEORG III · V · G · G · KÖNIG UND CHURFÜRST
Signatur H

Rs.: ½ THALER HANNOVERISCH CASSEN = GELD 1801 Mzz. C

Rand: Laubrand

Welter 2820

1801	(372)	300.–	550.–	800.–

Variante

a) Mit der Schreibweise CASSEN GELD auf der Rückseite; das vordere Ende des Halsabschnitts ist 2 mm (statt 1 mm) von der Umschrift entfernt

Eine Variante mit CASSEN – GELD gibt es nicht. Die angegebene Literatur, 1. Auktion F. Kraus (6/1924), Nr. 437, wurde von Stutzmann falsch interpretiert.

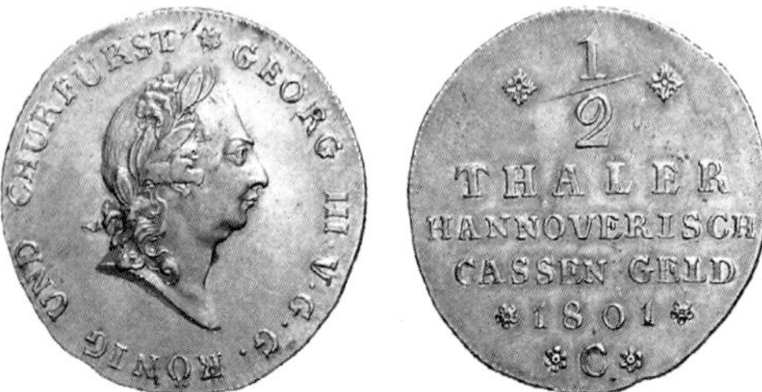

Nr. 190a) ohne Bindestrich im Wort CASSEN GELD

191 24 Mariengroschen

Vs.: GEORG · III · D · G · M. · BRIT · FR · & · HIB · REX · F · D · N · D · REICHS · F · FEIN · SILBER · Wertzahl ⅔ (Taler)

Rs.: BRUNS · & · LUN · DUX · S · R · I · A · TH · & · ELECT · 24 MARIENGROSCH: Jahr Mmz.

Rand: Laubrand

Welter 2817

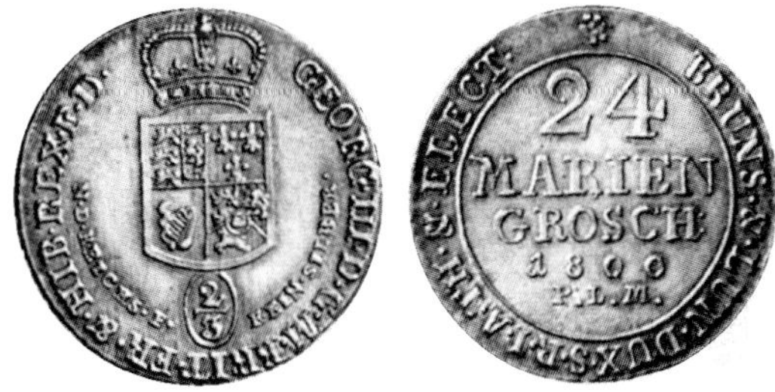

Mmz. P . L . M .

1800	40.–	100.–	200.–
1801			LP

Variante

a) Die „4“ der Wertzahl „24“ ist oben geschlossen, die Variante hat Kettenrand; 45. Auktion Harald Möller (6/2007), Nr. 542, „Stempelglanz-“, Zuschlag 120.– Euro

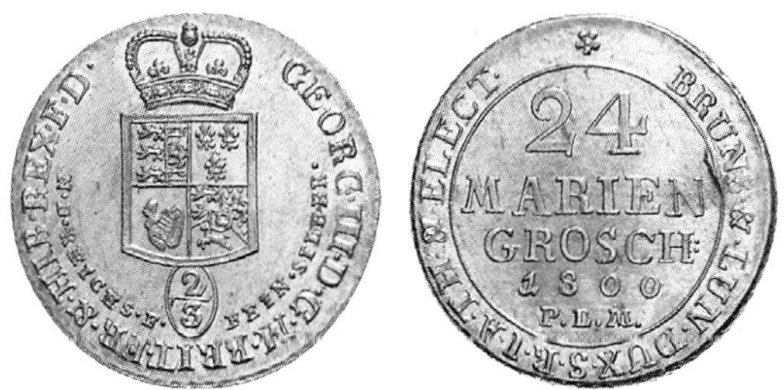

Nr. 191a), der Jahrgang 1800 mit oben geschlossener „4“ in der Wertzahl „24“

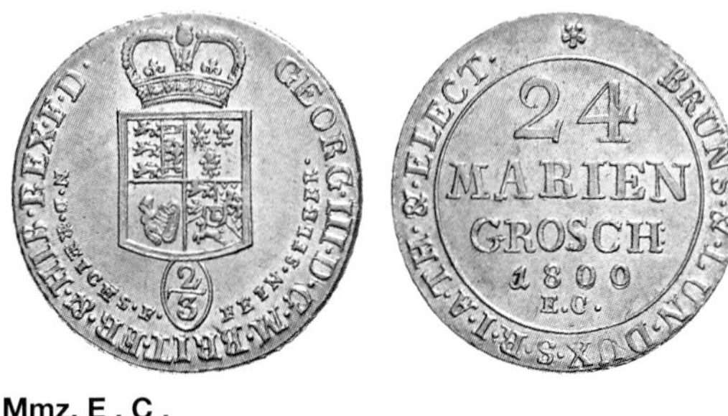

Mmz. E . C .

1800	70.–	160.–	220.–

Diese Variante weist einen Kettenrand auf, die „4“ in der Wertzahl ist geschlossen; 45. Auktion Harald Möller (6/2007), Nr. 543, „fast Stempelglanz“, Zuschlag 120.– Euro

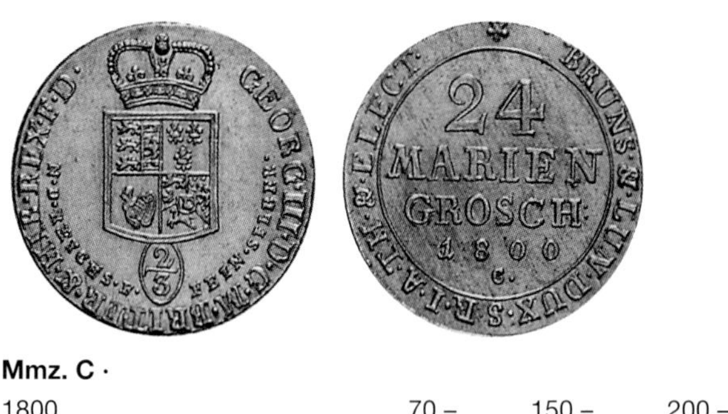

Mmz. C ·

1800	70.–	150.–	200.–

Variante

b) Kehr- statt Wendeprägung; 354. Künker-Auktion (9/2021), Nr. 5734, „vorzüglich-Stempelglanz“, Zuschlag 280.– Euro

192 **⅔ Taler**

Vs.: GEORG · III · D · G · M · BRIT · FR · & · HIB · REX · F · D · Mmz.

Rs.: BRUNS · & LUN · DUX · S · R · I · A · TH · & ELECT · 1800
N · D · REICHS · F · (Wertzahl) ⅔ · FEIN · SILBER ·

Rand: Riffelrand

Welter 2808

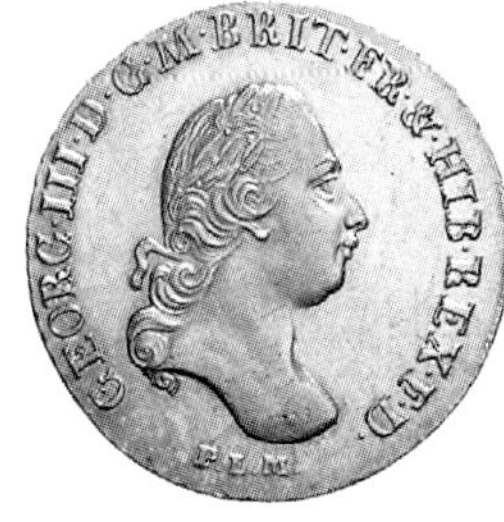

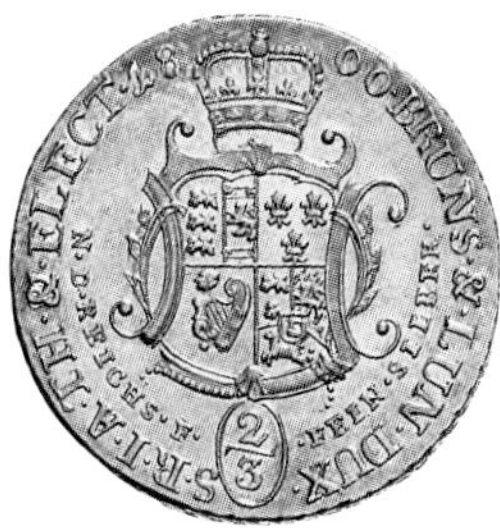

Mmz. P . L . M .

1800	100.–	200.–	380.–

Variante

a) Kehr- statt Wendeprägung; 42. Auktion Harald Möller (12/2006), Nr. 546, „fast Stempelglanz", Zuschlag 320.– Euro

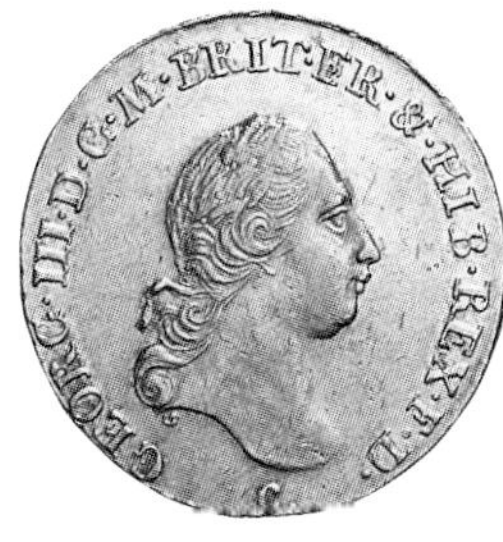

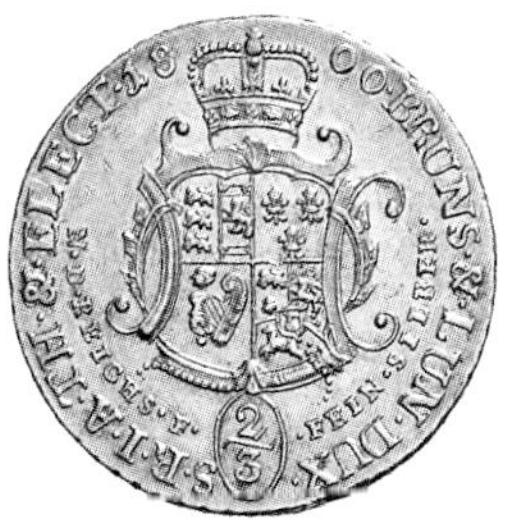

Mmz. C .

1800	100.–	200.-	380

Variante

b) Mit Kettenrand; 45. Auktion Harald Möller (6/2007), Nr. 541, „fast vorzüglich", Zuschlag 170.– Euro

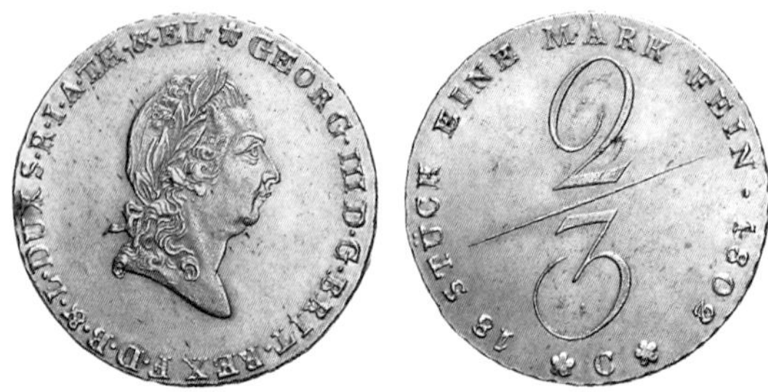

193 ⅔ Taler

Vs.: GEORG · III D · G · BRIT · REX F · D · B · & · L · DUX S · R · I · A · TH · & · EL ·

Rs.: 18 STÜCK EINE MARK FEIN · (Jahr) Wertzahl ⅔ Mzz. C (Commission)

Rand: Laubrand

Welter 2810

1801	90.–	170.–	350.–
1802	90.–	170.–	350.–

Varianten

a) 1801 mit Signatur „H“ am Halsabschnitt, Vorderseiten-Umschrift: GEORG · III · D · G · BRIT · F · D · B · & L · DUX · S · R · I · TH · & EL ·; auf der Rückseite statt Punkt nach FEIN eine Rosette; 42. Auktion Harald Möller (12/2006), Nr. 550, „Stempelglanz“, Zuschlag 480.– Euro; 75. WAG-Auktion (11/2015) Nr. 2511, „vorzüglich+“, Zuschlag 380.– Euro; Abb. siehe nächste Seite

b) 1801 mit Signatur „H“ am Halsabschnitt, Vorderseiten-Umschrift: GEORG · III · D · G · BRIT · REX · F · D · B · & L · DUX · S · R · I · TH · & EL ·; auf der Rückseite statt Punkt nach FEIN eine Rosette, kürzerer Bruchstrich als bei der Variante 193a), geringerer Abstand zwischen den Rosetten und dem Münzzeichen „C“. Bei dem in der Abbildung erkennbaren Strich zwischen EINE und MARK dürfte es sich um einen Stempelfehler handeln; 354. Künker-Auktion (9/2021), Nr. 5736, „vorzüglich-sehr schön“, Zuschlag 420.– Euro; Abb. siehe nächste Seite

c) 1802 mit Kettenrand; 45. Auktion Harald Möller (6/2007), Nr. 547, „fast Stempelglanz“, Zuschlag 200.– Euro

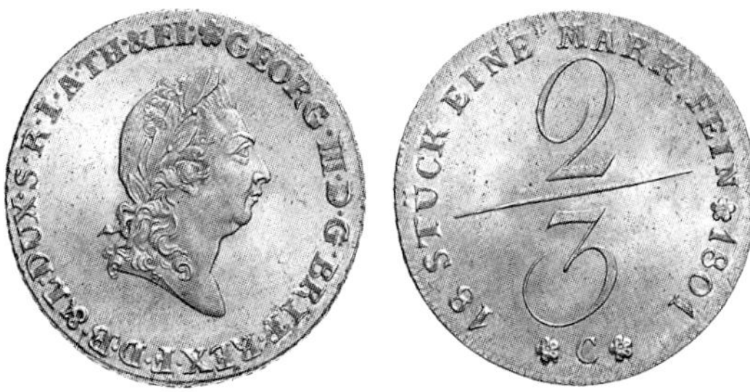

Nr. 193a), 1801 mit Signatur „H“ am Halsabschnitt und mit Rosette statt Punkt nach FEIN

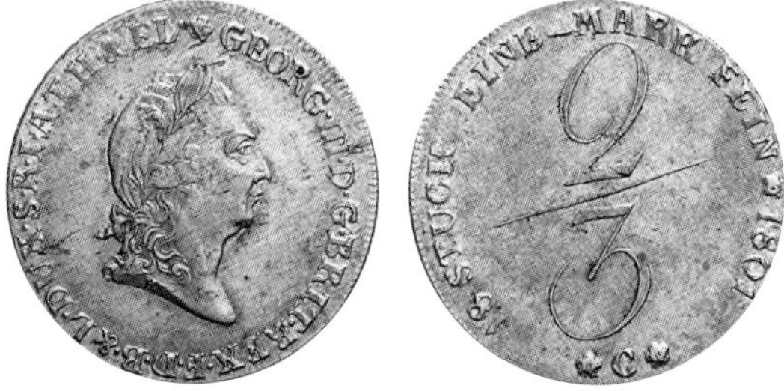

Nr. 193b), 1801 mit Signatur „H“ am Halsabschnitt und mit Rosette statt Punkt nach FEIN, kürzerem Bruchstrich und geringeren Abständen zwischen den Rosetten und dem Münzzeichen „C“

194 ⅔ Taler

Vs.: GEORGIUS · III · D · G · BRITANNIARUM · REX · F · D · Mzz. oder Mmz.

Rs.: BRUNS · & · LUN · DUX · S · R · I · A · TH · & · ELECTOR · (Jahr ·) ⅔ / N · D · REICHS · FUSS · FEIN · SILBER ·

Rand: Kettenrand

Welter 2814

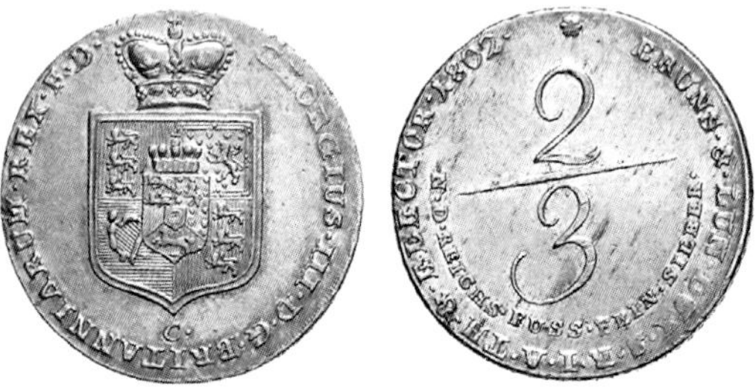

Mzz. C ·

1801	80.–	150.–	280.–
1802	70.–	120.–	180.–
1803	70.–	130.–	180.–

Variante

a) 1802 und 1803 mit kürzerem und weniger schräggestelltem Bruchstrich sowie kleinerem Münzzeichen C ·

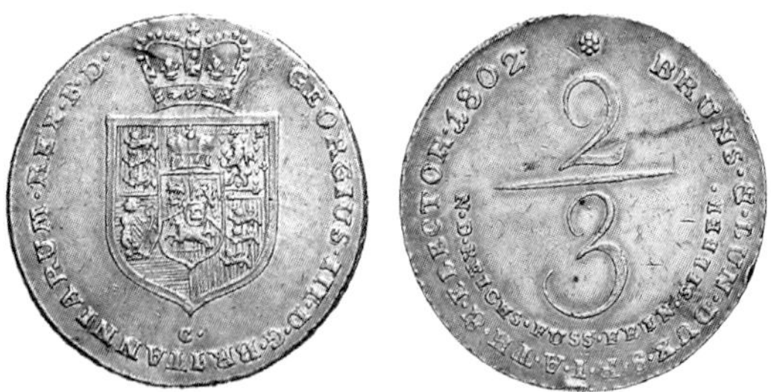

Nr. 194a), Jahrgang 1802 mit kürzerem und weniger schräggestelltem Bruchstrich, kleineres Münzzeichen C ·

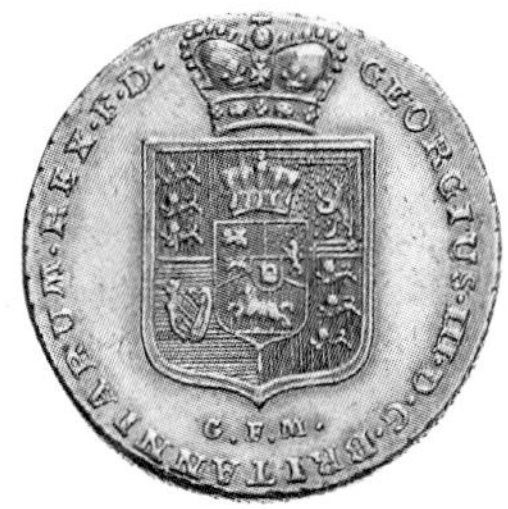
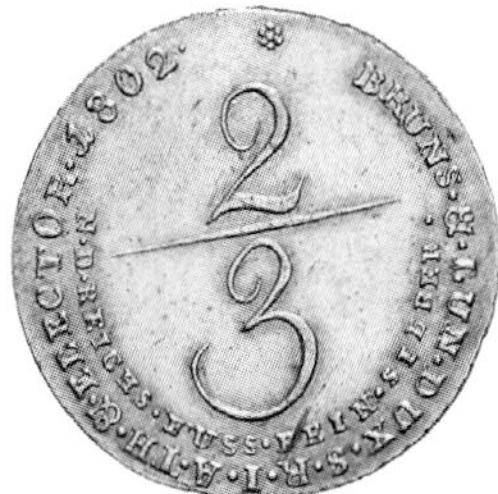

Mmz. G . F . M ·

1802	70.–	125.–	180.–
1803	70.–	125.–	180.–
1804	70.–	125.–	180.–
1805	70.–	125.–	180.–

Varianten

b) 1802 in Kehr- statt Wendeprägung; 42. Auktion Harald Möller (12/2006), Nr. 555, „fast vorzüglich", Zuschlag 125.– Euro

c) 1803 und 1804 mit kurzem, weniger schräggestelltem Bruchstrich

d) 1804 aus 1803 im Stempel geändert

e) 1803 und 1804 mit hochgestellten Punkten im Münzzeichen G · F · M ·

f) 1805 mit kleineren Rückseiten-Umschriften, kleinerer Wertzahl, kürzerem schräggestelltem Bruchstrich und Münzzeichen G · F · M · ; Abb. siehe nächste Seite

g) 1805 mit größerer Rückseiten-Umschrift, größerer Wertzahl, längerem, schrägem Bruchstrich und Münzzeichen G · F · M · ; Abb. siehe nächste Seite

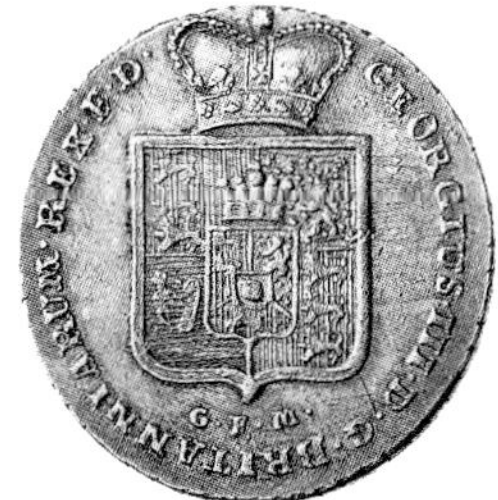
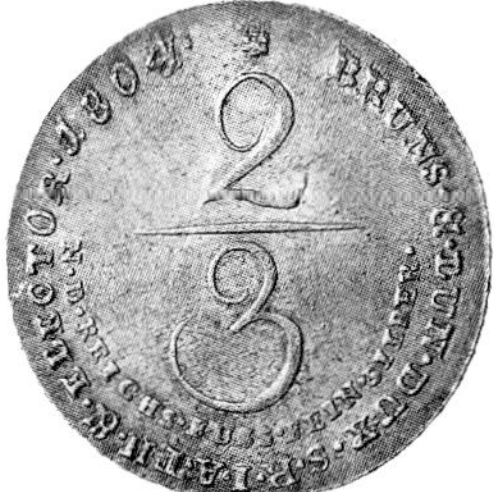

Nr. 194d), Jahrgang 1804 aus 1803 im Stempel geändert und mit kürzerem, weniger schräggestelltem Bruchstrich

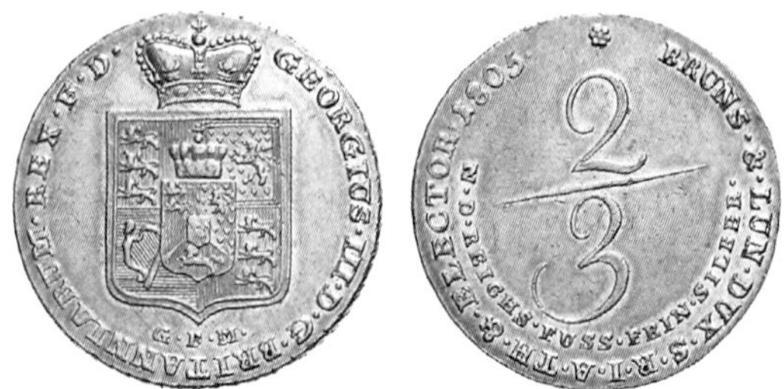

Nr. 194f), Jahrgang 1805 mit kleineren Rückseiten-Umschriften, kleinerer Wertzahl und Münzzeichen G · F · M ·

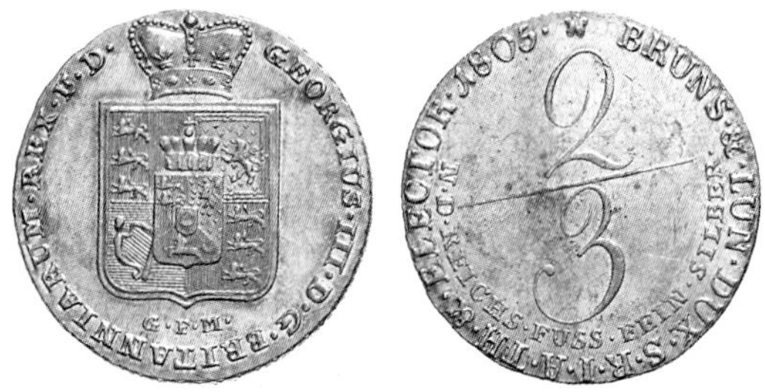

Nr. 194g), Jahrgang 1805 mit größeren Rückseiten-Umschriften, größerer Wertzahl, längerem, schrägem Bruchstrich und Münzzeichen G · F · M ·

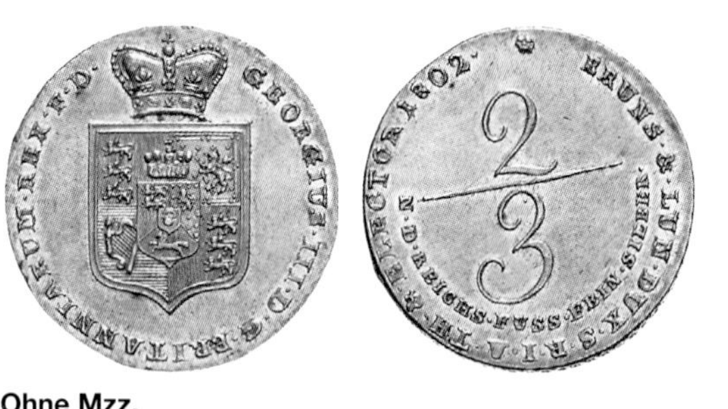

Ohne Mzz.

1802	90.–	210.–	370.–

195 **⅔ Taler**

Vs.: GEORGIUS · III · D · G · BRITANNIARUM · REX · F · D · Mmz.

Rs.: BRUNS · & · LUN · DUX · S · R · I · A · TH · & · ELECTOR · (Jahr ·) Wertzahl ⅔ / N · D · REICHS · FUSS · FEIN · SILBER ·

Rand: Kettenrand (Kehrprägung)

Welter 2815

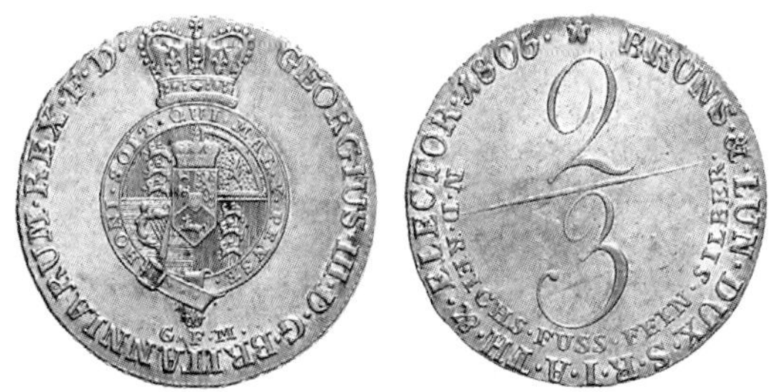

Mmz. G · F · M ·

1805	80.–	150.–	250.–

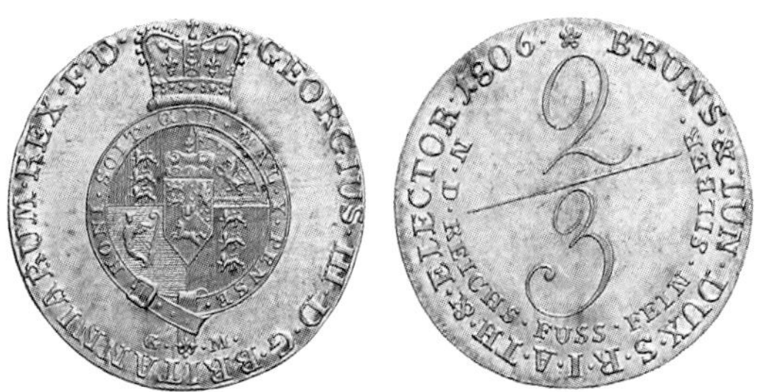

Mmz. G . – · M ·

1805	60.–	120.–	170.–
1806	60.–	120.–	170.–
1807	60.–	100.–	150.–

Variante

b) 1806, der Bruchstrich der Wertzahl weist links auf das „R" von REICHS, nicht zwischen Punkt und „R"; die „3" der Wertzahl ist oben etwas stärker eingebogen

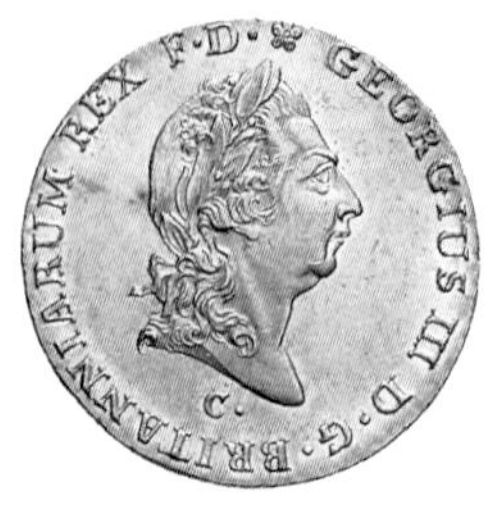
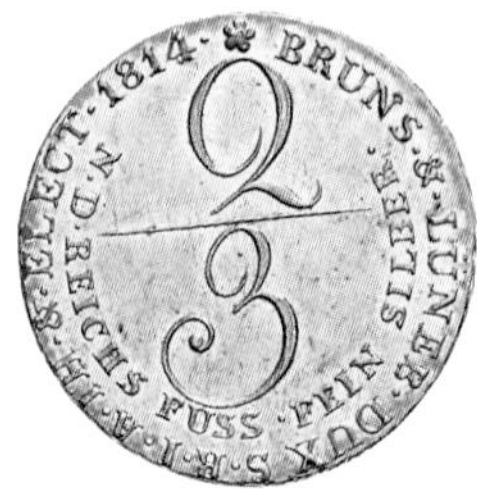

196 **⅔ Taler**

Vs.: GEORGIUS III D · G · BRITANNIARUM REX F · D · Mzz. C ·

Rs.: BRUNS · & · LUNEB · DUX S · R · I · A · TH · & · ELECT · (Jahr ·) Wertzahl ⅔ N · D · REICHS FUSS · FEIN SILBER ·

Rand: Kettenrand

AKS 6 + 7 – Jaeger 1a+b

1813	60.–	170.–	250.–
1814	50.–	90.–	140.–

Varianten

a) 1813 ohne Punkt nach FUSS

b) 1814 mit kürzerem Bruchstrich; Auktion UBS (9/2008), Nr. 2753, „fast vorzüglich-vorzüglich", Schätzpreis 200.– Schweizer Franken

c) 1814 mit Signatur „M" am Halsabschnitt, ohne Punkt am Ende der Vorderseiten-Umschrift nach „D" und mit Punkt zwischen „III" und „D" der Vorderseiten-Umschrift

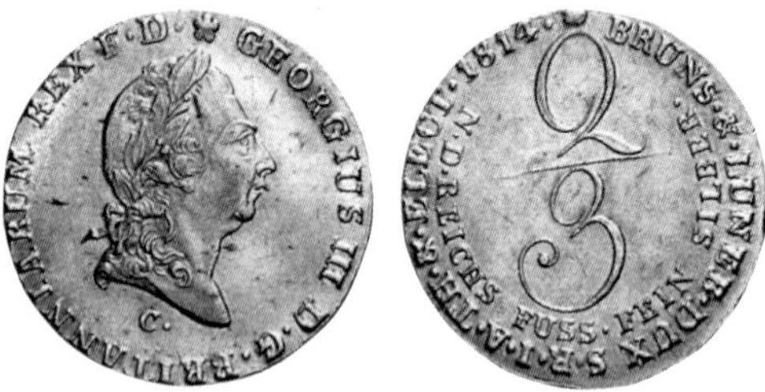

Nr. 196b), Jahrgang 1814 mit kürzerem Bruchstrich

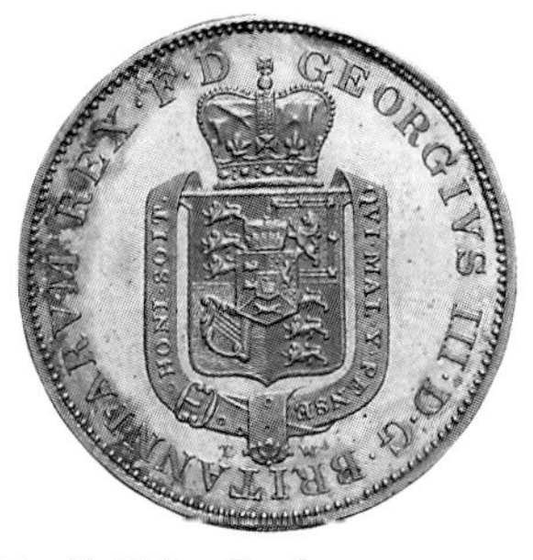 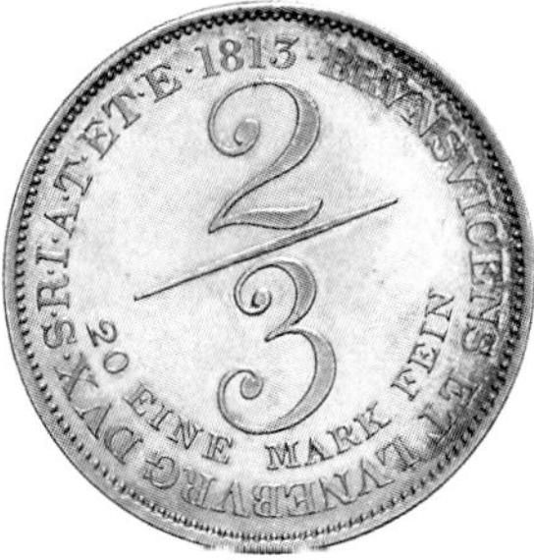

196A ⅔-Taler-Probe

Vs.: GEORGIVS III · D · G · BRITANNIARVM REX · F · D
Signatur T – W

Rs.: BRVNSVICENS ET LVNEBVRG DVX · S · R · I · A · T · ET · E · 1813

Rand: Glatt

AKS 5 – Jaeger 1

1813	LP

Zuschlag in der 72. Auktion F. R. Künker (3/2002), Nr. 3456, „vorzüglich", 3100.– Euro; 42. Auktion Harald Möller (12/2006), Nr. 567, „Polierte Platte-", Zuschlag 2200.– Euro; 58. Heidelberger Münzauktion (11/2011), Nr. 574, „Polierte Platte", Zuschlag 2200.– Euro.

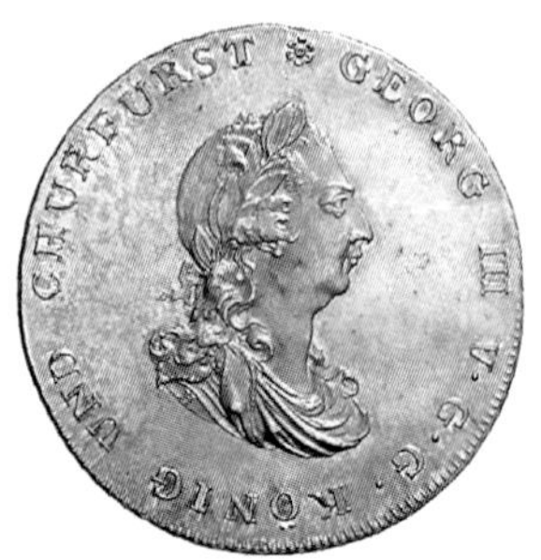

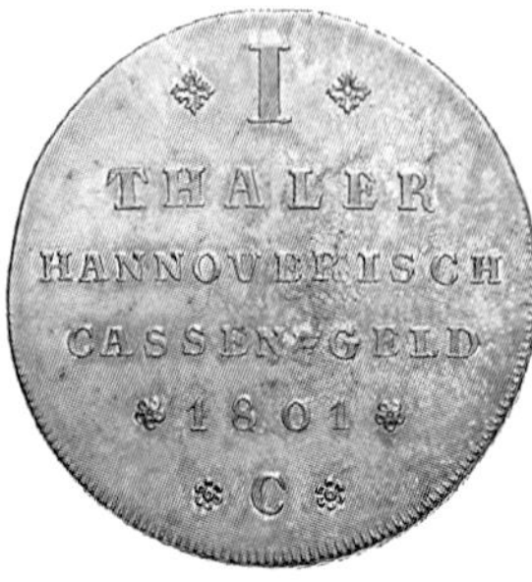

197 Cassataler

Vs.: GEORG III · V · G · G · KÖNIG UND CHURFÜRST
Signatur H

Rs.: I THALER HANNOVERISCH CASSEN=GELD 1801 Mzz. C

Rand: Kettenrand

Dav. 660 – T. 150

1801	(126)	1500.–	3200.–	4200.–

Es gibt Exemplare mit kleinerem Durchmesser aber korrektem Gewicht.

In der 80. Heidelberger Münzauktion (11/2020), Nr. 659, wurde ein Exemplar in „prägefrisch, winzige Schrötlingsfehler“, für 3900.– Euro versteigert; in der 77. WAG-Auktion (9/2016), Nr. 1246, wurde ein Exemplar in „fast Stempelglanz“ für 6250.– Euro versteigert.

Königreich

Georg III. 1760 – 1820 (als König 1814 – 1820)

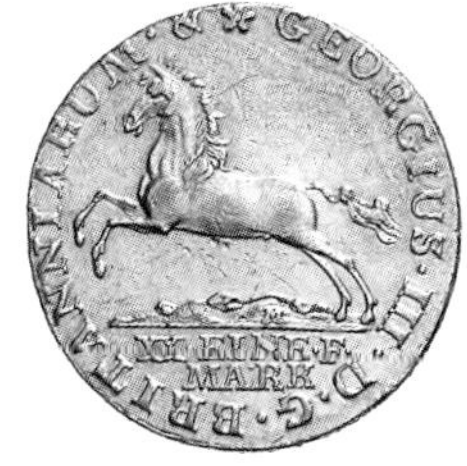
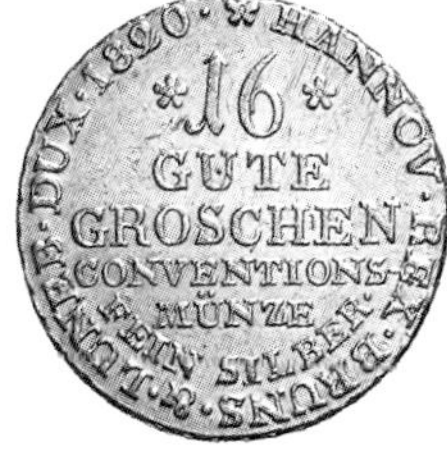

198 16 Gute Groschen

Vs.: GEORGIUS III · D · G · BRITANNIARUM · & Signatur M
XX · EINE · F · MARK

Rs.: HANNOV · REX · BRUNS · & · LUNEB · DUX · 1820 ·
16 GUTE GROSCHEN CONVENTIONS-MÜNZE
FEIN SILBER ·

Rand: Kettenrand

AKS 9 – Jaeger 13a

1820	350.–	600.–	900.–

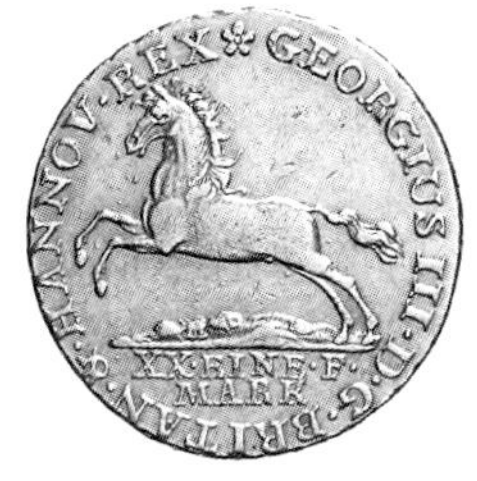
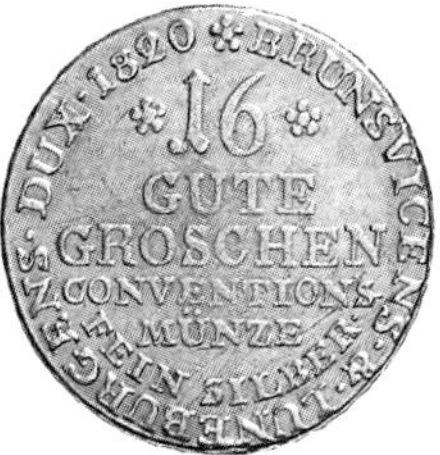

199 16 Gute Groschen

Vs.: GEORGIUS III · D · G · BRITAN · & · HANNOV · REX
XX · EINE · F · MARK Signatur M

Rs.: BRUNSVICENS · & · LUNEBURGENS · DUX · 1820
16 GUTE GROSCHEN CONVENTIONS-MÜNZE
FEIN SILBER ·

Rand: Kettenrand

AKS 10 – Jaeger 13b

1820	LP

Bisher jüngste Vorkommen in der 65. Auktion F. R. Künker (6/2001), Nr. 737, „fast sehr schön", Zuschlag 1800.– DM, und in der 45. Auktion Harald Möller (6/2007), Nr. 577, „sehr schön", Schätzpreis 1200.– Euro (kein Zuschlag).

Variante

a) Umschriften: GEORGIUS · III · D · G · BRITAN · & HANNOV · REX / XX · EINE · F . MARK·, Rückseite: BRUNSVICENS · & · LUNEBURGENS · DUX · 1820 / FEIN SILBER . (Jaeger –); Numismatisch-Sphragistischer Anzeiger 4/1883, Nr. 2

Georg IV. 1820 – 1830

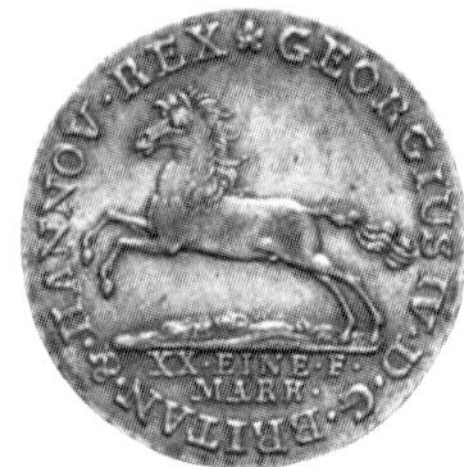

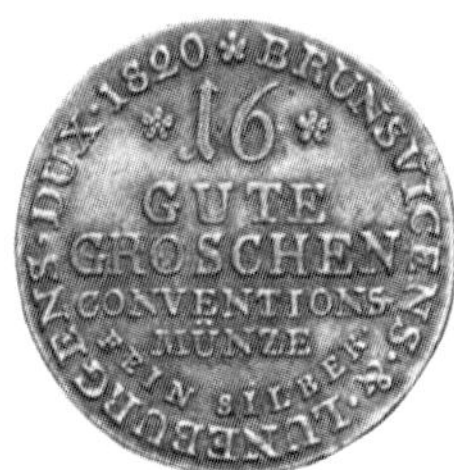

200 16 Gute Groschen

Vs.: GEORGIUS IV · D · G · BRITAN · & · HANNOV · REX
XX · EINE F · MARK · Signatur M

Rs.: BRUNSVICENS · & · LUNEBURGENS · DUX · 1820
16 GUTE GROSCHEN CONVENTIONS-MÜNZE FEIN SILBER ·

Rand: Kettenrand

AKS 31 – Jaeger 23a

1820	40.–	100.–	150.–

Variante

a) FEIN SILBER · in größerer Schrift, kein Punkt nach MARK und das Pferd leicht verändert dargestellt; 42. Auktion Harald Möller (12/2006), Nr. 581, „vorzüglich+“, Zuschlag 110.– Euro; Abb. auf der nächsten Seite

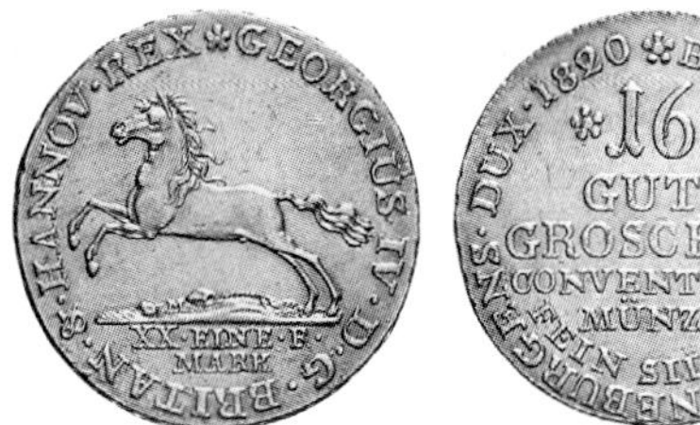
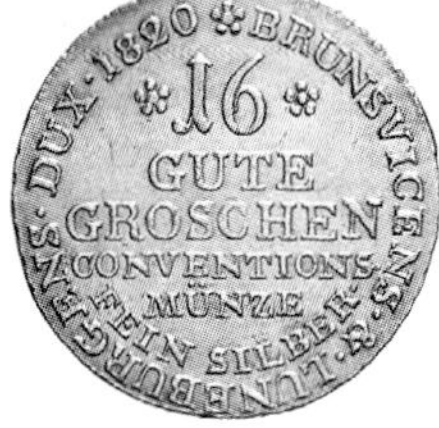

Nr. 200a) mit größeren Buchstaben im Wort FEIN SILBER, ohne Punkt nach MARK und leicht veränderter Pferdedarstellung

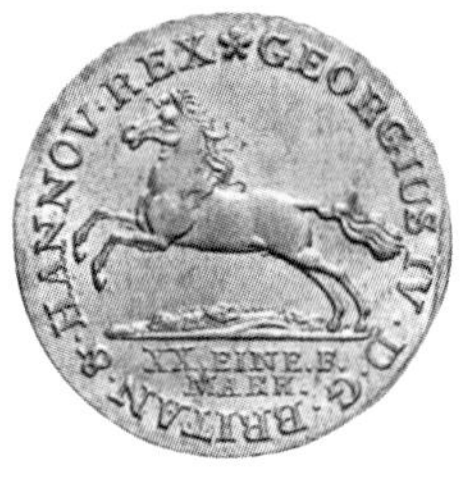

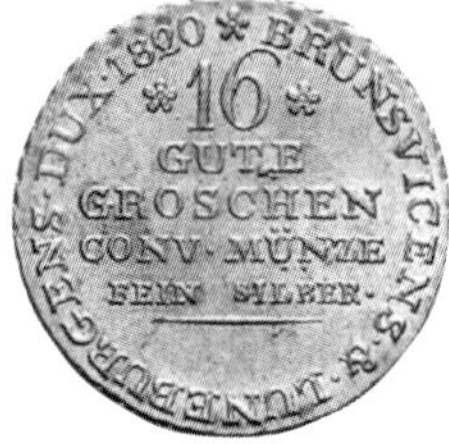

201 **16 Gute Groschen**

Vs.: GEORGIUS IV · D · G · BRITAN · & · HANNOV · REX XX. EINE. F. MARK. Signatur M

Rs.: BRUNSVICENS · & · LUNEBURGENS · DUX · 1820 16 GUTE GROSCHEN CONV · MÜNZE FEIN SILBER ·

Rand: Kettenrand

AKS 33 – Jaeger 23b

1820	50.–	90.–	120.–

Varianten

a) Ohne Punkt nach MARK auf der Vorderseite (St. 481ba)

b) XX · EINE · F · MARK (Punkte auf Buchstabenmitte), ohne Punkt nach MARK und ohne Punkt nach SILBER auf der Rückseite; der Abstand zwischen FEIN und SILBER ist sehr gering; 45. WAG-Auktion (9/2007), Nr. 581, „fast vorzüglich", Zuschlag 140.– Euro

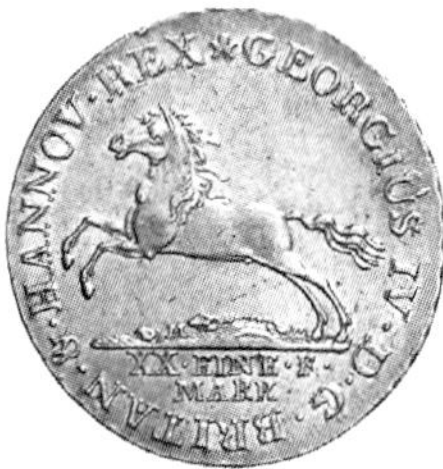

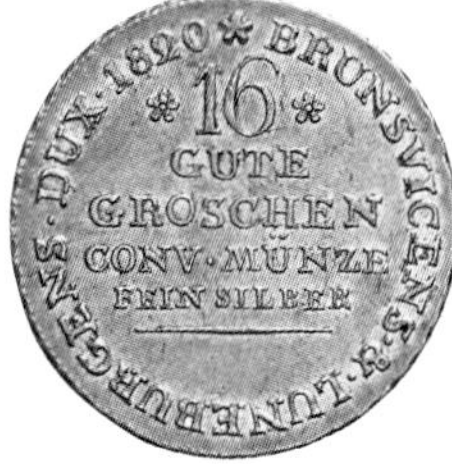

Nr. 201b), XX · EINE · F · MARK (Punkte auf Buchstabenmitte), ohne Punkt nach MARK und ohne Punkt nach SILBER auf der Rückseite. Der Abstand zwischen FEIN und SILBER ist sehr gering.

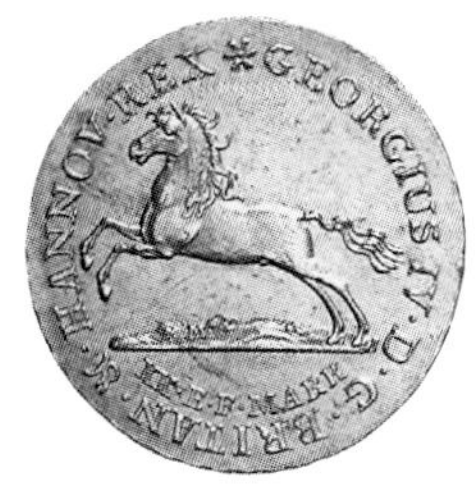

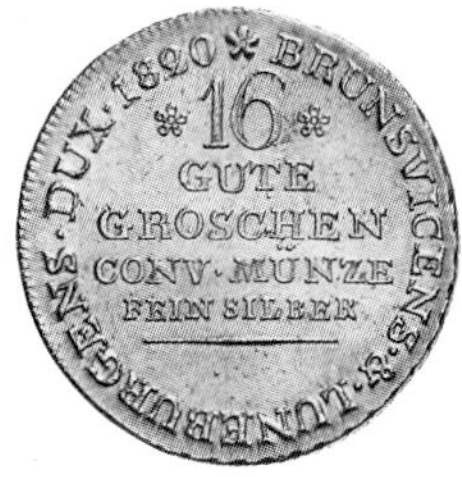

202 16 Gute Groschen

Vs.: GEORGIUS IV · D · G · BRITAN · & · HANNOV · REX
XX · E · F · MARK Signatur M

Rs.: BRUNSVICENS · & · LUNEBURGENS · DUX · 1820
16 GUTE GROSCHEN CONV · MÜNZE FEIN SILBER

Rand: Kettenrand

AKS 32 – Jaeger 23c

1820	50.–	110.–	180.–

Variante

a) CONV - MÜNZE statt CONV · MÜNZE (Jaeger 23c)

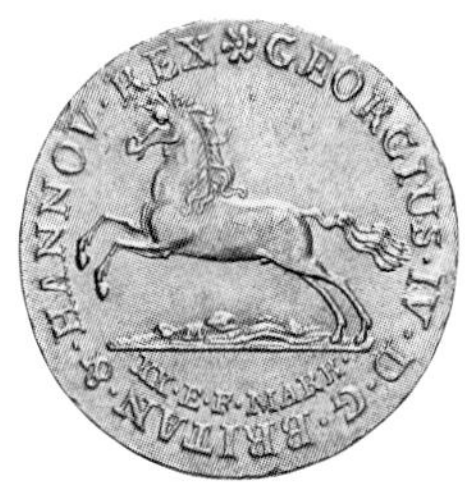

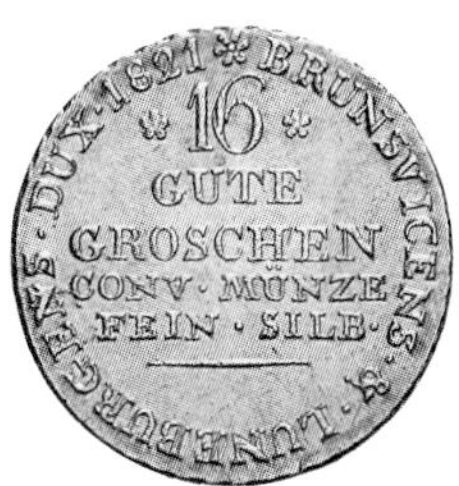

203 16 Gute Groschen

Vs.: GEORGIUS · IV · D · G · BRITAN · & · HANNOV · REX
XX · E · F · MARK · Signatur M

Rs.: BRUNSVICENS · & · LUNEBURGENS · DUX · 1821
16 GUTE GROSCHEN CONV · MÜNZE FEIN · SILB·

Rand: Kettenrand

AKS 34 – Jaeger 23d

1821	70.–	140.–	180.–

Varianten

a) GEORGIUS IV · D · G · BRITAN · & · HANNOV · REX ·, ohne Punkt nach FEIN auf der Rückseite

b) Ohne Punkt nach GEORGIUS; FEIN SILB · enger zusammen, fast wie ein Wort; 45. WAG-Auktion (9/2007), Nr. 583, „vorzüglich-", Zuschlag 85.– Euro

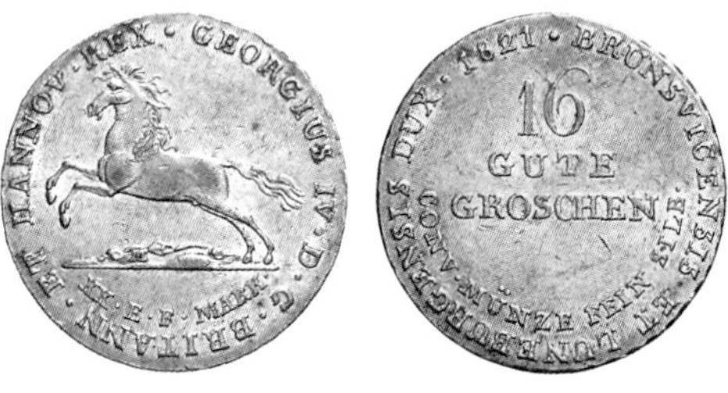

Nr. 204h

204 16 Gute Groschen

Vs.: GEORGIUS IV · D · G · BRITANN · ET · HANNOV · REX · XX · E · F · MARK · Signatur M

Rs.: BRUNSVICENSIS ET LUNEBURGENSIS DUX · 1821 · 16 GUTE GROSCHEN / CONV · MÜNZE · FEIN SILB ·

Rand: Kettenrand

AKS 35 – Jaeger 23e

1821	60.–	120.–	180.–

Varianten

a) GEORGIUS IV · D · G · BRITAN · & · HANNOV · REX · (Jaeger 23ea)

b) GEORGIUS IV · D · G · BRITAN · & · HANNOV · REX · * (Jaeger 23eb)

c) GEORGIUS IV · D · G · BRITAN · ET · HANNOV · REX · (Jaeger 23ec)

d) GEORGIUS IV · D · G · BRITAN · ET · HANNOVERAE · REX (Jaeger 23ed)

e) GEORGIUS IV · D · G · BRITAN · ET HANNOVERAE · REX ·, auf der Rückseite ohne Punkt zwischen DUX und Jahreszahl (Jaeger –); 45. WAG-Auktion (9/2007), Nr. 5189, „vorzüglich", Zuschlag 180.– Euro

f) GEORGIUS IV · D · G · BRITANN · ET · HANNOV · REX (Jaeger 23ee)

g) GEORGIUS IV · D · G · BRITANN · ET · HANNOV · REX * (Jaeger 23ef)

h) GEORGIUS IV · D · G · BRITANN · ET HANNOV · REX ·, auf der Rückseite ohne Punkt nach MÜNZE (Jaeger –); 45. WAG-Auktion (9/2007), Nr. 5188, „fast Stempelglanz“, Zuschlag 110.– Euro; Abb. siehe vorherige Seite
i) GEORGIUS IV · D · G · BRITANN · ET HANNOV · REX ·, ohne Punkt nach MARK (Jaeger –); 45. WAG-Auktion (9/2007), Nr. 5187, „fast Stempelglanz“, Zuschlag 130.– Euro
j) GEORGIUS IV · D · G · BRITANN · & · HANNOVERAE REX (Jaeger 23eg)
k) GEORGIUS · IV · D · G · BRITAN · ET · HANNOV · REX · (Jaeger –); 42. Auktion Harald Möller (12/2006), Nr. 584, „fast vorzüglich“, Zuschlag 100.– Euro
l) GEORGIUS · IV · D · G · BRITAN · ET · HANNOV · REX ·, auf der Rückseite ohne Punkt zwischen DUX und Jahreszahl (Jaeger –)
m) GEORGIUS · IV · D · G · BRITAN · ET · HANNOV · REX ·, auf der Rückseite mit Punkt zwischen DUX und Jahreszahl (Jaeger –); 45. WAG-Auktion (9/2007), Nr. 5186, „Stempelglanz“, Zuschlag 145.– Euro
n) Stempelfehler BEITAN statt BRITAN (Jaeger 23e Anm.)

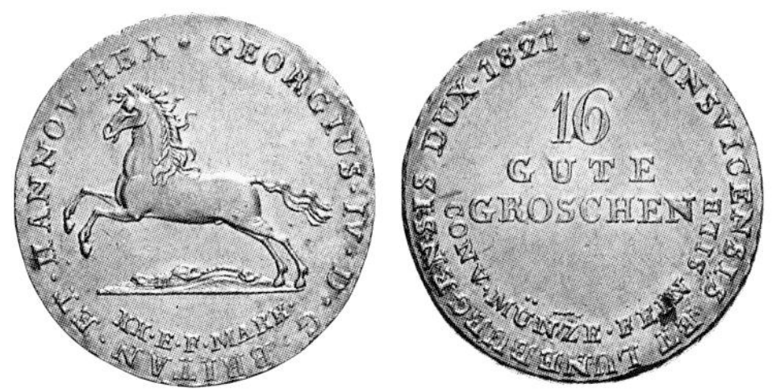

Nr. 204k) mit GEORGIUS · IV · D · G · BRITAN · ET · HANNOV · REX ·

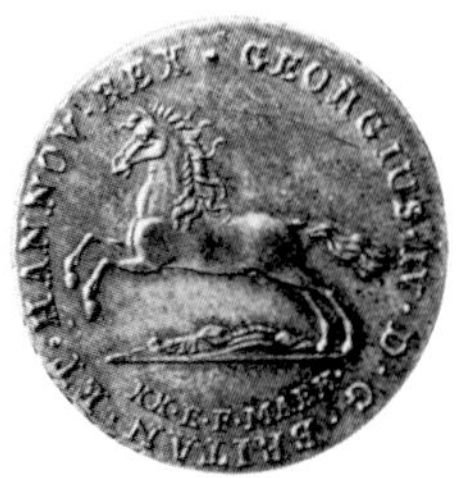

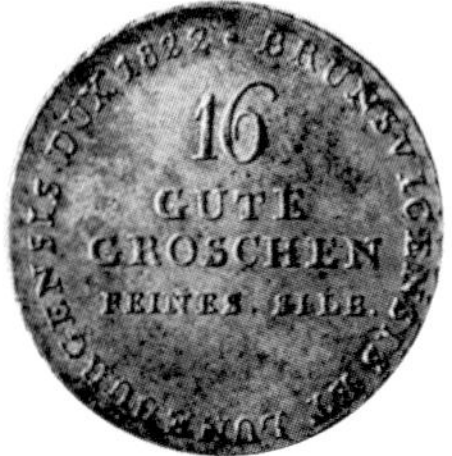

205 16 Gute Groschen

Vs.: GEORGIUS IV · D · G · BRITAN · ET · HANNOV · REX · XX · E · F · MARK · Signatur M

Rs.: BRUNSVICENSIS ET LUNEBURGENSIS DUX 1822 · 16 GUTE GROSCHEN FEINES SILB.

Rand: Kettenrand

AKS 36 – Jaeger 23f

1822	100.–	160.–	250.–

Varianten

a) GEORGIUS · IV · D · G · BRITAN · ET · HANNOV · REX ·, ohne Punkt nach MARK (Jaeger 23fb)

b) GEORGIUS IV · D · G · BRITANN · ET HANNOV · REX · (Jaeger 23f [Abb.])

c) GEORGIUS IV D · G · BRITAN · & · HANNOV · REX · (Jaeger 23fa)

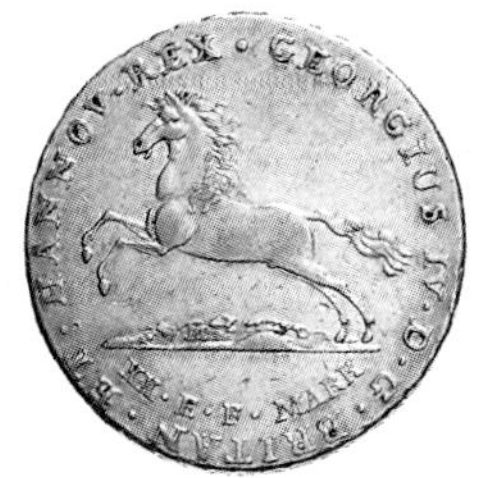
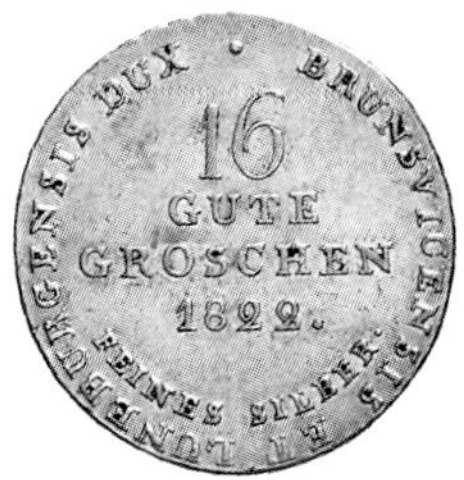

206 **16 Gute Groschen**

Vs.: GEORGIUS IV · D · G · BRITAN · ET · HANNOV · REX · XX · E · F · MARK Signatur M

Rs.: BRUNSVICENSIS ET LUNEBURGENSIS DUX · 16 GUTE GROSCHEN 1822. / FEINES SILBER ·

Rand: Kettenrand

AKS 37 – Jaeger 23g

1822	70.–	170.–	280.–

Varianten

a) GEORGIUS · IV · D · G · BRITAN · ET · HANNOV · REX ·, mit Punkt nach MARK (Jaeger 23g)

b) GEORGIUS IV · D · G · BRITAN · & · HANNOV · REX · (Jaeger 23ga)

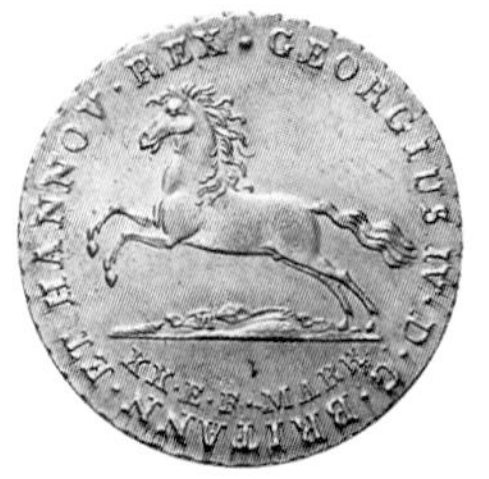
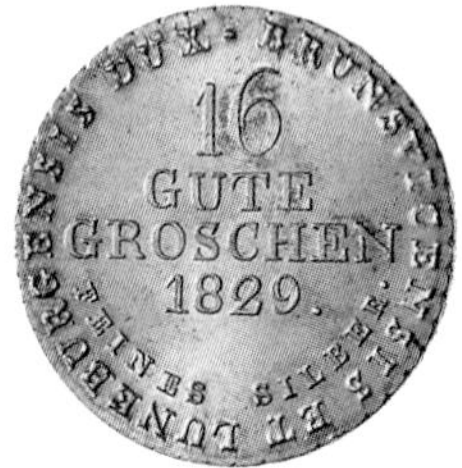

207 16 Gute Groschen

Vs.: GEORGIUS IV · D · G · BRITANN · ET HANNOV · REX · XX · E · F · MARK Signatur M

Rs.: BRUNSVICENSIS ET LUNEBURGENSIS DUX · 16 GUTE GROSCHEN (Jahr .) / FEINES SILBER ·

Rand: Kettenrand

AKS 38 – Jaeger 23h

1822	45.–	75.–	120.–
1823	40.–	75.–	100.–
1824	40.–	75.–	100.–
1825	40.–	75.–	100.–
1826	40.–	75.–	100.–
1827	40.–	75.–	100.–
1828	40.–	75.–	100.–
1829	40.–	75.–	100.–
1830	40.–	75.–	100.–

Varianten

Ab dem Jahrgang 1824 sind die Jahreszahlen deutlich größer. Alle Jahrgänge kommen auch ohne Punkt nach SILBER vor

a) 1823 mit GEORGIUS IV · D · G · BRITAN · ET HANNOV · REX ·, ohne Punkt nach SILBER (Jaeger 23hb); 45. WAG-Auktion (9/2007), Nr. 5195, „vorzüglich", Zuschlag 120.– Euro

b) 1823 mit GEORGIUS IV · D · G · BRITANN · ET · HANNOV · REX ·, ohne Punkt nach SILBER (Jaeger –); 45. WAG-Auktion (9/2007), Nr. 5194, „Stempelglanz", Zuschlag 145.– Euro

c) 1823 mit Punkt nach MARK · (Jaeger –); 45. WAG-Auktion (9/2007), Nr. 5193, „Stempelglanz", Zuschlag 180.– Euro

d) 1825 mit GEORGIUS IV · D · G · BRITAN · ET HANNOV · REX · und Rosette statt Punkt nach REX (Jaeger 23hb Anm.)

e) 1825 mit LUNEBURGENSIS - DUX · (Jaeger –); 45. WAG-Auktion (9/2007), Nr. 5200, „vorzüglich-Stempelglanz", Schätzpreis 100.– Euro

f) 1825 mit Punkt nach GROSCHEN (Jaeger –)

g) 1826 mit GEORGIUS IV · D · G · BRITAN · ET · HANNOV · REX · (Jaeger –); 42. Auktion Harald Möller (12/2006), Nr. 588, „fast vorzüglich", Zuschlag 100.– Euro

h) 1826 mit der Rückseiten-Interpunktion BRUNSVICENSIS · ET · LUNEBURGENSIS · DUX ·, ohne Punkt nach Silber (Jaeger –); 45. WAG-Auktion (9/2007), Nr. 5201, „vorzüglich-Stempelglanz", Schätzpreis 100.– Euro

i) 1826 mit GEORGIUS IV · D · G · BRITANN · ET HANNOV · REX ·, ohne Punkt nach SILBER (Jaeger –); 45. WAG-Auktion (9/2007), Nr. 5202, „vorzüglich-Stempelglanz", Schätzpreis 100.– Euro

j) 1826 mit GEORGIUS IV · D · G · BRITANN · ET · HANNOV · REX ·, auf der Rückseite Punkt vor DUX, ohne Punkt nach SILBER (Jaeger –); 45. WAG-Auktion (9/2007), Nr. 5203, „vorzüglich", Schätzpreis 60.– Euro; mit glattem Rand wurde ein Exemplar in der 52. Heidelberger Münzauktion (11/2009), Nr. 1918, versteigert

k) 1826 mit GEORGIUS IV · D · G · BRITANN · ET HANNOV · REX ·, auf der Rückseite Punkt vor DUX, ohne Punkt nach SILBER (Jaeger –); 45. WAG-Auktion (9/2007), Nr. 5204, „vorzüglich", Schätzpreis 60.– Euro

l) 1826 mit Stempelfehler D. UX (Jaeger –)

m) 1827 mit GEORGIUS IV · D · G · BRITANN · ET · HANNOV · REX ·, auf der Rückseite ohne Punkt nach SILBER (Jaeger –); 45. WAG-Auktion (9/2007), Nr. 5205, „vorzüglich-Stempelglanz", Schätzpreis 100.– Euro

n) 1827 mit GEORGIUS IV · D · G · BRITANN · ET HANNOV · REX ·, auf der Rückseite Punkt vor DUX, ohne Punkt nach SILBER (Jaeger –); 45. WAG-Auktion (9/2007), Nr. 5207, „vorzüglich", Zuschlag 65.– Euro

o) 1829 mit GEORGIUS IV · D · G · BRITANN · ET HANNOV · REX ·, auf der Rückseite Punkt vor DUX, ohne Punkt nach SILBER (Jaeger –); 45. WAG-Auktion (9/2007), Nr. 5212, „Stempelglanz, winziger Randfehler", Schätzpreis 100.– Euro

p) 1830 mit GEORGIUS IV · D · G · BRITANN · ET HANNOV · REX ·, auf der Rückseite Punkt vor DUX, ohne Punkt nach SILBER (Jaeger –); 45. WAG-Auktion (9/2007), Nr. 5213, „fast Stempelglanz", Zuschlag 80.– Euro

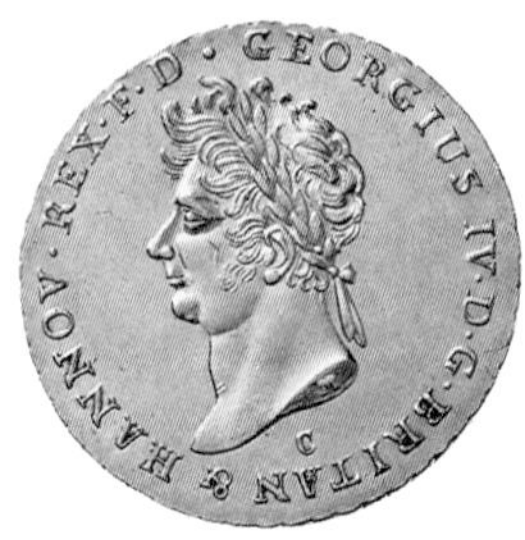
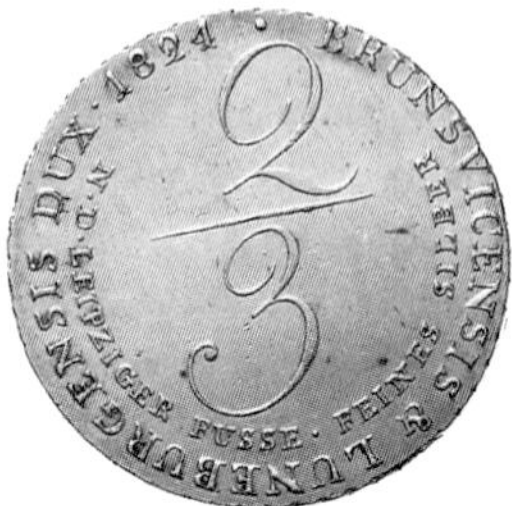

208 ⅔ Taler

Vs.: GEORGIUS IV · D · G · BRITANN & HANNOV · REX · F · D · Mzz. C und am Halsabschnitt Signatur M

Rs.: BRUNSVICENSIS & LUNEBURGENSIS DUX · (Jahr ·) Wertzahl ⅔ / N · D · LEIPZIGER FUSSE · FEINES SILBER ·

Rand: Laubrand

AKS 39 – Jaeger 24a – d

1822	70.–	200.–	300.–
1823	60.–	150.–	200.–
1824	60.–	150.–	200.–
1825	60.–	150.–	200.–
1826	60.–	150.–	200.–
1827	60.–	150.–	200.–
1828	60.–	150.–	200.–
1829	60.–	150.–	200.–

In der 29. Sincona-Auktion (5/2016), Nr. 936, wurde ein Exemplar von 1829 in „FDC" für 475.– CHF zugeschlagen.

Varianten

a) 1822 bis 1829 auch mit BRITANN · & · HANNOV · REX · F · D · (Jaeger 24aa [dort fehlt irrtümlicherweise der Punkt vor · HANNOVER])

b) 1823 auch mit BRITANN · & · HANNOV · REX · F · D ·, Rückseite mit ET LUNEBURGENSIS (Jaeger 24ab)

c) 1824 auch mit BRITAN · & · HANNOV · REX · F · D · (Jaeger –)

d) 1824 auch ohne Punkt nach SILBER (Jaeger –); siehe Abbildung oben

e) 1824 und 1825 auch ohne Punkt zwischen DUX und der Jahreszahl (Jaeger –)

f) 1825 auch mit LUNEBURGENSIS · DUX (Jaeger –)

g) 1827 bis 1829 auch mit BRITANN · ET HANNOV · REX · F · D · (Jaeger –)

h) 1827 auch ohne Signatur „M“ (Jaeger 24c)
i) 1827 und 1828 ohne Münzzeichen „C“ (Jaeger 24b)
j) 1827 und 1828 ohne Signatur „M“ und ohne Münzzeichen „C“ (Jaeger 24d)
k) 1827 ohne Punkt über der Wertzahl, nach FUSSE und nach SILBER (Jaeger –); 34. WAG-Auktion (2/2006), Nr. 1346
l) 1827 aus 1826 im Stempel geändert (Hahlo 807)
m) 1827 auch mit BRITANN ET HANNOV · REX · F · D ·, ohne Punkt nach 1828 (über der Wertzahl), nach SILBER und nach FUSSE, mit Kettenrand (Jaeger –); 45. Auktion Harald Möller (6/2007), Nr. 596
n) 1828 auch mit BRITANN ET HANNOV · REX · F · D ·, ohne Punkt nach 1828 (über der Wertzahl) (Jaeger –)
o) 1828 mit Punkt nach GEORGIUS ·, ohne Punkt nach FUSSE und SILBER (Jaeger –)
p) 1829 ohne Punkt über der Wertzahl und nach FUSSE (Jaeger –); 45. Auktion Harald Möller (6/2007), Nr. 601
q) 1829 mit Punkt unmittelbar nach der Jahreszahl, jedoch nicht über der Wertzahl, ohne Punkt nach FUSSE (Jaeger –); 49. WAG-Auktion (2/2009), „Stempelglanz“, 400.– Euro

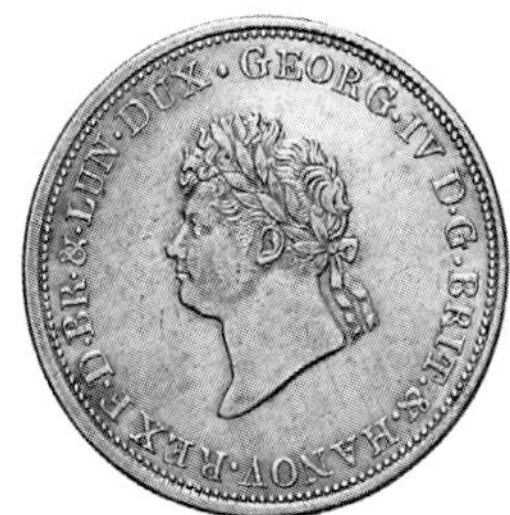
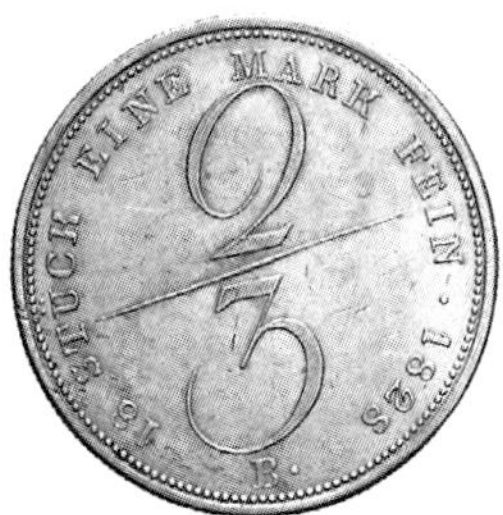

209 ⅔ Taler

Vs.: GEORG. IV D · G . BRIT . & . HANOV · REX F · D · BR · & · LUN · DUX .

Rs.: 18 STÜCK EINE MARK FEIN · (Jahr) Wertzahl ⅔ Mmz. B ·

Rand: Riffelrand

AKS 40 – Jaeger 25a+b

1826	70.–	140.–	200.–
1827	80.–	160.–	240.–
1828	70.–	140.–	200.–

In der 106. Auktion WAG Online (2/2020), Nr. 1269, wurde ein Exemplar von 1826 in „fast Stempelglanz“ für 500.– Euro versteigert.

Varianten

a) 1826 mit GEORG · IV D · G · BRIT · & · HANOV · ..., der Bruchstrich berührt an beiden Seiten die Umschrift bzw. ragt links sogar ein Stück in sie hinein (Jaeger –)

b) 1827 aus 1826 geändert (Jaeger –; Hahlo 807)

c) 1828 mit kurzem Bruchstrich (Jaeger –)

d) 1828 mit GEORGIUS IV (Jaeger 25b). Nr. 209d (Jaeger 25b) ist außerordentlich selten, kein Vorkommen in den letzten ca. 50 Jahren.

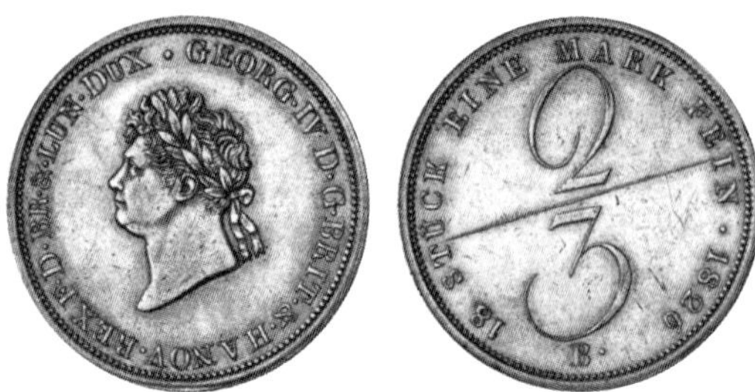

Nr. 209a), Jahrgang 1826 mit langem Bruchstrich in der Wertzahl, der links bis in die Umschrift hineinragt

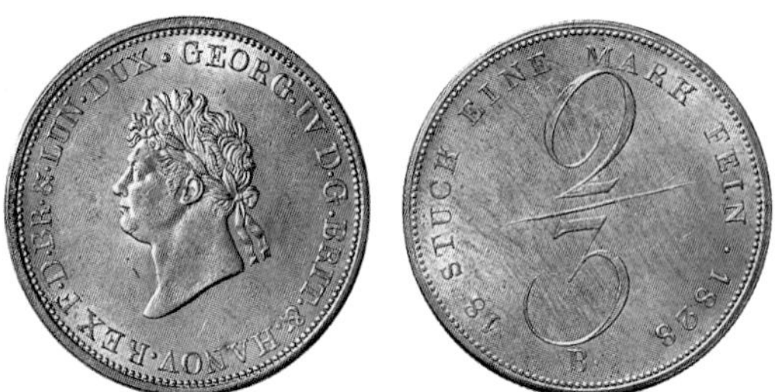

Nr. 209c), Jahrgang 1828 mit kurzem Bruchstrich in der Wertzahl

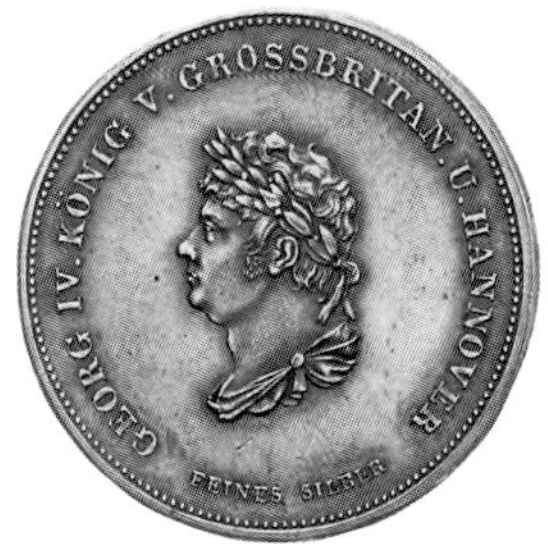

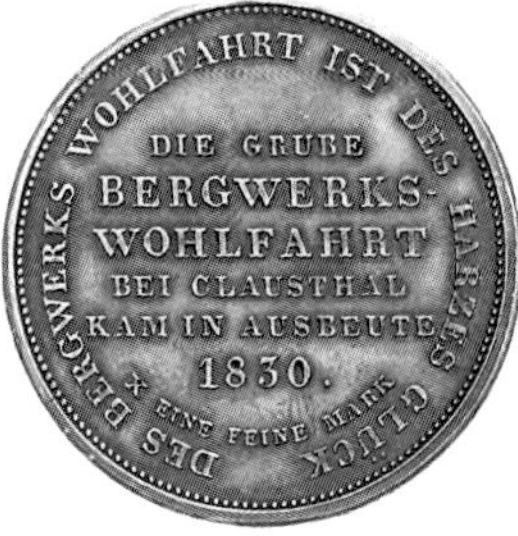

210 Ausbeutekonventionstaler

Vs.: GEORG IV . KÖNIG V . GROSSBRITAN . U . HANNOVER / FEINES SILBER

Rs.: DES BERGWERKS WOHLFAHRT IST DES HARZES GLÜCK
DIE GRUBE BERGWERKS-WOHLFAHRT BEI CLAUSTHAL KAM IN AUSBEUTE 1830 .
X EINE FEINE MARK

Rand: glatt

Dav. 661 – AKS 54 – Jaeger 26a+b – T. 151

1830	850.–	1800.–	2800.–

In der 293. Künker-Auktion (6/2017), Nr. 705, erzielte ein „Erstabschlag“ 4400.– Euro.

Variante

a) Mit größerer Jahreszahl, deren „3“ oben gerundet ist (Jaeger 26b); 45. Auktion Harald Möller (6/2007), Nr. 603, „vorzüglich+ aus Polierter Platte“, Zuschlag 2000.– Euro; 308. Künker-Auktion (6/2018), Nr. 2434, „fast Stempelglanz“, 3200.– Euro; 359. Künker-Auktion (1/2022), Nr. 458, „fast Stempelglanz“, Zuschlag 4000.– Euro

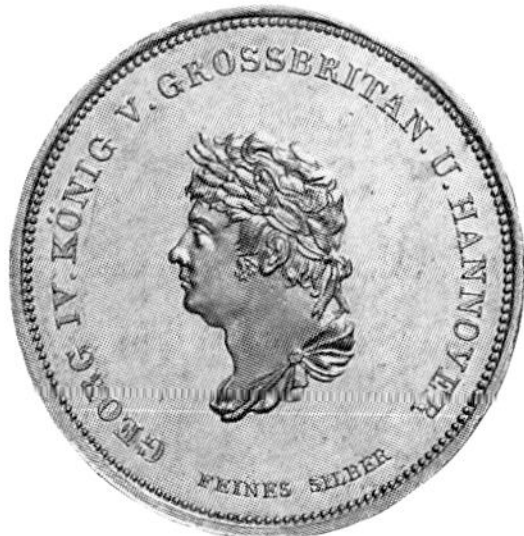

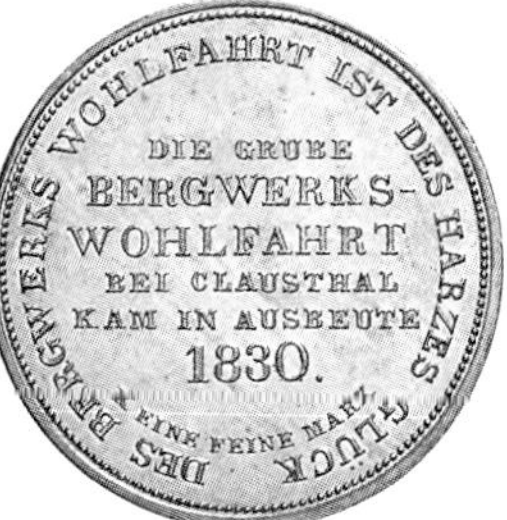

Nr. 210a) mit größerer Jahreszahl, deren „3“ oben gerundet ist

Wilhelm IV. 1830 – 1837

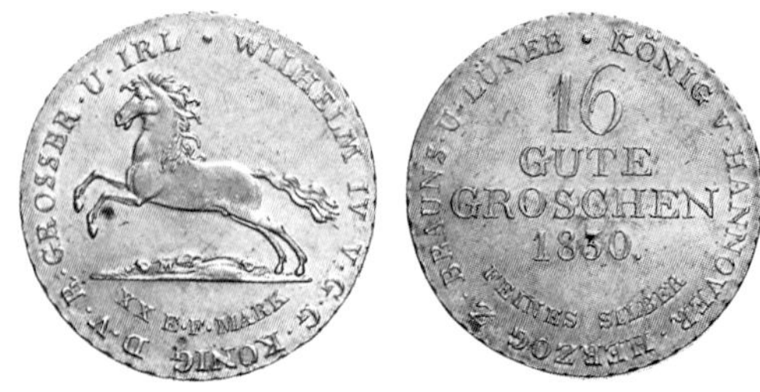

Nr. 211a

211 16 Gute Groschen

Vs.: WILHELM IV · V · G · G · KÖNIG D · V · R · GROSSBR · U · IRL · / XX · E · F · MARK Signatur M

Rs.: KÖNIG V · HANNOVER · HERZOG Z · BRAUNS · U · LÜNEB · / 16 GUTE GROSCHEN (Jahr.) FEINES SILBER

Rand: Kettenrand

AKS 66 – Jaeger 33a

1830	45.–	70.–	100.–
1831	40.–	75.–	110.–
1832	45.–	80.–	120.–

Varianten

a) 1830 ohne Punkt nach WILHELM IV und XX; 45. Auktion Harald Möller (6/2007), Nr. 605

b) 1831 mit Punkt nach SILBER · und ohne Punkt nach HANNOVER

c) 1831 ohne Punkt nach HANNOVER

d) 1831 mit Punkt nach GROSCHEN.

e) 1831 ohne Punkt nach WILHELM IV und ohne Punkt nach HANNOVER; 45. WAG-Auktion (9/2007), Nr. 5225

f) 1831 mit Stempelfehler ROSS

g) 1832 mit oben gerundeter (statt eckiger) „3“ in der Jahreszahl, ohne Punkt nach der IV von WILHELM IV, jedoch mit Punkt nach SILBER, kein Abstand zwischen Jahreszahl und dem Punkt danach; 34. WAG-Auktion (2/2006), Nr. 1355

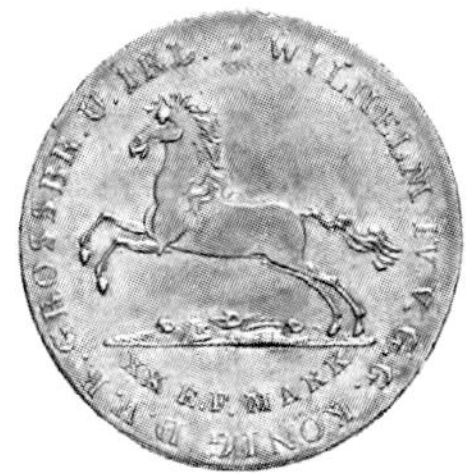
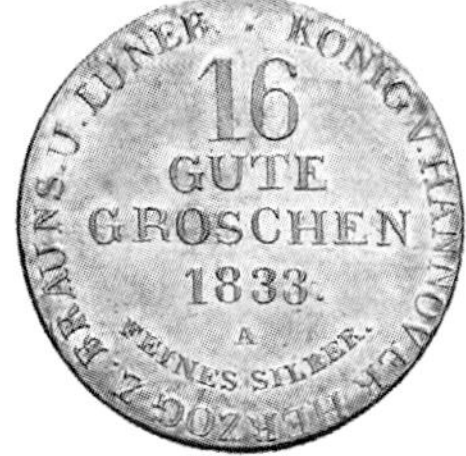

Nr. 212g

212 16 Gute Groschen

Vs.: WILHELM IV V. G. G. KÖNIG D. V. R. GROSSBR. U. IRL. / XX E. F. MARK Signaturen K, L, M oder W (siehe Varianten)

Rs.: KÖNIG V. HANNOVER HERZOG Z. BRAUNS. U. LÜNEB. / 16 GUTE GROSCHEN (Jahr.)
Mzz. A (Administration)
FEINES SILBER

Rand: Kettenrand

AKS 66 – Jaeger 33b – e

1832	45.–	80.–	120.–
1833	55.–	100.–	140.–
1834	45.–	90.–	120.–

Varianten und Probe

a) 1832 auch mit Signatur „M“ auf der Vorderseite (Jaeger 33b)

b) 1832 ohne Signatur, nach der Jahreszahl kein Punkt (zu Jaeger 33c); 45. WAG-Auktion (9/2007), Nr. 5227, „vorzüglich+“, Zuschlag 120.– Euro

c) 1832 mit Signatur „L“ und mit Punkt nach Silber (zu Jaeger 33d); 45. WAG-Auktion (9/2007), Nr. 5228, „vorzüglich-Stempelglanz“, Zuschlag 105.– Euro

d) 1832 mit WILHELM IV V · G · G · KÖNIG D . V . R . GROSSBR . U . IRL ., unten bogig XX . E . F . MARK, mit Signatur „L“, Punkt nach SILBER (Fiala 5446)

e) 1833 mit Signatur „L“ und mit LUNEBR · (Jaeger 33d Anm.); 45. WAG-Auktion (9/2007), Nr. 5230

f) 1833 mit Signatur „L“ und mit LUNEBRG · (Jaeger 33d Anm.); 45. WAG-Auktion (9/2007), Nr. 5231, „vorzüglich+“, Zuschlag 190.– Euro

g) 1833 mit Signatur „K“ und mit Punkt nach Silber (Jaeger 33d Anm.); 34. WAG-Auktion (2/2006), Nr. 1357, „sehr schön-vorzüglich“, Zuschlag 80.– Euro; Abb. siehe vorherige Seite
h) 1833 mit Signatur „K“ und mit Punkt nach Silber (Jaeger 33d Anm.); 34. WAG-Auktion (2/2006), Nr. 1357, „sehr schön-vorzüglich“, Zuschlag 80.– Euro
i) 1834 mit Signatur „W“, KOENIG und ohne Punkt nach der Jahreszahl (Jaeger zu 33e); 45. WAG-Auktion (9/2007), Nr. 5233, „vorzüglich-Stempelglanz“, Zuschlag 110.– Euro
j) 1834 mit Signatur „W“, KOENIG, ohne Punkt nach der Jahreszahl und mit Punkt nach MARK (Jaeger zu 33e); 45. WAG-Auktion (9/2007), Nr. 5232
k) 1834 mit Signatur „W“, KÖNIG, ohne Punkt nach der Jahreszahl und mit Punkt nach XX (Jaeger zu 33e); 51. Auktion WAG Online (3/2015), Nr. 682, „vorzüglich+“, Zuschlag 115.– Euro
l) 1834 auch mit „Randroulierung“ ooooo statt Kettenrand (Jaeger 33d Anm.)
m) Probe vom Jahrgang 1834 mit Signatur „W.J.“ und KOENIG (Jaeger –)
n) Ringprägung (Probe mit glattem Rand) von 1834, auf beiden Seiten mit Perlkreis am Rand (Jaeger 33II); 34. WAG-Auktion (2/2006), Nr. 1354, „fast vorzüglich“, Zuschlag 1025.- Euro; 110. Auktion F. R. Künker (3/2006), Nr. 4607, „vorzüglich“, Zuschlag 775.– Euro; 68. WAG-Auktion (4/2014), Nr. 1314, „vorzüglich“, Zuschlag 700.– Euro

Es ist oftmals nicht sicher zu unterscheiden, ob auf der Münze KÖNIG oder KONIG steht.

Es ist nicht gesichert, daß von der Jaeger-Nr. 33d (mit Signatur „L“) der Jahrgang 1834 existiert. Jaeger bezieht sich auf die Knyphausen-Nr. 4230. Dort wird aber keine Signatur erwähnt.

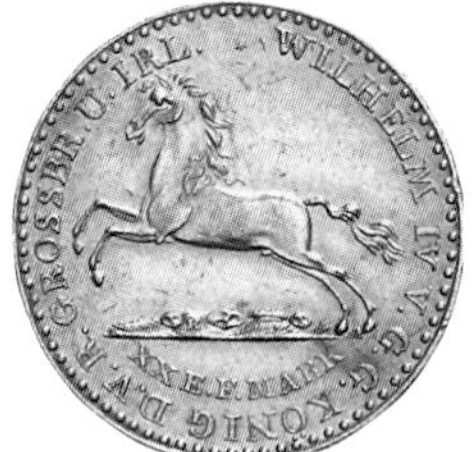

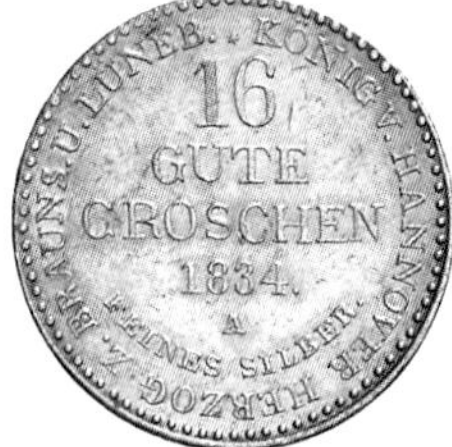

Nr. 212n), 16 Gute Groschen 1834 als Ringprägung (Probe mit glattem Rand) und mit Perlkreis auf beiden Seiten

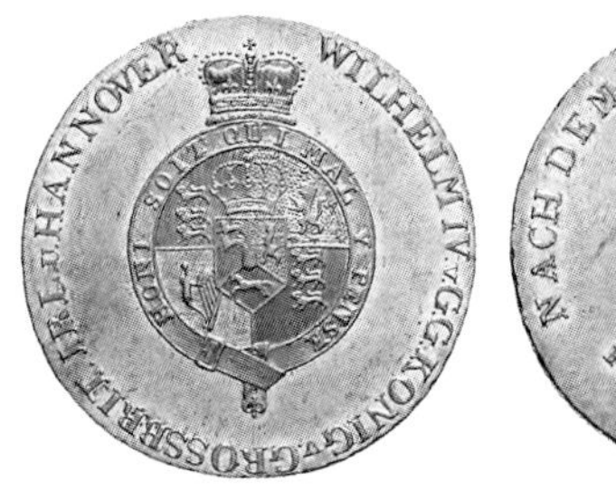
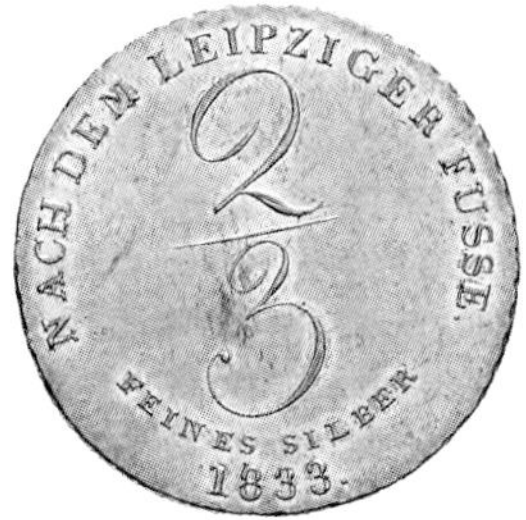

213 ⅔ Taler

Vs.: WILHELM IV. v. G. G. KÖNIG v. GROSSBRIT. IRL. u. HANNOVER, auf dem Ordensband HONI SOIT QUI MAL Y PENSE

Rs.: NACH DEM LEIPZIGER FUSSE. / FEINES SILBER (Jahr.) Wertzahl ⅔

Rand: Laubrand

AKS 67 – Jaeger 34a+b

1832	80.–	160.–	220.–
1833	80.–	160.–	220.–

Varianten

a) 1832 auch ohne Punkt nach der Jahreszahl und längerem herabhängendem Zipfel des Hosenbandordens (Jaeger –); 34. WAG-Auktion (2/2006), Nr. 1358

b) 1832 mit Punkt nach SILBER und längerem Bruchstrich (Jaeger –); 45. Auktion Harald Möller (6/2007), Nr. 608, „vorzüglich-Stempelglanz", Zuschlag 180.– Euro

c) 1833 auch mit FEINES SILBER zusammen mit der Jahreszahl in der Umschrift (Jaeger 34b)

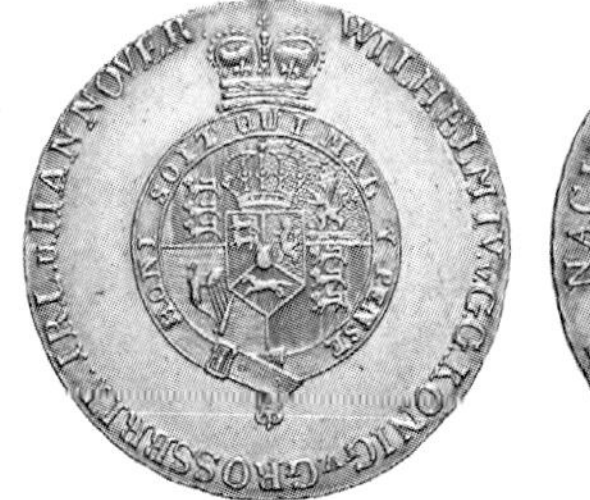
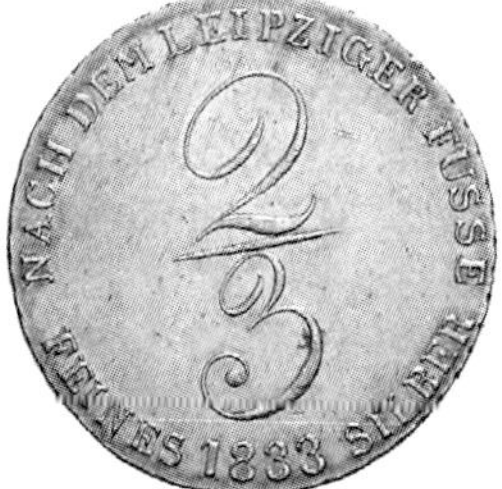

Nr. 213c), FEINES SILBER zusammen mit der Jahreszahl in der Umschrift und ohne Punkt nach FUSSE

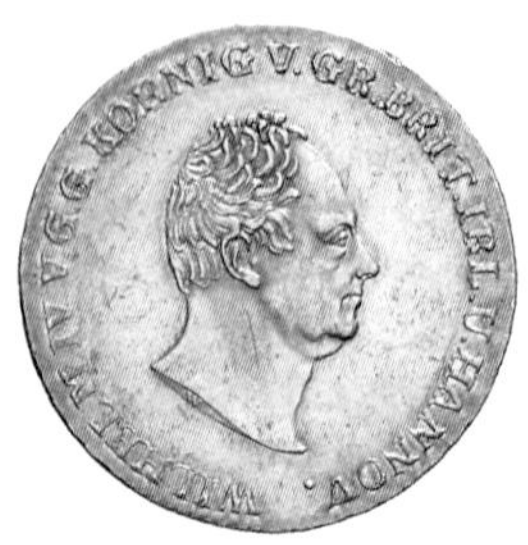

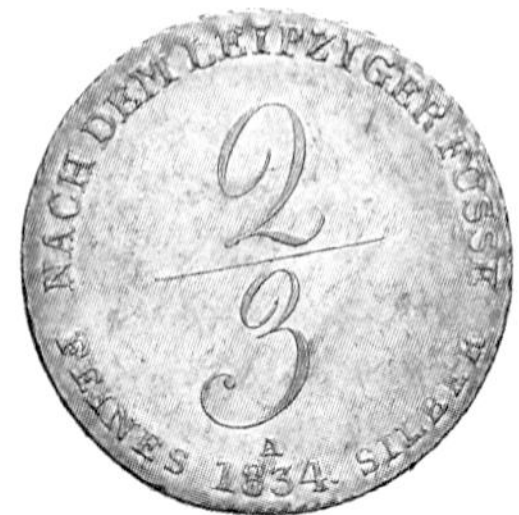

214 **⅔ Taler**

Vs.: WILHELM IV V. G. G. KOENIG V. GR. BRIT. IRL. U. HANNOV. am Halsabschnitt Signatur W

Rs.: NACH DEM LEIPZIGER FUSSE FEINES 1834. SILBER Mzz. A Wertzahl ⅔

Rand: Kettenrand

AKS 68a – Jaeger 36

1834	250.–	450.–	650.–

In der 47. WAG-Auktion (6/2008), Nr. 568, erzielte ein Exemplar in „fast Stempelglanz" 720.– Euro.

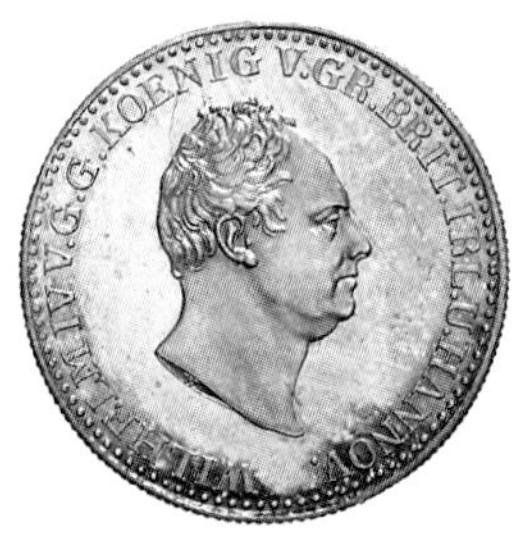

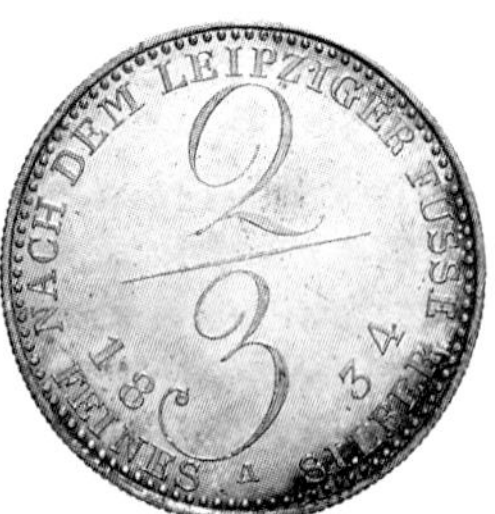

215 **⅔ Taler**

Vs.: WILHELM IV V. G. G. KOENIG V . GR . BRIT . IRL . U. HANNOV. am Halsabschnitt Signatur W

Rs.: NACH DEM LEIPZIGER FUSSE FEINES SILBER / 1834 Mzz. A Wertzahl ⅔

Rand: Riffelrand

AKS 69 – Jaeger 38

1834	900.–	1600.–	2200.–

Von den Nummern 214 – 218 wurden zusammen 50 000 Stück geprägt.

In der 308. Künker-Auktion (6/2018), Nr. 2441, erzielte ein Exemplar in „vorzüglich/ vorzüglich-Stempelglanz" 2200.– Euro.

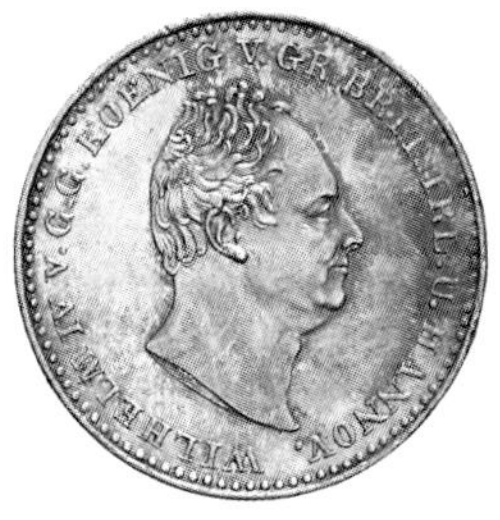
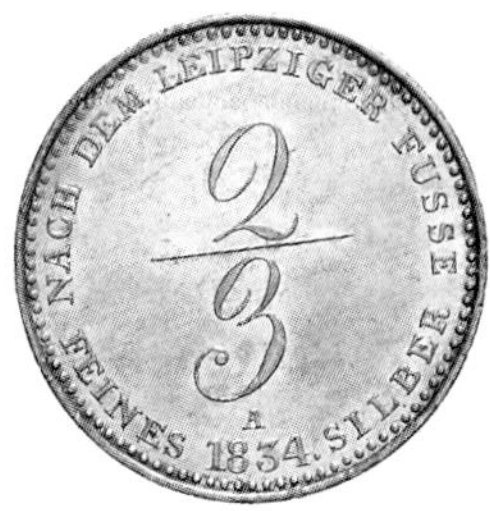

216 ⅔ Taler

Vs.: WILHELM IV V. G. G. KOENIG V. GR. BRITT. IRL. U. HANNOV. am Halsabschnitt Signatur W

Rs.: NACH DEM LEIPZIGER FUSSE FEINES 1834. SILBER Mzz. A

Rand: NEC ASPERA TERRENT

AKS 68b – Jaeger 37

1834	700.–	1500.–	2200.–

Von den Nummern 214 – 218 wurden zusammen 50 000 Stück geprägt.

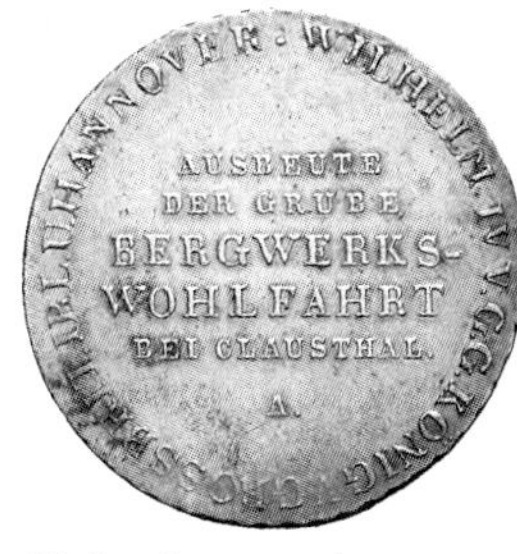

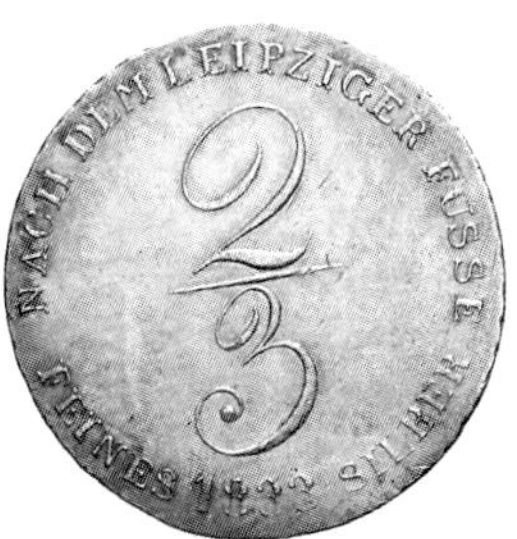

217 ⅔ Ausbeutetaler

Vs.: WILHELM IV V. G. G. KÖNIG V. GROSSBRIT. IRL. U. HANNOVER . / AUSBEUTE DER GRUBE BERGWERKS-WOHLFAHRT BEI CLAUSTHAL. Mzz. A.

Rs.: NACH DEM LEIPZIGER FUSSE FEINES 1833 SILBER Wertzahl ⅔

Rand: Laubrand

AKS 85 – Jaeger 35

1833	250.–	420.–	550.–

Von den Nummern 214 – 218 wurden zusammen 50 000 Stück geprägt.

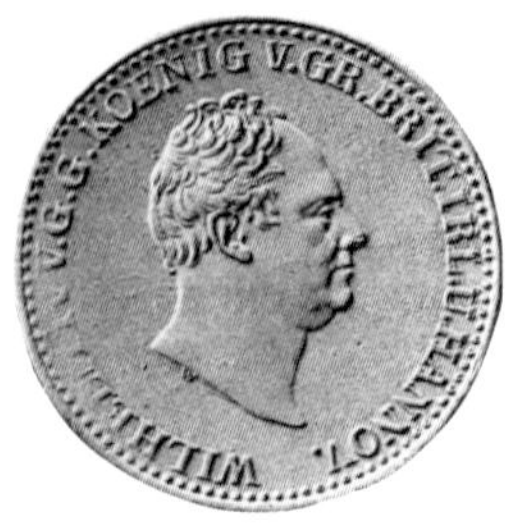

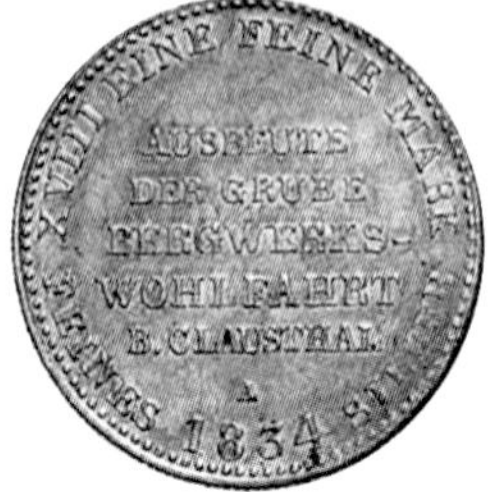

218 ⅔ Taler

Vs.: WILHELM IV V . G . G . KÖNIG V . GR . BRIT . IRL . U . HANNOV . am Halsabschnitt Signatur W

Rs.: XVIII EINE FEINE MARK FEINES 1834 SILBER AUSBEUTE DER GRUBE BERGWERKS-WOHLFAHRT B. CLAUSTHAL Mzz. A

Rand: Riffelrand

AKS 86 – Jaeger 39

1834	LP

Von den Nummern 214 – 218 wurden zusammen 50 000 Stück geprägt.

Die Angabe bei Stutzmann Nr. 497, daß in der Auktion Schulman, Amsterdam (12/1926, Slg. Ferrari), „zwei Exemplare mit Randschrift und ein Exemplar mit Ketten-Riffelrand versteigert" worden seien, stimmt nicht! Dort wurde unter der Nr. 1749 lediglich ein Exemplar mit Riffelrand angeboten (Zuschlag 42.– Gulden).

Jüngste Vorkommen in der 25. Auktion Harald Möller (10/1999), Nr. 394, in „vorzüglich" mit einem Zuschlag von 25 000.– DM; 205. Auktion Gorny & Mosch (3/2012), Nr. 4351, in „sehr schön-vorzüglich, fleckige Patina", Zuschlag 9500.– Euro.

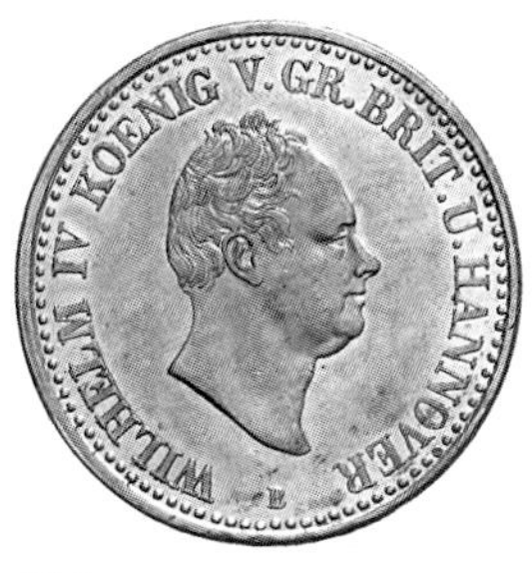

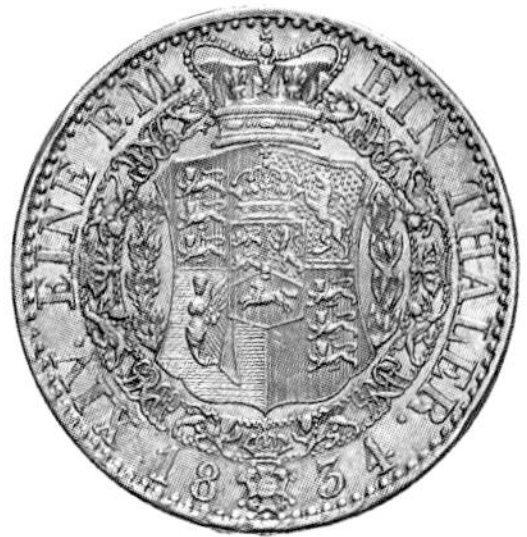

219 Taler

Vs.: WILHELM IV KOENIG V . GR. BRIT . U . HANNOVER
Mmz. B

Rs.: EIN THALER. XIV. EINE F. M. 1834

Rand: NEC ASPERA TERRENT

Dav. 662 – AKS 62 – Jaeger 49 – T. 152

1834	(44 190)	85.–	400.–	600.–

In der 308. Künker-Auktion (6/2018), Nr. 2437, erzielte ein Exemplar in „vorzüglich-Stempelglanz" 900.– Euro; in der 80. Heidelberger Münzauktion (11/2020), Nr. 661, ein Exemplar in „vorzüglich-Stempelglanz" 5100.– Euro.

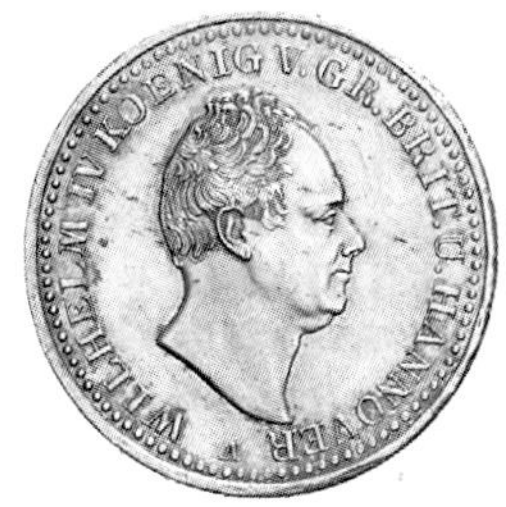

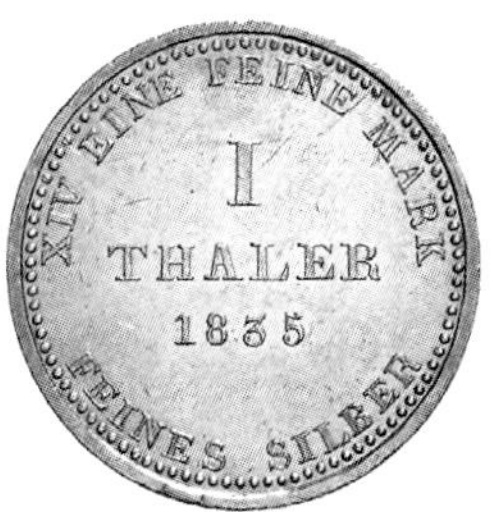

220 Taler

Vs.: WILHELM IV KOENIG V. GR . BRIT . U. HANNOVER
Mzz. A

Rs.: XIV EINE FEINE MARK FEINES SILBER / 1 THALER
Jahr

Rand: NEC ASPERA TERRENT

Dav. 663 – AKS 63 – Jaeger 51 – T. 153

1834	70.–	250.–	400.–
1835	55.–	220.–	330.–

Varianten und Probe

a) 1834 die Spitze des Halsabschnitts reicht bis zum „R“ von HANNOVER (Jaeger –)
b) 1835 die Spitze des Halsabschnitts erreicht noch das „E“ von HANNOVER statt schon am „R“ zu enden
c) Probe mit unvollständiger Jahreszahl 183_ (Ferrari 1721 [Zuschlag 135.– Gulden])

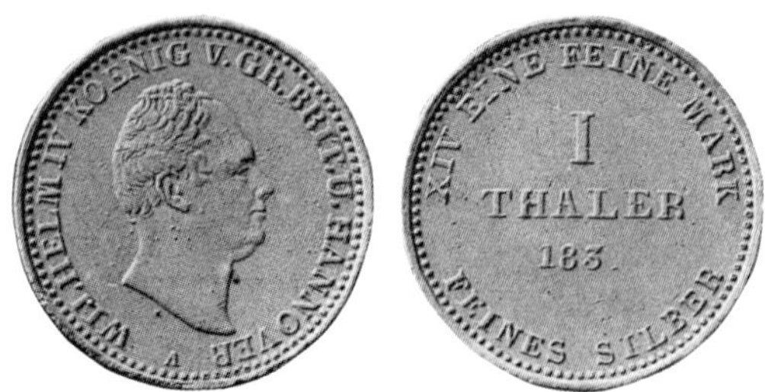

Nr. 220c), Probe mit unvollständiger Jahreszahl „183_“

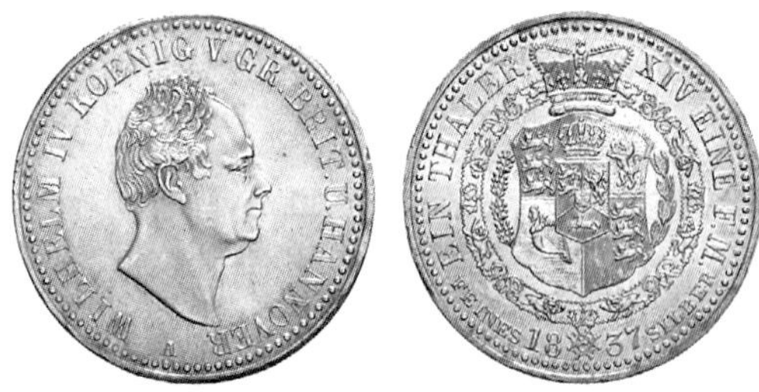

221 Taler

Vs.: WILHELM IV KOENIG V . GR . BRIT . U . HANNOVER Mzz. A

Rs.: EIN THALER XIV EINE F . M. FEINES (Jahr) SILBER

Rand: NEC ASPERA TERRENT

Dav. 664 – AKS 64 – Jaeger 52 – T. 154

1835	70.–	230.–	400.–
1836	60.–	200.–	300.–
1837	60.–	200.–	300.–

Varianten

a) 1835 mit fehlerhafter Randschrift TFRRFNT (Ferrari 1729 [Zuschlag 35.– Gulden])
b) 1835 mit kleineren Buchstaben der Randschrift (Rudolph 3711)
c) 1836 mit dem Ende des Halsabschnitts unter dem „R“ von HANNOVER (Ferrari 1732)
d) 1836 mit dem Ende des Halsabschnitts zwischen „ER“ von HANNOVER (Ferrari 1734)
e) 1836 mit kleineren Buchstaben der Randschrift (Jaeger –)
f) 1837 mit dem Ende des Halsabschnitts unter dem „R“ von HANNOVER (Ferrari 1738)
g) 1837 mit dem Ende des Halsabschnitts vor dem „R“ von HANNOVER (Ferrari 1740)
h) 1837 mit einem Punkt nach HANNOVER (Ferrari 1741)

Rudolph erwähnt unter der Nr. 3720 noch einige minimale Stempelverschiedenheiten in der Form und Anordnung der Buchstaben in der Umschrift.

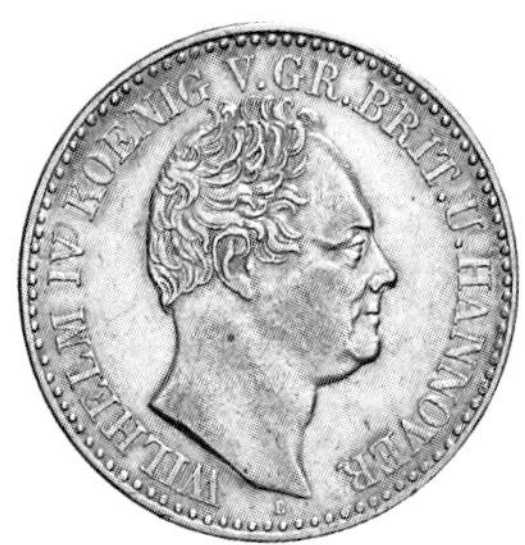

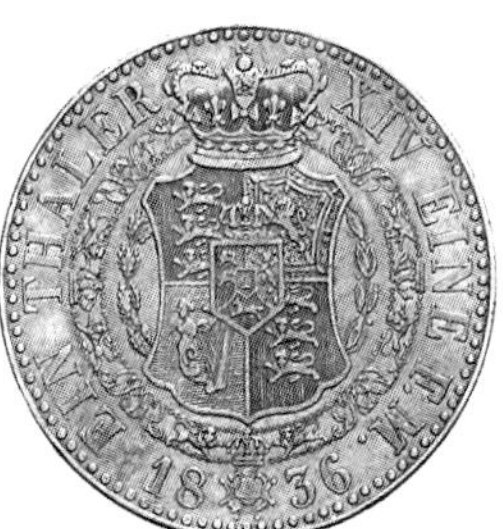

222 Taler

Vs.: WILHELM IV KOENIG V . GR . BRIT . U . HANNOVER Mmz. B

Rs.: EIN THALER XIV EINE F. M. 1836

Rand: NEC ASPERA TERRENT

Dav. 665 – AKS 65 – Jaeger 50 – T. 155

1836	150.–	450.–	850.–

In der 80. Heidelberger Münzauktion (11/2020), Nr. 884, erzielte ein Exemplar in „vorzüglich“ 1250.– Euro.

Ernst August 1837 - 1851

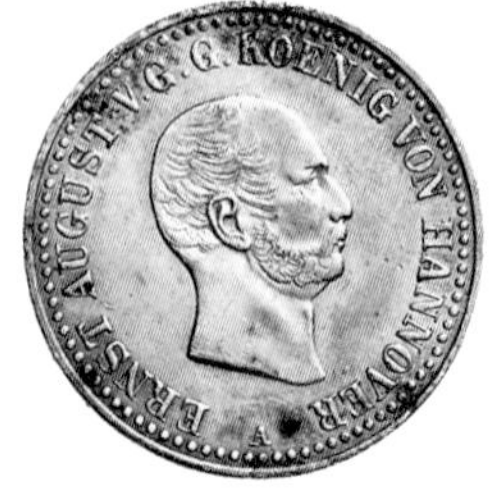
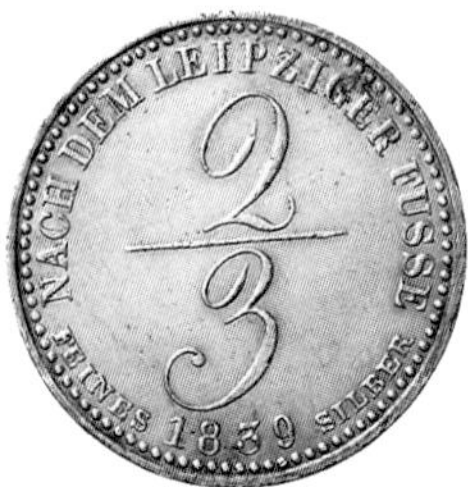

223 ⅔ Taler

Vs.: ERNST AUGUST V . G . G . KOENIG VON HANNOVER
Mzz. A

Rs.: NACH DEM LEIPZIGER FUSSE FEINES (Jahr) SILBER

Rand: NEC ASPERA TERRENT

AKS 108 – Jaeger 62

1838	(Probe?)			LP
1839		85.–	200.–	350.–

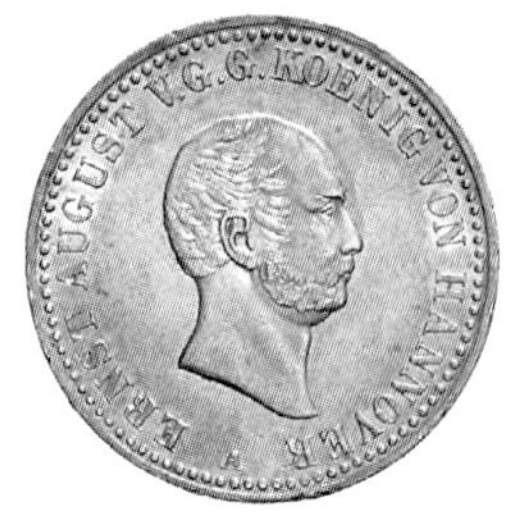
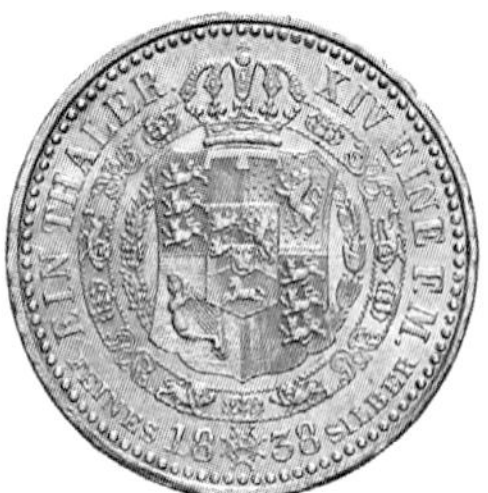

224 Taler

Vs.: ERNST AUGUST V . G . G . KOENIG VON HANNOVER
Mzz. A am Halsabschnitt Signatur W

Rs.: EIN THALER. XIV EINE F. M. FEINES (Jahr) SILBER

Rand: NEC ASPERA TERRENT

Dav. 666 – AKS 99 – Jaeger 63a+b – T. 156

1838	80.–	200.–	350.–

In der 327. Künker-Auktion (10/2019), Nr. 3230, erzielte ein Exemplar in „fast Stempelglanz, minimale Beläge", 700.– Euro.

Varianten

a) Die Signatur „W“ vertieft am Halsabschnitt; Jaeger 63b [ungenau]; Ferrari 1781)
b) Die Signatur „W“ erhaben am Halsabschnitt; 308. Künker-Auktion (6/2018), Nr. 2445, „vorzüglich“, 220.– Euro (Jaeger 63b [ungenau]; Ferrari 1780); 42. Auktion Harald Möller (12/2006), Nr. 625, „fast vorzüglich/vorzüglich-Stempelglanz“, Zuschlag 180.– Euro
c) Ohne Signatur „W“ am Halsabschnitt (Jaeger 63a); 308. Künker-Auktion (6/2018), Nr. 2444, „vorzüglich“, 260.– Euro

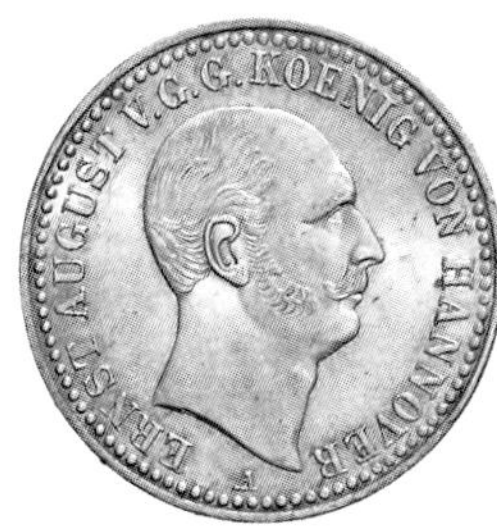

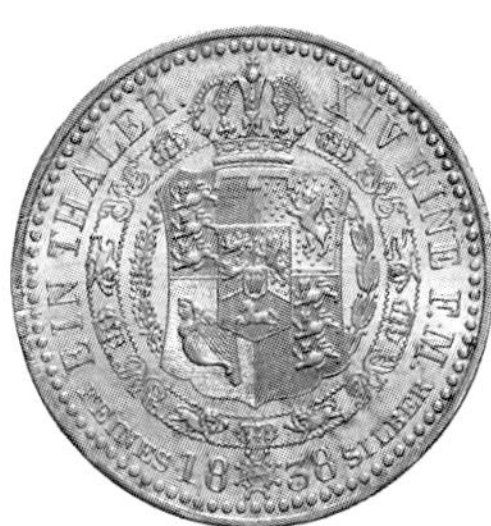

225 Taler

Vs.: ERNST AUGUST V . G . G . KOENIG VON HANNOVER Mzz. A am Halsabschnitt Signatur W

Rs.: EIN THALER. XIV EINE F . M. FEINES (Jahr) SILBER

Rand: NEC ASPERA TERRENT

Dav. 667 – AKS 100 – Jaeger 64 – T. 157

1838	60.–	180.–	330.–
1839	60.–	180.–	330.–
1840	70.–	250.–	400.–

In der 180. Künker-Auktion (1/2011), Nr. 132, erzielte ein „Prachtexemplar, fast Stempelglanz“ 1700.– Euro.

Varianten

a) 1840 mit purpurgefütterter Krone über dem Wappen (Ferrari 1792)
b) 1840 ohne Punkt nach THALER (Schwalbach 94; Jaeger 64 Anm.). Kurt Jaeger schrieb dazu, daß es sich bei der Schwalbach-Nr. 94 um eine Manipulation handelt. In der Slg. Ferrari (Auktionshaus Jaques Schulman, Amsterdam) ist 1926 unter der Nr. 1793 jedoch auch ein solches Exemplar angeboten worden.

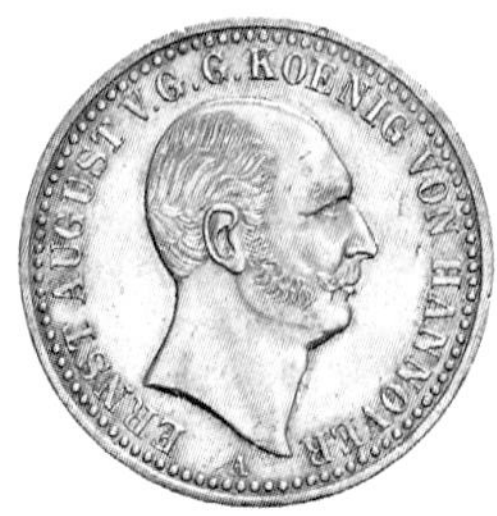

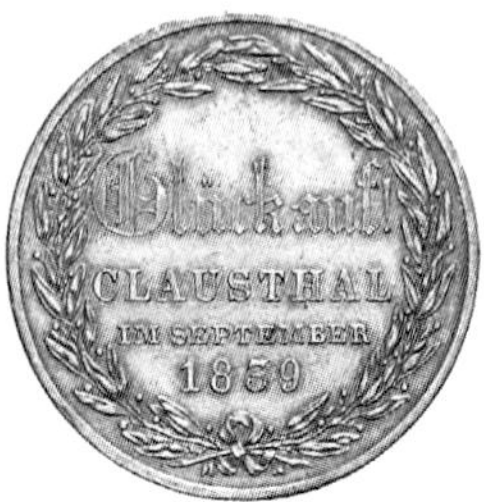

226 Taler

Vs.: ERNST AUGUST V. G. G. KOENIG VON HANNOVER
Mzz. A am Halsabschnitt Signatur W

Rs.: Glück auf! CLAUSTHAL IM SEPTEMBER 1839

Rand: NEC ASPERA TERRENT

Dav. 668 – AKS 131 – Jaeger 65 – T. 158

1839	170.–	350.–	480.–

In der 116. Auktion von WAG Online (2/2021) wurde ein Exemplar in „fast Stempelglanz, winzige Kratzer", für 750.– Euro versteigert.

Variante

a) Goldabschlag mit Randschrift im Gewicht von 29,5 g (Ferrari 1777 [Zuschlag 2200.– Gulden]; Schl. 444.4). Schwalbach nennt eine Zahl von fünf derartigen Goldabschlägen.

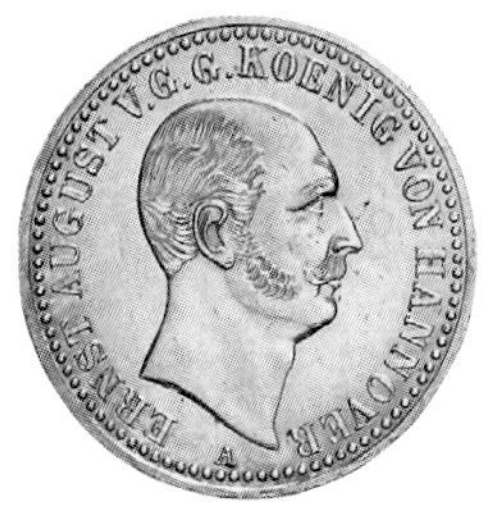

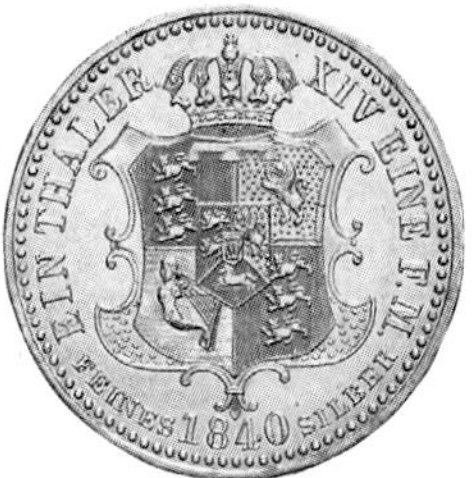

227 **Taler**

Vs.: ERNST AUGUST V. G. G. KOENIG VON HANNOVER Mzz. A

Rs.: EIN THALER. XIV EINE F. M. FEINES 1840 SILBER

Rand: NEC ASPERA TERRENT

Dav. 669 – AKS 101 – Jaeger 66 – T. 159

1840	LP

In der Auktion F. R. Künker im Oktober 1997 wurde dieser Taler in ss/vz für 27 000.– DM zugeschlagen; in der 42. Auktion Harald Möller (12/2006), Nr. 634, „vorzüglich-Stempelglanz", erfolgte der Zuschlag bei 14 750.– Euro; in der 59. WAG-Auktion (2/2012), Nr. 131, lag der Zuschlag bei 24 000.– Euro; dieses Exemplar erzielte dann in der 331. Künker-Auktion 20 000.– Euro.

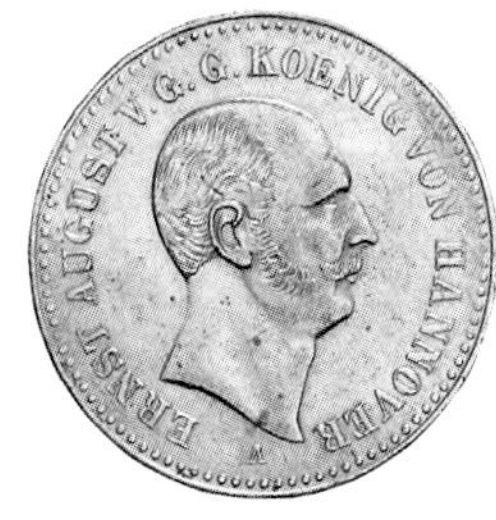

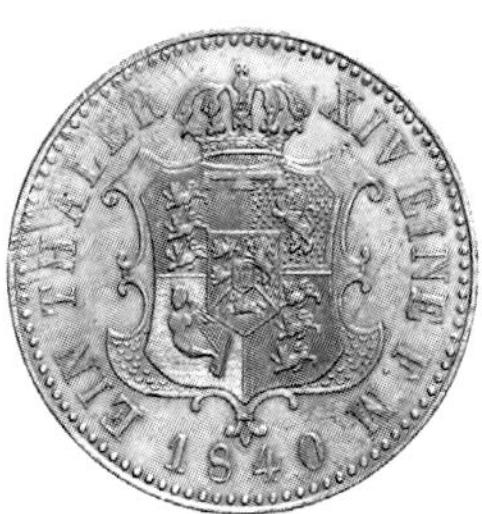

228 **Taler**

Vs.: ERNST AUGUST V. G. G. KOENIG VON HANNOVER Mzz. A

Rs.: EIN THALER XIV EINE F. M. (Jahr)

Rand: NEC ASPERA TERRENT

Dav. 670 – AKS 102 – Jaeger 67 – T. 160

1840	75.–	180.–	380.–
1841	75.–	180.–	380.–

In der 80. Heidelberger Münzauktion (11/2020), Nr. 668, erzielte ein Exemplar in „fast Stempelglanz, winzige Kratzer", 725.- Euro.

Variante

a) 1841 ohne Münzzeichen „A“ (Schwalbach 96a). Jaeger vermerkt bei seiner Nr. 67 in einer Fußnote, daß es sich hierbei um ein manipuliertes Stück handelt (nachträglich entfernter Buchstabe).

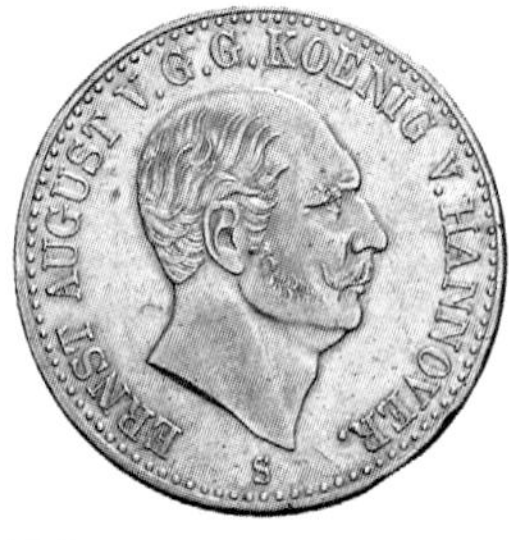

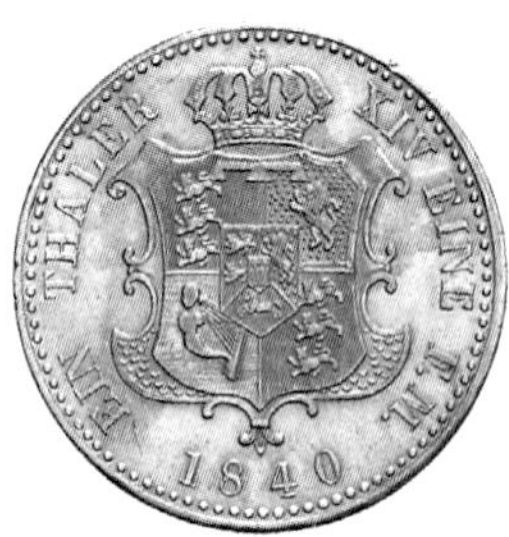

229 Taler

Vs.: ERNST AUGUST V . G . G . KOENIG V. HANNOVER. Mmz. S

Rs.: EIN THALER XIV EINE F. M. 1840

Rand: NEC ASPERA TERRENT

Dav. 671 – AKS 103 – Jaeger 68 – T. 161

1840	120.–	600.–	1000.–

In der 165. Künker-Auktion (3/2010), Nr. 2099, erzielte ein „Prachtexemplar in Stempelglanz“ 3400.– Euro.

Varianten

a) Ohne Münzzeichen „S“ (Jaeger –; Ferrari 1801)

b) Mit fehlerhafter Randschrift ASPERA TERRENT (Jaeger –); Numismatischer Anzeiger 7/1899, Seite 51f.

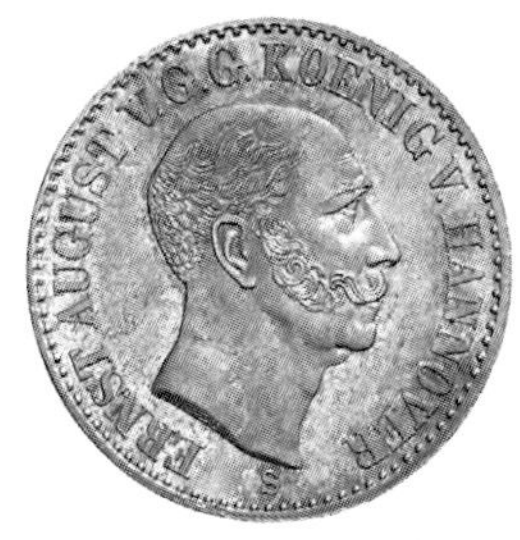

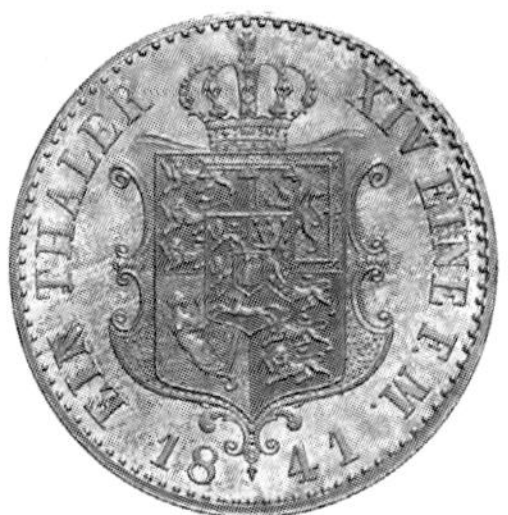

230 Taler

Vs.: ERNST AUGUST V. G. G. KOENIG V. HANNOVER
Mmz. S am Halsabschnitt Signatur BRANDT F.

Rs.: EIN THALER XIV EINE F. M. 1841

Rand: NEC ASPERA TERRENT

Dav. 672 – AKS 104 – Jaeger 69 – T. 162

1841	80.–	450.–	750.–

In der 42. Auktion Harald Möller (12/2006), Nr. 639, wurde ein Exemplar in „Erstabschlag/Polierte Platte" für 2200.– Euro zugeschlagen; in der 80. Heidelberger Münzauktion (11/2020), Nr. 670, ein identisches Exemplar 2600.– Euro.

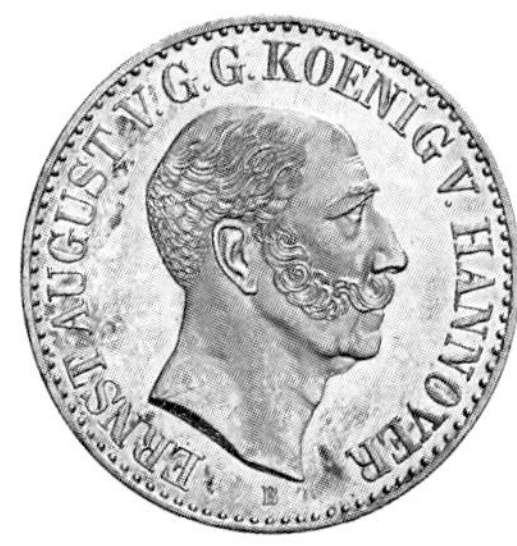

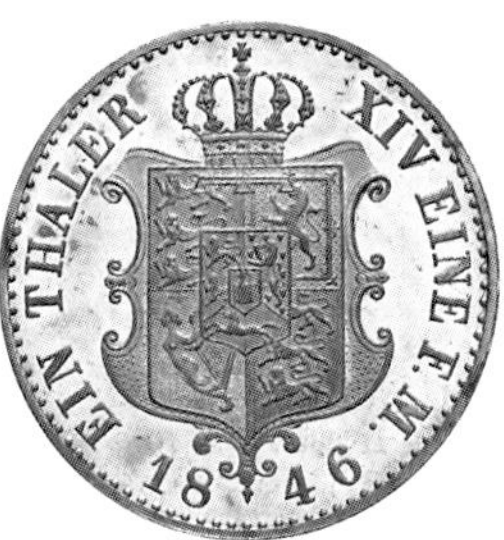

231 Taler

Vs.: ERNST AUGUST V. G. G. KOENIG V. HANNOVER
Mmz. B am Halsabschnitt Signatur BRANDT F.

Rs.: EIN THALER XIV EINE F. M. Jahr

Rand: NEC ASPERA TERRENT

Dav. 672 – AKS 106 – Jaeger 69 – T. 163

1844	80.–	250.–	450.–
1845	75.	230 –	400.–
1846	80.–	250.–	450.–
1847	100.–	270.–	550.–

In der 42. Auktion Harald Möller (12/2006), Nr. 646, wurde ein Exemplar vom Jahrgang 1846 in „Erstabschlag/Polierte Platte" für 800.– Euro zugeschlagen; in der 80. Heidelberger Münzauktion (11/2020), Nr. 671, ein Exemplar in „Stempelglanz" für 1600.– Euro.

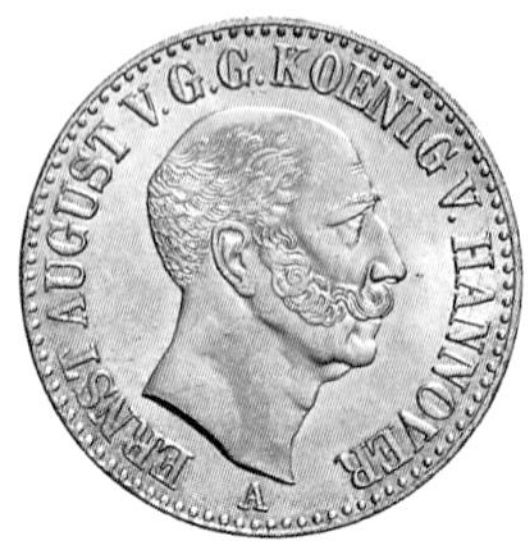

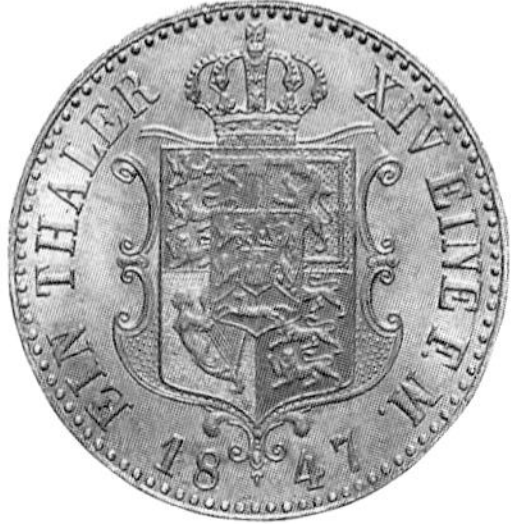

232 Taler

Vs.: ERNST AUGUST V. G. G. KOENIG V. HANNOVER Mzz. A

Rs.: EIN THALER XIV EINE F. M. Jahr (Wappen mit Turnierkragen)

Rand: NEC ASPERA TERRENT

Dav. 673 – AKS 105 – Jaeger 69 – T. 164

1842	(620 000)	60.–	200.–	300.–
1843	(638 000)	60.–	200.–	300.–
1844	(622 000)	60.–	200.–	300.–
1845	(656 000)	60.–	200.–	300.–
1846	(650 360)	60.–	200.–	300.–
1847	(624 750)	60.–	200.–	300.–

In der 80. Heidelberger Münzauktion (11/2020), Nr. 672, erzielte ein Exemplar in „fast Stempelglanz, kleine Kratzer“, 700.– Euro.

Varianten

a) 1842 mit größerem oder kleinerem Abstand des Münzzeichens zur Spitze des Halsabschnitts (Schwalbach 99 Anm. [ungenau]; Rudolph 3782)

b) 1844 auch mit der ersten „4“ in oben geschlossener Form und bei der zweiten mit oben offener „4“ in der Jahreszahl (Schwalbach 99 Anm.). Mit der bei Stutzmann Nr. 528b erwähnten „breiten 4“ in der Slg. Ferrari (Nr. 1813) ist die oben offene „4“ gemeint.

c) 1844 mit in beiden Fällen oben geschlossener „4“ in der Jahreszahl; 45. Auktion Harald Möller (6/2007), Nr. 637

d) 1845 mit doppelter Randschrift

e) 1846 mit fehlerhafter Randschrift NEC ASPERA, ohne TERRENT (Schwalbach 99 Anm.)

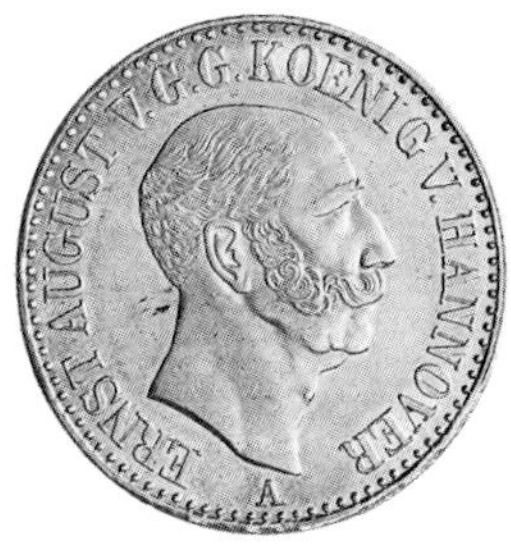

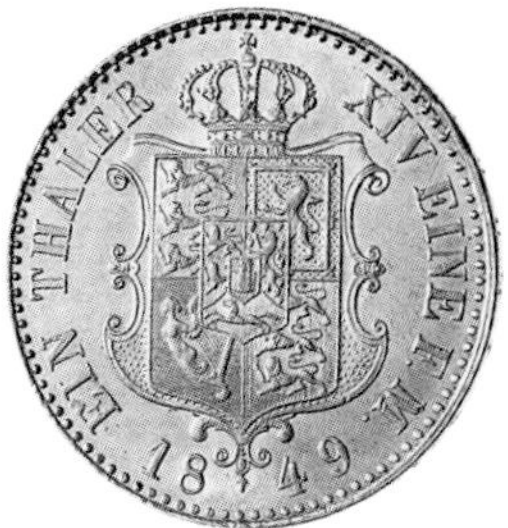

232A Taler

Vs.: ERNST AUGUST V. G. G. KOENIG V. HANNOVER
Mzz. A

Rs.: EIN THALER XIV EINE F. M. Jahr (Wappen ohne Turnierkragen)

Rand: NEC ASPERA TERRENT

Dav. 673 – AKS 105 – Jaeger 71 – T. 166

1848	(661 470)	60.–	170.–	300.–
1849	(357 360)	75.–	180.–	350.–

In der 58. Heidelberger Münzauktion (11/2011), Nr. 680, erzielte ein Exemplar in „Stempelglanz" den Zuschlag von 1300.– Euro.

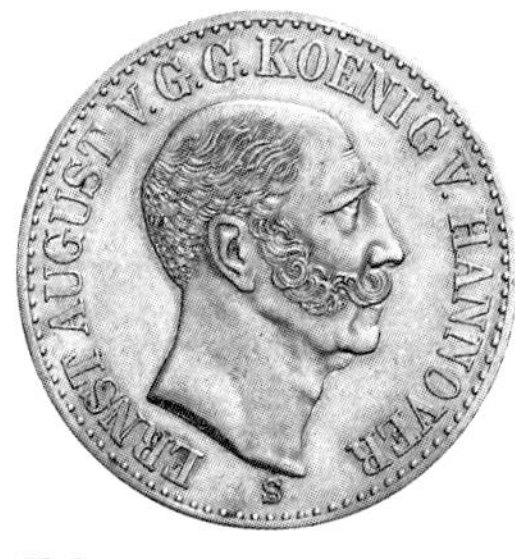

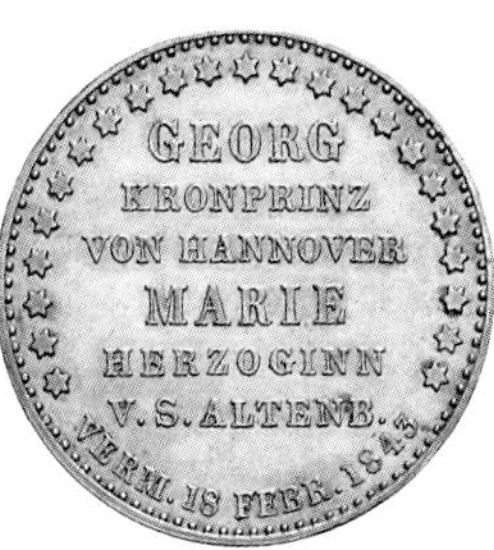

233 Taler

Vs.: ERNST AUGUST V. G. G. KOENIG V. HANNOVER
Mmz. S am Halsabschnitt Signatur BRANDT F.

Rs.: GEORG KRONPRINZ VON HANNOVER MARIE HERZOGINN V. S. ALTENB. VERM. 18 FEBR. 1843

Rand: Glatt

Dav. 674 – AKS 132 – Jaeger 70 – T. 165

1843	(1010)	250.–	450.–	650.–

In der 206. Künker-Auktion (3/2012), Nr. 5016, erzielte ein „Erstabschlag, fast Stempelglanz" 950.– Euro.

Variante

a) Laut Jaeger existieren vier Goldabschläge
(Jaeger 70 Anm.; Schl. 444.5)

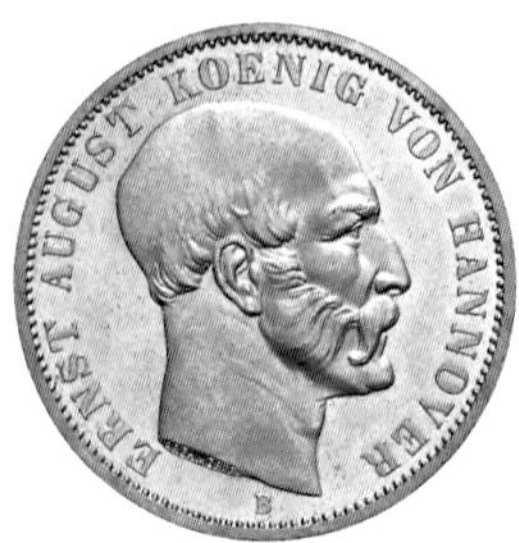
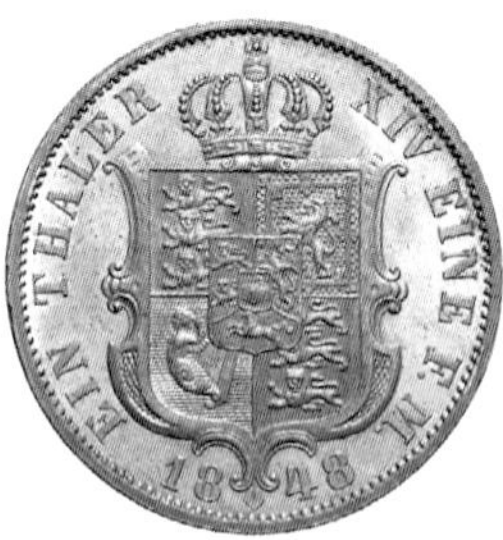

234 Taler

Vs.:	ERNST AUGUST KOENIG VON HANNOVER Mmz. B im Halsabschnitt Signatur BREHMER · F ·
Rs.:	EIN THALER XIV EINE F. M. Jahr
Rand:	NEC ASPERA TERRENT
	Dav. 675 – AKS 107 – Jaeger 79 – T. 167

1848	60.–	160.–	230.–
1849	60.–	160.–	230.–

In der 339. Künker-Auktion (9/2020), Nr. 635, erzielte ein Exemplar als „Erstabschlag, fast Stempelglanz", 600.– Euro.

Varianten

a) 1848 mit NEU statt NEC in der Randschrift
(Jaeger –; Schwalbach –; Ferrari 1834)

b) In der Randschrift treten unterschiedliche Verzierungen auf
(Schwalbach 103 Anm.)

c) Einseitiger Zinnabschlag der Vorderseite
(Jaeger –; Ferrari 1930)

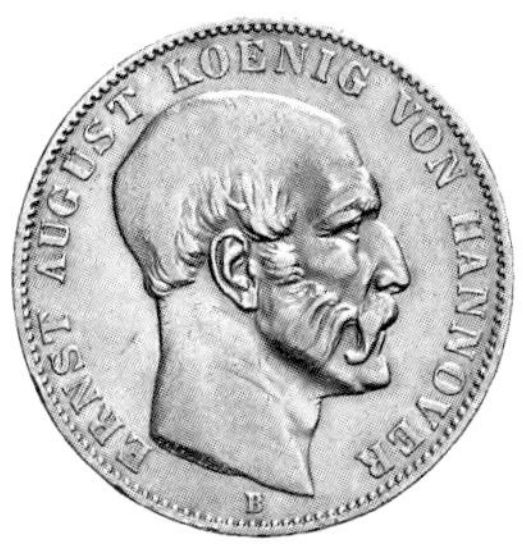
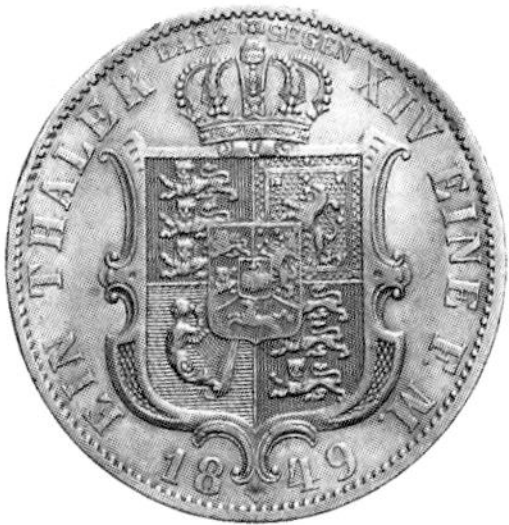

235 Ausbeutetaler

Vs.: ERNST AUGUST KOENIG VON HANNOVER Mmz. B am Halsabschnitt Signatur BREHMER · F ·

Rs.: EIN THALER HARZ-SEGEN XIV EINE F. M. 1849

Rand: NEC ASPERA TERRENT

Dav. 676 – AKS 133 – Jaeger 80 – T. 168

1849	120.–	400.–	700.–

In der 80. Heidelberger Münzauktion (11/2020), Nr. 676, erzielte ein Exemplar in „fast Stempelglanz" 1350.– Euro.

Varianten

a) Randschrift mit kleineren, weiter auseinanderstehenden Buchstaben (Jaeger 80 Anm.)

b) Randschrift mit größeren, enger aneinanderstehenden Buchstaben (Jaeger 80 Anm.)

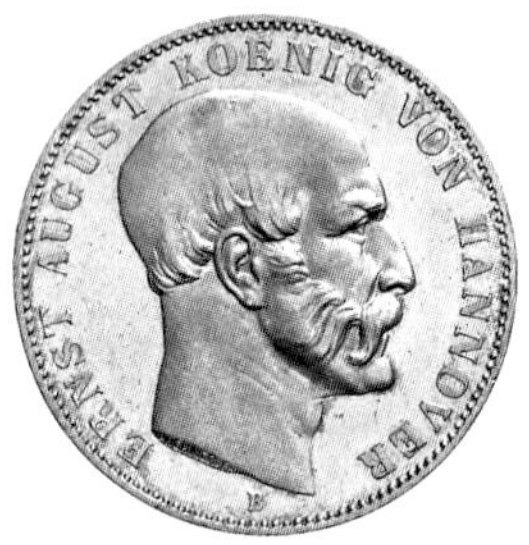
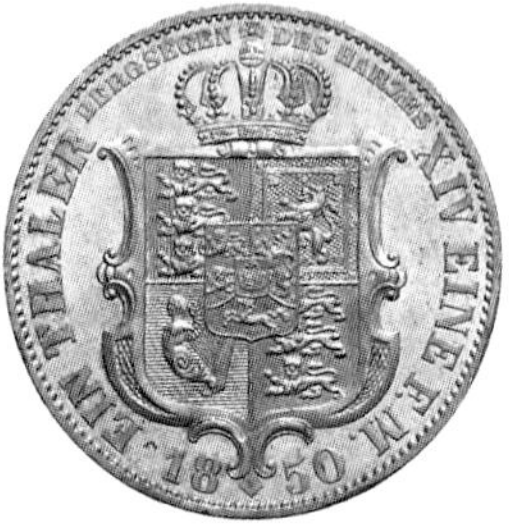

236 Ausbeutetaler

Vs.: ERNST AUGUST KOENIG VON HANNOVER Mmz. B am Halsabschnitt Signatur BREHMER · F ·

Rs.: EIN THALER BERGSEGEN DES HARZES XIV EINE F. M. Jahr

Rand: NEC ASPERA TERRENT

Dav. 677 – AKS 134 – Jaeger 81 – T. 169

1850	(712 220)	75.–	150.–	300.–
1851	(453 200)	75.–	150.–	300.–

Georg V. 1851 – 1866

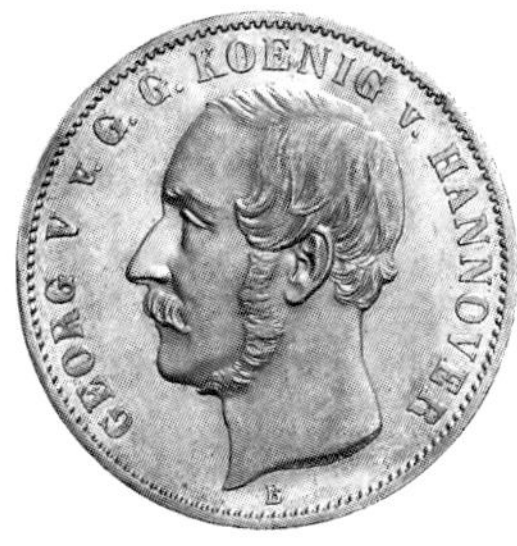

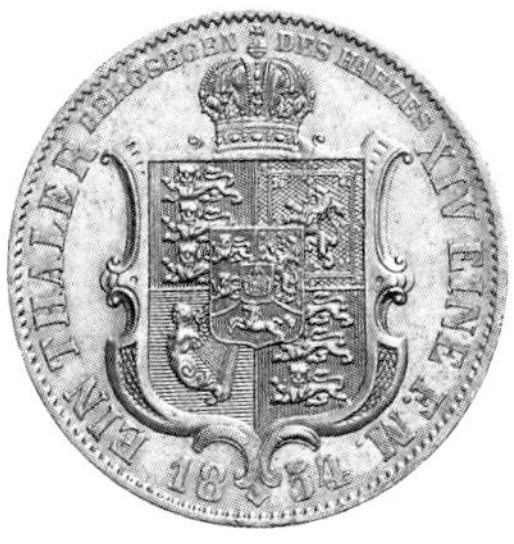

237 Ausbeutetaler

Vs.: GEORG V v. G. G. KOENIG v. HANNOVER Mzz. B am Halsabschnitt Signatur BREHMER · F ·

Rs.: EIN THALER Bergsegen des Harzes XIV EINE F. M. Jahr

Rand: NEC ASPERA TERRENT

Dav. 678 – AKS 144a – Jaeger 86 – T. 170

1852	(170 120)	70.–	130.–	230.–
1853	(179 780)	70.–	130.–	230.–
1854	(950 760)	65.–	130.–	230.–
1855	(973 680)	65.–	130.–	230.–
1856	(76 620)	75.–	150.–	250.–

Varianten

a) 1852 mit fehlerhafter Randschrift, bei der im „E" von NEC der Mittelsteg fehlt (Ferrari 1887)

b) 1854 aus der Jahreszahl 1853 im Stempel geändert (Schwalbach 106a); 45. Auktion Harald Möller (6/2007), Nr. 657, „vorzüglich-Stempelglanz", Zuschlag 100.– Euro

c) 1855 mit glattem Rand ohne Randschrift (Jaeger –; Ferrari 1893)

d) 1856 mit glattem Rand ohne Randschrift (Jaeger –; Schwalbach 106 Anm.)

e) Goldabschlag vom Jahrgang 1852 (Ferrari 1872 [Zuschlag 1950.– Gulden]; Schl. 444.6)

f) Einseitiger Zinnabschlag der Vorderseite (Jaeger –); 15. Auktion F. R. Künker (1/1990), Nr. 1357

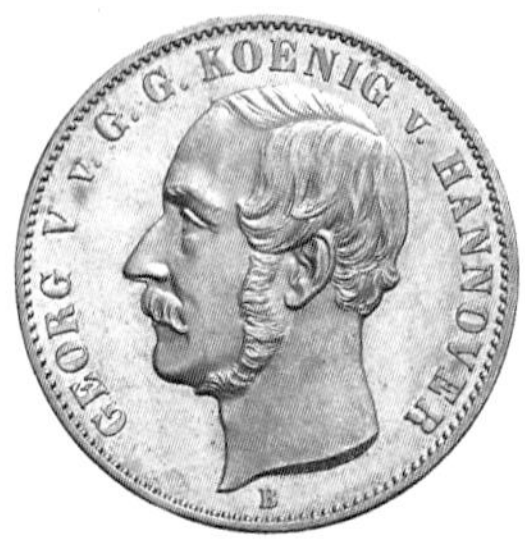

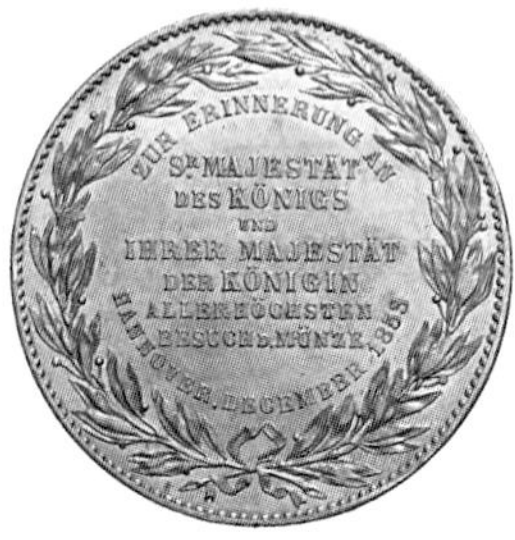

238 Taler

Vs.: GEORG V v. G. G. KOENIG v. HANNOVER Mzz. B am Halsabschnitt Signatur BREHMER · F ·

Rs.: ZUR ERINNERUNG AN / S[R]. MAJESTÄT DES KÖNIGS UND IHRER MAJESTÄT DER KÖNIGIN ALLERHÖCHSTEN BESUCH D. MÜNZE HANNOVER. DECEMBER 1853

Rand: Glatt

Dav. 679 – AKS 159 – Jaeger 87 – T. 171

1853	1000	2700	4200.–

In der 308. Künker-Auktion (6/2018), Nr. 2760, erzielte ein PP-Exemplar in „fast Stempelglanz" 5500.– Euro; in der 354. Künker-Auktion (9/2021), Nr. 5744, ein PP-Exemplar „minimal berührt" 5250.- Euro; in der 359. Künker-Auktion (1/2022), Nr. 459, ein PP-Exemplar „minimal berührt" 6500.– Euro.

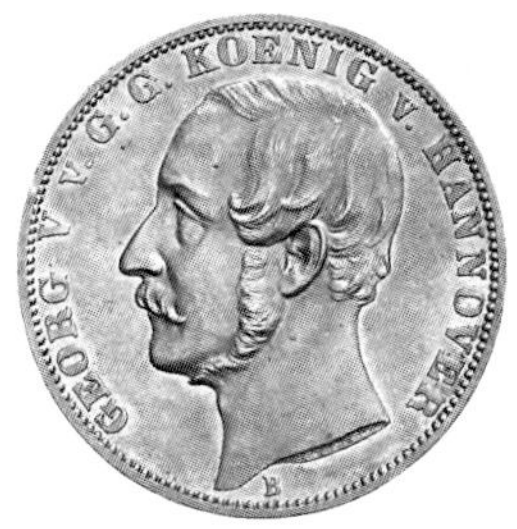

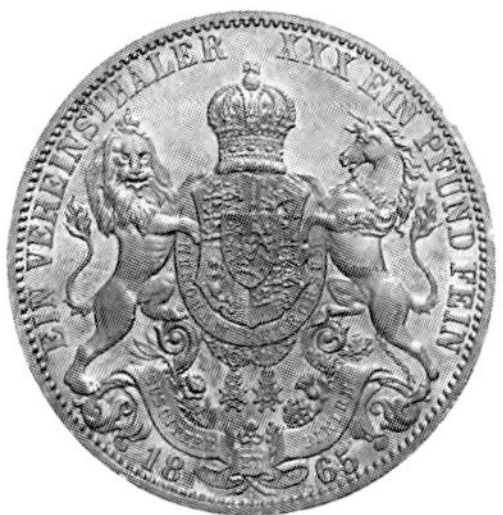

239 Vereinstaler

Vs.: GEORG V v. G. G. KOENIG v. HANNOVER Mzz. B am Halsabschnitt Signatur BREHMER · F ·

Rs.: EIN VEREINSTHALER XXX EIN PFUND FEIN Jahr

Rand: NEC ASPERA TERRENT

Dav. 682 – AKS 144 – Jaeger 96 – T. 174

1857	(273 750)	40.–	100.–	150.–
1858	(431 610)	150.–	300.–	500.–
1859	(554 050)	40.–	100.–	150.–
1860	(790 420)	40.–	100.–	150.–
1861	(736 440)	40.–	100.–	150.–
1862	(133 260)	40.–	100.–	150.–
1863	(232 830)	40.–	100.–	150.–
1864	(157 520)	40.–	100.–	150.–
1865		40.–	100.–	150.–
1866	(159 110)	40.–	100.–	150.–

In der 116. Auktion von WAG Online (2/2021), Nr. 458, wurde ein Exemplar in „fast Stempelglanz" für 600.- Euro zugeschlagen.

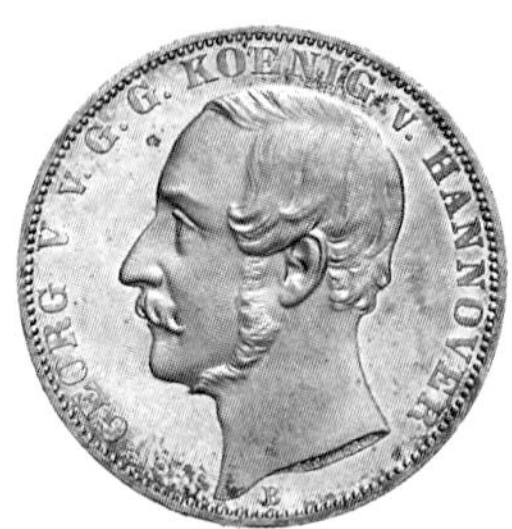

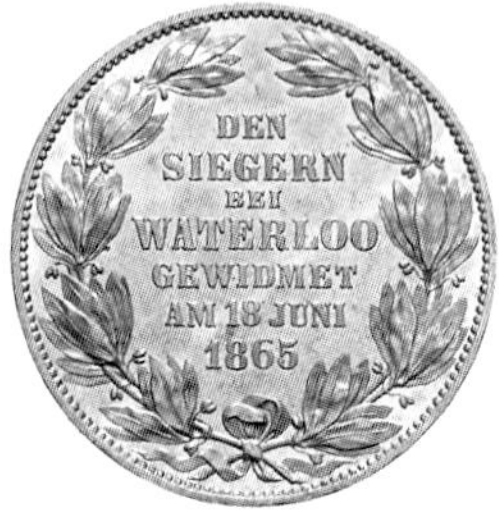

240 Vereinstaler

Vs.: GEORG V v. G. G. KOENIG v. HANNOVER Mzz. B am Halsabschnitt Signatur BREHMER · F ·

Rs.: DEN SIEGERN BEI WATERLOO GEWIDMET AM 18 JUNI 1865

Rand: NEC ASPERA TERRENT

Dav. 684 – AKS 160 – Jaeger 98 – T. 176

1865	(15 000)	75.–	100.–	150.–

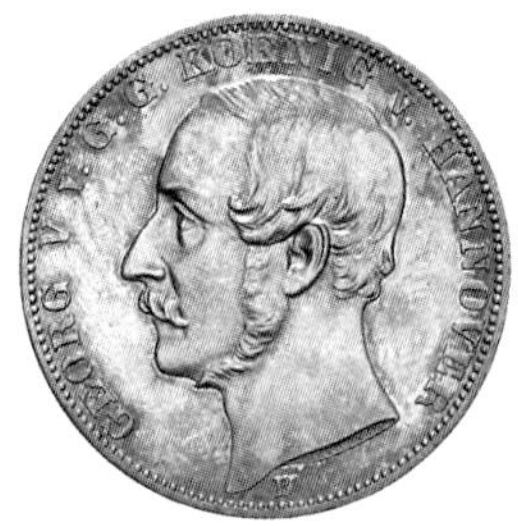

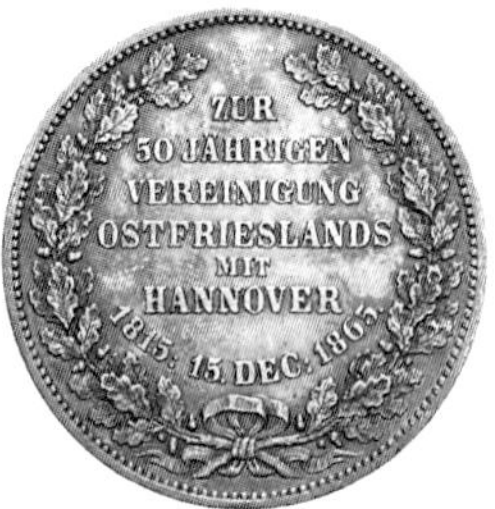

241 Vereinstaler

Vs.: GEORG V v. G. G. KOENIG v. HANNOVER Mzz. B am Halsabschnitt Signatur BREHMER · F ·

Rs.: ZUR 50JÄHRIGEN VEREINIGUNG OSTFRIESLANDS MIT HANNOVER / 1815: 15. DEC: 1865.

Rand: EIN THALER 30 EIN PFUND F.

Dav. 685 – AKS 161 – Jaeger 99 – T. 177

1865	(1000)	200.–	380.–	500.–

In der 80. Heidelberger Münzauktion (11/2020), Nr. 685, wurde ein Exemplar als „Erstabschlag" für 825.– Euro zugeschlagen.

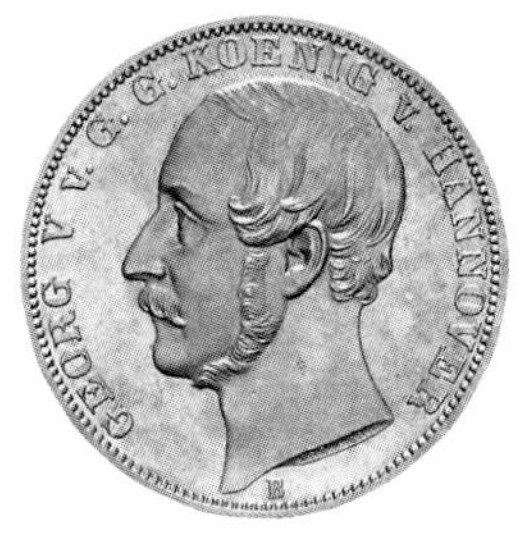
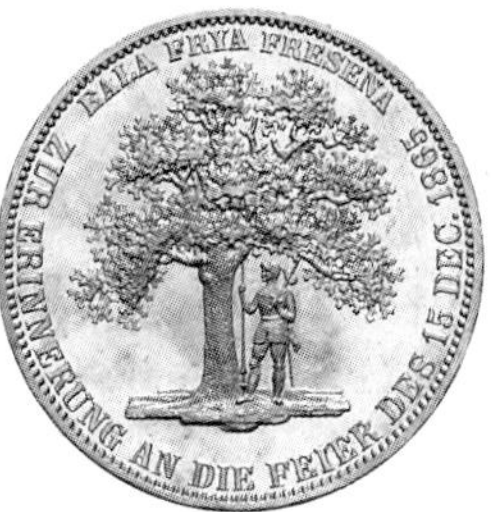

242 Vereinstaler

Vs.: GEORG V v. G. G. KOENIG v. HANNOVER Mzz. B am Halsabschnitt Signatur BREHMER · F ·

Rs.: ZUR ERINNERUNG AN DIE FEIER DES 15 DEC. 1865 oben EALA FRYA FRESENIA

Rand: EIN THALER 30 EIN PFUND F.

Dav. 686 – AKS 162 – Jaeger 100 – T. 178

1865	(2000)	200.–	400.–	600.–

In der 116. Auktion der WAG Online (2/2021), Nr. 460, wurde ein Exemplar in „Prooflike, fast Stempelglanz“, für 2700.– Euro versteigert.

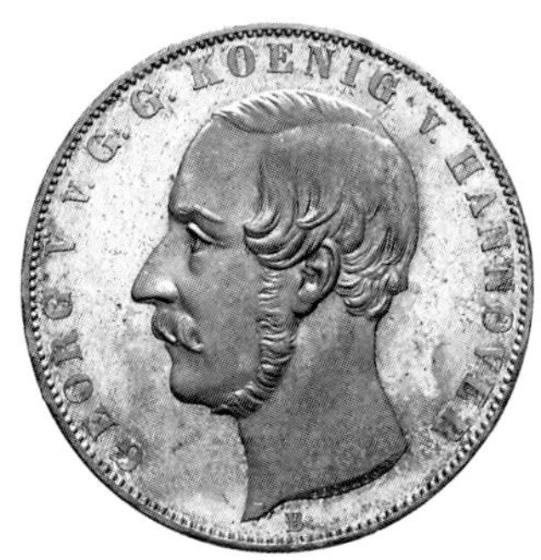
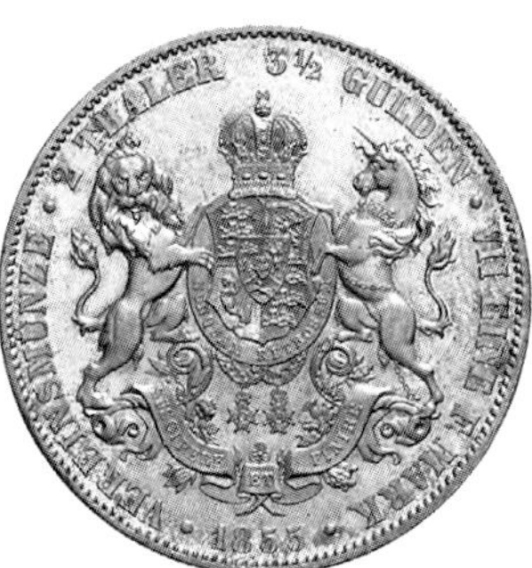

243 Doppeltaler

Vs.: GEORG V v. G. G. KOENIG v. HANNOVER Mzz. B am Halsabschnitt Signatur BREHMER · F ·

Rs.: VEREINSMÜNZE · 2 THALER 3 ½ GULDEN · VII EINE F. MARK Jahr

Rand: NEC ASPERA TERRENT

Dav. 681 – AKS 142 – Jaeger 88 – T. 173

1854	(101 660)	120.–	250.–	440.–
1855	(841 700)	120.–	250.–	400.–

In der 258. Künker-Auktion (1/2015), Nr. 59, wurde ein Exemplar in „fast Stempelglanz“ für 1000.– Euro versteigert.

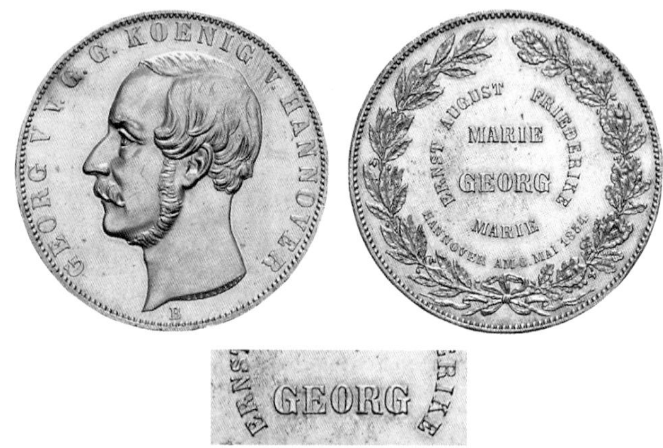

Detail mit breitem „G" im Wort GEORG

244 Doppeltaler

Vs.: GEORG V v. G. G. KOENIG v. HANNOVER Mzz. B am Halsabschnitt Signatur BREHMER · F ·

Rs.: ERNST AUGUST FRIEDRIKE MARIE / MARIE GEORG HANNOVER AM 8. MAI 1854

Rand: NEC ASPERA TERRENT

Dav. 680 – AKS 157 – Jaeger 89 – T. 172

1854	–	3600.–	5000.–

In der Erhaltung „sehr schön" ist die Nr. 244 faktisch nicht am Markt, deshalb kann keine Bewertung angegeben werden.

In der 354. Künker-Auktion (9/2021), Nr. 5745, wurde ein Exemplar in „fast Stempelglanz" für 5500.– Euro zugeschlagen; in der Septemberliste 2021 der Münzhandlung Ritter, Nr. 88212, ein PP-Exemplar, berührt, mit Randfehler in „vorzüglich+" für 4400.– Euro angeboten.

Variante

a) Spätere Nachprägung mit schmalerem „G" im Namen GEORG auf der Rückseite (Jaeger 89 Anm.; Schwalbach 108 Anm.); 45. Auktion Harald Möller (6/2007), Nr. 654, „Polierte Platte-", Zuschlag 3050.– Euro. Das in dieser Auktion versteigerte Exemplar war gegenüber dem Doppeltaler-Sollgewicht von 37,12 g bei einem Gewicht von 38,13 g um 1,01 g zu schwer. Auch das ist ein guter Hinweis auf die Nachprägung. Schwalbach schreibt zu diesen Nachprägungen: „... die sich durch veränderte Zeichnungen des Kopfes und flache Ausprägung des Kranzes unterscheiden." Abb. siehe nächste Seite.

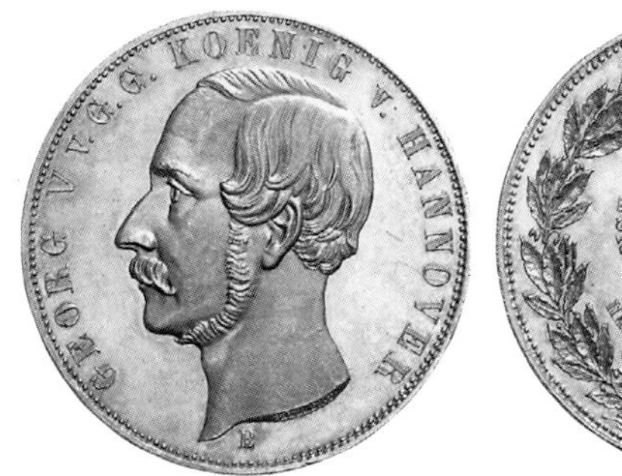
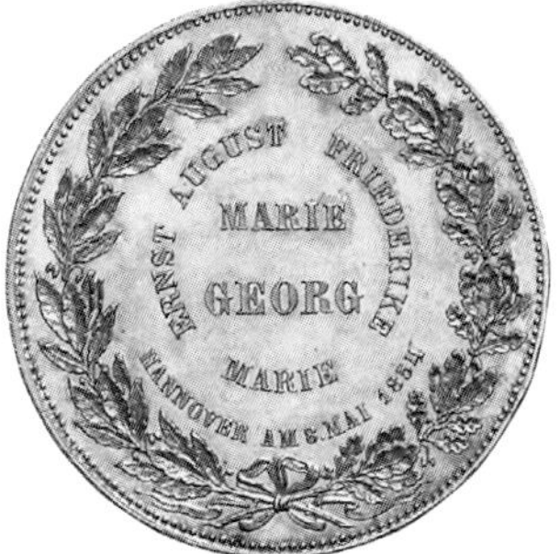

Nr. 244a), die Nachprägung mit schmalerem „G" im Namen GEORG

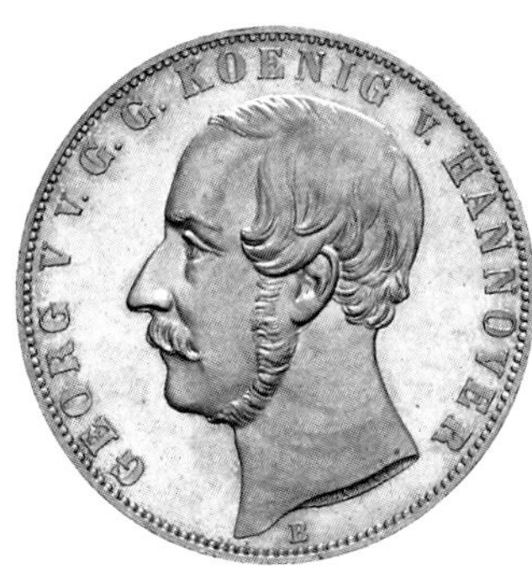
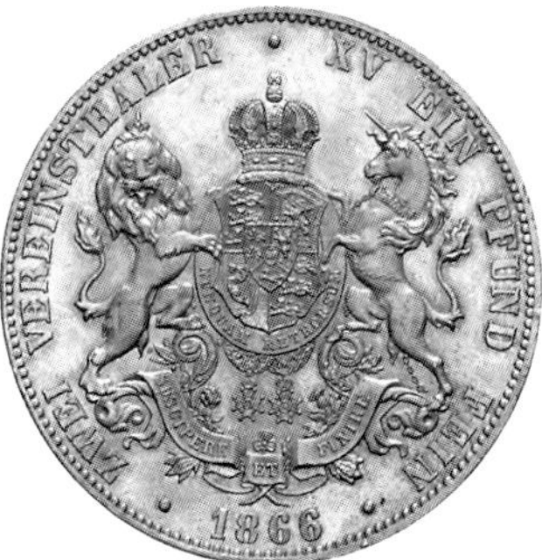

245 Vereinsdoppeltaler

Vs.: GEORG V v. G. G. KOENIG v. HANNOVER Mzz. B am Halsabschnitt Signatur BREHMER · F ·

Rs.: ZWEI VEREINSTHALER · XV EIN PFUND FEIN · Jahr

Rand: NEC ASPERA TERRENT

Dav. 683 – AKS 143 – Jaeger 97 – T. 175

1862	(133 260)	130.–	280.–	370.–
1866	(37 650)	130.–	300.–	390.–

In der 349. Künker-Auktion (3/2021), Nr. 4976, wurde ein Exemplar in „fast Stempelglanz" für 700.– Euro zugeschlagen.

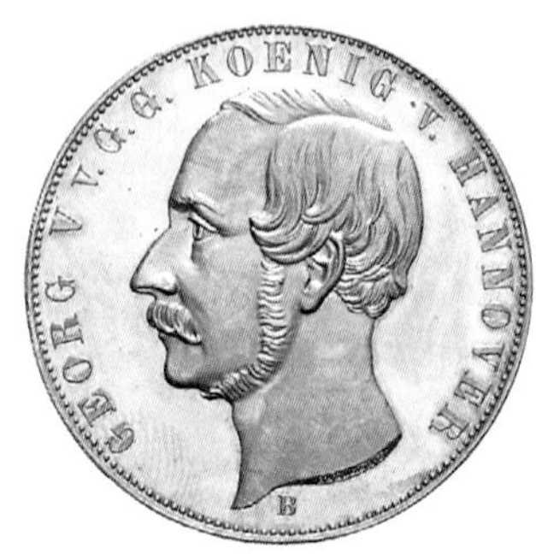

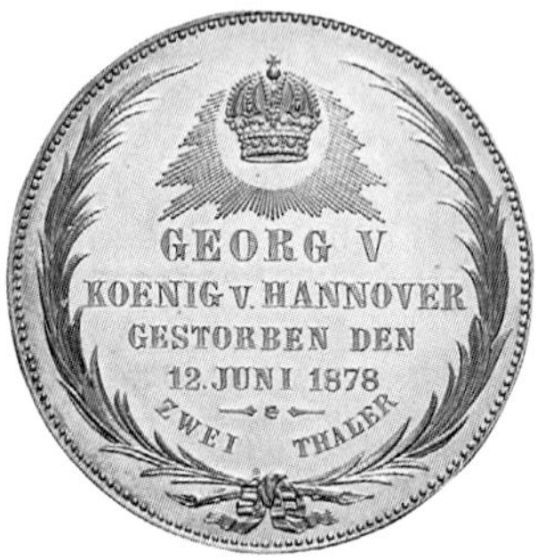

245A Doppeltaler

Vs.: GEORG V. G. G. KOENIG V. HANNOVER Mzz. B

Rs.: GEORG V KOENIG V. HANNOVER
GESTORBEN DEN 12. JUNI 1878
ZWEI THALER
am Halsabschnitt Signatur BREHMER · F ·

Rand: NEC ASPERA TERRENT

Ferrari 1884

1878	LP

In der 42. Auktion Harald Möller (12/2006), Nr. 690, erzielte ein Exemplar in „Polierter Platte" den Zuschlag von 3400.– Euro; in der 205. Auktion (3/2012) von Gorny & Mosch ein Exemplar in „Polierter Platte, vorzüglich-Stempelglanz", 1500.– Euro.

Variante

a) Ohne die Wertangabe ZWEI THALER (Jaeger 100V); 45. Auktion Harald Möller (6/2007), Nr. 676, „vorzüglich-Stempelglanz aus Polierte Platte", Zuschlag 875.– Euro. Schwalbach schreibt: „Ebenso sind die nach 1880 aufgetauchten sogenannten hannoverschen Sterbedoppeltaler von 1878 nur Hamburger Privat-Spekulation."

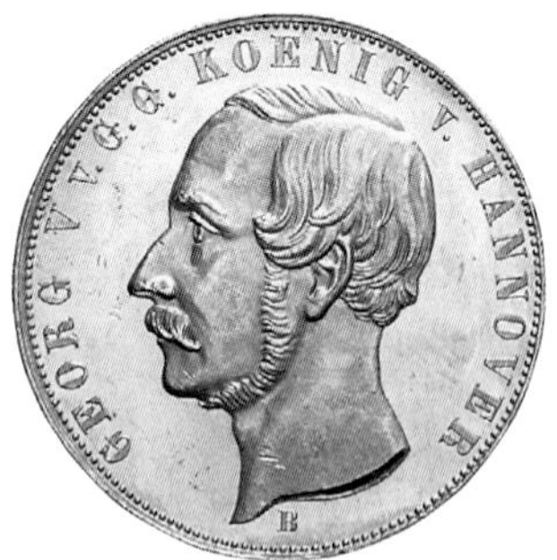

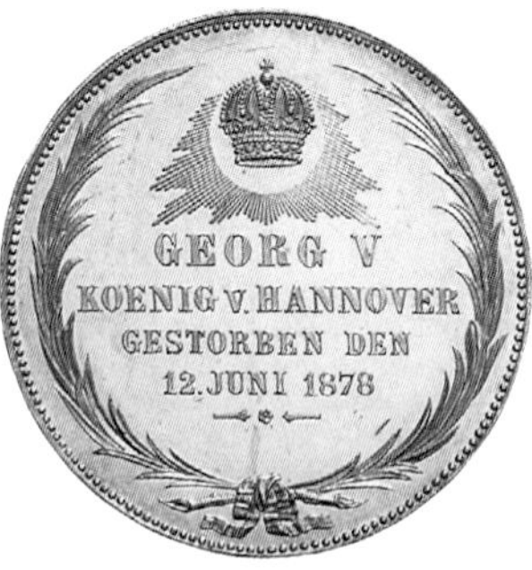

Nr. 245Aa), Variante ohne die Wertangabe ZWEI THALER

Stadt Hannover

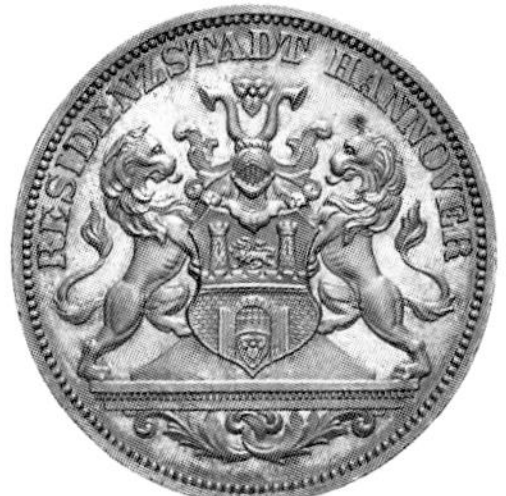
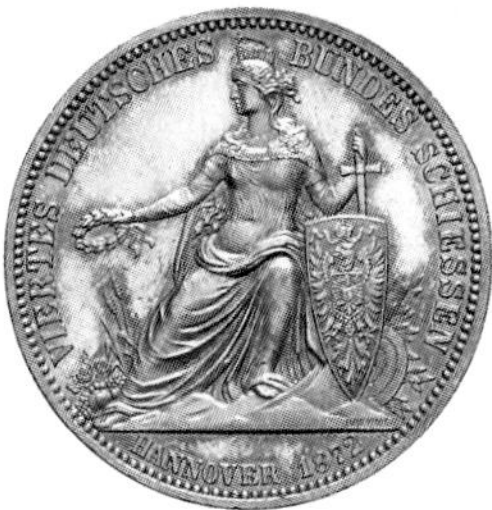

246 Feinsilbermedaille in Talergröße

Vs.: RESIDENZSTADT HANNOVER

Rs.: VIERTES DEUTSCHES BUNDES SCHIESSEN
HANNOVER 1872 Signatur BREHMER

Rand: Glatt

Jaeger 100 IV. – T. 179

1872	(6310)	55.–	130.–	200.–

In der 3063. Heritage-Auktion (1/2018), Nr. 34513, erzielte ein PP-Exemplar 750.– US-Dollars.

Kurfürstentum Hessen (Hessen-Kassel)

Münzstätten:	Hanau Kassel
Münzmeister:	
F.H.	Jacob Friedrich Heerwagen, Hanau
Medailleure:	
H	Carl Holtzheimer, Hanau
K	Wilhelm Körner, Kassel
C.P. oder C. PFEUFFER F.	Christoph Carl Pfeuffer, Berlin

Wilhelm IX. 1785 – 1821 (als Landgraf 1785 – 1803)

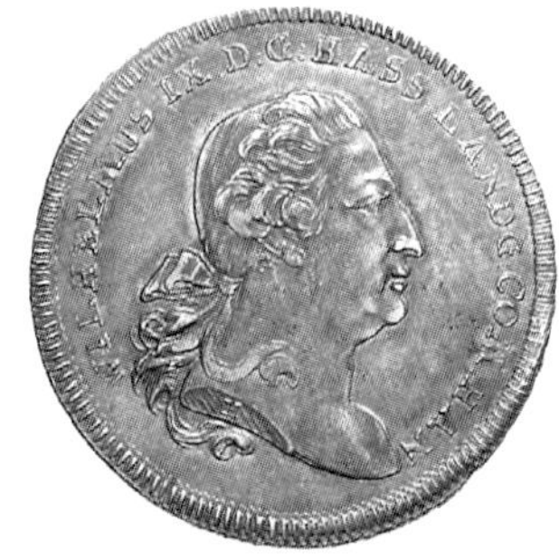
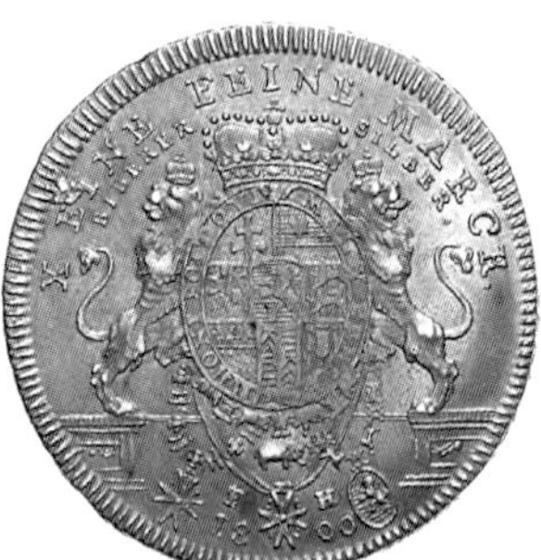

247 Ausbeutekonventionstaler

Vs.: WILHELMUS IX . D : G : HASS : LANDG : COM . HAN am Halsabschnitt die Signatur H

Rs.: X . EINE FEINE MARCK. BIBERER SILBER. Jahr Mmz. FH

Rand: Laubrand

Dav. 688 – T. 180

1800	3500.–	7000.–	LP
1802			LP

Der Jahrgang1800 wurde in der 69. Möller-Auktion (6/2017), Nr. 342, in „fast vorzüglich" für 4000.– Euro versteigert.

Der Jahrgang 1802 wurde in der Auktion 1 (10/2015) der London Coin Galleries (Künker), Nr. 358, für 16 000.– Pfund (= 22 380.– Euro) zugeschlagen.

Varianten

a) 1800 mit Doppelpunkt nach COM auf der Vorderseite sowie die Münzmeisterinitialen F · H · auf der Rückseite; 42. Auktion Harald Möller (12/2006), Nr. 692, „vorzüglich“, Zuschlag 6000.– Euro

b) 1802 ohne Punkt nach WILHELM IX, mit Punkt nach HAN sowie Doppelpunkt nach COM auf der Vorderseite

Wilhelm IX. 1785 – 1821 (als Kurfürst Wilhelm I. 1803 – 1821)

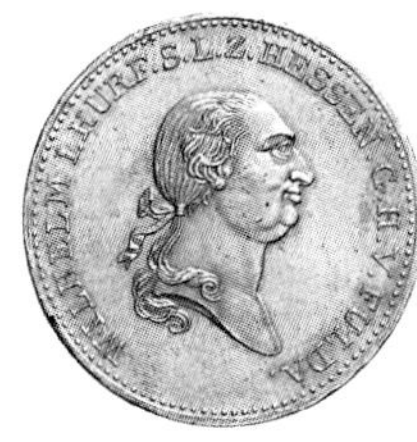

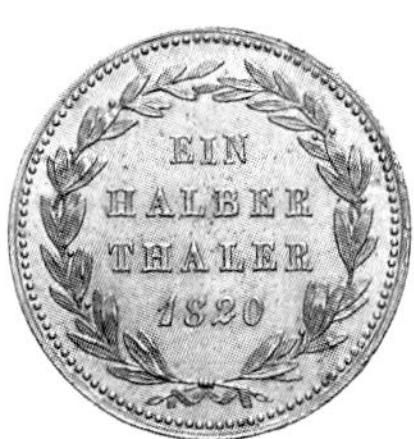

248 ½ Taler

Vs.: WILHELM I. KURF. S. L. Z. HESSEN . G . H . V . FULDA.

Rs.: EIN HALBER THALER Jahr

Rand: KUR HESS : LANDMÜNZE

AKS 6 – Jaeger 11

1819	55.–	200.–	400.–
1820	55.–	200.–	400.–

Ein Exemplar vom Jahrgang 1820 wurde in der 58. Heidelberger Münzauktion (11/2011), Nr. 835, für 700.– Euro versteigert.

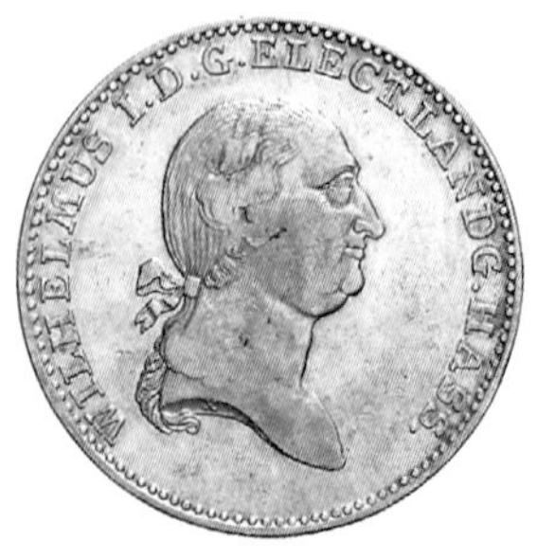
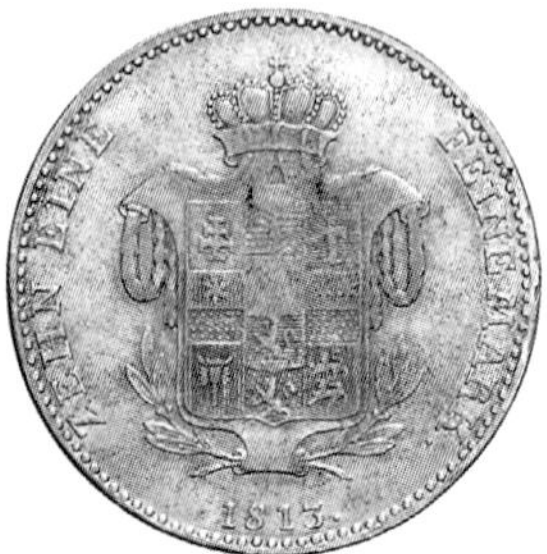

249 Konventionstaler

Vs.: WILHELMUS I . D . G . ELECT . LANDG . HASS.
am Halsabschnitt Signatur K

Rs.: ZEHN EINE FEINE MARK. 1813 ·

Rand: EIN CONVENTIONSTHALER

Dav. 689 – AKS 16 – Jaeger I (6 I) – T. 181

1813	(4 Exemplare)	LP

Jüngste Vorkommen in der 42. Auktion Harald Möller (12/2006), Nr. 698, Schätzpreis 25 000.– Euro (kein Zuschlag); 52. Möller-Auktion (12/2008), Nr. 4218, „vorzüglich-Stempelglanz“, Zuschlag 8400.– Euro.

Varianten

a) Ohne Randschrift mit glattem Rand, spätere Abschläge? (Ferrari 2143 [96.– Gulden]); 80. Heidelberger Münzauktion (11/2020), Nr. 689, „fast Stempelglanz“, Zuschlag 3100.– Euro

b) Kupferabschlag

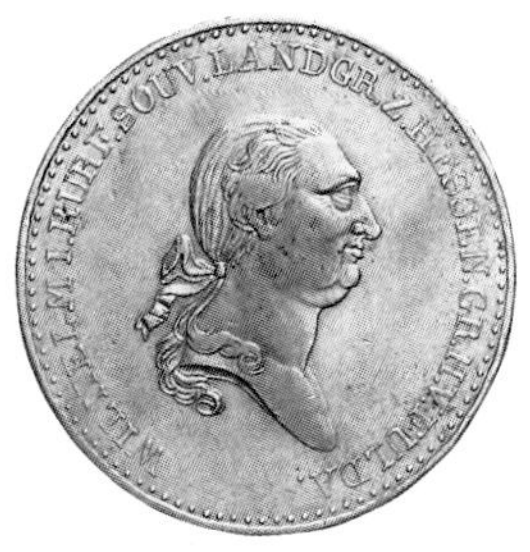
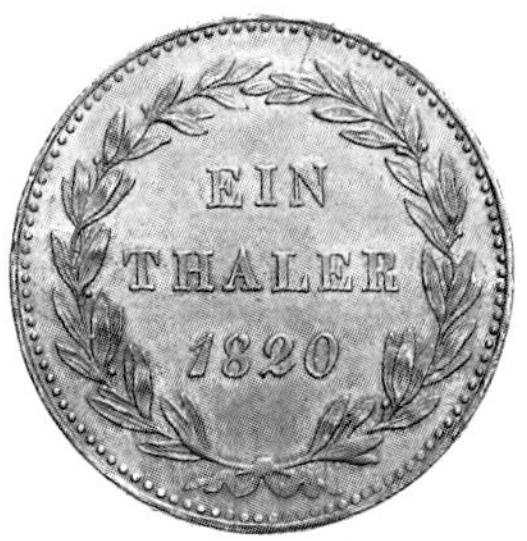

250 Taler

Vs.: WILHELM I. KURF. SOUV. LANDGR. Z. HESSEN. GR. H. V. FULDA.

Rs.: EIN THALER Jahr

Rand: KUR HESS : LAND MÜNZE

Dav. 690 – AKS 5 – Jaeger 12 – T. 182

1819	150.–	650.–	1200.–
1820	180.–	750.–	1500.–

In der 308. Künker-Auktion (6/2018), Nr. 2819, wurde ein Exemplar des Jahrgangs 1819 in „vorzüglich-Stempelglanz" für 2000.– Euro zugeschlagen; der Jahrgang 1820 in der 58. Heidelberger Münzauktion (11/2011) in „fast Stempelglanz" für 3900.– Euro.

Varianten

a) Mit Randschrift KUR. HESS. statt KUR HESS : (Hoffmeister 2835 Anm.)

b) Mit fehlerhafter Randschrift KUR HESS : AND MÜNZE (Ferrari 2147)

Wilhelm II. und Kurprinz Friedrich Wilhelm als Mitregent 1831 – 1847

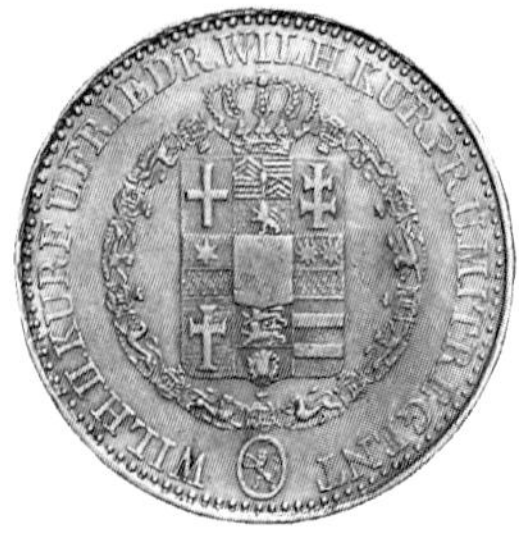
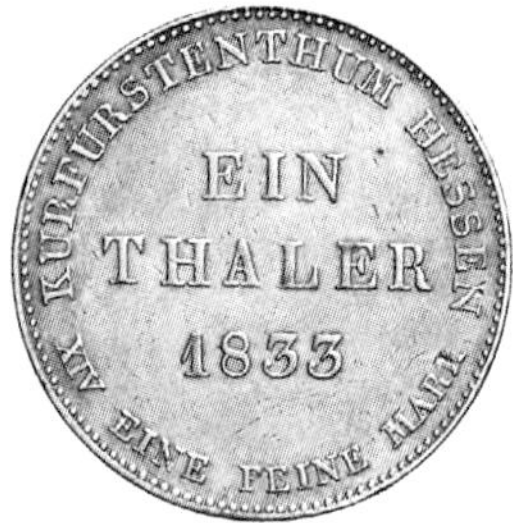

252 Taler

Vs.: WILH. II. KURF. U. FRIEDR. WILH. KURPR. U. MITREGENT

Rs.: KURFÜRSTENTHUM HESSEN XIV EINE FEINE MARK EIN THALER Jahr

Rand: GOTT BESCHIRME UNS

Dav. 692 – AKS 46 – Jaeger 32 – T. 184

1832	(19 900)	50.–	280.–	420.–
1833	(17 040)	50.–	280.–	420.–
1834	(37 040)	50.–	280.–	420.–
1835	(14 280)	50.–	280.–	420.–
1836	(39 850)	50.–	280.–	420.–
1837	(25 850)	50.–	280.–	420.–
1838	(4040)	100.–	500.–	700.–
1839	(2570)	60.–	300.–	450.–
1841	(25 340)	50.–	280.–	420.–
1842	(31 460)	60.–	300.–	420.–

Der Jahrgang 1832 erzielte in der 59. WAG-Auktion (2/2012), Nr. 186, in „Polierter Platte“ 2000.– Euro; der Jahrgang 1838 in der 77. WAG-Auktion (9/2016), Nr. 1461, in „fast vorzüglich“ 525.– Euro.

Varianten

a) 1832 und 1833, in der Normalversion berührt das Kreuz im ersten Wappenfeld nicht die Schildränder (Schwalbach 123)

b) 1832 laut Schwalbach 123 Anmerkung auch „mit nicht symmetrisch angebrachter Rückseite-Umschrift“

c) 1833, das Kreuz im ersten Wappenfeld berührt den Schildrand (so auch bei allen nachfolgenden Jahrgängen, siehe Abbildung auf der nächsten Seite), und die Rückseiten-Umschrift ist gegenüber THALER verschoben (Schwalbach 123a)

d) 1834 mit den Buchstaben zu einem Ring verbunden. Da das Stück in dem Katalog der Auktion Dr. Busso Peus Nachfolger (11/1990), Nr. 2290, nicht abgebildet ist, bleibt unklar, was damit gemeint ist. Denkbar wäre auch eine nachträgliche Manipulation.

e) 1834 mit ausgebrochenem Mittelsteg im „H" von BESCHIRME in der Randschrift

f) 1836 aus 1835 geändert (Schwalbach 123c)

g) 1837 ohne Punkte nach WILH, II, U und FRIEDR (Schwalbach 123d; Jaeger 32 Anm.; Ferrari 2201);
45. Auktion Harald Möller (6/2007), Nr. 699, „vorzüglich+", Zuschlag 450.– Euro

h) 1841 mit fehlerhafter Randschrift, die Mittelstege von „H" und „E" von BESCHIRME sind ausgebrochen (Ferrari 2207)

i) 1832 als Zinnabschlag (Ferrari 2186)

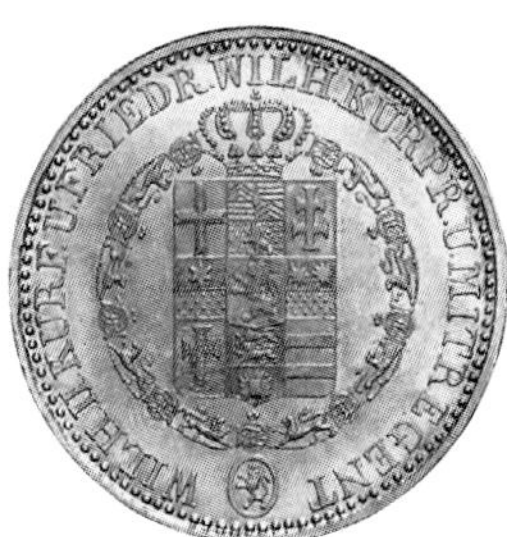

Nr. 252c), das Kreuz im ersten Wappenfeld berührt die Schildränder

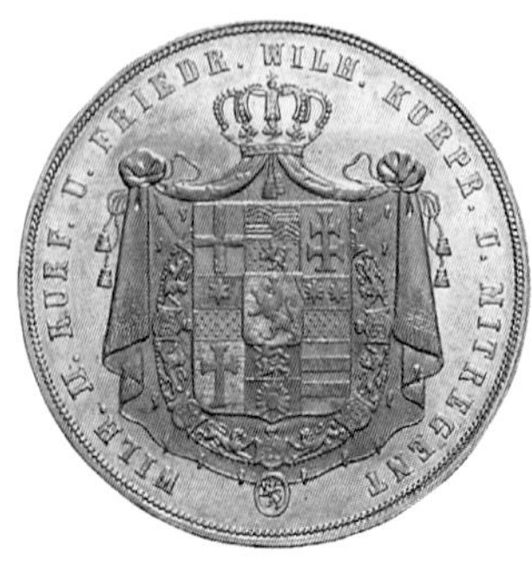

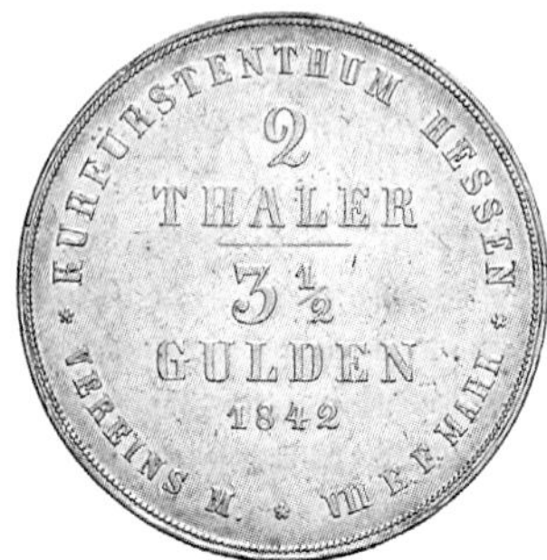

253 Doppeltaler

Vs.: WILH. II. KURF. U. FRIEDR. WILH. KURPR. U. MITREGENT

Rs.: KURFÜRSTENTHUM HESSEN
VEREINS M. VII E. F. MARK
2 THALER 3 ½ GULDEN Jahr

Rand: GOTT BESCHIRME UNS

Dav. 693 – AKS 43 – Jaeger 33 – T. 185

1840	(18 630)	250.–	550.–	1400.–
1841	(18 630)	250.–	550.–	1400.–
1842	(18 640)	250.–	550.–	1400.–
1843	(18 000)	250.–	550.–	1500.–
1844	(59 090)*	300.–	650.–	1600.–
1845		330.–	700.–	1800.–

**) Zusammen mit Nr. 254*

In der 80. Heidelberger Münzauktion (11/2020), Nr. 693, wurde ein Exemplar des Jahrgangs 1840 in „fast Stempelglanz“ für 2000.– Euro zugeschlagen.

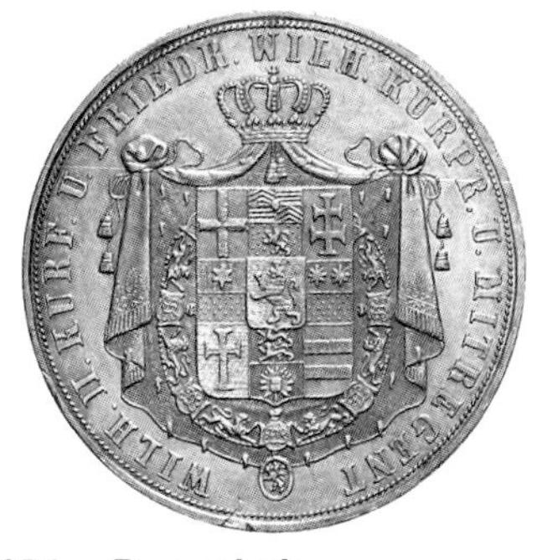
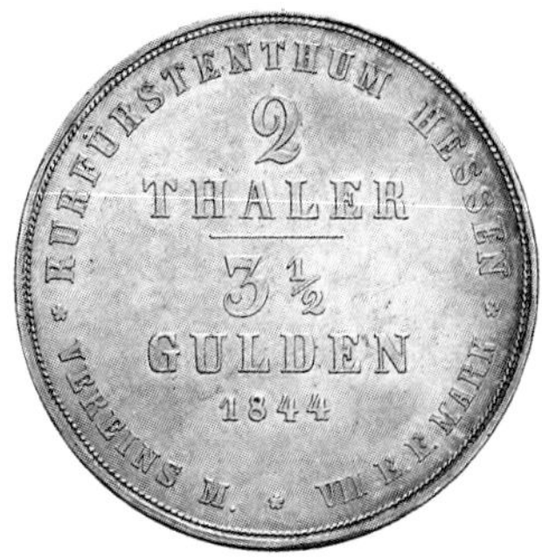

254 Doppeltaler

Vs.: WILH. II. KURF. U. FRIEDR. WILH. KURPR. U. MITREGENT (die Buchstaben in der Umschrift sind größer)

Rs.: KURFÜRSTENTHUM HESSEN
VEREINS M. VII E. F. MARK
2 THALER 3 ½ GULDEN Jahr

Rand: GOTT BESCHIRME UNS

Dav. 693 – AKS 44 – Jaeger 34 – T. 186

1844	(59 090)*	270.–	900.–	1400.–
1845		350.–	1000.–	1600.–

**) Zusammen mit Nr. 253*

In der 217. Künker-Auktion (10/2012), Nr. 4069, wurde ein Exemplar in „fast Stempelglanz" für 1900.– Euro zugeschlagen.

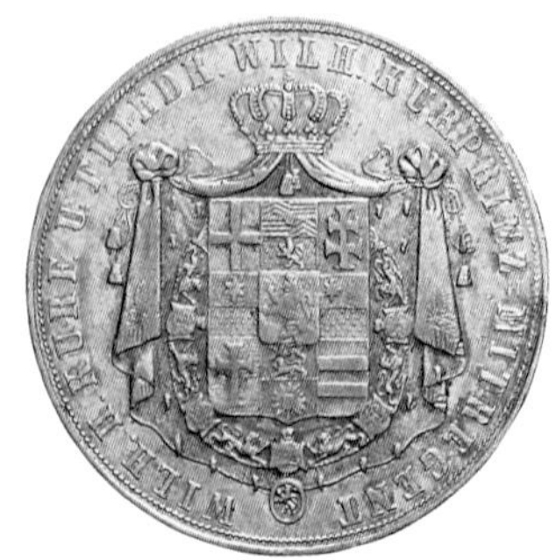
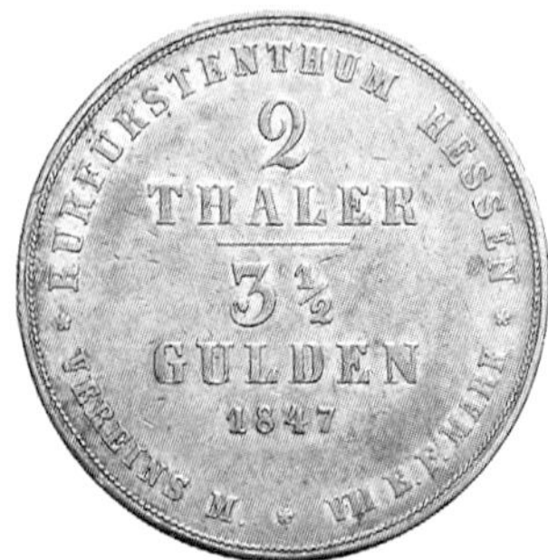

255 Doppeltaler

Vs.: WILH. II. KURF. U. FRIEDR. WILH. KURPRINZ = MITREGENT

Rs.: KURFÜRSTENTHUM HESSEN
VEREINS M. VII E. F. MARK
2 THALER 3 ½ GULDEN 1847

Rand: GOTT BESCHIRME UNS

Dav. 694 – AKS 45 – Jaeger 43 – T. 187

1847	(10 310)	850.–	1800.–	2500.–

In der 134. Auktion F. R. Künker (1/2008), Nr. 455, wurde ein Exemplar in „Erstabschlag, vorzüglich-Stempelglanz" für 5750.– Euro zugeschlagen; in der 80. Heidelberger Münzauktion (11/2020), Nr. 695, in „fast vorzüglich" für 1300.– Euro.

Friedrich Wilhelm I. 1847 – 1866

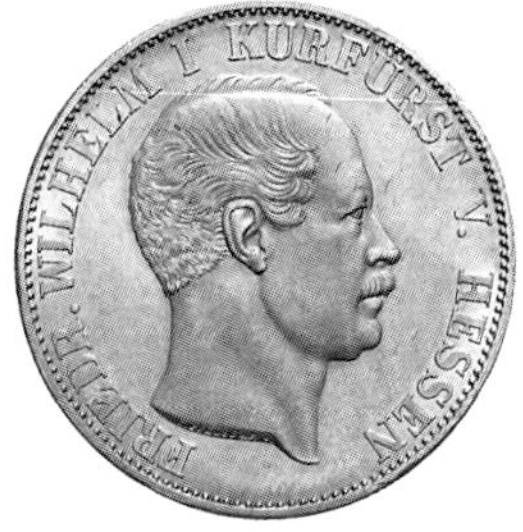

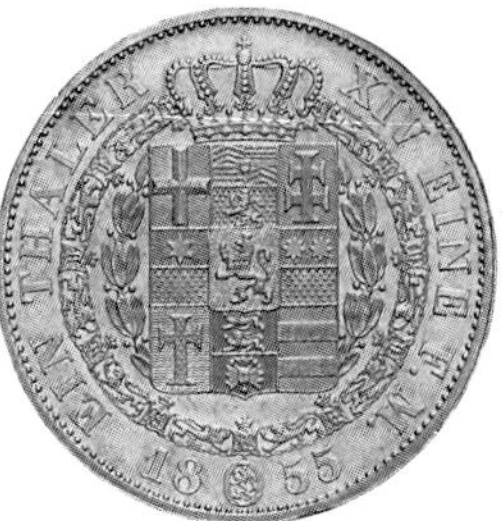

256 Taler

Vs.: FRIEDR. WILHELM I KURFÜRST V. HESSEN
am Halsabschnitt Signatur C. PFEUFFER F.

Rs.: EIN THALER XIV EINE F. M. Jahr

Rand: GOTT MIT UNS

Dav. 696 – AKS 61 – Jaeger 46 – T. 189

1851	(3960)	200.–	500.–	1000.–
1854	(7330)	150.–	450.–	900.–
1855	(27 520)	130.–	400.–	850.–

In der 80. Heidelberger Münzauktion (11/2020), Nr. 697, wurde ein Exemplar in „fast Stempelglanz“ für 1700.– Euro zugeschlagen.

Variante

a) 1855 auch mit tiefer stehender, zweiter „5“ in der Jahreszahl (Schwalbach 128)

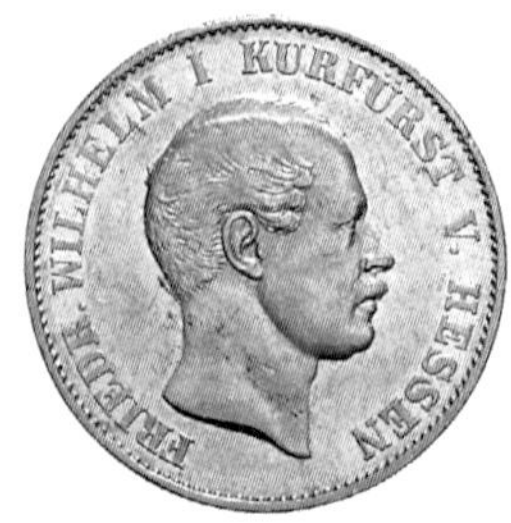

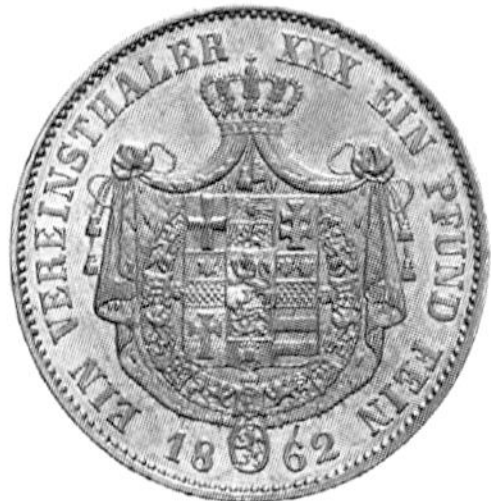

257 Vereinstaler

Vs.: FRIEDR. WILHELM I KURFÜRST V. HESSEN
Rs.: EIN VEREINSTHALER XXX EIN PFUND FEIN Jahr
Rand: GOTT MIT UNS

Dav. 697 – AKS 62+63 – Jaeger 48a+b – T. 190

1858	(61 950)	50.–	200.–	280.–
1859	(36 510)	50.–	200.–	280.–
1860	(31 290)	50.–	230.–	350.–
1861	(31 950)	50.–	200.–	300.–
1862	(32 020)	50.–	200.–	300.–
1863	(32 410)	50.–	200.–	300.–
1864	(31 790)	50.–	200.–	300.–
1865	(31 370)	50.–	200.–	300.–

In der 56. WAG-Auktion (2/2011), Nr. 463, wurde ein „PP-Exemplar, minimal berieben", für 1250.– Euro zugeschlagen.

Varianten

a) 1858 – 1860, 1862, 1864 und 1865 gibt es auch mit der Signatur „C · P ·" am Halsabschnitt (Jaeger 48a; Schwalbach 129)

b) 1859 ohne „C · P ·" und mit kleiner „9" in der Jahreszahl; 45. Auktion Harald Möller (6/2007), Nr. 717, „fast Stempelglanz", Zuschlag 230.– Euro; Abb. siehe nächste Seite

c) 1860 mit „C · P ·" gibt es nur als Kupferabschlag mit glattem Rand; 42. Auktion Harald Möller (12/2006), Nr. 752, „vorzüglich-Stempelglanz", Zuschlag 400.– Euro

d) Zinnabschlag der Vorderseite; 53. WAG-Auktion (9/2010), Nr. 528

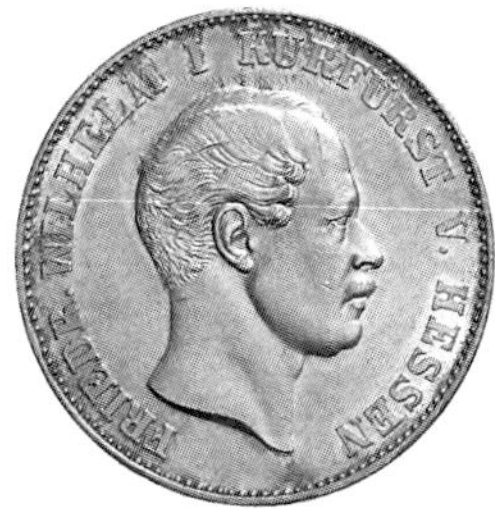

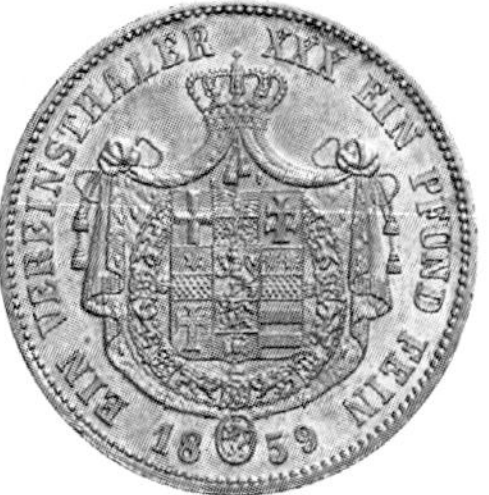

Nr. 257b) ohne Signatur „C · P ·“ und mit kleiner „9“ in der Jahreszahl

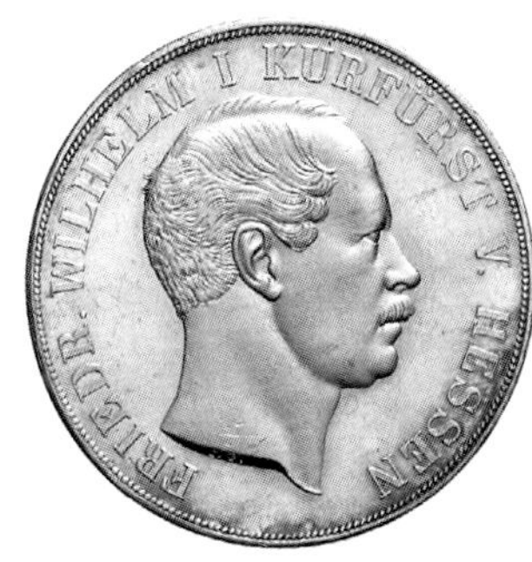

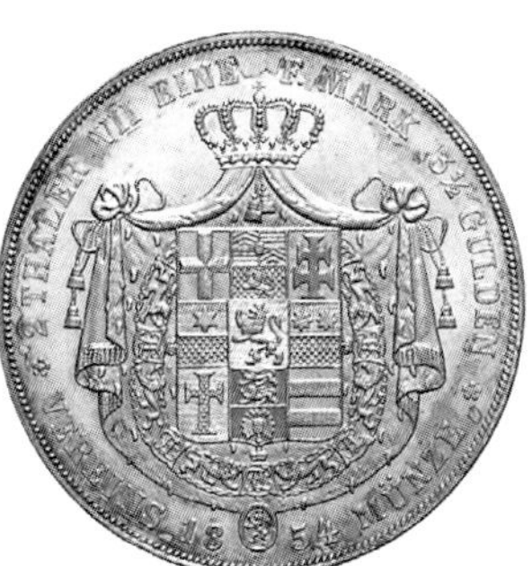

258 Doppeltaler

Vs.: FRIEDR. WILHELM I KURFÜRST V. HESSEN am Halsabschnitt Signatur C.P.

Rs.: 2 THALER VII EINE F. MARK 3 ½ GULDEN VEREINS (Jahr) MÜNZE

Rand: GOTT MIT UNS

Dav. 695 – AKS 60 – Jaeger 47a+b – T. 188

1851	(3990)	200.–	480.–	1000.–
1854	(141 480)	170.–	300.–	450.–
1855	(356 520)	160.–	280.–	400.–

In der 80. Heidelberger Münzauktion (11/2020), Nr. 696, wurde ein Exemplar in „Stempelglanz“ für 4400.– Euro zugeschlagen.

Variante

a) 1854 und 1855 auch ohne „C · P ·“ am Halsabschnitt (Jaeger 47b); keine Unterschiede in den Bewertungen

Großherzogtum Hessen (Hessen-Darmstadt)

Münzstätte:	Darmstadt
Münzmeister:	
H.R.	Hector Roessler
Medailleure:	
L	Johann Lindenschmidt, Mainz
H	Philipp Huhn
C. VOIGT	Carl Friedrich Voigt, München
KORN	Ferdinand Korn, Wiesbaden
ST	Rudolph Stadelmann

Ludwig I. 1806 – 1830

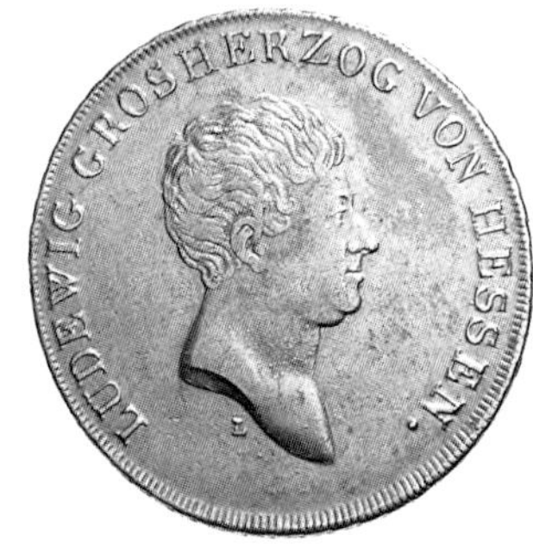

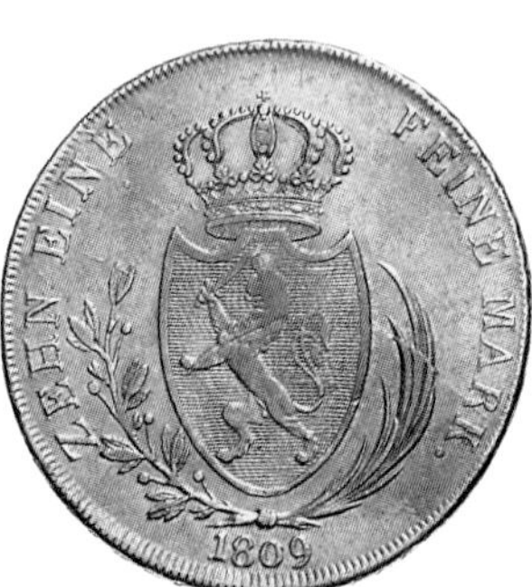

259 Konventionstaler

Vs.: LUDEWIG GROSHERZOG VON HESSEN . Signatur L

Rs.: ZEHN EINE FEINE MARK. 1809

Rand: Laubrand

Dav. 698 – AKS 73 – Jaeger 12a+b – T. 191

1809	300.–	750.–	1300.–

In der 64. WAG-Auktion (12/2012), Nr. 296, wurde ein Exemplar in „Stempelglanz" für 2250.– Euro versteigert; in der 350. Künker-Auktion (6/2021), Nr. 1213, ein Exemplar in „fast Stempelglanz" für 1600.– Euro.

Varianten und Probe

a) Ohne Punkt hinter HESSEN, mit breitem Halsabschnitt und fünf nach innen gebogenen Palmblattspitzen; 42. Auktion Harald Möller (12/2006), Nr. 773, „Stempelglanz-", Zuschlag 1800.– Euro; Abb. siehe nächste Seite

b) Mit schmalem Halsabschnitt und sechs nach innen gebogenen Palmblattspitzen, der Abstand zwischen dem Punkt nach HESSEN und der Büste unten beträgt 7 mm, die Signatur „L" ist 3 mm vom Nacken entfernt; 42. Auktion Harald Möller (12/2006), Nr. 774, „Erstabschlag", Zuschlag 1750.– Euro

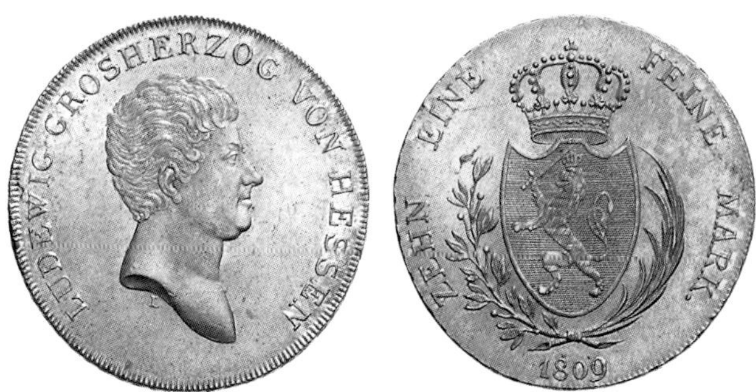

Nr. 259a) mit breitem Halsabschnitt und fünf nach innen gebogenen Palmblattspitzen, ohne Punkt hinter HESSEN

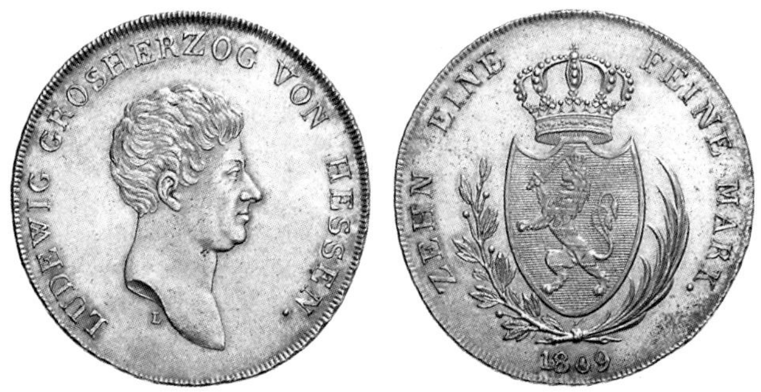

Nr. 259b) mit schmalem Halsabschnitt und sechs nach innen gebogenen Palmblattspitzen, der Abstand zwischen dem Punkt nach HESSEN und der Büste unten beträgt 7 mm, die Signatur „L" ist 3 mm vom Nacken entfernt

c) Mit breiterem Halsabschnitt und sechs nach innen gebogenen Palmblattspitzen, der Abstand zwischen dem Punkt nach HESSEN und der Büste unten beträgt 7 mm, die Signatur „L" ist 3 mm vom Nacken entfernt und der Abstand zum Halsabschnitt ist größer; 127. Auktion F. R. Künker (6/2007), Nr. 3412, „vorzüglich+", Zuschlag 450.– Euro

d) Mit breiterem Halsabschnitt und fünf nach innen gebogenen Palmblattspitzen, der Abstand zwischen dem Punkt nach HESSEN und der Büste unten beträgt 5 mm, die Signatur „L" ist 2 mm vom Nacken entfernt; 42. Auktion Harald Möller (12/2006), Nr. 775
e) Mit breiterem Halsabschnitt und fünf nach innen gebogenen Palmblattspitzen, der Abstand zwischen dem Punkt nach HESSEN und der Büste unten beträgt 6 mm, die Signatur „L" ist 5 mm vom Nacken entfernt; 45. Auktion Harald Möller (6/2007), Nr. 745, „sehr schön+"; Zuschlag 260.– Euro
f) Mit breiterem Halsabschnitt und vier nach innen gebogenen Palmblattspitzen, der Abstand zwischen dem Punkt nach HESSEN und der Büste unten beträgt 7 mm, die Signatur „L" ist 5 mm vom Nacken entfernt; 45. Auktion Harald Möller (6/2007), Nr. 744, „sehr schön-vorzüglich", Zuschlag 310.– Euro
g) Mit breiterem Halsabschnitt und vier nach innen gebogenen Palmblattspitzen, die Signatur „L" ist 2 mm vom Nacken entfernt; 139. Auktion Numismatik Lanz (11/2007), Nr. 912, „vorzüglich", Schätzpreis 1000.– Euro
h) Die Signatur mit „Apostroph"; 118. Auktion F. R. Künker (9/2006), Nr. 7338, „vorzüglich", Zuschlag 525.– Euro
i) Ohne Signatur „L" am Halsabschnitt (Jaeger 12b)
j) Kupfer-Hohlabschlag von Vorder- und Rückseite von Nr. 259e; 18. KPM-Auktion (5/1980), Nr. 2123, „vorzüglich", Zuschlag 360.– DM
k) Probemünze mit unvollständiger Jahreszahl 180_, die „9" durch einen Halbmond ersetzt; Auktion Robert Ball Nachfolger (10/1917), Nr. 852

Anzahl und Anordnung der Blätter am Lorbeerzweig links vom Wappen variieren.

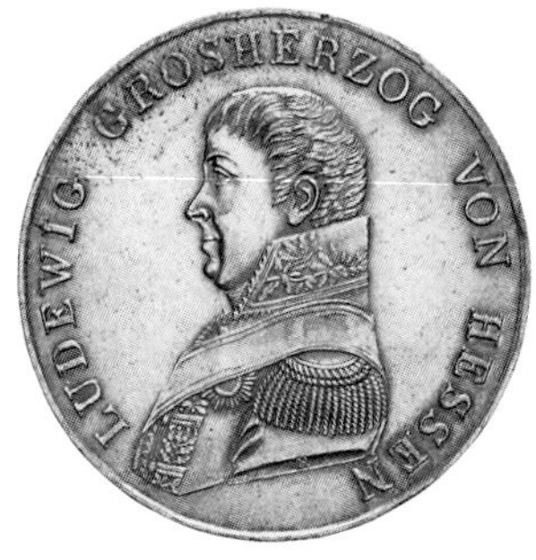

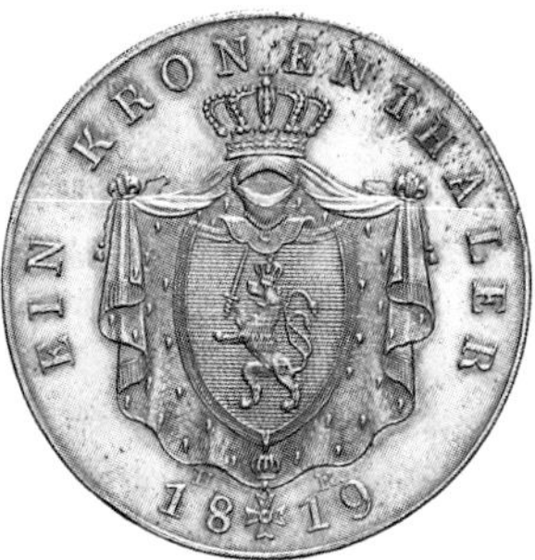

260 Kronentaler

Vs.: LUDEWIG GROSHERZOG VON HESSEN
am Armabschnitt Signatur H

Rs.: EIN KRONENTHALER 1819 Mmz. H.R.

Rand: GOTT EHRE VATERLAND

Dav. 699 – AKS 71 – Jaeger 27 – T. 192

1819	(19 400)	400.–	850.–	1400.–

In der 325. Hess-Divo-Auktion (10/2013), Nr. 837, erzielte ein „Prachtexemplar in FDC“ 6000.– CHF (4880.– Euro); in der 77. WAG-Auktion (9/2016), Nr. 1468, ein Exemplar in „Stempelglanz“ 3600.– Euro.

Variante

a) In der Randschrift nach „EHRE“ nur ein Sternchen (AKS 71 Anm.)

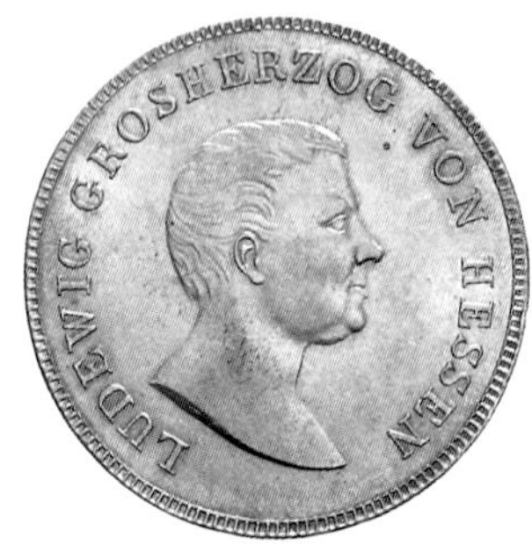

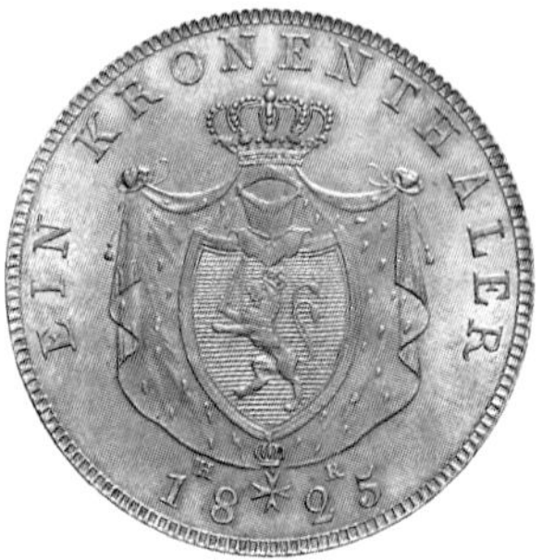

261 Kronentaler

Vs.: LUDEWIG GROSHERZOG VON HESSEN

Rs.: EIN KRONENTHALER 1825 Mmz. H R

Rand: GOTT EHRE VATERLAND

Dav. 700 – AKS 72 – Jaeger 28 – T. 193

1825	(170 760)	150.–	320.–	900.–

In der 58. Heidelberger Münzauktion (11/2011), Nr. 747, wurde ein Exemplar in „fast Stempelglanz" für 3000.– Euro versteigert

Variante

a) In der Randschrift nur fünf Sterne statt sechs, in der Jahreszahl steht die „5" höher und hat eine größere Spitze am Querstrich oben (AKS 72 Anm.)

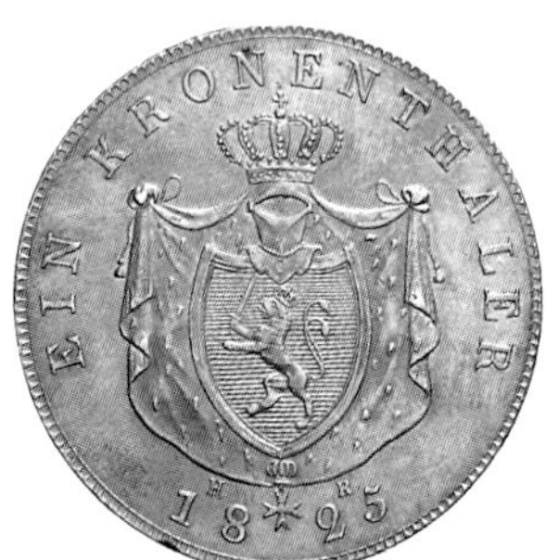

Nr. 261a) mit höher stehender „5" in der Jahreszahl, der Querstrich der „5" weist mit der Spitze stärker nach oben

Ludwig II. 1830 – 1848

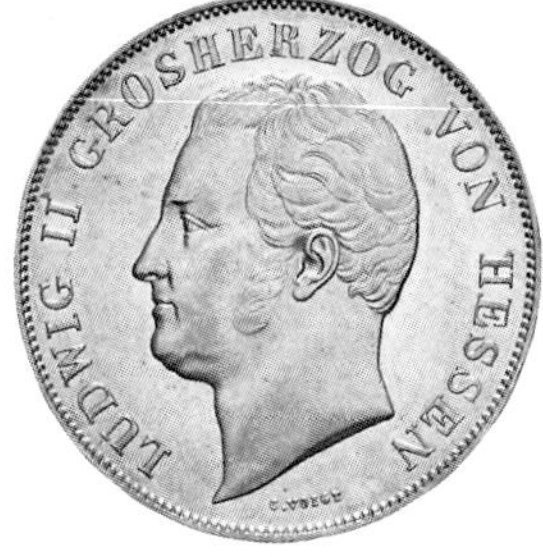

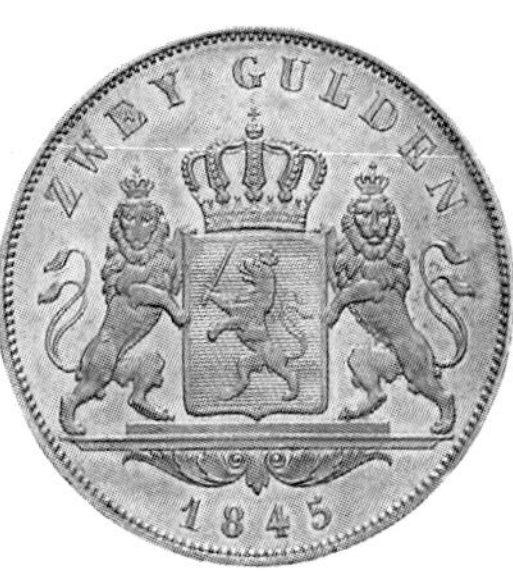

262 Doppelgulden

Vs.: LUDWIG II GROSHERZOG VON HESSEN
Signatur C. VOIGT

Rs.: ZWEY GULDEN Jahr

Rand: Vertiefte Vierecke

Dav. 704 – AKS 101 – Jaeger 42 – T. 197

1845	(43 700)	140.–	330.–	600.–
1846	(270 150)	140.–	330.–	550.–
1847	(30 400)	140.–	330.–	650.–

In der 107. Auktion der WAG Online (3/2020), Nr. 1234, wurde ein Exemplar in „fast Stempelglanz" für 600.– Euro versteigert.

Varianten

a) 1845 als Kupferabschlag

b) Zinnabschlag der Vorderseite (Hahlo 860)

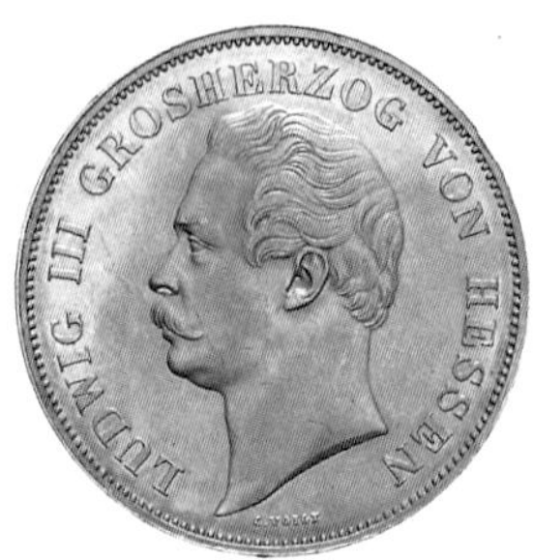

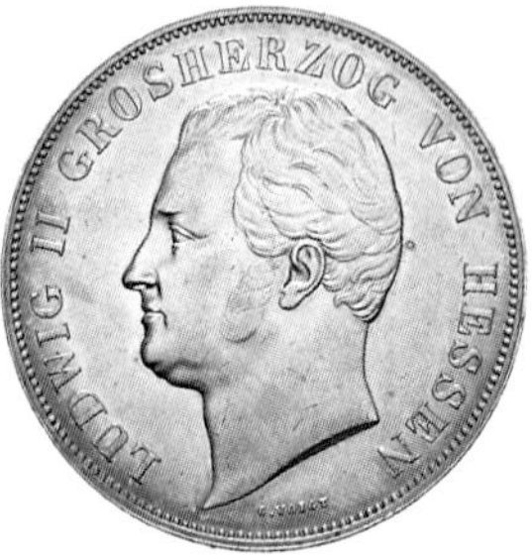

262A Zwitter-Doppelgulden

Vs.: LUDWIG III. GROSHERZOG VON HESSEN

Rs.: LUDWIG II. GROSHERZOG VON HESSEN

Rand: Vertiefte Vierecke

Schwalbach 118a – Jaeger 51 Anm.

o.J.	LP

Bisher jüngstes Vorkommen in der 201. Künker-Auktion (2/2012), Nr. 597, in „fast Stempelglanz", Zuschlag 12000.– Euro.

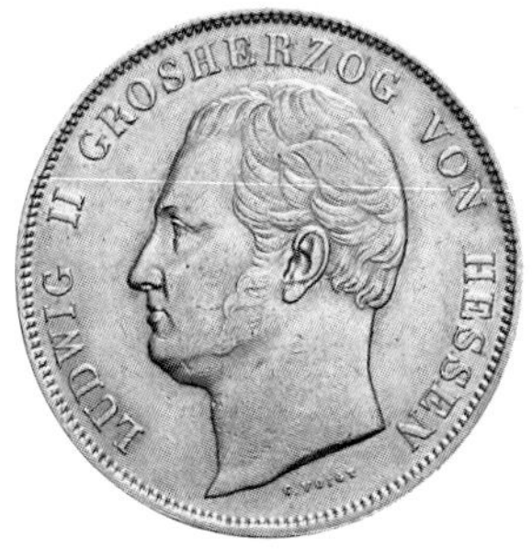

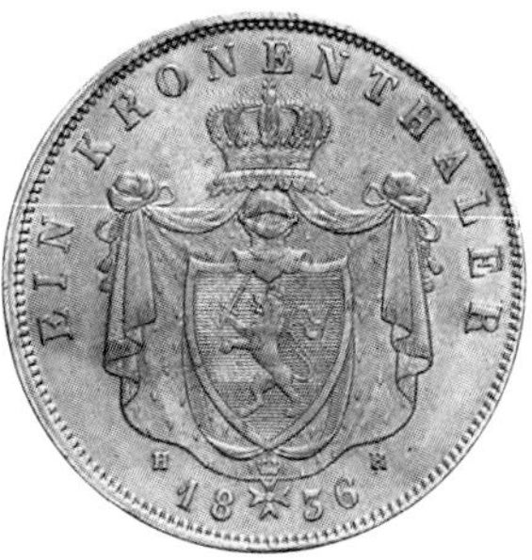

263 Kronentaler

Vs.: LUDWIG II GROSHERZOG VON HESSEN
Signatur C. VOIGT

Rs.: EIN KRONENTHALER Jahr Mmz. H R

Rand: GOTT EHRE VATERLAND

Dav. 701 – AKS 102 – Jaeger 33 – T. 194

Jahr	Auflage			
1833	(123 750)	120.–	350.–	550.–
1835	(558 110) für 1835–1837	200.–	450.–	1000.–
1836		140.–	350.–	900.–
1837		150.–	450.–	950.–

In der 277. Auktion (4/2021), Nr. 1217, von Gorny & Mosch wurde ein Exemplar des Jahrgangs 1833 in „Erstabschlag, Stempelglanz", für 1600.– Euro zugeschlagen.

Variante

a) 1833 als einseitiger Zinnabschlag der Rückseite (Hahlo 859)

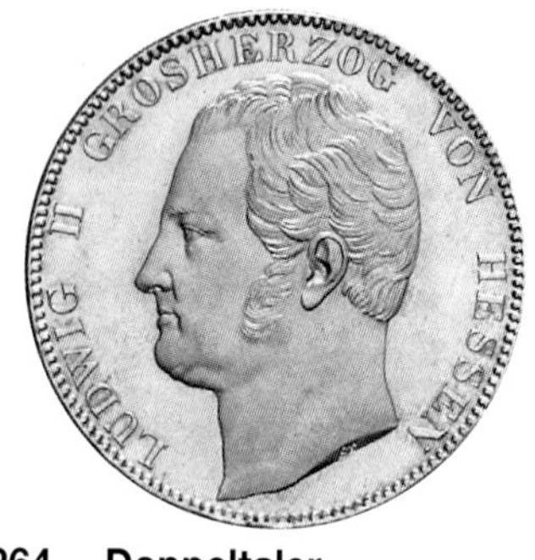

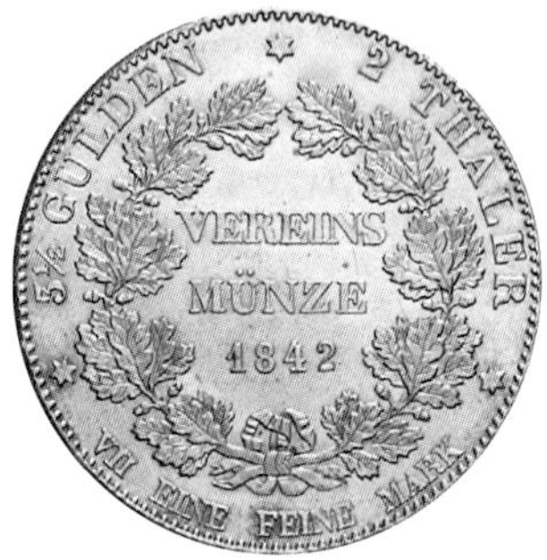

264 Doppeltaler

Vs.: LUDWIG II GROSHERZOG VON HESSEN
am Halsabschnitt Signatur ST

Rs.: 3 ½ GULDEN 2 THALER / VII EINE FEINE MARK
VEREINSMÜNZE Jahr

Rand: CONVENTION VOM 30 JULY 1838

Dav. 702 – AKS 99 – Jaeger 40 – T. 195

1839	(23 970)	150.–	450.–	600.–
1840	(367 600)	130.–	350.–	450.–
1841	(687 800)	130.–	350.–	450.–
1842	(286 400)	150.–	400.–	500.–

In der 106. Auktion der WAG Online (2/2020), Nr. 1492, wurde ein Exemplar von 1841 in „Stempelglanz, winzige Kontakte“, für 1750.– Euro zugeschlagen; in der 244. Künker-Auktion (2/2014), Nr. 171, ein „Erstabschlag“ von 1839 für 4400.– Euro.

Variante und Probe

a) 1841 und 1842 mit kleineren Ziffern für die Jahreszahl „1838“ in der Randschrift (Schwalbach 116a)

b) 1839 als Probe ohne Randschrift (Ferrari 1960)

c) 1844 mit unten offener 8 in der Randschrift (Auktion Helbing [3/1911], Nr. 261)

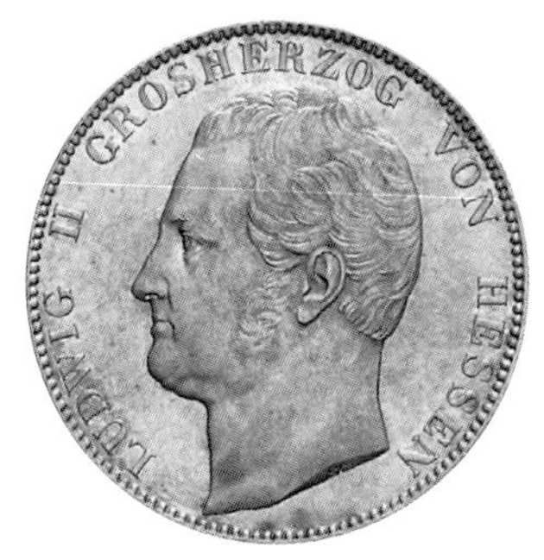

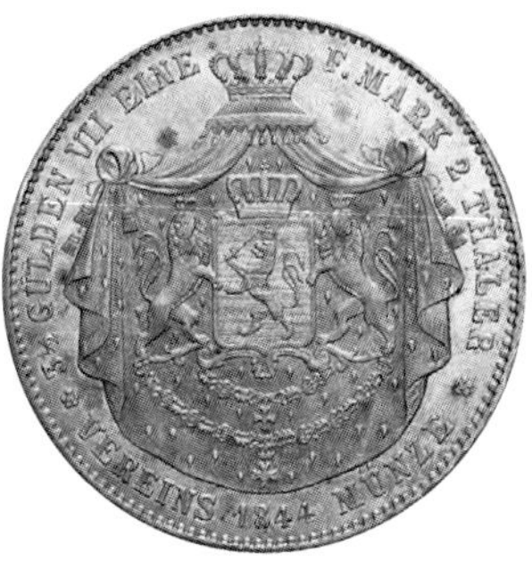

265 Doppeltaler

Vs.: LUDWIG II GROSHERZOG VON HESSEN
am Halsabschnitt Signatur ST

Rs.: 3 ½ GULDEN VII EINE F. MARK 2 THALER
VEREINS 1844 MÜNZE

Rand: CONVENTION VOM 30 JULY 1838

Dav. 703 – AKS 100 – Jaeger 41 – T. 196

1844	(376 800)	180.–	400.–	600.–

Varianten

a) Unten offene „8“ in der Jahreszahl 1844 (Ferrari 1972)
b) Bronzeabschlag (Ferrari 2288 [im Lot])
c) Zinnabschlag (Ferrari 2288 [im Lot])

Ludwig III. 1848 – 1877

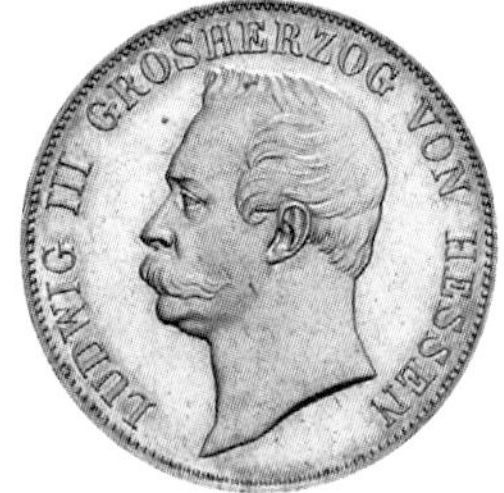

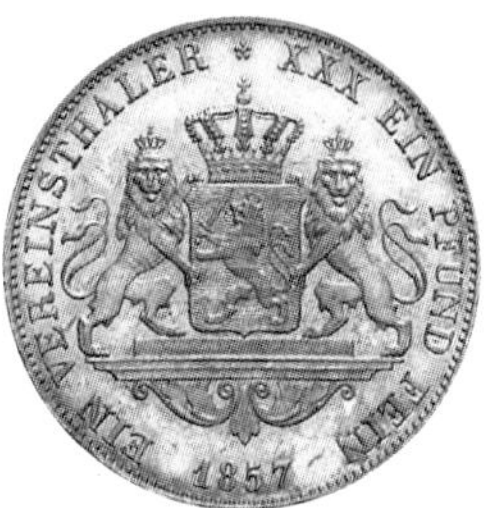

266 Vereinstaler

Vs.: LUDWIG III GROSHERZOG VON HESSEN
Rs.: EIN VEREINSTHALER XXX EIN PFUND FEIN
Rand: MÜNZVERTRAG VOM 24. JANUAR 1857

Dav. 707 – AKS 120 – Jaeger 59 – T. 200

1857	(91 000)	150.–	300.–	430.–
1858	(536 700)	80.–	200.–	340.–
1859	(594 120)	80.–	200.–	340.–
1860	(607 910)	80.–	200.–	340.–
1861	(413 940)	80.–	200.–	340.–
1862	(242 340)	80.–	200.–	340.–
1863	(215 140)	80.–	200.–	340.–
1864	(73 080)	100.–	230.–	370.–
1865	(77 690)	100.–	230.–	370.–
1866	(59 050)	100.–	230.–	370.–
1867	(24 320)	100.–	230.–	370.–
1868	(47 630)	100.–	230.–	370.–
1869	(33 820)	100.–	230.–	370.–
1870	(39 100)	100.–	230.–	370.–
1871	(33 480)	100.–	230.–	370.–

Als „Erstabschlag" erzielte der Jahrgang 1857 in der 42. Auktion Harald Möller (12/2006), Nr. 817, einen Zuschlag von 660.– Euro; in der 258. Künker-Auktion (1/2015), Nr. 83, ein „PP-Exemplar" den Zuschlag von 1000.– Euro.

Varianten

a) 1857 mit vier kreuzförmig gestellten quadratischen Punkten statt des Sterns in der Randschrift (Ferrari 2025); 329. Auktion Dr. Busso Peus Nachfolger (11/1990), Nr. 2238, „sehr schön", Zuschlag 190.– DM

b) 1858 mit vier kreuzförmig gestellten quadratischen Punkten statt des Sterns in der Randschrift (Schwalbach 122a); 296. Künker-Auktion (9/2017), Nr. 2324, „vorzüglich", Zuschlag 170.– Euro
c) 1858 mit fehlerhafter Randschrift MÜNZVERTRAG VO 24 JANUAR 1857 (Schwalbach 122b)
d) 1859 mit kleiner „9" in der Jahreszahl (Schwalbach 122 Anm.)
e) 1859 mit großer „9" in der Jahreszahl (Schwalbach 122 Anm.); 42. Auktion Harald Möller (12/2006), Nr. 820, „fast Stempelglanz", Zuschlag 260.– Euro; 319. Künker-Auktion (5/2019), Nr. 3635, „vorzüglich-Stempelglanz", Zuschlag 320.– Euro

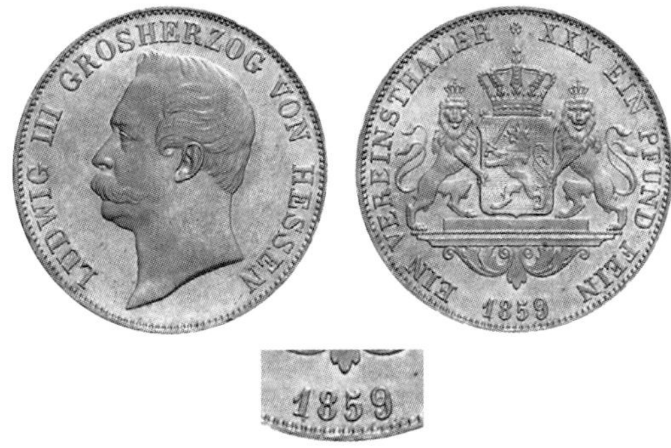

Nr. 266e), der Vereinstaler 1859 mit großer „9" in der Jahreszahl

f) 1861 Abweichende Ziffernstellung in der Jahreszahl (Schwalbach 122 Anm.)
g) 1862 mit fehlerhafter Randschrift MÜNZVFRTRAG (Schwalbach 122c); 42. Auktion Harald Möller (12/2006), Nr. 822, „vorzüglich-", Zuschlag 150.– Euro; 51. Künker-eLive-Auktion (9/2018), Nr. 904, „fast vorzüglich", Zuschlag 220.– Euro
h) Zinnabschlag der Vorderseite (Hahlo 863)
i) 1857 Probemünze mit Randschrift CONVENTION VOM 24 JANUAR 1857 ⋆ (Schwalbach 121); 201. Künker-Auktion (2/2012), Nr. 598, „Stempelglanz", Zuschlag 4000.– Euro; 350. Künker-Auktion (6/2021), Nr. 1214, „fast Stempelglanz" Zuschlag 7000.– Euro
j) 1857 Probemünze mit Randschrift CONVENTION VOM 24 JANUAR 1857 aber mit vier kreuzförmig gestellten quadratischen Punkten statt des Sterns (Schwalbach 121a)

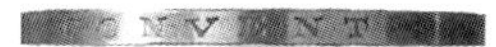

Nr. 266i mit der Randschrift CONVENTION VOM 24 JANUAR 1857 ⋆

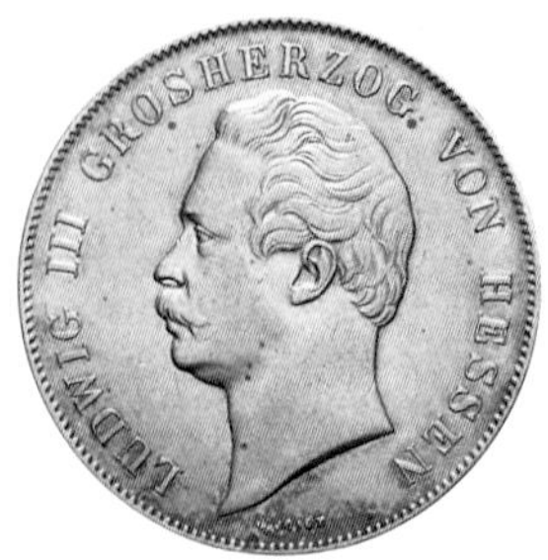

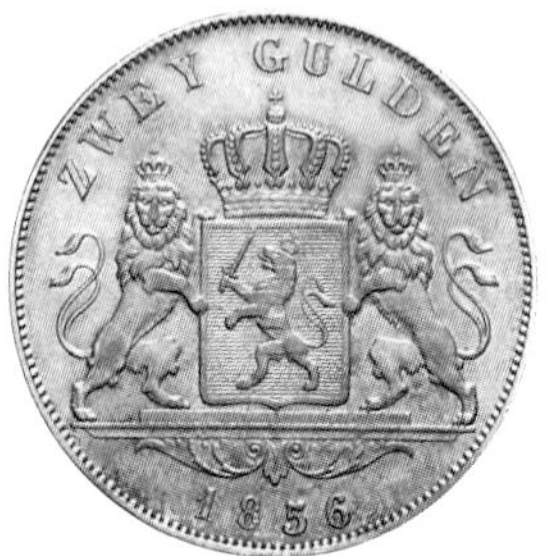

267 Doppelgulden

Vs.: LUDWIG III GROSHERZOG VON HESSEN
Signatur C. VOIGT

Rs.: ZWEY GULDEN Jahr

Rand: Vertiefte Vierecke

Dav. 705 – AKS 121 – Jaeger 51 – T. 198

1848 }				LP
1849 }	(252 150)	200.–	700.–	1000.–
1853 }		120.–	270.–	450.–
1854	(127 250)	120.–	270.–	450.–
1855	(148 900)	120.–	270.–	450.–
1856	(64 400)	120.–	270.–	450.–

Der Jahrgang 1848 wurde in der 22. Auktion der Münzhandlung Sonntag (11/2015), Nr. 917, für 6250.– Euro versteigert; der Jahrgang 1856 erzielte in der 80. Heidelberger Münzauktion (11/2020), Nr. 706, in „fast Stempelglanz" 2600.– Euro.

Variante

a) Zinnabschlag der Vorderseite (Hahlo 862)

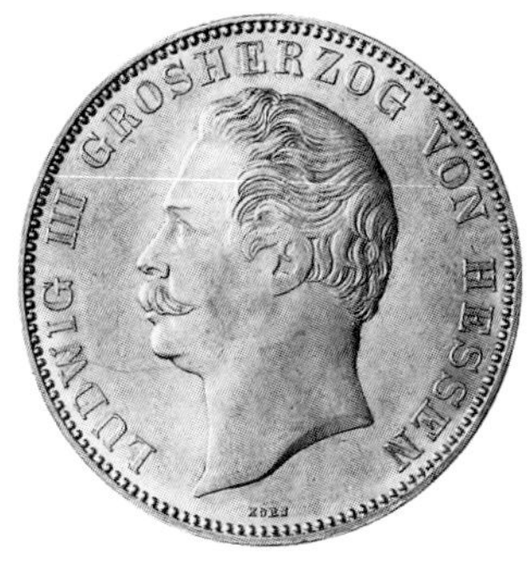

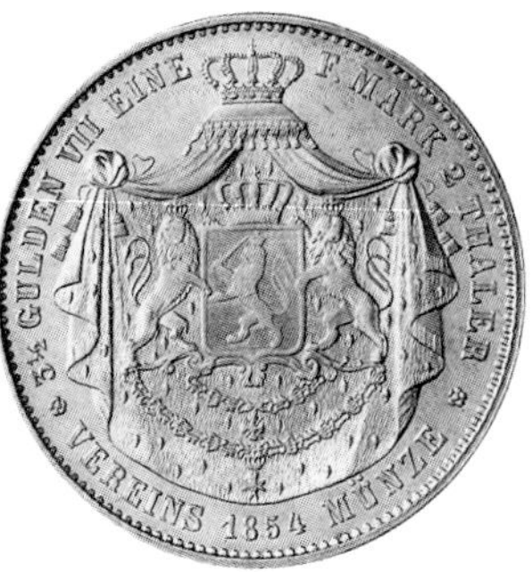

268 Doppeltaler

Vs.: LUDWIG III GROSHERZOG VON HESSEN
Signatur KORN

Rs.: 3 ½ GULDEN VII EINE F. MARK 2 THALER
VEREINS 1854 MÜNZE

Rand: CONVENTION VOM 30 JULY 1838

Dav. 706 – AKS 119 – Jaeger 52 – T. 199

1854	(43 000)	400.–	1000.–	2500.–

In der 220. Künker-Auktion (10/2012), Nr. 7790, erzielte ein Exemplar als „Erstabschlag, fast Stempelglanz“, 4000.– Euro.

Landgrafschaft Hessen (Hessen-Homburg)

Münzstätte:	Darmstadt
Medailleure:	
C. VOIGT	Carl Friedrich Voigt, München
C. SCHNITZSPAHN	Christian Schnitzspahn, Darmstadt
RS	Rudolph Stadelmann, Darmstadt

Philipp 1839 – 1846

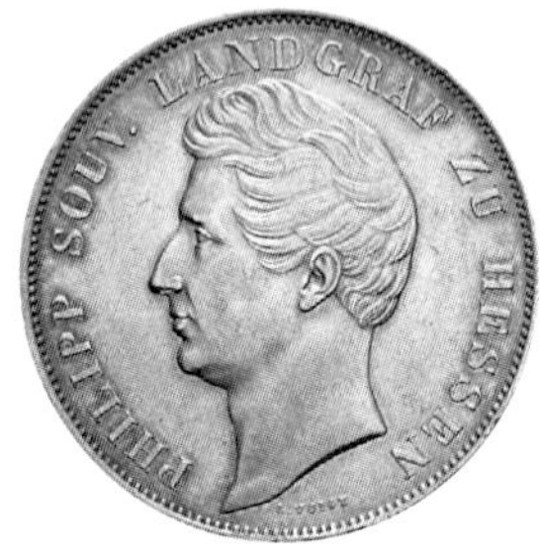

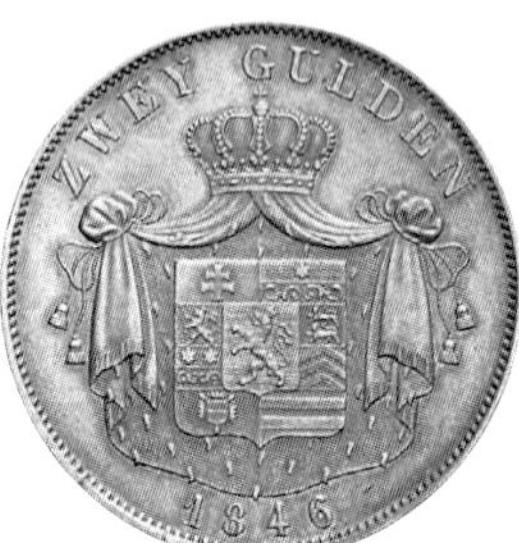

269 Doppelgulden

Vs.: PHILIPP SOUV. LANDGRAF ZU HESSEN
Signatur C. VOIGT

Rs.: ZWEY GULDEN

Rand: Vertiefte Vierecke

Dav. 713 – AKS 166 – Jaeger 8 – T. 201

1846	(10 500)	650.–	1100.–	1800.–

In der 80. Heidelberger Münzauktion (11/2020), Nr. 709, wurde ein Exemplar als „Erstabschlag, fast Stempelglanz" für 2800.– Euro zugeschlagen; in der 354. Künker-Auktion (9/2021), Nr. 5800, ein Exemplar in „vorzüglich-Stempelglanz" für 2400.– Euro.

Ferdinand 1848 – 1866

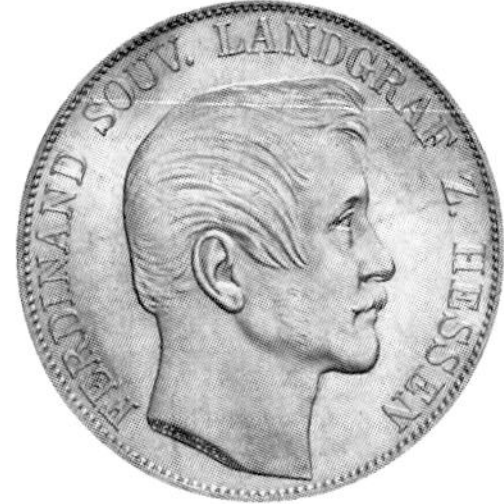

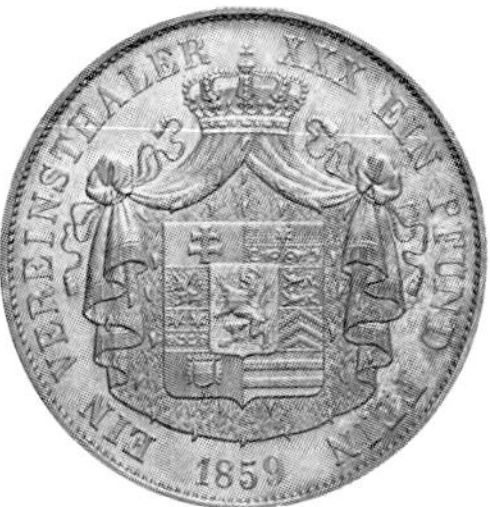

270 Vereinstaler

Vs.: FERDINAND SOUV. LANDGRAF Z. HESSEN
am Halsabschnitt Signatur C. SCHNITZSPAHN

Rs.: EIN VEREINSTHALER XXX EIN PFUND FEIN Jahr

Rand: MÜNZVERTRAG VOM 24 JANUAR 1857

Dav. 714 – AKS 172 – Jaeger 9 – T. 202

1858	(5000)	140.–	250.–	400.–
1859	(6570)	140.–	250.–	400.–
1860	(6590)	140.–	250.–	400.–
1861	(6580)	140.–	250.–	400.–
1862	(6590)	140.–	250.–	400.–
1863	(6570)	140.–	250.–	400.–

In der 220. Künker-Auktion (12/2012), Nr. 7800, wurde ein „Erstabschlag, fast Stempelglanz“, für 850.– Euro zugeschlagen.

Varianten

a) 1860 mit fehlerhafter Randschrift 224 JANUAR

b) 1862 mit fehlerhafter Randschrift MÜNZVFRTRAG (Schwalbach 132a); 45. Auktion Harald Möller (6/2007), Nr. 797, „vorzüglich/fast Stempelglanz“, Zuschlag 240.– Euro. Jaeger schreibt: „Jahrgang 1862 gibt es offenbar *nur* mit der fehlerhaften Randschrift…“.

Grafschaft Hohenlohe-Kirchberg

Münzstätte:	Wertheim
Medailleur:	
D	Anton Paul Dallinger

Christian Friedrich Carl (1767 – 1806)

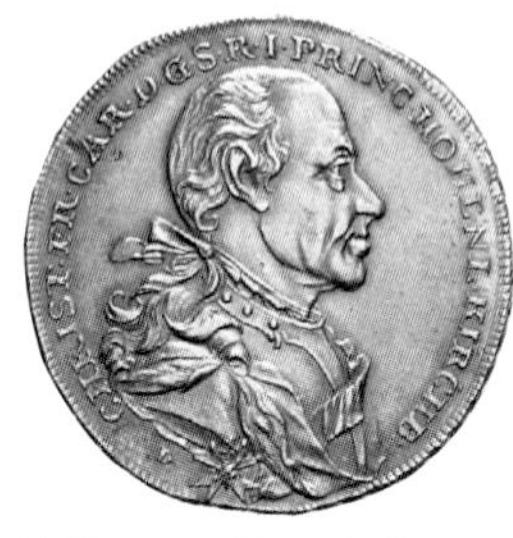

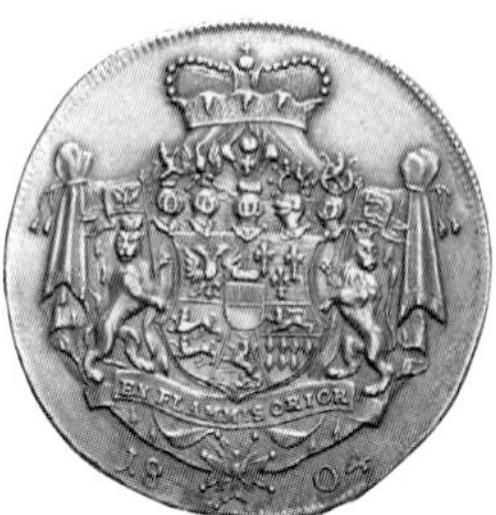

270A ½ Konventionstaler

Vs.: CHRIST · FR · CAR · D · G · S · R · I · PRINC · HOHENL · KIRCHB: Signatur D

Rs.: EX FLAMMIS ORIOR 1804

Rand: Glatt

Albrecht 217 – Schön 8

1804	400.–	1000.–	1800.–

In der 80. Leipziger Münzauktion (5/2014), Nr. 2205, erzielte ein Exemplar in „vorzüglich" 2200.– Euro.

Variante

a) Goldabschlag im Gewicht von 7 Dukaten (Schl. –)

Fürstentum Hohenzollern-Hechingen

Münzstätten:	Stuttgart
	München
Münzmeister:	
C.H.	Johann Christian Heuglin, Stuttgart
Medailleure:	
W.	Johann Ludwig Wagner, Stuttgart
C. VOIGT	Carl Friedrich Voigt, München

Hermann Friedrich Otto 1798 – 1810

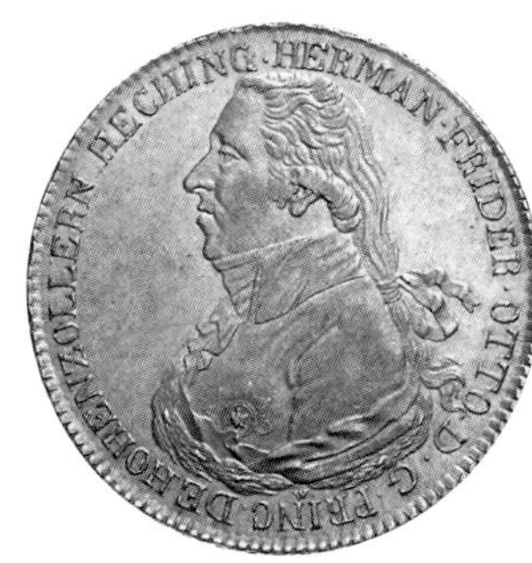

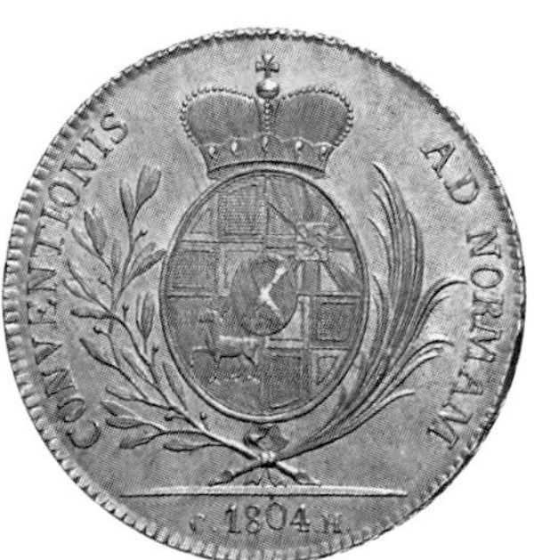

271 Konventionstaler

Vs.: HERMAN · FRIDER · OTTO D · G · PRINC · DE HOHENZOLLERN HECHING · Signatur W ·

Rs.: AD NORMAM CONVENTIONIS 1804. Mmz. C. H.

Rand: Laubrand

Dav. 715 – AKS 1 – Jaeger 1 – T. 203

1804	(2000)	650.–	1800.–	2500.–

In der 293. Künker-Auktion (6/2017), Nr. 922, erzielte ein Exemplar in „vorzüglich-Stempelglanz" 2800.– Euro.

Varianten

a) Mit kleiner Signatur „W ·" unter dem Brustbild (Bahrfeldt 31a); Auktionen Sonntag, Auktion 34 (5/2021), Nr. 840, „gutes vorzüglich", Zuschlag 1300.– Euro; Abb. siehe oben

b) Mit größerer Signatur „W ·" unter dem Brustbild (Bahrfeldt 31b); sehr selten

c) Mit der Signatur „I.L.W .“ unter dem kleineren Brustbild (Bahrfeldt 31c); 42. Auktion Harald Möller (12/2006), Nr. 837, „vorzüglich“, Zuschlag 1625.– Euro; 319. Künker-Auktion (3/2019), Nr. 3655, „vorzüglich“, Zuschlag 1200.– Euro

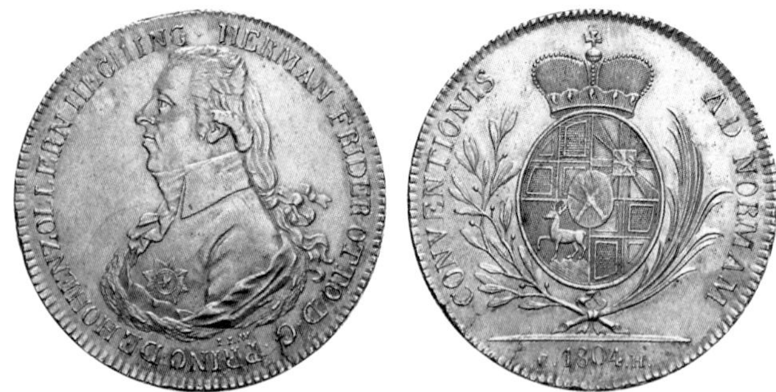

Nr. 271c) mit der Signatur „I.L.W .“ unter dem kleineren Brustbild

Friedrich Wilhelm Constantin 1838 – 1849

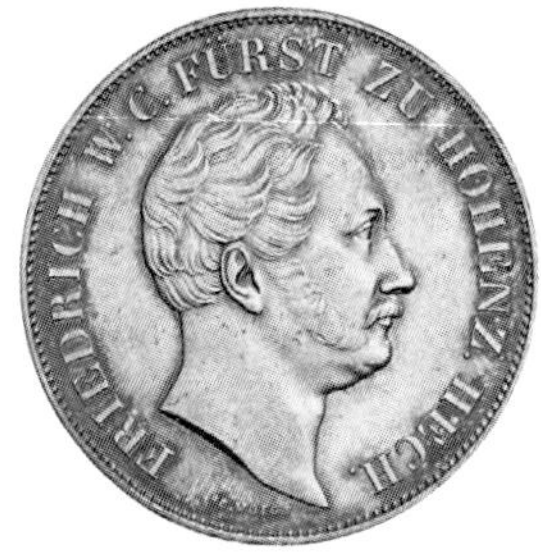

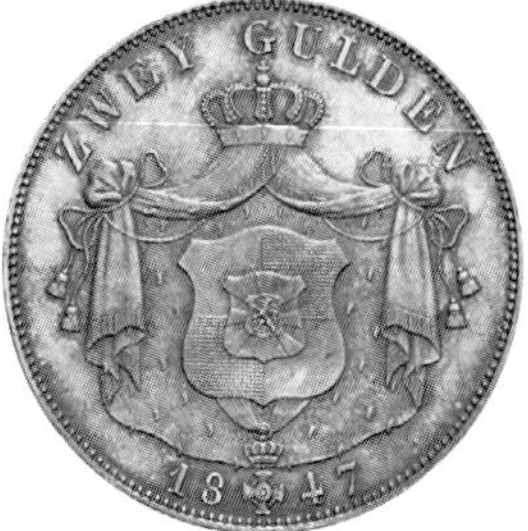

272 Doppelgulden

Vs.: FRIEDRICH W. C. FÜRST ZU HOHENZ. HECH.
Signatur C. VOIGT

Rs.: ZWEY GULDEN

Rand: Vertiefte Vierecke

Dav. 717 – AKS 3 – Jaeger 6 – T. 205

1846	(4300)	400.–	1000.–	1500.–
1847	(4300)	400.–	1000.-	1500.–

In der 80. Heidelberger Münzauktion (11/2020), Nr. 713, wurde ein Exemplar vom Jahrgang 1846 als „Erstabschlag, fast Stempelglanz" für 2300.– Euro versteigert.

Varianten

a) Einseitiger Zinnabschlag der Vorderseite (Hahlo 894)

b) Einseitiger Zinnabschlag der Rückseite vom Jahrgang 1846 (Ferrari 2313 [im Lot])

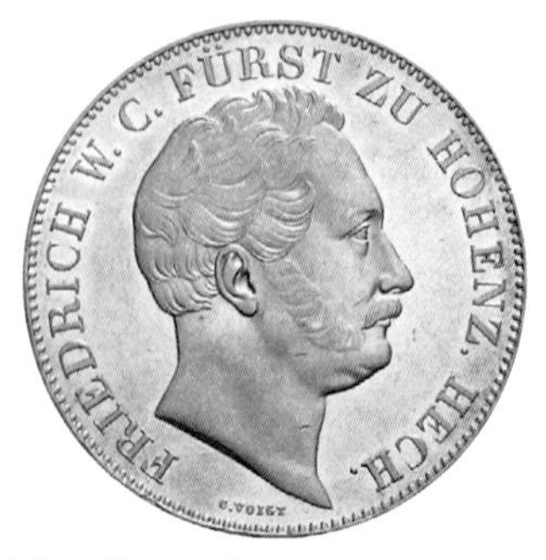

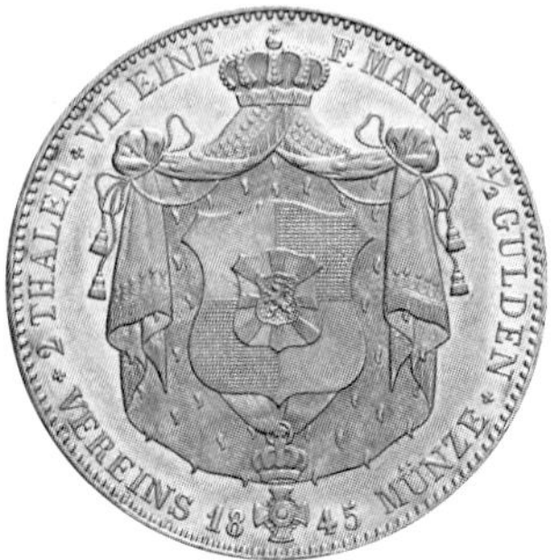

273 Doppeltaler

Vs.: FRIEDRICH W. C. FÜRST ZU HOHENZ. HECH.
Signatur C. VOIGT

Rs.: 2 THALER · VII EINE F. MARK · 3 ½ GULDEN
VEREINS (Jahr) MÜNZE

Rand: CONVENTION VOM 30 JULY 1838

Dav. 716 – AKS 2 – Jaeger 7 – T. 204

1844	(2340)	700.–	1900.–	2500.–
1845	(1000)	750.–	2000.–	2800.–
1846	(570)	750.–	2500.–	3500.–

In der 97. Auktion der WAG Online (4/2019), Nr. 782, wurde ein Exemplar vom Jahrgang 1845 in „Stempelglanz, kleine Kratzer“, für 4000.– Euro zugeschlagen.

Varianten

a) 1844 und 1845 als Kupferabschläge

b) 1844 und 1846, einseitige Zinnabschläge der Rückseite (Ferrari 2313 [im Lot])

Fürstentum Hohenzollern-Sigmaringen

Münzstätte:	Karlsruhe
Medailleure:	
DOELL F. oder D	Carl Wilhelm Doell, Karlsruhe
BALBACH	Othemar Balbach, Karlsruhe

Carl 1831 - 1848

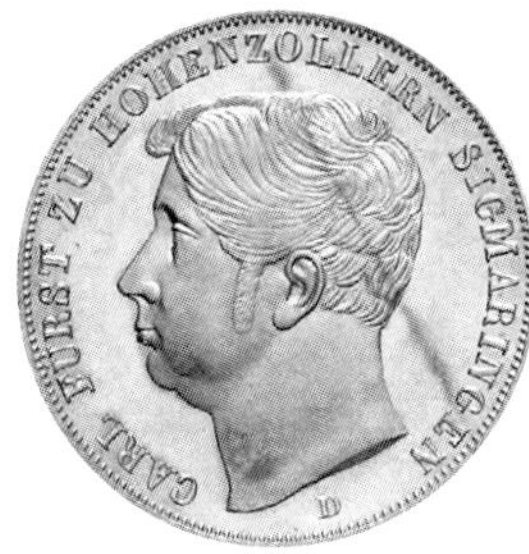

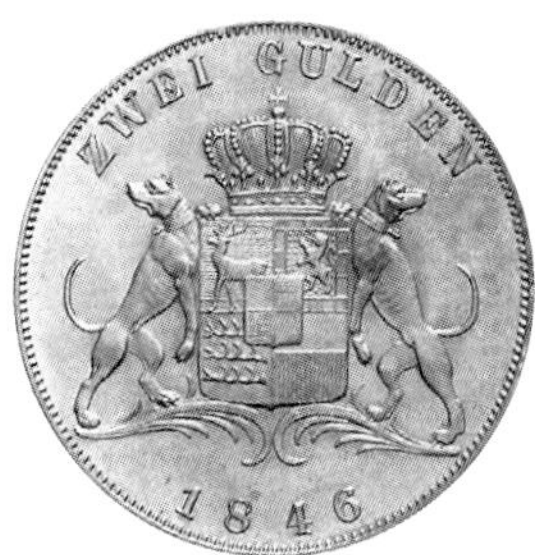

274 Doppelgulden

Vs.: CARL FÜRST ZU HOHENZOLLERN SIGMARINGEN
Signatur D

Rs.: ZWEI GULDEN Jahr

Rand: Vertiefte Vierecke

Dav. 720 – AKS 10 – Jaeger 14 – T. 208

1845	(9200)	370.–	800.–	1200.–
1846	(9200)	370.–	800.–	1200.–
1847	(9200)	370.–	800.–	1200.–
1848	(6900)	390.–	900.–	1400.–

In der 281. Künker-Auktion (9/2016), Nr. 2813, wurde ein Exemplar vom Jahrgang 1846 in „fast Stempelglanz" für 2200.– Euro versteigert.

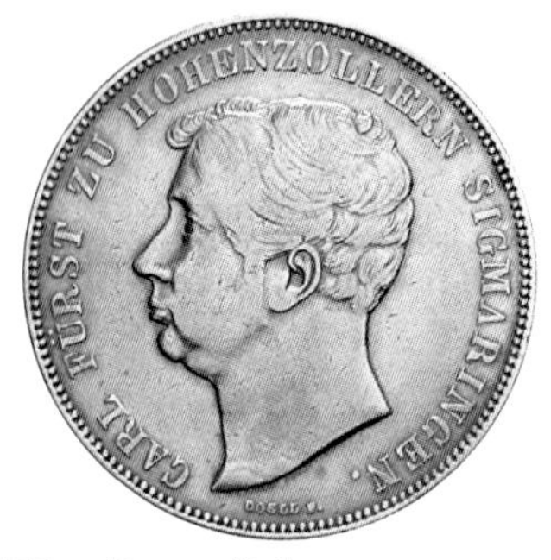

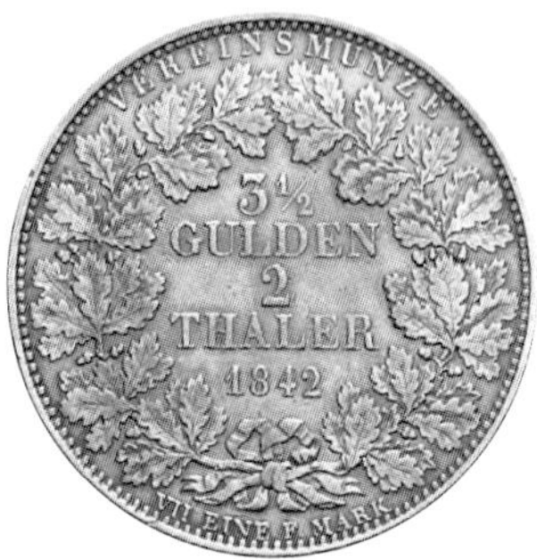

275 Doppeltaler

Vs.: CARL FÜRST ZU HOHENZOLLERN SIGMARINGEN
Signatur DOELL F ·

Rs.: VEREINSMÜNZE VII EINE F. MARK
3 ½ GULDEN 2 THALER Jahr

Rand: CONVENTION VOM * 30 JULY * 1838 *

Dav. 718 – AKS 8 – Jaeger 15 – T. 206

1841	(2850)	850.–	1500.–	2200.–
1842	(2850)	850.–	1500.–	2200.–
1843	(2850)	850.–	1500.–	2200.–

In der 80. Heidelberger Münzauktion (11/2020), Nr. 714, wurde ein Exemplar vom Jahrgang 1842 in „vorzüglich-Stempelglanz" für 2300.– Euro versteigert.

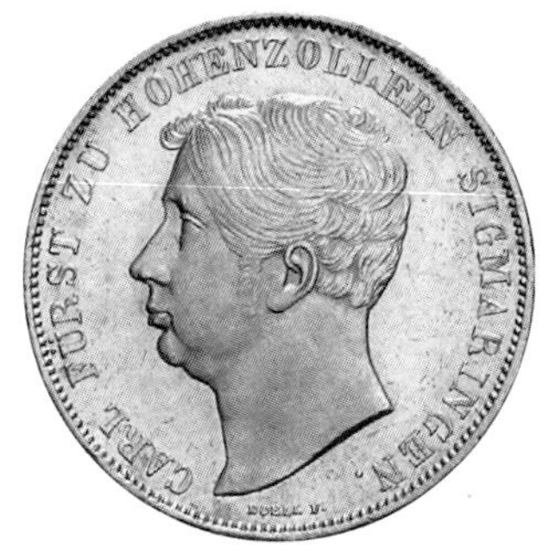
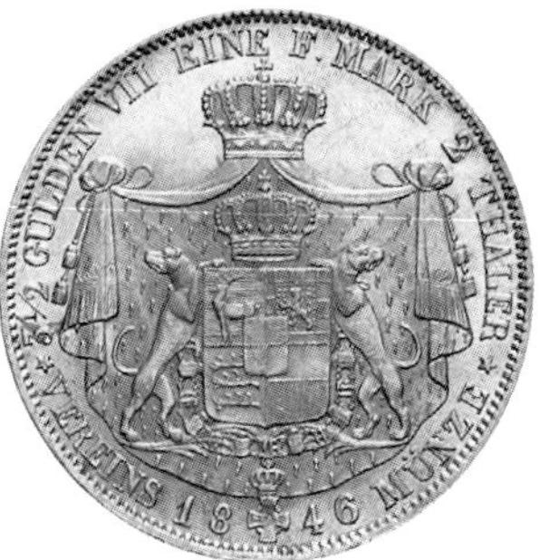

276 Doppeltaler

Vs.: CARL FÜRST ZU HOHENZOLLERN SIGMARINGEN
Signatur DOELL F ·

Rs.: 3 ½ GULDEN VII EINE F. MARK 2 THALER
VEREINS (Jahr) MÜNZE

Rand: CONVENTION VOM * 30 JULY * 1838 *

Dav. 719 – AKS 9 – Jaeger 16 – T. 207

1844	(3300)	750.–	1400.–	2000.–
1846	(6600)	750.–	1500.–	2200.–
1847	(2000)	750.–	1500.–	2200.–

In der 74. UBS-Auktion (1/2008), Nr. 167, wurde ein Exemplar vom Jahrgang 1844 in „FDC, brilliant uncirculated" für 5200.– CHF versteigert; in der 80. Heidelberger Münzauktion (11/2020), Nr. 715, ein Exemplar vom Jahrgang 1844 in „Polierter Platte" für 8000.– Euro versteigert.

Varianten

a) 1844 mit Sternchen auch nach CONVENTION in der Randschrift (Schwalbach 136a)

b) 1844 mit Randschrift ohne Sternchen und mit etwas größeren Buchstaben (Schwalbach 136);
42. Auktion Harald Möller (12/2006), Nr. 851, „fast Stempelglanz", Zuschlag 1200.– Euro

Die Sternchen in der Randschrift können auch etwas gebogene Strahlen aufweisen.

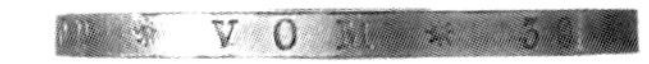

Randvariante mit gebogenen Strahlen („Sonnen")

Carl Anton 1848 – 1849

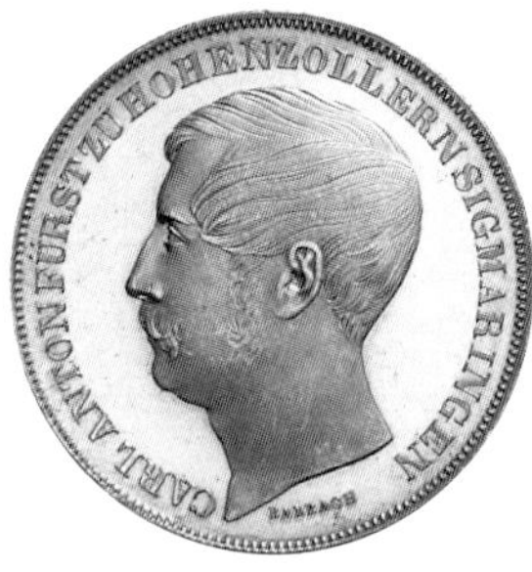

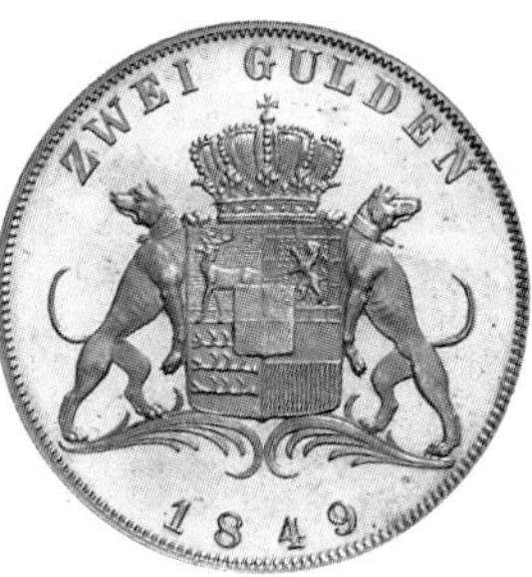

277 Doppelgulden

Vs.: CARL ANTON FÜRST ZU HOHENZOLLERN SIGMARINGEN Signatur BALBACH

Rs.: ZWEI GULDEN Jahr

Rand: Vertiefte Vierecke

Dav. 721 – AKS 18 – Jaeger 18 – T. 209

1848	(Probe)			LP
1849	(1210)	850.–	1700.–	2800.–

In der 319. Künker-Auktion (3/2019), Nr. 3666, wurde ein Exemplar von 1849 als „Erstabschlag, fast Stempelglanz", für 3200.– Euro zugeschlagen.

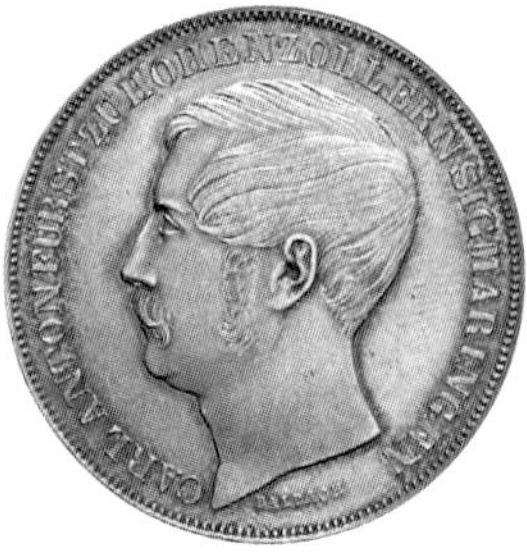

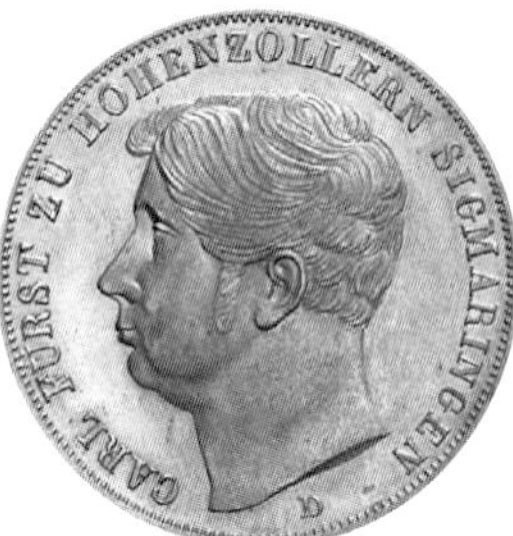

277A Zwitter-Doppelgulden

Vs.: CARL ANTON FÜRST ZU HOHENZOLLERN SIGMARINGEN Signatur BALBACH

Rs.: CARL FÜRST ZU HOHENZOLLERN SIGMARINGEN Signatur D

Rand: Vertiefte Vierecke

Jaeger 18 II – Schwalbach 139 – Bahrfeldt 133

o. J.	LP

In der 201. Künker-Auktion (2/2012), Nr. 604, wurde ein Exemplar in „fast Stempelglanz" für 7000.– Euro versteigert.

Variante

a) Mit glattem Rand, ohne vertiefte Vierecke
(Ferrari 2368)

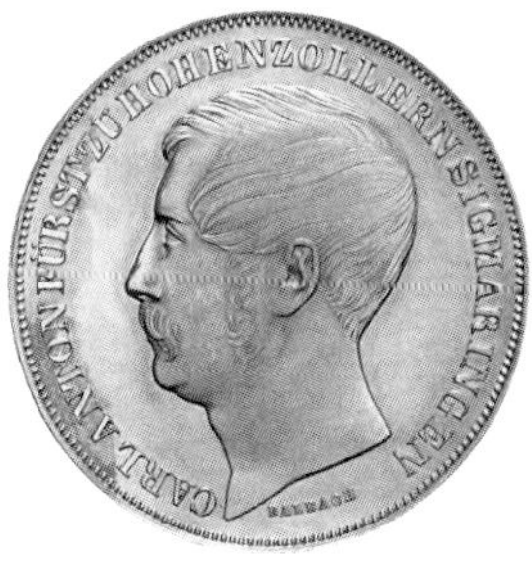

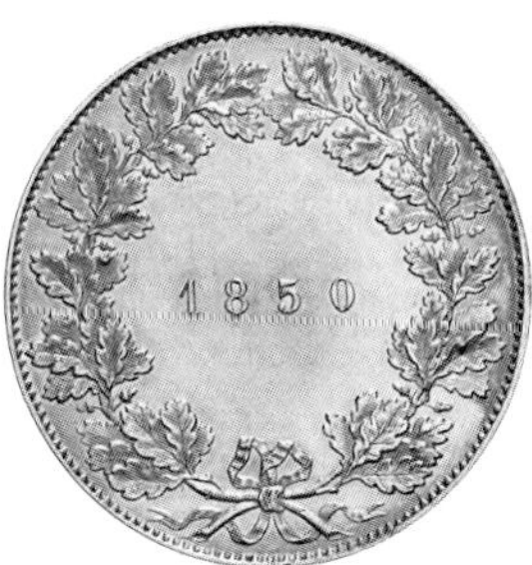

277B Doppelgulden (nicht kursfähig)

Vs.: CARL ANTON FÜRST ZU HOHENZOLLERN SIGMARINGEN Signatur BALBACH

Rs.: 1850 im Eichenkranz

Rand: Glatt

Jaeger 18 IV – Schwalbach 139a – Bahrfeldt 137b

1850	(17)	LP

Bisher jüngste Vorkommen, 70. Teutoburger Münzauktion (9/2012), „fast Stempelglanz, Erstabschlag", Zuschlag 4600.– Euro; 223. Künker-Auktion (1/2013), Nr. 397, „vorzüglich", Zuschlag 4100.– Euro.

Variante

a) Goldabschläge (13 Exemplare) im Gewicht von 8 Dukaten
(Schwalbach 139a Anm.)

Fürstentum Isenburg

Münzstätte: Frankfurt am Main

Medailleur:
J. LAROQUE F. J. Laroque, Paris

Carl Friedrich 1806 – 1813

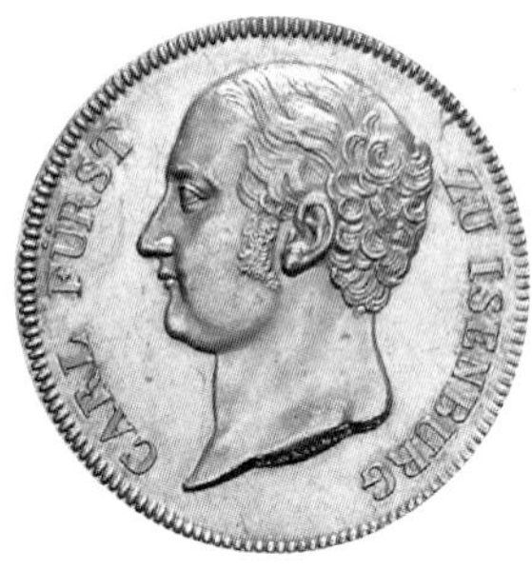

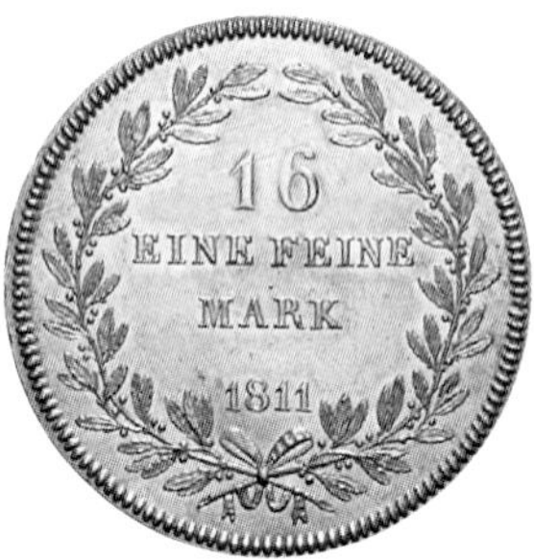

278 Reichstaler (Bergischer Reichstaler)

Vs.: CARL FÜRST ZU ISENBURG
am Halsabschnitt Signatur J. LAROQUE F.

Rs.: 16 EINE FEINE MARK 1811

Rand: Glatt

Dav. 723 – AKS 2 – Jaeger 3a – T. 210

1811	(100)	1400.–	2500.–	3000.–

In der 106. Auktion der WAG Online (2/2020), Nr. 1521, wurde ein Exemplar in „Stempelglanz, herrliche Patina“, für 4100.– Euro zugeschlagen.

Varianten

a) Mit Laubrand (St. 714ac); 46. Auktion Bank Leu AG (5/1988), Nr. 1441, „fast vorzüglich“, Zuschlag 2750.– Schweizer Franken; 42. Auktion Harald Möller (12/2006), Nr. 871, „fast Stempelglanz“, Schätzpreis 2800.– Euro

b) Kupferabschlag mit glattem Rand

c) Kupferabschlag mit Riffelrand; 1. Sincona-Auktion (6/2011), Nr. 615, „gutes vorzüglich“, Zuschlag 2700.– Euro

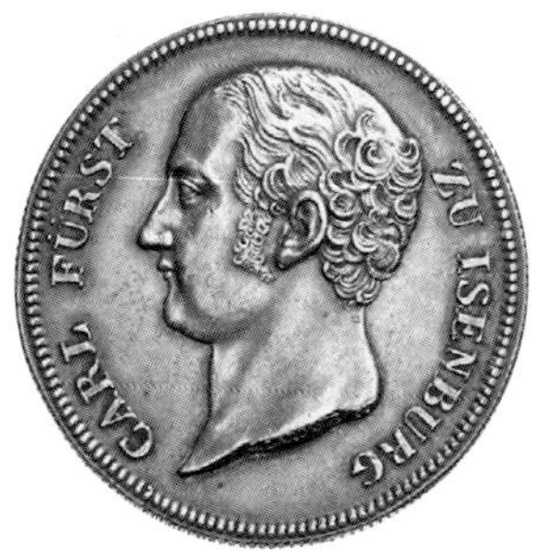

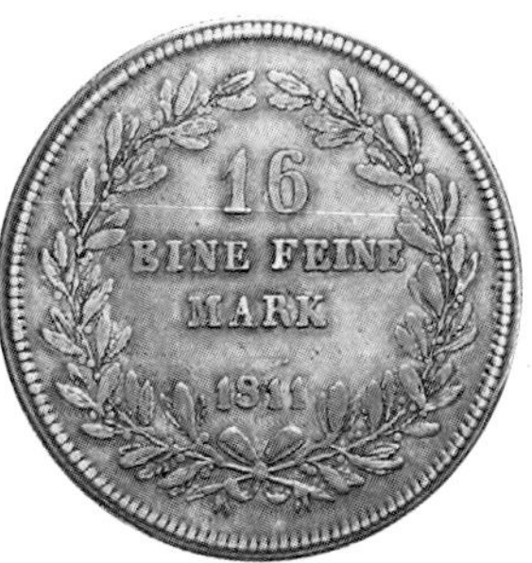

279 Doppeltaler

Vs.: CARL FÜRST ZU ISENBURG
am Halsabschnitt Signatur J. LAROQUE F.

Rs.: 16 EINE FEINE MARK 1811

Rand: Riffelrand

AKS 2 var. – Jaeger 3b – T. 211

Ronde im Gewicht eines Doppeltalers mit den Taler-Stempeln geprägt

1811	(nur ein Exemplar im Handel)	LP

Bisher jüngstes Vorkommen in der 68. Auktion der Heidelberger Münzhandlung (5/2016), Nr. 221, „vorzüglich-sehr schön", Zuschlag 35 000.– Euro.

Herzogtum Lauenburg

Münzstätte:	Altona
Medailleur:	
F. A.	Hans Frederik Alsing, Kopenhagen
Münzmeister:	
F. F.	Johann Friedrich Freund

Friedrich VI. von Dänemark 1808 – 1839

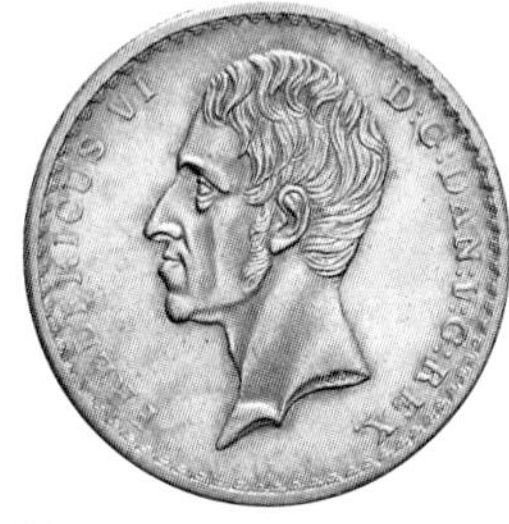
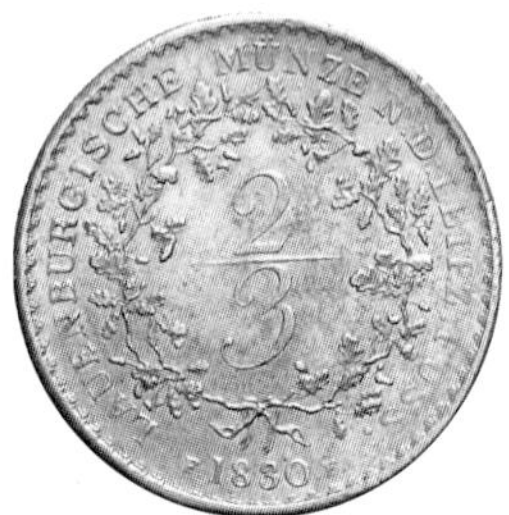

280 ⅔ Taler

Vs.: FREDERICUS VI D : G : DAN : V : G : REX.
am Halsabschnitt Signatur F. A.

Rs.: LAUENBURGISCHE MÜNZE N : D : LEIPZ : FUSS .
Wertzahl ⅔ Mmz. F. F.

Rand: Riffelrand

AKS 1 – Jaeger 14

1830	(4050)	220.–	400.–	600.–

In der 40. WAG-Auktion (2/2007), Nr. 628, wurde ein Exemplar in „fast Stempelglanz" mit 1100.– Euro versteigert.

Fürstentum Liechtenstein

Münzstätte: Wien Mzz. A

Johann II. 1858 – 1929

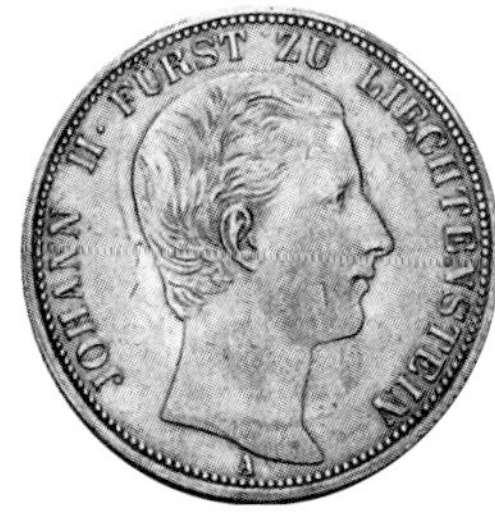

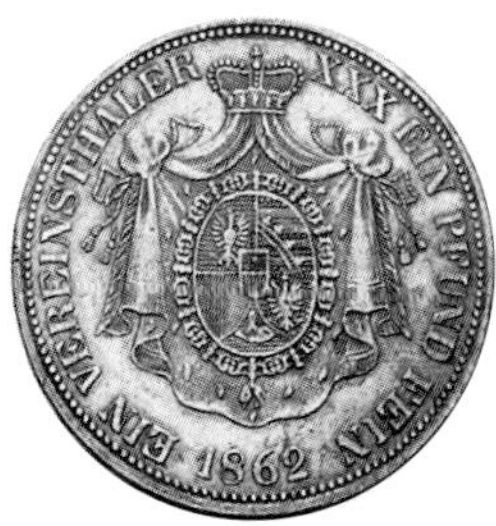

281 Vereinstaler

Vs.: JOHANN II · FÜRST ZU LIECHTENSTEIN Mzz. A
Rs.: EIN VEREINSTHALER XXX EIN PFUND FEIN 1862
Rand: KLAR UND FEST
Dav. 215 – Divo 87 – T. 468

1862	(1920)	1000.–	2000.–	3000.–

In der 21. Künker eLive-Auktion (8/2013), Nr. 357, wurde ein Exemplar in „Polierter Platte mit prachtvoller Patina" für 5500.– Euro zugeschlagen; in der 3085. Heritage-Auktion (8/2020), Nr. 31805, wurde ein „PP-Exemplar" für 6500.– US-Dollars zugeschlagen.

Varianten

a) Goldabschlag mit glattem Rand im Gewicht von 29,63 g (Ferrari 2382 [1500.– Gulden])
b) Bronzeabschlag (Schwalbach 140 Anm.)
c) Zinnabschlag mit glattem Rand (Hahlo 990)

Fürstentum Lippe

Münzstätte: Berlin Mzz. A

Medailleur:
C.P. Christoph Pfeuffer, Berlin

Paul Alexander Leopold 1802 – 1851

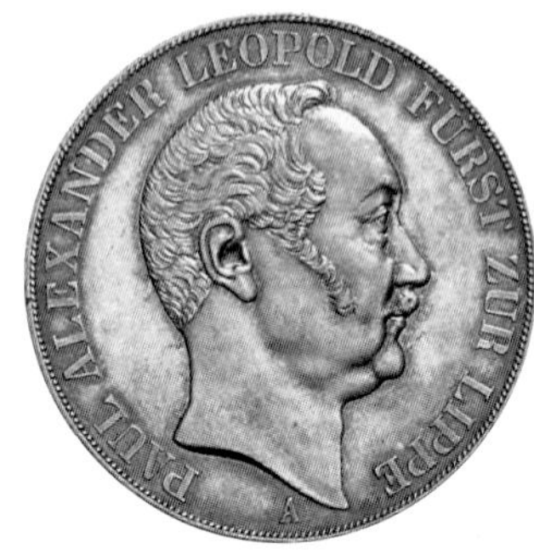

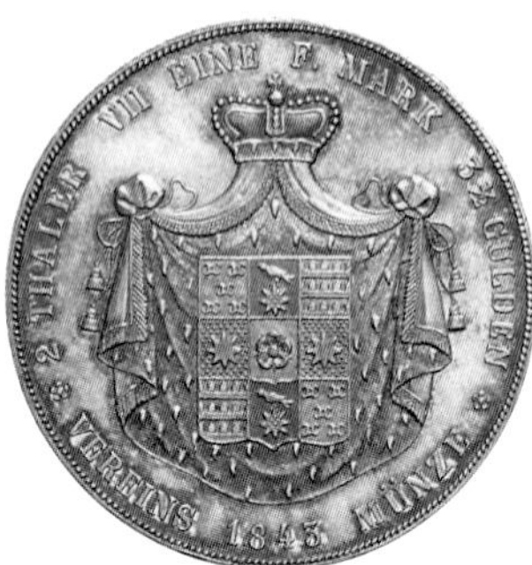

282 Doppeltaler

Vs.: PAUL ALEXANDER LEOPOLD FÜRST ZUR LIPPE Mzz. A

Rs.: 2 THALER VII EINE F. MARK 3 ½ GULDEN VEREINS 1843 MÜNZE

Rand: CONVENTION VOM 30 JULY 1838 *

Dav. 724 – AKS 5 – Jaeger 8 – T. 212

1843	(16 800)	450.–	900.–	1400.–

In der 12. Auktion von Numismatica Genevensis SA (11/2019), Nr. 295, erzielte ein Exemplar in „Stempelglanz“ 2600.– CHF; in der 116. Auktion WAG Online (2/2021), Nr. 752, erzielte ein Exemplar in „vorzüglich-Stempelglanz“ den Zuschlag von 2200.– Euro.

Paul Friedrich Emil Leopold 1851 – 1875

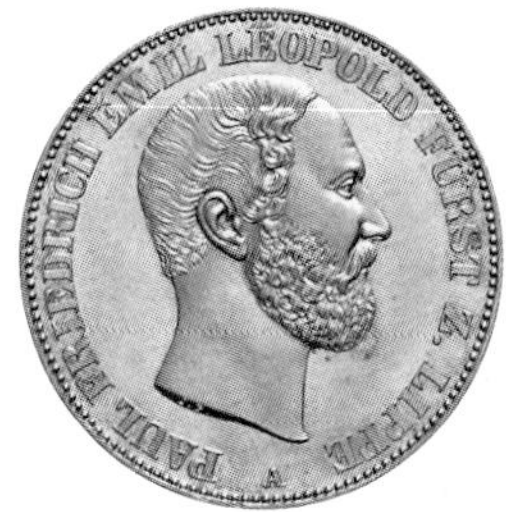
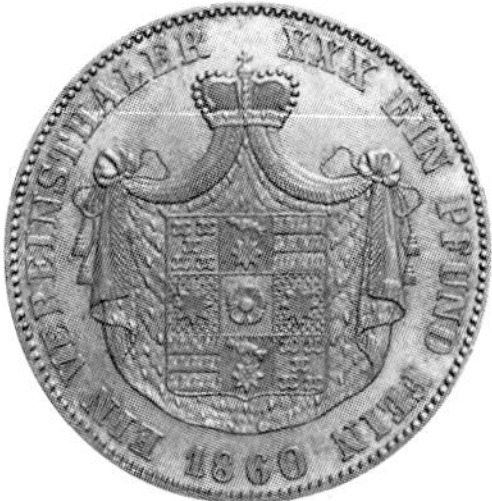

283 Vereinstaler

Vs.: PAUL FRIEDRICH EMIL LEOPOLD FÜRST Z. LIPPE am Halsabschnitt Signatur C.P. Mzz. A

Rs.: EIN VEREINSTHALER XXX EIN PFUND FEIN Jahr

Rand: MÜNZVERTRAG VOM 24 JANUAR 1857

Dav. 725 – AKS 16 – Jaeger 16 – T. 213

1860	(25 600)	75.–	200.–	300.–
1866	(17 500)	80.–	220.–	350.–

In der 107. Künker-Auktion (2/2006), Nr. 762, wurde ein Exemplar in „Polierter Platte" für 1000.– Euro zugeschlagen.

Proben

a) Probeabschlag der Vorderseite in Kupfer mit Randschrift, auf der Rückseite in vier Zeilen die Inschrift PROBE- / ABDRUCK / VON / KUPFER (wie Nr. 11b) (GN 225/2005)

b) Probeabschlag der Rückseite in Kupfer mit Randschrift, auf der Vorderseite in vier Zeilen die Inschrift PROBE- / ABDRUCK / VON / KUPFER (siehe Nr. 11b) (GN 225/2005)

Großherzogtum Mecklenburg-Schwerin

Herzogtum	bis 1815
Großherzogtum	1815 – 1918
Münzstätten:	Schwerin, ohne Mzz. Berlin, ab 1848, Mzz. A

Friedrich Franz I. 1785 – 1837 (als Herzog 1785 – 1815)

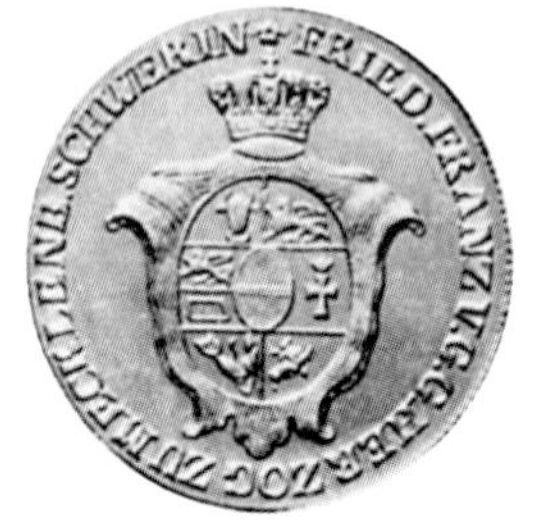

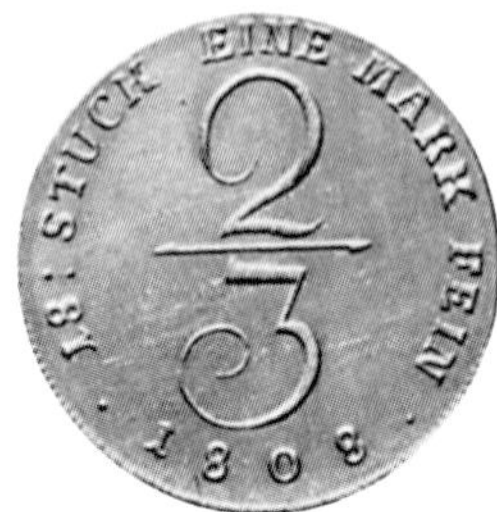

284 ⅔ Taler

Vs.: FRIED. FRANZ V. G. G. HERZOG ZU MECKLENB. SCHWERIN

Rs.: 18 : STUCK EINE MARK FEIN · Jahr · Wertzahl ⅔

Rand: Riffelrand

AKS 6 – Jaeger 20a

1800	(162 060)	80.–	160.–	250.–
1801	(169 130)	75.–	150.–	250.–
1808	(654 800)	75.–	150.–	250.–
1810	(337 680)	90.–	200.–	300.–

Varianten

a) 1801 mit langem Bruchstrich (21 mm) in der Wertzahl mit großer „3“, ohne Punkt vor und hinter der Jahreszahl; 115. Auktion F. R. Künker (9/2006), Nr. 2686, „vorzüglich“, Zuschlag 160.– Euro; Abb. siehe nächste Seite

b) 1801 mit kurzem Bruchstrich (15 mm) in der Wertzahl mit kleiner „3"; 45. Auktion Harald Möller (6/2007), Nr. 847, „fast vorzüglich", Zuschlag 120.– Euro

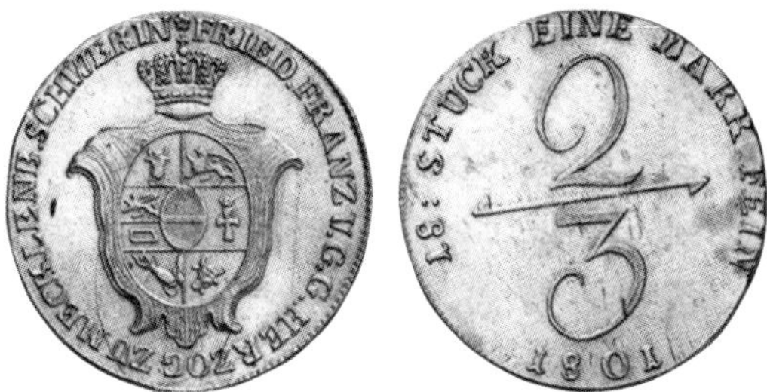

Nr. 284a), 1801 mit langem Bruchstrich und großer „3" in der Wertzahl

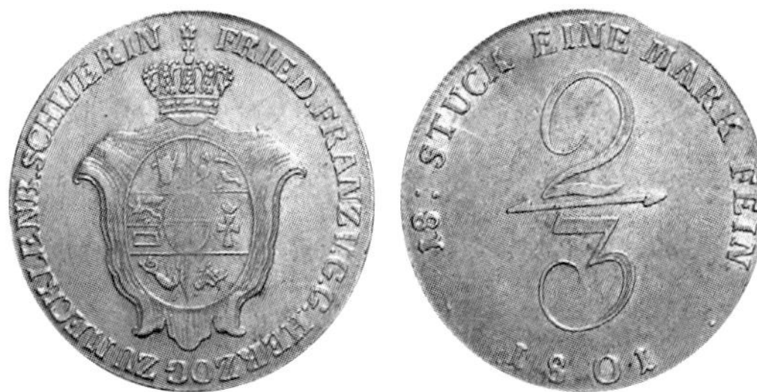

Nr. 284b), 1801 mit kurzem Bruchstrich und kleiner „3" in der Wertzahl

c) 1808 mit kurzem Bruchstrich (17 mm), die „3" der Wertzahl weniger eingebogen, die Jahreszahl endet rechts noch vor dem Ende der „3" der Wertzahl; 115. Auktion F. R. Künker (9/2006), Nr. 2688

d) 1808 mit langem Bruchstrich (19 mm), die „3" der Wertzahl weniger eingebogen, die Jahreszahl reicht rechts nur wenig über die „3" der Wertzahl hinaus; 34. Auktion F. R. Künker (10/1996), Nr. 2325, „vorzüglich", Zuschlag 325.– DM

e) 1808 mit Punkt nach FEIN, die „3" der Wertzahl ist stärker eingebogen, die Jahreszahl endet rechts mit der Wertzahl; 42. Auktion Harald Möller (12/2006), Nr. 918, „vorzüglich-Stempelglanz", Zuschlag 180.– Euro; Abb. siehe nächste Seite

f) 1808 ohne Punkt nach FEIN, die „3" der Wertzahl ist stark eingebogen, kurzer Bruchstrich (15 mm), die auseinandergezogene Jahreszahl endet deutlich rechts von der Wertzahl, die Trennlinien der oberen vier Wappenfelder fehlen oder sind nur ansatzweise vorhanden; 45. Auktion Harald Möller (6/2007), Nr. 848, „vorzüglich+, kleines Zainende", Zuschlag 150.– Euro; Abb. siehe nächste Seite

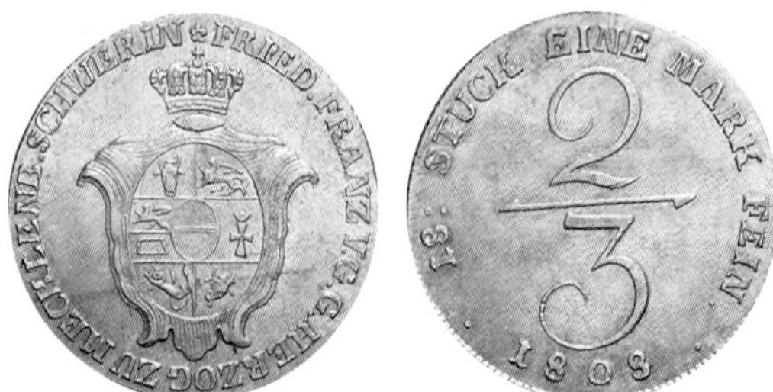

Nr. 284e), 1808 mit Punkt nach FEIN, die „3“ der Wertzahl ist stärker eingebogen, die Jahreszahl endet rechts mit der Wertzahl

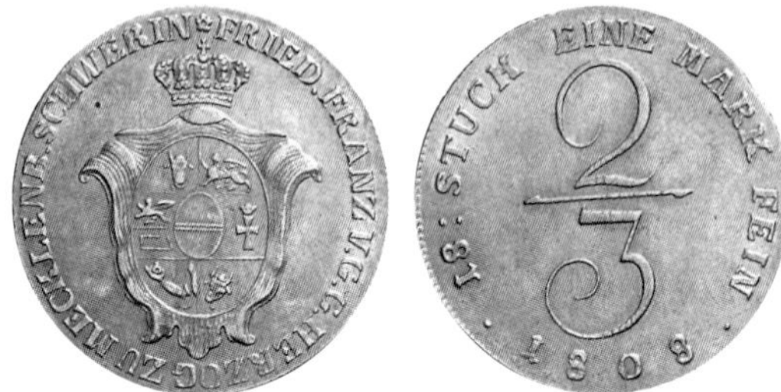

Nr. 284f), 1808 mit kurzem Bruchstrich (15 mm) und stark eingebogener „3“ in der Wertzahl die auseinandergezogene Jahreszahl endet deutlich rechts von der Wertzahl, die Trennlinien der oberen vier Wappenfelder fehlen oder sind nur ansatzweise vorhanden

g) 1808 ohne Punkt nach FEIN, die „3“ der Wertzahl ist stark eingebogen, kurzer Bruchstrich (15 mm), die auseinandergezogene Jahreszahl endet deutlich rechts von der Wertzahl, die Trennlinien der oberen vier Wappenfelder sind deutlich vorhanden (siehe Abb. AKS 6)

h) 1810 mit größeren Abständen zwischen den Ziffern der Jahreszahl (dadurch geringerer Abstand zu Beginn und Ende der Umschrift) und stark eingebogener „3“ in der Wertzahl; 13. WAG-Auktion (9/1998), Nr. 984, „vorzüglich“, Zuschlag 500.– DM

i) 1810 mit enger zusammengezogener Jahreszahl (dadurch größere Abstände zur Umschrift) und kaum eingebogener „3“ in der Wertzahl; 30. Auktion Müller Solingen (9/1980), Nr. 3202, „sehr schön“, Zuschlag 200.– DM

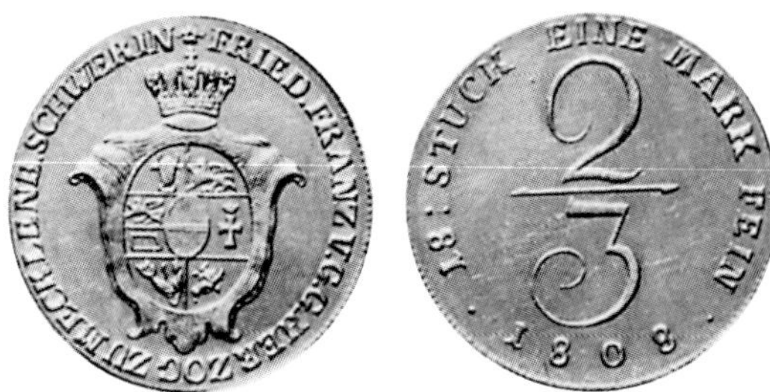

Nr. 284g), 1808 ohne Punkt nach FEIN, die „3“ der Wertzahl ist stark eingebogen, kurzer Bruchstrich (15 mm), die auseinandergezogene Jahreszahl endet deutlich rechts von der Wertzahl, die Trennlinien der oberen vier Wappenfelder sind erkennbar vorhanden

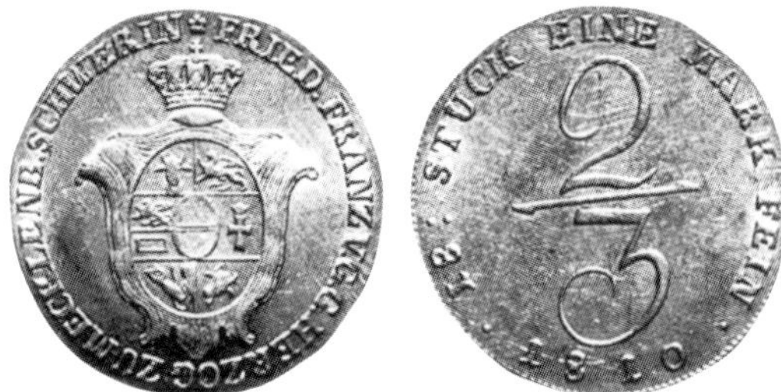

Nr. 284h), 1810 mit größeren Abständen zwischen den Ziffern der Jahreszahl (dadurch geringerer Abstand zu Beginn und Ende der Umschrift) und stark eingebogener „3“ in der Wertzahl

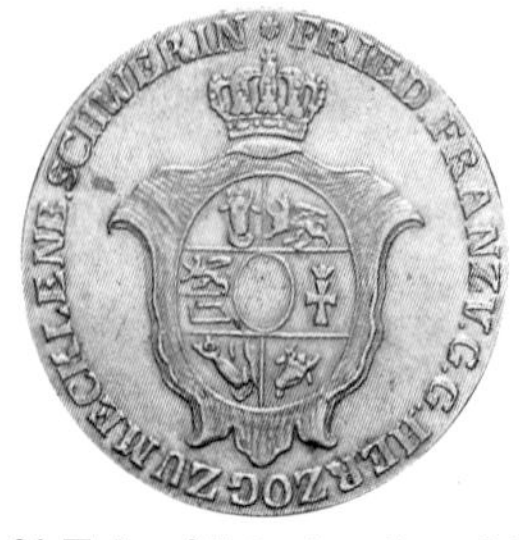

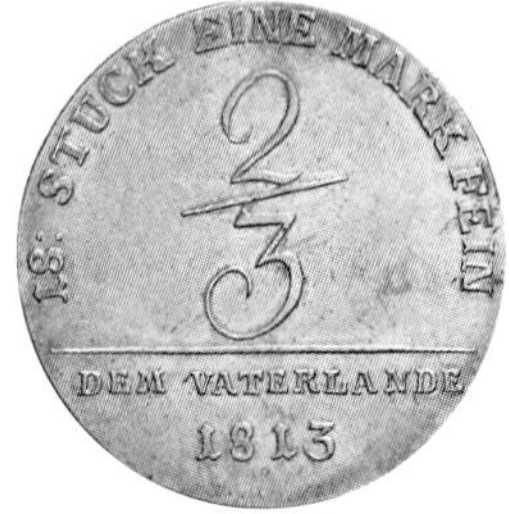

285 **⅔ Taler (Vaterlandsgulden)**

Vs.: FRIED. FRANZ V. G. G. HERZOG ZU MECKLENB. SCHWERIN

Rs.: 18: STUCK EINE MARK FEIN Wertzahl ⅔ im Abschnitt DEM VATERLANDE 1813

Rand: Riffelrand

AKS 7 – Jaeger 21

1813	(9910)	120.–	230.–	370.–

Großherzogtum

Friedrich Franz I. 1785 – 1837
(als Großherzog 1815 – 1837)

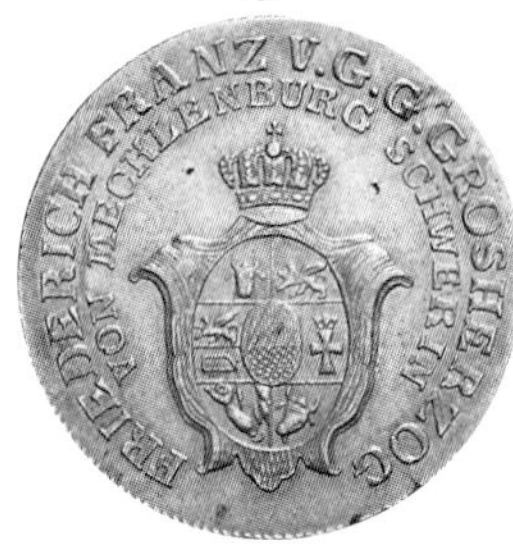

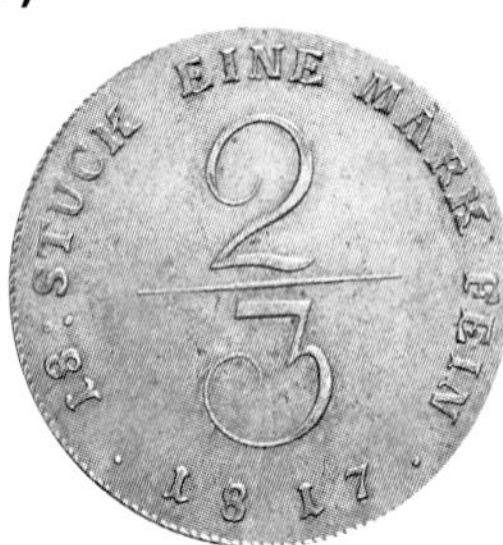

286 **⅔ Taler**

Vs.: FRIEDERICH FRANZ V. G. G. GROSHERZOG VON MECKLENBURG SCHWERIN

Rs.: 18 : STUCK EINE MARK FEIN · 1817 · Wertzahl ⅔

Rand: Riffelrand

AKS 8 – Jaeger 22

1817	(6780)	1000.–	2200.–	LP

In der 109. Auktion WAG Online (6/2020), Nr. 1193, wurde ein Exemplar in „vorzüglich, kleine Schrötlingsfehler“ für 2000.– Euro versteigert.

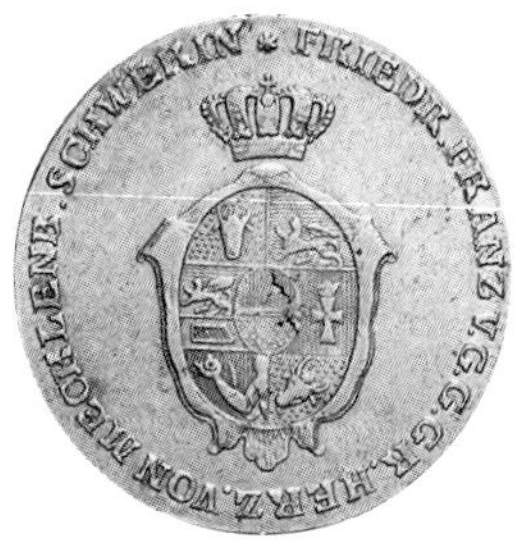
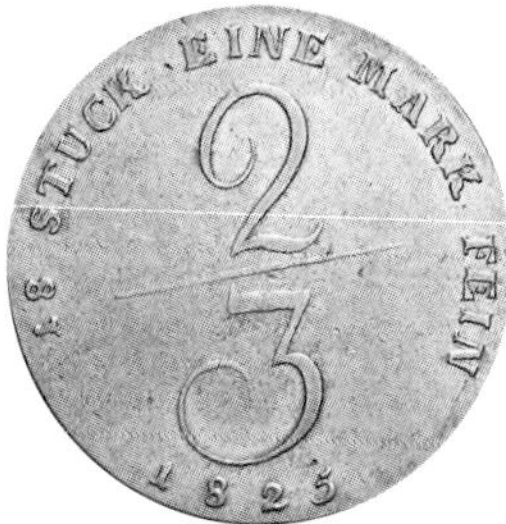

287 **⅔ Taler**

Vs.: FRIEDR. FRANZ V. G. G. GR. HERZ. VON MECKLENB. SCHWERIN

Rs.: 18 STUCK EINE MARK FEIN 1825 Wertzahl ⅔

Rand: Riffelrand

AKS 9 – Jaeger 25

1825	(35 200)	200.–	500.–	900.–

In der 58. Heidelberger Münzauktion (11/2011), Nr. 966, wurde ein Exemplar in „fast prägefrisch" für 1750.- Euro zugeschlagen.

Varianten

a) Die Länge des Bruchstrichs beträgt 16 mm

b) Die Länge des Bruchstrichs beträgt 19 mm; 42. Auktion Harald Möller (12/2006), Nr. 923, „sehr schön-vorzüglich", Zuschlag 250.– Euro; Abb. siehe oben

c) Mit Punkt zwischen Jahreszahl und FEIN; 66. Auktion F. R. Künker (6/2001), Nr. 2056, „vorzüglich+", Zuschlag 1800.– DM

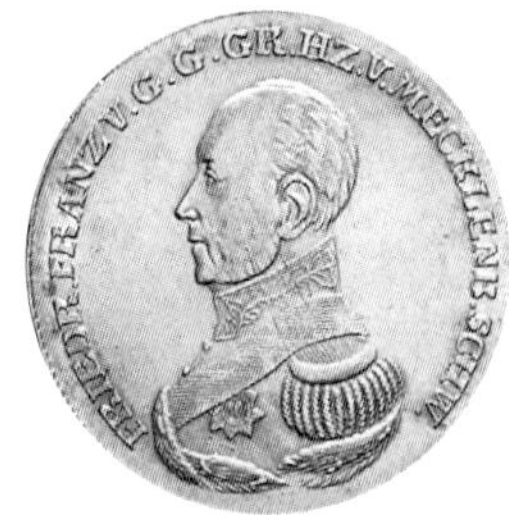

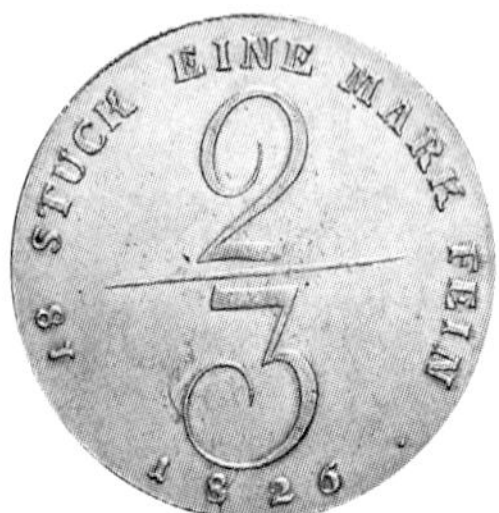

288 ⅔ Taler

Vs.: FRIEDR. FRANZ V. G. G. GR. HZ. V. MECKLENB. SCHW.

Rs.: 18 STUCK EINE MARK FEIN Jahr · Wertzahl ⅔

Rand: Riffelrand

AKS 10 – Jaeger 26

1825	(42 910)	200.–	380.–	700.–
1826	(102 850)	200.–	350.–	700.–

In der 106. Auktion WAG Online (2/2020), Nr. 1703, wurde ein Exemplar in „vorzüglich-Stempelglanz" für 2300.– Euro versteigert.

Varianten und Probe

a) 1826 mit schraffierten Epauletten (Jaeger 26a);
42. Auktion Harald Möller (12/2006), Nr. 925, „vorzüglich+", Zuschlag 330.– Euro, Abb. siehe oben

b) 1826 mit glatten Epauletten (Jaeger 26b);
42. Auktion Harald Möller (12/2006), Nr. 924, „vorzüglich-Stempelglanz", Zuschlag 550.– Euro; Abb. siehe nächste Seite

c) 1826 mit stärker eingebogener „3" in der Wertzahl, Länge des Bruchstrichs 20 mm; 115. Auktion F. R. Künker (9/2006), Nr. 2693, „vorzüglich", Zuschlag 160.– Euro

d) 1826 mit kaum eingebogener „3" in der Wertzahl, Länge des Bruchstrichs 21 mm, das Ende der Vorderseiten-Umschrift berührt die Schulter, die Jahreszahl ist weiter auseinandergezogen; 110. Auktion F. R. Künker (3/2006), Nr. 5158, „vorzüglich", Schätzpreis 750.– Euro

e) 1826, Probemünze (sieben Exemplare) mit kleinem Brustbild ohne Hermelinumhang und mit umlaufender Umschrift „... VON MECKLENB.SCHWERIN" (Jaeger 27P);
42. Auktion Harald Möller (12/2006), Nr. 925, „sehr schön-vorzüglich", Zuschlag 5600.– Euro; Abb. siehe nächste Seite

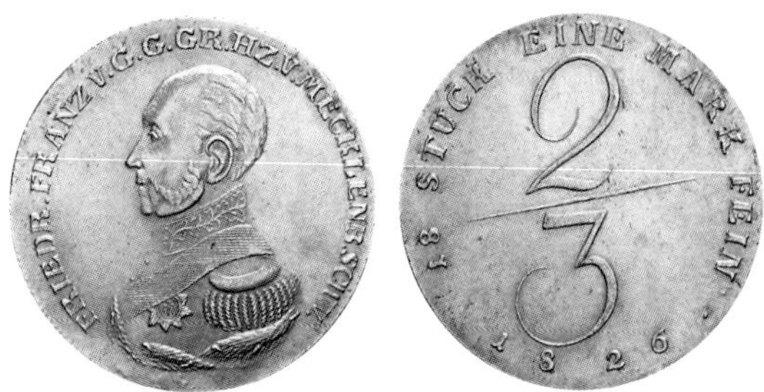

Nr. 288b), der Jahrgang 1826 mit glatten Epauletten

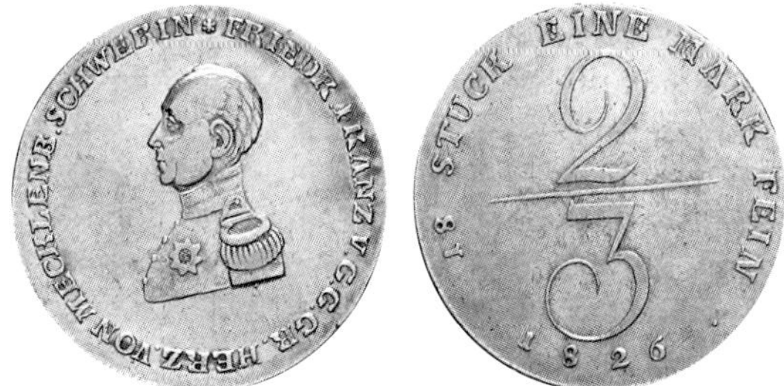

Nr. 288e) Probemünze 1826 mit kleinem Brustbild ohne Hermelinumhang und mit umlaufender Umschrift „... VON MECKLENB.SCHWERIN“

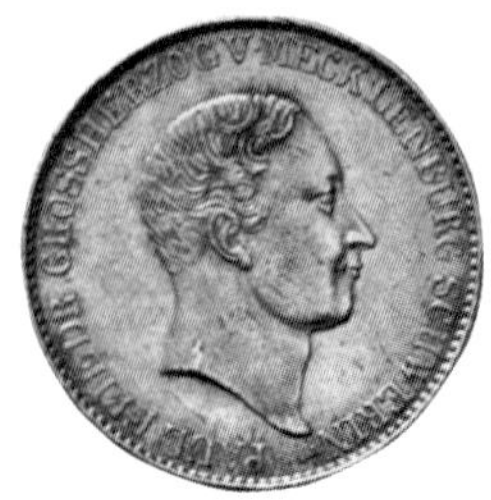

Nr. 290b), 1839 mit stark nach rechts verschobenem Punkt nach FRIEDR (... FRIEDR .GROSSHERZOG)

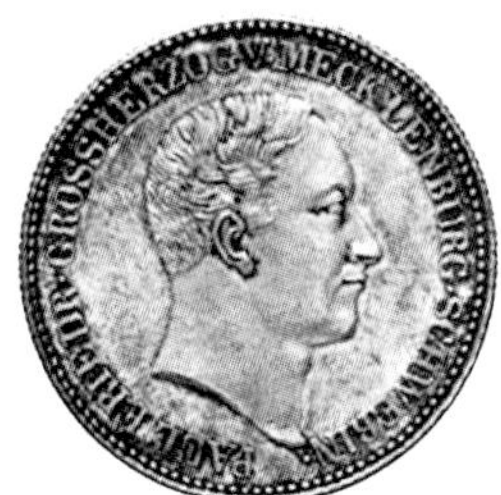

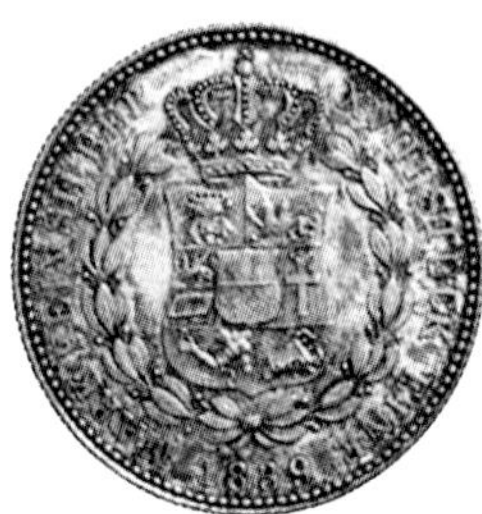

Nr. 290d), Probemünze (?) 1839 mit größerem Kopfbild

Friedrich Franz II. 1842 – 1883

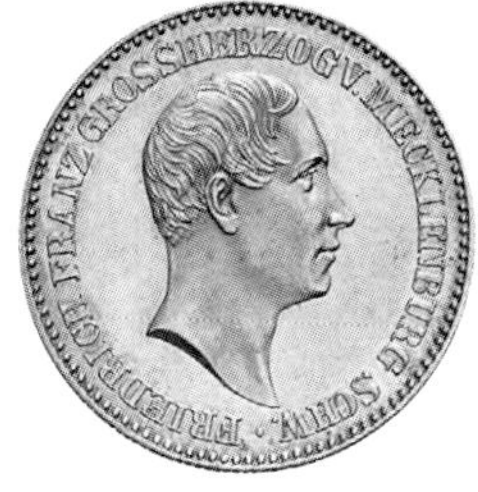
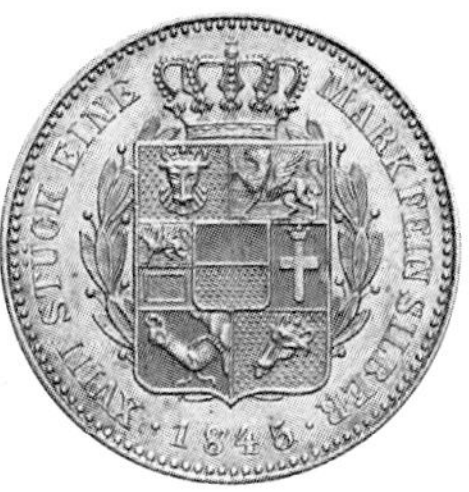

291 ⅔ Taler

Vs.: FRIEDRICH FRANZ GROSSHERZOG V. MECKLENBURG SCHW. ·

Rs.: XVIII STÜCK EINE MARK FEIN SILBER · 1845 ·

Rand: Riffelrand

AKS 39 – Jaeger 51

1845	(1560)	400.–	750.–	1000.–

In der 64. WAG-Auktion (12/2012), Nr. 355, erzielte ein Exemplar in „vorzüglich-Stempelglanz" den Zuschlag von 1200.– Euro.

Varianten

a) Goldabschlag (26 g) mit glattem Rand (Ferrari 2505; Schl. 512.1)

b) Einseitiger Bleiabschlag der Vorderseite; Auktion Felix Schlessinger (12/1931), Nr. 518

c) Einseitiger Bleiabschlag der Rückseite; Auktion Felix Schlessinger (12/1931), Nr. 518

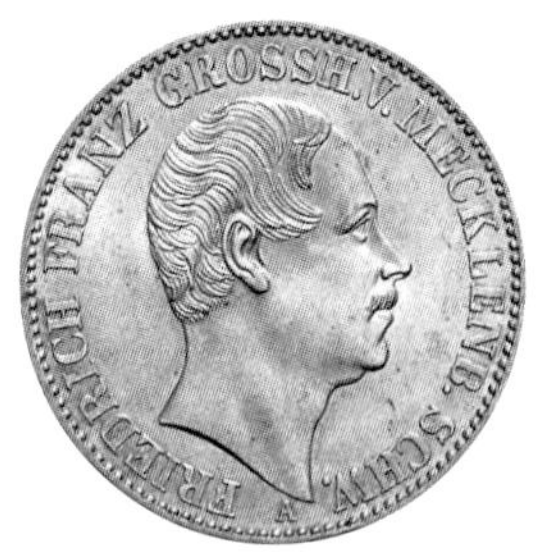

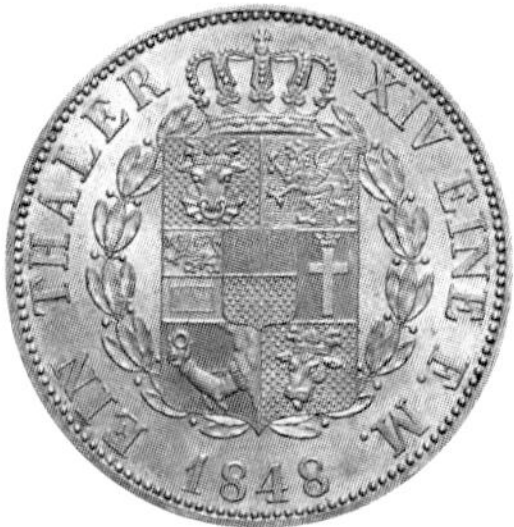

292 Taler („Angsttaler“)

Vs.: FRIEDRICH FRANZ GROSSH. V. MECKLENB. SCHW. Mzz. A

Rs.: EIN THALER XIV EINE F. M. 1848

Rand: Kreuze und Ranken

Dav. 727 – AKS 37 – Jaeger 55 – T. 214

1848	(528 240)	80.–	180.–	280.–

In der 80. Heidelberger Münzauktion (11/2020), Nr. 721, erzielte ein „Kabinettstück in Stempelglanz“ 1750.– Euro.

Varianten

a) Einseitiger Kupferabschlag (22,8 g) der Rückseite mit Originalrändelung; 6. Monasterium-Auktion (4/1999), Nr. 2493

b) Einseitiger verkupferter Bleiabschlag (22,47 g) der Rückseite mit Originalrändelung; 110. Auktion F. R. Künker (3/2006), Nr. 5180

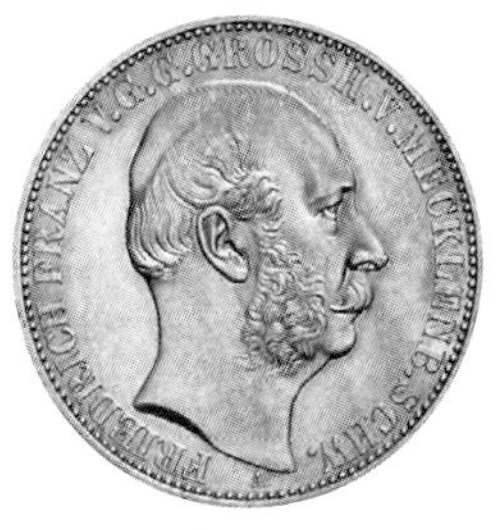 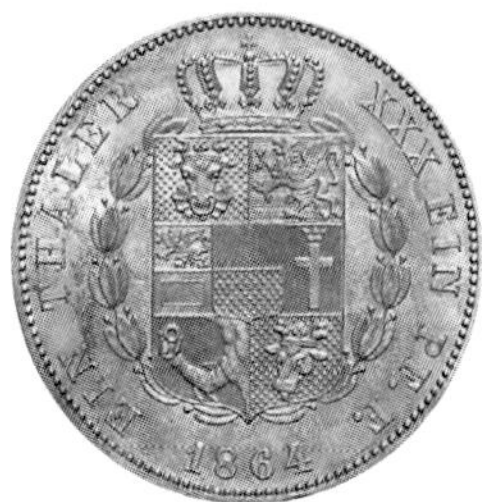

293 Vereinstaler

Vs.: FRIEDRICH FRANZ V. G. G. GROSSH. V. MECKLENB. SCHW. Mzz. A

Rs.: EIN THALER XXX EIN PF. F. 1864

Rand: PER ASPERA AD ASTRA

Dav. 728 – AKS 38 – Jaeger 58 – T. 215

1864	(100 000)	80.–	200.–	300.–

Die Nummern 293 und 294 sind formal keine Vereinstaler, wurden aber in deren Fuß geprägt.

In der 80. Heidelberger Münzauktion (11/2020), Nr. 722, erzielte ein „Kabinettstück in Stempelglanz" 2600.– Euro.

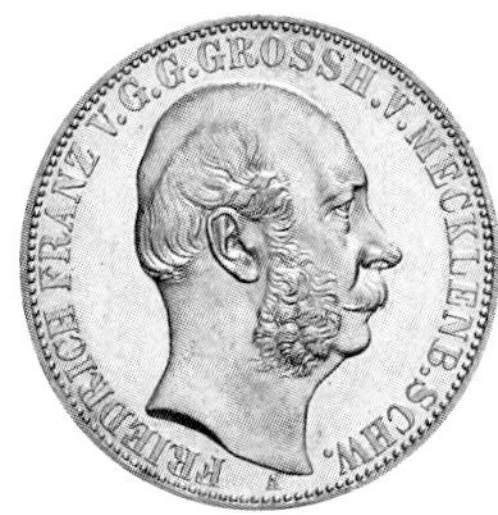 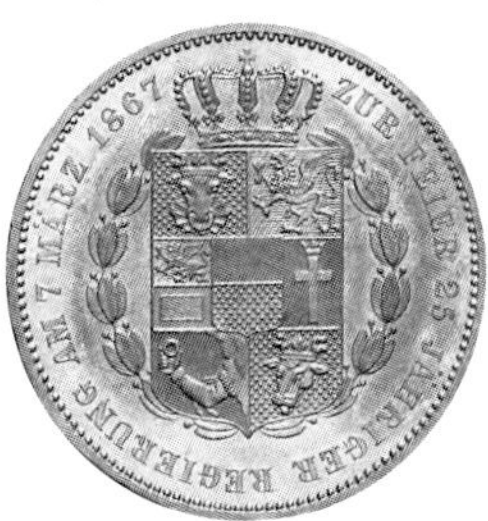

294 Vereinstaler

Vs.: FRIEDRICH FRANZ. V. G. G. GROSSH. V. MECKLENB. SCHW. Mzz. A

Rs.: ZUR FEIER 25 JÄHRIGER REGIERUNG AM 7 MÄRZ 1867

Rand: EIN THALER 30 EIN PFUND FEIN

Dav. 729 – AKS 55 – Jaeger 59 – T. 216

1867	(10 000)	80.–	200.–	300.–

Proben

a) Probeabschlag der Vorderseite in Kupfer mit Randschrift, auf der Rückseite in vier Zeilen die Inschrift PROBE- / ABDRUCK / VON / KUPFER (wie Nr. 11b) (GN 225/2005)

b) Probeabschlag der Rückseite in Kupfer mit Randschrift, auf der Vorderseite in vier Zeilen die Inschrift PROBE- / ABDRUCK / VON / KUPFER (siehe Nr. 11b) (GN 225/2005)

Großherzogtum Mecklenburg-Strelitz

Münzstätte: Berlin, Mzz. A

Friedrich Wilhelm 1860 – 1904

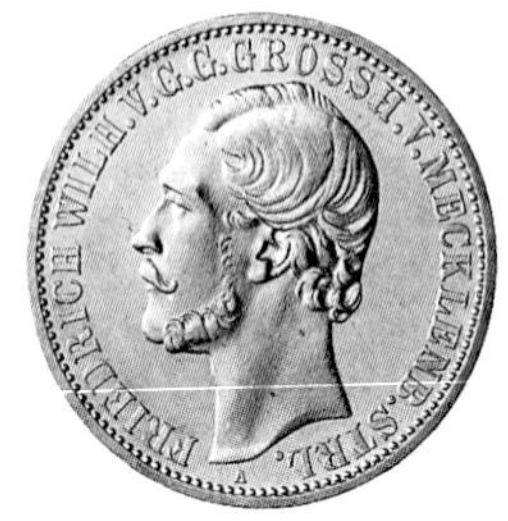

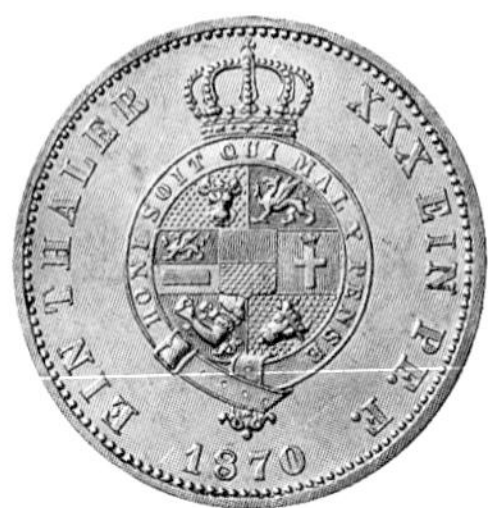

295 Vereinstaler

Vs.: FRIEDRICH WILH. V. G. G. GROSSH. V. MECKLENB. STRL. Mzz. A

Rs.: EIN THALER XXX EIN PF. F. 1870
Devise auf dem Ordensband: HONI SOIT QUI MAL Y PENSE

Rand: GOTT SCHIRME MECKLENBURG

Dav. 732 – AKS 71 – Jaeger 120 – T. 217

1870	(50 000)	70.–	180.–	280.–

Die Nummer 295 ist formal kein Vereinstaler, wurde aber in deren Fuß geprägt.

In der 80. Heidelberger Münzauktion (11/2020), Nr. 724, erzielte ein „Kabinettstück in Polierter Platte“ 950.– Euro.

Variante

a) Einseitiger Bronzeabschlag der Vorderseite (Ferrari 2545)

b) Probeabschlag der Vorderseite in Kupfer mit Randschrift, auf der Rückseite in vier Zeilen die Inschrift PROBE- / ABDRUCK / VON / KUPFER (wie Nr. 11b) (GN 225/2005)

c) Probeabschlag der Rückseite in Kupfer mit Randschrift, auf der Vorderseite in vier Zeilen die Inschrift PROBE- / ABDRUCK / VON / KUPFER (siehe Nr. 11b) (GN 225/2005)

Bistum Münster

Münzstätte: Clausthal

Sedisvakanz 1801

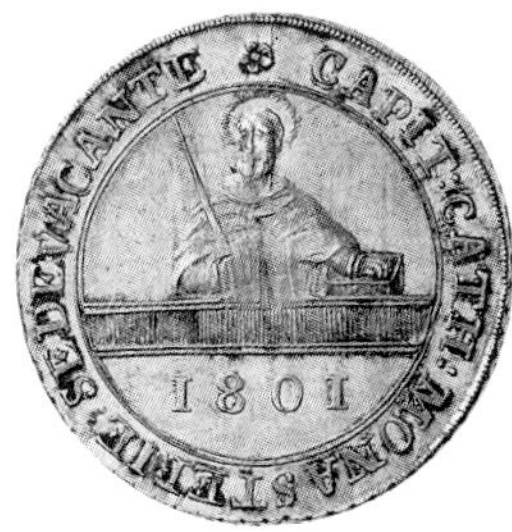

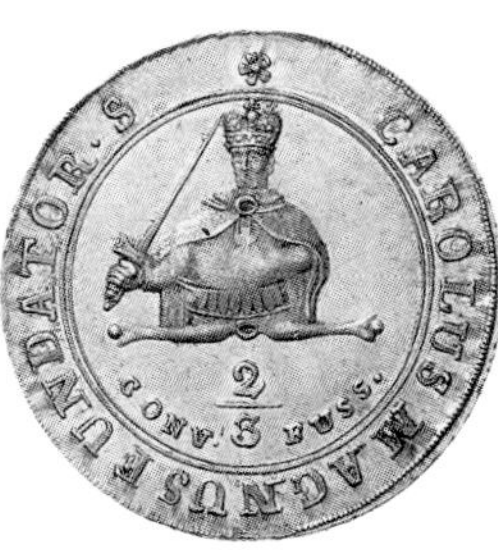

296 **⅔ Taler**

Vs.: CAPIT: CATH : MONASTERIE : SEDEVACANTE 1801

Rs.: CAROLUS MAGNUS FUNDATOR · S / CONV · FUSS · Wertzahl ⅔

Rand: Laubrand

Schulze 270

1801	(300)	300.–	500.–	700.–

In der 42. Auktion Harald Möller (12/2006), Nr. 985, erzielte ein Exemplar in „Erstabschlag mit herrlicher Patina" den Zuschlag von 1100.– Euro; in der 77. WAG-Auktion (9/2016), Nr. 1651, ein „PP-Exemplar, Stempelglanz", den Zuschlag von 725.– Euro.

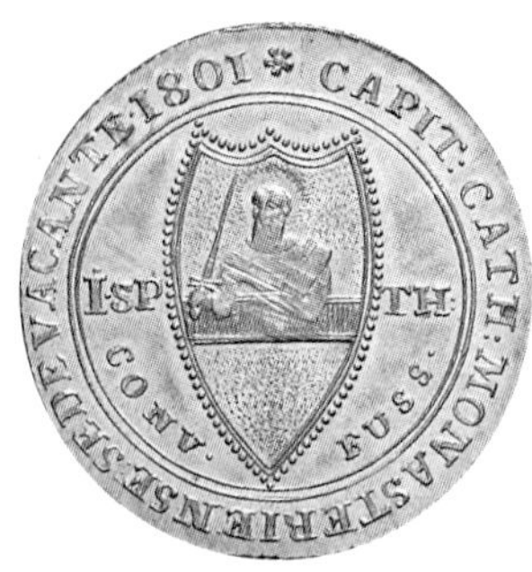

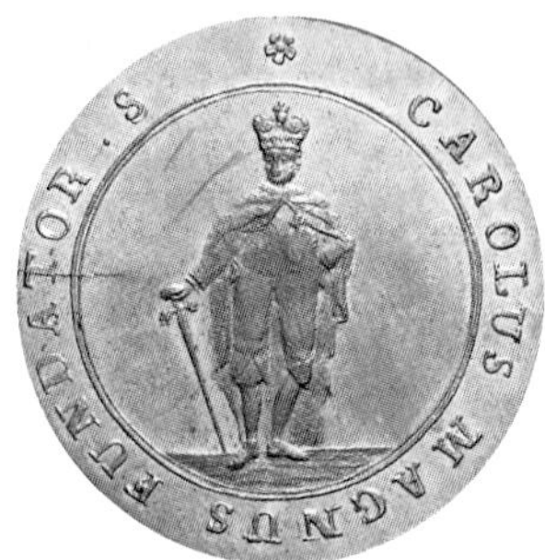

297 Konventionstaler

Vs.: CAPIT : CATH : MONASTERIENSE : SEDE VACANTE · 1801 I · SP TH: / CONV · FUSS ·

Rs.: CAROLUS MAGNUS FUNDATOR · S

Rand: Laubrand

Dav. 733 – Schulze 268 – T. 218

1801	(200)	2500.–	4000.–	5200.–

In der 59. WAG-Auktion (2/2012), Nr. 221, erzielte ein „Prachtexemplar" 6000.– Euro; ein Exemplar in „vorzüglich" erzielte in der 354. Künker-Auktion (9/2021), Nr. 5813, 3700.– Euro.

Herzogtum Nassau

Münzstätten:	Darmstadt	1808 – 1809
	Ehrenbreitstein	1809 – 1815
	Limburg	1815 – 1828
	Wiesbaden	1830 – 1866

Münzmeister:

C.T.	Christian Teichmann, Ehrenbreitstein, Limburg, Wiesbaden

Medailleure:

„Pferdchen“	Friedrich Ludy, Neuwied
L	Johann Lindenschmidt, Mainz
ZOLLMANN F. oder ZOLLMANN	Johann Philipp Zollmann, Wiesbaden
C. ZOLLMANN oder Z	Christian Zollmann, Wiesbaden
F. KORN oder KORN	Ferdinand Korn, Mainz

Friedrich August von Nassau-Usingen 1803 – 1816

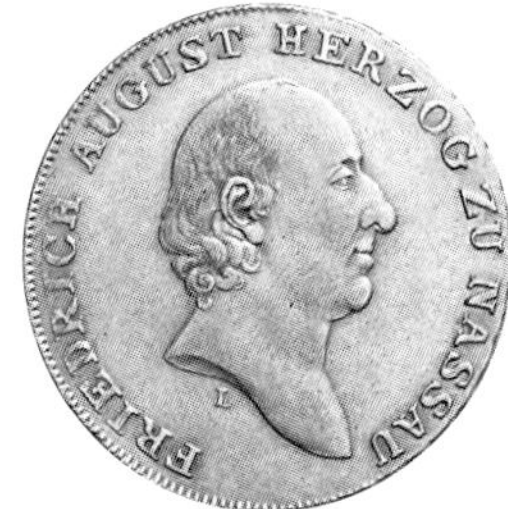

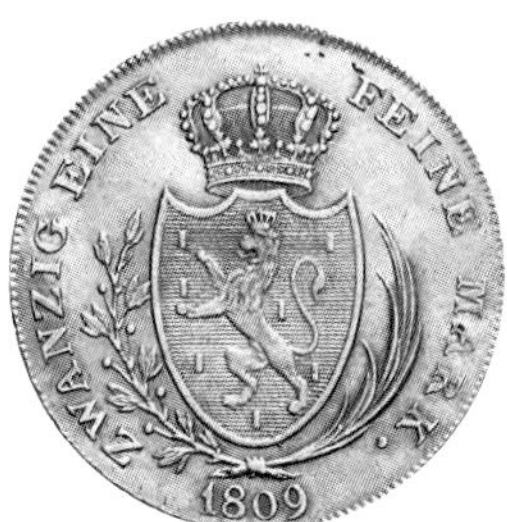

298 **½ Konventionstaler**

Vs.: FRIEDRICH AUGUST HERZOG ZU NASSAU Signatur L
Rs.: ZWANZIG EINE FEINE MARK . 1809
Rand: Blätterrand

AKS 26 – Jaeger 16 – Brehm 2a+b

1809	(14 490*)	500.–	1900.–	2700.–

**) Zusammen mit Nr. 301*

In der 58. Heidelberger Münzauktion (11/2011), Nr. 1045, erzielte ein Exemplar in „fast prägefrisch“ 6250.– Euro; in der 68. Möller-Auktion (11/2016), Nr. 353, ein Exemplar in „vorzüglich+“ 1400.– Euro.

Varianten

a) Mit kürzerem, gedrungenerem Kopfbild und Punkt nach NASSAU (Jaeger 16a; Brehm 2a); 45. Auktion Harald Möller (6/2007), Nr. 919, „sehr schön-vorzüglich“, Zuschlag 1500.– Euro

b) Mit längerem, schlankerem Kopfbild (Jaeger 16b; Brehm 2b), siehe Abbildung auf vorheriger Seite; 42. Auktion Harald Möller (12/2006), Nr. 1042, „fast Stempelglanz“, Zuschlag 2000.– Euro

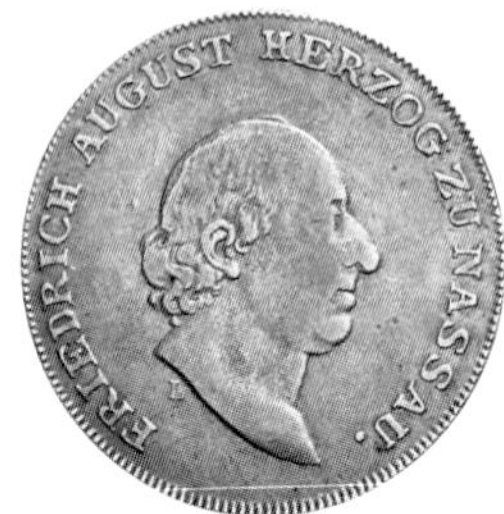

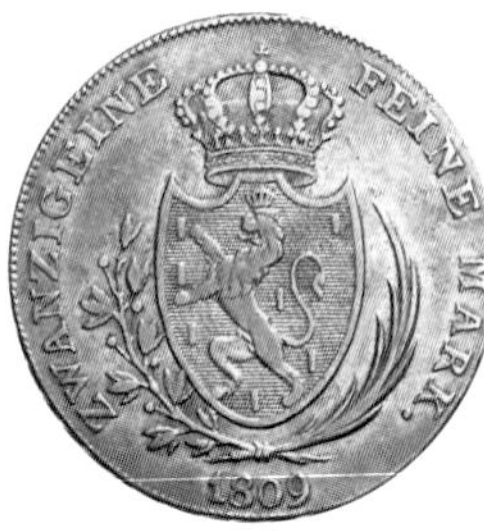

Nr. 298a) mit kürzerem, gedrungenerem Kopfbild und Punkt nach NASSAU

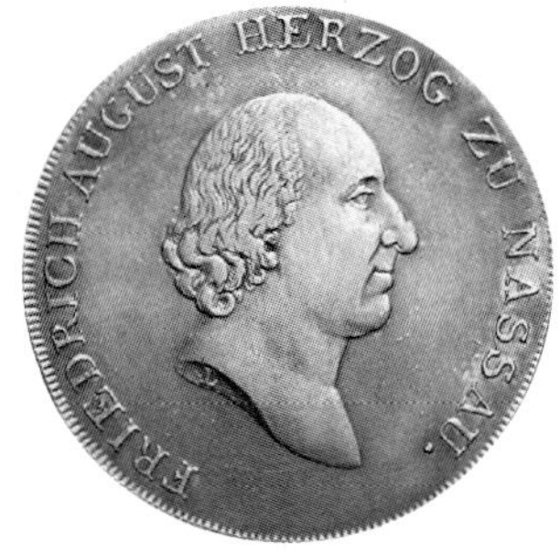

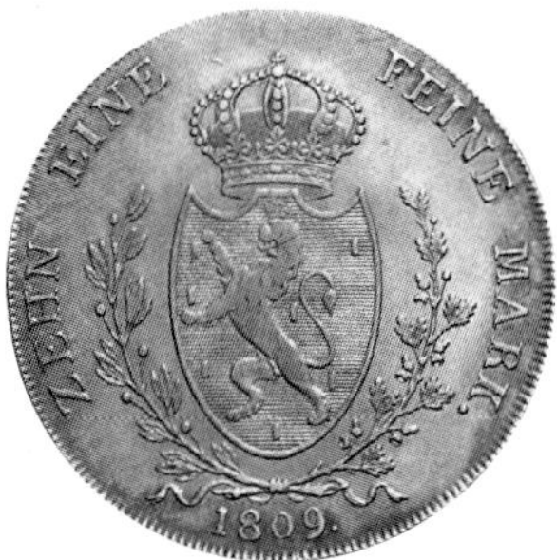

299 Konventionstaler

Vs.: FRIEDRICH AUGUST HERZOG ZU NASSAU. Signatur L im oder unter dem Halsabschnitt

Rs.: ZEHN EINE FEINE MARK. 1809. (Lorbeer- und Eichenzweig)

Rand: UT SIT SUO PONDERE TUTUS (erhaben)

Brehm 1a+b – AKS 22 – Jaeger 17 – T. 219

1809	(42 270*)	1000.–	2000.–	3500.–

**) Zusammen mit Nr. 302 und 302A*

In der 322. Künker-Auktion (6/2019), Nr. 531, erzielte ein Exemplar in „vorzüglich" 2800.- Euro.

Varianten

a) Die Enden der Kranzschleife weisen nach unten (Brehm 1a)

b) Die Enden der Kranzschleife weisen nach oben (Brehm 1b), sehr selten

c) Mit einem Pferdchen in der Randschrift; 292. Künker-Auktion (3/2017), Nr. 6552, „justiert, vorzüglich", 1900.– Euro; 322. Künker-Auktion (6/2019), Nr. 531, „vorzüglich"; Zuschlag 2800.– Euro (Brehm 1a Anm.)

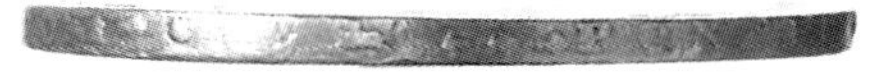

Randschrift mit „Pferdchen"

d) Mit zwei Pferdchen in der Randschrift (Jaeger –; Brehm –); 45. Auktion Harald Möller (6/2007), Nr. 921, „sehr schön-vorzüglich", Schätzpreis 2800.– Euro

e) Mit einem Widderkopf in der Randschrift (Brehm 1a Anm.); Abb. siehe nächste Seite

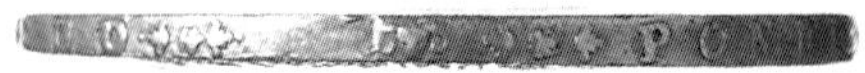

Randschrift mit „Widderkopf"

f) Mit zwei Widderköpfen in der Randschrift und der Signatur „L" unter dem Halsabschnitt (Brehm –); 42. Auktion Harald Möller (12/2006), Nr. 1044, „vorzüglich-", Schätzpreis 6000.– Euro (kein Zuschlag); 184. Künker-Auktion (3/2011), Nr. 4681, „vorzüglich", Zuschlag 2800.– Euro

Die von Jaeger unter der Nr. 17x angegebene Variante mit dem Pferdchen auf der Rückseite („Rs.") ist eine mißverständliche Formulierung, gemeint ist das Pferdchen in der Randschrift.

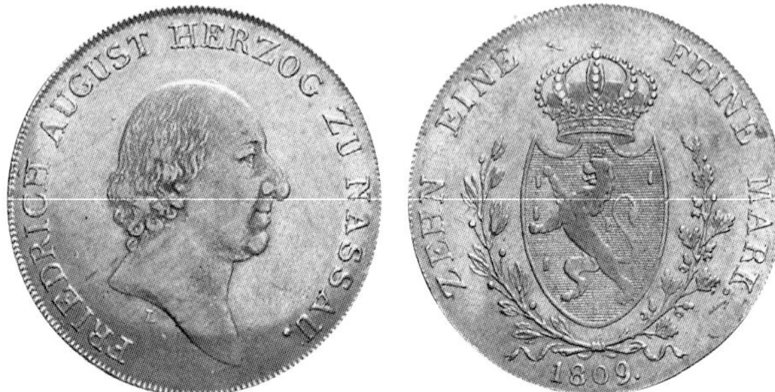

Nr. 299f mit der Signatur „L" unter dem Halsabschnitt

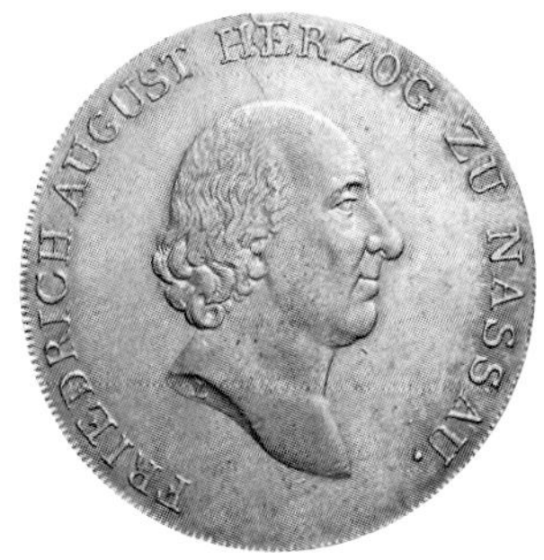

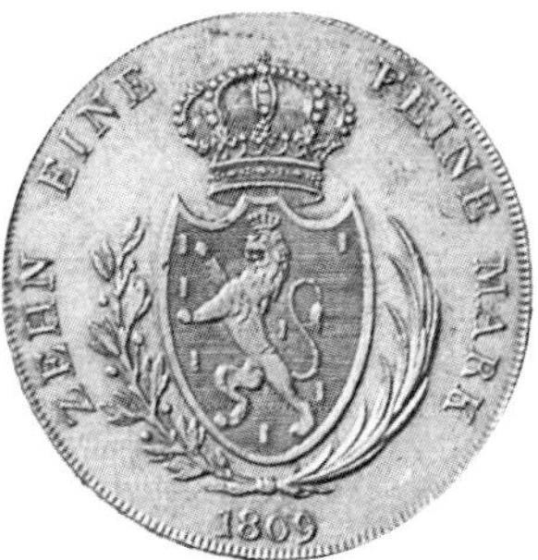

299A Konventionstaler

Vs.: FRIEDRICH AUGUST HERZOG ZU NASSAU. Signatur L im Halsabschnitt

Rs.: ZEHN EINE FEINE MARK 1809 (Lorbeer- und Palmzweig)

Rand: UT SIT SUO PONDERE TUTUS (erhaben)

Brehm 1 c–e – AKS 23 – Jaeger 18 – T. 219c

1809	(42 270*)	1200.–	2200.–	3200.–

**) Zusammen mit Nr. 299, 302 und 302A*

Varianten

a) Mit vertiefter Randschrift (Jaeger –; Brehm 1d); 45. Auktion Harald Möller (6/2007), Nr. 920, „sehr schön-vorzüglich“, Zuschlag 2300.– Euro; 319. Künker-Auktion (3/2019), Nr. 3796, „sehr schön-vorzüglich/vorzüglich“, Zuschlag 1900.– Euro

b) Mit Laubrand (Jaeger 18b; Brehm 1e), sehr selten; 104. Auktion WAG Online (12/2019), Nr. 1078, „vorzüglich“, Zuschlag 2500.– Euro

c) Mit MARCK auf der Rückseite (Jaeger 17F; Brehm –), sehr selten

d) Mit Widderkopf in der Randschrift; 56. Möller-Auktion (11/2010), Nr. 542, „vorzüglich“, Schätzpreis 1700.– Euro (kein Zuschlag)

Die Variante Stutzmann 844eb) gibt es ebenfalls nicht. Die herangezogene Quelle, Auktion Münzhandlung Schulten+Co. GmbH vom 19. bis 21. April 1989, Nr. 2737, ist keine „Zwitterprägung von Thun 220 Vs. und Thun 223 Rs.", sondern es handelt sich um den Münzbesuchstaler o.J. (1815) der beiden Herzöge Friedrich August und Friedrich Wilhelm, den Thun unter der Nr. 225 (allerdings mit falscher Abbildung) katalogisiert hat (Kahnt 306). Aus der falschen Abbildung bei Thun resultierte die irrige Charakterisierung „unediertes Unikum" im Auktionskatalog.

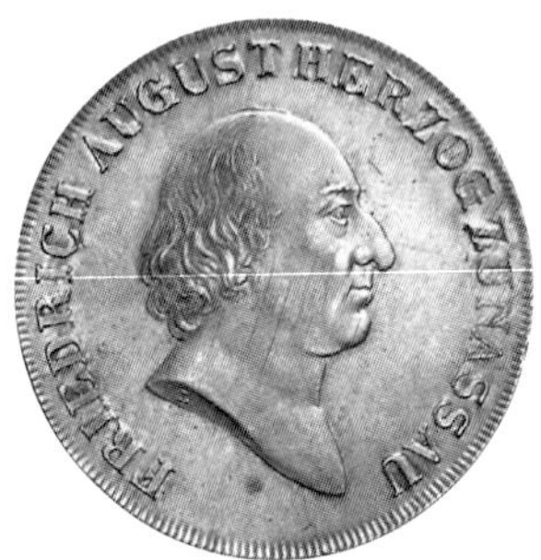

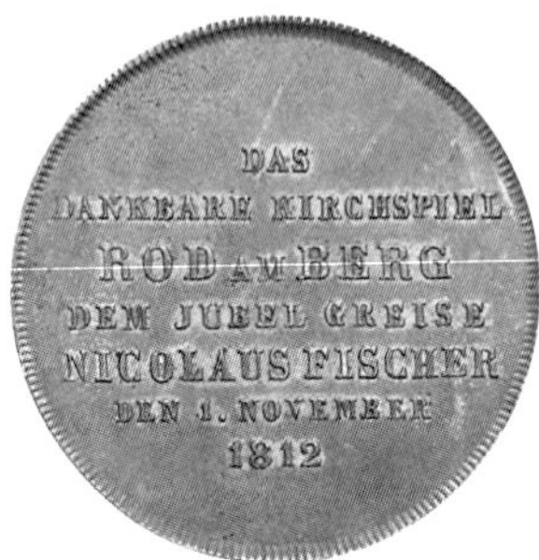

300B Konventionstaler

Vs.: FRIEDRICH AUGUST HERZOG ZU NASSAU
Signatur L im Halsabschnitt

Rs.: DAS DANKBARE KIRCHSPIEL ROD AM BERG
DEM JUBEL GREISE NICOLAUS FISCHER
DEN 1. NOVEMBER 1812

Rand: Glatt

Dav. 735 – AKS – Jaeger 65l

1812	LP

45. Auktion Harald Möller (6/2007), Nr. 924, „vorzüglich-Stempelglanz", Schätzpreis 13 000.– Euro; 331. Künker-Auktion (1/2020), Nr. 389, „fast Stempelglanz", Zuschlag 13 000.– Euro.

Friedrich Wilhelm von Nassau-Weilburg 1788 – 1816

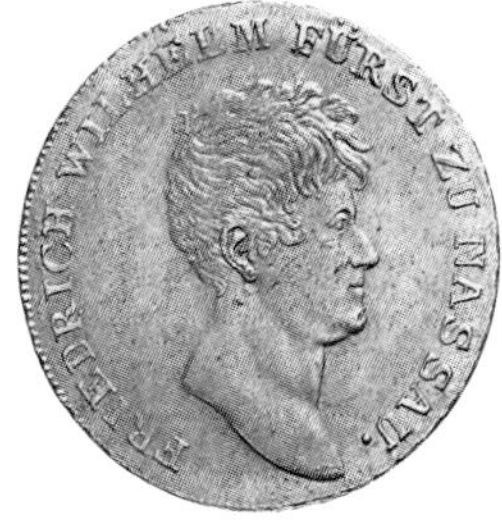

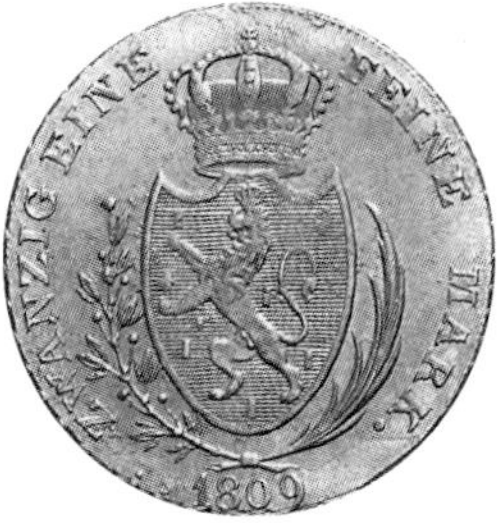

301 ½ Konventionstaler

Vs.: FRIEDRICH WILHELM FÜRST ZU NASSAU. Signatur L

Rs.: ZWANZIG EINE FEINE MARK. 1809

Rand: Laubrand

AKS 35 – Jaeger 22

1809	(14 490*)	600.–	1500.–	2200.–

**) Zusammen mit Nr. 298*

Varianten

a) Mit großem Kopfbild (Brehm –); 42. Auktion Harald Möller (12/2006), Nr. 1053, „fast vorzüglich“, Schätzpreis 750.– Euro; Abb. siehe nächste Seite

b) Mit großem Kopfbild, ohne Signatur „L“ (Brehm 11a); 45. Auktion Harald Möller (12/2006), Nr. 927, „vorzüglich-Stempelglanz“, Schätzpreis 1600.– Euro. Brehm schreibt dazu: „Münze ohne L: Stempelabnutzung“); Abb. siehe oben

c) Mit kleinerem Kopfbild und ohne Punkt nach NASSAU (Brehm 11b?); 42. Auktion Harald Möller (12/2006), Nr. 1052, „vorzüglich“, Zuschlag 1500.– Euro; Abb. siehe nächste Seite

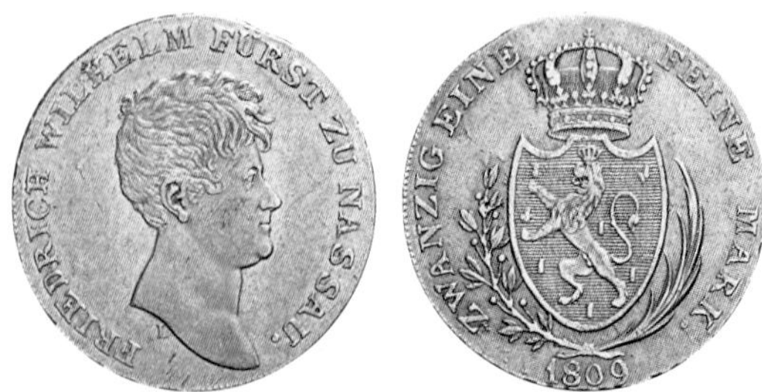

Nr. 301a) mit großem Kopfbild und vorhandener Signatur „L“

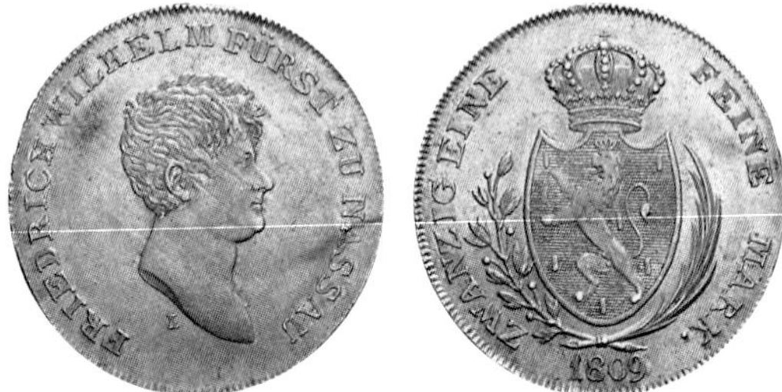

Nr. 301c) mit kleinerem Kopfbild und ohne Punkt nach NASSAU

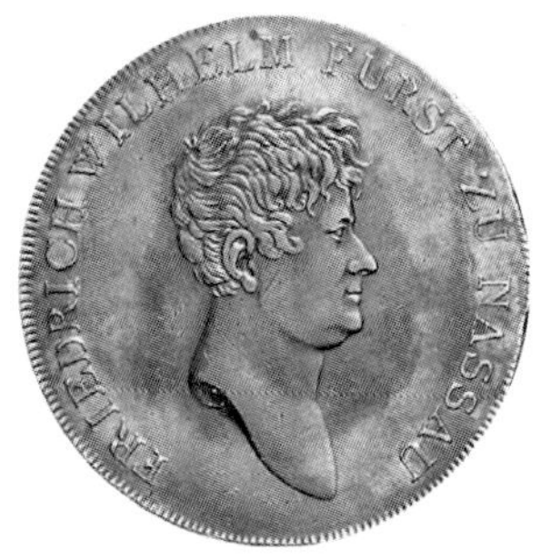

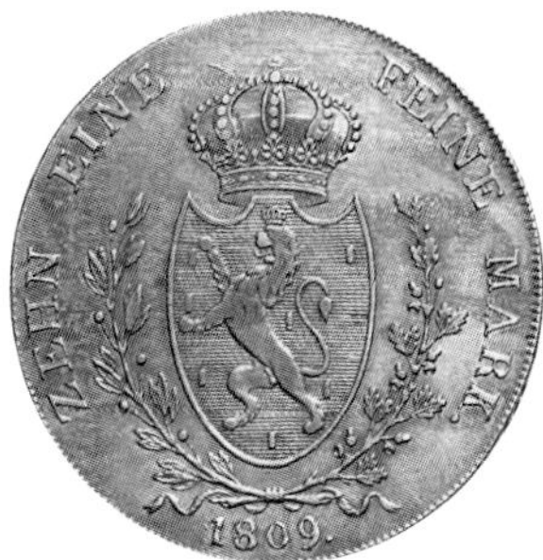

302 Konventionstaler

Vs.: FRIEDRICH WILHELM ΓÜΠST ZU NΛSSΛU
im Halsabschnitt Signatur L

Rs.: ZEHN EINE FEINE MARK. 1809.

Rand: UT SIT SUO PONDERE TUTUS (erhaben)

Dav. 734 – AKS 29 – Jaeger 23 – T. 221

1809	(42 270*)	1400.–	2800.–	4000.–

Preise für die häufigste Variante (Bänderspitzen nach oben; Eichenzweig)

**) Zusammen mit Nr. 299 und 302A*

In der 107. Künker-Auktion (2/2006), Nr. 778, erzielte ein „vorzügliches Prachtexemplar" 7500.– Euro; in der 80. Heidelberger Münzauktion (11/2020), Nr. 728, ein Exemplar in „prägefrisch" 3500.– Euro.

Varianten und Probe

a) Mit nach unten weisenden Enden der Kranzschleife und schlankerem Kopfbild mit steilem Halsabschnitt (Brehm 10b); 350. Auktion F. R. Künker (6/2021), Nr. 1314, „fast Stempelglanz", Zuschlag 4000.– Euro

b) Mit nach unten weisenden Enden der Kranzschleife, breiterem Kopfbild mit flachem Halsabschnitt, die Signatur „L" steht *unter* dem Halsabschnitt, mit Punkt nach NASSAU (Brehm 10a); 127. Auktion F. R. Künker (6/2007), Nr. 3554, „sehr schön-vorzüglich", Schätzpreis 2500.– Euro; Abb. siehe nächste Seite

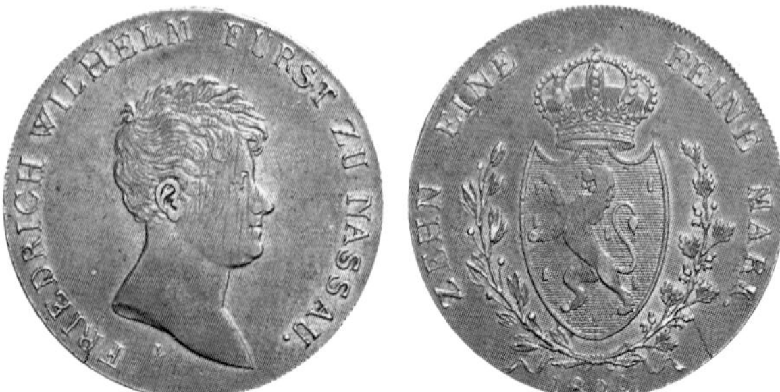

Nr. 302b) mit nach unten weisenden Enden der Kranzschleife, breiterem Kopfbild mit flachem Halsabschnitt, die Signatur steht unter dem Halsabschnitt, mit Punkt nach NASSAU

c) Mit nach unten weisenden Enden der Kranzschleife und breiterem Kopfbild mit flachem Halsabschnitt, die Signatur steht *unter* dem Halsabschnitt, mit Punkt nach NASSAU (wie Abb. Nr. 302b), in der Randschrift ein Widderkopf (Brehm –); 45. Auktion Harald Möller (6/2007), Nr. 930, „sehr schön", Zuschlag 650.– Euro

d) Mit nach oben weisenden Enden der Kranzschleife und schlankerem Kopfbild mit steilem Halsabschnitt, ohne Punkt nach der Jahreszahl (Brehm 10c); 31. Auktion Harald Möller (10/2002), Nr. 1386, „Stempelglanz", Schätzpreis 14 500.– Euro; 42. Auktion Harald Möller (10/2006), Nr. 1054, „vorzüglich", Schätzpreis 3500.– Euro; Abb. siehe nächste Seite

e) Probemünze mit der Signatur „Ludy" und der Blüte einer Sonnenblume unter dem Kopfbild, Unikum aus der Sammlung Fürstenberg (Brehm –); 69. Auktion Otto Helbing Nachfolger (12/1932), Nr. 1314; Abb. siehe nächste Seite

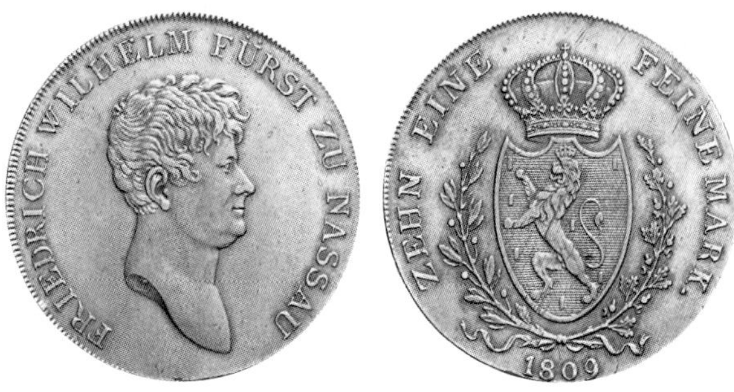

Nr. 302d) mit nach oben weisenden Enden der Kranzschleife und schlankerem Kopfbild mit steilem Halsabschnitt, ohne Punkt nach der Jahreszahl

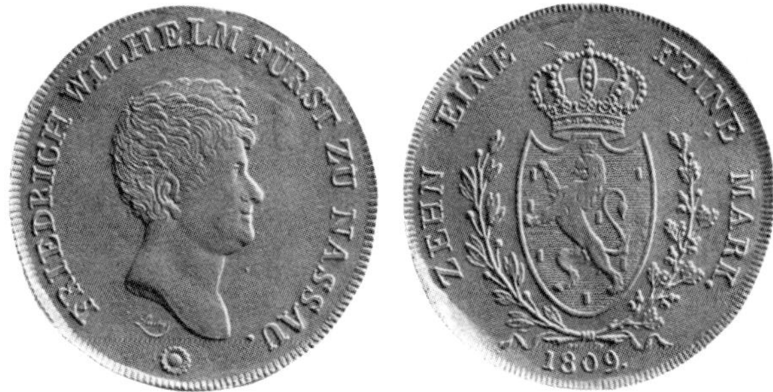

*Nr. 302e), Probemünze mit der Signatur „Ludy"
und der Blüte einer Sonnenblume unter dem Kopfbild*

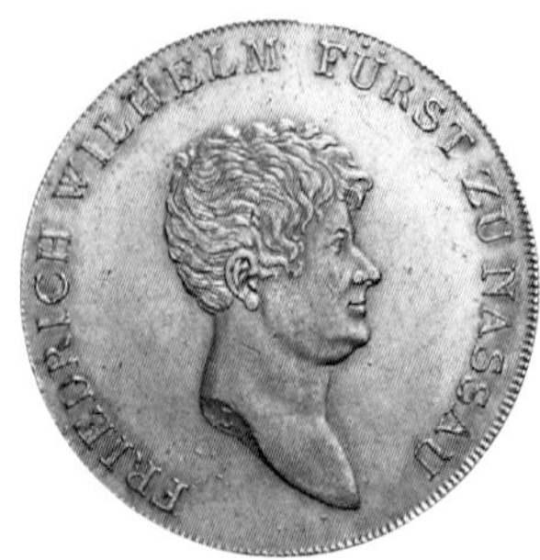

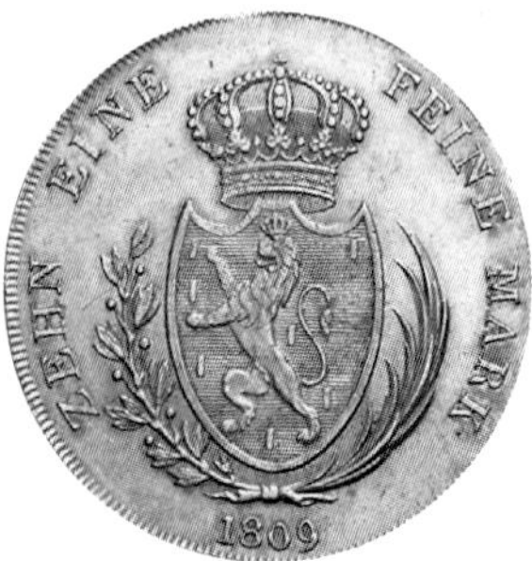

302A Konventionstaler

Vs.: FRIEDRICH WILHELM HERZOG ZU NASSAU. Signatur L im Halsabschnitt

Rs.: ZEHN EINE FEINE MARK 1809

Rand: UT SIT SUO PONDERE TUTUS (erhaben)

Brehm 10d-f – AKS 30 – Jaeger 24+25 – T. 221

1809	LP

Varianten

a) Die Signatur „L" *unter* dem Halsabschnitt (Brehm 10d)

b) Die Signatur „L" *unter* dem Halsabschnitt, in der Randschrift ein „Pferdchen" (Brehm –); 42. Auktion Harald Möller (10/2006), Nr. 1055, „sehr schön", Schätzpreis 4000.– Euro

c) Die Signatur „L" im Halsabschnitt, in der Randschrift ein „Pferdchen" (Brehm 10e); 45. Auktion Harald Möller (6/2007), Nr. 928, „vorzüglich+", Zuschlag 2800.– Euro

d) Mit Laubrand, die Signatur „L" *unter* dem Halsabschnitt (Brehm 10f)

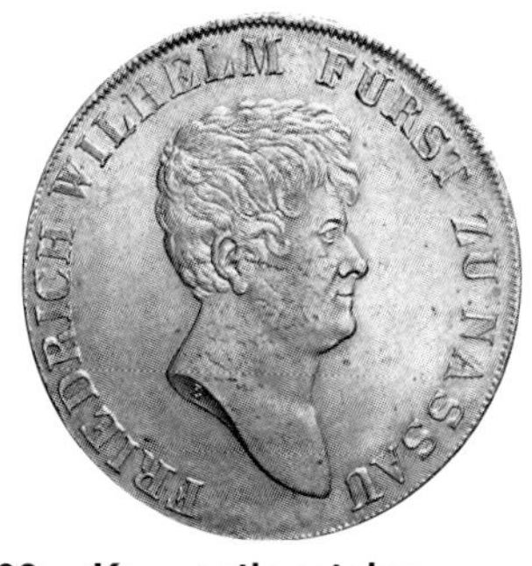

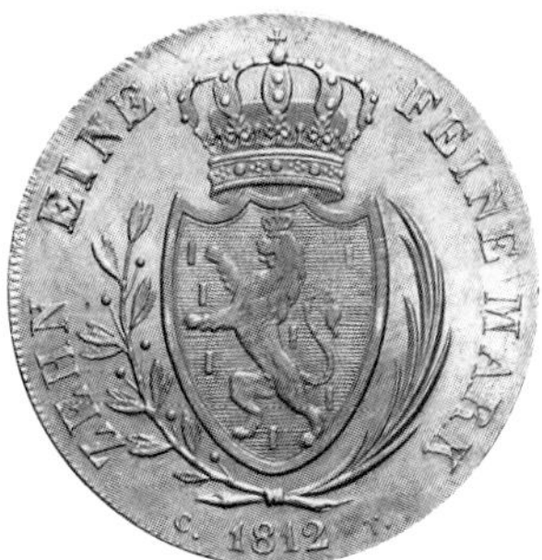

303 Konventionstaler

Vs.: FRIEDRICH WILHELM FÜRST ZU NASSAU
im Halsabschnitt Signatur L

Rs.: ZEHN EINE FEINE MARK Mmz. C. (Jahr) T.

Rand: UT SIT SUO PONDERE TUTUS (vertieft)

Dav. 735 – AKS 32 – Jaeger 26 – T. 222

1810	(2600*)	500.–	900.–	1600.–
1811	(41 310*)	320.–	850.–	1400.–
1812		350.–	850.–	1400.–

*) *Zusammen mit Nr. 300*

Varianten

a) 1810 mit der Signatur „L“ *unter* dem Halsabschnitt (Jaeger 26a; Brehm 14a)

b) 1810 mit der Signatur „L“ im Halsabschnitt; (Jaeger 26b; Brehm 14b); 184. Künker-Auktion (3/2011), Nr. 4684, „vorzüglich“, Zuschlag 800.– Euro

c) 1810 mit der Signatur „L“ *unter* dem Halsabschnitt und Laubrand (Jaeger 25b; Brehm 14c); 64. KPM-Auktion (6/2003), Nr. 2557, „fast vorzüglich“, Zuschlag 9000.– Euro; 42. Auktion Harald Möller (12/2006), Nr. 1058, „vorzüglich“, Schätzpreis 4000.– Euro

d) 1811 mit kleinem Kopfbild, Höhe 27 mm (Brehm 16); 354. Künker-Auktion (9/2021), Nr. 5815, in „vorzüglich-Stempelglanz“ Zuschlag 1500.– Euro

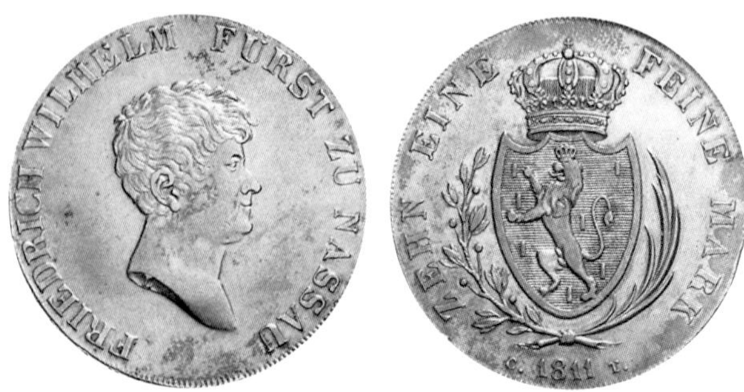

Nr. 303d), Konventionstaler 1811 mit kleinem Kopfbild

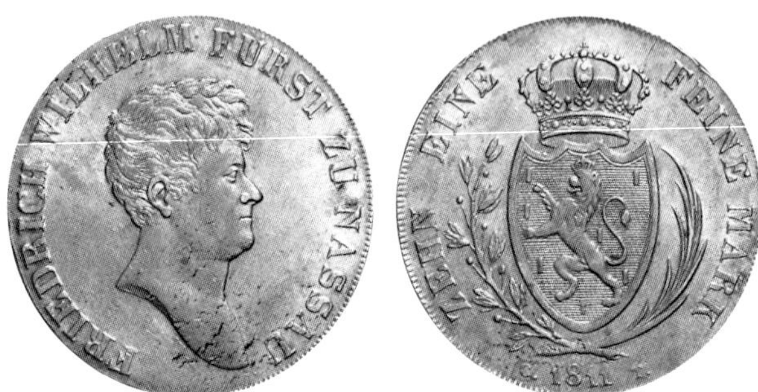

Nr. 303f), Konventionstaler 1811 mit großem Kopfbild

e) 1811 mit mittelgroßem Kopfbild (Brehm 16)

f) 1811 mit großem Kopfbild, Höhe 30 mm (Brehm 16); 354. Künker-Auktion (9/2021), Nr. 5815, „vorzüglich-Stempelglanz", Zuschlag 1500.– Euro

g) 1812 mit sieben Arabesken in der Randschrift und der Signatur „L" im Halsabschnitt (Brehm –); 45. Auktion Harald Möller (6/2007), Nr. 933, „vorzüglich+", Schätzpreis 800.– Euro

h) 1812 mit sechs Arabesken in der Randschrift und der Signatur „L" im Halsabschnitt (Brehm –); 33. Auktion Münzhandlung Sonntag (11/2020), Nr. 889, „fast vorzüglich", Zuschlag 425.– Euro

i) 1812 mit Laubrand und der Signatur „L" im Halsabschnitt (Brehm 17b); 42. Auktion Harald Möller (12/2006), Nr. 1062, „vorzüglich-Stempelglanz", Schätzpreis 1000.– Euro

j) 1812 mit älterem Kopfbild (Probe?) und der Signatur „L" unter dem Halsabschnitt (Brehm 18)

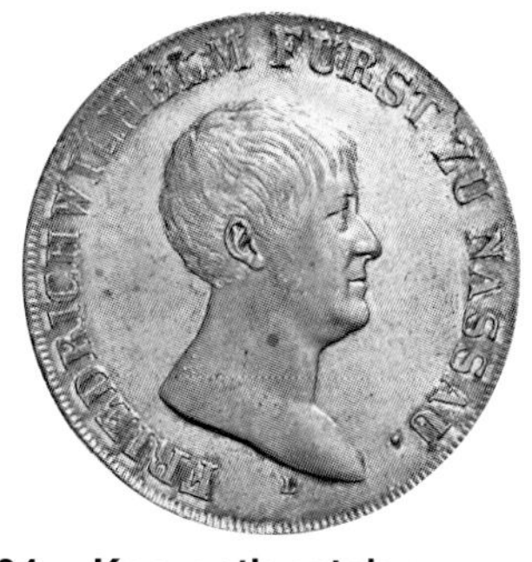

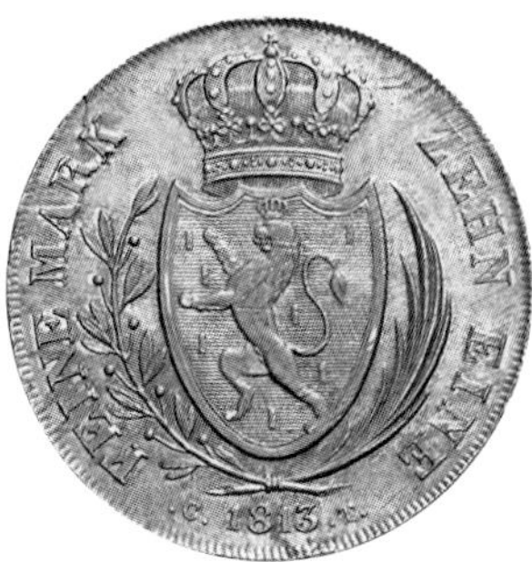

304 Konventionstaler

Vs.: FRIEDRICH WILHELM FÜRST ZU NASSAU . Signatur L
Rs.: ZEHN EINE FEINE MARK Mmz. .C. (Jahr) .T.
Rand: UT SIT SUO PONDERE TUTUS (vertieft)

Dav. 736 – AKS 34 – Jaeger 28 – T. 223

1813	(42 270*)	380.–	650.–	1400.–
1815	(25 260**)	450.–	750.–	1500.–

**) Zusammen mit Nr. 300A; **) zusammen mit Nr. 300A und 305*

In der 271. Künker-Auktion (2/2016), Nr. 240, wurde ein Exemplar in „fast Stempelglanz" für 2800.– Euro zugeschlagen.

Variante

a) 1815 mit vertiefter Randschrift im Laubrand (Ferrari 2591 [dort „Is. 88 var.])

Beim Jahrgang 1813 sind sieben, beim Jahrgang 1815 fünf Beeren am Lorbeerzweig.

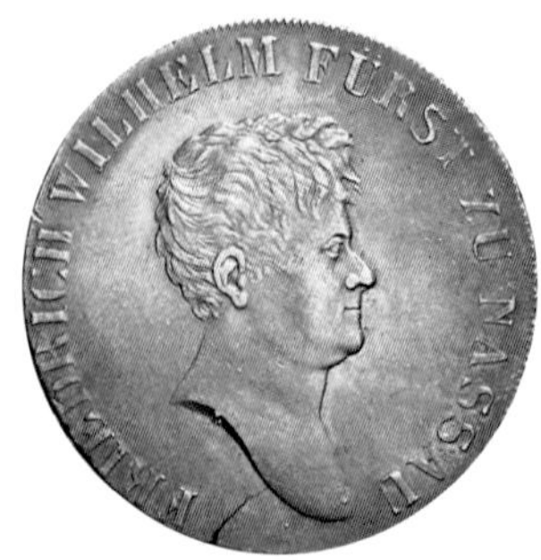

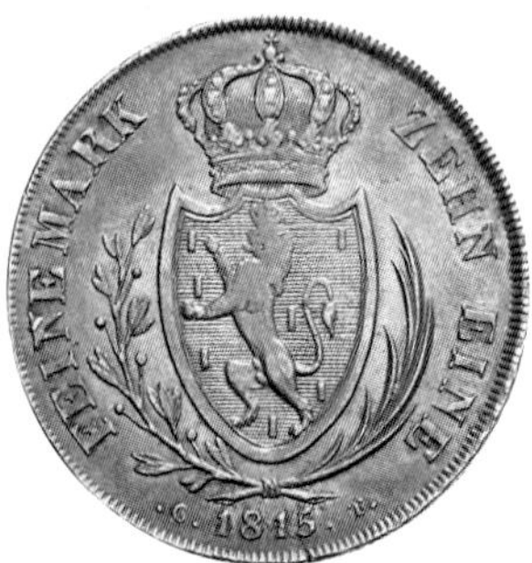

305 Konventionstaler

Vs.: FRIEDRICH WILHELM FÜRST ZU NASSAU
im Halsabschnitt Signatur L

Rs.: ZEHN EINE FEINE MARK Mmz. .C. 1815 . T.

Rand: UT SIT SUO PONDERE TUTUS (vertieft im Laubrand)

Brehm 21 – T. 224

1815 (sehr wenige Exemplare) LP

Ein Exemplar in „sehr schön-vorzüglich" wurde in der 42. Auktion Harald Möller (12/2006, Nr. 1064) für 25 000.– Euro zugeschlagen; in der 80. Heidelberger Münzauktion (11/2021), Nr. 731, wurde dieses Exemplar bei einem Schätzpreis von 25 000.– Euro nicht versteigert; in der 350. Künker-Auktion (6/2021) erzielte das Exemplar 18 000.– Euro.

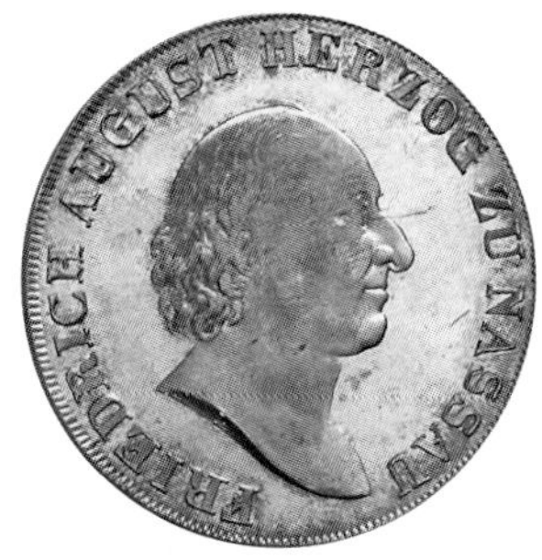

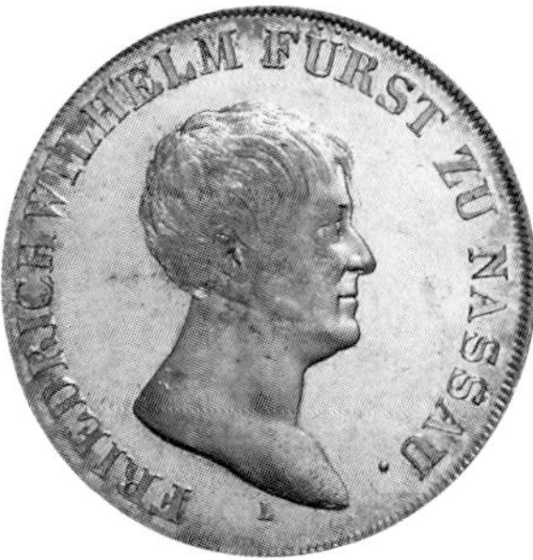

306 Konventionstaler

Gemeinschaftsprägung von Nassau-Usingen und Nassau-Weilburg auf den Besuch der Münze in Ehrenbreitstein

Vs.: FRIEDRICH AUGUST HERZOG ZU NASSAU Signatur L

Rs.: FRIEDRICH WILHELM FÜRST ZU NASSAU. Signatur L

Rand: Glatt

T. 225 (falsche Abbildung)

1815	LP

In der 42. Auktion Harald Möller (12/2006), Nr. 1051, wurde ein Exemplar in „EA" (= Erstabschlag) für 35 000.– Euro zugeschlagen; in der 80. Heidelberger Münzauktion (11/2020), Nr. 732, in „prägefrisch" für 35 000.– Euro; in der 350. Künker-Auktion (6/2021), Nr. 1316, in „Stempelglanz" für 26 000.– Euro.

Variante

a) Ein Exemplar weist die Randgravur „Münzel Teichmann EHRENBREITSTEIN" auf

Wilhelm 1816 – 1839

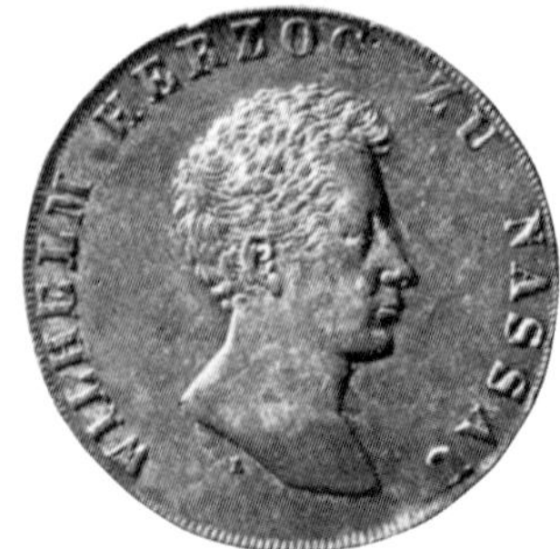

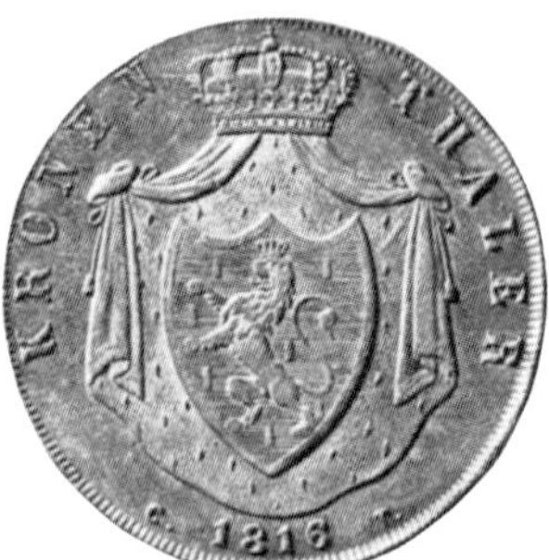

307 Kronentaler

Vs.: WILHELM HERZOG ZU NASSAU Signatur L

Rs.: KRONEN THALER Mmz. C. 1816 T.

Rand: UT SIT SUO PONDERE TUTUS (vertieft)

Dav. 740 – AKS 39 – Jaeger 29 – T. 226

1816	LP

In der Auktion 253 von Dr. Busso Peus (10/1955), Nr. 645, hatte das Exemplar einen Schätzpreis von 150.– DM.

Das bisher letzte Vorkommen war in der 3. Auktion Galerie des Monnaies (10/1970), Nr. 464, in „vorzüglich“, Zuschlag 2400.– DM. Es war das Exemplar der Sammlung Ferrari.

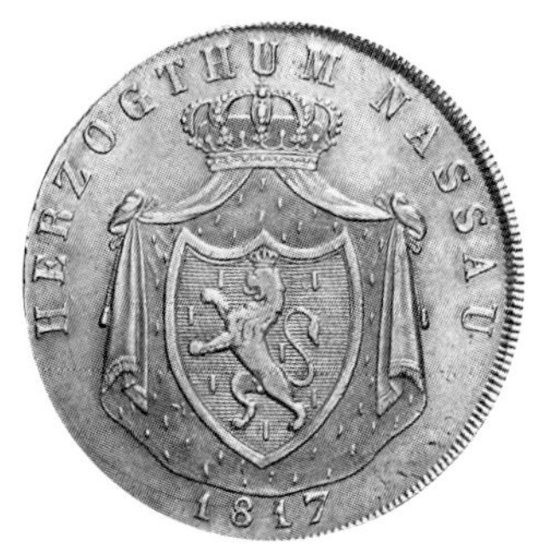

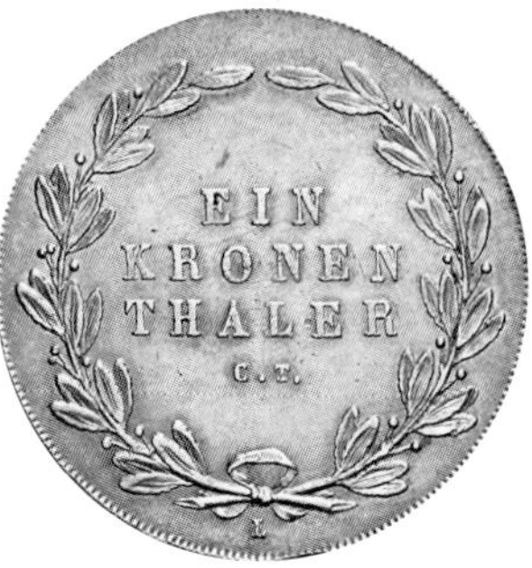

308 Kronentaler

Vs.: HERZOGTHUM NASSAU 1817

Rs.: EIN KRONENTHALER Mmz. C . T. Signatur L

Rand: UT SIT SUO PONDERE TUTUS (vertieft)

Dav. 741 – AKS 40 – Jaeger 32a+b – T. 227

1817	(12 170)	600.–	1600.–	2800.–

Varianten

a) Mit großer Jahreszahl, der Lorbeerkranz endet rechts und links mit einem Blatt, am linken Zweig zehn und am rechten acht Früchte (Brehm 91a); 42. Auktion Harald Möller (12/2006), Nr. 1005, „vorzüglich“, Schätzpreis 950.– Euro; Abb. siehe oben

b) Mit großer Jahreszahl, der Lorbeerkranz endet rechts mit zwei Blättern und links mit einem Blatt, am linken Zweig acht und am rechten neun Früchte (Brehm 91a); 184. Künker-Auktion (3/2011), Nr. 184, „herrlicher Prägeglanz, fast Stempelglanz“, Zuschlag 4600.– Euro; das identische Exemplar erzielte in der 80. Heidelberger Münzauktion (11/2020), Nr. 733, ebenfalls 4600.– Euro; Abb. siehe nächste Seite

c) Mit kleiner Jahreszahl, die Kranzschleife liegt hinter dem Zweig (Brehm 91b); 292. Künker-Auktion (3/2017), Nr. 6557, „fast Stempelglanz“, Zuschlag 2200.– Euro, Abb. siehe nächste Seite

d) Mit kleiner Jahreszahl, die Kranzschleife liegt über dem Zweig, ohne Punkt hinter dem „T“ des Münzmeisterzeichens C. T (Brehm 91c); 45. Auktion Harald Möller (6/2007), Nr. 884, „vorzüglich+“, Schätzpreis 850.– Euro

e) Wie c) aber mit doppelter Randschrift; 70. Teutoburger Münzauktion (9/2011), „fast Stempelglanz“, Zuschlag 2700.– Euro

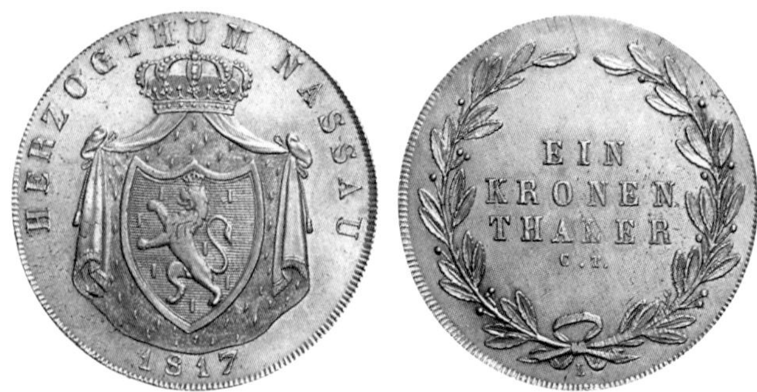

Nr. 308b), Kronentaler 1817 mit großer Jahreszahl, der Lorbeerkranz endet rechts mit zwei Blättern, links mit einem Blatt, am linken Zweig acht, am rechten neun Früchte

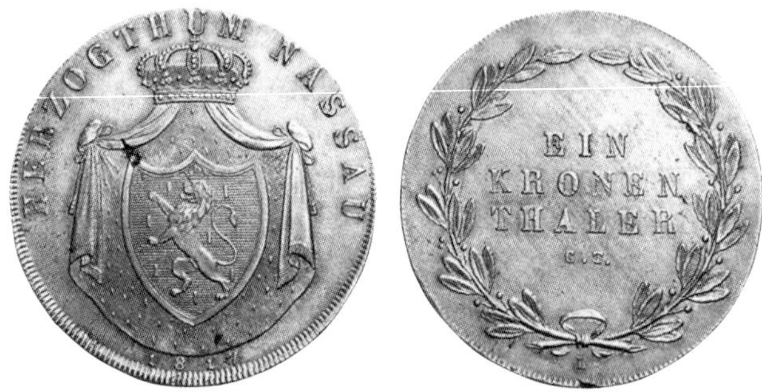

Nr. 308c), Kronentaler 1817 mit kleiner Jahreszahl, und die Bandschleife liegt hinter dem Zweig

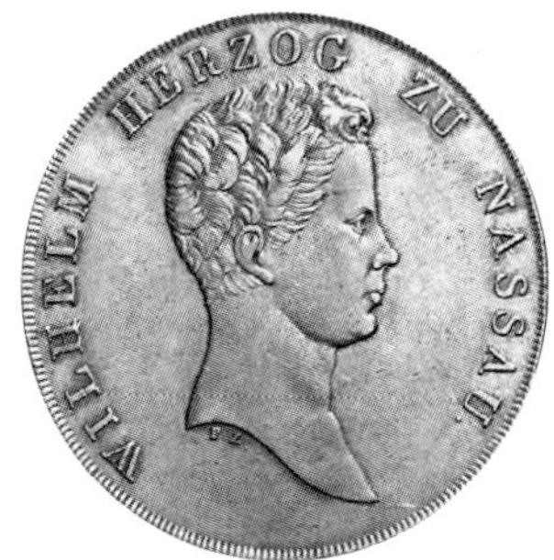

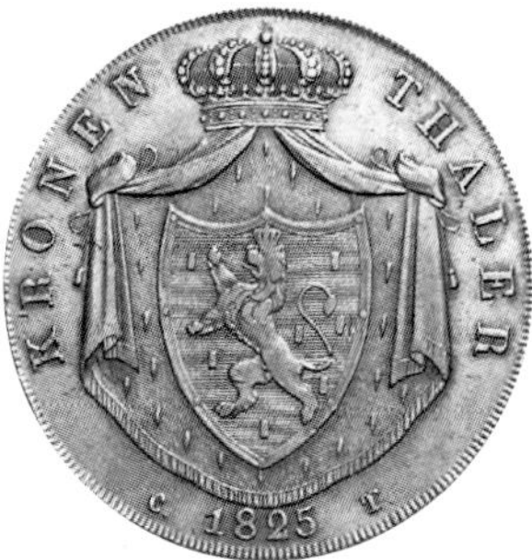

309 Kronentaler

Vs.: WILHELM HERZOG ZU NASSAU. Signatur P . Z .

Rs.: KRONEN THALER Mmz. C. (Jahr) T.

Rand: UT SIT SUO PONDERE TUTUS (vertieft)

Dav. 740 – AKS 41 – Jaeger 36 – T. 228

1818	(4500*)	750.–	1500.–	2500.–
1825	(2000**)	850.–	1700.–	2800.–

**) Für 1818/19 gibt Konrad Schneider eine Gesamtzahl von 6374 Stück an.*
***) Für 1824/25 werden von Konrad Schneider 5290 Stück genannt.*

In der 80. WAG-Auktion (9/2018), Nr. 837, erzielte ein Exemplar von 1818 in „Stempelglanz“ den Zuschlag von 5250.– Euro

Varianten

a) 1818 auch mit Signatur P Z. (Brehm 100a)

b) 1818 ohne Punkt nach NASSAU, Frisur des Kopfbilds verändert (Brehm 100b)

c) 1825 auch mit Münzmeisterzeichen „C 1825 T“ ohne Punkte (Brehm125); 305. Künker-Auktion (3/2018), Nr. 4044, „fast vorzüglich“, Zuschlag 850.– Euro

d) 1825 mit sechs Ranken in der Randschrift (Brehm –); 45. Auktion Harald Möller (6/2007), Nr. 892, „vorzüglich-Stempelglanz“, Schätzpreis 1500.– Euro; 33. Auktion Münzhandlung Sonntag (11/2020), Nr. 882, „fast Stempelglanz“, Zuschlag 3300.– Euro

e) 1825 mit sieben Ranken in der Randschrift (Brehm –); 45. Auktion Harald Möller (6/2007), Nr. 893, „sehr schön-/fast vorzüglich“, Zuschlag 950.– Euro

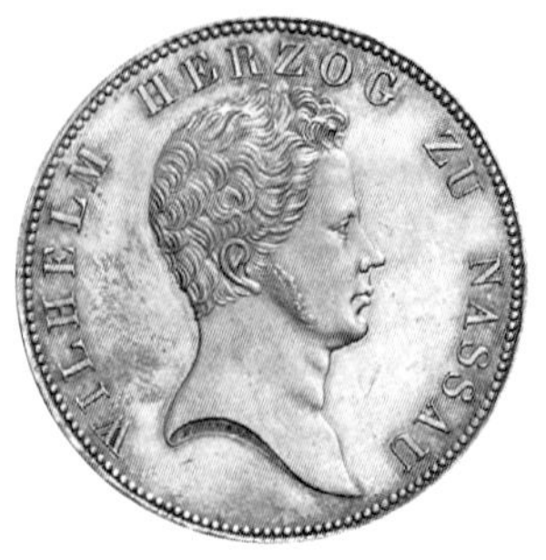

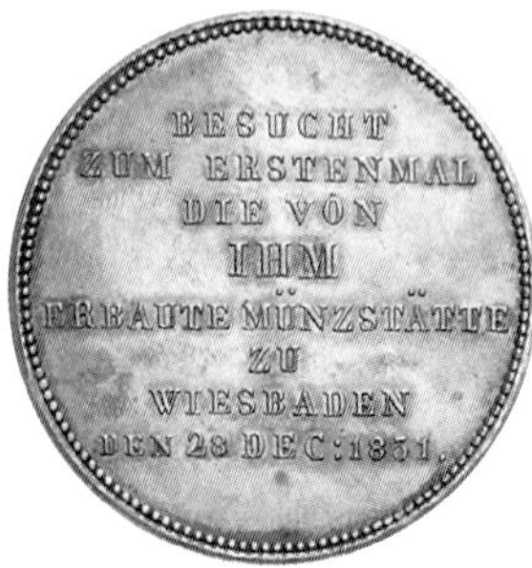

310 Kronentaler

Vs.: WILHELM HERZOG ZU NASSAU
Signatur ZOLLMANN F.

Rs.: BESUCHT ZUM ERSTENMAL DIE VON IHM ERBAUTE MÜNZSTÄTTE ZU WIESBADEN DEN 28 DEC : 1831.

Rand: ZUR SICHERUNG DES GEWICHTS

Dav. 742 – AKS 57 – Jaeger 42 – T. 229

1831	900.–	1500.–	2600.–

In der 80. Heidelberger Münzauktion (11/2020), Nr. 735, erzielte ein Exemplar in „fast Stempelglanz" 3300.– Euro.

Varianten

a) Zinnabschlag mit glattem Rand (Ferrari 2613)

b) Versilberter Zinnabschlag; 52. Möller-Auktion (Nr. 4305), „Stempelglanz", Schätzpreis 950.– Euro

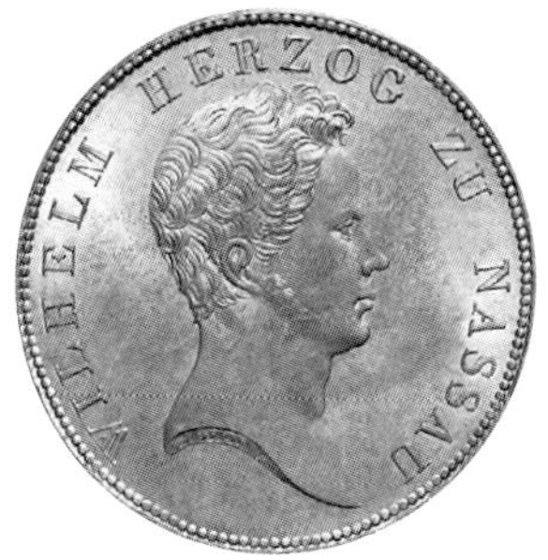

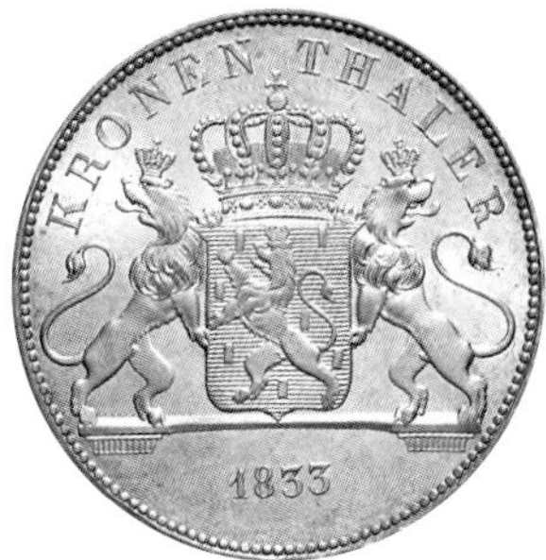

311 Kronentaler

Vs.: WILHELM HERZOG ZU NASSAU Signatur ZOLLMANN F.

Rs.: KRONEN THALER Jahr

Rand: ZUR SICHERUNG DES GEWICHTS

Dav. 743 – AKS 42 – Jaeger 41 – T. 230

1831**				LP
1832*	(566)	180.–	350.–	600.–
1833***		180.–	350.–	500.–
1836		180.–	350.–	500.–
1837	(26 860)	180.–	350.–	500.–

*) *Die Prägezahl von 566 Stück steht im Widerspruch zum häufigen Vorkommen.*

**) *Für 1830/31 weist K. Schneider eine Prägezahl von 9200 Stück aus. Darin sind sehr wahrscheinlich auch die Exemplare der Nr. 310 enthalten. Der Jahrgang 1831 von Nr. 311 wurde zuletzt in der 329. Auktion Dr. Busso Peus Nachfolger (11/1990), Nr. 2353, angeboten („vorzüglich", Zuschlag 675.– DM).*

***) *Für die Auftragsprägung für das Bankhaus Rothschild gibt es keine Unterlagen über die Prägezahlen.*

In der 58. Heidelberger Münzauktion (11/2011), Nr. 1080, wurde der Jahrgang 1832 in „Erstabschlag, fast Stempelglanz", für 2500.– Euro zugeschlagen.

Varianten

a) In Kehrprägung („französische" Prägung) (Berichte ... 130 [1982], Seite 1613); 45. Auktion Harald Möller (6/2007), Nr. 901 (Jahrgang 1837), „fast Stempelglanz", Zuschlag 1000.– Euro

b) 1837 im Stempel aus 1836 umgeschnitten; 14. WAG-Auktion (5/1999), Nr. 1540, „sehr schön", Zuschlag 260.– DM

c) Einseitiger Abschlag der Vorderseite; 294. Hirsch-Auktion (9/2013), Nr. 4187

Adolph 1839 – 1866

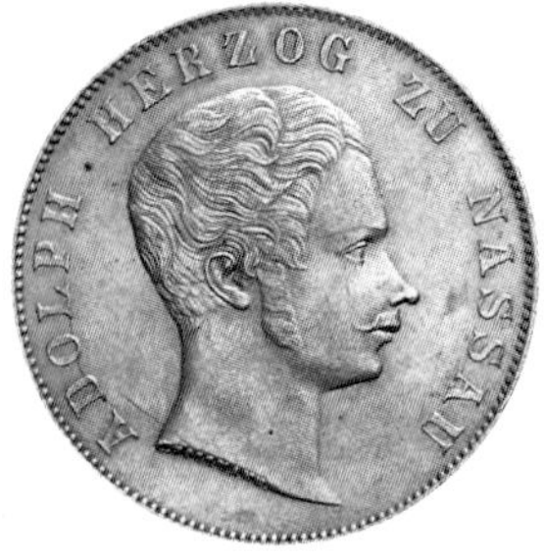

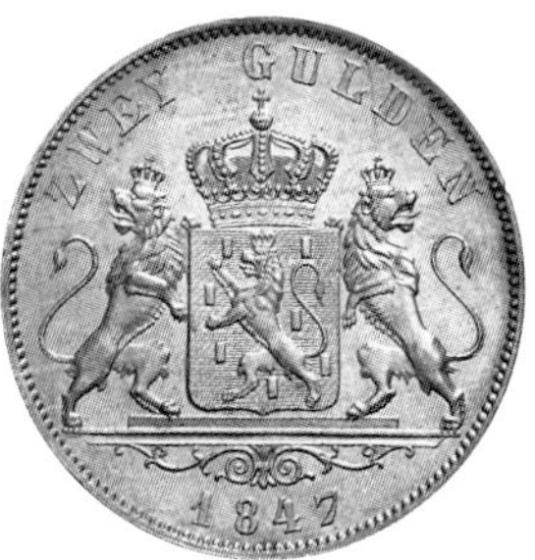

312 Doppelgulden

Vs.: ADOLPH HERZOG ZU NASSAU
am Halsabschnitt Signatur C. ZOLLMANN

Rs.: ZWEY GULDEN Jahr

Rand: Vertiefte Vierecke

Dav. 746 – AKS 62 – Jaeger 50 – T. 233

1846	(176 620)	120.–	340.–	480.–
1847	(88 280)	120.–	350.–	530.–

In der 116. Auktion der WAG Online (2/2021), Nr. 842, wurde ein Exemplar von 1846 in „Stempelglanz" für 1000.– Euro zugeschlagen.

Varianten

a) 1846 mit kleiner „6" in der Jahreszahl (Ferrari 2660; Schwalbach 153 Anm.)

b) 1846 mit großer „6" in der Jahreszahl (Ferrari 2656; Schwalbach 153 Anm.); 319. Künker-Auktion (3/2019), Nr. 3814, „vorzüglich", Zuschlag 420.– Euro

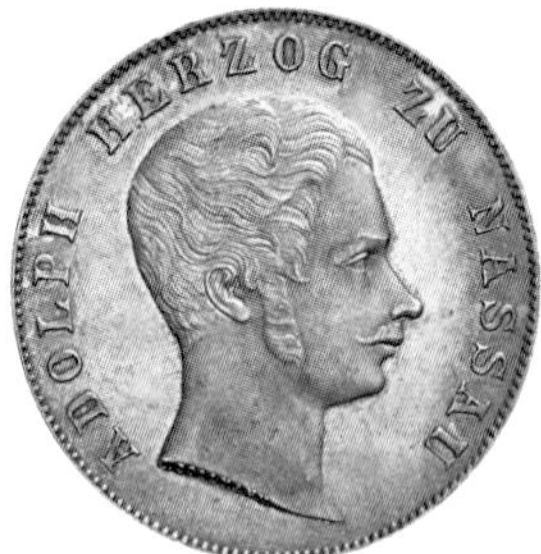

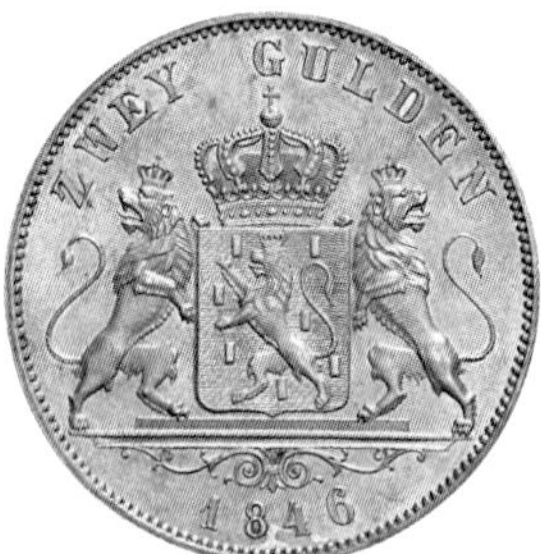

Nr. 312b) mit großer „6" in der Jahreszahl

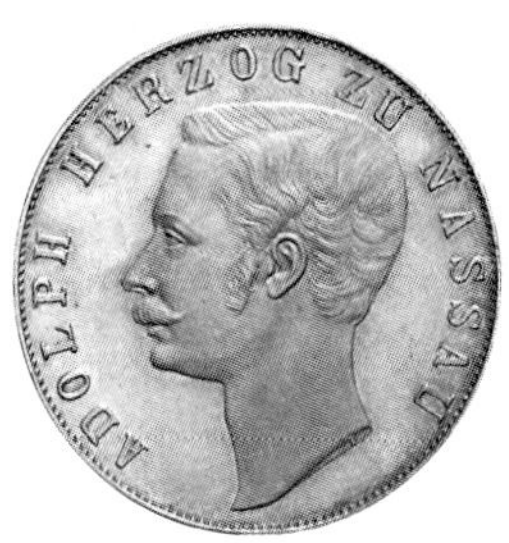
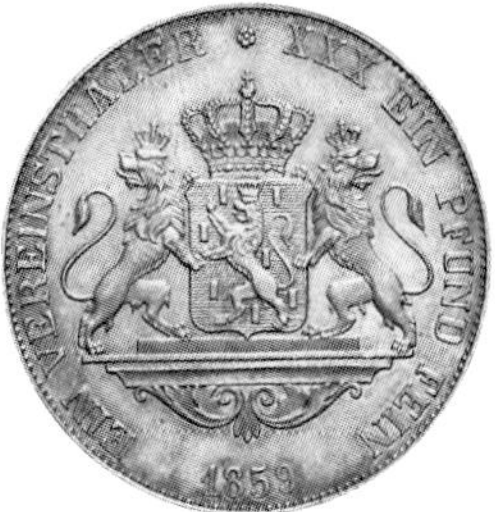

313 Vereinstaler

Vs.: ADOLPH HERZOG ZU NASSAU
im Halsabschnitt Signatur Z

Rs.: EIN VEREINSTHALER XXX EIN PFUND FEIN Jahr

Rand: MÜNZVERTRAG VOM 24 JANUAR 1857

Dav. 747 – AKS 63 – Jaeger 60 – T. 234

1859	(49 700)	100.–	200.–	350.–
1860	(255 330)	100.–	200.–	350.–

Varianten

a) 1859 mit einer aus vier kleinen Punkten gebildeten Raute statt der Rosette in der Randschrift (Schwalbach 154aa); 56. Künker-eLive-Auktion (9/2019), Nr. 1044, „Stempelglanz", Zuschlag 625.– Euro

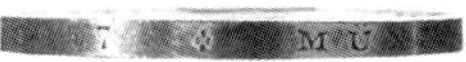

Nr. 313a), in der Randschrift des Vereinstalers 1859 eine Raute statt der Rosette

b) 1860 mit doppeltem Ohr (Jaeger 60c; Schwalbach 154a); 355. Künker-Auktion (10/2021), Nr. 7178, „vorzüglich", Zuschlag 190.– Euro

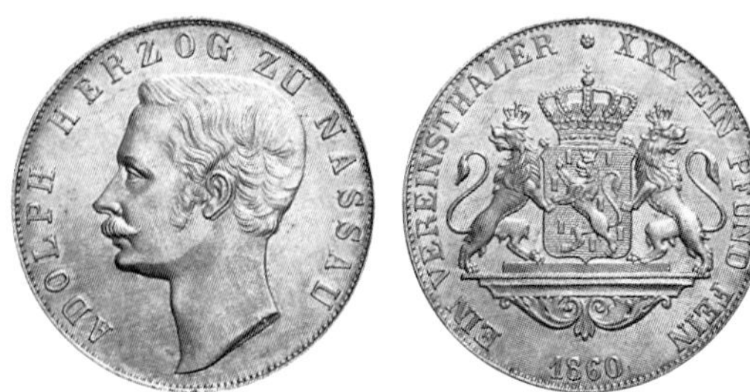

Nr. 313b), Vereinstaler 1860 mit doppeltem Ohr

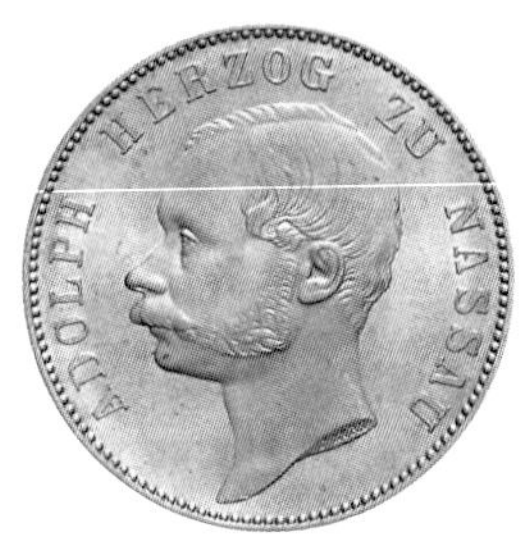

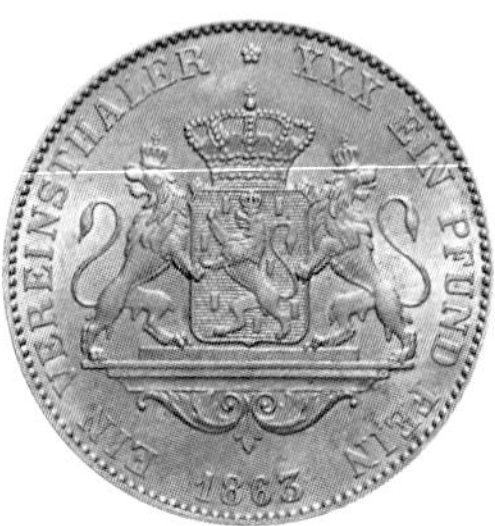

314 Vereinstaler

Vs.: ADOLPH HERZOG ZU NASSAU
am Halsabschnitt Signatur F. KORN

Rs.: EIN VEREINSTHALER XXX EIN PFUND FEIN 1863

Rand: MÜNZVERTRAG VOM 24 JANUAR 1857

Dav. 749 – AKS 64 – Jaeger 62 – T. 236

1863	(145 130)	100.–	250.–	480.–

In der 116. Auktion der WAG Online (2/2021), Nr. 843, wurde ein Exemplar in „fast Stempelglanz“ für 800.– Euro zugeschlagen; in der 66. Künker-eLive-Auktion (5/2021), Nr. 1091, ein Exemplar in „Stempelglanz“ für 975.– Euro.

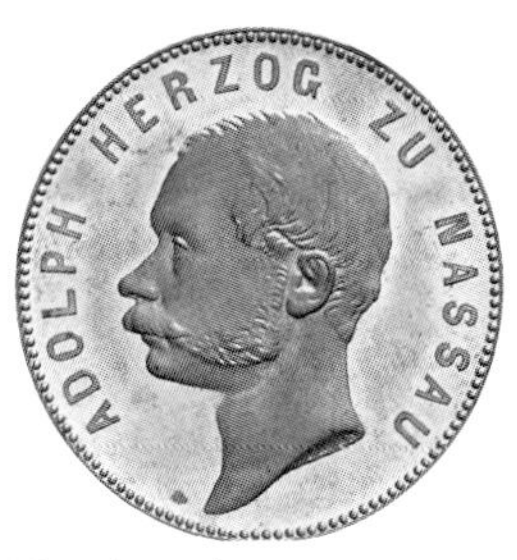

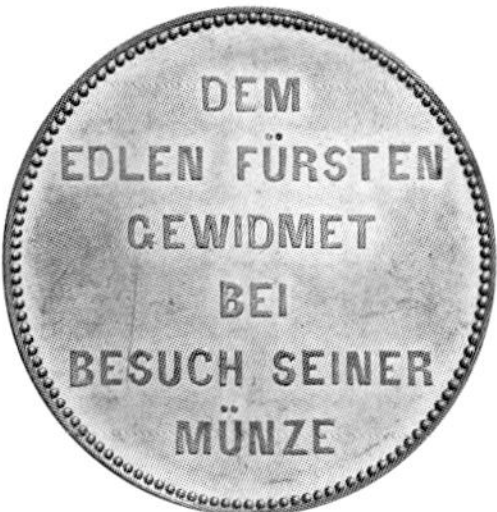

315 Vereinstaler

Vs.: ADOLPH HERZOG ZU NASSAU
am Halsabschnitt Signatur F. KORN

Rs.: DEM EDLEN FÜRSTEN GEWIDMET BEI BESUCH SEINER MÜNZE

Rand: glatt

Dav. 989 – AKS 76 – Jaeger IV – T. 237

1861	(3)	LP

Mit den Originalstempeln sollen später noch 25 Exemplare geprägt worden sein.

In der 44. Auktion der Heidelberger Münzhandlung Herbert Grün (11/2005), Nr. 3508, wurde ein Exemplar in „Erstabschlag" für 15 000.– Euro zugeschlagen, in der 354. Auktion F. R. Künker (9/2021), Nr. 5818, in Polierter Platte" für 14 000.– Euro.

Varianten

a) Kupferabschlag, zwei Exemplare; 45. Auktion Harald Möller (6/2007), Nr. 916, „vorzüglich-Stempelglanz", Schätzpreis 1500.– Euro
b) Einseitiger Kupferabschlag der Vorderseite (Ferrari 2655a)
c) Einseitiger Kupferabschlag der Rückseite (Ferrari 2655a)
d) Zinnabschlag, zwei Exemplare (Ferrari 2655); 66. Sincona-Auktion (10/2020), Nr. 1179, NGC PF64 Cameo, Zuschlag 3800.– Euro
e) Einseitiger Zinnabschlag der Vorderseite (Slg. Fürstenberg Nr. 1887)
f) Einseitiger Zinnabschlag der Rückseite (Slg. Fürstenberg Nr. 1887)

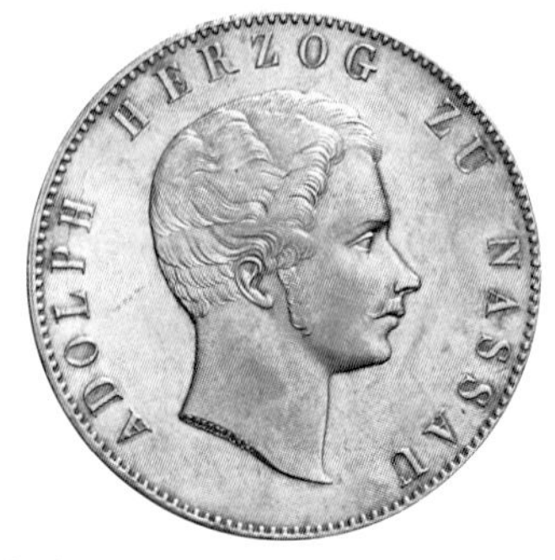
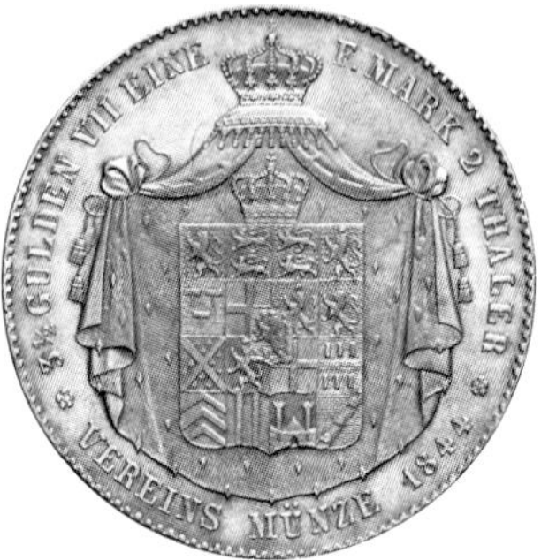

318 Doppeltaler

Vs.: ADOLPH HERZOG ZU NASSAU Signatur ZOLLMANN.

Rs.: 3 ½ GULDEN VII EINE F. MARK 2 THALER VEREINS MÜNZE Jahr

Rand: CONVENTION VOM 30 JULY 1838

Dav. 745 – AKS 59 + 60 – Jaeger 52 + 53 – T. 232

1844	(22 540)	450.–	720.–	1400.–
1847	(Probe)			LP
1854	(53 000)	450.–	720.–	1300.–

In der 80. Heidelberger Münzauktion (11/2020), Nr. 738, wurde ein Exemplar von 1854 in „fast Stempelglanz" für 3100.– Euro versteigert.

Varianten und Proben

a) 1844 ohne Punkt nach der Signatur ZOLLMANN; 45. Auktion Harald Möller (6/2007), Nr. 905, „vorzüglich+", Zuschlag 850.– Euro

b) 1844 auch ohne die Signatur ZOLLMANN (Jaeger 53)

c) 1844 „Variante der Randschrift, der Stern nahe bei 1838"; 329. Auktion Dr. Busso Peus Nachfolger (11/1990), Nr. 2366

d) 1854 stets ohne Signatur ZOLLMANN im Halsabschnitt (Jaeger 53); 305. Künker-Auktion (3/2018), Nr. 4045, „vorzüglich", Zuschlag 550.– Euro

e) 1840 als Probe, nur aus der Literatur bekannt: Leitzmann, Numismatische Zeitung 1854, Seite 67, und Emil Bahrfeldt, in: Berliner Münzblätter 1915, Seite 223f.

f) 1847 als Probe, Vorderseite und Randschrift wie Nr. 318, Rückseite in drei Zeilen MASCHINENPROBE 1847 (Schwalbach 151a; Isenbeck 192)

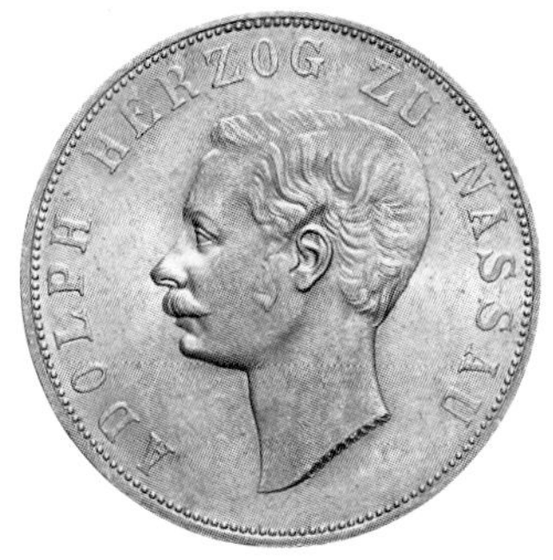

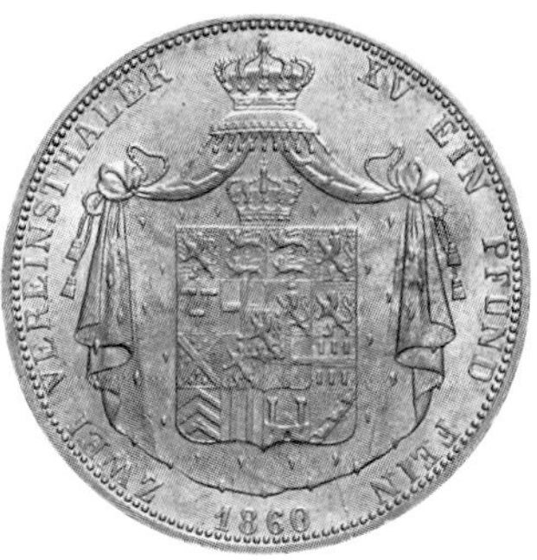

319 Vereinsdoppeltaler

Vs.: ADOLPH HERZOG ZU NASSAU
im Halsabschnitt Signatur C. ZOLLMANN

Rs.: ZWEI VEREINSTHALER XV EIN PFUND FEIN 1860

Rand: MÜNZVERTRAG VOM 24 JANUAR 1857

Dav. 748 – AKS 61 – Jaeger 61a+b – T. 235

1860	(149 680)	280.–	700.–	1200.–

In der 80. Heidelberger Münzauktion (11/2020), Nr. 741, wurde ein Exemplar in „Stempelglanz, winzige Kratzer", für 1550.– Euro zugeschlagen.

Varianten und Proben

a) Die Umschrift der Rückseite berührt fast den Perlkreis (Jaeger 61a); 45. Auktion Harald Möller (6/2007), Nr. 912, „fast vorzüglich" Zuschlag 390.– Euro; 246. Auktion F. R. Künker (5/2014), Nr. 4397, „sehr schön-vorzüglich", Zuschlag 300.– Euro

b) Die Umschrift der Rückseite ist weiter vom Perlkreis entfernt (Jaeger 61a); 45. Auktion Harald Möller (6/2007), Nr. 911, „fast Stempelglanz", Schätzpreis 800.– Euro; 110. Auktion F. R. Künker (3/2006), Nr. 5262, „fast vorzüglich", Zuschlag 320.– Euro

c) Variante 319a mit kleineren Buchstaben in der Randschrift (Schwalbach 155 Anm.); 42. Auktion Harald Möller (12/2006), Nr. 1034, „vorzüglich", Zuschlag 550.– Euro

d) Variante 319a mit größeren Buchstaben in der Randschrift (Schwalbach 155 Anm.)

e) Mit Zackenkranz statt Perlkranz auf der Vorderseite; 68. Auktion Sally Rosenberg (11/1929), Nr. 206; 184. Künker-Auktion (5/2011), Nr. 4695, „sehr schön-vorzüglich", Zuschlag 420.– Euro

f) Einseitiger Probeabschlag der Vorderseite (Schwalbach 155b)

g) Einseitiger Probeabschlag der Rückseite mit unvollständiger Jahreszahl „184_" (Schwalbach 155b)

Großherzogtum Oldenburg

Münzstätten:	Hannover	Mzz. B
	Wiesbaden	

Münzmeister:

B	Theodor Wilhelm Brüel, Hannover

Medailleure:

BREHMER F.	Heinrich Brehmer, Hannover
ZOLLMANN	Johann Philipp Zollmann, Wiesbaden

Paul Friedrich August 1829 – 1853

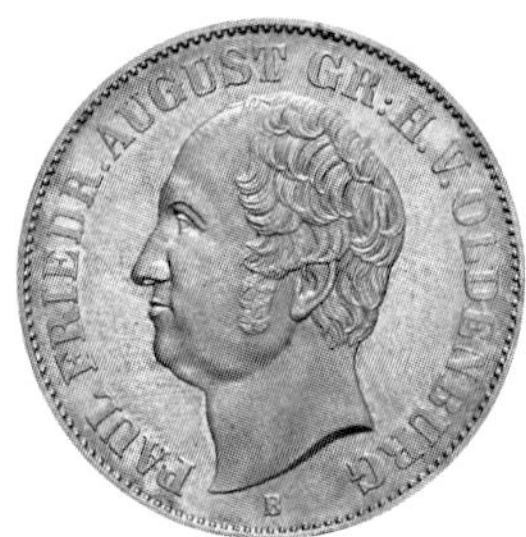

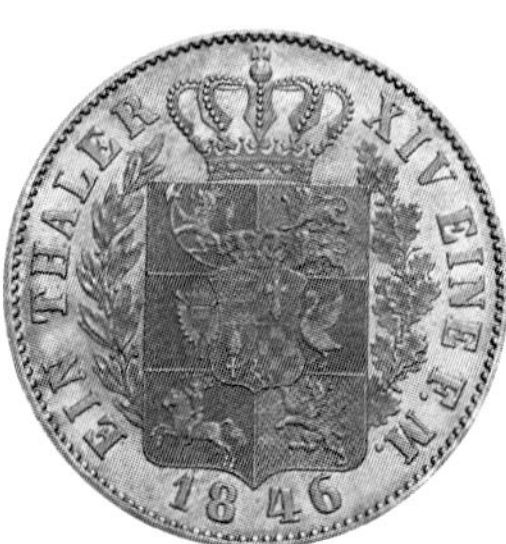

320 Taler

Vs.: PAUL FRIEDR. AUGUST GR: H. V. OLDENBURG Mzz. B

Rs.: EIN THALER XIV EINE F. M. 1846

Rand: EIN GOTT EIN RECHT EINE WAHRHEIT

Dav. 752 – AKS 9 – Jaeger 43 – T. 240

1846	(41 750)	150.–	500.–	800.–

In der 64. WAG-Auktion (12/2012), Nr. 381, wurde ein Exemplar in „Stempelglanz" für 1700.– Euro versteigert; in der 335. Künker-Auktion (3/2020), Nr. 4189, ein Exemplar in „fast Stempelglanz" für 1200.– Euro.

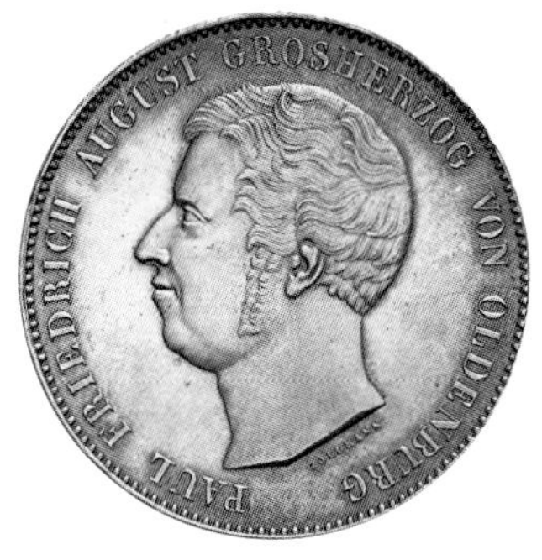

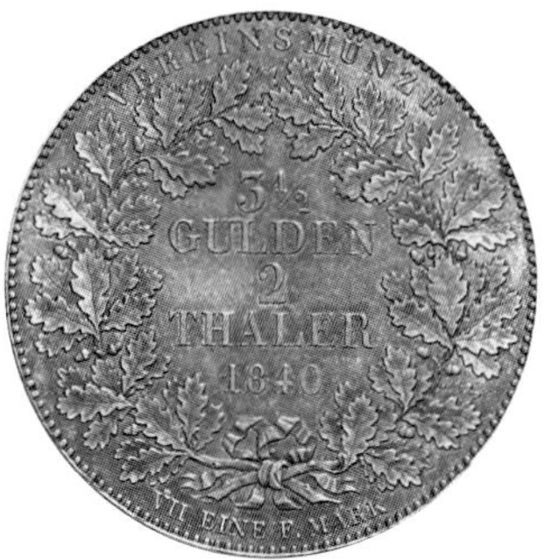

321 Doppeltaler (für das Fürstentum Birkenfeld)

Vs.: PAUL FRIEDRICH AUGUST GROSHERZOG VON OLDENBURG
unter dem Halsabschnitt Signatur ZOLLMANN

Rs.: VEREINSMÜNZE VII EINE F. MARK
3 ½ GULDEN 2 THALER 1840

Rand: CONVENTION VOM 30 JULY 1838

Dav. 751 – AKS 8 – Jaeger 56 – T. 239

1840	(9630)	1200.–	2200.–	3500.–

In der 147. Künker-Auktion (2/2009), Nr. 458, wurde ein Exemplar in „Polierter Platte, fast Stempelglanz", für 4800.– Euro zugeschlagen; in der 80. Heidelberger Münzauktion (11/2020), Nr. 745, ein Exemplar mit „polierten Stempeln geprägt, fast Stempelglanz", für 4800.– Euro; in der 359. Künker-Auktion (1/2022), Nr. 532, ein Exemplar in „Stempelglanz" für 6000.– Euro.

Variante

a) Die Spitze des Halsabschnitts berührt fast die Umschrift, die Signatur ZOLLMANN ist näher am Halsabschnitt (Schwalbach 176 Anm.)

Nicolaus Friedrich Peter 1853 – 1900

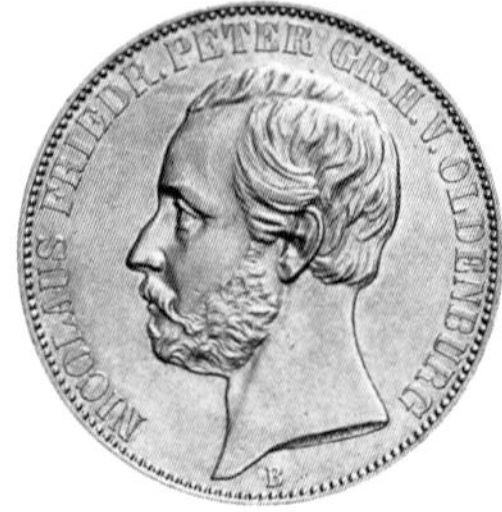
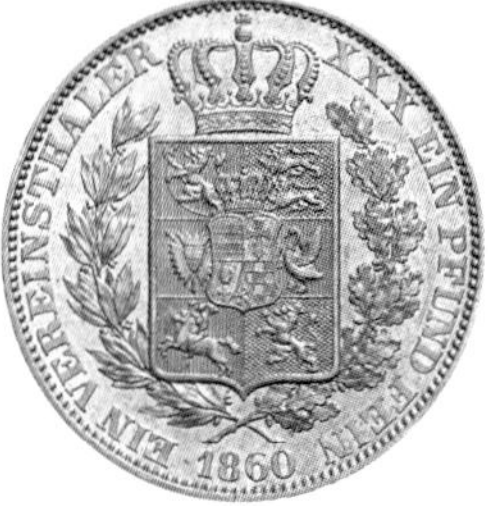

322 Vereinstaler

Vs.: NICOLAUS FRIEDR. PETER GR. H. V. OLDENBURG
Mzz. B am Halsabschnitt Signatur BREHMER·F·

Rs.: EIN VEREINSTHALER XXX EIN PFUND FEIN Jahr

Rand: EIN GOTT EIN RECHT EINE WAHRHEIT

Dav. 753 – AKS 25 – Jaeger 55 – T. 241

1858	(16 800)	110.–	280.–	400.–
1860	(46 745)	100.–	220.–	350.–
1866	(72 040)	100.–	220.–	350.–

In der 258. Künker-Auktion (1/2015), Nr. 117, wurde ein Exemplar von 1860 in „Stempelglanz" für 800.– Euro zugeschlagen.

Variante

a) 1858 mit Sternen in der Randschrift (wie Nr. 320) statt der als Quadrat angeordneten vier Punkte; 4. Auktion der Leipziger Münzhandlung und Auktion Heidrun Höhn (11/1992), Nr. 1928, „fast sehr schön", Zuschlag 145.– DM

Erzbistum Olmütz

Münzstätte: Wien

Rudolph Johann 1819 – 1831

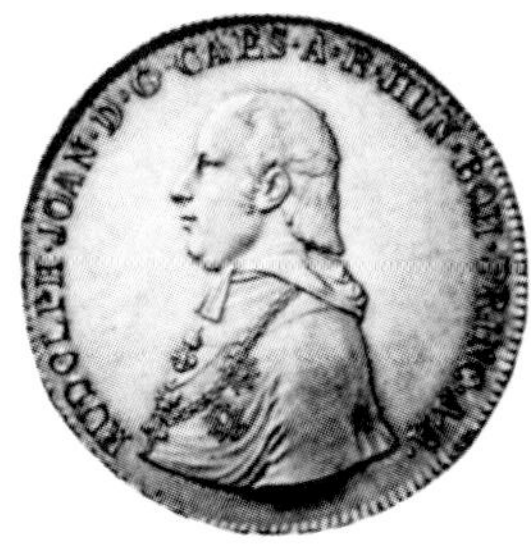
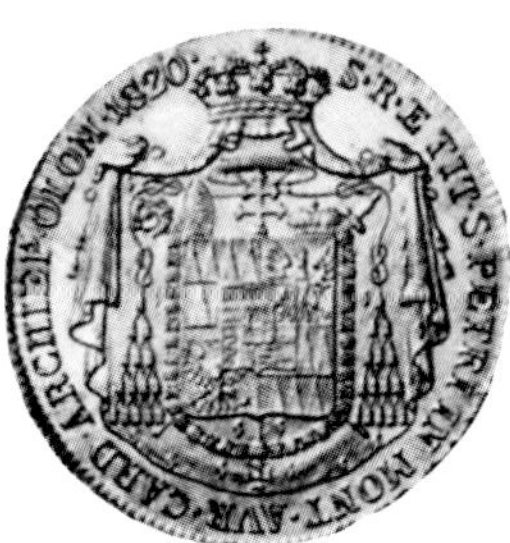

323 ½ Konventionstaler

Vs.: RUDOLPH · JOAN · D · G · CAES · A · R · HUN · BOH · PRINC · A · A ·

Rs.: S · R · E · TIT · S · PETRI IN MONT · AVR · CARD · ARCHIEP · OLOM · 1820 ·

Rand: INTEGER ET IN MINIMIS

Lichn. 538

1820	120.–	250.–	350.–

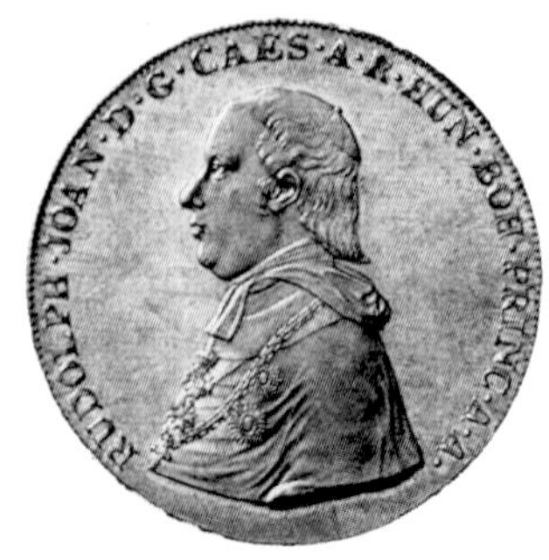

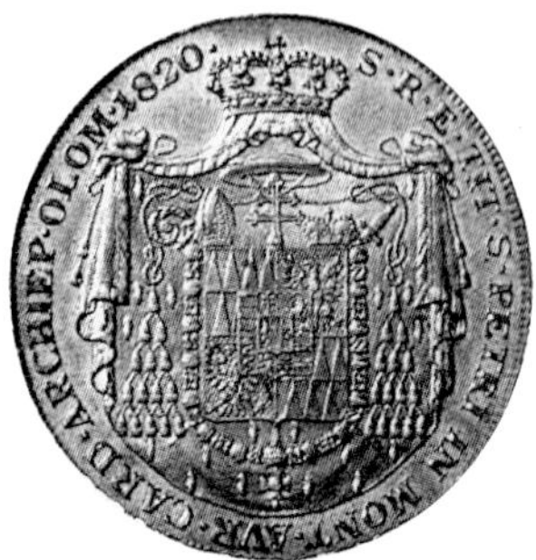

324 Konventionstaler

Vs.: RUDOLPH · JOAN · D · G · CAES · A · R · HUN · BOH · PRINC · A · A ·

Rs.: S · R · E · TIT · S · PETRI IN MONT · AVR · CARD · ARCHIEP · OLOM · 1820 ·

Rand: INTEGER ET IN MINIMIS

Dav. 41 – Lichn. 537 – Suchomel/Videman 1205

1820	250.–	550.–	900.–

In der 143. E-Auktion von Dr. Frühwald (7/2021), Nr. 4009, erzielte ein Exemplar in „vorzüglich-Stempelglanz“ 1350.– Euro.

Kaiserreich Österreich

Münzstätten:	Wien	Mzz. A
	Kremnitz	Mzz. B
	Prag	Mzz. C
	Karlsburg	Mzz. E
	Nagybanya (Neustadt)	Mzz. G
	Mailand	Mzz. M
	Venedig	Mzz. V

Medailleur:
C. R. Carl Radnitzky

Franz II. / I. 1792/1806 – 1835

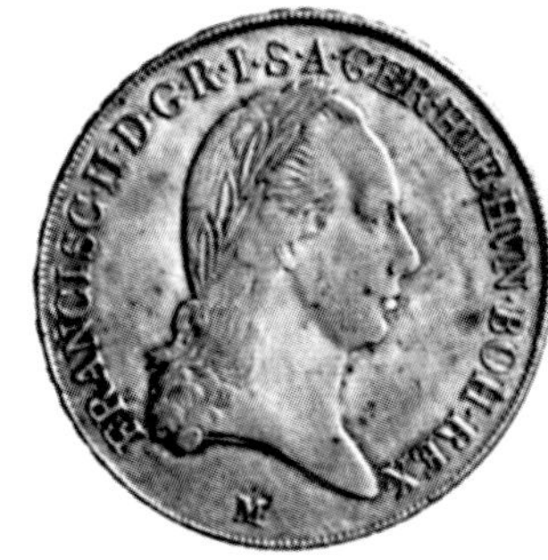

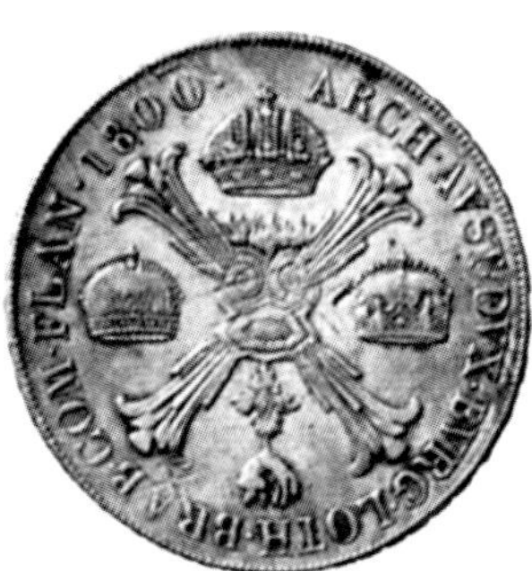

325 Kronentaler

Vs.: FRANCISC · II · D · G · R · I · S · A · GER · HIE · HVN · BOH · REX · Mzz. M

Rs.: ARCH · AVST · DVX · BVRG · LOTH · BRAB · COM · FLAN · 1800 ·

Rand: LEGE ET FIDE

Dav. 1390 – Voglh. 307 – Jl. 134c – Schön 103.1 (Brabant)

1800	00.–	180.	280.–

Variante

a) Mit der Randschrift IVSTITIA ET FIDE (Jl. 134c; Herinek 495), „sehr schön = 150.–; „vorzüglich“ = 350.– Euro

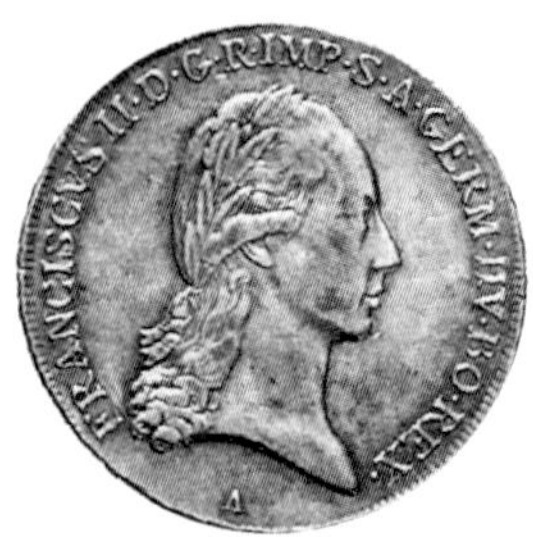

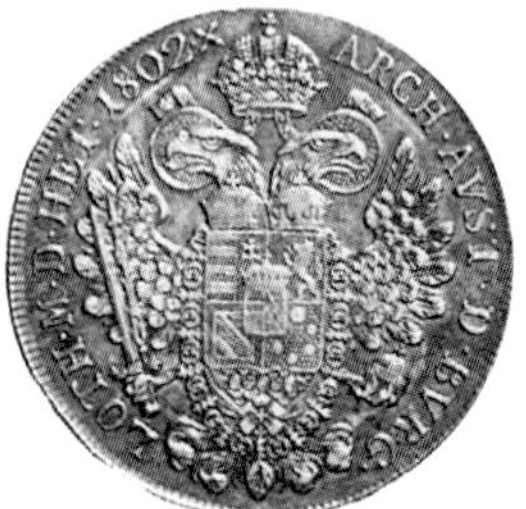

326 **½ Konventionstaler (Gulden)**

Vs.: FRANCISCVS II · D · G · R · IMP · S · A · GERM · HV · BO · REX · Mzz. A

Rs.: ARCH · AVST · D · BVRG · LOTH · M · D · HET · (Jahr) · X

Rand: LEGE ET FIDE

Jl. 108 – Schön 207 – Herinek 379–383

1800	220.–	600.–	800.–
1801	200.–	550.–	720.–
1802	200.–	550.–	720.–
1803	240.–	600.–	800.–
1804	220.–	600.–	720.–

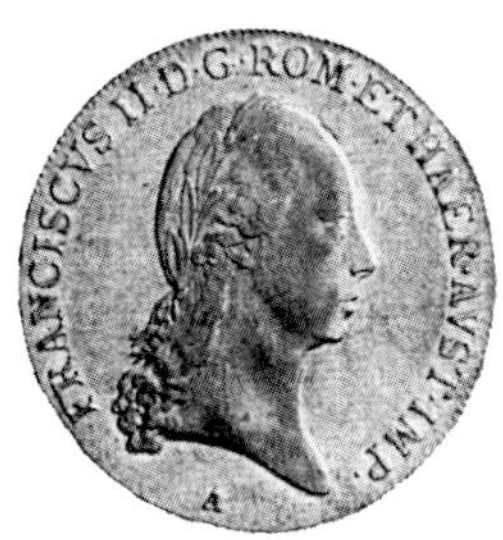

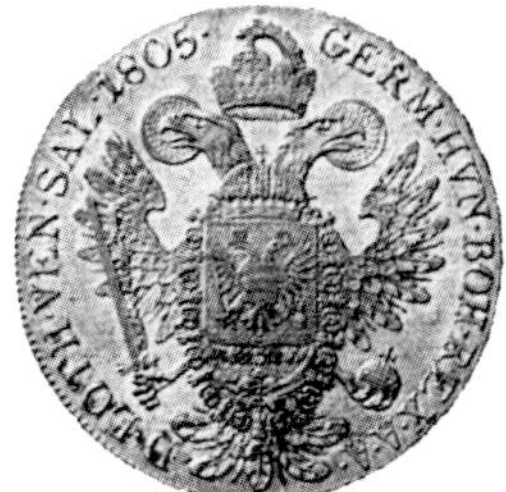

327 ½ Konventionstaler (Gulden)

Vs.: FRANCISCVS II · D · G · ROM · ET HAER · AVST · IMP · Mzz.

Rs.: GERM · HVN · BOH · REX · A · A · D · LOTH · VEN · SAL · Jahr ·

Rand: LEGE ET FIDE

Jl. 154 – Schön 225 – Herinek 387–390

Mzz. A (Wien)

1804	320.–	800.–	1200.–
1805	300.–	750.–	1100.–
1806	300.–	750.–	1100.–

Der Jahrgang 1805 wurde in der 103. Rauch-Auktion (5/2017), Nr. 1960, in „vorzüglich" für 3200.– Euro versteigert; der Jahrgang 1806 in „sehr schön+/fast vorzüglich" in der 105. Rauch-Auktion (11/2017), Nr. 1837, für 850.– Euro.

Mzz. V (Venedig)

1805	LP

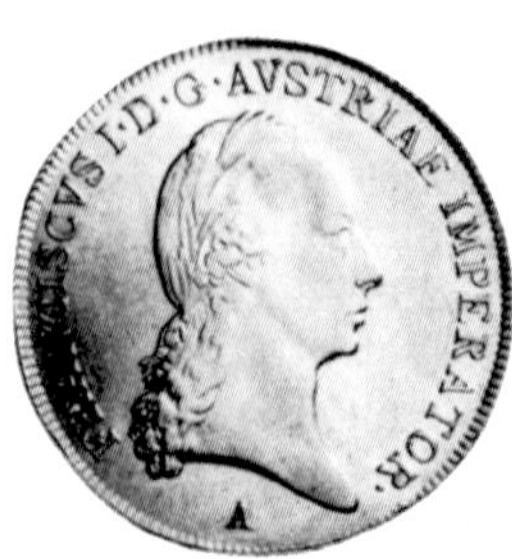

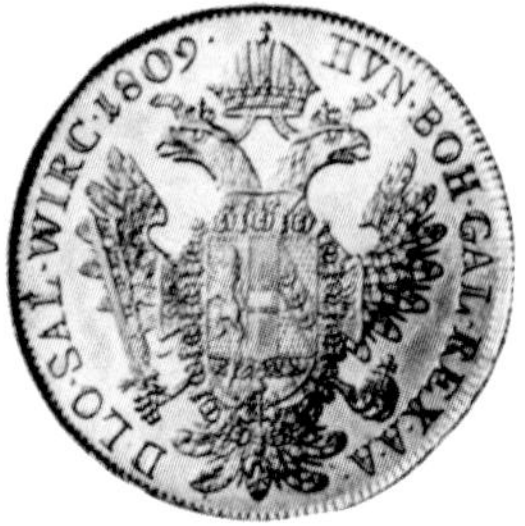

328 ½ Konventionstaler (Gulden)

Vs.: FRANCISCVS I · D · G · AVSTRIAE IMPERATOR · Mzz.

Rs.: HVN · BOH · GAL · REX · A · A · D · LO · SAL · WIRC · Jahr ·

Rand: IVSTITIA REGN FVNDAMENTVM

Jl. 162 – Herinek 391–395 – Frühwald 205–209

Mzz. A (Wien)

1807	350.–	850.–	1200.–
1808	320.–	800.–	1200.–
1809	340.–	800.–	1200.–
1810	320.–	800.–	1200.–

Mzz. C (Prag)

1809	270.–	700.–	1200.–

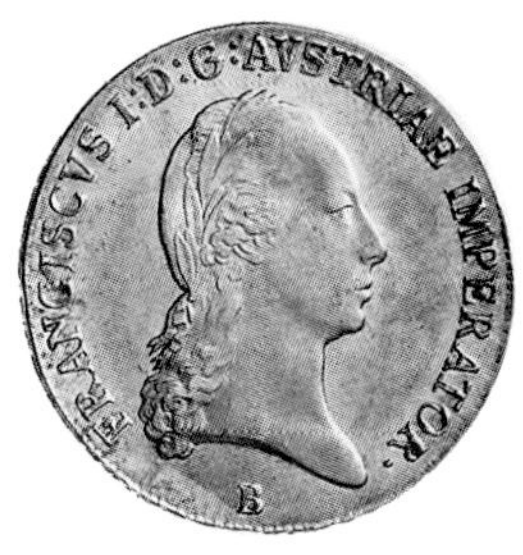
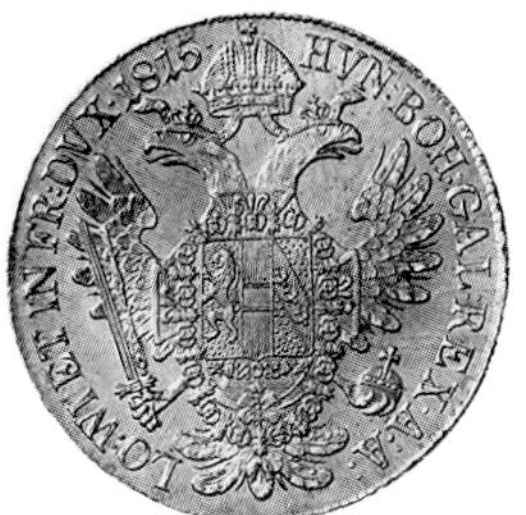

329 ½ Konventionstaler (Gulden)

Vs.: FRANCISCVS I: D: G: AVSTRIAE IMPERATOR · Mzz.

Rs.: HVN · BOH: GAL: REX. A: A: LO: WI: ET IN · FR: DVX · Jahr ·

Rand: IVSTITIA REGN FVNDAMENTVM

Jl. 174 – Herinek 396–401 – Frühwald 210–215

Mzz. A (Wien)

1811	(2180)	250.–	600.–	900.–
1812	(1930)	280.–	620.–	880.–
1813	(1710)	280.–	620.–	880.–
1814	(1530)	250.–	420.–	880.–
1815	(7840*)	100.–	200.–	380.–

Mzz. B (Kremnitz)

1815	(7840*)	130.–	250.–	400.–

**) Die Prägezahl umfaßt Wien (A) und Kremnitz (B) zusammen.*

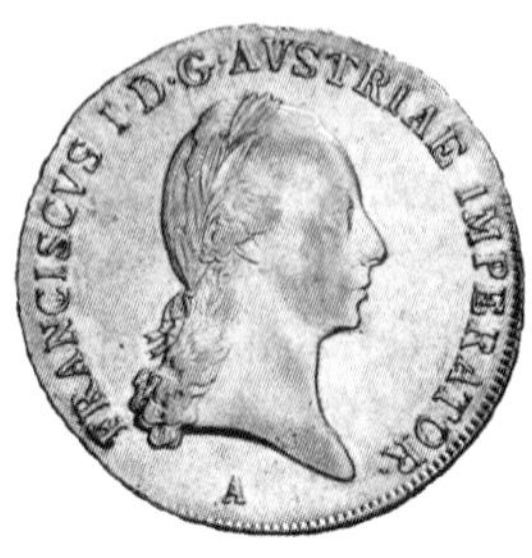

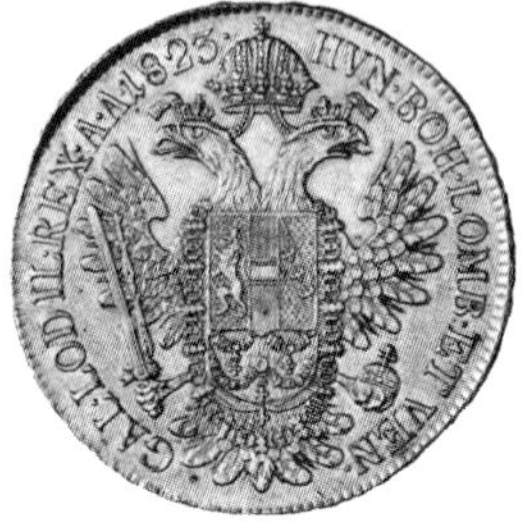

330 ½ Konventionstaler (Gulden)

Vs.: FRANCISCVS I · D · G · AVSTRIAE IMPERATOR · Mzz.

Rs.: HVN · BOH · LOMB · ET VEN · GAL · LOD · IL · REX · A · A · Jahr ·

Rand: IVSTITIA REGN FVNDAMENTVM

Jl. 189 – Herinek 402–435 – Frühwald 216–263

Mzz. A (Wien)

1817	(12 040)	180.–	420.–	750.–
1818	(3690)	650.–	1200.–	2500.–
1819		120.–	350.–	650.–
1820		100.–	330.–	450.–
1821		120.–	350.–	600.–
1822		120.–	350.–	600.–
1823		120.–	350.–	600.–
1824		80.–	220.–	400.–

Mzz. B (Kremnitz)

1818	120.–	350.–	650.–
1819	700.–	1500.–	LP
1820	250.–	600.–	1200.–
1821	120.–	280.–	650.–
1822	270.–	550.–	900.–
1823	270.–	550.–	900.–
1824	120.–	220.–	550.–

Mzz. C (Prag)

1819	140.–	320.–	600.–
1820	140.–	320.–	600.–
1821	120.–	250.–	400.–
1822	120.–	320.–	580.–
1823	90.–	220.–	350.–
1824	90.–	220.–	350.–

Mzz. E (Karlsburg)

1819	320.–	750.–	1400.–
1820	320.–	850.–	1400.–
1821	320.–	800.–	1400.–
1822	320.–	800.–	1400.–
1823	320.–	800.–	1400.–

Mzz. G (Nagybanya)

1819	120.–	450.–	800.–
1820	130.–	330.–	750.–
1821	180.–	450.–	1200.–
1822	130.–	420.–	800.–
1823	300.–	750.–	1400.–
1824	150.–	450.–	800.–

Mzz. V (Venedig)

1818	180.–	450.–	1200.–
1821	280.–	700.–	1100.–

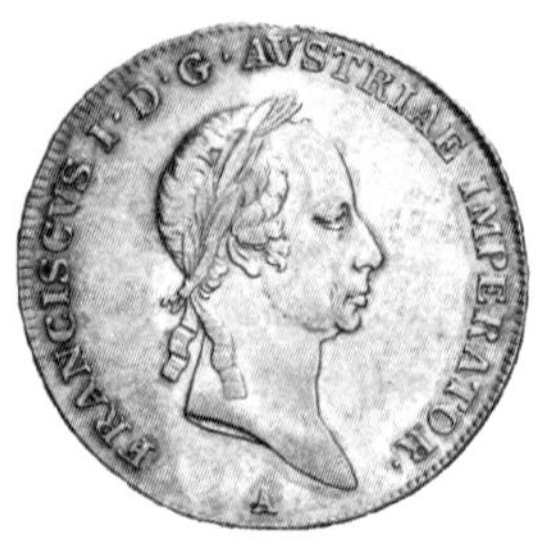
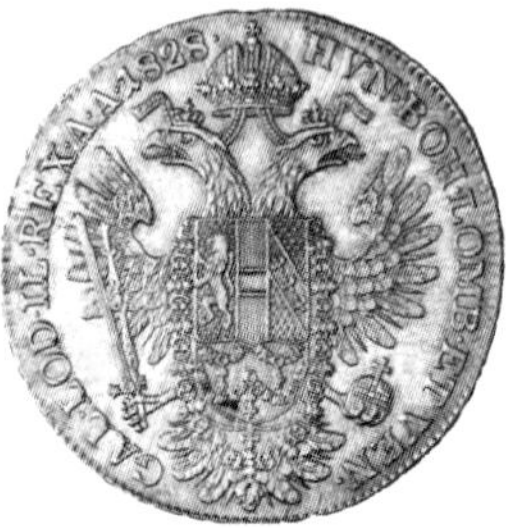

331 ½ Konventionstaler (Gulden)

Vs.: FRANCISCVS I · D · G · AVST · IMPERATOR · Mzz.

Rs.: HVN · BOH · LOMB · ET VEN · GAL · LOD · IL · REX · A · A · Jahr ·

Rand: IVSTITIA REGN FVNDAMENTVM

Jl. 197 – Herinek 436–449 – Frühwald 250–263

Mzz. A (Wien)

1825	90.–	220.–	380.–
1826	110.–	230.–	450.–
1827	110.–	240.–	500.–
1828	100.–	240.–	430.–
1829	100.–	240.–	430.–
1830	100.–	240.–	430.–

Mzz. B (Kremnitz)

1825	110.–	240.–	380.–
1826	180.–	400.–	850.–
1827	600.–	1500.–	2500.–

Mzz. C (Prag)

1825	140.–	370.–	600.–
1826	140.–	350.–	600.–
1827	400.–	900.–	1800.–

Mzz. E (Karlsburg)

1830	400.–	900.–	1500.–

Mzz. G (Nagybanya)

1826	700.–	1800.–	3200.–

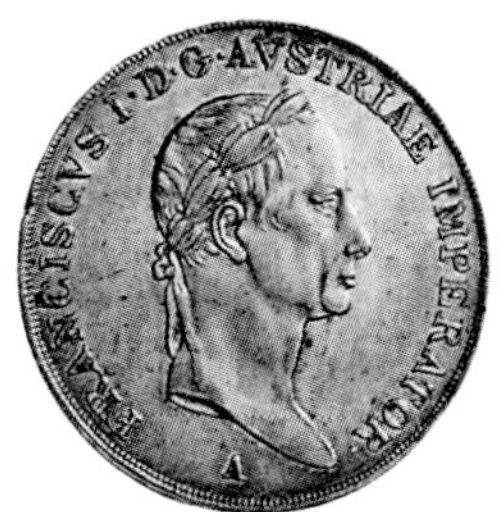

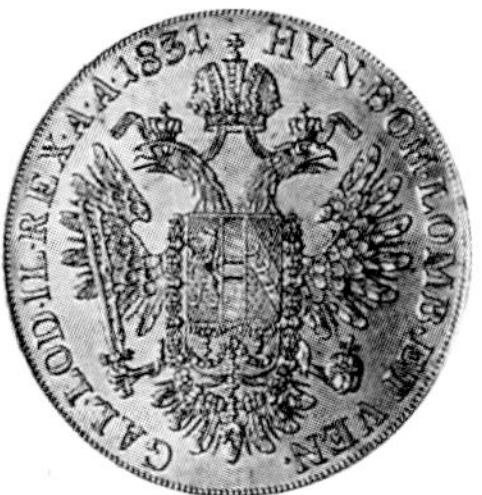

332 **½ Konventionstaler (Gulden)**

Vs.: FRANCISCVS I · D · G · AVSTRIAE IMPERATOR · Mzz. Λ

Rs.: HVN · BOH · LOMB · ET VEN · GAL · LOD · IL · REX · A · A · 1831 ·

Rand: IVSTITIA REGNORVM FVNDAMENTVM

Jl. 207 – Herinek 451 – Frühwald 264

1831	150.–	400.–	800.–

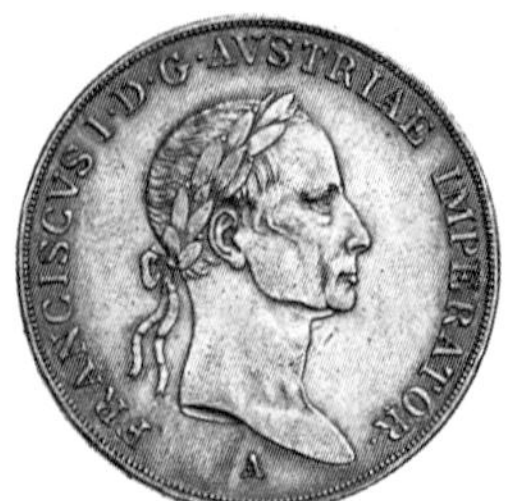

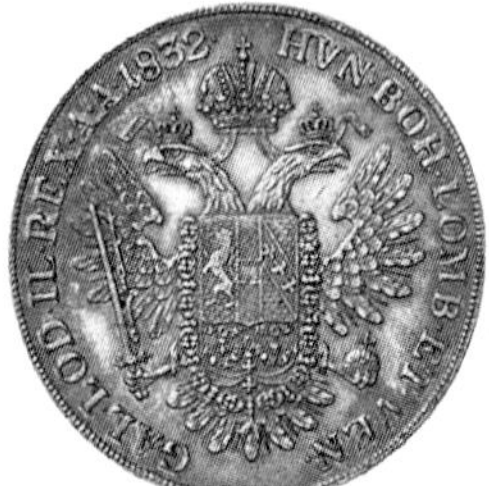

333 ½ Konventionstaler (Gulden)

Vs.: FRANCISCVS I · D · G · AVSTRIAE IMPERATOR · Mzz.

Rs.: HVN · BOH · LOMB · ET VEN · GAL · LOD · IL · REX · A · A · Jahr ·

Rand: IVSTITIA REGNORVM FVNDAMENTVM

Jl. 214 + 214F – Herinek 452–456 – Frühwald 265–269

Mzz. A (Wien)

1832	90.–	200.–	380.–
1833	90.–	200.–	380.–
1834	90.–	200.–	380.–
1835	90.–	200.–	380.–

Varianten

a) 1832 A ohne Randschrift (Jl. 214F; Herinek 452), sehr selten
b) 1833 A ohne Randschrift (Jl. 214F; Herinek 453), sehr selten

Mzz. E (Karlsburg)

1833	600.–	1200.–	2800.–

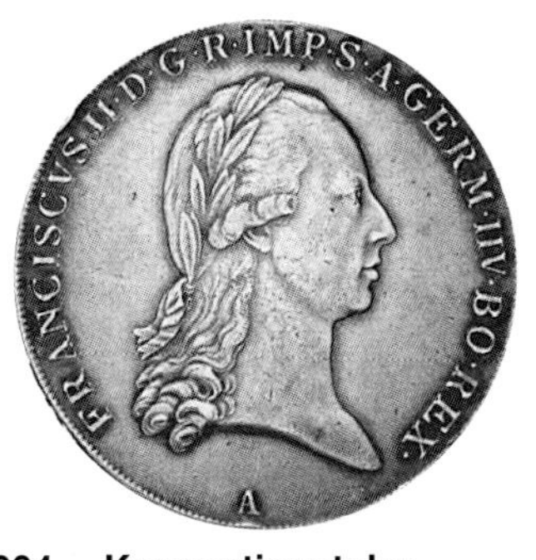

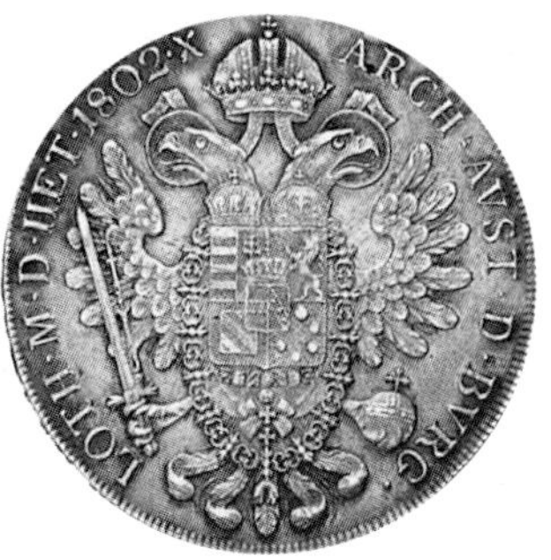

334 Konventionstaler

Vs.: FRANCISCVS II · D · G · R · IMP · S · A · GERM · HV · BO · REX · Mzz. A

Rs.: ARCH · AVST · D · BVRG · LOTH · M · D · HET · (Jahr) · X

Rand: LEGE ET FIDE

Dav. 3 – Voglh. 306/I – Jl. 109 – Schön 208

1800	400.–	1000.–	1500.–
1801	400.–	1000.–	1500.–
1802	400.–	1000.–	1500.–
1803	400.–	1000.–	1500.–
1804	400.–	1000.–	1500.–

Variante

a) 1804 in der Vorderseiten-Umschrift mit ROMANOR · IMP ·

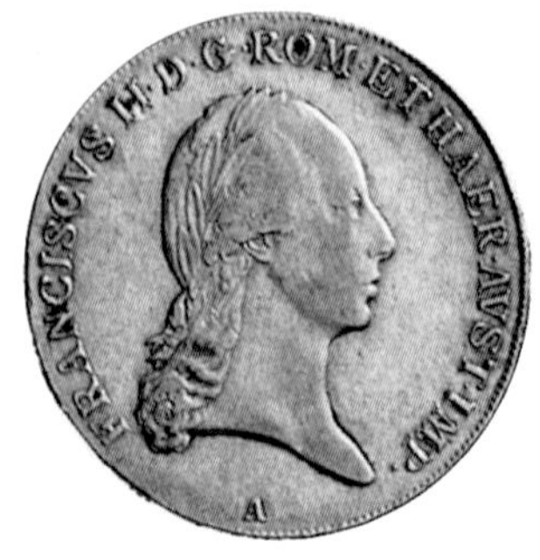

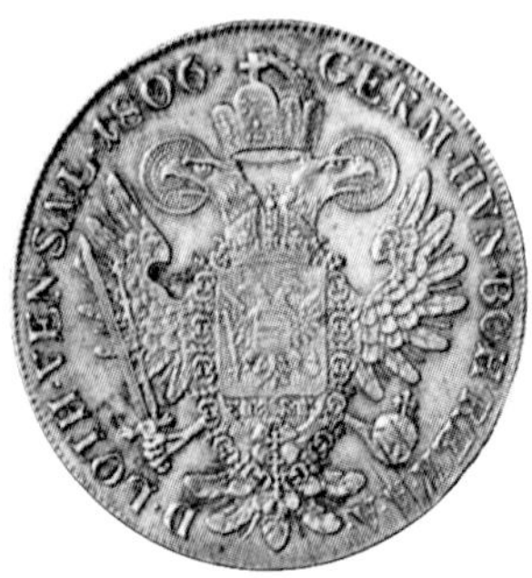

335 Konventionstaler

Vs.: FRANCISCVS II · D · G · ROM · ET HAER · AVST · IMP · Mzz. A

Rs.: GERM · HVN · BOH · REX · A · A · D · LOTH · VEN · SAL · Jahr ·

Rand: LEGE ET FIDE

Dav. 4 – Voglh. 306/II – Jl. 155 – Schön 226

1804	300.–	700.–	1200.–
1805	300.–	700.–	1200.–
1806	300.–	750.–	1350.–

In der 80. Auktion der Leipziger Münzhandlung (5/2014), Nr. 1577, erzielte ein Exemplar von 1804 in „Erstabschlag, fast Stempelglanz", 3200.– Euro.

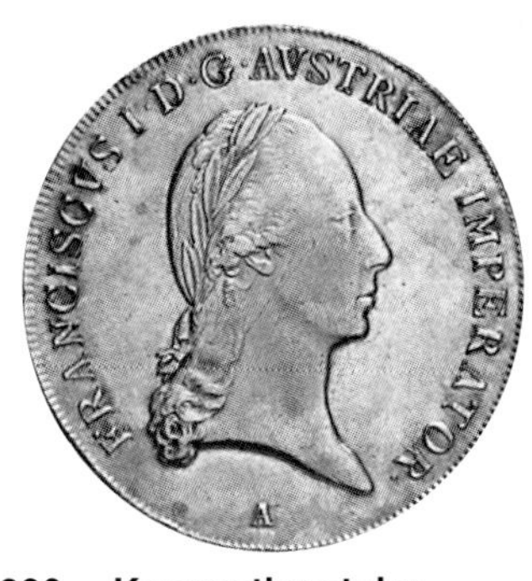
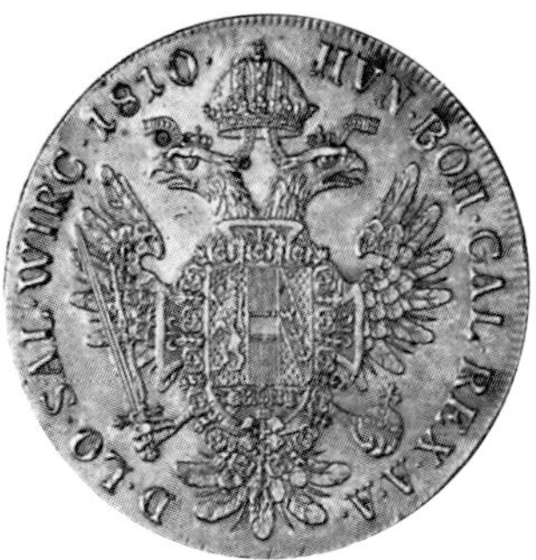

336 Konventionstaler

Vs.: FRANCISCVS I · D · G · AVSTRIAE IMPERATOR Mzz.
Rs.: HVN · BOH · GAL · REX · A · A · D · LO · SAL · WIRC · Jahr ·
Rand: IVSTITIA REGN FVNDAMENTVM

Dav. 5 – Voglh. 308/I – Jl. 163 – Frühwald 119–125

Mzz. A (Wien)

1806	3800.–	10 000.–	LP
1807	300.–	700.–	1400.–
1808	250.–	580.–	1500.–
1809	400.–	900.–	2000.–
1810	140.–	450.–	580.–

Variante

a) 1810 A als klippenförmiger Abschlag (Jl. 163 Anm.; Herinek 287), sehr selten

Mzz. B (Kremnitz)

1809	3000.–	10 000.–	LP

Wurde erst 1841 geprägt

Mzz. C (Prag)

1809	350.–	900.–	1400.–

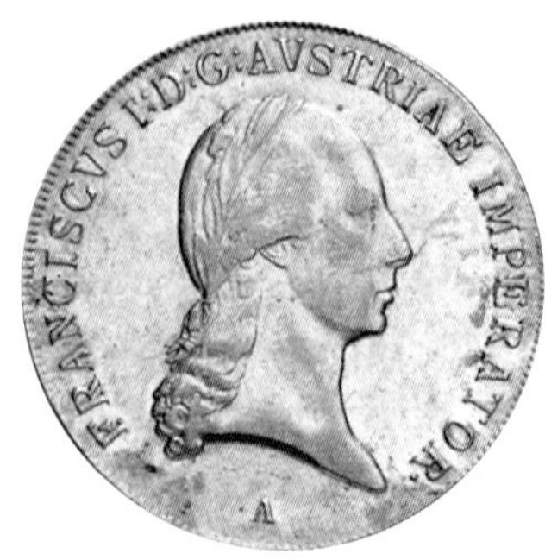

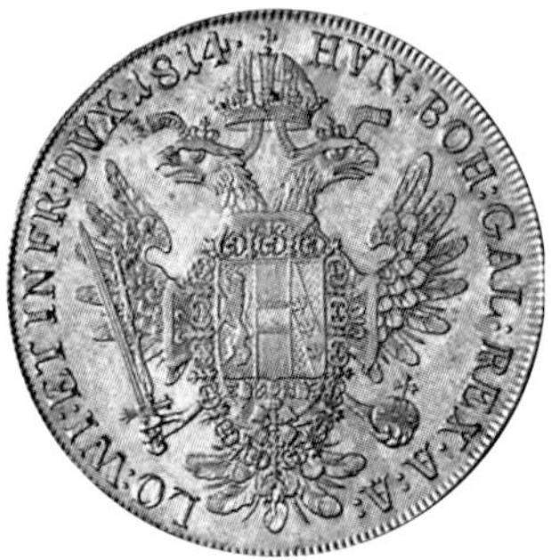

337 Konventionstaler

Vs.: FRANCISCVS I: D: G: AVSTRIAE IMPERATOR · Mzz.

Rs.: HVN: BOH: GAL: REX · A: A: LO: WI: ET IN FR: DVX · Jahr ·

Rand: IVSTITIA REGN FVNDAMENTVM

Dav. 6 – Voglh. 308/II – Jl. 175 – Frühwald 126–139

Mzz. A (Wien)

1811	200.–	400.–	850.–
1812	380.–	900.–	1500.–
1813	650.–	1400.–	2500.–
1814	120.–	330.–	700.–
1815	90.–	180.–	370.–

Mzz. B (Kremnitz)

1814	1500.–	4000.–	LP
1815	120.–	250.–	500.–

Mzz. C (Prag)

1811	250.–	650.–	1200.–
1812	400.–	900.–	1800.–
1813	650.–	1500.–	3200.–
1814	250.–	650.–	1200.–
1815	120.–	250.–	500.–

Mzz. G (Nagybanya)

1813	130.–	300.–	650.–

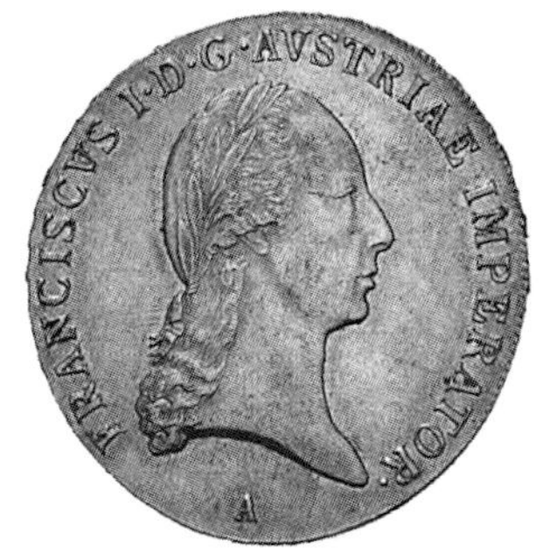

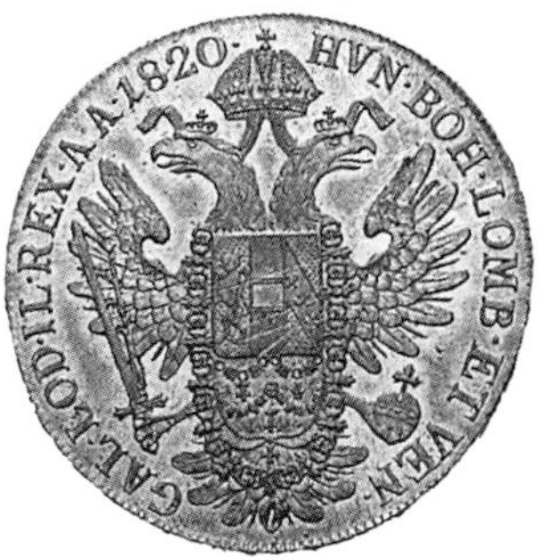

338 Konventionstaler

Vs.: FRANCISCVS I · D · G · AVSTRIAE IMPERATOR · Mzz.
Rs.: HVN · BOH · LOMB · ET VEN · GAL · LOD · IL · REX · A · A · Jahr ·
Rand: IVSTITIA REGN FVNDAMENTVM

Dav. 7 – Voglh. 308/III – Jl. 190 – Frühwald 140–179

Mzz. A (Wien)

1817	80.–	200.–	350.–
1818	80.–	190.–	320.–
1819	80.–	190.–	320.–
1820	90.–	190.–	300.–
1821	90.–	190.–	300.–
1822	90.–	190.–	300.–
1823	90.–	190.–	300.–
1824	90.–	190.–	300.–

Mzz. B (Kremnitz)

1818	90.–	200.–	400.–
1819	700.–	1800.–	LP
1820	700.–	1800.–	LP
1821	90.–	220.–	400.–
1822	120.–	230.–	400.–
1823	90.–	230.–	420.–
1824	90.–	230.–	420.–

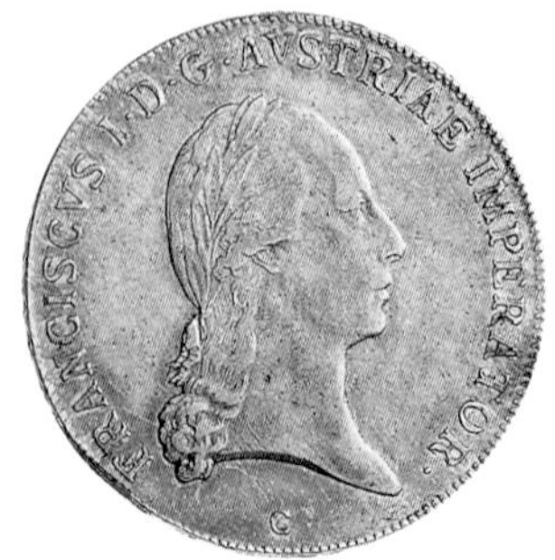

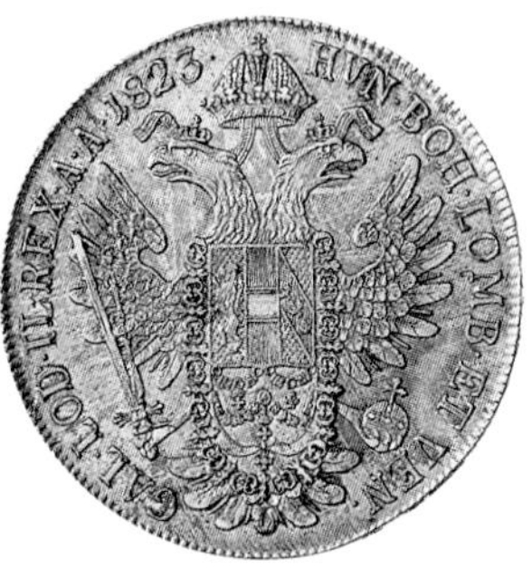

Mzz. C (Prag)

1819	90.–	200.–	350.–
1820	90.–	240.–	400.–
1821	90.–	240.–	400.–
1822	90.–	240.–	400.–
1823	90.–	240.–	400.–
1824	90.–	240.–	400.–

Mzz. E (Karlsburg)

1819	120.–	280.–	650.–
1820	130.–	300.–	650.–
1821	130.–	300.–	700.–
1822	120.–	300.–	650.–
1823	120.–	300.–	650.–
1824	120.–	300.–	650.–

Mzz. G (Nagybanya)

1819	150.–	350.–	650.–
1820	150.–	350.–	650.–
1821	150.–	350.–	700.–
1822	150.–	350.–	700.–
1823	150.–	350.–	680.–
1824	150.–	350.–	680.–

Mzz. M (Mailand)

1819	90.–	200.–	500.–
1820	90.–	220.–	500.–
1821	100.–	300.–	800.–
1822	1800.–	5000.–	LP

Mzz. V (Venedig)

1818	150.–	330.–	700.–
1821	150.–	330.–	800.–
1822	650.–	2000.–	LP

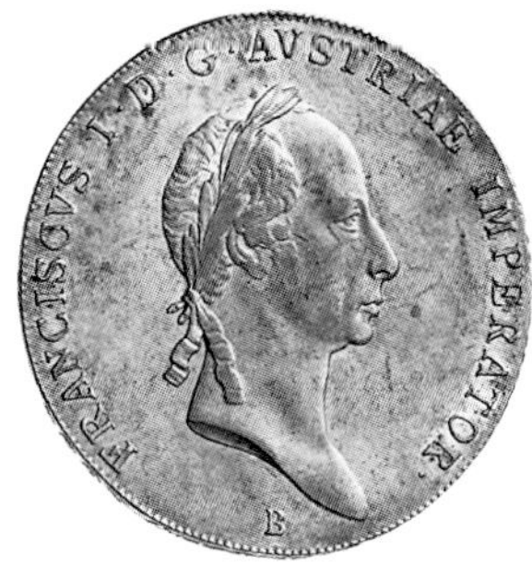

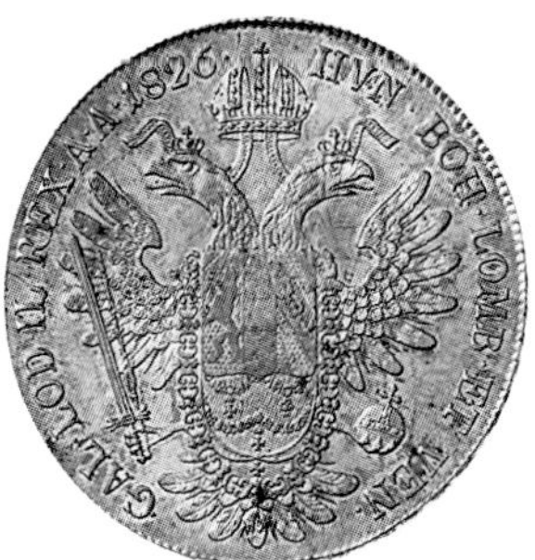

339 Konventionstaler

Vs.: FRANCISCVS I · D · G · AVSTRIAE IMPERATOR · Mzz.
Rs.: HVN · BOH · LOMB · ET VEN · GAL · LOD · IL · REX · A · A · Jahr ·
Rand: IVSTITIA REGN FVNDAMENTVM

Dav. 9 – Voglh. 308/IV – Jl. 198 – Frühwald 180–196

Mzz. A (Wien)

1824	1500.–	4000.–	LP
1825	90.–	180.–	280.–
1826	90.–	180.–	280.–
1827	90.–	180.–	350.–
1828	330.–	800.–	1800.–
1829	90.–	180.–	320.–
1830	90.–	180.–	320.–

Variante

a) Einseitiger Zinnabschlag der Vorderseite; 510. Dorotheum-Auktion (11/2009), Nr. 1386

Mzz. B (Kremnitz)

1825	90.–	250.–	400.–
1826	90.–	250.–	400.–
1827	500.–	1250.–	LP

Mzz. C (Prag)

1824	1500.–	4000.–	LP
1825	100.–	300.–	400.–
1826	90.–	250.–	400.–
1827	90.–	250.–	400.–

Mzz. E (Karlsburg)

1830	150.–	400.–	750.–

Mzz. G (Nagybanya)

1825	150.–	350.–	650.–
1826	150.–	350.–	650.–

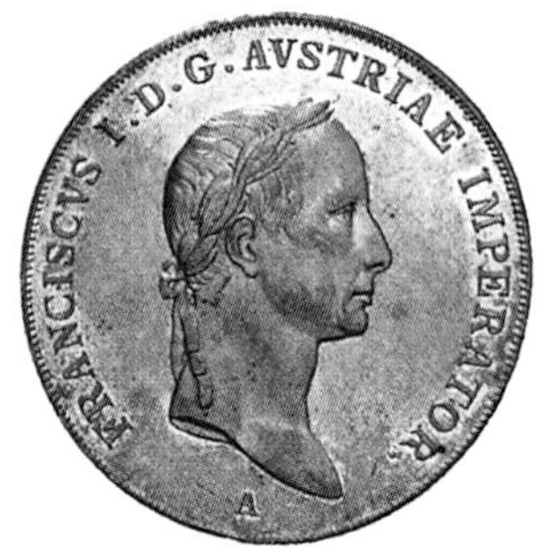

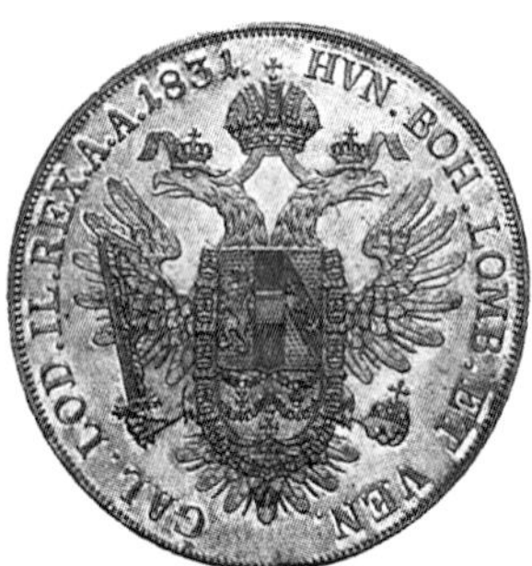

340 Konventionstaler

Vs.: FRANCISCVS I. D. G. AVSTRIAE IMPERATOR. Mzz. A

Rs.: HVN. BOH. LOMB. ET VEN. GAL. LOD. IL. REX. A. A. 1831.

Rand: IVSTITIA REGNORVM FVNDAMENTVM

Dav. 10 – Voglh. 308/IV – Jl. 208 – Frühwald 197

1831	170.–	400.–	800.–

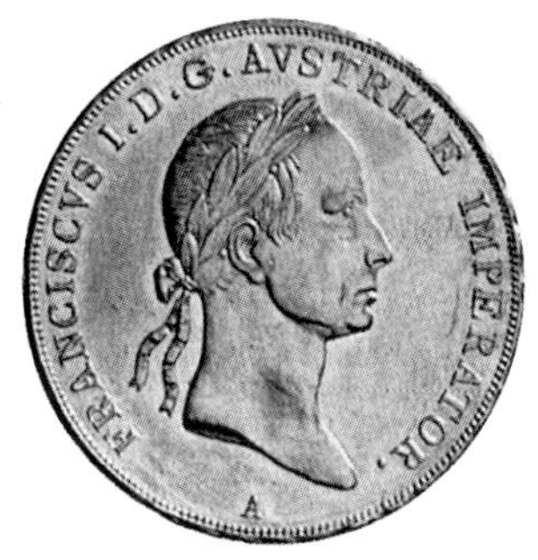

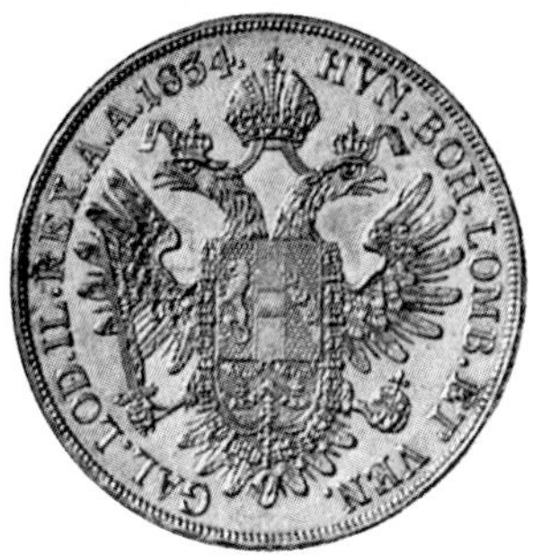

341 Konventionstaler

Vs.: FRANCISCVS I. D. G. AVSTRIAE IMPERATOR. Mzz.

Rs.: HVN. BOH. LOMB. ET VEN. GAL. LOD. IL. REX. A. A. Jahr.

Rand: IVSTITIA REGNORVM FVNDAMENTVM (vertieft)

Dav. 11 – Voglh. 308/IV Var. – Jl. 215 + 215F – Frühwald 198–204

Mzz. A (Wien)

1831	500.–	1200.–	LP
1832	110.–	220.–	400.–
1833	110.–	220.–	400.–
1834	110.–	220.–	400.–
1835	110.–	220.–	400.–

Variante

a) 1833 A mit fehlerhafter Randschrift FVNDAMENIVM statt FVNDAMENTVM (Jl. 215F; Herinek 363), selten; 293. Künker-Auktion (6/2017), Nr. 1674, Zuschlag für 2200.– Euro

Mzz. B (Kremnitz)

1833	500.–	1200.–	LP

Mzz. E (Karlsburg)

1833	650.–	1700.–	3500.–

Ferdinand I. 1835 – 1848

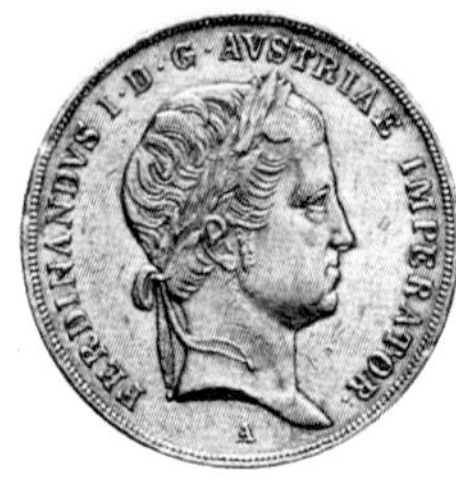
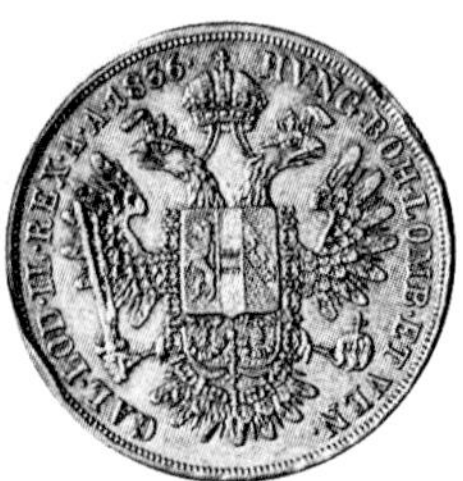

342 ½ Konventionstaler

Vs.: FERDINANDVS I · D · G · AVSTRIAE IMPERATOR · Mzz. A

Rs.: HVNG · BOH · LOMB · ET VEN · GAL · LOD · IL · REX · A · A · Jahr ·

Rand: RECTA TVERI

Jl. 238 – Herinek 151 + 152 – Frühwald 776 + 777

1835	1400.–	3000.–	6000.–
1836	350.–	650.–	1200.–

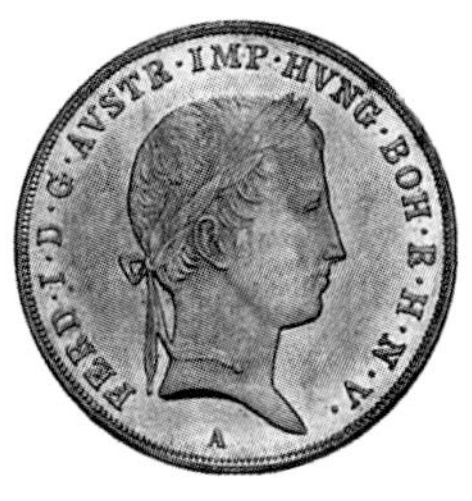

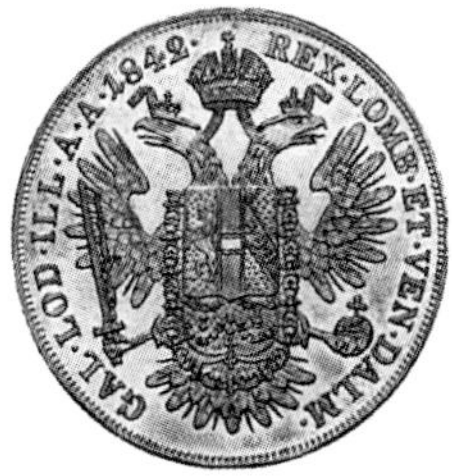

343 ½ Konventionstaler

Vs.: FERD · I · D · G · AVSTR · IMP · HVNG · BOH · R · H · N · V · Mzz.

Rs.: REX · LOMB · ET VEN · DALM · GAL · LOD · ILL · A · A · Jahr ·

Rand: RECTA TVERI

Jl. 245 – Herinek 153–165 – Frühwald 778–789

Mzz. A (Wien)

1837		120.–	220.–	400.–
1838		120.–	220.–	400.–
1839		90.–	200.–	400.–
1840		90.–	200.–	370.–
1841		90.–	200.–	370.–
1842		90.–	200.–	370.–
1843		90.–	200.–	370.–
1844		90.–	200.–	370.–
1845		90.–	200.–	370.–
1846		90.–	200.–	370.–
1847		90.–	200.–	370.–
1848	(3960)	90.–	200.–	370.–

Mzz. GM (Belagerung von Mantua)

1848		550.–	1200.–	LP

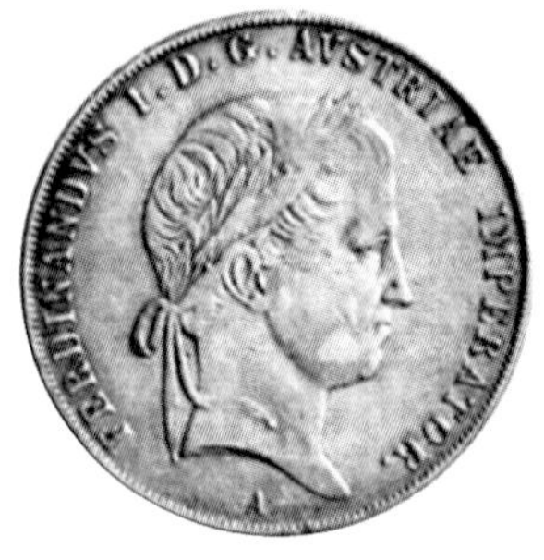
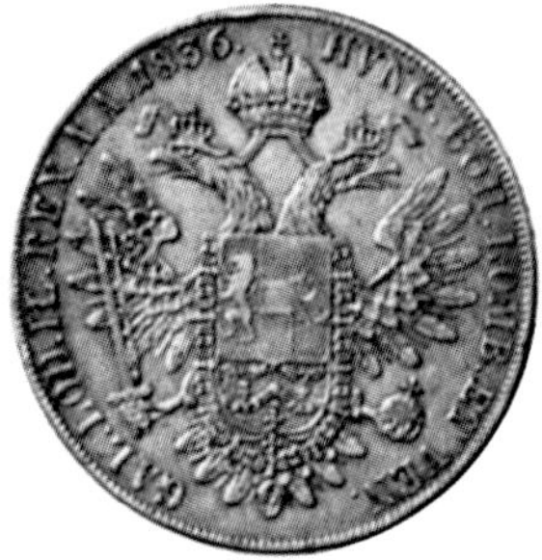

344 Konventionstaler

Vs.: FERDINANDVS I. D. G. AVSTRIAE IMPERATOR. Mzz.

Rs.: HVNG. BOH. LOMB. ET VEN. GAL. LOD. IL. REX. A. A. Jahr.

Rand: RECTA TVERI

Dav. 12 – Voglh. 314/I – Jl. 239 – Frühwald 757–760

Mzz. A (Wien)

1835	1600.–	4500.–	LP
1836	400.–	800.–	1500.–

Variante

a) 1835 A mit eckiger Haarschleife (Herinek 130)

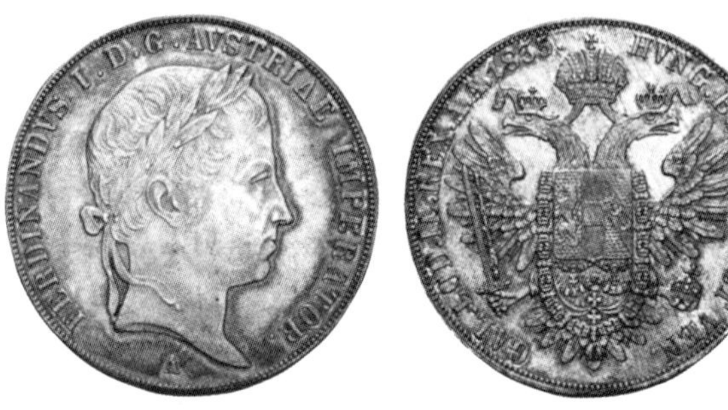

Nr. 344a) mit eckiger Haarschleife

Mzz. C (Prag)

1835	(Probe)	4000.–	12000.–	LP
1836		850.–	2000.–	4000.–

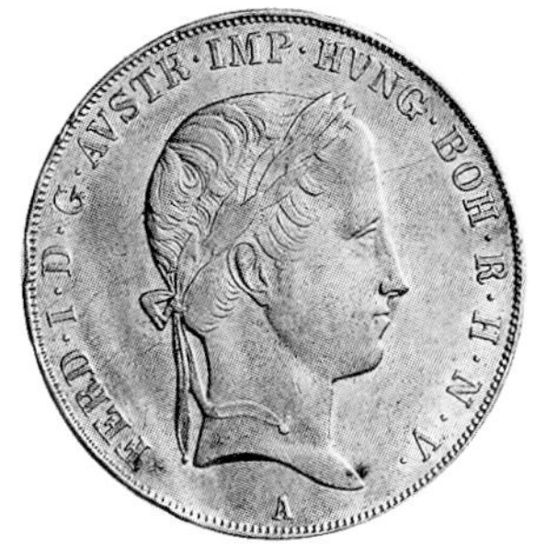

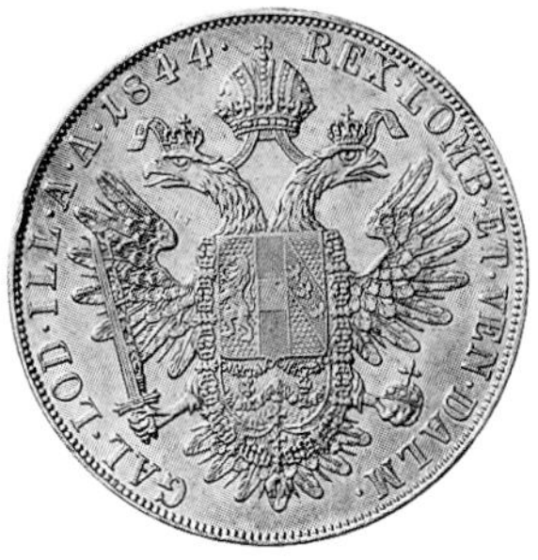

345 Konventionstaler

Vs.: FERD · I · D · G · AVSTR · IMP · HVNG · BOH · R · H · N · V · Mzz.

Rs.: REX · LOMB · ET · VEN · DALM · GAL · LOD · ILL · A · A · Jahr ·

Rand: RECTA TVERI

Dav. 14 – Voglh. 314/II – Jl. 246 – Frühwald 762–775

Mzz. A (Wien)

1837		110.–	280.–	500.–
1838		110.–	220.–	400.–
1839		110.–	220.–	400.–
1840		110.–	220.–	380.–
1841		110.–	220.–	380.–
1842		110.–	220.–	380.–
1843		110.–	220.–	380.–
1844		110.–	220.–	380.–
1845		110.–	220.–	380.–
1846		110.–	220.–	380.–
1847		110.–	220.–	380.–
1848	(118 750)	110.–	220.–	380.–

Mzz. M (Mailand)

1837	480.–	1200.–	3000.–
1838	600.–	1500.–	3300.–

Franz Josef I. 1848 – 1916

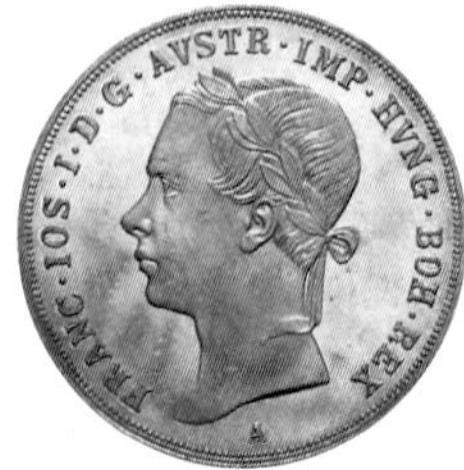

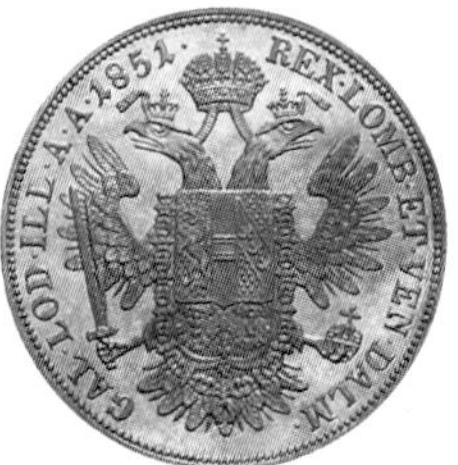

346 ½ Konventionstaler (Gulden)

Vs.: FRANC · IOS · I · D · G · AVSTR · IMP · HVNG · BOH · REX Mzz. A

Rs.: REX · LOMB · ET · VEN · DALM · GAL · LOD · ILL · A · A · Jahr ·

Rand: VIRIBVS VNITIS

Jl. 289 – Herinek 431–434 – Frühwald 1432–1435

1848	1800.–	4500.–	LP
1849	1800.–	4500.–	LP
1850	1800.–	4500.–	LP
1851	1800.–	4500.–	LP

Vom Jahrgang 1848 wurde in der 80. Auktion von H. D. Rauch, Wien (6/2007), ein Exemplar in „Stempelglanz" für 8500.– Euro zugeschlagen, in der 77. Auktion von H. D. Rauch (4/2006) ein Exemplar von 1849 in „fast Stempelglanz/Stempelglanz" für 7000.– Euro. Vom Jahrgang 1851 erzielte ein Exemplar in „Stempelglanz, winzige Kratzer" in der 51. WAG-Auktion (9/2009), Nr. 2220, den Zuschlag von 8000.– Euro; ein Exemplar von 1848 in „fast Stempelglanz aus Erstabschlag" 5000.– Euro.

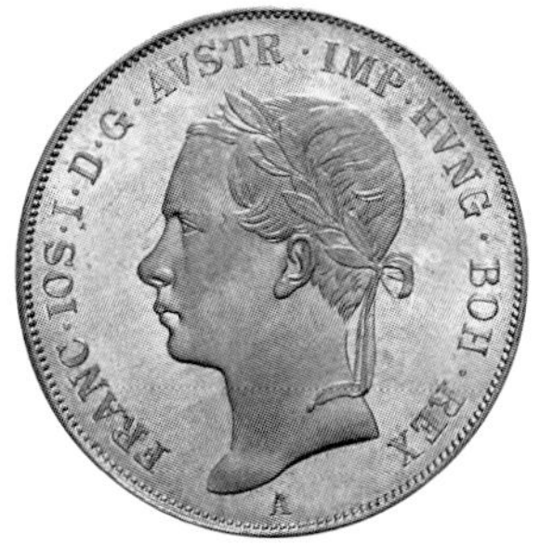

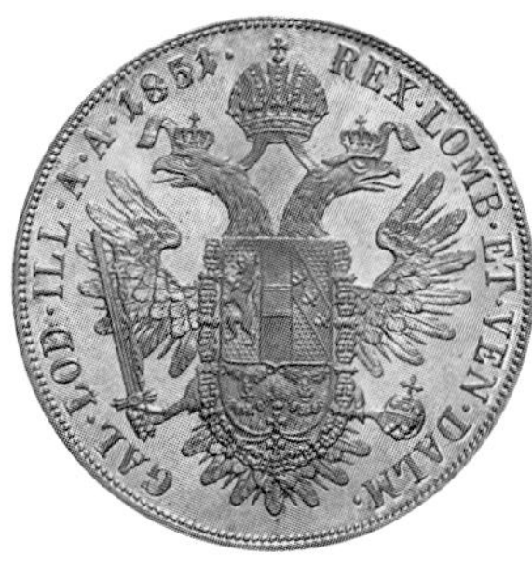

347 Konventionstaler

Vs.: FRANC · IOS · I · D · G · AVSTR · IMP · HVNG · BOH · REX
Mzz. A

Rs.: REX · LOMB · ET · VEN · DALM · GAL · LOD · ILL · A · A · Jahr ·

Rand: VIRIBVS VNITIS

Dav. 15 – Voglh. 317/II – Jl. 290 – Frühwald 1344–1347

1848	(10)	5000.–	LP
1849	(10)	5000.–	LP
1850	(10)	5000.–	LP
1851	(10)	5000.–	LP

In „sehr schön" kommt so gut wie kein Exemplar vor.

Der Jahrgang 1848 wurde in „fast Stempelglanz" in der 350. Künker-Auktion (6/2021), Nr. 1725, für 9000.– Euro zugeschlagen; der Jahrgang 1849 in „fast Stempelglanz" wurde in der 184. Künker-Auktion (3/2011), Nr. 5230, für 14 000.– Euro zugeschlagen; der Jahrgang 1850 in „fast Stempelglanz" in der 106. Auktion von WAG Online (2/2020), Nr. 2492, für 7000.– Euro.

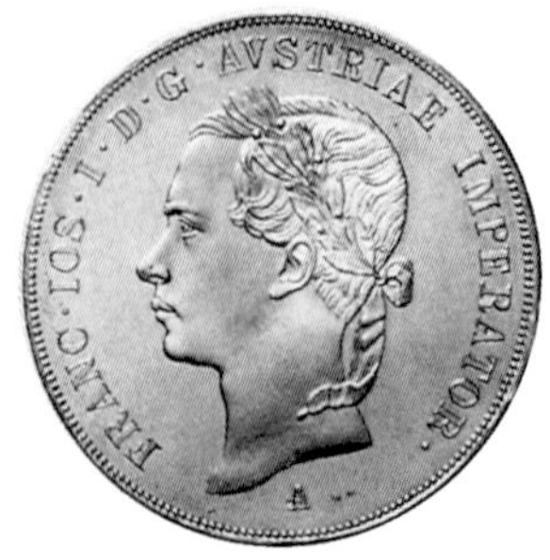
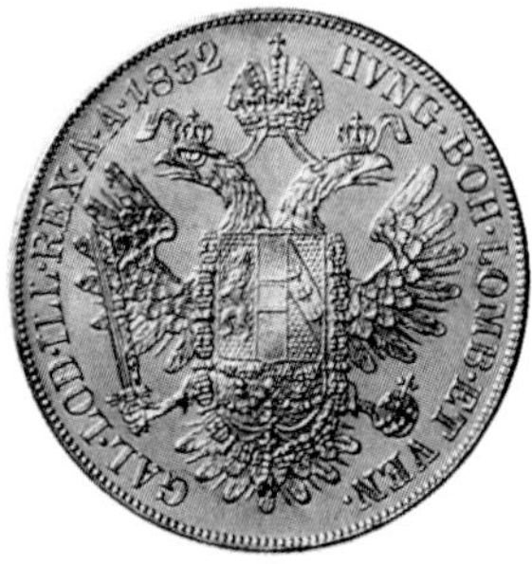

348 Konventionstaler

Vs.: FRANC · IOS · I · D · G · AVSTRIAE IMPERATOR · Mzz. A

Rs.: HVNG · BOH · LOMB · ET VEN · GAL · LOD · ILL · REX · A · A · 1852

Rand: VIRIBVS VNITIS

Dav. 16 – Voglh. 317/I – Jl. 292 – Frühwald 1348

1852	(10)	LP

In der 77. Auktion von H. D. Rauch, Wien (4/2006), wurde ein Exemplar in „fast Stempelglanz" für 10 000.– Euro zugeschlagen; in der 74. WAG-Auktion (11/2015), Nr. 1797, ein Exemplar in „Stempelglanz" für 17 500.– Euro; in der 233. Künker-Auktion (6/2013), Nr. 2105, ein Exemplar in „Stempelglanz" für 15 000.– Euro.

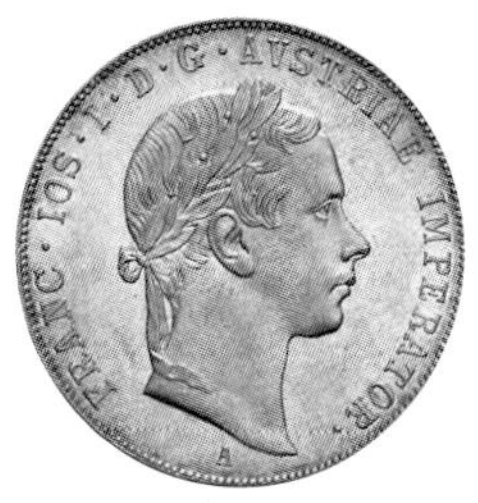
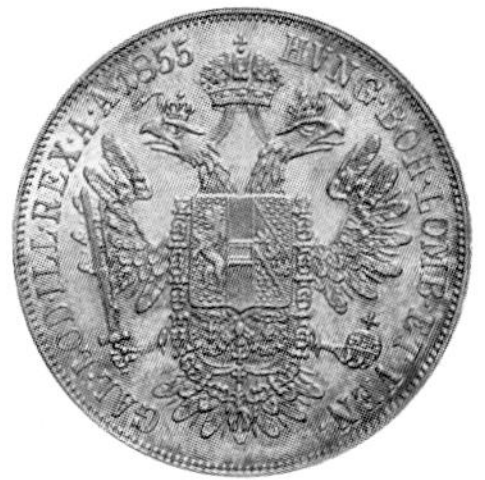

349 ½ Konventionstaler

Vs.: FRANC · IOS · I · D · G · AVSTRIAE · IMPERATOR · Mzz.

Rs.: HVNG · BOH · LOMB · ET VEN GAL · LOD · ILL · REX · A · A · Jahr

Rand: VIRIBVS VNITIS

Jl. 295 – Frühwald 1436–1441

Mzz. A (Wien)

1852	450.–	900.–	1800.–
1853	400.–	850.–	1400.–
1854	400.–	850.–	1400.–
1855	400.–	850.–	1200.–
1856	400.–	850.–	1400.–

Variante

a) 1856 A mit Randschrift VIRIBUS VIRIBUS (Jl. 295F), sehr selten

Mzz. B (Kremnitz)

1853	6500.–	16 000.–	LP

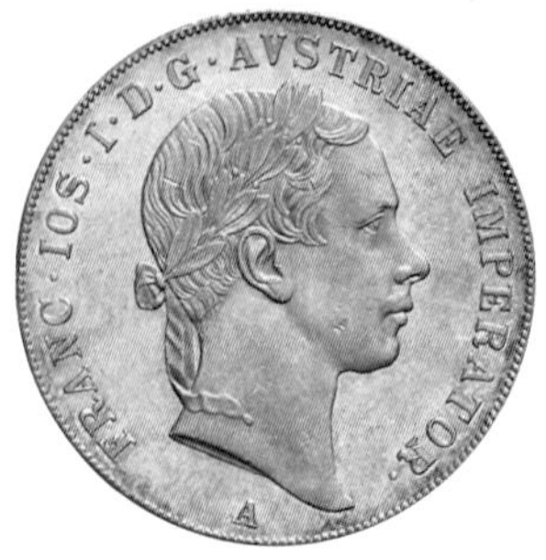

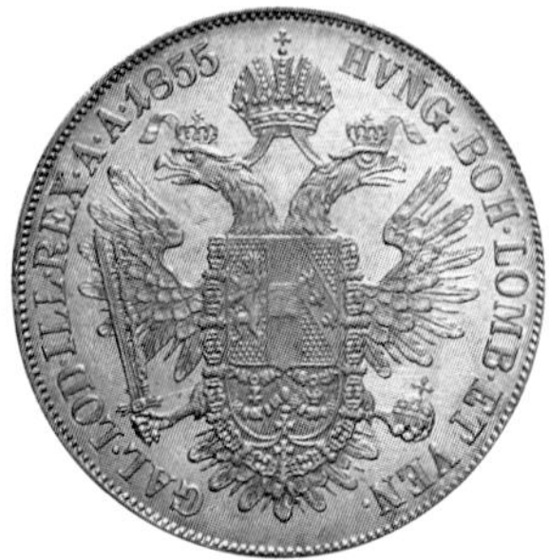

350 Konventionstaler

Vs.: FRANC · IOS · I · D · G · AVSTRIAE IMPERATOR · Mzz.

Rs.: HVNG · BOH · LOMB · ET VEN · GAL · LOD · ILL · REX · A · A · Jahr

Rand: VIRIBVS VNITIS

Dav. 17 – Voglh. 318 – Jl. 296 – Frühwald 1349–1354

Mzz. A (Wien)

1852	250.–	530.–	850.–
1853	220.–	450.–	750.–
1854	220.–	450.–	750.–
1855	220.–	450.–	750.–
1856	220.–	450.–	750.–

Variante

a) 1856 A mit Randschrift VIRIBUS VIRIBUS (Jl. 296F), sehr selten

Mzz. B (Kremnitz)

1853	1200.–	3000.–	6000.–

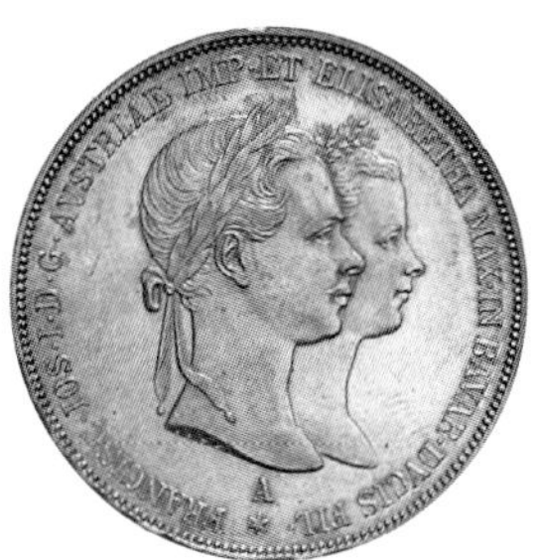
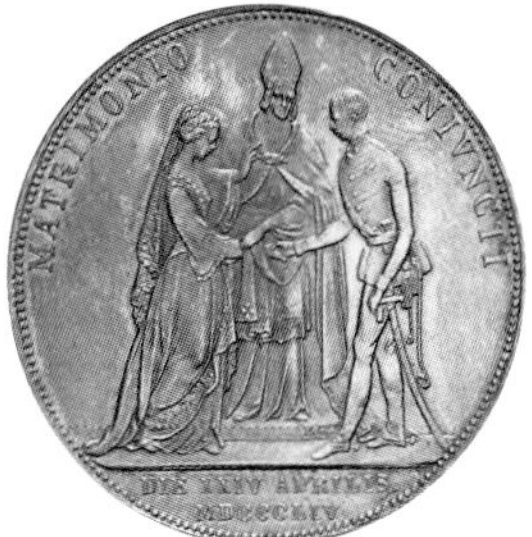

351 Konventionstaler (Doppelgulden) auf die Hochzeit des Kaisers

Vs.: FRANCISC · IOS · I · D · G · AVSTRIAE IMP · ET ELISABETHA MAX · IN BAVAR · DVCIS FIL · Mzz. A

Rs.: MATRIMONIO CONIVNCTI
DIE XXIV APRILIS MDCCCLIV

Rand: ZWEI GULDEN XII EINE F · W · M ·

Dav. 19 – Jl. 300 – Frühwald 1901

1854	110.–	220.–	400.–

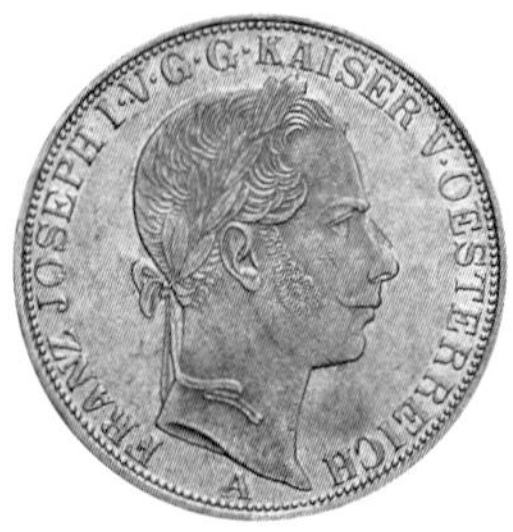

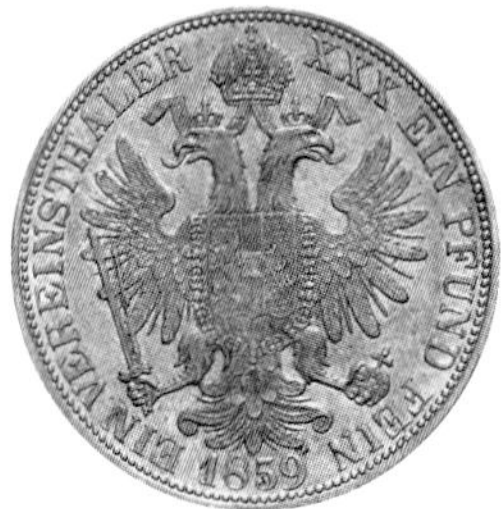

352 Vereinstaler

Vs.: FRANZ JOSEPH I · V · G · G · KAISER V · OESTERREICH Mzz.

Rs.: EIN VEREINSTHALER XXX EIN PFUND FEIN Jahr

Rand: MIT VEREINTEN KRAEFTEN

Dav. 21 – Jl. 312 – T. 445–449 – Frühwald 1392–1425

Mzz. A (Wien)

1857	50.–	100.–	200.–
1858	50.–	100.–	200.–
1859	50.–	100.–	200.–
1860	80.–	170.–	300.–
1861	70.–	130.–	230.–
1862	70.–	130.–	230.–
1863	70.–	130.–	230.–
1864	70.–	130.–	230.–
1865	50.–	100.–	200.–

Varianten

a) 1857 A auch mit gebogener „7“ in der Jahreszahl (Schwalbach 160a)

b) 1858 A aus 1857 geändert (Schwalbach 160b)

c) 1863 A: Das mittlere Lorbeerblatt zeigt auf den Beginn des Buchstabens „A“ von KAISER (Schwalbach 160 Anm.)

d) 1863 A: Das mittlere Lorbeerblatt zeigt auf die Mitte des Buchstabens „A“ von KAISER (Schwalbach 160 Anm.)

e) 1863 A auch mit kleinem Stern in der Randschrift (Schwalbach 160 Anm.; Herinek 448 Anm.)

f) 1864 A auch mit kleinem Stern in der Randschrift (Schwalbach 160 Anm.; Herinek 449 Anm.)

Mzz. B (Kremnitz)

1857	1000.–	3500.–	7000.–
1858	90.–	200.–	380.–
1859	3500.–	1000.–	LP
1861	85.–	220.–	400.–
1862	180.–	600.–	1100.–
1863	90.–	220.–	400.–
1864	90.–	220.–	400.–
1865	90.–	220.–	400.–

Mzz. E (Karlsburg)

1857	1000.–	3500.–	7000.–
1858	650.–	2000.–	4500.–
1859	1200.–	4500.–	LP
1861	100.–	350.–	800.–
1863	80.–	220.–	400.–
1864	80.–	220.–	400.–
1865	80.–	170.–	300.–

Varianten

g) 1865 E mit großer Jahreszahl (Schwalbach 162 Anm.)
h) 1865 E mit kleiner Jahreszahl (Schwalbach 162 Anm.)
i) 1865 E auch mit kleiner „8" und großer „5" in der Jahreszahl (Schwalbach 162 Anm.)

Mzz. M (Mailand)

1858	180.–	550.–	1200.–
1859	180.–	550.–	1200.–

Mzz. V (Venedig)

1857	1200.–	3500.–	7000.–
1858	180.–	550.–	1200.–
1860	300.–	1000.–	2200.–
1861	120.–	300.–	600.–
1862	180.–	500.–	900.–
1863	200.–	480.–	900.–
1864	1100.–	3500.–	7000.–
1865	2000.–	7000.–	LP

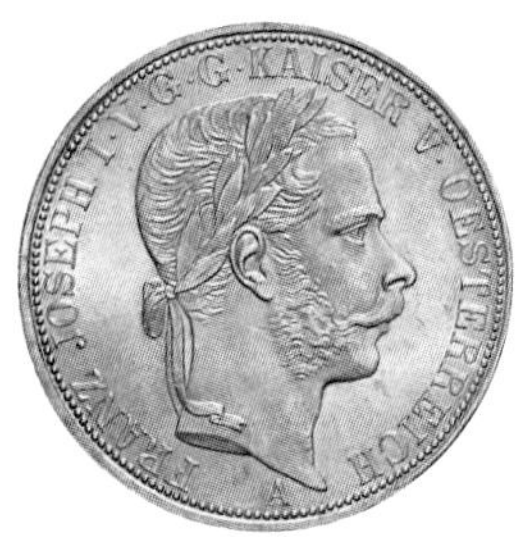

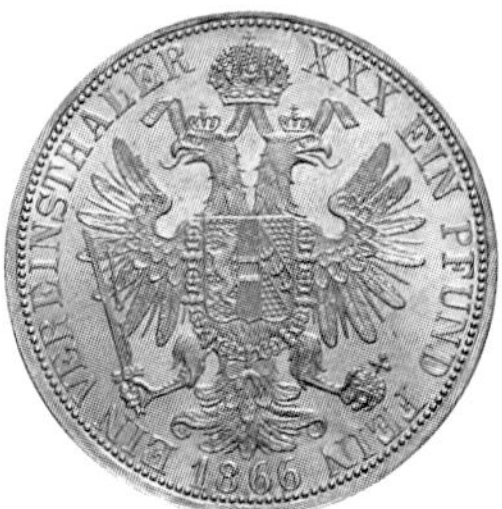

353 Vereinstaler

Vs.: FRANZ JOSEPH I · V · G · G · KAISER V · OESTERREICH Mzz.

Rs.: EIN VEREINSTHALER XXX EIN PFUND FEIN Jahr

Rand: MIT VEREINTEN KRAEFTEN

Dav. 26 – Jl. 316 – T. 450–452 – Frühwald 1426–1431

Mzz. A (Wien)

1866	80.–	170.–	320.–
1867	80.–	170.–	320.–

Mzz. B (Kremnitz)

1866	80.–	200.–	400.–
1867	80.–	200.–	400.–

Mzz. E (Karlsburg)

1866	80.–	200.–	400.–
1867	80.–	200.–	400.–

Vom Jahrgang 1868 E sind zwar rund 16 000 Stück geprägt worden, jedoch wurden sie komplett wieder eingeschmolzen.

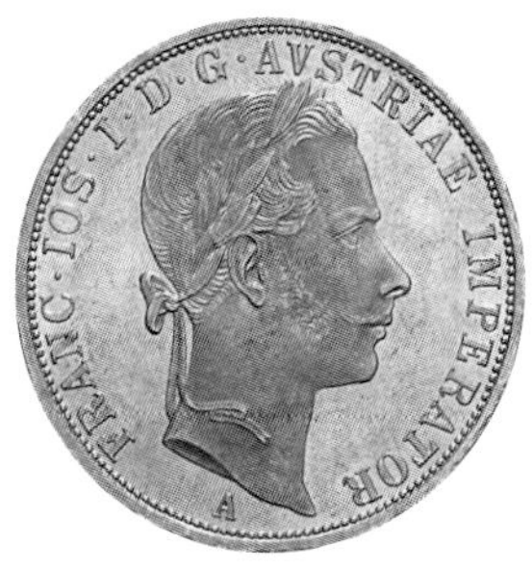
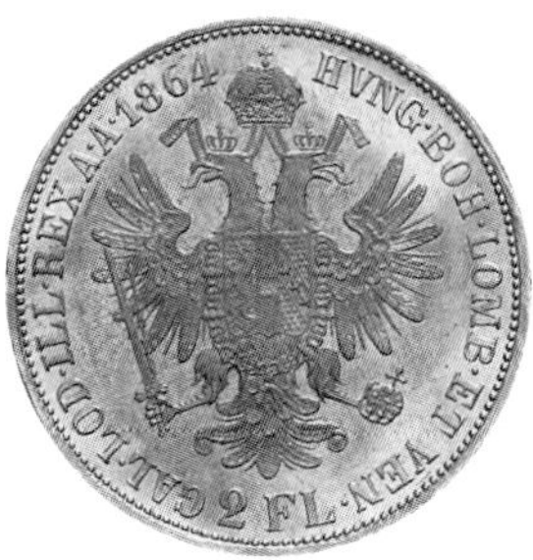

354 Doppelgulden

Vs.: FRANC · IOS · I · D · G · AVSTRIAE IMPERATOR
Mzz.

Rs.: HVNG · BOH · LOMB · ET VEN · 2 FL · GAL · LOD · ILL · REX A · A. Jahr

Rand: VIRIBVS VNITIS

Dav. 22 – Jl. 329 – T. 453–455 – Frühwald 1355–1363

Mzz. A (Wien)

1859		120.–	300.–	480.–
1860		1500.–	2800.–	4800.–
1861				LP
1862	(15 480)	220.–	650.–	1100.–
1863	(24 310)	150.–	400.–	750.–
1864	(31 130)	150.–	380.–	680.–
1865	(72 340)	150.–	300.–	400.–
1866				LP

Variante

a) Vom Jahrgang 1866 ist ein Probe-Kupferabschlag ohne Münzstättenzeichen bekannt (sehr selten)

Mzz. B (Kremnitz)

1859		120.–	220.–	380.–

Mzz. M (Mailand)

1858	(Probe)			LP

zu Nr. 354

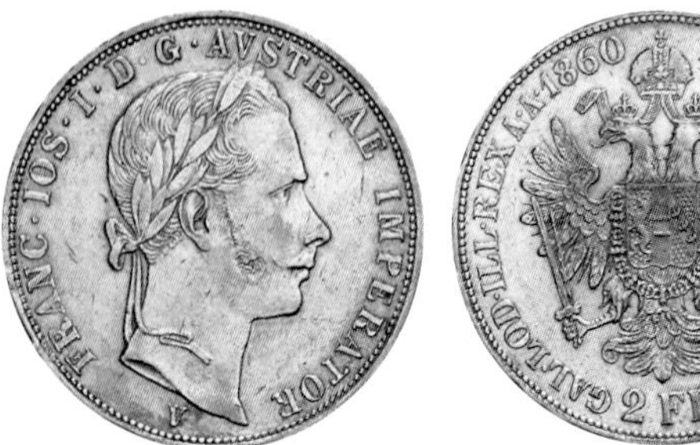

Mzz. V (Venedig)

1860	400.–	1100.–	2500.–

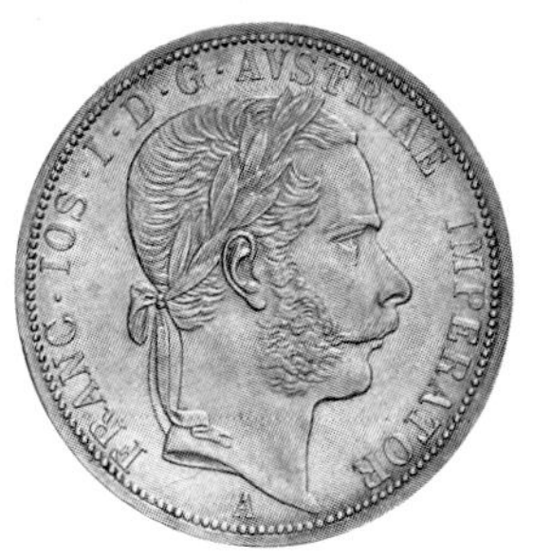

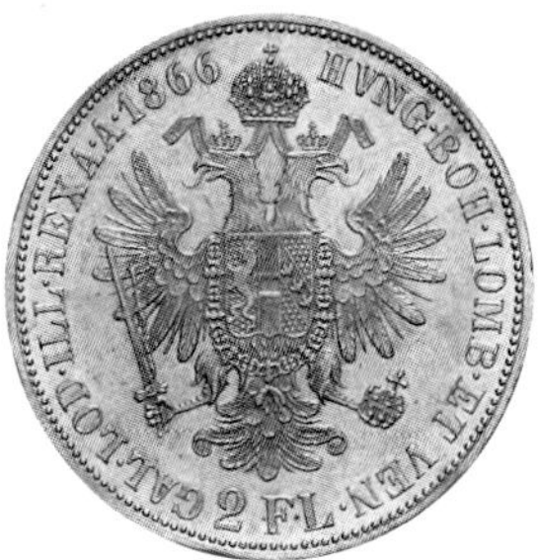

355 Doppelgulden

Vs.: FRANC · IOS · I · D · G · AVSTRIAE IMPERATOR
Mzz. A

Rs.: HVNG · BOH · LOMB · ET VEN · 2 FL · GAL · LOD · ILL · REX A · A · Jahr

Rand: VIRIBVS VNITIS

Dav. 25 – Jl. 336 – T. 456 – Frühwald 1364

1866	350.–	650.–	1000.–

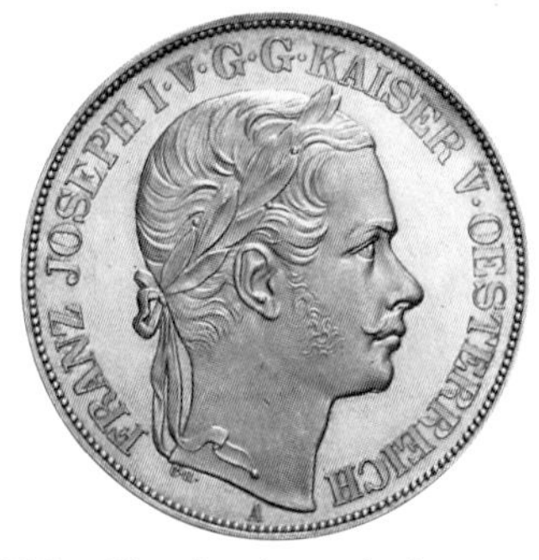

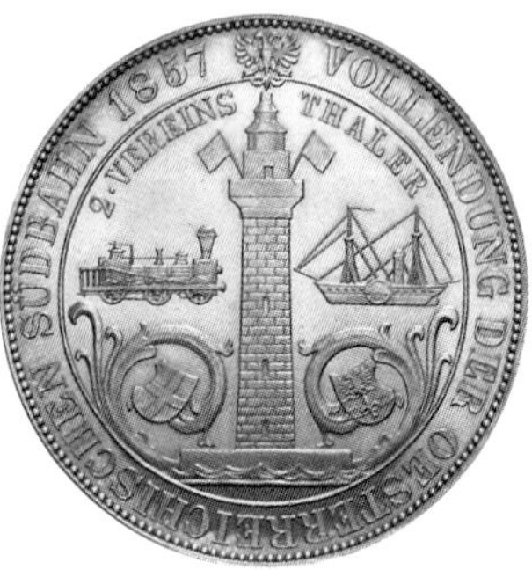

356 Vereinsdoppeltaler

Vs.: FRANZ JOSEPH I · V · G · G · KAISER V·
OESTERREICH Mzz. A Signatur C·R·

Rs.: VOLLENDUNG DER OESTERREICHISCHEN SÜDBAHN
1857 / 2 · VEREINS THALER

Rand: Glatt

Dav. 20 – Jl. 320 – T. 444 – Frühwald 1900/1–1900/3

1857	(1644)	1800.–	4000.–	7500.–

Varianten

a) Die Spitze des größeren Lorbeerblatts zeigt auf das „K" von KAISER; siehe Abb. oben; 305. Künker-Auktion (3/2018), Nr. 2844, „Polierte Platte, minimal berührt", Zuschlag 8000.– Euro

b) Die Spitze des größeren Lorbeerblatts zeigt auf das „A" von KAISER, geringer Abstand zwischen C·R· (Schwalbach 159b); 322. Künker-Auktion (6/2019), Nr. 1477, „Erstabschlag, fast Stempelglanz", Zuschlag 5000.– Euro; 337. Künker-Auktion (6/2020), Nr. 1811, „vorzüglich, Kratzer auf der Vorderseite", Zuschlag 4000.– Euro

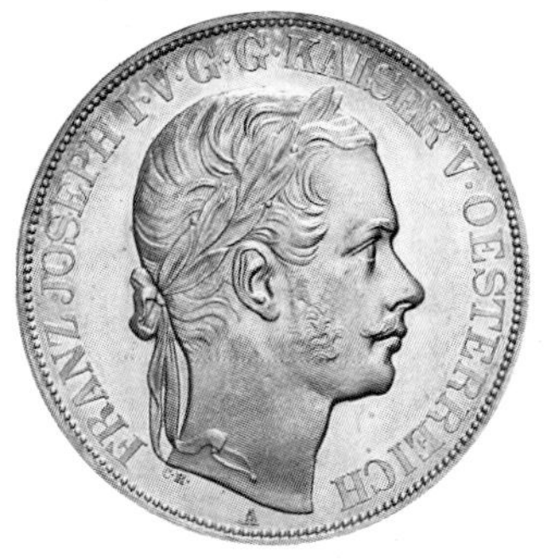
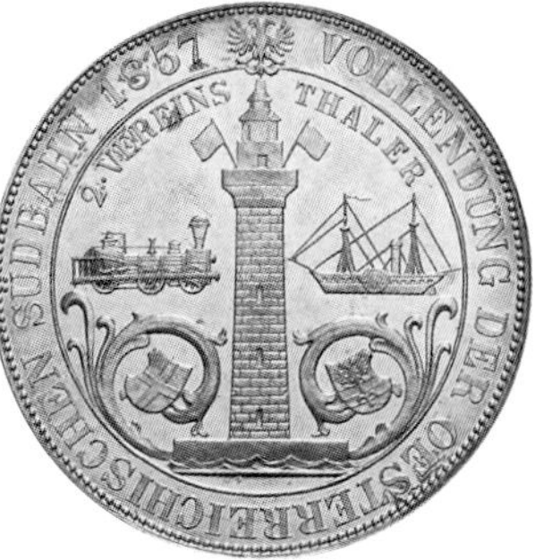

Nr. 356b), Vereinsdoppeltaler 1857 „Südbahn", die Spitze des größeren Lorbeerblatts zeigt auf das „A" von KAISER, geringer Abstand zwischen C·R·

c) Der Abstand zwischen C. R. ist größer und die Punkte sind nicht hochgestellt (Schwalbach 159b); 302. Künker-Auktion (2/2018), Nr. 1330, „Polierte Platte", Zuschlag 11 000.– Euro
d) Schwalbach gibt an, daß es drei verschiedene Rückseiten-Stempel gibt, die sich durch den Verlauf der Wellen unter dem Leuchtturm unterscheiden.

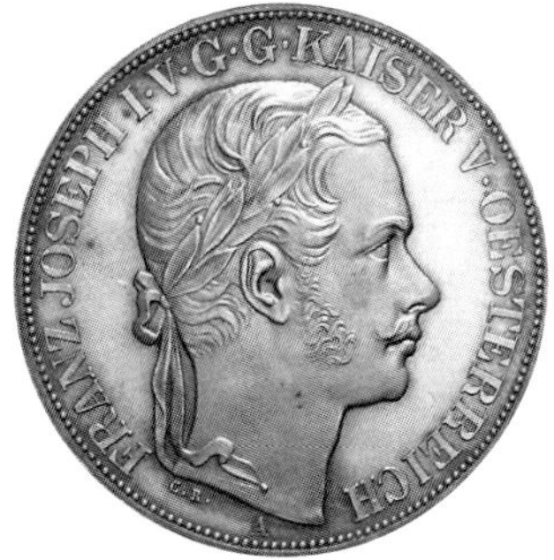
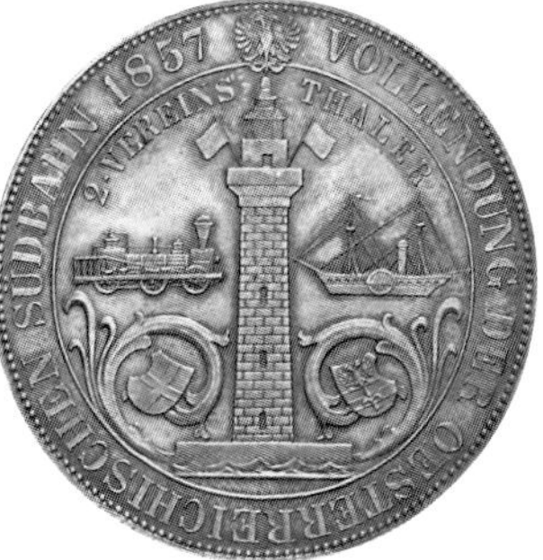

Nr. 356c), Vereinsdoppeltaler 1857 „Südbahn", die Spitze des größeren Lorbeerblatts zeigt auf das „A" von KAISER, der Abstand zwischen der Signatur C. R. ist größer; die Punkte sind nicht hochgestellt

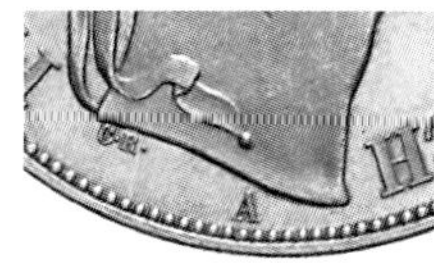
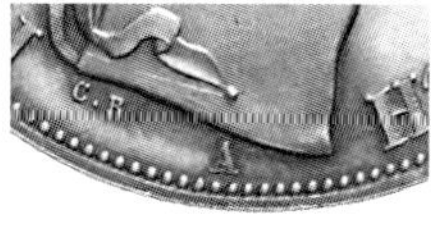

Links die Signatur „C·R·" mit geringem Abstand, rechts die Signatur „C . R ." mit größerem Abstand und unten stehenden Punkten

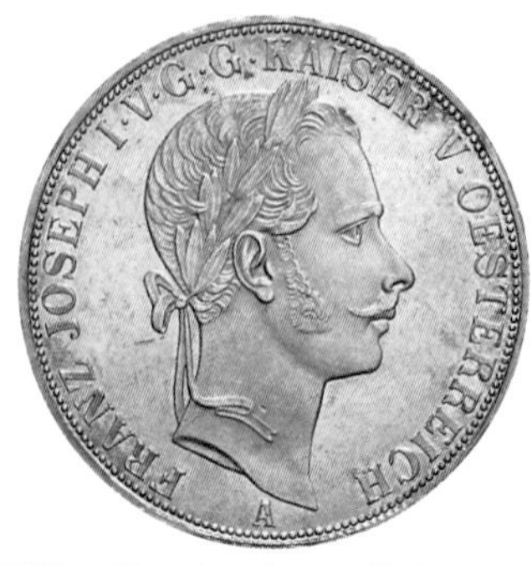

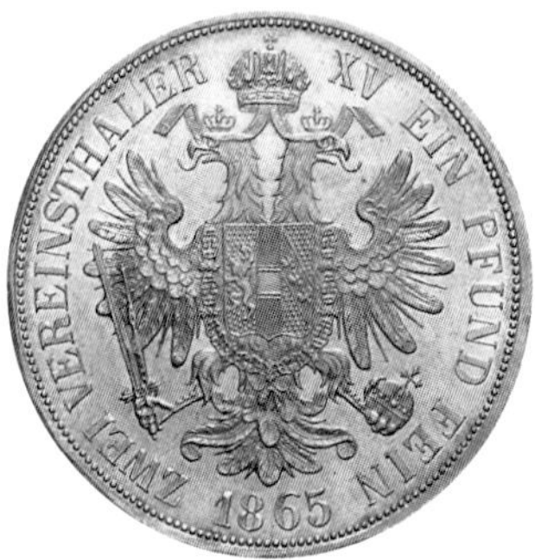

357 Vereinsdoppeltaler

Vs.: FRANZ JOSEPH I · V · G · G · KAISER V · OESTERREICH Mzz. A

Rs.: ZWEI VEREINSTHALER XV EIN PFUND FEIN 1865

Rand: MIT VEREINTEN KRAEFTEN

Dav. 23 – Jl. 313 – T. 459 – Frühwald 1341

1865	(7425)	950.–	2500.–	3500.–

In der 322. Künker-Auktion (6/2019), Nr. 1479, erzielte ein Exemplar in „vorzüglich-Stempelglanz" den Zuschlag von 3400.– Euro.

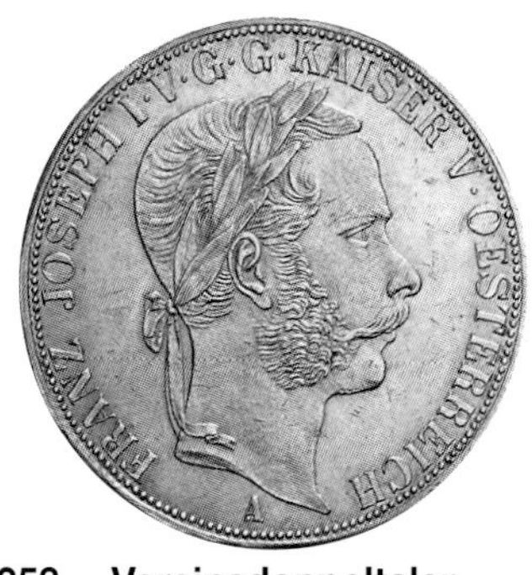

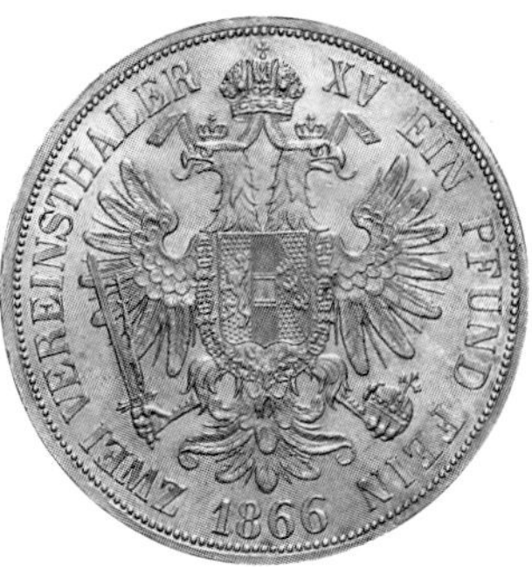

358 Vereinsdoppeltaler

Vs.: FRANZ JOSEPH I · V · G · G · KAISER V · OESTERREICH Mzz. A

Rs.: ZWEI VEREINSTHALER XV EIN PFUND FEIN Jahr

Rand: MIT VEREINTEN KRAEFTEN

Dav. 24 – Jl. 317 – T. 460 – Frühwald 1342, 1343

1866	(10 395)	550.–	1100.–	2000.–
1867	(8300)	550.–	1100.–	2000.–

In der 77. WAG-Auktion (9/2016), Nr. 2152, erzielte ein Exemplar von 1866 in „Stempelglanz" den Zuschlag von 3000.– Euro; in der 106. Auktion von WAG Online (2/2020), Nr. 2491, ein Exemplar von 1867 in „fast Stempelglanz" den Zuschlag von 1500.– Euro.

Königreich Preußen

Münzstätten:	Berlin	Mzz. A	
	Breslau	Mzz. B	1799 - 1825
	Glatz	Mzz. G	1808 - 1809
		Mzz. B	1813
	Hannover	Mzz. B	1866 - 1878
	Frankfurt/Main	Mzz. C	1866 - 1879
	Düsseldorf	Mzz. D	1817 - 1848

Medailleure:

L	Daniel Friedrich Loos
LH	August Ludwig Held

Friedrich Wilhelm III. 1797 - 1840

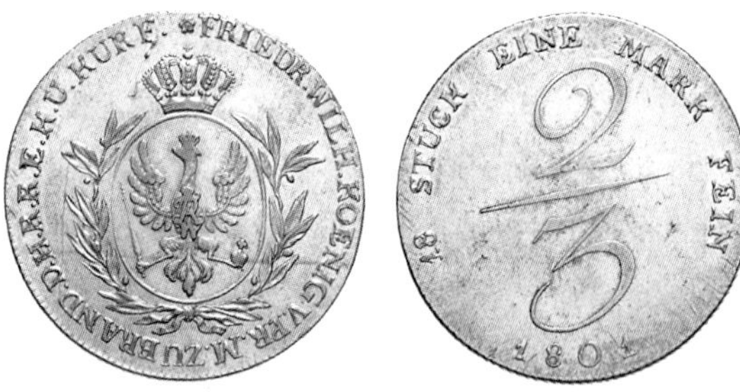

359 ⅔ Taler

Vs.: FRIEDR. WILH. KOENIG V. PR. M. ZU BRAND. D. H. R. R. E. K. U. KURF.

Rs.: 18 STÜCK EINE MARK FEIN 1801 Wertzahl ⅔

Rand: Schräger Riffelrand

Jaeger 184 – v. Schrötter 125 – Olding 177

1801	250.–	650.–	900.–

In der 119. Auktion F. R. Künker (2/2007), Nr. 551, erzielte ein Exemplar in „fast Stempelglanz“ den Zuschlag von 950.– Euro; in der 66. WAG-Auktion (9/2013), Nr. 202, ein Exemplar in „vorzüglich+“ den Zuschlag von 625.– Euro.

Variante

a) Die „2“ in der Wertzahl ist weniger eingebogen (v. Schr. –); 6. Auktion Galerie des Monnaies (3/1972), Nr. 1085 (dort als 2. bekanntes Exemplar bezeichnet), „vorzüglich“, Zuschlag 350.– DM; 67. WAG-Auktion (9/2013), Nr. 2060, „sehr schön“, Zuschlag 420.– Euro

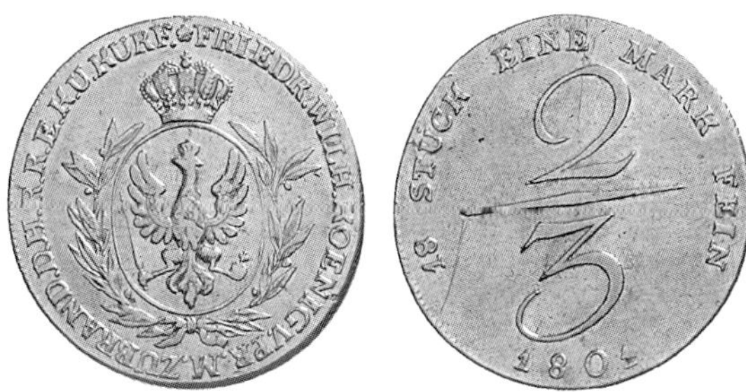

Nr. 359a) mit weniger stark eingebogener „2“ in der Wertzahl

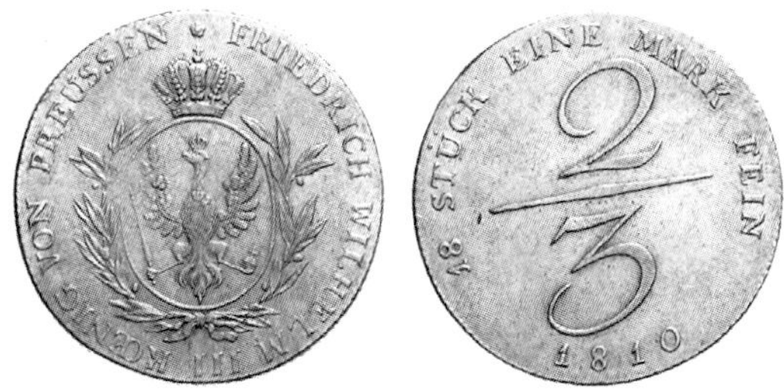

360 ⅔ Taler

Vs.:	FRIEDRICH WILHELM III KŒNIG VON PREUSSEN
Rs.:	18 STÜCK EINE MARK FEIN 1810 Wertzahl ⅔
Rand:	Schräger Riffelrand
	AKS 19 – Jaeger 187 – Olding 178

1810	350.–	750.–	1000.

In der 353. Künker-Auktion (9/2021), Nr. 4050, erzielte ein Exemplar in „fast vorzüglich“ den Zuschlag von 700.– Euro.

361 Taler

Vs.: FRIEDR. WILHELM III KŒNIG VON PREUSSEN
Signatur L

Rs.: EIN THALER Jahr Mzz.

Rand: Kettenrand

Dav. 755 – AKS 10 – Jaeger 29, 29 B, 29 G – T. 242, 242 B, 242 G – Olding 102, 113, 117

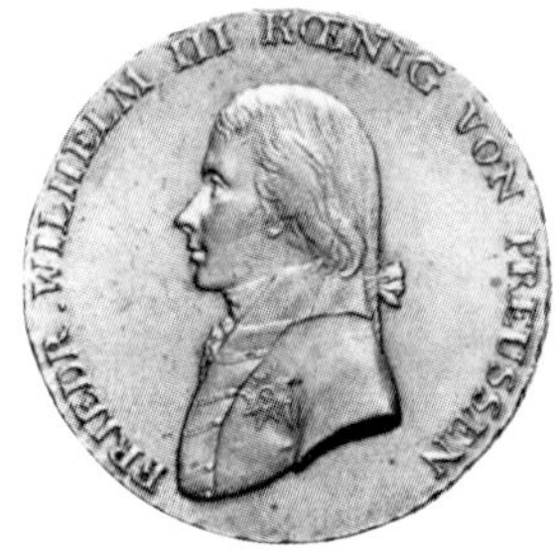

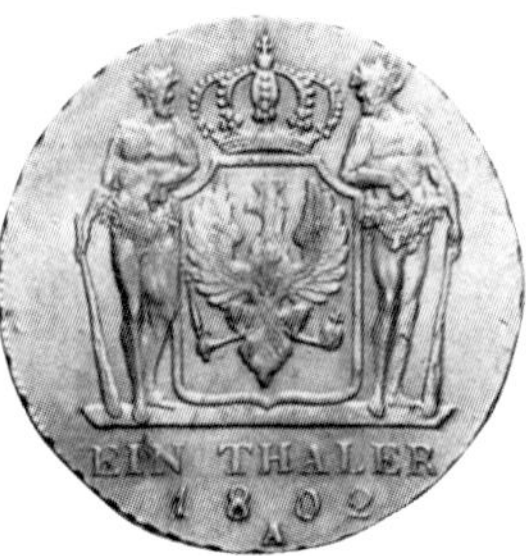

Mzz. A (Berlin)

1800 A	130.–	250.–	450.–
1801 A	100.–	220.–	450.–
1802 A	100.–	220.–	450.–
1803 A	100.–	220.–	450.–
1804 A			LP*
1805 A	100.–	250.–	500.–
1806 A	100.–	250.–	500.–
1807 A	100.–	250.–	500.–
1808 A	100.–	250.–	500.–
1809 A	100.–	250.–	500.–

**) In der 35. Auktion der Leipziger Münzhandlung und Auktion Heidrun Höhn wurde ein Exemplar in „sehr schön“ für 1200.– Euro zugeschlagen.*

In der 77. WAG-Auktion (9/2016), Nr. 1150, wurde ein Exemplar von 1807 A in „vorzüglich“ für 1050.– Euro zugeschlagen.

Varianten

a) 1801 ohne Münzzeichen (Jaeger 29 Anm.; v. Schr. 62); 45. Auktion Harald Möller (6/2007), Nr. 974, „sehr schön-vorzüglich“, Zuschlag 575.– Euro; in der 250. Künker-Auktion (7/2014), Nr. 2847, ein Exemplar in „vorzüglich+“ für 3200.– Euro.

b) 1803 auch mit Stempelfehler PRUSSEN (v. Schr. 48); 42. Auktion Harald Möller (12/2006), Nr. 1116, „vorzüglich-", Zuschlag 380.– Euro

c) 1803 mit einer durch den Münzbuchstaben geteilten Jahreszahl und Stempelfehler PRUSSEN (Ferrari 2803)

d) 1805 auch, 1807 und 1808 nur mit V· PREUSSEN (Jaeger 30; v. Schr. 51, 54, 55); 42. Auktion Harald Möller (12/2006), Nr. 1129 (Jahrgang 1807), „vorzüglich+" Zuschlag 700.– Euro; in der 337. Künker-Auktion (6/2020), Nr. 730, „vorzüglich", Zuschlag 750.– Euro

In der Slg. Ferrari wird unter der Nr. 2864 ein Taler 1803 B beschrieben, der auf beiden Seiten mit dem Breslauer Sechsteltaler 1803 gegengestempelt bzw. überprägt worden ist.

Vom Jahrgang 1809 A ist in der 106. Auktion der Giessener Münzhandlung Gorny & Mosch (10/2000) unter der Nr. 3421 ein Exemplar mit Adler-Gegenstempel auf der Vorderseite (offizielle preußische Kennzeichnung für besteuerten Kirchenbesitz) versteigert worden.

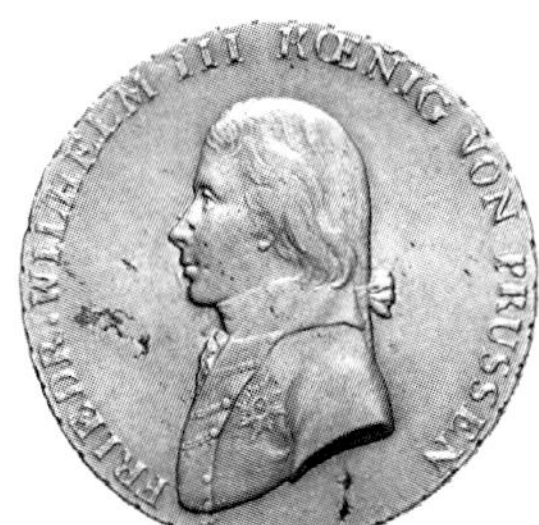

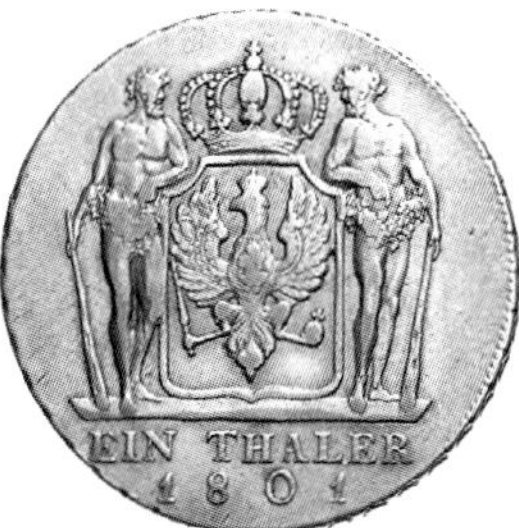

Nr. 361a) ohne Münzzeichen unter der Jahreszahl

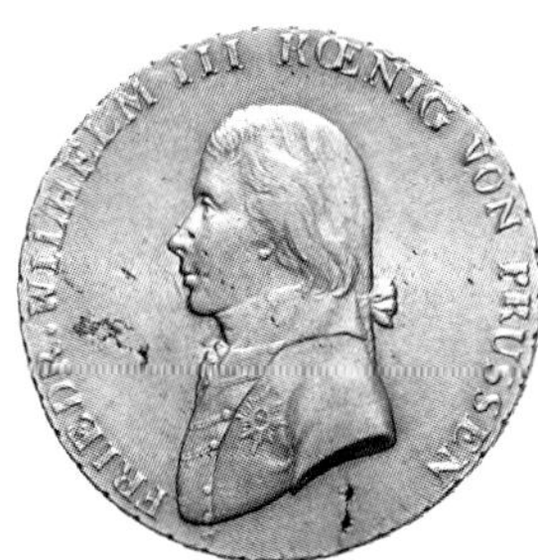

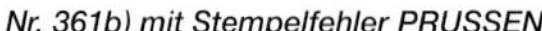

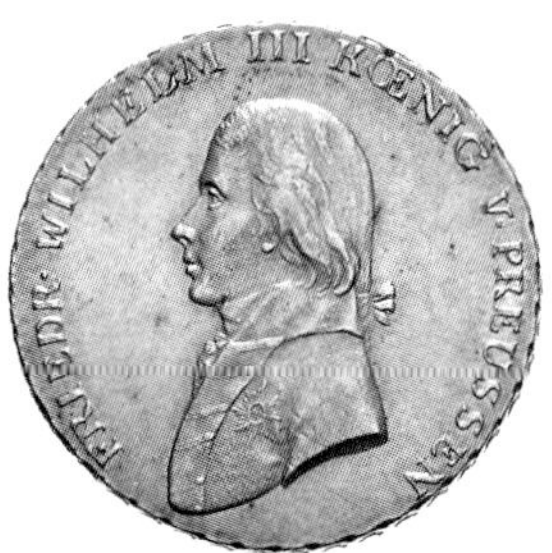

Nr. 361b) mit Stempelfehler PRUSSEN

Nr. 361d) mit V· PREUSSEN

Mzz. B (Breslau)

1800 B		150.–	480.–	1000.–
1801 B		200.–	500.–	1200.–
1802 B		120.–	480.–	1000.–
1803 B		150.–	530.–	1000.–

Der Jahrgang 1804 B ist eine Fälschung.

In der 80. Heidelberger Münzauktion (11/2020), Nr. 749, wurde ein Exemplar von 1800 B in „fast prägefrisch" für 1750.– Euro zugeschlagen.

Mzz. *G* (Glatz)

1808 G	(32 650)	400.–	1500.–	LP
1809 G	(Probe)			LP

In der 319. Künker-Auktion (3/2019), Nr. 3280, wurde ein Exemplar von 1808 G in „vorzüglich" für 925.– Euro zugeschlagen; in der 80. Heidelberger Münzauktion (11/2020), Nr. 750, ein Exemplar von 1808 G in „vorzüglich-prägefrisch" für 3300.– Euro; in der 58. Heidelberger Münzauktion (11/2011), Nr. 1172, in „vorzüglich-prägefrisch" für 6000.– Euro.

Varianten

e) 1808 mit dem Punkt nach FRIEDR · auf Zeilenmitte; 45. Auktion Harald Möller (6/2007), Nr. 986, „fast Stempelglanz", Zuschlag 2600.– Euro

f) 1808 mit Punkt nach PREUSSEN · (v. Schr. 144); 42. Auktion Harald Möller (12/2006), Nr. 1131, „vorzüglich-Stempelglanz", Zuschlag 2200.– Euro; 353. Künker-Auktion (9/2021), Nr. 4001, „sehr schön", Zuschlag 400.– Euro

Den Jahrgang 1809 G gibt es nur in sehr wenigen Exemplaren (laut Slg. Marienburg, Band 3, Nr. 4900, drei Exemplare). Alle weisen nach PREUSSEN einen Stern auf und nach THALER einen Punkt (v. Schr. 145).

362 Taler

Vs.: FRIEDR. WILHELM III KŒNIG VON PREUSSEN

Rs.: VIERZEHN EINE FEINE MARK / EIN REICHSTHALER Jahr Mzz.

Rand: Kettenrand

Dav. 756 – AKS 11 – Jaeger 33 – T. 244 + 244 B – Olding 103, 114

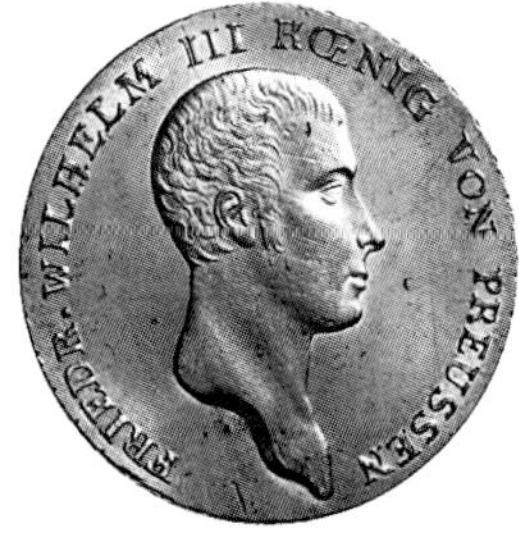

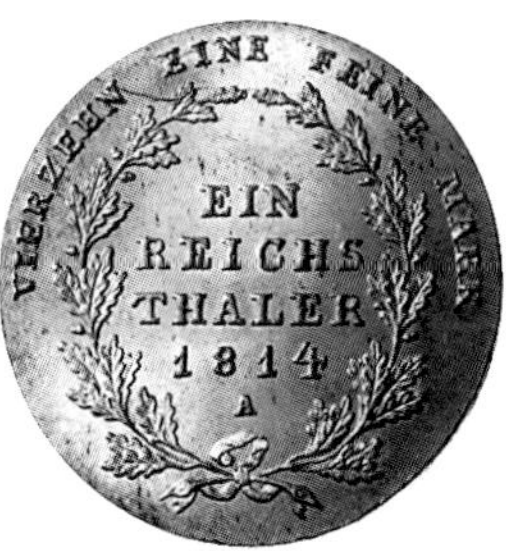

Mzz. A (Berlin)

1809 A	70.–	140.–	200.–
1810 A	70.–	140.–	200.–
1811 A	70.–	140.–	200.–
1812 A	70.–	140.–	200.–
1813 A	70.–	140.–	200.–
1814 A	70.–	140.–	200.–
1815 A	70.–	140.–	200.–
1816 A	70.–	140.–	200.–

In der 353. Künker-Auktion (9/2021), Nr. 5368, erzielte ein Exemplar von 1814 in „fast Stempelglanz“ den Zuschlag von 600.– Euro.

Varianten und Proben

a) 1809 mit Stempelfehler VIERZEH (v. Schr. 147); 42. Auktion Harald Möller (12/2006), Nr. 1136, „vorzüglich-Stempelglanz“, Zuschlag 2200.– Euro. Achtung! Häufig ist bei derartigen Exemplaren das „N“ nachträglich weggeschabt worden. Abb. siehe nächste Seite

b) 1809 mit Stempelfehler VIERZEH. (Ferrari 2821). Die Existenz dieser Variante ist sehr zweifelhaft. Die von Stutzmann angegebene Quelle ist ein Beispiel für die Nr. 362a), also VIERZEH ohne Punkt. Bei der Ferrari-Nr. 2821 handelt es sich um den Satzpunkt im Katalog, also ebenfalls um die Variante VIERZEH ohne Punkt.

c) 1810 mit Stempelfehler THAELR (v. Schr. 149); 45. Auktion Harald Möller (6/2007), Nr. 992, „sehr schön“, Zuschlag 180.– Euro
d) 1814 ohne Münzzeichen; 20. WAG-Auktion (9/2002), Nr. 1279, „sehr schön“, Zuschlag 220.– Euro; 45. Auktion Harald Möller (6/2007), Nr. 1006, „Fast vorzüglich“, Zuschlag 450.– Euro. Achtung! Auch mit nachträglich entferntem Münzzeichen bekannt.
e) 1814 mit Stempelfehler WILHLEM (v. Schr. 154); 45. Auktion Harald Möller (6/2007), Nr. 1003, „sehr schön“, Zuschlag 110.– Euro
f) 1814 mit Stempelfehler WILIILEM (der Querstrich im „H“ ist nicht oder kaum zu erkennen) (v. Schr. –); 42. Auktion Harald Möller (12/2006), Nr. 1157, „sehr schön-“, Zuschlag 170.– Euro

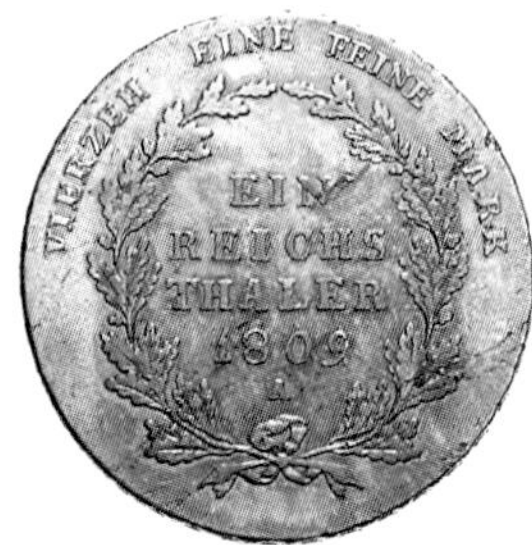

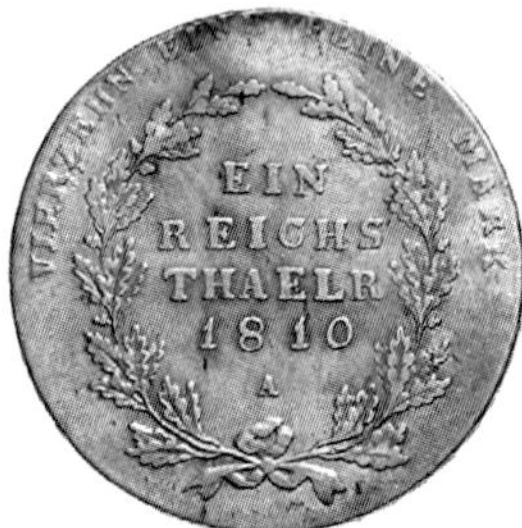

Nr. 362a) mit Stempelfehler VIERZEH Nr. 362c) mit Stempelfehler THAELR

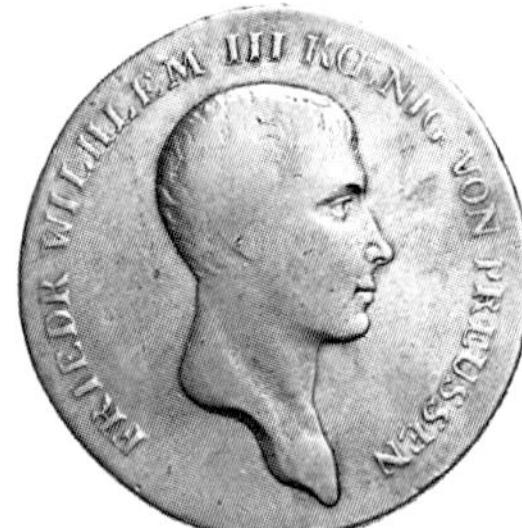

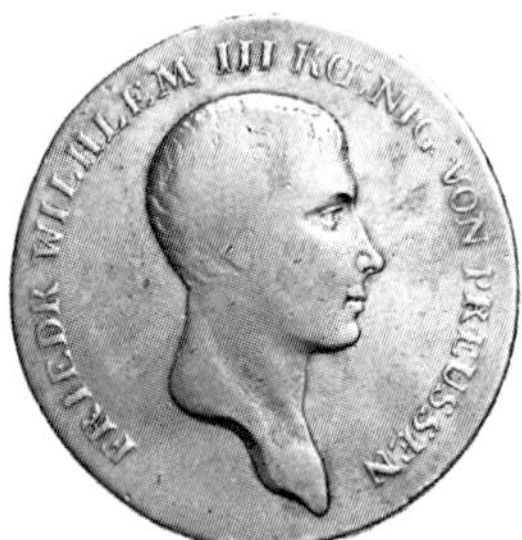

Nr. 362e) mit Stempelfehler WILHLEM Nr. 362f) mit Stempelfehler WILIILEM

g) 1814 mit Stempelfehler FREIDR (v. Schr. 155); 45. Auktion Harald Möller (6/2007), Nr. 1004, „sehr schön", Zuschlag 110.– Euro
h) 1814 mit Stempelfehler VIREZEHN (v. Schr. –; Rudolph 152a)
i) 1814 mit Stempelfehler VIREZENN (v. Schr. 156)
j) 1814 mit Stempelfehler VIERZHHN (v. Schr. 157)
k) 1814 mit Punkt nach MARK (v. Schr. –)
l) 1814 mit Punkt nach PREUSSEN und nach MARK (v. Schr. 158); 45. Auktion Harald Möller (6/2007), Nr. 1005, „sehr schön+", Schätzpreis 100.– Euro
m) 1815 mit Punkt nach PREUSSEN (v. Schr. 160)
n) 1816 mit Punkt nach PREUSSEN (v. Schr. 162); 314. Künker-Auktion (10/2018), Nr. 5192, in „Stempelglanz" Zuschlag von 600.– Euro; in der 244. Künker-Auktion (2/2014), Nr. 72, in „Stempelglanz" Zuschlag von 1300.– Euro
o) 1816 mit Punkt nach MARK (v. Schr. 163)
p) 1816 mit Punkt nach PREUSSEN und nach MARK (v. Schr. 164); 353. Künker-Auktion (9/2021), Nr. 3984, „vorzüglich-Stempelglanz", Zuschlag 850.– Euro
q) Einseitiger Abschlag der Vorderseite (Killisch v. Horn 3846)
r) 1815, Kupferabschlag mit Kettenrand (v. Schr. 160 Anm.)
s) 1815, Kupferabschlag mit Kerbrand (v. Schr. 159 Anm.)
t) 1815, Probe (Ringprägung) mit Randschrift GOTT MIT UNS (v. Schr. 172; Ferrari 2846)

Es gibt noch zahlreiche weitere Stempelverschiedenheiten, die hier nicht als einzelne Varianten katalogisiert wurden. Als Beispiele werden die nachfolgend abgebildeten vier verschiedenen Rückseiten-Stempel des Jahrgangs 1814 aufgeführt.

u) 1813 B mit verändertem Kopfbild, bei dem der Halsabschnitt nur wenig eingebogen und kürzer ist (v. Schr. –); siehe: Klaus Priese, „Eine preußische Talervariante aus der Münzstätte Glatz von 1813", in: Numismatisches Heft 2000, Nr. 8 der Beiträge zur Brandenburg-preußischen Numismatik, Seiten 68 – 71

zu Nr. 362

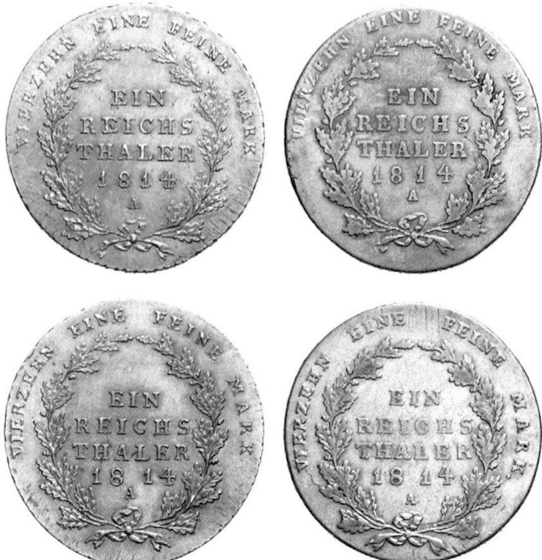

Vier verschiedene Rückseiten-Stempel des Jahrgangs 1814 A

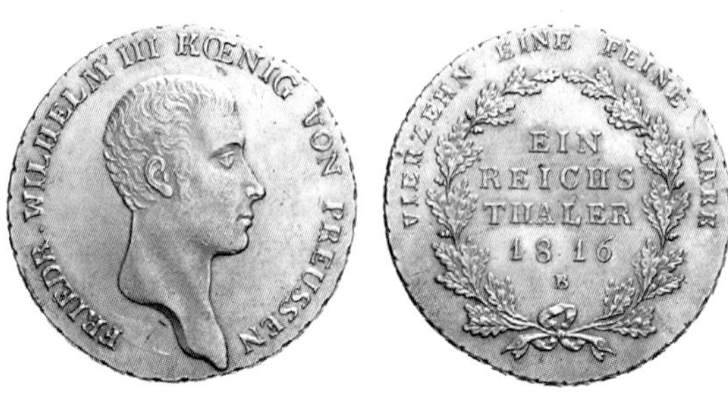

Mzz. B (Breslau, 1813 = Glatz)

1812	(Probe)			LP
1813 B		150.–	350.–	800.–
1815 B		200.–	400.–	850.–
1816 B		150.–	350.–	800.–

Der Jahrgang 1813 wurde in Glatz geprägt.

Der Jahrgang 1813 erzielte in der 319. Künker-Auktion (3/2019), Nr. 3282, in „Stempelglanz“ den Zuschlag von 1100.– Euro.

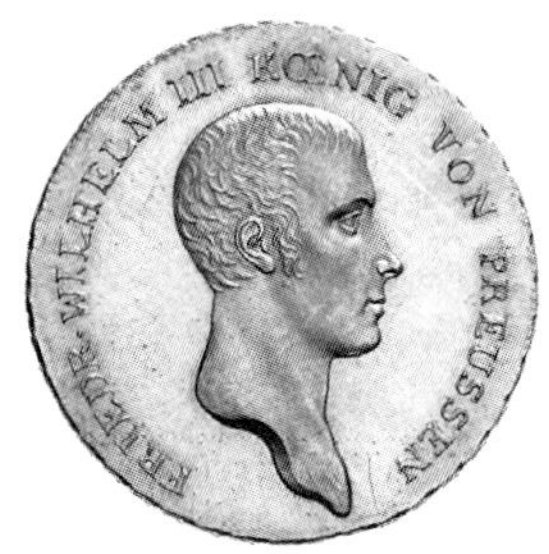

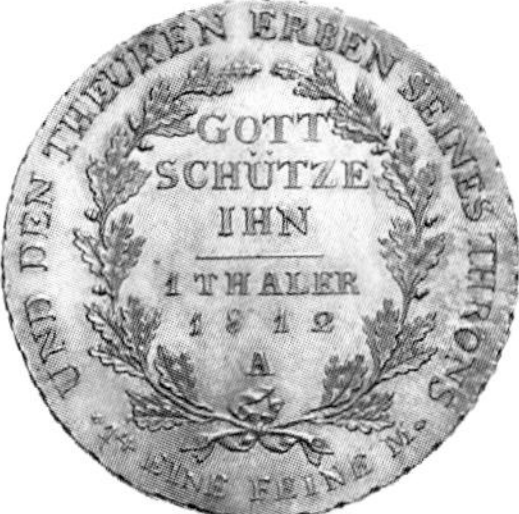

363 Taler (auf den Besuch des Kronprinzen in der Münze Berlin)

Vs.: FRIEDR. WILHELM III KŒNIG VON PREUSSEN

Rs.: GOTT SCHÜTZE IHN 1 THALER 1812 Mzz. A
UND DEN THEUREN ERBEN SEINES THRONS
14 EINE FEINE M.

Rand: Kettenrand

Dav. 757 – AKS 60 – Jaeger 34 – T. 243 – Olding 104

1812	5000.–	7000.–	11 000.–

In der 201. Künker-Auktion (2/2012), Nr. 545, wurde ein Exemplar als „Erstabschlag, Stempelglanz", für 16 000.– Euro zugeschlagen; in der 80. Heidelberger Münzauktion (11/2020), Nr. 751, ein Exemplar in „prägefrisch, mit winzigen Justierspuren", Zuschlag 11 750.– Euro.

Variante

a) Mit Punkt nach PREUSSEN (v. Schr. 170); 45. Auktion Harald Möller (6/2007), Nr. 998, „vorzüglich-Stempelglanz", Zuschlag 9000.– Euro

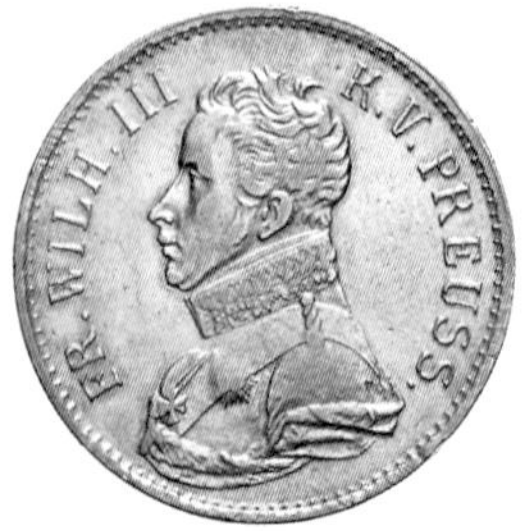

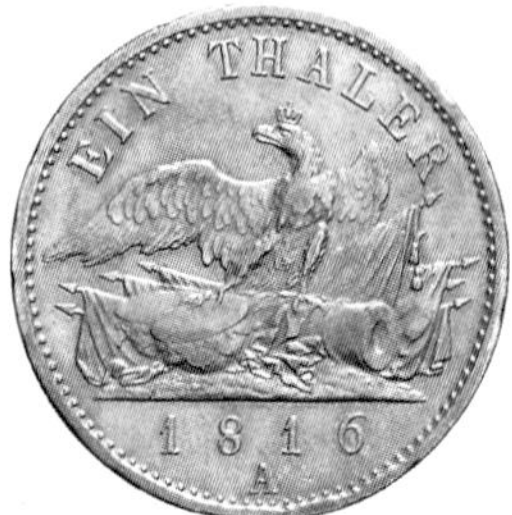

364 Taler („Kammerherrentaler“)

Vs.: FR. WILH . III K. V. PREUSS.

Rs.: EIN THALER Mzz. A Jahr

Rand: GOTT MIT UNS

Dav. 758 – AKS 12 – Jaeger 35 – T. 245 – Olding 105

1816	450.–	2000.–	LP
1817	500.–	2300.–	LP

In der 80. Heidelberger Münzauktion (11/2020), Nr. 754, wurde ein Exemplar in „vorzüglich-prägefrisch“ für 6000.– Euro zugeschlagen.

Variante und Proben

a) 1816 mit Punkt nach „III.“ (v. Schr. 176)

b) 1816, Probetaler mit schmalerem Brustbild, Randschrift GOTT MIT UNS, zwischen den Buchstaben je ein von Ranken eingefaßtes Kreuz; 61. Auktion Leu Numismatik, Nr. 540, „beinahe Stempelglanz“, Zuschlag 16 000.– Schweizer Franken; Abb. siehe nächste Seite

c) 1816, Probetaler mit veränderter Rückseite (andere Haltung des Adlers, links und rechts nur drei Fahnen), mit vertiefter Randschrift GOTT MIT UNS, jedoch keine Ranken vor und nach den Kreuzen (v. Schr. – [Vs. v. Schr. 174, Rs. v. Schr. 173]); 95. Auktion LHS Numismatik (10/2005), Nr. 90, „Stempelglanz“, Zuschlag 23 000.– Schweizer Franken; Abb. siehe nächste Seite

d) 1816, Probetaler mit dem Brustbild nach rechts, Randschrift GOTT MIT UNS (v. Schr. 173); Abb. siehe nächste Seite

e) 1816, Bronze-Probetaler mit Randschrift GOTT MIT UNS (v. Schr. –); XXXVII. Auktion A. Riechmann & Co. (9/1926), Nr. 889

f) 1816 als Kupfer-Probe mit glattem Rand, „abweichend durch andere Zeichnung des Adlers und der Armaturen“, wie Nr. 364c (v. Schr. 174 Anm.; Slg. Marienburg 3452)

g) 1816 als Kupfer-Probe mit glattem Rand; 42. Auktion Harald Möller (12/2006), Nr. 1165, „sehr schön-vorzüglich", Schätzpreis 1400.– Euro; 68. Auktion Harald Möller (11/2016), Nr. 157, „sehr schön-vorzüglich", Zuschlag 1100.– Euro

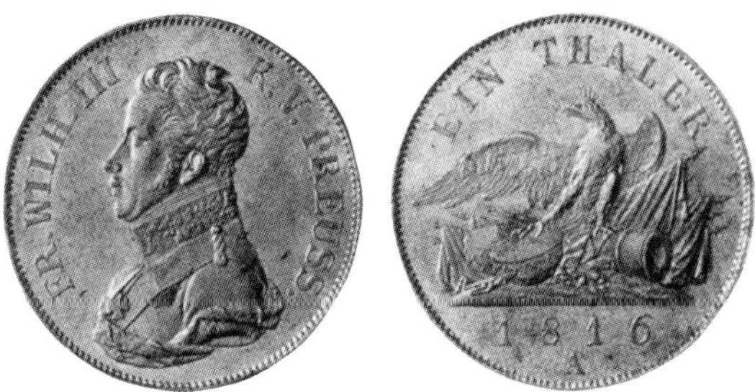

Nr. 364b), Probetaler 1816 A mit schmalerem Brustbild

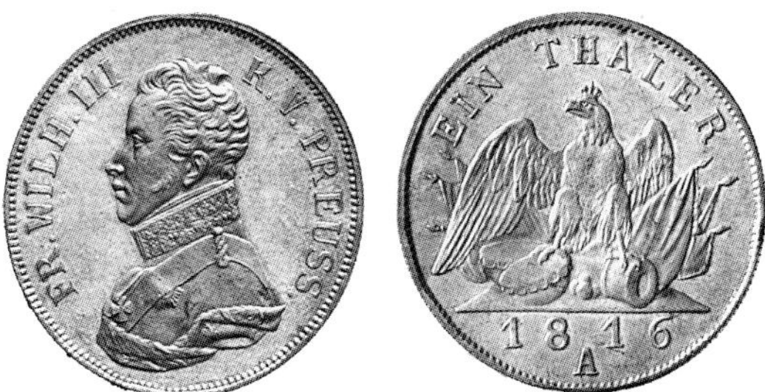

Nr. 364c), Probetaler 1816 A mit veränderter Rückseite (andere Haltung des Adlers, links und rechts nur drei Fahnen)

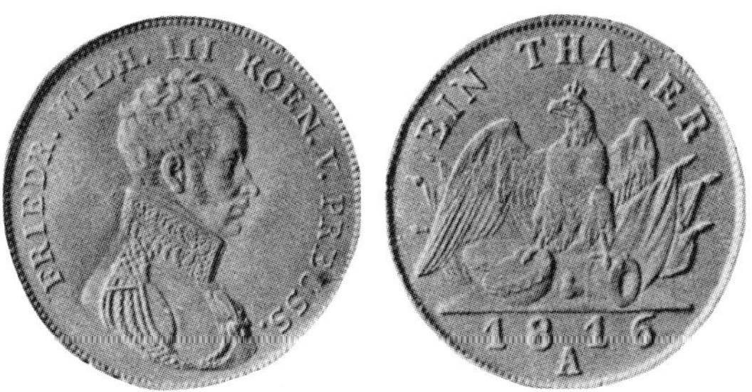

Nr. 364d), Probetaler 1816 A mit dem Brustbild nach rechts

365 Taler

Vs.: FRIEDR. WILHELM III KOENIG VON PREUSSEN
Rs.: EIN THALER Jahr Mzz.
Rand: GOTT MIT UNS

Dav. 759 – AKS 13 – Jaeger 37 – T. 246 + 246 D – Olding 106, 124

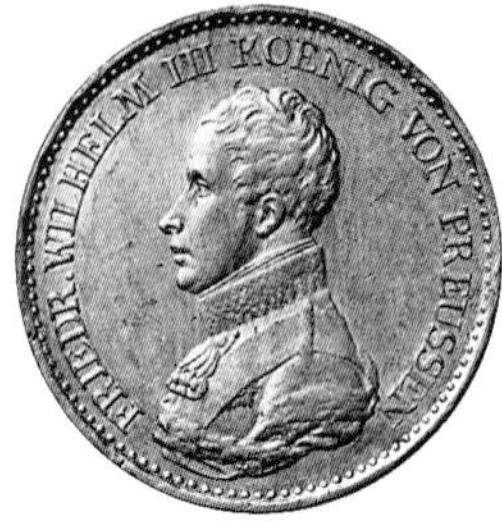

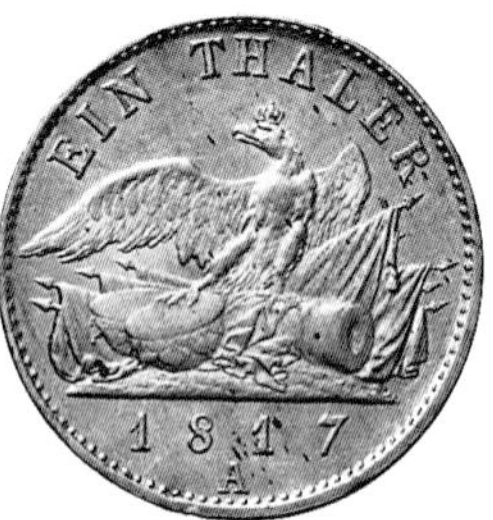

Mzz. A (Berlin)

1816 A	150.–	750.–	900.–
1817 A	80.–	450.–	600.–
1818 A	80.–	450.–	600.–
1819 A	90.–	450.–	600.–
1820 A	90.–	450.–	600.–
1821 A	90.–	450.–	600.–
1822 A	110.–	550.–	800.–

Der Jahrgang 1821 wurde in der 127. Künker-Auktion (6/2007), Nr. 3205, in „Erstabschlag, Stempelglanz“, für 2900.– Euro versteigert; der Jahrgang 1820 in der 353. Künker-Auktion (9/2021), Nr. 3990, in „fast Stempelglanz“ für 6000.– Euro.

Varianten und Proben

a) 1817 in Kehrprägung (v. Schr. 179)

b) Für den Jahrgang 1820 gibt Friedrich von Schrötter zwei Stempel der Vorderseite an, die geringfügig variieren (v. Schr. 182). Diese beiden Stempelvarianten waren es sicher auch, die im Lot Nr. 3311 („in der Zeichnung der Vs. leicht variierende Exemplare“) der 223. Auktion Gerhard Hirsch Nachfolger (9/2002) ohne Abbildung im Katalog angeboten worden sind.

c) Probetaler 1818 A mit verändertem Brustbild und Doppelpunkt nach FRIEDR: sowie gröberer Stickerei auf dem Kragen, auf der Rückseite der preußische Adler mit abgespreizten Schwingen, unten EIN THALER, oben 1818 A, Randschrift GOTT MIT UNS (v. Schr. 343)

d) Probetaler 1818 A, Vorderseite wie Nr. 365 c), auf der Rückseite Adler über Fahnen und Waffen, oben EIN THALER, unten 1818 A, Randschrift GOTT MIT UNS (v. Schr. 340)

e) Probetaler 1818 A, Vorderseite wie Nr. 365 c), auf der Rückseite im Eichenkranz EIN THALER 1818 A, Randschrift GOTT MIT UNS (v. Schr. 342)

f) Probetaler 1818 A, Vorderseite wie Nr. 365 c), auf der Rückseite im breiten, oben mit einem Band umwundenen Eichenkranz EIN THALER 1818 A, Randschrift GOTT MIT UNS (v. Schr. 341)

g) Probetaler 1818 A, Vorderseite wie Nr. 365 c), auf der Rückseite der preußischen Adlerschild mit zwei Wilden Männern, unten EIN THALER, oben 1818, darüber sehr kleines „A", Randschrift GOTT MIT UNS (v. Schr. 344)

h) Zinnabschlag des Probetalers Nr. 365g (v. Schr. 344 Anm., eventuell identisch mit Nr. 365i)

i) Bleiabschlag des Probetalers Nr. 365g (v. Schr. –; Killisch v. Horn 3870, eventuell identisch mit Nr. 365h)

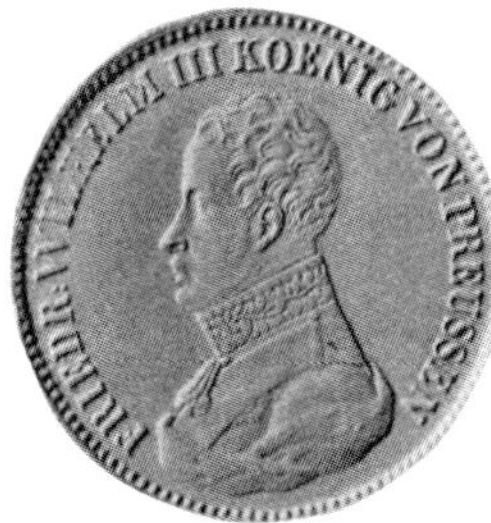

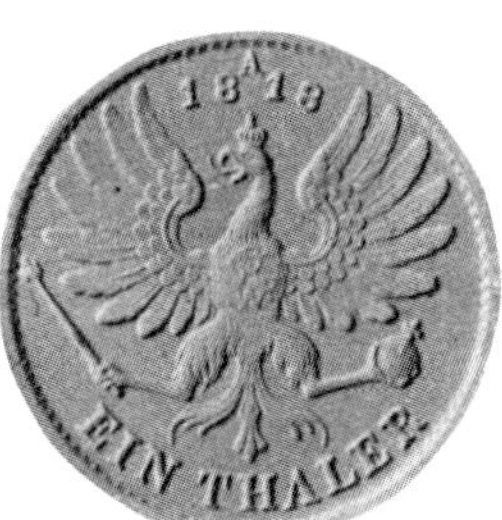

Nr. 365 c), Probetaler 1818 A mit dem Brustbild nach links, auf der Rückseite Adler mit abgespreizten Schwingen

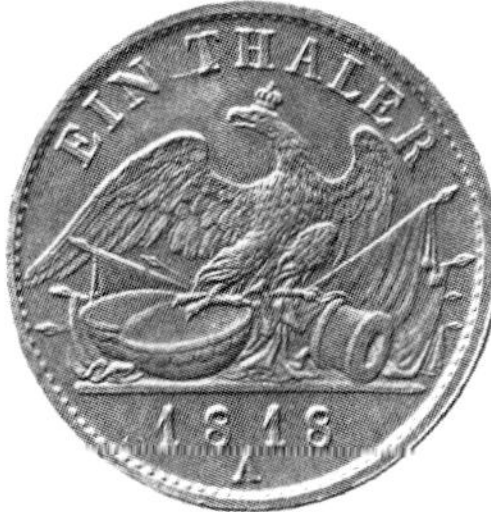

Nr. 365d), Probetaler 1818 A mit dem Brustbild nach links (wie Nr. 365c), auf der Rückseite Adler über Fahnen und Waffen

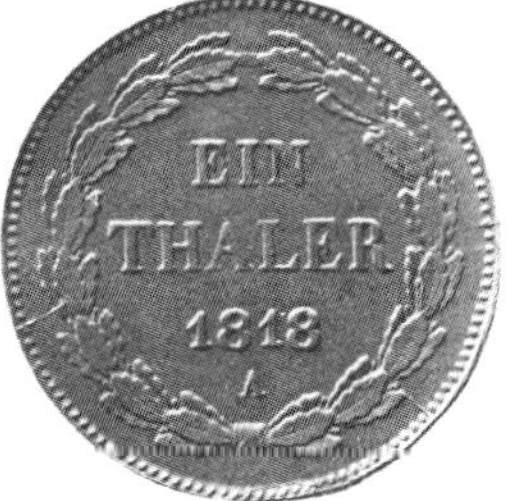

Nr. 365e), Probetaler 1818 A mit dem Brustbild nach links (wie Nr. 365c), auf der Rückseite im Eichenkranz EIN THALER 1818 A

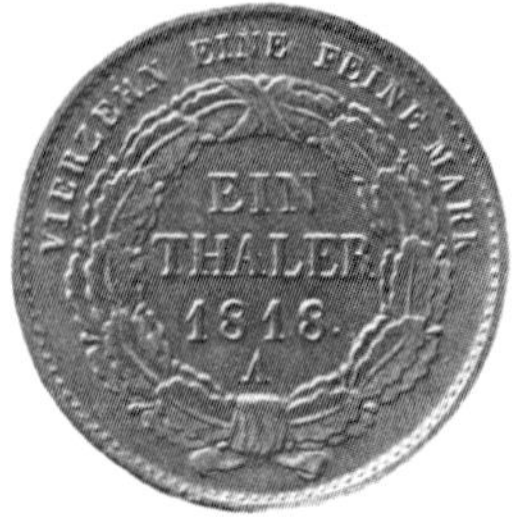

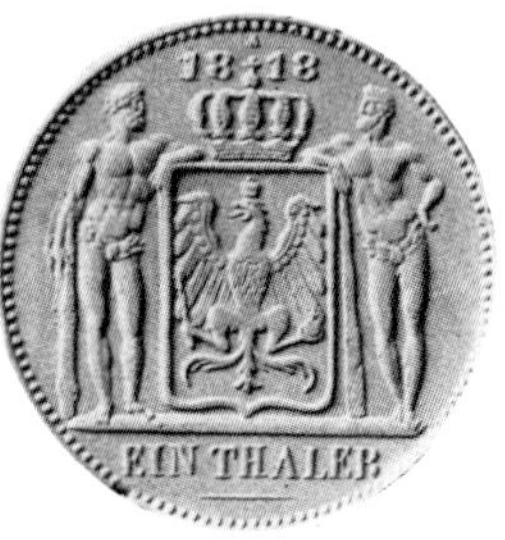

Nr. 365f), Probetaler 1818 A mit dem Brustbild nach links (wie Nr. 365c), auf der Rückseite im dicken, oben mit einem Band umwundenen Eichenkranz EIN THALER 1818 A

Nr. 365g), Probetaler 1818 A mit dem Brustbild nach links (wie Nr. 365c), auf der Rückseite der preußische Adlerschild, flankiert von zwei Wilden Männern, unten EIN THALER, oben 1818, darüber A

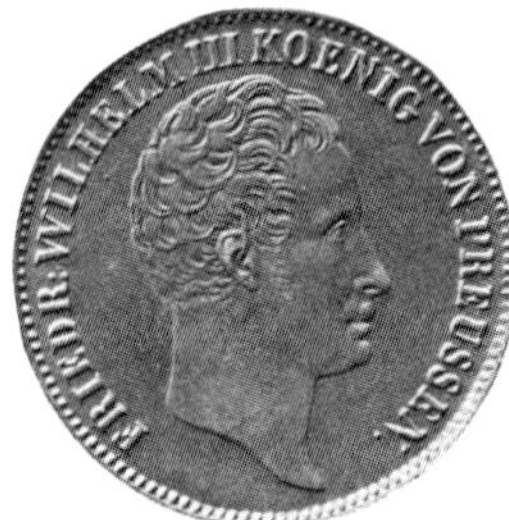

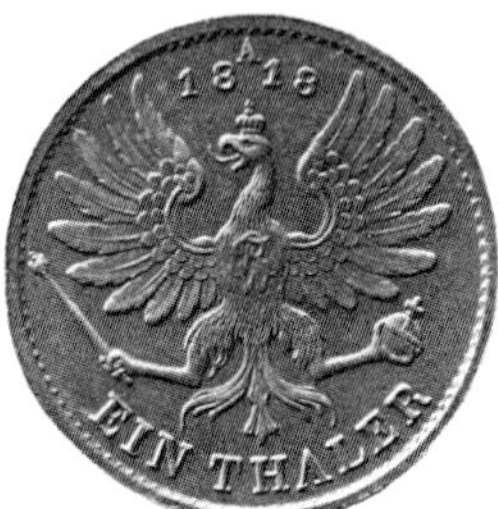

Nr. 365j), Probetaler 1818 A mit dem Kopf nach rechts, auf der Rückseite der preußische Adler (wie bei Nr. 365c)

j) Probetaler 1818 A mit Kopf nach rechts und Doppelpunkt nach FRIEDR:, die Rückseite wie Nr. 365c, Randschrift GOTT MIT UNS (v. Schr. 348)

k) Probetaler 1818 A mit Vorderseite wie Nr. 365j), die Rückseite wie Nr. 365d, Randschrift GOTT MIT UNS (v. Schr. 345)

l) Probetaler 1818 A mit Vorderseite wie Nr. 365j, die Rück-seite wie Nr. 365e, Randschrift GOTT MIT UNS (v. Schr. 347)

m) Probetaler 1818 A mit Vorderseite wie Nr. 365j, die Rück-seite wie Nr. 365f, Randschrift GOTT MIT UNS (v. Schr. 346); 281. Künker-Auktion (9/2016), Nr. 2502, „sehr schön, kleiner Randfehler“, Zuschlag 3000.– Euro; in der 293. Künker-Auktion (6/2017), Nr. 394, das identische Exemplar, Zuschlag 3400.– Euro

n) Probetaler 1818 A mit Vorderseite wie Nr. 365j, die Rückseite wie Nr. 365f, „nur steht die Randschrift verkehrt“, so die Angabe bei Killisch von Horn Nr. 3868, von der sie von Schrötter übernommen hat (v. Schr. 346 Anm.)

o) Probetaler 1818 A mit Vorderseite wie Nr. 365j, die Rück-seite wie Nr. 365g, Randschrift GOTT MIT UNS (v. Schr. 349); 42. Auktion Harald Möller (12/2006), Nr. 1170, „sehr schön", Zuschlag 3700.- Euro

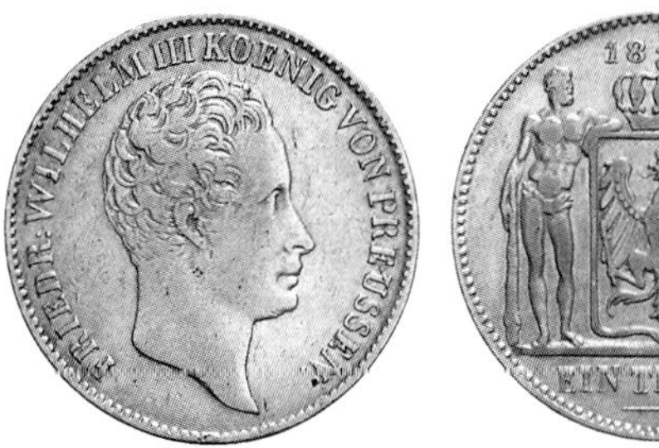

Nr. 365o), Probetaler 1818 mit dem Kopf nach rechts und auf der Rückseite der preußische Adlerschild mit zwei Wilden Männern

p) Zinnabschlag des Probetalers Nr. 365o (v. Schr. 349 Anm., eventuell identisch mit Nr. 365q

q) Bleiabschlag des Probetalers Nr. 365o (v. Schr. 350 Anm., eventuell identisch mit Nr. 365p

r) Probetaler 1819, Kopf mit kürzerem Hals nach rechts, im Halsabschnitt die vertiefte Signatur BRANDT, unten eine Rosette, auf der Rückseite der 48feldige, preußische Wappenschild umgeben von der Kollane des Schwarzen Adlerordens, Umschrift EIN THALER 14 EINE F. MARK, unten die Jahreszahl mit Punkt, Randschrift GOTT MIT UNS (v. Schr. 351)

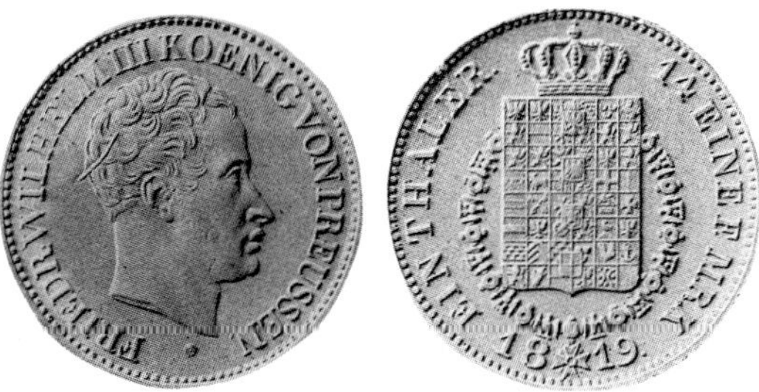

Nr. 365r), Probetaler 1819 mit dem Kopf nach rechts, im Halsabschnitt vertieft die Signatur BRANDT, darunter Rosette, auf der Rückseite der preußische, 48feldige Wappenschild umgeben von der Kollane des Schwarzen Adlerordens

s) Probetaler 1819 A, Kopf mit längerem Hals nach rechts, darunter das Münzzeichen „A“, die Rückseite mit dem Wappen wie bei Nr. 365r, Randschrift GOTT MIT UNS (v. Schr. 352); 33. Auktion F. R. Künker (3/1996), Nr. 1562, „sehr schön“, Zuschlag 8000.– DM; 42. Auktion Harald Möller (12/2006), Nr. 1175, „sehr schön“, Schätzpreis 8000.– Euro; 188. Künker-Auktion (6/2011), Nr. 799, „sehr schön“, Zuschlag 4200.– Euro

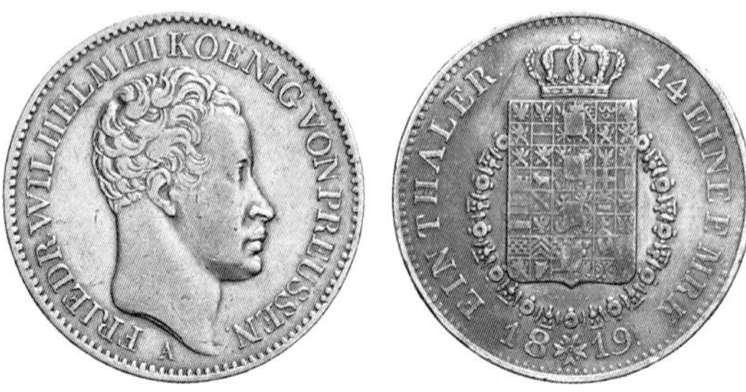

Nr. 365s), Probetaler 1819 A mit dem Kopf nach rechts, darunter das Münzzeichen „A“ und auf der Rückseite der 48feldige, preußische Wappenschild

t) Probetaler 1819 A mit größerem Kopfbild nach rechts, auf der Rückseite der preußische Adlerschild mit der Kollane des Schwarzen Adlerordens, Umschrift EIN THALER 14 EINE F. MARK, unten 1819 A, Randschrift GOTT MIT UNS (v. Schr. 353); Abb. siehe nächste Seite

u) Probetaler 1819 A, Kopf mit kürzerem Hals nach rechts, im Halsabschnitt die vertiefte Signatur BRANDT, unten eine Rosette (wie Nr. 365r), auf der Rückseite der preußische Adlerschild mit der Kollane des Schwarzen Adlerordens, Umschrift EIN THALER 14 EINE F. MARK (wie Nr. 365t), unten 1819 A, Randschrift GOTT MIT UNS (v. Schr. 354); Abb. siehe nächste Seite

Die bei St. 970ah aufgeführte Kupferprobe vom Jahrgang 1821 gehört nicht zu St. 970a, sondern ist identisch mit St. 985 PI Var. (Nr. 366b).

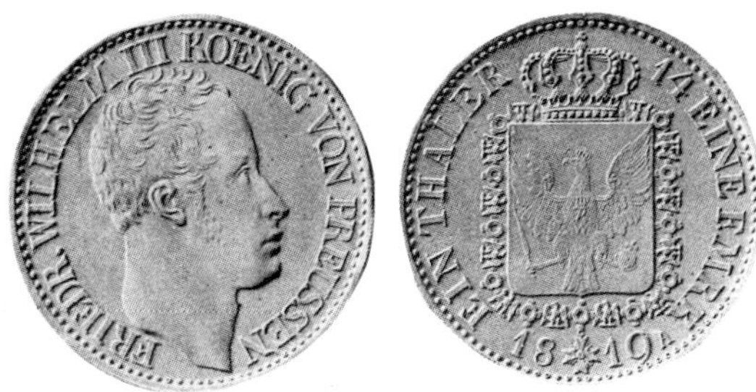

Nr. 365t), Probetaler 1819 A mit größerem Kopfbild nach rechts, auf der Rückseite der preußische Adlerschild mit der Kollane des Schwarzen Adlerordens, Umschrift EIN THALER 14 EINE F. MARK, unten 1819 A

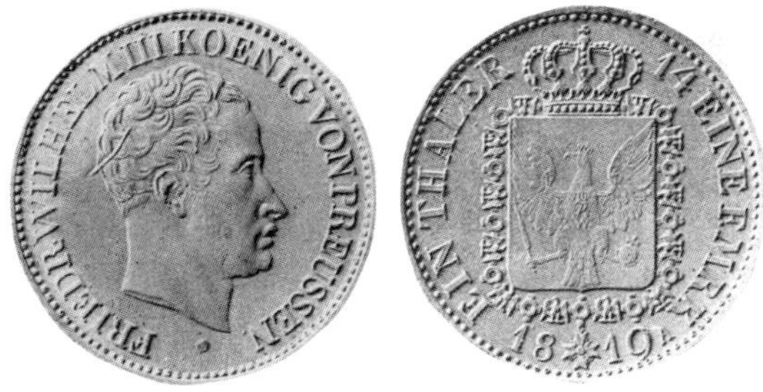

Nr. 365u), Probetaler 1819 A mit dem Kopf nach rechts, im Halsabschnitt vertieft die Signatur BRANDT, darunter Rosette, auf der Rückseite der preußische Adlerschild umgeben von der Kollane des Schwarzen Adlerordens, unten 1819 A

zu Nr. 365

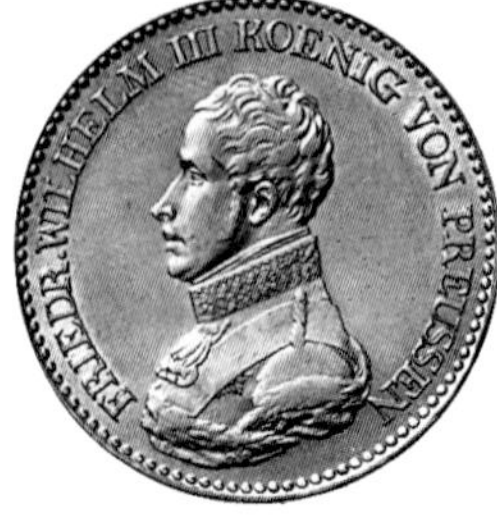

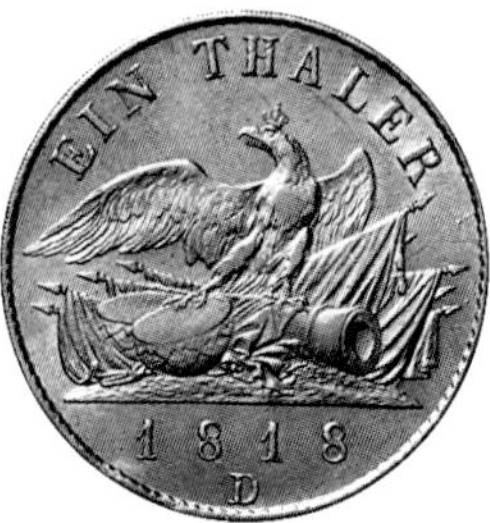

Mzz. D (Düsseldorf)

1818 D	80.–	400.–	650.–
1819 D	80.–	450.–	700.–
1820 D	80.–	450.–	650.–
1821 D			LP*
1822 D	100.–	500.–	800.–

**) Der Jahrgang 1821 D ist in der 47. Auktion der Leipziger Münzhandlung und Auktion Heidrun Höhn (12/2005) unter der Nr. 1882 in „fast vorzüglich" für 6000.– Euro zugeschlagen worden; in der 281. Künker-Auktion (9/2016), Nr. 2507, in „fast vorzüglich" für 3200.– Euro; in der 246. Künker-Auktion (3/2014), Nr. 3851, in „fast sehr schön" für 1400.– Euro.*

Der Jahrgang 1818 wurde in der 281. Künker-Auktion (9/2016), Nr. 2505, in „vorzüglich-Stempelglanz" für 1500.– Euro versteigert; der Jahrgang 1822 in der 80. Heidelberger Münzauktion (11/2020), Nr. 756, in „fast prägefrisch" für 1750.– Euro.

Probe

v) 1817 mit glattem Rand ohne Randschrift (v. Schr. –); 100. Auktion Heinrich Winter (8/2006), Nr. 295, „fast Stempelglanz", Zuschlag 12 500.– Euro

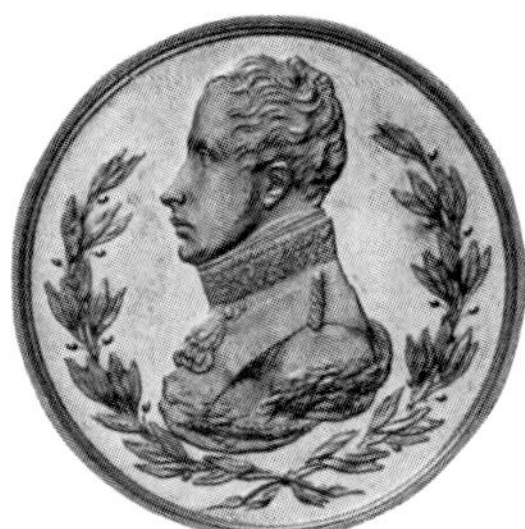

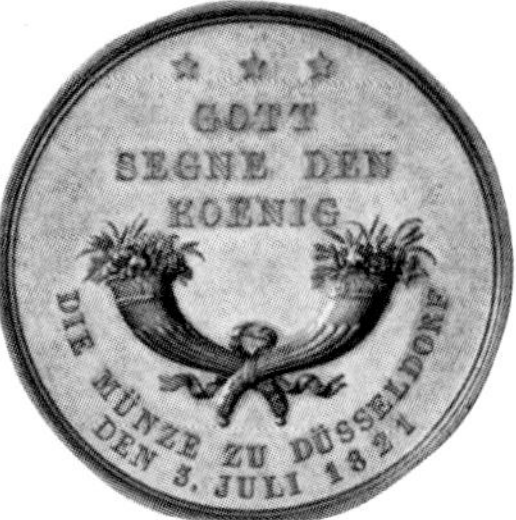

366 „Taler“ (Medaille auf den Besuch des Königs in der Münze Düsseldorf)

Vs.: Keine Um- oder Inschrift

Rs.: GOTT SEGNE DEN KOENIG
DIE MÜNZE ZU DÜSSELDORF / DEN 3. JULI 1821

Rand: GOTT MIT UNS

AKS 14 Anm. – Jaeger 59 I – Olding, Seite 67

1821	2200.–	5000.–	LP

Proben

a) Probe auf den Besuch der Düsseldorfer Münzstätte mit glattem Rand ohne Randschrift (v. Schr. –); 115. Auktion F. R. Künker (9/2006), Nr. 2165, „vorzüglich“, Zuschlag 6250.– Euro; 319. Auktion F. R. Künker (5/2019), Nr. 3286, „sehr schön“, Zuschlag 700.– Euro; 250. Künker-Auktion (7/2014), Nr. 2884, „vorzüglich-Stempelglanz“, Zuschlag 3200.– Euro

b) Kupferabschlag der Probe Nr. 366a ohne Randschrift; 17. WAG-Auktion (9/2001), Nr. 679 „vorzüglich“, Zuschlag 850.– DM; 424. Peus-Auktion (5/2019), Nr. 964, „vorzüglich“, Zuschlag 480.– Euro; 42. Auktion Harald Möller (12/2006), Nr. 1182, „Stempelglanz“, Zuschlag 460.– Euro

c) Probe auf den Besuch der Düsseldorfer Münzstätte mit der Vorderseite des Talers Nr. 367 und mit der Randschrift GOTT MIT UNS (Jaeger 59 I; Ferrari 2964); 250. Künker-Auktion (7/2014), Nr. 2883, „vorzüglich“, Zuschlag 4200.– Euro; Unikum; Abb. siehe nächste Seite

Eine spezielle „Denkmünze ‚Bolzenthal‘“ (St. 985 PII) gibt es nicht. Die von Stutzmann angegebene Jaeger-Nr. 59 II (Jaeger, Seite 64) steht für die normale Gedenkmedaille auf den Besuch der Düsseldorfer Münzstätte 1821 (Nr. 366). Der Begriff „Bolzenthal“ resultiert aus dem von Kurt Jaeger an der genannten Stelle herangezogenen Literaturzitat: „Bolzenthal, Denkmünzen zur Geschichte Sr. Majestät Friedrich Wilhelm III. Königs von Preußen ..., Berlin 1834, 1841[2]“.

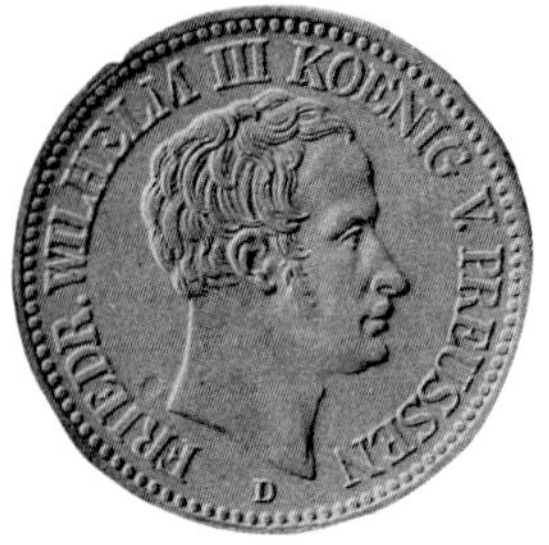

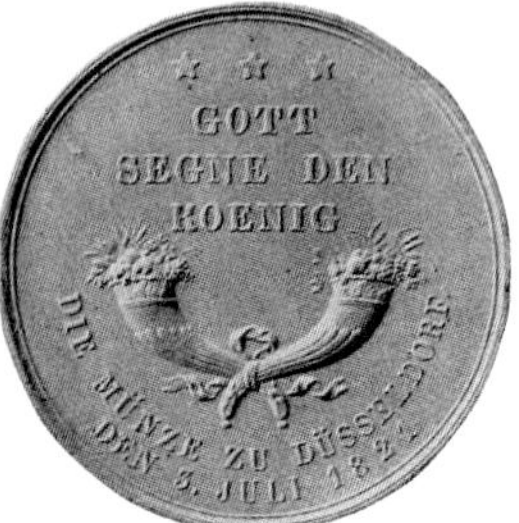

Nr. 366c), Probetaler auf den Besuch der Düsseldorfer Münzstätte mit der Vorderseite des Talers Nr. 367

367 Taler

Vs.: FRIEDR. WILHELM III KOENIG V. PREUSSEN Mzz. A
Rs.: EIN THALER XIV. EINE F. M. Jahr
Rand: GOTT MIT UNS

Dav. 760 – AKS 14 – Jaeger 59 – T. 247 + 247 D – Olding 180, 196

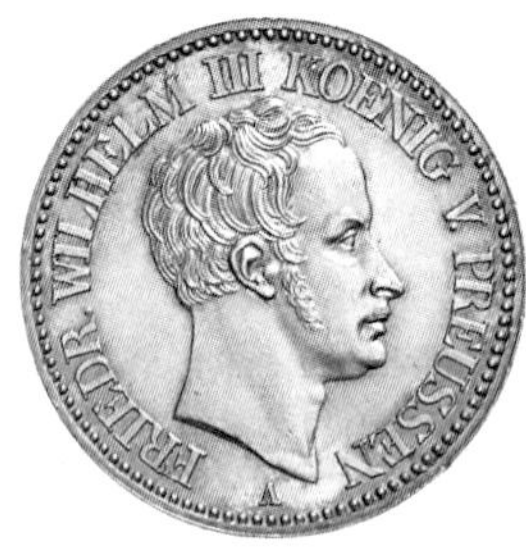

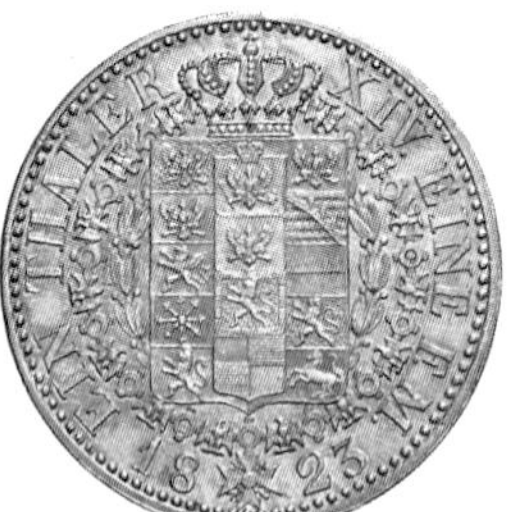

Mzz. A (Berlin)

1823 A	(761 000)	85.–	300.–	450.–
1824 A	(1 144 000)	85.–	300.–	450.–
1825 A	(405 000)	90.–	320.–	470.–
1826 A	(687 000)	90.–	320.–	470.–

In der 293. Künker-Auktion (6/2017), Nr. 397, wurde ein Exemplar von 1824 A in „Stempelglanz“ für 2200.– Euro zugeschlagen.

Varianten und Proben

a) 1823 bis 1826 mit fehlerhaftem Münzzeichen „A“ (ohne Querstrich) (Schwalbach 180aa); der fehlende Querstrich ist auf eine Stempelverschmutzung zurückzuführen

b) 1822 A, Probetaler mit kleinerem Kopfbild und auf der Rückseite der preußische Adlerschild mit der Umschrift EIN THALER XIV EINE F. M. (v. Schr. 355)

c) 1822 A, Probetaler, Vorderseite wie Nr. 367b, Rückseite mit 14feldigem Wappenschild „um den innen links Eichen-, rechts Lorbeerkranz, darum die Kette zum schwarzen Adlerorden", unten 18 – 22, Umschrift EIN THALER XIV EINE F. M. (Schwalbach 180ab; v. Schr. 356)

d) 1822 A, Probetaler, Vorderseite wie Nr. 367b aber das Münzzeichen „A" ist etwas größer, Rückseite wie Nr. 367c, jedoch sind die Enden des Kranzes unter dem Schild sichtbar (v. Schr. 357)

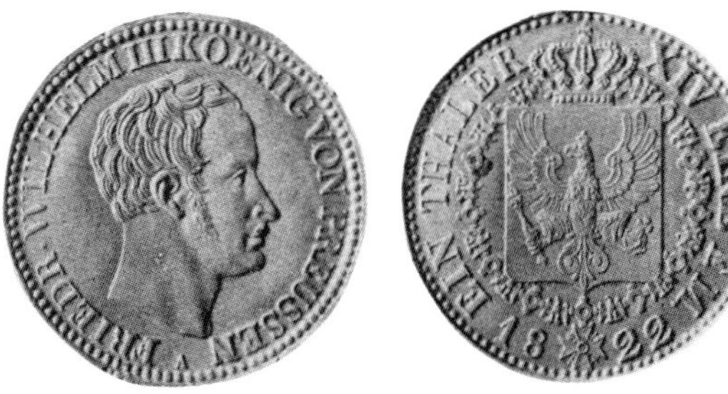

Nr. 367b), Probetaler 1822 A mit kleinerem Kopfbild und kleinem Münzzeichen „A", auf der Rückseite der preußische Adlerschild und die Umschrift EIN THALER XIV EINE F. M.

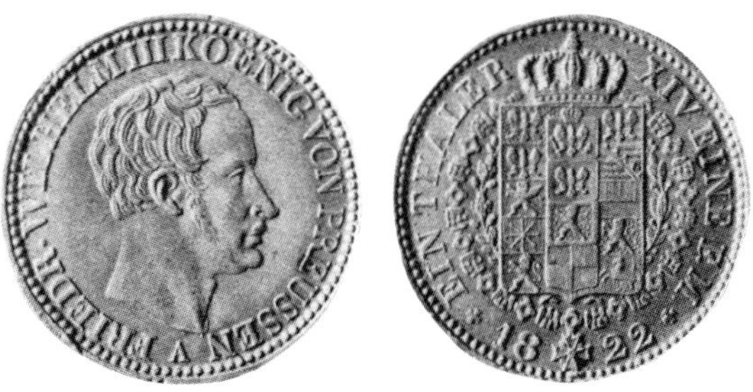

Nr. 367d), Probetaler 1822 A mit Kopfbild und etwas größerem Münzzeichen „A", auf der Rückseite der 14feldige Wappenschild und die Umschrift EIN THALER XIV EINE F. M.

e) 1822 A, Probetaler, Vorderseite wie Nr. 367d) aber die Umschrift ist vom Feld durch einen Binnenreif getrennt, die Rückseite wie Nr. 367d, jedoch ohne die Kranzenden unter dem Schild (v. Schr. 358); Abb. siehe nächste Seite

f) 1822 A, Probetaler, Vorderseite ähnlich wie Nr. 367d aber der Kopf ist größer und der Hals breiter (berührt fast den Perlkreis), der Münzbuchstabe „A“ ist kleiner, die Rückseite wie Nr. 367e (v. Schr. 359)

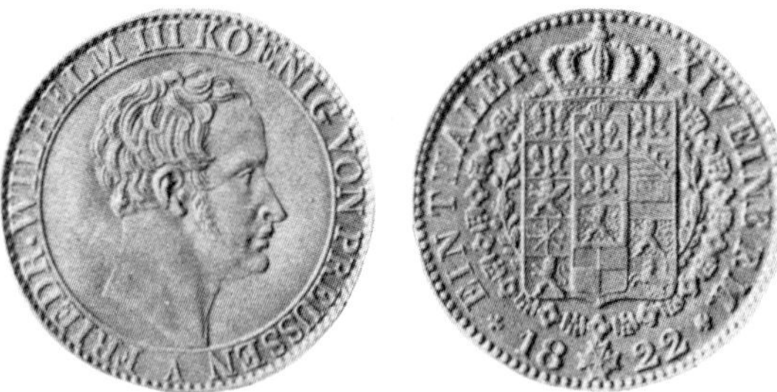

Nr. 367e), Probetaler 1822 A mit Binnenreif zwischen Umschrift und Feld der Vorderseite, auf der Rückseite der 14feldige Wappenschild und die Umschrift EIN THALER XIV EINE F. M.

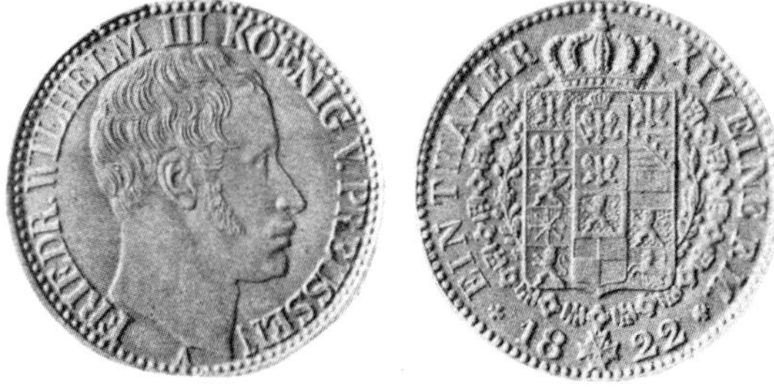

Nr. 367f), Probetaler 1822 A mit größerem Kopf, breiterem Hals (berührt fast den Perlkreis) und kleinerem Münzzeichen „A“, auf der Rückseite der 14feldige Wappenschild und die Umschrift EIN THALER XIV EINE F. M.

g) 1823 A, Probetaler, ähnlich Nr. 367, jedoch mit erhabener Randschrift (Schwalbach 179; v. Schr. 363); Auktion der Slg. Killisch von Horn (Adolph Hess Nachfolger 3/1904), Nr. 3878, „Stempelglanz“, Zuschlag 1315.– Goldmark (dort wurde das Stück als „eine der größten Seltenheiten unter den neueren preussischen Thalern“ bezeichnet); 389. Auktion Dr. Busso Peus Nachfolger (11/2006), Nr. 2466, „Stempelglanz“, Zuschlag 17 000.– Euro

h) 1823 A, Probetaler, Vorderseite ähnlich wie Nr. 367f aber der Kopf weist ein höheres Relief auf, die Rückseite zeigt den 14feldigen Wappenschild, links und rechts von einem Lorbeerzweig eingefaßt, umgeben von der Kette des Schwarzen Adlerordens, unten 18 – 23, Umschrift EIN THALER XIV. EINE F. M. (v. Schr. 360)

i) 1823 A, Probetaler wie Nr. 367h, jedoch der Kopf etwas kleiner (wie bei Nr. 367j (v. Schr. 361)

k) 1823 A, Probetaler mit größerer Schrift und WILH. in der Umschrift der Vorderseite, die Rückseite wie Nr. 367h aber mit kleinerer Jahreszahl und ohne Punkt nach XIV (v. Schr. 362)

l) 1823 A, Probetaler mit Punkt nach WILHELM, die Umschrift ist vom Feld durch einen Binnenreif getrennt (wie Nr. 367e), auf der Rückseite 14feldiger Wappenschild, links und rechts von einem Lorbeerzweig eingefaßt, umgeben von der Kette des Schwarzen Adlerordens, unten 18 – 23, Umschrift EIN THALER XIV· EINE F. M. (v. Schr. 364)

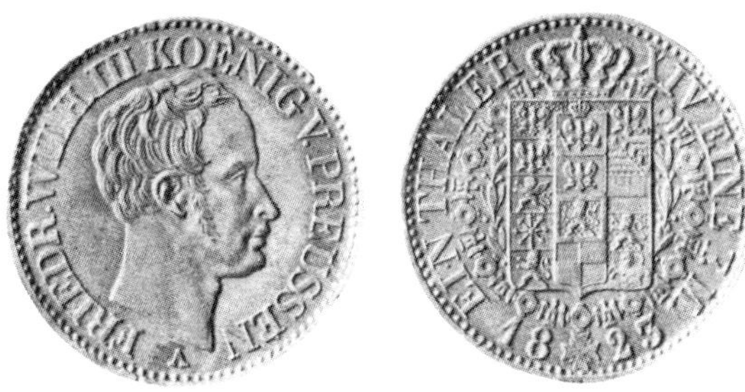

Nr. 367k), Probetaler 1823 A mit größerer Schrift und WILH. in der Umschrift der Vorderseite, die Rückseite wie Nr. 367h aber mit kleinerer Jahreszahl und ohne Punkt nach XIV

zu Nr. 367

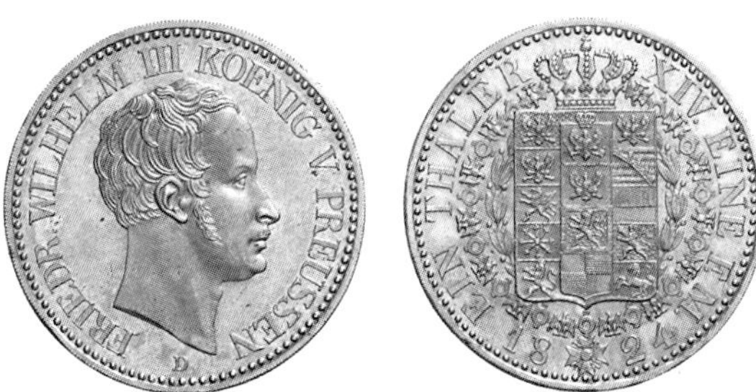

Mzz. D (Düsseldorf)

1823 D	(13 000)	250.–	380.	600.–
1824 D	(15 650)	200.–	350.–	550.–
1825 D	(36 477)	150.–	300.–	500.–

In der 80. Heidelberger Münzauktion (11/2020), Nr. 758, wurde ein Exemplar von 1824 in „prägefrisch, kleine Kratzer", für 5300.– Euro versteigert.

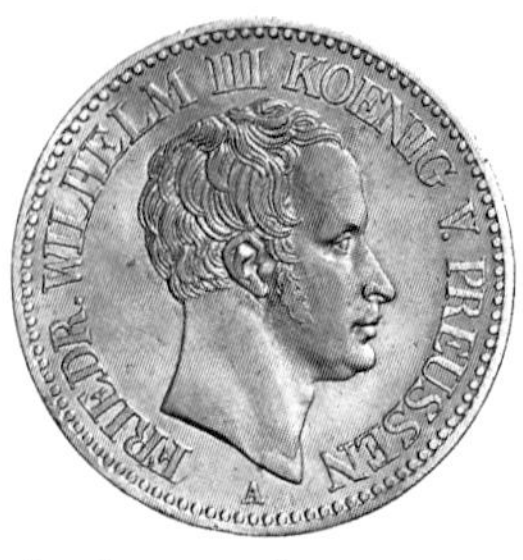

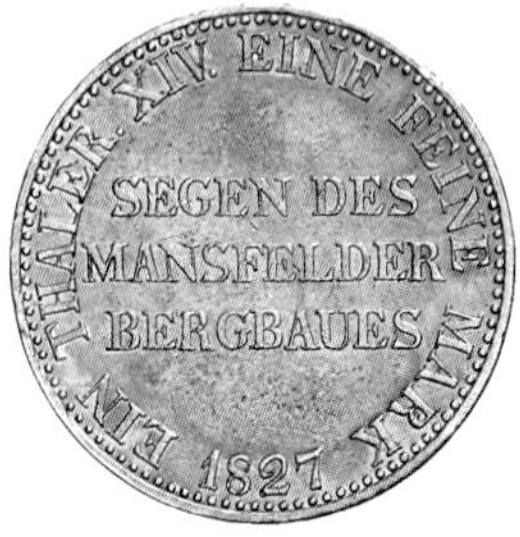

368 Ausbeutetaler

Vs.: FRIEDR. WILHELM III KOENIG V. PREUSSEN Mzz. A

Rs.: EIN THALER. XIV. EINE FEINE MARK Jahr
SEGEN DES MANSFELDER BERGBAUES

Rand: GOTT MIT UNS

Dav. 761 – AKS 16 – Jaeger 61 – T. 248 – Olding 183

1826	(50 000)	90.–	200.–	500.–
1827	(50 000)	90.–	200.–	500.–
1828	(50 000)	90.–	200.–	500.–

In der 80. Heidelberger Münzauktion (11/2020), Nr. 759, wurde ein Exemplar von 1827 in „fast Stempelglanz" für 1100.– Euro versteigert; ein Exemplar von 1828 (Nr. 760) in „Stempelglanz" für 1550.– Euro.

Varianten

a) 1826 und 1827 mit fehlendem Querstrich im Münzzeichen „Λ" (Schwalbach 181a) sind die Folge von Stempelverschmutzungen

b) 1826 als Eisenguß; 195. Auktion Gerhard Hirsch Nachfolger (5/1997), Nr. 1787, „vorzüglich", Zuschlag 525.– DM. Es ist sehr wahrscheinlich, daß es sich bei diesem Eisenguß nicht um ein offizielles Produkt, sondern um eine private Anfertigung handelt.

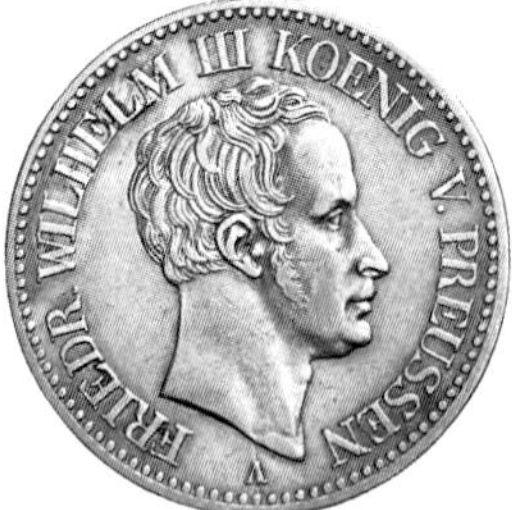

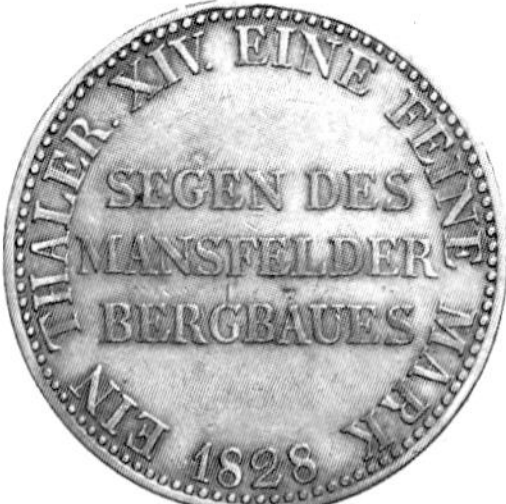

Nr. 368a), Ausbeutetaler 1828 A mit fehlendem Querstrich im Münzzeichen

369 Taler

Vs.: FRIEDR. WILHELM III KOENIG V. PREUSSEN Mzz.
Rs.: EIN THALER XIV. EINE F. M. Jahr
Rand: GOTT MIT UNS

Dav. 762 – AKS 15 – Jaeger 60 – T. 249 + 249 D – Olding 181, 197

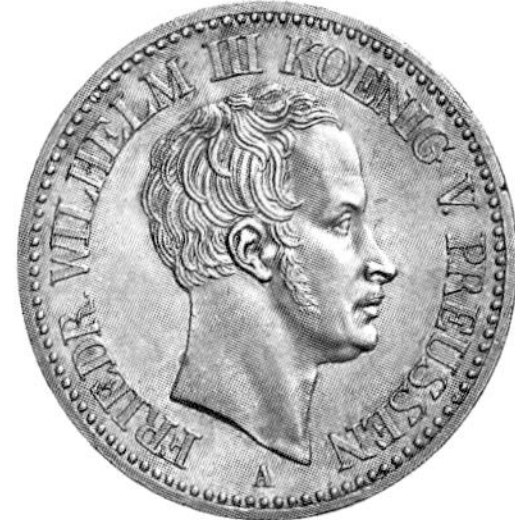

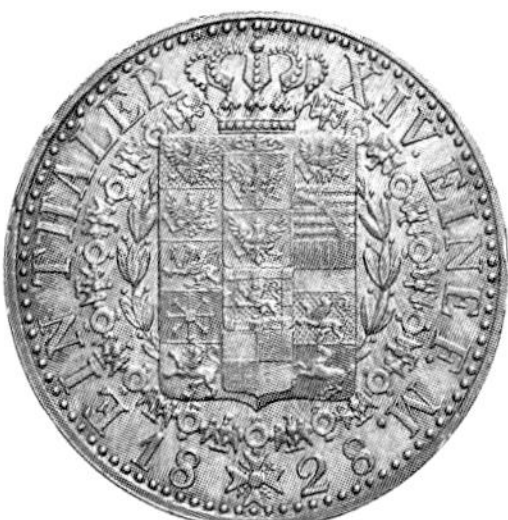

Mzz. A (Berlin)

1827 A	(78 000)	250.–	750.–	1500.–
1828 A	(1 578 000)	90.–	250.–	500.–

Variante

a) 1828 mit fehlendem Querstrich im Münzzeichen „Λ" (Schwalbach 182a) als Folge einer Stempelverschmutzung

Mzz. D (Düsseldorf)

1828 D	(11 600)	280.–	800.–	2000.–

In der 58. Heidelberger Münzauktion (11/2011), Nr. 1228, wurde ein Exemplar in „Stempelglanz" für 4500.– Euro zugeschlagen.

370 Taler

Vs.: FRIEDR. WILHELM III KOENIG V. PREUSSEN Mzz.
Rs.: EIN THALER XIV. EINE F. M. Jahr
Rand: GOTT MIT UNS

Dav. 763 – AKS 17 – Jaeger 62 – T. 250 + 250 D – Olding 182, 198

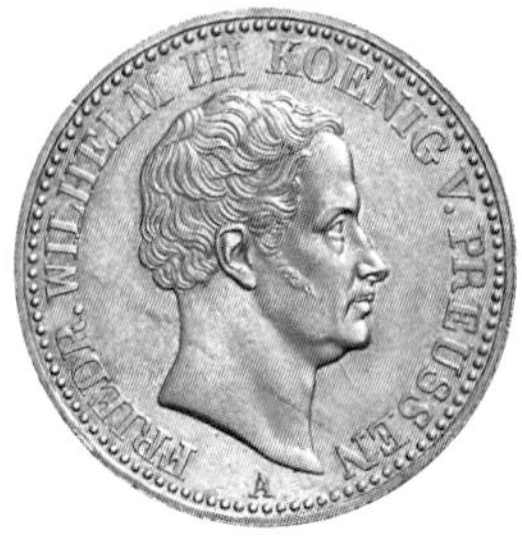
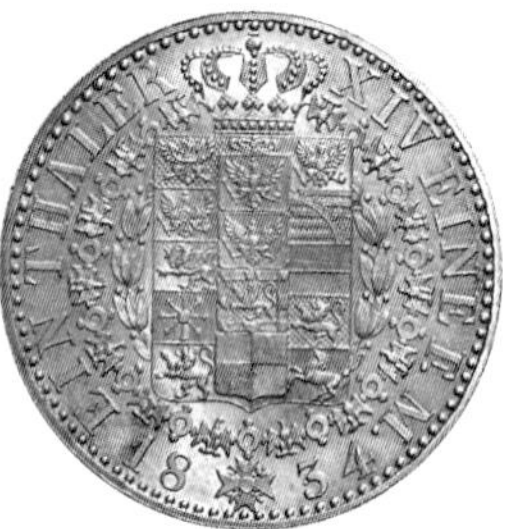

Mzz. A (Berlin)

1828 A				LP*
1829 A	(4 002 000)	75.–	220.–	300.–
1830 A	(6 888 000)	75.–	220.–	300.–
1831 A	(4 595 000)	75.–	220.–	300.–
1832 A	(267 000)	80.–	220.–	300.–
1833 A	(448 000)	70.–	220.–	300.–
1834 A	(1 299 000)	70.–	220.–	300.–
1835 A	(449 000)	70.–	220.–	300.–
1836 A	(526 000)	70.–	220.–	300.–
1837 A	(466 000)	70.–	220.–	300.–
1838 A	(314 000)	70.–	220.–	300.–
1839 A	(247 000)	70.–	220.–	300.–
1840 A	(1 630 000)	60.–	200.–	250.–

**) Friedrich von Schrötter (Nr. 371) gibt an: „Einziges Stück", wahrscheinlich gibt es aber drei Exemplare; 65. Möller-Auktion (12/2014), Nr. 123, „Polierte Platte-", Zuschlag 14 000.– Euro.*

Varianten

a) 1832 auch ohne Punkt nach „XIV" auf der Rückseite (Schwalbach 184)

b) 1832 mit Punkt nach THALER, so bei Jaeger 62 (Fußnote) und danach St. 988ac angegeben, existiert nicht. Kurt Jaeger war beim Jahrgang 1832 (Fußnote) ein Irrtum unterlaufen. Er meinte den Punkt nach „XIV", was aus den von ihm aufgeführten Schwalbach-Nummern 184 bzw. 187 hervorgeht.

c) Ab dem Jahrgang 1833 ist das Münzzeichen „A" etwas größer (Schwalbach 187aa)
d) 1840 als Bleiabschlag (v. Schr. –); 6. Auktion Galerie des Monnaies (3/1972), Nr. 1081, „sehr schön", Zuschlag 25.– DM
e) Zinnabschlag der Vorderseite (v. Schr. 371 Anm.). Unter der Nr. 3082 wurden im Auktionskatalog der Slg. Ferrari vier Varianten einseitiger Zinnproben der Taler-Vorderseite als Lot angeboten.

zu Nr. 370

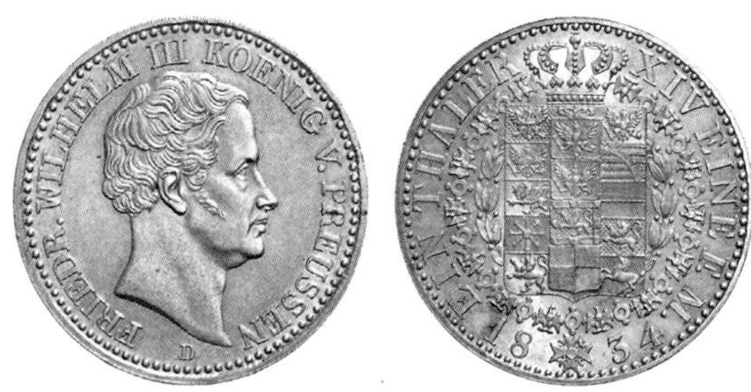

Mzz. D (Düsseldorf)

1829 D	(277 320)	80.–	250.–	480.–
1830 D	(650 670)	80.–	230.–	420.–
1831 D	(45 120)	80.–	230.–	420.–
1832 D	(27 830)	90.–	250.–	420.–
1833 D	(18 790)	90.–	250.–	420.–
1834 D	(21 430)	90.–	250.–	420.–
1835 D	(16 240)	120.–	330.–	500.–
1836 D	(20 250)	90.–	330.–	420.–
1837 D	(15 410)	160.–	430.–	650.–
1838 D	(24 700)	90.–	250.–	420.–
1839 D	(11 740)	230.–	550.–	1000.–
1840 D	(11 390)	170.–	430.–	650.–

In der 80. Heidelberger Münzauktion (11/2020), Nr. 764, wurde ein Exemplar von 831 in „fast Stempelglanz" für 3300.– Euro versteigert.

Varianten

f) Ab dem Jahrgang 1832 fehlt der Punkt nach „XIV" (Schwalbach 187a)

g) 1838 mit Punkt nach THALER, so bei St. 988ba angegeben, existiert nicht. Die dort herangezogene Schwalbach-Nr. 187 bezieht sich auf den Taler 1832 A ohne Punkt nach „XIV“.

Die Anmerkung bei St. 988b, „Ab Jg. 1833 ist das Münzzeichen größer“, trifft nicht zu. Die dort herangezogene Schwalbach-Nr. 187aa bezieht sich auf das Münzzeichen „A“. Bei dem Münzzeichen „D“ ändert sich die Größe nicht.

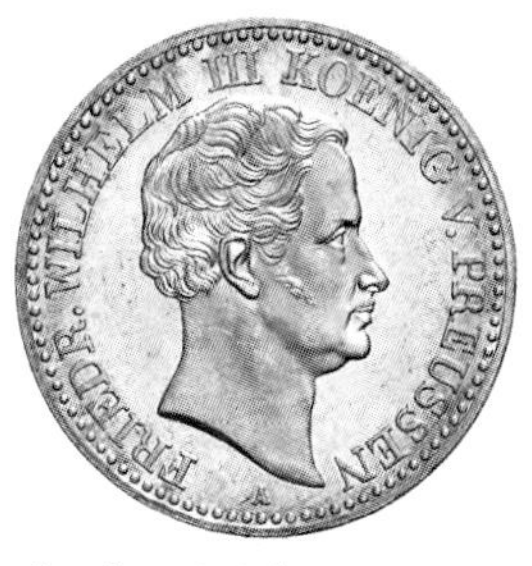

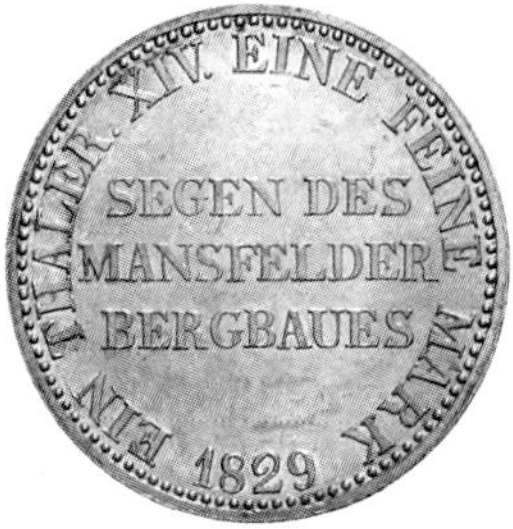

371 Ausbeutetaler

Vs.: FRIEDR. WILHELM III KOENIG V. PREUSSEN Mzz. A

Rs.: EIN THALER. XIV. EINE FEINE MARK Jahr
SEGEN DES MANSFELDER BERGBAUES

Rand: GOTT MIT UNS

Dav. 764 – AKS 18 – Jaeger 63 – T. 251 – Olding 184

1829	(50 000)	85.–	190.–	300.–
1830	(50 000)	85.–	190.–	300.–
1831	(50 000)	85.–	190.–	300.–
1832	(50 000)	85.–	190.–	300.–
1833	(50 000)	85.–	190.–	300.–
1834	(50 000)	85.–	190.–	300.–
1835	(50 000)	85.–	190.–	300.–
1836	(50 000)	85.–	190.–	300.–
1837	(50 000)	85.–	190.–	300.–
1838	(50 000)	85.–	190.–	300.–
1839	(50 000)	85.–	190.–	300.–
1840	(50 000)	85.–	190.–	300.–

In der 80. Heidelberger Münzauktion (11/2020), Nr. 765, wurde ein Exemplar von 1832 in „fast Stempelglanz" für 800.– Euro versteigert.

Varianten

a) Ab 1832 ohne Punkt nach „XIV"
(Schwalbach 188+188a)

b) Ab 1833 ist das Münzzeichen „A" etwas größer
(Schwalbach 188a)

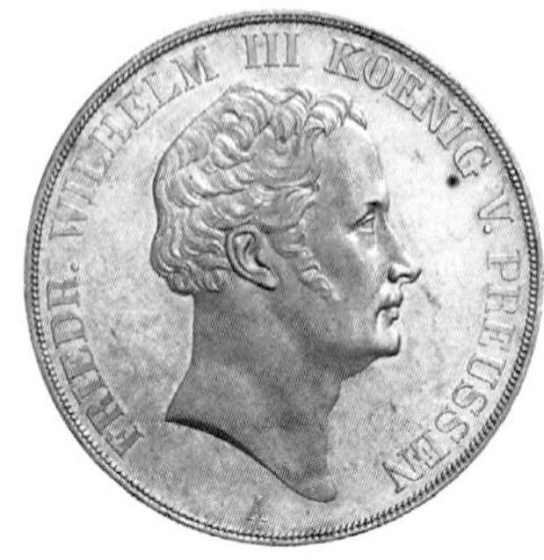

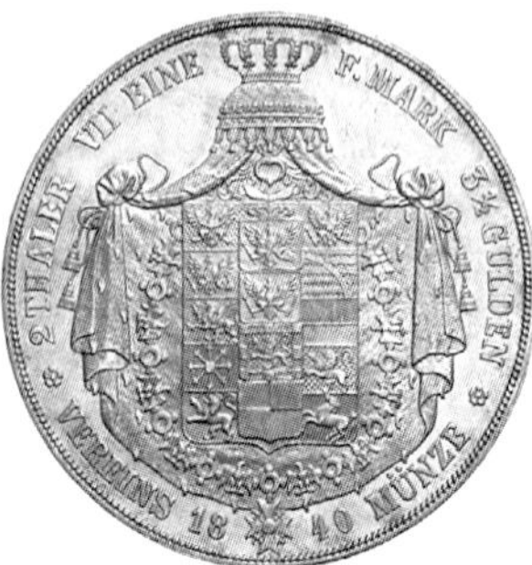

372 Doppeltaler

Vs.: FRIEDR. WILHELM III KOENIG V. PREUSSEN Mzz. A

Rs.: 2 THALER VII EINE F. MARK 3 ½ GULDEN VEREINS (Jahr) MÜNZE

Rand: GOTT MIT UNS

Dav. 765 – AKS 9 – Jaeger 64 – T. 252 – Olding 179

1839	(172 090)	200.–	350.–	500.–
1840	(789 240)	180.–	300.–	450.–
1841	(wenige Ex.)			LP*

**) Der Jahrgang 1841 wurde in der 138. Auktion von F. R. Künker (3/2008), Nr. 6394, in „vorzüglich" für 19 000.– Euro zugeschlagen; in der 71. Möller-Auktion (4/2018), Nr. 98, und der 362. Hirsch-Auktion (9/2020), Nr. 3569, für jeweils 14 500.– Euro zugeschlagen.*

Varianten

a) 1819 A, Probe-Doppeltaler, Kopfbild, darunter das Münzzeichen „A", auf der Rückseite der bekrönte preußische Adlerschild mit der Kollane des Schwarzen Adlerordens und der Umschrift ZWEI THALER 7 EINE F. MARK 1819 (v. Schr. 332); Abb. siehe nächste Seite

b) 1819 A, Zinnabschlag des Probe-Doppeltalers Nr. 372a (v. Schr. 332 Anm.); Slg. Killisch von Horn (1904), Nr. 3821, „sehr schön", Zuschlag 150.– Goldmark

c) 1819 A, Probe-Doppeltaler, Kopfbild ohne Münzzeichen darunter, auf der Rückseite der bekrönte preußische Adlerschild mit der Kollane des Schwarzen Adlerordens und der Umschrift ZWEI THALER 7 EINE F. MARK 1819 A (v. Schr. –); 71. Auktion Otto Helbing Nachf. (4/1933, Slg. Fürstenberg), Nr. 2233 (dort fälschlich mit „v. Schr. 332" zitiert); Abb. siehe nächste Seite

d) 1821 A, einseitiger Zinnabschlag der Rückseite eines Doppeltalers mit bekröntem Adler im Feld (ähnlich wie bei Nr. 392), auf der Brust FWR, und der Umschrift ZWEI THALER VII EINE FEINE MARK (v. Schr. 333)

e) 1837 A, Probe-Doppeltaler mit großen Buchstaben, tingiertem Wappenmantel und 15 mm breiter Krone, die Umschrift der Rückseite lautet ZWEI THALER VII EINE F. M., die Randschrift GOTT MIT UNS (v. Schr. 334); Abb. siehe nächste Seite

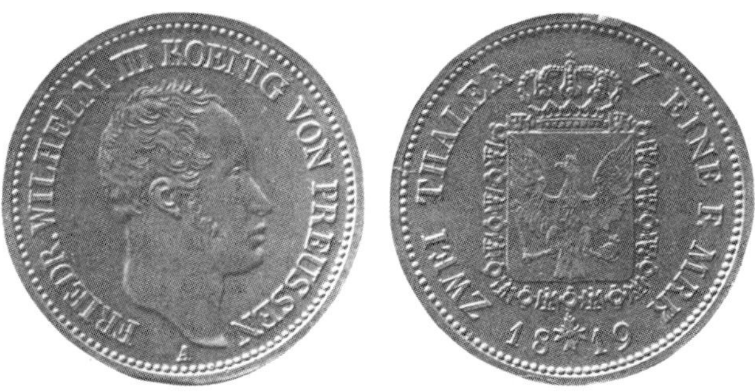

Nr. 372a), Probe-Doppeltaler 1819 A mit dem Münzzeichen „A“ unter dem Kopfbild und auf der Rückseite der bekrönte preußische Adlerschild mit der Kollane des Schwarzen Adlerordens

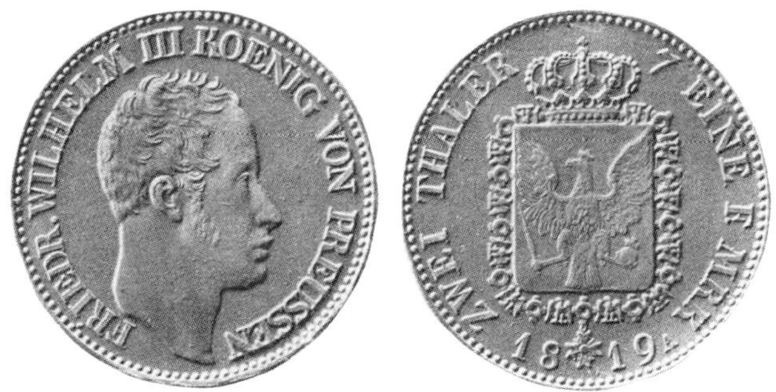

Nr. 372c), Probe-Doppeltaler 1819 A mit dem Münzzeichen „A“ nicht unter dem Kopfbild, sondern nach der Jahreszahl, auf der Rückseite ist der bekrönte preußische Adlerschild mit der Kollane des Schwarzen Adlerordens

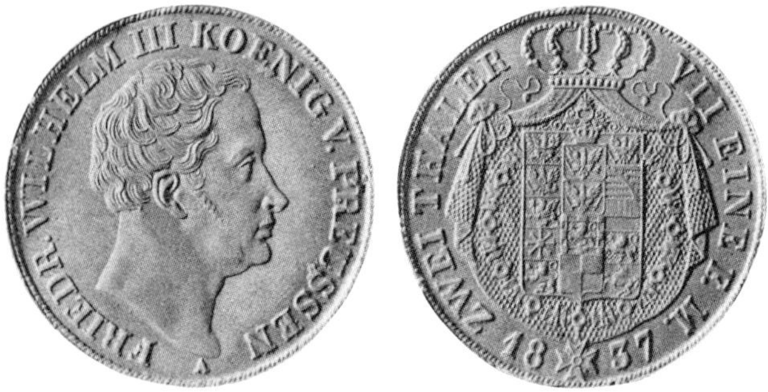

Nr. 372e), Probe-Doppeltaler 1837 A mit großen Buchstaben, tingiertem Wappenmantel und 15 mm breiter Krone über dem Wappen

f) 1837 A, Zinnabschlag des Probe-Doppeltalers Nr. 372e (Schwalbach 189 Anm., v. Schr. 334 Anm.)

g) 1838 A, Probe-Doppeltaler ähnlich Nr. 372e+f, jedoch ist das Wappenzelt mit Hermelin besetzt und die Krone nur 8 mm breit, Randschrift GOTT MIT UNS (Schwalbach 189 Anm.); Abb. siehe nächste Seite

h) 1838 A, Probe-Doppeltaler ähnlich Nr. 372g, jedoch ist der Abstand zwischen Halsabschnitt und dem Münzzeichen „A" größer (v. Schr. 336 [14 Exemplare ausgegeben]); 42. Auktion Harald Möller (12/2006), Nr. 1210, „vorzüglich-Stempelglanz", Schätzpreis 40 000.– Euro; in der 263. Künker-Auktion (6/2015), Nr. 718, für 22 000.– Euro zugeschlagen; in der 70. Teutoburger Auktion (9/2012) für 22 500.– Euro versteigert; Abb. siehe nächste Seite

i) 1838 A, Probe-Doppeltaler wie Nr. 372h, jedoch ohne Randschrift (Schwalbach 189 Anm.)

j) 1838 A, einseitiger Zinnabschlag der Rückseite des Probe-Doppeltalers Nr. 372h+i (v. Schr. 336 Anm.); 33. Auktion F. R. Künker (3/1996), Nr. 1550, „vorzüglich", Zuschlag 210.– DM

k) 1838 A, einseitiger Bleiabschlag der Rückseite des Probe-Doppeltalers Nr. 372h+i (v. Schr. 336 Anm.)

l) 1839 A als Eisenabschlag (Schwalbach –; Ferrari 2959 [es ist ein Guß])

m) 1841 A, Fälschung eines Probe-Doppeltalers ohne Randschrift (v. Schr. 339); 259. Auktion Hess (5/1990), „vorzüglich", Zuschlag 33 500.– Schweizer Franken; 45. Auktion Harald Möller (6/2007), Nr. 1059, „vorzüglich", Schätzpreis 24 000.– Euro; Emporium Hamburg, Lagerliste 218 (8/2007), Nr. 1584, „fast Stempelglanz", 12 850.– Euro

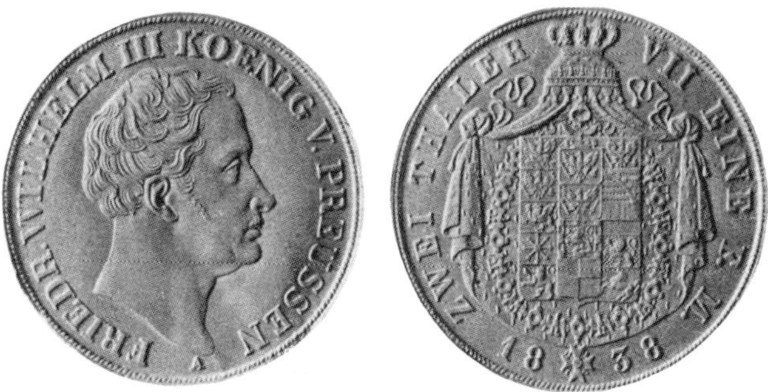

Nr. 372g), Probe-Doppeltaler 1838 A ähnlich Nr. 372e+f, jedoch ist das Wappenzelt mit Hermelin besetzt und die Krone nur 8 mm breit, die Buchstaben der Umschrift sind etwas kleiner

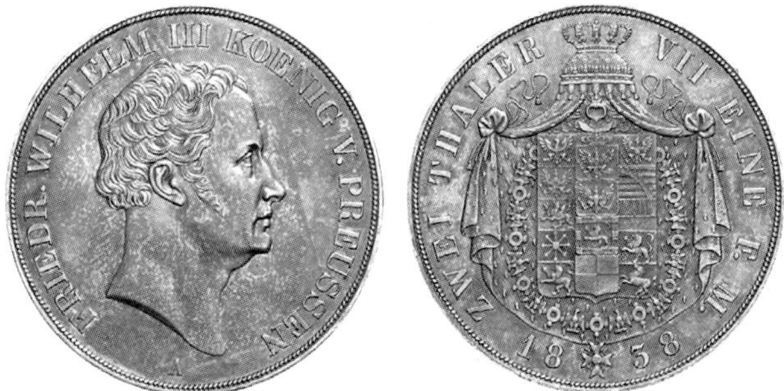

Nr. 372h), Probe-Doppeltaler 1838 A ähnlich Nr. 372g, jedoch ist Abstand zwischen Halsabschnitt und dem Münzzeichen „A" größer

Friedrich Wilhelm IV. 1840 – 1861

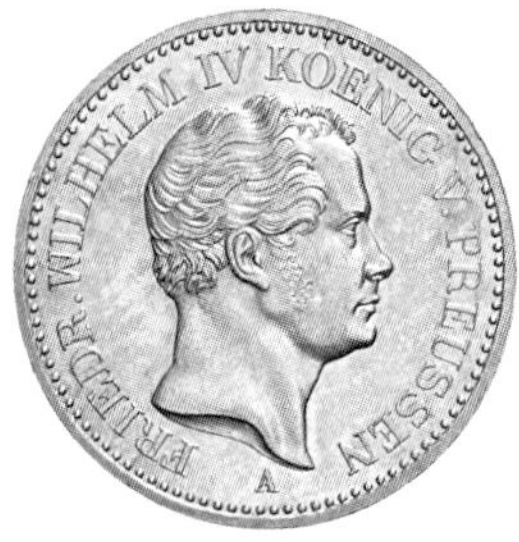
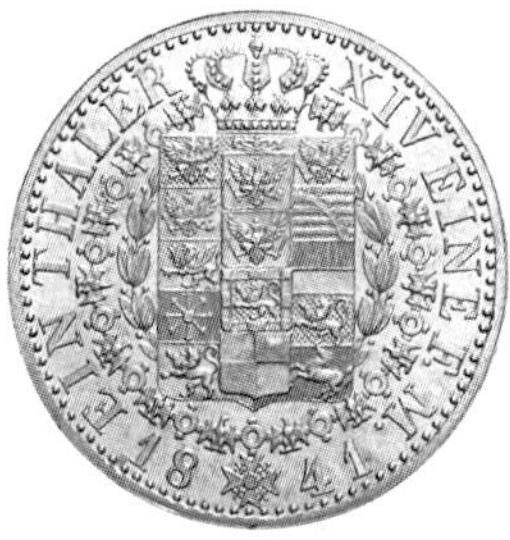

373 Taler

Vs.: FRIEDR. WILHELM IV KOENIG V. PREUSSEN Mzz. A
Rs.: EIN THALER XIV EINE F. M. 1841
Rand: GOTT MIT UNS

Dav. 767 – AKS 72 – Jaeger 69 – T. 254 – Olding 304

1841	(2 279 750)	250.–	400.–	700.–

In der 80. Heidelberger Münzauktion (11/2020), Nr. 768, erzielte ein Exemplar in „Stempelglanz" 1600.– Euro.

Variante

a) Mit fehlendem Querstrich im Münzzeichen „Λ" durch eine Stempelverschmutzung (Schwalbach 192a)

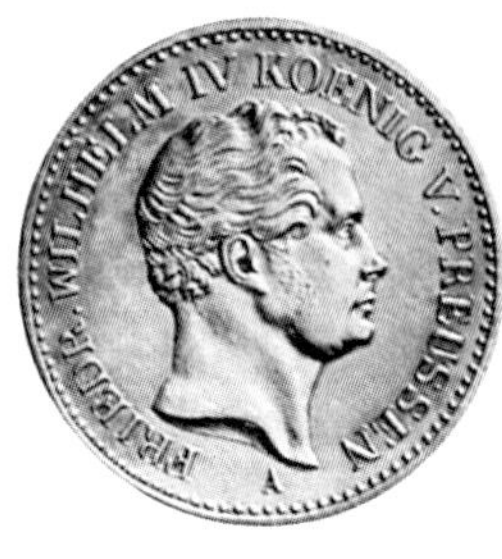
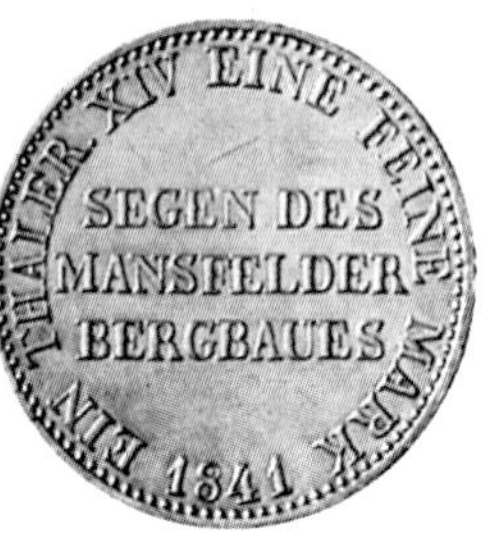

374 Ausbeutetaler

Vs.: FRIEDR. WILHELM IV KOENIG V. PREUSSEN Mzz. A
Rs.: EIN THALER. XIV EINE FEINE MARK 1841
SEGEN DES MANSFELDER BERGBAUES
Rand: GOTT MIT UNS

Dav. 768 – AKS 73 – Jaeger 70 – T. 255 – Olding 307

1841	(50 000)	280.–	500.–	800.–

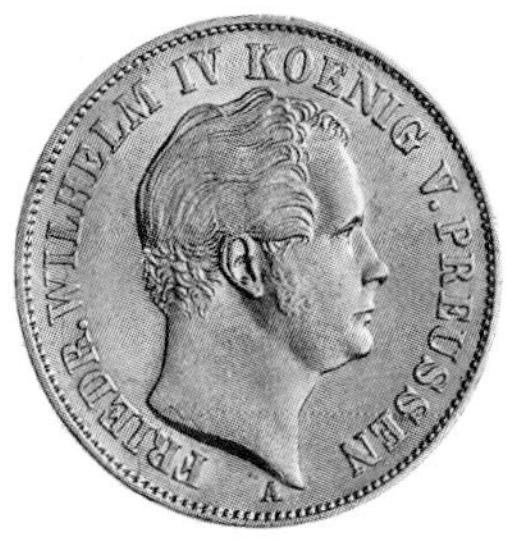

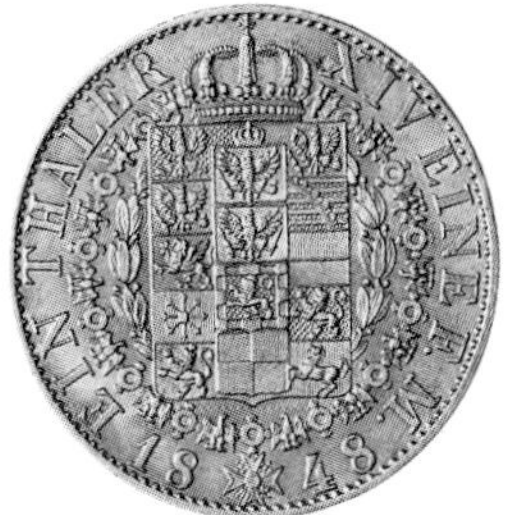

375 Taler

Vs.: FRIEDR. WILHELM IV KOENIG V. PREUSSEN Mzz. A
Rs.: EIN THALER XIV EINE F. M. Jahr
Rand: GOTT MIT UNS

Dav. 769 – AKS 74 – Jaeger 73a+b – T. 256 – Olding 305

1842	(518 000)	200.–	380.–	500.–
1843	(600 000)	180.–	350.–	500.–
1844	(918 000)	180.–	350.–	500.–
1845	(720 000)	180.–	350.–	500.–
1846	(1 115 000)	180.–	350.–	500.–
1847	(1 283 000)	180.–	350.–	500.–
1848	(3 743 000)	180.–	350.–	500.–
1849	(892 000)	180.–	350.–	500.–
1850	(350 000)	180.–	350.–	500.–
1851	(731 000)	180.–	350.–	500.–
1852	(329 000)	180.–	350.–	500.–

Varianten und Proben

a) Ab dem Jahrgang 1847 sind die beiden Adler links (heraldisch rechts), Greif und Löwe leicht verändert (Schwalbach 196)

b) 1841, Probetaler mit leicht vergrößertem Kopfbild und schmalem Halsabschnitt, das Münzzeichen „A“ ist 1 ½ mm vom Hals entfernt, die Rückseite ist die von Nr. 373 (Schwalbach –; v. Schr. 51; Olding 305 P1); Abb. siehe nächste Seite

c) 1841, Probetaler mit verändertem Stempelschnitt der Vorderseite (wie Nr. 375d), die Rückseite ist die von Nr. 373 (Schwalbach –; v. Schr. 52; Olding 305 P2)

d) 1842, Probetaler mit verändertem Stempelschnitt der Vorderseite (wie Nr. 375c) und veränderter Rückseite (die Krone ist oben 9 mm, unten 5 mm breit) (Schwalbach –; v. Schr. 53; Olding 305 P3)

e) 1842, Probetaler mit der Vorderseite von Nr. 375d, jedoch veränderter Rückseite (die Krone ist oben 9 mm, unten 8 mm) breit (Schwalbach –; v. Schr. 54; Olding 305 P4)

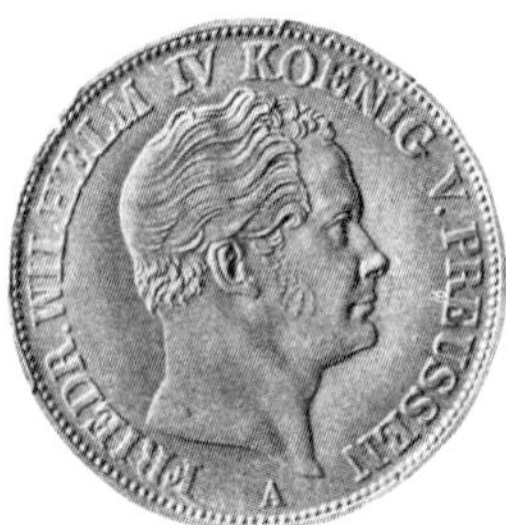

Nr. 375b), Vorderseite eines Probetalers 1842 A mit leicht vergrößertem Kopfbild und schmalem Halsabschnitt, das Münzzeichen „A" ist 1 ½ mm vom Hals entfernt. Die Rückseite entspricht der von Nr. 373.

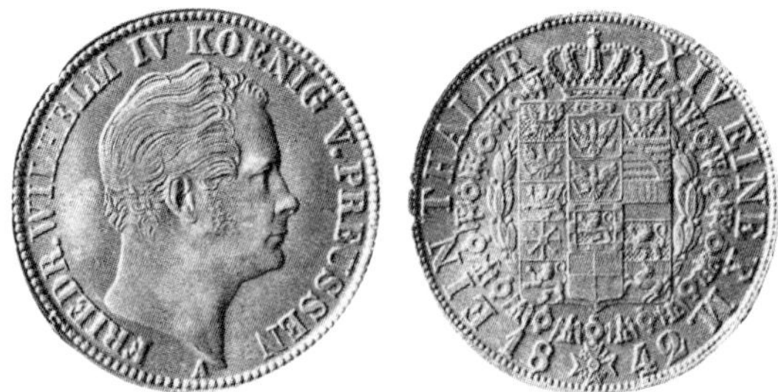

Nr. 375d), Probetaler 1842 A mit anderem Kopfbild und veränderter Krone

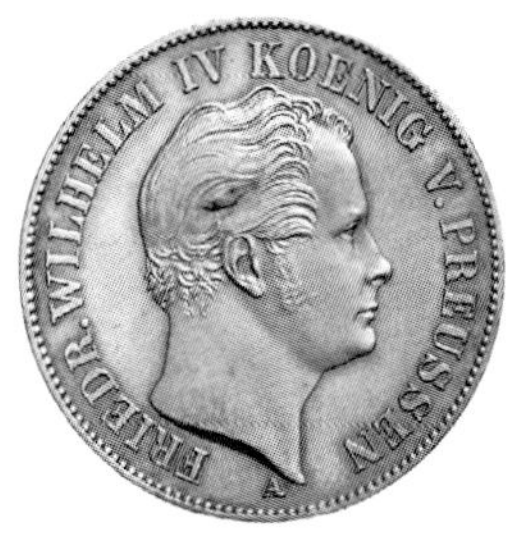

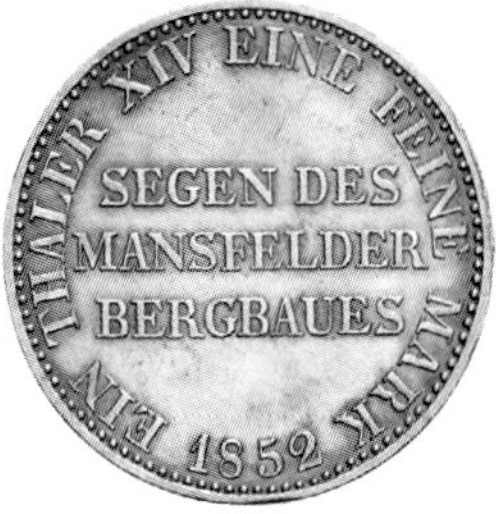

376 Ausbeutetaler

Vs.: FRIEDR. WILHELM IV KOENIG V. PREUSSEN Mzz. A

Rs.: EIN THALER. XIV EINE FEINE MARK Jahr
SEGEN DES MANSFELDER BERGBAUES

Rand: GOTT MIT UNS

Dav. 770 – AKS 75 – Jaeger 75 – T. 257 – Olding 308

1842	(50 000)	90.–	280.–	400.–
1843	(50 000)	90.–	280.–	400.–
1844	(50 000)	90.–	280.–	400.–
1845	(50 000)	90.–	280.–	400.–
1846	(50 000)	90.–	280.–	400.–
1847	(50 000)	90.–	280.–	400.–
1848	(50 000)	90.–	280.–	400.–
1849	(50 000)	90.–	280.–	400.–
1850	(50 000)	90.–	280.–	400.–
1851	(50 000)	90.–	280.–	400.–
1852	(50 000)	90.–	280.–	400.–

In der 44. Heidelberger Münzauktion Herbert Grün (11/2005), Nr. 3636, wurde ein Exemplar vom Jahrgang 1843 in „Stempelglanz“ für 410.– Euro zugeschlagen; in der 80. Heidelberger Münzauktion (11/2020), Nr. 770, ein Exemplar vom Jahrgang 1848 in „Stempelglanz“ für 1250.– Euro.

Variante

a) Ab dem Jahrgang 1847 fehlt der Punkt nach THALER in der Rückseiten-Umschrift (Jaeger 75b)

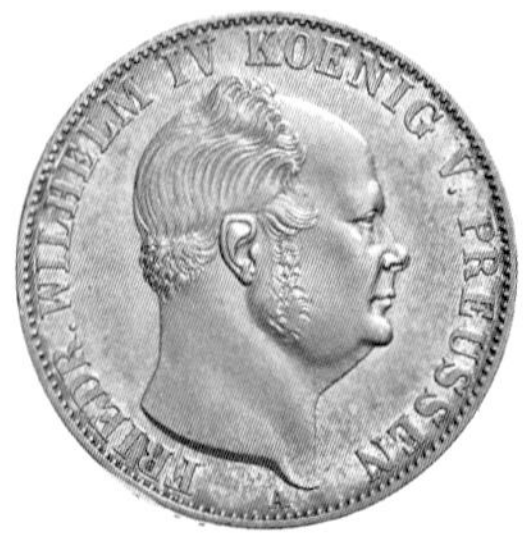

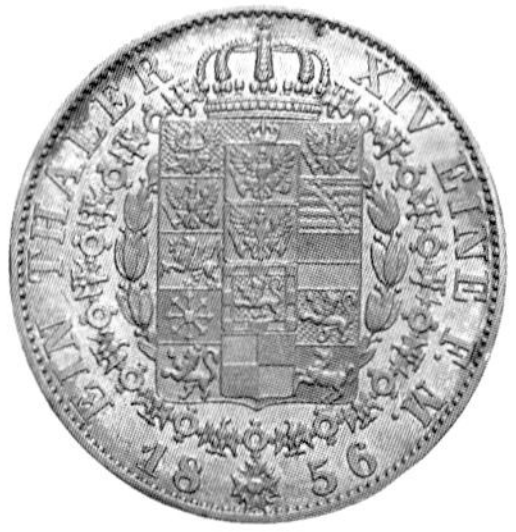

377 Taler

Vs.: FRIEDR. WILHELM IV KOENIG V. PREUSSEN Mzz. A
Rs.: EIN THALER XIV EINE F. M. Jahr
Rand: GOTT MIT UNS

Dav. 773 – AKS 76 – Jaeger 80 – T. 260 – Olding 306

1853	(300 000)	85.–	180.–	300.–
1854	(3 500 000)	85.–	180.–	300.–
1855	(7 300 000)	85.–	180.–	300.–
1856	(940 000)	85.–	180.–	300.–

Varianten

a) 1854 mit „schwachen Halsfalten“ (Schwalbach 199 Anm.)

b) 1854 mit „tiefen Halsfalten“ (Schwalbach 199 Anm.)

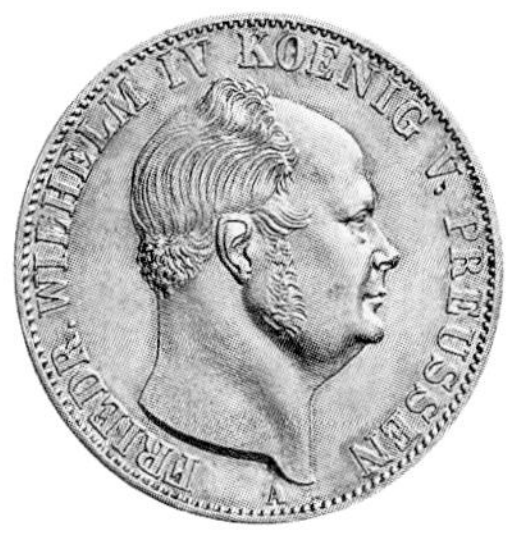

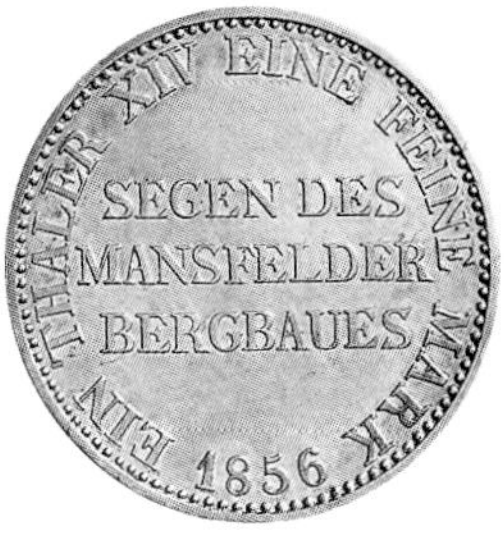

378 Ausbeutetaler

Vs.: FRIEDR. WILHELM IV KOENIG V. PREUSSEN Mzz. A

Rs.: EIN THALER XIV EINE FEINE MARK Jahr
SEGEN DES MANSFELDER BERGBAUES

Rand: GOTT MIT UNS

Dav. 774 – AKS 77 – Jaeger 81 – T. 261 – Olding 309

1853	(50 000)	100.–	240.–	350.–
1854	(50 000)	100.–	240.–	350.–
1855	(50 000)	100.–	240.–	350.–
1856	(50 000)	100.–	240.–	350.–

In der 80. Heidelberger Münzauktion (11/2020), Nr. 774, wurde ein Exemplar von 1856 in „fast Stempelglanz“ für 600.– Euro versteigert.

Varianten

a) 1854 mit „schwachen Halsfalten“
(Schwalbach 200 Anm.)

b) 1854 mit „tiefen Halsfalten“
(Schwalbach 200 Anm.)

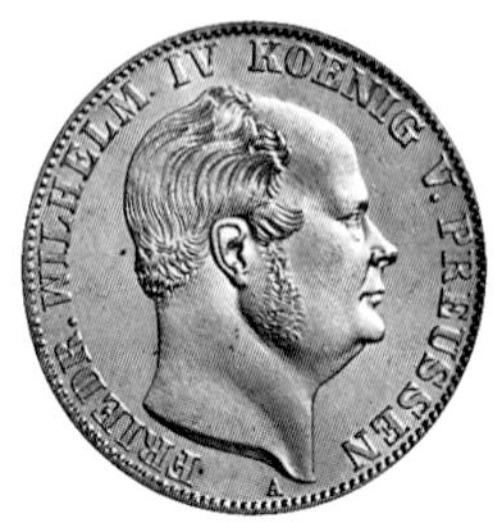
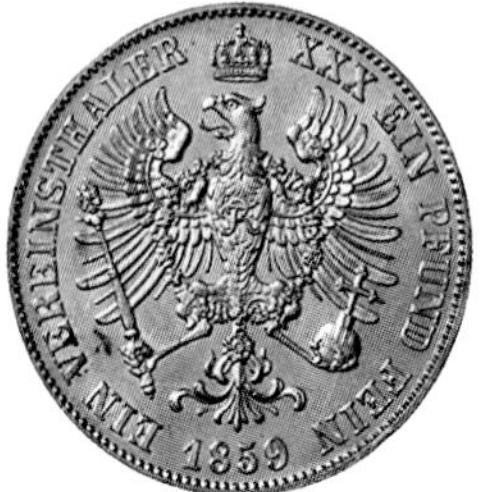

379 Vereinstaler

Vs.: FRIEDR. WILHELM KOENIG V. PREUSSEN Mzz. A
Rs.: EIN VEREINSTHALER XXX EIN PFUND FEIN Jahr
Rand: GOTT MIT UNS

Dav. 775 – AKS 78 – Jaeger 84 – T. 262 – Olding 316

1857	(836 490)	50.–	100.–	200.–
1858	(1 120 490)	50.–	100.–	200.–
1859	(17 600 000)	50.–	100.–	200.–
1860	(17 428 870)	50.–	100.–	200.–

Variante

a) 1857 als einseitiger Zinnabschlag der Rückseite

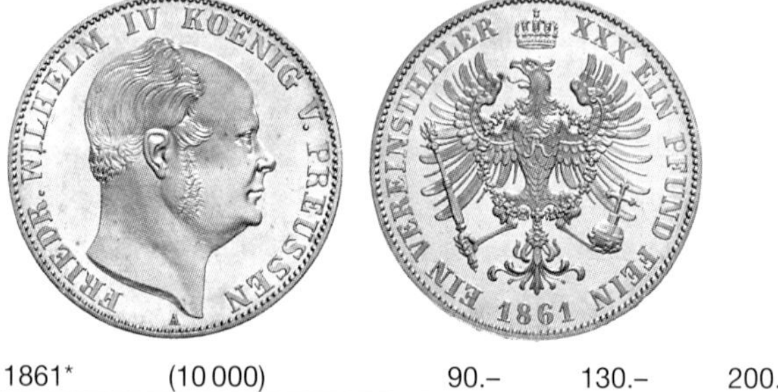

1861*	(10 000)	90.–	130.–	200.–

*) *Der Jahrgang 1861 ist auf Anordnung Wilhelms I. als Sterbetaler auf den Tod Friedrich Wilhelms IV. geprägt worden.*

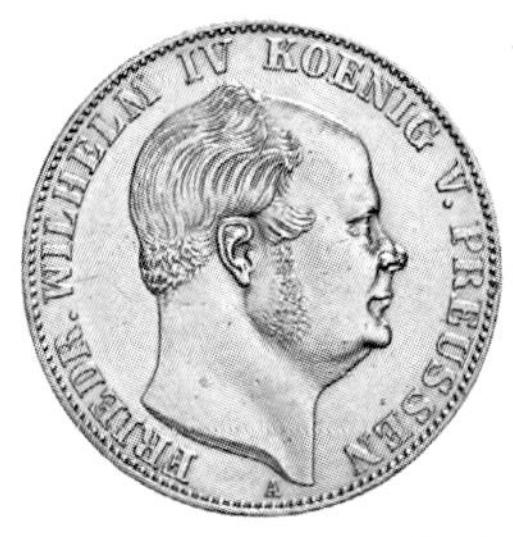

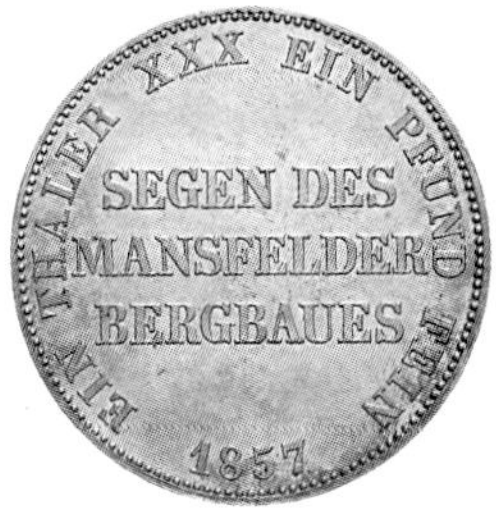

380 Ausbeutevereinstaler

Vs.: FRIEDR. WILHELM IV KOENIG V. PREUSSEN Mzz. A

Rs.: EIN THALER XXX EIN PFUND FEIN Jahr
SEGEN DES MANSFELDER BERGBAUES

Rand: GOTT MIT UNS

Dav. 776 – AKS 79 – Jaeger 85 – T. 263 – Olding 317

1857	(47 000)	80.–	180.–	300.–
1858	(95 000)	80.–	180.–	300.–
1859	(94 000)	80.–	180.–	300.–
1860	(297 570)	80.–	180.–	300.–

In der 339. Künker-Auktion (9/2020), Nr. 586, wurde ein Exemplar von 1858 in „fast Stempelglanz" für 600.– Euro zugeschlagen.

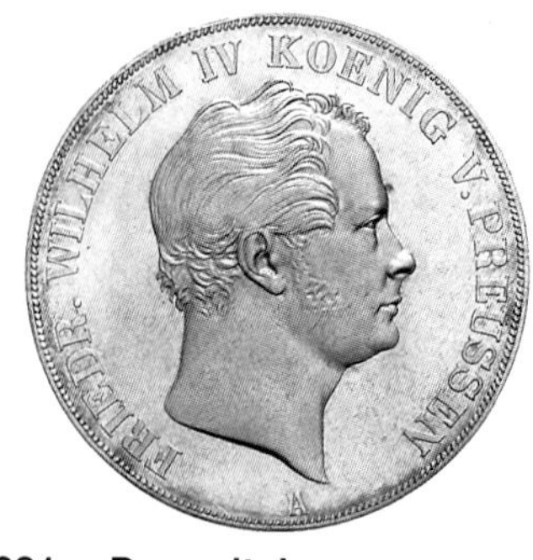

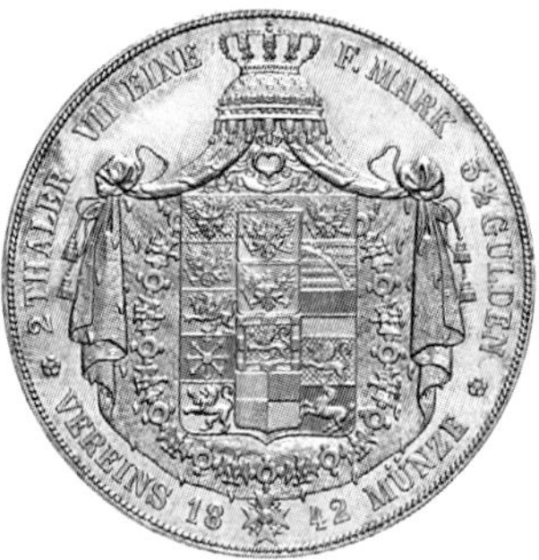

381 **Doppeltaler**

Vs.: FRIEDR. WILHELM IV KOENIG V. PREUSSEN Mzz. A

Rs.: 2 THALER VII EINE F. MARK 3 ½ GULDEN VEREINS (Jahr) MÜNZE

Rand: GOTT MIT UNS

Dav. 766 – AKS 69 – Jaeger 71 – T. 253 – Olding 301

1841	(4 307 140)	150.–	250.–	400.–
1842	(1 249 470)	150.–	250.–	400.–

In der 44. Heidelberger Münzauktion Herbert Grün (11/2005), Nr. 3635, wurde ein Exemplar vom Jahrgang 1841 in „Stempelglanz" für 475.– Euro zugeschlagen; in der 319. Künker-Auktion (3/2019), Nr. 3293, ein Exemplar von 1841 in „fast Stempelglanz" für 1100.– Euro.

Variante und Probe

a) 1841, „Probe-Doppeltaler" mit glattem Rand ohne Randschrift; 23. Auktion Harald Möller (9/1998), Nr. 712, „fast vorzüglich", Zuschlag 13 000.– DM; 45. Auktion Harald Möller (6/2007), Nr. 1059, „vorzüglich", Schätzpreis 24 000.– Euro. Bei diesem Exemplar handelte es sich um ein manipuliertes Stück, dessen Rand abgeschliffen worden war.

b) Siehe Nr. 382a und Nr. 382b

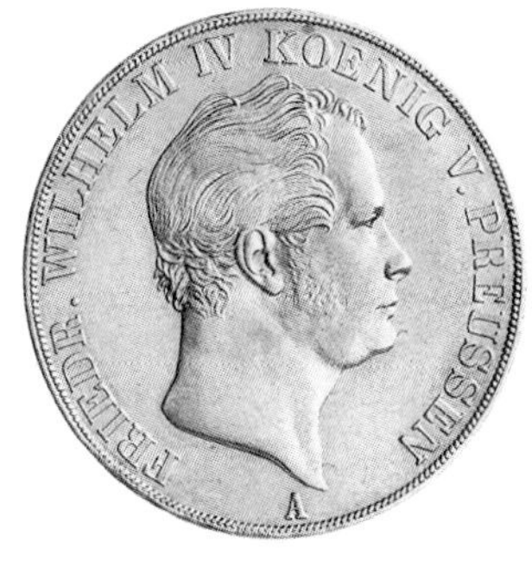

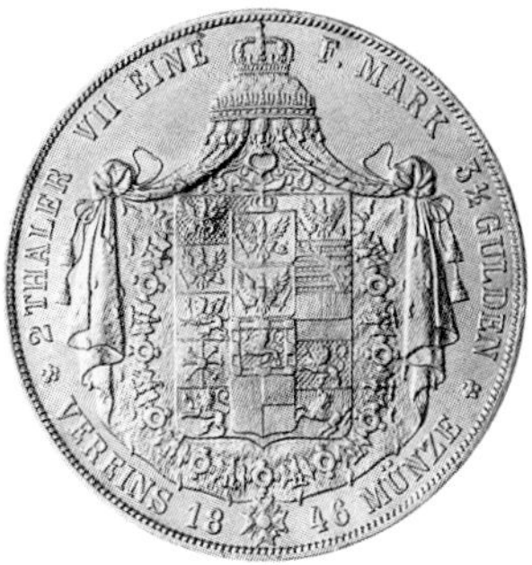

382 Doppeltaler

Vs.: FRIEDR. WILHELM IV KOENIG V. PREUSSEN Mzz. A

Rs.: 2 THALER VII EINE F. MARK 3 ½ GULDEN
VEREINS (Jahr) MÜNZE
auf dem Wappenmantel die Signatur LH

Rand: GOTT MIT UNS

Dav. 771 – AKS 69 – Jaeger 74 – T. 258 – Olding 302

1843	(192 720)	150.–	250.–	400.–
1844	(1 068 830)	150.–	250.–	400.–
1845	(961 240)	150.–	250.–	400.–
1846	(1 472 230)	130.–	250.–	400.–
1847	(232 490)	650.–	1500.–	LP
1848	(4140)	1800.–	4000.–	LP*
1850	(221 120)	150.–	250.–	400.–
1851	(378 540)	150.–	250.–	400.–

**) Der Jahrgang 1848 wurde in der 138. Auktion von F. R. Künker (3/2008), Nr. 6412, in „vorzüglich-Stempelglanz" für 10 000.– Euro zugeschlagen.*

Varianten

a) Einseitiger versilberter Kupferabschlag der Vorderseite (v. Schr. –); 126. Auktion F. R. Künker (6/2007), Nr. 2574, „sehr schön, Feil- und Druckstellen"), Zuschlag 65.– Euro

b) Einseitiger Silberabschlag der Vorderseite (v. Schr. –; Hahlo 1334)

c) 1845, einseitiger Silberabschlag der Rückseite (v. Schr. –; Hahlo 1334)

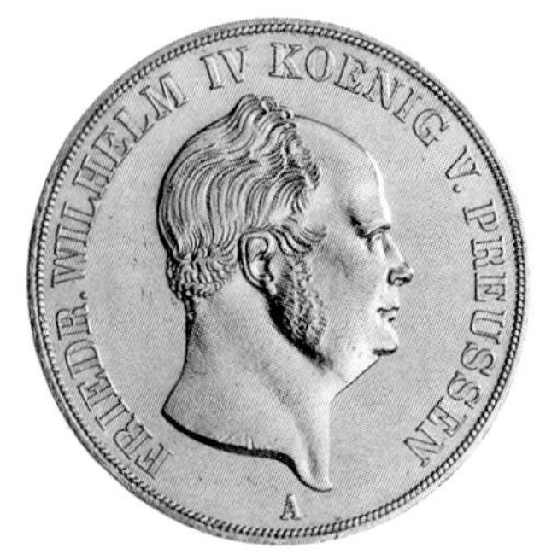

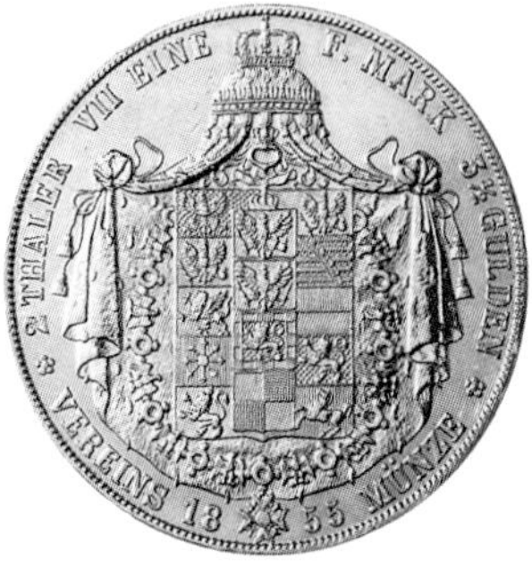

383 Doppeltaler

Vs.: FRIEDR. WILHELM IV KOENIG V. PREUSSEN Mzz. A

Rs.: 2 THALER VII EINE F. MARK 3 ½ GULDEN VEREINS (Jahr) MÜNZE

Rand: GOTT MIT UNS

Dav. 772 – AKS 70 – Jaeger 82 – T. 259 – Olding 303

1853	(2500)	300.–	750.–	1500.–
1854	(146 690)	175.–	340.–	550.–
1855	(100 040)	175.–	340.–	550.–
1856	(627 340)	175.–	340.–	550.–

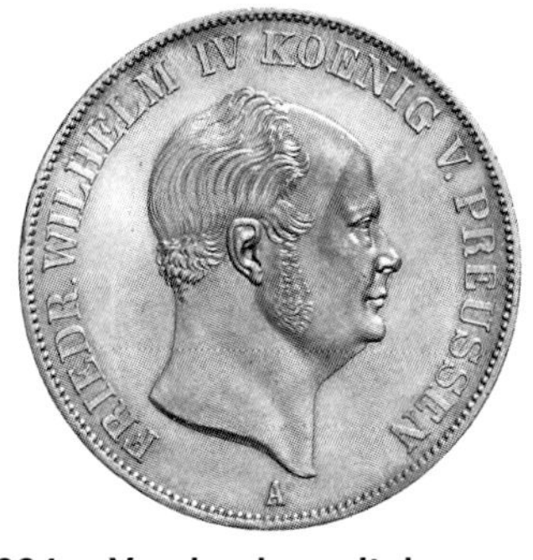
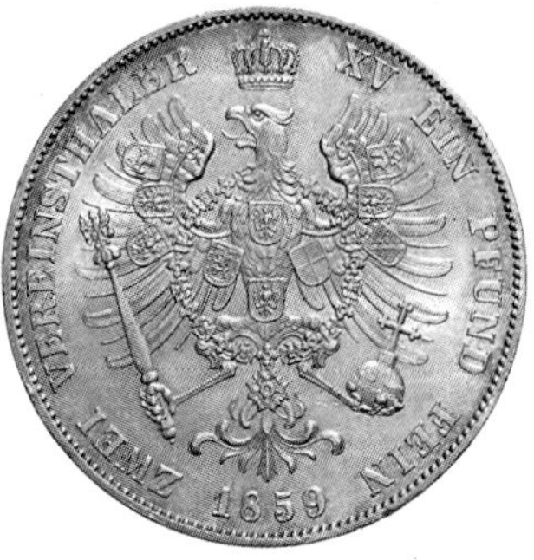

384 Vereinsdoppeltaler

Vs.: FRIEDR. WILHELM IV KOENIG V. PREUSSEN Mzz. A
Rs.: ZWEI VEREINSTHALER XV EIN PFUND FEIN Jahr
Rand: GOTT MIT UNS

Dav. 777 – AKS 71 – Jaeger 86 – T. 264 – Olding 315

1858	(16 560)	950.–	1500.–	2000.–
1859	(173 520)	950.–	1500.–	2000.–

In der 80. Heidelberger Münzauktion (11/2020), Nr. 777, wurde ein Exemplar von 1858 in „Polierter Platte" für 4800.– Euro versteigert.

Probe

a) 1857 als unfertige, einseitige Rückseitenprobe in Zinn mit leeren Wappenschildern (v. Schr. 251 [„bei den Akten der Schatzverw."])

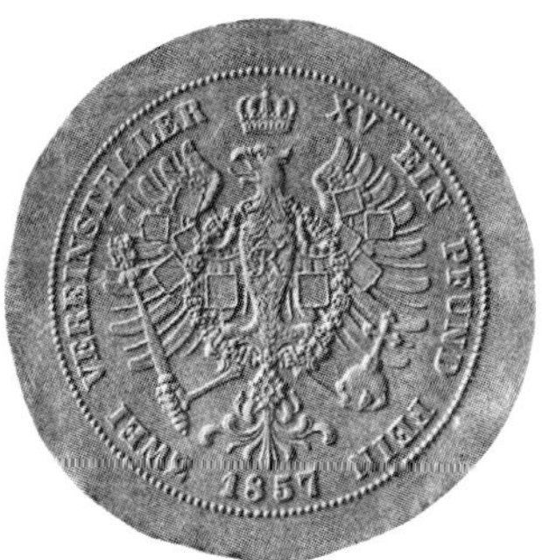

Nr. 384a), Rückseite einer unfertigen Doppeltaler-Probe 1857 mit leeren Wappenschildchen

Wilhelm I. 1861 - 1888

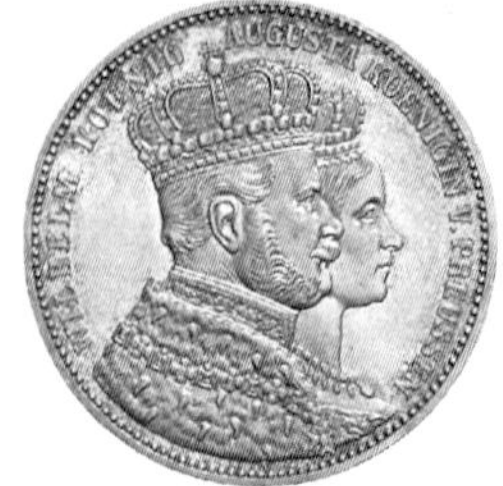
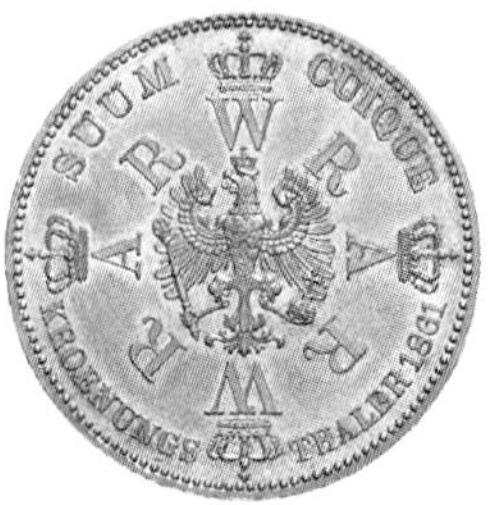

385 **Vereinstaler** (Krönungstaler)

Vs.: WILHELM KOENIG AUGUSTA KOENIGIN V. PREUSSEN
Rs.: SUUM CUIQUE KROENUNGS THALER 1861
Rand: GOTT MIT UNS

Dav. 778 – AKS 116 – Jaeger 87 – T. 265 – Olding 403

1861	(1 000 000)	25.–	45.–	75.–

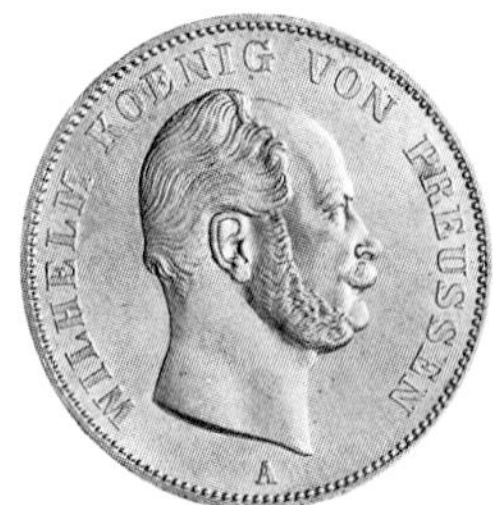
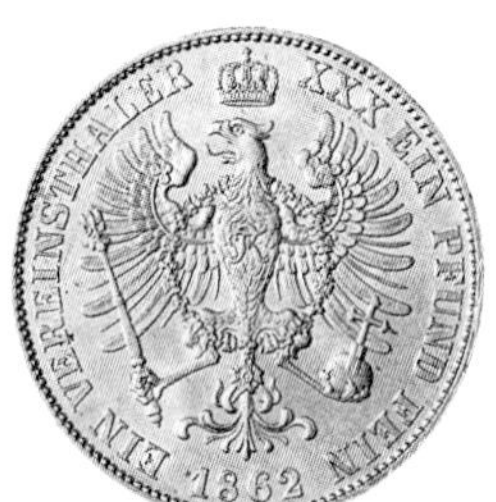

386 **Vereinstaler**

Vs.: WILHELM KOENIG VON PREUSSEN Mzz. A
Rs.: EIN VEREINSTHALER XXX EIN PFUND FEIN Jahr
Rand: GOTT MIT UNS

Dav. 780 – AKS 97 – Jaeger 92 – T. 266 – Olding 404

1861	(13 716 250)	40.–	100.–	160.–
1862	(6 057 150)	40.–	100.–	160.–
1863	(1 667 570)	45.–	120.–	180.–

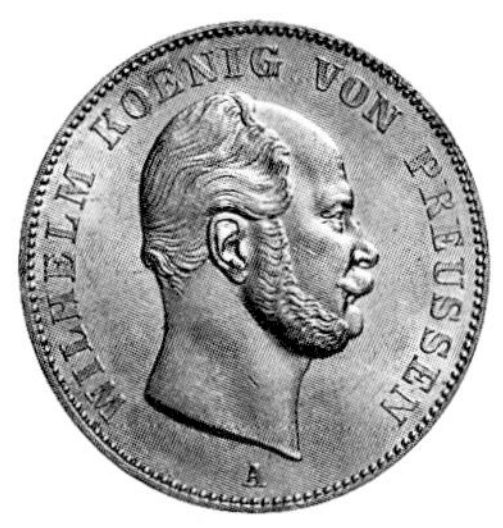

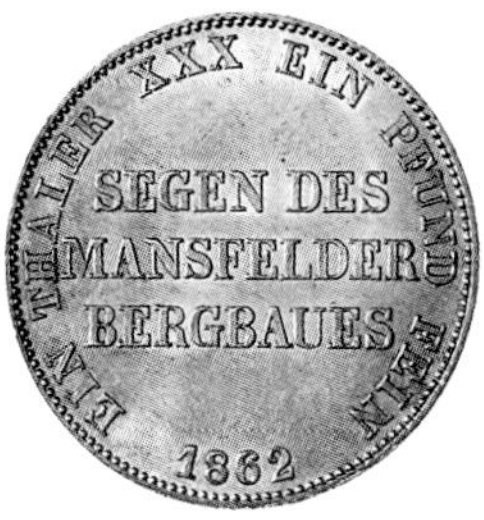

387 Ausbeutevereinstaler

Vs.: WILHELM KOENIG VON PREUSSEN Mzz. A

Rs.: EIN THALER XXX EIN PFUND FEIN Jahr

Rand: GOTT MIT UNS

Dav. 781 – AKS 98 – Jaeger 93 – T. 267 – Olding 406

1861	(69 930)	90.–	200.–	300.–
1862	(145 000)	85.–	180.–	300.–

388 Vereinstaler

Vs.: WILHELM KOENIG VON PREUSSEN Mzz. A
Rs.: EIN VEREINSTHALER XXX EIN PFUND FEIN Jahr
Rand: GOTT MIT UNS

Dav. 782 – AKS 99 – Jaeger 96 – T. 270, 270 B, 270 C – Olding 405, 411, 413

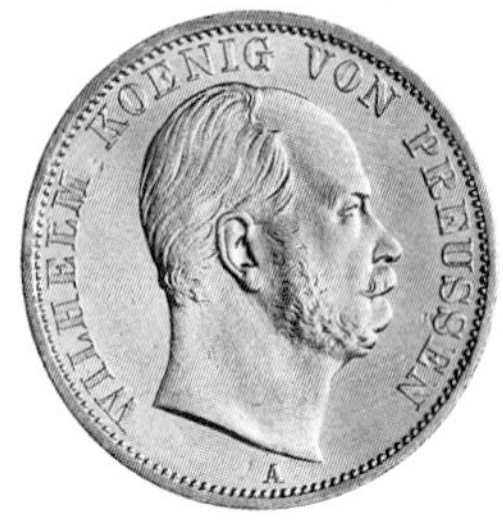

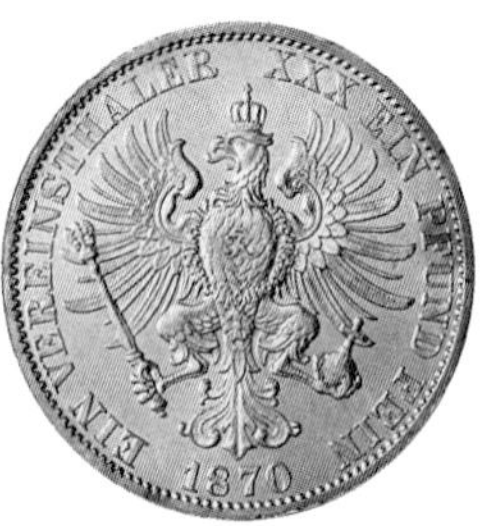

Mzz. A (Berlin)

1864 A (1 379 050)	40.–	90.–	140.–
1865 A (2 583 730)	40.–	80.–	130.–
1866 A (24 409 070)	35.–	80.–	130.–
1867 A (31 390 700)	35.–	80.–	130.–
1868 A (6 286 180)	40.–	80.–	130.–
1869 A (3 630 180)	40.–	80.–	130.–
1870 A (3 139 980)	40.–	80.–	130.–
1871 A (7 600 100)	35.–	80.–	130.–

In der 56. eLive-Auktion von Künker (9/2019), Nr. 56, wurde ein Exemplar von 1864 in „Polierter Platte“ für 775.– Euro zugeschlagen.

Varianten

a) 1861 A als Probetaler mit fehlender Rückseiten-Umschrift (Ferrari 3293)

b) 1864 A als Probetaler mit sehr breitem Rand und Randschrift GOTT MIT UNS (Ferrari 3333); 42. Auktion Harald Möller (12/2006), Nr. 1274, „vorzüglich-Stempelglanz“, Zuschlag 3500.– Euro; Abb. siehe nächste Seite

c) 1864 A als Probetaler mit verändertem Kopfbild (v. Schr. 33); Abb. siehe nächste Seite

d) 1864 A als Probetaler mit verändertem Kopfbild (v. Schr. 34)

e) 1871 A, dicker Zinnabschlag (Dicke 3,7 mm) ohne Randschrift (v. Schr. 45); 35. Auktion der Leipziger Münzhandlung und Auktion Heidrun Höhn (12/2003), Nr. 4941, „fast vorzüglich-fast Stempelglanz“, Zuschlag 185.– Euro

f) Einseitiger Zinnabschlag der Vorderseite (v. Schr. 45)

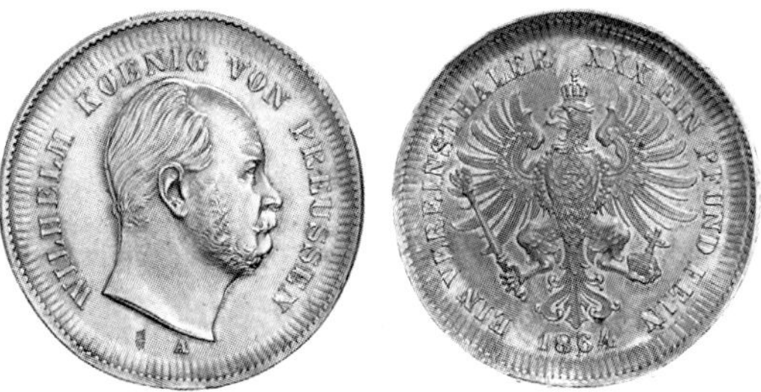

Nr. 388b), Probetaler 1864 A mit sehr breitem Rand und Randschrift GOTT MIT UNS (möglicherweise auch eine Fehlprägung)

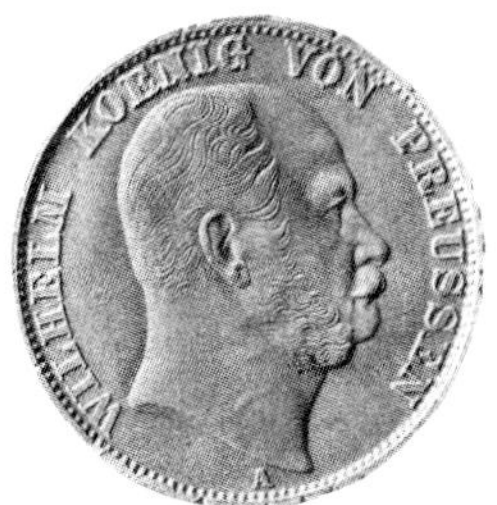

Nr. 388c), Vorderseite eines Probetalers 1864 A mit verändertem Kopfbild

zu Nr. 388

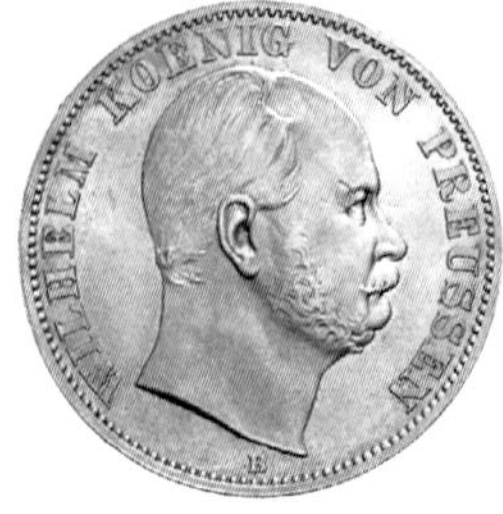

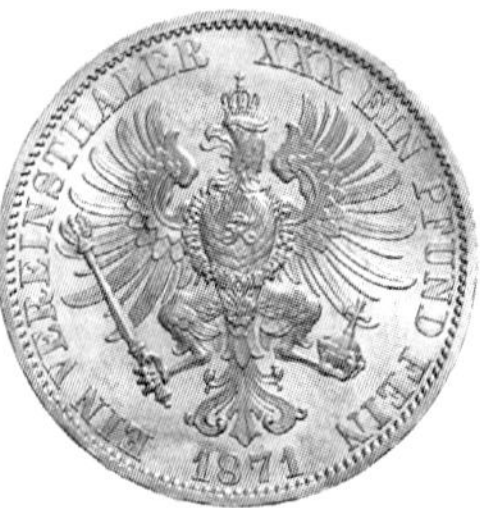

Mzz. B (Hannover)

1866 B	(33 990)	100.–	200.–	350.–
1867 B	(593 090)	80.–	170.–	320.–
1868 B	(48 290)	100.–	200.–	400.–
1869 B	(370 370)	80.–	170.–	350.–
1870 B	(611 470)	70.–	150.–	270.–
1871 B	(245 070)	70.–	150.–	270.–

In der 97. Auktion der WAG Online (4/2019), Nr. 442, wurde ein Exemplar von 1867, in „Erstabschlag, fast Stempelglanz", für 500.– Euro versteigert; in der 80. Heidelberger Münzauktion (11/2020), Nr. 786, ein Exemplar von 1867 in „Polierter Platte" für 1750.– Euro.

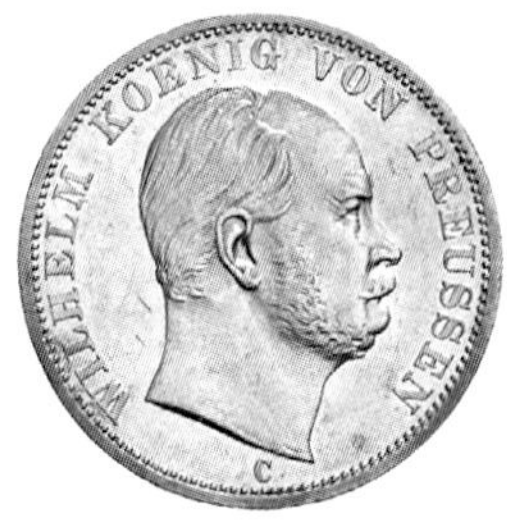

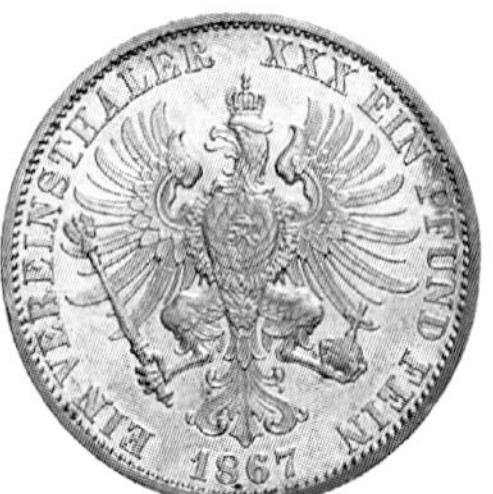

Mzz. C (Frankfurt/M.)

1867 C	(179 480)	130.–	300.–	400.–
1868 C	(5139)	300.–	900.–	1500.–
1869 C	(44 210)	130.–	300.–	400.–
1870 C	(190 460)	130.–	300.–	400.–
1871 C	(28 280)	140.–	320.–	440.–

In der 350. Künker-Auktion (6/2021), Nr. 1014, wurde ein Exemplar von 1867 in „Polierter Platte" für 2200.– Euro zugeschlagen.

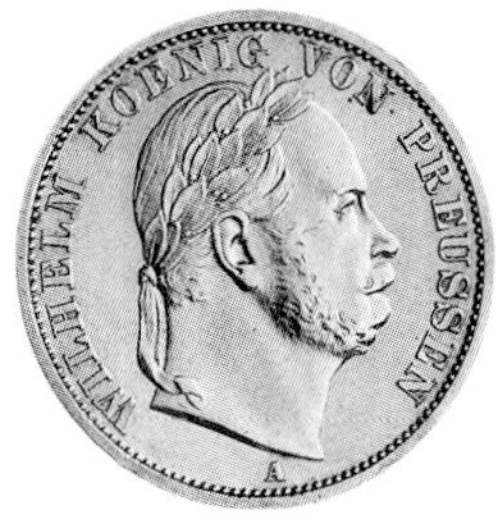
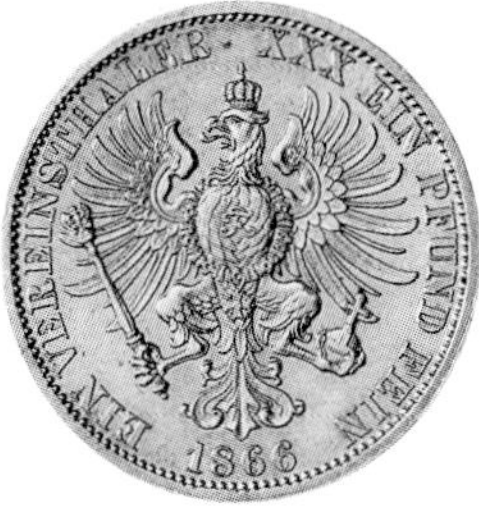

389 **Vereinstaler (Siegestaler)**

Vs.: WILHELM KOENIG VON PREUSSEN Mzz. A
Rs.: EIN VEREINSTHALER XXX EIN PFUND FEIN Jahr
Rand: GOTT MIT UNS

Dav. 784 – AKS 117 – Jaeger 98 – T. 271 – Olding 407

1866	(ca. 500 000)	45.–	100.–	140.–

In der 44. Heidelberger Münzauktion Herbert Grün (11/2005), Nr. 3658, wurde ein Exemplar in „Erstabschlag" für 230.– Euro zugeschlagen, ein weiteres Exemplar (Nr. 3659) in „Polierter Platte" für 360.– Euro; in der 82. Auktion der WAG Online (1/2018), Nr. 734, ein Exemplar in „Polierter Platte" für 650.– Euro.

Probe

a) Probe-Siegestaler 1866 ohne Umschrift auf der Vorder- und Rückseite (v. Schr. –); 35. Auktion der Leipziger Münzhandlung und Auktion Heidrun Höhn (12/2003), Nr. 5912, „vorzüglich", Zuschlag 5000.– Euro

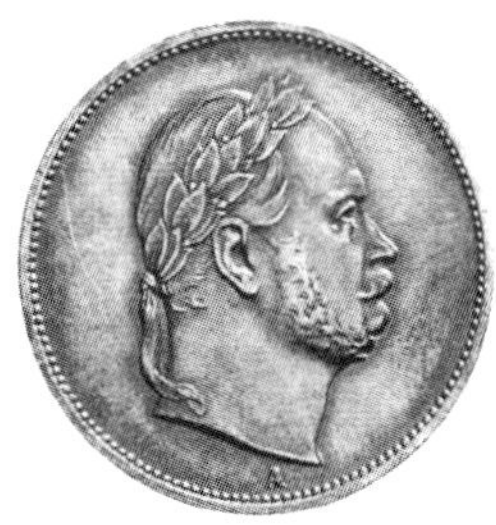
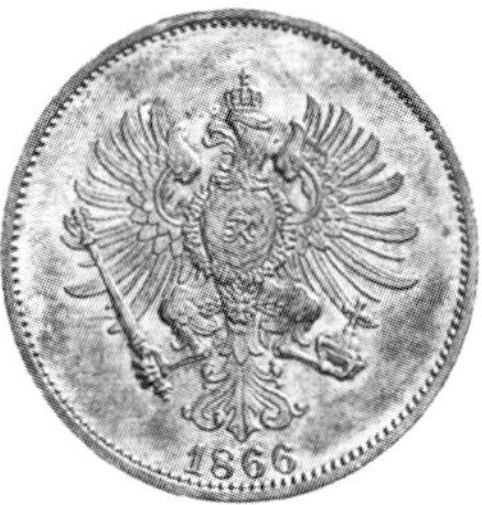

Nr. 389a), Probe-Siegestaler 1866 mit fehlenden Umschriften der Vorder- und Rückseite

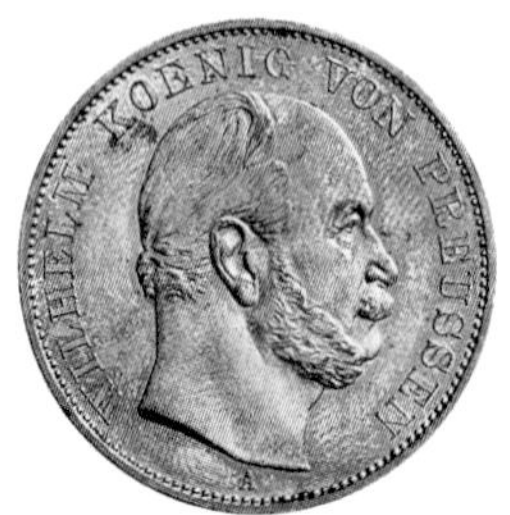

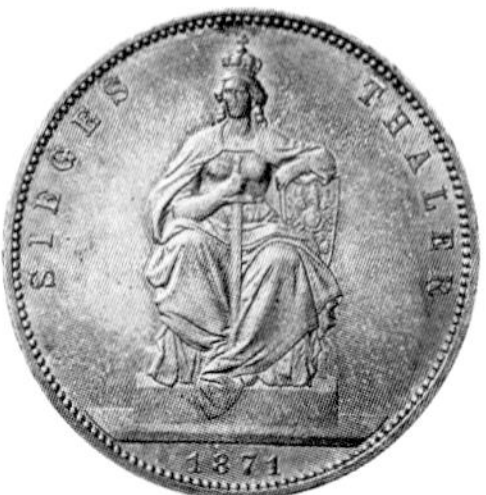

390 Vereinstaler (Siegestaler)

Vs.: WILHELM KOENIG VON PREUSSEN Mzz. A
Rs.: SIEGES THALER 1871
Rand: GOTT MIT UNS

Dav. 785 – AKS 118 – Jaeger 99 – T. 272 – Olding 408

1871	(879 660)	30.–	50.–	80.–

In der 354. Künker-Auktion (9/2021), Nr. 5371, wurde ein Exemplar in „Polierter Platte" für 480.– Euro versteigert.

Proben

a) Dicker Zinnabschlag (Dicke 3,4 mm) ohne Randschrift (v. Schr. –); 35. Auktion der Leipziger Münzhandlung und Auktion Heidrun Höhn (12/2003), Nr. 5948, „vorzüglich-prägefrisch", Zuschlag 180.– Euro
b) Probe-Siegestaler 1871 A mit sehr erhabenem Kopfbild (v. Schr. 61 Anm.). Im Handel ist nur ein Exemplar vorhanden (jüngstes Vorkommen 1965).
c) Probeabschlag der Vorderseite in Kupfer mit Randschrift, auf der Rückseite in vier Zeilen die Inschrift PROBE- / ABDRUCK / VON / KUPFER (wie Nr. 11b) (GN 225/2005)
d) Probeabschlag der Rückseite in Kupfer mit Randschrift, auf der Vorderseite in vier Zeilen die Inschrift PROBE- / ABDRUCK / VON / KUPFER (siehe Nr. 11b) (GN 225/2005)

Der Probetaler St. 1025b) ist unter Sachsen (Nr. 473b) eingeordnet.

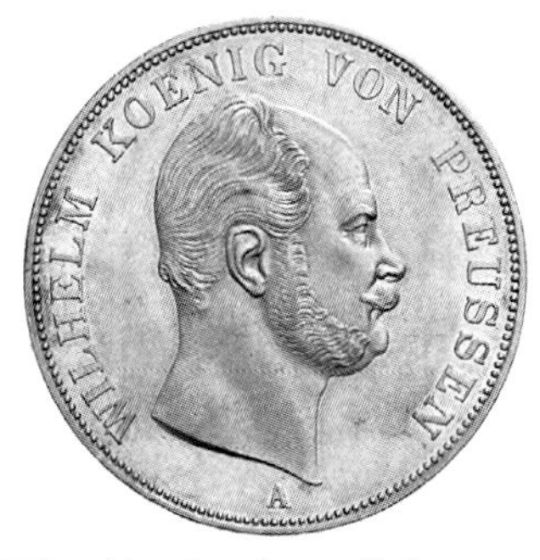

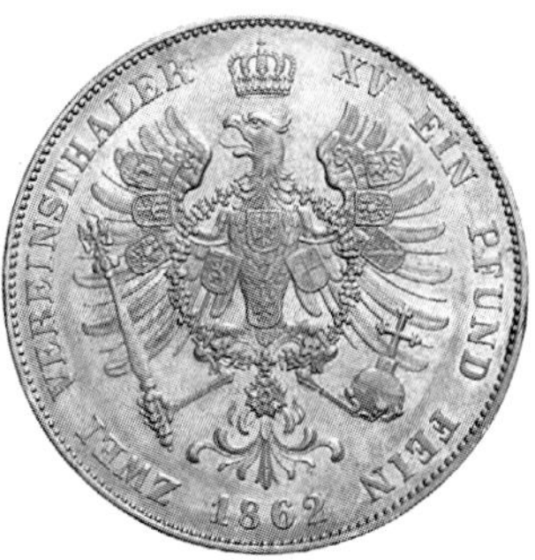

391 Vereinsdoppeltaler

Vs.: WILHELM KOENIG VON PREUSSEN Mzz. A

Rs.: ZWEI VEREINSTHALER XV EIN PFUND FEIN Jahr

Rand: GOTT MIT UNS

Dav. 779 – AKS 95 – Jaeger 94 – T. 268 – Olding 401

1861	(9490)	900.–	2000.–	3000.–
1862	(52 770)	850.–	1500.–	2500.–
1863	(337)			LP*

**) In der 42. Auktion Harald Möller (12/2006), Nr. 1272, wurde ein Exemplar in „vorzüglich/vorzüglich-Stempelglanz" für 7500.– Euro zugeschlagen, in der 118. Auktion F. R. Künker (9/2006), Nr. 7423, ein Exemplar in „sehr schön-vorzüglich" für 8000.– Euro; in der 281. Künker-Auktion (9/2016), Nr. 2539, ein Exemplar von 1863 in „Polierter Platte, fast Stempelglanz", für 14 000.– Euro; in der 70. Teutoburger Münzauktion (9/2012) wurde ein Exemplar von 1863 in „vorzüglich aus Erstabschlag" für 11 000.– Euro versteigert.*

392 Vereinsdoppeltaler

Vs.: WILHELM KOENIG VON PREUSSEN Mzz.
Rs.: ZWEI VEREINSTHALER XV EIN PFUND FEIN Jahr
Rand: GOTT MIT UNS

Dav. 783 – AKS 96 – Jaeger 97 – T. 269 – Olding 402, 412

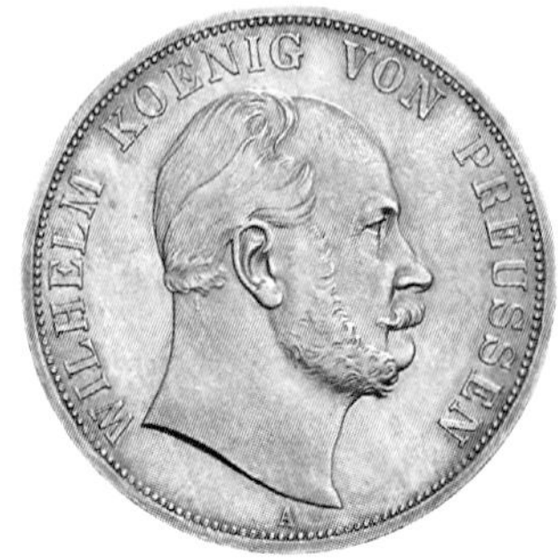

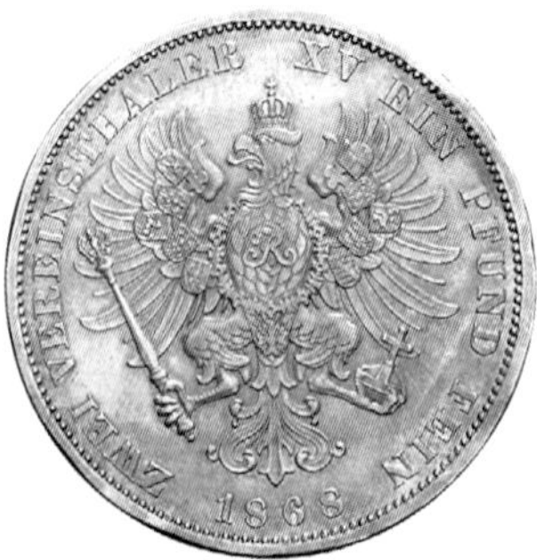

Mzz. A (Berlin)

1865 A	(23 460)	700.–	1400.–	2500.–
1866 A	(5110)	730.–	1400.–	2500.–
1867 A	(1190)	800.–	1600.–	2500.–
1868 A	(1580)	800.–	1600.–	2500.–
1869 A	(1900)	720.–	1600.–	2500.–
1870 A	(3150)	720.–	1600.–	2500.–
1871 A	(1130)	800.–	1650.–	2500.–

In der 80. Heidelberger Münzauktion (11/2021), Nr. 783, erzielte ein Exemplar von 1866 in „Polierter Platte" den Zuschlag von 6500.– Euro.

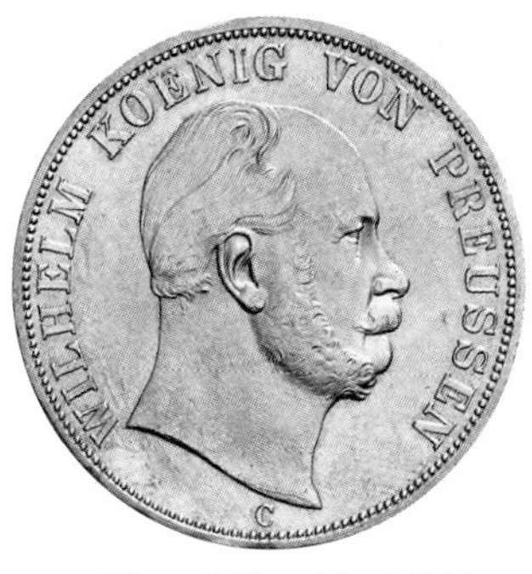

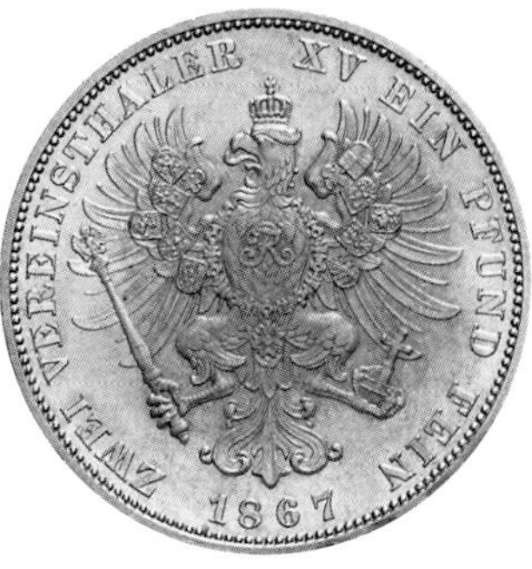

Mzz. C (Frankfurt / M.)

1866 C	(226 120)	600.–	800.–	1200.–
1867 C	(1 048 830)	570.–	800.–	1200.–

In der 80. Heidelberger Münzauktion (11/2020), Nr. 784, erzielte ein Exemplar von 1866 in „Polierter Platte" den Zuschlag von 2700.– Euro.

Reichsstadt Regensburg

Münzstätte:	Regensburg
Medailleure:	
KÖRNLEIN	Nikolaus Körnlein
Z	Johann Leonhard Zöllner
Münzmeister	Georg Christoph Busch

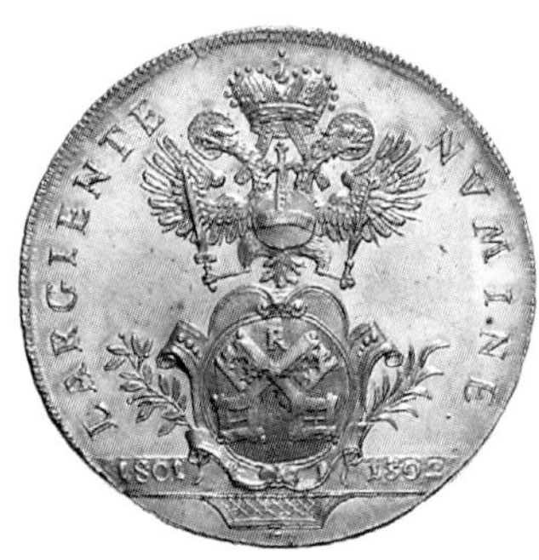

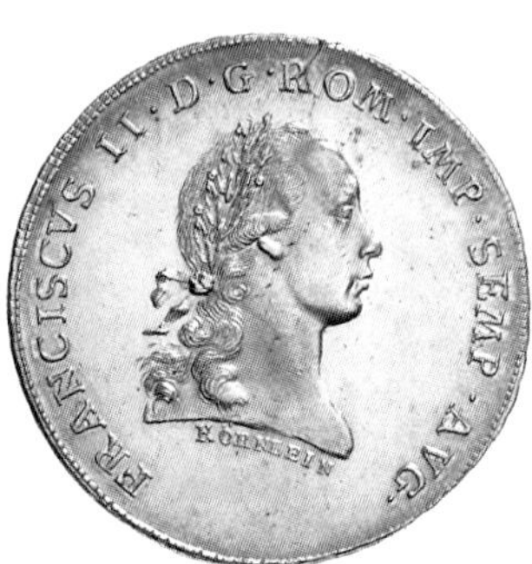

393 Konventionstaler

Vs.: LARGIENTE NVMINE 1801 – 1802,
im Schild R Signatur Z

Rs.: FRANCISCVS II · D · G · ROM · IMP · SEMP · AVG ·
Signatur KÖRNLEIN

Rand: Laubrand

Dav. 793 – Beckenb. 7121 – T. 273

1801/1802	1500.–	3000.–	5000.–

In der 71. Heidelberger Münzauktion (5/2017), Nr. 3046, wurde ein Exemplar in „fast prägefrisch" für 5250.– Euro zugeschlagen.

Fürstentum Regensburg

Siehe auch Fürstprimatische Staaten

Münzstätte: Regensburg

Münzmeister:
B und CB Georg Christoph Busch

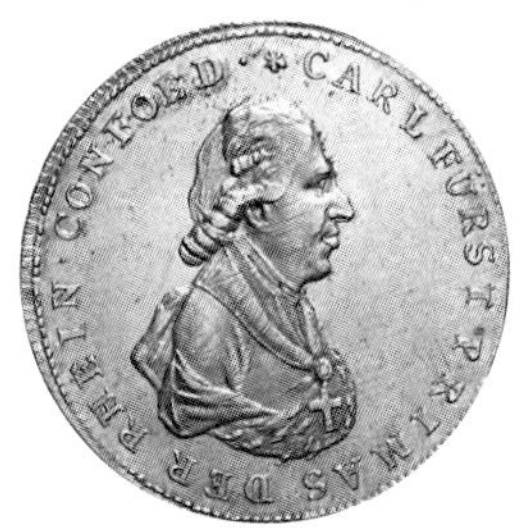

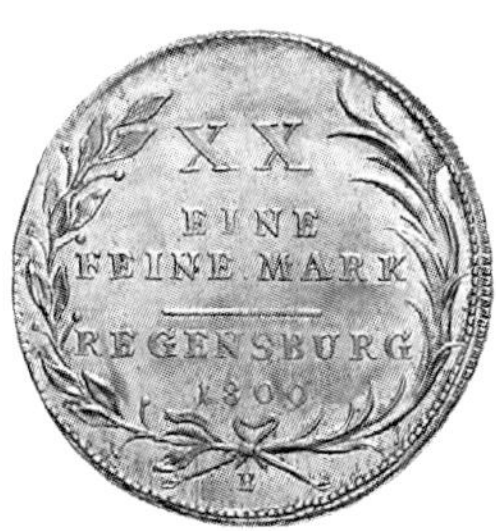

394 **½ Konventionstaler**

Vs.: CARL FÜRST PRIMAS DER RHEIN · CONFOED ·

Rs.: XX EINE FEINE . MARK REGENSBURG 1809 Mmz. B

Rand: Laubrand

AKS 8 – Jaeger 5

1809	130.–	270.–	450.–

Variante

a) Mit breiterem Brustbild und ohne Punkt nach RHEIN

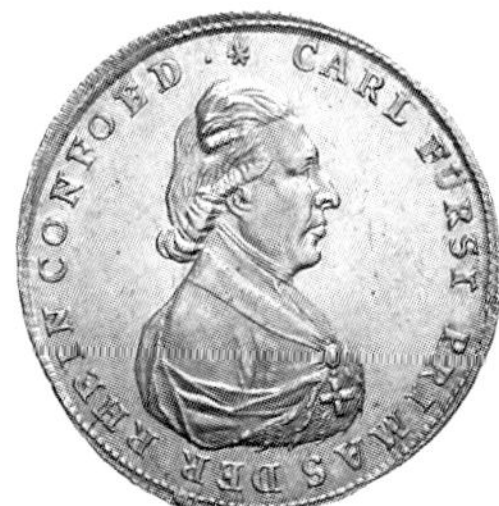

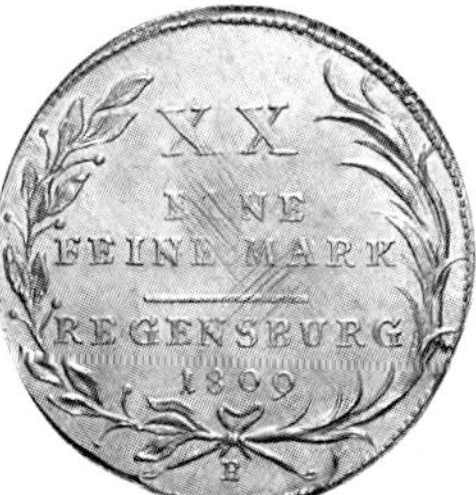

Nr. 394a) mit breiterem Brustbild und ohne Punkt nach RHEIN

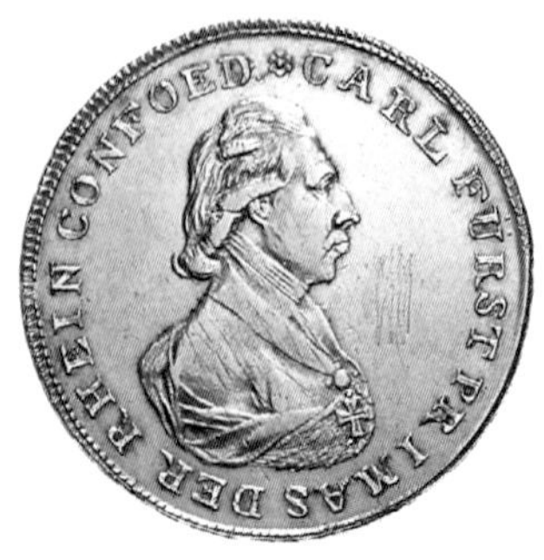

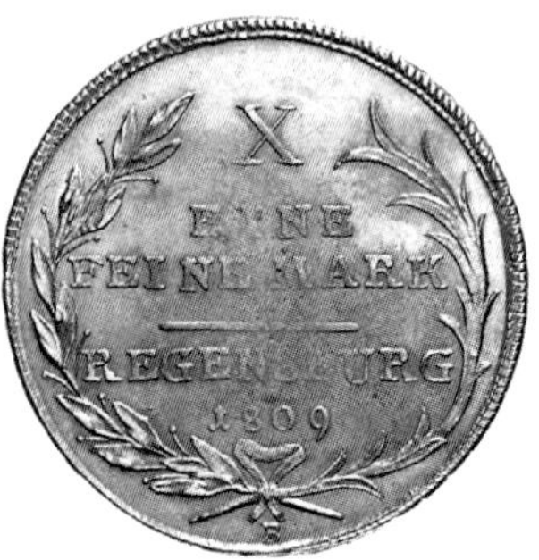

395 Konventionstaler

Vs.: CARL FÜRST PRIMAS DER RHEIN CONFOED.

Rs.: X EINE FEINE MARK REGENSBURG 1809 Mmz. B

Rand: Laubrand

Dav. 809 – AKS 6 – Jaeger 6 – T. 274

1809	300.–	800.–	1200.–

In der 350. Künker-Auktion (6/2021), Nr. 1410, wurde ein Exemplar in „fast Stempelglanz“ für 1200.– Euro zugeschlagen.

Variante

a) Mit Punkt nach RHEIN · und hochstehendem Punkt nach CONFOED · sowie Zentrierpunkt zwischen FEINE und MARK

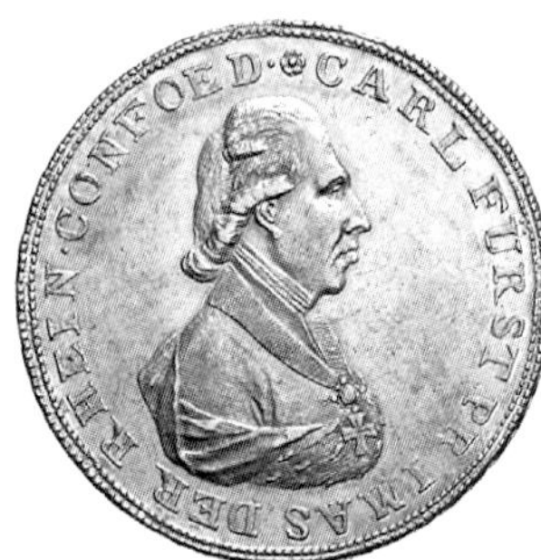

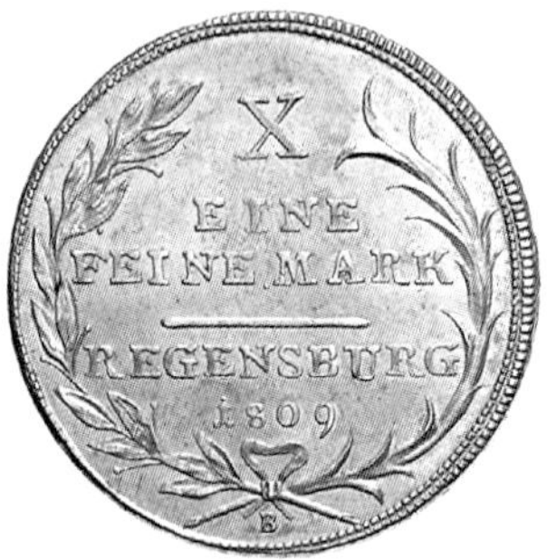

Nr. 395a) mit Punkt nach RHEIN · und hochstehendem Punkt nach CONFOED · sowie Zentrierpunkt zwischen FEINE und MARK

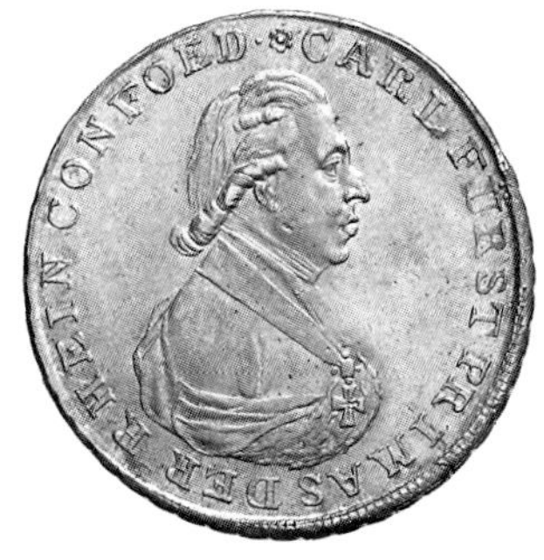

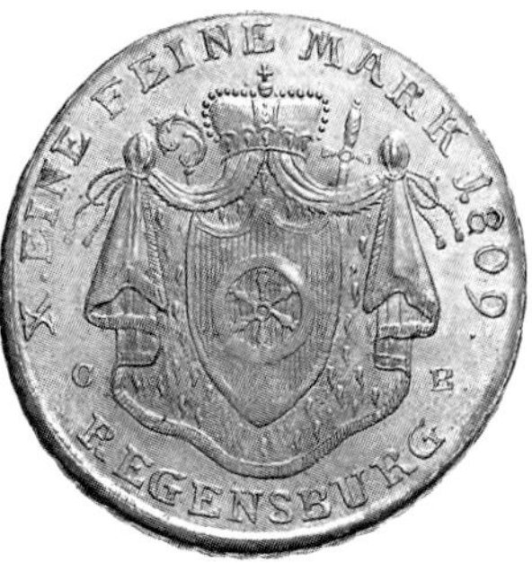

396 Konventionstaler

Vs.: CARL FÜRST PRIMAS DER RHEIN CONFOED·

Rs.: X . EINE FEINE MARK 1809 . REGENSBURG. Mmz. CB .

Dav. 810 – AKS 7 – Jaeger 7 – T. 275

1809	250.–	650.–	1200.–

In der 238. Künker-Auktion (10/2013), Nr. 4944, wurde ein Exemplar in „Stempelglanz" für 2200.– Euro zugeschlagen.

Fürstentümer Reuß

Münzstätten:	Saalfeld Berlin ab 1840 Mzz. A
Medailleure:	
D.F. und DOELL	Johann Veit Döll Philipp Friedrich Stockmar
Münzmeister:	
L	Georg Christoph Löwel, Saalfeld 1803 – 1816

Reuß Älterer Linie (Obergreiz)

Heinrich XIII. 1800 – 1817

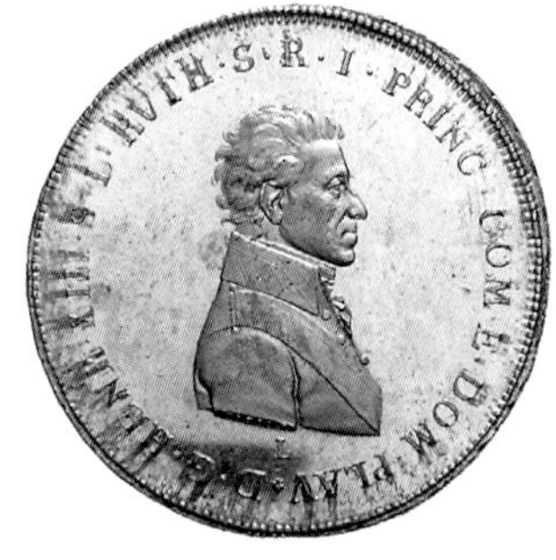
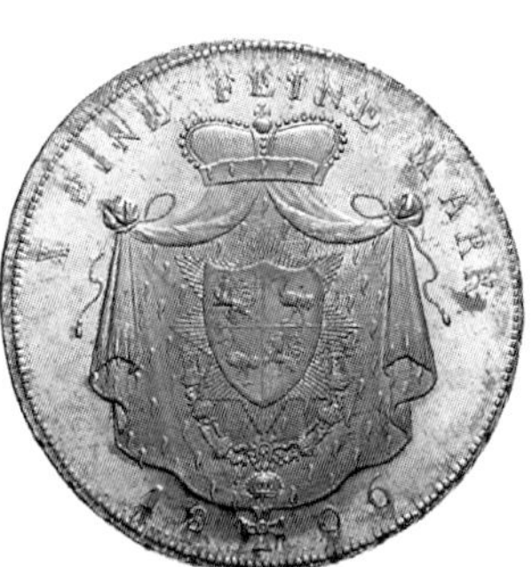

397 Konventionstaler

Vs.: D · G · HENR · XIII · S · L · RUTH · S · R · I · PRINC · COM · E · DOM · PLAV Signatur DOELL F. Mmz. L

Rs.: X EINE FEINE MARK Jahr

Rand: Laubrand

Dav. 794 – AKS 1 – Jaeger 38a+b. – T. 276

1806	(345*)	1800.–	2800.–	4200.–
1807	(200)	2200.–	3500.–	6000.–

*) *Davon entfallen ca. 105 Exemplare auf die Variante Nr. 397a.*

In der 119. Auktion F. R. Künker (2/2007), Nr. 640, erzielte ein Exemplar vom Jahrgang 1807 (= Nr. 397b in „vorzüglich+“ den Zuschlag von 6500.– Euro; in der 116. Auktion der WAG Online (2/2021), Nr 976, ein Exemplar von 1806 in „Stempelglanz“ 5500.– Euro.

Varianten

a) 1806 mit großen Buchstaben der Rückseiten-Umschrift und weniger Hermelinschwänzchen auf dem Wappenmantel (Jaeger 38b); 24. Auktion der Leipziger Münzhandlung und Auktion Heidrun Höhn (9/2000), Nr. 1380, „fast vorzüglich", Zuschlag 11 900.– DM

b) Beim Jahrgang 1807 weichen die Kordeln und die Form der Schlaufen am Wappenmantel von der Ausführung 1806 ab und entsprechen der Form beim Jahrgang 1807 der Nr. 398; siehe Anmerkung zur Nr. 397

Eine detaillierte Zusammenstellung der Stempelvarianten ist im Heft 15 (2004) des Jahrbuchs der Gesellschaft für Thüringer Münz- und Medaillenkunde, S. 148 ff. vorhanden.

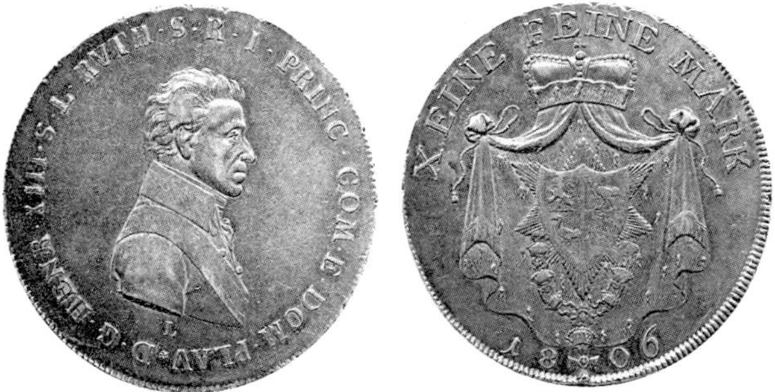

Nr. 397a), 1806 mit großen Buchstaben der Rückseiten-Umschrift und weniger Hermelinschwänzchen auf dem Wappenmantel

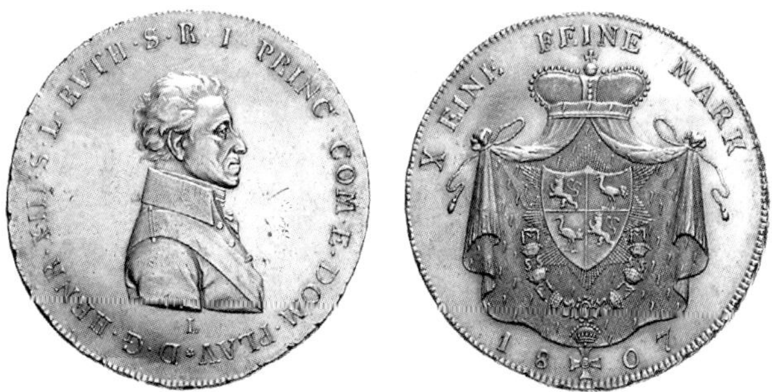

Nr. 397b), 1807 mit veränderten Kordeln und anderer Form der Schlaufen am Wappenmantel

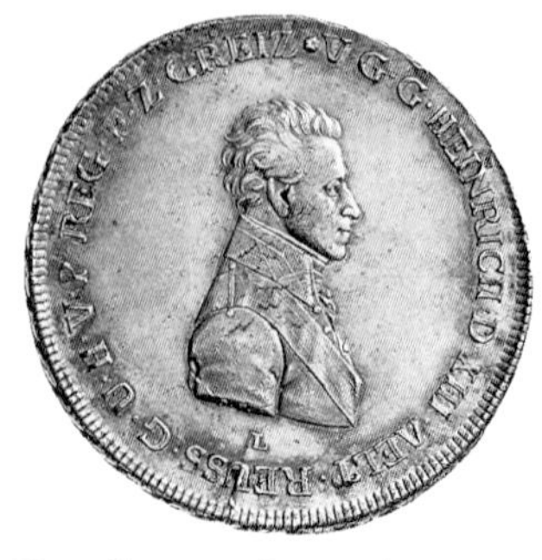
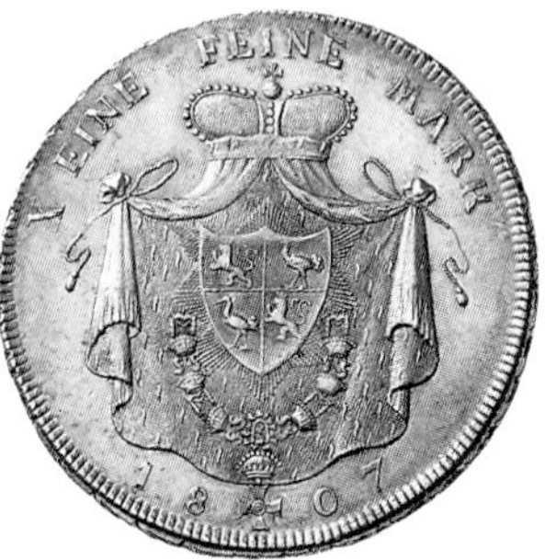

398 Konventionstaler

Vs.: V · G · G · HEINRICH · D · XIII · AELT · REUSS · G · U · H · V · P · REG · F · Z · GREIZ · Signatur D. F. Mmz. L

Rs.: X EINE FEINE MARK Jahr

Rand: Laubrand

Dav. 795 – AKS 2 – Jaeger 39 – T. 277

1807	(300)	1000.–	2200.–	3500.–
1812	(2275)	900.–	2000.–	3000.–

In der Prägezahl vom Jahrgang 1812 ist die Nr. 399 mit enthalten.

Als „Erstabschlag“ (EA) wurde in der 42. Auktion Harald Möller (12/2006), Nr. 1341, ein Exemplar vom Jahrgang 1807 für 7000.– Euro zugeschlagen; in der 331. Künker-Auktion (1/2020), Nr. 451, ein Exemplar in „Stempelglanz“ für 6750.– Euro; der Jahrgang 1812 in der 80. Heidelberger Münzauktion (11/2020), Nr. 794, in „vorzüglich-prägefrisch“ für 3000.– Euro.

Variante

a) 1812 mit verändertem Brustbild (andere Frisur), Napoleonrand, anders gestalteten Kordeln am Wappenmantel, und die Krone ist 11,5 mm statt 13 mm breit

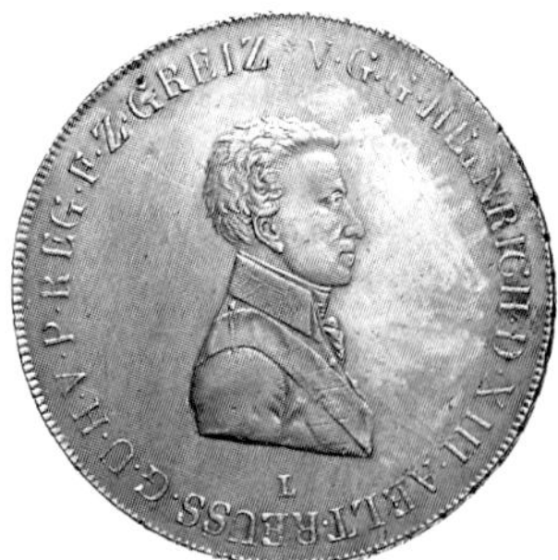
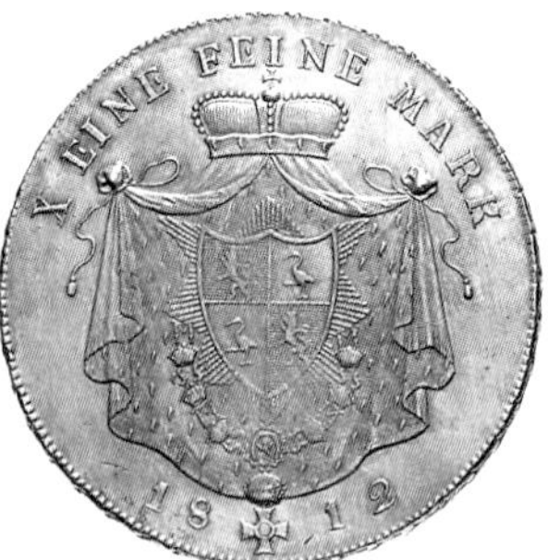

Nr. 398a), der Jahrgang 1812 mit Napoleonrand, anders gestalteten Kordeln am Wappenmantel, und die Krone ist 11,5 mm breit statt 13 mm

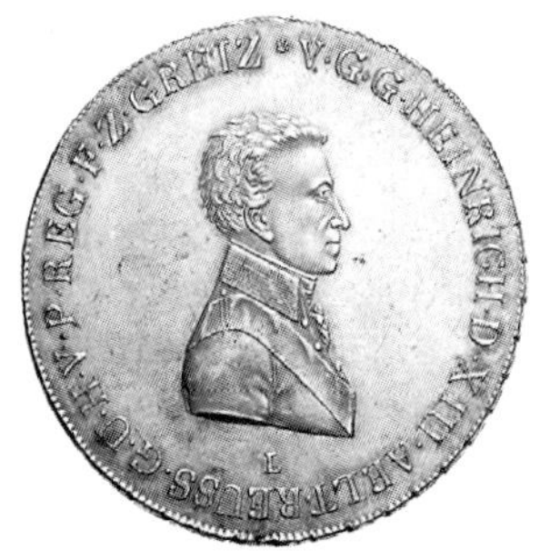
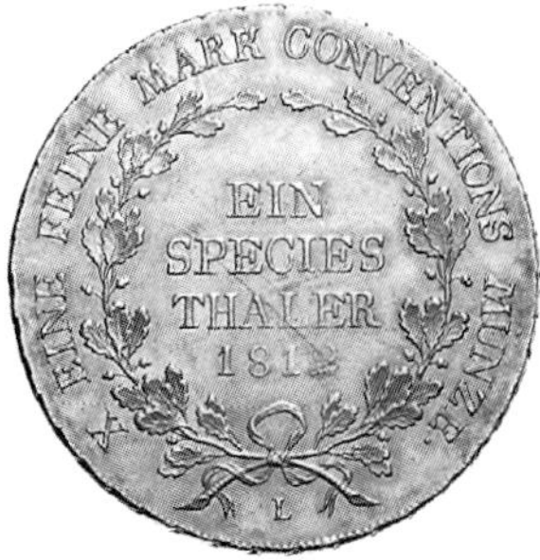

399 Konventionstaler

Vs.: V · G · G · HEINRICH · D · XIII · AELT · REUSS · G · U · H · V · P · REG · F · Z · GREIZ Mmz. L

Rs.: X EINE FEINE MARK CONVENTIONS MÜNZE · Mmz. L
EIN SPECIES THALER

Rand: Laubrand

Dav. 796 – AKS 3 – Jaeger 40 – T. 278

1812	(2275)	900.–	1500.–	2200.–

In der Prägezahl ist der Jahrgang 1812 der Nr. 398 mit enthalten.

In der 62. Möller-Auktion (3/2013), Nr. 472, wurde ein Exemplar in „fast Stempelglanz" für 2800.– Euro zugeschlagen; in der 80. Heidelberger Münzauktion (11/2020), Nr. 795, ein Exemplar in „fast prägefrisch" für 2600.– Euro.

Variante

a) Mit der Vorderseite von Nr. 398 (anderes Brustbild mit veränderter Frisur) und mit der Signatur D.F. im Armabschnitt, vergleiche die Abb. bei Jaeger Nr. 40 (Jaeger 40)

Heinrich XX. 1836 – 1859

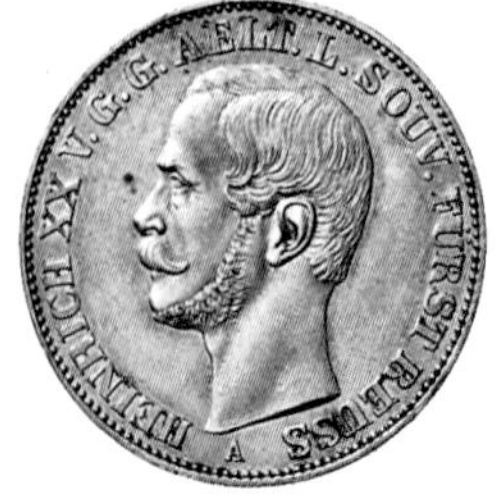

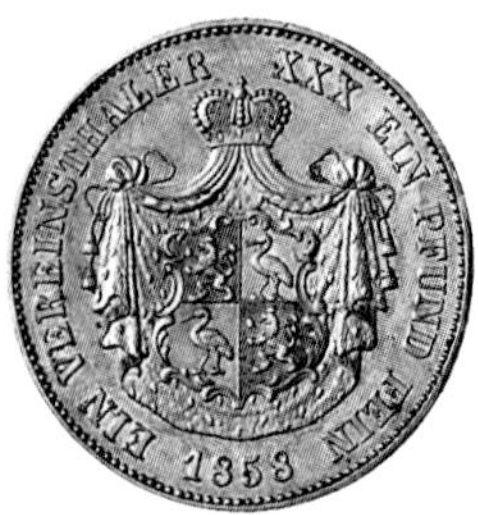

400 Vereinstaler

Vs.: HEINRICH XX V. G. G. AELT. L. SOUV. FÜRST REUSS Mzz. A

Rs.: EIN VEREINSTHALER XXX EIN PFUND FEIN 1858

Rand: OMNIA CUM DEO

Dav. 798 – AKS 14 – Jaeger 44 – T. 280

1858	(9500)	110.–	240.–	350.–

In der 42. Auktion Harald Möller (12/2006), Nr. 1352, erzielte ein Exemplar in „Polierter Platte" den Zuschlag von 650.– Euro; in der 23. Auktion der Münzhandlung Sonntag (6/2016), Nr. 1363, ein Exemplar in „Erstabschlag, Polierte Platte" 800.– Euro.

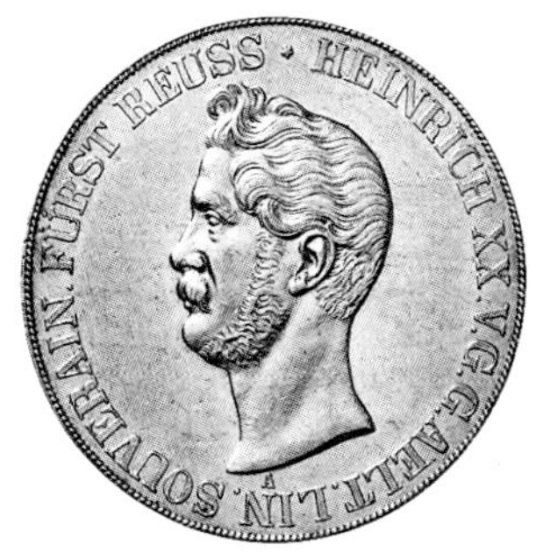

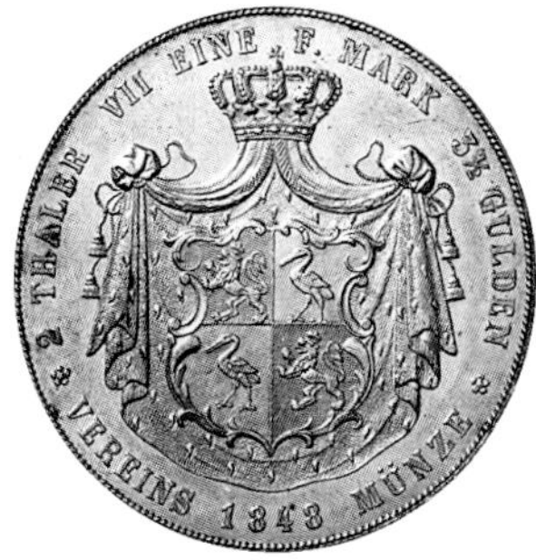

401 Doppeltaler

Vs.: HEINRICH XX. V. G. G. AELT. LIN. SOUVERAIN. FÜRST REUSS Mzz. A

Rs.: 2 THALER VII EINE F. MARK 3 ½ GULDEN VEREINS (Jahr) MÜNZE

Rand: OMNIA CUM DEO

Dav. 797 – AKS 13 – Jaeger 43 – T. 279

1841	(2400)	500.–	900.–	1400.–
1844	(2400)	500.–	900.–	1400.–
1848	(2400)	500.–	900.–	1400.–
1851	(2400)	500.–	900.–	1400.–

Der Jahrgang 1851 wurde in der 33. Auktion Harald Möller (10/2003), Nr. 1576, in „Polierter Platte“ für 4500.– Euro zugeschlagen; in der 80. Heidelberger Münzauktion (11/2020), Nr. 796, ein Exemplar von 1844 in „fast Stempelglanz“ für 3600.– Euro.

Heinrich XXII. 1859 – 1902

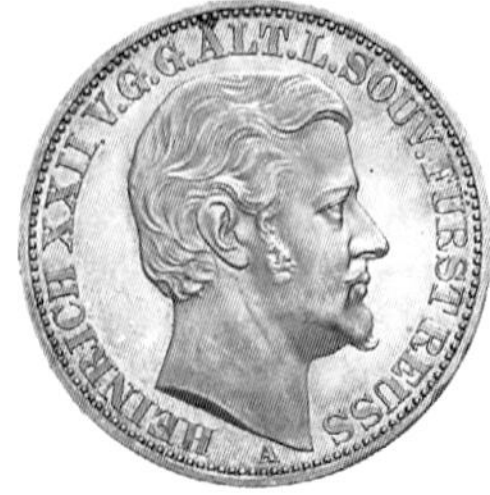

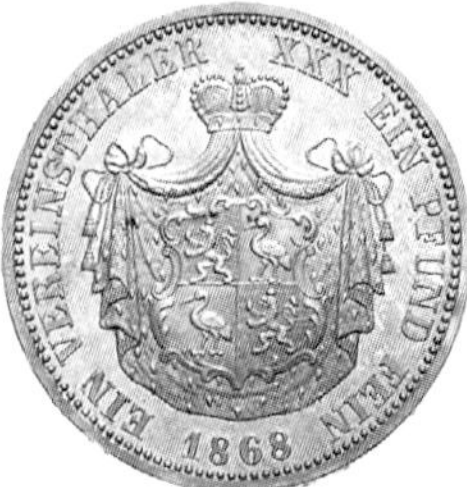

402 Vereinstaler

Vs.: HEINRICH XXII V. G. G. ÄLT. L. SOUV. FÜRST REUSS
Mzz. A

Rs.: EIN VEREINSTHALER XXX EIN PFUND FEIN 1868

Rand: OMNIA CUM DEO

Dav. 799 – AKS 15 – Jaeger 50 – T. 281

1868	(7100)	120.–	250.–	350.–

In der 119. Auktion F. R. Künker (2/2007), Nr. 644, erzielte ein Exemplar in „Polierter Platte" den Zuschlag von 800.– Euro; in der 80. Heidelberger Münzauktion (11/2020), Nr. 798, ein Exemplar in „fast Stempelglanz" 675.– Euro; in der 58. Heidelberger Münzauktion (11/2011), Nr. 1453, ein „PP-Exemplar" 1050.– Euro.

Proben

a) Probeabschlag der Vorderseite in Kupfer mit Randschrift, auf der Rückseite in vier Zeilen die Inschrift PROBE- / ABDRUCK / VON / KUPFER (wie Nr. 11b) (GN 225/2005)

b) Probeabschlag der Rückseite in Kupfer mit Randschrift, auf der Vorderseite in vier Zeilen die Inschrift PROBE- / ABDRUCK / VON / KUPFER (siehe Nr. 11b) (GN 225/2005)

Reuß Jüngerer Linie (Lobenstein-Ebersdorf)

Heinrich LI. 1779 – 1822

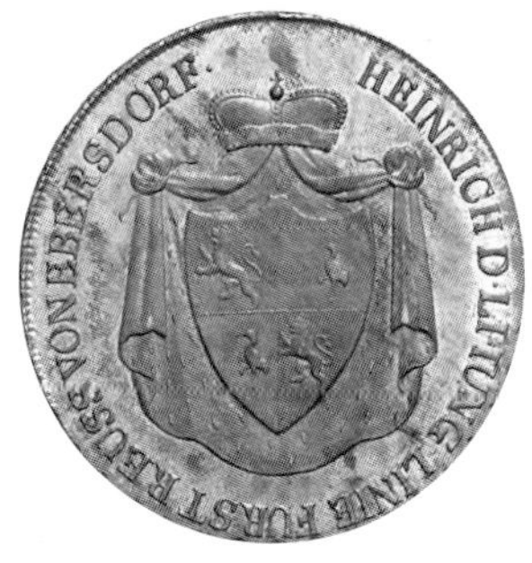

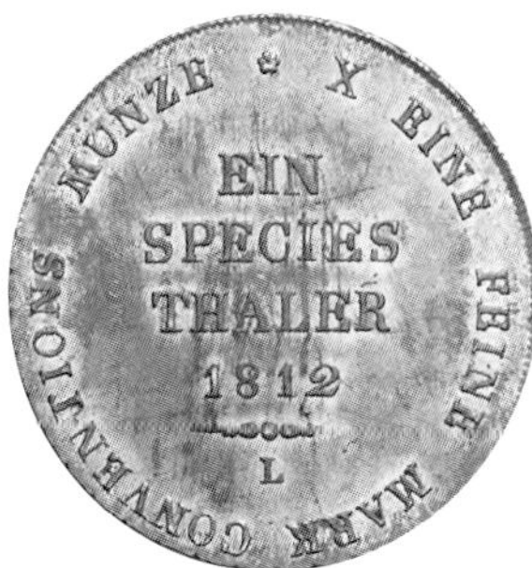

403 Konventionstaler

Vs.: HEINRICH D · LI · IÜNG · LINIE FÜRST REUSS VON EBERSDORF ·

Rs.: X EINE FEINE MARK CONVENTIONS MÜNZE EIN SPECIES THALER 1812 Mmz. L

Rand: Laubrand

Dav. 804 – AKS 48 – Jaeger 98 – T. 282

1812	(1575)	650.–	1350.–	2200.–

In der 354. Künker-Auktion (9/2021), Nr. 5845, wurde ein Exemplar in „fast Stempelglanz" für 3000.– Euro versteigert.

Variante

a) Bleiabschlag; 42. Auktion Harald Möller (12/2006), Nr. 1319, „vorzüglich", Zuschlag 320.– Euro

Heinrich LXXII. 1822 – 1848

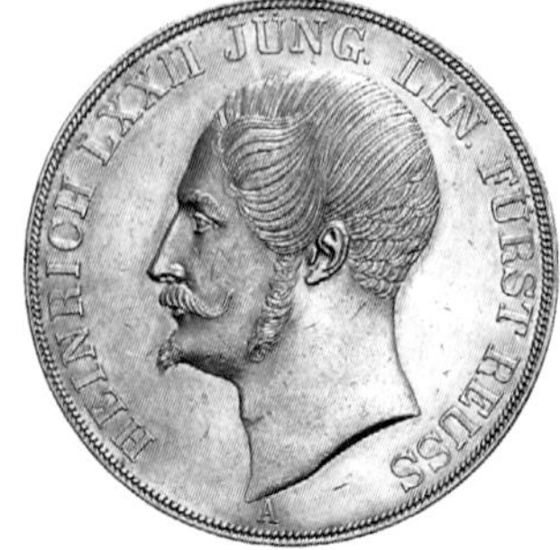

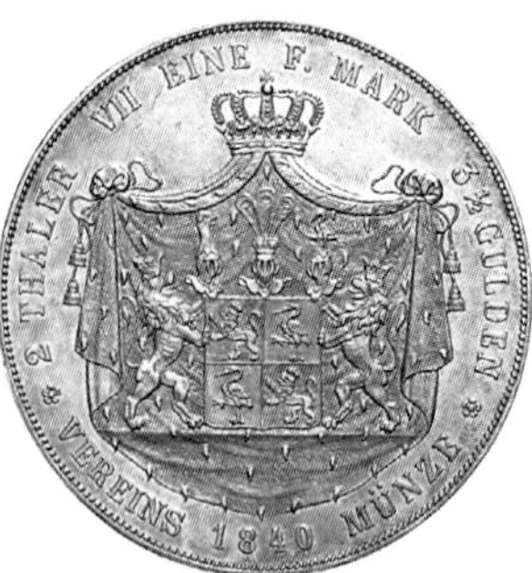

404 Doppeltaler

Vs.: HEINRICH LXXII JÜNG. LIN. FÜRST REUSS Mzz. A

Rs.: 2 THALER VII EINE F. MARK 3 ½ GULDEN VEREINS (Jahr) MÜNZE

Rand: ICH BAU AUF GOTT

Dav. 805 – AKS 56 – Jaeger 103 – T. 283

1840	(2750)	600.–	1200.–	1800.–
1847	(5500)	550.–	1100.–	1700.–

In der 80. Heidelberger Münzauktion (11/2020), Nr. 800, wurde ein Exemplar von 1840 in „fast Stempelglanz/Stempelglanz" für 2900.– Euro versteigert; in der 74. UBS-Auktion (1/2008), Nr. 194, ein Exemplar von 1847 in „FDC" für 4800.– Schweizer Franken (3000.– Euro).

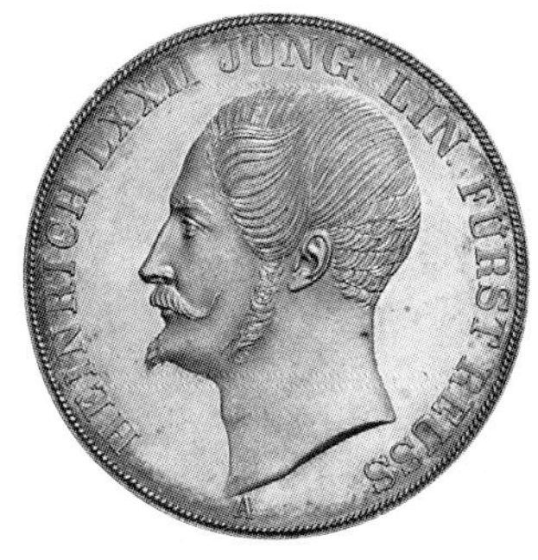

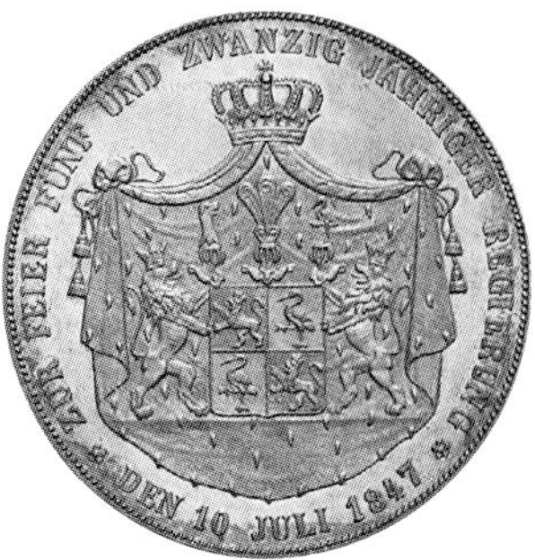

405 Doppeltaler

Vs.: HEINRICH LXXII JÜNG. LIN. FÜRST REUSS Mzz. A

Rs.: ZUR FEIER FÜNF UND ZWANZIG JÄHRIGER REGIERUNG / DEN 10 JULI 1847

Rand: ZWEI THALER VII E. F. M. DREI EIN HALB GULDEN

Dav. 806 – AKS 61 – Jaeger 104 – T. 284

1847	(500)	850.–	2000.–	3000.–

In der 354. Künker-Auktion (9/2021), Nr. 5847, wurde ein Exemplar in „vorzüglich-Stempelglanz" für 4600.– Euro versteigert.

Variante

a) Kupferabschlag der Vorderseite (Faruk 2295)

Reuß Jüngerer Linie (Schleiz)

Heinrich LXII. 1818 – 1854

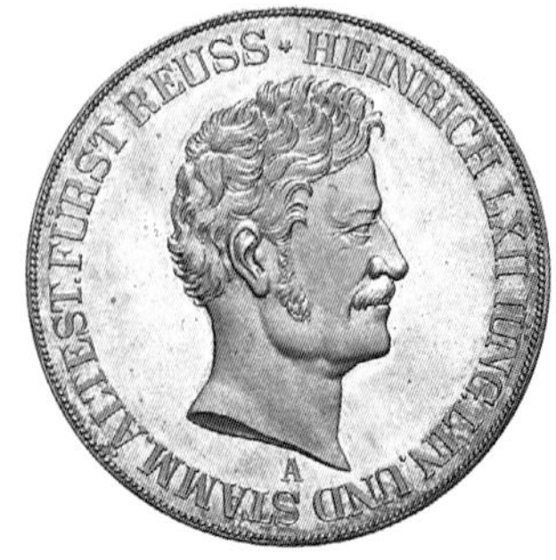

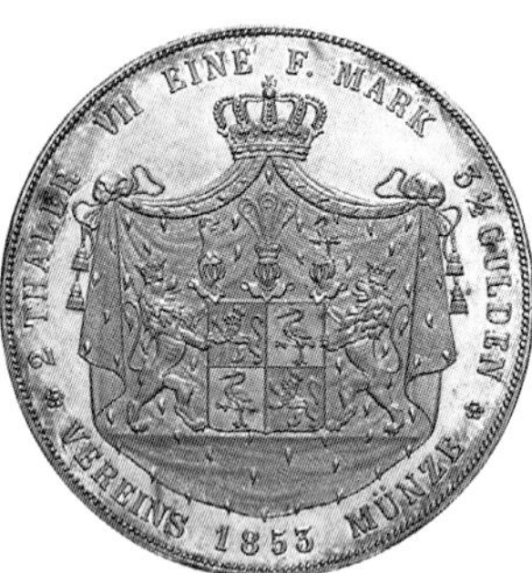

406 Doppeltaler

Vs.: HEINRICH LXII IÜNG. LIN. UND STAMM. ÄLTEST. FÜRST REUSS Mzz. A

Rs.: 2 THALER VII EINE F. MARK 3 ½ GULDEN VEREINS (Jahr) MÜNZE

Rand: ICH BAU AUF GOTT

Dav. 800 – AKS 26 – Jaeger 127 – T. 285

1840	(2650)	600.–	1100.–	1500.–
1844	(3000)	600.–	1100.–	1500.–
1846	(2650)	700.–	1200.–	1700.–
1853	(2700)	600.–	1200.–	1500.–
1854	(2700)	600.–	1200.–	1500.–

Vom Jahrgang 1840 erzielte in der 42. Auktion Harald Möller (12/2006), Nr. 1359, ein Exemplar in „Polierter Platte" einen Zuschlag von 2900.– Euro; in der 59. WAG-Auktion (2/2012), Nr. 268, ein Exemplar in „fast Stempelglanz/Stempelglanz" 3500.– Euro. Der Jahrgang 1844 erzielte in der 354. Künker-Auktion (9/2021), Nr. 5841 in „Polierter Platte" 7500.– Euro; in „Stempelglanz" in der 97. Auktion (4/2019), Nr. 1127, der WAG Online 4100.– Euro; der Jahrgang 1846 in der 180. Künker-Auktion (1/2011), Nr. 269, in „fast Stempelglanz" 3400.– Euro; der Jahrgang 1853 in der 354. Künker-Auktion (9/2021), Nr. 5842, in „vorzüglich-Stempelglanz" 2800.– Euro.

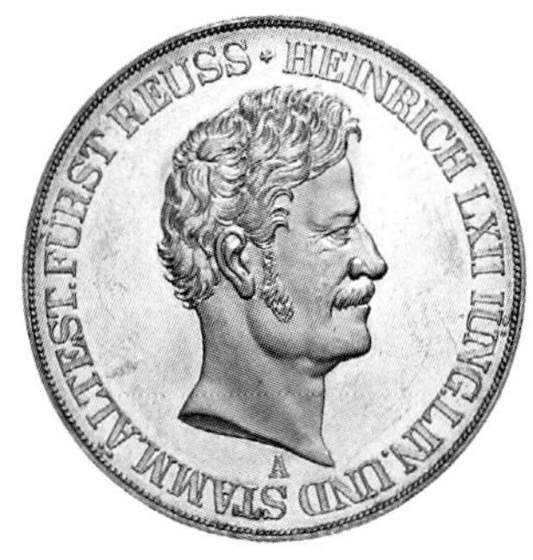

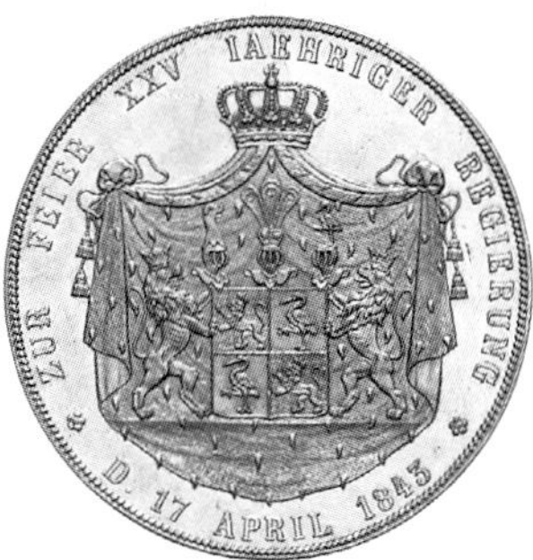

407 Doppeltaler

Vs.: HEINRICH LXII IÜNG. LIN. UND STAMM. ÄLTEST. FÜRST REUSS Mzz. A

Rs.: ZUR FEIER XXV IAEHRIGER REGIERUNG D. 17 APRIL 1843

Rand: ZWEI THALER VII E. F. M. DREI EIN HALB GULDEN

Dav. 801 – AKS 35 – Jaeger 128 – T. 286

1843	(500)	1000.–	2000.–	3000.–

In „Polierter Platte" erzielte ein Exemplar in der 42. Auktion Harald Möller (12/2006), Nr. 1364, den Zuschlag von 4800.– Euro; als „Erstabschlag, fast Stempelglanz" in der 319. Künker-Auktion (3/2019), Nr. 3923, 5250.– Euro und in der 80. Heidelberger Münzauktion (11/2020), Nr. 803, 5700.– Euro.

Königreich Sachsen

Kurfürstentum bis 1806
Königreich ab 11.12.1806

Münzstätte:	Dresden	
Münzmeister:		
I.E.C.	Johann Ernst Croll	bis 1804
S.G.H.	Samuel Gottlieb Helbig	1804 – 1813
I.G.S., G.S. oder S	Johann Gotthelf Studer	1812 – 1832
G	Johann Georg Grohmann	1833 – 1844
F	Gustav Theodor Fischer	1845 – 1860
B	Gustav Julius Buschick	1860 – 1887
Medailleure:		
STAD	Johann Veit Stadelmann	1814
THOMAS	Adolph Thomas	1814
A. ST.	Alois Stanger	1866
M B.	Max Barduleck	1873

Kurfürstentum

Friedrich August III. 1763 – 1827 (als Kurfürst 1763 – 1806)

410 ⅔ Taler

Vs.: FRID · AVGVST · D · G · DVX SAX · ELECTOR
Rs.: XX · EINE FEINE (Wertzahl) ⅔ MARK · Jahr Mmz.
Rand: Laubrand

Buck 210 + 225

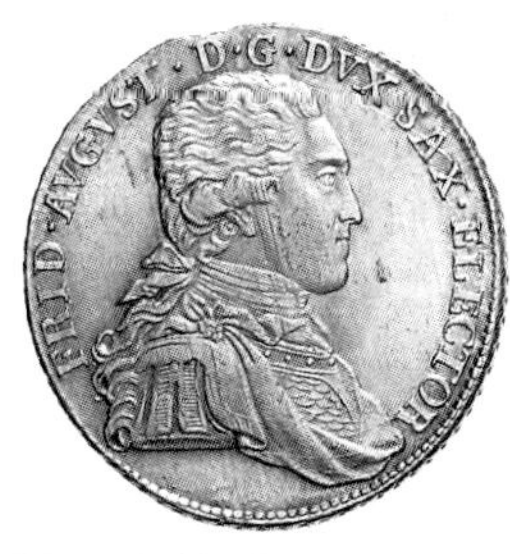

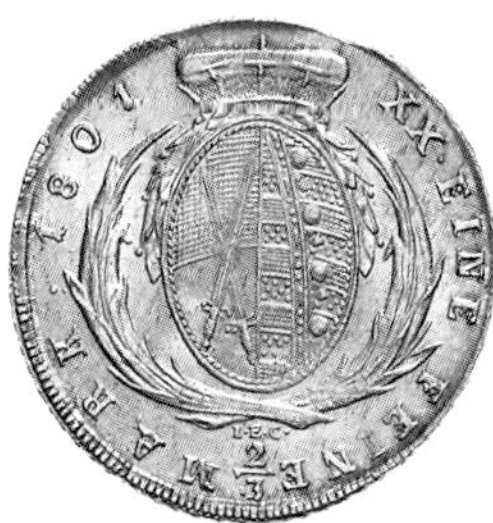

Mmz. I · E · C ·

1800	80.–	120.–	180.–
1801	80.–	120.–	180.–
1802	80.–	120.–	180.–
1804	80.–	120.–	180.–

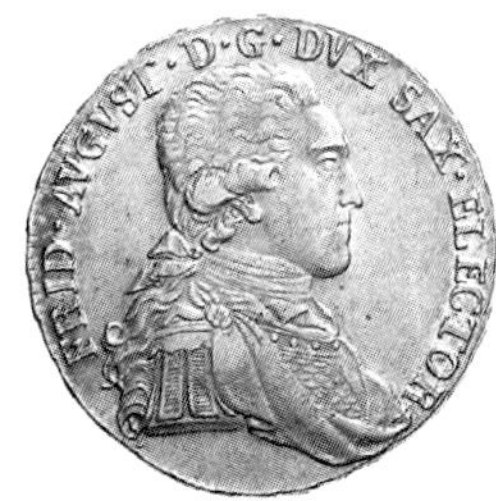

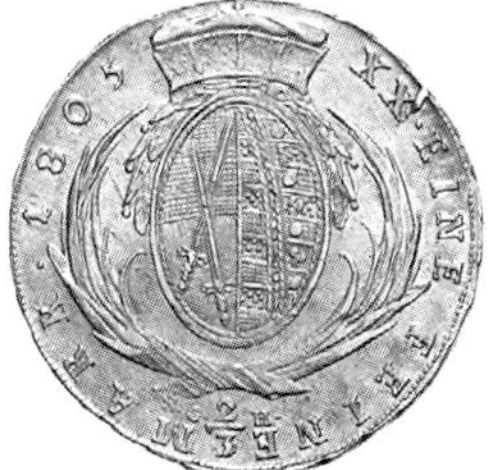

Mmz. S · G · H ·

1804*			LP
1805	80.–	120.–	180.–
1806	80.–	120.–	180.–

**) Das Exemplar von 1804 stammt aus dem Münzfund von Söllichau (Berliner Numismatische Forschungen, Band 5 [1991]).*

411 Konventionstaler

Vs.: FRID · AVGVST · D · G · DVX SAX · ELECTOR
Rs.: X · EINE FEINE MARK · Jahr Mmz.
Rand: Laubrand

Dav. 850 – Buck 211 + 226 – T. 289

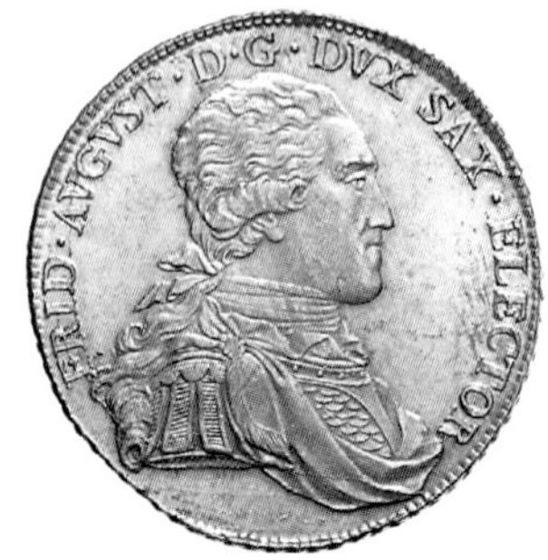
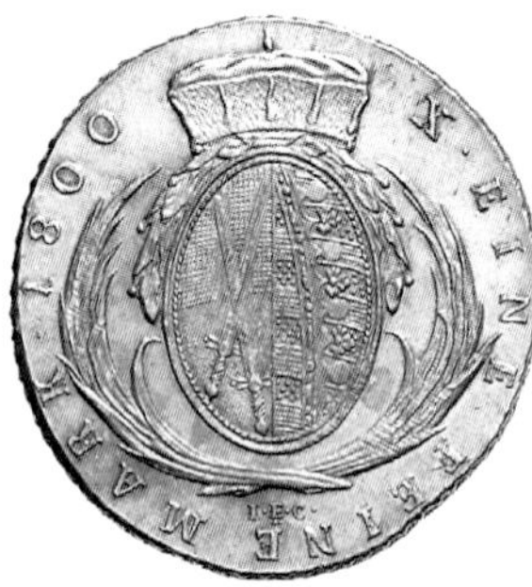

Mmz. I · E · C ·

1800	75.–	180.–	220.–
1801	75.–	180.–	220.–
1802	75.–	180.–	220.–
1803	75.–	180.–	220.–
1804	75.–	180.–	220.–

In der 72. WAG-Auktion (2/2015), Nr. 1257, wurde ein Exemplar von 1801 in „Stempelglanz“ für 1200.– Euro versteigert.

Variante

a) 1804 IEC mit umgeschnittener „8“ in der Jahreszahl (Buck –); 42. Auktion Harald Möller (12/2006), Nr. 1385, „fast Stempelglanz“, Zuschlag 200.– Euro; Abb. siehe nächste Seite

Die Variante St. 1114a) vom Jahrgang 1802 gibt es nicht. Die angeführte Quelle (Höhn 12/2000) weist einen Ausbeutekonventionstaler von 1802 aus.

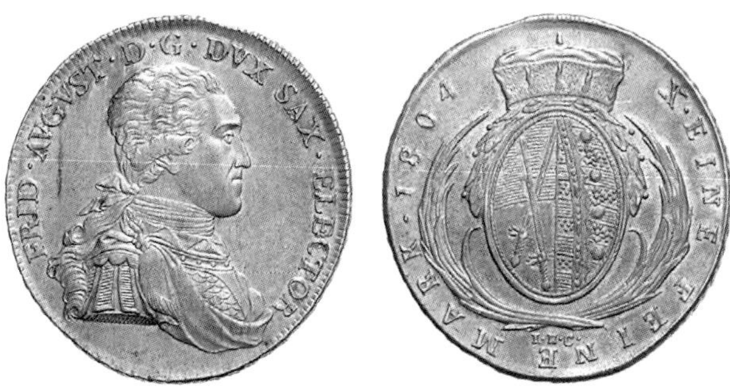

Nr. 411a), Jahrgang 1804 IEC mit umgeschnittener „8“ in der Jahreszahl

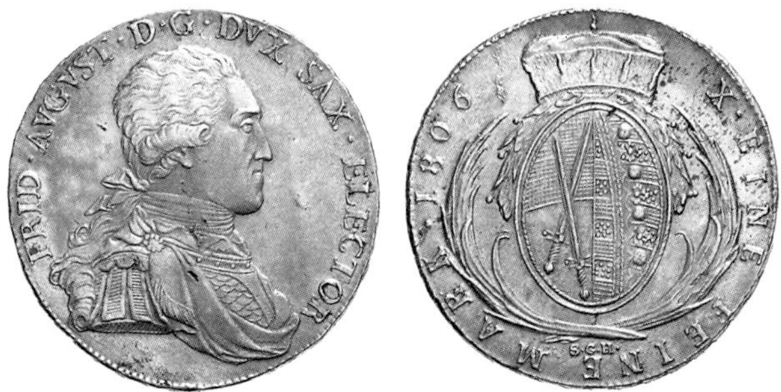

Mmz. S · G · H ·

1804	75.–	180.–	220.–
1805	75.–	180.–	220.–
1806	75.–	180.–	220.–

Variante

a) 1804 mit fehlerhafter Umschrift der Rückseite
X · EINE EEINE MARK

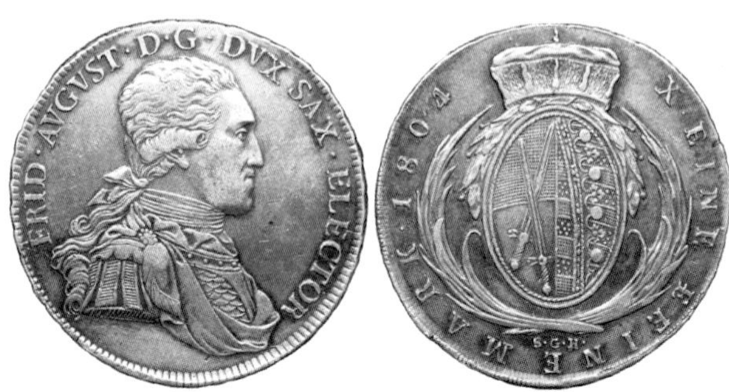

Nr. 411a), SGH mit fehlerhafter Umschrift der Rückseite X · EINE EEINE MARK

412 Ausbeutekonventionstaler

Vs.: FRID · AVGVST · D · G · DVX SAX · ELECTOR

Rs.: DER SEEGEN DES BERGBAVES
X · EINE MARK F· Jahr Mmz.

Rand: Laubrand

Dav. 851 – Buck 212 + 227 – T. 290

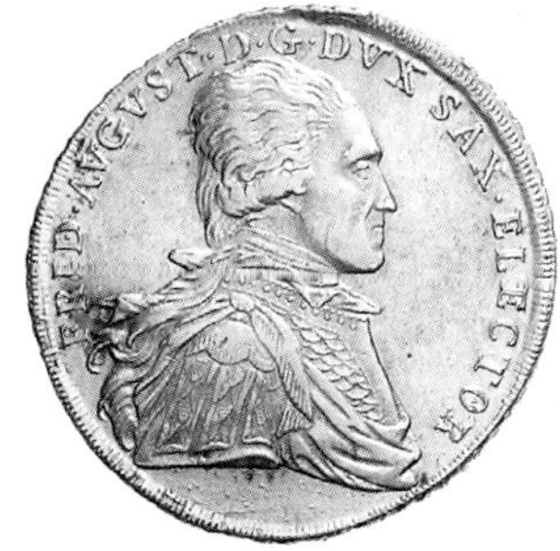

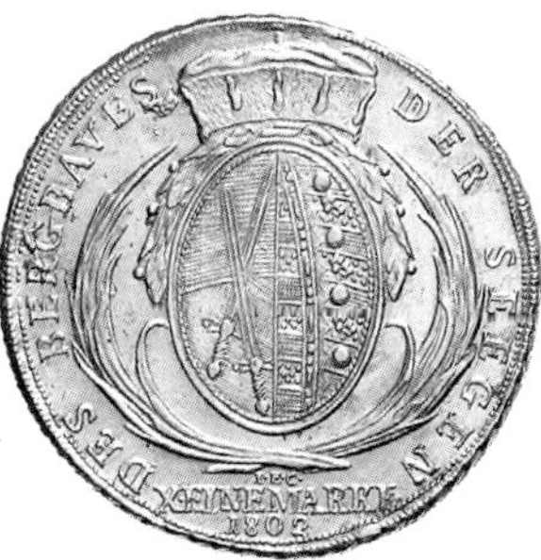

Mmz. I · E · C ·

1799	200.–	350.–	450.–
1800	200.–	300.–	400.–
1801	180.–	300.–	400.–
1802	180.–	300.–	400.–
1803	180.–	300.–	400.–
1804	180.–	300.–	400.–

In der 74. WAG-Auktion (11/2015), Nr. 1688, wurde ein Exemplar von 1803 in „fast Stempelglanz" für 1125.– Euro versteigert.

Varianten

a) 1801 auch mit großer Jahreszahl (Buck 212c Anm.); 45. Auktion Harald Möller (6/2007), Nr. 1183 (ohne Hinweis auf die Variante), „vorzüglich-Stempelglanz", Zuschlag 300.– Euro; Abb. siehe nächste Seite

b) 1802 mit abweichend positionierter Umschrift zum Brustbild (das „T" von AVGVST ist 1,5 mm vom Hinterkopf entfernt und berührt nicht beinahe die Haare [vgl. Abbildung oben]), die Locken am Rücken fallen anders (Buck –; Müseler 56.1.4/42)

c) 1803 auch mit „U" im Wort BERGBAUES (Buck 212ea). Die Variante von 1802 mit BERGBAUES gibt es nur mit Doppelpunkt nach MARK F:

d) 1804 auch mit „U" im Wort BERGBAUES und Doppelpunkt nach MARK F: (Buck –; Müseler 56.1.4/46)

e) 1804 auch mit dem neuen, weniger dichten Laubrand (Buck 212f Anm.)

Weitere kleinere Varianten betreffen die Frisur, die Haarlocken und die Wortabstände.

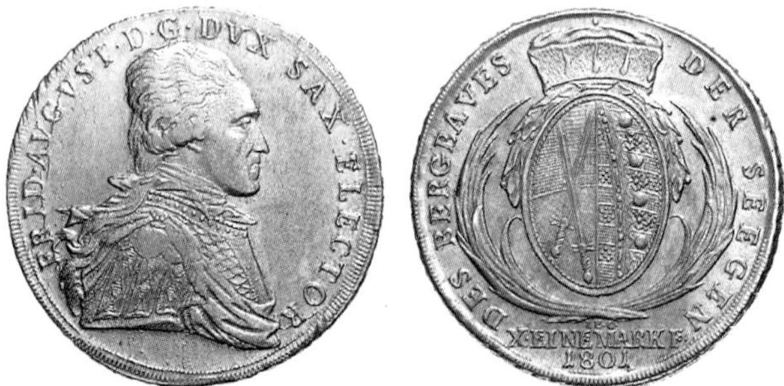

Nr. 412a), Jahrgang 1801 IEC mit großer Jahreszahl

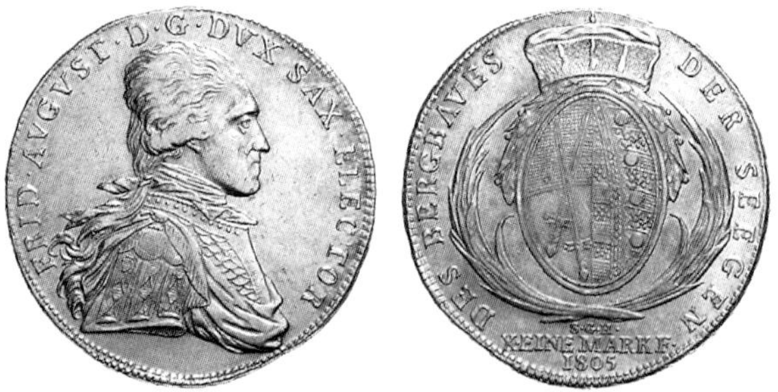

Mmz. S · G · H ·

1804	180.–	300.–	400.–
1805	180.–	300.–	400.–
1806	200.–	350.–	450.–

In der 140. Auktion F. R. Künker (6/2008), Nr. 2666, wurde ein Exemplar vom Jahrgang 1806 „minimal justiert, Stempelglanz" für 825.– Euro zugeschlagen; in der 281. Künker-Auktion (9/2016), Nr. 3057, ein Exemplar von 1805 in „vorzüglich+" für 1200.– Euro; in der 80. Heidelberger Münzauktion (11/2020), Nr. 807, ein Exemplar von 1806 in „prägefrisch" für 1350.– Euro.

Varianten und Proben

f) 1805 ohne Punkt hinter MARK F (Buck –; Müseler 56.1.4/47)

g) 1806 ausschließlich mit „U" im Wort BERGBAUES und Doppelpunkt nach MARK F: (Buck 227c)

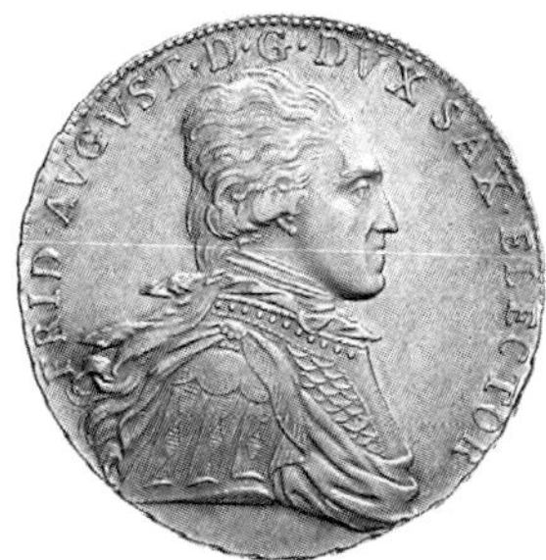
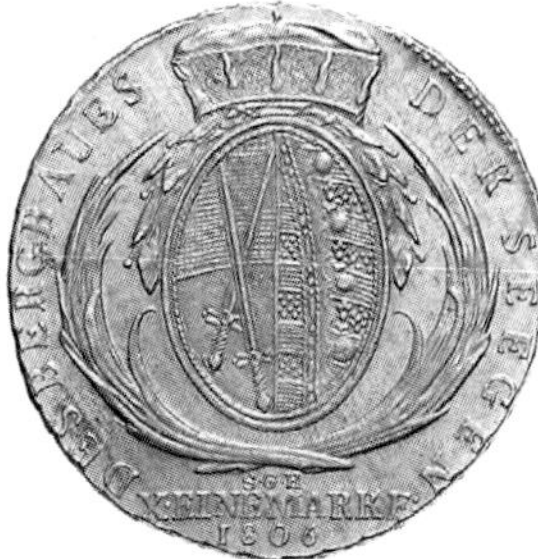

Nr. 412h), Probe-Ausbeutekonventionstaler 1806 mit auf dem Münzrand aufsitzenden Brustbild

h) Probe-Ausbeutekonventionstaler 1806 mit auf dem Münzrand aufsitzendem Brustbild (Buck –); 14. Auktion Leipziger Münzhandlung und Auktion Heidrun Höhn (9/1997), Nr. 1551, „Stempelglanz“, Zuschlag 3900.– DM

i) Probe-Ausbeutekonventionstaler 1807 mit ovalem sächsischem Wappenschild in einer oben eingerollten und mit Lorbeerzweigen verzierten Kartusche (Jaeger I); 119. Auktion F. R. Künker (2/2007), Nr. 679, „sehr schön-vorzüglich“, Zuschlag 1900.– Euro; 45. Auktion Harald Möller (6/2007), Nr. 1199, „vorzüglich+“, Zuschlag 3500.– Euro; in der 322. Künker-Auktion (6/2019), Nr. 797, erfolgte der Zuschlag für ein Exemplar in „sehr schön-vorzüglich“ für 11 000.– Euro.

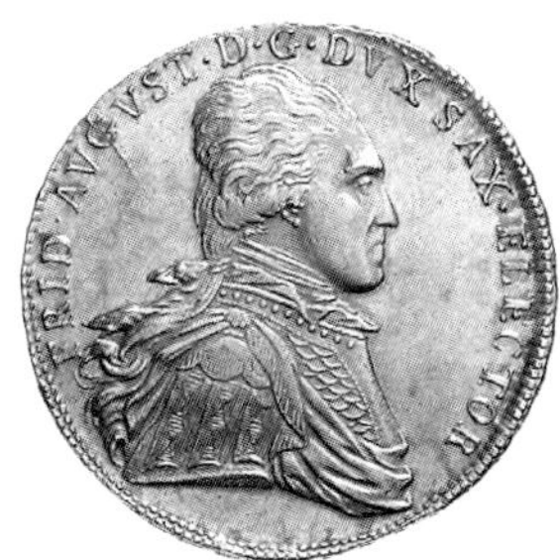
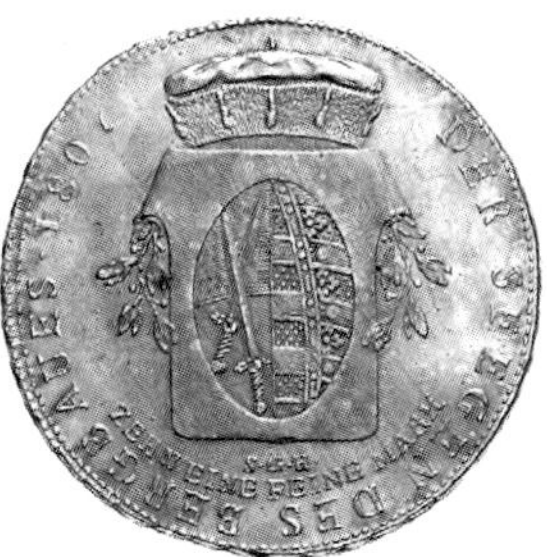

Nr. 412i), Probe-Ausbeutekonventionstaler 1807 mit anderer Wappenseite

j) Probe-Ausbeutekonventionstaler 1807 mit Wappenseite wie Nr. 412i), jedoch anderem Vorderseiten-Stempel: Das „T“ von AVGVST ist doppelt so weit vom Hinterkopf entfernt (2 mm), die Haarlocke ragt zwischen die Buchstaben „FR“ von FRID (Ferrari 3488)

k) Kupfer-Abschlag des Probe-Ausbeutekonventionstalers 1807 (Nr. 412j); Buck 242 Anm. (dort falscher Beginn der Vorderseiten-Umschrift)

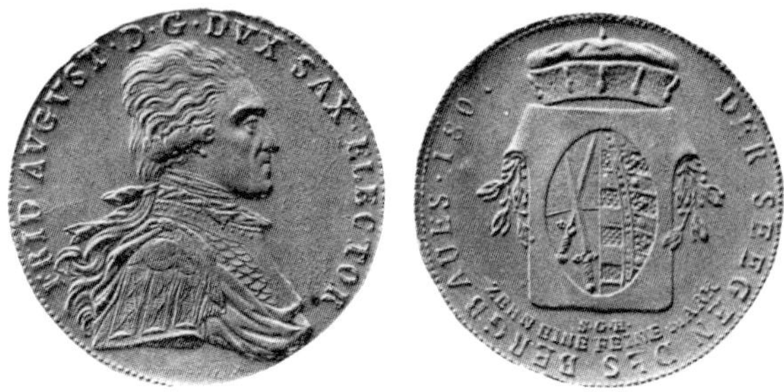

Nr. 412j), Probe-Ausbeutekonventionstaler 1807 mit Wappenseite wie Nr. 412i, aber anderer Vorderseite: Das „T“ von AVGVST ist doppelt so weit vom Hinterkopf entfernt (2 mm) wie bei Nr. 412i, die Haarlocke ragt zwischen die Buchstaben „FR“ von FRID

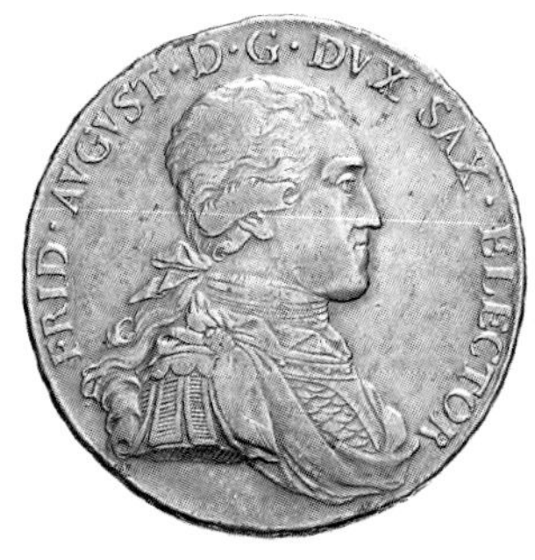
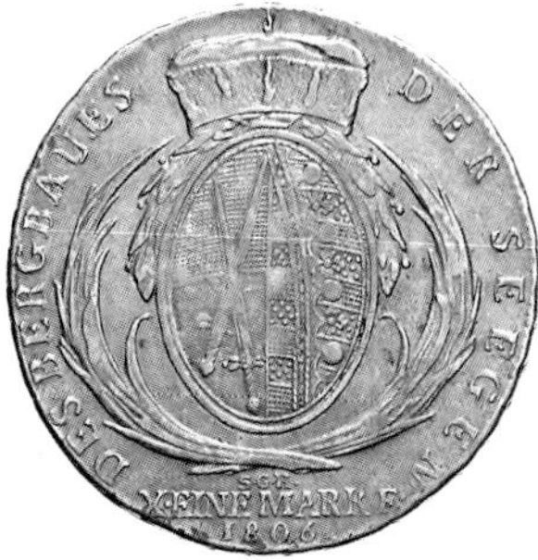

412A Zwitter-Ausbeutekonventionstaler 1806

Vs.: FRID · AVGVST · D · G · DVX · SAX · ELECTOR

Rs.: DER SEEGEN DES BERGBAUES
X · EINE MARK F · 1806 Mmz. S·G·H·

Rand: Laubrand

Buck 232 – St. 1115 PII – T. –

1806	LP

Dieser Zwitter-Ausbeutekonventionstaler ist mit dem Vorderseiten-Stempel des normalen Konventionstalers (Nr. 411) geprägt worden.

In der 25. Auktion der Leipziger Münzhandlung und Auktion Heidrun Höhn (12/2000), Nr. 1927, erzielte ein Exemplar in „sehr schön-vorzüglich" einen Zuschlag von 500.– DM; in der 84. Auktion der Leipziger Münzhandlung (10/2015), Nr. 2753, erzielte ein Exemplar in „fast vorzüglich/fast prägefrisch" den Zuschlag von 880.– Euro.

Königreich

Friedrich August III. 1763 – 1827 (als König Friedrich August I. 1806 – 1827)

413 ⅔ Taler

Vs.: FRID · AVGVST · D · G · REX SAXONIÆ
Rs.: ZWANZIG EINE (Wertzahl) ⅔ FEINE MARK · Jahr Mmz.
Rand: Laubrand oder Napoleonrand

AKS 32 – Jaeger 11 – Lorenz 31+32

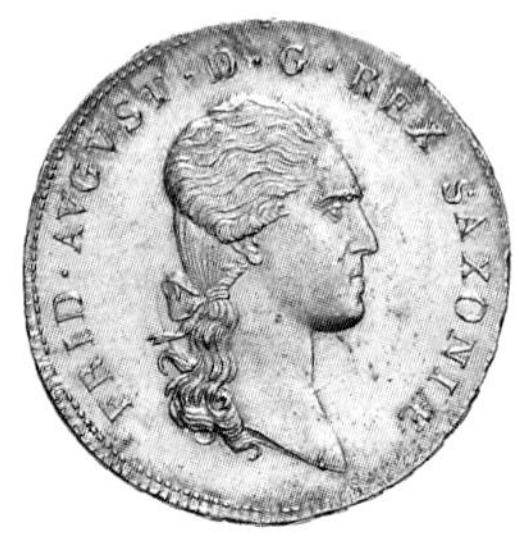

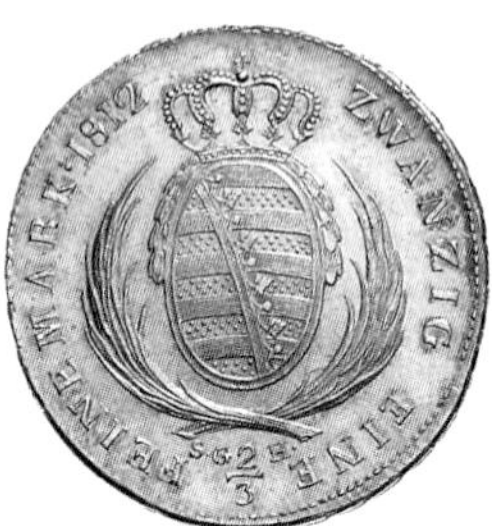

Mmz. S·G·H·

Jahr	Auflage			
1806	(83 860)	90.–	200.–	300.–
1807	(100 300)	100.–	220.–	330.–
1808	(228 050)	75.–	180.–	280.–
1809	(219 450)	75.–	180.–	280.–
1810	(219 790)	75.–	180.–	280.–
1811	(214 980)	75.–	180.–	280.–
1812	(114 400*)	75.–	180.–	280.–

**) Zusammen mit dem Jahrgang 1812 mit Mmz. I.G.S.*

In der 258. Künker-Auktion (1/2015) wurde ein Exemplar von 1807 in „fast Stempelglanz" für 1400.– Euro zugeschlagen.

Varianten

a) Bei den Jahrgängen 1806 und 1807 steht das Mmz. ungeteilt über der Wertzahl ⅔ (Lorenz 31)

b) 1806, 1810, 1811 gibt es mit größeren und kleineren Buchstaben in der Umschrift; 75. Leipziger Auktion (9/2012), Nr. 2259, „fast vorzüglich", Zuschlag 150.– Euro (Lorenz 31 Anm.)

c) 1810 und 1811 mit Napoleonrand; 30. Auktion Harald Möller (4/2002), Nr. 938 (Jahrgang 1810), „vorzüglich+", Zuschlag 95.– Euro; 33. Auktion der Leipziger Münzhandlung und

Auktion Heidrun Höhn (6/2003), Nr. 3088 (Jahrgang 1811), „sehr schön“, Zuschlag 72.– Euro

d) 1811 mit hochstehenden Punkten im Mmz. S·G·H· (Lorenz 32 Anm.)

Die Variante St. 1126a gibt es nicht. Die dort angeführte Quelle (Schulten, Auktion vom April 1984, Nr. 1542, weist einen kurfürstlichen ⅔ Taler aus (= Nr. 410, Mmz. SGH).

Die Variante St. 1126b („ohne Punkt nach SAXONIÆ“) ist die normale Version aller Jahrgänge dieses Typs.

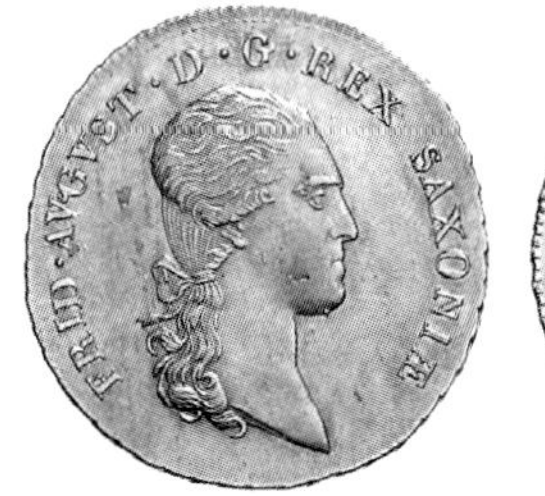

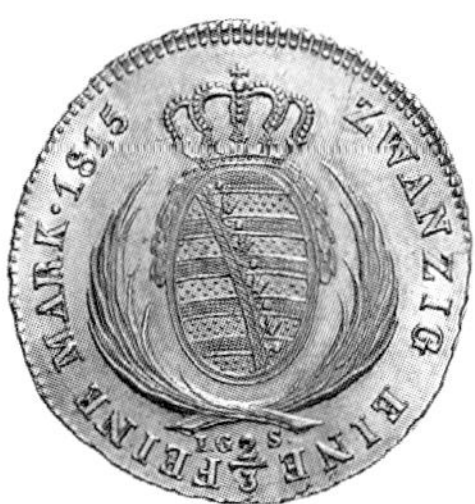

Mmz. I·G·S·

1812	(114 400*)	80.–	200.–	280.–
1813		80.–	200.–	280.–
1815		80.–	200.–	280.–
1816	(54 990)	80.–	200.–	280.–
1817	(60 387)	80.–	200.–	280.–

**) Zusammen mit dem Jahrgang 1812 mit Mmz. S.G.H. Das Dresdner „Brakteatenbuch“ weist auch für 1818 (62 770), 1819 (54 067) und 1820 (41 982) ⅔ Taler aus, die offensichtlich mit den Stempeln vorangegangener Jahrgänge geprägt wurden.*

In der 98. Auktion der Leipziger Münzhandlung (11/2021), Nr. 3515, wurde ein Exemplar von 1816 in „fast Stempelglanz/Stempelglanz aus Erstabschlag“ für 800.– Euro versteigert.

Varianten

e) Bei den Jahrgängen 1815 bis 1817 ist hinter dem „G“ des Mmz. kein Punkt und die Ziffer „1“ in der Jahreszahl wird nicht mehr als römische „I“, sondern als normale „1“ geschrieben (Lorenz –)

f) 1817 mit abweichender Schleifenform („hängende Schleife“); 7. WAG-Auktion (9/1996), Nr. 2267, „sehr schön“, Schätzpreis 200.– DM; 21. Auktion der Leipziger Münzhandlung und Auktion (9/1999), Nr. 2043, „sehr schön-vorzüglich“, Zuschlag 270.– DM

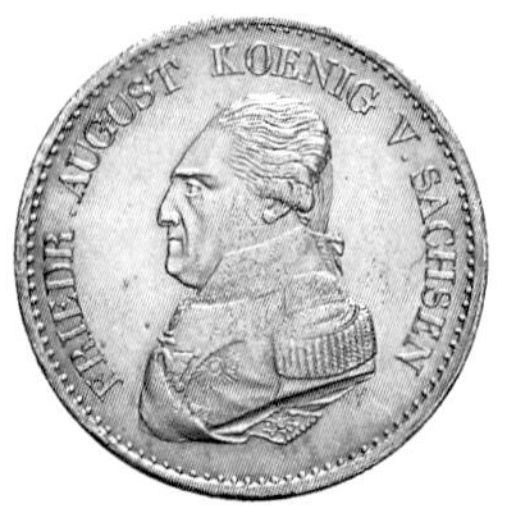

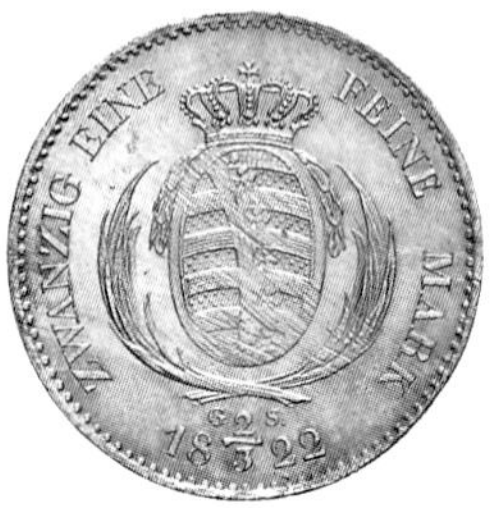

414 ⅔ Taler

Vs.: FRIEDR. AUGUST KOENIG V. SACHSEN

Rs.: ZWANZIG EINE FEINE MARK Jahr (Wertzahl) ⅔ Mmz. G. S.

Rand: GOTT SEGNE SACHSEN

AKS 33 – Jaeger 32 – Lorenz 34

1822	(22 640)	300.–	600.–	1200.–

Lorenz führt auch den Jahrgang 1823 an.

In der 48. Kricheldorf-Auktion (6/2002), Nr. 3380, erzielte ein Exemplar in „Stempelglanz" den Zuschlag von 1500.– Euro; in der 258. Auktion (10/2018), Nr. 2237, von Gorny & Mosch ein „Kabinettstück, prachtvolle Patina", 1600.– Euro.

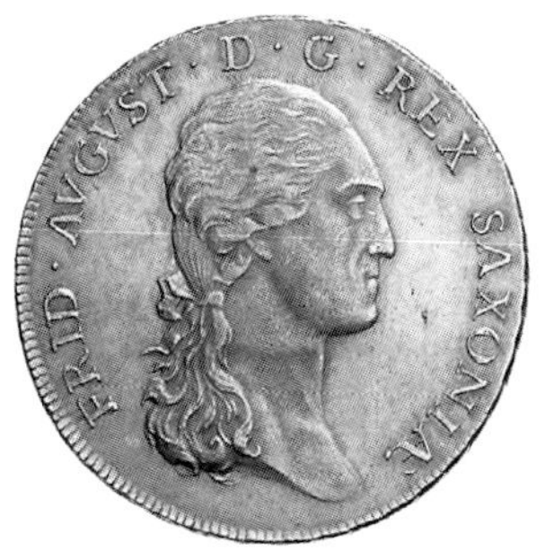
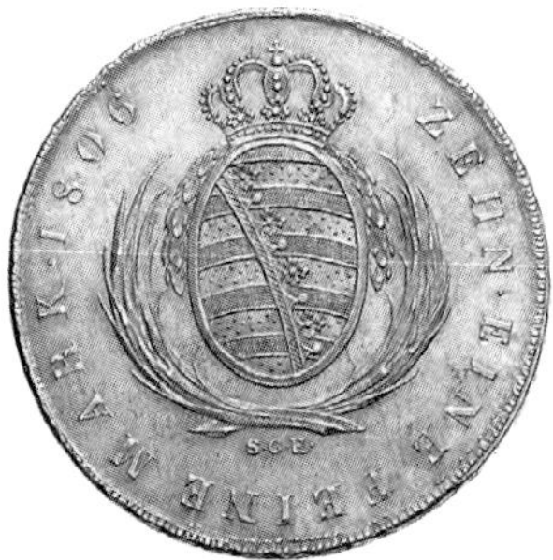

415 Konventionstaler („Königstaler“)

Vs.: FRID · AVGVST · D · G · REX SAXONIÆ

Rs.: ZEHN · EINE FEINE MARK · 1806 Mmz. S·G·H·

Rand: Laubrand

Dav. 853 – Jaeger 1 – AKS 12 – T. 291

1806*	2500.–	4000.–	5000.–

**) Im Jahrgang 1807 des nachfolgenden Talers Nr. 416 enthalten*

In der 80. Heidelberger Münzauktion (11/2020), Nr. 808, wurde ein Exemplar in „fast prägefrisch“ für 5000.– Euro versteigert; in der 58. Heidelberger Münzauktion (11/2011), Nr. 1501, ein „Prachtexemplar als Erstabschlag“ für 8000.– Euro; in der 325. Hess-Divo-Auktion (10/2013) wurde ein „Prachtexemplar (FDC) mit feiner Patina, absolut einzigartig in dieser Erhaltung“ für 12 000.– Schweizer Franken versteigert.

Variante

a) Goldabschlag im Gewicht von 12 Dukaten (Lorenz 35 Anm.; Baumgarten [Ergänzungen] 37); gesehen hat diesen Goldabschlag seit 200 Jahren niemand

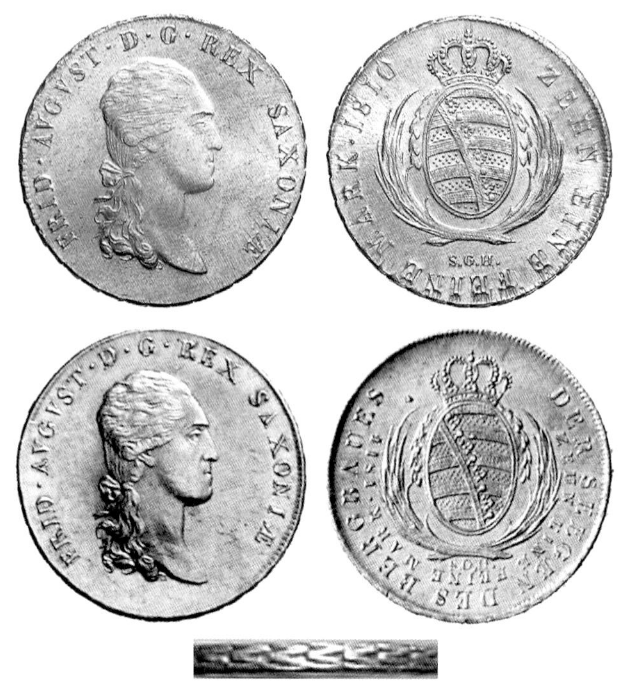

Napoleonrand

416 Konventionstaler

Vs.: FRID · AVGVST · D · G · REX SAXONIÆ

Rs.: ZEHN EINE FEINE MARK · Jahr Mmz. S.G.H.

Rand: Laubrand oder Napoleonrand

Dav. 854 – AKS 12 – Jaeger 12 – T. 292

1807	(660 900)	75.–	150.–	250.–
1808	(1 563 910)	75.–	150.–	250.–
1809	(562 910)	75.–	150.–	250.–
1810	(368 060)	75.–	150.–	250.–
1811	(394 820)	75.–	150.–	250.–
1812	(705 270)	75.–	150.–	250.–
1813	(773 310*)	75.–	150.–	250.–

**) Einschließlich Nr. 417*

In der 21. Auktion der Münzhandlung Sonntag (6/2015), Nr. 1156, wurde ein Exemplar von 1813 in „Stempelglanz, Erstabschlag" für 900.– Euro versteigert; in der 337. Künker-Auktion (6/2020), Nr. 1170, ein Exemplar in „vorzüglich" für 600.– Euro.

Varianten und Proben

a) 1807 auch mit zwei Schleifenenden, eins davon lang; 42. Auktion Harald Möller (12/2006), Nr. 1399, „vorzüglich-Stempelglanz“, Zuschlag 270.– Euro; Abb. siehe nächste Seite

b) 1807, 1810 – 1813 auch mit Napoleonrand; 194. Künker-Auktion (9/2011), Nr. 3608, „vozüglich“, Zuschlag 140.– Euro

c) 1808 gibt es mit großer und kleiner Krone (Lorenz 36 Anm.)

d) 1809 mit unterschiedlichen Abständen der Umschrift (Lorenz 36 Anm.)

e) 1812 und 1813 gibt es nur mit breiterer Krone (Lorenz 36 Anm.)

f) 1813 auch als 1812 geändert, mit Napoleonrand (Lorenz 36 Anm.)

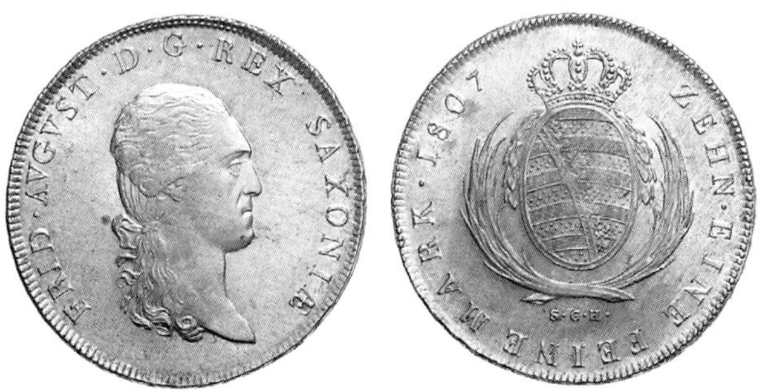

Nr. 416a) mit zwei Enden der Haarschleife, eins kurz, das andere lang

g) Probe-Konventionstaler 1808 S · G · H · mit „offenem Mund“ (Jaeger II); 42. Auktion Harald Möller (12/2006), Nr. 1403, „Polierte Platte“ = Erstabschlag), Zuschlag 4500.– Euro; 134. Auktion F. R. Künker (1/2008), Nr. 702 (identisches Exemplar), „Erstabschlag“, Zuschlag 4800.– Euro; 180. Künker-Auktion (1/2011), „fast Stempelglanz“, Zuschlag 5000.– Euro; 244. Künker-Auktion (2/2014), „Erstabschlag, fast Stempelglanz“, Zuschlag 9500.– Euro

h) Probe-Konventionstaler 1808 S · G · H · wie Nr. 416g aber mit „geschlossenem Mund“ und geändertem Halsabschnitt (Jaeger III); 70. Auktion Leu Numismatik AG (10/1997), Nr. 7421, „besser als vorzüglich“, Zuschlag 5100.– Schweizer Franken; 12. WAG-Auktion (3/1998), Nr. 1740 (identisches Exemplar) „Stempelglanz“, Schätzpreis 20 000.– DM (kein Zuschlag); Abb. siehe nächste Seite

i) 1809 mit fehlerhaftem Münzmeisterzeichen S.C.H. statt S.G.H.; 72. Möller-Auktion (11/2018), Nr. 420, Zuschlag 100.– Euro

j) 1813 auch mit größerem Kreuz auf der Krone; Auktion C. G. Thieme 1933, Nr. 967

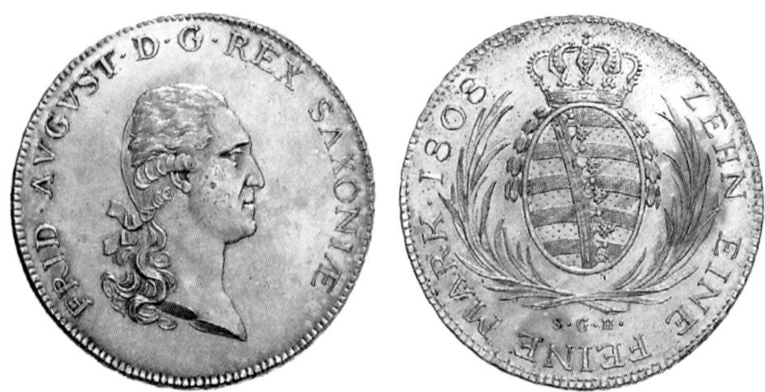

Nr. 416g), Probe-Konventionstaler 1808 mit „offenem Mund"

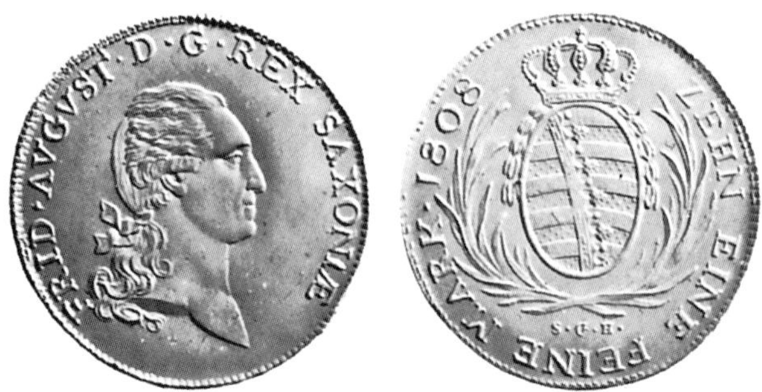

Nr. 416h), Probe-Konventionstaler 1808 mit „geschlossenem Mund"

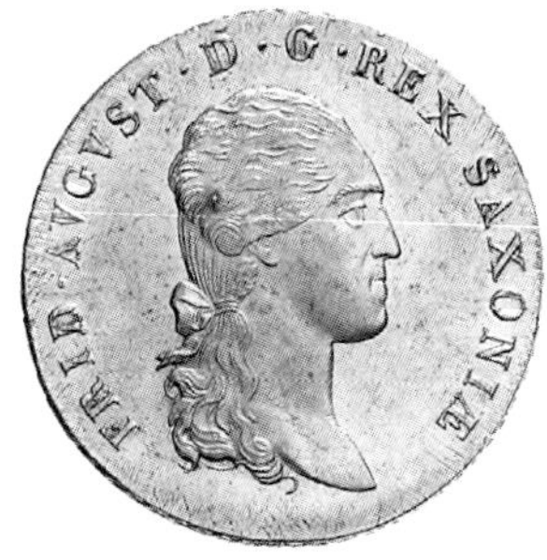
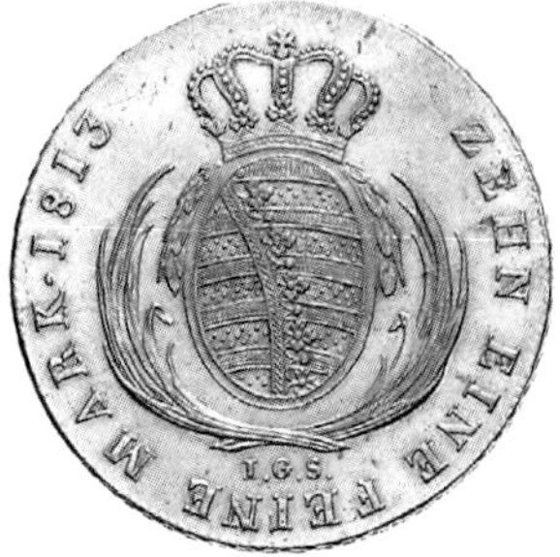

417 Konventionstaler

Vs.: FRID · AVGVST · D · G · REX SAXONIÆ

Rs.: ZEHN EINE FEINE MARK · Jahr Mmz. I . G . S .

Rand: Laubrand

Dav. 854 – AKS 12 – Jaeger 22, 22F, 23 – T. 293

1813	(773 310*)	75.–	150.–	250.–
1815	(510 380)	80.–	170.–	280.–
1816	(481 350)	75.–	150.–	250.–
1817**				LP

**) Einschließlich Nr. 416*

***) Der Jahrgang 1817 I.G.S. wurde in der 42. KPM-Auktion (6/1992), Nr. 1578, „sehr schön, justiert", für 3500.– DM zugeschlagen; ein weiteres Exemplar in der 64. KPM-Auktion (6/2003), Nr. 2580, in „vorzüglich, justiert, Feilspur" für 1200.– Euro. In der 55. UBS-Auktion (9/2002), Nr. 2863, erzielte ein Exemplar in „gutem vorzüglich" 3333.– Schweizer Franken. In der 75. Leipziger Auktion (9/2012), Nr. 2269, wurde ein Exemplar in „vorzüglich, kleine Kratzer", für 1600.– Euro zugeschlagen.*

Varianten und Proben

a) 1813 mit Stempelfehler ZEHN ENIE FEINE (Lorenz 37a); 58. Heidelberger Münzauktion (11/2011), Nr. 1524, „sehr schön-vorzüglich", Zuschlag 185.– Euro

b) 1815 aus 1813 geändert (Lorenz 37 Anm.)

c) 1815 ohne Punkt nach dem „I" des Mmz. I G.S. sowie 1815 aus 1813 geändert; 45. Auktion Harald Möller (6/2007), Nr. 1228, „fast vorzüglich", Schätzpreis 170.– Euro

d) 1815 und 1816 weisen keine römischen Ziffern „I" in der Jahreszahl auf; 1815 aus 1813 geändert (Ampach 15663)

e) 1816 überprägt und neu gerändelt (Lorenz 37 Anm.); 45. Auktion Harald Möller (6/2007), Nr. 1230, „vorzüglich+", Zuschlag 280.– Euro; 134. Auktion F. R. Künker (1/2008), Nr. 705, „vorzüglich-Stempelglanz", Zuschlag 220.– Euro. In den Blättern für Münzfreunde 1888, Nr. 148, Spalte 1392f. wird erläutert, daß die Taler vom Jahrgang 1822 mit den Stempeln von 1816 überprägt und dabei auch mit einem Laubrand über die ursprünglich vertiefte Randschrift GOTT SEGNE SACHSEN gerändelt worden sind (dadurch erscheint der Eindruck einer vertieften Randschrift im Laubrand). Manchmal sind auch noch Reste des Münzbilds des überprägten Talers erkennbar.

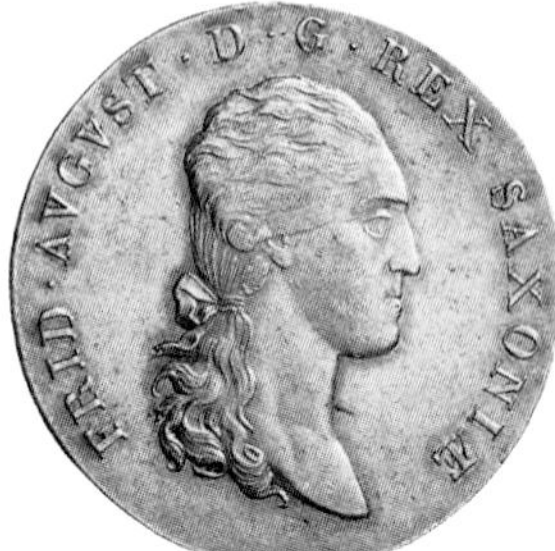

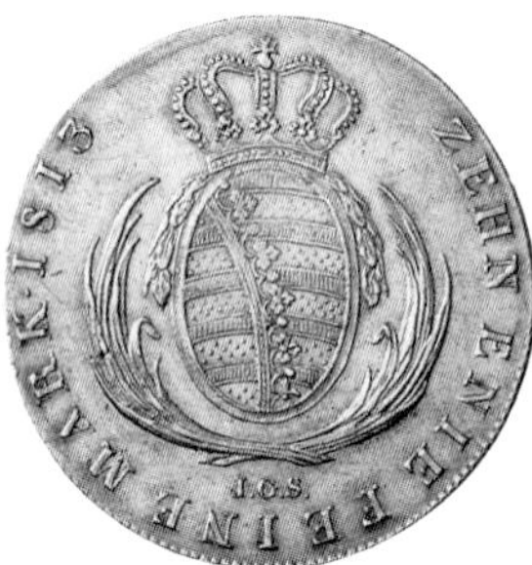

Nr. 417a) mit Stempelfehler ZEHN ENIE FEINE MARK

f) 1816 mit schmalerem, etwas höherem Wappen und kleinerer Krone (8 statt 9 mm Breite), die Stiele der Palmwedel enden 1 mm (statt 2 mm) vor der Umschrift, zwischen den dicken Stielenden befindet sich das kleine Mmz. (Lorenz –); 42. Auktion Harald Möller (12/2006), Nr. 1439, „Stempelglanz“, Schätzpreis 500.– Euro; Abb. siehe nächste Seite

g) 1815 als Goldabschlag im Gewicht von 12 Dukaten (Lorenz 37 Anm.; Baumgarten [Ergänzungen] 57)

h) Probe-Konventionstaler 1813 I.G.S., bekrönter sächsischer Wappenschild in einer oben eingerollten und mit Lorbeerzweigen verzierten Kartusche (Jaeger IV); 69. Auktion F. R. Künker (10/2001), Nr. 5939, „vorzügliches Prachtexemplar“, Zuschlag 12 000.– DM; 45. Auktion Harald Möller (6/2007), Nr. 1223, „vorzüglich-“, Schätzung 2800.– Euro.; 189. Künker-Auktion (6/2011), „fast Stempelglanz“, Zuschlag 11 000.– Euro; 244. Künker-Auktion (2/2014) „vorzüglich+“, Zuschlag 5500.– Euro; Abb. siehe übernächste Seite

i) Probe-Konventionstaler 1814, bekröntes, von Eichenzweigen eingefaßtes, sächsisches Wappen, unter dem Schild die Signatur THOMAS. F: (Jaeger V); 42. Auktion Harald Möller (12/2006), Nr. 1432, „Polierte Platte“, Zuschlag 4000.– Euro;

134. Auktion F. R. Künker (1/2008), Nr. 704, (identisches Exemplar) „Stempelglanz“, Zuschlag 4100.– Euro; 223. Künker-Auktion (1/2013), „Stempelglanz“, Zuschlag 6500.– Euro; 258. Künker-Auktion (1/2015), „vorzüglich-Stempelglanz“, Zuschlag 7000.– Euro; 407. Peus-Auktion (11/2012), Nr. 2338, „vorzüglich/Stempelglanz“, Zuschlag 8000.– Euro; Abb. siehe nächste Seite

j) Probe-Konventionstaler 1814, bekröntes, von Palmwedeln eingefaßtes, sächsisches Wappen (Jaeger VII); 42. Auktion Harald Möller (12/2006), Nr. 1431, „Erstabschlag“, Zuschlag 5000.– Euro; 134. Auktion F. R. Künker (1/2008), Nr. 703 (identisches Exemplar), „fast Stempelglanz“, Zuschlag 4800.– Euro; Abb. siehe nächste Seite

k) Einseitiger Silberabschlag der Rückseite von Nr. 417i (Ferrari 3505)

l) Einseitiger Zinnabschlag der Rückseite von Nr. 417i (Ferrari 3503; Hahlo 1901)

m) Einseitiger Zinnabschlag der Rückseite von Nr. 417j (Jaeger –; Ferrari –; Slg. Erbstein 11934)

Die bei St. 1137ac genannte Variante mit SAXONIAE in der Umschrift ist laut Quelle, der 54. KPM-Katalog (6/1998), Nr. 1163, als „Prägefehler bei IAE“ charakterisiert und daher keine Stempelvariante.

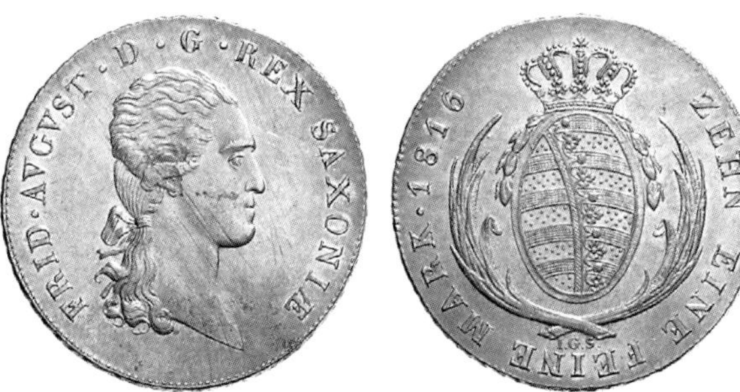

Nr. 417f), Konventionstaler 1816 mit schmalerem, etwas höherem Wappen und kleinerer Krone (8 statt 9 mm Breite), die Stiele der Palmwedel enden 1 mm (statt 2 mm) vor der Umschrift, zwischen den dicken Stielenden befindet sich das kleine Münzmeisterzeichen I.G.S.

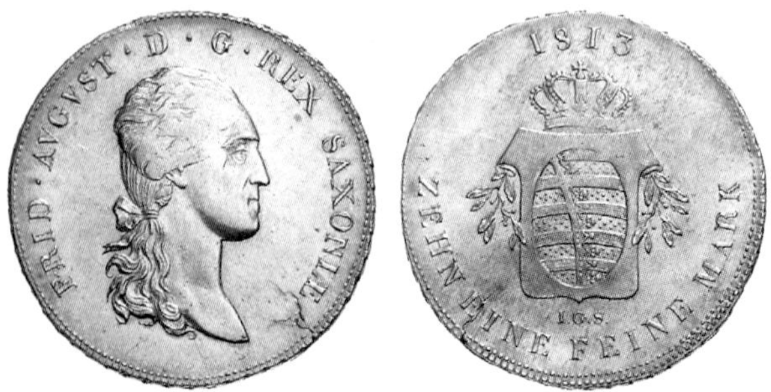

Nr. 417h), Probe-Konventionstaler 1813 I.G.S. mit bekröntem, ovalem, sächsischem Wappen in einer oben eingerollten und mit Lorbeerzweigen verzierten Kartusche

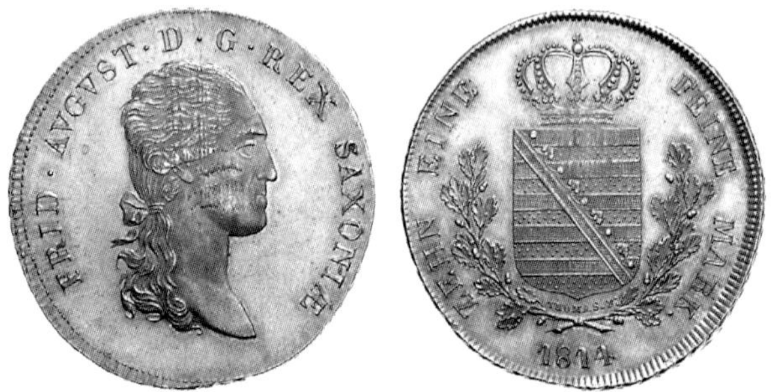

Nr. 417i), Probe-Konventionstaler 1814 mit bekröntem, von Eichenzweigen eingefaßtem, sächsischem Wappen, unter dem Schild die Signatur THOMAS. F:

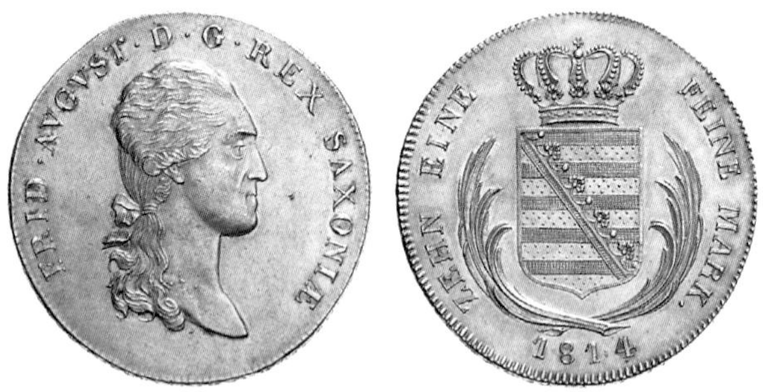

Nr. 417j), Probe-Konventionstaler 1814 mit bekröntem, von Palmwedeln eingefaßtem, sächsischem Wappen

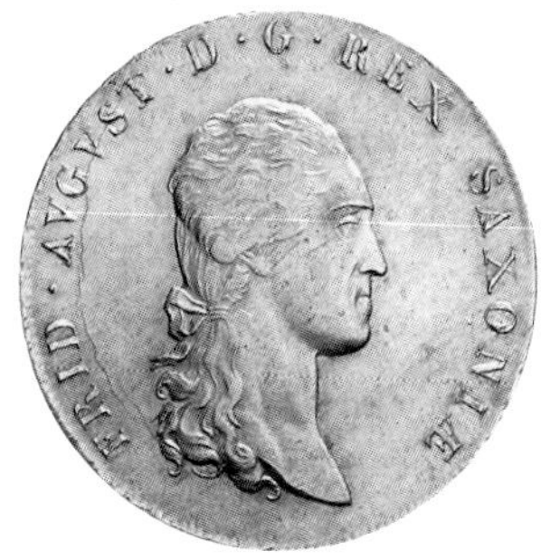

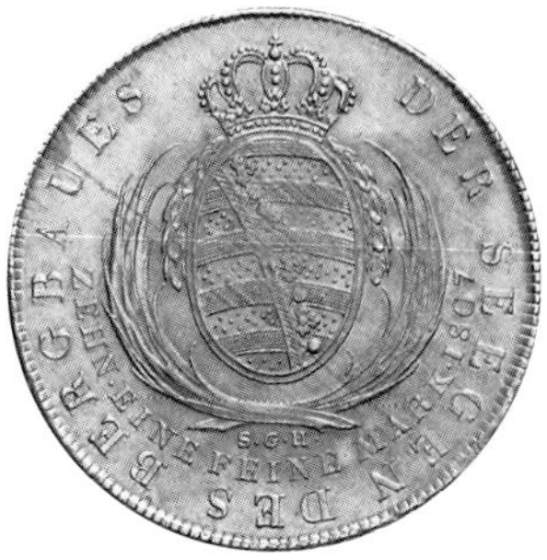

418 **Ausbeutekonventionstaler**

Vs.: FRID · AVGVST · D · G · REX SAXONIÆ

Rs.: DER SEEGEN DES BERGBAUES
ZEHN EINE FEINE MARK · Jahr Mmz. S. G. H.

Rand: Laubrand

Dav. 855 – AKS 13 – Jaeger 13 – T. 294

1807	250.–	400.–	750.–
1808	250.–	400.–	750.–
1809	250.–	400.–	750.–
1810	250.–	400.–	750.–
1812	250.–	400.–	750.–

Prägezahlen in Nr. 416 enthalten

Die Jahrgänge 1811 und 1813 von St. 1128 existieren nicht. Die bei St. 1128a angeführte Quelle für den Jahrgang 1811 ist ein Ausbeutekonventionstaler 1811 mit rechts beginnender, innerer Rückseiten-Umschrift (jedoch falsch zitiert), gehört also zu St. 1129a bzw. hier zur Nr. 419.

In der 140. Auktion F. R. Künker (6/2008), Nr. 2668, wurde ein Exemplar vom Jahrgang 1809 in „fast Stempelglanz/Stempelglanz" für 825.– Euro zugeschlagen; in der 80. Heidelberger Münzauktion (11/2020), Nr. 813, ein Exemplar von 1812 in „Erstabschlag, fast Stempelglanz" für 3400.– Euro.

Varianten

a) 1807 mit hochstehendem Punkt nach ZEHN · und hochstehenden Punkten im Mmz. S · G · H · (Lorenz –); 42. Auktion Harald Möller (12/2006), Nr. 1400, „ vorzüglich-Stempelglanz-", Zuschlag 360.– Euro; Abb. siehe oben

b) 1808 mit nur einem hochstehenden Punkt im Mmz. S. G. H · nach dem „H" (Lorenz 41 Anm. [ungenau]); 42. Auktion Harald Möller (12/2006), Nr. 1404, „Stempelglanz", Zuschlag 850.– Euro

c) 1809 und 1810 mit den Punkten im Mmz. S . G . H . unten (Lorenz –); 45. Auktion Harald Möller (6/2007), Nr. 1205, „vorzüglich“, Zuschlag 480.– Euro; Nr. 1213, „sehr schön-vorzüglich“, Schätzpreis 200.– Euro

d) 1810–1813 auch mit Napoleonrand; 45. Auktion Harald Möller (6/2007), Nr. 1213 (1810), „sehr schön-vorzüglich“, Schätzpreis 200.– Euro; Nr. 1217 (1811), „fast Stempelglanz, justiert“, Zuschlag 230.– Euro; Nr. 1220 (1812), „vorzüglich-Stempelglanz“, Schätzpreis 400.– Euro; Nr. 1226 (1813), „vorzüglich-Stempelglanz, justiert“, Zuschlag 380.– Euro; Katz Coins Notes & Supplies, E-Auktion 48 (9/2021), Nr. 1236, „unzirkuliert“, Zuschlag 1850.– Euro

e) 1812 mit größerer Krone (Lorenz 41 Anm.); 45. Auktion Harald Möller (6/2007), Nr. 1220, „vorzüglich-Stempelglanz“, Schätzpreis 400.– Euro; 184. Künker-Auktion (3/2011), Nr. 4861, „sehr schön-vorzüglich“, Zuschlag 330.– Euro

Die Variante St. 1128b gehört zu St. 1129b (hier die Nr. 419).

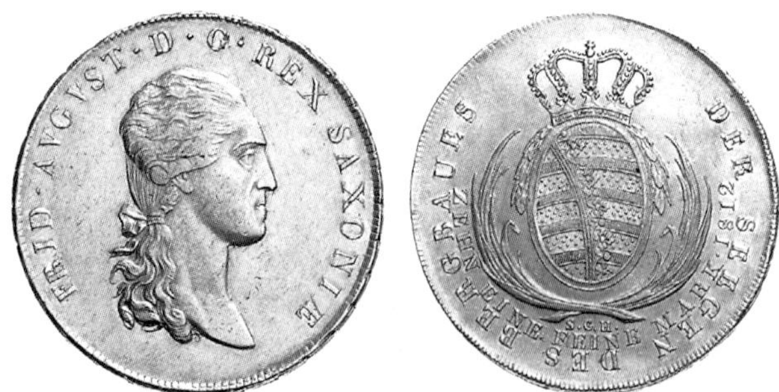

Nr. 418e), Ausbeutekonventionstaler 1812 S.G.H. mit größerer Krone

419 Ausbeutekonventionstaler

Vs.: FRID · AVGVST · D · G · REX SAXONIÆ

Rs.: DER SEEGEN DES BERGBAUES /
ZEHN EINE FEINE MARK · Jahr Mmz.

Rand: Laubrand (Napoleonrand)

Dav. 856 – AKS 13 – Jaeger 14 + 24 – T. 295

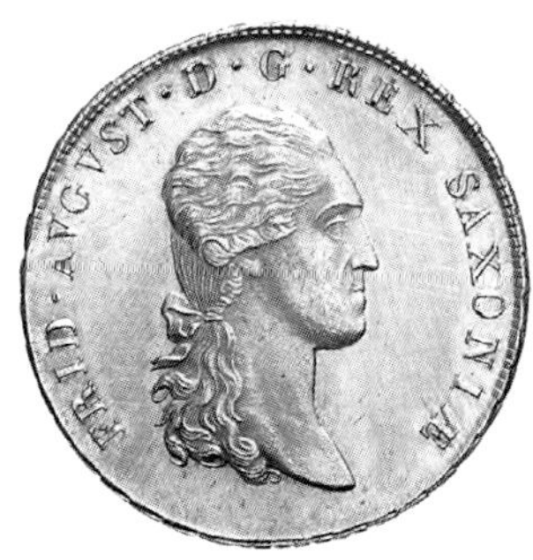

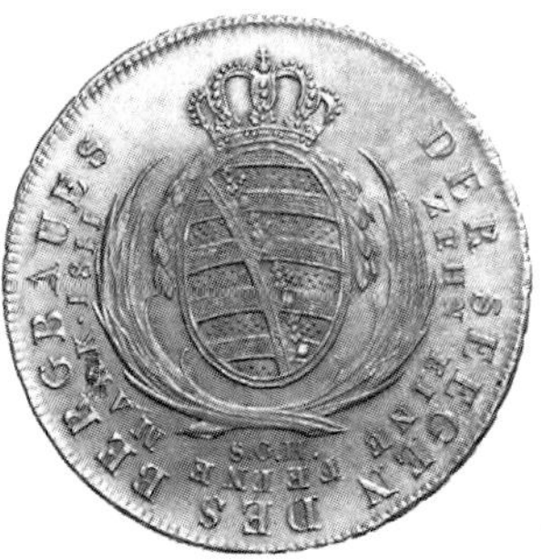

Mmz. S.G.H.

1811	300.–	450.–	700.–
1813	200.–	370.–	650.–
1817*			LP

*) *Siehe „Münzen & Papiergeld" 9/2002, Seite 20; 29. Auktion der Leipziger Münzhandlung und Auktion Heidrun Höhn (6/2002), Nr. 3000 (Napoleonrand), „fast vorzüglich/vorzüglich", Zuschlag 3700.– Euro; In der 2. Auktion der London Coin Galleries Ltd. (11/2016), Nr. 1492, wurde ein Exemplar in „fast vorzüglich" für 1000.– Pfund (1100.– Euro) zugeschlagen.*

In der 327. Künker-Auktion (10/2019), Nr. 3743, wurde ein Exemplar von 1816 in „vorzüglich-Stempelglanz" für 800.– Euro zugeschlagen; in der 80. Heidelberger Münzauktion ein Exemplar von 1811 in „prägefrisch" für 800.– Euro.

Varianten

a) 1811 mit Stempelfehler FEENE MARK; 27. Auktion Harald Möller (9/2000), Nr. 1012, „fast vorzüglich/vorzüglich-Stempelglanz", Zuschlag 850.– DM; 45. Auktion Harald Möller (6/2007), Nr. 1218, „fast Stempelglanz, kleine Kratzer", Zuschlag 625.– Euro; 319. Künker-Auktion (3/2019), Nr. 4026, „fast Stempelglanz", Zuschlag 1500.– Euro

b) 1813 gibt es nur mit großer (breiterer) Krone und gegenüber dem Jahrgang 1811 kleineren Buchstaben in der äußeren Rückseiten-Umschrift (Lorenz 42 Anm.); Abb. siehe nächste Seite

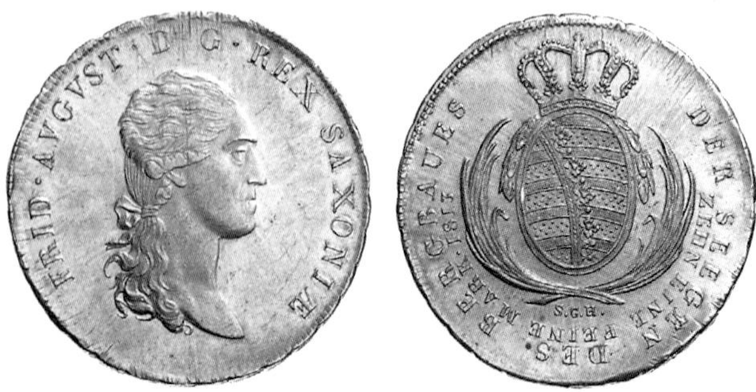

Nr. 419b), Ausbeutekonventionstaler 1813 S.G.H. mit großer Krone und kleineren Buchstaben in der äußeren Rückseiten-Umschrift

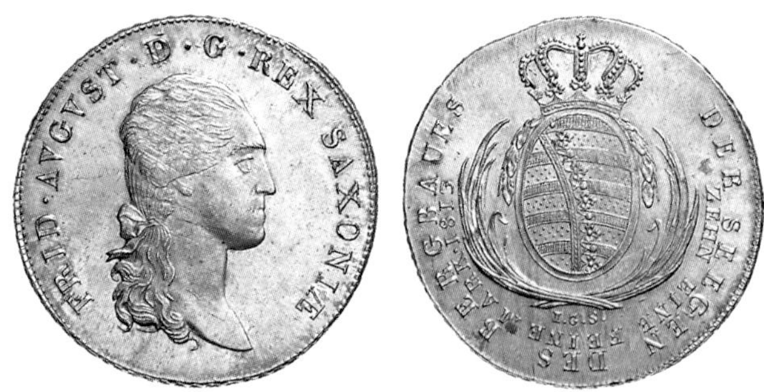

Mmz. I.G.S.

1813	200.–	400.–	600.–
1815	200.–	400.–	600.–
1816	200.–	400.–	600.–
1817	1200.–	2500.–	LP*

Prägezahlen in Nr. 416 enthalten

**) Der Jahrgang 1817 wurde in der 22. Auktion Harald Möller (3/1998), Nr. 982, in „Stempelglanz-, justiert" für 5800.– DM zugeschlagen, in der 70. Auktion H. D. Rauch (11/2002) in „sehr schön/fast vorzüglich" für 1000.– Euro. In der 42. Auktion Harald Möller (12/2006), Nr. 1443 (identisches Exemplar aus der 22. Auktion), betrug der Schätzpreis für das Exemplar in „Stempelglanz, justiert" 3000.– Euro. In der 75. Leipziger Auktion (9/2012), Nr. 2270, wurde ein Exemplar von 1817 in „sehr schön-vorzüglich" für 1250.– Euro zugeschlagen.*

Varianten

c) 1815 mit großem Abstand (9 mm statt 6 mm) zwischen der Spitze des Brustabschnitts und dem Ende der Umschrift (Müseler 56.2.1/11a)

d) 1816 auch mit schmalerem und höherem Wappen (Lorenz 43 Anm.)

Die unter St. 1138a genannte Variante von 1815 mit „kleiner Krone" gibt es nicht. Sie beruht auf einer falschen Angabe im Katalog der 5. Auktion Harald Möller (4/1990), Nr. 1779; die Abbildung im Auktionskatalog zeigt eindeutig die große Krone.

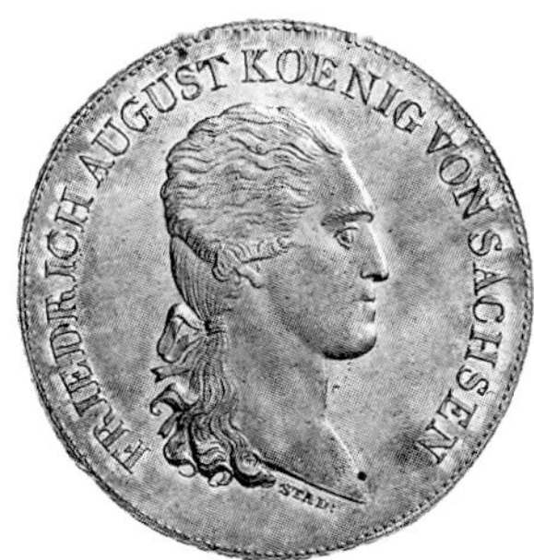

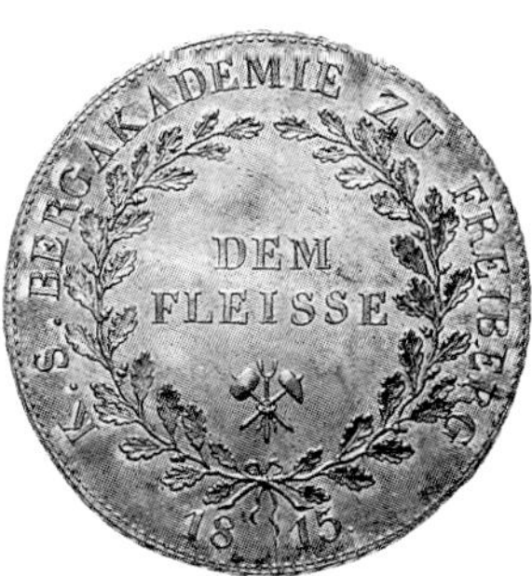

420 Prämientaler (Konventionstaler)

Vs.: FRIEDRICH AUGUST KOENIG VON SACHSEN
Signatur STAD:

Rs.: K. S. BERGAKADEMIE ZU FREIBERG 1815
DEM FLEISSE

Rand: Laubrand

Dav. 990 – AKS 54 – Jaeger 25 – T. 296

1815	(201)	2000.–	5000.–	6500.–

In der 42. Auktion Harald Möller (12/2006), Nr. 1435, wurde ein Exemplar in „Polierter Platte" für 4400.– Euro zugeschlagen; in der 319. Künker-Auktion (3/2019), Nr. 4031, ein Exemplar in „Erstabschlag, fast Stempelglanz", für 11 000.– Euro.

Probe

a) Probe-Prämientaler mit gleicher Darstellung, jedoch ohne Furkel (Gabel) zwischen Eisen und Schlägel (Reichenbach 2474; Ferrari 3508); Abb. siehe nächste Seite

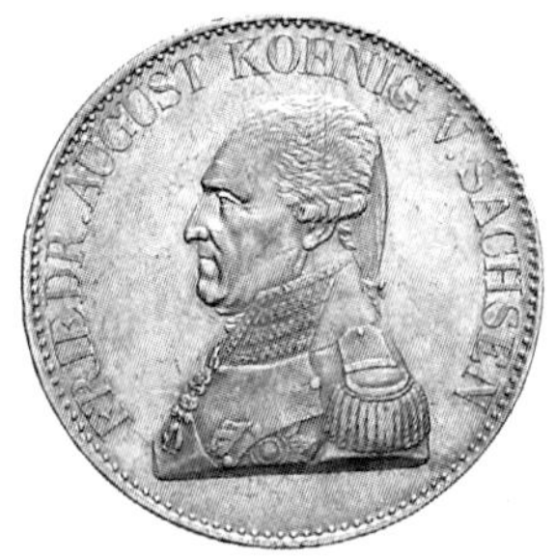

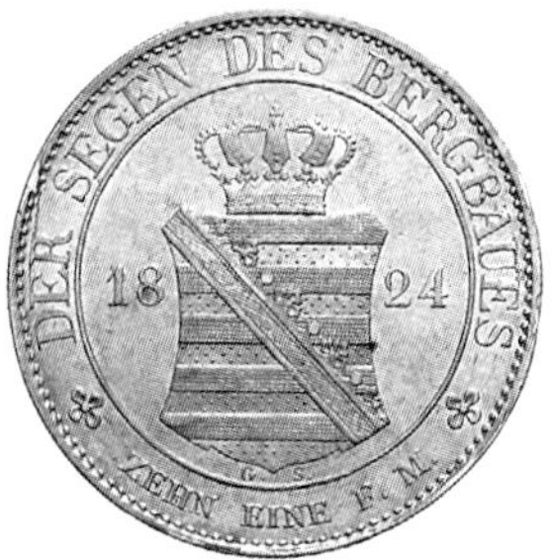

426 Ausbeutekonventionstaler

Vs.: FRIEDR . AUGUST KOENIG V . SACHSEN

Rs.: DER SEGEN DES BERGBAUES
ZEHN EINE F. M. 1824 Mmz. G . S .

Rand: GOTT SEGNE SACHSEN

Dav. 862A – AKS 27 – Jaeger 35 – T. 302

1824	400.–	800.–	1200.–

In der 80. Heidelberger Münzauktion (11/2020), Nr. 822, wurde ein Exemplar in „vozüglich-Stempelglanz" für 1500.– Euro zugeschlagen; in der 350. Künker-Auktion (6/2020), Nr. 1476, ein Exemplar in „vorzüglich-Stempelglanz" für 1400.– Euro.

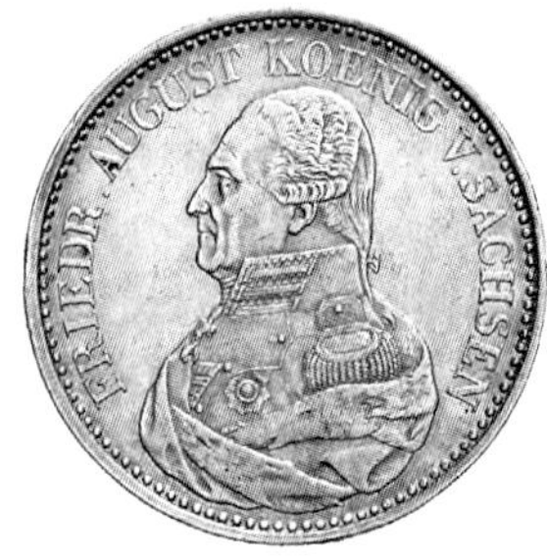

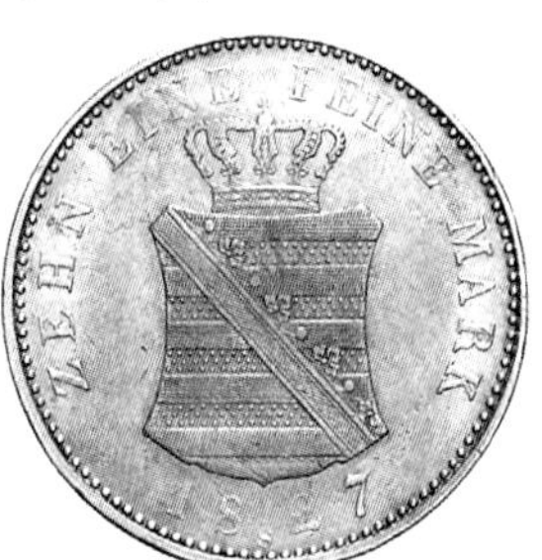

427 Konventionstaler

Vs.: FRIEDR . AUGUST KOENIG V . SACHSEN

Rs.: ZEHN EINE FEINE MARK Jahr Mmz. S

Rand: GOTT SEGNE SACHSEN

Dav. 861 – AKS 30 – Jaeger 41 – T. 303

1824	(545 820)	100.–	250.–	350.–
1825	(545 640)	100.–	250.–	350.–
1826	(545 890)	100.–	250.–	350.–
1827	(422 880)	100.–	250.–	350.–

In den Prägezahlen sind die des nachfolgenden Ausbeutekonventionstalers Nr. 428 mit enthalten.

In der 281. Künker-Auktion (9/2016), Nr. 3066, wurde ein Exemplar von 1827 in „Stempelglanz" für 1600.– Euro zugeschlagen.

Varianten

a) Probe-Konventionstaler 1824 I . G . S . mit unten gerade abgeschnittenem Brustbild, auf der Rückseite das Wappen im Innenkreis (Jaeger 35 Anm.; AKS 26); 36. Auktion des Bankhauses Partin (10/1992), Nr. 1619, „vorzüglich-Stempelglanz", Zuschlag 16 250.– DM; 42. Auktion Harald Möller (12/2006), Nr. 1460, „vorzüglich-Stempelglanz", Zuschlag 8000.– Euro

b) Probe-Konventionstaler mit unvollständiger Jahreszahl 182_, Kopfbild des greisen Königs nach rechts, auf der Rückseite der von Lorbeerzweigen eingefaßte sächsische Wappenschild (AKS 28); Sammlung Merseburger 300 Goldmark; Abb. siehe nächste Seite

c) Probe-Konventionstaler mit unvollständiger Jahreszahl 182_, Kopfbild des greisen Königs nach rechts, auf der Rückseite der von Eichenzweigen eingefaßte sächsische Wappenschild (AKS 29); In der 59. WAG-Auktion (2/2012) wurde ein Exemplar in „Polierter Platte, fast Stempelglanz" für 11 000.– Euro versteigert; Abb. siehe nächste Seite

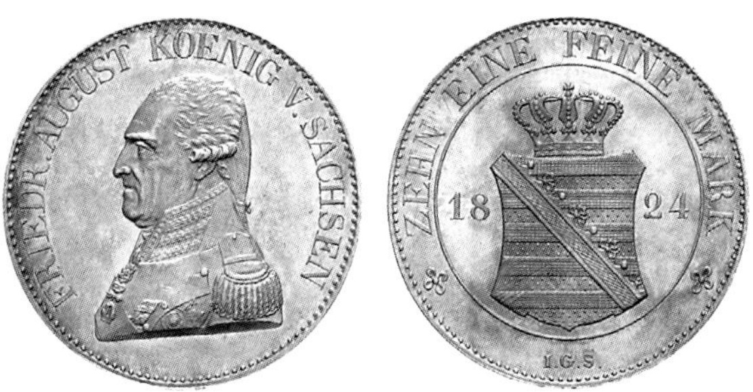

Nr. 427a), Probe-Konventionstaler 1824 I . G . S . mit unten gerade begrenzter Büste, auf der Rückseite das Wappen im Innenkreis

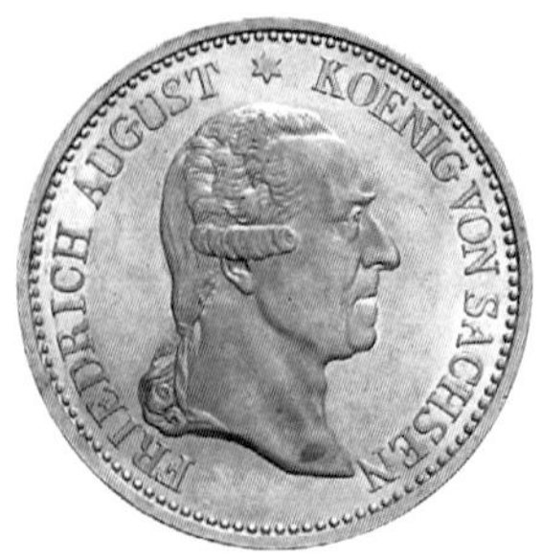

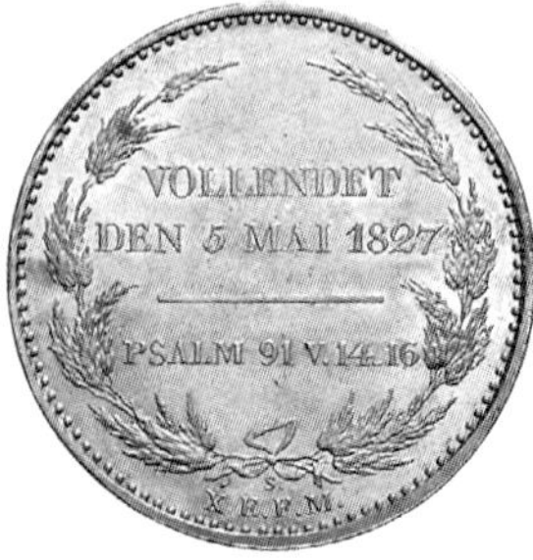

429 Konventionstaler (Sterbetaler)

Vs.: FRIEDRICH AUGUST KOENIG VON SACHSEN

Rs.: VOLLENDET DEN 5 MAI 1827 / PSALM 91 V. 14_16
X E . F . M . Mmz. S .

Rand: GOTT SEGNE SACHSEN

Dav. 863 – AKS 55 – Jaeger 44 – T. 305

1827	(13 950)	120.–	250.–	350.–

In der 154. Auktion der Frankfurter Münzhandlung Nachf. (11/2020), Nr. 1016, wurde ein Exemplar in „MS66, Prachtexemplar“, für 1050.– Euro zugeschlagen; in der 258. Künker-Auktion (1/2015) ein Exemplar in „fast Stempelglanz“ für 1200.– Euro.

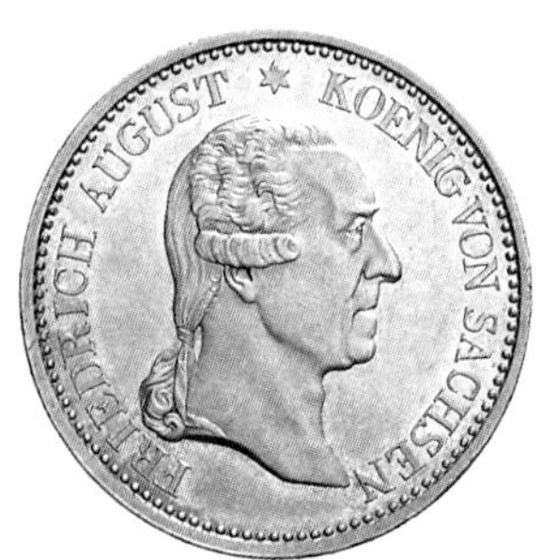

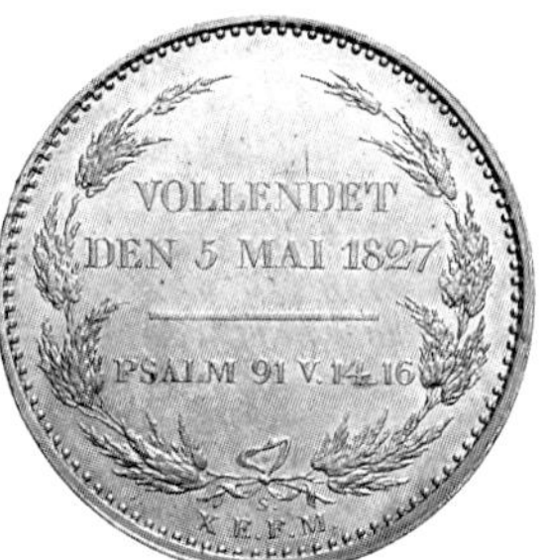

430 Ausbeutekonventionstaler (Ausbeutesterbetaler)

Vs.: FRIEDRICH AUGUST KOENIG VON SACHSEN

Rs.: VOLLENDET DEN 5 MAI 1827 / PSALM 91 V. 14_16
X E . F . M . Mmz. S .

Rand: SEGEN DES BERGBAUS

Dav. 864 – AKS 56 – Jaeger 45 – T. 306

1827	(4350)	150.–	320.–	550.–

In der 80. Heidelberger Münzauktion (11/2020), Nr. 826, wurde ein Exemplar in „fast Stempelglanz, kleine Kratzer“ für 725.– Euro versteigert.

Anton 1827 - 1836

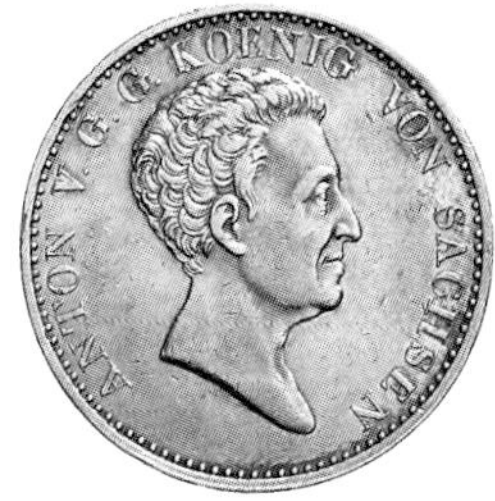
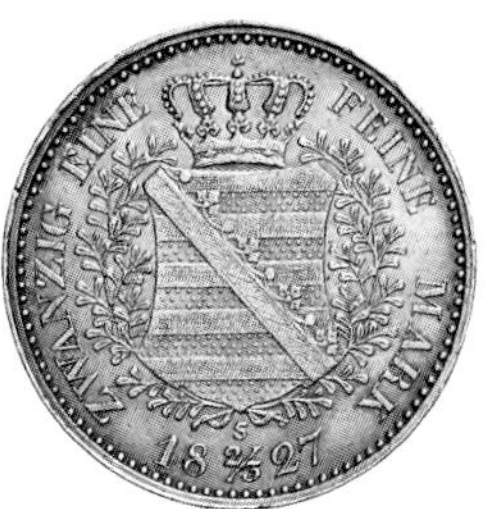

431 ⅔ Taler

Vs.: ANTON V. G. G. KOENIG VON SACHSEN
Rs.: ZWANZIG EINE FEINE MARK Jahr (Wertzahl) ⅔ Mmz. S
Rand: GOTT SEGNE SACHSEN

AKS 69 – Jaeger 53 – Lorenz 76

1827	(10 950)	250.–	400.–	600.–
1828	(12 430)	250.–	400.–	600.–

In der 80. WAG-Auktion (9/2018), Nr. 1109, wurde ein Exemplar von 1827 in „vorzüglich+" für 1000.– Euro versteigert; in der 96. Leipziger Münzauktion ein Exemplar von 1827, in „vorzüglich-Stempelglanz" für 1050.– Euro.

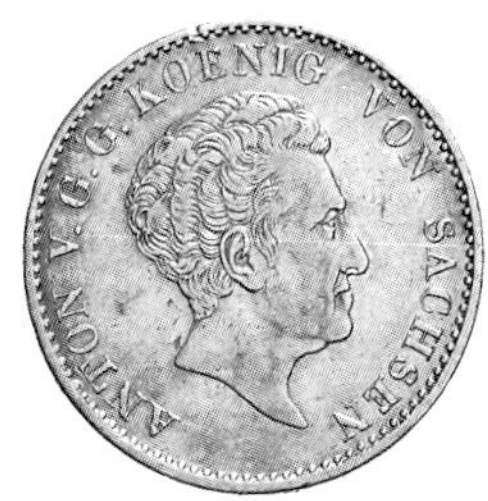
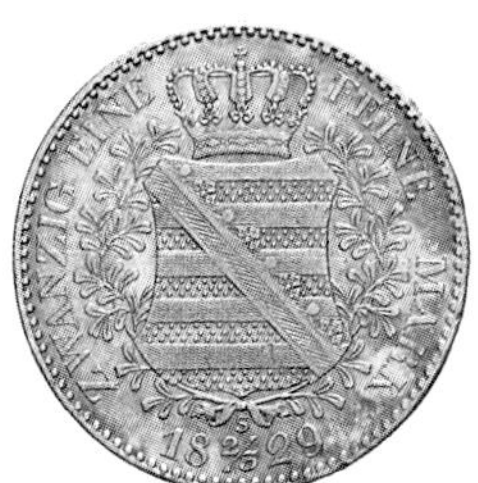

432 ⅔ Taler

Vs.: ANTON V. G. G. KOENIG VON SACHSEN
Rs.: ZWANZIG EINE FEINE MARK 1829 (Wertzahl) ⅔ Mmz. S
Rand: GOTT SEGNE SACHSEN

AKS 70 – Jaeger 59 – Lorenz 77

1829	(12 940)	300.–	600.–	1100.–

Lorenz erwähnt aus der Literatur (1838) auch den Jahrgang 1831.

In der 140. Auktion F. R. Künker (6/2008), Nr. 2679, wurde ein Exemplar in „fast Stempelglanz" für 1200.– Euro zugeschlagen; in der 80. Auktion der WAG Online (11/2017), Nr. 1055, ein Exemplar in „vorzüglich" für 925.– Euro; in der 94. Auktion der Leipziger Münzhandlung (5/2020), Nr. 1923, ein Exemplar in „sehr schön-vorzüglich" für 880.– Euro.

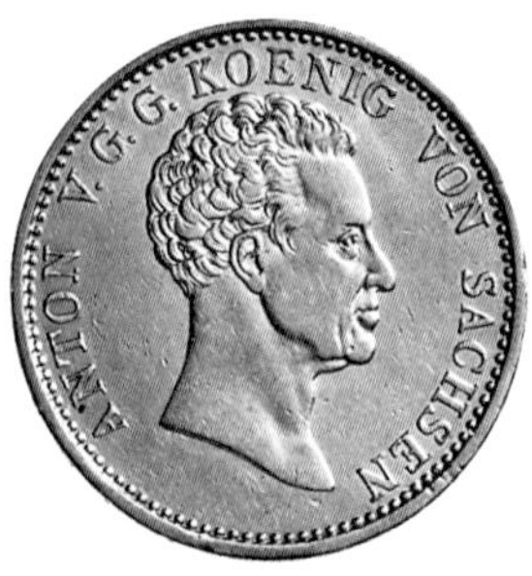

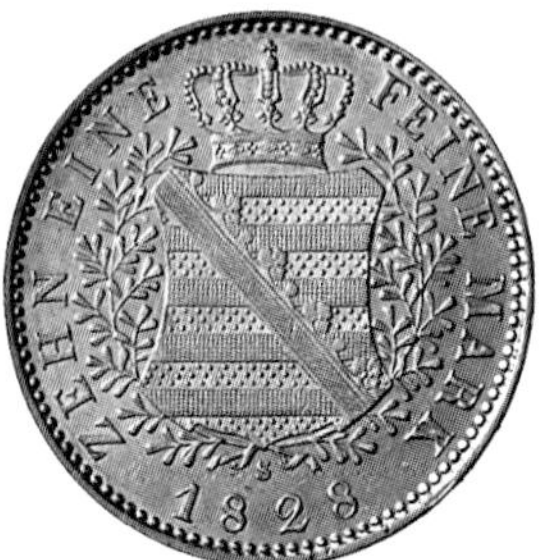

433 Konventionstaler

Vs.: ANTON V. G. G. KOENIG VON SACHSEN

Rs.: ZEHN EINE FEINE MARK Jahr Mmz. S

Rand: GOTT SEGNE SACHSEN

Dav. 865 – AKS 64 – Jaeger 54 – T. 307

1827	(106 520)	100.–	300.–	500.–
1828	(608 830)	100.–	300.–	500.–

In der 82. WAG-Online-Auktion (1/2018), Nr. 1042, wurde ein Exemplar von 1827 in „Polierter Platte, fast Stempelglanz" für 800.– Euro versteigert; in der 335. Künker-Auktion (3/2020), Nr. 4306, ein Exemplar von 1827 in „fast Stempelglanz" für 850.– Euro.

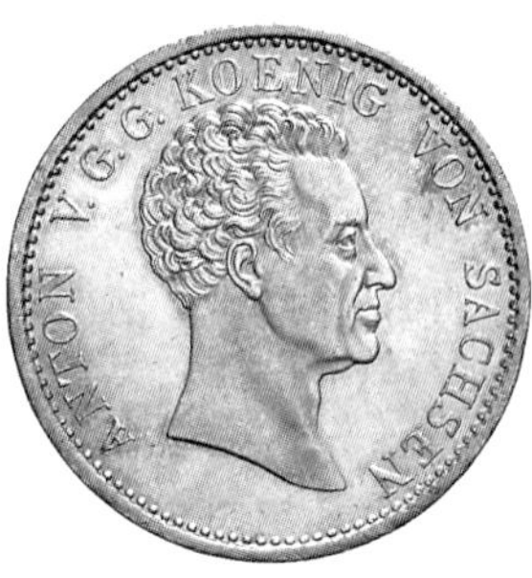

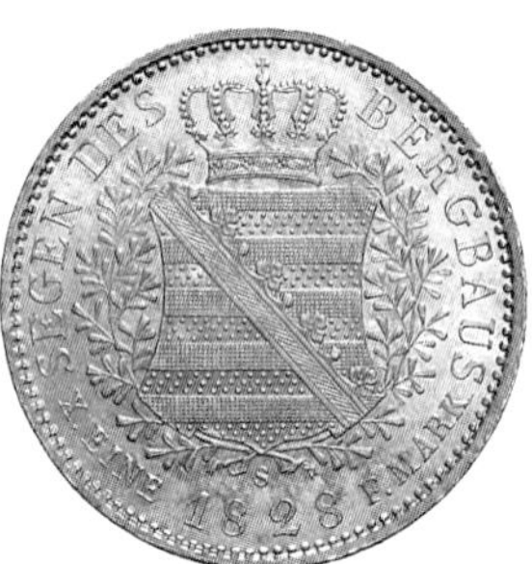

434 Ausbeutekonventionstaler

Vs.: ANTON V. G. G. KOENIG VON SACHSEN

Rs.: SEGEN DES BERGBAUS / X. EINE 1828 F. MARK Mmz. S

Rand: GOTT SEGNE SACHSEN

Dav. 866 – AKS 65 – Jaeger 55 – T. 308

1828	(17 800)	600.–	1300.–	2200.–

In der 335. Künker-Auktion (3/2020), Nr. 4307, wurde ein Exemplar in „vorzüglich+" für 1300.– Euro versteigert; in der 80. Heidelberger Münzauktion (11/2020), Nr. 828, ein Exemplar in „fast Stempelglanz" für 4500.– Euro.

435 Konventionstaler

Vs.: ANTON V. G. G. KOENIG VON SACHSEN
Rs.: ZEHN EINE FEINE MARK Mmz.
Rand: GOTT SEGNE SACHSEN

Dav. 867 – AKS 66 – Jaeger 60 – T. 309 + 309 G

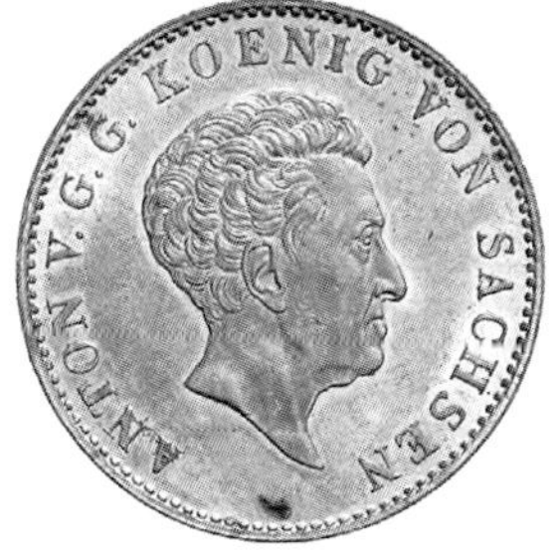

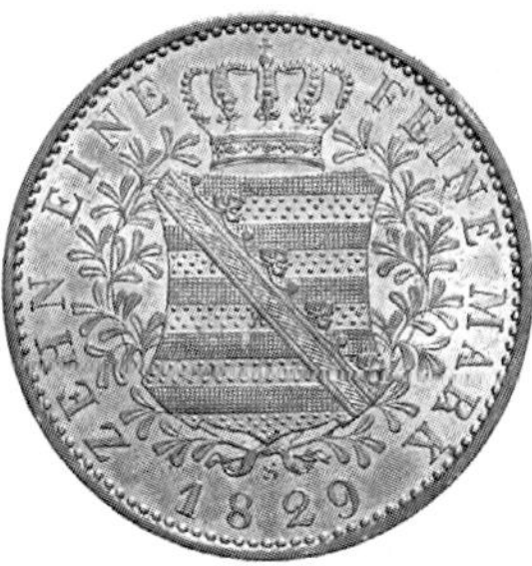

Mmz. S

1829	534 000)	80.–	180.–	300.–
1830	(620 170)	80.–	180.–	300.–
1831	(697 330)	80.–	180.–	300.–
1832	(979 370)	80.–	180.–	300.–

Varianten und Proben

a) Einseitiger, versilberter Kupferabschlag der Vorderseite (Hahlo 1916); 21. Auktion Harald Möller (10/1997), Nr. 1221, „vorzüglich", Zuschlag 650.– DM; 42. Auktion Harald Möller (12/2006), Nr. 1504 („Kupfer-Klischee, versilbert"), „Polierte Platte", Schätzpreis 250.– Euro

b) Einseitiger, versilberter Kupferabschlag der Rückseite vom Jahrgang 1832 (Hahlo 1916)

c) Probe-Konventionstaler mit unvollständiger Jahreszahl 182_ und Mmz „S", auf der Rückseite der Wappenschild zwischen Lorbeerzweigen (Merseburger 2140 [300.– Goldmark]); 42. Auktion Harald Möller (12/2006), Nr. 1478, „vorzüglich-Stempelglanz/Stempelglanz", Zuschlag 2800.– Euro; in der 170. Künker-Auktion (6/2010) wurde ein Exemplar in „vorzüglich/Stempelglanz" für 3400.– Euro zugeschlagen; Abb. siehe nächste Seite

d) Probe-Konventionstaler mit unvollständiger Jahreszahl 182_ und Mmz. „S", auf der Rückseite der Wappenschild zwischen Rautenzweigen (Ferrari 3579); Abb. siehe nächste Seite

e) 1833 mit fehlerhafter Randschrift SEGNGENE (Lorenz 80 Anm.)

f) 1833 und 1834 mit fehlerhafter Randschrift SACHSFN (Lorenz 80 Anm.)

g) Einseitiger Goldabschlag der Rückseite des Probetalers Nr. 435c oder 435d, auf dem Rand „.22 KT." (Faruk 788). Die mangelhafte Beschreibung im Auktionskatalog läßt offen, von welcher Probe der Goldabschlag stammt.

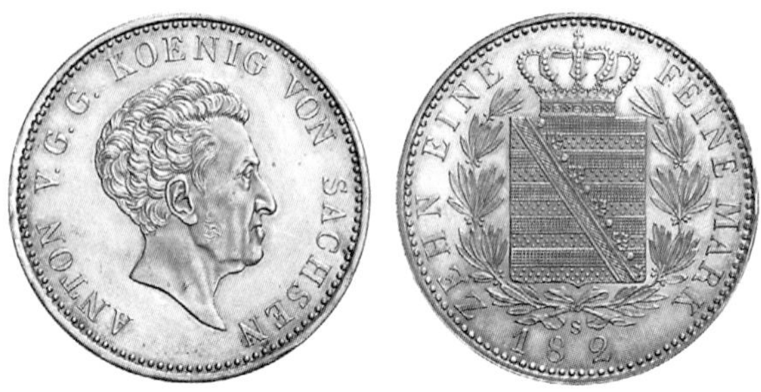

Nr. 435c), Probe-Konventionstaler mit unvollständiger Jahreszahl 182_ und Mmz. „S", Kopfbild des Königs nach rechts, auf der Rückseite der von Lorbeerzweigen eingefaßte sächsische Wappenschild

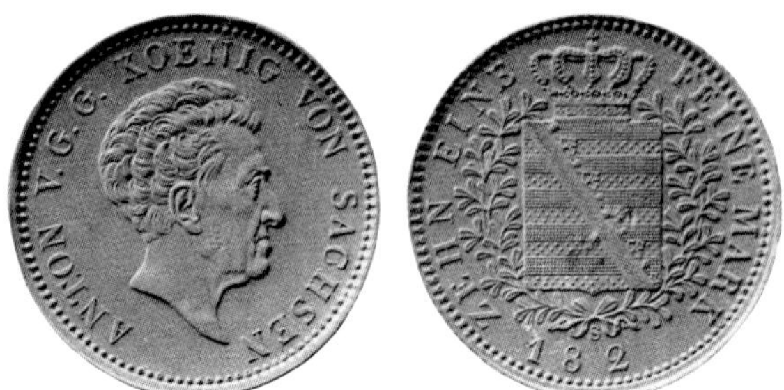

Nr. 435d), Probe-Konventionstaler mit unvollständiger Jahreszahl 182_ und Mmz. „S", Kopfbild des Königs nach rechts, auf der Rückseite der von Rautenzweigen eingefaßte sächsische Wappenschild

zu Nr. 435 Konventionstaler

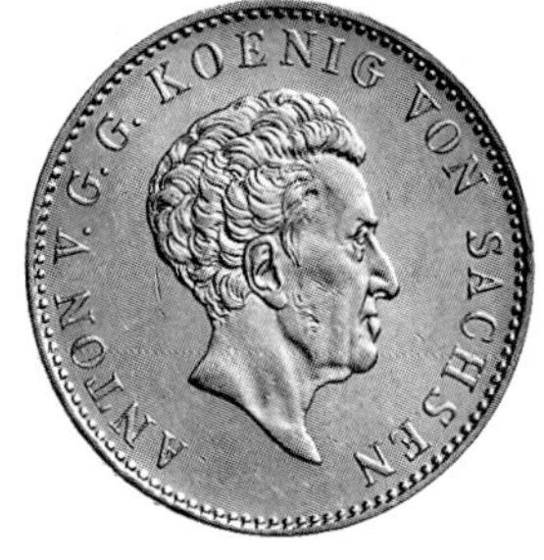

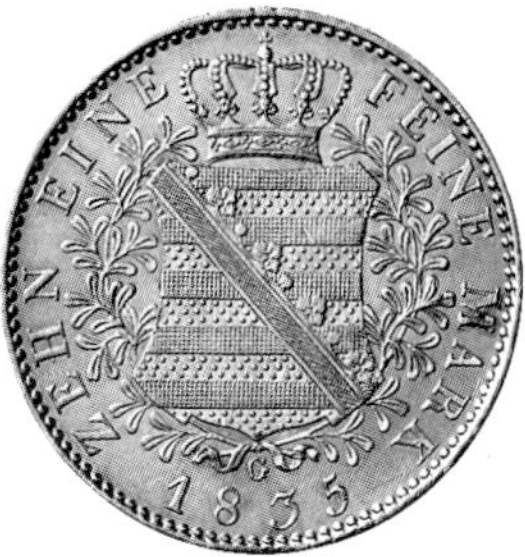

Mmz. G

1833	(189 600)	100.–	250.–	400.–
1834	(486 490)	80.–	200.–	320.–
1835	(457 950)	80.–	200.–	320.–
1836	(585 020)	80.–	200.–	320.–

In der 262. Auktion von Gorny & Mosch (3/2019), Nr. 2246, wurde ein Exemplar von 1834 in „Polierter Platte, leicht berührt", für 1600.– Euro versteigert.

Varianten

a) 1833 mit fehlerhafter Randschrift SEGNGENE (Lorenz 80 Anm.)

b) 1833 und 1834 mit fehlerhafter Randschrift SACHSFN (Lorenz 80 Anm.)

436 Ausbeutekonventionstaler

Vs.: ANTON V. G. G. KOENIG VON SACHSEN
Rs.: SEGEN DES BERGBAUS / X. EINE (Jahr) F. MARK Mmz.
Rand: GOTT SEGNE SACHSEN

Dav. 868 – AKS 67 – Jaeger 61 – T. 310 + 310 G

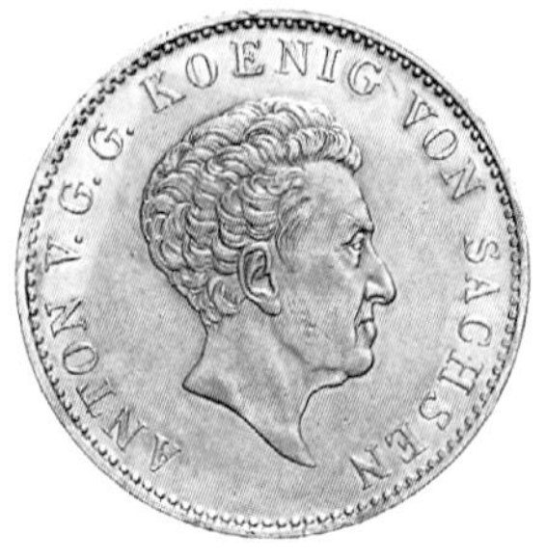

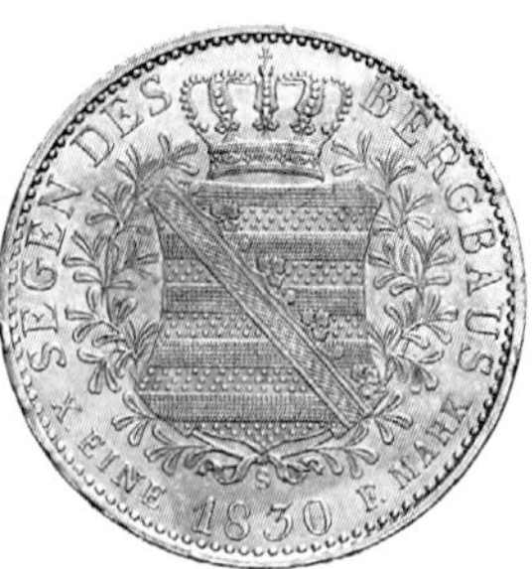

Mmz. S

1829	(18 590)	300.–	600.–	1000.–
1830	(18 865)	300.–	600.–	1000.–
1831	(18 881)	300.–	600.–	1000.–
1832	(12 857)	300.–	600.–	1000.–

In der 140. Auktion F. R. Künker (6/2008), Nr. 2678, wurde ein Exemplar vom Jahrgang 1829 in „fast Stempelglanz/Stempelglanz" für 850.– Euro zugeschlagen; ein Exemplar von 1831 in „fast Stempelglanz" in der 58. Heidelberger Münzauktion (11/2011), Nr. 1582, für 1150.– Euro.

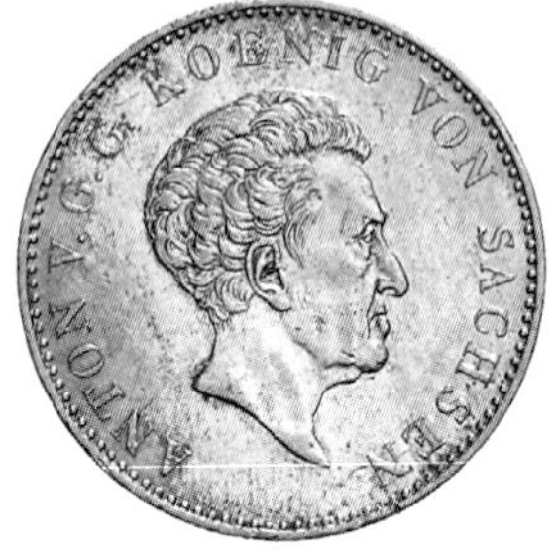

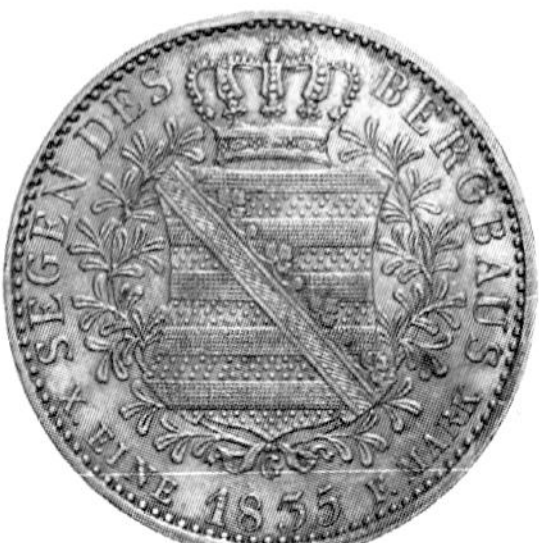

Mmz. G

1833	(3000)	400.–	800.–	2200.–
1834	(5500)	350.–	800.–	2000.–
1835	(4980)	350.–	800.–	2000.–
1836	(4830)	350.–	800.–	2000.–

In der 339. Künker-Auktion (9/2020), Nr. 858, wurde ein Exemplar von 1833 in „vorzüglich-Stempelglanz" für 2200.– Euro zugeschlagen; ein Exemplar von 1836 (Nr. 863) in „vorzüglich-Stempelglanz" für 2400.– Euro.

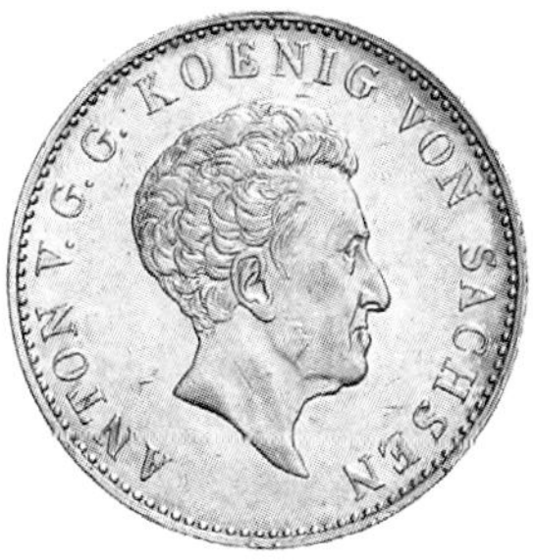

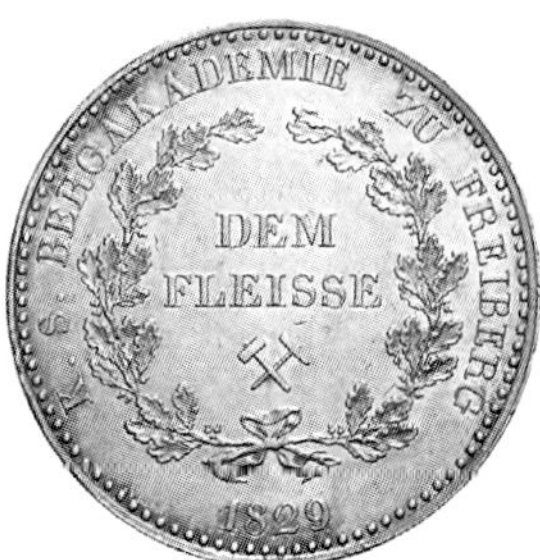

437 Prämientaler (Konventionstaler)

Vs.: ANTON V. G. G. KOENIG VON SACHSEN

Rs.: K. S. BERGAKADEMIE ZU FREIBERG 1829
DEM FLEISSE

Rand: GOTT SEGNE DEN BERGBAU

Dav. 991 – AKS 81 – Jaeger 62 – T. 311

1829	(200)	2000.–	4800.–	6000.–

In der 42. Auktion Harald Möller (12/2006), Nr. 1487, wurde ein Exemplar in „vorzüglich+" für 3600.– Euro zugeschlagen und in der 118. Auktion F. R. Künker (9/2006), Nr. 7467, ein Exemplar in „vorzüglich+" für 3250.– Euro; in der 349. Künker-Auktion (3/2021), Nr. 5211, ein Exemplar in „vorzüglich" für 5500.– Euro; in der 80. Heidelberger Münzauktion (11/2020), Nr. 833, ein Exemplar in „Erstabschlag, fast Stempelglanz" für 9400.– Euro.

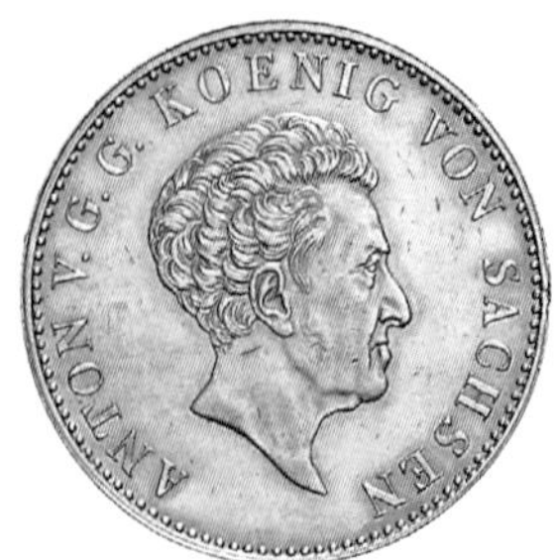

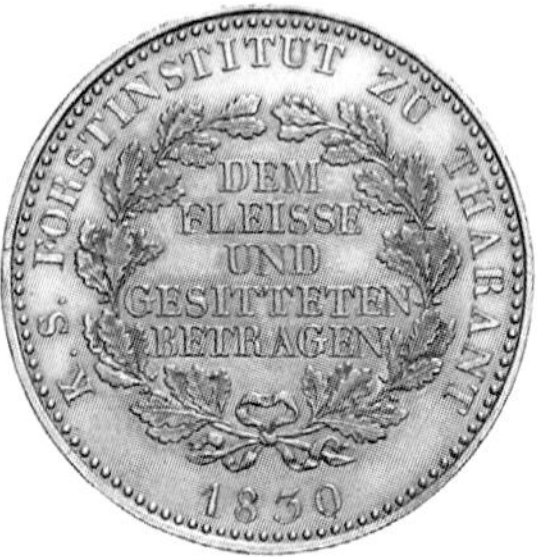

438 Prämientaler (Konventionstaler)

Vs.: ANTON V. G. G. KOENIG VON SACHSEN

Rs.: K. S. FORSTINSTITUT ZU THARANT 1830
DEM FLEISSE UND GESITTETEN BETRAGEN

Rand: GOTT SEGNE SACHSEN

Dav. 992 – AKS 82 – Jaeger 64 – T. 312

1830	(25)	LP

In der 20. Auktion Harald Möller (4/1997), Nr. 877, wurde ein Exemplar in „vorzüglich-Stempelglanz“ für 37 500.– DM zugeschlagen, in der 42. Auktion Harald Möller (12/2006), Nr. 1493, ein Exemplar in „vorzüglich-/fast Stempelglanz“ für 12 000.– Euro; in der 118. Auktion F. R. Künker (9/2006), Nr. 7467, ein Exemplar in „vorzüglich-Stempelglanz“ für 17 000.– Euro; in der 189. Künker-Auktion (6/2011), Nr. 2447, ein Exemplar in „vorzüglich“ für 21 000.– Euro und in der 80. Heidelberger Münzauktion (11/2020), Nr. 834, ein Exemplar in „fast Stempelglanz, kleine Kratzer“, für 24 000.– Euro.

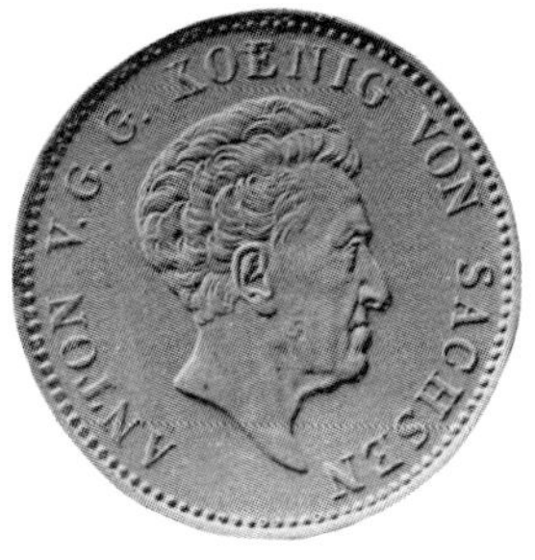

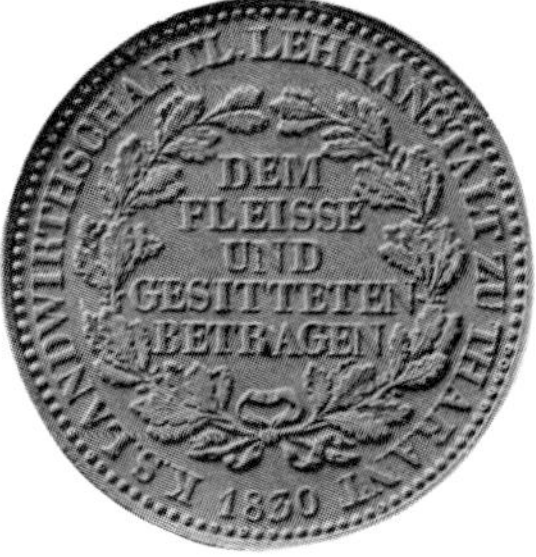

439 Prämientaler (Konventionstaler)

Vs.: ANTON V. G. G. KOENIG VON SACHSEN

Rs.: K. S. LANDWIRTSCHAFTL. LEHRANSTALT ZU THARANT 1830 / DEM FLEISSE UND GESITTETEN BETRAGEN

Rand: GOTT SEGNE SACHSEN

Dav. 993 – AKS 83 – Jaeger 63 – T. 313

1830	(25)	LP

Im Handel ist ein Exemplar bisher zuletzt im Februar 1977 in der 2. Friedrichs-Auktion (Rüsselsheim) in „vorzüglich/Stempelglanz" aufgetaucht, damaliger Zuschlag 20 500.– DM. Daß dieser Prämientaler weit seltener vorkommt als die Nr. 438, war schon vor dem Zweiten Weltkrieg bekannt. So hatte z.B. der bekannte Leipziger Münzhändler Friedrich Redder mit seinem Verzeichnis 58 (Herbst 1935) die Slg. Fritz Schroeder (Grimma) zu Festpreisen angeboten. Die Nr. 439 stand darin mit 350.– RM (Nr. 1558), die Nr. 438 jedoch nur mit 150.– RM (Nr. 1557) zum Kauf.

Varianten

a) Kupferabschlag ohne Randschrift (Jaeger, Seite 35)

b) Versilberter Kupferabschlag; 4. WAG-Auktion (9/1994), Nr. 2597, „vorzüglich-Stempelglanz", Zuschlag 4000.– DM

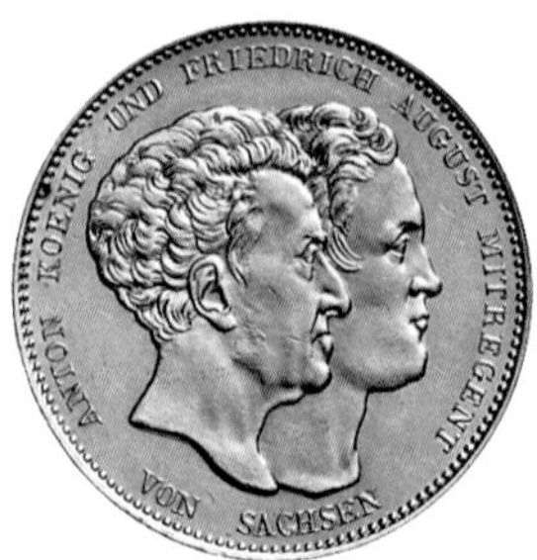

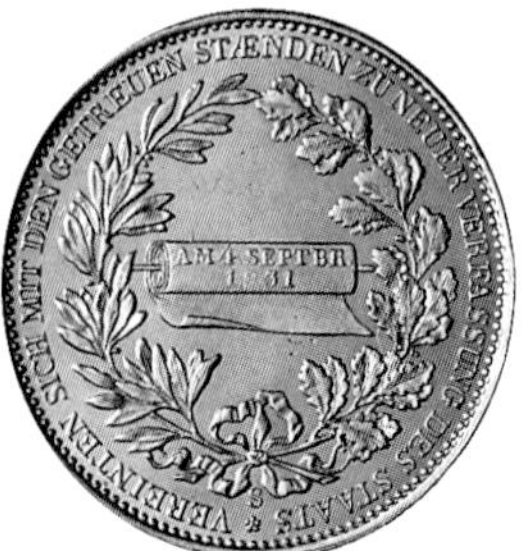

440 Konventionstaler (Verfassungstaler)

Vs.: ANTON KOENIG UND FRIEDRICH AUGUST MITREGENT VON SACHSEN

Rs.: VEREINTEN SICH MIT DEN GETREUEN STAENDEN ZU NEUER VERFASSUNG DES STAATES AM 4 SEPTBR 1831 Mmz. S

Rand: ZEHN EINE FEINE MARK

Dav. 869 – AKS 84 – Jaeger 65 – T. 314

1831	(14 400)	80.–	200.–	300.–

In der 183. Künker-Auktion (3/2011), Nr. 3138, wurde ein Exemplar in „Polierter Platte" für 1200.– Euro versteigert; in der 263. Künker-Auktion (6/2015), Nr. 1246, ein Exemplar in „fast Stempelglanz" für 800.– Euro.

Variante

a) Versilberter, einseitiger Kupferabschlag von der Vorderseite (Hahlo 1913)

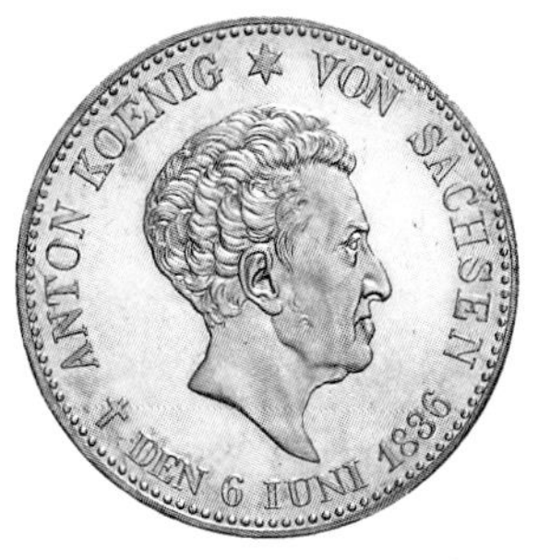

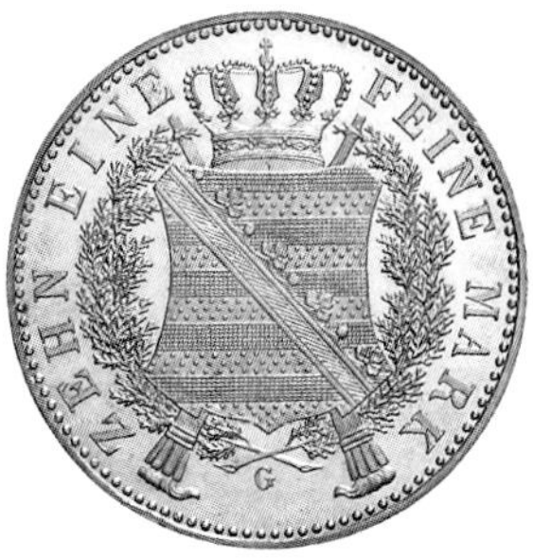

441 Konventionstaler (Sterbetaler)

Vs.: ANTON KOENIG VON SACHSEN / † DEN 6 IUNI 1836

Rs.: ZEHN EINE FEINE MARK Mmz. G

Rand: GOTT SEGNE SACHSEN

Dav. 870 – AKS 85 – Jaeger 67 – T. 315

1836	(12 480)	160.–	400.–	600.–

In der 116. Auktion der WAG Online (2/2021), Nr. 1109 erzielte ein Exemplar in „Stempelglanz" den Zuschlag von 1000.– Euro; in der 328. Hess-Divo-Auktion (5/2015), Nr. 835, ein Exemplar „in Polierter Platte, unzirkuliertes Prachtexemplar" 4200.– Schweizer Franken (4000.– Euro)

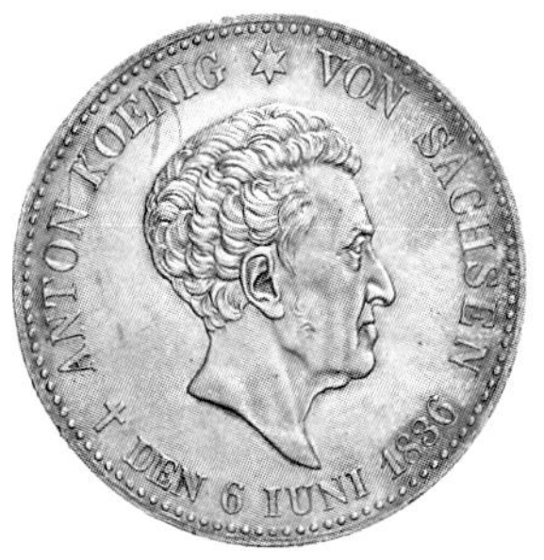

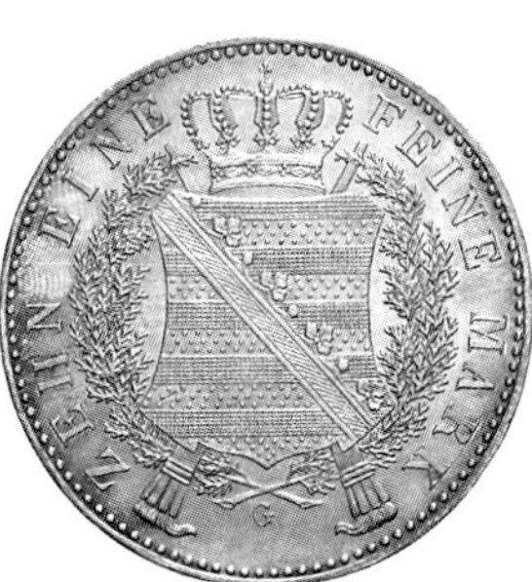

442 Ausbeutekonventionstaler (Ausbeutesterbetaler)

Vs.: ANTON KOENIG VON SACHSEN / † DEN 6 IUNI 1836

Rs.: ZEHN EINE FEINE MARK Mmz. G

Rand: SEGEN DES BERGBAUS

Dav. 871 – AKS 86 – Jaeger 68 – T. 316

1836	(2500)	300.–	650.–	1000.–

In der 258. Künker-Auktion (1/2015), Nr. 188, erzielte ein Exemplar in „Stempelglanz, Erstabschlag", den Zuschlag von 8500.– Euro; in der 262. Auktion Gorny & Mosch (3/2019), Nr. 2247, ein Exemplar in „fast Stempelglanz" 1300.– Euro.

Friedrich August II. 1836 – 1854

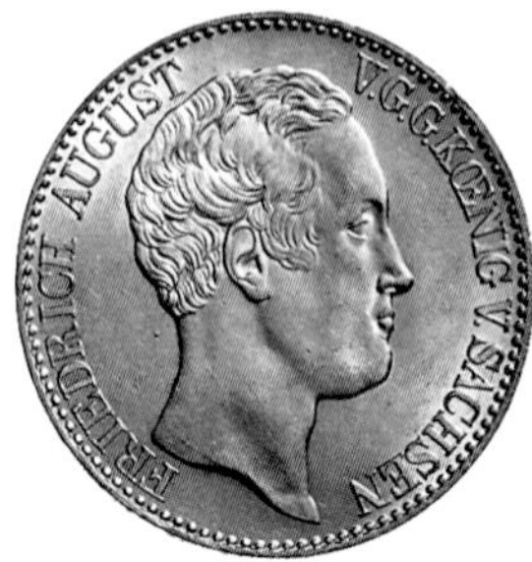

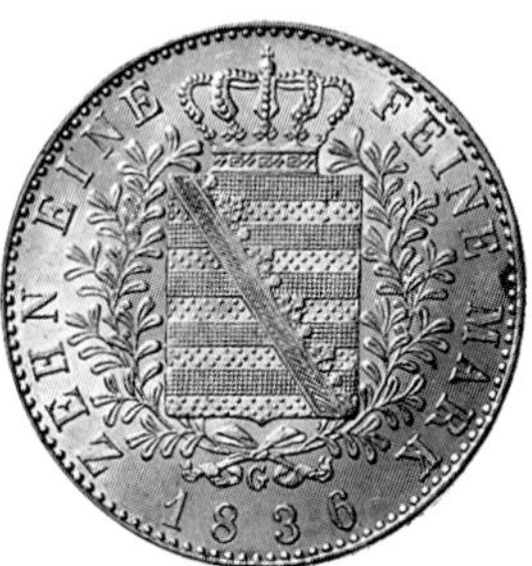

443 Konventionstaler

Vs.: FRIEDRICH AUGUST V. G. G. KOENIG V. SACHSEN
Rs.: ZEHN EINE FEINE MARK Jahr Mmz. G
Rand: GOTT SEGNE SACHSEN

Dav. 872 – AKS 95 – Jaeger 72 – T. 317

1836	(33 720)	230.–	500.–	750.–
1837	(30 640)	250.–	550.–	800.–

In der 42. Auktion Harald Möller (12/2006), Nr. 1511, wurde ein Exemplar vom Jahrgang 1836 in „Polierter Platte-“ für 1100.– Euro zugeschlagen; in der 80. Heidelberger Münzauktion (11/2020), Nr. 838, ein Exemplar in „Erstabschlag, Stempelglanz“, 2800.– Euro und in der 350. Künker-Auktion (6/2021), Nr. 1472, ein Exemplar in „fast Stempelglanz“ 3200.– Euro.

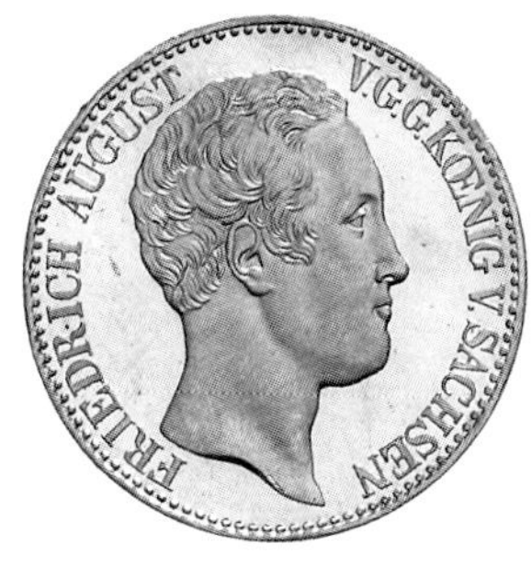

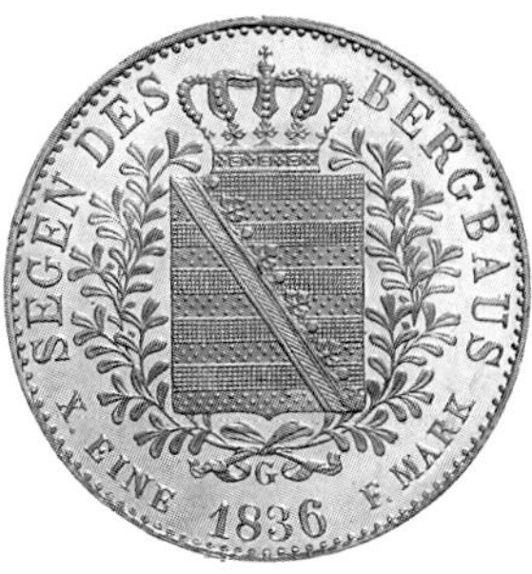

444 Ausbeutekonventionstaler

Vs.: FRIEDRICH AUGUST V. G. G. KOENIG VON SACHSEN

Rs.: SEGEN DES BERGBAUS / X. EINE 1836 F. MARK
Mmz. G

Rand: GOTT SEGNE SACHSEN

Dav. 872B – AKS 96 – Jaeger 73 – T. 318

1836	(3260)	1200.–	3200.–	6000.–

In der 42. Auktion Harald Möller (12/2006), Nr. 1512, wurde ein Exemplar in „Polierter Platte“ für 8500.– Euro zugeschlagen; in der 80. Heidelberger Münzauktion (11/2020), Nr. 839, ein Exemplar in „fast Stempelglanz“ für 5100.– Euro und in der 308. Künker-Auktion (6/2018), Nr. 3079, ein Exemplar in „fast Stempelglanz“ für 5500.– Euro.

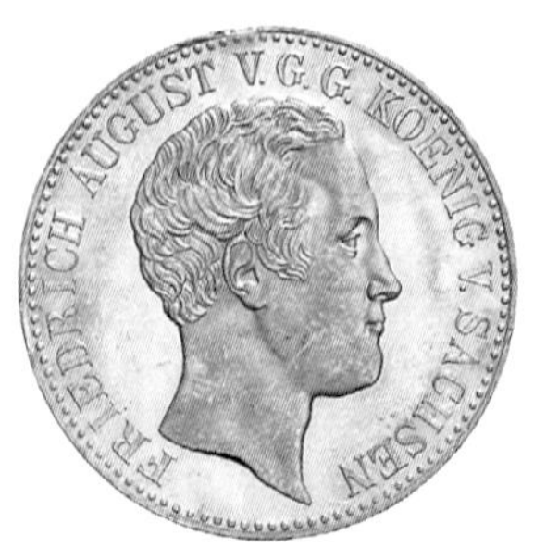

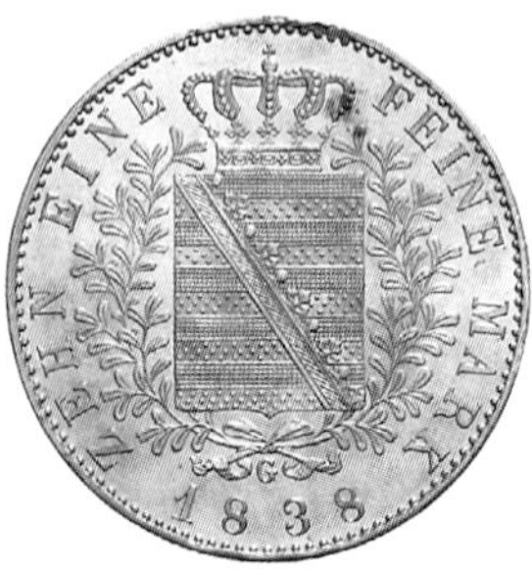

445 Konventionstaler

Vs.: FRIEDRICH AUGUST V. G. G. KOENIG V. SACHSEN
Rs.: ZEHN EINE FEINE MARK Jahr Mmz. G
Rand: GOTT SEGNE SACHSEN

Dav. 872A – AKS 97 – Jaeger 74 – T. 319

1837	(93 510)	130.–	300.–	500.–
1838	(138 900)	130.–	300.–	500.–

In der 335. Künker-Auktion (3/2020), Nr. 4310, wurde ein Exemplar in „fast Stempelglanz" für 1000.– Euro versteigert; in der 346. Künker-Auktion (1/2021), Nr. 335, ein Exemplar in „Polierter Platte" für 7500.– Euro.

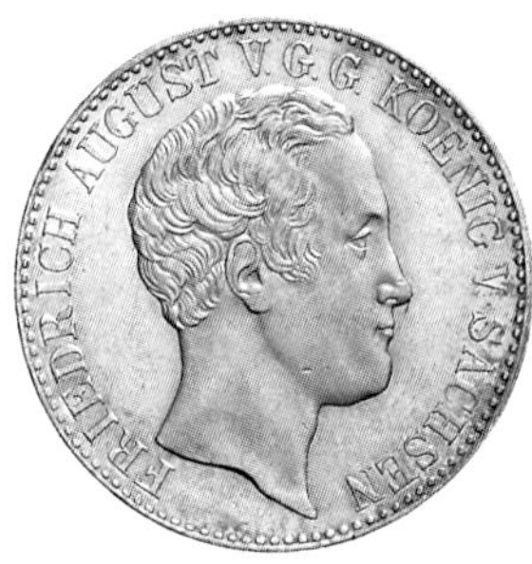

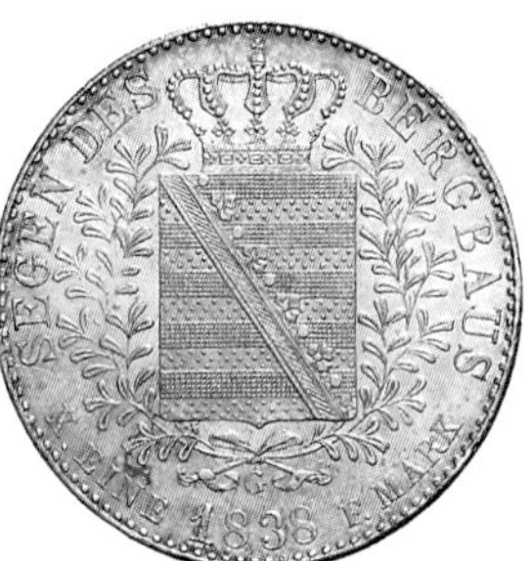

446 Ausbeutekonventionstaler

Vs.: FRIEDRICH AUGUST V. G. G. KOENIG V. SACHSEN
Rs.: SEGEN DES BERGBAUS / X. EINE (Jahr) F. MARK Mmz. G
Rand: GOTT SEGNE SACHSEN

Dav. 873 – AKS 98 – Jaeger 75 – T. 320

1837	(5770)	450.–	800.–	1300.–
1838	(36 400)	400.–	750.–	1200.–

In der 346. Künker-Auktion (1/2021), Nr. 336, wurde ein Exemplar von 1838 in „Polierter Platte" für 1900.– Euro versteigert; in der 339. Künker-Auktion (9/2020), Nr. 867, in „vorzüglich-Stempelglanz" für 1650.– Euro.

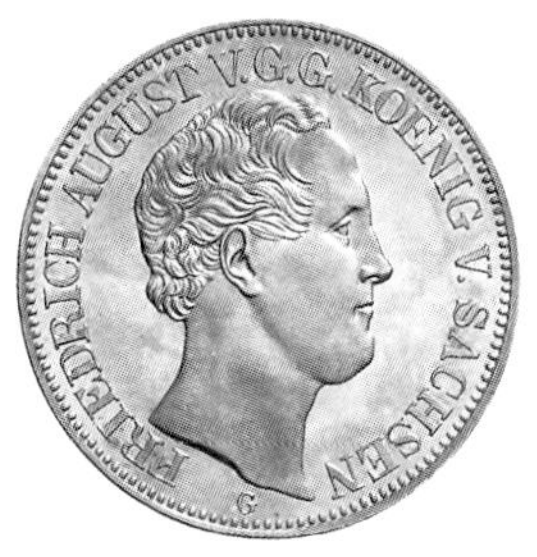

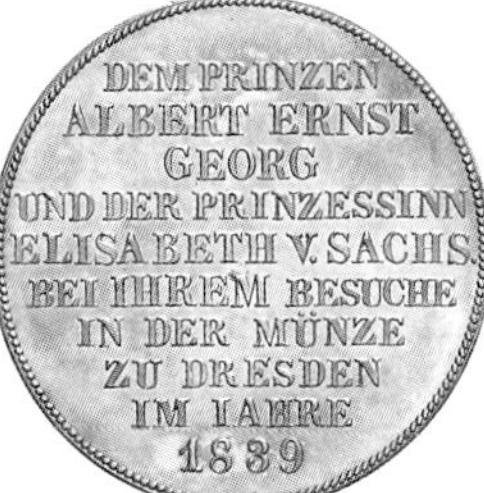

447 Taler (Münzbesuchstaler)

Vs.: FRIEDRICH AUGUST V. G. G. KOENIG V. SACHSEN Mmz. G

Rs.: DEM PRINZEN ALBERT ERNST GEORG UND DER PRINZESSIN ELISABETH V. SACHS. BEI IHREM BESUCHE IN DER MÜNZE ZU DRESDEN IM IAHRE 1839

Rand: GOTT SEGNE SACHSEN

Dav. 876 – AKS 113 – Jaeger 89 – T. 321

Mit Randschrift

1839	3200.–	6000.–	8000.–

In der 244. Künker-Auktion (2/2014), Nr. 293, wurde ein Exemplar in „vorzüglich-Stempelglanz" für 9000.– Euro versteigert; in der 258. Künker-Auktion (1/2015), Nr. 188, ein Exemplar in „Erstabschlag, Stempelglanz", für 9000.– Euro.

Ohne Randschrift

1839	(4)	LP

In der 20. Auktion Harald Möller (4/1997), Nr. 885, wurde ein Exemplar in „Erstabschlag" für 24 000.– DM zugeschlagen, in der 42. Auktion Harald Möller (12/2006), Nr. 1520, ein Exemplar in „Polierter Platte" für 7500.– Euro angeboten; in der 206. Künker-Auktion (3/2012), Nr. 5363, wurde ein Exemplar in „Polierter Platte" Schrötlingsfehler am Rand", für 8000.– Euro versteigert; in der 80. WAG-Auktion (9/2018), Nr. 1113, ein Exemplar in „Proof-like, fast Stempelglanz", für 7100.– Euro.

Varianten

a) Goldabschlag im Gewicht von 43,20 g (Ferrari 3612; Schl. 985); 379. Auktion Dr. Busso Peus Nachfolger (4/2004), Nr., „Kratzer, vorzüglich", Zuschlag 18 000.– Euro. Hierbei handelte es sich um das Exemplar der Slg. Ferrari, dessen Gewicht im Peus-Auktionskatalog mit 43,08 g angegeben wurde. Im Zeitalter digitaler Waagen konnte die Wägung präziser erfolgen.

b) Dickabschlag (28,85 g), 70. Teutoburger Münzauktion (9/2012), Zuschlag 9000.– Euro

zu Nr. 448 Taler

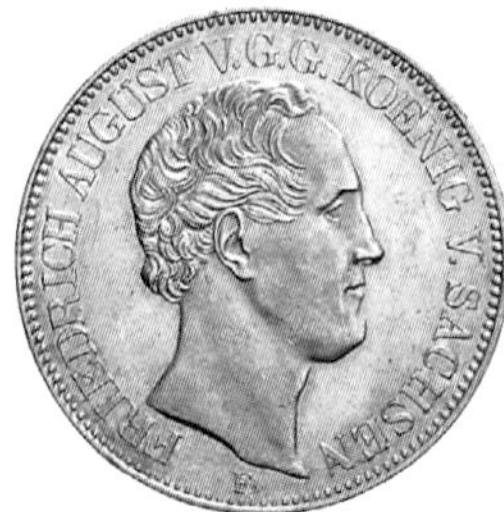

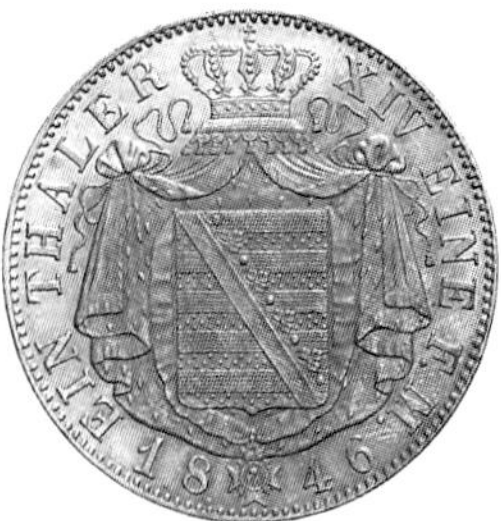

Mmz. F

1845	(973 340)	75.–	170.–	250.–
1846	(860 040)	75.–	170.–	250.–
1847	(677 160)	75.–	170.–	250.–
1848	(1 592 470)	75.–	170.–	250.–
1849	(1 367 970)	75.–	170.–	250.–

In der 354. Künker-Auktion (9/2021), Nr. 5887, wurde ein Exemplar von 1847 in „vorzüglich-Stempelglanz“ für 750.– Euro versteigert.

Varianten

g) 1845 auch ohne Querstrich im „A“ von THALER (Schwalbach 232a; Lorenz 127a); 28. Auktion der Münzhandlung Sonntag (6/2018), Nr. 1474, „sehr schön-vorzüglich/ vorzüglich“, Zuschlag 100.– Euro

h) 1845 auch mit zu hoch angesetztem, dünnem Querstrich im „A“ von THALER (St. 1190e; Schwalbach 232b; Lorenz 127b)

i) 1846, 1848 und 1849 mit jeweils zwei Stempeln mit unterschiedlicher Stellung der letzten beiden Ziffern der Jahreszahl zueinander (Schwalbach 232 Anm.; Lorenz 127 Anm.), der Jahrgang 1846 nur bei Ferrari 3710

j) 1849 Kupfer-Probe mit Nickelkern, mit Randschrift (Ferrari 3728); 38. Auktion der Heidelberger Münzhandlung Herbert Grün (4/2003), Nr. 5195, „sehr schön“, Zuschlag 250.– Euro

k) Einseitiger Probeabschlag in Silber der Rückseite dieses Taler-Typs mit unvollständiger Jahreszahl 18__; 45. Auktion Harald Möller (6/2007), Nr. 1283, „vorzüglich-Stempelglanz“, Schätzpreis 1200.– Euro; in der 37. E-Auktion von Katz Coins Notes & Supplies (3/2020), Nr. 1441, wurde ein Exemplar für 320.– Euro versteigert; Abb. siehe nächste Seite

l) Einseitiger Probeabschlag in Kupfer der Rückseite wie Nr. 448 k); 183. Künker-Auktion (3/2011), Nr. 3141, in „vorzüglich“, Zuschlag 320.– Euro

m) Goldabschlag mit Punze 22 KT auf dem Rand; Sammlung König Faruk von Ägypten Nr. 788

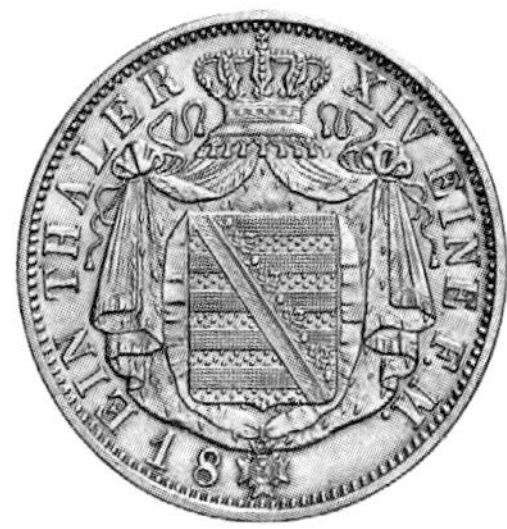

Nr. 448k), einseitiger Probeabschlag des Taler-Rückseitenstempels mit unvollständiger Jahreszahl 18__

449 Ausbeutetaler

Vs.: FRIEDRICH AUGUST V. G. G. KOENIG V. SACHSEN Mmz.

Rs.: SEGEN DES BERGBAUS XIV EINE (Jahr) F. MARK

Rand: GOTT SEGNE SACHSEN

Dav. 877 – AKS 100 – Jaeger 77 – T. 326 + 326 F

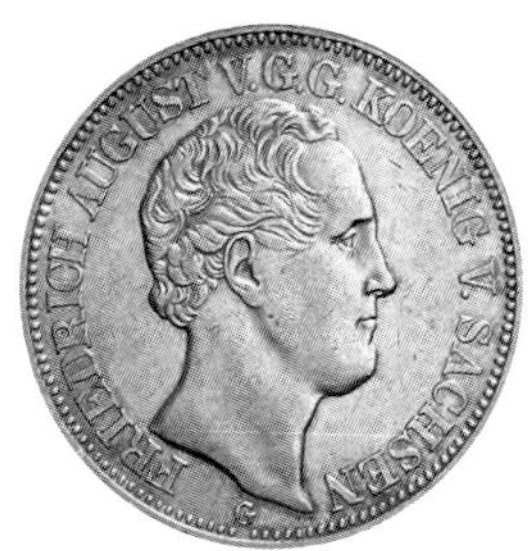

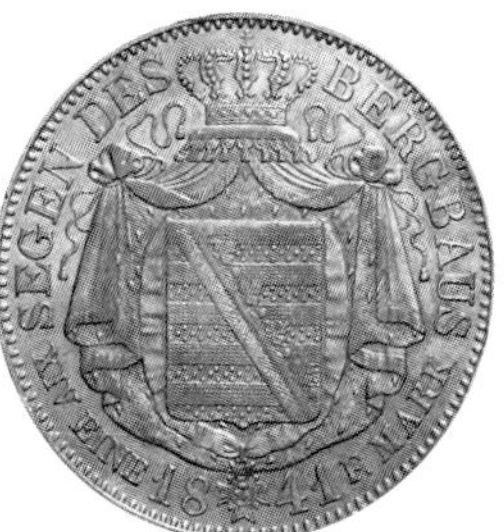

Mmz. G

1841	(11 300)	170.–	500.–	1100.–
1842	(16 800)	170.–	500.–	1100.–
1843	(16 580)	170.–	500.–	1100.–
1844	(11 060)	170.–	500.–	1100.–

In der 258. Künker-Auktion (1/2015), Nr. 190, erzielte ein Exemplar von 1841 in „Erstabschlag, Stempelglanz", den Zuschlag von 3000.– Euro; in der 80. Heidelberger Münzauktion (11/2020), Nr. 849, ein Exemplar von 1841 in „Erstabschlag, fast Stempelglanz" den Zuschlag von 1250.– Euro.

Varianten

a) 1841–1843 mit fehlender Perle im Perlkreis unterhalb des Mmz. „G" (Lorenz 129a [nur Jahrgänge 1841/1842]); 45. Auktion Harald Möller (6/2007), Nr. 1299 (Jahrgang 1843), „sehr schön-vorzüglich", Zuschlag 360.– Euro; siehe Abb. oben

zu Nr. 449 Ausbeutetaler

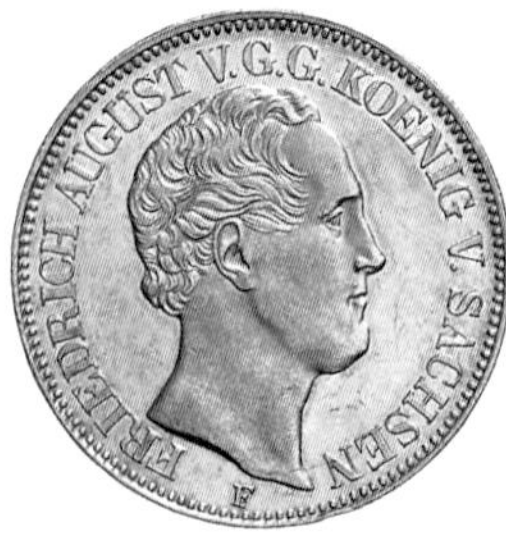

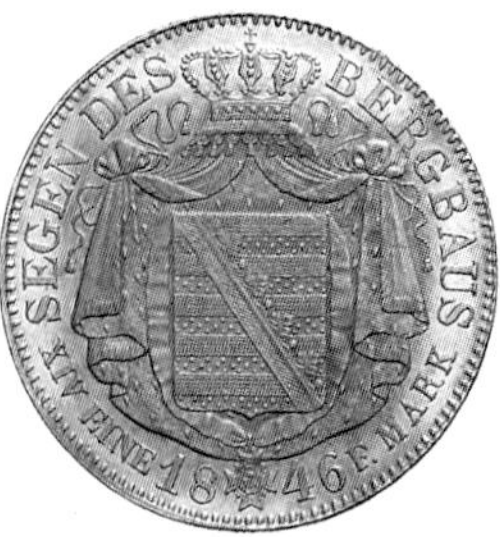

Mmz. F

1845	(18 700)	150.–	500.–	1000.–
1846	(21 760)	150.–	500.–	1000.–
1847	(40 250)	150.–	500.–	1000.–
1848	(20 550)	150.–	500.–	1000.–
1849	(37 600)	150.–	500.–	1000.–

In der 72. WAG-Auktion (2/2015), Nr. 1263, erzielte ein Exemplar von 1849 den Zuschlag von 1500.– Euro; in der 80. Heidelberger Münzauktion (11/2020), Nr. 1150, ein Exemplar von 1849 in „Stempelglanz" den Zuschlag von 1350.– Euro; in der 349. Künker-Auktion (3/2021), Nr. 5220, in „vorzüglich-Stempelglanz" den Zuschlag von 1100.– Euro.

Varianten

b) 1847 mit zwei Stempeln mit unterschiedlicher Ziffernstellung (Schwalbach 233 Anm.; Lorenz 130 Anm.)

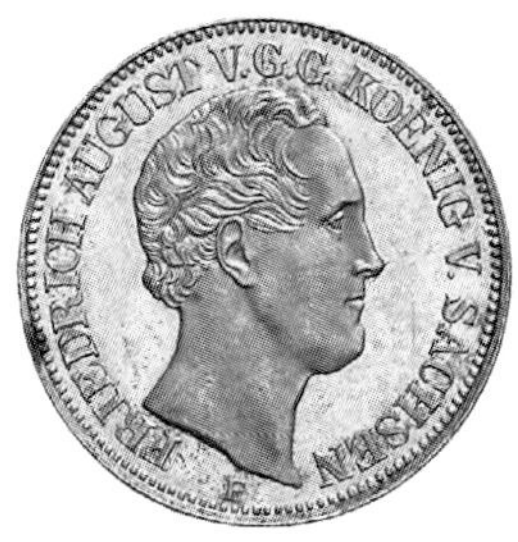
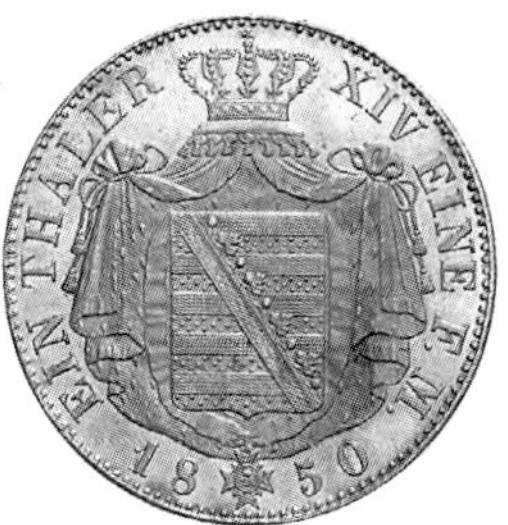

450 Taler

Vs.: FRIEDRICH AUGUST V. G. G. KOENIG V. SACHSEN Mmz. F

Rs.: EIN THALER XIV EINE F. M. Jahr

Rand: GOTT SEGNE SACHSEN

Dav. 878 – AKS 101 – Jaeger 87 – T. 327

1850	(1 074 420)	70.–	150.–	250.–
1851	(1 351 460)	70.–	150.–	250.–
1852	(1 105 090)	70.–	150.–	250.–
1853	(1 171 380)	70.–	150.–	250.–
1854	(1 074 590)	70.–	150.–	250.–

Varianten

a) 1850 mit drei Stempeln mit unterschiedlicher Stellung der letzten beiden Ziffern der Jahreszahl zueinander (Schwalbach 234 Anm.; Lorenz 128 Anm.)

b) 1851 mit zwei Stempeln mit unterschiedlicher Stellung der letzten beiden Ziffern der Jahreszahl zueinander (Schwalbach 234 Anm.; Lorenz 128 Anm.)

c) 1854 mit fehlerhafter Randschrift S SACHSEN (Schwalbach –; Lorenz 128 Anm.)

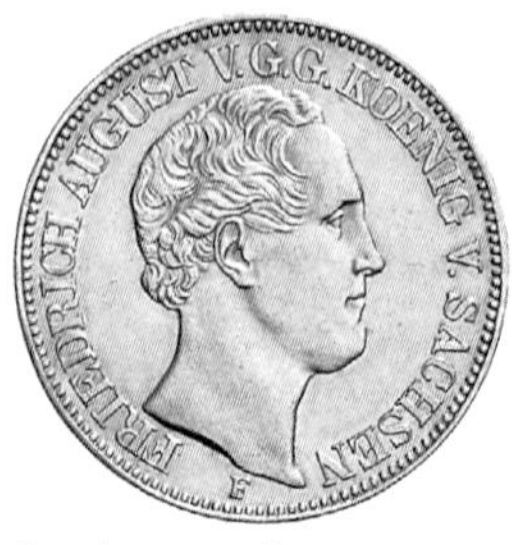
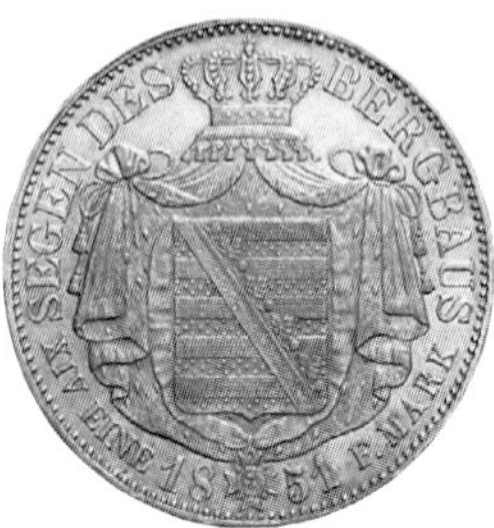

451 Ausbeutetaler

Vs.: FRIEDRICH AUGUST V. G. G. KOENIG V. SACHSEN Mmz. F

Rs.: SEGEN DES BERGBAUS / XIV EINE (Jahr) F. MARK

Rand: GOTT SEGNE SACHSEN

Dav. 879 – AKS 102 – Jaeger 88 – T. 328

1850	(33 800)	200.–	400.–	750.–
1851	(33 000)	200.–	400.–	750.–
1852	(46 500)	200.–	400.–	750.–
1853	(54 500)	200.–	400.–	750.–
1854	(37 000)	200.–	400.–	750.–

In der 338. Künker-Auktion (9/2020), Nr. 879, wurde ein Exemplar in „Stempelglanz“ für 1400.– Euro versteigert.

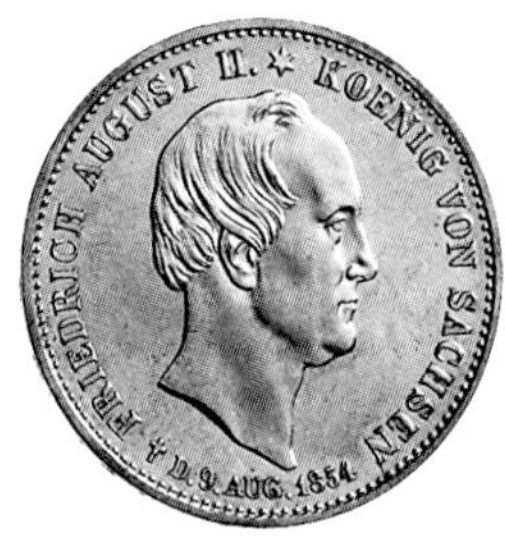
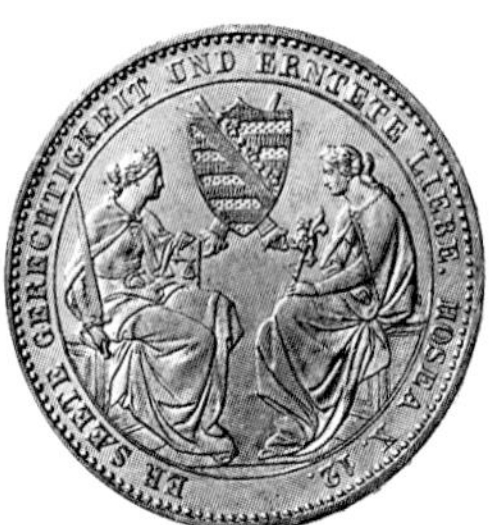

452 Taler (Sterbetaler)

Vs.: FRIEDRICH AUGUST II. KOENIG VON SACHSEN
† D. 9. AUG. 1854

Rs.: ER SÆETE GERECHTIGKEIT UND ERNTETE LIEBE.
HOSEA X. 12.

Rand: XIV EINE FEINE MARK Mmz. F

Dav. 881 – AKS 117 – Jaeger 94 – T. 329

1854	(15 680)	75.–	150.–	200.–

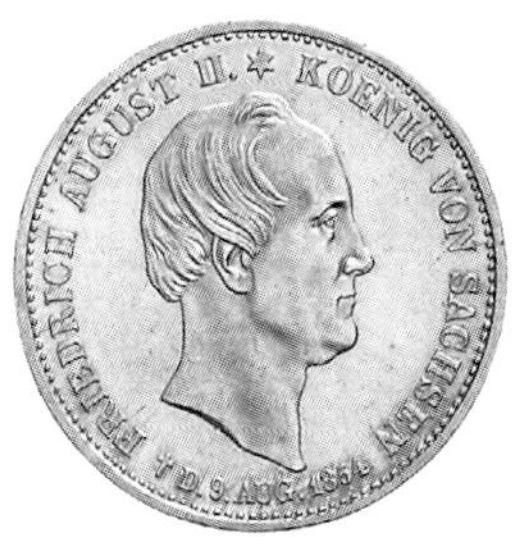
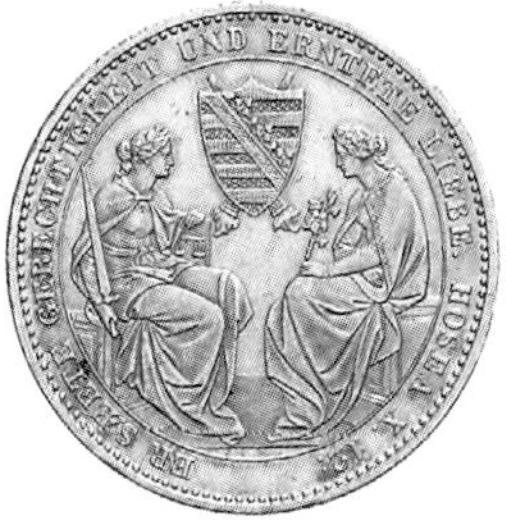

453
Ausbeutetaler (Ausbeutesterbetaler)

Vs.: FRIEDRICH AUGUST II. KOENIG VON SACHSEN † 9. AUG. 1854

Rs.: ER SÆETE GERECHTIGKEIT UND ERNTETE LIEBE. HOSEA X. 12.

Rand: SEGEN DES BERGBAUS XIV E.F.M. Mmz. F.

Dav. 882 – AKS 118 – Jaeger 95 – T. 330

1854	(8820)	80.–	180.–	250.–

454 Doppeltaler

Vs.: FRIEDRICH AUGUST V. G. G. KOENIG V. SACHSEN Mmz.

Rs.: 2 THALER VII EINE F. MARK 3 ½ GULDEN VEREINS (Jahr) MÜNZE

Rand: GOTT SEGNE SACHSEN

Dav. 874 – AKS 94 – Jaeger 78 – T. 322 + 322 F

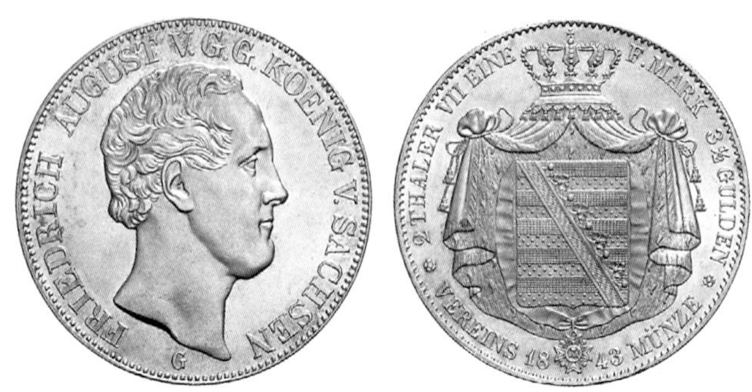

Mmz. G

1839	(20 100)	170.–	350.–	500.–
1840	(68 200)	170.–	350.–	500.–
1841	(39 390)	170.–	350.–	500.–
1842	(71 310)	170.–	350.–	500.–
1843	(58 710)	170.–	350.–	500.–

In der 249. Künker-Auktion (6/2014), Nr. 1394, wurde ein Exemplar von 1843 in „fast Stempelglanz" für 1600.– Euro versteigert; in der 281. Künker-Auktion (9/2016), Nr. 3083, ein Exemplar von 1840 in „fast Stempelglanz" für 1400.– Euro; in der 296. Künker-Auktion (9/2017), Nr. 2652, ein Exemplar von 1843 in „fast Stempelglanz" für 1500.– Euro; in der 346. Künker-Auktion (1/2021), Nr. 337, ein Exemplar von 1839 in „fast Stempelglanz" für 2600.– Euro; in der 354. Künker-Auktion (9/2021), Nr. 5886, ein Exemplar von 1841 in „fast Stempelglanz/Stempelglanz" für 3000.– Euro.

zu Nr. 454 Doppeltaler

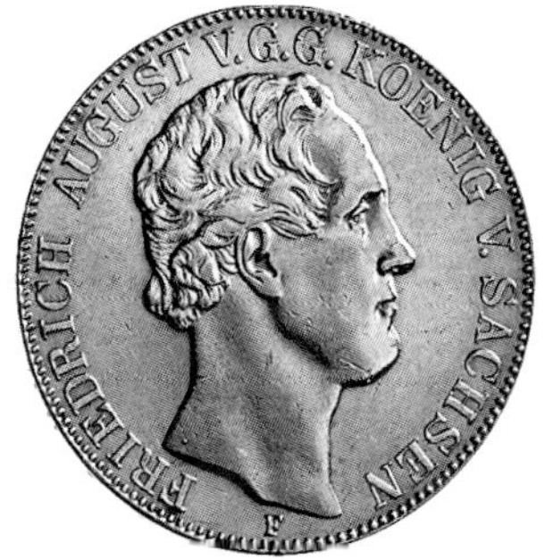

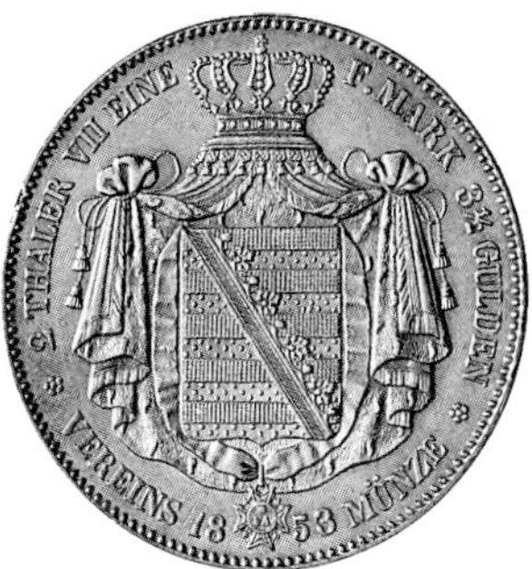

Mmz. F

1847	(146 960)	150.–	300.–	500.–
1848	(77 870)	300.–	750.–	LP
1849	(15 000)	400.–	900.–	LP
1850	(113 080)	150.–	300.–	500.–
1851	(246 340)	150.–	300.–	500.–
1852	(209 230)	150.–	300.–	500.–
1853	(303 110)	150.–	300.–	500.–
1854	(885 820)	150.–	300.–	500.–

In der 354. Künker-Auktion (9/2021), Nr. 5888, wurde ein Exemplar von 1854 in „Polierter Platte" für 5500.– Euro versteigert; in der 70. Teutoburger Münzauktion (9/2012), ein Exemplar in „Stempelglanz" für 6750.– Euro. Das identische Exemplar wurde dann in der 79. Teutoburger Münzauktion (11/2013) für 4500.– Euro zugeschlagen.

Varianten

a) Einseitiger Kupferabschlag der Vorderseite; 25. Auktion Harald Möller (10/1999), Nr. 1090, „vorzüglich", Zuschlag 400.– DM (zusammen mit Nr. 454b)

b) Einseitiger Kupferabschlag der Rückseite vom Jahrgang 1847; 25. Auktion Harald Möller (10/1999), Nr. 1090, „vorzüglich", Zuschlag 400.– DM (zusammen mit Nr. 454a) Nach den Abbildungen im Auktionskatalog zu schließen, handelte es sich bei den Nr. 454a und 454b nicht um Abschläge, sondern Güsse.

c) 1853 im Stempel aus 1852 geändert (Schwalbach 231a; Lorenz 136 Anm.)

d) Probe-Doppeltaler ohne Jahr mit veränderter Wappenrückseite ohne Umschrift und mit glattem Rand (Ferrari 3643); Abb. siehe nächste Seite

Die von Stutzmann in der Anmerkung seiner Nr. 1192 Pl erwähnte Doppeltaler-Probe 1842, die in der 105. Auktion Button (9/1961), Nr. 2752, versteigert worden sein soll, ist ein Irrtum. Es handelt sich nach der in dem Button-Katalog gegebenen Beschreibung (eine Abbildung fehlt) um den Probe-Konventionstaler Nr. 427b oder 427c. Eine genaue Zuordnung ist nicht möglich, weil in der Beschreibung nur „gekr. Wappen zw. Zweigen" steht, also nicht deutlich wird, ob es Lorbeer- oder Eichenzweige sind.

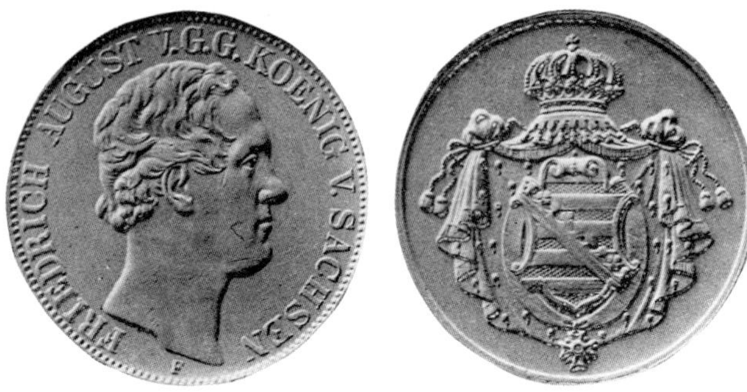

Nr. 454d), Probe-Doppeltaler ohne Jahr mit veränderter Wappenrückseite ohne Umschrift

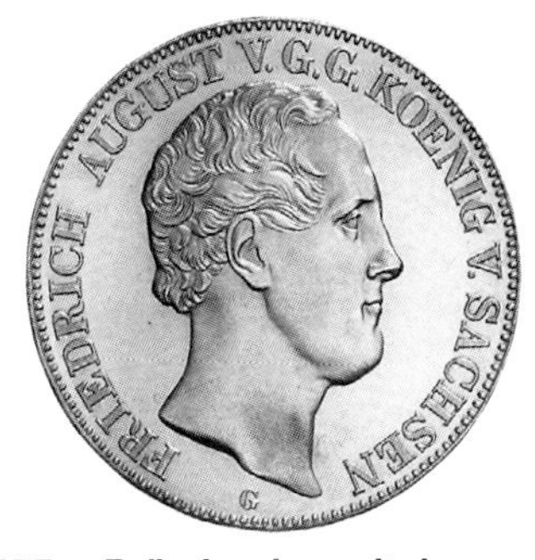

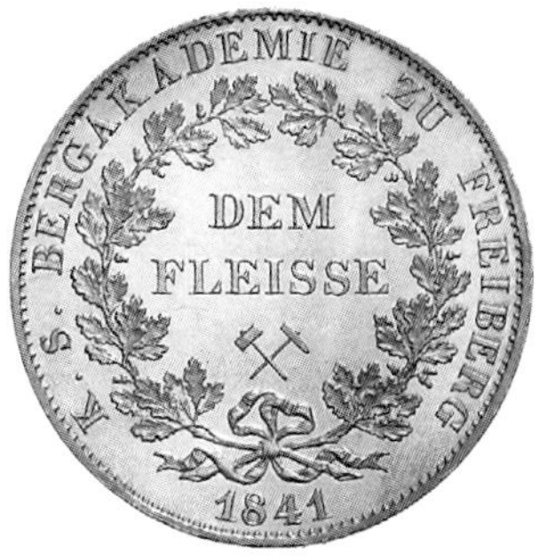

455 Prämiendoppeltaler

Vs.: FRIEDRICH AUGUST V. G. G. KOENIG V. SACHSEN
Mmz. G

Rs.: K. S. BERGAKADEMIE ZU FREIBERG 1841
DEM FLEISSE

Rand: GOTT SEGNE DEN BERGBAU

Dav. 994 – AKS 114 – Jaeger 90 – T. 323

1841	(200)	2000.–	3500.–	4500.–

In der 42. Auktion Harald Möller (12/2006), Nr. 1523, wurde ein Exemplar in „Erstabschlag" für 4200.– Euro zugeschlagen; in der 118. Auktion F. R. Künker (9/2006), Nr. 7474, ein Exemplar in „vorzüglich-Stempelglanz" für 3200.– Euro; in der 293. Künker-Auktion (6/2017), Nr. 1264, ein Exemplar in „vorzüglich-Stempelglanz" für 6000.– Euro; in der 80. Heidelberger Münzauktion (11/2020), Nr. 845, ein Exemplar in „Erstabschlag, fast Stempelglanz" für 7900.– Euro.

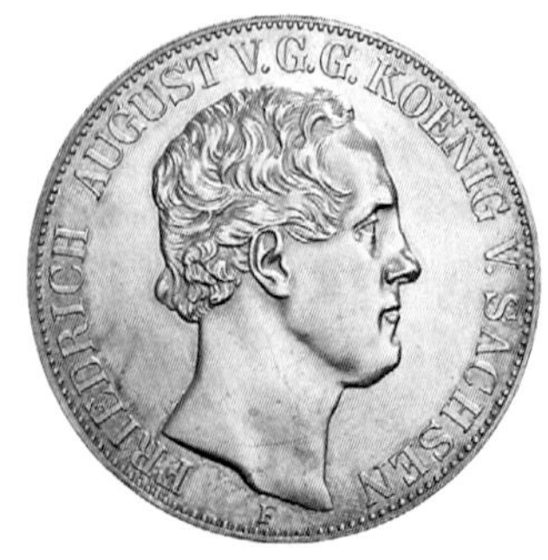
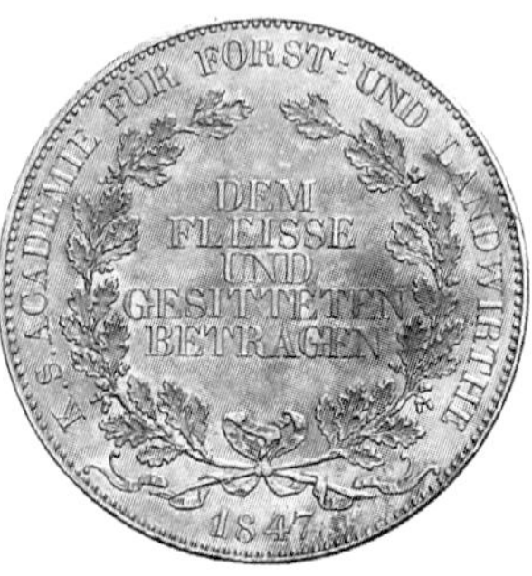

456 Prämiendoppeltaler

Vs.: FRIEDRICH AUGUST V. G. G. KOENIG V. SACHSEN Mmz. F

Rs.: K. S. ACADEMIE FÜR FORST= UND LANDWIRTHE 1847 / DEM FLEISSE UND GESITTETEN BETRAGEN

Rand: Glatt

Dav. 995 – AKS 115 – Jaeger 91 – T. 324

1847	(50)	LP

In der 42. Auktion Harald Möller (12/2006), Nr. 1535, wurde ein Exemplar in „fast Stempelglanz" für 22 000.– Euro angeboten. In der 118. Auktion F. R. Künker (9/2006), Nr. 7477, wurde ein Exemplar in „fast Stempelglanz" für 23 000.– Euro zugeschlagen; in der 80. Heidelberger Münzauktion (11/2020), Nr. 846, „vorzüglich-Stempelglanz" für 28 000.– Euro; in der 302. Künker-Auktion (2/2018), Nr. 1204, ein Exemplar in „fast Stempelglanz" für 30 000.– Euro.

Varianten

a) Bronzeabschlag mit glattem Rand (Ferrari 3654a); 14. Auktion Galerie des Monnaies (1/1975), Nr. 293

b) Zwitter-Prämiendoppeltaler in Kupfer mit der Rückseite von Nr. 456 und der Vorderseite von Nr. 477 des Königs Johann (Jaeger 91 Anm.); 165. Künker-Auktion (3/2010), Nr. 2560, Stempelglanz, Zuschlag 2400.– Euro

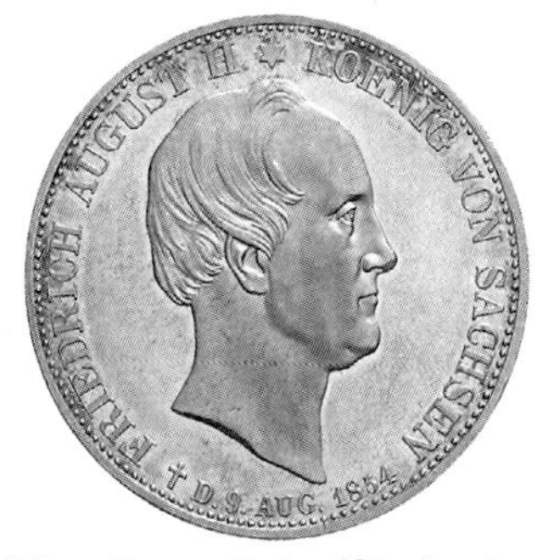

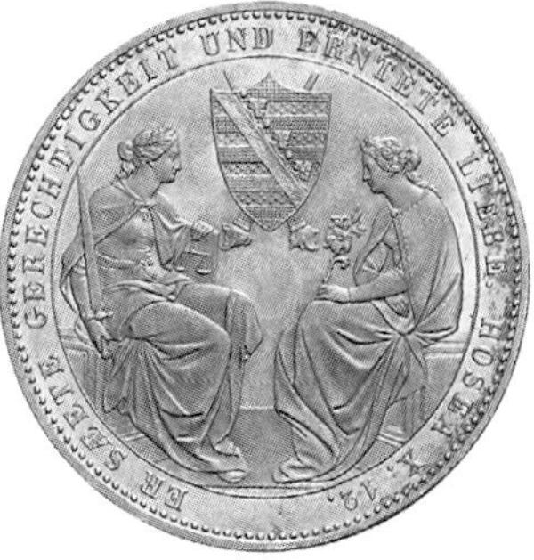

457 Doppeltaler (Sterbedoppeltaler)

Vs.: FRIEDRICH AUGUST II. KOENIG VON SACHSEN † D. 9. AUG. 1854

Rs.: ER SÆETE GERECHTIGKEIT UND ERNTETE LIEBE. HOSEA X. 12.

Rand: VII EINE FEINE MARK Mmz. F

Dav. 880 – AKS 116 – Jaeger 96 – T. 331

1854	(6140)	200.–	400.–	500.–

In der 350. Künker-Auktion (6/2021), Nr. 1476, wurde ein Exemplar in „fast Stempelglanz" für 1200.– Euro versteigert; in der 152. Künker-Auktion (3/2009), Nr. 6678, erzielte ein Exemplar in „Polierter Platte" 1600.– Euro.

Johann 1854 – 1873

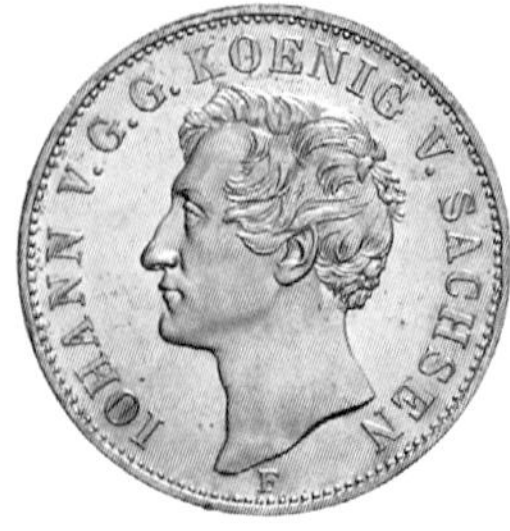
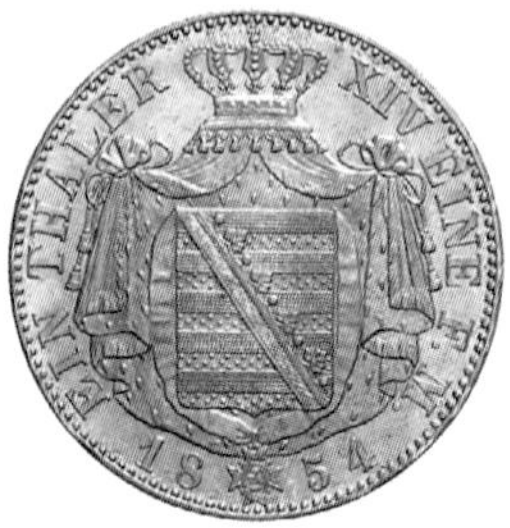

458 Taler

Vs.: IOHANN V. G. G. KOENIG V. SACHSEN Mmz. F
Rs.: EIN THALER XIV EINE F. M. 1854
Rand: GOTT SEGNE SACHSEN

Dav. 883 – AKS 128 – Jaeger 97 – T. 332

1854	(524 530)	85.–	220.–	400.–

In der 255. Künker-Auktion (10/2014), Nr. 5072, wurde ein Exemplar in „Stempelglanz" für 1000.– Euro zugeschlagen; in der 206. Künker-Auktion (3/2012), Nr. 5580, ein Exemplar in „Polierter Platte, mehrere kleine Kratzer", mit 800.– Euro.

Variante

a) Mit zwei Stempeln mit unterschiedlicher Stellung der letzten beiden Ziffern der Jahreszahl zueinander (Ferrari 3832)

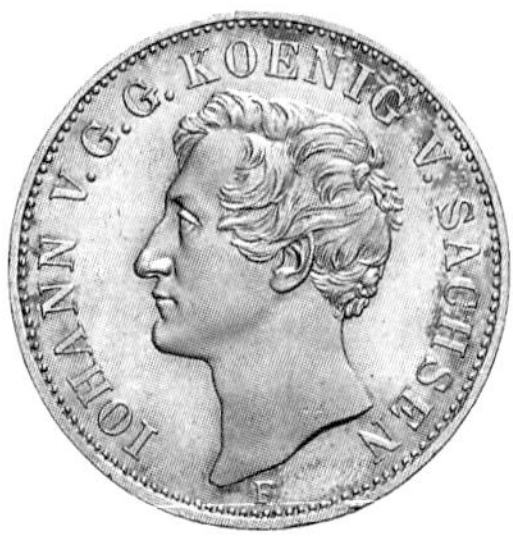
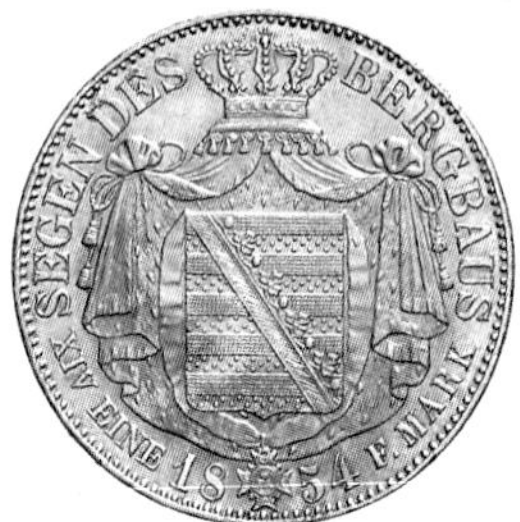

459 Ausbeutetaler

Vs.: IOHANN V. G. G. KOENIG V. SACHSEN Mmz. F
Rs.: SEGEN DES BERGBAUS / XIV EINE 1854 F. MARK
Rand: GOTT SEGNE SACHSEN

Dav. 884 – AKS 129 – Jaeger 98 – T. 333

1854	(27 000)	200.–	400.–	750.–

In der 72. Auktion der WAG Online (2/2017), Nr. 1074, wurde ein Exemplar in „vorzüglich+“ für 725.– Euro zugeschlagen; in der 80. Heidelberger Münzauktion (11/2020), Nr. 857, ein Exemplar in „vorzüglich-Stempelglanz“ für 625.– Euro.

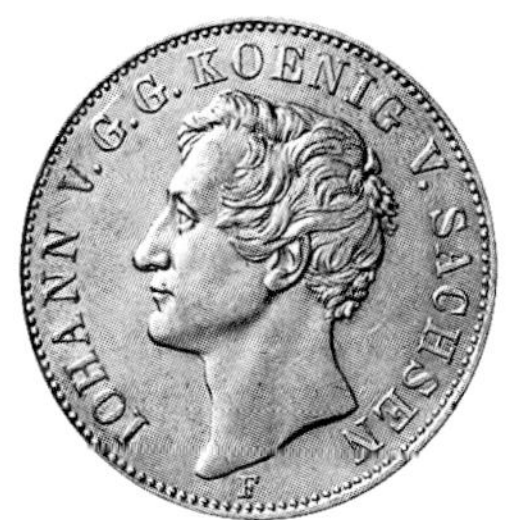

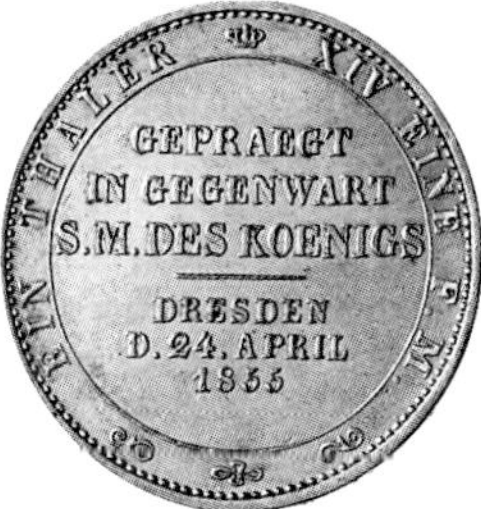

460 Taler (Münzbesuchstaler)

Vs.: IOHANN V. G. G. KOENIG V. SACHSEN Mmz. F

Rs.: EIN THALER XIV EINE F. M.
GEPRAEGT IN GEGENWART S. M. DES KOENIGS
DRESDEN D. 24. APRIL 1855

Rand: GOTT SEGNE SACHSEN

Dav. 885 – AKS 156 – Jaeger 99 – T. 334

1855	(5250)	90.–	200.–	300.–

In der 59. WAG-Auktion (2/2012), Nr. 347, wurde ein Exemplar in „Polierter Platte, winzige Kratzer“, für 1100.– Euro versteigert; in der 80. Heidelberger Münzauktion (11/2020), Nr. 858, ein Exemplar in „Erstabschlag, Stempelglanz“ für 2100.– Euro.

Varianten

a) Goldabschlag ohne Randschrift (Ferrari 3767 [35,2 g]; Schl. 990); 55. Auktion der Leipziger Münzhandlung und Auktion Heidrun Höhn (9/2007), Nr. 1986 (35,15 g, „Kratzer, Randprüfstelle, fast vorzüglich“, Zuschlag 33 000.– Euro; 213. Künker-Auktion (6/2012), „vorzüglich, Kratzer, Randfehler“, Zuschlag 22 000.– Euro

b) Zinnabschlag ohne Randschrift (Lorenz 156 Anm.)

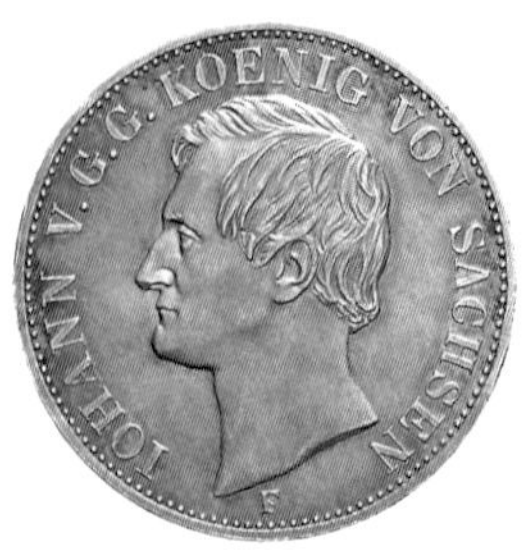
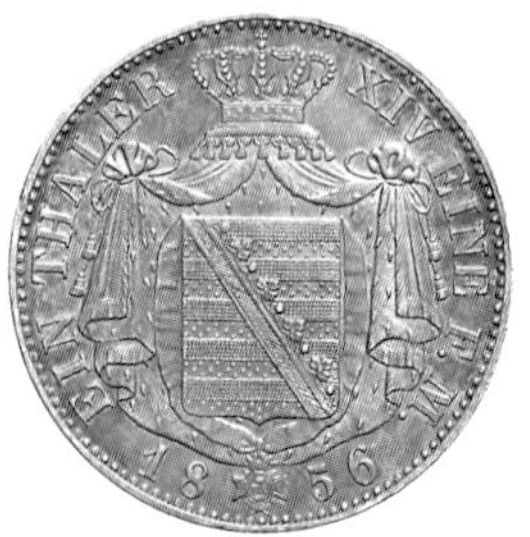

461 Taler

Vs.: IOHANN V. G. G. KOENIG VON SACHSEN Mmz. F
Rs.: EIN THALER XIV EINE F. M. Jahr
Rand: GOTT SEGNE SACHSEN

Dav. 887 – AKS 130 – Jaeger 102 – T. 335

1855	(863 460)	70.–	180.–	280.–
1856	(1 089 470)	70.–	180.–	280.–

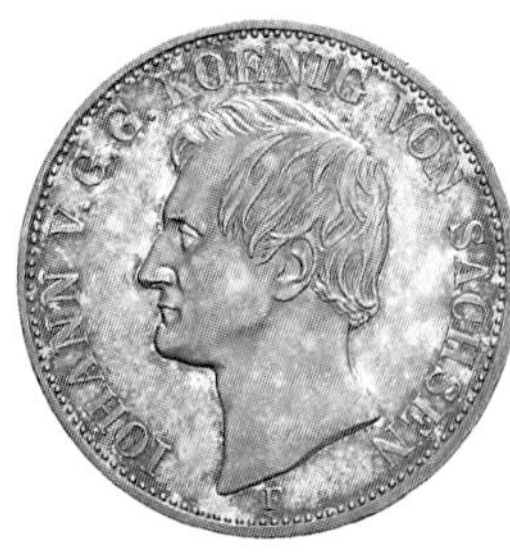
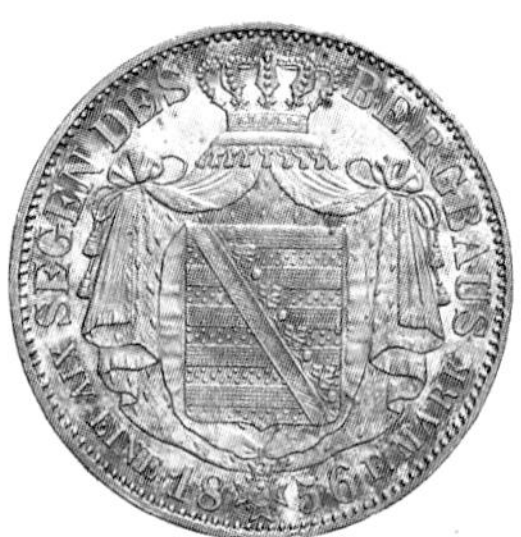

462 Ausbeutetaler

Vs.: IOHANN V. G. G. KOENIG VON SACHSEN Mmz. F
Rs.: SEGEN DES BERGBAUS XIV EINE (Jahr) F. MARK
Rand: GOTT SEGNE SACHSEN

Dav. 888 – AKS 131 – Jaeger 103 – T. 336

1855	(56 200)	200.–	400.–	600.–
1856	(56 000)	200.–	400.–	600.–

In der 80. Heidelberger Münzauktion (11/2020), Nr. 860, wurde ein Exemplar von 1856 in „Stempelglanz" für 1100.– Euro zugeschlagen.

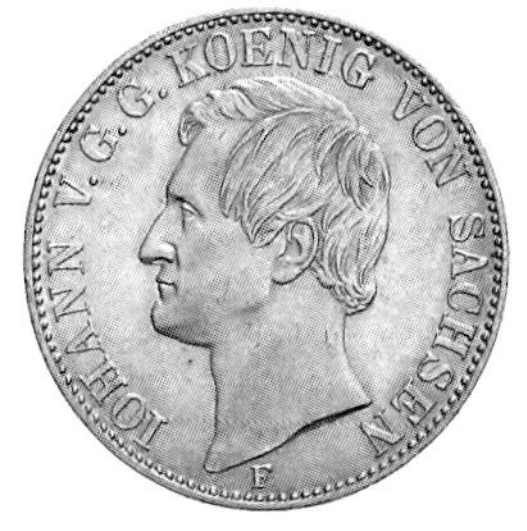
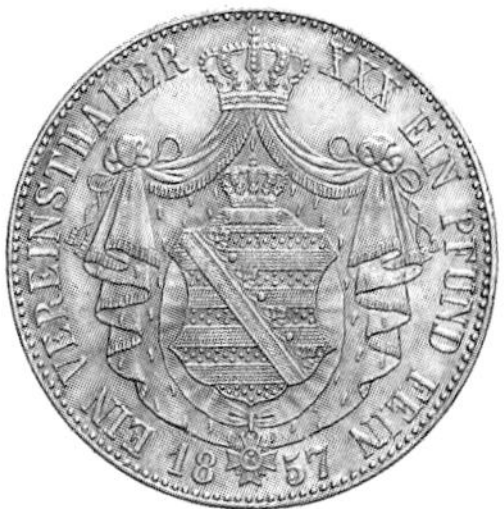

463 Vereinstaler

Vs.: IOHANN V. G. G. KOENIG VON SACHSEN Mmz. F
Rs.: EIN VEREINSTHALER XXX EIN PFUND FEIN Jahr
Rand: GOTT SEGNE SACHSEN

Dav. 890 – AKS 132 – Jaeger 107 + 111 – T. 339

1857	(969 370)	60.–	150.–	200.–
1858	(1 626 140)	60.–	150.–	200.–
1859	(2 490 330)	60.–	150.–	200.–

In der 337. Künker-Auktion (6/2020), Nr. 1542, erzielte ein Exemplar von 1857 in „Polierter Platte, winzige Kratzer" 950.– Euro.

Varianten

a) 1857 mit kleineren Buchstaben „s" (rund oder eckig) in der Randschrift: GOTT sEGNE sACHsEN (Schwalbach 247a); 42. Auktion Harald Möller (12/2006), Nr. 1570, „vorzüglich+", Zuschlag 190.– Euro

b) 1858 und 1859 auch mit gewölbtem Wappenschild (Schwalbach 252; Jaeger 111); 102. Auktion WAG Online (10/2019), Nr. 1302, „sehr schön", Zuschlag 105.– Euro

c) 1858 und 1859 mit weniger Hermelinschwänzchen (Schwalbach 251; Jaeger 107 Anm. [nur 1858]); 36. E-Auktion von H. D. Rauch (2/2021), Nr. 1166, „vorzüglich, Kratzer", Zuschlag 145.– Euro

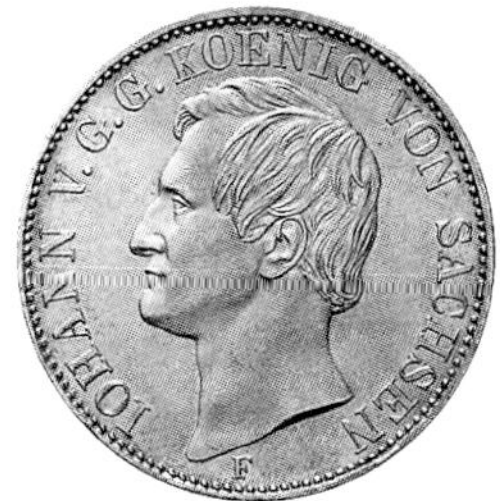
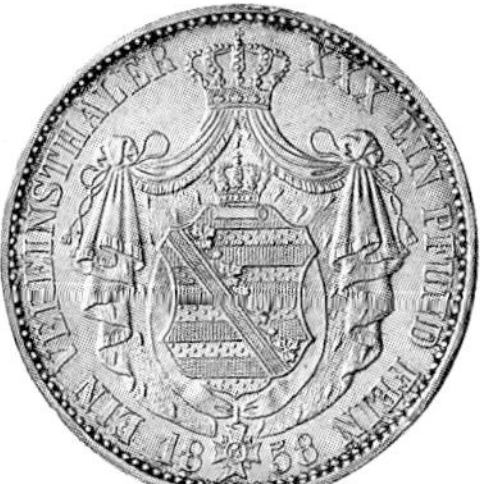

Nr. 463c), Jahrgang 1858 mit weniger Hermelinschwänzchen

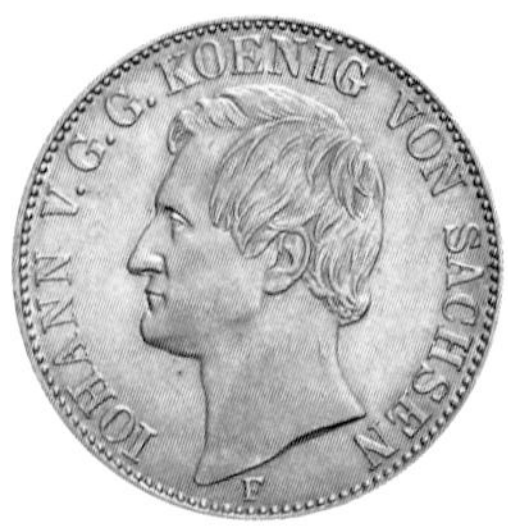
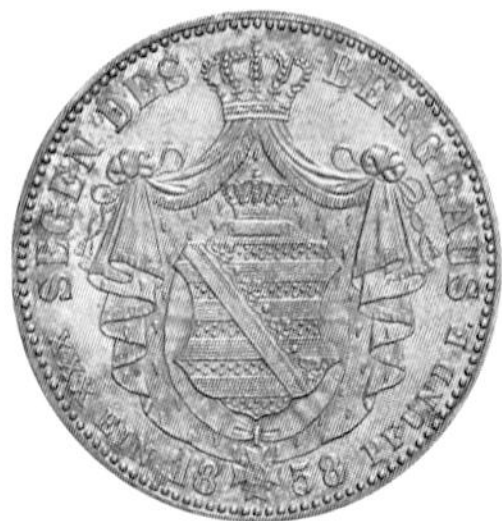

464 Ausbeutevereinstaler

Vs.: IOHANN V. G. G. KOENIG VON SACHSEN Mmz. F
Rs.: SEGEN DES BERGBAUS XXX EIN (Jahr) PFUND F.
Rand: GOTT SEGNE SACHSEN

Dav. 891 – AKS 133 – Jaeger 108 – T. 340

1857	(35 000)	170.–	500.–	700.–
1858	(34 000)	170.–	500.–	700.–

In der 80. Heidelberger Münzauktion (11/2020), Nr. 864, erzielte ein Exemplar von 1858 in „Erstabschlag von polierten Stempeln“ den Zuschlag von 2300.– Euro.

Varianten

a) 1857 mit kleineren Buchstaben „s“ in der Randschrift: GOTT sEGNE sACHsEN (Schwalbach 248a); 255. Künker-Auktion (10/2014), Nr. 5074, Jahrgang 1857, „vorzüglich“, Zuschlag 650.– Euro

b) 1858 mit fehlerhafter Randschrift GOIT SEGNE SACHSEN; 2. WAG-Auktion (10/1993), Nr. 2493, sehr schön, Zuschlag 255.– DM

465 Ausbeutevereinstaler

Vs.: IOHANN V. G. G. KOENIG VON SACHSEN Mmz.

Rs.: SEGEN DES BERGBAUS EIN THALER (Jahr) XXX EIN PFD. F.

Rand: GOTT SEGNE SACHSEN

Dav. 892 – AKS 134 – Jaeger 115 – T. 342 + 342 B

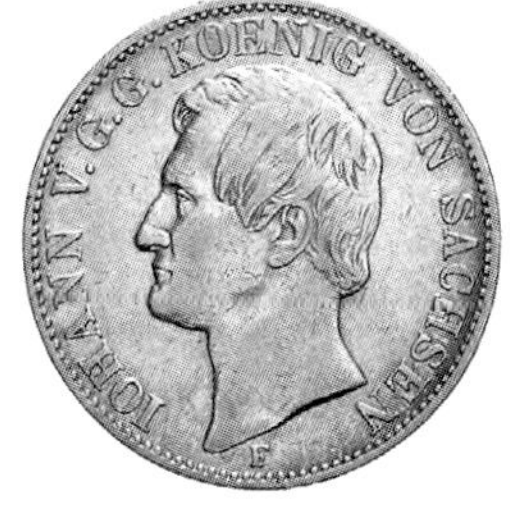

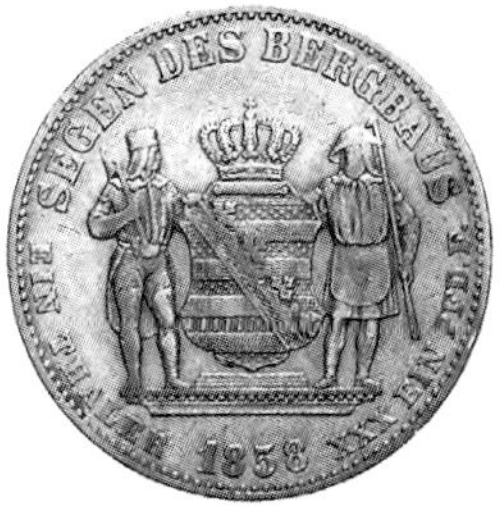

Mmz. F

1858	(61 000)	85.–	220.–	350.–
1859	(94 000)	85.–	220.–	350.–

In der 80. Heidelberger Münzauktion (11/2020), Nr. 867, wurde ein Exemplar von 1858 in „Erstabschlag , fast Stempelglanz", für 430.– Euro versteigert.

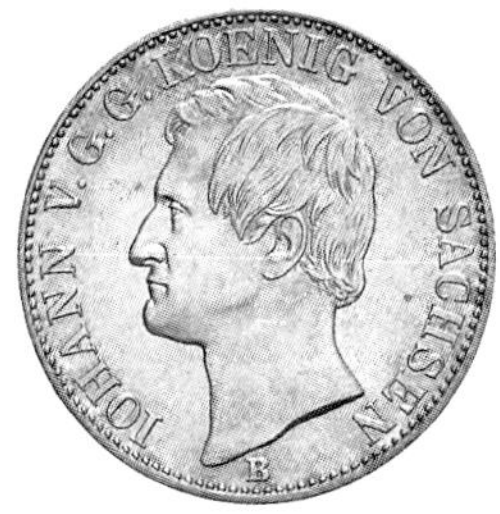

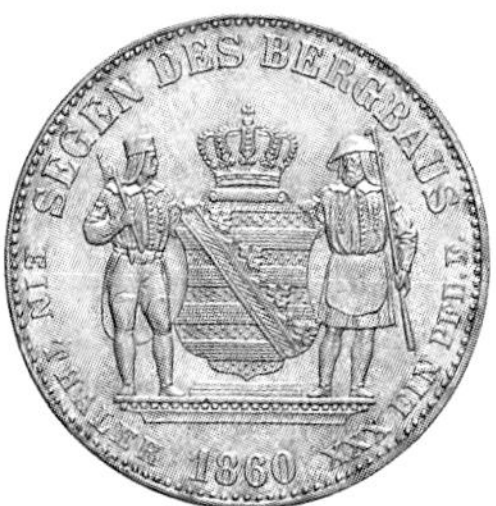

Mmz. B

1860	(297 570)	70.–	180.–	350.–
1861	(16 000*)	90.–	220.–	380.–

**) In der Prägezahl ist die Nr. 466 mit enthalten.*

In der 281. Künker-Auktion (9/2016), Nr. 3098, wurde ein Exemplar von 1860 in „fast Stempelglanz" für 420.– Euro versteigert.

Varianten

a) 1861 mit unterschiedlichen Buchstaben in der Umschrift (Arnold/Quellmalz 40)

b) 1861 auch mit verändertem Verlauf der Vorderseiten-Umschrift, das „N" von SACHSEN steht nicht unter dem Halsabschnitt (Müseler 56.2.3/111a)

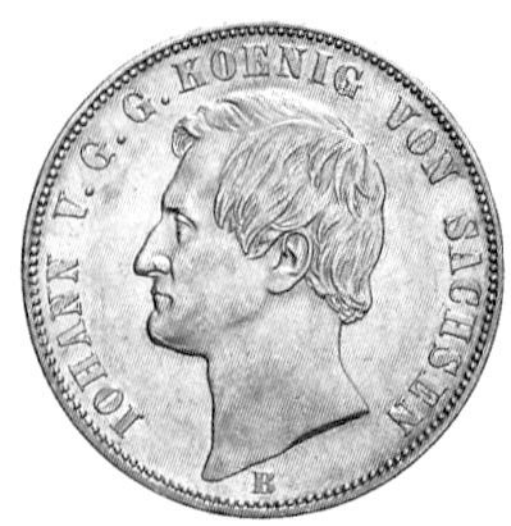

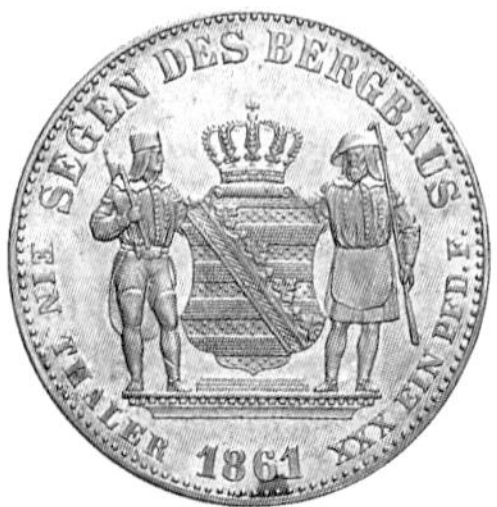

466 Ausbeutevereinstaler

Vs.: IOHANN V. G. G. KOENIG VON SACHSEN Mmz. B

Rs.: SEGEN DES BERGBAUS / EIN THALER 1861 XXX EIN PFD. F.

Rand: GOTT SEGNE SACHSEN

Dav. 892 – Jaeger 116 – T. 343

Umschrift mit kleineren Buchstaben

1861	180.–	500.–	750.–

In der 54. WAG-Auktion (9/2010), Nr. 2284, wurde ein Exemplar in „vorzüglich" für 900.– Euro versteigert; in der 80. Heidelberger Münzauktion (11/2020), Nr. 869, ein Exemplar in „fast Stempelglanz" für 1000.– Euro.

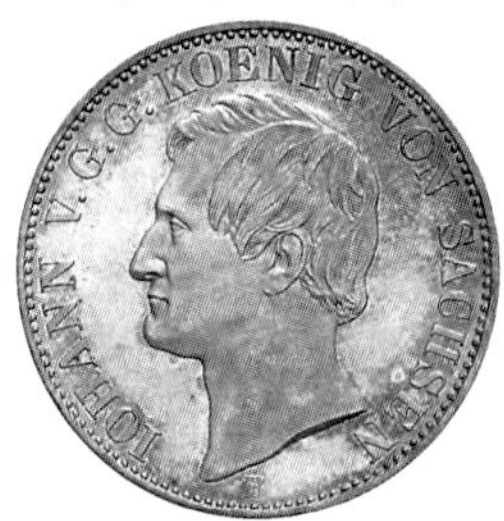

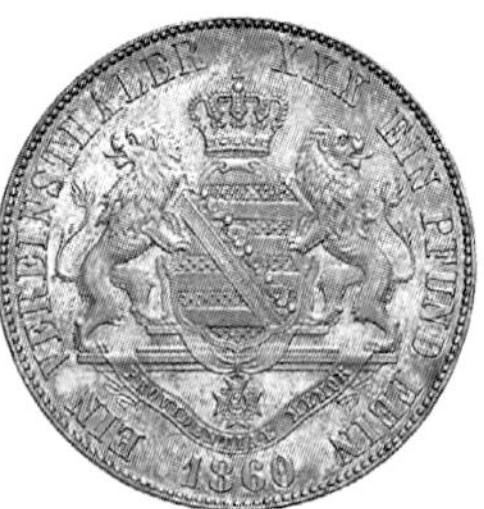

467 Vereinstaler

Vs.: IOHANN V. G. G. KOENIG VON SACHSEN Mmz. B

Rs.: EIN VEREINSTHALER XXX EIN PFUND FEIN
auf dem Ordensband: PROVIDENTIAE MEMOR

Rand: GOTT SEGNE SACHSEN

Dav. 893 – AKS 136 – Jaeger 117 – T. 344

1860	(2 669 120)	70.–	180.–	300.–
1861	(1 408 520)	70.–	180.–	300.–

Variante

a) 1860 mit falscher Randschrift GOTT SEGNE BAYERN (Schwalbach 255 Anm.)

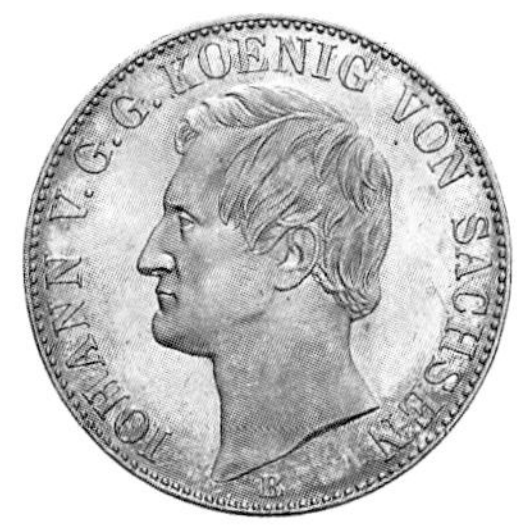
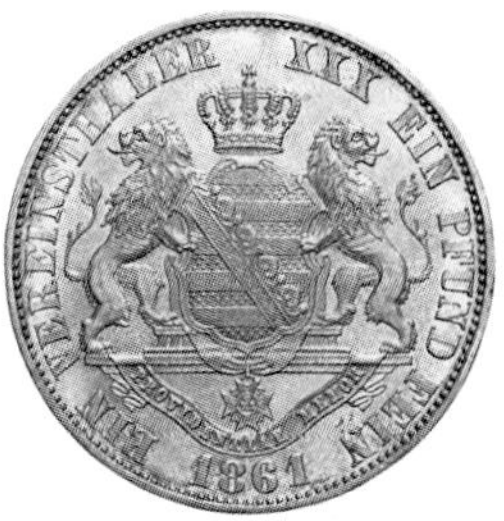

468 Vereinstaler

Vs.: IOHANN V. G. G. KOENIG VON SACHSEN Mmz. B

Rs.: EIN VEREINSTHALER XXX EIN PFUND FEIN 1861
auf dem Ordensband: PROVIDENTIAE MEMOR

Rand: GOTT SEGNE SACHSEN

Jaeger 118 – T. 345

Die Leiste unter dem Wappen ist im Unterschied zum vorangegangenen Taler Nr. 467 durchbrochen.

1861	70.–	180.–	300.–

Prägezahl im Jahrgang 1861 der Nr. 467 mit enthalten.

In der 258. Künker-Auktion (1/2015) Nr. 192 wurde ein Exemplar in „Erstabschlag, Stempelglanz“, für 2200.– Euro versteigert.

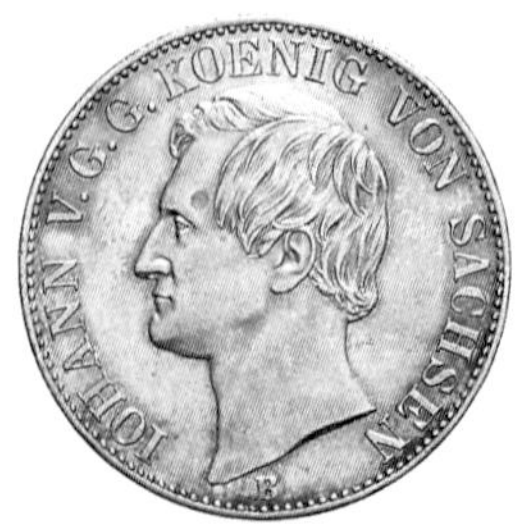
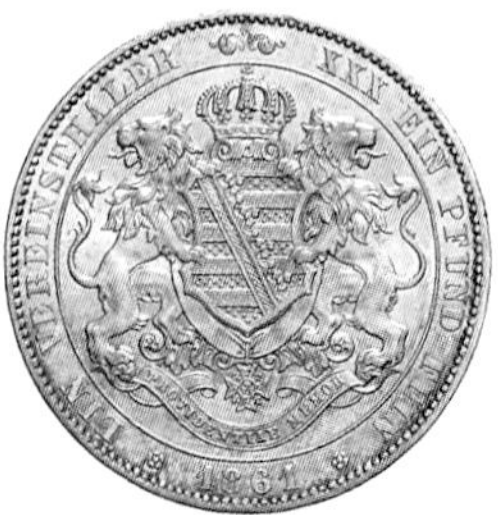

469 Vereinstaler

Vs.: IOHANN V. G. G. KOENIG VON SACHSEN Mmz. B

Rs.: EIN VEREINSTHALER XXX EIN PFUND FEIN 1861 auf dem Ordensband PROVIDENTIAE MEMOR

Rand: GOTT SEGNE SACHSEN

Dav. 893 – Jaeger 119 – T. 346

Im Unterschied zum vorangegangenen Taler Nr. 468 sind die Buchstaben der Vs.-Umschrift größer

1861	100.–	230.–	450.–

In der 349. Künker-Auktion (3/2021), Nr. 5228, wurde ein Exemplar in „fast Stempelglanz" für 700.– Euro versteigert.

Variante

a) Zinnabschlag mit glattem Rand; 52. Möller-Auktion (12/2008), Nr. 4453

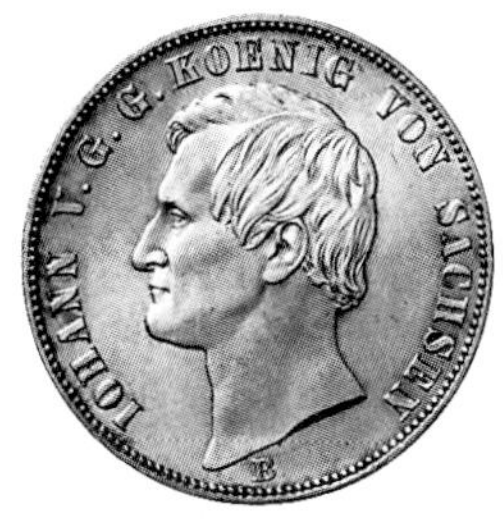

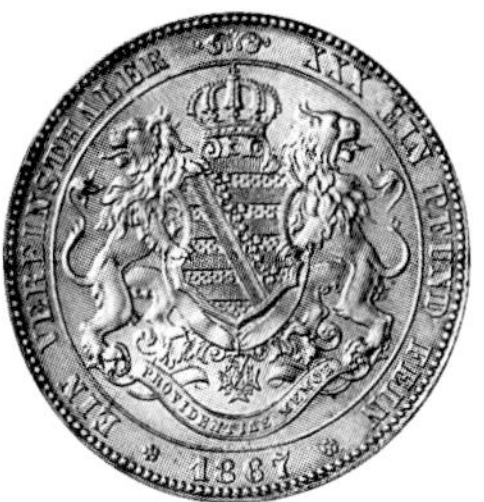

470 Vereinstaler

Vs.: IOHANN V. G. G. KOENIG VON SACHSEN Mmz. B

Rs.: EIN VEREINSTHALER XXX EIN PFUND FEIN Jahr auf dem Ordensband PROVIDENTIAE MEMOR

Rand: GOTT SEGNE SACHSEN

Dav. 895 – AKS 137 – Jaeger 126 – T. 348

1861	(1 070 370)	60.–	120.–	220.–
1862	(2 134 470)	60.–	120.–	220.–
1863	(1 471 370)	60.–	120.–	220.–
1864	(1 904 410)	60.–	120.–	220.–
1865	(1 334 620)	60.–	120.–	220.–
1866	(1 181 260)	60.–	120.–	220.–
1867	(2 020 470)	60.–	120.–	220.–
1868	(1 683 060)	60.–	120.–	220.–
1869	(1 622 150)	60.–	120.–	220.–
1870	(1 693 110)	60.–	120.–	220.–
1871	(1 687 280)	60.–	120.–	220.–

In der 272. Künker-Auktion (2/2016), Nr. 1794, erzielte ein Exemplar von 1871 in „fast Stempelglanz" 825.– Euro (Exemplar der Sammlung Horn); in der 93. Auktion der WAG Online (1/2019), Nr. 1099, ein Exemplar von 1867 in „fast Stempelglanz" 400.– Euro.

Varianten

a) 1863–1867 auch ohne Querstrich im „A" von TH/\LER (Schwalbach 1259a; Lorenz 180a); Abb. siehe nächste Seite

b) 1867 mit zwei Stempeln, die sich in der Stellung der letzten beiden Ziffern der Jahreszahl voneinander unterscheiden (Schwalbach 259 Anm.)

c) 1867 auch mit Stempelfehlern VERRINSTHALER (Schwalbach 260); 52. Auktion Harald Möller (12/2008), Nr. 4456, „fast Stempelglanz", Zuschlag 280.– Euro; Abb. siehe nächste Seite

d) 1867 mit kleinerem und größerem Mmz. „B" (Jaeger 126 Anm.)

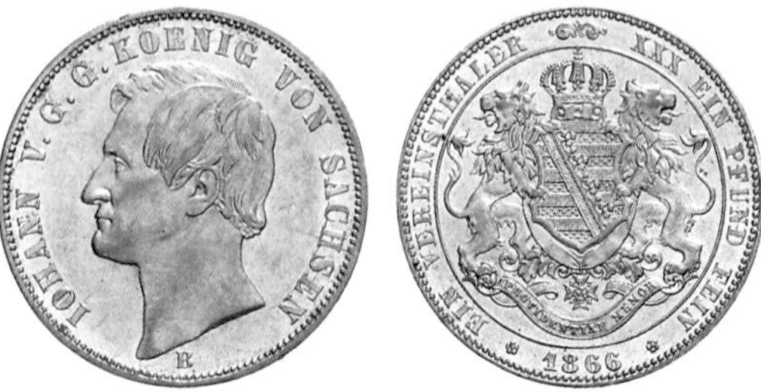

Nr. 470a), Rückseite des sächsischen Vereinstalers 1863–1867 ohne Querstrich im „A" von THALER (hier Jahrgang 1866)

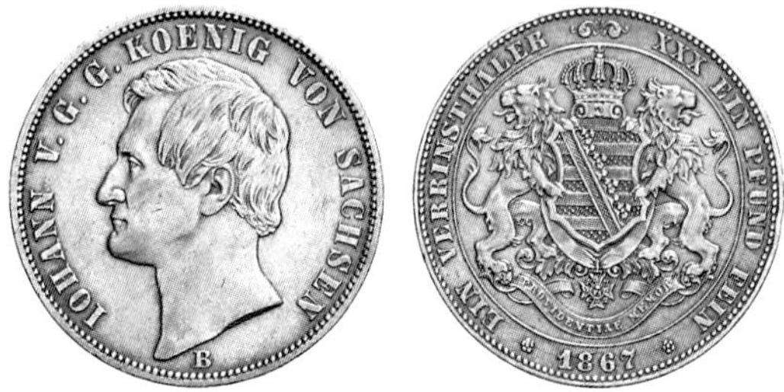

Nr. 470c), sächsischer Vereinstaler 1867 mit Stempelfehler VERRINSTHALER

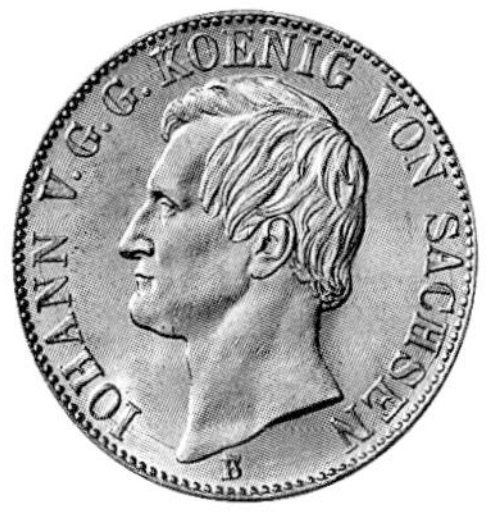

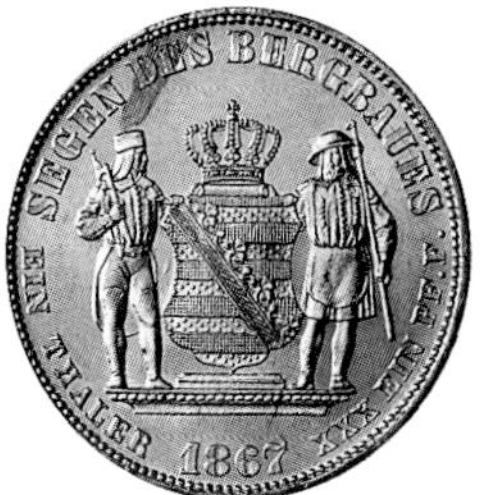

471 Ausbeutevereinstaler

Vs.: IOHANN V. G. G. KOENIG VON SACHSEN Mmz. B

Rs.: SEGEN DES BERGBAUES
EIN THALER (Jahr) XXX EIN PF. F.

Rand: GOTT SEGNE SACHSEN

Dav. 896 – AKS 135 – Jaeger 127 – T. 349

1861	(130 000)	60.–	120.–	220.–
1862	(145 000)	60.–	120.–	220.–
1863	(135 000)	60.–	120.–	220.–
1864	(120 000)	60.–	120.–	220.–
1865	(221 000)	60.–	120.–	220.–
1866	(185 000)	60.–	120.–	220.–
1867	(175 000)	60.–	120.–	220.–

In der 255. Künker-Auktion (10/2014), Nr. 5076, erzielte ein Exemplar von 1862 in „Prachtexemplar, fast Stempelglanz", Nr. 5076, den Zuschlag von 480.– Euro.

Varianten

a) 1861 auch ohne Perlen an der Wappenleiste (Schwalbach –); 5. Auktion Emporium Hamburg (10/1085, Nr. 4636, „vorzüglich", Zuschlag 5500.– DM (in der Auktion der Hess AG im Januar 1991 lag der Zuschlag bei 6100.– Schweizer Franken); Abb. siehe nächste Seite

b) 1863, 1865–1867 mit größerem und kleinerem Mmz. „B" (Lorenz 185)

c) 1863, 1865–1867 auch ohne Querstrich im „A" von TH/\LER (Jaeger 127 Anm.; Schwalbach –; Lorenz –); Irrtum von Jaeger? Kein Nachweis für diese Variante bei dem Ausbeutevereinstaler!

d) 1865 und 1867 mit von „F" in „B" geändertem Mmz. (Jaeger 127 Anm.; Schwalbach 261a [nur 1867]); 42. Auktion Harald Möller (12/2006), Nr. 1597 (Jahrgang 1867), „vorzüglich-Stempelglanz", Zuschlag 150.– Euro

e) Einseitiger Kupferabschlag der Rückseite vom Jahrgang 1862

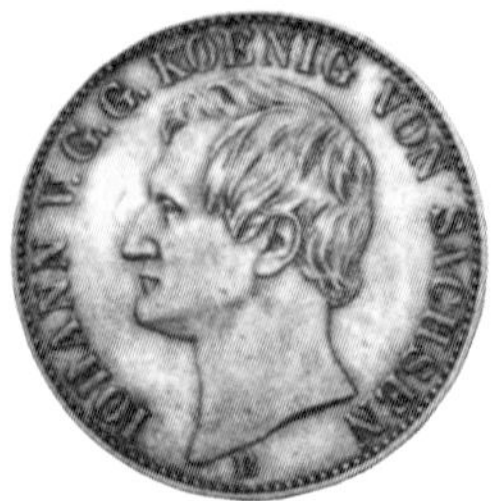
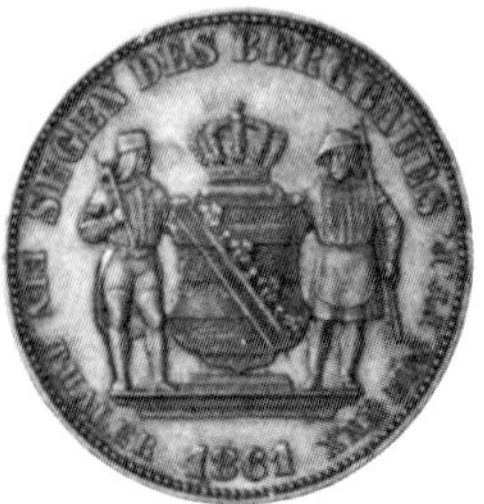

Nr. 471a), sächsischer Ausbeutevereinstaler 1861 B ohne Perlen an der Wappenleiste

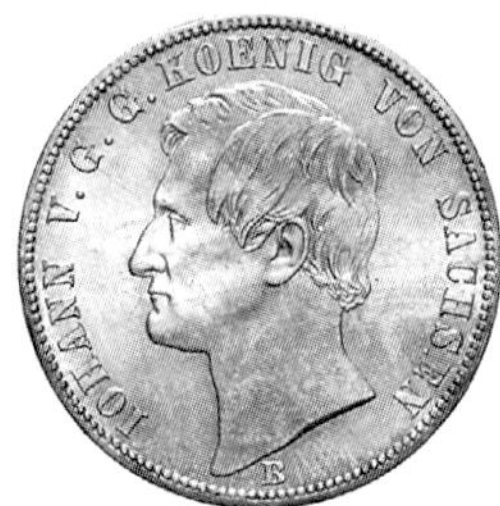
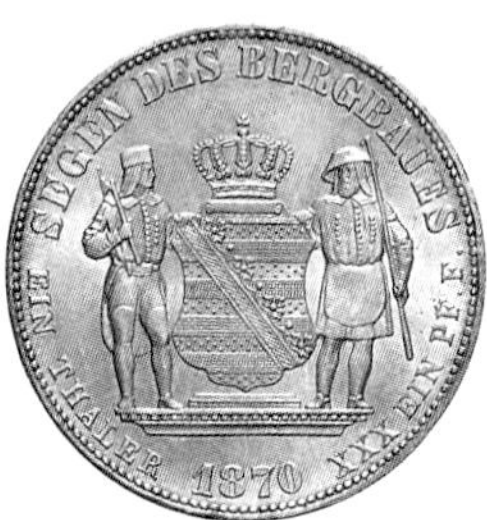

472 Ausbeutevereinstaler

Vs.: IOHANN V. G. G. KOENIG VON SACHSEN Mmz. B

Rs.: SEGEN DES BERGBAUES
EIN THALER (Jahr) XXX EIN PF. F.

Rand: GOTT SEGNE SACHSEN

Dav. 897 – Jaeger 128 – T. 350

Im Unterschied zum vorangegangenen Ausbeutetaler sind die Buchstaben der Vorderseiten-Umschrift kleiner.

1868	(181 000)	60.–	120.–	220.–
1869	(190 000)	60.–	120.–	220.–
1870	(235 700)	60.–	120.–	220.–
1871	(203 000)	60.–	120.–	220.–

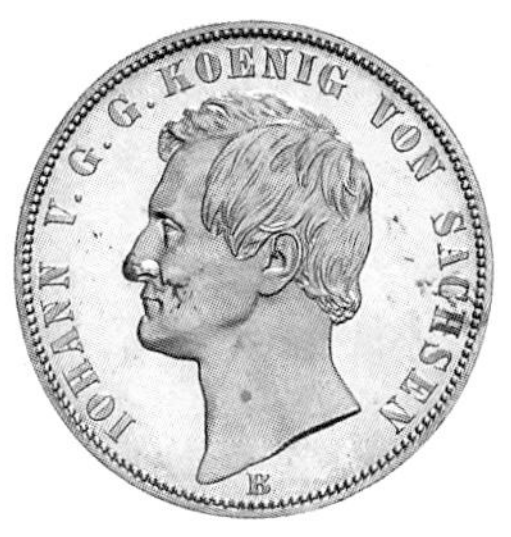

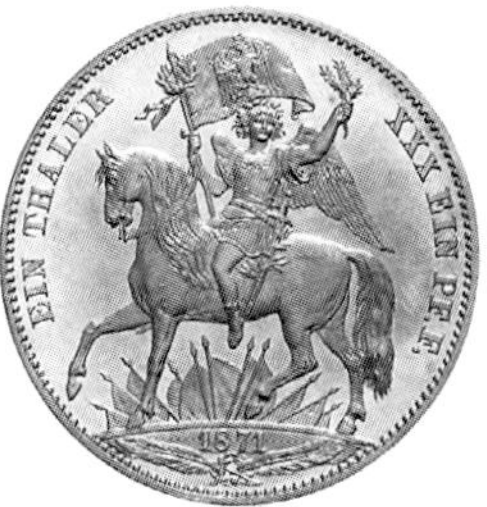

473 Vereinstaler (Siegestaler)

Vs.: IOHANN V. G. G. KOENIG VON SACHSEN Mmz. B

Rs.: EIN THALER XXX EIN PF. F. 1871

Rand: GOTT SEGNE SACHSEN

Dav. 898 – AKS 159 – Jaeger 132 – T. 351

1871	(44 840)	70.–	160.–	200.–

In der 32. Auktion der Münzhandlung Sonntag (7/2020), Nr. 980, erzielte ein Exemplar in „Polierter Platte, Erstabschlag" den Zuschlag von 750.– Euro; in der 355. eLive-Auktion von F. R. Künker ein Exemplar in „Erstabschlag" den Zuschlag von 825.– Euro.

Varianten und Proben

a) Probe-Siegestaler 1871 mit glattem Rand und dem Reichsadler auf der Rückseite, Vorderseiten-Umschrift GOTT SCHÜTZE UNSER SACHSEN (Ferrari 3953); 42. Auktion Harald Möller (12/2006), Nr. 1604, „vorzüglich", Zuschlag 2000.– Euro

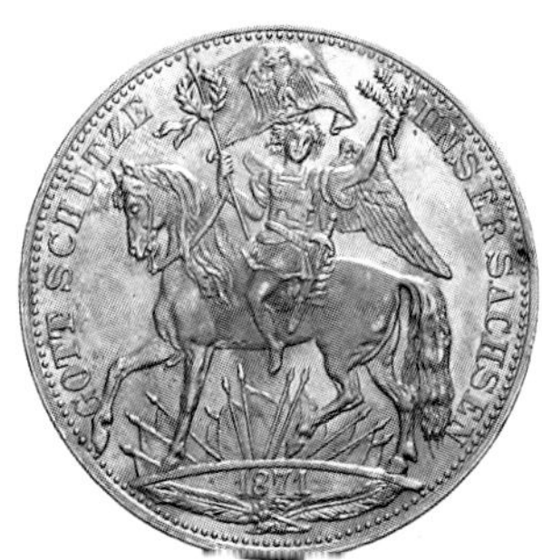

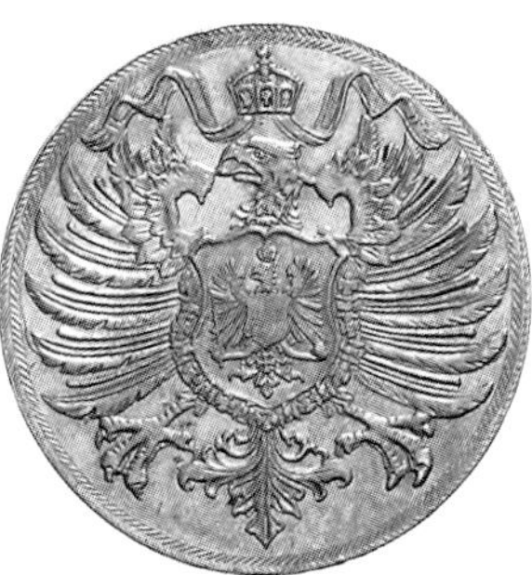

Nr. 473a), sächsischer Probe-Siegestaler 1871 mit dem Reichsadler auf der Rückseite und der Vorderseiten-Umschrift GOTT SCHÜTZE UNSER SACHSEN

b) Einseitiger Probeabschlag mit glattem Rand zum sächsischen Siegestaler mit der Umschrift ZUM RUHME DEUTSCHLANDS (Ferrari 3332 [zu Preußen]); 3. Auktion Galerie des Monnaies (10/1970), Nr. 716

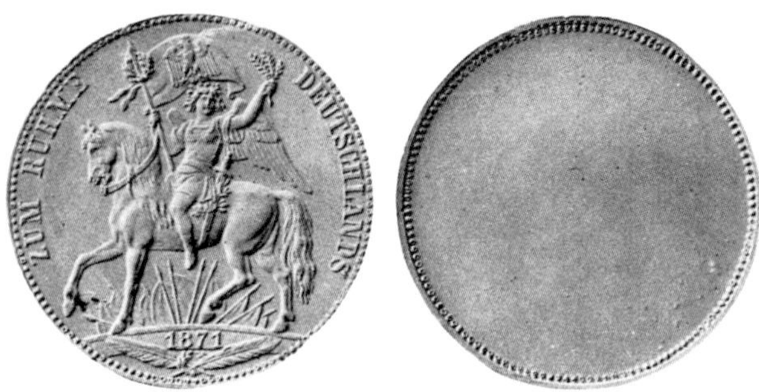

Nr. 473b), einseitiger Probeabschlag der Rückseite des sächsischen Siegestalers mit der Umschrift ZUM RUHME DEUTSCHLANDS

c) Goldabschlag mit glattem Rand im Gewicht von 35 g (Ferrari 3768; Schl. 991)

d) Einseitiger Kupferabschlag (Lorenz –); 101. Auktion F. R. Künker (6/2005), Nr. 2334, „sehr schön/vorzüglich“, Zuschlag 220.– Euro

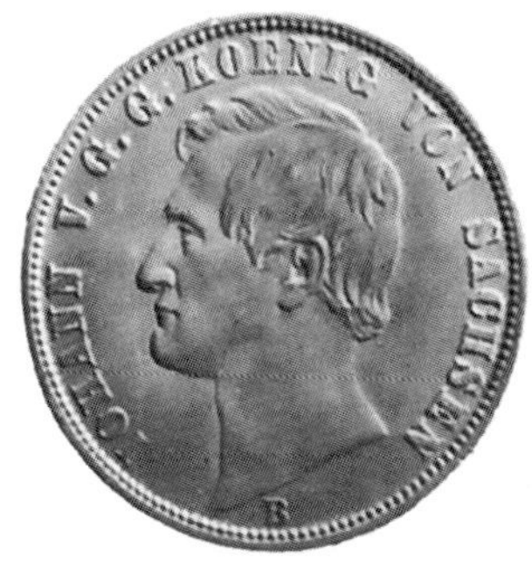

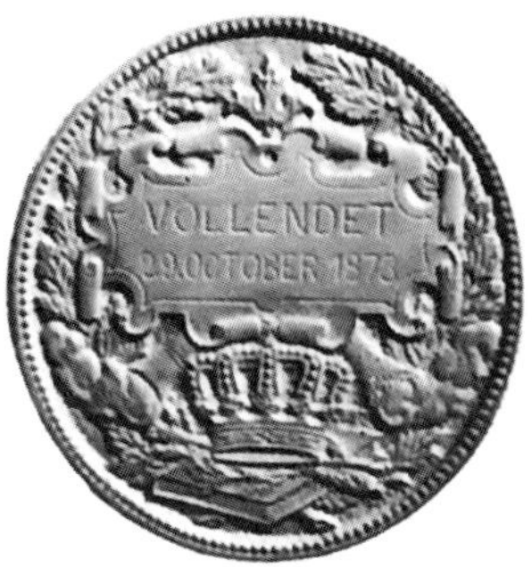

473A Taler (Sterbetaler)

Vs.: JOHANN V. G. G. KOENIG VON SACHSEN Mmz. B

Rs.: VOLLENDET 29. OCTOBER 1873 (graviert)
Signatur M B.

Rand: GOTT MIT UNS

AKS 161

1873

Dieser geplante Sterbetaler liegt nur in diesem einen Exemplar vor, das sich im Münzkabinett Dresden befindet.

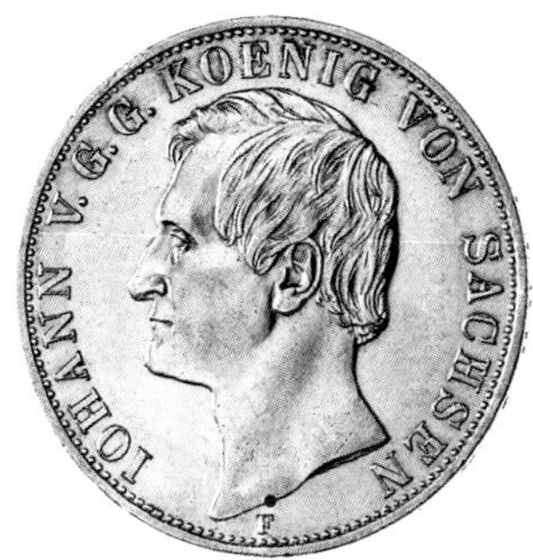

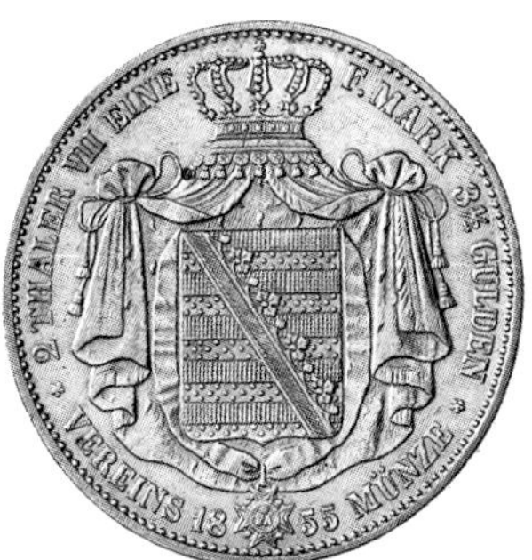

474 Doppeltaler

Vs.: IOHANN V. G. G. KOENIG VON SACHSEN Mmz. F

Rs.: 2 THALER VII EINE F. MAKR 3 ½ GULDEN
VEREINS (Jahr) MÜNZE

Rand: GOTT SEGNE SACHSEN

Dav. 886 – AKS 125 – Jaeger 104 – T. 337

1855	(462 130)	130.–	250.–	350.–
1856	(90 780)	150.–	300.–	500.–

In der 274. Künker-Auktion (3/2016), Nr. 2471, wurde ein Exemplar von 1856 in „vozüglich“ für 850.– Euro versteigert.

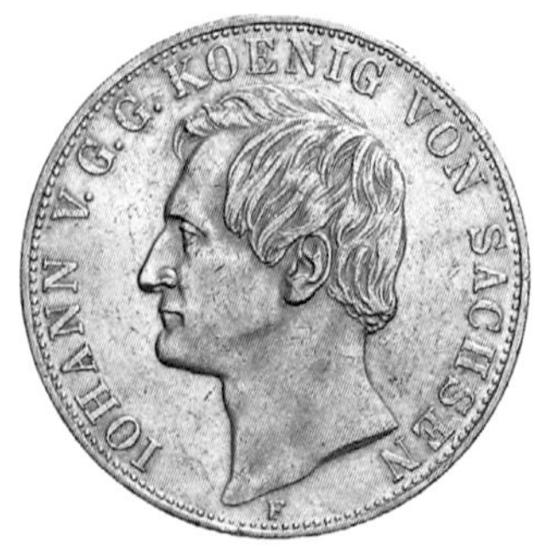

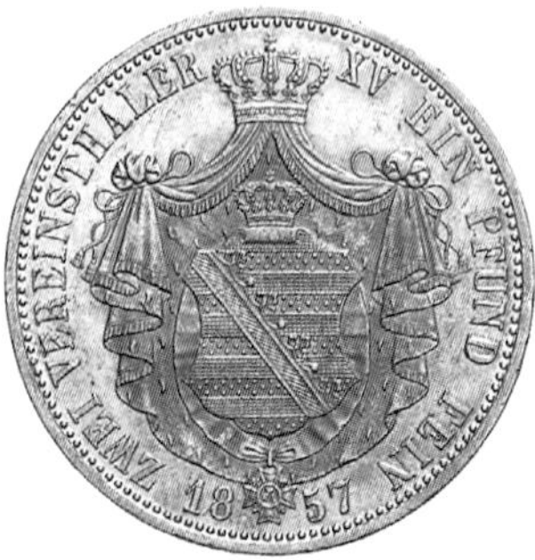

475 Vereinsdoppeltaler

Vs.: IOHANN V. G. G. KOENIG VON SACHSEN Mmz. F
Rs.: ZWEI VEREINSTHALER XV EIN PFUND FEIN Jahr
Rand: GOTT SEGNE SACHSEN

Dav. 889 – AKS 126 – Jaeger 109, 110, 112 – T. 338

1857	(350 590)	150.–	300.–	400.–
1858	(454 240)	150.–	300.–	400.–
1859	(322 600)	150.–	300.–	400.–

In der 305. Künker-Auktion (3/2018), Nr. 4307, erzielte ein Exemplar von 1859 in „fast Stempelglanz" den Zuschlag von 1200.– Euro; in der 258. Künker-Auktion (1/2015), Nr. 191, der Jahrgang 1857 (Sammlung Horn) in „Erstabschlag, Stempelglanz" den Zuschlag von 5500.– Euro.

Varianten

a) 1857–1859 mit gewölbtem Wappenschild (Jaeger 112 [nur 1858 und 1859]; Lorenz 190 [nur 1859]); 42. Auktion Harald Möller (12/2006), Nr. 1575, „Stempelglanz-", Zuschlag 290.– Euro; Abb. siehe nächste Seite

b) 1858 mit weniger Hermelinschwänzchen im Wappenmantel (Lorenz 189); Abb. siehe nächste Seite

c) 1858 mit Stempelfehler VEREINSTHAELR (Jaeger 110; Lorenz 189a); 42. Auktion Harald Möller (12/2006), Nr. 1572, „vorzüglich-Stempelglanz", Zuschlag 340.– Euro; Abb. siehe nächste Seite

d) Einseitiger Zinnabschlag der Rückseite vom Jahrgang 1858 (Lorenz –); 5. Auktion Harald Möller (4/1990), Nr. 1848, „fast Stempelglanz", Schätzpreis 160.– DM

e) Einseitiger Bleiabschlag der Rückseite vom Jahrgang 1858 mit Stempelfehler VEREINSTHAELR, Auktion Otto Helbing Nachfolger (3/1911), Nr. 517

Die Variante St. 1222ab gibt es nicht. Die angegebene Quelle (2. WAG-Auktion [10/1993, Nr. 2493]) weist einen Ausbeutetaler 1858 F aus, keinen Doppeltaler.

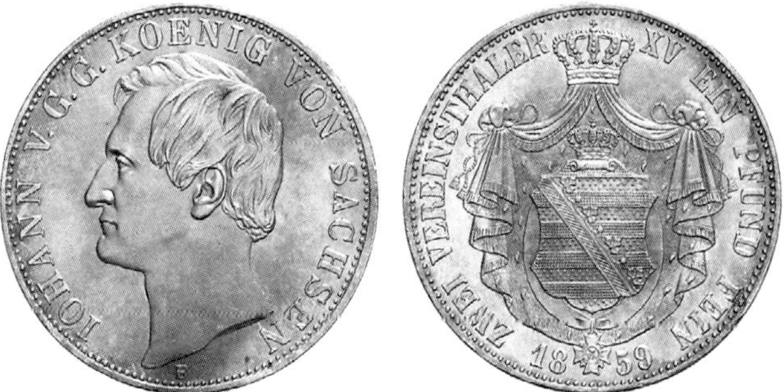

Nr. 475a), sächsischer Vereinsdoppeltaler 1859 mit gewölbtem Wappenschild

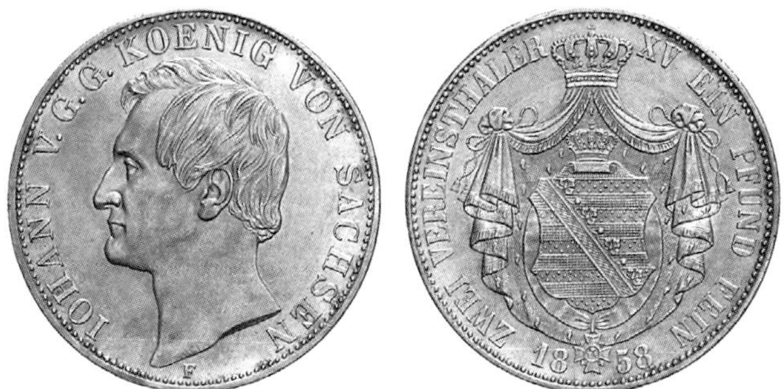

Nr. 475b), sächsischer Vereinsdoppeltaler 1858 mit gegenüber 1857 weniger Hermelinschwänzchen im Wappenschild

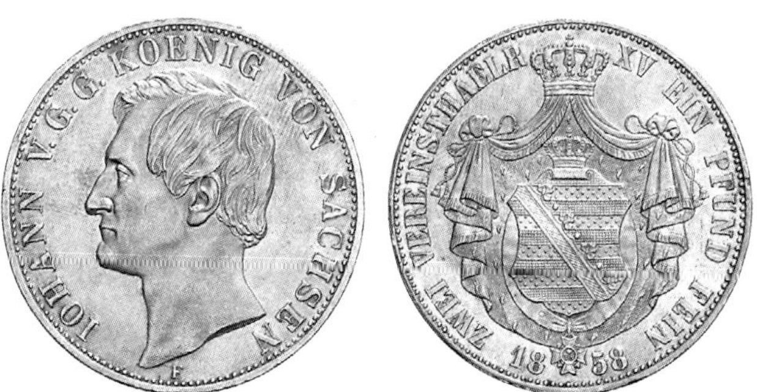

Nr. 475c), sächsischer Vereinsdoppeltaler 1858 mit Stempelfehler VEREINSTHAELR

476 Prämiendoppeltaler (Vereinsdoppeltaler)

Vs.: IOHANN V. G. G. KOENIG VON SACHSEN Mmz.

Rs.: K. S. BERGAKADEMIE ZU FREIBERG 1857
DEM FLEISSE

Rand: GOTT SEGNE DEN BERGBAU

Dav. 996 – AKS 157 – Jaeger 105 + 106 – T. 341 + 341 B

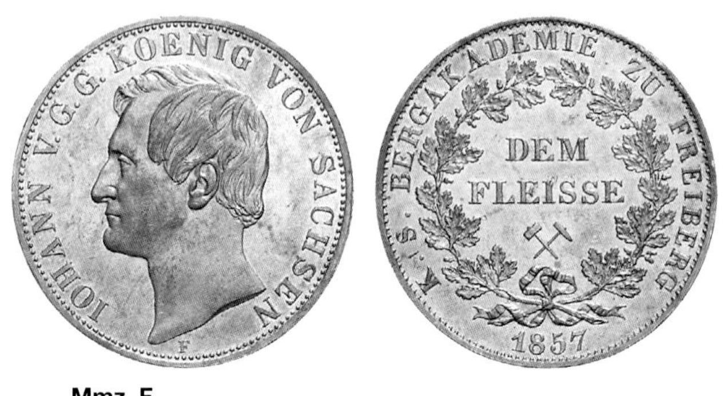

Mmz. F

1857	(100)	2000.–	3200.–	4800.–

In der 322. Künker-Auktion (6/2019), Nr. 822, erzielte ein Exemplar in „Erstabschlag, fast Stempelglanz", den Zuschlag von 8000.– Euro; in der 354. Künker-Auktion (9/2021), Nr. 5890, ein Exemplar in „vorzüglich-Stempelglanz" 7000.– Euro.

Variante

Versilberter Kupferabschlag (35,18 g); 337. Künker-Auktion (6/2020), Nr. 1541, Zuschlag 850.– Euro

zu Nr. 476 Prämiendoppeltaler

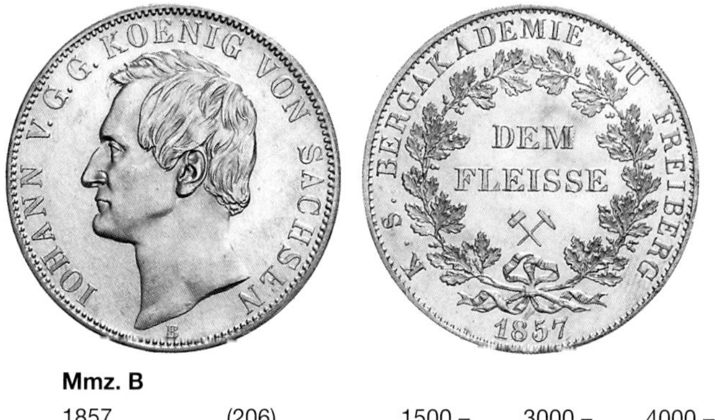

Mmz. B

1857	(206)	1500.–	3000.–	4000.–

Varianten

a) Kupferabschlag (Ferrari 3804; Müseler 56.2.3./5b); 45. Auktion Emporium Hamburg (5/2001), Nr. 3475, „vorzüglich, Randfehler“, Zuschlag 3200.– DM; 52. Möller-Auktion (12/2008), Nr. 4448, „fast Stempelglanz“, Zuschlag 875.– Euro

b) Zinnabschlag (Ferrari 3805; Müseler 56.2.3./5c)

c) Versilberter Zinnabschlag mit glattem Rand; 52. Möller-Auktion (12/2008), Nr. 4450, „vorzüglich“; Zuschlag 400.– Euro

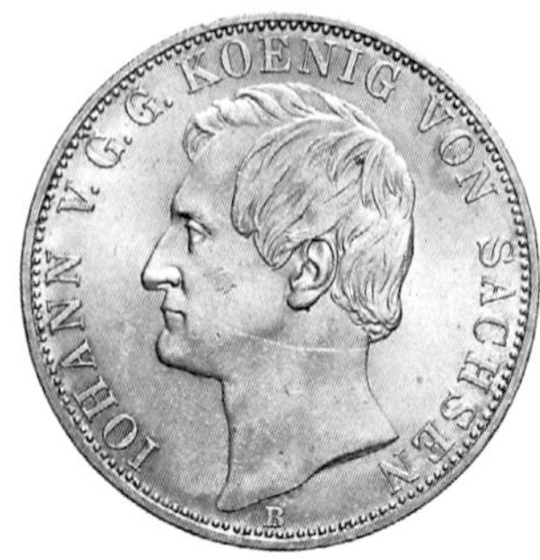
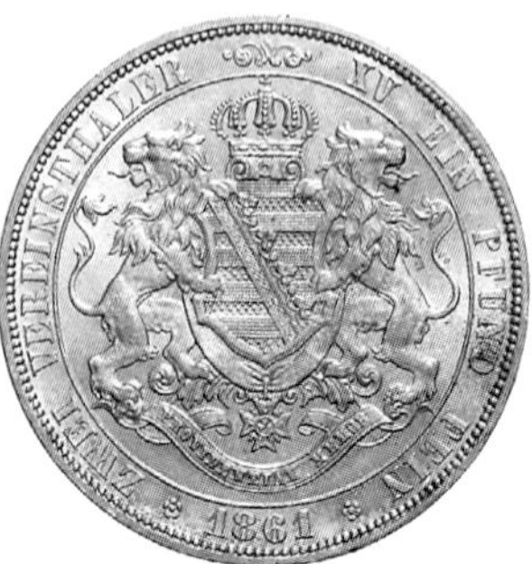

477 Vereinsdoppeltaler

Vs.: IOHANN V. G. G. KOENIG VON SACHSEN Mmz. B

Rs.: ZWEI VEREINSTHALER XV EIN PFUND FEIN 1861
auf dem Ordensband PROVIDENTIAE MEMOR

Rand: GOTT SEGNE SACHSEN

Dav. 894 – AKS 127 – Jaeger 120 – T. 347

1861	(729 900)	180.–	300.–	450.–

In der 305. Künker-Auktion (3/2018), Nr. 4308, erzielte ein Exemplar in „vorzüglich+“ den Zuschlag von 3600.– Euro.

Varianten

a) Mit größeren Buchstaben in der Randschrift (Ferrari 3821; Schwalbach 257 Anm.)

b) Mit kleineren Buchstaben in der Randschrift (Ferrari 3823; Schwalbach 257 Anm.)

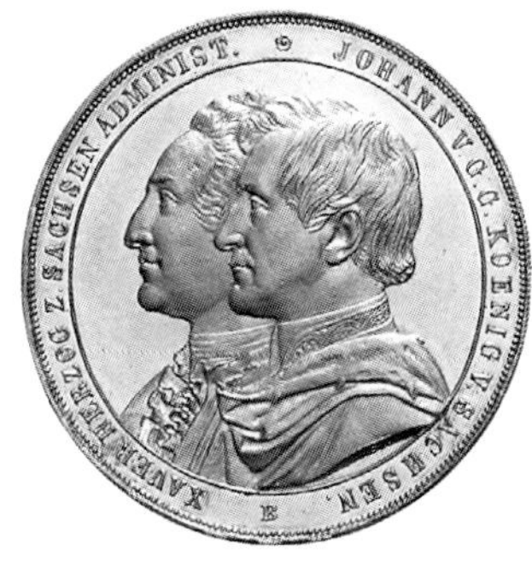

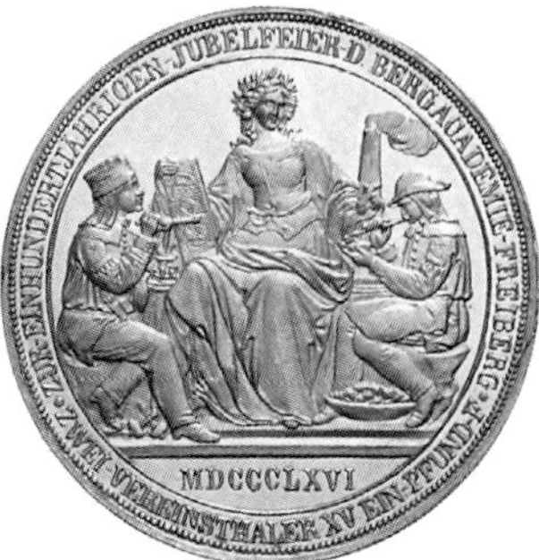

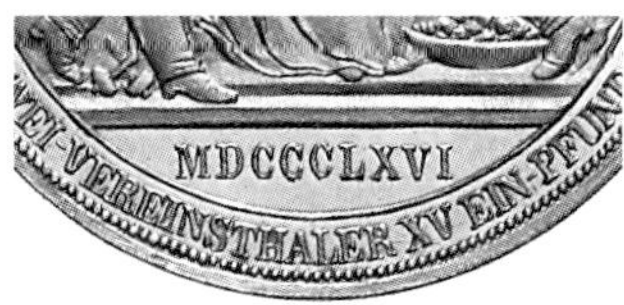

478 Vereinsdoppeltaler (100-Jahrfeier der Bergakademie zu Freiberg)

Vs.: JOHANN V. G. G. KOENIG V. SACHSEN
XAVER HERZOG Z. SACHSEN ADMINIST.
am Armabschnitt Signatur A. ST.

Rs.: ZUR EINHUNDERTJÄHRIGEN JUBELFEIER D. BERGACADEMIE FREIBERG / ZWEI VEREINSTHALER XV EIN PFUND F. / MDCCCLXVI (= 1866)

Rand: GOTT SEGNE SACHSEN sowie Schlägel und Eisen

AKS 158a – Arnold/Quellmalz 7

1866	(3?)	LP

Dieser Doppeltaler wurde in der 2. Auktion (10.10.1990) der Heidelberger Münzhandlung Herbert Grün unter der Nr. 1586 angeboten und für 130 500.– DM zugeschlagen. In der 42. Auktion Harald Möller (12/2006), Nr. 1592, „fast Stempelglanz", hatte ein Exemplar einen Schätzpreis von 55 000.– Euro und in der 53. Auktion Harald Möller (5/2009), Nr. 1174, in „fast Stempelglanz" den Schätzpreis von 40 000.– Euro.

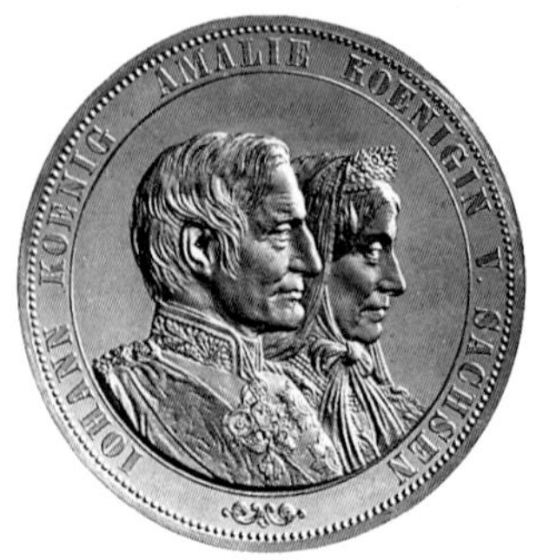

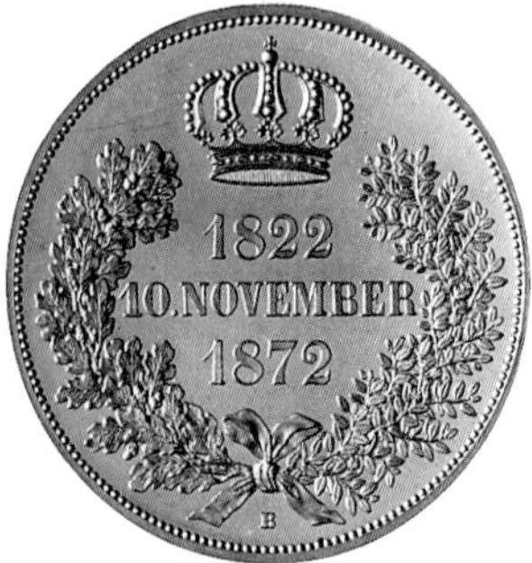

479 Vereinsdoppeltaler (Goldene Hochzeit des Königspaars)

Vs.: IOHANN KOENIG AMALIE KOENIGIN V. SACHSEN

Rs.: 1822 10. NOVEMBER 1872 Mmz. B

Rand: XV EIN PFUND FEIN

Dav. 899 – AKS 160 – Jaeger 133 – T. 352

1872	(48 580)	90.–	150.–	200.–

In der 261. Künker-Auktion (3/2015), Nr. 5144, erzielte ein Exemplar in „fast Stempelglanz" den Zuschlag von 1200.– Euro; in der 328. Hess-Divo-Auktion (5/2015), Nr. 844, in „FDC" den Zuschlag von 1600.– Schweizer Franken.

Varianten

a) Mit der Randschrift auf einem feinen Riffelrand (Jaeger –; Lorenz –); 45. Auktion Harald Möller (6/2007), Nr. 1361, „Stempelglanz-", Zuschlag 280.– Euro

b) Ohne Randschrift in Feinsilber, geprägt 32 Exemplare (Jaeger 133 Anm.; Lorenz 194 Anm.); 45. Auktion Harald Möller (12/2006), Nr. 1360, „Polierte Platte", Zuschlag 2900.– Euro

c) Goldabschlag ohne Randschrift im Gewicht von 48,3 g, geprägt 86 Exemplare (Jaeger 133 Anm.; Lorenz 194 Anm.); 379. Auktion Dr. Busso Peus Nachf. (4/2004), Nr. 2813 (48,14 g), „Polierte Platte", Zuschlag 8000.– Euro; 42. Auktion Harald Möller (6/2007), Nr. 1605, „vorzüglich-Stempelglanz aus Polierter Platte", Zuschlag 6000.– Euro; 140. Auktion F. R. Künker (6/2008), Nr. 972, „fast Stempelglanz", Zuschlag 7500.– Euro; 177. Fischer-Auktion (11/2020), in „Stempelglanz", Zuschlag 26 000.– Euro

d) Kupferabschlag (Jaeger 133 Anm.); 77. Auktion Gorny & Mosch (4/1996), Nr. 1234, „gutes vorzüglich", Zuschlag 750.– DM

e) Zinnabschlag; 63. Auktion Müller/Solingen (9/1989), Nr. 1234, „vorzüglich“, Zuschlag 230.– DM.

f) Mit PSHND statt PFUND in der Randschrift; 43. Teutoburger Münzauktion (2/2009), Nr. 2422

Herzogtum Sachsen-Altenburg

Münzstätte:	Dresden	
Münzmeister:		
G	Johann Georg Grohmann	1833 – 1844
F	Gustav Theodor Fischer	1845 – 1860
B	Gustav Julius Buschick	1860 – 1887

Joseph 1834 – 1848

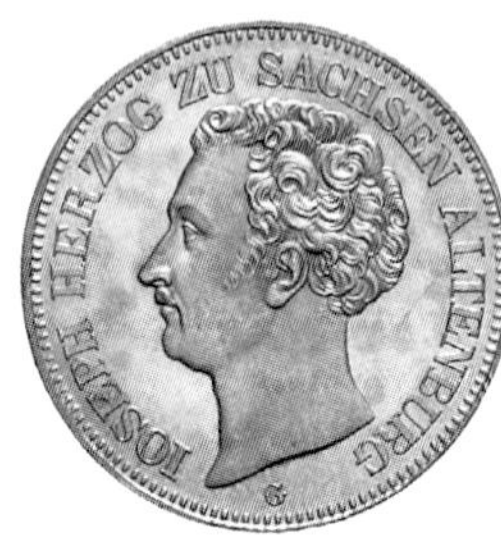

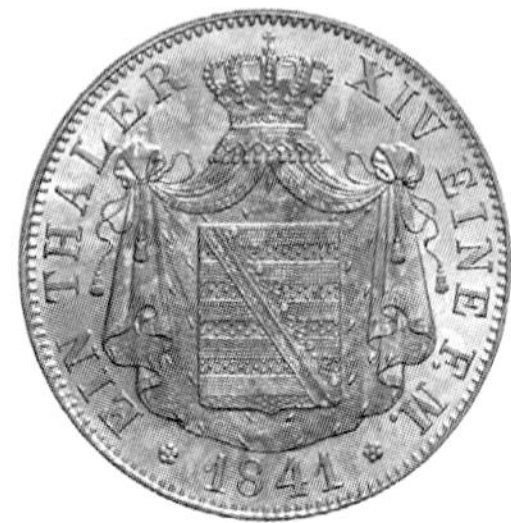

480 Taler

Vs.: IOSEPH HERZOG ZU SACHSEN ALTENBURG Mmz. G

Rs.: EIN THALER XIV EINE F. M. 1841

Rand: GOTT SEGNE SACHSEN

Dav. 812 – AKS 49 – Jaeger 107 – T. 354

1841	(20 000)	140.–	500.–	900.–

In der 154. Künker-Auktion (6/2009), Nr. 966, wurde ein Exemplar in „Stempelglanz" für 2000.– Euro versteigert; in der 258. Künker-Auktion (1/2015), Nr. 201, ein Exemplar in „Stempelglanz, Erstabschlag" für 4800.– Euro.

481 Doppeltaler

Vs.: IOSEPH HERZOG ZU SACHSEN ALTENBURG Mmz.

Rs.: 2 THALER VII EINE F. MARK 3 ½ GULDEN VEREINS (Jahr) MÜNZE

Rand: GOTT SEGNE SACHSEN

Dav. 811 – AKS 48 – Jaeger 108 – T. 353 + 353 F

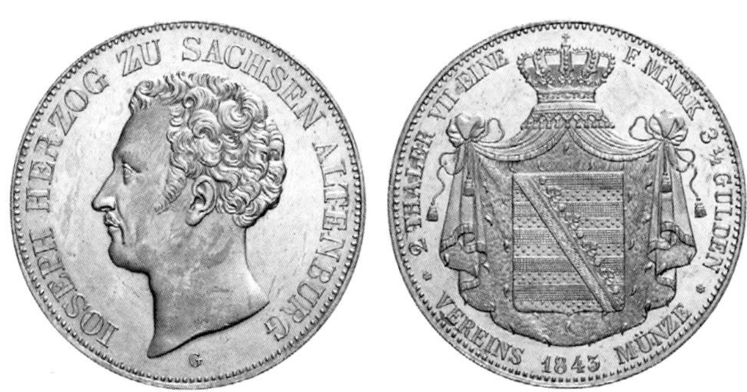

Mmz. G

1841	(9400)	500.–	1000.–	2000.–
1842	(4300)	550.–	1000.–	2300.–
1843	(9400)	550.–	1100.–	2500.–

In der 322. Künker-Auktion (6/2019), Nr. 836, wurde ein Exemplar von 1841 in „Erstabschlag, fast Stempelglanz" für 4000.– Euro zugeschlagen; in der 58. Heidelberger Münzauktion (11/2011), Nr. 1697, ein Exemplar von 1842 in „Stempelglanz" für 6500.– Euro.

Variante

a) 1841 als Zinnabschlag mit glattem Rand (Ferrari 4141)

zu Nr. 481 Doppeltaler

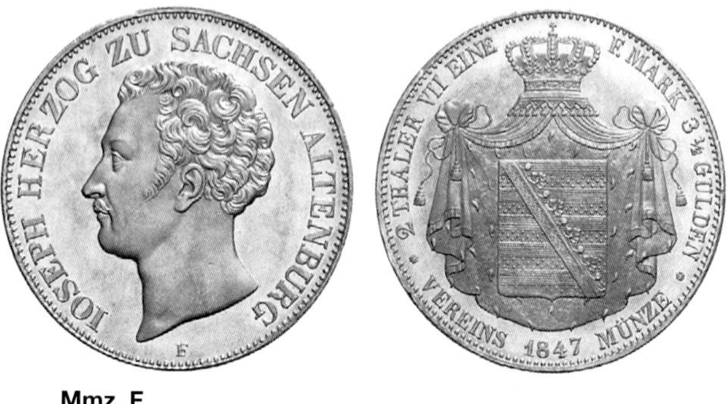

Mmz. F

1847	(9400)	750.–	1500.–	3200.–

In der 80. Auktion F. R. Künker (3/2003), Nr. 2638, wurde ein Exemplar vom Jahrgang 1847 F in „Stempelglanz" für 2500.– Euro zugeschlagen, in der 118. Auktion F. R. Künker (9/2006), Nr. 7500, ein Exemplar ebenfalls in „Stempelglanz" für 2600.– Euro; in der 77. WAG-Auktion (9/2016), Nr. 2035, ein Exemplar in „fast Stempelglanz" für 4500.– Euro.

Varianten

b) 1847 mit veränderter Stellung der „4" in der Jahreszahl (Ferrari 4146)

c) Einseitiger (brakteatenförmiger?) vergoldeter Abschlag der Vorderseite (Ferrari 4148 [Cliché])

Georg 1848 – 1853

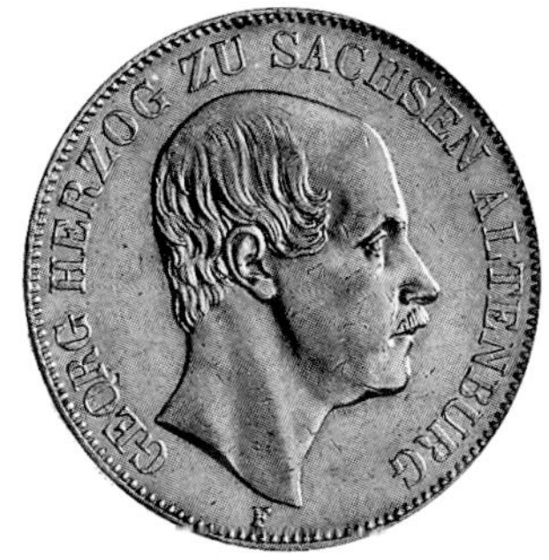

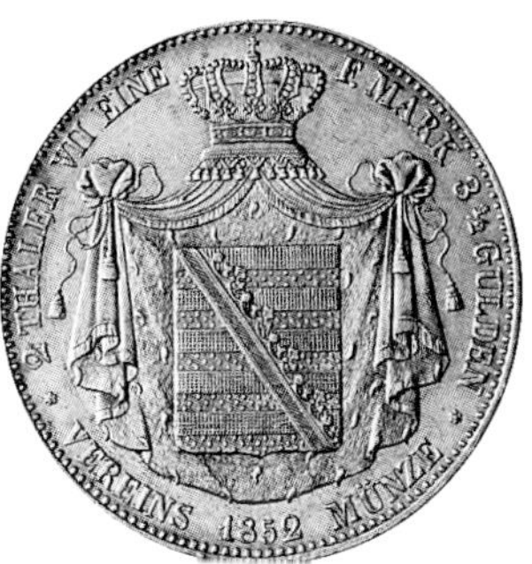

482 Doppeltaler

Vs.: GEORG HERZOG ZU SACHSEN ALTENBURG Mmz. F

Rs.: 2 THALER VII EINE F. MARK 3 ½ GULDEN
VEREINS 1852 MÜNZE

Rand: GOTT SEGNE SACHSEN

Dav. 813 – AKS 58 – Jaeger 112 – T. 355

1852	(9400)	550.–	1500.–	2200.–

In der 118. Auktion F. R. Künker (9/2006), Nr. 7501, erzielte ein Exemplar in „Stempelglanz" den Zuschlag von 3600.– Euro; in der 258. Auktion (1/2015), Nr. 202, F. R. Künker ein Exemplar in „Stempelglanz" 4800.– Euro.

Ernst 1853 – 1908

483 Vereinstaler

Vs.: ERNST HERZOG VON SACHSEN ALTENBURG Mmz.
Rs.: EIN VEREINSTHALER XXX EIN PFUND FEIN 1858
Rand: GOTT SEGNE SACHSEN

Dav. 814 – AKS 61 – Jaeger 113 – T. 356 + 356 B

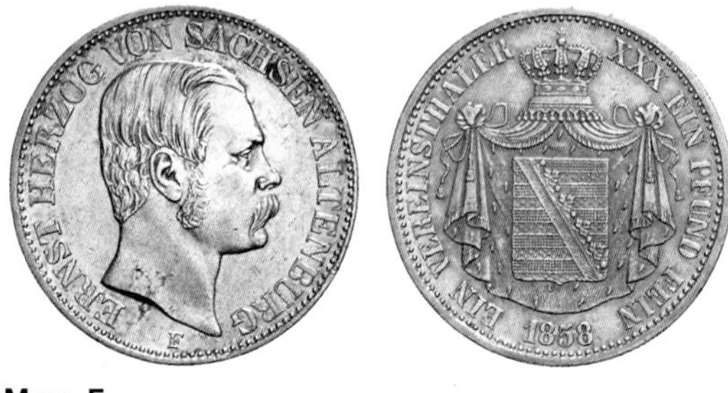

Mmz. F

1858	(31 870)	100.–	200.–	350.–

In der 350. Künker-Auktion (6/2021), Nr. 1486, erzielte ein Exemplar in „Stempelglanz“ den Zuschlag von 1100.– Euro.

Variante

a) Einseitiger Bronzeabschlag der Vorderseite; 3. Auktion Harald Möller (4/1989), Nr. 1931, „vorzüglich“, Zuschlag 460.– DM

zu Nr. 483 Vereinstaler

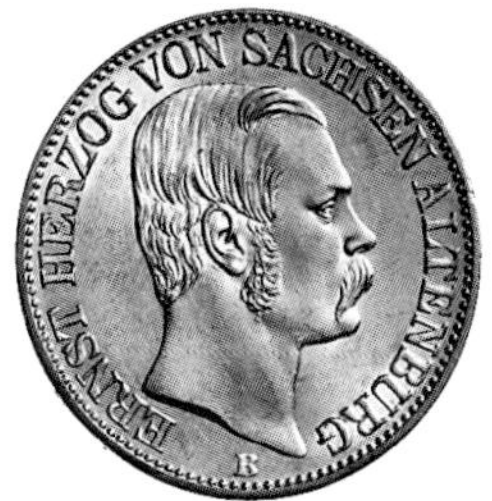

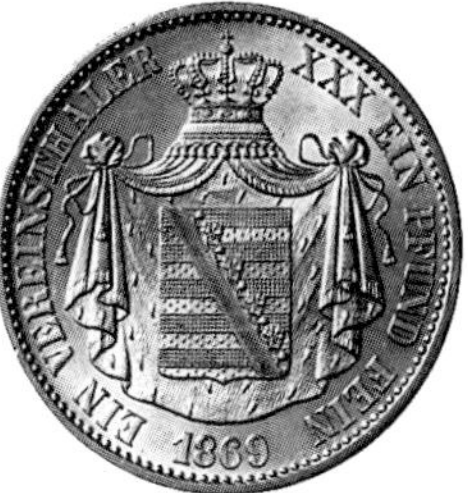

Mmz. B

1864	(22 200)	100.–	200.–	320.–
1869	(22 700)	100.–	200.–	320.–

In der 56. WAG-Auktion (2/2011), Nr. 949, erzielte ein Exemplar von 1869 in „Polierter Platte, Stempelglanz", den Zuschlag von 800.– Euro.

Variante

b) Einseitiger Kupferabschlag der Vorderseite (AKS 61 Anm.); 45. Auktion Harald Möller (6/2007), Nr. 1374, „vorzüglich-", Schätzpreis 170.– Euro

Herzogtümer Sachsen-Coburg und Gotha

Münzstätten:	Gotha	1828 – 1838
	Dresden	1826/27, 1841 – 1872

Münzmeister in Gotha:

E.K.	Ernst Kleinsteuber	1828 – 1832
Ohne Mmz.	Heinrich Carl Hassenstein	1834
	Carl Friedrich Heinrich Credner	1835

Münzmeister in Dresden:

G	Johann Georg Grohmann	1841 – 1844
F	Gustav Theodor Fischer	1845 – 1860
B	Gustav Julius Buschick	1860 – 1887

Medailleur:

H. F.	
HELFRICHT	Ferdinand Helfricht, Gotha

Ernst I. 1826 – 1844

484 ½ Konventionstaler

Vs.: ERNST HERZOG Z. S. COBURG U. GOTHA F. Z. LICHTENB.

Rs.: ZWANZIG EINE FEINE MARK Mmz. Jahr

Rand: Riffelrand

AKS 74 – Jaeger 254 – KOR 1095–1098

Mmz. E. K.

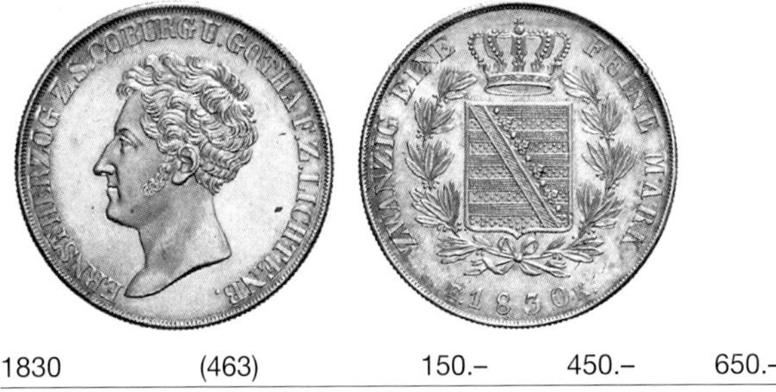

1830	(463)	150.–	450.–	650.–

ohne Mmz.

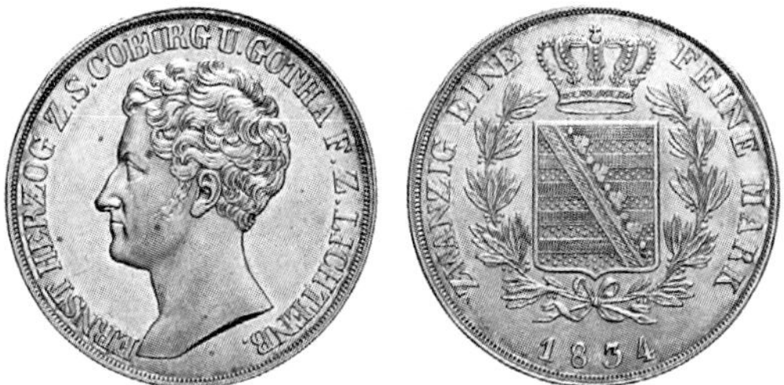

1831	(6443)	150.–	450.–	650.–
1832	(130)	400.–	700.–	LP*
1834	(3764)	250.–	600.–	750.–

*) Der Jahrgang 1832 wurde bisher zuletzt in der 9. Auktion Harald Möller (4/1992), Nr. 2147, in „vorzüglich" angeboten und für 875.– DM zugeschlagen; in der 19. Auktion der Heidelberger Münzhandlung Herbert Grün (4/1997), Nr. 1846, befand sich ein Exemplar in „vorzüglich" mit einem Schätzpreis von 4000.– DM; in der 89. Auktion der Leipziger Münzhandlung (5/2018), Nr. 2175, wurde ein Exemplar von 1832 in „fast vorzüglich/vorzüglich" für 580.– Euro versteigert.

In der 98. Auktion der Leipziger Münzhandlung (11/2021), Nr. 3682, wurde ein Exemplar von 1831 (fälschlich mit 1832 angegeben) in „Stempelglanz" für 2600.– Euro versteigert.

Variante

a) 1834 mit Signatur H . F . am Halsabschnitt (KOR 1098.2); 29. Auktion der Leipziger Münzhandlung und Auktion Heidrun Höhn (6/2002), Nr. 3241, „fast vorzüglich/fast Stempelglanz“, Zuschlag 315.– Euro

Die Variante St. 1272a (1834 mit Mmz. EK) gibt es nicht. In der herangezogenen Quelle (201. Auktion Gerhard Hirsch Nachfolger [9/1998], Nr. 2676) ist das Mmz. fälschlicherweise angegeben worden.

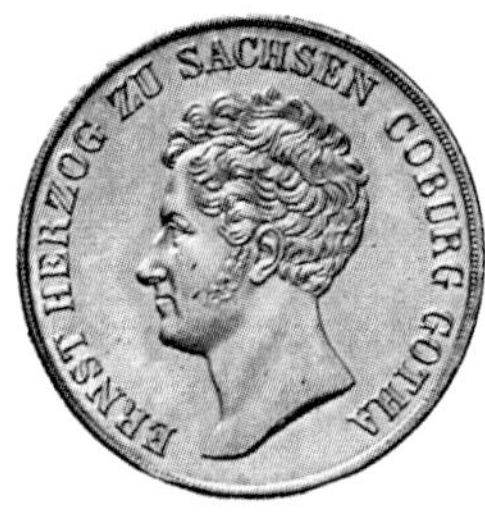

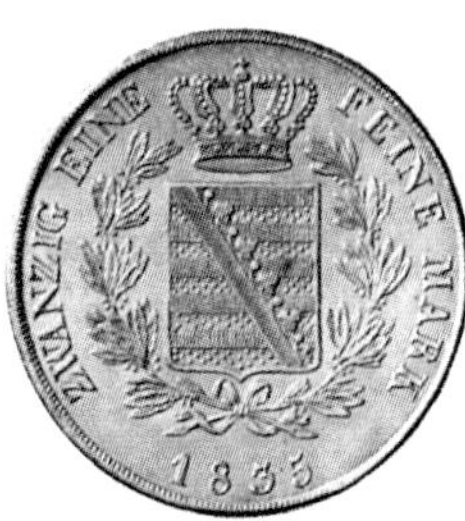

485 ½ Konventionstaler

Vs.: ERNST HERZOG ZU SACHSEN COBURG GOTHA am Halsabschnitt Signatur H . F .

Rs.: ZWANZIG EINE FEINE MARK 1835

Rand: Riffelrand

AKS 74 Anm. – Jaeger 262 – KOR 1099

1835	(310)	400.–	LP	LP*

**) Ein Exemplar in „fast Stempelglanz“ wurde in der 19. Auktion der Heidelberger Münzhandlung Herbert Grün (4/1997), Nr. 1863, angeboten und für 3000.– DM zugeschlagen; in der 80. Auktion der WAG Online (11/2017), Nr. 1094, wurde ein Exemplar in „sehr schön-vorzüglich“ für 330.– Euro versteigert.*

Variante

a) Das bei St. 1280 als Variante a) aufgeführte Mmz. (Signatur) HF statt H . F . gibt es nicht.

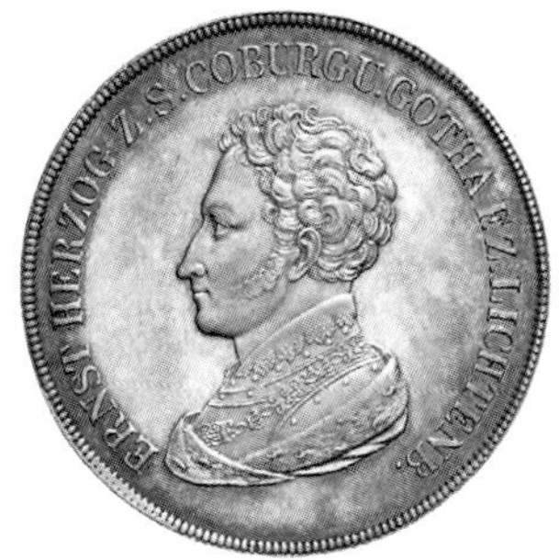

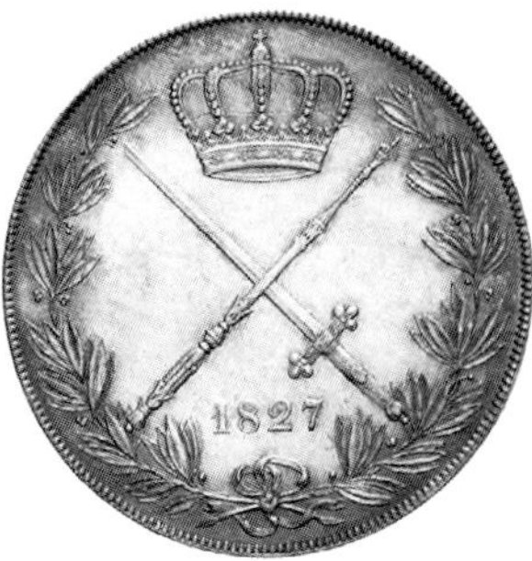

486 Kronentaler

Vs.: ERNST HERZOG Z. S. COBURG U. GOTHA F. Z. LICHTENB.

Rs.: 1827

Rand: Glatt

Dav. 817 – AKS 71 – Jaeger 250 – KOR 1088 – T. 357

1827	750.–	1500.–	2200.–

Zusammen mit der Nr. 502 wurden in Dresden 2002 Stück geprägt.

In der 80. Heidelberger Münzauktion (11/2020), Nr. 885, wurde ein Exemplar in „Stempelglanz", winzige Kratzer", für 2500.– Euro zugeschlagen.

Varianten (Proben)

a) Ohne Locke auf der hohen Stirn und ohne Locken an den Schläfen (KOR 1088.1); 41. Auktion Heidelberger Münzhandlung Herbert Grün (5/2004), Nr. 3234, „fast Stempelglanz", Schätzpreis 2000.– Euro; Abb. siehe nächste Seite

b) Einseitiger Zinnabschlag (Probe) auf breiter Ronde (KOR 1089b); 9. Auktion Hauck & Aufhäuser (10/1992), Nr. 3485, „vorzüglich", Zuschlag 925.– DM; Abb. siehe nächste Seite

c) Einseitiger Zinnabschlag (Probe) auf kleiner Ronde (KOR 1089c); 14. Auktion Hauck & Aufhäuser (10/1998), Nr. 1770, „vorzüglich", Zuschlag 1100.– DM; Abb. siehe nächste Seite

d) Einseitiger, achteckiger Zinnabschlag (Probeabschlag) (KOR 1089a)

Es existiert nur der Rückseiten-Stempel mit aus 1826 umgeschnittener Jahreszahl. Die Variante St. 1268b entspricht daher generell der Nr. 486.

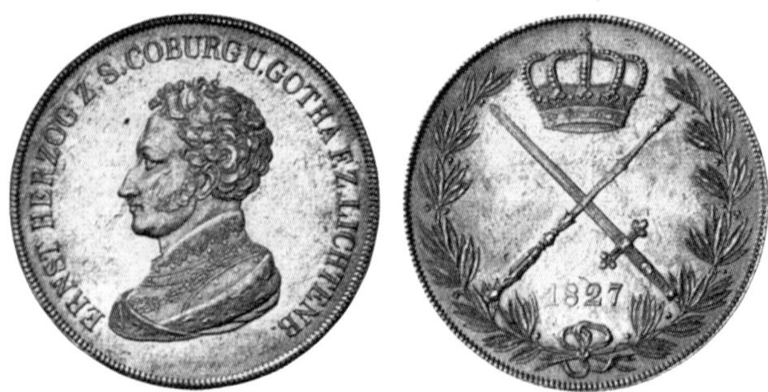

Nr. 486a), Kronentaler 1827 ohne Locke auf der hohen Stirn und ohne Locken an den Schläfen

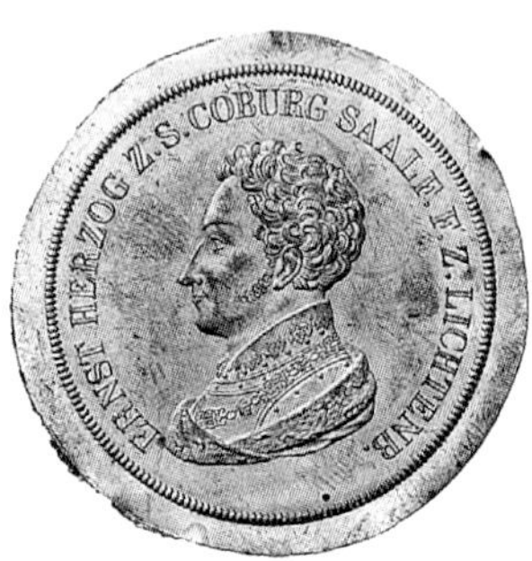

Nr. 486b), einseitiger Zinnabschlag (Probe) des Kronentalers 1827 auf breiter Ronde

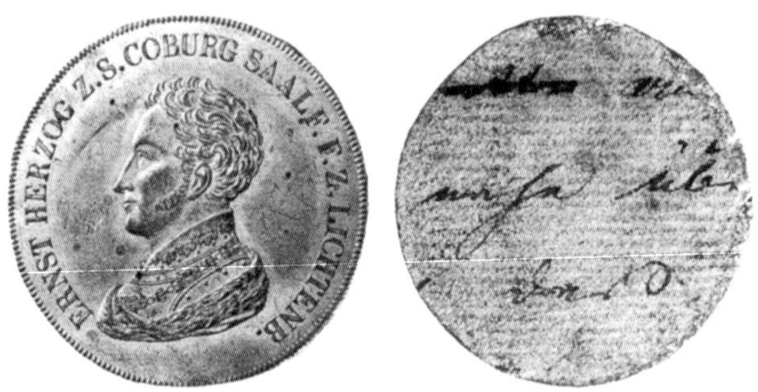

Nr. 486c), einseitiger Zinnabschlag (Probe) des Kronentalers 1827 auf kleinerer Ronde mit beschrifteter Rückseite

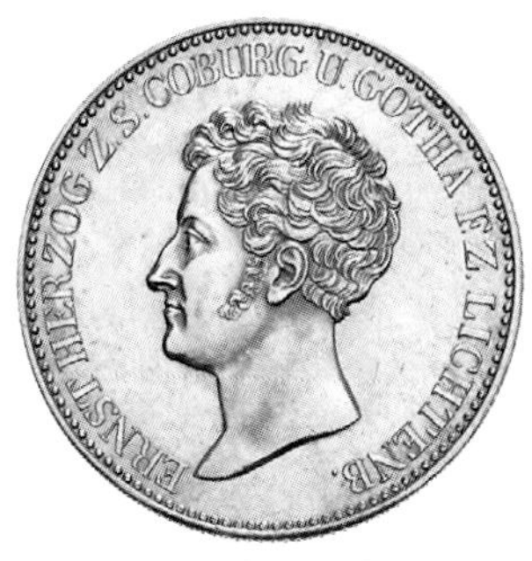

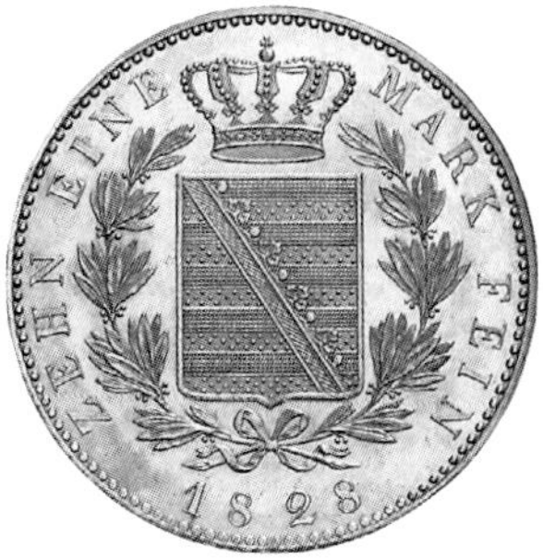

487 Konventionstaler

Vs.: ERNST HERZOG Z. S. COBURG U. GOTHA F. Z. LICHTENB.

Rs.: ZEHN EINE MARK FEIN 1828

Rand: Doppellinie erhabener Punkte

AKS 72 – Jaeger 251 – KOR 1090 – T. 358

1828	(31)	LP

In der Auktion 19 (21.4.1997) der Heidelberger Münzhandlung Herbert Grün wurde ein Exemplar in „vz–Stgl." für 76 500.– DM zugeschlagen, in der 42. Auktion Harald Möller (1.12.2006) das identische Exemplar für 40 000.– Euro; in der 407. Peus-Auktion (11/2012), Nr. 2459, lag der Zuschlag für ein Exemplar in „vorzüglich-Stempelglanz" bei 21 000.– Euro und in der 80. Heidelberger Münzauktion (11/2020), Nr. 886, bei 19 250.– Euro.

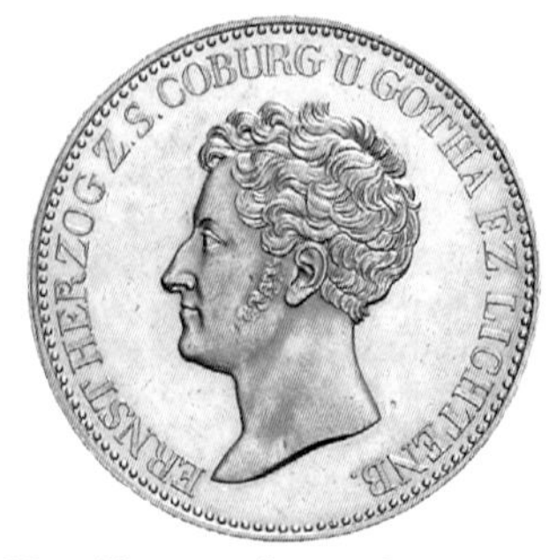

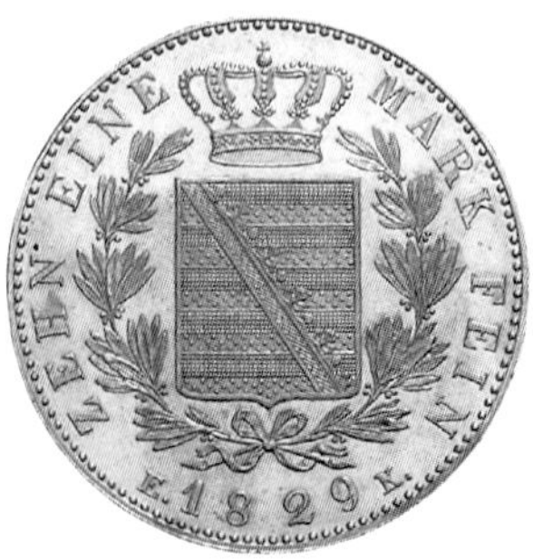

488 Konventionstaler

Vs.: ERNST HERZOG Z. S. COBURG U. GOTHA F. Z. LICHTENB.

Rs.: ZEHN EINE MARK FEIN Mmz. E. 1829 K.

Rand: Drei verschiedene Varianten

Dav. 818 – AKS 72 – Jaeger 251 – KOR 1091.1 – T. 359

1829	(3759)	850.–	1300.–	2200.–

In der 98. Auktion der Leipziger Münzhandlung (11/2021), Nr. 3681, erzielte ein Exemplar in „Erstabschlag, minimal berieben, fast Stempelglanz" den Zuschlag von 3050.– Euro.

Varianten

a) Auf dem Rand befindet sich eine doppelte Punktreihe (KOR 1091.1a); 42. Auktion Harald Möller (12/2006), Nr. 1630, „vorzüglich/vorzüglich-Stempelglanz", Zuschlag 1450.– Euro

b) Auf dem Rand befindet sich in der Mitte eine erhabene Doppellinie, seitlich ist er gerippt (KOR 1091.1b); 45. Auktion Harald Möller (6/2007), Nr. 1382, „vorzüglich/vorzüglich-Stempelglanz", Zuschlag 1200.– Euro. In KOR steht: „Möglicherweise handelt es sich bei der Randgestaltung mit erhöhter Doppellinie um die Probeversion einer Rändelung".

c) Glatter Rand (KOR 1091.1c); 47. Auktion Emporium Hamburg (5/2002), Nr. 3242, „vorzüglich+", Zuschlag 2050.– Euro; 45. Auktion Harald Möller (6/2007), Nr. 1381, „fast Stempelglanz", Schätzpreis 1700.– Euro

d) Kupferabschlag mit dem Rand der Variante 488a (KOR 1091.2); 151. Auktion Frankfurter Münzhandlung (6/1999), Nr. 939, „vorzüglich, vier Randeinschnitte", Zuschlag 525.– DM

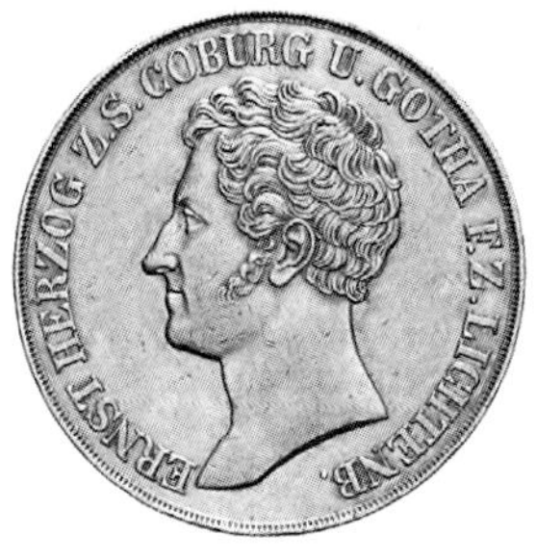

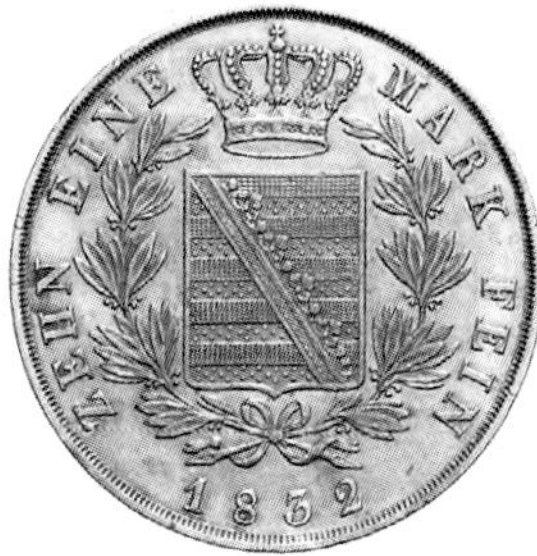

489 Konventionstaler

Vs.: ERNST HERZOG Z. S. COBURG U. GOTHA F. Z. LICHTENB.

Rs.: ZEHN EINE MARK FEIN Jahr

Rand: EIN CONVENTIONSTHALER

AKS 72 – Jaeger 255 – KOR 1092 + 1093 – T. 360

1832	(304)	LP
1833	(276)	LP

In der 19. Auktion der Heidelberger Münzhandlung Herbert Grün (4/1997), Nr. 1847 (Jahrgang 1832), erzielte ein Exemplar in „fast Stempelglanz" den Zuschlag von 50 000.– DM; in der 46. Auktion F. R. Künker (3/1999), Nr. 3051 (Jahrgang 1832), „vorzüglich", 24 000.– DM; in der 42. Auktion Harald Möller (12/2006), Nr. 1637 (Jahrgang 1832), ein Exemplar in „fast vorzüglich" 6000.– Euro; in der 59. Sincona-Auktion (10/2019), Nr. 1223, ein Exemplar von 1832 in „fast vorzüglich" für 3800.– Schweizer Franken; in der 58. Heidelberger Münzauktion (11/2011), Nr. 1719 ein Exemplar in „vorzüglich" für 8600.– Euro.

Der Jahrgang 1833 wurde in der 47. Auktion Leu Numismatik (10/1988), Nr. 2349, in „vorzüglich" für 28 000.– Schweizer Franken zugeschlagen, in der 19. Auktion der Heidelberger Münzhandlung Herbert Grün (4/1997), Nr. 1849, ein Exemplar in „vorzüglich" für 25 000.– DM; in der 80. Heidelberger Münzauktion (11/2020), Nr. 888, ein Exemplar in „vorzüglich/vorzüglich-Stempelglanz" 12 000.– Euro; in der 58. Heidelberger Münzauktion (11/2011), Nr. 1721, ein Exemplar in „vorzüglich" für 9500.– Euro; in der 293. Künker-Auktion (6/2017), Nr. 1312, ein Exemplar von 1833 in „fast Stempelglanz" für 10 000.– Euro.

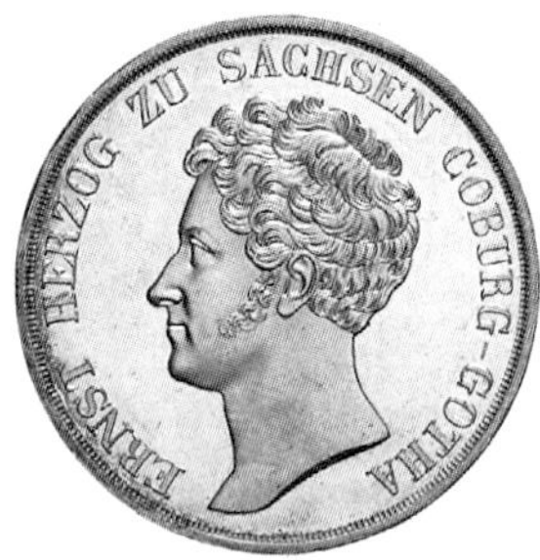

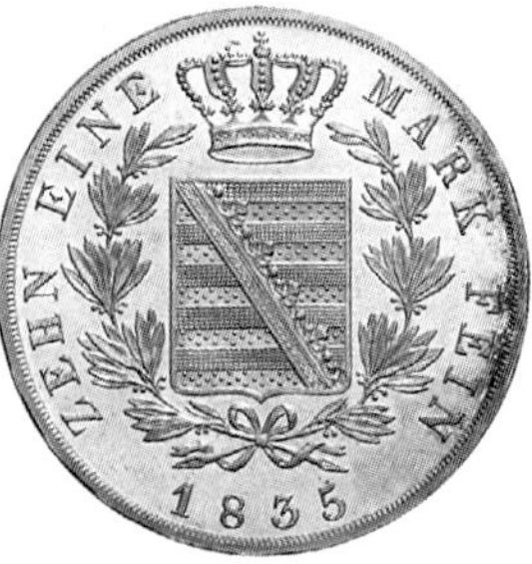

490 Konventionstaler

Vs.: ERNST HERZOG ZU SACHSEN COBURG-GOTHA

Rs.: ZEHN EINE MARK FEIN 1835

Rand: EIN CONVENTIONSTHALER

AKS 72 – Jaeger 263 – KOR 1094 – T. 361

1835	(54)	2500.–	6000.–	LP

In der 42. Auktion Harald Möller (12/2006), Nr. 1641, erzielte ein Exemplar in „Polierter Platte-" den Zuschlag von 14 000.– Euro, in der 140. Auktion F. R. Künker (6/2008), Nr. 2780, ein anderes Exemplar in „vorzüglich+" den Zuschlag von 6500.– Euro; in der 180. Künker-Auktion (1/2011), ein Exemplar in „vorzüglich+" 8000.– Euro; in der 69. Sincona-Auktion (5/2021), Nr. 268 in „gutes vorzüglich" den Zuschlag von 8500.– Schweizer Franken (7700.– Euro).

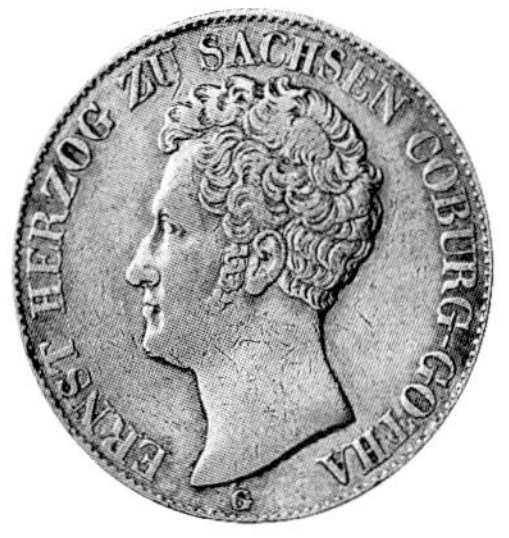

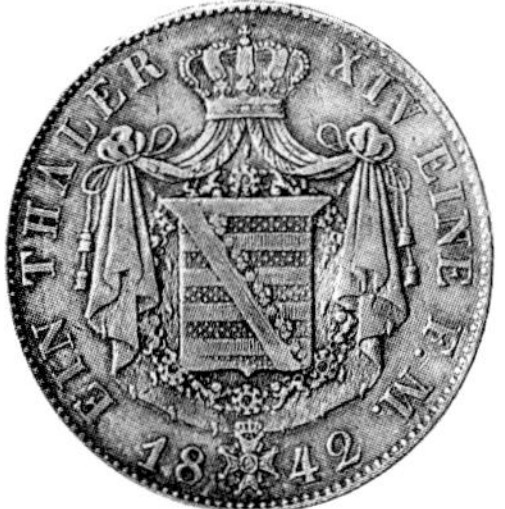

491 Taler

Vs.: ERNST HERZOG ZU SACHSEN COBURG-GOTHA
Mmz. G

Rs.: EIN THALER XIV EINE F. M. Jahr

Rand: NACH DER CONVENTION VOM 30 JULY 1838

AKS 73 – Jaeger 272 – KOR 1170 + 1171 – T. 363

1841	(16 000)	150.–	500.–	1000.–
1842	(16 000)	150.–	500.–	1000.–

Der Jahrgang 1842 erzielte als Erstabschlag in der Auktion 19 (21.4.1997) der Heidelberger Münzhandlung Herbert Grün einen Zuschlag von 4250.– DM, in der Auktion 23 (7./8.9.1998) der Münzenhandlung Harald Möller GmbH einen Zuschlag von 5250.– DM; in der 42. Auktion der Heidelberger Münzhandlung Herbert Grün (5/2005) den Zuschlag von 1500.– Euro und in der 80. Heidelberger Münzauktion (11/2020), Nr. 891, der Jahrgang 1841, in „Erstabschlag" den Zuschlag von 4100.– Euro.

Variante

a) 1842 mit veränderter Locke am Hinterkopf (Schwalbach 272a); 45. Auktion Harald Möller (6/2007), Nr. 1399, „vorzüglich-Stempelglanz", Zuschlag 625.– Euro

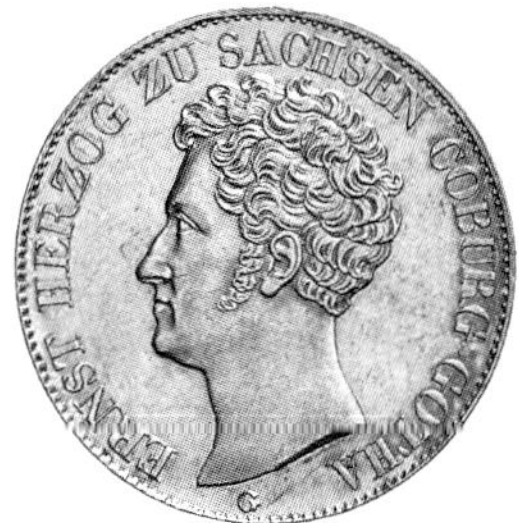

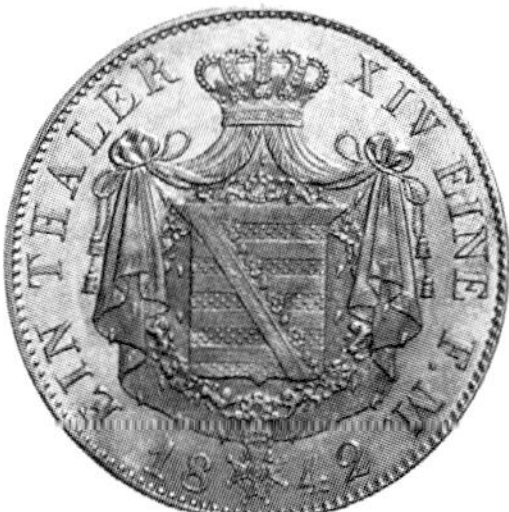

Nr. 491a), Jahrgang 1842 mit leicht veränderter Locke am Hinterkopf

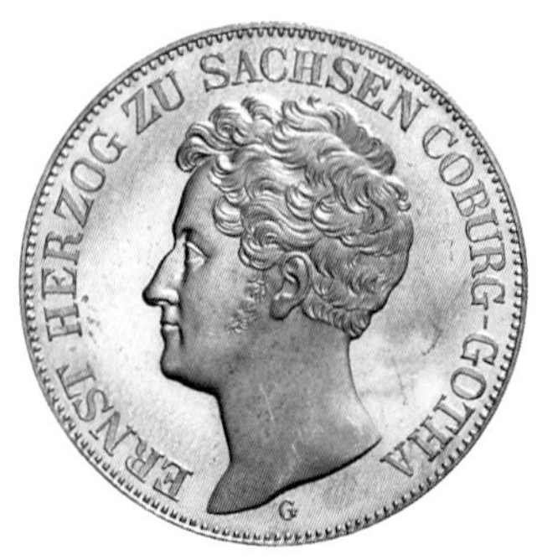

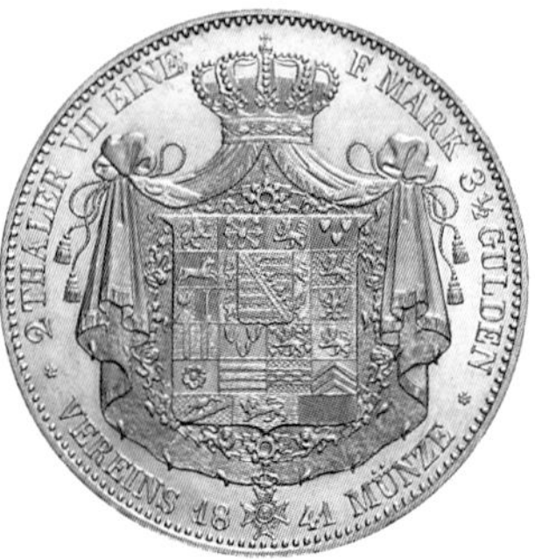

492 Doppeltaler

Vs.: ERNST HERZOG ZU SACHSEN COBURG-GOTHA Mmz. G

Rs.: 2 THALER VII EINE F. MARK 3 ½ GULDEN
VEREINS (Jahr) MÜNZE

Rand: NACH DER CONVENTION VOM 30 JULY 1838

AKS 70 – Jaeger 273 – KOR 1167–1169 – T. 362

1841	(10 700)	600.–	1200.–	2000.–
1842	(5350)	800.–	1500.–	2500.–
1843	(5350)	800.–	1500.–	2500.–

In der 42. Auktion Harald Möller (12/2006), Nr. 1650 (Jahrgang 1841), erzielte ein Exemplar in „Erstabschlag" den Zuschlag von 4200.– Euro, in der 45. Auktion Harald Möller (6/2007), Nr. 1400 (Jahrgang 1843), ein Exemplar ebenfalls in „Erstabschlag" den Zuschlag von 3300.– Euro; in der 80. Heidelberger Münzauktion (11/2020), Nr. 890, erzielte ein Exemplar von 1843 in „fast Stempelglanz, kleine Kratzer", den Zuschlag von 2450.– Euro.

Variante

a) Einseitiger Zinnabschlag der Vorderseite (Hahlo 1838; KOR –). Im Auktionskatalog O. Helbing (3/1911), Nr. 551, wird die Variante als Bleiabschlag bezeichnet.

Ernst II. 1844 – 1893

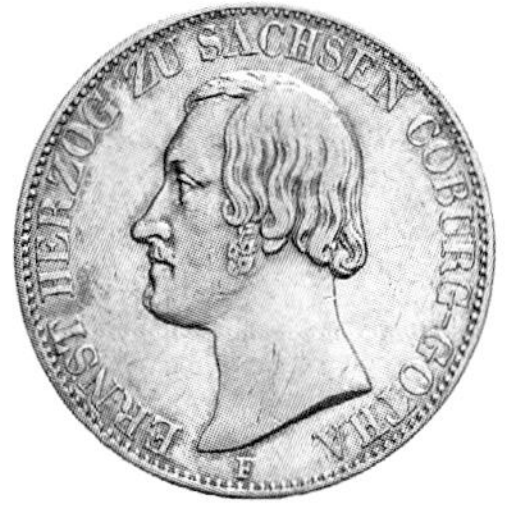

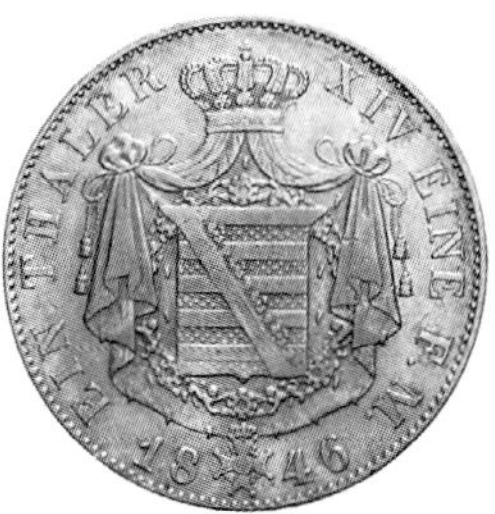

493 Taler

Vs.: ERNST HERZOG ZU SACHSEN COBURG-GOTHA Mmz. F
Rs.: EIN THALER XIV EINE F. M. 1846
Rand: NACH DER CONVENTION VOM 30 JULY 1838

Dav. 821 – AKS 100 – Jaeger 282 – KOR 1184 – T. 364

1846	(32 000)	140.–	500.–	1200.–

In der 80. Heidelberger Münzauktion (11/2020), Nr. 892, erzielte ein Exemplar in „fast Stempelglanz, kleine Kratzer", den Zuschlag von 3000.– Euro.

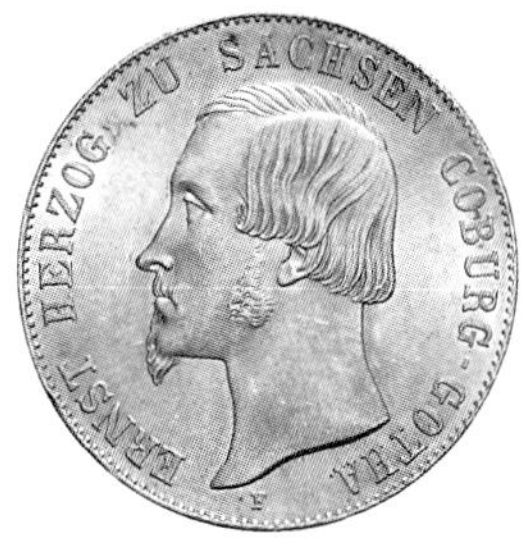

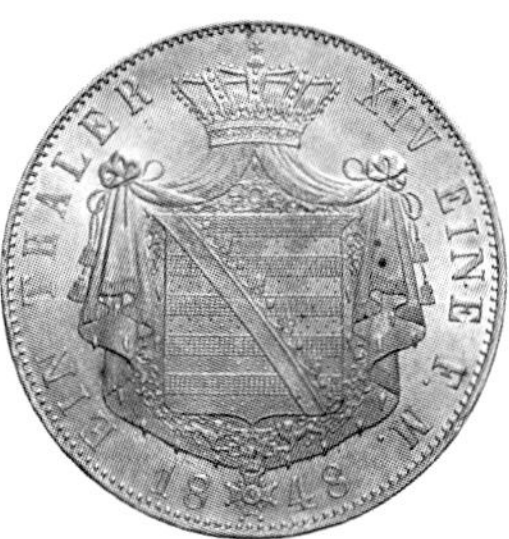

494 Taler

Vs.: ERNST HERZOG ZU SACHSEN COBURG-GOTHA Mmz. F
Rs.: EIN THALER XIV EINE F. M. 1848
Rand: NACH DER CONVENTION VOM 30 JULY 1838

Dav. 823 – AKS 101 – Jaeger 285 – KOR 1185 – T. 366

1848	(16 000)	140.–	550.–	1400.–

In der 80. Heidelberger Münzauktion (11/2020), Nr. 894, erzielte ein Exemplar in „fast Stempelglanz" 2700.– Euro.

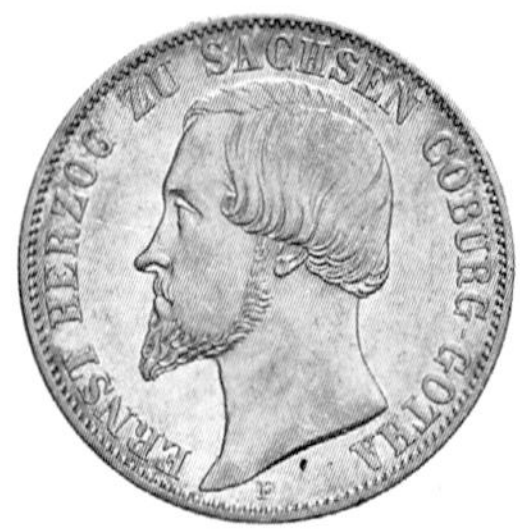

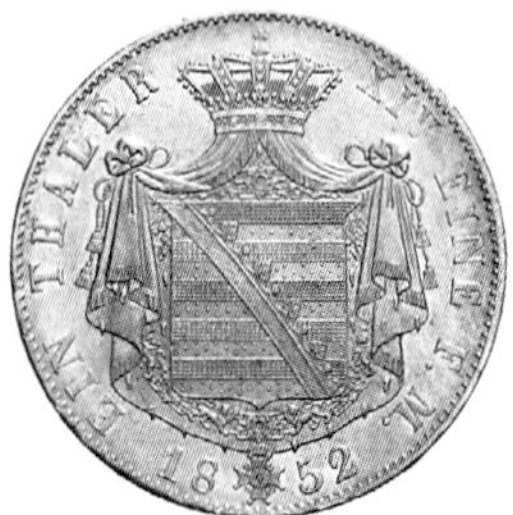

495 Taler

Vs.: ERNST HERZOG ZU SACHSEN COBURG-GOTHA
Mmz. F

Rs.: EIN THALER XIV EINE F. M. Jahr

Rand: NACH DER CONVENTION VOM 30 JULY 1838

AKS 102 – Jaeger 287 – KOR 1186 + 1187 – T. 367

1851	(8000)	150.–	400.–	800.–
1852	(8000)	150.–	400.-	800.–

In der 80. Heidelberger Münzauktion (11/2020), Nr. 895, erzielte ein Exemplar von 1852 in „Stempelglanz" den Zuschlag von 2900.– Euro.

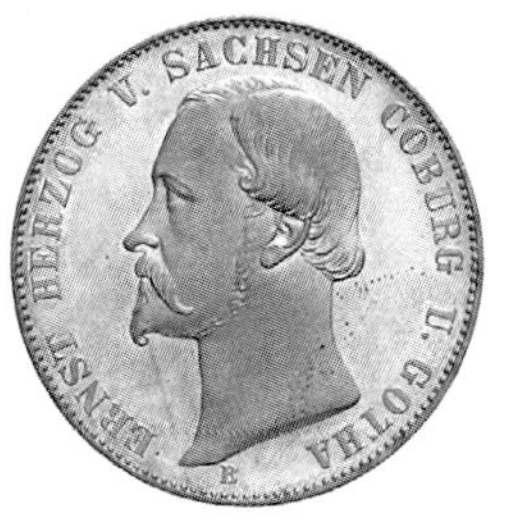

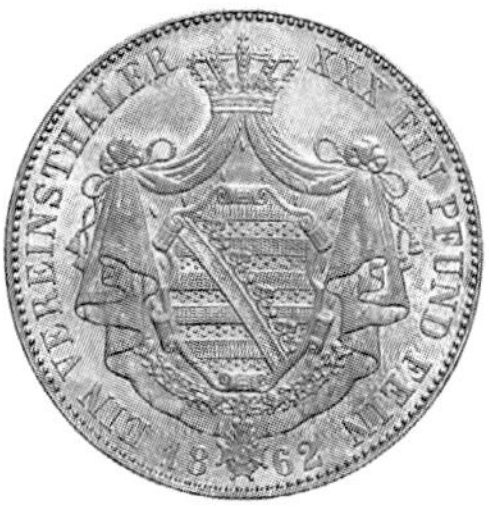

496 Vereinstaler

Vs.: ERNST HERZOG V. SACHSEN COBURG U. GOTHA Mmz. B
Rs.: EIN VEREINSTHALER XXX EIN PFUND FEIN Jahr
Rand: FIDELITER ET CONSTANTER

AKS 103 – Jaeger 296 – KOR 1212, 1213, 1215 – T. 369

1862	(40 000)	120.–	300.–	450.–
1864	(40 000)	120.–	300.–	450.–
1870	(21 500)	120.–	300.–	450.–

In der 42. Auktion Harald Möller (12/2006), Nr. 1666 (Jahrgang 1862), erzielte ein Exemplar in „Stempelglanz" den Zuschlag von 575.– Euro, in der 134. Auktion F. R. Künker (1/2008), Nr. 742, ein Exemplar in „Stempelglanz mit prachtvoller Patina" 800.– Euro; in der 58. Heidelberger Münzauktion (11/2011), Nr. 1756 erzielte ein Exemplar von 1864 in „fast Stempelglanz" 975.– Euro.

Varianten

a) 1864 und 1870 mit veränderter Stellung des Mmz. B zum Halsabschnitt, und das „T" von GOTHA ist in seiner Stellung zur Nackenlinie etwas verschoben (Schwalbach 278a)

In der Slg. Ferrari wurden unter der Nr. 4250a zwei Exemplare des Talers vom Jahrgang 1860 angeboten (KOR Seite 896). Das ist jedoch mit hoher Wahrscheinlichkeit ein Fehler im Schulman-Auktionskatalog, denn als Zitat wird Schwalbach 278a angeführt. Das ist aber die Nr. 496a im vorliegenden Katalog. Den Jahrgang 1860 gibt es nicht!

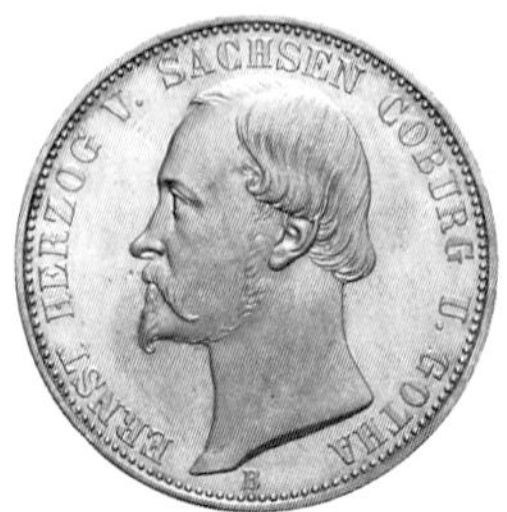

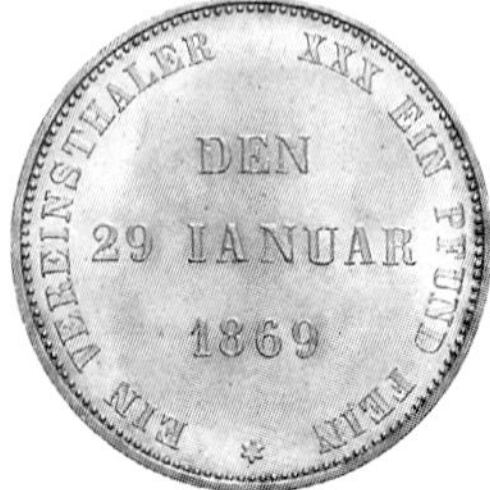

497 Vereinstaler (auf das 25jährige Regierungsjubiläum)

Vs.: ERNST HERZOG V. SACHSEN COBURG U. GOTHA
Mmz. B

Rs.: EIN VEREINSTHALER XXX EIN PFUND FEIN /
DEN 29 IANUAR 1869

Rand: FIDELITER ET CONSTANTER

Dav. 827 – AKS 117 – Jaeger 298 – KOR 1214 – T. 370

1869	(6000)	100.–	180.–	240.–

In der 42. Auktion Harald Möller (12/2006), Nr. 1671, erzielte ein Exemplar in „Stempelglanz" den Zuschlag von 220.– Euro; in der 49. WAG-Auktion (2/2009), Nr. 738, erzielte ein Exemplar in „fast Stempelglanz" 330.– Euro.

Varianten

a) Mit glattem Rand ohne Randschrift (Schwalbach 279 Anm.; KOR 1214a)

b) Mit falscher Randschrift GOTT SEGNE SACHSEN (Schwalbach 279 Anm.; KOR 1214b); 14. Auktion Hauck & Aufhäuser (10/1998), Nr. 1836, „vorzüglich von Polierter Platte", Zuschlag 2600.– DM

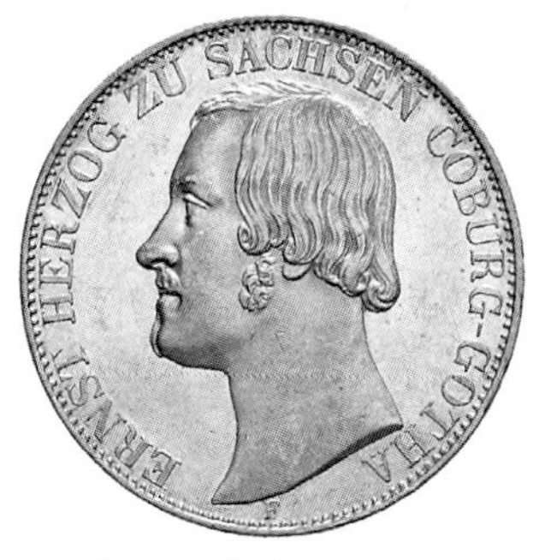

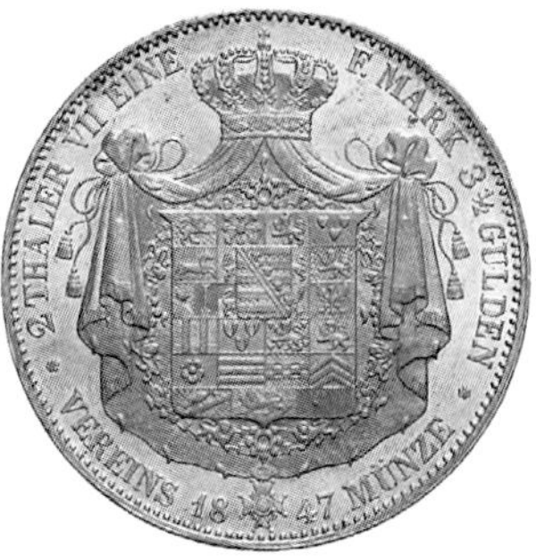

498 Doppeltaler

Vs.: ERNST HERZOG ZU SACHSEN COBURG-GOTHA
Mmz. F

Rs.: 2 THALER VII EINE F. MARK 3 ½ GULDEN
VEREINS 1847 MÜNZE

Rand: NACH DER CONVENTION VOM 30 JULY 1838

Dav. 822 – AKS 98 – Jaeger 283 – KOR 1182 – T. 365

1847	(10 700)	1000.–	2000.–	4000.–

In der 118. Auktion F. R. Künker (9/2006), Nr. 7525, erzielte ein Exemplar in „Stempelglanz" den Zuschlag von 6250.– Euro; in der 134. Auktion F. R. Künker (1/2008), Nr. 740, ein Exemplar in „fast Stempelglanz/Stempelglanz und prachtvoller Patina" 5000.– Euro; in der 20. Auktion (12/2014), Nr. 1458, der Münzhandlung Sonntag erzielte ein Exemplar in „Stempelglanz" 6000.– Euro; in der 72. WAG-Auktion (2/2015), Nr. 1296, ein Exemplar in „Stempelglanz" 9500.– Euro.

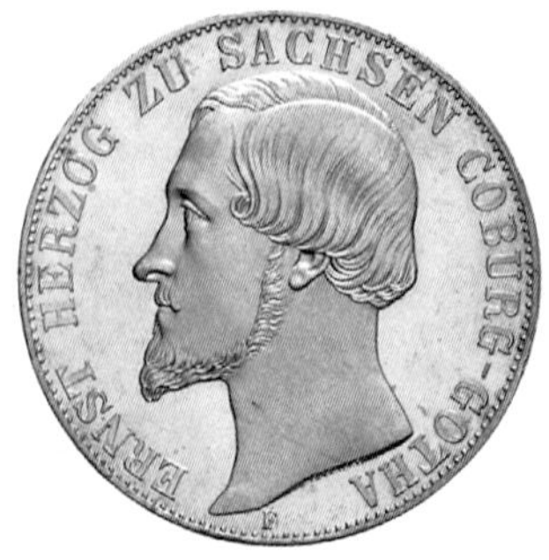

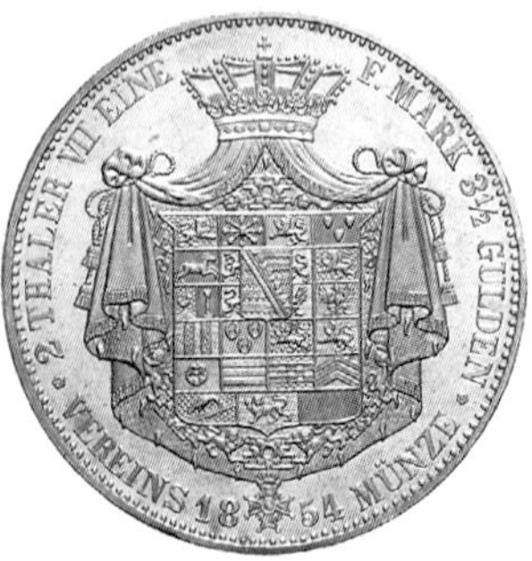

499 Doppeltaler

Vs.: ERNST HERZOG ZU SACHSEN COBURG-GOTHA
Mmz. F am Halsabschnitt Signatur HELFRICHT

Rs.: 2 THALER VII EINE F. MARK 3 ½ GULDEN
VEREINS 1854 MÜNZE

Rand: NACH DER CONVENTION VOM 30 JULY 1838

Dav. 824 – AKS 99 – Jaeger 288 – KOR 1183 – T. 368

1854	(16 050)	700.–	1500.–	2800.–

In der 42. Auktion Harald Möller (12/2006), Nr. 1664, erzielte ein Exemplar in „Erstabschlag, vorzüglich-Stempelglanz" den Zuschlag von 3600.– Euro; in der 77. WAG-Auktion (9/2016), Nr. 2002, ein Exemplar in „fast Stempelglanz" den Zuschlag von 4400.– Euro.

Herzogtum Sachsen-Coburg-Saalfeld

Münzstätte: Saalfeld

Münzmeister:
L Georg Christoph Löwel

Franz Friedrich Anton 1800 – 1806

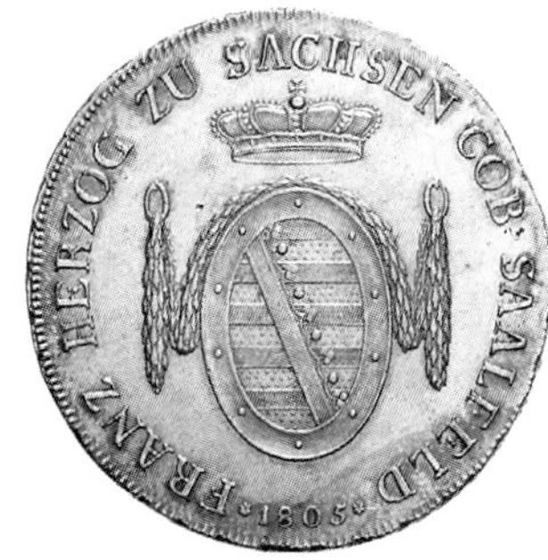

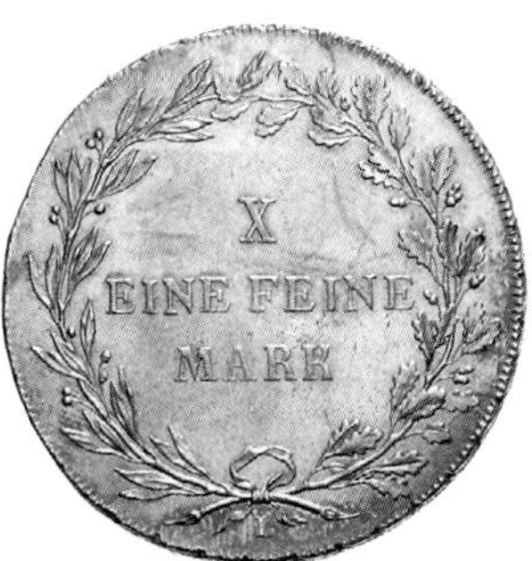

500 Konventionstaler

Vs.: FRANZ HERZOG ZU SACHSEN COB · SAALFELD 1805

Rs.: X EINE FEINE MARK Mmz. L

Rand: Laubrand

Dav. 831 – Jaeger 213 – KOR 947.1 – T. 371

1805	(ca. 600)	600.–	1600.–	3500.–

In der 80. Heidelberger Münzauktion (11/2020), Nr. 899, wurde ein Exemplar in „fast prägefrisch" für 4200.– Euro zugeschlagen; in der 354. Künker-Auktion (9/2021), Nr. 5902, ein Exemplar in „vorzüglich-Stempelglanz" für 3600.– Euro.

Variante

a) Die Spitze des Eichenzweigs auf der Rückseite spaltet oben den Lorbeerzweig auf (KOR 947.2); 19. Auktion Heidelberger Münzhandlung Herbert Grün (4/1997), Nr. 1965, „vorzüglich-prägefrisch", Schätzpreis 2500.– DM;
9. Teutoburger Münzauktion (5/2002), Nr. 1987, „fleckig, vorzüglich", Zuschlag 525.– Euro; Abb. siehe nächste Seite

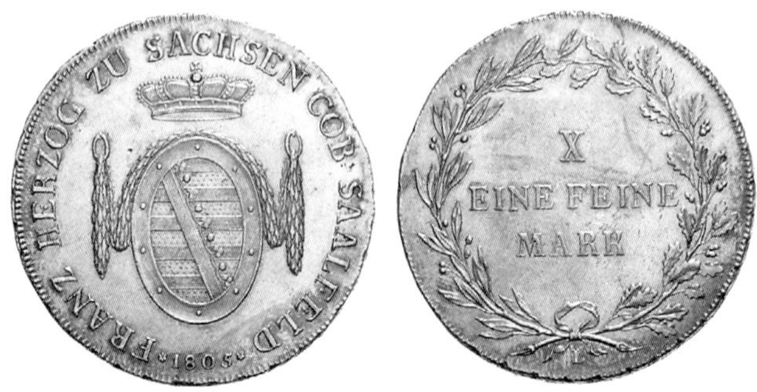

Nr. 500a), Konventionstaler 1805, bei dem der Eichenzweig auf der Rückseite den Lorbeerzweig oben aufspaltet

Ernst IV. 1806 – 1826

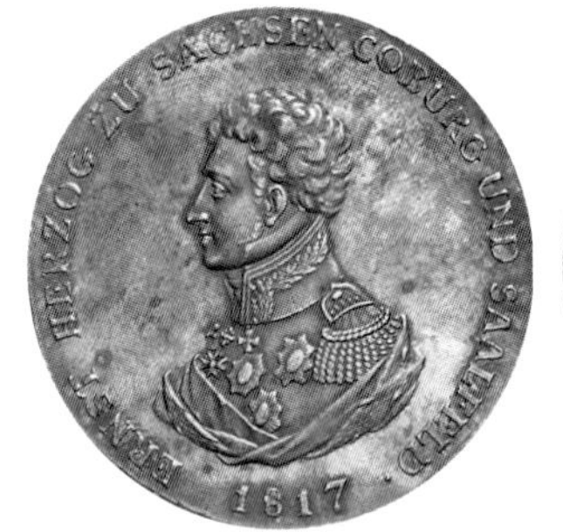

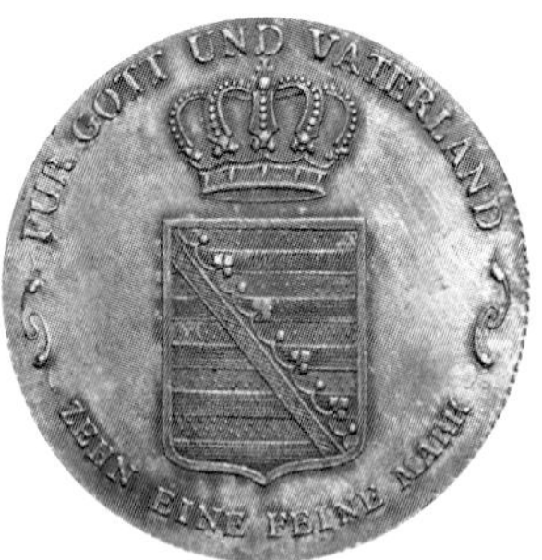

501 Konventionstaler

Vs.: ERNST HERZOG ZU SACHSEN COBURG UND SAALFELD · 1817

Rs.: FÜR GOTT UND VATERLAND / ZEHN EINE FEINE MARK

Rand: Siehe Varianten

AKS 126 – Jaeger 232 + 233 – KOR 975 – T. 372

1817	(2083)	300.–	750.–	1200.–

In der 42. Auktion Harald Möller (12/2006), Nr. 1688, erzielte ein Exemplar in „Erstabschlag" den Zuschlag von 1825.– Euro; in der 293. Künker-Auktion (6/2017), Nr. 1310, ein Exemplar in „fast Stempelglanz" 2400.– Euro.

Varianten

a) Mit Laubrand (KOR 975.1a und 975.2)
b) Mit vertiefter Randschrift EIN SPECIESTHALER (KOR 9751a)
c) Mit vertiefter Randschrift EIN SPECIES * THALER * (KOR –); 45. Auktion Harald Möller (6/2007), Nr. 1436, „vorzüglich-Stempelglanz", Zuschlag 1150.– Euro
d) Mit fehlerhafter vertiefter Randschrift EIN SPSE * SCIES * THALER * (KOR 975.2b)
e) Mit größeren Arabesken auf der Rückseite, das Kreuz der Krone weist zwischen die Buchstaben „N" und „D" von UND, Laubrand (KOR 975.3a); 42. Auktion Harald Möller (12/2006), Nr. 1688 (mit „Napoleonrand"), „Erstabschlag", Zuschlag 1825.– Euro
f) Mit größeren Arabesken auf der Rückseite, das Kreuz der Krone weist zwischen die Buchstaben „N" und „D" von UND, vertiefte Randschrift EIN SPECIESTHALER (KOR 975.3b)

Nr. 501e), Konventionstaler 1817 mit größeren Arabesken auf der Rückseite, das Kreuz der Krone weist zwischen die Buchstaben „N" und „D" von UND

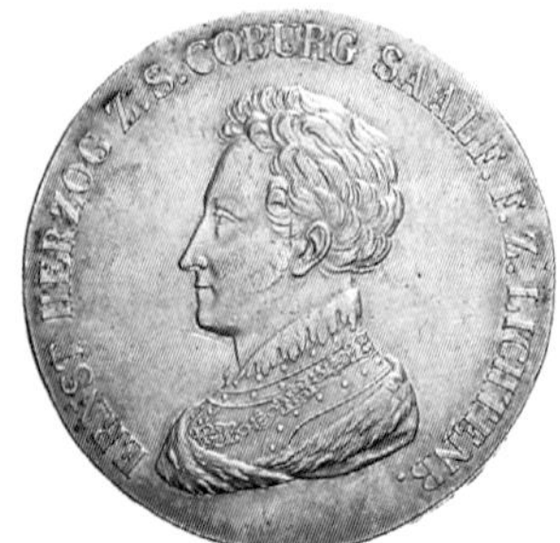

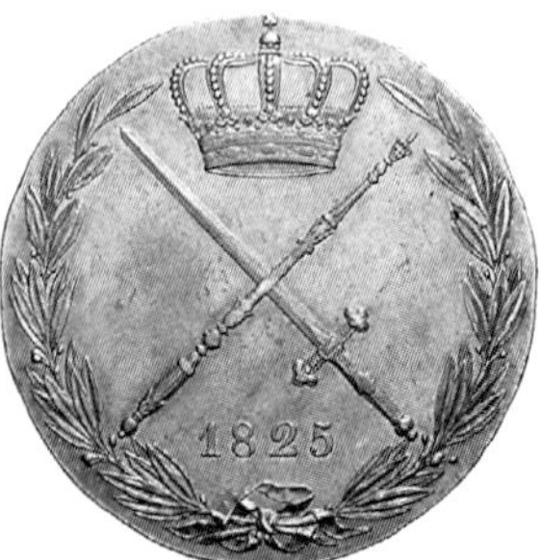

502 Kronentaler

Vs.: ERNST HERZOG Z. S. COBURG SAALF. F. Z. LICHTENB.

Rs.: 1825

Rand: EIN KRONTHALER

Dav. 833 – AKS 127 – Jaeger 238 – KOR 976 – T. 373

1825	3500.–	5500.–	LP

Zusammen mit der Nr. 486 wurden in Dresden 2002 Stück geprägt.

In der 262. Münzauktion (3/2019), Nr. 2258, von Gorny & Mosch, erzielte ein Exemplar in „vorzüglich" 6000.– Euro; in der 354. Künker-Auktion (9/2021), Nr. 5903, lag der Zuschlag in „vorzüglich" ebenfalls bei 6000.– Euro.

Varianten und Probe

a) Mit glattem Rand ohne Randschrift (St. 1353a; KOR 976.1a)

b) Zinnabschlag mit Kupferstift (KOR –); 45. Auktion Harald Möller (6/2007), Nr. 1450, „korrodiert, vorzüglich-Stempelglanz", Zuschlag 250.– Euro; Abb. siehe nächste Seite

c) Zinnabschlag mit vertiefter Randschrift (KOR 976.2); 389. Auktion Dr. Busso Peus Nachfolger (11/2006), Nr. 2621, „vorzüglich", Zuschlag 1000.– Euro.

d) Einseitiger Bleiabschlag ohne Jahresangabe (KOR 976.3); 10. Auktion Harald Möller (10/1992), Nr. 2480, „vorzüglich", Schätzpreis 250.– DM; Abb. siehe nächste Seite

e) Probe-Kronentaler 1825 (Ringprägung) mit glattem Rand sowie Perl- und Strichelkreis außen, unter dem Brustbild die Signatur R . W . S . (unbekannter Londoner Medailleur) (KOR 977)

f) Zinnabschlag mit Kupferstift des Probe-Kronentalers 1825 (Nr. 502e) (KOR 977a)

g) Randschrift dreifach geprägt; 19. Heidelberger Münzauktion, Nr. 2011, „vorzüglich", Schätzpreis 12 000.– DM, kein Zuschlag

Der einseitige Zinnabschlag St. 1353c entspricht der Nr. 486b.

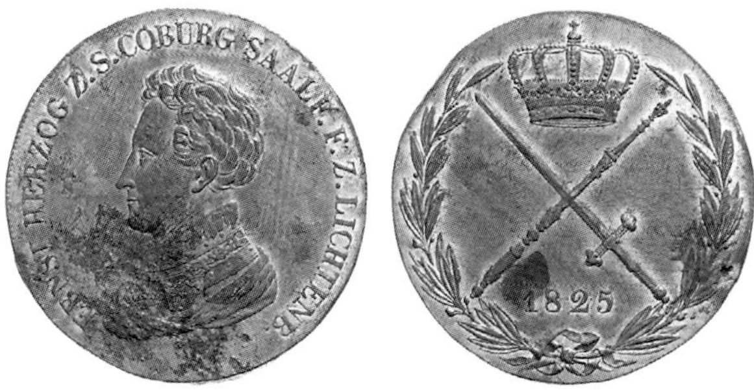

Nr. 502b), Zinnabschlag mit Kupferstift vom Kronentaler 1825

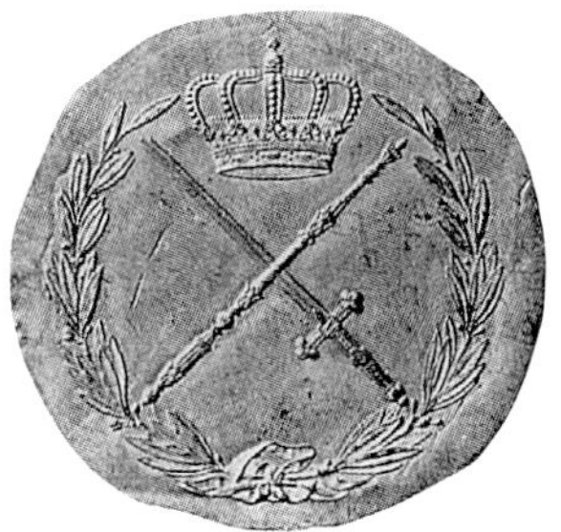

*Nr. 502d), einseitiger Bleiabschlag ohne Jahresangabe
von der Rückseite des Kronentalers 1825*

Herzogtum Sachsen-Meiningen

Münzstätten:	Saalfeld	bis 1846
	München	ab 1854

Münzmeister in Saalfeld:

L	Georg Christoph Löwel	1803 – 1835

Medailleure:

VOIGT	Carl Friedrich Voigt, München
HELFRICHT F.	Ferdinand Helfricht, Gotha

Bernhard II. Erich Freund 1803 – 1866

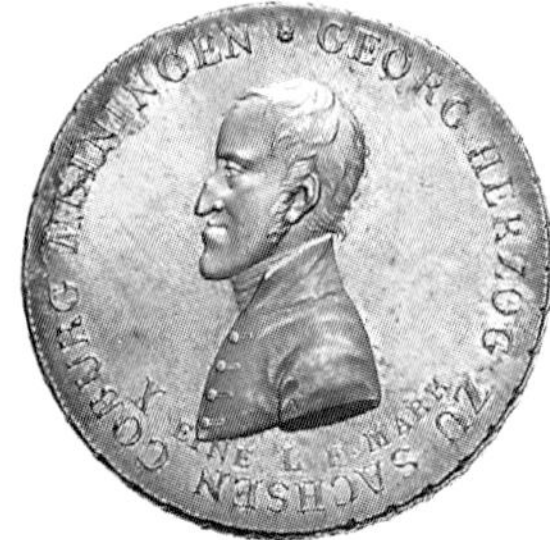

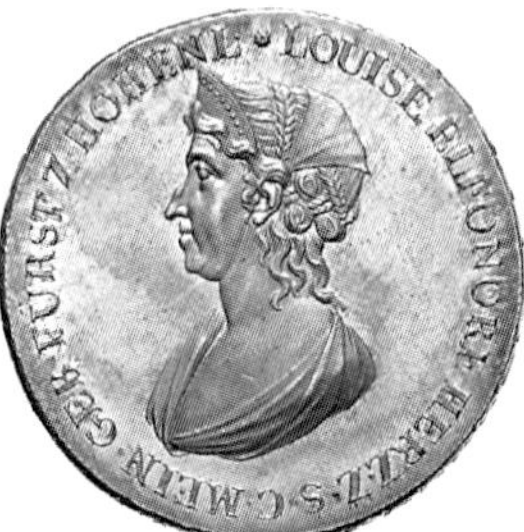

503 Konventionstaler (auf den Tod von Herzog Georg)

Vs.: LOUISE ELEONORE HERZ · Z · S · C · MEIN · GEB · FÜRST · Z · HOHENL ·

Rs.: GEORG HERZOG ZU SACHSEN COBURG MEININGEN X EINE (Mmz. L) F · MARK

Rand: Laubrand

Dav. 2734 – AKS 167a – Jaeger 401 – T. 374

o. J. (1812)	(120)	1400.–	2300.–	3800.–

In der 389. Auktion Dr. Busso Peus Nachfolger (11/2006), Nr. 2622, erzielte ein Exemplar in „fast Stempelglanz" den Zuschlag von 4100.– Euro; in der 154. Künker-Auktion (6/2009), Nr. 1053, erzielte ein Exemplar in „Stempelglanz, kleiner Stempelfehler", 4400.– Euro; in der 116. Auktion (2/2021), Nr. 1148, der WAG Online, den Zuschlag von 3100.– Euro; in der 106. Auktion der WAG Online (2/2020), Nr. 2110, in „fast Stempelglanz" den Zuschlag von 3700.– Euro; in der 72. WAG-Auktion (2/2015), Nr. 1298, in „vorzüglich-Stempelglanz" den Zuschlag von 5250.– Euro.

Varianten

a) Kupferabschlag mit Laubrand auf dünner Ronde, Gewicht 14,46 g; 54. KPM-Auktion (6/1998), Nr. 509, „fast vorzüglich", Zuschlag 1250.– DM; 55. Auktion Harald Möller (5/2010), Nr. 1340 (identisches Exemplar), „vorzüglich-", Zuschlag 500.– Euro

b) Kupfer-Dickabschlag mit glattem Rand, Gewicht 35,0 g; 54. KPM-Auktion (6/1998), Nr. 508, „sehr schön", Zuschlag 825.– DM; 45. Auktion Harald Möller (6/2007), Nr. 1467 (identisches Exemplar), „sehr schön-vorzüglich", Schätzpreis 1200.– Euro

Die beiden Varianten St. 1369a und St. 1369c sind identisch.

Grobe beschreibt unter der Nr. 188 einen Kupferabschlag, der statt des Laubrands „einen inneren beiderseitigen Strichelrand zeigt".

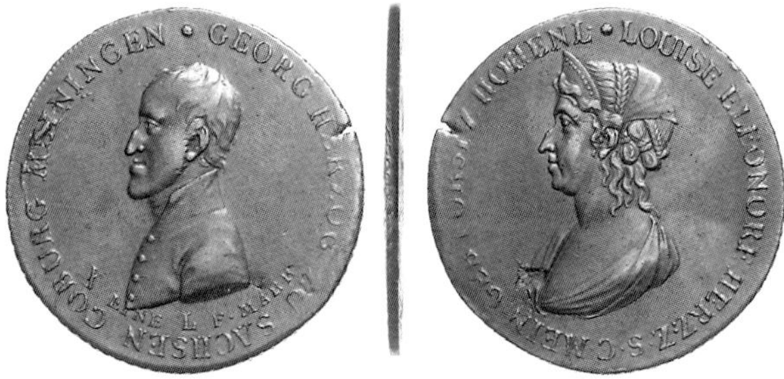

Nr. 503a), Kupferabschlag mit Laubrand vom Sterbetaler o.J. (1812)

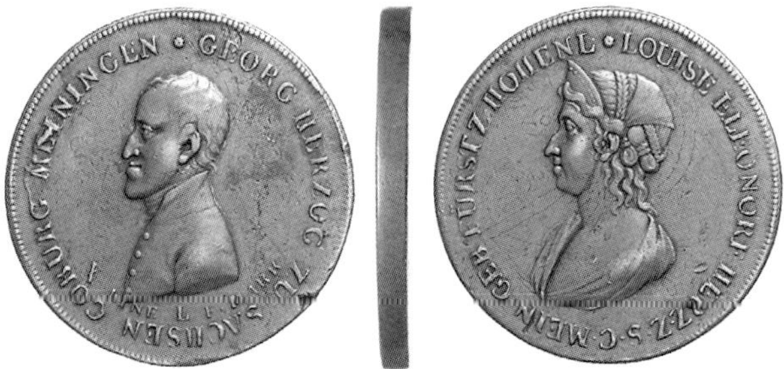

Nr. 503b), Kupfer-Dickabschlag mit glattem Rand vom Sterbetaler o.J. (1812)

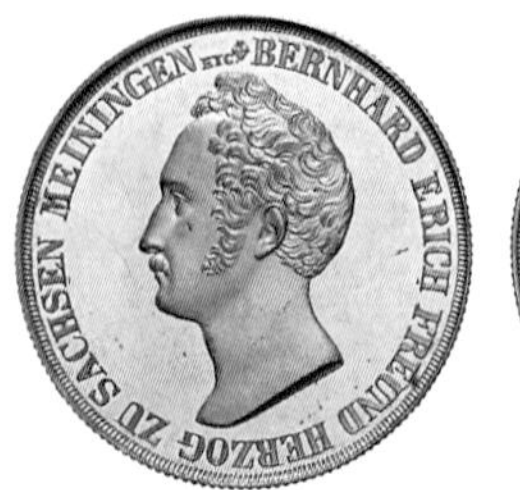

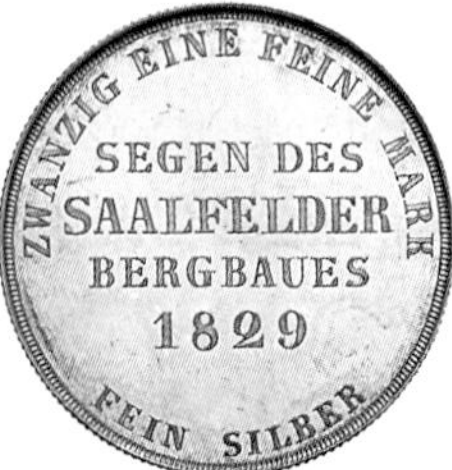

504 **½ Ausbeutekonventionstaler**

Vs.: BERNHARD ERICH FREUND HERZOG ZU SACHSEN MEININGEN ETC.

Rs.: ZWANZIG EINE FEINE MARK FEINSILBER / SEGEN DES SAALFELDER BERGBAUES 1829

Rand: Riffelrand

AKS 185 – Jaeger 419

1829	(1000)	170.–	300.–	400.–

In der 72. Auktion der WAG Online (2/2017), Nr. 1115, erzielte ein Exemplar in „vorzüglich-Stempelglanz" den Zuschlag von 800.– Euro.

Varianten und Probe

a) Einseitiger Messingabschlag der Vorderseite; 45. Auktion Harald Möller (6/2007), Nr. 1485, „sehr schön-vorzüglich", Schätzpreis 400.– Euro

b) Einseitiger Kupferabschlag der Rückseite (Ferrari 4275); 52. Auktion F. R. Künker (9/1999), Nr. 4433

c) Ertelsche Kupfer-Halbtalerprobe mit Riffelrand für die meiningische Münze zu Saalfeld (Hauser 862; Jaeger 419 I); 54. KPM-Auktion (6/1998), Nr. 514, „vorzüglich", Zuschlag 400.– DM; 42. Auktion Harald Möller (12/2006), Nr. 1736, „vorzüglich", Schätzpreis 120.– Euro

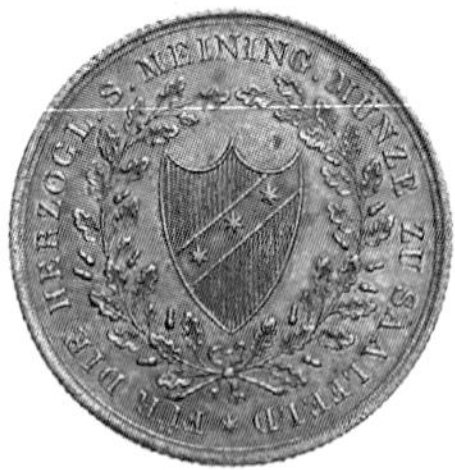

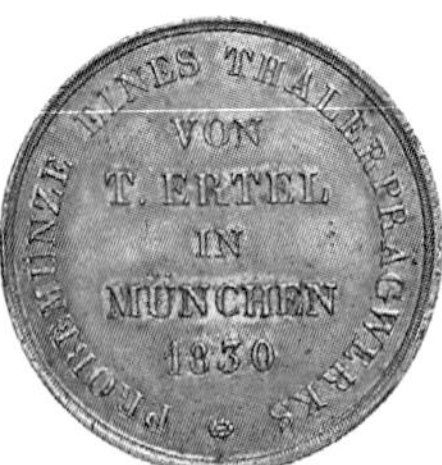

Nr. 504c), Ertelsche Kupfer-Halbtalerprobe für die meiningische Münze zu Saalfeld

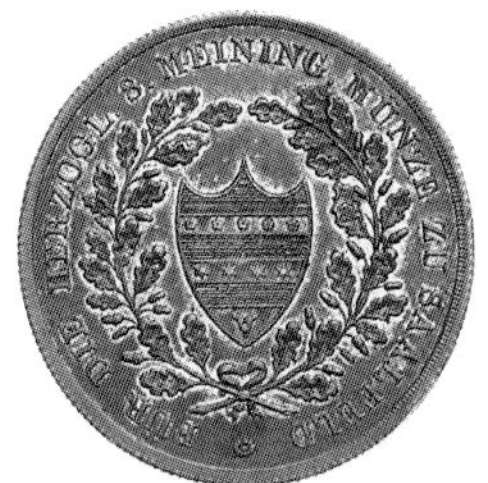

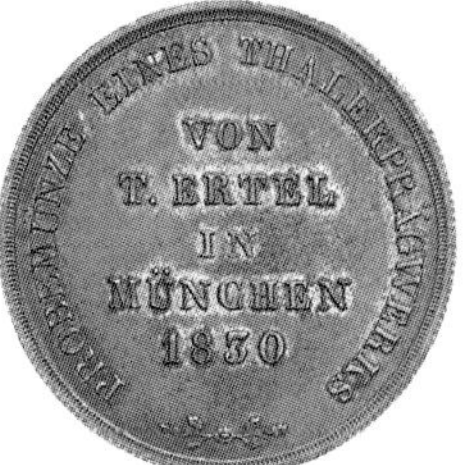

504A Ertelsche Kupfer-Talerprobe für Meiningen

Vs.: FÜR DIE HERZOGL. S. MEINING. MÜNZE ZU SAALFELD

Rs.: PROBEMÜNZE EINES THALERPRÄGEWERKS VON T. ERTEL IN MÜNCHEN 1830

Rand: Riffelrand

Hauser 861 – Jaeger 419 II

1830	100.–	250.–	400.–

Variante

a) Versilbertes Exemplar (Ferrari 4270)

Großherzogtum Sachsen-Weimar-Eisenach

Herzogtum	bis 1815	
Großherzogtum	ab 1815	
Münzstätten:	Eisenach	
	Berlin Mzz. A 1840 – 1915	
Münzmeister in Eisenach:		
LS, J. L. ST., L. S. oder ST	Johann Leonhard Stockmar	1790 – 1835

Herzogtum

Carl August 1775 – 1828

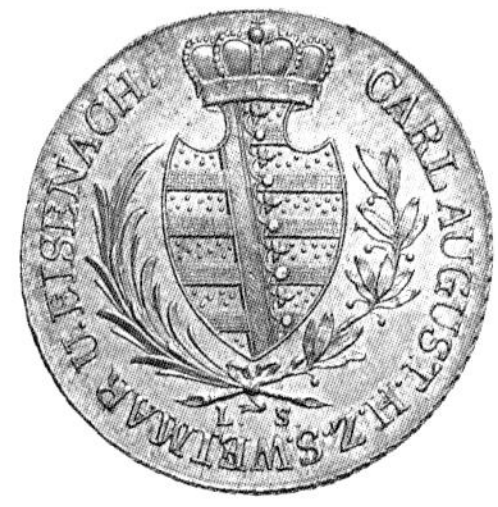

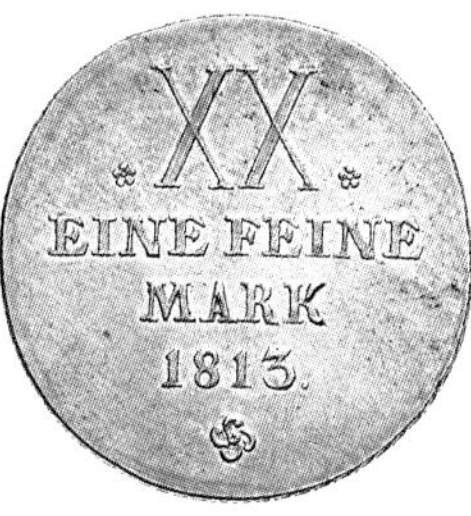

511 ½ Konventionstaler

Vs.: CARL AUGUST H. Z. S. WEIMAR U. EISENACH. Mmz. L. S.

Rs.: XX EINE FEINE MARK 1813.

Rand: Laubrand

AKS 3 – Jaeger 514 – Koppe 600

1813	130.–	270.–	400.–

In der 30. Auktion der Münzenhandlung Sonntag (6/2019), Nr. 1000, wurde ein Exemplar in „vorzüglich-prägefrisch" für 425.– Euro versteigert.

Varianten

a) Ohne Punkt nach der Jahreszahl (AKS 3); 94. Leipziger Auktion (5/2020), Nr. 2003, „vorzüglich", Zuschlag 195.– Euro; Abb. siehe nächste Seite

b) Die Punkte des Mmz. L. S. stehen beide unten

c) Der Punkt nach dem S· des Mmz. steht höher

d) Blütenähnlicher Laubrand und unten stehender Punkt nach dem S. des Mmz.; 42. Auktion Harald Möller (12/2006), Nr. 1775, „vorzüglich-Stempelglanz von Erstabschlag", Zuschlag 220.– Euro

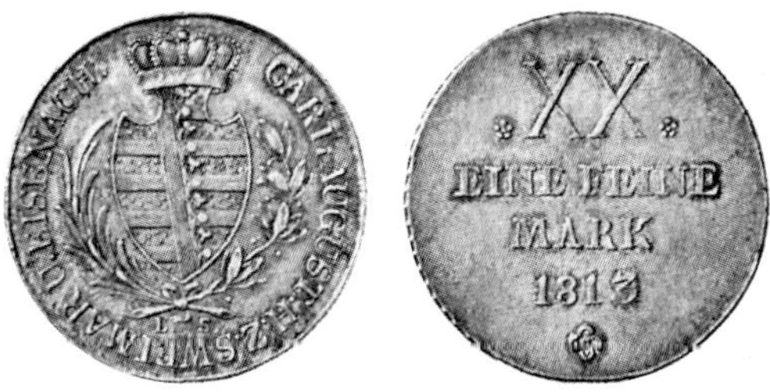

Nr. 511a), halber Konventionstaler 1813 ohne Punkt nach der Jahreszahl

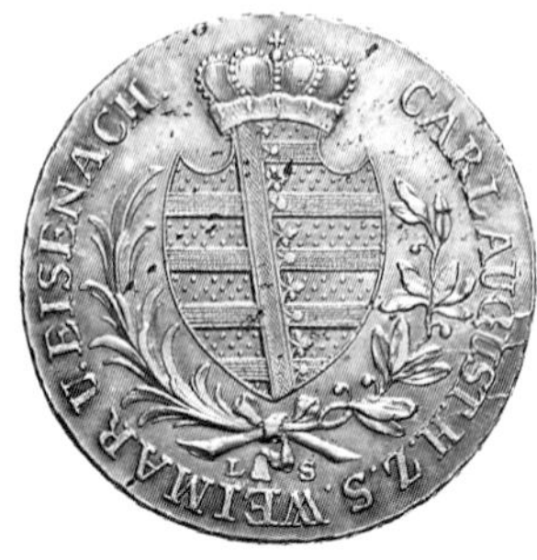
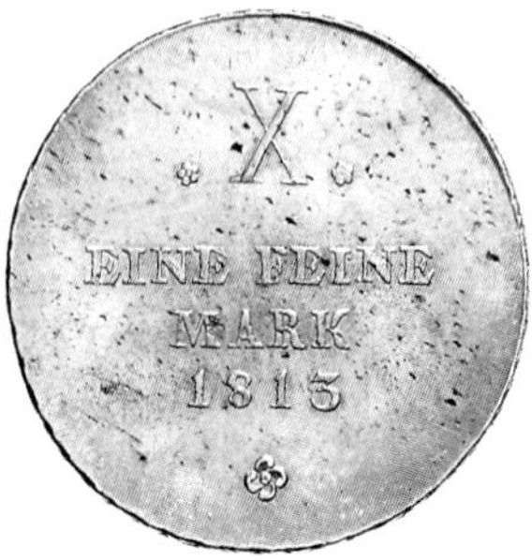

512 Konventionstaler

Vs.: CARL AUGUST. H. Z. S. WEIMAR U. EISENACH. Mmz. LS

Rs.: X EINE FEINE MARK 1813

Rand: Laubrand

Dav. 842 – AKS 1 – Jaeger 515a + b – Koppe 599 – T. 381

1813	300.–	650.–	1000.–

In der 49. WAG-Auktion (2/2009), Nr. 756, wurde ein Exemplar in „fast Stempelglanz" für 1600.– Euro zugeschlagen.

Varianten

a) Das Bandende weist gerade nach unten, vier Früchte am Lorbeerzweig, zwei davon unten (Koppe –); 42. Auktion Harald Möller (12/2006), Nr. 1774, „kleiner Schrötlingsfehler, vorzüglich", Schätzpreis 400.– Euro; 319. Künker-Auktion (3/2019), Nr. 4106, „vorzüglich", Zuschlag 550.– Euro (siehe Abbildung oben)

b) Das Bandende weist gerade nach unten, drei Früchte am Lorbeerzweig, davon unten nur eine (Koppe –); 45. Auktion Harald Möller (6/2007), Nr. 1540, „vorzüglich", Zuschlag 500.– Euro; 335. Künker-Auktion (5/2020), Nr. 4336, „fast Stempelglanz", Zuschlag 1000.– Euro.

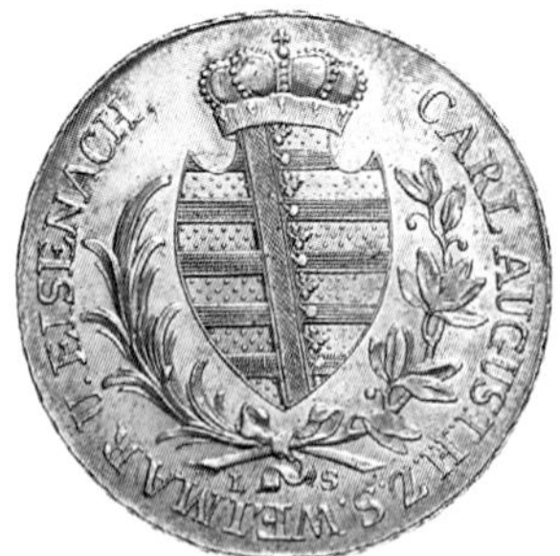
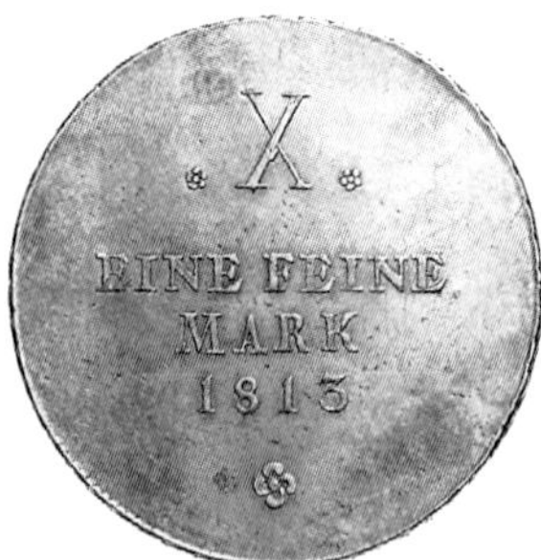

Nr. 512b), Konventionstaler 1813 mit nur drei Früchten am Lorbeerzweig

c) Das Bandende weist nach links, nach EISENACH steht kein Punkt (Koppe –); 42. Auktion Harald Möller (12/2006), Nr. 1773, „kleiner Schrötlingsfehler, Erstabschlag“, Zuschlag 625.– Euro

d) Mit zwei Bandenden auf der Rückseite, vier Früchten am Lorbeerzweig (davon zwei unten), der Palmzweig ist insgesamt etwas massiver (dicker) ausgeführt (Koppe –); 45. Auktion Harald Möller (6/2007), Nr. 1539, „vorzüglich-Stempelglanz“, Zuschlag 500.– Euro; 134. Auktion F. R. Künker (1/2008), Nr. 723, „herrliche Patina, fast Stempelglanz“, Zuschlag 1050.– Euro; 314. Künker-Auktion (10/2018), Nr. 4802, „fast vorzüglich“, Zuschlag 500.– Euro

e) Mit „gröberem“ Laubrand im Unterschied zum normalen, feingliedrigeren Laubrand (Jaeger 515a).

Den von Jaeger bei seiner Nr. 518b erwähnten „kettenähnlich verzierten Rand“ (siehe Abbildung bei Nr. 513), der von St. 1429b ebenso beschrieben wurde, gibt es bei der Nr. 512 nicht.

Nr. 512e), der „gröbere“ Laubrand

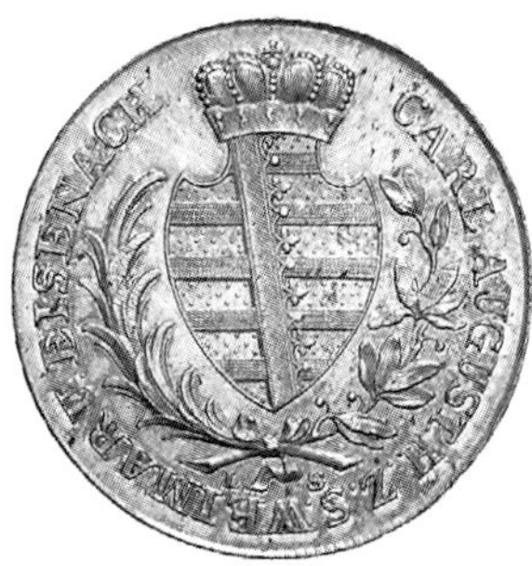

Nr. 512c), Konventionstaler 1813 mit nach links weisendem Bandende, ohne Punkt nach EISENACH

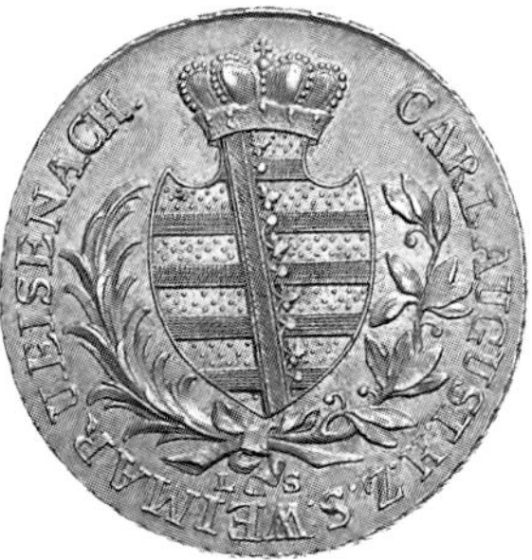

Nr. 512d), Konventionstaler 1813 mit zwei Schleifenenden, breiterem Palmzweig und vier Früchten am Lorbeerzweig, davon zwei unten

Großherzogtum

Carl August 1775 – 1828

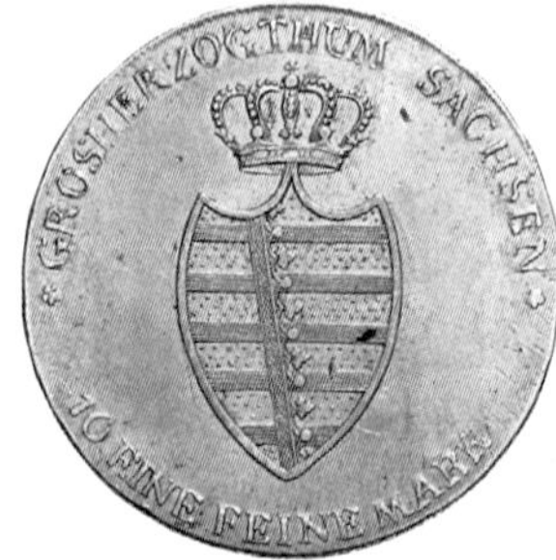

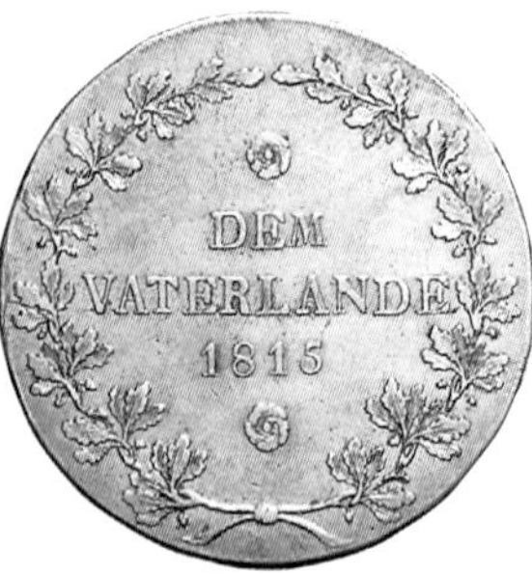

513 Konventionstaler

Vs.: GROSHERZOGTHUM SACHSEN / 10 EINE FEINE MARK
Rs.: DEM VATERLANDE 1815
Rand: Laubrand

Dav. 843 – AKS 2 – Jaeger 518a+b – Koppe 601 – T. 382

1815	(5270)	550.–	900.–	1500.–

In der 80. Heidelberger Münzauktion (11/2020), Nr. 911, erzielte ein Exemplar in „prägefrisch" den Zuschlag von 2250.– Euro.

Varianten

a) Mit feingliedrigerem (vielblättrigem) Laubrand (Jaeger –); in der 35. Auktion (11/2021), Nr. 1112, der Münzhandlung Sonntag erzielte ein Exemplar in „gutes vorzüglich" den Zuschlag von 1500.– Euro
b) Mit gröberem Laubrand (Jaeger 518a); 188. Künker-Auktion (6/2011), Nr. 1214, „fast vorzüglich", Zuschlag 700.– Euro
c) Mit kettenähnlich verziertem Rand (Jaeger 518b); 12. Auktion von Numismatica Genevensis (11/2019), Nr. 357, „vorzüglich", Zuschlag 1400.– Schweizer Franken (1300.– Euro)

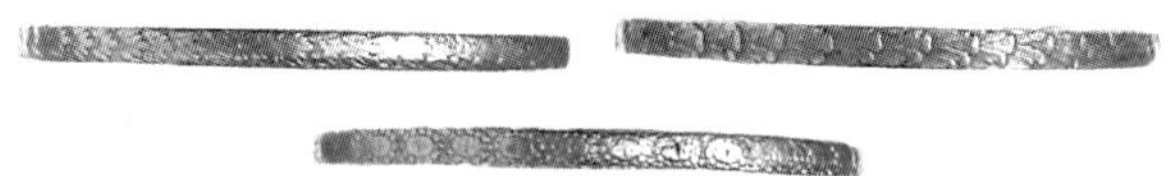

Nr. 513a – c), die drei verschiedenen Formen der Randgestaltung bei der Nr. 513: a) der normale, feingliedrige Laubrand (links); b) der gröbere Laubrand (rechts); c) der kettenähnliche Rand (unten)

d) Der Eichenkranz der Rückseite mit insgesamt 16 Blattpaaren, die erste Eichel auf jeder Seite weist nach unten (Jaeger –);

45. Auktion Harald Möller (6/2007), Nr. 1544, „vorzüglich+", Schätzpreis 650.– Euro; Abb. siehe nächste Seite

e) Der Eichenkranz der Rückseite mit insgesamt 14 Blattpaaren, die erste Eichel auf jeder Seite weist nach oben (Jaeger –); 45. Auktion Harald Möller (6/2007), Nr. 1545, „fast vorzüglich", Schätzpreis 460.– Euro; 134. Auktion F. R. Künker (1/2008), Nr. 724, „herrliche Patina, vorzüglich-Stempelglanz", Zuschlag 975.– Euro

f) Die Inschrift der Rückseite mit größeren, enger an den Eichenkranz herangerückten Buchstaben, großer „5" in der Jahreszahl, die Eichenblätter (16 Paare) sind kleiner und schmaler, dadurch wirkt der Eichenkranz kahler, die erste Eichel auf jeder Seite weist nach unten; 389. Auktion Dr. Busso Peus Nachfolger (11/2006), Nr. 2632, „Bearbeitungsstelle im Feld, vorzüglich", Zuschlag 410.– Euro; 42. Auktion Harald Möller (12/2006), Nr. 1780, „vorzüglich- Stempelglanz", Schätzpreis 850.– Euro; Abb. siehe nächste Seite

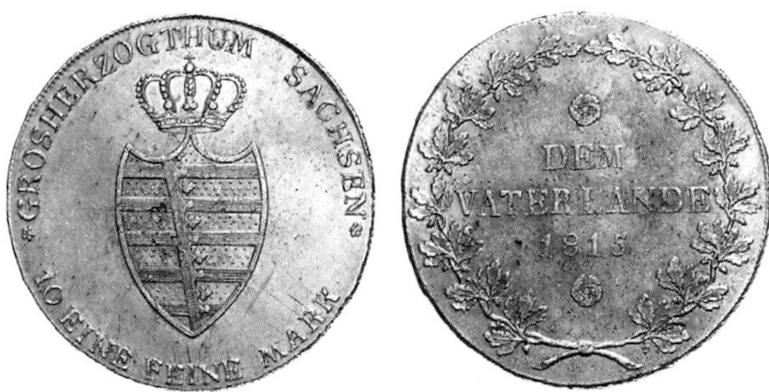

Nr. 513d), Vaterlandstaler 1815 mit 16 Blattpaaren am Eichenkranz, die erste Eichel auf jeder Seite weist nach unten

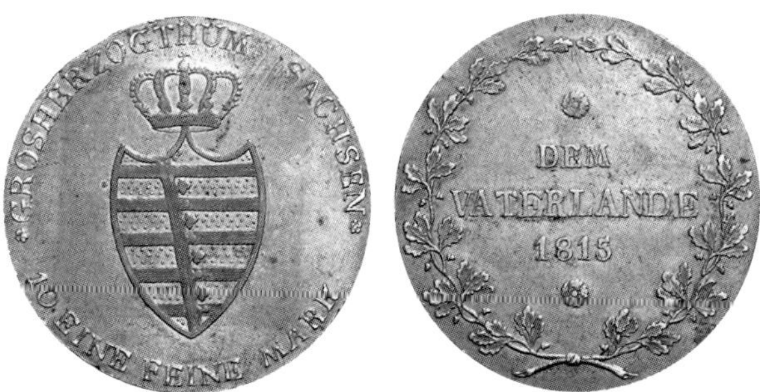

Nr. 513e), Vaterlandstaler 1815 mit 14 Blattpaaren am Eichenkranz, die erste Eichel auf jeder Seite weist nach oben

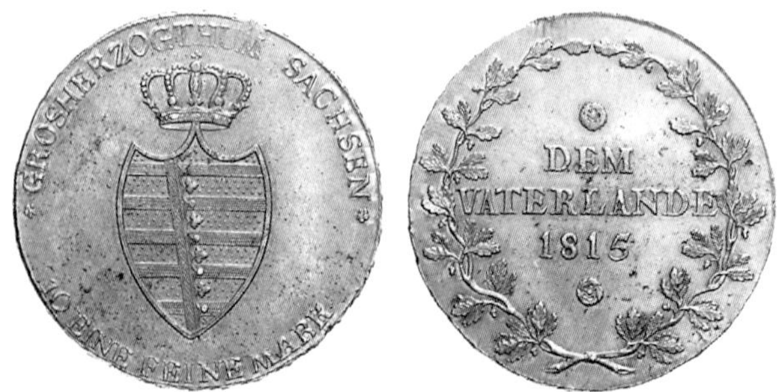

Nr. 513f), Vaterlandstaler 1815 mit größerer Rückseiten-Inschrift, die enger an den Eichenkranz herangerückt ist, großer „5“ in der Jahreszahl. Die Eichenblätter (16 Paare) sind kleiner und schmaler, dadurch wirkt der Eichenkranz kahler, die erste Eichel auf jeder Seite weist nach unten.

Carl Friedrich 1828 – 1853

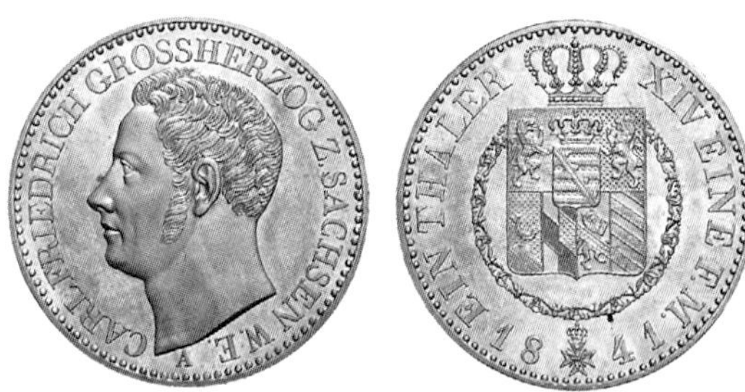

514 Taler

Vs.: CARL FRIEDRICH GROSSHERZOG Z. SACHSEN W. E. Mzz. A

Rs.: EIN THALER XIV EINE F. M. 1841

Rand: GOTT UND RECHT

Dav. 845 – AKS 21 – Jaeger 531 – Koppe 625 – T. 384

1841	(203 000)	120.–	400.–	850.–

In der 354. Künker-Auktion (9/2021), Nr. 5896, erzielte ein Exemplar in „Erstabschlag von polierten Stempeln, fast Stempelglanz“, den Zuschlag von 1600.– Euro.

Variante

a) Kupferabschlag mit glattem Rand ohne Randschrift (Ferrari 4369); 45. Auktion Harald Möller (6/2007), Nr. 1556, „Stempelglanz-“, Schätzpreis 1500.– Euro

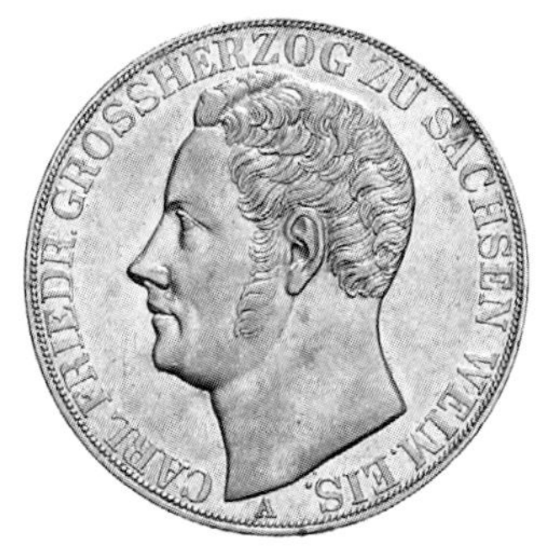

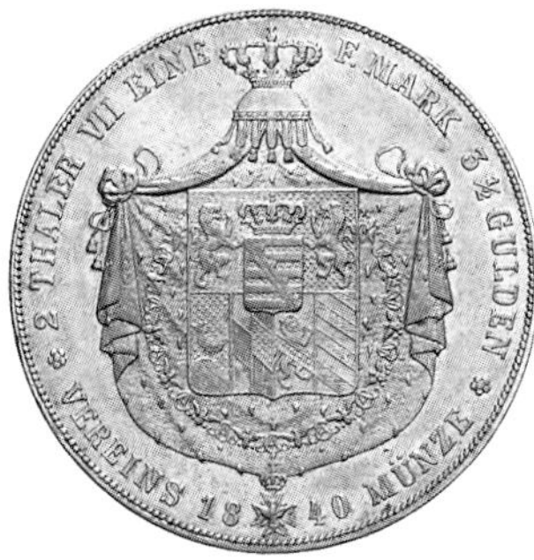

515 Doppeltaler

Vs.: CARL FRIEDR. GROSSHERZOG ZU SACHSEN WEIM. EIS. Mzz. A

Rs.: 2 THALER VII EINE F. MARK 3 ½ GULDEN VEREINS (Jahr) MÜNZE

Rand: GOTT UND RECHT

Dav. 844 – AKS 20 – Jaeger 532 – Koppe 624 – T. 383

Jahr	Auflage			
1840	(19 000)	450.–	850.–	1300.–
1842	(38 000)	450.–	850.–	1300.–
1843	(38 000)			LP
1848	(19 000)	500.–	900.–	1400.–

In der 134. Auktion F. R. Künker (1/2008), Nr. 725, wurde ein Exemplar vom Jahrgang 1840 in „Stempelglanz, herrliche Patina", für 2400.– Euro zugeschlagen; in der 335. Auktion F. R. Künker (3/2020), Nr. 4337, wurde ein Exemplar von 1842 in „vorzüglich-Stempelglanz" für 2400.– Euro zugeschlagen; in der 319. Auktion F. R. Künker (3/2019), Nr. 4110, ein Exemplar von 1840 in „fast Stempelglanz" für 3400.– Euro.

Variante

a) Zinnabschlag mit glattem Rand ohne Randschrift (Ferrari 4365)

Carl Alexander 1853 – 1901

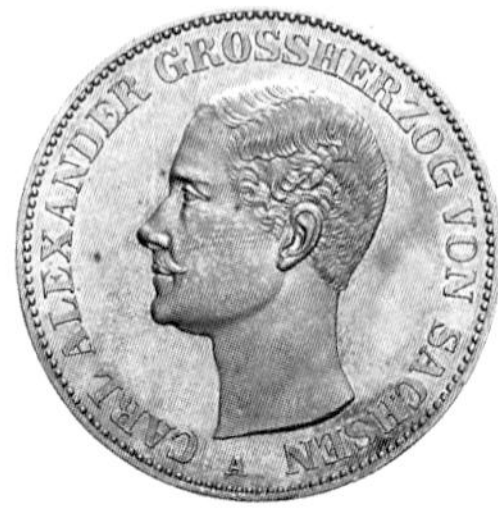
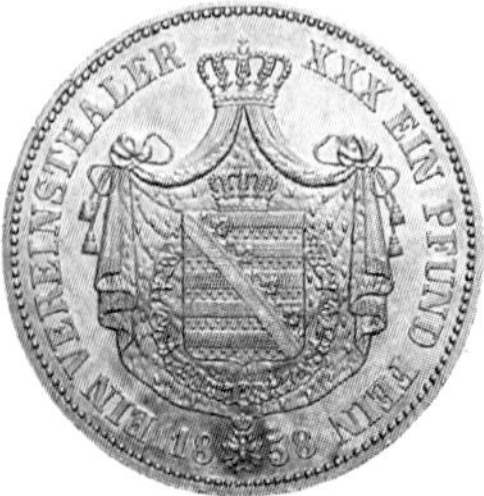

516 Vereinstaler

Vs.: CARL ALEXANDER GROSSHERZOG VON SACHSEN Mzz. A

Rs.: EIN VEREINSTHALER XXX EIN PFUND FEIN Jahr

Rand: GOTT UND RECHT

Dav. 847 – AKS 33 – Jaeger 535 – Koppe 637 – T. 386

1858	(63 000)	90.–	250.–	350.–
1866	(44 000)	90.–	250.–	350.–
1870	(45 000)	90.–	250.–	350.–

In der 45. Auktion Harald Möller (6/2007), Nr. 1560, wurde ein Exemplar vom Jahrgang 1858 in „Polierter Platte, wenige Haarlinien", für 360.– Euro zugeschlagen, in der 42. Auktion Harald Möller (12/2006), Nr. 1797, ein Exemplar vom Jahrgang 1870 in „Polierter Platte" für 700.– Euro; in der 258. Künker-Auktion (1/2015), Nr. 209, ein Exemplar in „Polierter Platte" für 1700.– Euro.

Proben

a) Probeabschlag der Vorderseite in Kupfer mit Randschrift, auf der Rückseite in vier Zeilen die Inschrift PROBE- / ABDRUCK / VON / KUPFER (siehe Nr. 11b) (GN 225/2005)

b) Probeabschlag der Rückseite von 1866 und 1870 in Kupfer mit Randschrift, auf der Vorderseite in vier Zeilen die Inschrift PROBE- / ABDRUCK / VON / KUPFER (siehe Nr. 11b) (GN 225/2005)

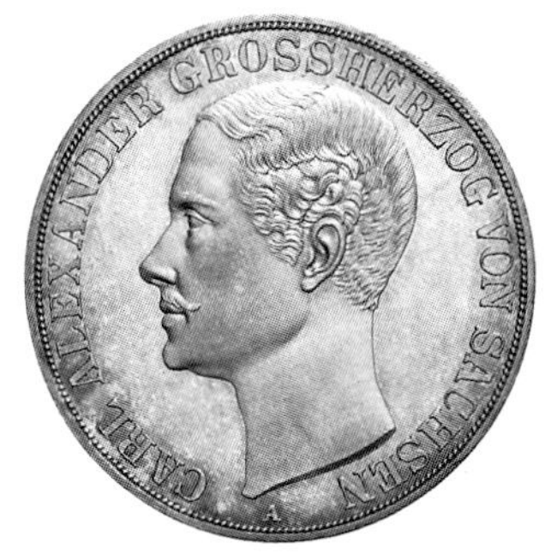

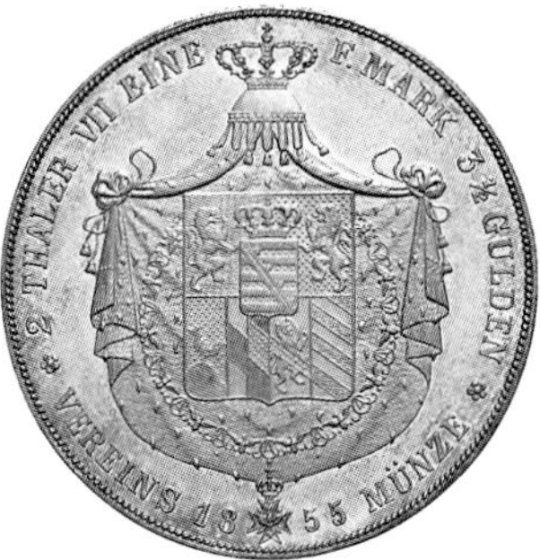

517 Doppeltaler

Vs.: CARL ALEXANDER GROSSHERZOG VON SACHSEN
Mzz. A

Rs.: 2 THALER VII EINE F. MARK 3 ½ GULDEN
VEREINS 1855 MÜNZE

Rand: GOTT UND RECHT

Dav. 846 – AKS 32 – Jaeger 536 – Koppe 636 – T. 385

1855	(19 000)	650.–	1300.–	1800.–

In der 42. Auktion Harald Möller (12/2006), Nr. 1795, wurde ein Exemplar in „Stempelglanz-" für 2600.– Euro zugeschlagen, in der 138. Auktion F. R. Künker (3/2008), Nr. 6880, ebenfalls in „Stempelglanz", für 2500.– Euro; in der 121. Auktion der WAG Online (7/2021), Nr. 1080, in „fast Stempelglanz" für 4200.– Euro; in der 337. Künker-Auktion (6/2020), Nr. 1565, ein Exemplar in „fast Stempelglanz" für 5250.– Euro.

Variante

a) Einseitiger Kupferabschlag der Vorderseite (Faruk 2254)

Erzbistum Salzburg

Münzstätte: Salzburg

Medailleur:
M Franz Matzenkopf

Hieronymus von Colloredo 1772 – 1803

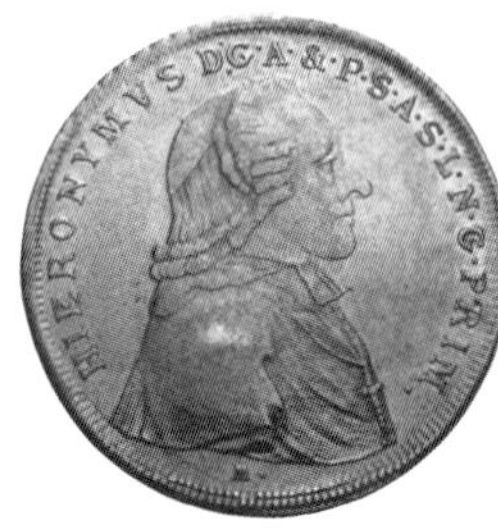

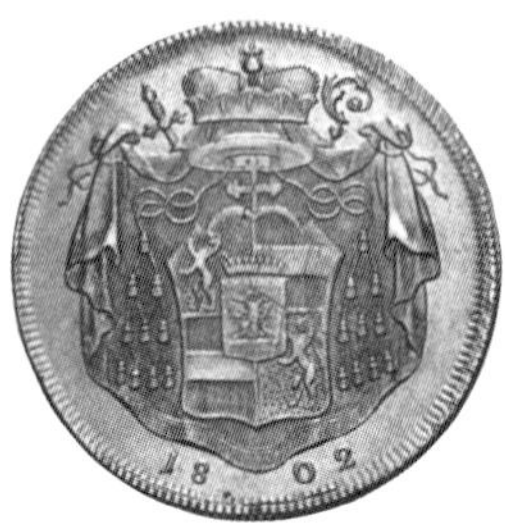

518 ½ Konventionstaler

Vs.: HIERONYMUS D · G · A · & · P · S · A · S · L · N · C · PRIM. Signatur M

Rs.: 1802, keine weitere Umschrift

Rand: Laubrand

Probszt 2469 – Zöttl 3259

1802	100.–	200.–	350.–

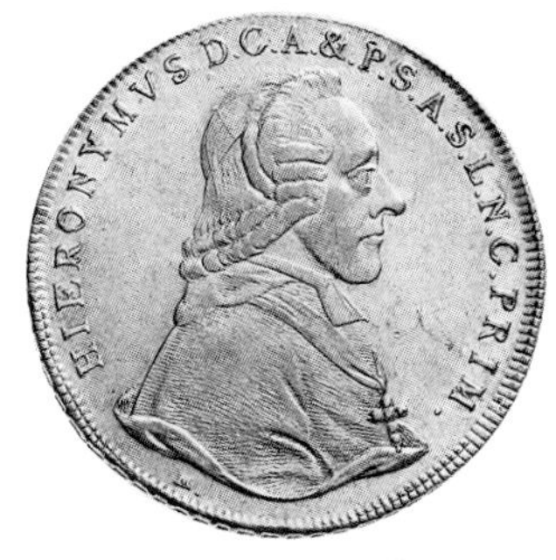
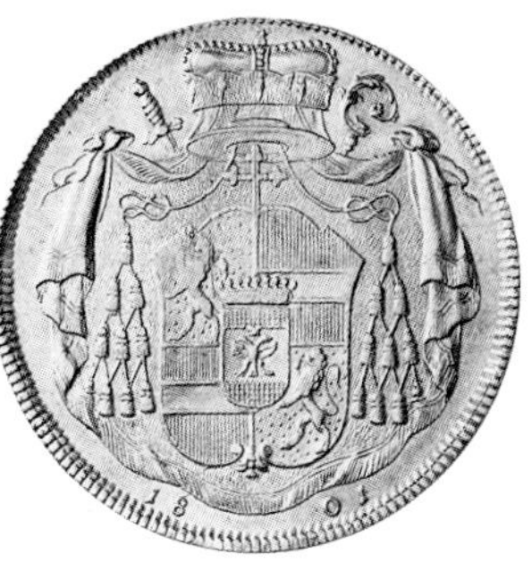

519 Konventionstaler

Vs.: HIERONYMUS D. G. A. &. P. S. A. S. L. N. C. PRIM.
Signatur M

Rs.: Jahr, keine weitere Umschrift

Rand: Laubrand

Dav. 1265 + 42 – Probszt 2454 – 2457 – Zöttl 3240–3243

1800	100.–	200.–	300.–
1801	100.–	200.–	300.–
1802	100.–	200.–	300.–
1803			LP*

**) In der 84. Auktion F. R. Künker (6/2003), Nr. 3159, hatte ein Exemplar des Jahrgangs 1803 den Schätzpreis von 10 000.– Euro; in der 202. Künker-Auktion (2/2012), Nr. 1192, ein Exemplar des Jahrgangs 1803 in „fast vorzüglich" den Zuschlag von 5000.– Euro.*

Variante

Der Jahrgang 1803 mit Riffelrand und etwas kleinerem Durchmesser (Zöttl 3244)

Kurfürstentum Salzburg

Münzstätte: Salzburg

Medailleur:
M Franz Matzenkopf

Ferdinand von Habsburg-Toskana 1803 – 1806

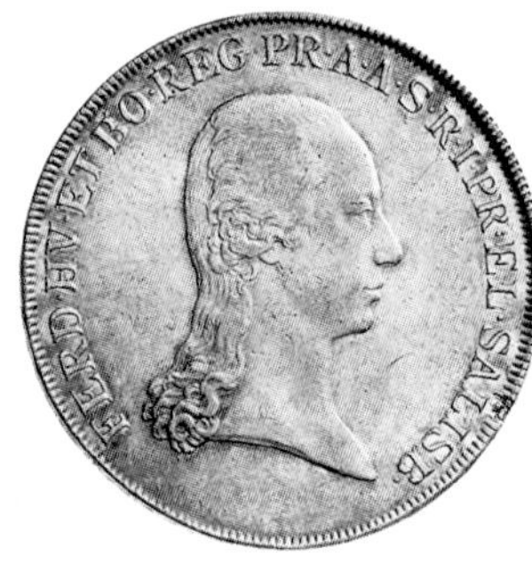
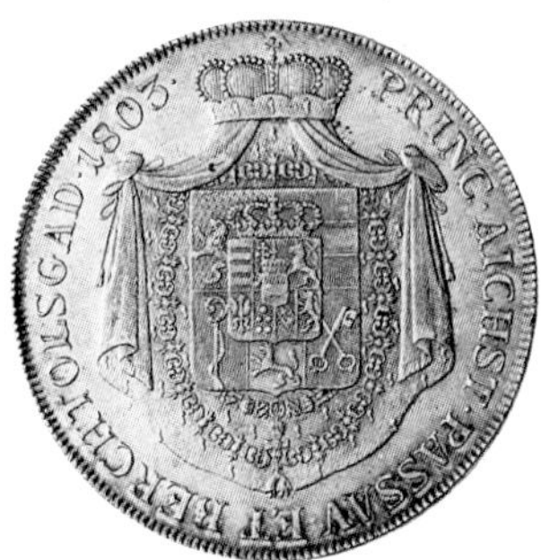

520 Konventionstaler

Vs.: FERD · HV · ET BO · REG · PR · A · A · S · R · I · PR · EL · SALISB ·

Rs.: PRINC · AICHST · PASSAV · ET BERCHTOLDSGAD · 1803 ·

Rand: LEX TVA VERITAS

Dav. 43 – Probszt 2606 – Zöttl 3408

1803	180.–	400.–	550.–

In der 90. Auktion F. R. Künker (3/2004), Nr. 7070, wurde ein Exemplar in „Stempelglanz" für 650.– Euro zugeschlagen; in der 202. Künker-Auktion (2/2012), Nr. 1194, wurde ein Exemplar in „fast Stempelglanz" für 850.– Euro zugeschlagen.

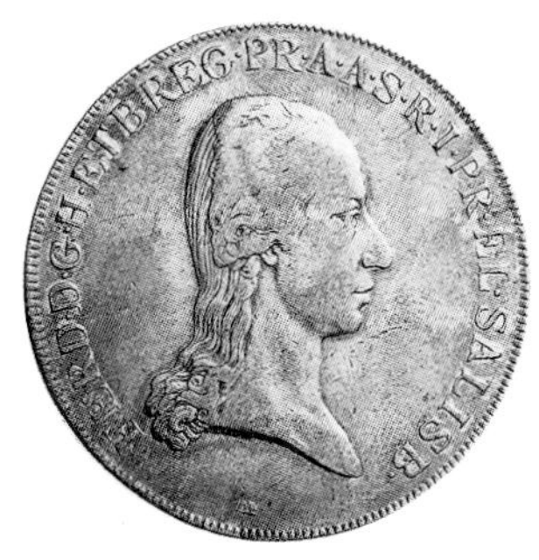

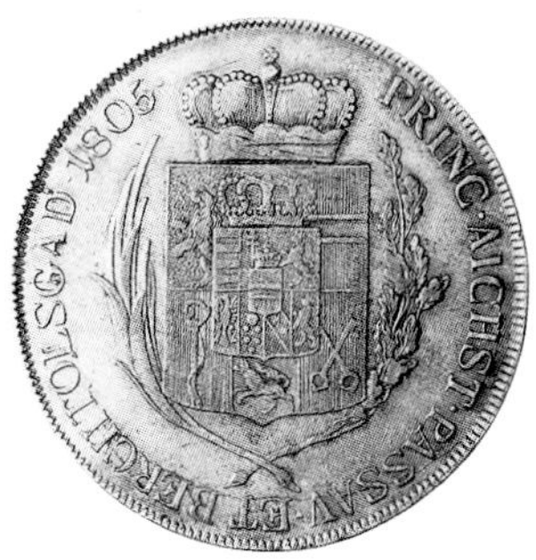

521 Konventionstaler

Vs.: FERD · D · G · H · ET B · REG · PR · A · A · S · R · I · PR · EL · SALISB · Signatur M

Rs.: PRINC · AICHST · PASSAV · ET BERCHTOLDSGAD · 1805 ·

Rand: LEX TVA VERITAS

Dav. 44 – Probszt 2607 – Zöttl 3409

1805	170.–	400.–	550.–

In der 331. Künker-Auktion (1/2020), Nr. 739, wurde ein Exemplar in „Stempelglanz" für 2000.– Euro zugeschlagen.

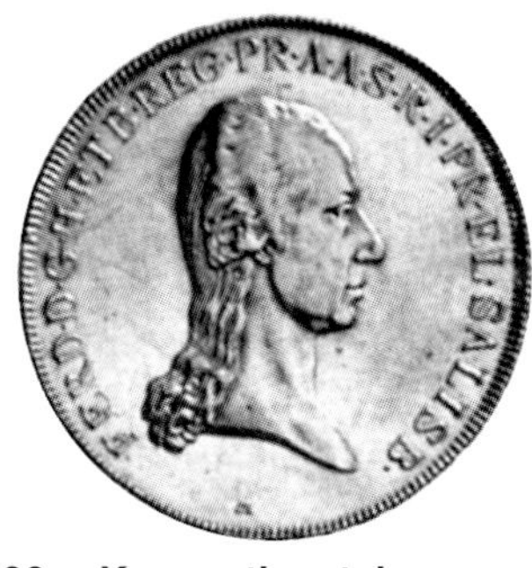

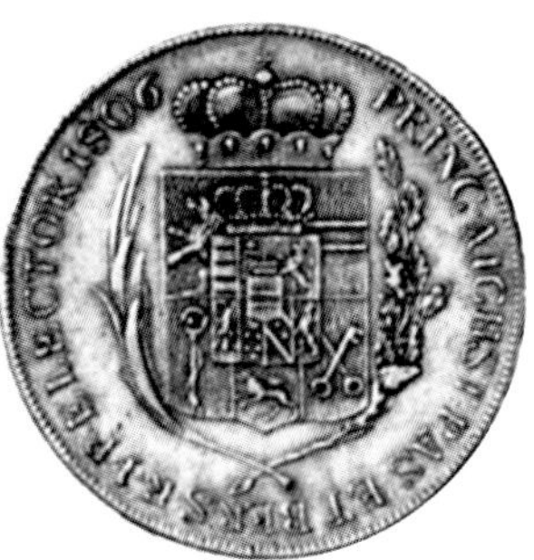

522 Konventionstaler

Vs.: FERD · D · G · H · ET B · REG · PR · A · A · S · R · I · PR · EL · SALISB · Signatur M

Rs.: PRINC · AICHST · PAS · ET BER · S · R · I · P · ELECTOR · 1806

Rand: LEX TVA VERITAS

Dav. 44 – Probszt 2608 – Zöttl 3410

1806	400.–	750.–	1200.–

Fürstentum Schaumburg-Lippe

Münzstätten:	Braunschweig Mzz. H
	Hannover
Münzmeister:	
B	Theodor Wilhelm Brüel (bis 1865)
Medailleur:	
BREHMER F.	Heinrich Friedrich Brehmer

Georg Wilhelm 1787/1807 – 1860

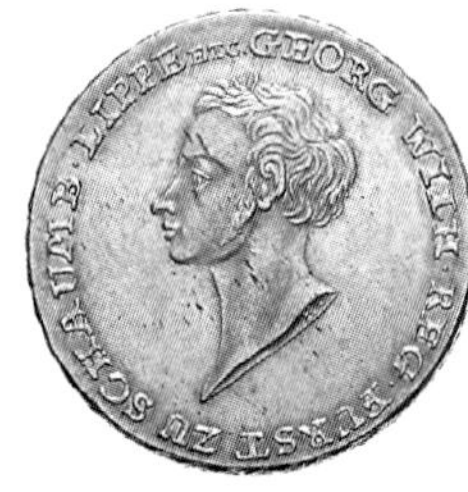

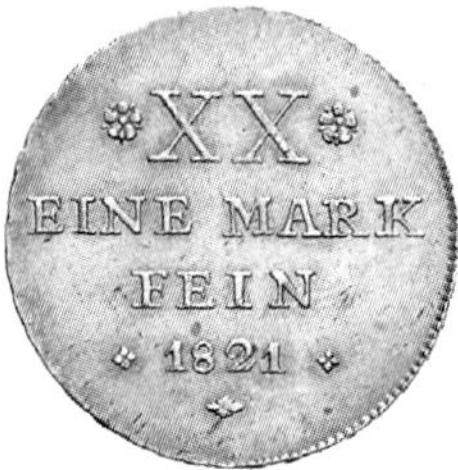

523 ½ Konventionstaler

Vs.: GEORG WILH · REG · FÜRST ZU SCHAUMB · LIPPE ETC. am Halsabschnitt Mzz. H.

Rs.: XX EINE FEINE MARK 1821

Rand: Laubrand

AKS 6 – Jaeger 5

1821	110.–	200.–	300.–

In der 39. WAG-Auktion (9/2006), Nr. 2500, wurde ein Exemplar in „Stempelglanz" für 340.– Euro zugeschlagen.

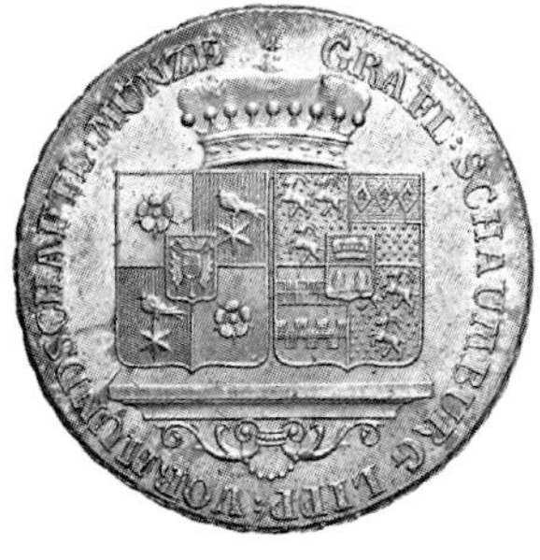

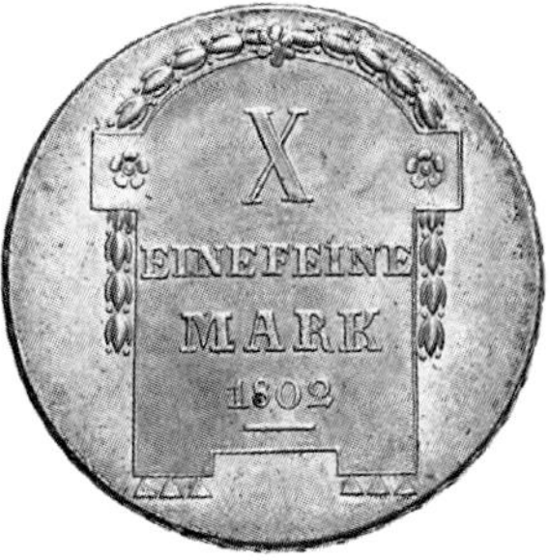

524 Konventionstaler

Vs.: GRÄFL: SCHAUMBURG LIPP: VORMUNDSCHAFTL: MÜNZE

Rs.: X EINE FEINE MARK 1802

Rand: Laubrand

Dav. 907 – AKS 1 – T. 387

1802	(4000)	400.–	700.–	1300.–

In der 39. WAG-Auktion (9/2006), Nr. 2498, wurde ein Exemplar in „vorzüglich-Stempelglanz" für 1100.– Euro zugeschlagen; 328. Hess-Divo-Auktion (5/2015), Nr. 853, „unzirkuliert", Zuschlag 2100.– Schweizer Franken (2000.– Euro); 349. Künker-Auktion (3/2021), Nr. 5283, „vorzüglich", Zuschlag 1800.– Euro.

Variante

a) Auf breiterer, dünnerer Ronde und mit leicht veränderter Rückseite: Die Girlanden sind etwas kürzer, die Linie unter der Jahreszahl ist kürzer und die „2" der Jahreszahl ist stärker eingebogen; 63. Auktion Bank Leu (10/1995), Nr. 950, „beinahe vorzüglich", Zuschlag 7600.– Schweizer Franken; 134. Auktion F. R. Künker (1/2008), Nr. 744, „vorzüglich", Zuschlag 1300.– Euro; 50. Teutoburger Münzauktion (5/2010), „vorzüglich-Stempelglanz", Zuschlag 3000.– Euro; Abb. siehe nächste Seite

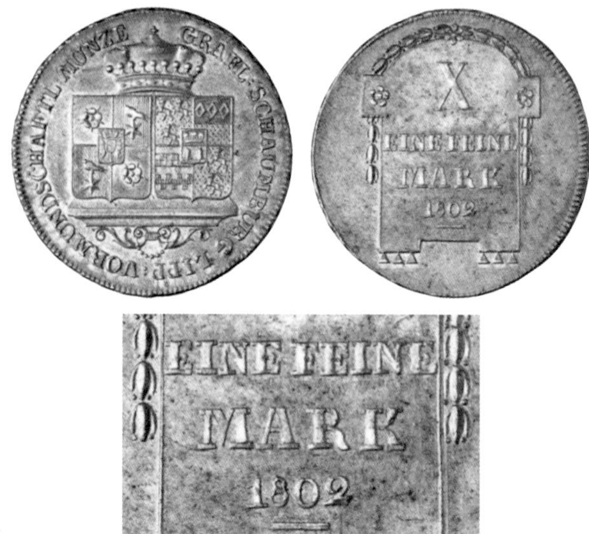

Nr. 524a), Konventionstaler 1802 auf breiterer, dünnerer Ronde und mit leicht veränderter Rückseite: Die Girlanden sind etwas kürzer, die Linie unter der Jahreszahl ist kürzer und die „2“ der Jahreszahl ist stärker eingebogen

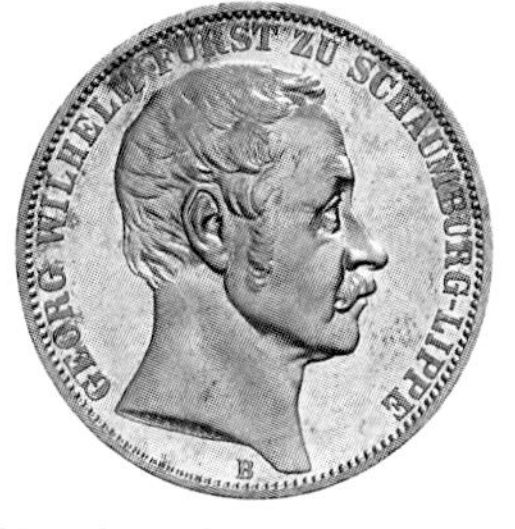
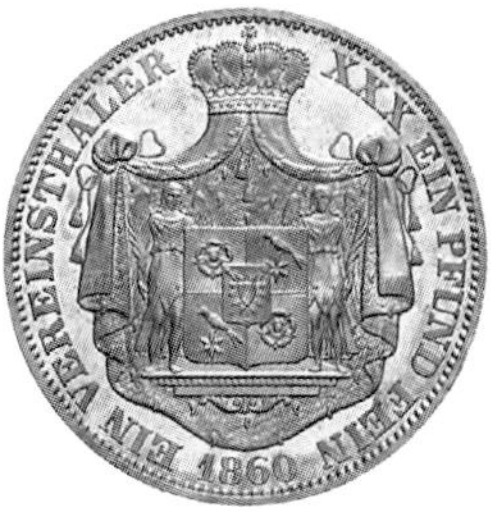

525 Vereinstaler

Vs.: GEORG WILHELM FÜRST ZU SCHAUMBURG-LIPPE am Halsabschnitt Signatur BREHMER · F · Mmz. B

Rs.: EIN VEREINSTHALER XXX EIN PFUND FEIN 1860

Rand: WIENER-MÜNZVERTRAG 24 JAN. 1857

Dav. 909 – AKS 5 – Jaeger 15 – T. 389

1860	(8350)	120.–	250.–	400.–

In der 100. Auktion F. R. Künker (6/2005), Nr. 867, wurde ein Exemplar in „Stempelglanz" für 380.– Euro zugeschlagen, in der 39. WAG-Auktion (9/2006), Nr. 2499, ein Exemplar in „Erstabschlag, fast Stempelglanz", für 410.– Euro; in der 53. eLive-Auktion von F. R. Künker (2/2019), Nr. 8936, wurde ein Exemplar in „vorzüglich-Stempelglanz" für 700.– Euro zugeschlagen; in der 80. Heidelberger Münzauktion (11/2020), Nr. 918, ein Exemplar in „Erstabschlag, winzige Kratzer" für 700.– Euro.

Probe

a) Einseitiger Zinnabschlag der Rückseite einer nicht ausgeführten Vereinstaler-Probe von 1858; 63. Auktion Bank Leu (10/1995), Nr. 974, „Stempelglanz", Zuschlag 1450.– Schweizer Franken

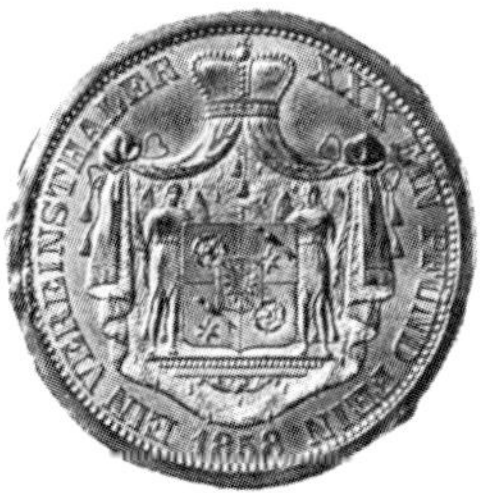

Nr. 525a), einseitiger Zinnabschlag der Rückseite einer nicht ausgeführten Vereinstaler-Probe von 1858

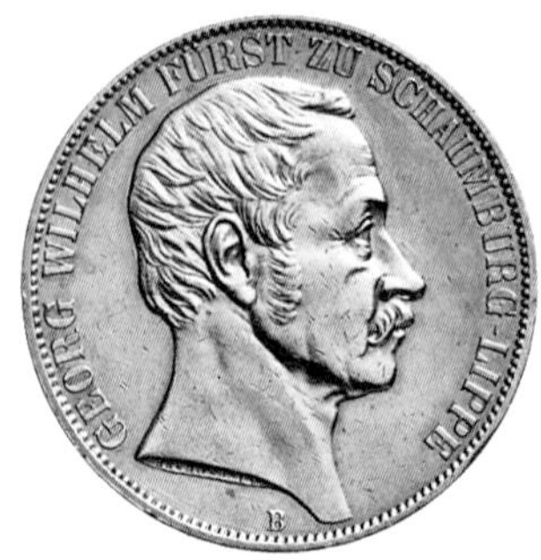

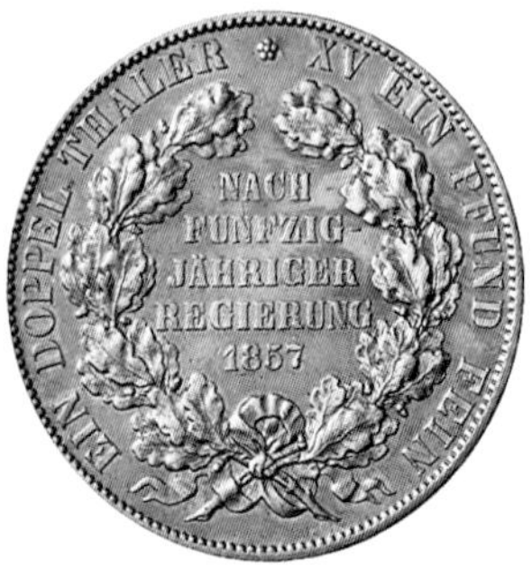

526 Vereinsdoppeltaler

Vs.: GEORG WILHELM FÜRST ZU SCHAUMBURG-LIPPE am Halsabschnitt Signatur BREHMER · F · Mmz. B

Rs.: XV EIN PFUND FEIN EIN DOPPEL THALER / NACH FÜNFZIG-JÄHRIGER REGIERUNG 1857

Rand: MIT GOTTES HÜLFE

Dav. 908 – AKS 18 – Jaeger 7 – T. 388

1857	(2000)	250.–	400.–	550.–

In der 51. Auktion Emporium Hamburg (5/2004), Nr. 4531, wurde ein Exemplar in „fast Stempelglanz/Stempelglanz" für 500.– Euro zugeschlagen, in der 100. Auktion F. R. Künker (6/2005), Nr. 866, ein Exemplar ebenfalls in „fast Stempelglanz/Stempelglanz" für 770.– Euro; in der 349. Künker-Auktion (3/2021), Nr. 5287, ein Exemplar in „fast Stempelglanz" für 1100.– Euro.

Adolf Georg 1860 – 1893

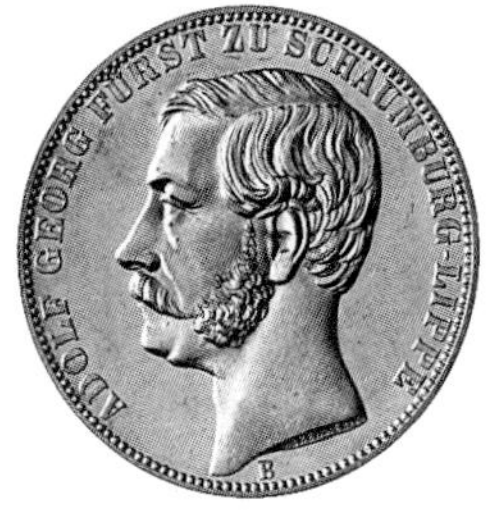
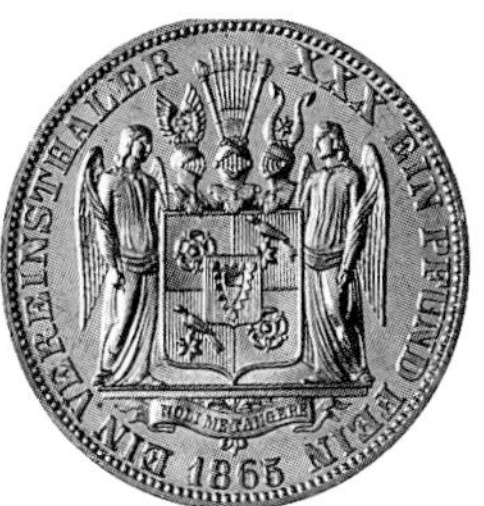

527 Vereinstaler

Vs.: ADOLF GEORG FÜRST ZU SCHAUMBURG-LIPPE
im Halsabschnitt Signatur BREHMER · F · Mmz. B

Rs.: EIN VEREINSTHALER XXX EIN PFUND FEIN 1865
auf dem Schriftband NOLI ME TANGERE

Rand: WIENER-MÜNZVERTRAG 24 JAN. 1857

Dav. 910 – AKS 19 – Jaeger 16 – T. 390

1865	(7000)	100.–	200.–	380.–

In der 95. Auktion F. R. Künker (9/2004), Nr. 3776, wurde ein Exemplar in „Stempelglanz" für 310.– Euro zugeschlagen, in der 387. Auktion Dr. Busso Peus Nachfolger (4/2006), Nr. 2878, ein Exemplar in „Polierter Platte" für 360.– Euro; in der 354. Künker-Auktion (9/2021), Nr. 5911, ein Exemplar in „Erstabschlag, fast Stempelglanz/Stempelglanz" für 1300.– Euro.

Herzogtümer Schleswig und Holstein

Münzstätten:

Altona	Reichsapfel
Kopenhagen	Herz und Krone

Medailleure:

B.	Georg Valentin Bauert
P. G.	Peter Leonardo Gianelli

Münzmeister:

M. F.	Michael Flor, Altona bis 1816
C. B.	Caius Branth, Altona bis 1819
I. F. F, F. F.	Johann Friedrich Freund, Altona bis 1857
V. S.	Georg Wilhelm Svendsen, Kopenhagen

Christian VII. von Dänemark 1766 – 1808

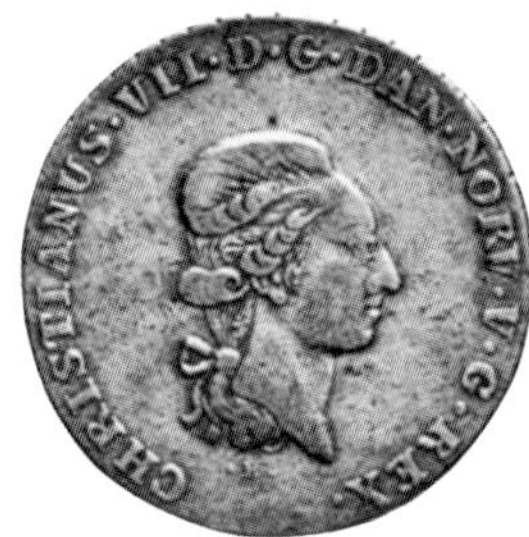

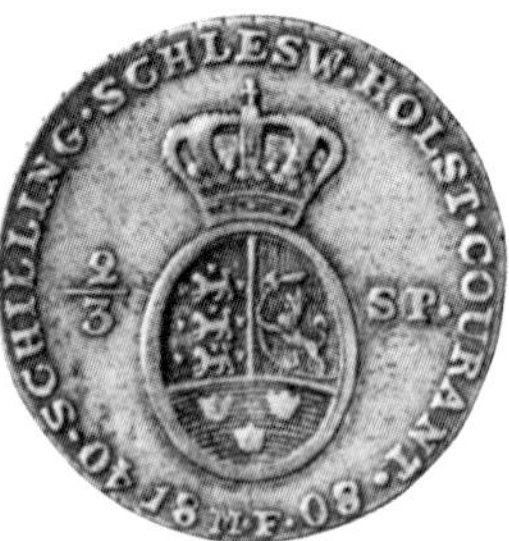

528 ⅔ Species-Taler

Vs.: CHRISTIANUS · VII · D · G · DAN · NORV · V · G · REX · Signatur · B ·

Rs.: 40 · SCHILLING · SCHLESW · HOLST · COURANT · (Wertzahl) ⅔ SP · 18 M · F · 08

Rand: Kreisförmige Vertiefungen

AKS 4 – Jaeger 9 – Hede 40 A – Lange 134

1808	150.–	320.–	500.–

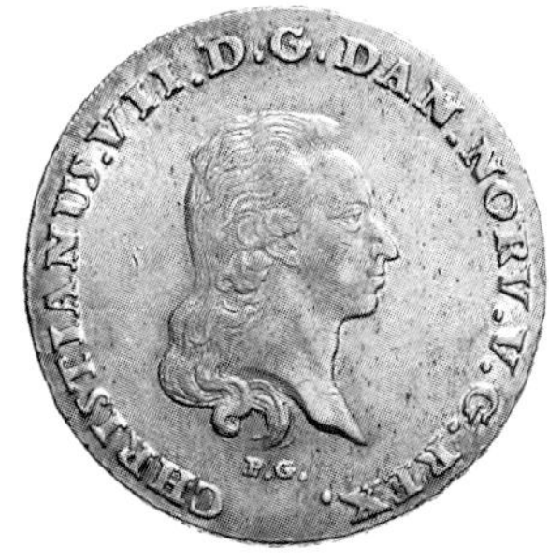
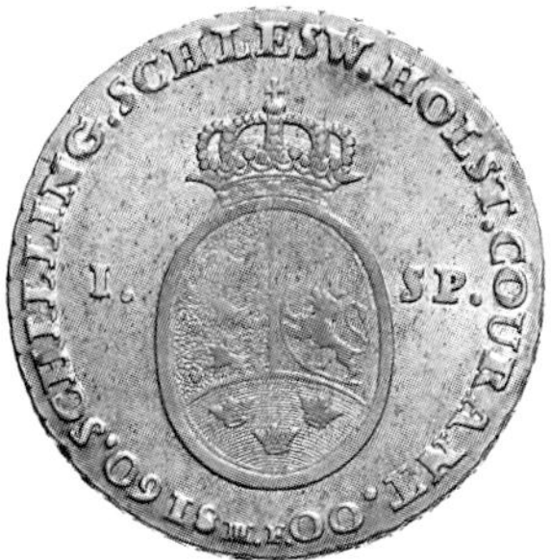

529 Species-Taler

Vs.: CHRISTIANUS. VII. D. G. DAN. NORV. V. G. REX. Signatur P. G.

Rs.: 60 . SCHILLING. SCHLESW. HOLST. COURANT. I . SP . (= Wertzahl) 18 M. F. 00

Rand: Kreisförmige Vertiefungen

Dav. 1311 – AKS 1 – Jaeger 10e

1800	220.–	500.–	850.–

Varianten

a) Ohne Punkt nach COURANT, jedoch mit Punkt nach der Jahreszahl (Hede 39E; Lange 128A); 34. Auktion F. R. Künker (10/1996), Nr. 2108, „sehr schön“, Zuschlag 775.– DM

b) Ohne Punkt nach „60“ in der Rückseiten-Umschrift

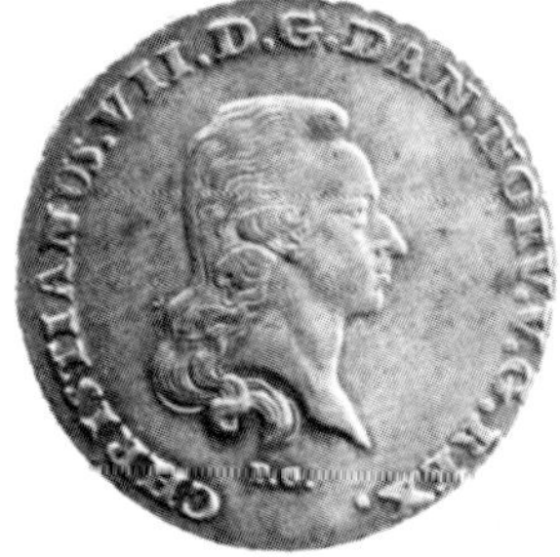
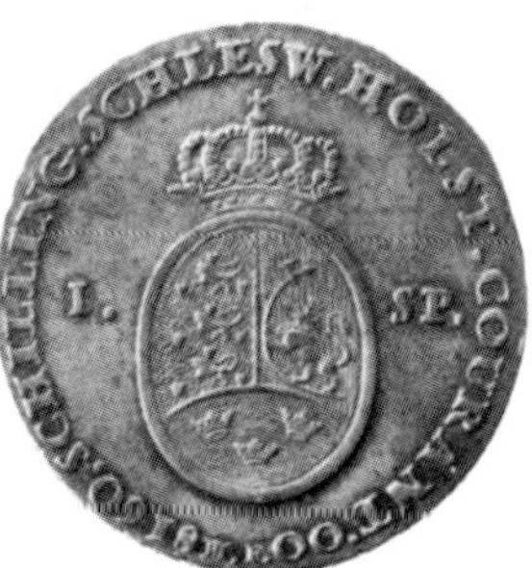

Nr. 529a), Speciestaler 1800 ohne Punkt nach COURANT, jedoch mit Punkt nach der Jahreszahl

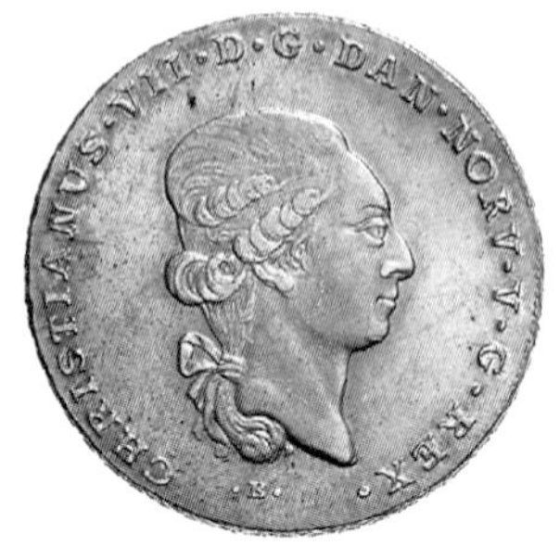

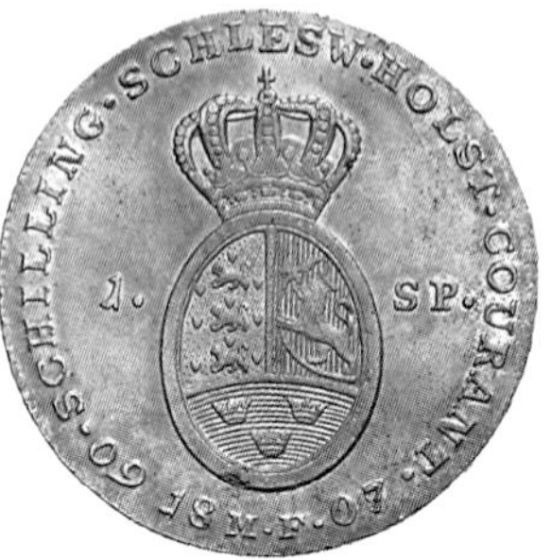

530 Species-Taler

Vs.: CHRISTIANUS · VII · D · G · DAN · NORV · V · G · REX · Signatur · B ·

Rs.: 60 · SCHILLING · SCHLESW · HOLST · COURANT · (Wertzahl) 1 · SP · (Jahr) Mmz. M · F ·

Rand: Kettenrand

Dav. 70 – AKS 3 – Jaeger 10a

1800	(146 100)	150.–	280.–	500.–
1801	(311 940)	150.–	280.–	500.–
1804	(105 800)	150.–	280.–	500.–
1807	(102 080)	150.–	280.–	500.–
1808	(1 303 610)	120.–	230.–	400.–

Varianten und Proben

a) 1801 mit auf Mitte stehendem Punkt nach dem „T“ von COURANT; 80. Auktion F. R. Künker (3/2003), Nr. 2697 „vorzüglich mit feiner Tönung“, Zuschlag 360.– Euro

b) 1804 auch mit tiefstehendem Punkt nach der „1“ von „1. SP·“; 66. Auktion F. R. Künker (6/2001), Nr. 2305 „herrliche Patina, vorzüglich“, Zuschlag 430.– DM

c) 1807 und 1808 auch mit tiefstehenden Punkten in den Umschriften; 39. WAG-Auktion (9/2006), Nr. 2540 (Jahrgang 1807), „vorzüglich-Stempelglanz“, Schätzpreis 500.– DM; 95. Auktion F. R. Künker (9/2004), Nr. 3781 (Jahrgang 1808), „Stempelglanz“, Zuschlag 1800.– DM

d) 1808 auch mit tiefstehenden Punkten in „1. SP.“; 84. Auktion F. R. Künker (6/2003), Nr. 4533, „Stempelglanz, Zuschlag 725.– Euro

e) 1808 auch mit tiefstehenden Punkten an der Signatur . B .

f) Probemünzen mit glattem Rand von den Jahrgängen 1799 und 1800 (Jaeger 10 III + 10 IV; Hede 39A)
g) Kupferabschläge der Probemünzen Nr. 530f von 1799 und 1800 (Hede 39F + 39G)

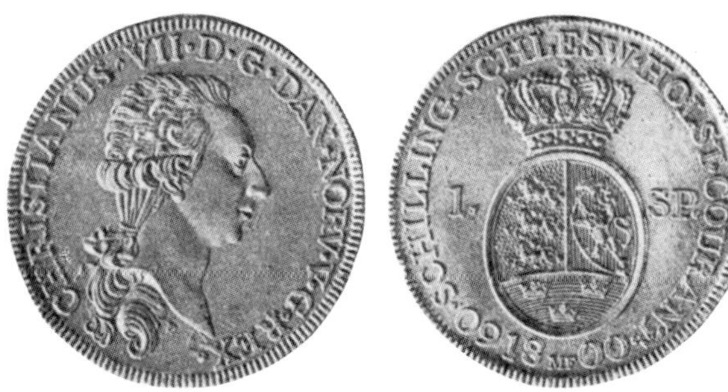

Nr. 530f), Probemünze vom Jahrgang 1800. Laut Kurt Jaeger wurden die Stempel dazu in London von Georg Valentin Bauert unter Anleitung von John Milton geschnitten.

Christian VIII. von Dänemark 1839 – 1848

531 Rigsbankdaler

Vs.: CHRISTIANVS VIII D: G: DANIÆ V: G: REX
Signatur F : K : Mmz.

Rs.: 1 RIGSBANKDALER. / 30 SCHILL: COURANT.

Rand: Riffelrand

AKS 15 – Jaeger, Seite 190 – Hede 4A + 4B

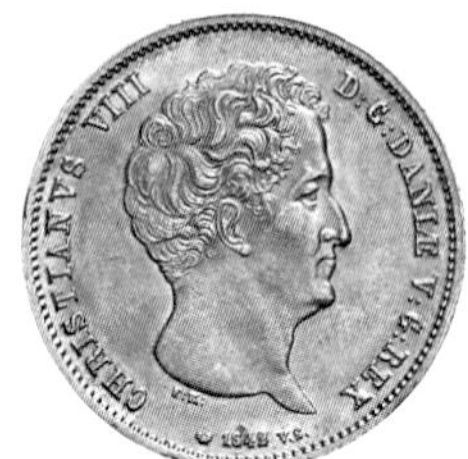
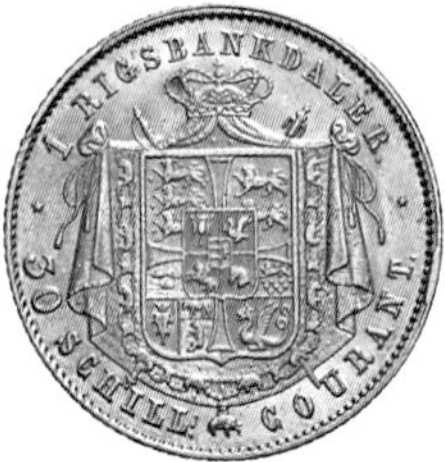

Mmz. V. S., Mzz. Krone

1842	(358 730)	80.–	180.–	350.–
1843	(32 150)	120.–	270.–	450.–
1846	(112 360)	80.–	180.–	350.–
1847	(1 150 930)	70.–	150.–	270.–
1848	(499 740)	70.–	150.–	270.–

zu Nr. 531 Rigsbankdaler

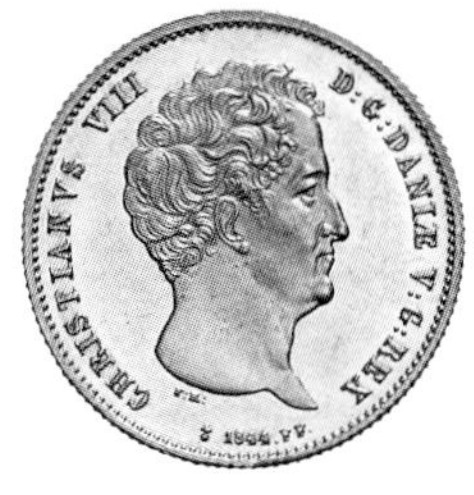
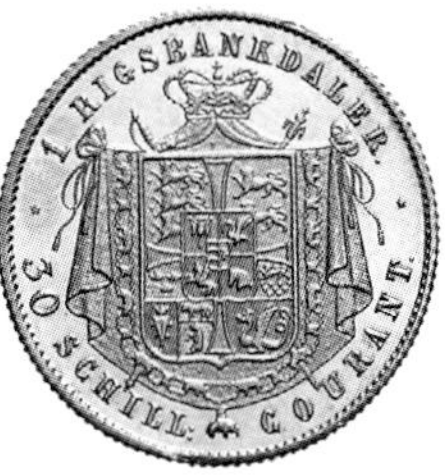

Mmz. . F F ., Mzz. Reichsapfel

1844	(35 550)	120.–	280.–	450.–
1845	(124 740)	80.–	180.–	350.–
1847	(58 860)	120.–	280.–	450.–

In der 42. Auktion Harald Möller (12/2006), Nr. 1836, wurde ein Exemplar in „Polierter Platte, kleine Kratzer", für 725.– Euro zugeschlagen.

Friedrich VII. von Dänemark 1848 – 1863

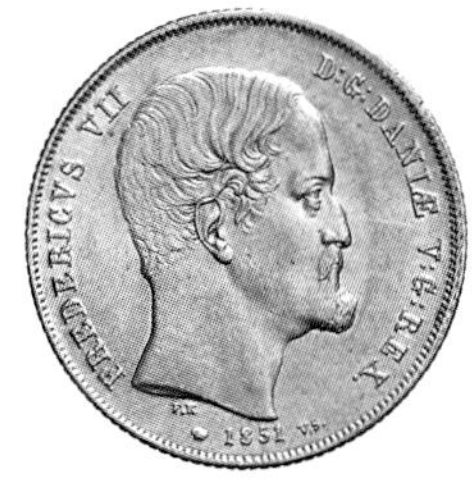
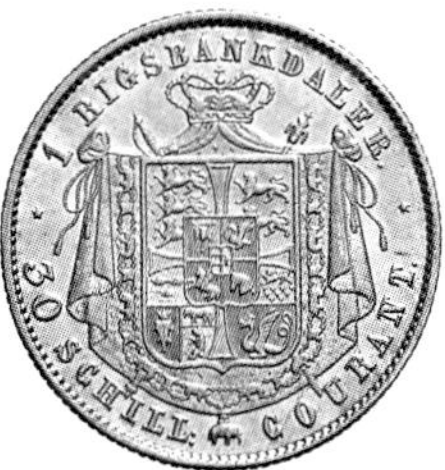

532 Rigsbankdaler

Vs.: FREDERICVS VII D: G: DANIÆ V: G: REX. Signatur F. K., Mmz. V. S., Mzz. Krone

Rs.: 1 RIGSBANKDALER / 30 SCHILL: COURANT.

Rand: Riffelrand

AKS 20 – Jaeger, Seite 190 – Hede 5

1849	(544 150)	150.–	350.–	600.–
1851	(508 330)	150.–	350.–	600.–

In der 864. Rasmussen-Auktion (5/2016), Nr. 271, erzielte ein Exemplar von 1849 in „unzirkuliert" den Zuschlag von 940.– Euro; in der 894. Auktion von Rasmussen (5/2020), Nr. 319, ein Exemplar von 1851 in „Prooflike-unzirkuliert" den Zuschlag von 940.– Euro.

Fürstentum Schwarzburg-Rudolstadt

Münzstätten:	Saalfeld	
	Berlin Mzz. A	1841 - 1898
	München	1841 - 1868

Münzmeister in Saalfeld:

L	Georg Christoph Löwel

Medailleur:

C. VOIGT	Carl Friedrich Voigt, München

Friedrich Günther 1807 - 1867

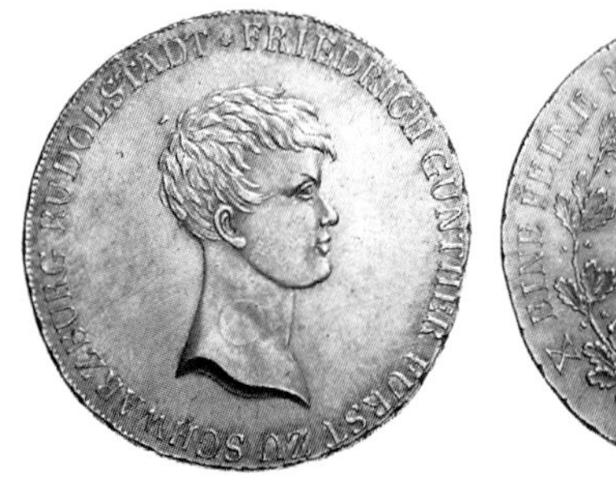

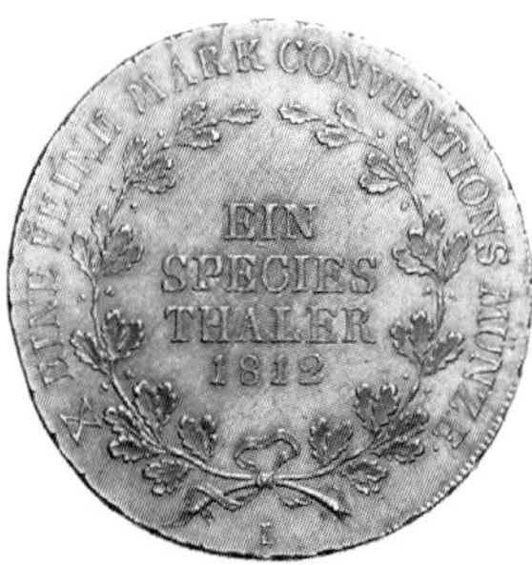

533 Konventionstaler

Vs.: FRIEDRICH GÜNTHER FÜRST ZU SCHWARZBURG RUDOLSTADT

Rs.: X EINE FEINE MARK CONVENTIONS MÜNZE · EIN SPECIES THALER (Jahr) Mmz. L

Rand: Laubrand *(verschiedene Arten)*

Dav. 912 – AKS 1 – Jaeger 32 – T. 391

Jahr	Auflage			
1812	(16 790)	250.–	450.–	600.–
1813		250.–	500.–	650.–

In der 49. WAG-Auktion (2/2009), Nr. 792, erzielte ein Exemplar von 1812 in „Stempelglanz" den Zuschlag von 1300.– Euro; in der 165. Künker-Auktion (3/2010), Nr. 2698, ein Exemplar von 1812 in „fast Stempelglanz" 1700.– Euro.

Varianten und Proben

a) 1812 mit kürzeren Haarlocken an der Stirn, über dem Ohr und am Hinterkopf; 45. Auktion Harald Möller (6/2007), Nr.

1604, „vorzüglich-Stempelglanz", Zuschlag 460.– Euro; 314. Künker-Auktion (10/2018), Nr. 5968, „vorzüglich", Zuschlag 420.– Euro; Abb. siehe nächste Seite

b) 1812 mit oben geschlossenem (überlappendem) Eichenkranz und veränderter Frisur; 42. Auktion Harald Möller (12/2006), Nr. 1847, „vorzüglich", Zuschlag 340.– Euro; in der 228. Künker-Auktion (3/2013), Nr. 5051, Zuschlag 600.– Euro

c) 1812 als Probe mit Brustbild und Krawatte statt Kopfbild (Ferrari 4405 [wahrscheinlich Unikum]; Jaeger 32 P); Abb. siehe nächste Seite

d) 1813 als Probe mit glattem Rand (Rudolph 1023)

e) 1812 mit größerem Stern oben in der Umschrift der Vorderseite, 52. Auktion Harald Möller (12/2008), Nr. 4469, „vorzüglich-Stempelglanz", Schätzpreis 340.– Euro (kein Zuschlag).

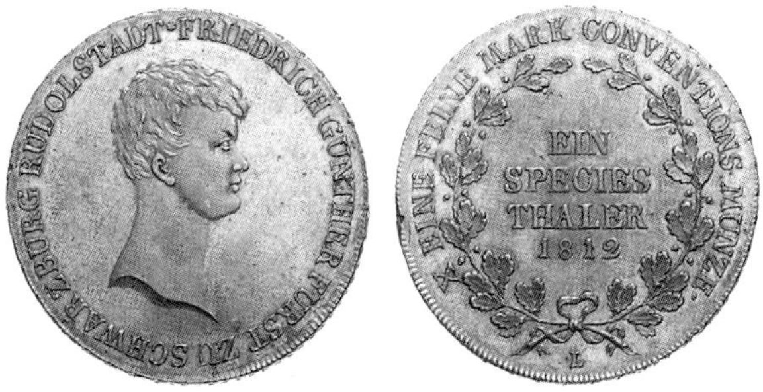

Nr. 533a), Konventionstaler 1812 mit kürzeren Haarlocken an der Stirn, über dem Ohr und am Hinterkopf

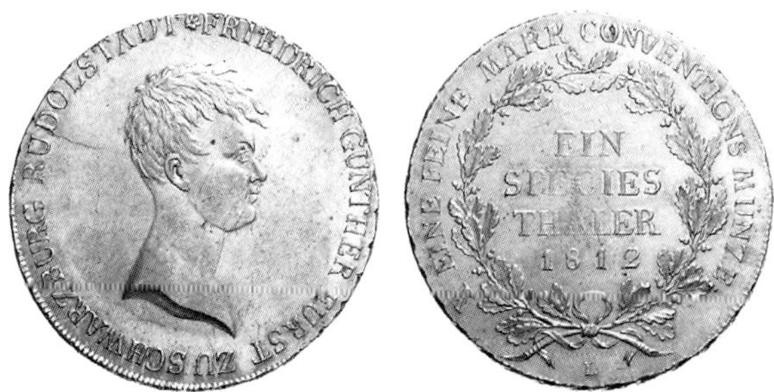

Nr. 533b), Konventionstaler 1812 mit oben geschlossenem (überlappendem) Eichenkranz und mit veränderter Frisur

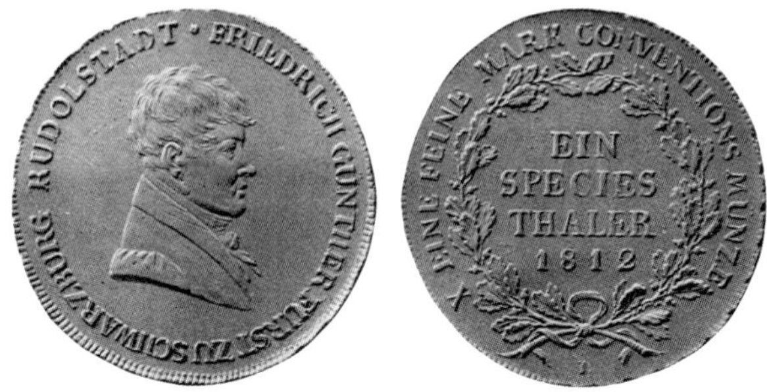

Nr. 533c), Konventionstaler-Probe 1812 mit Brustbild und Krawatte

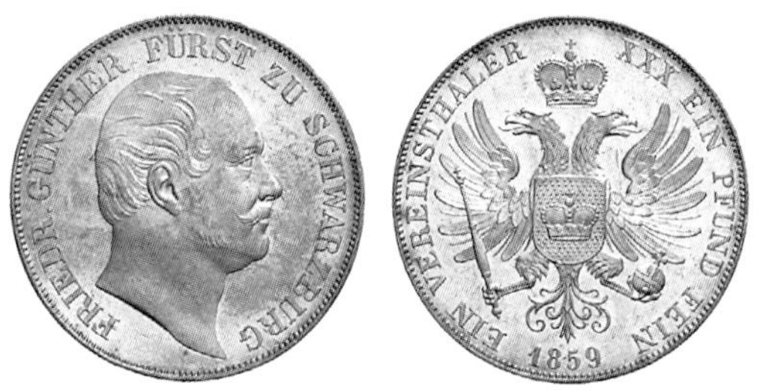

534 Vereinstaler

Vs.: FRIEDR. GÜNTHER FÜRST ZU SCHWARZBURG

Rs.: EIN VEREINSTHALER XXX EIN PFUND FEIN Jahr

Rand: GOTT MIT UNS

Dav. 915 – AKS 12 – Jaeger 53 – T. 394

1858	(16 560)	100.–	200.–	350.–
1859	(6000)	100.–	200.–	350.–

In der 42. Auktion Harald Möller (12/2006), Nr. 1860, wurde ein Exemplar vom Jahrgang 1859 in „Polierter Platte" für 650.– Euro zugeschlagen; in der 48. WAG-Auktion (9/2008), Nr. 1549, ein Exemplar von 1859 in „Polierter Platte" für 600.– Euro; in der 246. Künker-Auktion (3/2014), Nr. 4683, ein Exemplar von 1858 in „Stempelglanz" für 500.– Euro.

Variante

a) Einseitiger Zinnabschlag der Rückseite vom Jahrgang 1858; 20. Auktion Harald Möller (4/1997), Nr. 998, „prägefrisch", Zuschlag 260.– DM

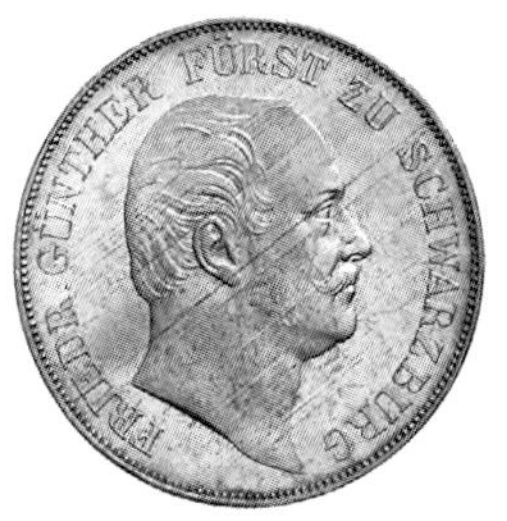
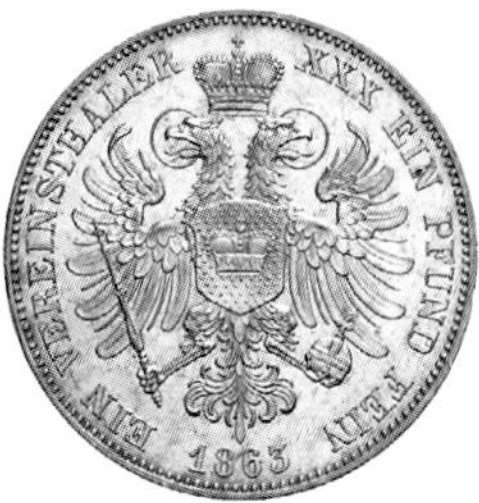

535 Vereinstaler

Vs.: FRIEDR. GÜNTHER FÜRST ZU SCHWARZBURG
Rs.: EIN VEREINSTHALER XXX EIN PFUND FEIN Jahr
Rand: GOTT MIT UNS

Dav. 916 – AKS 12 – Jaeger 54 – T. 395

1862	(23 120)	100.–	180.–	280.–
1863	(16 540)	100.–	180.–	280.–

In der 42. Auktion Harald Möller (12/2006), Nr. 1861, wurde ein Exemplar vom Jahrgang 1863 in „Polierter Platte-" für 370.– Euro zugeschlagen.

Varianten

a) Einseitiger Zinnabschlag der Vorderseite; 26. Auktion Harald Möller (4/2000), Nr. 635, „vorzüglich", Zuschlag 290.– DM (zusammen mit Nr. 535b)

b) Einseitiger Zinnabschlag der Rückseite vom Jahrgang 1862; 26. Auktion Harald Möller (4/2000), Nr. 635, „vorzüglich", Zuschlag 290.– DM (zusammen mit Nr. 535a)

Varianten

a) Einseitiger Zinnabschlag der Vorderseite; 7. Auktion Harald Möller (4/1991), Nr. 2531, „fast Stempelglanz", Schätzpreis 250.– DM; 19. Auktion Harald Möller (9/1996), Nr. 1052 (identisches Exemplar), Zuschlag 360.– DM (zusammen mit Nr. 538b)

b) Einseitiger Zinnabschlag der Rückseite; 7. Auktion Harald Möller (4/1991), Nr. 2531, „Stempelglanz", Schätzpreis 250.– DM; 19. Auktion Harald Möller (9/1996), Nr. 2532 (identisches Exemplar), Zuschlag 360.– DM (zusammen mit Nr. 538a)

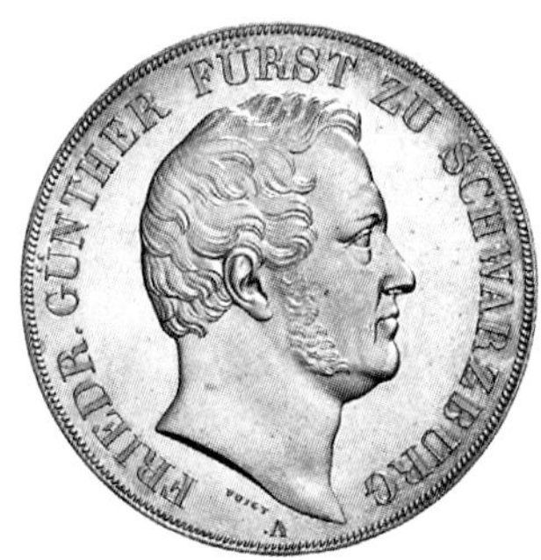

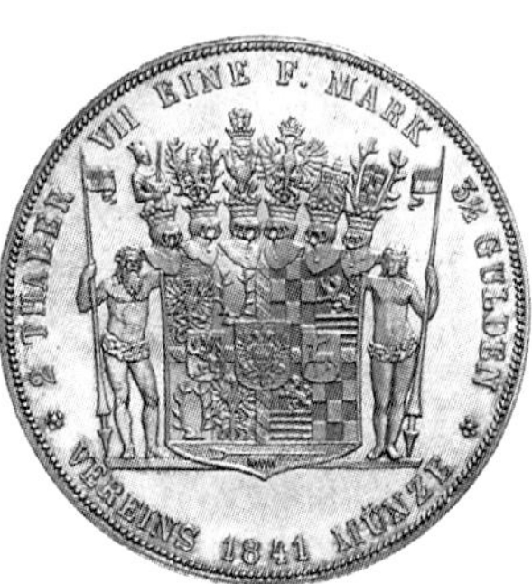

539 Doppeltaler

Vs.: FRIEDR. GÜNTHER FÜRST ZU SCHWARZBURG
Signatur VOIGT Mzz. A

Rs.: 2 THALER VII EINE F. MARK 3 ½ GULDEN
VEREINS (Jahr) MÜNZE

Rand: GOTT MIT UNS

Dav. 913 – AKS 11 – Jaeger 40 – T. 392

1841	(5100)	280.–	900.–	1250.–
1845	(5100)	340.–	1000.–	1400.–

In der 42. Auktion Harald Möller (12/2006), Nr. 1853, wurde ein Exemplar vom Jahrgang 1841 in „Stempelglanz-/Stempelglanz" für 1650.– Euro zugeschlagen, in der 349. Künker-Auktion (3/2021), Nr. 5425, ein Exemplar von 1845 in „vorzüglich-Stempelglanz" für 1900.– Euro.

Albert 1867 – 1869

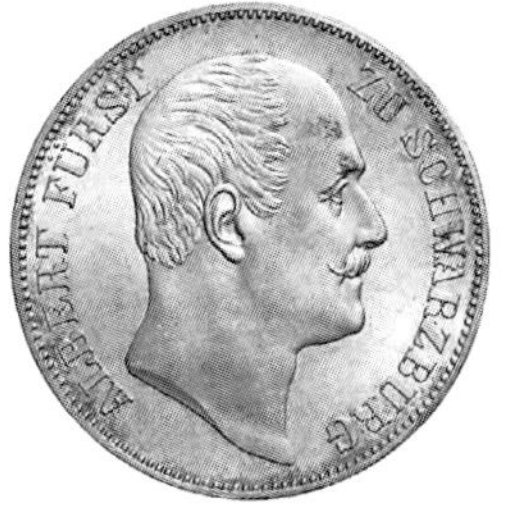

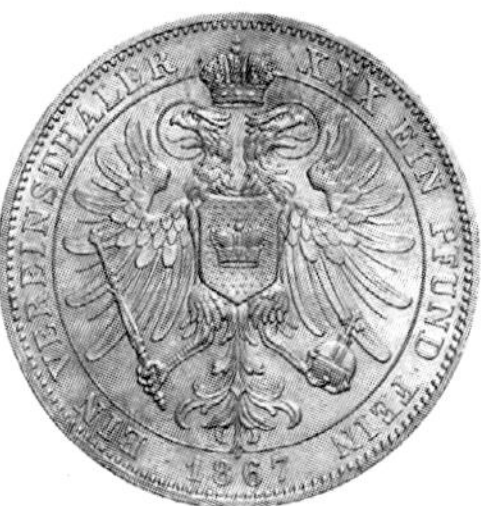

540 Vereinstaler

Vs.: ALBERT FÜRST ZU SCHWARZBURG
Rs.: EIN VEREINSTHALER XXX EIN PFUND FEIN 1867
Rand: GOTT MIT UNS

Dav. 919 – AKS 32 – Jaeger 57 – T. 398

1867	(23 150)	80.–	200.–	280.–

In der 25. Auktion der Münzhandlung Sonntag (5/2017), Nr. 1185, wurde ein Exemplar in „Erstabschlag, Polierte Platte", für 1300.– Euro zugeschlagen; in der 77. WAG-Auktion (9/2016), Nr. 2068, ein Exemplar in „Stempelglanz" für 1150.– Euro.

Variante

a) Einseitiger Zinnabschlag der Vorderseite (Hahlo 2062); 26. Auktion Harald Möller (4/2000), Nr. 638, „Stempelglanz-", Zuschlag 145.– DM. Sehr wahrscheinlich handelt es sich bei diesem Abschlag um das Exemplar, das in der 18. Auktion Emporium Hamburg (12/1989), Nr. 3773, in „prägefrisch" angeboten wurde. Dort war nicht vermerkt, ob es sich um die Vorder- oder Rückseite handelt.

Fürstentum Schwarzburg-Sondershausen

Münzstätte: Berlin Mzz. A 1841 – 1870

Günther Friedrich Carl II. 1835 – 1880

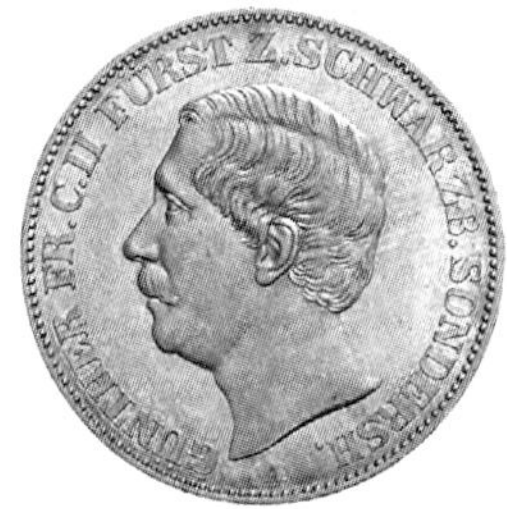

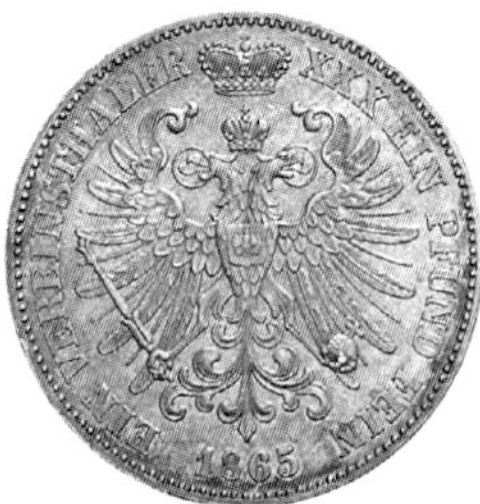

541 Vereinstaler

Vs.: GÜNTHER FR. C. II FÜRST Z. SCHWARZB. SONDERSH. Mzz. A

Rs.: EIN VEREINSTHALER XXX EIN PFUND FEIN

Rand: GOTT MIT UNS

Dav. 921 – AKS 38 – Jaeger 75 – T. 400

1859	(15 000)	110.–	350.–	450.–
1865	(10 400)	110.–	350.–	450.–
1870	(11 000)	110.–	350.–	450.–

In der 42. Auktion Harald Möller (12/2006), Nr. 1874, wurde ein Exemplar vom Jahrgang 1870 in „Polierter Platte, winzige Kratzer" für 380.– Euro zugeschlagen, in der 246. Auktion F. R. Künker (11/2014), Nr. 4678, ein Exemplar vom Jahrgang 1865 in „Polierter Platte" für 1200.– Euro; in der 80. Auktion der Heidelberger Münzauktion (11/2020), Nr. 929, ein Exemplar vom Jahrgang 1870 in „Polierter Platte" für 800.– Euro; in der 24. Auktion der Münzenhandlung Sonntag (12/2016), Nr. 1087, ein Exemplar vom Jahrgang 1865 in „Polierter Platte" für 950.– Euro; in der 58. Heidelberger Münzauktion (11/2011), Nr. 1975, wurde ein Exemplar von 1859 in „Polierter Platte" für 1300.– Euro zugeschlagen.

Proben

a) Probeabschlag der Vorderseite in Kupfer mit Randschrift, auf der Rückseite in vier Zeilen die Inschrift PROBE- / ABDRUCK / VON / KUPFER (GN 225/2005)

b) Probeabschlag der Rückseite in Kupfer mit Randschrift, auf der Vorderseite in vier Zeilen die Inschrift PROBE- / ABDRUCK / VON / KUPFER (GN 225/2005)

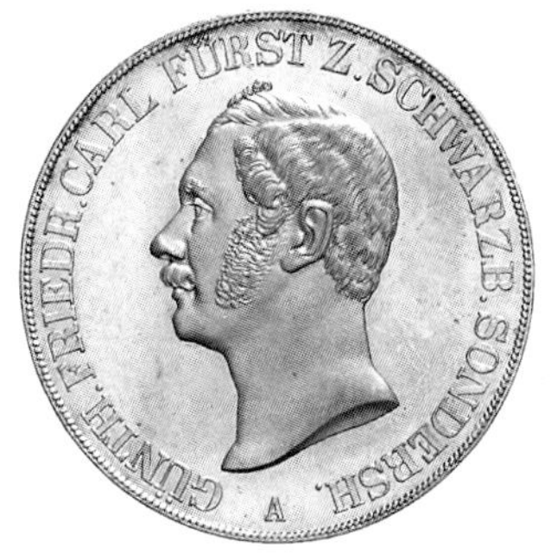

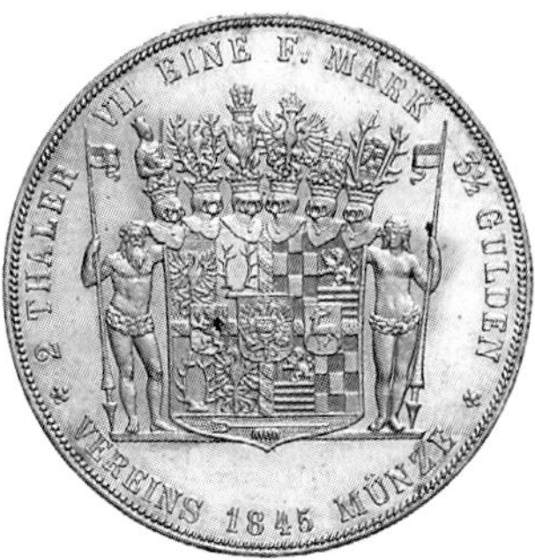

542 Doppeltaler

Vs.: GÜNTH. FRIEDR. CARL FÜRST Z. SCHWARZB. SONDERSH. Mzz. A

Rs.: 2 THALER VII EINE F. MARK 3 ½ GULDEN VEREINS (Jahr) MÜNZE

Rand: GOTT MIT UNS

Dav. 920 – AKS 37 – Jaeger 74 – T. 399

1841	(4300)	450.–	900.–	1400.–
1845	(8600)	450.–	900.–	1400.–
1854	(8600)	450.–	900.–	1400.–

In der 42. Auktion Harald Möller (12/2006), Nr. 1869, wurde ein Exemplar vom Jahrgang 1845 in „Stempelglanz-“ für 1200.– Euro zugeschlagen; in der 354. Künker-Auktion (9/2021), Nr. 5915, wurde ein „PP-Exemplar, fast Stempelglanz“ vom Jahrgang 1854 für 6500.– Euro zugeschlagen.

Varianten

a) Einseitiger Kupferabschlag der Vorderseite; 25. Auktion Harald Möller (10/1999), Nr. 1298, „vorzüglich“, Zuschlag 1050.– DM (zusammen mit Nr. 542c)

b) Einseitiger Bleiabschlag (Zinnabschlag?) der Rückseite vom Jahrgang 1841; 7. Auktion Harald Möller (4/1991), Nr. 2545, „Stempelglanz“, Schätzpreis 950.– DM

c) Einseitiger Kupferabschlag der Rückseite vom Jahrgang 1845; 25. Auktion Harald Möller (10/1999), Nr. 1298, „vorzüglich“, Zuschlag 1050.– DM (zusammen mit Nr. 542a)

Nach den Abbildungen im Auktionskatalog zu schließen, handelt es sich bei den Nr. 542a und 542c nicht um Abschläge, sondern Güsse.

Fürstentum Waldeck-Pyrmont

Münzstätten:	Arolsen		bis 1840
	Berlin	Mzz. A	1842 – 1867
Münzmeister:			
F.W.	Friedrich Welle		bis 1826
Medailleur:			
L	Johann Lindenschmidt (Mainz)		

Friedrich 1763 – 1812

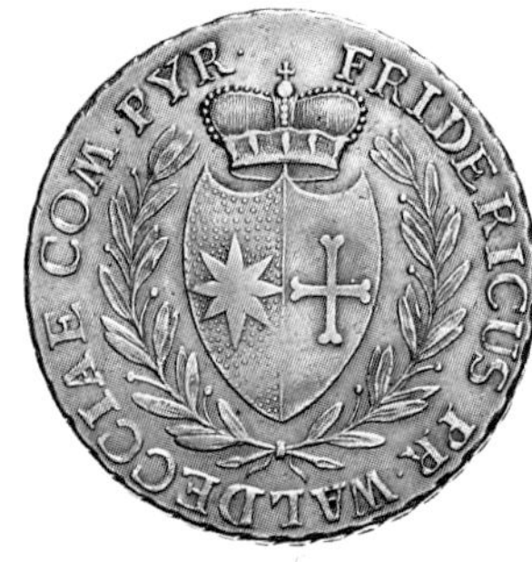

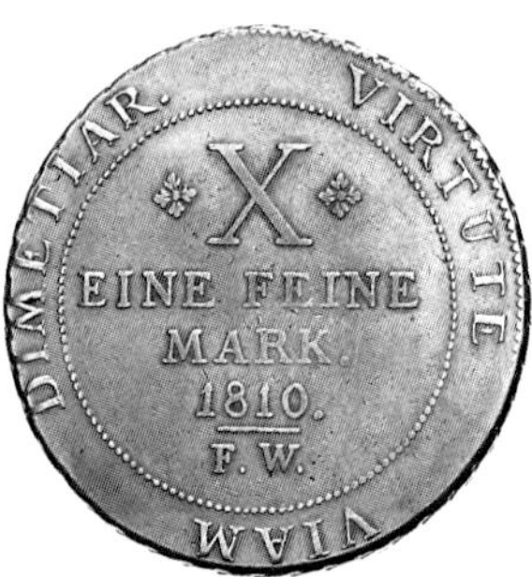

543 Konventionstaler

Vs.: FRIDERICUS PR · WALDECCIAE COM · PYR ·

Rs.: VIRTUTE VIAM DIMETIAR.
X EINE FEINE MARK. 1810. Mmz. F. W.

Rand: Kettenrand

Dav. 922 – AKS 1 – Jaeger 8 – T. 401

1810	600.–	1200.–	1700.–

In der 31. Auktion Harald Möller (10/2002), Nr. 1917, wurde ein Exemplar in „Stempelglanz mit herrlicher Patina" für 2050.– Euro zugeschlagen; in der 97. Auktion der WAG Online (4/2019), Nr. 1356, ein Exemplar in „vorzüglich+" für 2200.– Euro.

Varianten

a) Es sind unterschiedliche Durchmesser bekannt (Ferrari 4465 [42 mm]; Ferrari 4467 [40 mm]; Ferrari 4466 [39 mm])

b) Die „1“ in der Jahreszahl zweimal mit gespaltenem Fuß, Riffelrand

c) Die „1“ in der Jahreszahl zweimal mit gespaltenem Fuß, Kettenrand; 42. Auktion Harald Möller (12/2006), Nr. 1882, „vorzüglich+/fast vorzüglich“, Zuschlag 600.– Euro

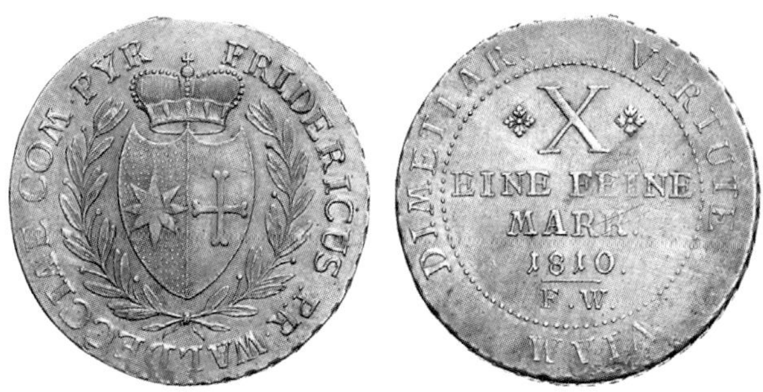

Nr. 543b), Konventionstaler 1810 mit der „1“ in der Jahreszahl zweimal mit gespaltenem Fuß

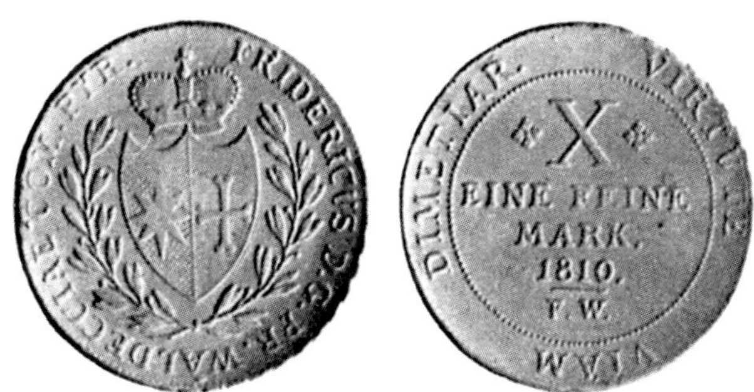

544 Konventionstaler

Vs.: FRIDERICVS D. G. PR. WALDECCIAE COM. PYR.

Rs.: VIRTVTE VIAM DIMETIAR.
X EINE FEINE MARK. 1810. Mmz. F. W.

Rand: Laubrand

Dav. 022A – AKS 2 – Jaeger 9 – T 402

1810	LP

Das bisher jüngste Auktionsvorkommen geht auf die 2. Auktion (4/1983) der Kreissparkasse Ludwigshafen zurück, in der ein Exemplar (Nr. 1461) in „fast vorzüglich, justiert“, für 7400.– DM zugeschlagen worden ist.

Georg 1807 – 1813

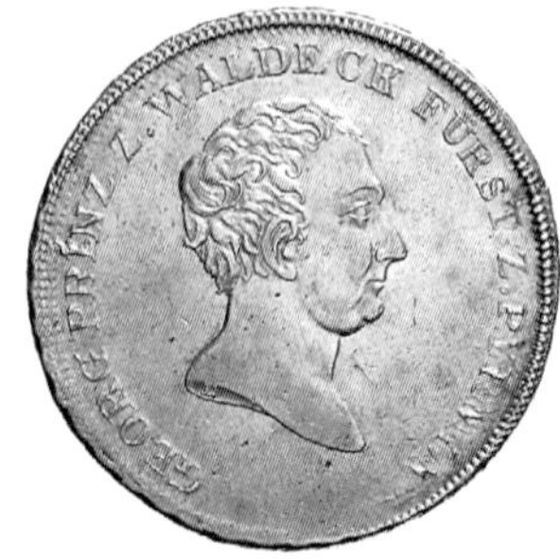

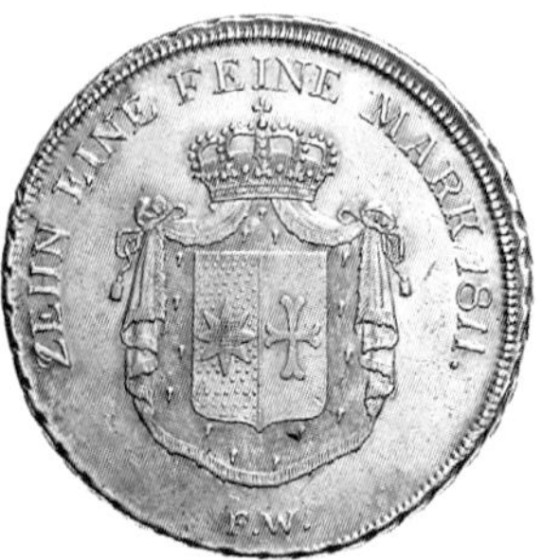

545 Konventionstaler

Vs.: GEORG PRINZ Z. WALDECK FÜRST Z. PYRMONT
Signatur L

Rs.: ZEHN EINE FEINE MARK 1811. Mmz. F . W .

Rand: Kettenrand

Dav. 923 – AKS 11 – Jaeger 11 – T. 403

1811	1200.–	2300.–	3200.–

In der 86. Auktion F. R. Künker (9/2003), Nr. 1932, wurde ein Exemplar in „fast Stempelglanz, am Rand leicht justiert“, für 5000.– Euro zugeschlagen, in der 300. Auktion der Hess-Divo AG (10/2004), Nr. 1120, ein „Prachtexemplar mit herrlicher Tönung, fast FDC“, für 8400.– Schweizer Franken (5500.– Euro); in der 319. Künker-Auktion (3/2019), ein Exemplar in „fast Stempelglanz“ für 7500.– Euro.

Variante

a) Es gibt diesen Taler mit zwei verschiedenen Durchmessern: 39 mm (Ferrari 4472) und 40 mm (Ferrari 4471)

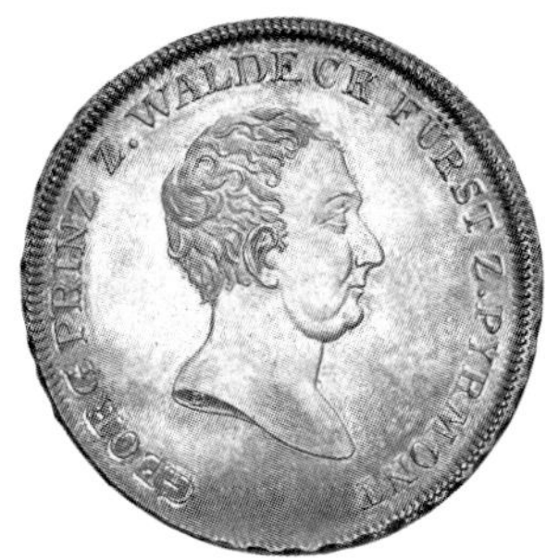

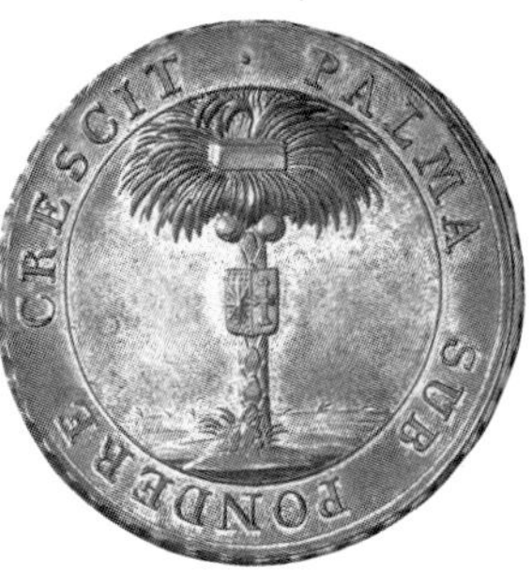

545A Zwitter-Konventionstaler

Vs.: GEORG PRINZ Z. WALDECK FÜRST ZU PYRMONT
Signatur L im Halsabschnitt

Rs.: PALMA SUB PONDERE CRESCIT

Rand: Kettenrand

Ferrari 4476

o. J. (1824)	(3)	LP

In der 44. Auktion der Heidelberger Münzhandlung Herbert Grün (11/2005), Nr. 3905, hatte ein Exemplar in „Stempelglanz, prachtvolle Patina", einen Schätzpreis von 50 000.– Euro (kein Zuschlag); in der 223. Künker-Auktion (1/2013), Nr. 594, erzielte ein Exemplar in „fast Stempelglanz" den Zuschlag von 40 000.– Euro.

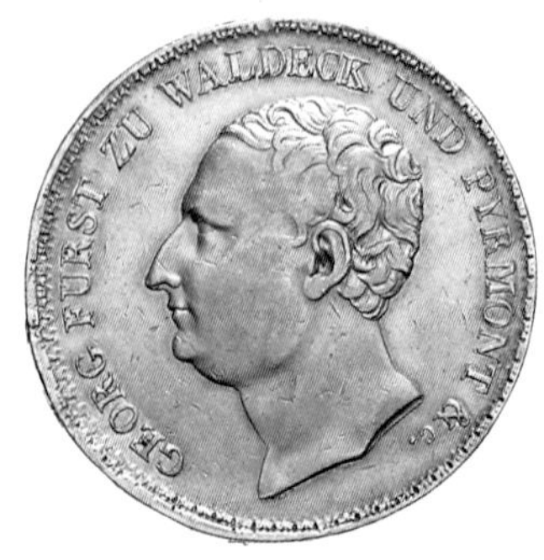

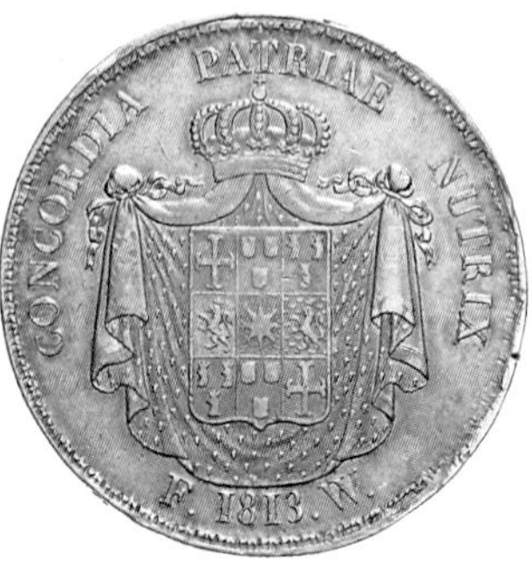

546 Konventionstaler

Vs.: GEORG FÜRST ZU WALDECK UND PYRMONT & c.
Rs.: CONCORDIA PATRIAE NUTRIX 1813. Mmz. F. W.
Rand: X EINE FEINE MARK oder X EINE FEINE MARCK
Dav. 924 – AKS 13 – Jaeger 13 – T. 404

1813	2500.–	4000.–	LP

Varianten

a) Mit Randschrift X. EINE ++++ FEINE ++++ MARCK ++++
b) Mit Randschrift X. EINE–FEINE–MARCK
c) Mit Randschrift X EINE FEINE MARCK und 34 Rosetten

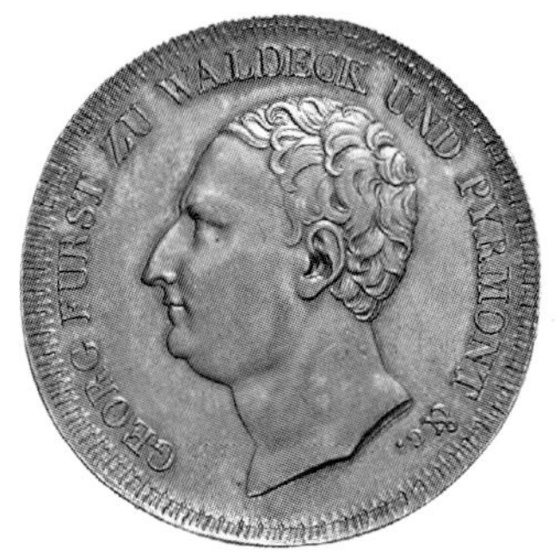

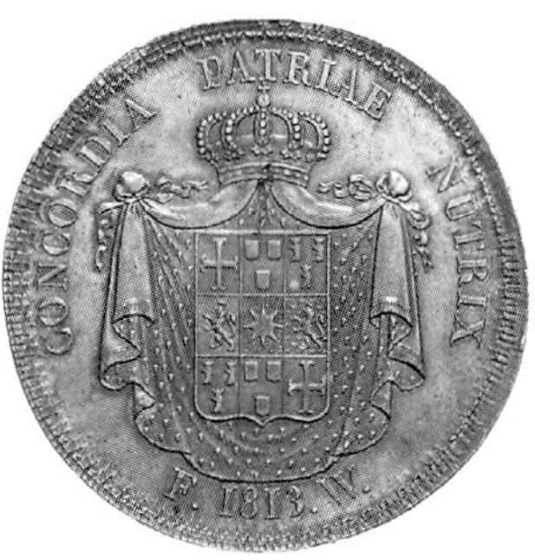

547 Kronentaler

Vs.: GEORG FÜRST ZU WALDECK UND PYRMONT & c.
Rs.: CONCORDIA PATRIAE NUTRIX 1813. Mmz. F. W.
Rand: Verschiedene Ausführungen

Dav. 924 – AKS 14 – Jaeger 14 – T. 405

1813	2000.–	4000.–	LP

Varianten

a) Mit Randschrift KRONTHALER sowie 38, 40, 42, 43, 45 oder 46 Rosetten (Waldeck, Typ 13.1); 42. Auktion Harald Möller (12/2006), Nr. 1893 (42 Rosetten), „vorzüglich-Stempelglanz", Zuschlag 4200.– Euro; 45. Auktion Harald Möller (6/2007), Nr. 1635 (39 Rosetten), „vorzüglich-Stempelglanz", Schätzpreis 3800.– Euro; Nr. 1636 (39 Rosetten) „fast vorzüglich", Zuschlag 2600.– Euro; 33. Auktion der Münzhandlung Sonntag (11/2020), Nr. 1282, „sehr schön-vorzüglich/vorzüglich", Zuschlag 1900.– Euro; 319. Künker-Auktion (3/2019), Nr. 4231, „vorzüglich", Zuschlag 3800.– Euro

b) Mit Randschrift K+R+O+N+T+H+A+L+E+R+ sowie 38, 40, 42, 43, 45 oder 46 Rosetten (Waldeck, Typ 13.2); 118. Auktion F. R. Künker (9/2006), Nr. 7544, mit 42 Rosetten), „vorzüglich, prachtvolle Patina", Zuschlag 3500.– Euro

c) Mit Randschrift K*R*O*N*T*H*A*L*E*R** (Waldeck, Typ 13.7); 412. Auktion Dr. Busso Peus Nachfolger (4/2014), Nr. 1411, „vorzüglich", Zuschlag 4000.– Euro

d) Mit Randschrift X EINE MARK FEIN plus 23 Blätter, zwei Rosetten, fünf Blätter (Ferrari 4485; Waldeck –); 8. WAG-Auktion (4/1997), Nr. 1833, „fast Stempelglanz, herrliche Patina", Zuschlag 12 000.– DM; 68. Heidelberger Münzauktion (5/2016), Nr. 444, „prägefrisch", Zuschlag 8000.– Euro.

e) Mit Randschrift X EINE FEINE MARK und 34 Rosetten (Ferrari 4486; Waldeck –)
f) Mit Randschrift WALDECKISCHER ++++ KRONTHALER ++ (Waldeck –)

zu Nr. 547 Kronentaler

g) Mit Randschrift WALDECKISCHER ❁❁ KRONTHALER ❁❁ (Ferrari 4477; Waldeck –); 354. Künker-Auktion (9/2021), Nr. 5923, „fast vorzüglich", Zuschlag 3200.– Euro
h) Mit Randschrift WALDECKISCHER ❁❁❁ KRONTHALER ❁❁ (Ferrari 4479; Waldeck, Typ 13.3)
i) Auf dem Rand 52 achtstrahlige Sterne (Waldeck, Typ 13.4)
j) Mit Randschrift +WALDECKISCHER +KRONTHALER+FEINSILBER (Waldeck, Typ 13.5); 389. Auktion Dr. Busso Peus Nachfolger (11/2006), Nr. 2786), „vorzüglich/Stempelglanz", Zuschlag 3900.– Euro
k) Mit Randschrift WALDECKISCHER ❁ KRONTHALER ❁ FEINSILBER ❁ (Ferrari 4478; Waldeck –); 86. Auktion F. R. Künker (9/2003), Nr. 1933, „vorzüglich", Zuschlag 4600.– Euro; 346. Künker-Auktion (1/2021), Nr. 413, „sehr schön-vorzüglich", Zuschlag 2200.– Euro; 68. Auktion Harald Möller (11/2016), Nr. 484, „vorzüglich", Zuschlag 3200.– Euro
l) Mit Randschrift +WALDECKISCHER +KRONTHALER+FEINSILBER ⋆ (Waldeck, Typ 13.5)
m) Mit Randschrift + WALDECKISCHER + KRONTHALER + F. + SILB. (Waldeck, Typ 13.6)
n) Mit Randschrift ❁K❁R❁O❁N❁T❁H❁A❁L❁E❁R❁❁ (Waldeck, Typ 13.9); 31. Auktion Harald Möller (10/2002), Nr. 1919, „Stempelglanz", Zuschlag 4650.– Euro; 42. Auktion Harald Möller (12/2006), Nr. 1892, „sehr schön+", Zuschlag 2100.– Euro; 80. Heidelberger Münzauktion (11/2020), Nr. 932, „Erstabschlag, prägefrisch, kleine Kratzer" Zuschlag 6250.– Euro
o) Mit Randschrift WALDECKISCHER KRONTHALER FEINSILBER ⋆⋆⋆⋆⋆⋆⋆ (Waldeck –); 61. Auktion Adolph Hess AG (2/1992), „Stempelglanz", Zuschlag 13 000.– Schweizer Franken
p) Mit Randschrift ❁WALDECKISCER❁❁❁❁KRONTHALER❁; Slg. Hennig Nr. 205

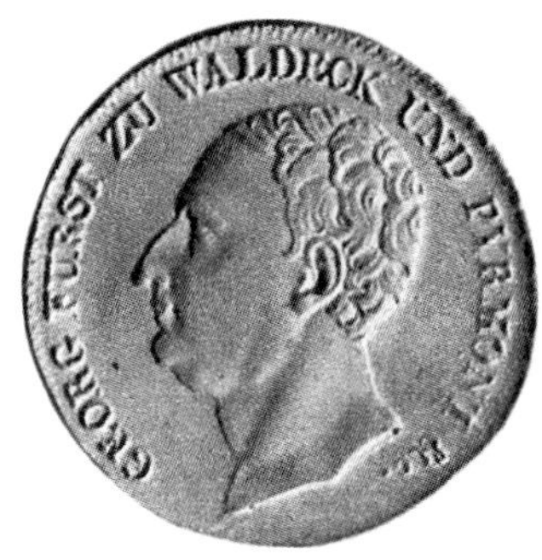

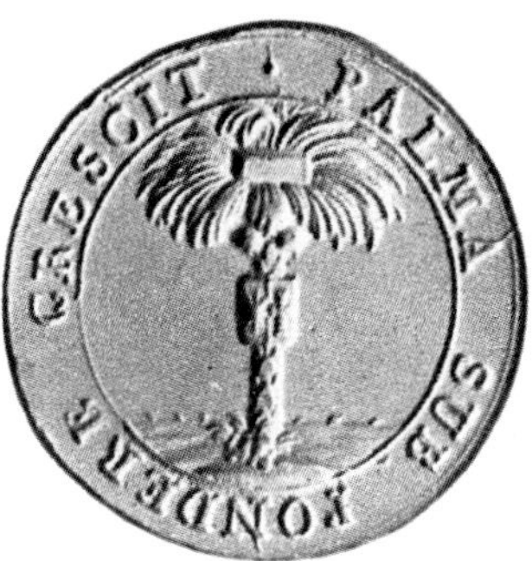

547A Zwitter-Kronentaler

Vs.: GEORG FÜRST ZU WALDECK UND PYRMONT & c.

Rs.: PALMA SUB PONDERE CRESCIT

Rand: Kettenrand

Slg. Kaselowsky Nr. 1603 – Slg. Hennig Nr. 207

o. J.	(1)	LP

Georg Heinrich 1813 – 1845

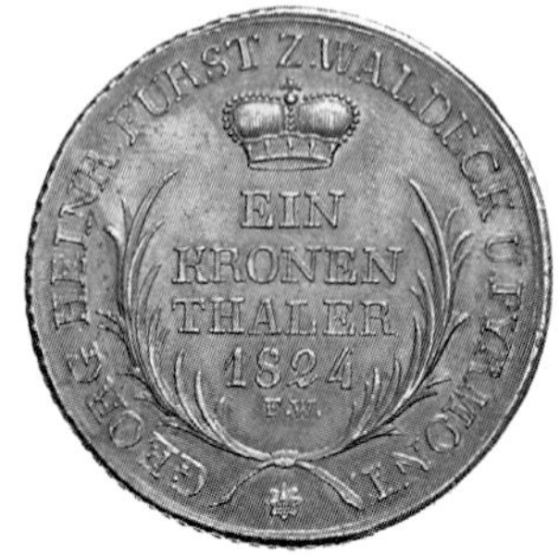

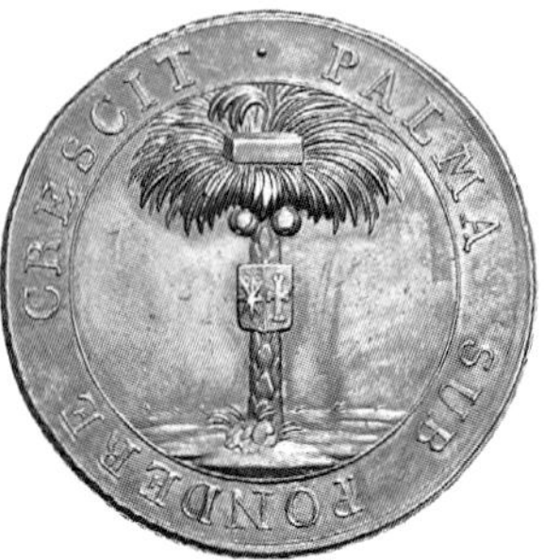

548 Kronentaler

Vs.: GEORG HEINR: FÜRST Z.WALDECK U.PYRMONT.
EIN KRONENTHALER 1824 Mmz. F. W.

Rs.: PALMA SUB PONDERE CRESCIT

Rand: Kettenrand

Dav. 925 – AKS 18 – Jaeger 32 – T. 406

1824	550.–	1000.–	2300.–

In der 134. Auktion F. R. Künker (1/2008), Nr. 777, wurde ein Exemplar in „fast Stempelglanz, herrliche Patina", für 3000.– Euro zugeschlagen; in der 80. WAG-Auktion (9/2018), Nr. 1387, ein Exemplar in „Stempelglanz" für 2600.– Euro und in der 354. Künker-Auktion (9/2021), Nr. 5924, für 2200.– Euro.

Variante

Probe-Kronentaler o. J. (AKS 18 Anm.)

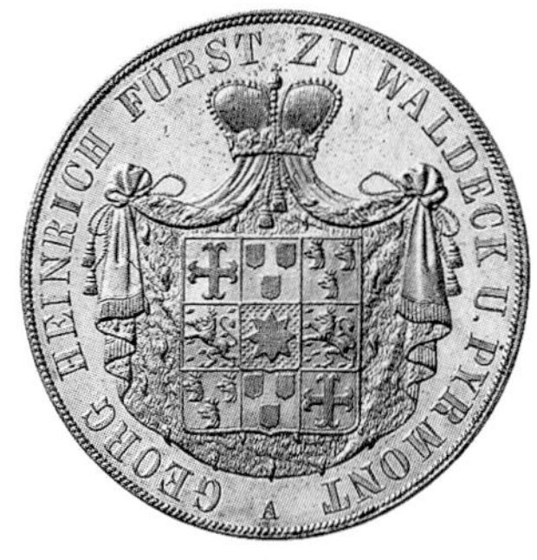

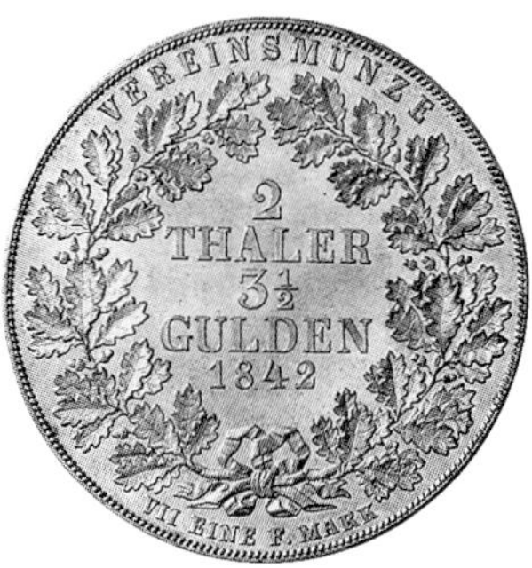

549 Doppeltaler

Vs.: GEORG HEINRICH FÜRST ZU WALDECK U. PYRMONT Mzz. A

Rs.: VEREINSMÜNZE VII EINE F. MARK / 2 THALER 3 ½ GULDEN Jahr

Rand: MÜNZCONVENTION VOM 30 JULY 1838

Dav. 926 – AKS 17 – Jaeger 40 – T. 407

1842	(4500)	800.–	1600.–	2200.–
1845	(4500)	800.–	1600.–	2200.–

In der 389. Auktion Dr. Busso Peus Nachfolger (11/2006), Nr. 2790, wurde ein Exemplar vom Jahrgang 1842 in „Stempelglanz" für 2200.– Euro zugeschlagen, in der 42. Auktion Harald Möller (12/2006), Nr. 1918, ein Exemplar ebenfalls von 1842 in „fast Stempelglanz" für 1800.– Euro; ein Exemplar von 1845 in „fast Stempelglanz" in der 80. Heidelberger Münzauktion (11/2020), Nr. 934, für 3700.–

Georg Victor 1845 – 1893
(unter Vormundschaft seiner Mutter Emma 1845 – 1852)

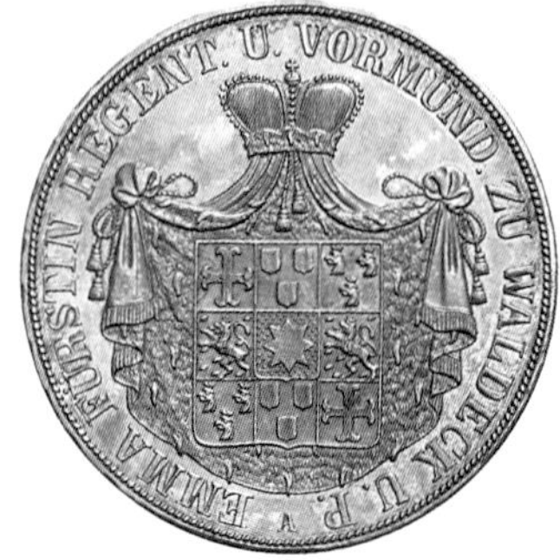
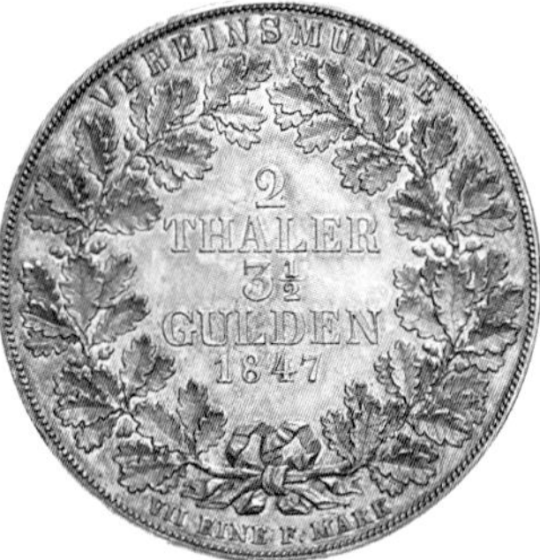

550 Doppeltaler

Vs.: EMMA FÜRSTIN REGENT. U. VORMÜND. ZU WALDECK U. P. Mzz. A

Rs.: VEREINSMÜNZE VII EINE F. MARK / 2 THALER 3 ½ GULDEN 1847

Rand: MÜNZCONVENTION VOM 30 JULY 1838

Dav. 927 – AKS 43 – Jaeger 41 – T. 408

1847	(1000)	1200.–	3000.–	4000.–

In der 91. Auktion Münzen und Medaillen A.G. (3/2001, Slg. Köhlmoos), Nr. 612, wurde ein Exemplar in „Stempelglanz“ für 5000.– Schweizer Franken zugeschlagen, in der 31. Auktion Harald Möller (10/2002), Nr. 1926, ein Exemplar in „Stempelglanz“ für 3300.– Euro; in der 42. Auktion Harald Möller (12/2006), Nr. 1923, ein Exemplar in „Erstabschlag“ für 4200.– Euro; in der 80. Heidelberger Münzauktion (11/2020), Nr. 935, ein Exemplar in „Erstabschlag, Stempelglanz“ für 5600.– Euro; in der 258. Künker-Auktion (1/2015), Nr. 248, ein Exemplar in „fast Stempelglanz“ für 8500.– Euro.

Georg Victor 1845 – 1893 (Alleinregierung 1852 – 1893)

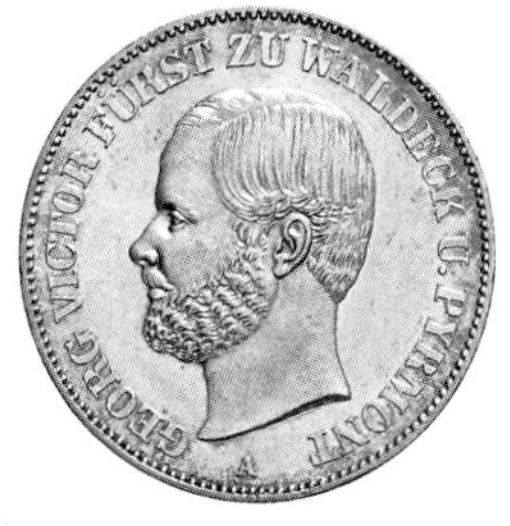

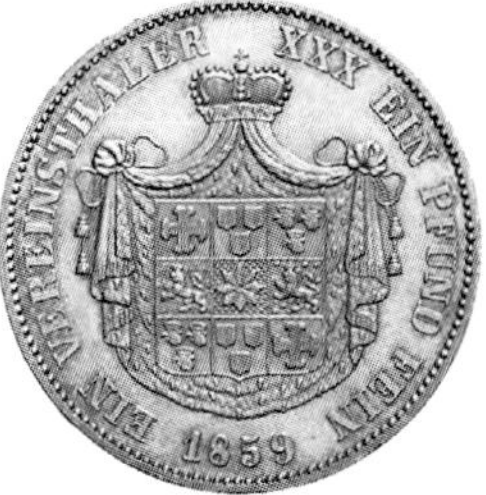

551 Vereinstaler

Vs.: GEORG VICTOR FÜRST ZU WALDECK U. PYRMONT Mzz. A

Rs.: EIN VEREINSTHALER XXX EIN PFUND FEIN Jahr

Rand: MÜNZVERTRAG VOM 24 JANUAR 1857

Dav. 929 – AKS 45 – Jaeger 45 – T. 410

1859	(14 300)	120.–	220.–	370.–
1867	(18 920)	120.–	220.–	370.–

In der 100. Auktion F. R. Künker (6/2005), Nr. 896, wurde ein Exemplar in „Polierter Platte" für 1200.– Euro zugeschlagen; in der 337. Auktion F. R. Künker (6/2020), Nr. 1640, ein Exemplar von 1867 in „Polierter Platte" für 1300.– Euro; in der 293. Auktion F. R. Künker (6/2017), Nr. 1378, ein Exemplar von 1859 in „fast Stempelglanz" für 550.– Euro.

Proben

a) Probeabschlag der Vorderseite in Kupfer mit Randschrift, auf der Rückseite in vier Zeilen die Inschrift PROBE- / ABDRUCK / VON / KUPFER (Abb. siehe Nr. 11b) (GN 225/2005)

b) Probeabschlag der Rückseite von 1867 in Kupfer mit Randschrift, auf der Vorderseite in vier Zeilen die Inschrift PROBE- / ABDRUCK / VON / KUPFER (Abb. siehe Nr. 11b) (GN 225/2005)

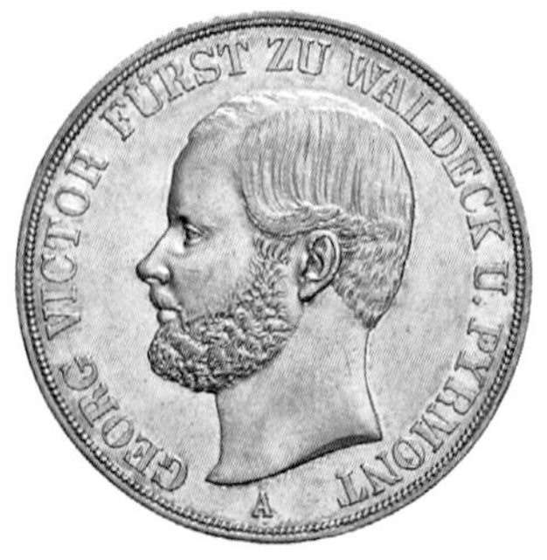

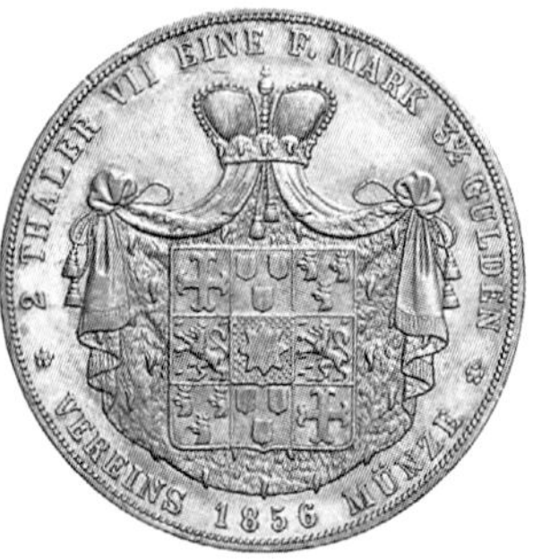

552 Doppeltaler

Vs.: GEORG VICTOR FÜRST ZU WALDECK U. PYRMONT
Mzz. A

Rs.: 2 THALER VII EINE F. MARK 3 ½ GULDEN
VEREINS (1856) MÜNZE

Rand: MÜNZCONVENTION VOM 30 JULY 1838

Dav. 928 – AKS 44 – Jaeger 44 – T. 409

1856	(11 370)	650.–	1200.–	1600.–

In der 118. Auktion F. R. Künker (9/2006), Nr. 7551, wurde ein Exemplar in „fast Stempelglanz/Stempelglanz" für 1700.– Euro zugeschlagen; in der 319. Künker-Auktion (3/2019), Nr. 4240, ein Exemplar in „vorzüglich-Stempelglanz" für 2600.– Euro und in der 80. Heidelberger Münzauktion (11/2020), Nr. 936, ein Exemplar in „Stempelglanz" für 2600.– Euro.

Varianten

a) Goldabschlag mit Randschrift im Gewicht von 45,5 g (Ferrari 4502, Schl. 878.3)

b) Kupferabschlag mit Randschrift (Ferrari 4506; Faruk 797)

Grafschaft Wallmoden-Gimborn

Münzstätte: Hannover

Johann Ludwig 1782 – 1806

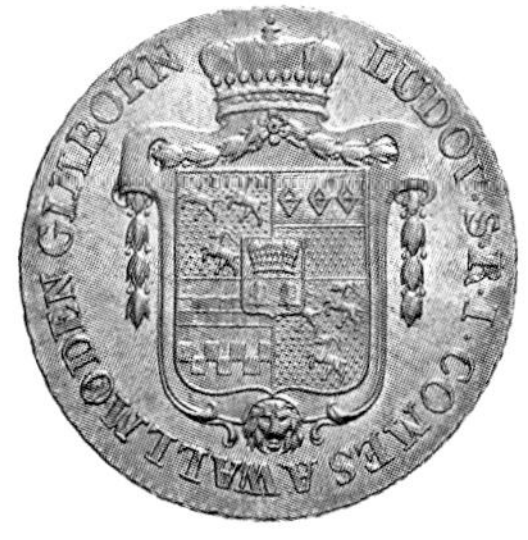
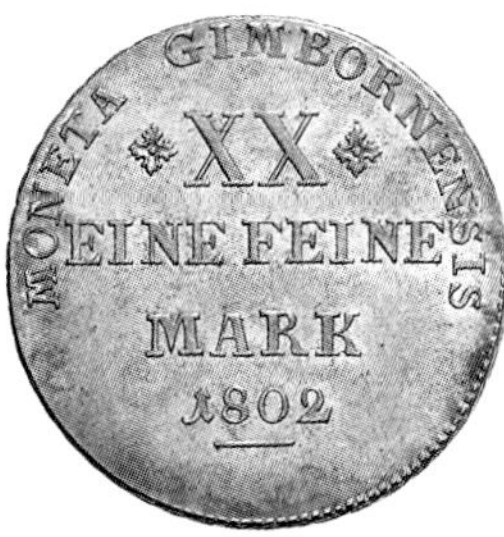

553 ½ Konventionstaler

Vs.: LUDOV · S · R · I · COMES · A · WALLMODEN GIMBORN

Rs.: MONETA GIMBORNENSIS / XX EINE FEINE MARK 1802

Rand: Laubrand

AKS 2 – Knyphausen 7079

1802	(8000)	350.–	750.–	1000.–

In der 42. Auktion Harald Möller (12/2006), Nr. 1927, hatte ein Exemplar in „Erstabschlag" den Schätzpreis von 1000.– Euro; in der 337. Künker-Auktion (6/2020), Nr. 1642, ein Exemplar in „vorzüglich-Stempelglanz" den Zuschlag von 950.– Euro; in der 324 Auktion von Gerhard Hirsch Nachfolger (9/2016), Nr. 3498, erzielte ein Exemplar in „fast Stempelglanz" 1200.– Euro.

Königreich Westphalen

Münzstätten:	Braunschweig	Mzz. B
	Clausthal	Mzz. C (auf der Münzvorderseite)
	Kassel	Mzz. C (auf der Münzrückseite)

Münzmeister:

F	Dietrich Heinrich Fulda Mzz. Pferdekopf	1783 – 1831

Medailleure:

Tiolier	Pierre Josèphe Tiolier, Paris
J	Romain Vincent Jeuffroy, Paris

Hieronymus Napoleon 1807 – 1813

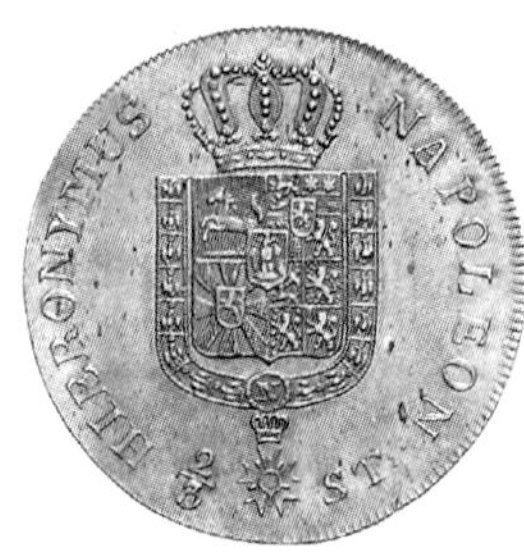

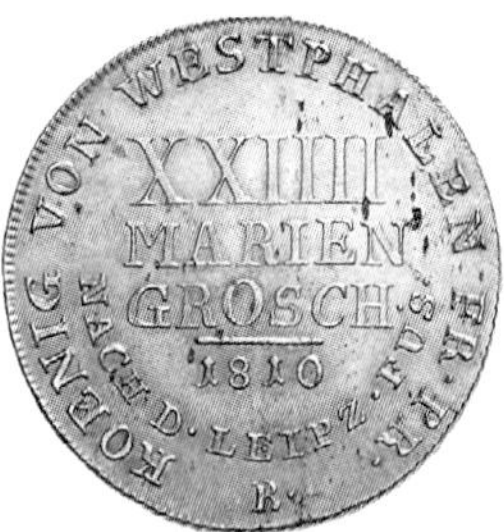

554 XXIIII Mariengroschen

Vs.: HIERONYMUS NAPOLEON · (Wertzahl) ⅔ ST:

Rs.: KOENIG VON WESTPHALEN FR · PR ·
XXIIII MARIENGROSCH · 1810
NACH D · LEIPZ · FUS · Mzz. B ·

Rand: Kerbrand

AKS 12 – Jaeger 22

1810	(300 000)	120.–	300.–	500.–

In der 118. Auktion F. R. Künker (9/2006), Nr. 7556, wurde ein Exemplar in „fast Stempelglanz, minimal justiert“, für 575.– Euro zugeschlagen; 335. Auktion F. R. Künker (3/2020), Nr. 4430, „fast Stempelglanz“, Zuschlag 500.– Euro.

Varianten

a) Geringer Abstand zwischen der Wertzahl und dem „H“ von HIERONYMUS, der Punkt nach dem „Z“ von LEIPZ· steht nicht in der Mitte zwischen LEIPZ· FUS ·, sondern dicht am „Z“. Es gibt allerdings auch einen Stempel, bei dem der Abstand der Wertzahl zum „H“ zwar gering ist, der Punkt nach dem „Z“ jedoch auf Mitte zwischen den beiden Worten steht; 118. Auktion F. R. Künker (9/2006), Nr. 7556, „fast Stempelglanz, minimal justiert“, Zuschlag 575.– Euro.

b) Mit breiterer Krone (11,5 mm statt 10,5 mm) sowie großem Abstand zwischen der Wertzahl und dem „H“ von HIERONYMUS; 27. Auktion Harald Möller (9/2000), Nr. 1208, „Stempelglanz-“, Schätzpreis 1200.– DM

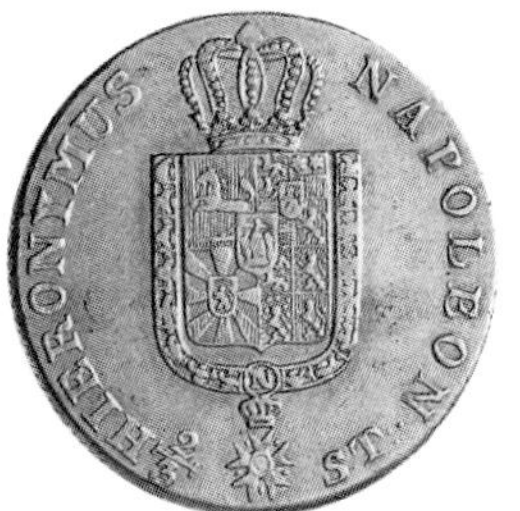

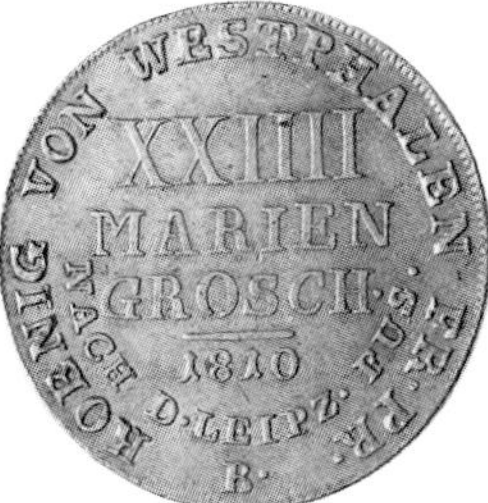

Nr. 554a), XXIIII Mariengroschen mit geringem Abstand zwischen der Wertzahl und dem „H“ von HIERONYMUS sowie LEIPZ· FUS ·

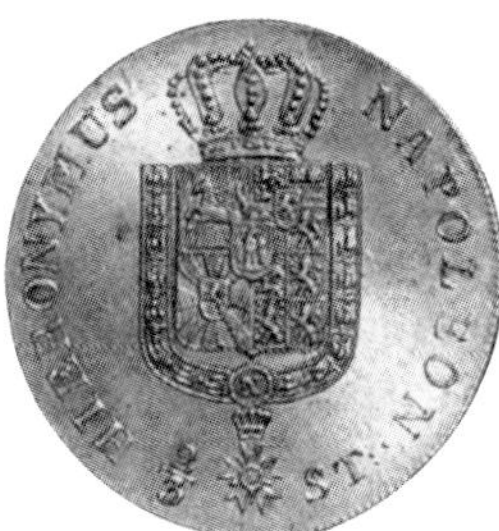

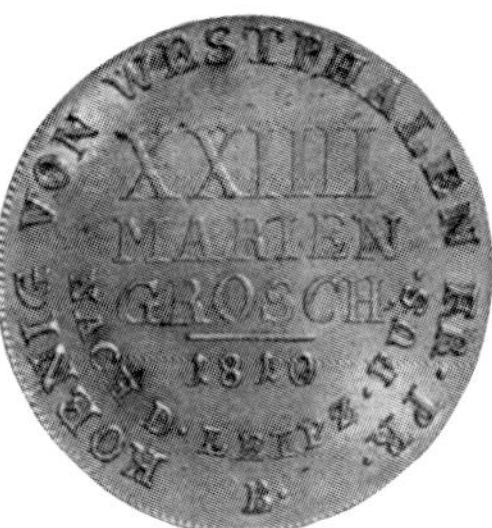

Nr. 554b), XXIIII Mariengroschen mit breiterer Krone (11,5 mm statt 10,5 mm) sowie großem Abstand zwischen der Wertzahl und dem „H“ von HIERONYMUS

c) Ohne Punkt nach FUS (Jaeger 22); 45. Auktion Harald Möller (6/2007), Nr. 1691, „fast vorzüglich“, Zuschlag 260.– Euro.
d) Zwitter-Zinnabschlag der Vorderseite von Nr. 555 und der Rückseite von Nr. 554 (St. 1576b [daß es sich dabei um eine völlig unbekannte Zwittermünze handelt, wurde nicht erkannt]); XLVI. Auktion Münzzentrum (4/1982), Nr. 1817, „sehr schön“, Zuschlag 425.– DM; 7. Auktion Harald Möller (4/1991), Nr. 2617 (identisches Exemplar, allerdings als „Bleiprobe“ bezeichnet), Schätzpreis 750.– DM
e) Mit Gegenstempel „Napoleonkopf“ auf der Vorderseite (Westfälisches Landesmuseum Münster, Münzkabinett)
f) Mit feinem, schräg geriffeltem Rand

Hoffmeister erwähnt bei seiner Nr. 3210 eine Variante mit FUSS statt FUS sowie eine weitere mit zwei Orden unter dem Wappen. Beide konnten nicht nachgewiesen werden.

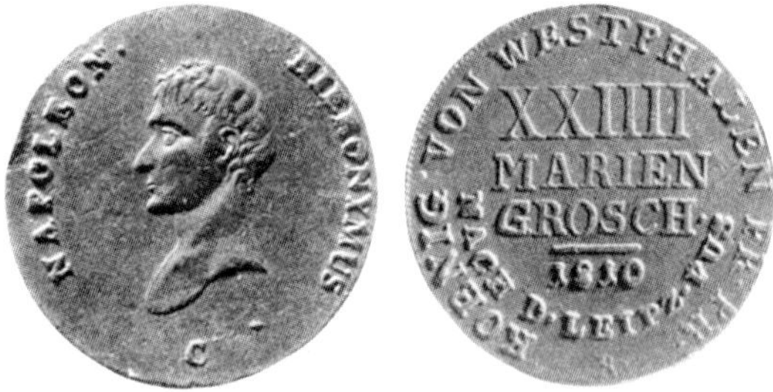

Nr. 554d), Zwitter-Zinnabschlag aus der Vorderseite von Nr. 555 (⅔ Taler 1810) und der Rückseite von Nr. 554 (XXIIII Mariengroschen 1810)

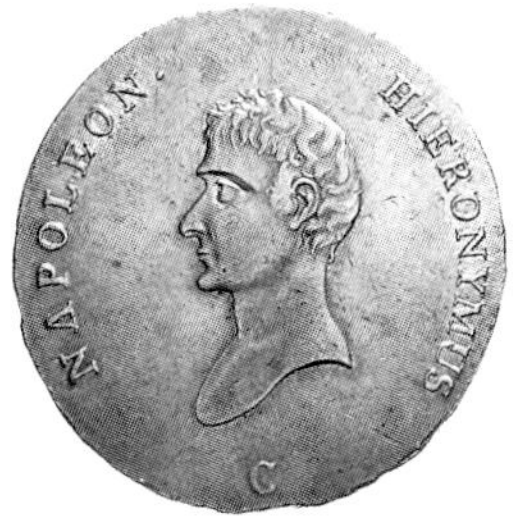
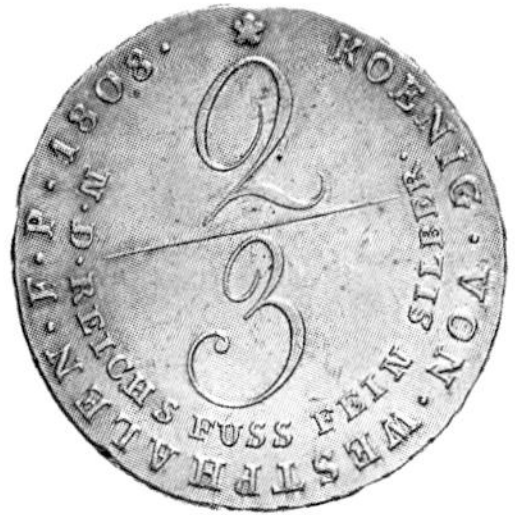

555 **⅔ Taler**

Vs.: HIERONYMUS NAPOLEON · Mzz. C

Rs.: KOENIG · VON · WESTPHALEN · F · P · Jahr · Wertzahl ⅔ N · D · REICHS FUSS FEIN SILBER ·

Rand: Kettenrand

AKS 10 – Jaeger 15

1808	150.–	300.–	400.–
1810			LP*

Die Münzen wurden „französisch" geprägt (Kehrprägung).

**) Der Jahrgang 1810 ist seit Jahrzehnten nicht in Auktionen vorgekommen.*

Varianten

a) 1808 mit dem „N" am Beginn der inneren Rückseiten-Umschrift auch zwischen „1" und „8" der Jahreszahl, nicht unter der „1" (Jaeger –); XLVI. Auktion Münzzentrum (4/1982), Nr. 1804, „vorzüglich", Schätzpreis 250.– DM

b) 1808 mit etwas kleinerer „3" in der Wertzahl (Jaeger –; Prinz Alexander 1468)

c) 1808 als Bleiabschlag (Jaeger –)

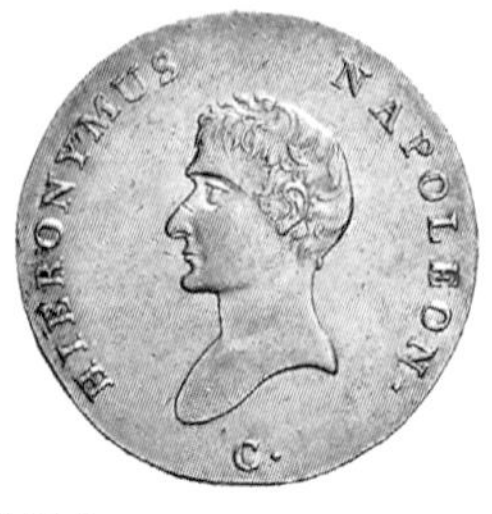
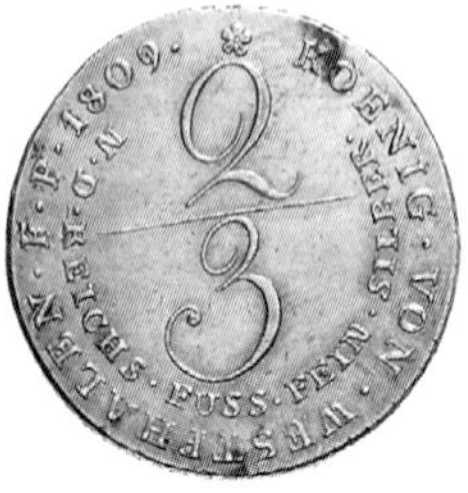

556 **⅔ Taler**

Vs.: HIERONYMUS NAPOLEON · Mzz. C ·

Rs.: KOENIG VON WESTPHALEN F · P · Jahr ·
Wertzahl ⅔ N · D · REICHS · FUSS · FEIN · SILBER ·

Rand: Kettenrand

AKS 11 – Jaeger 16

1809	100.–	200.–	350.–
1810	80.–	170.–	280.–

Die Münzen wurden „französisch" geprägt (Kehrprägung).

In der 217. Künker-Auktion (10/2012), Nr. 4546, wurde ein Exemplar von 1809 in „fast Stempelglanz" für 400.– Euro zugeschlagen.

Varianten

a) 1809 auch ohne Punkte nach dem „N" und „D" sowie nach SILBER, die „3" der Wertzahl berührt fast das „F" von FUSS (St. –; Jaeger –); 63. UBS-Auktion (9/2005), Nr. 2642, „vorzüglich, kleine Kratzer", Zuschlag 240.– Schweizer Franken; 45. Auktion Harald Möller (6/2007), Nr. 1680, „sehr schön-vorzüglich, Zuschlag 170.– Euro

b) 1809 mit dem „N" am Beginn der inneren Rückseiten-Umschrift unter der „8" der Jahreszahl, nicht zwischen „1" und „8" (St. 1570a [mißverständlich]; Jaeger –)

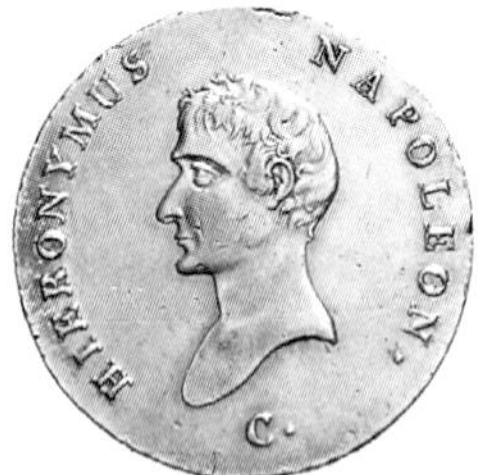
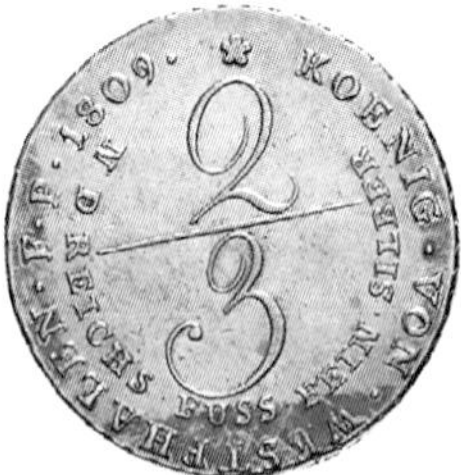

Nr. 556a), ⅔ Taler 1809 ohne Punkte nach dem „N" und „D" sowie nach SILBER

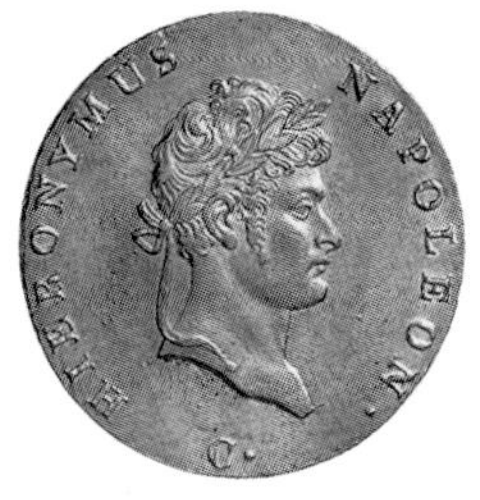

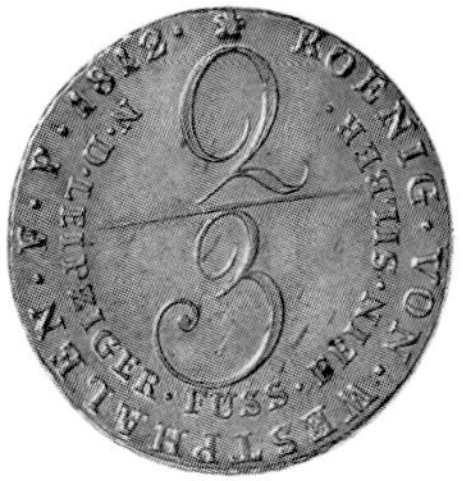

557 ⅔ Taler

Vs.: HIERONYMUS NAPOLEON · Mzz. C ·

Rs.: KOENIG · VON · WESTPHALEN · F · P · Jahr · Wertzahl ⅔ N · D · LEIPZIGER · FUSS · FEIN · SILBER ·

Rand: Kettenrand

AKS 25 – Jaeger 17

1811	100.–	200.–	300.–
1812	100.–	200.–	300.–
1813	100.–	200.–	300.–

In der 32. WAG-Auktion (9/2005), Nr. 3522, wurde ein Exemplar in „vorzüglich-Stempelglanz" für 276.– Euro zugeschlagen; in der 293. Künker-Auktion (6/2017), Nr. 1390, ein Exemplar von 1813 in „fast Stempelglanz" für 400.– Euro.

Varianten

a) 1811 auch mit dem „N" am Beginn der inneren Rückseiten-Umschrift zwischen der „8" und der „1" der Jahreszahl, nicht unter der „8" (Jaeger, Abb. 17)

b) 1812 auch mit Doppelpunkt nach „N:" am Beginn der inneren Rückseiten-Umschrift (Jaeger –)

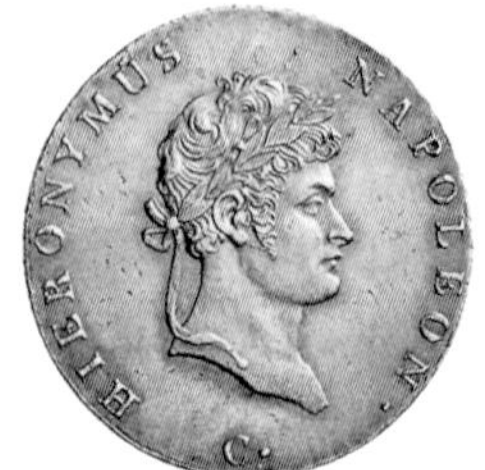

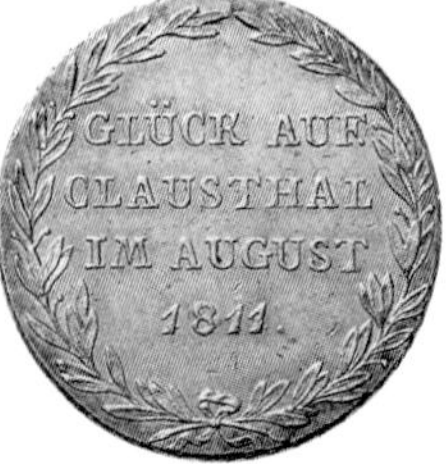

558 **$\frac{2}{3}$ Taler (Konventionsausbeutegulden)**

Vs.: HIERONYMUS NAPOLEON · Mzz. C ·

Rs.: GLÜCK AUF CLAUSTHAL IM AUGUST *1811.*

Rand: Kettenrand

AKS 26 – Jaeger 18

1811	160.–	300.–	450.–

In der 65. eLive-Auktion F. R. Künker (2/2021), Nr. 8389, wurde ein Exemplar in „vorzüglich" für 625.– Euro zugeschlagen.

Varianten

a) Mit kleinerem Kopfbild (Jaeger 18y); 84. Auktion Kölner Münzkabinett Tyll Kroha (11/2005), Nr. 910, „Stempelglanz, feine Tönung", Zuschlag 400.– Euro; 110. Auktion F. R. Künker (3/2006), Nr. 5768, „Erstabschlag, fast Stempelglanz, herrliche Patina", Zuschlag 775.– Euro; 42. Auktion Harald Möller (12/2006), Nr. 1964, „Erstabschlag", Zuschlag 525.– Euro

b) Mit oben offener oder geschlossener „8" in der Jahreszahl (Jaeger –)

c) Mit zwölf statt 14 Früchten im Lorbeerkranz

d) Goldabschlag im Gewicht von 25 Louis'or (acht Exemplare) (Jaeger – Schl. 889.2)

e) Goldabschlag im Gewicht von 6 Dukaten (22 Exemplare, drei bekannt), Riffelrand, 20,91 g (Jaeger –; Schl. 889.1); 46. Auktion F. R. Künker (3/1998), Nr. 3744, „vorzüglich", Zuschlag 52 000.– DM; 42. Auktion Harald Möller (12/2006), Nr. 1961 (20,97 g), „vorzüglich-Stempelglanz", Zuschlag 24 000.– Euro; 144. Auktion F. R. Künker (10/2008), Nr. 4764, „vorzüglich-Stempelglanz", Zuschlag 30 000.– Euro; 213. Auktion F. R. Künker (6/2012) in „vorzüglich-Stempelglanz", Zuschlag 46 000.– Euro

f) Kupferabschlag (Jaeger –; Prinz Alexander 1517)

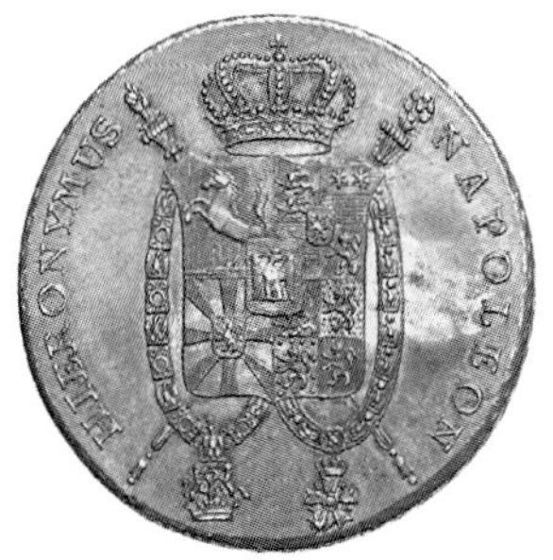
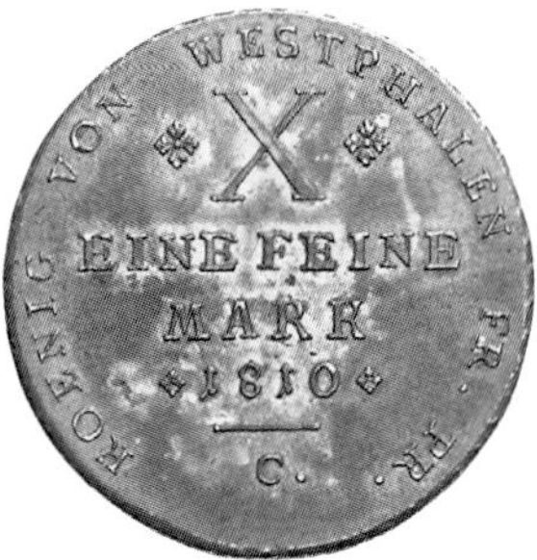

559 Konventionstaler

Vs.: HIERONYMUS NAPOLEON

Rs.: KOENIG VON WESTPHALEN FR. PR.
X EINE FEINE MARK 1810 Mzz. C .

Rand: Laubrand

Dav. 932 – AKS 7 – Jaeger 6 – T. 411

1810	LP

In der 258. Künker-Auktion (1/2015), Nr. 250, wurde ein Exemplar in „vorzüglich" für 30 000.– Euro versteigert; in der 80. Heidelberger Münzauktion (11/2020), Nr. 938, ein Exemplar in „fast prägefrisch" für 40 000.– Euro.

Varianten

a) Kupferabschlag mit glattem Rand von einem in Silber nicht bekannten Jahrgang 1812 (Hahlo 2195); 22. Auktion Emporium Hamburg (8/1991), Nr. 2790, „vorzüglich-Stempelglanz", Zuschlag 5600.– DM; 100. Auktion F. R. Künker (6/2005), Nr. 897 (vermutlich das zweite existierende Exemplar), „vorzüglich", Zuschlag 4400.– Euro; 45. Auktion Harald Möller (6/2007), Nr. 1701 (identisch mit dem Exemplar der Emporium-Auktion, jedoch nicht mit dem der 100. Künker-Auktion), „vorzüglich-Stempelglanz", Zuschlag 2700.– Euro; Abb. siehe nächste Seite

Hoffmeister (Nr. 5230) vermutete, daß dieser Kupferabschlag 1865 aus den Stempeln der Konventionstaler 1810 und 1812 geprägt worden ist, also eine Zwitterprägung darstellt.

b) Kupfer-Zwitterprägung aus der Vorderseite der Nr. 559 und der Rückseite von Nr. 562; London Coin Galleries Ltd., Auktion 1 (10/2015), Nr. 475, Zuschlag £ 6500.– (= 9100.– Euro)

c) Zwitterprägung mit der Rückseite der Nr. 563 (Landesmünzkabinett Sachsen-Anhalt, Halle)

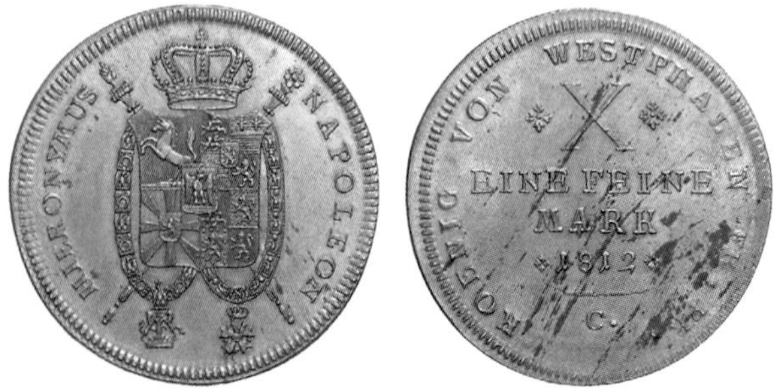

Nr. 559a), Kupferabschlag des in Silber nicht bekannten Jahrgangs 1812 des Konventionstalers

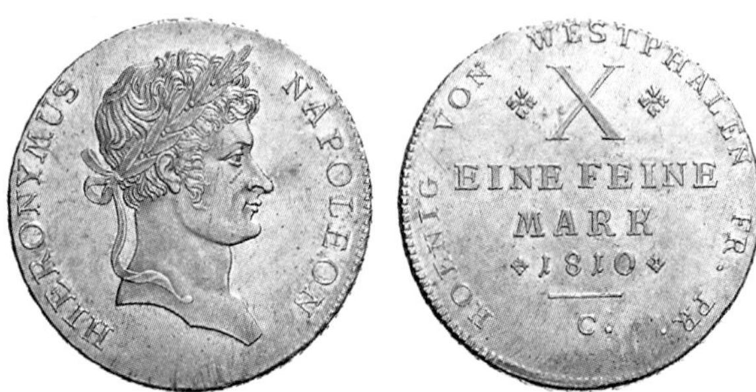

560 Konventionstaler

Vs.: HIERONYMUS NAPOLEON

Rs.: KOENIG VON WESTPHALEN FR. PR.
X EINE FEINE MARK (Jahr) Mzz. C .

Rand: Laubrand

Dav. 933 – AKS 8 – Jaeger 7 – T. 412

1810	200.–	500.–	800.–
1811	200.–	500.–	800.–
1812	200.–	500.–	800.–

In der 80. Heidelberger Münzauktion (11/2020), Nr. 939, wurde ein Exemplar in „fast prägefrisch" für 1150.– Euro zugeschlagen; in der 217. Künker-Auktion (10/2012), Nr. 4547, ein Exemplar in „Stempelglanz" für 3000.– Euro.

Variante

a) 1811 mit leicht veränderter Frisur und kürzerer Spitze des mittleren Lorbeerblatts vorn (45. Auktion Harald Möller (6/2007), Nr. 1695, „sehr schön+", Zuschlag 260.– Euro; 281. Künker-Auktion (9/2017), Nr. 3194, „fast Stempelglanz", Zuschlag 850.– Euro; Abb. siehe nächste Seite

Der bei St. 1561a aufgeführte Kupferabschlag ist identisch mit den unter St. 1560a und 1562a katalogisierten Kupferabschlägen, alle drei beschreiben denselben Typ, hier die Nr. 559a.

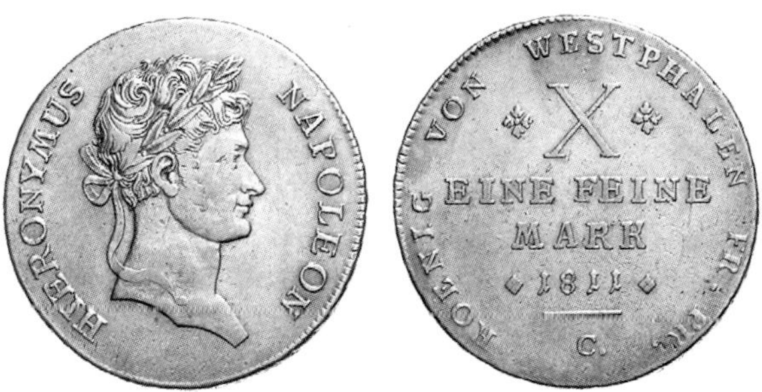

Nr. 560a), der Jahrgang 1811 des Konventionstalers mit leicht veränderter Frisur und kürzerer Spitze des mittleren Lorbeerblatts vorn

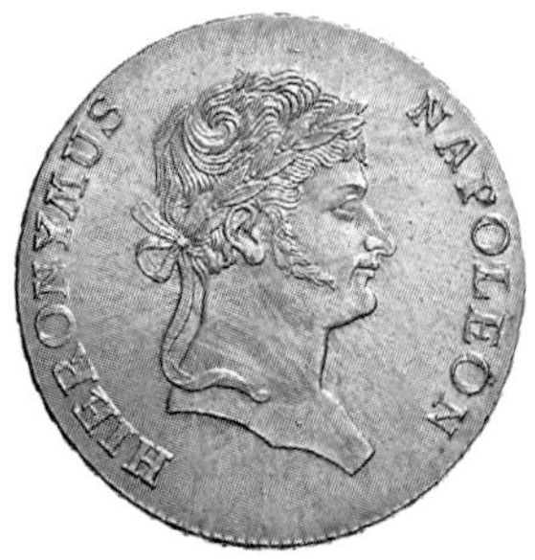

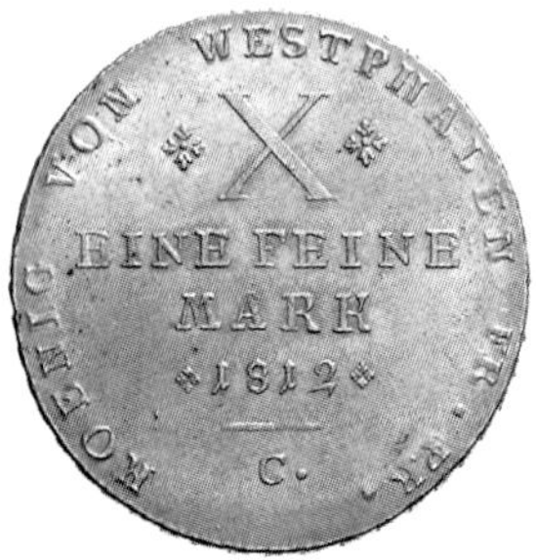

561 Konventionstaler

Vs.: HIERONYMUS NAPOLEON

Rs.: KOENIG VON WESTPHALEN FR. PR.
X EINE FEINE MARK (Jahr) Mzz. C ·

Rand: Laubrand

Dav. 933 – AKS 9 – Jaeger 8 – T. 413

1811	200.–	450.–	650.–
1812	200.–	450.–	650.–
1813	200.–	450.–	650.–

In der 45. Auktion Harald Möller (6/2007), Nr. 1696, wurde ein Exemplar vom Jahrgang 1811 (Variante a) in „Stempelglanz-" für 925.– Euro zugeschlagen; in der 266. Künker-Auktion (9/2015), Nr. 1650, ein Exemplar in „vorzüglich+" für 1000.– Euro und in der 80. Heidelberger Münzauktion (11/2020), Nr. 940, in „fast prägefrisch" für 1050.– Euro.

Varianten

a) 1811 mit leicht veränderter Frisur und längerer Spitze des mittleren Lorbeerblatts vorn; 45. Auktion Harald Möller (6/2007), Nr. 1696, „Stempelglanz-", Zuschlag 925.– Euro; Abb. siehe nächste Seite

b) 1813 mit unten stehendem Punkt nach dem Münzzeichen „C."; 45. Auktion Harald Möller (6/2007), Nr. 1707, „fast vorzüglich", Zuschlag 320.– Euro

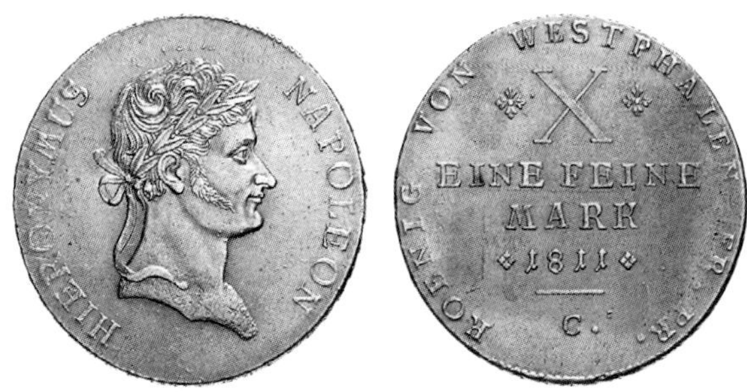

Nr. 561a), der Jahrgang 1811 des Konventionstalers mit leicht veränderter Frisur und längerer Spitze des mittleren Lorbeerblatts vorn

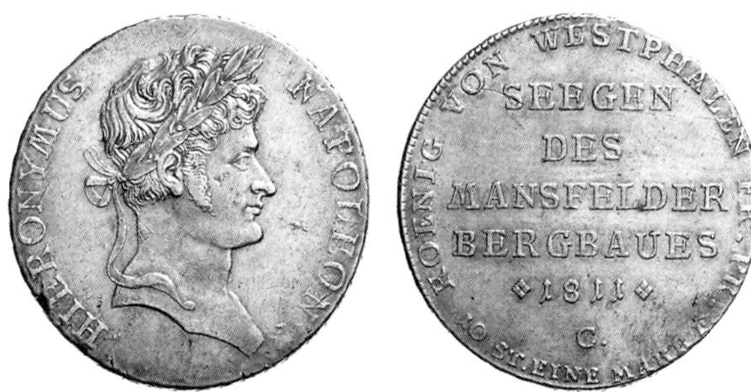

562 Ausbeutekonventionstaler

Vs.: HIERONYMUS NAPOLEON

Rs.: KOENIG VON WESTPHALEN FR. PR.
10 ST. EINE MARK F.
SEEGEN DES MANSFELDER BERGBAUES 1811
Mzz. C .

Rand: Laubrand

Dav. 934 – AKS 24 – Jaeger 19 – T. 414

1811	500.–	900.–	1500.–

In der 80. Heidelberger Münzauktion (11/2020), Nr. 941, wurde ein Exemplar in „prägefrisch, minimale Justierspuren“, für 1650.– Euro versteigert.

Varianten

a) Mit größerem Lorbeerkranz und kleinerem Backenbart (Rudolph 561a)

Es gibt eine Kupfer-Zwitterprägung der Rückseite mit der Vorderseite der Nr. 559; siehe Nr. 559b.

g) Kupferprobe mit glattem Rand ohne Randschrift, mit unvollständiger Jahreszahl 18__ (AKS –); 58. Heidelberger Münzauktion (11/2011), Nr. 2061, „vorzüglich", Zuschlag 1150.– Euro

h) Kupferprobe mit glattem Rand ohne Randschrift, mit unvollständiger Jahreszahl 18__, wobei die beiden fehlenden Ziffern „08" graviert wurden (Faruk 2314)

i) Nickelprobe mit glattem Rand ohne Randschrift, mit unvollständiger Jahreszahl 18__, Wendeprägung (AKS –); 42. Auktion Harald Möller (12/2006), Nr. 1931, „vorzüglich", Zuschlag 2500.– Euro. Die von St. 1586d genannte „Nickelprobe 1808" gibt es nicht. Die herangezogene Quelle (4. Auktion Emporium Hamburg [4/1985]) weist eine Nickelprobe mit unvollständiger Jahreszahl aus, hier die Nr. 564i.

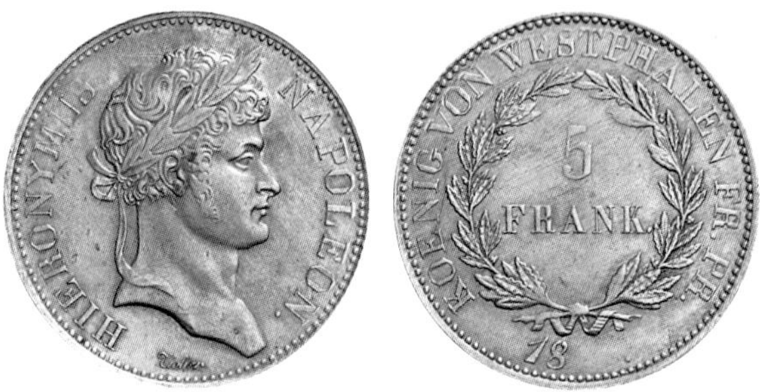

Nr. 564i), Nickelprobe des Konventionstalers mit glattem Rand und unvollständiger Jahreszahl 18__

Königreich Württemberg

Herzogtum	bis 1803
Kurfürstentum	1803 – 1805
Königreich	ab 1806
Münzstätte:	Stuttgart

Medailleure:

I. L. WAGNER F. oder I. L. W. oder WAGNER F. oder W	Johann Ludwig Wagner
P.B.	Peter Bruckmann
VOIGT oder C. VOIGT	Carl Friedrich Voigt, München
C. SCHNITZSPAHN	Christian Schnitzspahn, Darmstadt
D	Carl Wilhelm Doell, Karlsruhe

Kurfürstentum

Friedrich II. 1797 – 1816 (als Kurfürst 1803 – 1805)

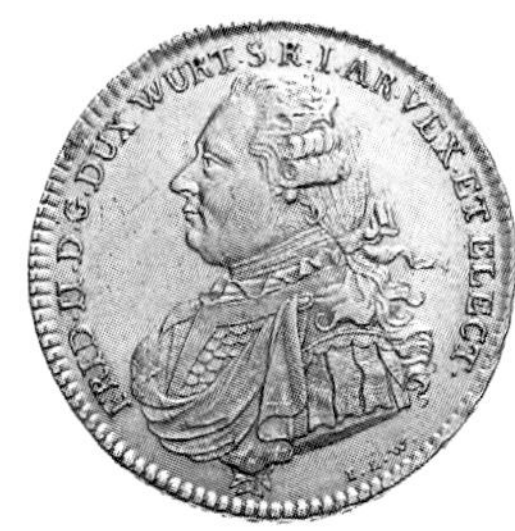

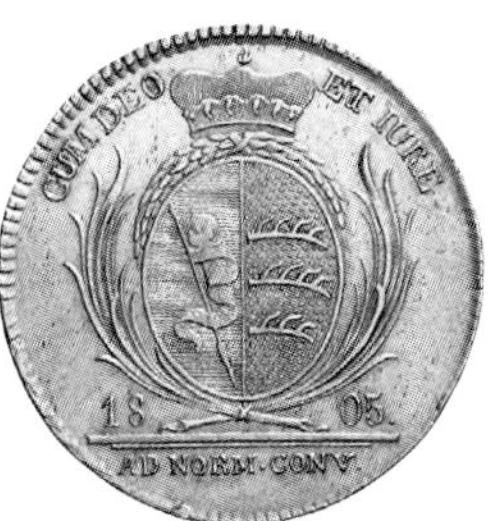

565 ½ Konventionstaler

Vs.: FRID · II · D · G · DUX WURT · S · R · I · AR · VEX · ET ELECT · Signatur I . L · W ·

Rs.: CUM DEO ET IURE 1805 . im Abschnitt AD NORM · CONV ·

Rand: Laubrand

Klein/Raff 17 – AKS 19

1805	700.–	1500.–	3000.–

In der 19. Auktion der Münzen & Medaillen GmbH (5/2006), Nr. 1307, wurde ein Exemplar in „Stempelglanz" für 4300.– Euro zugeschlagen, in der 4. Auktion Meister & Sonntag (10/2006), Nr. 2715, ein Exemplar in „fast Stempelglanz, minimal justiert", für 5750.– Euro und in der 58. Heidelberger Münzauktion (11/2011), Nr. 2079, ein Exemplar in „prägefrisch" für 3200.– Euro.

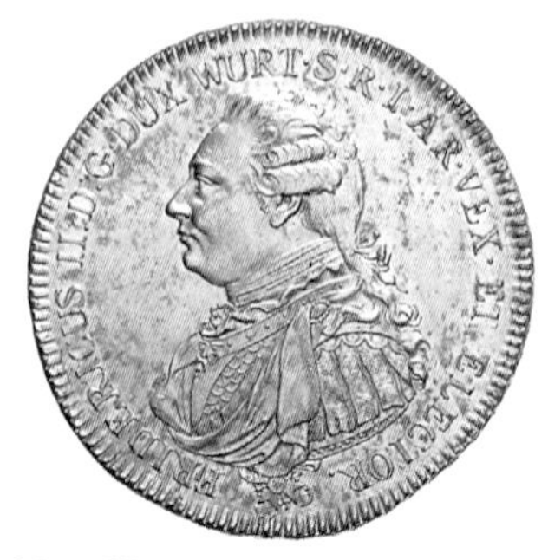

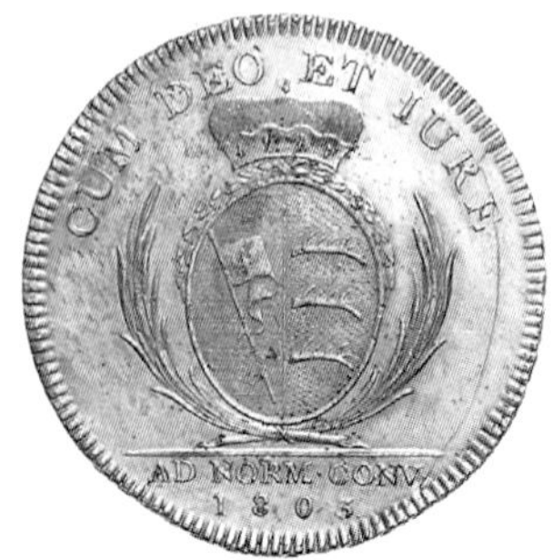

566 Konventionstaler

Vs.: FRIDERICUS II. D: G · DUX WURT · S · R · I · AR · VEX · ET ELECTOR.

Rs.: CUM DEO ET IURE im Abschnitt AD NORM · CONV · 1803

Rand: Laubrand

Klein/Raff 16 – AKS 18 – T. 415

1803	2200.–	3800.–	5000.–

In der 4. Auktion Meister & Sonntag (10/2006), Nr. 2714, wurde ein Exemplar in „vorzüglich-Stempelglanz und feiner Patina" für 4500.– Euro zugeschlagen, in der 184. Auktion F. R. Künker (3/2011), Nr. 5054, ein Exemplar in „fast Stempelglanz mit herrlicher Patina" für 7500.– Euro; in der 359. Auktion F. R. Künker (1/2022), Nr. 607, in „fast Stempelglanz, prachtvolle Patina", für 4000.– Euro.

Königreich

Friedrich II. 1797 – 1816 (als König Friedrich I. 1806 – 1816)

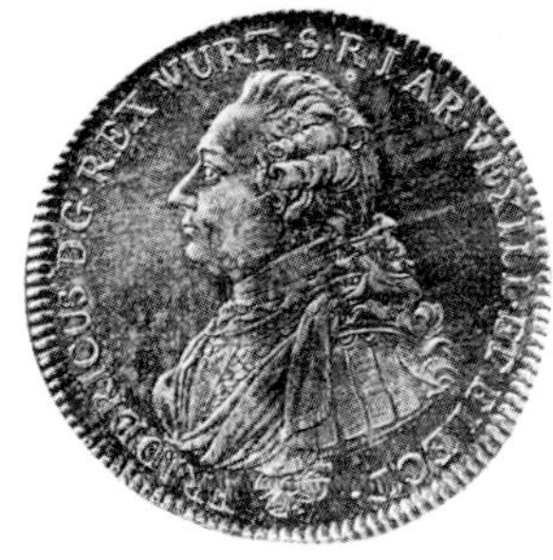
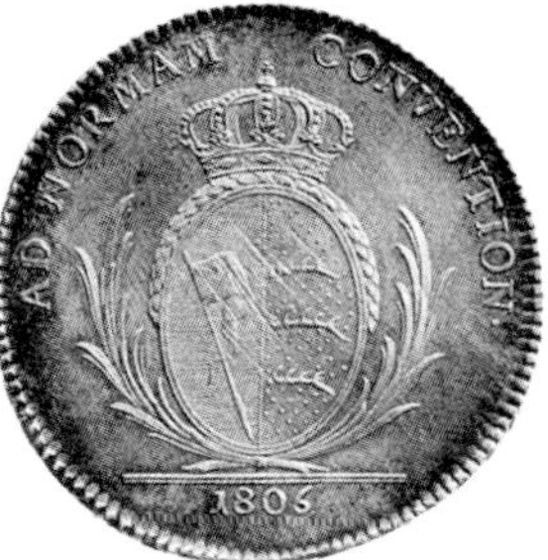

567 Konventionstaler

Vs.: FRIDERICUS D: G · REX WURT · S · R · I · AR · VEXILL · ET ELECT ·

Rs.: AD NORMAM CONVENTION · 1806

Rand: Laubrand

Klein/Raff 32 – AKS 38 – Jaeger 1 – T. 416

1806	LP

Nach dem Zweiten Weltkrieg konnte kein Auktionsvorkommen festgestellt werden.

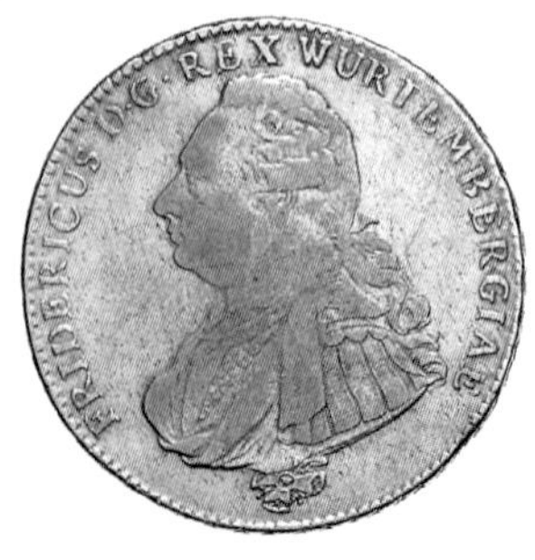

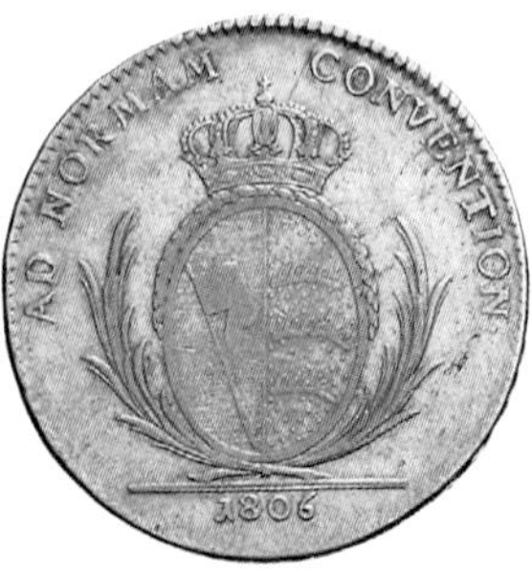

568 Konventionstaler

Vs.: FRIDERICUS D · G · REX WURTEMBERGIAE

Rs.: AD NORMAM CONVENTION · 1806

Rand: Laubrand

Klein/Raff 33 – AKS 39 – Jaeger 4 – T. 417

1806	6000.–	LP	LP

In der 84. Auktion F. R. Künker (6/2003), Nr. 4611, wurde ein Exemplar in „vorzüglich" für 24 000.– Euro zugeschlagen, in der 41. Heidelberger Münzauktion Herbert Grün (5/2004), Nr. 3317, ein Exemplar in „prägefrisch, vermutlich schönstes Exemplar im Handel", für 25 000.– Euro; in der 322. Auktion F. R. Künker (6/2019), Nr. 1071, ein Exemplar in „vorzüglich-Stempelglanz" für 30 000.– Euro; in der 271. Auktion F. R. Künker (2/2016), Nr. 390, in „vorzüglich-Stempelglanz" für 36 000.– Euro; in der 80. Heidelberger Münzauktion (11/2020), Nr. 944, in „prägefrisch" für 52 000.– Euro.

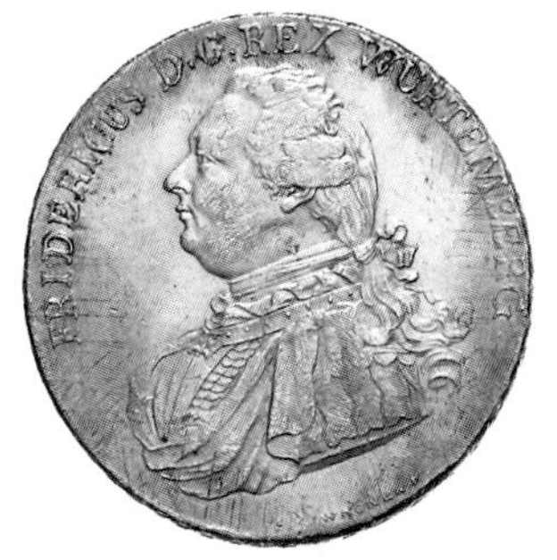

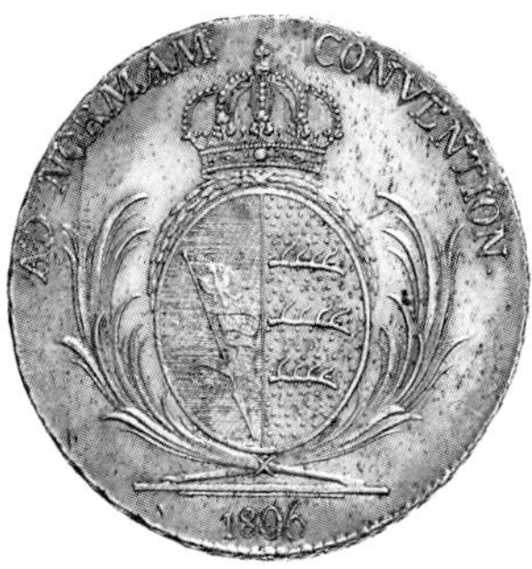

569 Konventionstaler

Vs.: FRIDERICUS D · G · REX WÜRTEMBERG · Signatur I . L . WAGNER F ·

Rs.: AD NORMAM CONVENTION · 1806

Rand: Laubrand

Klein/Raff 34 – AKS 40 – Jaeger 5 – T. 418

1806	8000.–	25 000.–	LP

In der 17. WAG-Auktion (9/2001) wurde ein Exemplar in „sehr schön, Prägeschwäche", für 6750.– DM zugeschlagen, in der 42. Auktion Harald Möller (12/2006), Nr. 1995, in „vorzüglich+" für 10 000.– Euro; in der 134. Auktion F. R. Künker (1/2008), Nr. 794, ein Exemplar in „fast Stempelglanz mit herrlicher Patina" für 35 000.– Euro und in der 319. Auktion F. R. Künker (3/2019), Nr. 4264, in „vorzüglich-Stempelglanz" für 26 000.– Euro.

Variante

a) Ohne Punkt nach CONVENTION, dafür berührt die Spitze des äußeren Blatts vom Palmwedel das „N" von CONVENTION (Klein/Raff –; Ebner XXI.62 [Tafel XVII]).

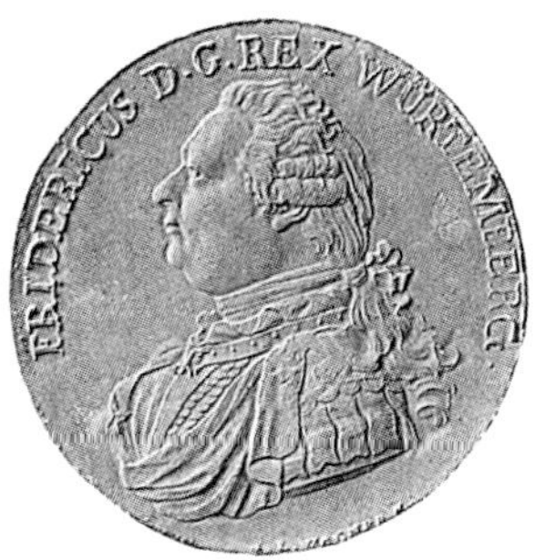

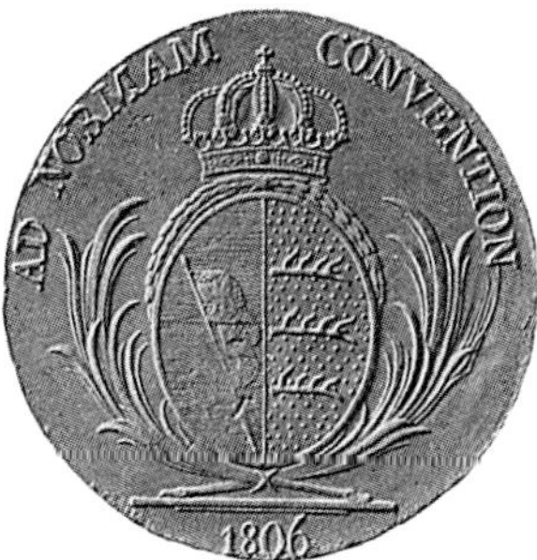

Nr. 569a), Konventionstaler 1806 ohne Punkt nach CONVENTION, die Spitze des äußeren Blatts vom Palmwedel berührt das „N" von CONVENTION (Abb. aus Ebner, Tafel XVII, Abb. 62)

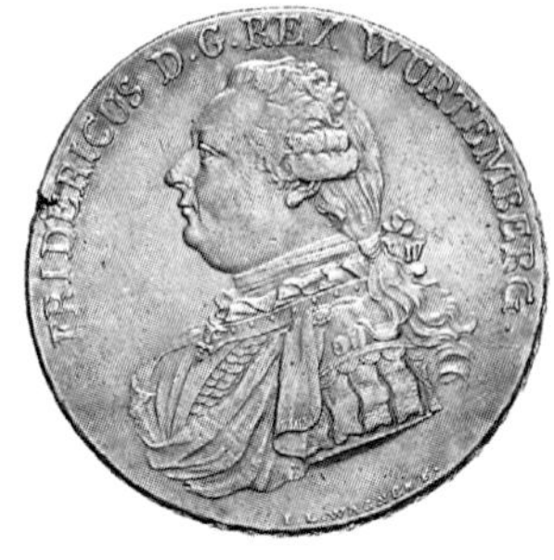

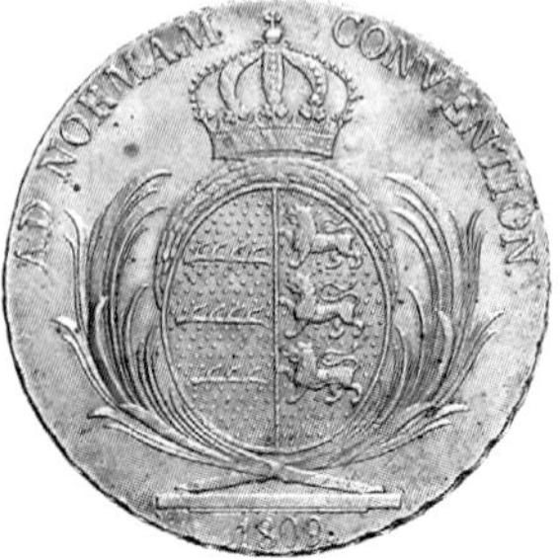

570 Konventionstaler

Vs.: FRIDERICUS D · G · REX WÜRTEMBERG · Signatur I . L . WAGNER F ·

Rs.: AD NORMAM CONVENTION. 1809.

Rand: Laubrand

Klein/Raff 35 – AKS 41 – Jaeger 17 – T. 419

1809	4500.–	LP	LP

Zusammen mit dem Taler Nr. 571 wurden max. 3000 Exemplare geprägt.

In der 84. Auktion F. R. Künker (6/2003), Nr. 4612, wurde ein Exemplar in „sehr schön" für 4200.– Euro zugeschlagen; in der 16. Auktion Meister & Sonntag (11/2012), Nr. 2256, hatte ein Exemplar in „prägefrisch" den Zuschlag von 20 000.– Euro; in der 80. Heidelberger Münzauktion (11/2020), Nr. 945, ein Exemplar in „fast prägefrisch" 12 500.– Euro.

Variante

Die Variante mit fehlendem Punkt nach CONVENTION beruht nach Klein/Raff 35a auf einer Stempelabnutzung bzw. -verschmutzung.

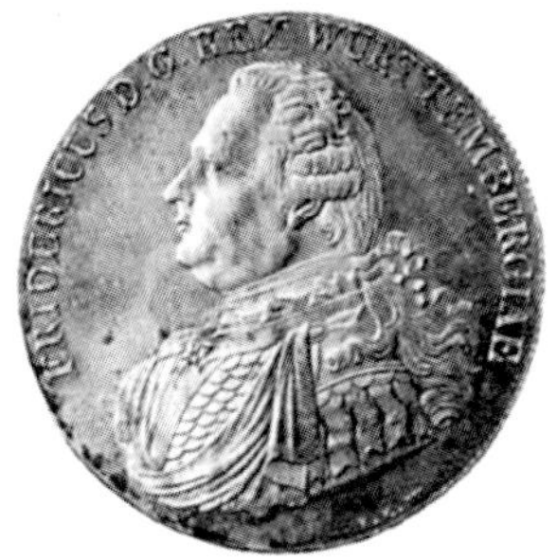

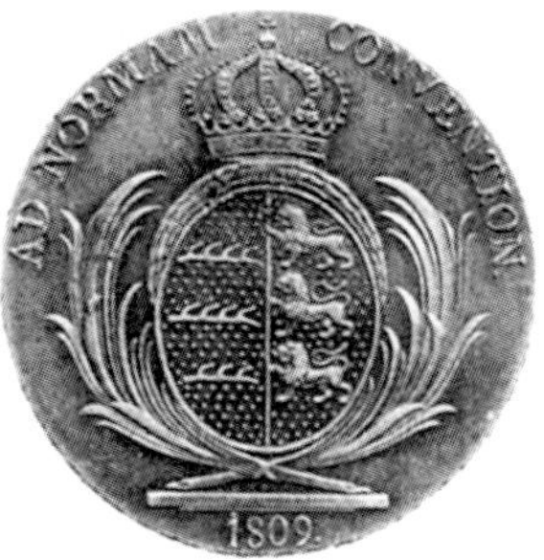

571 Konventionstaler

Vs.: FRIDERICUS D. G. REX WÜRTTEMBERGIAE.
Signatur I . L. W .

Rs.: AD NORMAM CONVENTION. 1809.

Rand: Laubrand

Klein/Raff 36 – AKS 42 – Jaeger 18 – T. 420

1809	LP

Zusammen mit dem Taler Nr. 570 wurden max. 3000 Exemplare geprägt.

In der 15. Auktion Galerie des Monnaies (11/1975, Slg. Wurster), Nr. 535, erzielte ein Exemplar in „vorzüglich" den Zuschlag von 6000.– DM, in der 21. Auktion Galerie des Monnaies (11/1978) das identische Exemplar den Zuschlag von 13 500.– DM, und in der 38. Auktion F. R. Künker (10/1997), Nr. 7034, wurde ein Exemplar in „vorzüglich-Stempelglanz" für 33 000.– DM zugeschlagen; in der 58. Heidelberger Münzauktion (11/2011), Nr. 2091, ein Exemplar in „vorzüglich-prägefrisch" für 30 000.– Euro und in der 271. Auktion F. R. Künker (2/2016), Nr. 391, ein Exemplar in „vorzüglich-Stempelglanz, herrliche Patina", für 40 000.– Euro.

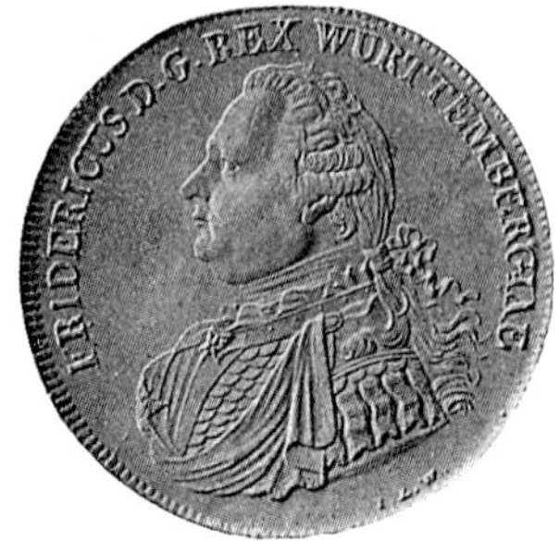
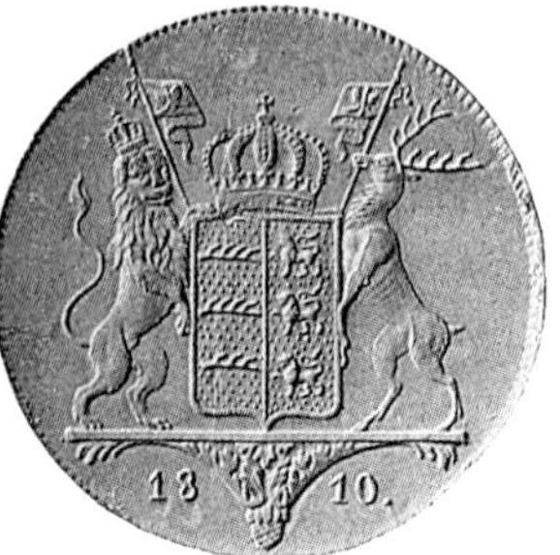

572 Kronentaler

Vs.: FRIDERICUS D. G. REX WÜRTTEMBERGIAE
Signatur I . L . W .

Rs.: 1810 .

Rand: KOENIGL : WURTTEMB : KRONENTHALER · ** ·

Klein/Raff 27 – AKS 31 – Jaeger 19 – T. 421

1810	LP

In den letzten 50 Jahren konnte für diese Münze kein Vorkommen registriert werden.

Variante?

Bernd Stutzmann erwähnt in der Anmerkung zu seiner Nummer St. 1624 eine Variante mit der Randschrift KOENIGL : WURTTEMB KRONENTHALER: **, die in der Auktion Hess/Leu (Zürich) vom März 1957 unter der Nr. 1664 angeboten worden ist. Die Beschreibung in dem genannten Auktionskatalog ist jedoch nicht eindeutig, so daß auf dieser Basis keine genaue Zuordnung möglich ist. Es steht dort wörtlich im Katalog: „Kronentaler 1810. Wie vorher, aber größerer Kopf, Randschrift KOENIGL : WURTTEMB KRONENTHALER.**. E. 118 ff. var. Schön". Mit „Wie vorher" ist Ebner 124, also die Nr. 575 hier im Katalog, gemeint. Die Formulierung „aber größerer Kopf" deutet mit hoher Wahrscheinlichkeit auf die Nr. 574, so daß bei dieser Nummer die Variante anzusiedeln ist.

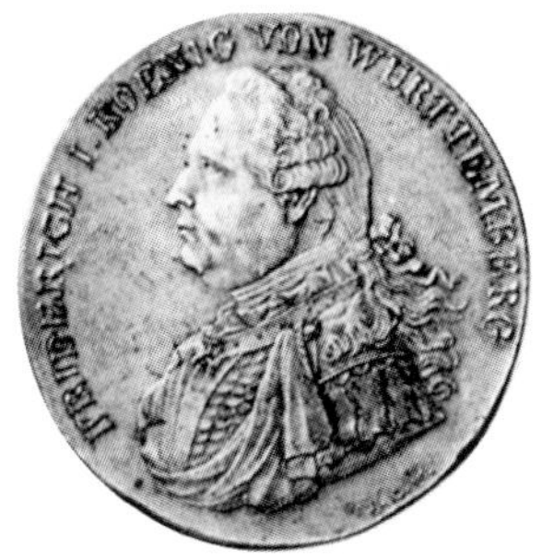

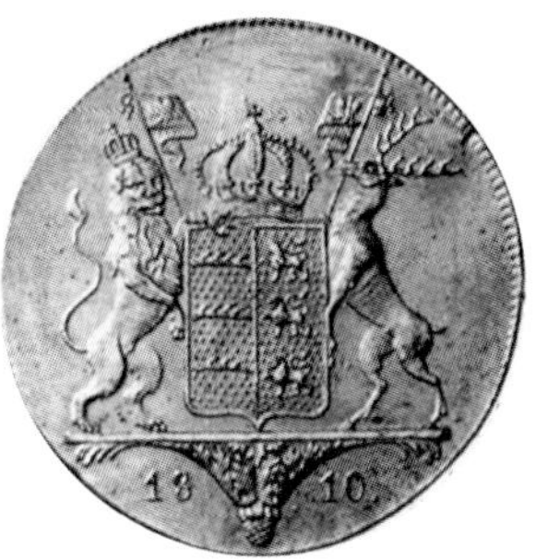

573 Kronentaler

Vs.: FRIDERICH I. KOENIG VON WÜRTTEMBERG
Signatur I . L . W .

Rs.: 1810.

Rand: KOEИIGL · WURTTEMB · KROИEИTHALER · ⋆ · (alle drei N sind spiegelverkehrt)

Klein/Raff 28 – AKS 32 – Jaeger 20 – T. 422

1810	LP

Nach dem Zweiten Weltkrieg ist kein Vorkommen im Handel bekannt.

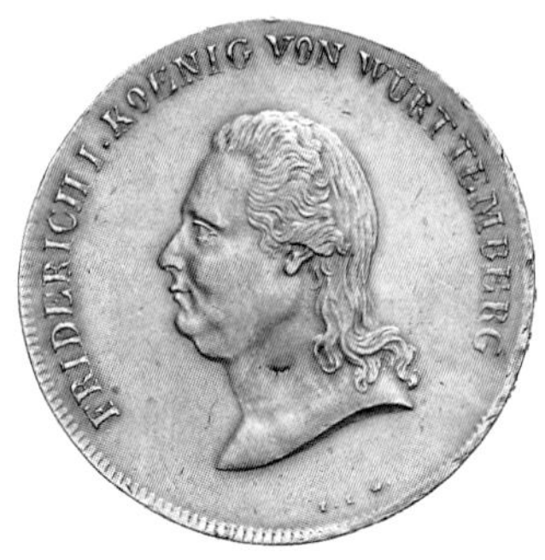

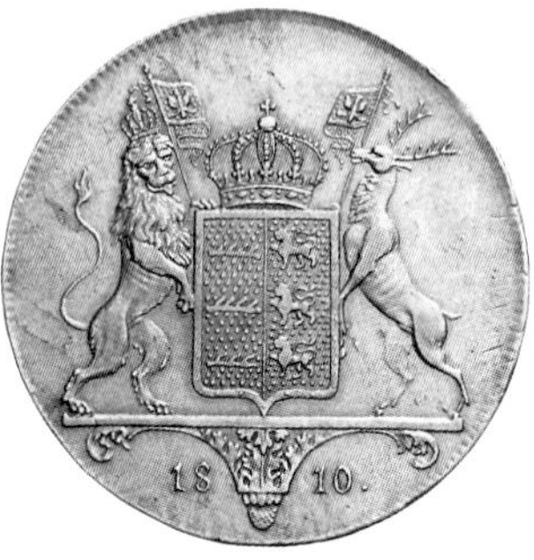

574 Kronentaler

Vs.: FRIDERICH I · KOENIG VON WÜRTTEMBERG
Signatur I . L · W ·

Rs.: 1810 .

Rand: KOENIGL : WURTTEMB : KRONENTHALER · ** ·

Klein/Raff 29 – AKS 33 + 34 – Jaeger 22 – T. 423

1810	600.–	1800.–	3500.–

In der 134. Auktion F. R. Künker (1/2008), Nr. 795, wurde ein Exemplar in „Stempelglanz, mit prachtvoller Patina", für 4500.– Euro zugeschlagen; in der 80. Heidelberger Münzauktion (11/2020), Nr. 946, ein Exemplar in „prägefrisch" für 7700.– Euro.

Varianten

a) Mit spiegelverkehrten Buchstaben „И" (dreimal) in der Randschrift (Klein/Raff 29a); 45. Auktion Harald Möller (6/2007), Nr. 1730, „vorzüglich-", Zuschlag 1350.– Euro

b) Mit etwas gedrungenerem Kopfbild (Klein/Raff 29.1); 42. Auktion Harald Möller (12/2006), Nr. 2008, „Stempelglanz", Zuschlag 3650.– Euro; 31. Auktion der Münzhandlung Sonntag (11/2019), Nr. 1022, „fast vorzüglich", Zuschlag 1200.– Euro; 29. Sonntag-Auktion (11/2018), Nr. 1387, „prägefrisch", Zuschlag 5000.– Euro; Abb. siehe nächste Seite

c) Mit etwas gedrungenerem Kopfbild und kleinen Quasten an den Fahnenstangen der Rückseite (Klein/Raff 29.2); 337. Künker-Auktion (6/2020), Nr. 1661, „vorzüglich+", Zuschlag 4600.– Euro; Abb. siehe nächste Seite

d) Mit Gegenstempel „Napoleonkopf" auf der Vorderseite (Klein/Raff 29.2 Anm.); 7. Auktion Harald Möller (4/1991), Nr. 2653, „fast vorzüglich", Zuschlag 25 500.– DM; 42. Auktion Harald Möller (12/2006), Nr. 2007 (identisches Exemplar), Schätzpreis 12 000.– Euro; Abb. siehe nächste Seite

e) Mit veränderter Interpunktion in der Randschrift: KOENIGL : WURTTEMB KRONENTHALER · ** ·
Siehe die Erörterung dazu bei der Nr. 572.

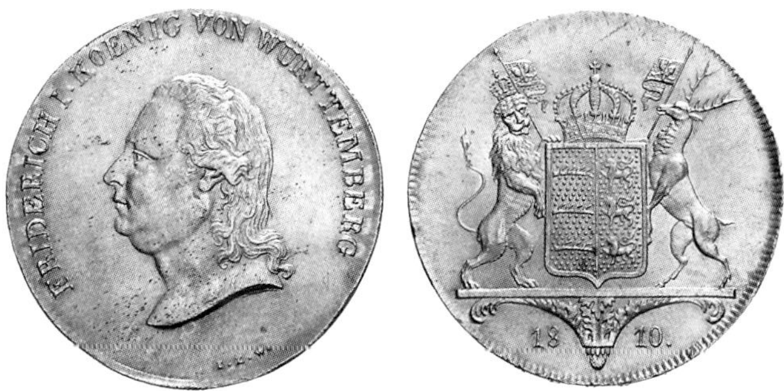

Nr. 574b), Kronentaler 1810 mit etwas gedrungenerem Kopfbild

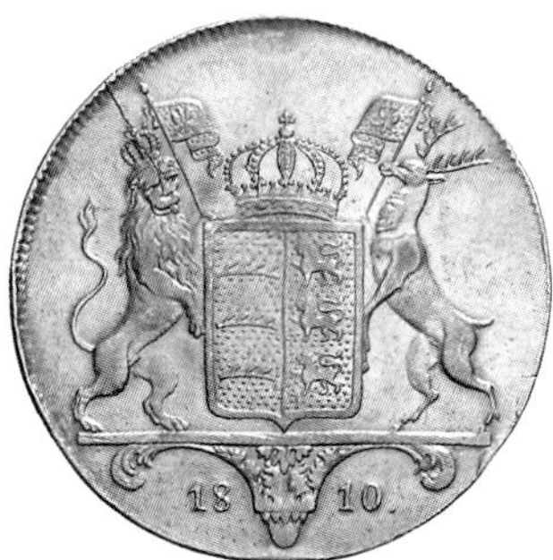

Nr. 574c), Rückseite des Kronentalers 1810 mit Quasten an den Fahnenstangen

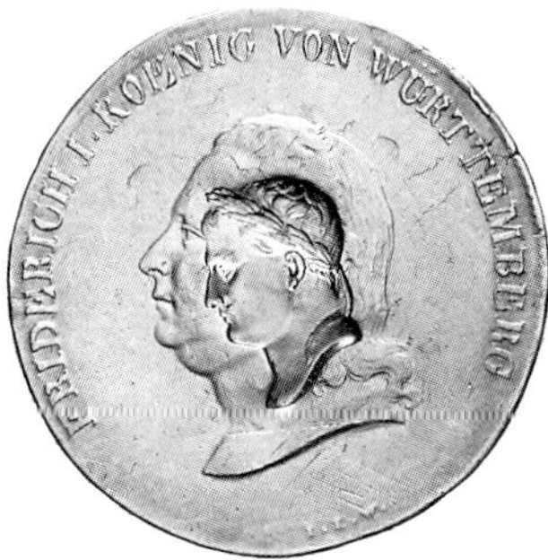

Nr. 574d), Kronentaler 1810 mit Gegenstempel „Napoleonkopf“ auf der Vorderseite

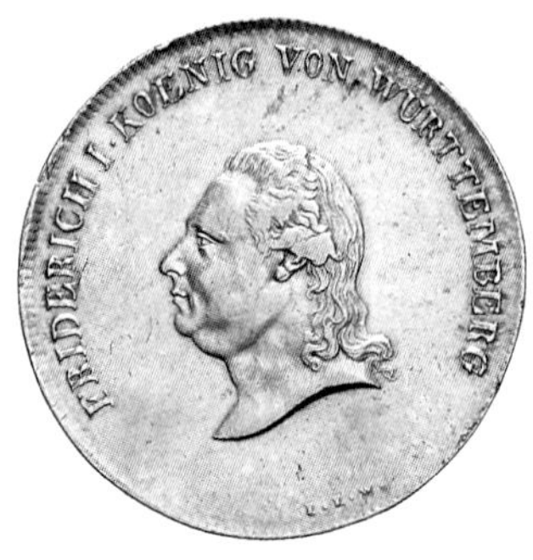

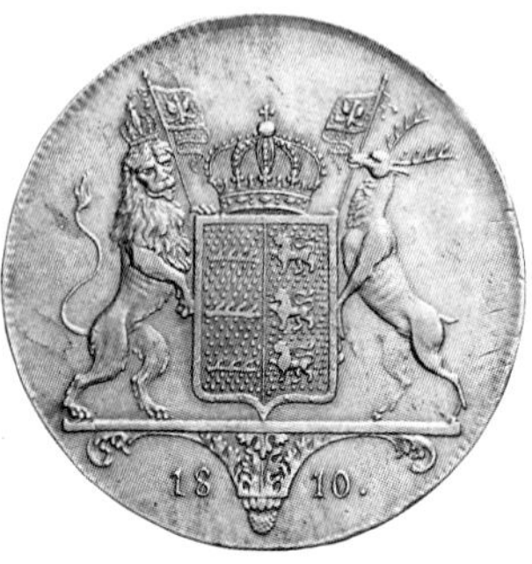

575 Kronentaler

Vs.: FRIDERICH I · KOENIG VON WÜRTTEMBERG
Signatur I · L · W ·

Rs.: 1810 .

Rand: KOENIGL : WURTTEMB : KRONENTHALER · ** ·

Klein/Raff 29.3 – AKS 35 – Jaeger 23 – T. 424

1810	400.–	1800.–	2800.–

In der 58. Heidelberger Münzauktion (11/2011), Nr. 2095, wurde ein Exemplar in „fast prägefrisch" für 5250.– Euro zugeschlagen; in der 339. Künker-Auktion (9/2020), Nr. 933, ein Exemplar in „Stempelglanz, winzige Schrötlingsfehler am Rand", für 3400.– Euro.

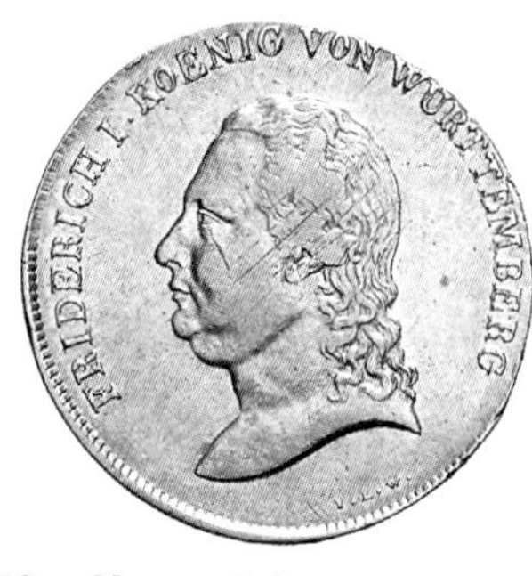

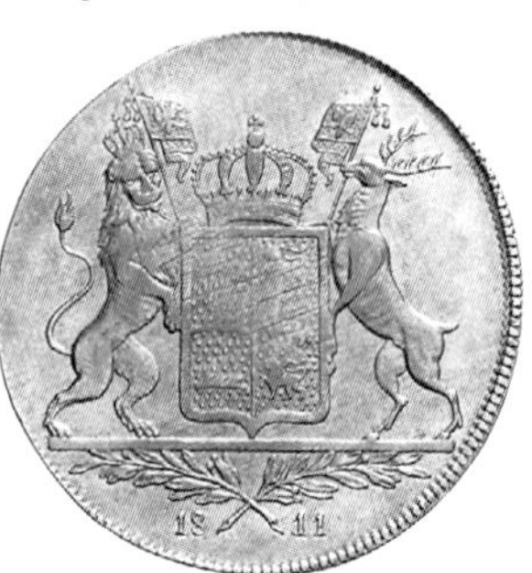

576 Kronentaler

Vs.: FRIDERICH I· KOENIG VON WÜRTTEMBERG
Signatur I · L · W ·

Rs.: 1811

Rand: KOENIGL : WURTTEMB : KRONENTHALER · ** ·

Klein/Raff 30 – AKS 36 – Jaeger 24 – T. 425

1811	2500.–	LP	LP

In der 29. Auktion der Münzhandlung Sonntag (11/2018), Nr. 1390, wurde ein Exemplar in „fast vorzüglich" für 5500.– Euro zugeschlagen; in der 58. Heidelberger Münzauktion (11/2011), Nr. 2096, ein Exemplar in „vorzüglich-prägefrisch" für 7750.– Euro.

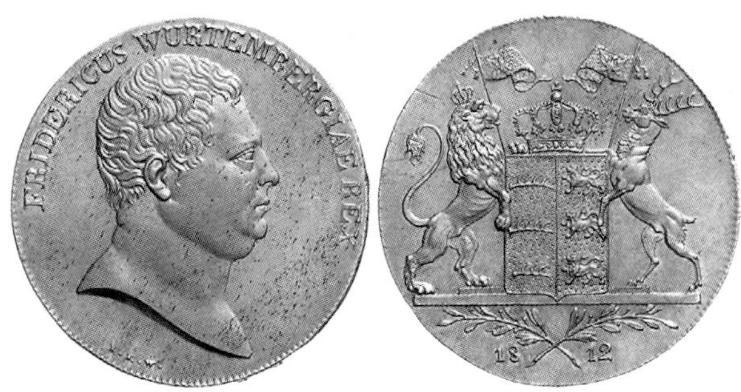

577 Kronentaler

Vs.: FRIDERICUS WÜRTEMBERGIAE REX Signatur I · I · W ·

Rs.: 1812

Rand: KOENIGL : WURTTEMB : KRONENTHALER ·

Klein/Raff 31.1 – AKS 37 – Jaeger 25 – T. 426

1812	(15 000)	550.–	1600.–	2500.–

Gegenüber der 1. Auflage ist in der 2. und 3. Auflage der Rückseitentyp mit dem die Abschlußleiste durchstoßenden Wappenschild (Klein/Raff 31.1) als Hauptnummer 577 deklariert worden. Diese Variante ist wesentlich häufiger als der Rückseitentyp mit auf der Abschlußleiste stehendem Wappenschild, der sogar in den Sammlungen Wurster und Schloßberger fehlte!

In der 58. Heidelberger Münzauktion (11/2011), Nr. 2098, wurde ein Exemplar in „Stempelglanz" für 5000.– Euro zugeschlagen; in der 31. Auktion der Münzhandlung Sonntag (11/2019), Nr. 1023, ein Exemplar in „Stempelglanz" für 6000.– Euro.

Variante

a) Der Wappenschild steht auf der Anschnittsleiste, stößt nicht durch sie hindurch (Klein/Raff 31). Die Variante Nr. 577a) ist wesentlich seltener als die Nr. 577, bei der die Abschlußleiste durchstoßen wird! Abb. siehe nächste Seite.

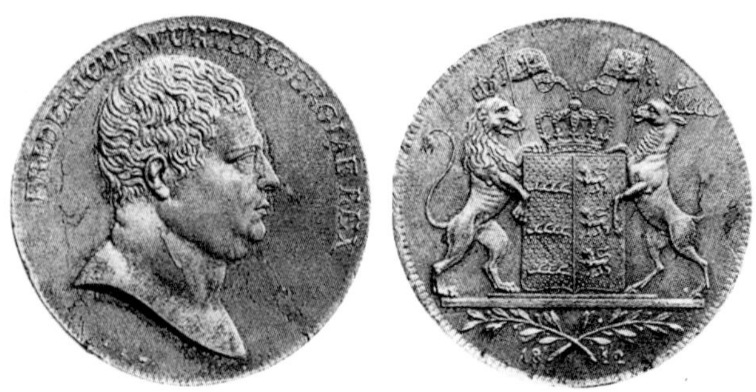

Nr. 577a), Kronentaler 1812, bei dem der Wappenschild auf der Abschnittsleiste steht, sie also nicht durchstößt

Wilhelm I. 1816 – 1864

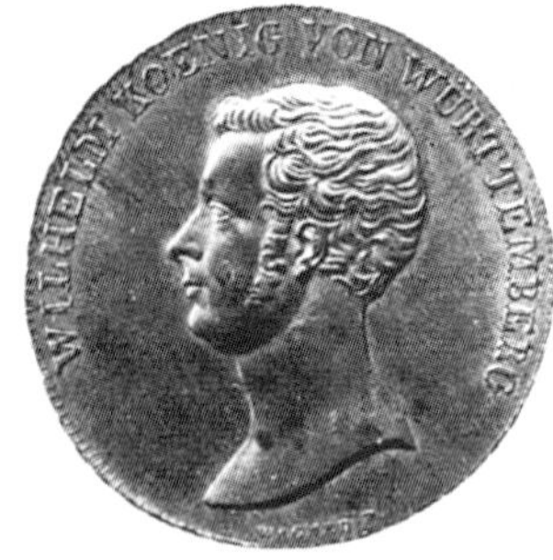

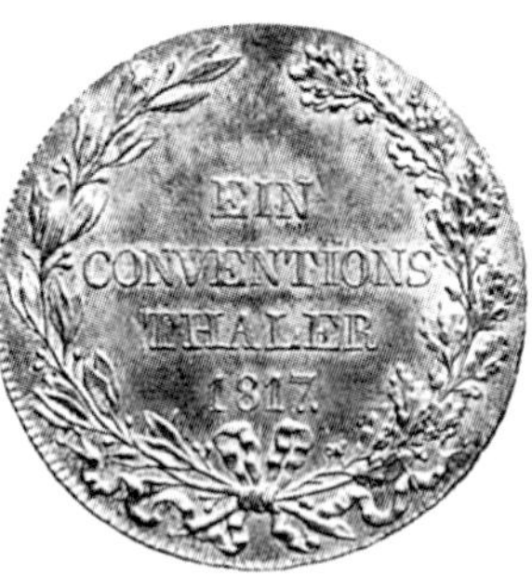

578 Konventionstaler

Vs.: WILHELM KOENIG VON WÜRTTEMBERG
Signatur WAGNER F ·

Rs.: EIN CONVENTIONS THALER 1817.

Rand: Laubrand

Klein/Raff 52 – AKS 70 – Jaeger 32 – T. 428

1817	LP

Dieser Konventionstaler ist seit Jahrzehnten nicht im Handel vorgekommen und fehlte auch in den Sammlungen Wurster und Schloßberger.

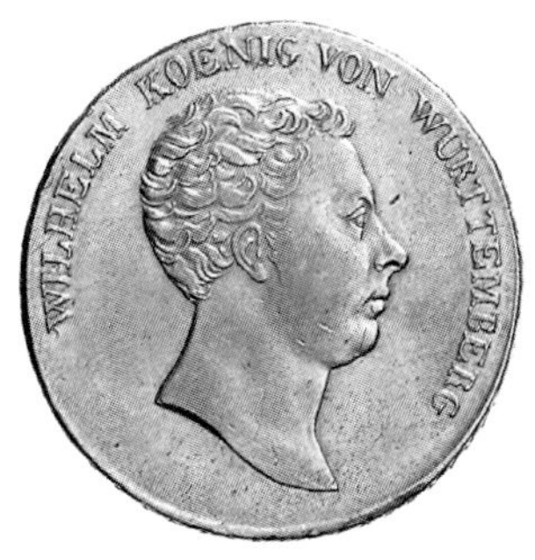

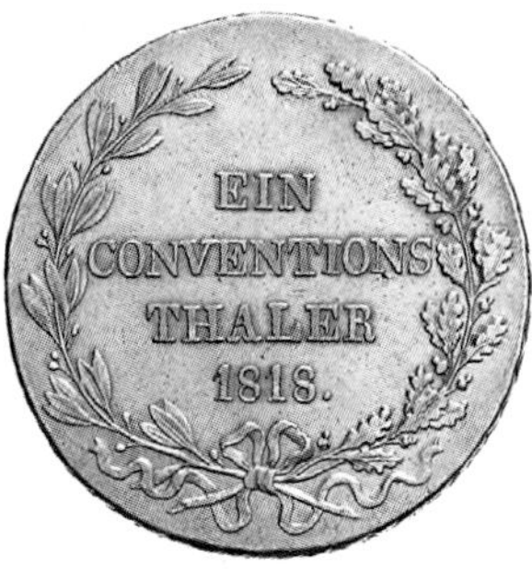

579 Konventionstaler

Vs.: WILHELM KOENIG VON WÜRTTEMBERG

Rs.: EIN CONVENTIONS THALER 1818 .

Rand: Laubrand

Klein/Raff 53 – AKS 71 – Jaeger 36 – T. 430

1818	(140)	2000.–	4000.–	6000.–

In der 91. Auktion der Münzen & Medaillen AG (3/2001), Nr. 638, wurde ein Prachtexemplar in „Stempelglanz mit leichter rötlicher Patina" für 5600.– Schweizer Franken versteigert. In der 18. Auktion der Münzhandlung Sonntag (11/2013), Nr. 1424, erzielte ein Exemplar in „prägefrisch, winzige Kratzer", den Zuschlag von 8000.– Euro; in der 25. Auktion der Münzhandlung Sonntag (5/2017), Nr. 1361, ein Exemplar in „fast Stempelglanz" 5500.– Euro und in der 80. Heidelberger Münzauktion (11/2020), Nr. 950, ein Exemplar in „prägefrisch, winzige Kratzer" 6600.– Euro.

Variante

a) Die Jahreszahl aus 1817 geändert (Klein/Raff 53.1)

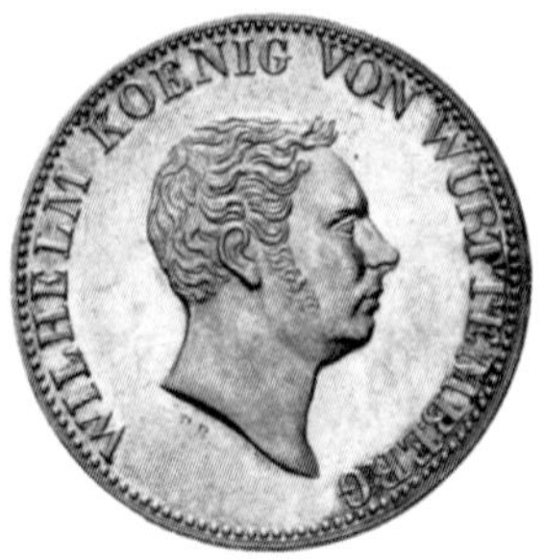
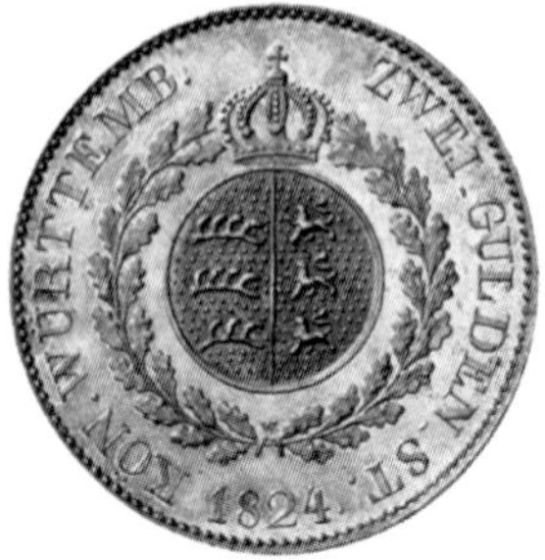

580 Doppelgulden

Vs.: WILHELM KOENIG VON WÜRTTEMBERG. Signatur P.B. (kleinerer Kopf)

Rs.: KÖN . WÜRTTEMB. ZWEI _ GULDEN _ ST. 1824 · Signatur W.

Rand: ⋆ FURCHTLOS ⋆ UND ⋆ TREU

Klein/Raff 69 – AKS 73 – Jaeger 49 – T. 431

1824	(15 460)	350.–	800.–	1800.–

In der Prägezahl ist der nachfolgende Doppelgulden Nr. 581 enthalten.

In der 31. Auktion Harald Möller (10/2002), Nr. 1962, wurde ein Exemplar in „fast Stempelglanz" für 2500.– Euro zugeschlagen, in der 100. Auktion F. R. Künker (6/2005), Nr. 905, ein Exemplar in „Erstabschlag, vorzüglich-Stempelglanz", für 2900.– Euro; in der 24. Auktion der Münzhandlung Sonntag (12/2016), Nr. 1178, ein Exemplar in „fast Stempelglanz" für 5250.– Euro.

Varianten

a) Mit WURTTEMBERG, sonst wie Nr. 580; (Klein/Raff 69a)

b) Ohne die Signatur „W." unter dem Wappenschild, sonst wie Nr. 580 (Klein/Raff 69b)

c) Ohne Signatur „P.B." am Halsabschnitt, mit Signatur „W." unter dem Wappenschild und der Randschrift ⋆ – FURCHTLOS – ⋆ – UND – TREU, dazwischen Laubwerk (Klein/Raff 69.1); 319. Künker-Auktion (3/2019), Nr. 4271, „fast Stempelglanz", Zuschlag 2800.– Euro; Abb. siehe nächste Seite

d) Ohne Signatur „P.B." am Halsabschnitt, mit Signatur „W" (ohne Punkt) unter dem Wappenschild und der Randschrift ⋆ – FURCHTLOS – ⋆ – UND – TREU, dazwischen Laubwerk (Klein/Raff 69.1a); 134. Auktion F. R. Künker (1/2008), Nr. 799, „vorzüglich-Stempelglanz", Zuschlag 1000.– Euro

e) Ohne Signatur „P.B." am Halsabschnitt, mit der kleinen Signatur „W" (ohne Punkt) unter dem Wappenschild etwas höher stehend und der Randschrift * – FURCHTLOS – * – UND – TREU, dazwischen Laubwerk; 261. Künker-Auktion (3/2015), Nr. 5208, „vorzüglich/vorzüglich-Stempelglanz" 950.– Euro

f) Ohne Signatur „P.B." am Halsabschnitt, mit Signatur „W" (ohne Punkt) unter dem Wappenschild und der Randschrift * FURCHTLOS * UND * TREU (St. 1650bb; Klein/Raff 69.1b); 71. Auktion Harald Möller (4/2018), Nr. 293, „vorzüglich, fleckige Patina", Zuschlag 1150.– Euro

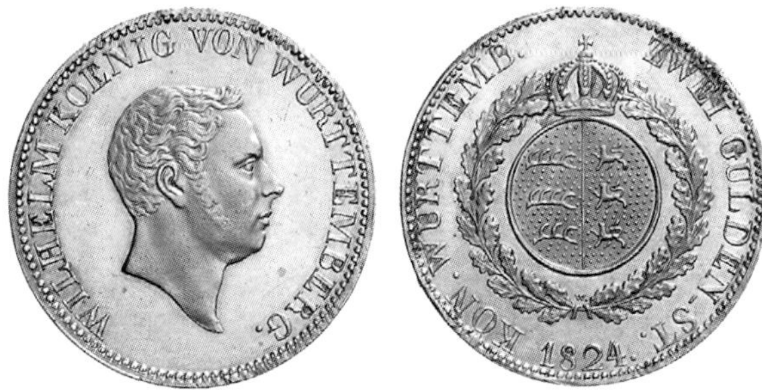

*Nr. 580c), Variante ohne Signatur „P.B." am Halsabschnitt, mit Signatur „W." unter dem Wappenschild (Randschrift * – FURCHTLOS – * – UND – TREU, dazwischen Laubwerk)*

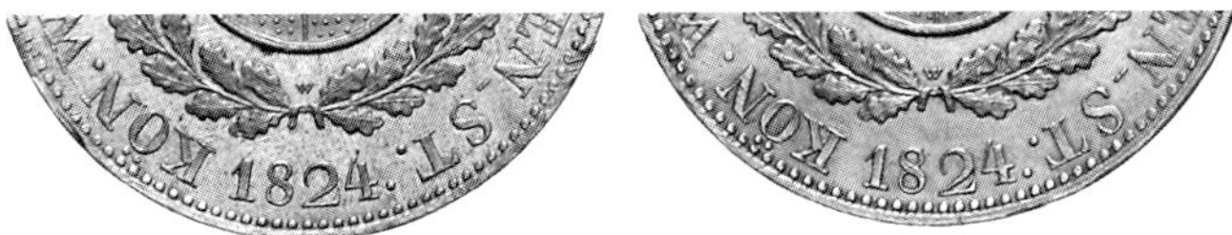

Nr. 580e), Detailvergrößerung der Variante mit etwas höher stehender Signatur „W" (links) und zum Vergleich dazu die tiefer stehende Signatur „W" (rechts)

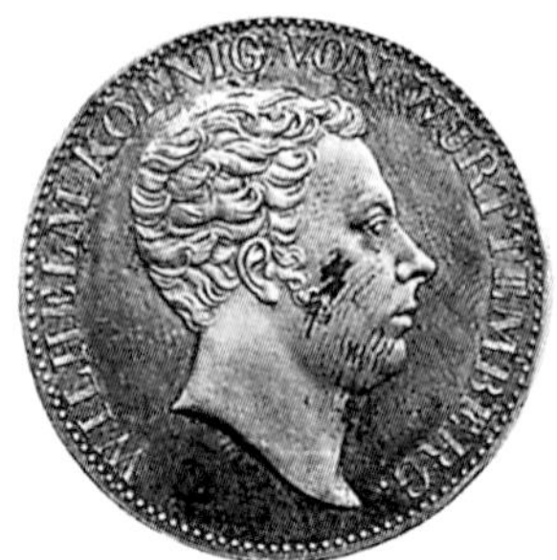
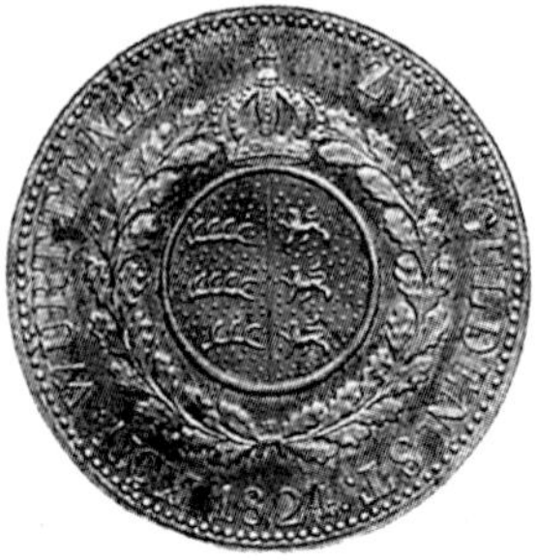

581 **Doppelgulden**

Vs.: WILHELM KOENIG VON WÜRTTEMBERG. (größerer Kopf)

Rs.: KÖN. WÜRTTEMB. ZWEI _ GULDEN _ ST. 1824. Signatur W.

Rand: * – FURCHTLOS – * – UND – TREU (mit Laubwerk)

Klein/Raff 69.2 – AKS 74 – Jaeger 50 – T. 431A

1824	LP

In der Prägezahl ist der vorangegangene Doppelgulden Nr. 580 enthalten.

Variante und Probe

a) Ohne Punkt nach der Signatur „W." und mit der Randschrift * FURCHTLOS * UND * TREU (Klein/Raff 69.2a)

b) Probe mit der Jahreszahl 1823. unter dem Kopfbild, glattem Rand und der Rückseiten-Umschrift FURCHTLOS UND TREU 2. GULDEN · (Ferrari 4572; Klein/Raff 71); 15. Auktion Galerie des Monnaies (11/1975, Slg. Wurster), Nr. 619 („Exemplar Slg. Ferrari"), „Stempelglanz", Zuschlag 3000.– DM; 389. Auktion Dr. Busso Peus Nachfolger (11/2006), Nr. 2915, identisches Exemplar, Stempelglanz", Zuschlag 12 000.– Euro; Abb. siehe nächste Seite

c) Probe von 1824 mit kleinerem Kopf, glattem Rand und der Signatur „P. B." unter dem Halsabschnitt, auf der Rückseite die Signatur „W." unter dem runden Wappenschild, Rückseiten-Umschrift: KÖN. WÜRTTEMB. ZWEI _ GULDEN _ ST. 1824· (Klein/Raff 71.1); 15. Auktion Galerie des Monnaies (11/1975, Slg. Wurster), Nr. 620 („2. bekanntes Exemplar"), „Stempelglanz", Zuschlag 3500.– DM; 389. Auktion Dr. Busso Peus Nachfolger (11/2006), Nr. 2916, „Schätzpreis 15 000.– Euro; Abb. siehe nächste Seite

Die unter St. 1651a angegebene Variante ist ein normaler Doppelgulden 1824.

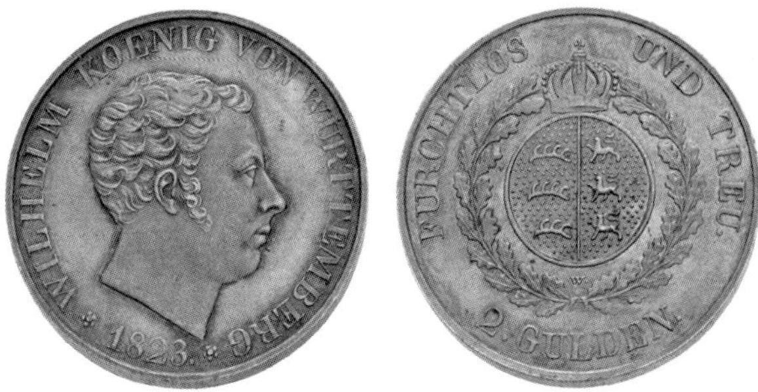

Nr. 581b), Probe mit der Jahreszahl 1823. unter dem Kopfbild, glattem Rand und der Rückseiten-Umschrift FURCHTLOS UND TREU 2. GULDEN·

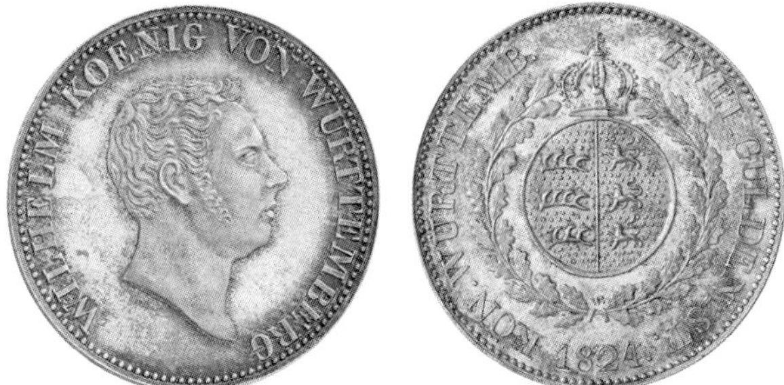

Nr. 581c), Probe von 1824 mit kleinerem Kopf, glattem Rand und der Signatur „P. B.“ unter dem Halsabschnitt, auf der Rückseite die Signatur „W“. unter dem runden Wappenschild, Rückseiten-Umschrift: KÖN. WÜRTTEMB. ZWEI _ GULDEN _ ST.

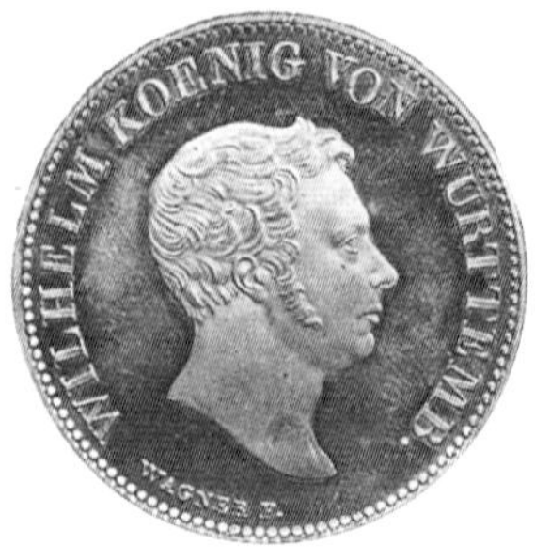

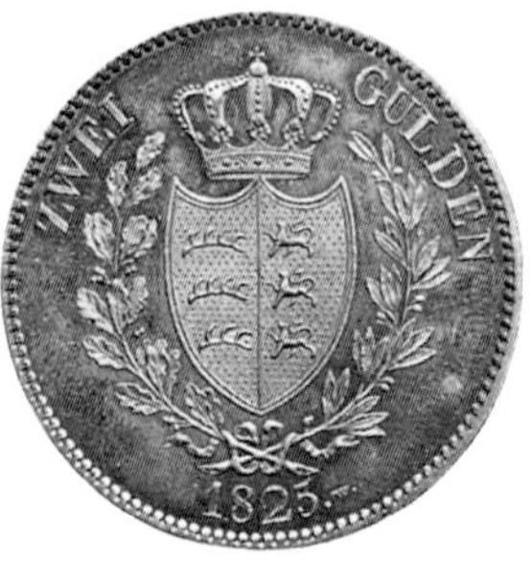

582 Doppelgulden

Vs.: WILHELM KOENIG VON WÜRTTEMB.
Signatur WAGNER F·

Rs.: ZWEI GULDEN 1825. Signatur W·

Rand: ⋆ FURCHTLOS ⋆ UND ⋆ TREU

Klein/Raff 70 – AKS 75 – Jaeger 54 – T. 432

1825	(9930*)	650	2000	3200

**) Die Prägezahl gilt einschließlich der Variante Nr. 582a. Ein Exemplar mit der Signatur WAGNER F· ist seit Jahrzehnten nicht mehr im Handel aufgetaucht.*

Variante

a) Ohne die Signatur WAGNER F· (Klein/Raff 70a); 58. UBS-Auktion (1/2004), Nr. 1127, „fast vorzüglich", Zuschlag 1300.– Schweizer Franken; 29. Auktion der Münzhandlung Sonntag (11/2018), Nr. 1407, „vorzüglich-Stempelglanz", Zuschlag 3400.– Euro; 339. Künker-Auktion (9/2020), Nr. 934, „fast Stempelglanz", Zuschlag 3600.– Euro.

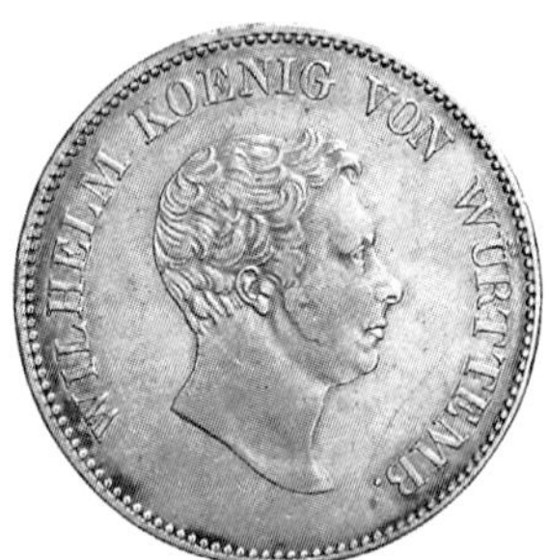

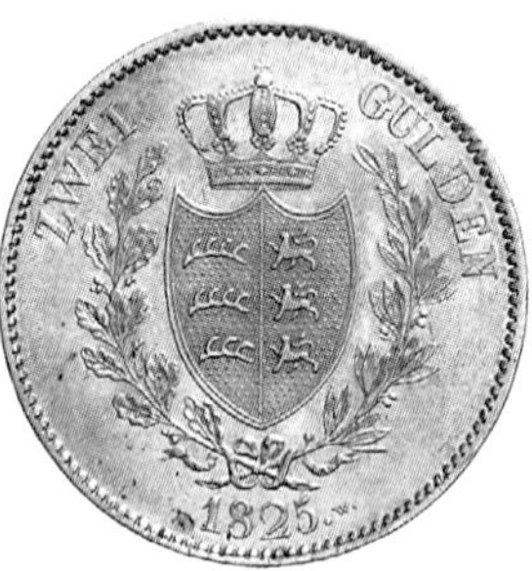

Nr. 582a), Doppelgulden 1825 ohne die Signatur WAGNER F·

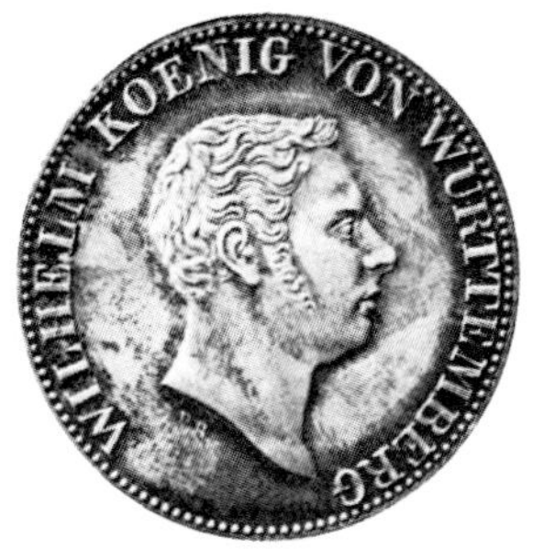

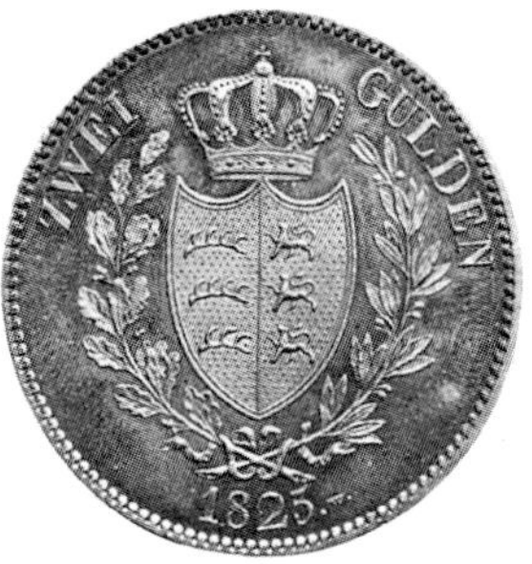

583 Doppelgulden

Vs.: WILHELM KOENIG VON WURTTEMBERG Signatur P. B.

Rs.: ZWEI GULDEN 1825. Signatur W·

Rand: * FURCHTLOS * UND * TREU

Klein/Raff 70.1 – AKS 75 var. (Stempelkopplung der Doppelgulden 1824 und 1825) – T. 433

1825	LP

In den vergangenen mehr als 50 Jahren nicht im Handel vorgekommen.

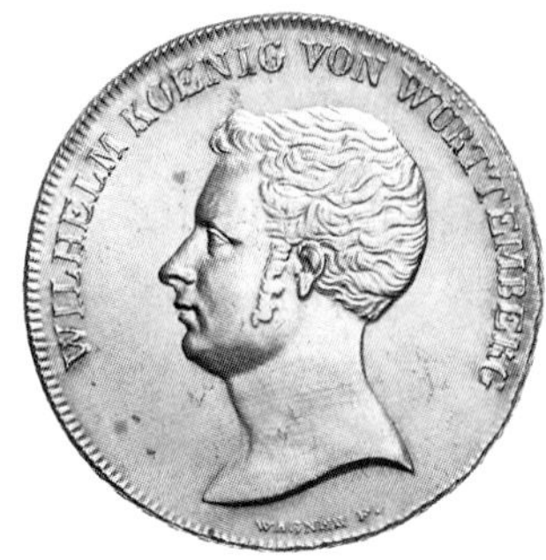

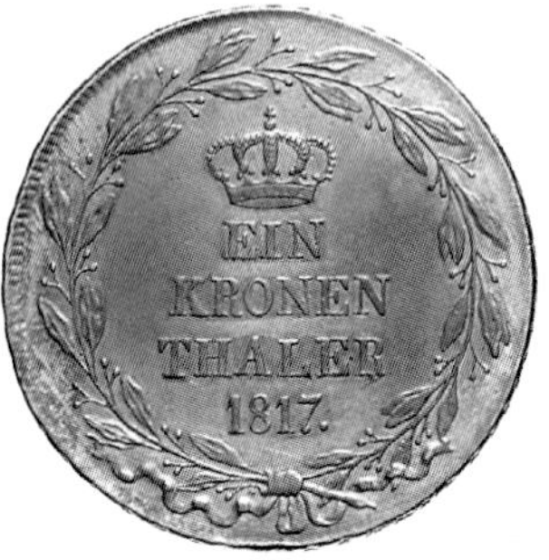

584 Kronentaler

Vs.: WILHELM KOENIG VON WÜRTTEMBERG
Signatur WAGNER F ·

Rs.: EIN KRONEN THALER 1817.

Rand: Laubrand

Klein/Raff 50 – AKS 63 – Jaeger 33 – T. 427

1817	550.–	2500.–	4000.–

Zusammen mit dem Kronentaler 1818 (Nr. 585) wurden 43 780 Exemplare geprägt.

In der 230. Auktion Gerhard Hirsch Nachfolger (9/2003), Nr. 142, erzielte ein Exemplar in „Stempelglanz“ den Zuschlag von 8200.– Euro, in der 18. Auktion der Münzhandlung Sonntag (11/2013), Nr. 1422, erzielte ein Exemplar in „vorzüglich-prägefrisch“ den Zuschlag von 4400.– Euro; in der 281. Künker-Auktion (9/2016), Nr. 3199, in „fast Stempelglanz“ den Zuschlag von 5500.– Euro.

Variante

a) Laut Klein/Raff Nr. 50 gibt es drei sich geringfügig unterscheidende Rückseiten-Stempel in der Ausführung des Lorbeerkranzes

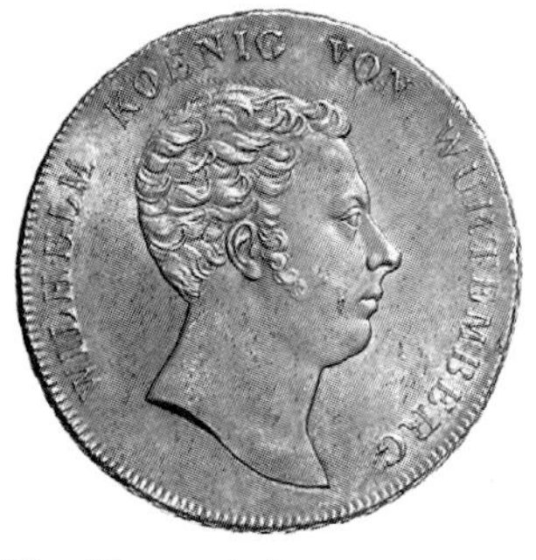

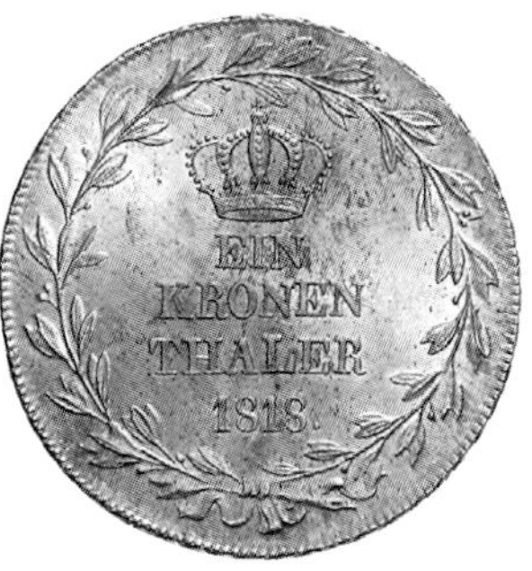

585 Kronentaler

Vs.: WILHELM KOENIG VON WÜRTTEMBERG

Rs.: EIN KRONEN THALER 1818 .

Rand: Laubrand

Klein/Raff 51 – AKS 64 – Jaeger 37 – T. 429

1818	750.–	1800.–	2500.–

Zusammen mit dem Kronentaler 1817 (Nr. 584) wurden 43 780 Exemplare geprägt.

In der 49. WAG-Auktion (2/2009), Nr. 823, erzielte ein Exemplar in „Stempelglanz" den Zuschlag von 3800.– Euro; in der 56. WAG-Auktion (2/2011), Nr. 1044, ein Exemplar in „Stempelglanz" 3400.– Euro; in der 106. Auktion der WAG Online (2/2020), Nr. 2382, in „Stempelglanz" 3900.– Euro.

Varianten

a) Die Jahreszahl aus 1817 im Stempel geändert (Klein/Raff 51.1); 76. Auktion Harald Möller (11/2020), Nr. 323, „vorzüglich", Zuschlag 2400.– Euro; Abb. siehe nächste Seite

b) Nach Klein/Raff 51.1 Anm. existieren einseitige Bleiabschläge

Die von Stutzmann angeführte Variante St. 1639b ist mißverständlich. Die in der herangezogenen Quelle (33. Auktion Harald Möller [10/2003], Nr. 1898) vorhandene Angabe „Variante mit verändertem Kranz auf der Rückseite" bezieht sich mit hoher Wahrscheinlichkeit auf die Rückseiten der Nr. 584 von 1817, von denen ja ein Stempel zu 1818 umgearbeitet worden ist (siehe Abb. 585a). Bei diesen Exemplaren ist der Kranz natürlich gegenüber der Nr. 585 etwas verändert.

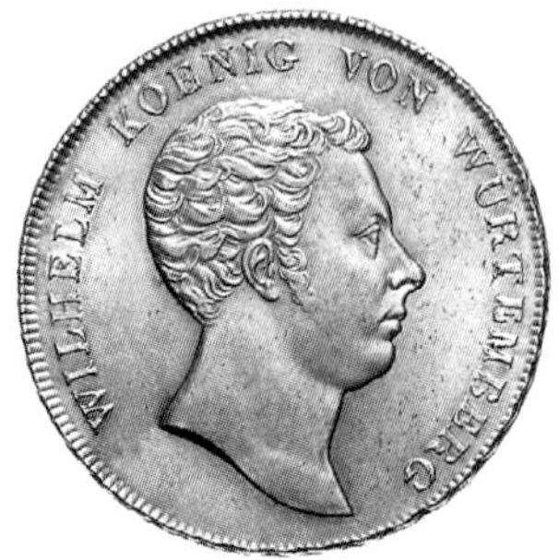

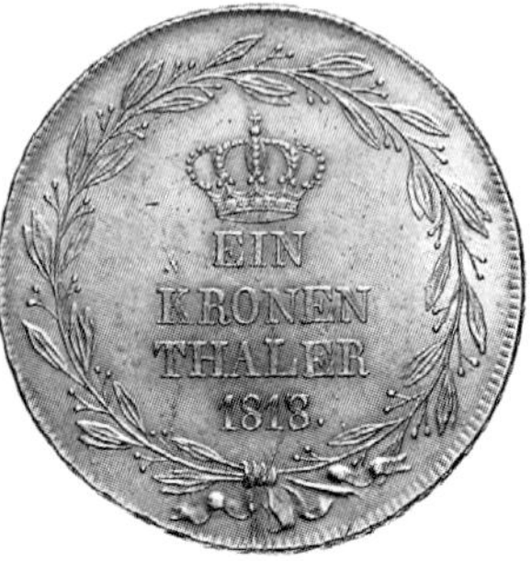

Nr. 585a), Kronentaler 1818 mit im Stempel aus 1817 geänderter Jahreszahl

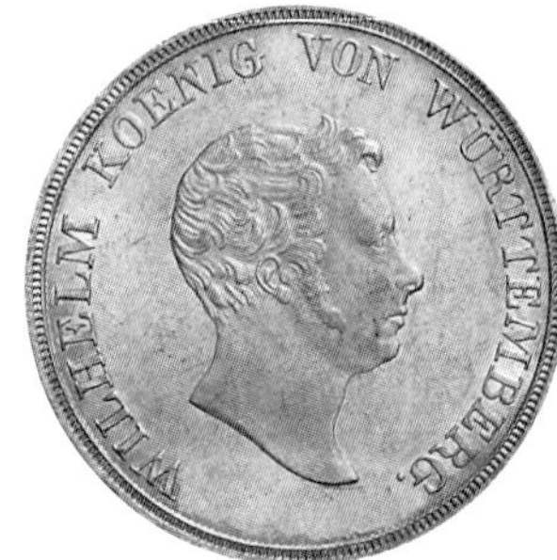

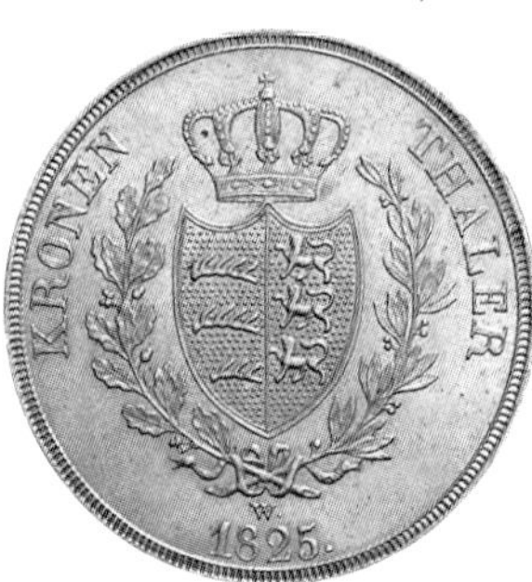

586 Kronentaler

Vs.: WILHELM KOENIG VON WÜRTTEMBERG.

Rs.: KRONEN THALER Jahr. Signatur W·

Rand: FURCHTLOS * UND * TREU

Klein/Raff 63–65 – AKS 65, 66, 69 – Jaeger 55 – T. 434

In der 25. Auktion der Münzhandlung Sonntag (5/2017), Nr. 1390, erzielte ein Exemplar von 1830 in „fast Stempelglanz“ den Zuschlag von 1100.– Euro.

1825	(225 800)	150.–	300.–	400.–
1826		150.–	300.–	400.–
1827		150.–	300.–	400.–
1828		150.–	300.–	450.–
1829		150.–	300.–	450.–
1830	(6690)	150.–	300.–	450.–
1831	(9070)	150.–	300.–	450.–
1832		150.–	300.–	400.–

1833		150.–	300.–	450.–
1834		180.–	400.–	550.–
1835		200.–	400.–	600.–
1837	(170 000)	130.–	230.–	350.–

In der 57. Auktion Emporium Hamburg (5/2007), Nr. 3871, erzielte ein Exemplar vom Jahrgang 1828 in „fast Stempelglanz" den Zuschlag von 875.– Euro und ein Exemplar vom Jahrgang 1837 in „fast Stempelglanz/Stempelglanz" 750.– Euro.

Varianten und Proben

a) 1825 mit der Signatur WAGNER F· am Halsabschnitt (Klein/Raff 63a)

b) 1825 mit kleiner Signatur „W·" über der Jahreszahl (Klein/Raff 63b); 28. Auktion der Münzhandlung Sonntag (6/2018), Nr. 1737, „vorzüglich/vorzüglich-prägefrisch", Zuschlag 400.– Euro

c) 1825 mit großer Signatur „W·" über der Jahreszahl (Klein/Raff 63b); 327. Künker-Auktion (10/2019), Nr. 3858, „vorzüglich-Stempelglanz", Zuschlag 700.– Euro

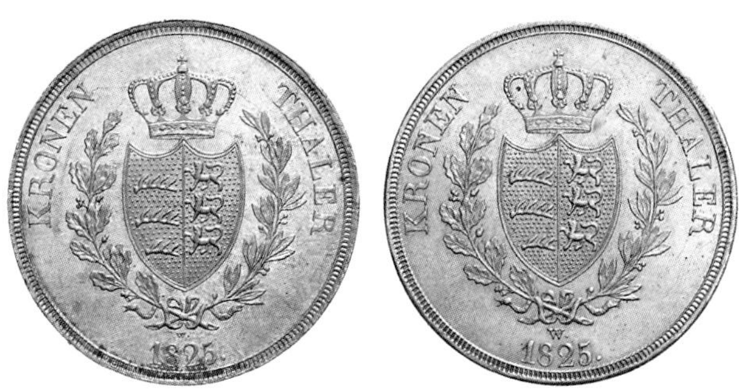

Nr. 586b + c), Rückseiten der Kronentaler-Varianten 1825 mit kleiner Signatur „W·" (links) und großer Signatur „W·" (rechts)

d) Ohne Signatur „W·" auf Vorder- oder Rückseite (Klein/Raff 63); 45. Auktion Harald Möller (6/2007), Nr. 1758, „fast vorzüglich", Zuschlag 220.– Euro

e) 1825 mit größerer oder kleinerer „2" in der Jahreszahl (Klein/Raff 63 Anm.)

f) 1825 mit größeren oder kleineren Buchstaben in der Randschrift (Klein/Raff –); 45. Auktion Harald Möller (6/2007), Nr. 1757 (mit großen Buchstaben, „vorzüglich-Stempelglanz", Zuschlag 250.– Euro; Nr. 1758 (mit kleinen Buchstaben), „fast vorzüglich", Zuschlag 220.– Euro

g) 1825 mit verändertem Kopfbild (wie Nr. 582a), ohne Signatur „W·" auf Vorder- und Rückseite (Klein/Raff –); 5. Auktion Harald Möller (4/1990), Nr. 2110, „vorzüglich-Stempelglanz", Schätzpreis 6000.– DM

h) 1826–1828, 1834 und 1837 auch ohne Punkt nach WÜRTTEMBERG (Klein/Raff 63.1, 63.3a, 63.4a, 65.5b); 278. Künker-Auktion (6/2016), Nr. 2246, Jahrgang 1828, „vorzüglich", Zuschlag 300.– Euro

i) 1827 im Stempel aus 1826 geändert (Klein/Raff 63.2); 45. Auktion Harald Möller (6/2007), Nr. 1763, „vorzüglich+", Zuschlag 240.– Euro; 25. Auktion der Münzhandlung Sonntag (5/2017), Nr. 1383, „vorzüglich", Zuschlag 250.– Euro

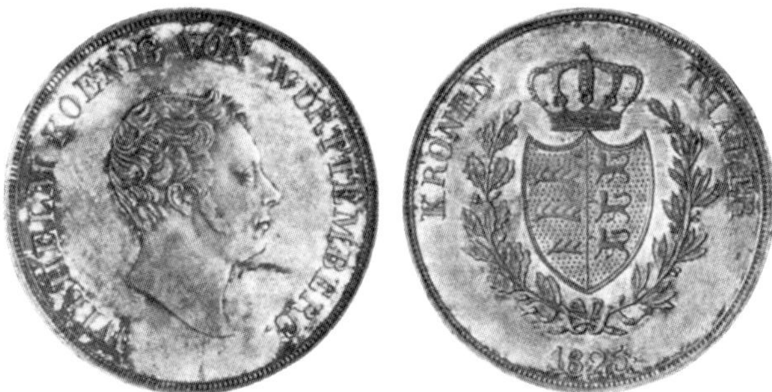

Nr. 586g), Kronentaler 1825 mit verändertem Kopfbild (wie Nr. 582a), ohne Signatur auf Vorder- und Rückseite

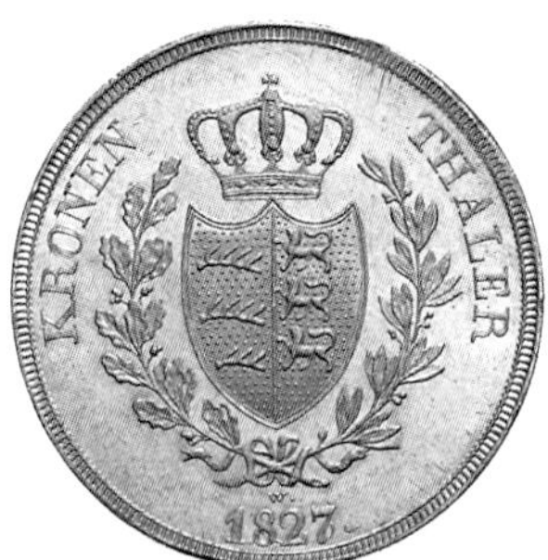

Nr. 586i), Rückseite der Kronentaler-Varianten 1827 mit im Stempel aus 1826 geänderter Jahreszahl

j) 1827 Ohne Punkt nach WÜRTTEMBERG und ohne Signatur „W·“ (Klein/Raff 63.3b); 25. Auktion der Münzhandlung Sonntag (5/2017), Nr. 1386, „vorzüglich“, Zuschlag 230.– Euro

k) 1829 mit Signatur „W·“ unter dem Halsabschnitt (Klein/Raff 64); 25. Auktion der Münzhandlung Sonntag (5/2017), Nr. 1389, Jahrgang 1829, „sehr schön“, Zuschlag 140.– Euro

l) 1829 mit Signatur „W·“ unter dem Halsabschnitt und mit WURTTEMBERG (Klein/Raff 64a)

m) 1831 mit Signatur „W·“ unter dem Halsabschnitt; zwei verschiedenen Kopfhöhen vom Scheitel bis zum unteren Ende des Halsabschnitts: 25 mm = Typ 1 (geprägt 1825 bis 1831), 28 mm = Typ 2 (geprägt 1831 – 1837)

n) 1831 (Typ 1) mit Signatur „W·“ unter dem Halsabschnitt und mit hochstehender Jahreszahl, die die Zweigenden berührt (Klein/Raff –); 42. Auktion Harald Müller (12/2006), Nr. 2043, „fast sehr schön/sehr schön+“, Zuschlag 180.– Euro

o) 1831 (Typ 1) mit Signatur „W·“ unter dem Halsabschnitt und mit tiefstehender Jahreszahl, die fast den Perlkreis berührt (Klein/Raff –); 45. Auktion Harald Möller (6/2007), Nr. 1767, „vorzüglich-/vorzüglich+“, Zuschlag 320.– Euro

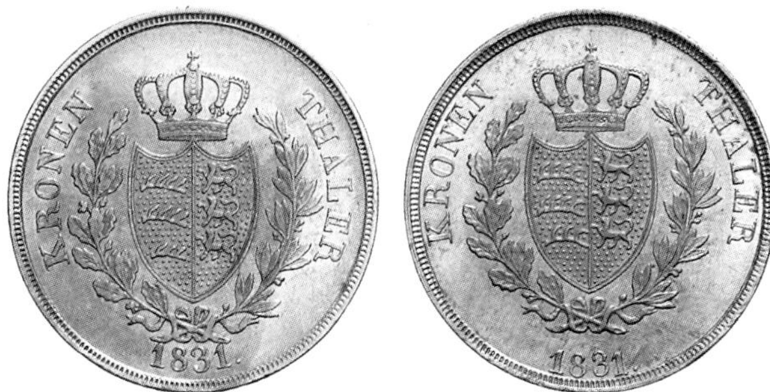

Nr. 586n + o), Rückseiten der Kronentaler-Varianten 1831 mit hochstehender Jahreszahl (links) und tiefstehender Jahreszahl (rechts)

p) 1831 (Typ 2) mit Signatur „W·“ unter dem Halsabschnitt und mit hochstehender Jahreszahl, die die Zweigenden berührt (Klein/Raff 65)

q) 1831 (Typ 2) mit Signatur „W·“ unter dem Halsabschnitt und mit WURTTEMBERG, zwischen Beginn und Ende der Vorderseiten-Umschrift eine Verzierung (Klein/Raff 65a)

r) 1832–1837 auch mit deutlich kleinerer Signatur „W·“ unter dem Halsabschnitt (Klein/Raff 65.1a – 65.5a); 327. Künker-Auktion (10/2019), Nr. 3859, „vorzüglich-Stempelglanz“, Zuschlag 600.– Euro; Abb. siehe nächste Seite

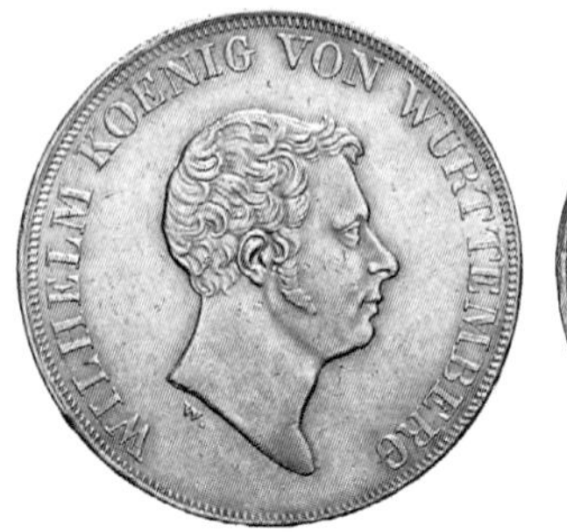

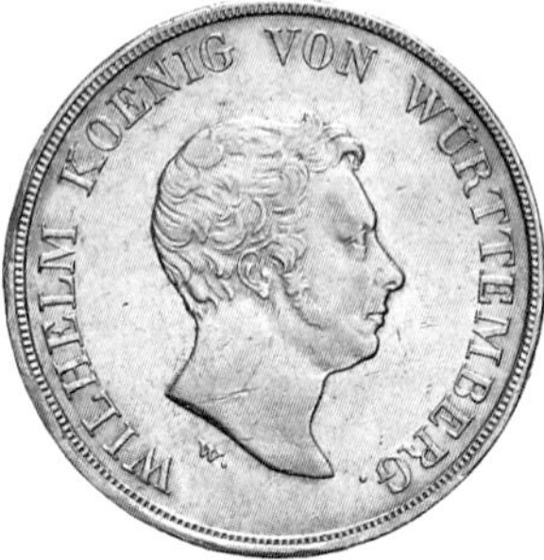

Nr. 586r), Vorderseite der Kronentaler mit kleiner Signatur „W·“ (links) und zum Vergleich mit großer Signatur „W·“ (rechts)

s) 1832 und 1833 auch mit kleineren Buchstaben in der Randschrift (Ferrari 4570 [nur 1833]; Klein/Raff –)

t) 1834, 1835 und 1837 auch ohne Punkt nach WÜRTTEMBERG (Klein/Raff 65.3b, 65.4 + 65.5b); 29. Auktion der Münzhandlung Sonntag (11/2018), Nr. 1403, „vorzüglich“, Zuschlag 250.– Euro

u) Kronentaler-Probe ohne Jahr, auf der Vorderseite das Kopfbild nach rechts, ohne Signatur „W·“, Umschrift: WILHELM KOENIG VON WÜRTTEMBERG; auf der Rückseite in fünf Zeilen die Inschrift: PROBEPLATTEN / DES / UHLHORNSCHEN / THALER= / WERKS, darüber und darunter je eine ovale Rosette (Klein/Raff 68)

v) Messingabschlag der Kronentaler-Probe Nr. 586u mit glattem Rand (Klein/Raff 68a); 181. Auktion Gerhard Hirsch Nachfolger (2/1994, Slg. Schloßberger), Nr. 2503, „vorzüglich-fast Stempelglanz“, Zuschlag 2600.– DM; Abb. siehe nächste Seite

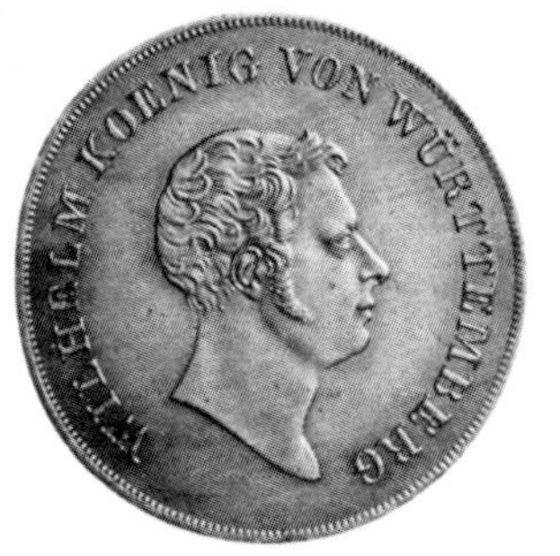

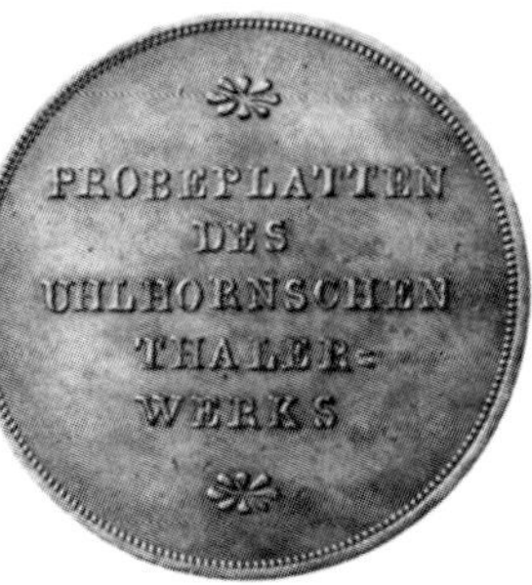

Nr. 586v), Messingabschlag der Kronentaler-Probe mit der Inschrift PROBEPLATTEN / DES / UHLHORNSCHEN / THALER = / WERKS

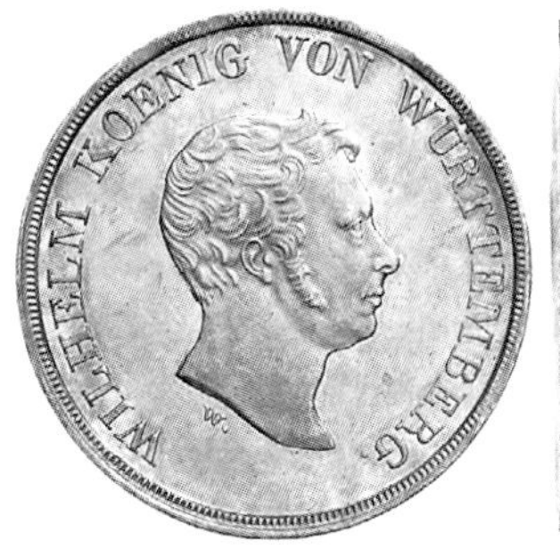

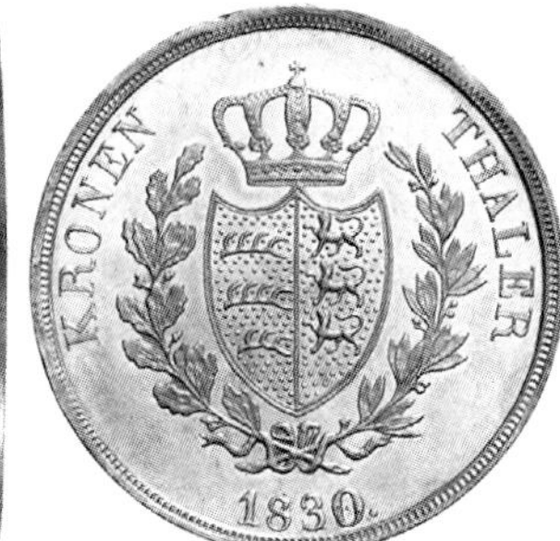

586A Doppelter Kronentaler

Vs.: WILHELM KOENIG VON WÜRTTEMBERG
Signatur W·

Rs.: KRONEN THALER 1830.

Rand: Glatt

AKS 66 Anm. – Klein/Raff 64.1

Dickabschlag von den Kronentaler-Stempeln, 57,5 g

1830	LP

In der 42. Auktion Harald Möller (12/2006), Nr. 2042, wurde ein Exemplar in „vorzüglich-Stempelglanz" mit einem Schätzpreis von 15 000.– Euro angeboten; in der 400. Peus-Auktion (4/2010), Nr. 2174, in „vorzüglich-Stempelglanz" für 13 000.– Euro zugeschlagen.

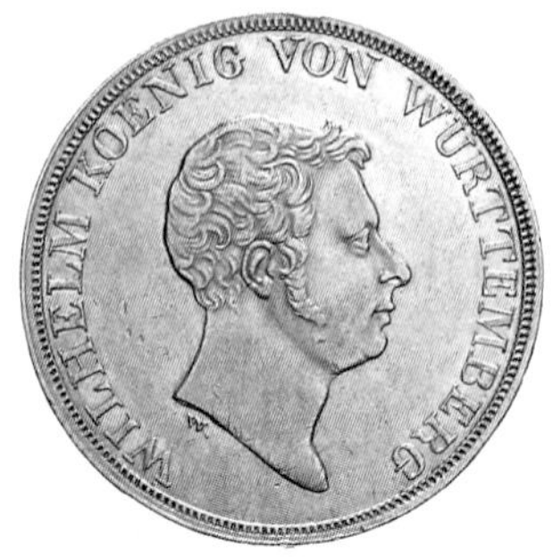

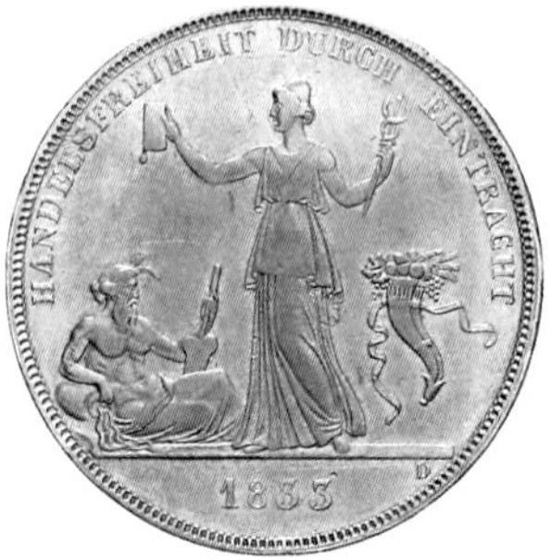

587 Kronentaler

Vs.: WILHELM KOENIG VON WÜRTTEMBERG Signatur W.

Rs.: HANDELSFREIHEIT DURCH EINTRACHT 1833
Signatur D

Rand: ≈ ≈ ⋆ KRONENTHALER ⋆

Klein/Raff 66–66.3 – AKS 67 – Jaeger 56 – T. 435

1833	100.–	180.–	400.–

Bei den Exemplaren mit glattem Rand handelt es sich um Medaillen. Die Proben ohne Randschrift weichen auch im Münzbild mehr oder weniger stark ab. Ihr Gewicht beträgt bis gut 36 g.

In der 349. Künker-Auktion (3/2021), Nr. 5450, erzielte ein Exemplar in „Stempelglanz, minimal justiert", einen Zuschlag von 650.– Euro.

Varianten und Proben

a) Die Vorderseiten-Umschrift beginnt am hinteren Teil des Halsabschnitts, mit kleinerer Signatur „W·", die weiter am Nacken steht (oben abgebildet) (Klein/Raff –); 45. Auktion Harald Möller (6/2007), Nr. 1773, „sehr schön-vorzüglich/vorzüglich/sehr schön", Zuschlag 105.– Euro; 278. Künker-Auktion (6/2016), Nr. 2247, „vorzüglich-Stempelglanz", Zuschlag 400.– Euro; 328. Auktion Hess-Divo (5/2015), Nr. 866, „unzirkuliert", Zuschlag 1300.– Schweizer Franken (1250.– Euro)

b) Die Vorderseiten-Umschrift beginnt am hinteren Teil des Halsabschnitts, mit größerer Signatur „W·", die weiter zur Halsmitte steht, mit Punkt nach WÜRTTEMBERG . (Klein/Raff 66.2); Abb. siehe nächste Seite

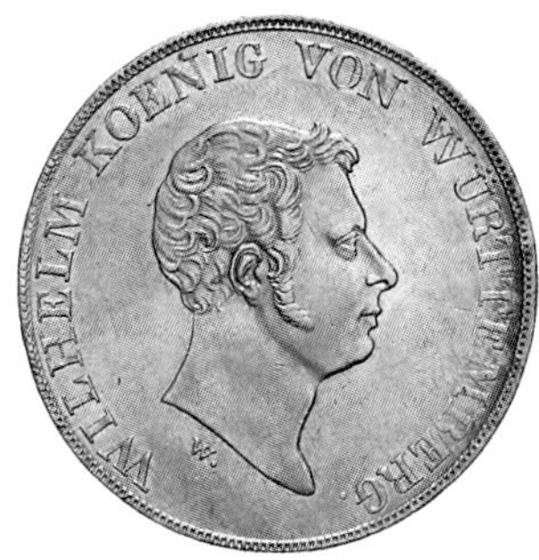

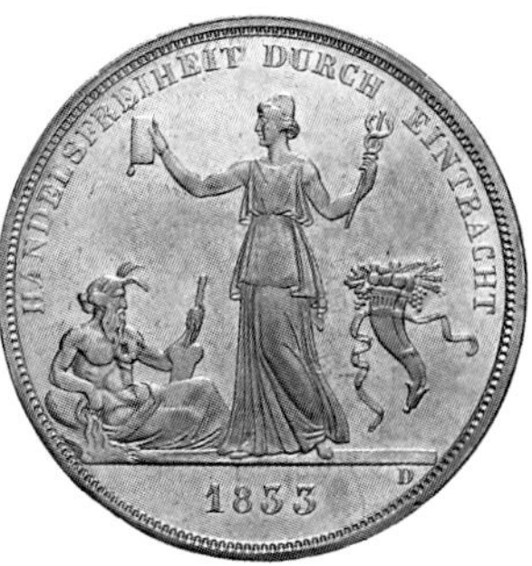

Nr. 587b), Kronentaler 1833 „Handelsfreiheit“ mit dem Beginn der Vorderseiten-Umschrift am hinteren Teil des Halsabschnitts, mit größerer Signatur „W·“, die weiter zur Halsmitte steht, mit Punkt nach WÜRTTEMBERG .

c) Die Vorderseiten-Umschrift beginnt am hinteren Teil des Halsabschnitts, Punkt nach WÜRTTEMBERG ., mit Randschrift ⋆ KRONENTHALER ⋆ (Klein/Raff 66.2a)

d) Die Vorderseiten-Umschrift beginnt am hinteren Teil des Halsabschnitts, Punkt nach WÜRTTEMBERG ., glatter Rand ohne Randschrift (Klein/Raff 66.2b); 42. Auktion Harald Möller (6/2007), Nr. 2046, „vorzüglich“, Zuschlag 450.– Euro

e) Die Vorderseiten-Umschrift beginnt am hinteren Teil des Halsabschnitts, Punkt nach WÜRTTEMBERG ., Signatur „L .W.“ unter dem Halsabschnitt, Randschrift wie Nr. 587 (Klein/Raff 66.3); 42. Auktion Harald Möller (6/2007), Nr. 2045, „vorzüglich, Kratzer“, Zuschlag 450.– Euro

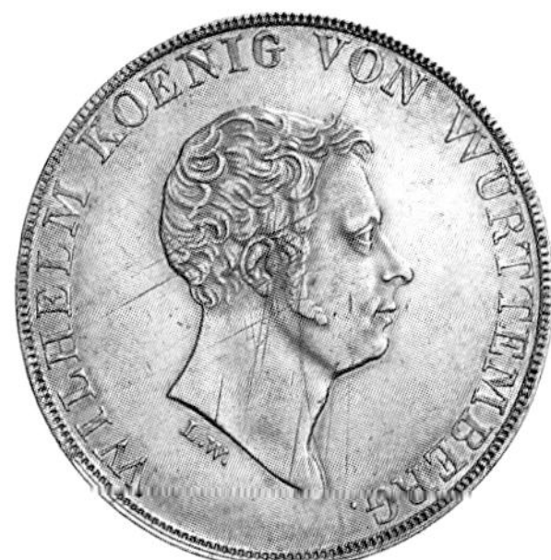

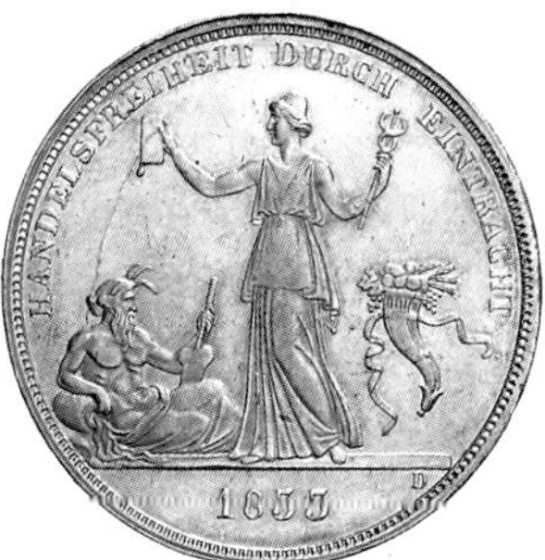

Nr. 587e), Kronentaler 1833 „Handelsfreiheit“ mit Signatur „L.W.“ und Punkt nach WÜRTTEMBERG .

f) Die Vorderseiten-Umschrift beginnt am hinteren Teil des Halsabschnitts, Punkt nach WÜRTTEMBERG ., Signatur „L .W." unter dem Halsabschnitt, ohne Signatur „D" auf der Rückseite, Randschrift * KRONENTALER (Klein/Raff 66.3a); 206. Künker-Auktion (3/2012), Nr. 5791, „sehr schön-vorzüglich", Zuschlag 360.– Euro

g) Die Vorderseiten-Umschrift beginnt vor der Mitte des Halsabschnitts, Randschrift wie bei Nr. 587 (Klein/Raff 66.1); 42. Auktion Harald Möller (6/2007), Nr. 2047, „fast vorzüglich", Zuschlag 170.– Euro; 211. Künker-Auktion (6/2012), Nr. 3548, „vorzüglich+", Zuschlag 280.– Euro

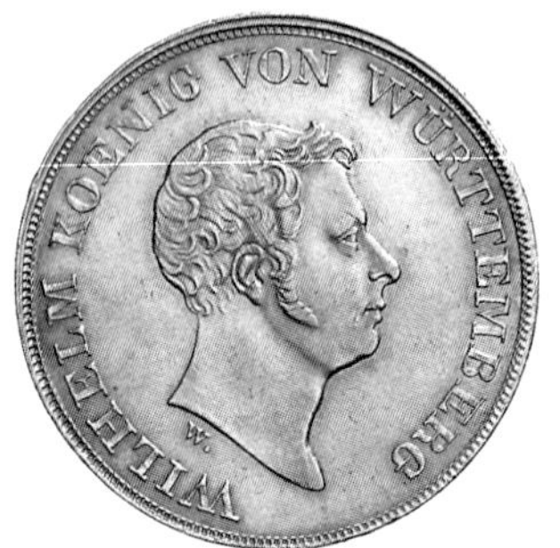

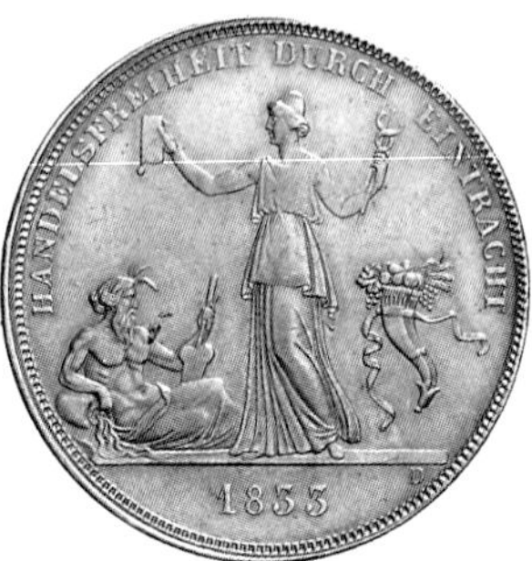

Nr. 587g), Kronentaler 1833 „Handelsfreiheit" mit dem Beginn der Vorderseiten-Umschrift rechts von der Mitte des Halsabschnitts

h) Die Vorderseiten-Umschrift beginnt vor der Mitte des Halsabschnitts, Randschrift * KRONENTALER (Klein/Raff 66.1a)

i) Die Vorderseiten-Umschrift beginnt vor der Mitte des Halsabschnitts, mit glattem Rand ohne Randschrift (Klein/Raff 66.1b)

j) Zinnabschlag der Variante Nr. 587i mit glattem Rand ohne Randschrift (Klein/Raff 66.1c)

k) Probe zum Kronentaler 1833 „Handelsfreiheit" glatter Rand, mit einer Verzierung unter der Spitze des Halsabschnitts, Rückseiten-Umschrift: HANDELSFREYHEIT DURCH EINTRACHT BEWIRKT, deutlich kleinere Darstellung, gebogene Jahreszahl, danach Punkt (Klein/Raff 67)

l) Probe zum Kronentaler 1833 „Handelsfreiheit", glatter Rand, Vorderseite wie Probe Nr. 587k, Rückseiten-Umschrift: HANDELSFREYHEIT DURCH VERTRAG BEWIRKT, die Darstellung etwas kleiner als bei Nr. 587 (Klein/Raff 67.1)

m) Probe zum Kronentaler 1833 „Handelsfreiheit“, glatter Rand, Vorderseite wie Probe Nr. 587k, Rückseiten-Umschrift: HANDELSFREYHEIT DURCH VERTRAG BEWIRKT, die Darstellung wie bei Nr. 587, Punkt nach der Jahreszahl (Klein/Raff 67.2)

n) Zinnabschlag mit Kupferstift der Probe 587m (Ferrari 4567a; Klein/Raff 67.2a)

Die von Stutzmann unter der Nr. 1658Pa angeführte Dickprobe gehört zu den von Klein/Raff unter der Anmerkung zur Nr. 66.3a auf Seite 54 erwähnten Medaillen aus den Stempeln des Kronentalers 1833 „Handelsfreiheit“.

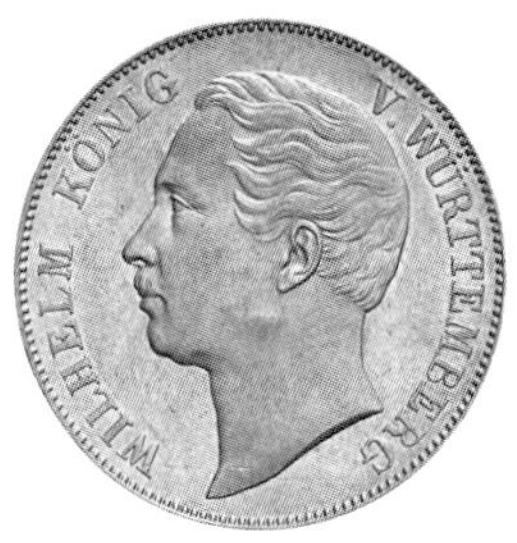

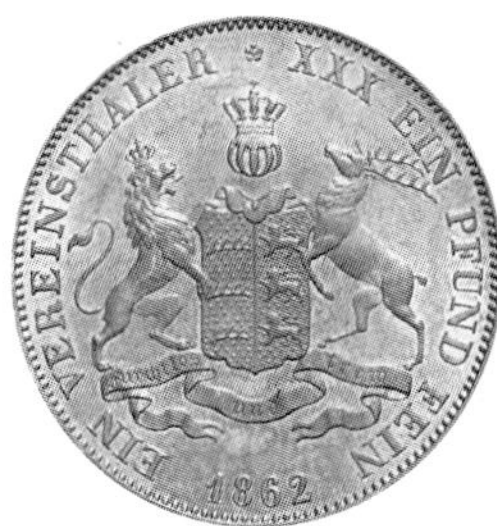

588 Vereinstaler

Vs.: WILHELM KÖNIG V. WÜRTTEMBERG

Rs.: EIN VEREINSTALER XXX EIN PFUND FEIN (Jahr)
auf dem Schriftband Furchtlos und trew

Rand: ⋆ MÜNZVERTRAG VOM 24 JANUAR 1857

Klein/Raff 107–107.7 – AKS 77 – Jaeger 83 – T. 439

1857	(451 750)	70.–	170.–	300.–
1858	(644 100)	70.–	170.–	300.–
1859	(1 332 660)	70.–	170.–	300.–
1860	(645 388)	70.–	170.–	300.–
1861	(753 940)	70.–	170.–	300.–
1862	(648 210)	70.–	170.–	300.–
1863	(620 840)	70.–	170.–	300.–
1864	(532 800)	70.	170.–	300.–

In der 42. Auktion Harald Möller (12/2006), Nr. 2077, erzielte ein Exemplar vom Jahrgang 1857 in „Stempelglanz“ den Zuschlag von 210.– Euro; vom Jahrgang 1862 in „Stempelglanz-“ 170.– Euro; in der 45. Auktion Harald Möller (6/2007), Nr. 1797, ein Exemplar vom Jahrgang 1859 in „Stempelglanz-“ 190.– Euro; in der 59. WAG-Auktion (2/2012), Nr. 400, ein Exemplar von 1859 in „Stempelglanz“ den Zuschlag von 575.– Euro;

in der 258. Künker-Auktion (1/2015), Nr. 256, ein Exemplar von 1864 in „Stempelglanz", den Zuschlag von 1000.– Euro; in der 25. Auktion der Münzhandlung Sonntag (5/2017), Nr. 1432, ein Exemplar von 1862 in „Polierter Platte, Erstabschlag", den Zuschlag von 2100.– Euro.

Varianten

a) 1857–1859 auch mit fehlendem Querstrich im ersten „A" von JANUAR in der Randschrift (Schwalbach 308 Anm. [nur 1857]; Ferrari 4602, 4605, 4608; Klein/Raff –); 45. Auktion Harald Möller (6/2007), Nr. 1796 (Jahrgang 1857), „Stempelglanz-/fast Stempelglanz", Zuschlag 170.– Euro
b) 1859 mit MUNZVERTRAG in der Randschrift; Schwalbach 308 Anm.; Klein/Raff –)
c) Einseitiger Zinnabschlag der Vorderseite (Klein/Raff 107a)
d) Einseitiger Zinnabschlag der Rückseite von 1857 (Klein/Raff 107a)
e) Einseitiger klippenförmiger Bleiabschlag der Rückseite von 1857 (Klein/Raff 107b); 15. Auktion Galerie des Monnaies (11/1975, Slg. Wurster), Nr. 750, „vorzüglich", Zuschlag 35.– DM
f) Doppelseitiger Zinnabschlag der Rückseiten von den Jahrgängen 1861 und 1862 mit Randschrift GOTT MIT UNS (Hahlo 2217 [22.– RM]; Klein/Raff –)
g) Doppelseitiger Aluminiumabschlag der Rückseiten von den Jahrgängen 1861 und 1862 mit Randschrift GOTT MIT UNS (Klein/Raff 108)
h) Doppelseitiger Aluminiumabschlag der Rückseiten von den Jahrgängen 1861 und 1862 ohne Randschrift (Klein/Raff 108a)

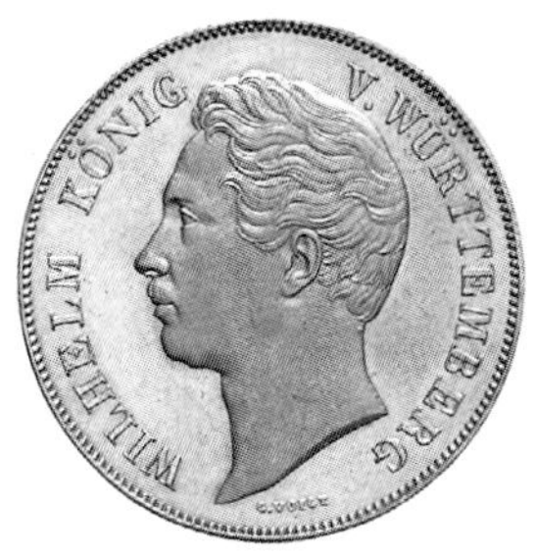

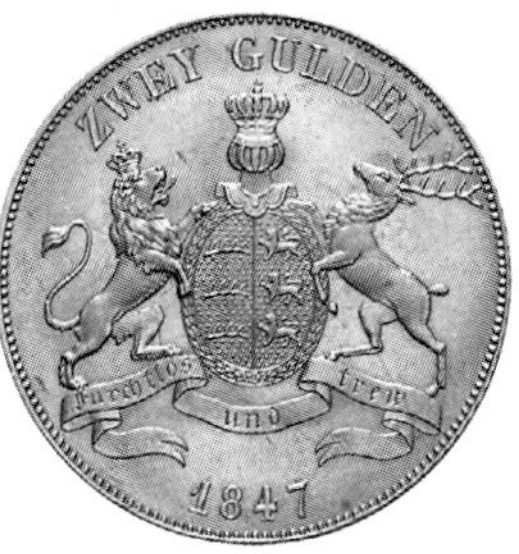

589 Doppelgulden

Vs.: WILHELM KÖNIG V. WÜRTTEMBERG
Signatur C. VOIGT

Rs.: ZWEY GULDEN (Jahr)
auf dem Schriftband Furchtlos und trew

Rand: Vertiefte Vierecke

Klein/Raff 91–91.2 – AKS 76 – Jaeger 72 – T. 437

1845	(562 210)	100.–	220.–	370.–
1846	(621 250)	100.–	220.–	370.–
1847	(1 160 000)	100.–	220.–	370.–
1848	(336 000)	100.–	220.–	370.–
1849	(486 000)	100.–	220.–	370.–
1850	(280 000)	100.–	220.–	370.–
1851	(140 000)	100.–	220.–	370.–
1852	(225 000)	100.–	220.–	370.–
1853	(175 000)	100.–	220.–	370.–
1854	(73 830)	100.–	220.–	370.–
1855	(133 000)	100.–	220.–	370.–
1856	(267 260)	100.–	220.–	370.–

In der 45. Auktion Harald Möller (6/2007), Nr. 1788, erzielte ein Exemplar vom Jahrgang 1847 in „Stempelglanz“ den Zuschlag von 350.– Euro, je ein Exemplar vom Jahrgang 1850 (Nr. 1790) und 1852 (Nr. 1793) in „fast Stempelglanz“ je 250.– Euro. In der 281. Künker-Auktion (9/2016), Nr. 3207, erzielte ein Exemplar von 1855 in „fast Stempelglanz“ den Zuschlag von 1500.– Euro.

Varianten

a) 1847 mit der Jahreszahl im Stempel aus 1846 umgeschnitten (Schwalbach 307a); 42. Auktion Harald Möller (12/2006), Nr. 2067, „fast Stempelglanz“, Zuschlag 250.– Euro;
56. Künker-eLive-Auktion (9/2019), Nr. 1168, in „sehr schön“, Zuschlag 90.– Euro. Abb. siehe nächste Seite

b) 1847 mit großer oder kleiner „7“ in der Jahreszahl (Ferrari 4626)
c) 1848, 1850, 1852 und 1853 mit größerer oder kleinerer Jahreszahl (Ferrari 4629, 4633, 4637, 4639)
d) Einseitiger Zinnabschlag der Vorderseite (Klein/Raff91a); 7. Auktion Harald Möller (4/1991), Nr. 2660, „fast Stempelglanz“, Zuschlag 375.– DM
e) Einseitiger Abschlag der Rückseite vom Jahrgang 1845 (Klein/Raff 91a)

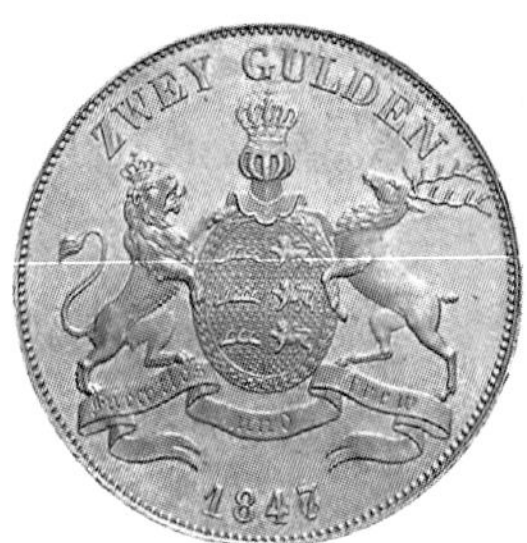

Nr. 589a), Rückseite des Doppelguldens 1847 mit im Stempel aus 1846 umgeschnittener Jahreszahl

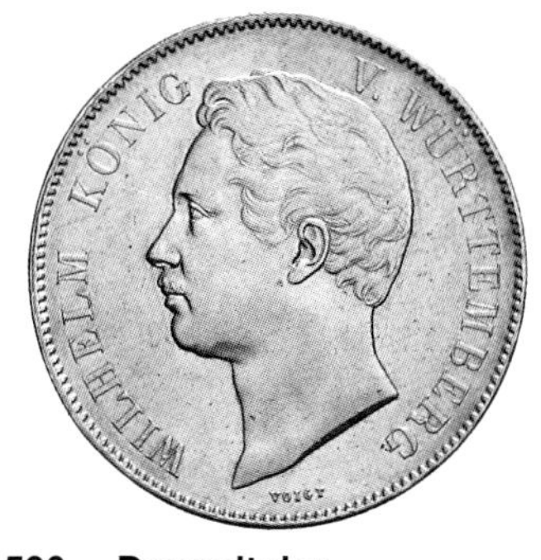

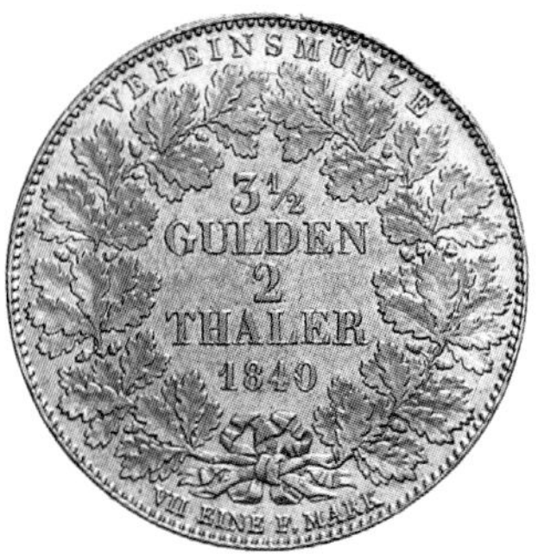

590 Doppeltaler

Vs.: WILHELM KÖNIG V. WÜRTTEMBERG Signatur VOIGT

Rs.: VEREINSMÜNZE VII EINE F. MARK / 3 ½ GULDEN 2 THALER Jahr

Rand: CONVENTION * VOM * 30 JULY * 1838 *

Klein/Raff 89–89.4 – AKS 62 – Jaeger 71 – T. 436

1840	(161 860)	200.–	400.–	700.–
1842	(50 660)	200.–	400.–	700.–
1843	(245 040)	200.–	400.–	700.–
1854	(168 350)	200.–	400.–	700.–
1855		200.–	400.–	700.–

In der 46. Auktion der Heidelberger Münzhandlung Herbert Grün (11/2006), Nr. 2962, erzielte ein Exemplar vom Jahrgang 1843 in „fast Stempelglanz" den Zuschlag von 925.– Euro, in der 42. Auktion Harald Möller (12/2006), Nr. 2074, ein Exemplar vom Jahrgang 1855 in „vorzüglich-Stempelglanz" 500.– Euro; in der 45. Auktion Harald Möller (6/2007), Nr. 1794, ein Exemplar vom Jahrgang 1854 in „Stempelglanz-" von 950.– Euro und in der 80. Heidelberger Münzauktion (11/2020), Nr. 955, ein Exemplar von 1855 in „fast Stempelglanz/Stempelglanz" den Zuschlag von 900.– Euro.

Varianten

a) Abweichende Stellung der Randschrift; 69. Auktion Leu Numismatik (6/1997), Nr. 5475, „sehr schön-vorzüglich", Zuschlag 280.– Schweizer Franken (zusammen mit dem Gedenkgulden 1841)

b) Einseitiger Bleiabschlag der Vorderseite (Klein/Raff 89a)

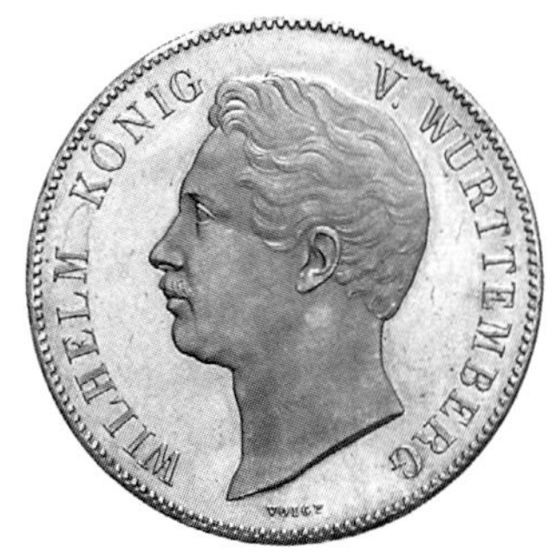

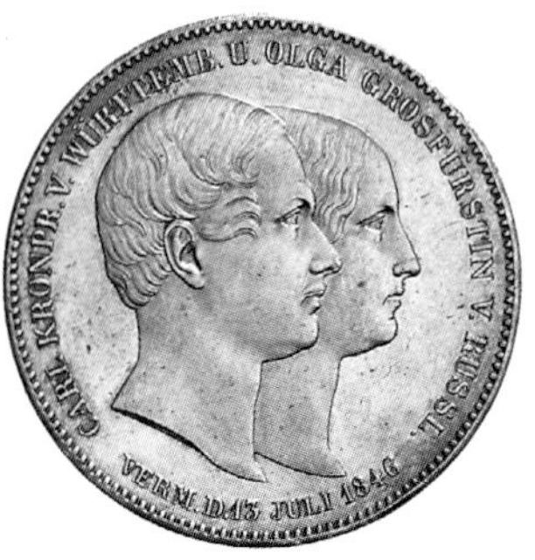

591 Doppeltaler

Vs.: WILHELM KÖNIG V. WÜRTTEMBERG Signatur VOIGT

Rs.: CARL KRONPR. V. WÜRTTEMB. U. OLGA GROSFÜRSTIN V. RUSSL. / VERM. D. 13 JULI 1846

Rand: * VEREINS-MÜNZE * VII EIN F. MARK

Klein/Raff 90 – AKS 122 – Jaeger 79 – T. 438

1846	(5800)	200.–	400.–	650.–

In der 129. Auktion von Lanz Numismatik (5/2006), Nr. 576, erzielte ein Exemplar in „fast Stempelglanz“ den Zuschlag von 420.– Euro, in der 42. Auktion Harald Möller (12/2006), Nr. 2066, ein Exemplar in „vorzüglich-Stempelglanz“ 400.– Euro; in der 134. Auktion F. R. Künker (1/2008), Nr. 800, ein Exemplar in „vorzüglich-Stempelglanz“ 550.– Euro; in der 354. Künker-Auktion (9/2021), Nr. 5944, ein Exemplar in „vorzüglich-Stempelglanz, Erstabschlag“ 2200.– Euro; in der 106. Auktion der WAG Online (2/2020), Nr. 2388, 2600.– Euro.

Varianten

a) Veränderte Randschrift * VEREINSMÜNZE * VII EINE F · MARK (Klein/Raff 90a)

b) Dickabschlag (Höhe 6,5 mm) im Gewicht von 73 g (Klein/Raff 90c)

c) Goldabschlag mit glattem Rand ohne Randschrift, zwischen 52,19 g und 52,44 g (Schl. 927.3; Klein/Raff 90b); 15. Auktion Galerie des Monnaies (11/1975, Slg. Wurster), Nr. 675, „sehr schön“, Zuschlag 6600.– DM

d) Einseitiger Zinnabschlag der Vorderseite (Klein/Raff 90d)

e) Einseitiger Zinnabschlag der Rückseite (Klein/Raff 90d)

f) Bronze-Zwitterprägung der Rückseite mit der Rückseite des Doppeltalers (Medaille) 1869 (Nr. 595) auf die Wiederherstellung des Ulmer Münsters (Ferrari 4692; Klein/Raff 90e)

Karl 1864 - 1891

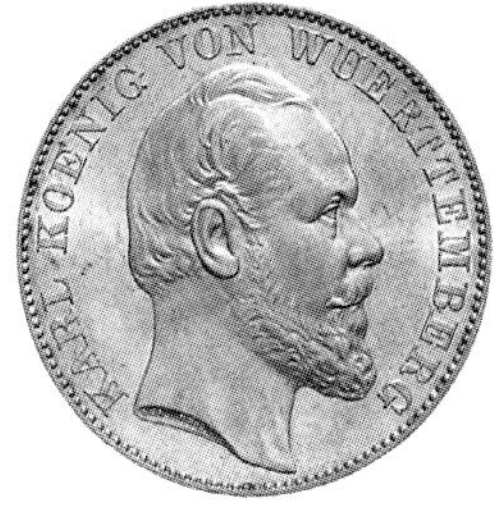

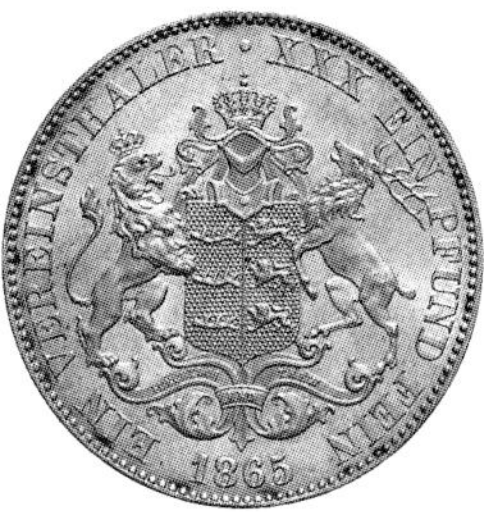

592 Vereinstaler

Vs.: KARL KOENIG VON WUERTTEMBERG
am Halsabschnitt Signatur C. SCHNITZSPAHN

Rs.: EIN VEREINSTHALER · XXX EIN PFUND FEIN (Jahr)
auf dem Schriftband FURCHTLOS UND TREW

Rand: * MÜNZVERTRAG VOM 24 JANUAR 1857

Klein/Raff 113–113.5 – AKS 126 – Jaeger 85a – T. 440

1865	(275 840)	70.–	170.–	300.–
1866	(345 780)	70.–	170.–	300.–
1867	(164 530)	70.–	170.–	300.–
1868	(78 210)	80.–	180.–	300.–
1869	(31 000)	80.–	190.–	320.–
1870	(44 000)	80.–	180.–	300.–

In der 31. Auktion Harald Möller (10/2002), Nr. 1981, erzielte ein Exemplar vom Jahrgang 1869 in „fast Stempelglanz von Erstabschlag" den Zuschlag von 500.– Euro, in der 45. Auktion Harald Möller (6/2007), Nr. 1807, ein Exemplar vom Jahrgang 1869 in „fast Stempelglanz" von 310.– Euro und vom Jahrgang 1870 (Nr. 1810) ein Exemplar in „Polierter Platte-" von 625.– Euro; in der 27. Auktion der Münzhandlung Sonntag (11/2017), Nr. 1782, erzielte ein Exemplar von 1866 in „Polierter Platte" den Zuschlag von 1600.– Euro; in der 106. Auktion der WAG Online (2/2020), Nr. 2393, erzielte ein Exemplar von 1865 in „Stempelglanz" den Zuschlag von 1500.– Euro.

Variante

a) 1866 und 1867 mit MUNZVERTRAG in der Randschrift (Ferrari 4700, 4701, 4705; Klein/Raff –)

Bei der Stutzmann-Variante 1680ba handelt es sich um seine Nr. 1680a. Das in der Slg. Ferrari herangezogene Zitat „Schw. 309a" (Schwalbach 309a) kennzeichnet das Stück eindeutig als Nr. 593 („hängendes Geweih").

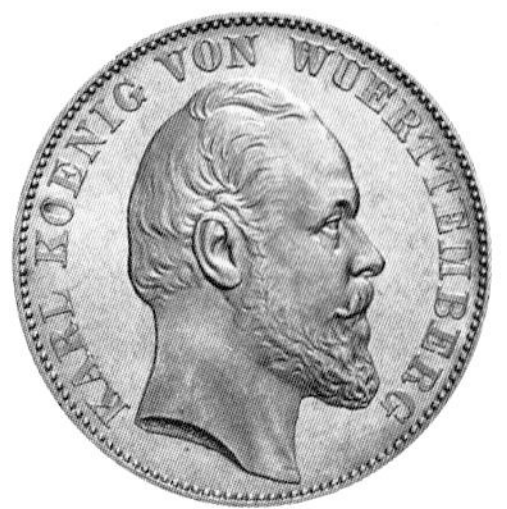
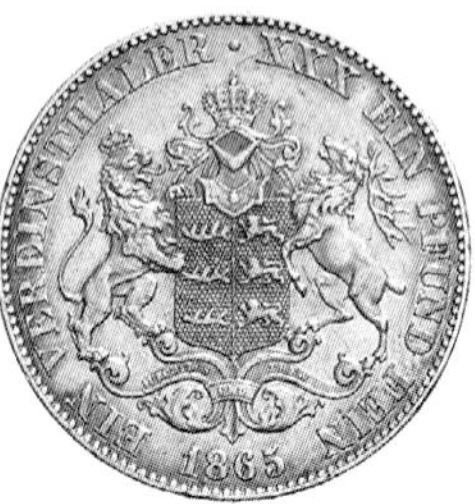

593 Vereinstaler

Vs.: KARL KOENIG VON WUERTTEMBERG
am Halsabschnitt Signatur C. SCHNITZSPAHN

Rs.: EIN VEREINSTHALER · XXX EIN PFUND FEIN 1865
(Geweih ragt nicht in die Umschrift, sog. „hängendes Geweih")

Rand: * MÜNZVERTRAG VOM 24 JANUAR 1857

Klein/Raff 113a – Jaeger 85b – T. 441

1865	200.–	450.–	1000.–

Die Prägezahl ist in der von Nr. 592 enthalten.

In der 63. UBS-Auktion (9/2005), Nr. 2666, wurde ein Exemplar in „gutem vorzüglich" für 1600.– Schweizer Franken zugeschlagen, in der 140. Auktion F. R. Künker (6/2008), Nr. 2870, ein Exemplar als „Kabinettstück, prachtvolle Patina, Stempelglanz", für 1400.– Euro; in der 25. Auktion der Münzhandlung Sonntag (5/2017), Nr. 1447, ein Exemplar in „fast Stempelglanz aus Erstabschlag" für 2500.– Euro; in der 80. Heidelberger Münzauktion (11/2020), Nr. 960, ein Exemplar in „Erstabschlag, Stempelglanz" für 3400.– Euro.

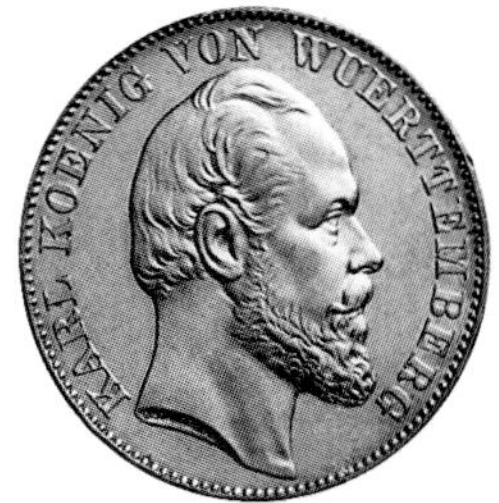

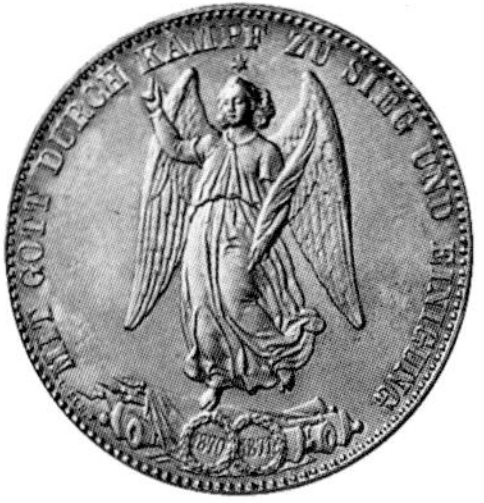

594 Vereinstaler (Siegestaler)

Vs.: KARL KOENIG VON WUERTTEMBERG
am Halsabschnitt Signatur C. SCHNITZSPAHN

Rs.: MIT GOTT DURCH KAMPF ZU SIEG UND EINIGUNG
in den beiden Kränzen die Jahreszahlen 1870 und 1871
Signatur C · SCH · F ·

Rand: XXX * EIN * PFUND * FEIN *

Klein/Raff 114 – AKS 132 – Jaeger 86 – T. 443

1871	(113 670)	60.–	100.–	180.–

In der 389. Auktion Dr. Busso Peus Nachfolger (11/2006), Nr. 2931, wurde ein Exemplar in „Stempelglanz" für 180.– Euro zugeschlagen; in der 314. Künker-Auktion (10/2018), Nr. 6026, ein Exemplar in „Stempelglanz" für 480.– Euro, in der 29. Auktion der Münzhandlung Sonntag (11/2018) Nr. 1433, in „Polierter Platte, winzige Haarlinien" für 400.– Euro; in der 258. Künker-Auktion (1/2015), Nr. 258, in „Polierter Platte, prachtvolle Patina" für 750.– Euro.

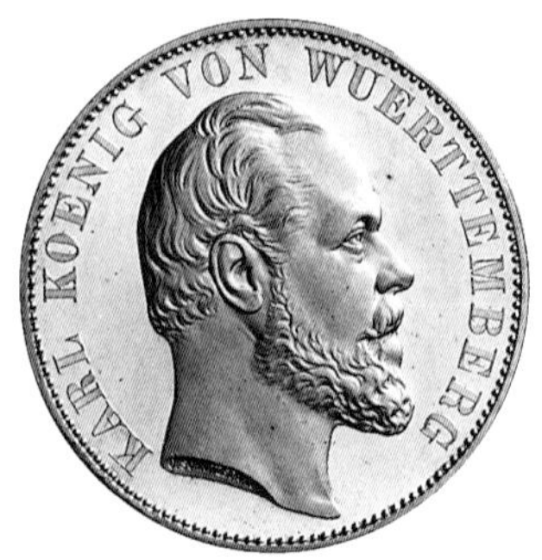

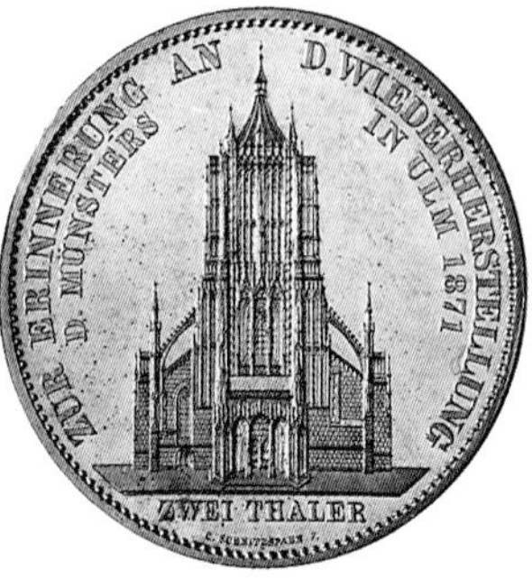

595 Vereinsdoppeltaler (Medaille)

Vs.: KARL KOENIG VON WUERTTEMBERG
im Halsabschnitt Signatur C. SCHNITZSPAHN

Rs.: ZUR ERINNERUNG AN D. WIEDERHERSTELLUNG D. MÜNSTERS IN ULM Jahr / im Abschnitt ZWEI THALER Signatur C. SCHNITZSPAHN F.

Rand: Glatt

Dav. 961 – AKS 131 – Jaeger 87 – T. 442

1869		250.–	450.–	550.–
1871	(4030)	200.–	320.–	450.–

Trotz der Inschrift ZWEI THALER im Abschnitt der Rückseite handelt es sich um 900/1000 feine Medaillen im Gewicht von etwa 37 g des Münsterbau-Comités, die durch einen königlichen Erlaß geprägt werden konnten und als Preise der Münsterbau-Lotterie dienten. Die etwa 33 g schweren Feinsilbermedaillen sind spätere Anfertigungen, wahrscheinlich aus Anlaß der Vollendung des Münsters im Jahr 1890.

In der 42. Auktion Harald Möller (12/2006), Nr. 2086, wurde ein Exemplar in „Polierter Platte-", vom Jahrgang 1869 für 480.– Euro zugeschlagen; in der 45. Auktion Harald Möller (6/2007), Nr. 1811, ein Exemplar vom Jahrgang 1871 in „Polierter Platte" für 600.– Euro; in der 140. Auktion F. R. Künker (6/2008), Nr. 2873, ein „Kabinettstück mit herrlicher Patina, in „Polierter Platte, minimal berührt", vom Jahrgang 1871 für 800.– Euro; in der 322. Künker-Auktion (6/2019), Nr. 1086, ein Exemplar von 1871 in „Polierter Platte, minimal berührt", für 4400.– Euro; in der 80. Heidelberger Münzauktion (11/2020), Nr. 961, ein Exemplar von 1869 in „Polierter Platte" für 4600.– Euro.

Varianten

a) Goldabschläge von 1869 und 1871 im Gewicht von je etwa 68,7 g (Ferrari 4656 [1869]; Slg. Faruk 804; Schl. 927.4, 927.5); 213. Künker-Auktion (6/2012), Nr. 5333, in „vorzüglich-Stempelglanz", Zuschlag 40 000.– Euro; 275. Künker-Auktion (3/2016), Nr. 4916, in „vorzüglich-Stempelglanz", Zuschlag 38 000.– Euro.

Zur Zwitterprägung der Rückseite vom Jahrgang 1869 mit der Rückseite von Nr. 591 siehe Nr. 591f

Literaturverzeichnis

AKS: P. Arnold, H. Küthmann, D. Steinhilber, neu bearbeitet und erweitert von Dieter Faßbender, Großer deutscher Münzkatalog, 37. Auflage. Regenstauf 2022

Arnold/Quellmalz: P. Arnold und W. Quellmalz, Sächsisch-thüringische Bergbaugepräge. Leipzig 1978

Beckenb.: E. Beckenbauer, Die Münzen der Reichsstadt Regensburg. Grünwald 1978

Behr: www.nassau-muenzen.de

Buck: L. Buck, Die Münzen des Kurfürstentums Sachsen 1763 – 1806. Berlin 1981

Dav.: J. S. Davenport, European Crowns and Talers since 1800. London 1964

Divo: J.-P. Divo, Die Münzen und Medaillen der Fürsten von Liechtenstein. Zürich 2000

Faruk: The Palace Collections of Egypt (Münzsammlung von König Faruk), in: Auktion Sotheby & Co. (1954), London

Ferrari: Slg. Ferrari, in: Auktion Jacques Schulman, Amsterdam, Teil 1: 26./27. Januar 1926; Teil 2: 14./15. Dezember 1926; Teil 3: 24./25. April 1928; Teil 4: 22.–24. Januar 1929

Frühwald: W. Frühwald, Die Münzen und Medaillen des Kaisertums Österreich 1806 – 1918, 3. Auflage. Salzburg 2018

GN: Geldgeschichtliche Nachrichten

Grobe: L. Grobe, Die Münzen des Herzogtums Sachsen-Meiningen. Meiningen 1891

Hahlo: Slg. William F. Hahlo, in: Auktion Leo Hamburger vom 17. Januar 1927

Hauser: J. Hauser, Die Münzen und Medaillen der im Jahre 1156 gegründeten … Haupt- und Residenzstadt München … . München 1905

Hede: H. Hede, Danmarks og Norges Mønter 1541 · 1814 · 1977. 3. Auflage Kopenhagen 1978

Hennig: Slg. B. Hennig, in Katalog 89 der Frankfurter Münzhandlung vom 9. Juni 1942

Herinek: L. Herinek: Österreichische Münzprägung von 1740 – 1969. Wien 1970

Hoffmeister: J. C. C. Hoffmeister, Historisch-kritische Beschreibung aller bis jetzt bekannt gewordenen hessischen Münzen, Medaillen und Marken in genealogisch-chronologischer Folge. Leipzig 1862

Holzmair: E. Holzmair, Münzgeschichte der österreichischen Neufürsten, in: Numismatische Zeitschrift, Bd. 71. Wien 1946

Jaeger: K. Jaeger, Die Münzprägungen der deutschen Staaten vom Ausgang des alten Reiches bis zur Einführung der Reichswährung (Anfang des 19. Jahrhunderts bis 1871/73)

Band 1: Königreich Württemberg, Fürstentümer Hohenzollern, 2. Auflage. Basel 1966

Band 2: Baden, Frankfurt, Kurhessen, Hessen-Darmstadt, Hessen-Homburg, 2. Auflage. Basel 1969

Band 4: Mecklenburg-Schwerin 1763 – 1872, Städte in Mecklenburg (Rostock und Wismar), Mecklenburg-Strelitz 1764 – 1872, Schwedisch-Pommern und Stralsund 1763 – 1808, 3. Auflage. Basel 1971

Band 5: Königreich Bayern 1806 – 1871 mit Großherzogtum Berg 1801 – 1807, 2. Auflage. Basel 1968

Band 6: K. Jaeger und J.-U. Rixen: Nordwestdeutschland, Ostfriesland, Oldenburg, Jever, Kniphausen, Bremen, Hamburg, Lübeck, Schleswig-Holstein, Lauenburg, 1. Auflage. Basel 1971

Band 7: Herzogtum Nassau, Königreich Westfalen, Fürstentümer Waldeck und Pyrmont, Lippe-Detmold und Schaumburg-Lippe, 2. Auflage. Basel 1969

Band 8: Hannover – Braunschweig seit 1813, 2. Auflage. Basel 1971

Band 9: Königreich Preußen 1786 – 1873, 2. Auflage. Basel 1970

Band 10: Königreich Sachsen 1806 – 1872 und Herzogtum Warschau 1810 – 1815. Basel 1969

Band 11: K. Jaeger und W. Grasser: Die Sächsischen Herzogtümer, Sachsen-Altenburg, Sachsen-Coburg-Saalfeld, Sachsen-Coburg und Gotha, Sachsen-Hildburghausen, Sachsen-Coburg-Meiningen, Sachsen-Meiningen (-Hildburghausen), Sachsen-Weimar und Eisenach. Basel 1970

Band 12: Mitteldeutsche Kleinstaaten, Anhalt, Mansfeld, Stolberg, Mühlhausen, Erfurt, Schwarzburg, Reuß. Basel 1972

Jl.: P. Jaeckel und K. Jaeger, Die Münzprägungen des Hauses Habsburg 1780 – 1918, 4. Auflage. Basel 1970

Kahnt: H. Kahnt, Die sächsischen Münzen 1763 – 1827. Regenstauf 2014

Killisch v. Horn: Slg. Dr. Killisch von Horn, Auktion Adolph Hess Nachfolger, Frankfurt/M. 1904

Klein/Raff: U. Klein und A. Raff, Die Württembergischen Münzen von 1798 – 1873. Stuttgart 1991

Knyph.: Münz- und Medaillen-Kabinet des Grafen Karl zu Inn- und Knyphausen. Hannover 1872; Erster Nachtrag Hannover 1877

Koppe: L. Koppe, Die Münzen des Hauses Sachsen-Weimar 1573 bis 1918. Regenstauf 2007

KOR: O. Kozinowski, J. Otto und H. Ruß. Die Münzen des Fürsten- und Herzogtums Coburg von 1577 bis 1918, Band 2. München 2005

Krug: W. Krug, Die Münzen des Hochstifts Bamberg 1007 - 1802. Stuttgart 1999

Lange: Chr. Lange's Sammlung schleswig-holsteinischer Münzen und Medaillen. Band I. Berlin 1908

Lej.: E. Lejeune, Die Münzen der reichsunmittelbaren Burg Friedberg in der Wetterau. Berlin 1905

Lichn.: R. v. Lichnowsky und E. v. Mayer, Des fürstlichen Hochstifts Olmütz Münzen und Medaillen … Wien 1873, Nachdruck Graz 1963

Lorenz: R. Lorenz, Die Münzen des Königreichs Sachsen 1806 - 1871. Berlin 1968

Müseler: K. Müseler, Bergbaugepräge. Hannover 1983 und 1999

Olding: M. Olding, Die Münzen des Königreichs Preußen von 1786 bis 1873. Regenstauf 2014

Pein: Slg. H. Pein (Deutsche Thaler des 18. u. 19. Jahrhunderts), in: Auktion Adolph Hess Nachfolger vom 15./16. April 1907

Probszt: G. Probszt, Die Münzen Salzburgs, 2. Auflage. Graz 1975

Reichenbach: Slg. Theodor Reichenbach. Dresden 1887

Roßberg: Die Frankfurter Vereinsthaler von 1857–1865, in: Numismatischer Anzeiger 6/1899

Schl.: H. Schlumberger, Goldmünzen Europas. Von 1800 bis heute. 7. Auflage München 1997

Schneider: K. Schneider, Das Münzwesen im Herzogtum Nassau. Höhr-Grenzhausen 2005

Schön: G. Schön, Deutscher Münzkatalog 18. Jahrhundert 1700–1806. 5. Auflage Regenstauf 2019

Schulze: I. und W.-G. Schulze, Die fürstbischöflich-münsterschen Münzen der Neuzeit. Münster 1973

St.: B. F. Stutzmann, Die Münzen des 19. Jahrhunderts bis zur Reichsgründung. Die Münzprägung der deutschen Staaten vor Einführung der Reichswährung (1800–1873). Wien 2004

T.: N. Thun, Deutsche Taler, Doppelgulden, Doppeltaler von 1800–1871, 3. Auflage. Frankfurt am Main 1979

Voglh.: R. Voglhuber, Taler und Schautaler des Erzhauses Habsburg. Frankfurt/M. 1971

v. Schr.: F. von Schrötter, Das Preußische Münzwesen im 18. Jahrhundert. Berlin 1911; Das Preußische Münzwesen 1806 bis 1873. Berlin 1925

Welter: G. Welter, Die Münzen der Welfen seit Heinrich dem Löwen, drei Bände. Braunschweig 1971–1978

Witt.: J. P. Beierlein, Die Medaillen und Münzen des Gesammthauses Wittelsbach …, zwei Bände. München 1897 und 1901

Waldeck: www.Waldecker-Muenzen.de

Zöttl: H. Zöttl, Salzburg Münzen und Medaillen 1500 - 1810, Band 2. Salzburg 2009

Konkordanztabelle zum Katalog von Norbert Thun, „Deutsche Taler, Doppelgulden, Doppeltaler von 1800 bis 1871“

Thun	Kahnt	Thun	Kahnt	Thun	Kahnt
1	2	31	37	65	92
2	3	32	50	66	93
3	4	33	51	67	94
4	7	34	52	68	95
5	5	35	53	69	96
6	6	36	54	70	97
7	8	37	55	71	98
8	12	38	56	72	99
9	9	39	57	73	100
10	10	40	65	74	101
11	11	41	66	75	102
12	14	42	67	76	103
13	15	43	68	77	104
14	16	44	64	78	105
15	17	45	69	79	106
16	18	46	70	80	107
16A	19	47	74	81	108
17	20	48	75	82	109
18	21	49	76	83	110
19	23	50	78	84	111
20	24	51	77	85	112
21	25	52	79	86	113
22	26	53	80	87	114
22A	27	54	81	88	115
23	28	55	82	89	73
24	29	56	83	90	117
25	30	57	84	91	119
25A	31	58	85	92	120
26	32	59	86	93	121
27	22	60	87	94	122
28	34	61	89	95	123
28A	35	62	88	96	124
29	33	63	90	97	118
30	36	64	91	98	116

Thun	Kahnt	Thun	Kahnt	Thun	Kahnt
99	125	135	176	173	243
100	126	135A	176	174	239
101	133	136	177	175	245
102	127	137	178	176	240
103	128	138	179	177	241
104	131	139	167	178	242
105	131	140	165	179	246
106	130	141	166	180	247
106A	129	142	168	181	249
107	132	143	169	182	250
108	135	144	170	183	251
109	136	145	183	184	252
110	137	146	171	185	253
111	138	147	172	186	254
112	139	148	184	187	255
113	142	149	185	188	258
114	149	150	197	189	256
115	151	151	210	190	257
116	152	152	219	191	259
117	152	153	220	192	260
118	156	154	221	193	261
119	157	155	222	194	263
120	153	156	224	195	264
121	154	157	225	196	265
122	158	158	226	197	262
123	155	159	227	198	267
124	161	160	228	199	268
125	162	161	229	200	266
126	163	162	230	201	269
127	164	163	231	202	270
128	186	164	232	203	271
129	180	165	233	204	273
130	181	166	232	205	272
130A	182	167	234	206	275
131	182	168	235	207	276
132	173	169	236	208	274
133	174	170	237	209	277
134	175	171	238	210	278
134A	175	172	244	211	279

Thun	Kahnt	Thun	Kahnt	Thun	Kahnt
212	282	247	367	281	402
213	283	247D	367	282	403
214	292	248	368	283	404
215	293	249	369	284	405
216	294	249D	369	285	406
217	295	250	370	286	407
218	297	250D	370	287	408
219	299	251	371	288	409
220	300	252	372	289	411
221	302	253	381	290	412
222	303	254	373	291	415
223	304	255	374	292	416
224	305	256	375	293	417
225	306	257	376	294	418
226	307	258	382	295	419
227	308	259	383	296	420
228	309	260	377	297	421
229	310	261	378	298	422
230	311	262	379	299	423
231	317	263	380	300	424
232	318	264	384	301	425
233	312	265	385	302	426
234	313	266	386	303	428
235	319	267	387	304	428
236	314	268	391	305	429
237	315	269	392	306	430
238	316	270	388	307	433
239	321	270B	388	308	434
240	320	270C	388	309	435
241	322	271	389	309G	435
242	361	272	390	310	436
242B	361	273	393	310G	436
242G	361	274	395	311	437
243	363	275	396	312	438
244	362	276	397	313	439
244B	362	277	398	314	440
245	364	278	399	315	441
246	365	279	401	316	442
246D	365	280	400	317	443

Thun	Kahnt	Thun	Kahnt	Thun	Kahnt
318	444	352	479	389	525
319	445	353	481	390	527
320	446	353F	481	391	533
321	447	354	480	392	539
322	454	355	482	393	538
322F	454	356	483	394	534
323	455	356B	483	395	535
324	456	357	486	396	536
325	448	358	487	397	537
325F	448	359	488	398	540
326	449	360	489	399	542
326F	449	361	490	400	541
327	450	362	492	401	543
328	451	363	491	402	544
329	452	364	493	403	545
330	453	365	498	404	546
331	457	366	494	405	547
332	458	367	495	406	548
333	459	368	499	407	549
334	460	369	496	408	550
335	461	370	497	409	552
336	462	371	500	410	551
337	474	372	501	411	559
338	475	373	502	412	560
339	463	374	503	413	561
340	464	375	507	414	562
341	476	376	508	414A	563
341B	476	377	509	415	566
342	465	378	506	416	567
342B	465	379	505	417	568
343	466	380	510	418	569
344	467	381	512	419	570
345	468	382	513	420	571
346	469	383	515	421	572
347	477	384	514	422	573
348	470	385	517	423	574
349	471	386	516	424	575
350	472	387	524	425	576
351	473	388	526	426	577

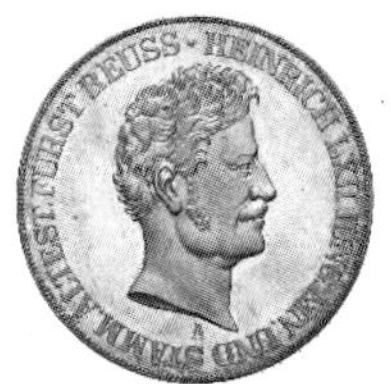

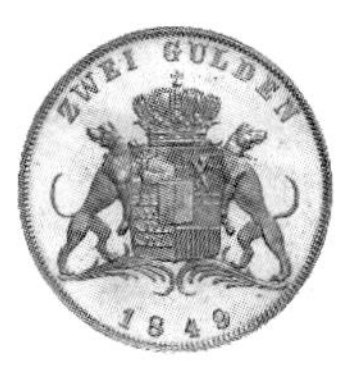
ZWEI GULDEN
1849

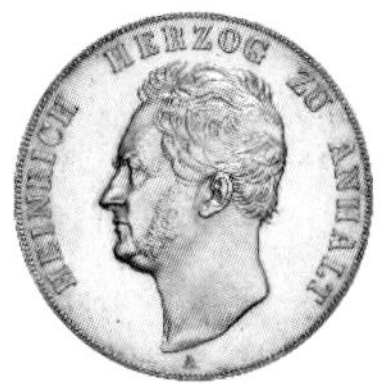
HEINRICH HERZOG ZU ANHALT

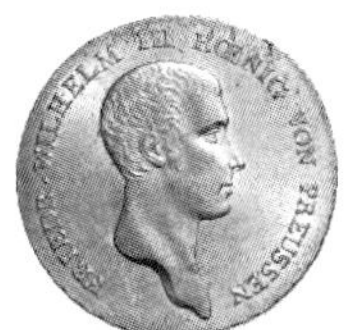
VON PREUSSEN

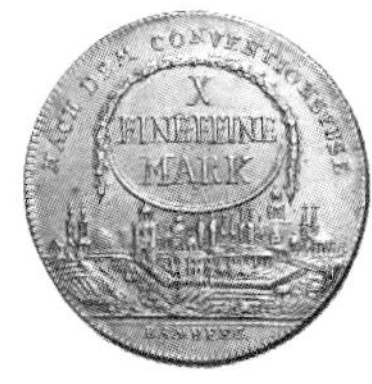
X
EINE FEINE
MARK

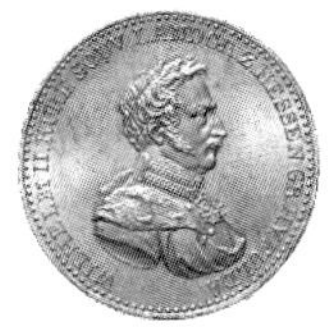

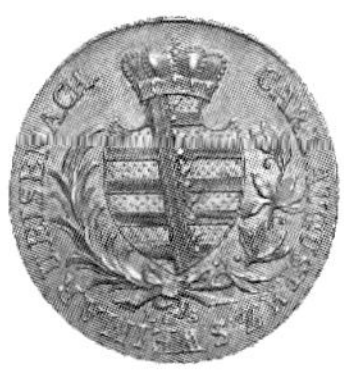

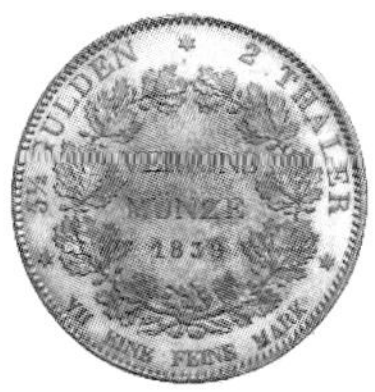
2 THALER
MÜNZE

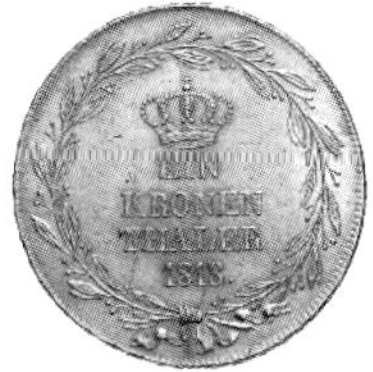
EIN
KRONEN
THALER

Literatur für Sammler

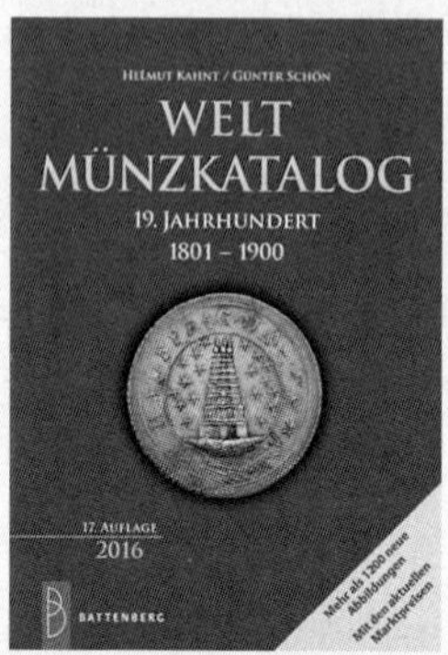

Günter Schön / Helmut Kahnt:
Weltmünzkatalog 19. Jahrhundert
ISBN 978-3-86646-118-5 € 49,90

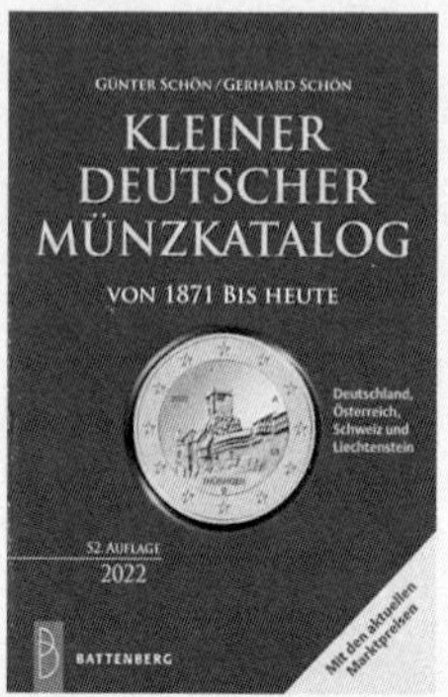

Gerhard Schön:
Kleiner Deutscher Münzkatalog
ISBN 978-3-86646-215-1 € 24,90

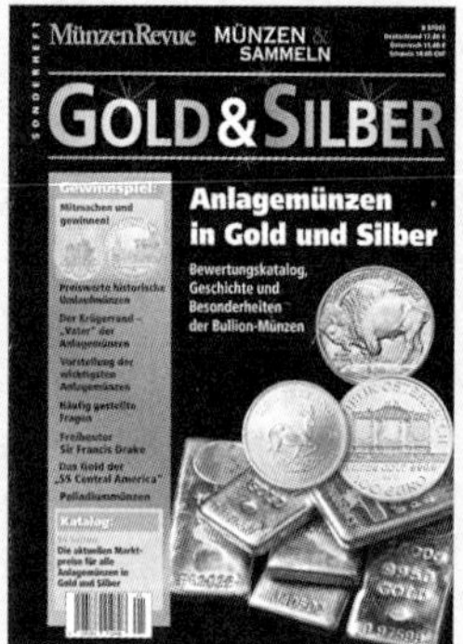

Sonderheft
Gold & Silber 2019
ISBN 978-3-86646-175-8 € 12,80

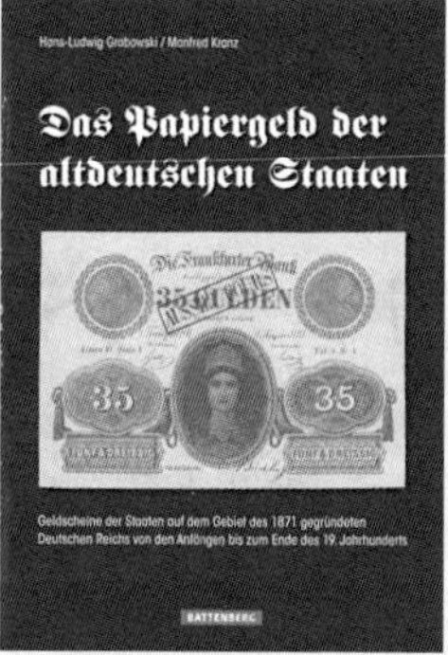

Hans-Ludwig Grabowski / Manfred Kranz:
Das Papiergeld der altdeutschen Staaten
ISBN 978-3-86646-188-8 € 69,–

Sammeln
battenberg
gietl verlag

Erhältlich im Buch- und Fachhandel oder direkt beim Verlag.

Battenberg Gietl Verlag GmbH
Postfach 166 · 93122 Regenstauf
Tel. 0 94 02 / 93 37-0 · Fax 0 94 02 / 93 37-24
E-Mail: info@battenberg-gietl.de
www.battenberg-gietl.de